国家社科基金重大项目『延安时期未刊文献资料收集、整理与数据库建设』（17ZDA008）系列成果之一

解放战争时期陕甘宁边区金融史料摘编 上册

杨伟宏 王保存 主编

西北大学出版社

图书在版编目（CIP）数据

解放战争时期陕甘宁边区金融史料摘编/杨伟宏，王保存主编．—西安：西北大学出版社，2018.12
ISBN 978-7-5604-3962-4

Ⅰ．①解… Ⅱ．①杨… ②王… Ⅲ．①陕甘宁抗日根据地—金融—经济史—史料 Ⅳ．①F832.96

中国版本图书馆CIP数据核字（2018）第295892号

解放战争时期陕甘宁边区金融史料摘编

主　　编：杨伟宏　王保存
出版发行：西北大学出版社
地　　址：西安市太白北路229号
邮　　编：710069
电　　话：029-88303042
经　　销：全国新华书店
印　　装：陕西金德佳印务有限公司
开　　本：787毫米×1092毫米　1/16
印　　张：55.25
字　　数：901千字
版　　次：2018年12月第1版　2018年12月第1次印刷
书　　号：ISBN 978-7-5604-3962-4
定　　价：145.00元

本版图书如有印装质量问题，请拨打电话029-88302966予以调换

前　言

陕甘宁边区是中国共产党在土地革命时期保存下来的唯一的根据地,成为红军长征的落脚点和中共领导敌后抗战的出发点。从1935年10月至1948年3月,陕甘宁边区是中共中央的所在地,这一时期中国共产党的各项重大政治、经济、文化、社会政策都是先在这里实行,然后推广到其他根据地。边区实行过的政治、经济、文化、社会政策,不仅在当时当地产生了很大的作用,也对中华人民共和国建立后的政治、经济、文化、社会产生了深刻的影响。中国共产党领导边区人民开展金融工作,发展经济,不仅支持中国革命取得了辉煌的胜利,而且大幅改善了根据地人民的生活,创造了红色金融的奇迹,同时对中华人民共和国金融工作产生了深远的影响。

在20世纪80年代,陕甘宁边区财政经济史编写组、陕西省档案馆等单位从革命历史档案和报刊中收集整理了陕甘宁边区财政经济工作的历史资料,汇编而成《抗日战争时期陕甘宁边区财政经济史料摘编》和《解放战争时期陕甘宁边区财政经济史资料选辑》。这些资料未对解放战争时期陕甘宁边区金融史料进行系统的梳理,本次编辑的《解放战争时期陕甘宁边区金融史料摘编》与已出版的《抗日战争时期陕甘宁边区财政经济史料摘编》自成体系,完整地反映了抗日战争时期和解放战争时期陕甘宁边区金融的发展轨迹,特别是对陕甘宁边区银行的发展变化、货币发行、存放款和汇兑业务、法币和外汇管理、钞票印刷等方面进行了系统梳理,是不可多得的史料。

对解放战争时期陕甘宁边区金融史料的发掘和整理,为研究中国共产党何以发展壮大提供了坚实的基础。该套史料内容极其丰富,既有利于陕甘宁边区史的研究,也有利于深化中国革命史的研究。从金融的角度阐述中国共产党走向胜利的艰难历程,印证了只有中国共产党才能救中国,只有中国共产党才能领导人民建设中国的必然性。对陕甘宁边区金融工作经验的总结与研究,有利于意识形态的重构,回击了历史虚无主义对中国共产党历史的解构,是理解近代以来中国社会和中国经济的演变中,金融作为政权建设和国家治理的关键与核心的基础。

无论是抗日战争时期,还是土地革命时期和解放战争时期,陕甘宁边区在金融工作中积累的经验和工作作风,不仅对中华人民共和国的金融工作产生了深刻的影响,而且对我们今天全面深化改革和国家治理仍有着重要的借鉴意义。

编　者

2018 年 9 月

编写体例说明

一、本史料是以中国人民银行陕西省分行金融研究所在20世纪80年代为编写《陕甘宁边区金融史稿》所收集到的史料为主,所选史料多系当时的纪录草稿,有部分史料已在一些史料汇编中出版,亦有部分未公开出版。

二、为了便于系统、完整地分析研究边区金融的发展变化,我们选编了抗战时期相关的财政经济史料,对带有综合性不宜分开摘编的报告、指示以及《简史》之类的史料,全文选入。

三、解放战争时期,边区银行几经迁移,部分档案遭受损失。有的史料残缺不全,而这些又有参考和研究的价值,因而原文照录,其中发文单位和时间凡能辨认的,均由编者注明。

四、由于边区处于战争环境,印刷条件有限,有的文件字句模糊,有的整个段落不清,在抄录过程中无法辨认处,则用空白和省略处理。有些史料文字不够通顺,错别字较多,没有标点符号,已予以修正。报表的统计数字均按原件照录。

由于时间匆促,对所选史料研究不够,加之我们的水平有限,错误在所难免,请予批评指正。

编 者

2018年9月

目　录

引言 ·· 1

第一章　陕甘宁边区的金融概况 ·· 3

第一节　陕甘宁边区的财政经济 ·· 3
一、解放战争初期的财经情况 ·· 3
二、战时采取的紧急措施 ·· 5
三、战后一年财政经济的变化 ·· 9
四、新形势下财政经济的特点 ·· 15
五、新形势下财经工作的方针任务 ·· 21
附：陕甘宁边区的工作报告 ·· 37

第二节　陕甘宁边区的金融工作 ·· 45
一、抗战结束，争取和平阶段 ·· 45
二、谈判决裂，准备战争阶段 ·· 65
三、一九四七年七月以前 ·· 78
四、一九四七年七月以后 ·· 97
五、减少发行，稳定金融，抛售物资，保证供给 ··························· 111
六、贯彻独立自主的金融方针 ·· 114
七、新解放区的金融工作 ·· 152

第二章　陕甘宁边区银行的发展变化 ·· 198

第一节　边区银行的沿革 ··· 198
一、边区银行的发展与机构设置 ··· 198
二、成立西北农民银行总行 ··· 201
三、人民银行西北区行的成立及其组织建设 ································· 220

第二节　边区银行的资金积累和分配运用 ···································· 238
一、资金的壮大与合理运用 ··· 238
二、保本问题 ··· 249
三、边区银行历年资产负债统计资料 ··· 260

第三节　边区银行工作人员的政治工作及有关条例 ························ 314

　　一、关于政治工作的指示 …………………………………… 314
　　二、政治工作暂行条例草案 ………………………………… 317
　　三、金融贸易工作人员奖惩暂行条例 ……………………… 320
　　四、银行工作人员供给管理办法 …………………………… 323

第三章　陕甘宁边区银行的货币发行 …………………………… 324

第一节　银行发行简史 …………………………………………… 324
　　一、苏维埃时期的发行 ……………………………………… 324
　　二、抗日战争时期的发行 …………………………………… 325
　　三、争取和平时期的发行 …………………………………… 332
　　四、解放战争时期的发行 …………………………………… 337
　　五、发行用途与分配 ………………………………………… 347
　　六、发行与紧缩 ……………………………………………… 351
　　七、发行准备金 ……………………………………………… 353
　　八、晋绥西北农民银行的发行 ……………………………… 360

第二节　贯彻"发展经济,保障供给"的总方针,统一货币发行 … 381
　　一、发行工作的方针、政策和步骤 ………………………… 381
　　二、统一陕甘宁、晋绥两边区的货币发行 ………………… 389
　　三、货币的发行 ……………………………………………… 392
　　四、华北与陕甘宁、晋绥货币流通办法 …………………… 399
　　五、回笼票币与破票的处理 ………………………………… 405
　　六、发行库工作情况与制度 ………………………………… 410

第三节　中国人民银行发行人民币 ……………………………… 418
　　一、发行人民币,统一西北、华北、华东三区的币制 …… 418
　　二、发行人民币的目的和意义 ……………………………… 422
　　三、推行人民币,平抑物价的决定 ………………………… 429

第四节　发行与比价 ……………………………………………… 431
　　一、减少开支,紧缩发行 …………………………………… 431
　　二、金融物价政策和原则 …………………………………… 445
　　三、比价问题 ………………………………………………… 475

引　言

新民主主义的国家银行,即人民大众的银行。它是保护社会财富,组织人民资本,促进国民经济有计划且顺利发展的金融机关。在新民主主义经济的建立发展壮大中,它阻止了四大家族垄断社会财富,抵制了国民经济的反动金融体系,建立了便于国民经济发展、增加社会财富的新的进步的金融体系。它负责管理国家资本,组织社会资本,大力发展帮助劳动人民的合作经济,壮大国家经济的同时促进了私营经济的发展。

在新民主主义经济的建设中,国家银行不仅是国家资本的总会计,而且是组织资本和劳力结合的杠杆,是通融社会资金、调剂公私经济的枢纽,其业务贯穿社会经济(国家、合作、私营三种经济),农业、工业、商业、交通运输的各个部门。国家银行能及时了解全面经济情况,且管理着发展经济所需之资本,所以它为国家制订经济建设计划提供参考,以便合理地运用有限资本(包括国家资本、社会资本),有计划有重点地发展社会最需要的生产事业,保证既定政策方针的实现。

现在有些地区(华北、东北)已逐步实现了统一建设的局面,初具国家经济建设的规模。为了适应目前战争的需要和统一建设的要求,各地银行工作必须迅速加强,以大力扶助经济之发展。但在实现上述任务时,各地应根据工作情况、经济情况之不同,要采取不同步骤,慎重地坚定不移地来逐步进行。必须克服过去对银行在经济建设中的作用认识不足而轻视银行工作的偏见。同时,也要防止大银行主义的错误思想产生。

目前,各解放区的银行都是国家性质的银行,它是在敌人分割封锁形势下独立地执行国家银行的任务,今后应随着胜利形势的发展逐渐统一为中国人民银行的一部分。

现阶段的具体任务:

1.掌管货币发行,建立独立自主的货币体系。

2.管理国家资本,掌握国家财产,稽核统计公营企业之资产账目。

3.代理国库,贯彻财政统一的收支制度。

4.发放生产贷款,组织社会资本(包括农村信用业务及城市存放款)有计划地促进生产之发展。

5.进行对敌斗争,不仅对敌进行货币斗争,而且要摧毁四大家族的反动金融体系,没收其金融企业,以巩固和加强人民的金融体系。

6.掌管金融政策:管理外汇(国际汇兑与对敌区汇兑),管理银钱业,管理生金银买卖。

为迎接即将到来的胜利的新形势,适应大规模有计划、有组织地发展国家经济统一建设之需要,各地党政负责同志必须重视大力帮助、指导银行工作之建设,我们银行工作人员,必须在以往的成绩的基础上,加强学习,努力提高自己的政治理论和业务水平,深刻认识和克服各种曾经发生过和目前存在着的错误偏向,以不骄不馁的态度深入群众,脚踏实地,兢兢业业,埋头苦干的精神,勇敢而负责地担负起推动整个国民经济的统一建设,有组织有计划地迎接并完成新任务,为新民主主义国家银行新的金融体系之建立和健全而奋斗。

金融贸易会议:《关于银行工作的决议案(初稿)》
1948年4月17日

第一章 陕甘宁边区的金融概况

第一节 陕甘宁边区的财政经济

一、解放战争初期的财经情况

甲、目前情况由于战争,今年财经将是严重困难的一年,而目前数月(至少三、四、五月)又是最困难的一个紧急关头。其原因:(1)关中贸易口岸已全失,陇东口岸亦有可能失掉,加以严重的走私,致使贸易已大半停滞,且有全部停滞的可能。贸易是我们财经周转中带有决定性的环节,这一环节发生变化,必将影响全部财经发生变化。(2)首先是资金冻结,土产卖不出去,又不能内销;黄金因国民党黄金国有,也要暂时冻结卖不出去。(3)物资不进,内部市场物资必感缺乏;又因战争消耗很大,供求难以协调;加以商人、小公囤积居奇,物价势将走向高涨趋势,影响财政预算及人民生计。(4)银行信用一大半靠外汇维持,而外汇又是靠贸易换入。贸易既停,外汇将难以应付;加以银行资金冻结,外汇要求比过去增加更多。(5)贸易停滞,财政税收必将减少。(6)贸易公司因周转停滞,对内部市场的调剂与掌握也将感到力量不足,甚至没有力量。如果这样,则市场物价将受商人完全操纵。

乙、在上述情况之下,财政、金融、物价就成为极严重的问题。财政的开支因战争而增大,如按照常态三月份须开支券币十七亿(被服在外),而收入可能不足十分之一。如果照上述开支,则其十、九只有靠银行发行来解决,银行在二月内发行指数比之去年年底已增长到143。因法币侵入市场与敌人侵犯已感膨胀;另一方面银行准备金绝大部分是黄金,一部分是土产的。能做兑换用的法币只有全部发行量的十分之一上下,在贸易停滞、外汇不来的情况下,就是不发行也感难以应付;如大量发行,则兑换就无法保证;如兑换停止,必生黑市,则券币价值将猛烈下跌,其结果就是物价无限上涨。财政预算也跟着无限膨胀,于是愈发行物价预算愈膨胀,愈膨胀愈要发行,造成恶性通货膨胀,如一九四三年冬季那样,这就是摆在我们面前的一个危机。

丙、但我们又应估计到:(1)包括大公、小公在内,我们还有相当经济力量,目前的困难是属于暂时性的,还不是根本没有力量。(2)估计我们内线作战不会很长久,而总的趋势是发展的。(3)鉴于一九四三年的经验,恶性通货膨胀将给我们经济上造成不可设想的损害,无论如何是应当避免的。(4)估计国民党区经过一、二月间的波动后,目前虽有一部相对的、暂时的稳定,但不会很久,也许两个月前后就可能爆发更大的风潮。为了准备应付下一次国民党风潮对我们的影响,目前我们也必须保存力量,否则那时更不堪设想。(5)战时财政是困难的,但只要我们能长期打算,通盘筹划,困难是可以度过的。而目前这三个月是关键时期,如能设法度过,则以后的发展情势就好办;如遭遇混乱,则以后的事就更难办,是会在战争中妨碍我们军事发展的。根据以上数点,对目前这一危机,我们绝对不应也不能只靠银行发行的通货膨胀的方式,而应实行各种紧急措施,动员大公、小公及商人、农民全体力量,以渡过目前这一难关。

(西北财办:《目前财政经济紧急措施方案》,1947年3月)

自三月十三日敌攻延安开始至四月十三日这一月间,财经主要工作是:

1. 疏散保管粮食物资。
2. 维持军工及其他可能进行之生产。
3. 维持对外贸易及内部市场。
4. 维持金融,支持财政。
5. 预征营业税,发行自卫公债,筹措财政,供应前线等。

这些工作推行情况如下:

1. 疏散保管物资是这一个时期的中心工作,虽尽了很大的努力,也疏散了大部分物资,但有严重的缺点。

2. 军工生产原分安塞、子长两地进行,以后由于转移生产影响甚大,致使计划只实现一小部分,而大部未能完成;其他轻工生产大部陷于停滞。

3. 对外贸易大部被切断。但这一个时期,关、陇还以游击分散形式进行了一部分对外贸易,内部市场由于机关转移,人民疏散,大都陷于停滞状态。

4. 金融工作,大部因敌进攻陷于停滞。绥德情况,本可维持,但因领导方面的错误,也陷于停滞,其混乱情况较其他分区尤甚。

5. 财政上预征营业税,只有延市采取紧急步骤完成。三边、绥德没有完成,有的只完成一部分,没有抓紧。自卫公债虽已印出,因流动慌乱,未能开始。由于后方的转移,致使前后方财政供给关系断裂,一定程度上影响了前方的供给。

6. 由于战争中情况变动及物资的疏散或机关的转移,整个财经状况非常困难。有的是客观原因,无法避免;有的则是主观失误造成的。现在混乱即可终止,适合战时条件,较有规律的工作,应当从此开始。

经过一个月的战争破坏及其影响,目前的情况非常严峻。表现如下:

(1)对外贸易大部中断,虽可维持小部,也难以持久,因而资金冻结,不能换回必需物资,致使边区内部物资日益缺乏。(2)春耕因战争动员,劳力不足,有不能及时下种之危险。其他公私自给之工业生产,也因战争受到严重影响,大部陷于停滞。(3)内部市场交换大部陷于停滞,人民开始买不到东西(如布、花、火柴、食盐等),生活发生困难。(4)金融发生严重的波动,地区缩小,兑换停滞,交换缺乏,人民手中边币买不到东西;另一方面,为了支援前线,需要大量发行,发出难以收回,吞吐不灵,在此情况下,票价将继续下跌。(5)财政收入大部停止,贸易上支付财政能力大大降低(变不过来),因而目前只能依靠银行发行来支持财政,但开支因战争消耗而增大,致使财政与金融发生矛盾,财政扩大,发行就要增加,物价就要高涨,物价高涨,预算就要扩大,预算扩大,使发行又要增加,这就是我们过去想避免金融波动,但又难以避免的状况要到来了。

(《西北局财经工作会议记录》,1947年4月13日)

二、战时采取的紧急措施

甲、关于财政:(1)前后方草料、被服均仍按照供给标准供给。(2)在出入口税骤减情况下,应向商人预借二亿到二亿五千万元营业税以救急。(3)开展前后方生产节约运动,降低生活水准,以渡过这一难关。(4)清查各小公家务,财厅及后勤得按战争供给需要缴用或借用小公物资。(5)经费应大大紧缩。①前线作战部队经常费按供给标准减半发给,其不足之数由各部队家务内补贴。②战争中伤兵、埋葬、医院、俘虏等费,仍应有相当准备,按照标准保证其供给。③后方守备部队及一切作战中未离开本分区部队之经费一律停发,由其自给生产来解决(骑六师、十一旅及新兵可酌予照顾)。④后方机关经费一律停发(老弱病员及最无基础者可酌情给予照顾)。⑤事业费与战争关系重大者应维持,一般可缓办者,均应缓延之。⑥普通而非战争必需的临时费,原则上应一律不发。⑦由审计处及财厅根据上述原则,制定三及四五月预算,切实执行之。(6)按照上述方针实行紧缩之后,不足之数由银行发行弥补,但不能超过五亿元。

乙、关于金融:(1)三月准备发行五亿,以支持战争。(2)动员全部准备金力量,以稳定比价。①土产由贸司设法转化为法币,以增加兑换力量。②低价抛出黄金,争取以金代替部分外汇。③所存布匹一律有计划地按市价抛出,以回笼券币,吞吐发行。④绥德所存白洋均按市价抛出,以抵制白洋入口,并回笼券币,周转发行。(3)责令各地党政切实禁止法币、白洋在境内行使,以缩小白洋、法币市场,扩大边币市场,此为支持战争时金融财政最有效与有力措施之一。(4)三月内筹发自卫公债十亿元,以应付四、五两月的问题。(5)立即紧缩信用。①商业贷款、机关部队贷款一律停止。②农村贷款应酌情予以减少。③一切放款应尽量收回。

丙、关于贸易:(1)酌量减低土产价,设法打开口岸,以全力推销土产,争取布匹物资进口,以应战争供需,并帮助银行争取一部分外汇力量。(2)要达到上述目的,必须责令各地党政严厉制止走私。(3)禁止纸烟及一切消耗品、非必需品入口,以减少外汇支出,走私品应一律没收。(4)用贸司所有力量:如花、盐、油及一部分布匹等物资有计划地供应与调剂市场,掌握物价,稳定金融。

丁、关于工业:(1)在不影响工业生产之前提下,财厅对各种战争供应品的借用,待渡过这一难关后再付款。(2)轻工业生产所得利润应帮助军工生产,以减轻财政负担,以有利于军事供应。(3)各工业成品(如肥皂、洋火等)应与银行、贸司配合,尽量在市场上按价抛出,以调剂市场及稳定金融。(4)建设厅发展纺织计划,暂时缩小其范围,以撙节资力。支持上述各项,俟力量充裕时再按原定计划进行。

戊、关于公营商店:(1)各公营商店应以其力量与大会协同维持金融物价,严厉取缔投机违法。(2)各公营商店所有物资应向财经主管机关报告,并有计划地向市场抛售,不得囤积居奇。(3)公营商店如违背此紧急措施方案,政府应予处罚,直至封闭商店,处罚人员及没收其违法物资。

己、关于胜利品:(1)原则上应规定一切非军事的物资,应由政府派机关统一接收与分配,不得没收或乱分配。(2)组织随军财经工作团,除协助供给部门解决部队财粮供给战时动员外,并专事负处理没收事项之责。(3)由前委及野司负责保证上述计划实现,以增加战时财政收入,而免由乱没收发生之各种弊病与浪费。

(西北财办:《目前财政经济紧急措施方案》,1947年3月)

关于陕边大批机关部队人员过河后,在晋绥供给及金融问题临时决定如下:

1. 粮、草料由晋绥筹措,按陕边过河的实有人数及晋绥供给标准供给,并由陕边财厅及后方办事处负责协助晋绥财政处掌握,一切遵守晋绥所规定之制度。

2. 陕边过河一切机关人员所携带之券币,必须兑换成农币使用,不准在晋绥市场上行使券币。具体办法如下:

(1)陕边过河之机关部队得按实有人数及供给标准由后方办事处统筹,经财政厅审核批准后写介绍信到陕边贸易公司按晋绥市价用券币购买油及盐,以保障其供给,此项券币由贸司收回后交银行封存。

(2)除油、盐两项外,其他生活必需费用(如买菜、买炭等)亦得按实有人数及供给标准经财政厅审核证明后,向陕边银行驻晋办事处兑换农币在市场购买。兑换牌价得按河东河西两方市场价格适当规定。

(3)经晋绥同意后,陕边贸司得出售部队物资,换得农币交陕行办事处兑换券币,不足之数由陕行向农行借款支持,或以黄金、白洋作抵押,或以之卖成农币。

(4)各机关所存物资,在不违背晋绥政策法令下,亦可在市场上出售,换得农币,维持自身供给。但一切违禁物资,绝对不许买卖,违者得按晋绥法令严厉惩处。

(5)各机关部队人员所携带之白洋,绝对不准在市面行使,凡不使用者,可交银行代为保存,或交农行按规定价格兑成农币。

(6)各机关部队人员所携带之黄金,只准私人保存或交银行兑换农币,不准在市上自由买卖。

(西北局:《关于陕边大批机关部队人员过河后在晋绥供给及金融问题临时决定》,1947年8月17日)

我们应用一切力量,采取各种方法,解决当前的各项问题,力求改变目前的混乱状态,支持长期战争。

(一)保存粮食物资,是战时目前阶段最重要的工作

1. 粮食问题应由财厅负责组织实行。

2. 关于粮食物资损失情况,应立即由各主管机关负责查明,吸取教训,追究责任。

3. 物资疏散地点不合适不可靠的重新坚壁疏散;转移在群众中保存者是否有账?是否有二流子从中捣鬼?无账者查明补上,二流子拿去者应设法追回。

4. 每一保存物资地区应派专人看守,必要时应有武装掩护。此种人与武装应与地方群众打成一片,参加民兵游击队,虽特别情况,致物资受损失者应受处罚。

(二)生产问题

1. 农业生产目前最为迫切。应发动一切后方机关部队人员,无代价地助民春耕。

2. 民营手工业,特别与战争有密切关系者,如马装备、马掌、裁缝、制革、熬盐,政府应帮助其维持生产。

3. 公营工业,以军工生产为主,工厂组织应军事化。

(三)贸易问题

1. 坚持关、陇、三边游击分散式的小型贸易,并利用一切可能条件扩大之。

2. 应即打开陕晋贸易关系,争取衣服、军用器材由东边解决。

3. 大公现存物资布、花、盐、火柴、肥皂等,应拿出部分来供应市场,以维持金融或解决人民的困难。其方式可利用:

(1)恢复乡间集市,在集市上卖出。

(2)向民办合作社批发。

(3)组织货郎担子下乡。

(4)一切财经机关保存物资之地,均有代售物品之责,由贸易公司统一进行。

(5)各机关公营商店应分散复业,活跃市场。

(6)财政厅发经费应配合部分实物,由受领机关部队向人民交换必需之物品。

(四)金融问题

1. 凡一切稍微远战地区,银行兑换的工作应即设法恢复。
2. 黄金、白洋、法币、物资均应逐渐抛出,以回笼边币,吞吐发行。
3. 发行应有节制,与财政贸易密切配合,以减少发行与吞吐发行。如财政厅采取部队实物供给制,贸易公司售出物资,以收回边币等。
4. 印厂生产应即恢复,票纸就即设法购置,防止中断,影响工作。
5. 绥德金融应即设法整顿。

(五)财政问题

1. 绥德及各地营业税应设法逐渐收齐,自卫公债应在五月内开始逐渐发行,并计划在某些可能地点恢复税收,以恢复一些收入。
2. 贯彻粮票制,加强各级政府粮食管理,并开始筹划夏征,以备战争急需。战时粮食应分散保存和集中使用,并实行节约运动。
3. 应立即筹备冬衣材料及制造工作。
4. 简化支付手续,并尽量支取部队实物供给,以适应战时的情况。
5. 在紧缩开支原则下,首先保证前方战费及后方医院伤病员经费及其他后方机关经费。原则上仍维持前议,停发三月份各种非战争性的事业费,应停止或紧缩到最低限度,以节省财力,供给战争。

(六)组织问题

1. 财政厅、银行、贸司应合组一个大队,以密切联系,结合工作。
2. 各分区财政处、分行、分司亦应合在一起。但财经分处指定其中能较强者负主责,或派专人负责,并加强专署对其领导作用。
3. 清涧、子长、志丹及安塞四个后方区的所有财政厅、银行、贸司、工业局所属单位均可联合,组织办事处,以便统一管理其行动,互相配合进行其业务。
4. 上述各个区域或集团,均应加强,在统一方针,独立活动之权力及能力。

(《西北局财经工作会议记录》,1947年4月13日)

三、战后一年财政经济的变化

陕甘宁经过一年大规模的战争之后,经济财政面貌已起了根本变化。兹将这些变化的主要情况,根据现有调查及估计用数字表明如下。以供参考。

壹、经济
甲、农业

	战前	战后	增减%	注
(一)耕地面积	1,590万亩(46年)	1,227万亩(47年)	减22.8%	
(二)粮食产量	165万石(46年)	80万石(47年)	减51%	300斤石下同 不包括战争损失之二十五万石(私十九万石、公六万石)
(三)粮食存量	200万石以上	90万石以下	减55%	此数字包括当年收获及历年存粮
每人平均	1.3石上下	0.5石上下	减61%	
(四)棉花产量	200万斤(46年)	50万斤至60万斤	减75%	十六两(斤)
(五)劳力	30万人	24万人	减20%	减少之六万劳动力系46年下半年至47年上半年的新兵及游击队之估计数

乙、牧畜

	战前	战后	增减%	注
一、羊子	197万只	胡灾损失149,723	减7.6%	战前各项数字，系1944年数字，四年后猪羊数字有下降倾向，猪因机关部队喂猪减少，羊因皮毛羊子无法出口，饲养无利，因此损失数所占比例当更大于本表所算的百分比
二、牛	22万头	胡灾损失22,011	减10%	
三、驴	168,000头	胡灾损失40,384	减24%	
四、骡马	8,736头	胡灾损失2,752	减31%	
五、猪	146,000头	胡灾损失29,829	减20%	

丙、工矿

	战前	战后	增减%	注
(一)大盐产量	40万驮上下	零	减100%	(一)系150斤(16两)驴驮 (二)盐产视销路大小决定,战后盐池被敌占领,我反需外汇购入
(二)石油(原油)	4,974.0桶	零	减100%	(一)系五加仑桶 (二)1943年最高产量为八万余桶 (三)战后产油地陷入敌手
(三)马兰纸	5,500令	零	减100%	
(四)火柴	1,800箱	零	减100%	
(五)肥皂	30,000条 (每月平均)	7,000条	减77%	
(六)土布	12万大匹 (1946年)		估计减70%左右	
(七)纺车	167,000架	胡灾损失35,140	减21%	
(八)纺机	48,400	胡灾损失12,107	减25%	

贰、财政

	战前	战后	增减%	注
(一)1946年公家人马占人口比例	87,606 占人口5%	150,978 占人口12.58%	增72%	
(二)1946年岁入	518,786万券币 (折粮288,000石)	436,043万券币 (折粮16,300石)	减16% (折实减94%)	
(三)1946年岁出	469,476万 (折粮260,000石)	4,766,871万 (折粮174,000石)	增十倍 (折实减33%)	

续表

	战前	战后	增减%	注
（四）财政岁入分类				
税收	22.74%	2.24%		
贸易税	73.02%	6.92%		
盐税	3.87%	0.22%		
其他	0.37%	0.41%		
亏空	0/100%	90.21%/100%		战前战后岁出均不包括粮食及被服
（五）财政岁出中军费比重	44.14%（1946年）	74.86%（1947年）	增51%	
（六）公粮	1946年征163,000石,占产粮165万石之9.84%	1947年征246,000石,占产粮80万石之30.75%		

叁、金贸

甲、出口贸易

	战前	战后	增减%	注
（一）土产	174万件（1946年）	36,000件（战后十个月1947年3月至12月）	减98%	
（二）食盐	25万驮（1944）	零		
（三）羊皮	63,000张	零		三至七项数字系1946年数字
（四）羊毛	230,000斤	零		
（五）羔皮	58,000张	零		
（六）甘草	370,000斤	零		
（七）肥皂	44,000条	零		

乙、商业

	战前	战后	增减%	注
(一)中心城市	4 处	1 处	减 75%	战前四处为延安、庆阳、定边、绥德；战后仅余绥德一处
(二)市镇(以延属分区为例)	52 处	敌占 19 处 敌破坏 9 处 已恢复 24 处	占 53.9% 占 46.1%	
(三)户数(以绥德市为例)	146 户	41 户	减 71%	
(四)资力(以瓦窑堡为例)	100%	10%	减 90%	

丙、物价

	战前(1946年)(延安市)	战后(1947年)(绥德市)	注
总指数	587	3,486	
棉花指数(全年)	445	1,666	
土布指数(全年)	570	1,888	
小米指数(全年)	317	8,506	
剪刀差			
一斗米换布	2.7 丈	8 丈	
一斗米换花	4 斤	$13\frac{6}{16}$ 斤	

丁、金融

	战前	战后	增减%	注
(一)发行分配	1946年财政占 5.95% 贸易占 46.68% 金融占 42.11% 经建占 2.26%	财政 94.46% 贸易 2.37% 金融 3.1% 经建 0.07%		
(二)发行购买力	47.3 止累计 49 亿	47.12 止累计 219 亿	增 4.5 倍	
等于 1940 年	270,747 元	42,573 元	减 6.36 倍	

肆、灾情

(一)灾民:总数400,000人,占全人口比例:以160万人计占25%

以120万人计占33%

(二)灾民短粮情况:马上没吃的95,600人占27.3%

能吃到年底143,900人占41.1%

能吃到二月80,050人占22.9%

能吃到夏收 $\frac{30,450 人}{350,000 人}$ 占 $\frac{8.7}{100\%}$

以上是1947年11月份材料,现在灾民数当比前更大。

(三)胡灾典型举例

	战前	战后	增减%	注
(一)荒地	原有328垧	荒321垧	97%	延川赵家沟材料
(二)胡匪蹂躏地区				
延安县	自然村627	616	占98%	
延川县	自然村700	343	占49%	
无人区	原21村	全部毁灭		安塞高桥川材料
	435人			
	381牛			
	1,644羊			
(三)奸淫(以延川县为例)		1000余人		
(四)焚毁门牌	原有窑118孔	烧去116孔	98%	延川县禹居大张村
(五)疫疠				
A. 延川关家庄	30多户	病20多户	2/3	
B. 蟠龙永坪一带	10人	死8至9人		
婴儿死亡				
(六)逃荒				
A. 子洲石窑区	440户	全家搬走52户		
四乡		半家搬走356户	减92%	
B. 延川盐湾二乡	321户	全家移走	占80%	

(西北财办:《陕甘宁战后经济财政情况之大变化》,1947年12月)

四、新形势下财政经济的特点

边区经济财政的特点：

大会讨论，牵涉到边区经济性质、状况及相互关系等一类问题，这些问题又关联到我们各方面的政策方针，是应当深入研究，并求得正确理解的。

当我们检讨过去工作或决定今后方针时，我认为必须注意下面关于边区财政经济的几个基本特点。

1. 我们经济的基本特点。是分散落后（技术落后、常闹灾荒）个体的小私有农村经济，这是大量的、普遍的和基本的东西。这种经济在性质上与国民党区比较，已有了一个基本的变化，就是废除了封建剥削（老区），或削弱了，或削弱着封建剥削（老区或半老区），并在这一经济的基础上生产着初步的少量的合作经济（看不到这少量一个东西和多量一个东西是不对的）。同时，我们又有了一个公营经济作为领导力量，与这种小农经济联系着，其间还有若干私人工商业、小手工业，这就构成在基本性质上是新民主主义经济。因为我们铲除了封建，没有帝国主义，没有官僚资本。而我们有的是国营经济、私人经济（工商业者及小农经济）和小农经济上产生的合作经济，可是必须承认在我们经济中最大量最普遍的仍是上述这种小农经济，公营经济比重不大，而合作经济还很小，这就是基本状况。

发展的方向是什么？

（1）国营经济是必须而且也有可能逐渐壮大的条件，它是新民主经济领导力量，需要壮大，而在发展中，我们将接收一批资本，是可能壮大的。

（2）合作经济是必须逐渐发展的，现在虽然小而少，但是有伟大前途和丰富的生命力。这种经济发展的基础是广大的小农经济，其内容就是改造小农经济逐渐走上合作经济道路。可是这是个长期的过程，不能性急，过去性急出了毛病，要解决这一问题，必须有强大的国家经济领导，必须有工业领导，而且是今后二十年的历史任务。

（3）小农私有经济：是我们国民经济的基础，只有发展小农私有经济（发家致富），才能为合作经济建立基础和创造条件。今天发展私有正是为了明天消灭私有，建立集体经济，今天离开私有制是不能发展生产的。

（4）私人工商业亦需要发展。因为今天不是私人工商业多了，而且还少了。而国家经济和合作经济力量太小，所以认为有了贸易据点和合作社商店就可以不要商人了,就可以挤掉商人的政策,是不妥当的。但我们对私人工商业,是执行有团结、有斗争的政策。其有利国计民生方面是讲团结的,如保护政策,其投机捣乱则采取坚决斗争。

由此可见,国营经济、农民私有经济、合作经济及私人工商业经济,均要大大发展,没有这样一个发展,今天就很难有力地支援战争、防旱备荒和适当地改善民生,也谈不到为社会主义准备条件。因之,现在就说可以依靠国家经济联合合作社经济,无分别地向资本主义进攻,这种设想离今天现实太远,这是空想。

我们的经济领导力量是国营经济(小农经济比重虽大,但在历史上和今天一样,都不可能成为领导力量)。但是基础和主力仍是广大的小农经济。因合作与资本主义均还太小,我们依靠这种小农经济,已进行了二十余年的革命战争,在我们这里,今天基本上还是依靠它,不把它很好地组织在我们国营经济领导之下,就不可能胜利地完成反封建、反官僚资本和反帝的革命任务,所以它过去是,今天仍是我们经济战线上广大的、可靠的、强有力的群众基础,而也不能把它看成同盟军,如此看,我们主力军是谁呢?只有国家经济、合作经济,已发展到一定程度,可以成为主力军,而革命已成熟到向社会主义转变时,那时把分散私有的小农经济看作同盟军,以便向资本主义进攻,才有意义,才是对的;可是现在我们还是新民主主义革命。

土地改革后,小农经济发展中是否允许冒尖问题,或只要求"齐头并进"?政策是允许冒尖的,不能要求齐头并进。因为这是既不可能而又有害的。"齐头并进",实际上就是农业社会主义思想。所谓冒尖,就是指发展中个别出现新式富农,如过去的吴满有。我们肯定说,今后还会有,应在思想上明确认识,在新民主主义经济中,是包括有这一部分冒尖的新式富农经济的,而且还包括民族资本在内。

因此,我们发展经济的方针,仍是以发展农业为主。因为这是我区七八百万人口中占百分之九十以上的经济,而这种经济中,自然是以发展个体私有的农民经济为主,暂时还不是以发展合作经济为主,因为合作经济在国民经济中所占比重还是太少太小,不可能一下形成重心;而且合作经济也只有在发展农民个体私有经济的基础上,才能逐渐发展起来。自然这不是说合作经济不重要,相反,必须用一切力量和方法,去组织农民在私有基础上的劳动互助及供销信用合作。

为主并不是唯一。在发展农业的基础上,同时必须大力发展家庭副业和手工业。发展了农业,就是给发展副业和小手工业创造更好的发展条件;而发展副业、手工业又刺激、推动农业的发展,牧畜业和森林亦应提到重要地位,加以发展,这样增加农民收入,使农民有力支前和扩大再生产。

有人说:我们似乎以城市为主,而不重视农村,甚至忘记了农民,这是不合乎实际情况的。因为我们还没有什么像样的城市,因而也没有把精力分散在城市的经营上面。今后有了城市,也是以城乡交副、工农结合的方针,指导我们的工作,不应是丢掉任何一面的。

2. 我们经济的第二个特点:就是处在战争时期,即是说,要在上述分散、个体、落后的小农经济为基础的物质力量之上,进行近代化的大规模的战争,这就决定了以下特点:

第一,尖锐的矛盾表现为财政赤字,历来如此。战争以来更加扩大,财政上百分之八十以上是军事费,即战争费。要支持战争,就必须加重人民负担,实质上就是农民生产收入的约四分之一以上,经过公粮、税收,援助了战争,这种负担是必需的,农民了解战争是为了解放他们,但这种重的负担,再加上劳力、畜力的战勤负担,又不能不在一定限度上影响农民的生产,这也是必须认识到的。

第二,由于战争,又决定了我们不得不首先大力经营军需工业,然后才注意民用工业的发展。因之,公营工业都带有很大的战争供需的供给性质,如军火制造、石油、被服、皮革、印刷等。这在今天说来仍然是正确的,尤其在过去在被封锁的环境及条件下,更须如此,才能支援战争的胜利发展。对于民用工业,党的政策是一贯在保护奖励,并扶助其发展的。我们也只是在投资力量上,不能兼顾民用工业的同样经营,假如因此而掩护我们对于群众生产中的缺点,甚至错误,那是不应当的。过去很大一部分同志,或多或少地认为上级不给钱,就无法组织领导群众生产,除了农村条件的限制外,这种思想才是造成民需工业不能得到应有发展的原因,这是我们深刻检讨后,应当承认的缺点。

第三,我们的公营贸易,同样从它产生的第一天起,就是带有很大的财政供给性质。有人说,我们重贸易轻工业,在一定意义上有这样的情形。这是由于用土产输出,换回物资,部分供给财政(亦是支援战争),解决相当大的一部分赤字所形成的;但是另一方面,在个体的、分散的农村副业和手工业生产为主的条件下,为了发展工业生产,除了执行我党保护奖励的政策外,有效的环节就是抓紧贸易机关的供销业务,调剂供求,稳定物价。用以组织并扶助家庭副业和小手工业者再生产的顺利进行,如过去对纺妇花布的供销,不论在河东或河西,均有过相当的成绩。这种供销业务的执行,外表上穿的贸易外衣,而实质上并非是轻视工业,正如数日来同志们的发言中指出,组织群众劳动生产,与急迫需要倡办供销合作社的精神是一致的。但是过去这种供销业务的执行和稳定物价,便于群众资金周转的工作中是有缺点的。所以我们只能说在一定意义上,有重贸易轻工业的情形,如若抹杀了历史真实,在今后的工作中,便会迷失了方向。同时贸易机关除了用一部分物资直接供给了财政外,在供销业务中,把另一部分物资投入市场,回笼了财政上发行的票子,直接支持了战时财政的困难,也是不应当抹杀的。

第四,我们的银行发行,同样带有很大的财政性,历来发行财政占大半,使生产发行不能不相对地减少。当财政上需要大量的发行之后,如再无限度地增加发行,投入生产,结果引起更大的物价波动,这反而是对生产不利的,或利小害大。这一情况,便常影响生产发展,但这并不是说,在条件许可的范围和限度内也不应有计划地发行于生产。如同志们指出,去年夏秋农产上市时,我们没有适应市场筹码的需要,增加发行,造成了群众生产和公家掌握更多物资的损失,这是对的。首先财委应当负起这一责任,这是近视的保守主义,可是超过一定限度又会成为盲目的冒险主义,两者都对生产和战争不利。

总括说,在战争背后,我们的经济与财政(生产与战争)发生严重的矛盾,即经济力不能完全担负得起战争的开支,而又不能不负担起这项开支,革命战争的胜利,是打破封建势力、官僚资本、帝国主义束缚下解放生产、发展生产的关键。这就是为什么要加强战争观点的原因,为了集中一切力量,解决这个矛盾,首先我们必须大力发展生产,因为只有生产才能解决这个矛盾,因之,今天必须加强生产。因此,我们今日的生产观点,必须是与战争相结合的生产观点,而不是和平时代,首先为了提高群众生活的生产观点,假如今天把改善群众生活,强调到支持战争以上或相等看待,那便会在工作中犯错误。在一定意义上,今天生产是为了战争,为了"军队向前进"。所以必须"生产长一寸"。因为生产长一寸,就是为了增加人民财富,来支持战争,即是要尽可能地多负担一点,这就是我们负担政策的出发点,也就是必需的财政观点。因此,今天的财政观点,必须与生产观点相结合,同时也就是战争观点。但又必须与单纯财政观点相区别,就是说人民负担,在战时虽应比平时重,但也有一定限度,假如超越了这一限度,使人民因负担过分加重而饿起肚子,或不能进行再生产,就会破坏支援战争力量的再生产,破坏了党与人民的正常关系,他们就不能也不愿为战争胜利所代表的明天利益奋斗了。为了支援战争,我们的国家经济亦必须首先为战争服务。对外贸易所换回的物资,首先应供给部队,其次才是市场和民用。银行发行首先应满足财政必不可少的需要,其次才是按实际需要与可能,投放生产。我们的公营工业仍应以军需为主,如军火、石油、被服、皮革等,首先满足军需,其次才是民需民用。我们的交通公路建设,也是首先服从战争需要,其次才是经济需要。这样,使我们的全部经济首先和主要的为战争服务,使战争取得胜利。只有在战争胜利后,才能把这一基本矛盾解决,才能把全部力量转到经济建设方面来。但那时还必须有国防建设,因帝国主义还未打倒,战争危险仍然存在,如果我们的布置离开战争环境和战争要求。如果我们以为战争已前进,后方和平了,就可以百废俱兴,以致平均分散使用力量,就是错误的。

3. 我们经济的第三个特点,是进入了大统一的局面,这是和过去被分隔状态下和被封锁状态下的自给自足有了基本变化,现在,我们能意识到的如:

第一,由于统一,就在一定限度上打破了过去完全自给的经济状态,而必须走向与其他解放区互相配合发展,使自给生产的范围由小圈子过渡到大圈子,使独立的小圈子变为大圈子中的一部分,这种情况,要求我们在生产部署上必须顾及,否则就会犯盲目性错误。譬如:某些地区的纺织、纸烟等可能缩小,某些地方的畜牧、棉花、油、麻等必须有计划地为供给城市和工业的需要而增产,我们订生产计划,就必须注意及此。

由于军队的前进,交通不便的偏远老区的公粮,今年冬季不可能运往前线,甚至必然要有一大部分就地出卖,这也是我们应当预先见到的。因此能够种一部分特产输出更好。

第二,由于统一,改变了我们的贸易方向和贸易关系。过去主要与西安,今后主要与华北、东北;过去贸易对象是敌区和敌人长期分隔了的兄弟解放区,所以有不同的关税壁垒和对敌进行经济斗争。今后对敌区关税的限制、经济的斗争依然存在,但是占了主要部分的各兄弟解放区之间的贸易,没有关税壁垒,也没有经济斗争,有的只能是有计划的自由贸易,互助互利的以通有无来发展生产和繁荣经济。

第三,由于统一,我们过去独立的自成体系的金融,也发生了根本变化,即成为全解放区统一的金融体系中的一部分。我们已不能随便发行,而必须由中央统一计划的发行;已不可能独立的控制金融,而必须全解放区全面的加以控制(自然我们是其中的基本部分之一)。因而基本上就必须从全解放区的情况及统一政策出发,来掌握本区金融物价,而不应也不能与之对立。

第四,由于统一,使我们的财政也改变了过去完全自筹自给的状况。而基本上进入了全解放区统筹的局面,因为战争发展,把过去各区互不联系、各自分筹的局面打破了,出现了统筹的条件,并进而执行了统筹,这是争取全国范围内革命战争胜利的保证,尤其对于西北战场说来,没有这一条,西北解放战争的胜利就要拖延。但我们把这种统筹下中央给西北的拨款叫做外援,这是不妥当的。这不是外而是内,不是援而是统一局面下的统一调剂。有一位同志更说依靠这种"外援"是不好的,为什么不自力更生呢?他说好像我们有了外援,就忘记了帮助农民生产以求增加收入,解决财政困难问题了。这是为了把目前生产所解决的问题说得更大些,以便要求大量投资提出的歪道理,现在西北的事实,是为了支前,国民经济的负担已经到了最大限度,加上土产输出从敌区吸收进来物资,仍不能满足战争需要,又依靠了发行,间接加重人民负担,减低了军队供给的需要(币值下降),战费仍然不能维持。但是同志们已感负担过重。影响了群众的生产情绪,假如再加重负担,恐怕意见更多了,国库整个开支都是困难的,我们应当在西北为国库增开财源,减少整个支出的困难,但是仍然不能支持战费的全部需要。那么,为了支持全国主要战场之一的西北解放战争的早日胜利,为什么能够认为中央统筹军费是不好的呢?最低限度也可说这是没有统一的、全面的战争观点的表现。西北是地瘠民贫的小农经济的区域,负担不起占总人口百分之六七的脱离生产的军民人员的开支,而现有解放区平均脱离生产人员才占全解放区总人口百分之二三。为什么不应由中央统一调剂呢?但是我们为了减轻中央的负担,西北解放区内部,还必须统筹统支,解决财政上的困难,不足之数才由中央调补,如弹药、被服、器材、白洋、票币等。货币的统一,就是说明我们逐渐统一,进而执行统筹统支的强大力量。

以上所述,都是较大的变化,影响我们财政工作的各个方面。四八年已开始而在四九年及今后应该贯彻的。这里我们应防止本位主义与地方主义,就是只从本区出发,而不照顾全国;应当相反,从全国出发来解决本区问题,自觉地使本区在一切实际工作方面都逐渐成为全国有机的一部分。

4.我们经济的第四个基本特点是大发展的局面。四八年还是小发展。四九年将有大发展。包括陕甘两省基本部分的解放,这一大的发展,将对我们财经工作发生什么影响呢?

第一,由于发展,我们将直接掌握若干较大城市的工业、交通设备。如西安、宝鸡、天水、兰州、南郑等及陇海路和许多公路,这就意味着我们的经济情况,由单纯的农村进入较大的城市和工业环境;我们的财政的负担面将增大,城市税源将增加,这对我们是一个大的和有利的变化。

第二,但在发展中财政仍然是困难的,地区扩大与收入增加,估计暂时补不上发展中所需的开支的增加,而且城市在初期还是一个包袱。还需要投资,绝不可因发展和胜利冲昏头脑,看不到困难而产生盲目乐观的情绪。

第三,由于以上变化即将到来,我们必须全盘考虑我们的各种财经政策,使之能适应新的区域,特别能适应城市工业条件,这件工作,我们现在才刚开始,我们还非常缺乏这种经验,还必须花很大力气,才不会出乱子。

第四,这种发展形势要求我们必须把人力物力向新区和城市转移,这和老区不能不发生若干矛盾。如人力现在都不够,还要抽出大批有能力的到新城市去;如物力资力现在已感到很困难,但还要抽出大批力量,投向新区城市与工业交通、贸易等方面,这是我们已深感困难的问题,可是无论如何,问题总是要解决,只有采取重点主义的方法,才能解决问题。要意识到为了发展新区,无可避免地要使老区受到一定影响,应当接受这种影响,把主要力量放在新区城市去,因为只有抓好新区城市,才可能减轻负担,才能在一段时期后,从增加的力量中抽出人力物力加强老区;如不然,没有新区和城市,老区就不能支持下去,最后是什么都没有。这种思想搞不通,就不能顺利地解决新区城市问题,也不能解决老区问题。

以上四点,我认为必须成为检讨四八年工作和决定四九年方针与工作的总出发点。我们的经济与财政,就是战争时代的农村环境和走向统一与大发展的财政与经济,我们应在这些基本点上完全统一起来。

(《西北财经会议总结报告(初稿)》,1949 年 3 月)

五、新形势下财经工作的方针任务

(一)经济恢复,大力支援战争

这次财经会议应当根据西北局总的方针和政策,来检讨四八年的财经工作,并讨论和布置四九年的财经工作。我的讲话,就是在这方面提出若干问题,并谈谈我对这些问题的见解,供同志们讨论。

一九四八年西北财经工作从若干主要方面来看,基本上是有成绩的。首先我们在相当程度上恢复了或恢复着在战争中被胡宗南祸害以及灾荒所严重破坏了的陕甘宁老区的经济。只要回顾一下四七年陕甘宁边区被破坏的经济情况,并和四八年加以比较,就会明白了。在四七年十个月残酷的内线作战及严重的胡祸灾荒中,使陕甘宁在十年相对和平环境中建立和发展起来的经济面貌完全改观。如以战后的四七年与战前的四六年比较,以作为边区经济基础的农业来看,其耕种面积由一千六百余万亩降为一千二百多万亩,即减少了百分之二十五左右;粮食产量由一百八十万大石(三百斤老秤)降为九十万大石左右,大致减少了一半;棉花产量由二百余万斤降为五六万斤,约减少百分之七十以上;劳力约减少百分之二十左右;畜力约减少百分之三十左右。食盐在战前曾占边区出口的大宗,战后因敌占领盐池,则由出口变为输入;作为边区主要副业的家庭纺织业,约减少百分之七十以上。公营企业如石油、火柴、肥皂、造纸、印刷等大都陷于停顿状态。合作社及一般城镇商业亦大半停顿。对外贸易方面,战前出口的主要土产,在战后的四七年减少百分之九十以上,几乎完全陷于停顿。这就不能不造成当时财政和金融极大的困难。四七年人员马匹比四六年增加了一倍,但财政收入却比四六年减少百分之九十。四七年全年发行比四六年增加八倍,而物价平均却上涨三十四倍。其中最突出的是粮价,上涨竟达八十倍以上,并造成严重的灾荒,仅陕甘宁灾民即达四十万人,即每四人中平均有一个灾民,晋绥灾情及灾民数量亦不比陕甘宁少。所有这些,破坏了当时边区的经济基础,影响到军民生活,并造成四八年支前、生产和各项工作的严重困难。然而,我们依靠着前线军事上的不断胜利,四八年春季由防御转入进攻,由内线转入外线,恢复了陕甘宁大部老区,并开辟了黄龙新区,这不仅增加了支前的人力、物力、财力,而且为我们恢复经济、战胜灾荒、重建贸易、稳定金融等创造了有利条件,我们要依靠陕甘宁晋绥广大人民以广大无比的坚决和最大的力量来支持战争。党在四八年领导广大农民进行了彻底的土改,并纠正了土改中发生的一些左倾错误,保证党的政策步入正轨,这提高了人民支前和生产的积极性。还须指出,在四八年中央和华北对西北给予人力、物力、财力方面许多支援和帮助,如果没有这些支援和帮助,则我们在支前、救灾及恢复经济方面所遇到的困难,就不能完全克服;再加上我们在执行党的各项财经政策方针上作了一定的主观努力:如在生产方面,推行了各种奖励与扶植生产的政策,在一定程度上打破了农民对生产的某些顾虑;并动员了广大妇女参加生产以补劳力不足。在财政方面,我们贯彻执行统筹统支与生产节约方针,并在农业负担上开始实行按通产比例征收(老区)和累进的合理负担(新区)政策,得到群众的拥护,又明令免除半年或一年营业税,以便受灾严重地区工商业的迅速恢复。在贸易方面,我们坚持某些统销政策并获得对外贸易主动权。在金融方面,我们坚决驱逐法币,贯彻本币一元化方针,摆脱了敌币贬值对我区的影响,保护了我区的经济利益,并取得了对敌经济斗争的胜利。此外,我们还在若干地区坚持了合作事业的正确方针,使若干合作社从商业投机转回到参加生产救灾和为人民服务,所有这些条件,使我区遭受严重破坏的经济开始走上了恢复的道路。四八年陕甘宁老区的农业,以粮食产量来说,已达战前水平的百分之七十以上,即比四七年增长了百分之四十左右;耕畜据估计现有三十余万头,约达战前水平的百分之八十,即比四七年增长了百分之四十左右;公营企业中军工生产超过四六年两倍,石油生产超过四六年三倍,火柴达到四六年产量的百分之八十,肥皂、造纸均恢复到一半以上。合作社约恢复了一半,其他民间家庭副业、作坊、手工业及商业集市,都有了相当的恢复,个别地方或个别部分且有新的发展,这些均说明四八年我们在恢复经济工作上已前进了一大步。其次,正是由于我们在经济上恢复起来,才能使我们在四八年基本上完成支前及救灾两大艰巨任务。一方面我们在恢复经济的基础上,基本上保证了前后方粮食、经费等供给,度过了财政上的难关;另一方面我们又动员全力救灾,组织公营企业调剂粮运。军民节约,救灾救死,发动群众互济,并得到华北兄弟解放区的有力援助,使我们基本上度过了严重灾荒,抢救了百分之九十九以上的灾民。再次,为恢复经济、支前、救灾,我们积极打通对外贸易,并达到了旺销和有利交换,从主要出口量上看,已达战前四六年水平的百分之八十,比四七年则增加了四十倍;入口物资对财政(贸易垫支约占财政收入的三分之一)、救灾(供给了七十五亿农币)和金融(物资分配比例市场占百分之七十)均起了很大作用。同时我们用全力来稳定金融。四八年西北物价仅上涨一倍(西安上涨一千四百余倍),我币对敌币比价斗争由年初的我一(农币)比敌三(法币)至年终为我一比敌二千,并顺利地肃清了敌币市场,巩固和扩展了我币阵地,这对保障财政预算、恢复生产、救济灾荒及减轻人民负担等都是有重大意义的。最后在组织领导方面,我们在四八年进一步统一了陕甘宁和晋绥的财经工作,并使西北和华北的财经工作也在若干方面开始走向统一,这就标志着我们在相当限度内可以避免在分散和各自为政状态中的那些弱点和损害,而使力量走向集中,步调渐趋一致,促进上述各项政策方针之执行,并获得若干成绩的重要因素之一。这些就是四八年财经工作方面的主要成绩。

但是我们还有许多重大的缺点或错误,在财经工作的各个部门和各个方面,都可以发现这类缺点或错误。就带有普遍性的缺点或错误来看,我认为最主要的就是政策不达、组织不强、制度不严和计算不精这几方面。所谓政策不达,就是说党的经济财政政策虽然早经中央和西北局明确定下来了,可是我们在执行中还经常发生偏差,或者不能贯彻下去。为什么各地反映有些农民对我党的生产发家、劳动致富政策还有各种顾虑呢?例如:"土地以后分不分?""劳动致富会不会再受打击?""出租地以后会不会定为地富(地主、富农)成份?""雇人种地会不会被当作地富斗争?""借贷会不会成为高利贷?""多打粮食会不会加重负担"等。甚至有些人还在所禀报"熬成份"或认为"穷比富好";又如黄龙反映"房住小,地种少,留个老牛慢慢搞"。这确实代表一部分农民的思想顾虑,同时也证明党的正确政策还未为所有农民了解,更未完全贯彻;又如负担政策,在若干地方还不能达到公平合理,甚至有些地方,竟把政府颁布的条例看成"参考"而随便加以变更;又如合作社政策,在许多地方不能很好地执行,或者任其自流,或者歪曲方针;又如在执行贷款政策中恩赐救济观点仍然存在,不能克服。所有这些,就不能不在一定程度上影响到生产的发展。所谓组织不强,是说我们对群众生产中具体的组织领导,一般均是表现很薄弱,若干地方甚至比过去某些时期是倒退了的,因而农民生产中的自流倾向还是普遍存在着。同时财经工作在一定的方针政策之下,仍是最复杂、最具体的一种组织工作,可是,我们在这种组织工作方面,很多地方还是表现软弱无力,漏洞和破绽随处都可发现。从这些漏洞和破绽中就产生了拖延迟缓和落空,产生了浪费和损失,互相不能配合,力量不能集中,行政不能统一,效率不能提高,这些缺点给工作和物质带来的损害是难以计算的。财经部门组织机构不健全,不能适应形势的开展与工作的需要,因而使许多具体的组织工作的推进和改进也受到影响。所谓制度不严,这就是说,我们在财经方面所规定的若干制度,不能严格地贯彻实行,因而引起了各种混乱和浪费现象。有些制度在制定时本身就有不切实际之处,使下面难以执行;有些制度的决定,本身是对的,但对下面解释不够,甚至没有逐级传达下去;或者传达下去,但没有对执行中所发生的困难与问题及时解决,因而不能贯彻执行,甚至有些制度定的也是对的,但上面自己首先就不严格实行,因而下面也照样不执行,这就是所谓的"制度不出门",这些都是领导方面在规定和执行制度中发生的缺点,必须加以检讨与改正。但一般机关对执行与遵守制度同样也有严重缺点,有些机关对于上级所规定的制度,常常采取可行可不行的自由主义态度,甚至或明或暗加以抗拒,说明在财经工作方面所表现的无政府、无纪律现象还是很严重的。所谓计算不精,这就是说,在财经部门中,对于有关业务及政策所必须依据的数字,常常是不清楚的,常常是在"差不多"主义中混日子,许多数字经不起考验,一经考验,就矛盾百出,问题百出;我们的人员马匹老算不确,人民负担老算不清,粮食收支、生产成本、家务状况等往往似清非清,似实非实;财经部门的会计统计工作,有些地方是惊人的薄弱,甚至一个业务部门没有会计或统计工作,因而在我们决定政策或业务方针时,就常常得不到比较可靠的数字作根据,就不得不以感想代替政策,以致发生命令不出门或朝令夕改的现象。有些领导机关对于数字(会计统计等)的重要意义,直到现在还没有足够的认识。了解必要的数字,对于财经工作常常是有决定性的。数字不但关系业务,而且关系政策;不但可以用来总结过去,而且可以用来计划将来,是财经工作绝对不可缺少的。但有些同志在这方面却学习得很差,材料数字往往短了一个零,而少一个零在实际就是少了百分之九十。这也说明我们工作中粗枝大叶的恶劣作风尚未肃清,这些就是四八年财经工作中表现的主要缺点或错误。

  产生上述各种缺点或错误的根源何在?我认为最本质的就是财经部门干部包括若干领导在内,在思想状态上还存在着浓厚的经验主义倾向,这种经验主义在执行政策方面,就表现"老一套"作法。他们不论此时与彼时,不论此地与彼地,亦不论这种情况与那种情况,总是凭借自己过去的一点点经验,并把它牢牢固定起来,以不变应万变,不懂得根据情况和条件的变化来改变自己的想法和做法,或者不进行细密的调查研究,而以感想代替政策,这就是我们若干政策不能贯彻的基本原因,这种经验主义在组织制度方面,表现为游击习气、地方主义或本位主义,不听命令,不受调动,不服从大局,不服从长远利益,习惯于孤立地各自为政,而不愿甚至不懂得服从在局域互相配合的必要,不把自己看成整个锁链中的一环,而把自己看成是孤立的不受任何约束的部分,习惯于散散漫漫、零零碎碎,而不习惯于有组织、有纪律的工作,这就是我们各种组织制度薄弱与混乱的基本原因,这种经验主义在工作作风方面,表现为事务主义或手工业方式;工作无计划、无中心、无方向、不调查、不研究、不计算,终日忙忙乱乱,事倍功半,有什么事,办什么事,没有远见,没有主动,日常事务你碰到你办,我碰到我办,分工不清,责任不明,成天工作,但不知做这些工作到底为了什么,不掌握方针,不研究政策,这就是我们各种工作缺乏效率的基本原因。克服这些经验主义倾向的唯一有效办法,就是学习,特别是学习理论。只在理论上提高一步,才能有效地克服这些缺点。

(贾拓夫:《关于四八年财经工作的检讨及四九年财经工作的任务与方针问题》,1949年2月27日及3月18日在西北财经会议上的报告与总结)

(二)动员全力发展生产

1. 一九四九年新的情况是在军队胜利的大踏步地前进中,使后方大部分区域进入安全环境,同时我们大部分地区已在去年彻底进行了土改,现在部分地区正在进行着土改或减租减息,农民的生产情绪随之提高。因此,为了更有力地支援前线,全党的中心任务就是毛主席"生产长一寸"的号召,发动组织全体人民进行大生产,使我区生产在现有基础上提高一步,全党首先是财经部门,必须把自己的一切工作围绕在这一中心任务展开,促进与配合生产的发展。根据此一总任务,提出今年生产的具体任务和工作方针如下:

(1)农业仍是我区现有条件下生产工作的中心。在农业中应以增产粮食为主,其次种植工业原料的特种作物如棉花、油籽等。今年我们的增产要求最低限度应达到每亩平均增产二市升,全区增产粮食一百万市石;增产棉花一千万市斤,增产油籽十一万市石。除此而外,各地尚可依据不同条件与需要来增植其他特种作物,如晋北、陕北的麻,晋南的烟叶等。

(2)农村副业及手工业在我区农村经济中占有重要地位,是一般农民的重要收入来源之一。今年必须围绕着农业生产,开展农村各种副业及手工业作坊生产,如养鸡、养猪、养蜂、养蚕、纺织、猪鬃、羊子、皮毛、甘草、药材、农具制造、磨坊、运输等,都应在各地依据不同条件有重点地促进其发展。

为完成上述农业生产任务,就必须继续贯彻历年经验证明是有效的这些办法:即在有荒地区(不论生熟荒)应以扩大耕地面积为主,辅以改良农作;而在无荒地区则主要靠改良农作法及兴修水利或水土保持等办法,求得增产。在水利方面应有条件、有重点地组织群众兴修,今年已决定给织女、定惠两渠贷粮八千大石,总计全边区今年计划恢复与新修水地二万亩;同时组织调剂劳力,如组织变工、扎工队,改造二流子,发动妇女生产,奖励与组织移民等,都是完成农业增产任务的重要方法,必须努力进行。

(3)牧畜业：在我区由于战争的影响，曾受到很大损失。今年在平津解放，对外贸易开展新的条件下，必须大力恢复与发展牧畜业。主要办法是，保护奖励繁殖，实行对敌区奖入限出，在内地允许自由买卖，发动广植牧草，并适当地改善畜力战勤负担等，在这一发展方针之下，重新开辟西北的皮毛贸易。

(4)合作事业：是发展与提高农业生产的重要环节，必须在今年生产运动中用大力加以提倡和组织。首先应广泛地发动农村变工、扎工等劳动互助合作，组织群众生产；同时应有步骤地首先在区镇开展农村各种供销、运输、信用、消费等性质的小型合作社，使农村合作事业在四九年得到应有的发展，并应定为各级农村党政领导生产工作的中心环节，要求今年在这一方面作出一定成绩来。

为推动合作运动，应以目前工合据点为基础去建立公私合营或公营性质的生产推进社，筹拨一定资金和干部，专门从事推进与领导农村合作事业之发展。在没有工合据点或县联社的地方，亦可由当地党政根据具体条件首先在县市试办生产推进社，取得经验，逐步推广。

(5)工矿交通业：今年应把工矿交通业提到更重要的地位，加以领导与发展，但这方面的发展同样应该是采取重点主义的办法。即工业中仍以发展军工及石油为首位，以保证战争需要；其次继续有计划地发展火柴、肥皂、农具、造纸、纺织等工业，其他工业则视条件及主观力量适当地发展。矿业方面：老区的煤、盐、铁、硫磺等应使之有计划地增产，以适应军需与民用。交通方面：为保证军运，应即动员民工补修咸榆公路及晋南通关中的干线，保证公路畅通。而所有这些工矿业都必须进一步实行企业化，加强经济核算，改善管理制度，减低成本，提高质量与产量。对于民间工业同时也应有计划、有预见地加以领导与配合，使之能合乎国计民生需要而正常发展起来。

2. 为实现上述计划和方针，在领导上必须：

(1)贯彻党对农业生产的各项政策。

甲、关于保护私有权方面：经过土改地区，继续确定各阶层的土地所有权，并允许自由买卖与典当，明令允许雇佣劳动的继续存在，雇主双方依法自由约定雇佣条件，以免土地荒芜，造成一部分的生活困难。明令保护土改后的私人借贷关系，利息可由双方自由议定，以此促进农村金融周转及资金活动。凡劳动力不足的人家，允许租佃关系存在，在政府未统一规定租额前，由双方自行约定。通过这些政策，保障土改后的财权不受侵犯，从而达到安定人心、刺激生产情绪的目的。在新区贯彻实行减租减息,展开群众反封建的各种斗争,适当进行互济,解决群众在生产中的困难,以激发群众生产情绪。

乙、关于负担政策方面:继续贯彻按通产比例征收(老区)和按累进征收(新区)的农业税负担政策,贯彻执行公平合理的战勤负担政策,试办按累进、评等、记分、民主等原则的工商业税负担办法,并适当调整农业与工商、正业和副业的负担比例。一方面使之有适当差别以利生产,一方面要使之不过于悬殊,从而达到有利于财政收入,也鼓励人民生产经营的情绪。

丙、关于实行奖励保护政策方面:应该奖励劳模,以提倡生产发家、劳动致富。奖励发明,以提高生产技术;奖励耕畜繁殖,以解决农业和运输事业的困难;奖励合作互助和移民,以提高生产效率。

(2)加强党对生产具体的组织领导。

甲、确定生产工作为今年老区农村党的中心任务,一年中必须以百分之六十以上的时间去进行组织领导生产的工作,坚决纠正农村中的主流现象。

乙、为加强生产的计划性,应在西北局和边府的统一计划之下,各主管部门分别订出切合实际的计划,然后各专区、各县、各区、各乡都要订出自己的计划,并根据这些计划去分期地、有步骤地进行组织工作,使这些计划成为今年督促检查领导生产工作的具体行动纲领和奋斗目标。

(3)加强农业技术领导。

边区历年来的生产运动,在农业技术方面,已经有了相当提高,如改良农具、改良作物、采选品种、温汤浸种、推广冬谷种植、积粪施肥、防险害虫、水土保持、兴修水利、溜崖拍畔等等。所有这些,都应该根据各地情况继续加以推广。

(4)在公营经济对合作经济、私人经济的扶助方面。

根据党政的生产计划,在群众的生产积极性发动起来的情况下,银行应发放必要的生产贷款,农贷数目暂时确定为人民币五千万元(农币一千亿元)左右,但必须是有重点的投放,应集中投放到农业生产计划中最迫切需要资金而又有生产条件的方面去,银行贷款并应起倡导带头与组织私人资力的作用,贸易公司及生产推进社(工合)则应在供销方面订出具体计划,积极扶助生产。

上述各项工作,必须求得互相密切的配合,以开展生产运动。

(贾拓夫:《关于四八年财经工作的检讨及四九年财经工作的任务与方针问题》,1949年2月27日及3月18日在西北财经会议上的报告与总结)

[本报十八日讯]西北财经会议，历时二十天，于今日闭幕。会议决定，财经工作今年的中心任务是集中全力组织群众生产，更有力地支援前线。在此总方针下，生产工作以增加粮食产量为主，并为适应全国范围胜利形势的发展，提倡增种棉、麻、油籽等特种作物，发展畜牧，增产皮毛，为城市工业增加原料的供给，加强农工产品的交流，解决农工生产发展中的困难。为了完成这个任务，会议特别强调贯彻有关农业的各种政策，加强全党对生产工作的领导，继续解除群众对于发家致富的某些顾虑。后方干部要真正拿出百分之六十以上财政资金以组织领导群众生产，在自愿两利的原则下耐心细心地大力发展劳动互助。在区乡市镇有条件、有重点地发展供销合作社，纠正专为股金分红服务的错误方针，全力为社员的发展生产服务，加强对于劳动合作和群众计划生产的领导，减少个体散漫的小生产经济的盲目性与自发性。并以公营或公私合营的方式，在没有县联社的县区，组织生产推进社，在农业厅的领导下，作为推动并引导小农经济走向合作道路的专门事业机关。银行、贸易等国营企业，在围绕着生产、支前的方针下，会议决定加强对于推进社和供销合作社的经济联系，发挥对于合作经济和农民经济的领导作用。组织内地市场，调剂物资，稳定金融，开展存放业务，刺激生产的发展，保证军农生产和生活资料的供给。在开展内地供销业务的基础上，组织我区剩余物资，加强对敌经济斗争，争取有利输出，换入军民必需物资。对各解放区则有计划地调剂有无，进行互助互利的交换。并为了反对企业工作中的恩赐救济观点和削弱经济效能的官僚主义作风，特别提出今后进一步加强经济核算，在公私兼顾的原则下，正确执行保本的方针，争取应得的利润，达到逐渐壮大国营资本的目的。财政工作今后必须有组织、有计划地加强开源节流，保证战争供给，并兼顾生产发展。为此，会议批判了在开辟财源方面的两种偏向，即单纯的不顾群众生产的财政观点和片面的不顾战争需要的"仁政"观点。为了在支出上保证军政、文教、生产建设等经费的正常的需要，克服浪费现象，会议决定了由军政各主管部门按期严格执行预决算制，实行统筹统支，加强后方机关的自给生产（不准进行商业），并定了统一的供给标准、各种制度条例与健全机构和提高工作效率的具体办法。会议除解决了若干方针问题，订出了各项工作计划条例外，并对去年财经工作的成绩和缺点作了适当的估计和检计。在讨论各种方针和各种计划条例时，会议强调指出，应和边区的经济特点与全国发展及财经统一的形势相结合。解决局部问题，必须有全面观点与实事求是的态度。在总方针与总任务下，会议决定今后各部门工作步调必

须更趋一致,为完成发展生产支援战争任务而斗争。

(《全力组织生产加强支前》,1949年3月19日)

(三)加强财政工作,保证供给

财政工作的基本方针是努力开源节流,以保证战时供给任务之完成。为此:

1. 农业负担方面:经过土改的老区,负担面必须达到百分之八十至九十;未经土改的新区,负担面应达百分之七十。而负担率应依据各地情况,必须达到总产值的百分之十五至二十,平均达到百分之十七上下。老区农业税原则上应就土地收入进行比例征收,但农村副业及农村工商业应另制定办法征收。今年内应集中力量把通产评好,这是固定负担、刺激生产的重要措施之一。

新区农业税则方面,仍应采取累进原则,对地主富农应开征土地财产税。

公粮征收多少,还要切实调查研究确定,但一经政府确定后,各地就必须贯彻下去,以保证供给。

2. 工商业税收方面:重点应放在营业税、产销税(即内地工矿产品税)上,并研究试办专卖和举办其他可能举办的新税,但同样须做到负担公平合理。

今年新区及西安等城市解放后,税收工作重心应向此转移,因此必须加强学习新区与城市的税务工作,这是税务机关同志很迫切的任务,因为税务工作还是我们财经工作方面比较薄弱的一环。

3. 在财政政策方面,领导、标准、制度均应进一步贯彻统筹统支的方针:除地方粮作为地方收入外,其余一切财政收入,都归边区财政收入。区以上所需要经费、粮食、被服,由边区统筹统支。但为使各级开支不受影响,规定行署依其经费总额,决定一定比例的预备费;未成立行署的专署,亦规定给一定比例的预备费,作为机动运转之用。至于地方经费及事业费,可随公粮与营业税附加解决。

4. 执行缴获归公,以增加财政收入。

5. 加强机关生产:继续贯彻农、工、作坊及运输等行业的生产,以自给油、肉、菜三项,严禁从事商业与违法走私。

6. 清理财政家务:自上而下地清理粮食、军鞋、公屋及公物,以结清账项。继续清理机关家务,以便克服浪费,调剂开支。对于公粮的调剂,应有计划地进行,以利国计民生。

7. 厉行节约,克服浪费。四九年实行军委规定的新供给标准,但根据西北财政困难情况应加适当调整。一面保证与改善供给,一面减少财政赤字,应加强新区财政工作,以减轻老区民众负担,加强粮草物资管理,以减少损失,并开展各机关节约运动。为完成上述各项财政工作任务,必须加强与统一制度,农业税条例(新老区)、各种税收条例及一切财务制度,经统一制定的,各级政府要坚决执行。在执行中发生困难,须要及时向所属上级商量解决。各级财务制度的建立,有其目的。如审计制度是为了统一收支,合理支付,发展生产,保证供给;预决算制度是为了了解情况,掌握收支;会计制度是为了统一账目,全面表现收支;移交制度是为了克服收支不清,检查贪污浪费;公库制度是为了严格管理,避免损失。总之,此次制定各种财务制度,一经立法,就应坚决执行,不得视为具文。财务上现在管理支出的人多,管理收入的人少,今后为增加财政收入,可适当增设这方面的机构干部。此外,财政收支在一定范围限度内公开,使大家全面了解,大家想办法,各伙食单位也要实行经济公开,并在经济上发扬民主,这样浪费就可减少,这也是发动大家积极性的重要办法之一。同时要确定各级财政处、科职务;各级财政处、科的职责,应是有计划地研究国民经济与人民的负担能力,作为制定财政政策的根据,依据条例,负责各该区粮草征收,加强仓库管理,贯彻边区规定的各项财务制度,并督促检查所属各单位执行情况,对该区内公道、公物、公款负责管理与报解。总之,各级财政处、财政科应该成为国家财政的代表机关,而不是各地区的总务科,应跳出事务主义、地方主义的小圈子,而代表国家财政在地方上掌握督促财政政策条例之正确实施,这就是它们最中心的经常任务和职责。

(贾拓夫:《关于四八年财经工作的检讨及四九年财经工作的任务与方针问题》,1949年2月27日及3月18日在西北财经会议上的报告与总结)

(四)加强贸易与工商管理工作

今后贸易工作,从整个解放区说,今天已经有了大城市,如天津、北平、济南、沈阳等。在经济的往来联系上,各解放区间又是逐渐日趋密切,这就指明已经改变了或改变着过去分割的和单纯农村的状态。就西北说,不久的将来,如西安等较大的城市也会很快解放。因之,今后贸易工作的计划,必须在中央整个政策方针与意图的领导指示之下,必须以全面的观点与本区的具体情况相结合,必须准备以城市为重心,担任起沟通城乡,组织工农生产,承担互助互利的责任。其基本的目的,就是为了促进工农生产的发展,繁荣经济,稳定金融,保证军民的供给。这一工作实践,必须是有计划的,反对放任自流;必须是顺乎经济的法则,反对片面主观;必须是以合作经济为桥梁,组织领导私人经济,反对孤军作战的包办代替倾向;同时还必须以企业化经营的精神,加强经济核算,争取保本及应得的利润,以壮大国营资本,某些对公私不利的仁政的恩赐救济观点或浪荡公子的大少爷作风必须反对。

1. 对外贸易。过去为了弥补财政赤字和供给内地军民的需要,贸易工作的重心放在组织土产出口,开展对敌经济斗争上边,这是对的。但今后对外贸易情况与条件已有改变,今后如不把内地物资组织起来,就没有可供输出的内地所不需或剩余的物资,而在对敌经济斗争上就必然显示出无能为力。因之,不仅为了发展内地工农生产,同时为了有力地开展对敌经济斗争,今后贸易工作的重心,必须而且也不能不改变为以组织内地供销、促进生产为主,对敌经济斗争只应是,而且也必须是服从于这种供销业务。一面把内地市场所不需或有余的物资,有计划、有步骤地在敌区找市场;一面争取有利地交换,输入内地市场所没有或缺少的必需用品,尤其是生产资料和军用器材的供给。

在对外贸易上,随着全国胜利形势的发展,敌我形势已经起了而且还继续起着根本的变化,这就是解放区已经连成一片,而且有了大城市和海口,并且将要不断增加,我们从过去在一定限度上依赖敌人市场的情况,转变到有了完全独立自主的条件。不久西安会解放,敌人依赖美帝的殖民地市场还要更加孤立,必须还要加重对我区的经济依赖,这就是开展在我们面前的对敌经济斗争的新形势。面对不断增加的有利形势,我们必须善于利用过去敌人对我们的封锁统制,我们进行反封锁斗争,今后我们就逐渐转为更加有利于对敌统销或控制经营,争取必需物资的有利输入。

在这样有利条件下进行对外贸易,必须而且易于配合对敌货币斗争,坚持以物易物,或只收本币,用以压缩敌币的流通范围,并压低其比价,根绝过去为了进行反封锁斗争而迁就商人换回假货、坏货、贵货现象。估计到某些土产产销情况的变化,应有计划地提高交换比例,争取高价输出,仍不应忽视土产输出的掌握。

2. 内地贸易。内地贸易主要的就是掌握供销、掌握物价,为生产服务。不论工矿和农副业的生产,都应有重点、有步骤、有计划地根据可能与需要,收购成品,供给其原料、工具,必要时可进行定购定卖,除了沟通城乡、沟通工农、沟通各行业、各地区间的互助互利共同发展外,并便于集中力量进行对敌经济斗争。

为了适应新的局面,贸易公司应集中人力、资力掌握重点经营。在地区上,重点应放在交通大道及主要集市;在商品上应集中经营几种大宗物资,但在商业不发达的地区,可根据具体情况,把经营商品的种类予以适当扩大。

物价政策的掌握,是贸易工作做好做坏的关键,既直接影响生产和人民生产,也影响私人资本中贸易公司领导关系的变化。因此,根据整个解放区物价的趋势力争稳定,避免在本区的突出波动,这应定为一般的和首要的原则。但为了便于主动的指导生产和有计划地调剂物资交流,对于农工产品和各行业产品之间的交换价格,对于各地区之间和季节之间差价的主动升降还是必要的。为了领导市场和加强对于私人资本进行有团结、有斗争的领导,对于批发价与零售价之间、对于公司价与黑市价之间的主动升降也属必要,这些就是我们具体掌握物价的依据。

3. 和合作社的关系。贸易公司今后做好做坏,不仅取决于它本身调剂物资的数量、种类和利润大小,同时还必须看它对国民经济领导作用发挥的强度、深度和广度如何,没有这一条,孤军作战是不会把工作完全做好的。合作社是组织农民经济最好的而且是唯一的形式,必须有重点、有步骤地谨慎而积极地辅助其发展,把合作社团结在国营贸易的周围,通过它把广大农民生产有计划地组织起来,领导私人工商业的正当经营,并坚决与违法投机的私人资本作斗争,努力把国民经济全部的力量带动起来。合作社应有义务为贸司代收土产,也有权利要求贸司在批发上给予优先照顾;贸司在能销与力量所及的范围内,同样有权利收购合作社集中起来的土产,也有权利要求合作社作为桥梁而供给群众所需的生产和生产资料。这种互助互利的密切结合,必须加上周密的计划,用现款交易的经济关系把它实现出来,不应看成片面的权利或义务。对于投机操纵、违法走私、破坏双方契约或计划的合作社,应随时给以教育改造,并暂时停止其优先批发的权利。同样,如若贸司破坏了双方契约计划,合作社亦得向上级呈诉查办。

4. 工商管理工作。贸易工作是从经济上着手组织生产,领导与推进国民经济的发展,并与投机违法的私人资本作斗争。工商管理的不同,只是在于从行政上着手,但目的是一致的。首先要进行市场的管理,保护一切正当工商业的发展,特别要为有益于国计民生的工业生产扫除障碍,制定限进限出、禁进禁出和奖进奖出的商品种类,协同税局商订出入口税率,厉行保护生产的立法,限制打击并取缔一切投机违法的商业行为。这些工作必须与教育群众、组织群众的工作相配合才能做好。为此,必须加强工商群众团体的领导,在劳资两利的方针下,解决劳资关系,才能达到"发展生产,繁荣经济"的目的。此外,还必须进行工商调查、商品检验、商品注册和统一度量衡等工作,这些都是保护工商和发展生产所应逐步准备进行的工作。

工商厅及贸易公司应根据上述方针,制定四九年全年对外对内贸易计划及建立工商管理工作的计划,立即着手进行。

(贾拓夫:《关于四八年财经工作的检讨及四九年财经工作的任务与方针问题》,1949年2月27日及3月18日在西北财经会议上的报告与总结)

各地悉:战争以来,人民经济受到严重破坏,公营工业全部迁移关厂,贸易停滞,税收全无,财政开支全靠银行发行解决,此种脱离生产贸易而专靠银行发行解决财政的办法,只能急救一时,绝不能长期支持。战前边币发行已达到相当庞大的数字,战后两月增加发行几达原有额一倍,而边币市场相反却大大减缩,不及战前一年,故已有发行量市场无法容纳,急需大量回笼,若再继续盲目发行,则金融波动将不可收拾,不仅不能解决财政问题,且将破坏全盘经济,加重人民负担,恶化军民关系,以致战争无法持续,这是极危险的。要改变此种情况,除了全体军民积极生产节约外,唯一出路在于打开对外贸易的局面,大量销货换回必需物资及外汇,以相对稳定物价,活跃内部市场。维持金融,支付财政,减轻人民过度负担。因此,关于对外贸易,内部市场及金融问题指示如下:(1)在战争情况下,单靠贸易公司力量已不可能完成以上任务,故必须把对外贸易之责更多加在分区党政军身上,必须把对外贸易看作与战争同等重要的任务,由分区党政军直接领导贸易分公司开展业务,并由军队协助之。分区应组织财经分会,由地方专员任正副主任,统一领导分区财经、金融、贸易、税收工作。目前应特别注意,切实计划与领导分区贸易工作;但财经分会必须在财办处部的方针与计划下进行工作,不得丝毫有所抵触,以保证边区财经领导之一元化。(2)今后对外贸易必须改变办法,适应战争情况,以游击分散方式进行。组织若干小队,取得武装掩护,带一批卖一批,随领随卖,随卖随领,敌进我退,敌退我进,敌东我西,敌西我东,保证继续营业且不受损失。目前正值外销旺月,只要加紧努力,是有希望的。但在开展业务中,必须严格防止内销与禁绝走私,以免混乱。(3)要能打开贸易局面,干部将起决定作用。必须政治信念坚定,经济观念正确,并有相当军事经验者,才能担负起这种分散游击贸易的责任。因之,除就现以贸司干部为基础加以新的教育外,并须由各地党政军抽出一部分干部派到贸易公司来加强。不论原有或派走的干部,均应由党的组织严格审查。(4)贸易收入主要为支持前线作战部队及后方边区中央一级经费;但各分区有特殊困难者,亦可视贸易开展情况酌予协助。而直接领导贸易工作较有成绩之分区,可由贸易收入中提出若干给予奖励。但全部贸易收入必须完全统一由财办处掌握领导,未得财办处批发前,绝对不能动用,以免影响节约供给。(5)内部市场直接关系人民生活与边币流通,目前停滞现象应即克服。对外贸易除保证供给外,必须购买人民必需品回来,在内地市场抛出,以收回边币,解决人民困难。但此工作专靠贸易公司无法普遍进行,必须同时领导合作社及公营商店协同公司进行。内地小商贩应组织起来恢复贸易活动,恢复农村集市,建立新集市,合作社、公营商店均应卖出存货,解决人民困难,并须收售边币,不准收法币、白洋,收回边币可向银行兑换法币,再向外购买物资或向贸易公司购买物资,再向人民抛售,以活跃农村集市与交换,真正为人民服务。凡违反此方针之合作社、公营商店,又不能改变者,应即停止其营业。(6)金融工作应与财政贸易生产密切配合,一面节制发行,一面利用公家现有物资、金银大量回笼,以维持边币一定价值,并在敌劫区应尽可能发放部分农贷,扶持农民生产。同时各地应坚决执行政府法令,禁止白洋、法币,合作社、公营商店首先应保证实行,只要能打开对外贸易局面,并把内部市场活跃起来,这是可以作到的。这一工作亦不能单靠银行,必须各地党政加强领导,才能行的通。(7)税收应尽可能恢复,但要达到过去数额是不可能了。今后解决战时财政困难的基本方向大致是粮草,主要是依靠生产节约,取之于民;枪械弹药、军用器材主要依靠打胜仗,取之于敌;被服、经费主要依靠贸易(被服还须依靠其他解放区帮助解决一部分),取之于己(吃老本)。必须全党全军全民一致动员,才能克服财政困难,支持长期战争。

(西北局:《关于加强贸易支持财政的指示》,1947年5月18日)

(五)加强金融工作与银行业务

过去银贸合一,现在分开。过去全是为了度过财政困难,现在分是为了适应发展形势,合与分都是对的。今后分开,仍须吸取合时的好处。今天再没有争吵分与合对不对的必要了,而应是从以往的工作中,总结经验,改进工作,保持金融与贸易工作的密切配合,完成为生产服务及对敌斗争的任务。

1. 稳定金融物价,是发展生产、支援前线极其重要的工作,亦为全党及各财经部门的任务,不能简单地只看作是银行的任务。但银行与贸易公司,应当成为稳定金融的主力,贸易公司是用物资吞吐的办法来维护金融的;银行则应从筹码的吞吐来协同进行。因此,银行必须具体掌握生产季节性、出入口贸易、财政发行等情况来适当地调节金融,吞吐发行,这是银行的主要任务。由于目前的金融问题,已发展成为全解放区范围的问题。我们一面要服从全面形势;另一面也要求区行在西北范围内尽可能地予以掌握。如果认为金融走向统一,我们就完全被动,因而放任自流的态度是错误的。

2. 为保护生产与保护人民财富,银行必须继续贯彻本币一元化的方针,驱逐老区边境敌币的某些残余和肃清敌币的阵地。银行在这方面应取得其他国营经济部门的帮助与配合,通过贸易、税收、外汇的管理办法,以达巩固本币信用、肃清敌币的目的。对于白洋、黄金问题,仍本过去只准贮存、严禁行使的方针,而对黄金与银洋又要有区别地、有步骤地分别处理,达到缩小甚至完全驱逐并肃清其流通的目的。为此,必须有很好的行政工作和经济工作相辅进行,除公营经济物资卖本币,税收收本币,公粮部分折本币外,还应该团结教育一切合作社,坚持推广本币的工作,所有这些工作的结合,并加强配合禁用白洋、黄金的法令,才能达到预期目的。

3. 为发展生产,在目前农村条件下的金融工作,最主要就是把农贷及其他贷款工作办好。今年计划拨足新币五千万元,投放到农业生产和合作事业中去。这种投放,必须是有重点的,必须保证用于生产上去,并在公私两利的原则下,保证有借有还,争取保本,力避重复过去平均发放、只放不查、只放不收的问题。在贷款工作上,还必须用各种方法,吸引私人资金转入生产,并利用公营资本,积极地起到组织推动生产的作用。贷款工作应以银行为主体,但须密切配合各经济部门和合作社协同进行,而党和政府则必须加以保证。

4. 为适应时局的开展,银行必须立即积极地研究并准备进入大城市的金融管理工作。须知在这些城市及经济较发展的区域,金融工作比起在农村的比重将大大增加,银行将起着的国民经济的枢纽作用;而我们在管理城市金融方面,经验还是不足的。

5. 银行业务必须随着形势的开展和经济工作的需要而逐渐扩充。各种可能的存放款业务、各地区间的汇兑业务、代理财政上的金库业务及对国家经济的总会计业务等,必须有计划地建立起来。

6. 为完成上述各种任务与业务,银行必须充实干部,健全机构,加强制度,必须按照华北所定原则与贸易公司划分基金,并适当地逐渐充实基金,以便开展工作。

(贾拓夫:《关于四八年财经工作的检讨及四九年财经工作的任务与方针问题》,1949年2月27日及3月18日在西北财经会议上的报告与总结)

附:陕甘宁边区的工作报告

(一)陕甘宁边区的概况

陕甘宁边区由土地革命时期之陕甘宁苏区演变发展而来,一九三五年十月中央红军北上抗日落足于此,遂成为领导全国人民革命事业的中心地区。当时辖二十三县,包括陕北大部、陇东、宁夏一部,人口一百二十余万,在党中央毛主席领导下,坚持停止内战、团结抗日的主张,保持并壮大了中国人民优秀的武装力量与革命根据地,"双十二"事变后,迫使国民党反动派停止内战,参加抗日,为抗日战争准备了充分的条件。

抗日战争时期,边区人民在中共中央的正确政策指导下,进行了巨大的社会改革与民主建设,在经济上实行了减租减息、发展生产的政策,各种农工商业得以迅速蓬勃发展。如农业,在扩大耕地面积、改良作物、组织劳力的条件下,至四六年粮食产量达三百八十三万余市石,较三七年增加一倍左右;棉花由三七年的二千多亩发展至三十六万余亩,年产花二百余万斤;纺织从无到有,并充分达到自给;盐的出口由三八年的七万驮增到二三十万驮;手工业及商业普遍繁荣,新建市镇达二十余处。从而一变过去贫瘠落后的面貌,达到丰衣足食。并建立了机关自给生产,解决经费达百分之六十以上,故战胜了敌人经济封锁所造成的重重困难,保证了军民供给,并积蓄了发展生产的条件。在政治上贯彻了实现民主政治的各种纲领,发动与组织人民起来管理自己的事情,普遍实行了民主选举,建立了人民的政权,保障了人民的各种民主权利,因而大大提高了群众的政治觉悟与政治积极性,打退了日寇和国民党反动派多次疯狂地进攻。在文化教育上努力注重普及提高人民的文化水平,迄四六年兴办了各种学校达一千三百一十余所,学生达四万余人(学校及学生数量皆较三七年增加十倍),同时,普遍发展了社会教育,减少了文盲,逐渐改变封建社会人民愚昧与落后的状况,并举办了各种干部学校,培养了大批为人民服务的革命干部。成千上万的军队、干部从这里出发,散布在各解放区,积极参加了战争、土改和各项民主建设工作,坚持了抗日、团结、进步的方针,反对国民党投降、分裂、倒退的反动活动,有力地支援了抗日战争的进行,鼓舞了全国人民抗日的热情与信心,从而推动了近十年来新民主主义革命运动的迅速发展。

一九四七年,蒋胡匪军为挽救对解放区全面进攻失败的命运,大举进犯陕甘宁边区,兽蹄遍及各县各区,所到之处,焚杀掳掠,无所不为,使我们十年辛勤缔造的民主圣地惨遭破坏,造成空前严重的灾荒。但边区军民在毛主席亲自领导下,团结一致,艰苦奋斗,并赖各兄弟解放区的热情支援,在战争的第一年即打退敌人的进攻,战胜灾荒,基本恢复了陕甘宁边区,发展了黄龙新区,并在战争中,最后完成了土地改革的历史任务,从而使支援战争与恢复各种建设的工作,有了巩固的基础。在战争的第二年中,我们即开始了进攻,经大量歼灭敌人后,迫使残敌退守西安一隅,解放了广大地域;并在广大收复区与新解放区展开重大恢复与建设工作,获得了极大成绩。战争第三年开始迄今的五个月内,我军乘胜解放陕西省会西安及秦岭以北全部、甘肃一部地区。敌人已基本上被打垮了。在此期间,为加强支援战争力量,迅速战胜敌人,曾将晋绥、晋南五百万人口地区,并归陕甘宁边区政府统一领导。现在陕甘宁边区共辖一百四十七个县市(陕西七十个县、三个市,甘肃十六个县、两个市,宁夏两个县,山西五十三个县、一个市),共计面积三十二万平方公里,人口一千四百三十九万余人,耕地面积九千九百二十五万亩。大中城市有西安、宝鸡、咸阳、平凉、天水、临汾、延安、榆林等。工业以纺织为主,纺锭约九万枚,布棉一千五百余台,月产纱五万六千件(每件四百磅)。煤厂约五十余家。石油以延长为中心,蕴藏甚丰,因遭敌人重大破坏,部分恢复,产量尚少。其他如制粉、火柴、电力等机器工业大小九千余厂。学校计大学九处,学生四千余人;中学、干校一百余处,学生三万余人;小学二万多所,学生六十余万名。交通有陇海铁路及咸铜支线,共长六百一十四公里,已大部修复通车;公路干线有咸榆、西兰、平凉段、西兴等。目前各地正一面继续进行支前,一面着手恢复与发展各种建设中。

(二)解放战争以来的各项主要工作

自从一九四七年三月,蒋胡匪帮在其所谓"重点进攻"的战略方针下,大举进犯陕甘宁边区以来,我西北人民解放军即展开全面解放战争。迄今已两年五个月,当战争开始时,我们的处境十分困难。当时进攻边区的敌人达三十万众,且久经反共准备,有优良的装备,而我军仅二万五千人,装备亦远不如敌人。陕甘宁边区仅为一百五十万人口之地区,十年处于相对和平的环境,在生产建设方面,虽有很大成绩,但因经济基础较为落后,一旦转入战争,各种工作及物资供应一时不能完全适应紧张繁重的战争需要。在这样的情况下,我军乃采取歼其有生力量的战略方针,不重一城一地之得失,故一时匪焰猖狂,兽蹄遍及边区各县、区,广大农村惨遭疯狂的破坏与掠夺,损失粮食、衣物、器具,损失细粮一百五十八万市石、牲畜数万头。各种经济、文化设施多遭破坏、停顿,约有百万余亩土地因敌乱害而荒芜或被毁损;普遍田禾未能及时耕种,加之空前严重的天灾,致农产减少二百余万市石(较四六年少一半以上),使四十万人民陷于饥饿疾病状态。当时虽有晋绥二百五十万人民协力支援,但因他们经八年抗日战争,人力物力亦很困难,四七年亦有四十六万人口遭受严重灾荒,一百九十万人口的地区普遍歉收。凡此种种,曾使我们处于十分困难的境地。但我们在中央毛主席领导下,赖英勇善战的西北人民解放军不断予敌人以重大的歼灭与打击,陕甘宁、晋绥人民同仇敌忾,艰苦奋斗,相互支援,以及全国各战场的胜利配合和华北兄弟解放区的帮助,我们终于克服重重困难,打败敌人,战胜灾荒,迅速恢复并发展生产,支援大军胜利前进。现在我们不仅恢复了陕甘宁边区,而且解放了西北文化、政治、经济中心的西安,广大陕甘宁地区已获解放,西北最困难的时期已基本度过了,西北的敌人已基本被打垮了,全西北的解放也为期不远。

两年半来,我们究竟做了些什么工作赢得战争的胜利呢?

首先,我们在一切为了胜利的统一意志下,以最大的努力,进行了支援战争的全面动员。陕甘宁、晋绥人民,虽在匪祸天灾所造成的十分困难的条件下,经艰苦奋斗,基本上完成了重大的支前任务。总计两年半来,动员与组织了三万余青壮年参加了主力军,二万余名地方部队升编为主力军,一万余人参加了游击队,配合主力军,不断给敌人以打击。据不完全统计,动员参战民工达六千余万工,畜工达三千余万工,其中,由老区动员的人工占百分之八十,畜工占百分之七十,平均每劳服勤三个半月,后方勤务如临时转动、修路、放哨、代耕等尚不在内。广大农村妇女亦积极参加缝制被服和军鞋,看护伤员,甚至参与了抬担架、带路等工作,仅做军鞋即达三百万双左右。在粮草供应方面,四七年仅陕甘宁即达三十二万五千市石,占陕甘宁农民总收入百分之五十以上;四八年连晋绥共二百一十四万余石；本年连新区在内，共达五百六十一万余市石。历年公草达四亿余斤。其他军费供给达陕甘宁、晋绥全部支出的百分之八十以上，基本上保证了前线的供给。这些任务之所以能够完成，除因群众对革命战争的积极拥护支持外，还得益于我们执行了公平合理的负担政策（如战勤动员方面，在土改老区实行按劳负担，照顾贫苦，新区实行劳财共负的政策；工业税方面，老区实行按通产扣除免征点后以固定比例征收，新区实行按收入多寡，以不同比例累进征收的政策），采取了发动群众、依靠群众的工作方针，以及注意思想与政治动员，组织干部带头，积极分子作核心，加强政治教育，进行表模立功等工作方法，因而大大提高群众的积极性与觉悟，到处出现了可歌可泣的英雄事迹和模范行为，从而又教育与团结了广大群众，保证支前任务的胜利完成。对烈属军属，各地在组织生产建立家务的方针下，帮助他们解决困难，一部分已逐渐走向生产自给。

其次，在战争中，陕甘宁、晋绥三百六十万人口地区，基本上完成了土地改革的历史任务，最后肃清了封建剥削，广大的贫苦农民分得了土地及其他生产资料，生产力的束缚已被解除，新的生产关系已经建立或正在建立，从而使支援前线、恢复与发展生产有了巩固的基础。在运动中，充分发动了农村广大劳动群众，提高了阶级觉悟，培养与锻炼了大批干部与积极分子，并在此基础上，进行了改造政权的工作，使农村面貌为之一新。运动中虽然也发生过左的偏向，但很快被纠正了。在未经土改的黄龙及晋南的某些地区，实行了反恶霸、反特务、减租减息等社会改革，广大群众已初步发动起来，准备了进行土改的条件，部分地区如晋南地区去冬今春已进行了土地调剂，即将完成土改任务，今冬明春间，黄龙亦将完成此一任务。

与支援战争同时，进行了巨大的生产救灾工作，在组织与发挥群众力量，进行生产，团结互助，以自救、救人为主，辅之以政府协助救济的方针下，普遍号召与组织全体人民和灾荒作斗争，把一切可能生产的力量动员到生产战线中来，纠正了土改工作中的一些偏向，宣布了鼓励生产发家、劳动致富的政策。利用农闲大力组织各种副业生产，并发放贷款三百亿元、棉花一百万斤，扶持各种副业生产之进行。仅据陕甘宁统计，由此换进的粮食达二十三万市石。各地普遍号召群众多种瓜菜早粮，组织百分之三十的劳力参加变工互助，并发动百分之四十左右的青年妇女参加农业生产，用群众调剂与政府借贷的方法，解决了农具、籽种等困难，使大量土地得以及时下种，并恢复了四七年荒芜土地的百分之七十,从而奠定了战胜灾荒的根本基础。各地皆广泛发动群众的互助运动,并将土改中得到的粮食、财物大部用于救灾。同时,并赖东北、华东捐款救济,特别是太岳兄弟解放区的下放和人民,帮助粮食九万三千余石,对救灾起了巨大作用;各机关、部队亦节衣缩食,厉行节约,紧缩开支,捐助灾民粮食一万余石、衣物九千余件;各地贸易公司、合作社利用贷放、平粜办法,帮助解决粮食十九万石,使灾民粮食问题得以基本解决。此外,并组织四万三千多名灾民移到非灾区安置进行生产。在救灾运动中,及时纠正了麻痹等待、惊慌失措的思想,以单纯救济、平均分配的观点和方法,使救灾工作少走弯路。同时,进行了扑灭疾病的工作,派大批医疗队下乡,组织各地中西医生进行救治。经过努力基本上度过严重的灾荒,扑灭疫病的流行,使陕甘宁、晋绥八十六万人民渡过劫难,从而使支前工作得以顺利进行。各种建设事业亦获得了恢复与发展的条件,并进一步提高了边区人民的政治认识与友爱团结。

在恢复与发展生产方面,陕甘宁边区的农业,四八年已恢复至四六年的百分之七十,耕畜恢复至百分之八十,羊畜恢复至百分之六十;晋绥则一般皆达四六年水平。全年总计耕地五千余万亩,产粮一千四百万市石、产棉二千五百万斤。今年计划在去年的基础上,增产细粮一百万市石、棉花五百万斤,主要依靠执行正确的政策,并努力精耕细作,恢复与兴利水利,恢复与扩大耕地面积。截至目前,这些工作都已有了相当的成绩。首先,表现在干部思想与领导方法的转变上。那种以为生产工作是"软任务",生产工作中可以不讲究政策的思想已逐渐得到纠正,并逐渐学会深入群众,从解决具体困难、从培养组织当地积极分子生根开花入手的方法,使生产运动得以普遍展开。其次,表现在群众生产情绪的提高上。今年春耕较去年更为热烈,百分之四十以上劳动力参加了变工,耕地面积据陕北统计,已超过四六年的百分之七,作务法亦有改进,兴修水地万余亩,特别是农村中出现了许多适合广大群众要求的小型合作社,对生产运动的推进,起了很大作用。黄龙、晋南的各种生产,亦基本恢复到四六年的水平。只要天时顺当,今年增产的任务是可以完成的。

工商业在老区国民经济中所占比重极少,没有大规模的企业。一般小手工业、作坊以及商业大部恢复,煤、盐等产量逐渐达到四六年的水平。农村副业除纺织以外,一般亦皆恢复。公营工业经整顿后,厂数减少,但生产量则日见增加。我们在工商业方面采取的基本方针是,保护与奖励一切有发展前途并为国计民生的必需的工业。对于有发展条件与前途的一般商品性的手工业,领导其不断改良技术,提高质量;无发展条件者,领导其改业或转为家庭副业。对于一切副业性的手工业生产,则领导、扶助其发展;一般手工业作坊,则配合农业生产之发展和需要,加以领导扶助;对于工矿业,则视资源与需要,加以发展;公营工业,则视环境、条件、供需情况,有计划地实现企业化。商业则保护其正当的经营,限制其投机倒把。因为陕甘宁、晋绥老区工业基础较差,分散的小农经济为国民经济的主体,因此,在相当时期中,仍以发展农业为重心,以积累资本,创造发展工业的条件。

在文教方面:当自卫战争开始时,即曾依据战争环境制定战时教育方案,提出动员与组织各级学校及一切社教组织,直接或间接为战争服务的方针;敌人侵入后,各中等以上学校即适应情况的变化,化整为零,集零为整,积极参加了地方工作或医院工作,纠正了那些惊慌失措,以致要解散学校的偏向,使教师学员在战争中得到很好的锻炼。各地小学虽无法坚持,但教员学生中参军参战者为数不少。战争形势好转后,首先恢复中等学校,着重进行了政治教育,为适应客观形势,将各中等学校改为干部学校,培养了大批知识分子干部,参加工作。之后,又随形势的发展,整顿与恢复了原有中学,并部分恢复了各级小学;恢复与增设了延大、军大、工业、财经、艺术等专门学校及各分区的干部学校。去年解放的黄龙、晋南各级学校,亦大部恢复,并注意执行团结、改造知识分子的方针。一年来,争取了五千多新区知识分子参加学习或工作。目前陕甘宁、晋绥、晋南恢复的小学六千九百三十余所,学生三十一万二千人;中学、师范二十九处,学生八千人;各专科及干部学校六千人,其中,大部分在西安解放以来参加了工作。一般社会教育亦逐渐恢复,以反封建残余、提倡卫生、防止疾病为其主要内容;但由于战争影响,财政困难,干部缺乏,因此,恢复工作较为缓慢,目前尚不足战前的半数,今后须进一步努力。

接管新区工作,是四八年以来,特别是四九年以来的主要工作。目前,我们在解放区进行了并断续进行着如下工作:

首先,进行了城乡的接管工作。区以上政权机构已彻底粉碎,并建立了人民民主政权,保甲制度已废止,部分地区用指派、群众推荐等方法,初步建立村乡政权。敌伪政权的全部资财除破坏者外,其余皆已接收过来;旧人员中老弱及政治反动者遣散,少部分好的留用,大部分送学习改造。企业机构及资财原封接管,初步整顿,大部已迅速恢复生产。这类企业,主要在西安、宝鸡、天水一带;铁路、公路皆已修复通车。文教机关接管后,除撤换部分反动教职员、反动课程制度外,已大部恢复。

其次,与接管工作同时,动员与组织新区群众支援战争。关中新区解放迄今两个多月中,动员了担架运输民工五十六万九千余人,牲口二十九万余头,平均每劳力服勤八天,畜力服勤二十二天等;供应粮食一百三十余万石,缝制军鞋五十余万双,群众对我军极表拥护,有穿过敌人阵地给我军送粮送草者,担架运输中亦极少有逃亡者。

第三,各地在此短期内进行了清匪反特的工作,用争取、瓦解、反打击等方法,消灭或收编散匪民团近二万余人,对特务分子积极进行了斗争,罪大恶极的已被捉拿了一部分,一般的进行了登记。公开进行破坏活动的事情已减少了,社会秩序已逐渐安定。但匪特尚未被完全打垮,尚在秘密进行各种破坏,今后必须进一步努力肃清。这一工作如果做不好,就会妨害支前与恢复生产等重大工作的进行。

第四,目前大军西进,已组织甘肃工作团随军前进,各新解放地区除继续进行支前工作外,应迅即着手发动群众,肃清封建势力、土匪、特务等反动残余势力,进行各种民主改革与社会改革,打垮地主当权派,并迅速普遍地建立村乡民主政权。城市中则以发动工作、发展生产为中心工作。

以上就是我们两年来的主要工作。

在进行这些工作过程中,曾经有许多缺点甚至错误。如在支前工作中,供应往往不能及时适应前线的需要,且有很大的人力、物力浪费现象。在土地会议召开前的土改工作中,曾发生某些右倾错误;土地会议后,又发生左倾的错误,为时虽然甚短,但影响所及、危害至大,生产救灾中,某些地方曾发生漠视灾情、听天由命或惊慌失措、坐以待毙的态度,或者单纯救济、平均分配,放松生产与救灾结合,忘记了组织群众互济互助的根本方法。在新区接管工作中,表现迟缓、忙乱,政策还没有深入群众,对于发动工人、恢复生产的工作还没有抓好。产生这些缺点和错误的主要原因是:

1. 在各级政府的领导工作中,还缺乏高度的统一和自觉的纪律性。过去那种游击主义的习气还没有去掉,因而还不能适应日益发展的形势和繁重的工作需要。

2. 许多领导干部还未能完全克服经济主义的倾向。习惯于"老一套",喜欢用狭隘的片面的经验办事,而不注意时间、地点、条件等情况的变化。不善于做好全盘总结工作,不善于发现新问题、接受新经验和及时解决问题。因而往往使政策不能贯彻,并影响各种工作之开展。

3. 各级干部中,尚有许多人存在着不同程度的官僚主义作风,不愿深入群众、密切联系群众,不愿作调查研究工作,不愿按多数群众的意见处理问题。强迫命令、粗枝大叶等脱离群众的现象依然存在,少数甚至疲沓懒散、敷衍了事。

4. 这些问题之所以未能及时而迅速纠正,是我们干部理论水平很低、政策观点不强所致,而领导对教育干部的工作做得不够,应负主要责任。

今后必须努力克服这些缺点,才能完成日益繁重的任务。

(三)今后的方针任务

目前西北的基本情况是战争还在继续进行,工业基础异常薄弱,为数甚少的城市还是消费的,广大农村依然是封建的、落后的,而西北地区又是多民族的,部分民族还处于游牧时代。因此,今后的基本任务是继续努力支援前线,争取迅速消灭胡马残匪,解放大西北。同时,以极大的努力,采取适当的步骤,从事经济建设的恢复与发展,并建设国防工业。

西北的经济建设是有条件的。在工业方面,西北的棉纺、皮毛等轻工业有极大的发展前途,棉产年约一百三十余万担,其中陕中即达一百万担,可供四十万纺绽的用量(目前西北国营纱锭仅三万五千五百个,布机二百五十六台;私营者五万九千锭,布机一千二百台)。西北的畜牧占全国第一位,仅羊毛一项即达五十三万担,占全国毛产四分之三,部分出口,部分仍多为旧手工业方式制造。西北煤、铁、石油、砂金蕴藏皆丰,煤之储量约八百六十万万公吨,仅陕西即达七百万万公吨;石油以玉门、陕北及新疆蕴藏最丰,居世界第六位。此外,西北有可利用的六千余匹马力之水力,为发展工业之重要动力。铁矿之蕴藏仅陕西即有二千六百万吨,其他各省蕴藏均富,西北年产铁约一万二千吨。凡此皆为发展重工业之有利条件。在农业方面,西北耕地约一亿二千余亩,以麦为主,年产六千万担。其他杂粮约五千六百万担,棉产尤丰。在工业发展的条件下,努力提高技术,改良土质,以增产粮食及工业原料,基本可解决西北的需要。在畜牧方面,西北有广大草原,新、宁、青等大部地区人民,以牧畜为主,羊畜约一千八百万只,牛约二百万头,为西北国民经济之重要组成部分,并为全国皮毛需要的主要供给来源。此外,西北的森林亦多,面积约一千三百万亩,材积量达五万万立方尺,为发展工业之重要原料。但由于西北人口稀少(全西北二千三百余万人,仅占全国人口百分之五,而面积则占全国总面积百分之三十二),经济文化十分落后,农村极其分散,城市多不发达,交通不便,因此,完成这一任务是有困难的。今后长期建设西北的任务,就是要努力克服这些困难,充分利用这些有利条件,有计划地、有步骤地发展棉纺、皮毛等轻工业,进一步开发动力及各冶铁钢业,发展国防工业;同时,采用兴修水利(西北可利用的水渠颇多),改良作法,保持水土等方法,增产粮食、棉花,并保护与培植森林。为此,并须大规模地建设西北的交通,逐步地修筑由西安通到伊犁、成都、绥远、西藏等铁路。只有如此,才能建设近代化的城市,并领导农业、牧畜业进一步地发展,彻底改变西北的经济状况,使落后的西北成为工业化的西北。完成这个远大任务的步骤,则必须采取适应西北情况的方针、步骤。由于目前广大农村是封建的、落后的,地主当权派是农民的实际统治者,而各中大城市主要还是消费城市。因此,在广大新解放区,必须首先把工作重点摆在乡村,逐步地肃清封建势力、土匪、特务及反革命残余势力,解放农民,进行各项民主改革与社会改革,发展农牧业生产,给发展工业准备充分的原料与广大市场。同时兼顾城市、兼顾工矿之发展。当封建的农村改为民主的农村,发展城市的条件具备了,然后再将工作的重心移向城市,用最大力量发展城市,同时又兼顾乡村,这是实现工业领导农业,城市领导乡村,工人领导农民,巩固工农联盟,密切城乡关系的必要步骤。这个工作,在西北将需四五年之久。

在此总的方针下,我们目前的具体工作,除支援前线外,在老解放区就是全力进行恢复与发展生产,发展文化教育;在新解放区就是发动群众,有步骤地进行乡村民主改革与社会改革,打垮地主当权派,树立农民的威信,实行土地改革,并在此基础上,恢复与发展生产。在已经解放的地区,首先做好接管工作,然后迅即开展农村工作。在城市中则应以发动工人发展生产为中心任务。由于中国共产党的正确领导,广大西北人民对人民民主政权各种设施的热烈拥护,以及全体干部的艰苦努力,特别是西北野战军的胜利前进,我们有信心、有把握完成这一伟大而光荣的任务。

(边区政府代主席刘景范:《陕甘宁边区的工作报告》,1949年7月)

第二节 陕甘宁边区的金融工作

一、抗战结束,争取和平阶段

(一)边区内外金融物价变化情况

内外情况的变化

在边区外：

1. 日本无条件投降（八月十四日得出投降消息，十五日正式宣布），沦陷区变为收复区，法币流通区域突然扩大。

2. 大后方突然信用紧缩（特别是主要中心城市如重庆、西安等），迫得许多人抛金抛货，金价物价猛烈下跌，造成了抗战以来空前未有的金融恐慌。

重庆八月十二日百货比十日跌百分之四十到五十，昆明、贵阳也均下跌。

西安极混乱，商人争先抛货，银根奇紧，首先有四五家银楼、钱庄倒闭，物华金店掌柜自杀，银行提款者拥挤，但银行借口法币运往收复区应用，大部分不准提出，百货继续下跌。例如：

	八月上旬	%	八月廿二日	%
阴丹士林布	145,000	100	35,000	24.1
土纱	3,000	100	800	26.6
快靛	440,000	100	180,000	40.9

3. 沦陷区在抗战结束时，物价水平低于大后方。法币骤然吃香，伪币信用大降。

4. 第二次世界大战告终，外货输入的远景出现，美布声势吓人。

在边区内：

1. 边区金价、物价受外来影响，跟着逐渐跌落。

主导市场如延安市信用紧缩，合作社大受影响，金价、物价的变化进程，八月中旬开始跌落，九月底、十月上旬达最低点，从此以后逐渐回涨。表列于后：

	八月十日—廿日		九月十日—十月五日		十月十日—十一月十日	
码字布（每尺）	九十	八十	二十	二十	四十	五十
麦子（每斗）	一千三	一千二	四百廿五	七百	五百廿五	五百五
黄金（每两）	十二万五	八万五	二万五	三万	四万	五万
银洋（每元）	三百五	三百五	二百五	一百七十五	二百三	二百二

2. 边区食盐销路大减,陇、关各口子抗战前每月销盐一百余万斤,八月以后月销十几万斤,十月间又转为旺销,九月间外面金银价低于边区,大量进口布匹、杂货则从三边涌进,十月间情况改变,进口停止。

3. 土产走私,晋西北统购已乱,边区土产从陇、关出口,改入的大部分为黄金,其次是货物。九月份黄金占土产公司收入的百分之八十左右,大公的法币来源空前的减少,十月份又开始进来法币。

4. 解放区猛烈扩大,边区公家人又大量外出,财政开支扩大,税收减少,特别显著的是盐税与货物税。九十月份所收无几。

5. 外来品跌得比边区产品快,边区生产品难以脱手。工业生产急剧的减缩与停滞。

6. 八九十三个月法币大量兑出,银行发行准备金减缩(全边区法币兑出兑入如下表)。

	兑入法币	兑出法币	净出法币
八月份	三三,四三四万元	五九,七一〇万元	二六,二七六万元
九月份	九,五〇四万元	七〇,〇一二万元	六〇,五〇八万元
十月份	一三,一二〇万元	三三,一六五万元	二〇,〇四五万元
十一月上旬	四,六三〇万元	六,〇八〇万元	二,四五〇万元

(边区银行:《抗战结束阶段关于边区银行工作的检讨》,1945年11月17日)

(二)稳定金融物价的方针政策

抗战结束后,跟着来的又是内战,要由内战过渡到和平,可能还须有一个相当的时间,屈指计算一九四五年即将过去,一九四六年就要来临,那么在这局面动荡不定的时期,我们在银行工作上该干些什么呢?分析内外情况,体察目前与将来的条件,经与财经办事处商决,在银行工作上应该清楚地提出下述任务:

第一,稳定金融——保持比价相对平衡,物价不发生或少发生暴涨暴跌。

第二,运用准备库资金为钱扩大资金——明年起码须赚交财政厅二十万万,此外多多益善。

第三,贷款发展生产问题。

提出上述任务有什么根据呢?

首先说外部：

1. 国民党财政开支愈来愈大，无法解决，因而通货膨胀短期内不会停止。
2. 物资缺乏条件继续存在，虽然美国货可能逐渐输入，但国内生产无论后方、还是收复区，遭受破坏或陷于停顿者，比抗战期间更多。
3. 内战不停，交通复原不可能，必然拖长经济复原的时间。

因此，外面法币必然要继续跌落，物价必然继续上涨，上涨程度平涨猛涨两种均存在，这要看各个时期具体条件的变化，须随时注意分析。

有人说国民党的物价短期内也可能平稳起来，但物价平稳要有两个基本条件：（1）财政收支平衡；（2）国际收支平衡。关于这两点经过八年抗战的破坏以后，国民党由国内解决是办不到的，国外虽有美国的援助，但美国的援助只能占其中的一部分，绝不会全部供给。

……

因此，在这里给我们工作上提出两个前提：（1）法币在全国范围仍要继续跌落，物价在国民党区要继续上涨，其程度不限于抗战结束时的高度，在边币与法币比价保持（相对）稳定的方针下，边区物价也要上涨。（2）由于通货膨胀与物资缺乏的条件未变，投机囤积仍不能免，因此工业品与农产品以及金银等上涨的不平衡性基本上仍会存在，即或由于货物输入输出的远景促使以往的不平衡性有某种程度的拉平，但短期内不会完全趋平。

其次说内部：

1. 目前财政不依靠发行，明年仍有困难。
2. 贸易收支平衡，目前是出超。
3. 银行已有充足的兑换准备金、法币，并蓄有部分金银，而且以后还须发行一些券币，而发行和以前一样，并不是全数需要法币的准备。

以上说明银行今后有一批资本，对于这批资本如何处理，有以下三种办法：（1）放下资本睡觉，银行的同志们照看，不要它跑了就是了，法币在库里跌价，让人民负担替国民党服务。（2）放给别人去搞生产和商业等，给别人赚钱。（3）银行自己运用它，扩大资本，蓄积力量，以备以后财政上遇到困难时用它来解决。

经考虑的结果，我们不采取前两种，而是积极地采取第三种办法。

这样，我们既要稳定金融，又要赚钱，就必须在工作中二者兼顾，首先为了稳定金融，需要将准备资金分为三线。第一线总计算保留一至二月兑换用的法币,如分行至少保留半月用的法币,以便总行有时间调拨接济。第二线须准备一批易于脱手和易于抵制入口的物资,在今天市场空虚,公家缺穿的情况下,如买布匹、棉花。当法币不足时,可以随时卖出收回边币抵住入口;当法币充足时,即可存布棉赚一点利,除布棉外,也可用土产作为第二线的准备,因为用它也可变成法币。第三线即可保存和运用金银土产等物,运用可赚商业利润,保存则可等待高价出售,是存是运当看具体情况而定;其次为了赚钱,扩大力量,就需要选择对象。过去现在事实说明,各业中最赚钱的莫过于商业。而商业中又莫过于土产(判断以后,来源减少,利润不会太低),因此我们决定设法插入其间。

土产的来路有三条:第一条请上级批准在松林口子上堵住收买走私货,等于进行经济缉私,使其归入统销,这种办法以现在的南北价格计算毛利三倍,纯利约一倍。第二条为防止过多的法币进口,逼迫我们发行。收买秦晋公司要去南面出售的货,一则可能帮助南面提价,二则银行也可得利百分之七八。第三条买晋西北公家的货或参加统购,采取此法,目前可得百分之三十几的利润。在以上三条道路中,我们选择了第三条,第二条在十分必要时才可能采用,第一条则希望绥德注意调查榆林货系从包头来还是从晋西北来,银行如果插手,将会发生什么问题,有何困难。

为了稳定金融,也为了扩大力量,我们既不可能放着过多的法币睡觉,也不可能抽调太多的法币,一次去搞土产调运了资金,因此收买一些金银布棉在手。如果稳定金融上需要,则在市上直接抛售,如前面的一批土产回来,则所有金银布棉也可调出去换货。这样我们一手有法币,一手有金银布棉,以其去换取土产。既有力量且又灵活,即使金银等不能换取土产,须存贮一时,在目前条件下,亦是有利而无害,只不过利小而已。设法我们抽出五万万法币,按目前约可买十万件土产,翻手卖出可得十二万万法币,除过交税仍留四万六千万法币,一年周转二次即可得九万万法币,这九万万不是取之于边区人民,而是从外面赚来的,也可以说是法币进边区征收负担之后,我们倒过来向外面讨账收回的这一大笔钱,当然要卖些力气才能拿到。

从上面一系列的想法作法演变下来,我们希望各分行用大力注意准备库资金的调动,如果没有必要就不要压死很多资金在那里睡觉,在情况变动中向总行要法币,也要仔细估量时间与需要的数目,在必要与可能的条件下,对走私和贩卖非必需品的人,可以不兑给法币,如因此而产生黑市,则在黑市中抛一些法币收回更多的边币。分行业务资金能适当运用来赚钱,像以前那样业务资金抽一部分先买下金银等,然后卖入准备库的办法仍可采用,总之必须把全盘资金调动灵活才行。

因此吸收金银货物的基本方针不变,而且应该加紧进行,这是放出法币吸收金银的最好机会。十一日曾电告你们,为吸收大量实物进口,宜采取稳价政策,放金银货物入口,待其开始下坡如金价至法币十一二万元(或由你们看情况自行决定高低)即可大量买进。准备库法币流出,最好自己收到大量实物,免得形成法币流出,实物尽落在商人手中。关、陇二地收买金子(或有利的布棉),应随市价,不宜随土产公司交换比率,因在物价下跌中,人们爱法币甚于爱货物,银行吸收对象暂以金银为主,在物价再次回涨前,准备库应留一笔足够半个月左右兑换用的法币,并曾先后电告绥、陇、关三地,限制兑出法币,以配合收买金银工作,即使产生黑市,亦不足怕。

(边区银行:《给各分行指示》,苏子仁拟稿,1945年12月14日)

由于停战协定的签订,政治协商会议的成功,整编全国军队方案的完成,这几件有历史意义的大事,一方面说明了和平民主的新阶段已经逐步实现,同时国民党内法西斯派最近到处策划反苏反共反民主的行为,另方面又说明了和平民主事业的道路上不是没有困难。

这一时期的历史特点,反映到边区金融贸易上来的,就是动荡不定、错综复杂的不稳局面。在这过渡期间,我们银行工作的任务,今年初已规定为:(1)稳定金融;(2)壮大资金;(3)发展生产。至于在某一时期某一分区以哪一项为中心,要由当前具体环境与条件来决定。但其基本的任务是"稳定金融,发展经济"。对于稳定边区金融的解释,我们认为:(1)在外面物价总指数上涨的条件下,利弊相权,要求公私兼顾,今天还需要采取物价随环境、比价求相对稳定的方法。(2)在外面物价总指数下降的条件下,则可采择比价随环境、物价求稳定的方针。(3)在外面物价真正走上了稳定的阶段,则我们必须实行稳在物价上,同时又稳在于我有利之比价上。

由于历史的进展,规定了边区银行的方向,在边区建设的新阶段,必然会走上地方银行的轨道,以后将会停止发行,因此必须考虑下列几个问题,并转交日常的业务方针。

第一,清理放款:以前银行的低利放款,由于边区小公与一部分人民,均认为大公家的钱应该补贴他们,最后可以用政治解决,无需偿还。因此,今天连票面额也难收回。今后这种恩赐观点和政治解决的赖债思想,必须纠正、克服,重新建立有借有还、有经济核算的借贷关系。上半年必须整理特别放款和一般业务放款,在今年上期决算时,清算一次,以便告一结束。

第二,参与商业活动:以前除办理货币兑换、低利放款、汇兑、代理金库,部分的参与生金银买卖之外,直接不参加商业活动。这种国家银行与国民银行的性质将成为过去,今后为了壮大银行资金,必须开始直接参与商业活动。各分行营业资金的运用,务必建筑在经济核算制度之上,赔本生意,没有政府的命令决不能再干。今年营业资金,一些分行虽需增加,但今后要求总行从发行上再大量增加的希望也将成为过去,各分行必须自力更生,重新考虑资金运用的比率(依据具体情况,保持占总金额三分之一的业务资金作为壮大资金的活动,是否可行? 手工业及其他生产事业的放款是否可定为占百分之五十左右)。目前在总行规定数目内,运用发行资金对金子买卖可大吞小吐。布匹、棉花等如能看清商情涨落,在有利条件之下,还可大吞大吐,以获取法币通货膨胀时的利润。总之,在稳定金融的前提下,如何节省营业开支,扩展生利的业务,是当前主要工作之一。为了掌握商情,也可以办理短期的少数的商业放款。

第三,调整交换所:边区内边法币同流的前途,一年半到二年之内将会实现,各地交换所在收回券币以前,务必调整一次,规划出哪些地区可以先行收缩资金与调整干部,哪些地区必须加强人力与资力,以加强货币交换工作。

第四,研究存款:以前银行的放款,是建筑在边币的发行上的,放款业务的发展,原是随着发行政策的演变而变化着。今后发行将成为不可能,银行放款来源务必转向依靠群众的存款。因此,我们必须总结过去的存款经验,研究信用合作社之群众存款与其他群众性的存款,批判的接受失败的教训,吸收宝贵经验,以为今后"发展经济,保障供给"之放款来源开辟一条新的道路。

第五,办小规模的农贷:放款对象应逐渐由小公转向农村。今年,不大规模地经过政府发放农贷,但在可能条件下,还可由银行选择典型乡村,进行耕牛农具粮食的贷款。为发展生产,我们可以从壮大的资金上垫一笔进去。但是以后必须保持票面额能够依期收回。

第六,简化机构:为适应新的业务方针,在行长联席会议以前,需要重新考虑银行的组织机构与现有干部的配备。银行在组织上不是应该取消,而是应该加强。因此,一些必要的业务干部不能往外调出时,可以留在原岗位工作,不必急于全部调出。但为了加强工作效率,开展正常业务与减少行政开支,必须实行精简,将原有人数减至最低限度。分工可不必过于细密,开支必须建立确定的预算与严格的审查决算。

(边区银行:《关于准备转变业务与整编问题》,1946年3月11日)

为实现边区三年建设计划,在金融方面依据稳定金融,发展经济,扶持财政的方针,总行特规定今年下半年的计划于下:

甲、对内对外金融物价发展趋势的估计。

边区外来品的涨跌,主要取决于外物价的涨跌。抗战结束后,国民党区域的金融与物价,开始起了根本性的变化。今年一月下旬到二月下旬,全国主导城市的物价又一度猛涨,黄金、白银和美钞已渐与一般物价分道扬镳。其影响涉及边区,如延安市从农历年底到今年六月十五日,黄金每线由十二三万涨到二十六万,涨了一倍;白洋每元由六千四五涨到一万三四,也涨了一倍。而主要日用品如老布,每尺则由一千五涨到二千四,只涨了百分之六十。棉花每百斤由一百二十万涨到二百二十万,也只涨了百分之八十三。这种总趋势可能继续存在或发展(特殊短期情况例外)。今后若海运大开,国民党维持现在汇价,美货倾销,国内和平不易实现,在国民党通货膨胀政策未放弃以前,黄金、白银与美钞是会上涨的,平涨与猛涨都有可能,下跌的可能则很小,而一般物价,特别是工业品,是难跟着同步上涨的,它与金银对比则表现为下跌。其发展情形主要将由国内政治形势的变化来决定。

今后政治形势的发展和、战、拖都有可能,但谈谈打打"拖"的局面可能更大。因此,我们在金融方面,一切依据"争取和,准备打"的总方针来布置下半年的工作。

乙、具体计划。

1. 稳定金融,避免物价暴涨暴跌。

在外面物价上涨的条件下,利弊相权,要求公私兼顾。目前在平涨时还需要采取物价随环境、比价求稳定的对策。如果在外面物价下跌,则可采取比价随环境、物价求稳定的对策;外面的物价如果真正走上稳定的阶段,则必须实行稳在物价上,同时又稳在于我有利的比价上,以配合与协助农工商业之发展。其具体方法为:

(1)贯彻禁用法币法令,在券法同流区域,挤出法币,扩大券币流通市场。

依据各分区具体情况,分别施行不同的禁用法币办法。

(2)依区内外物价涨跌,进出境货物多寡,交换所法币兑换多少,财政需要缓急,和一些特殊情况的变化,适时小吞吐流通券,保持券币发行的指数不超过物价上涨的指数。

(3)加强主导市场交换所,继续使用总分行往来的会计科目,灵活周转交换所的兑换基金,适时地运用牌价政策,控制券法币的比价,间接调节物价。

2. 从稳定中调剂准备金

(1)运用第二线的准备金。经过贸易公司参与进出口贸易活动,预计到年底,除以增加贸易税收形式协助财政收入外,共就壮大券币流通量百分之零点五到百分之一的准备金。

(2)运用发行,周转财政和贸易,从增发额中充实法币和实物的准备,必要时即用以调节物价。

3. 从稳定中帮助发展农工业生产,壮大业务资金

(1)在六月份以前,重新划定各分行业务资金,第一期拟划出三分之一到二分之一的资金,参与商业活动,壮大业务资金,用以协助生产放款,补足低利放款的损耗。

(2)依据各分区具体情形,继续办理各种农工业及合作事业的贷款。

绥德分行:主要举办纺织贷款,次为手工业作坊与农村副业贷款。

延安业务处:试办东三县妇纺贷款,继续办理小额农贷及延市工业贷款。

陇东分行:继续办理纺织贷款为主,次及运盐贷款,并试办小额农贷。

三边分行:主要办理毛织业贷款,必要时举办农村副业,如挖甘草、盐及市手工业贷款。

关于分行:主要进行生金银买卖,必要时办理小额农贷。

以上贷款准备拨出边币四万万到六万万元,应做到有借有还。贷款方式采用典型贷款,以银行派人配合区乡干部,深入农村宜接贷款为主。放款对象,主要放给急需者。要它起发展生产的作用,因此,每户数目不能过大。农工商业在利息上应有差别。

(3)研究总结贷款经验。①在延属分区总结乌阳区与柳林区的贷款经验。②调查子长的情况,扩大农业与农村副业的贷款。③各分区总结以往的贷款经验,在行长会议前带交总结。④清理历年的放款,吸收其经验。

4. 试办储蓄存款

(1)延安市储蓄部要继续办理,逐渐扩大存款范围,下半年设法深入到附近农村中去。

(2)各分区试办工作人员储蓄存款,或协助可靠的信用合作社,吸收县区乡工作人员与农民的存款。

(3)存放款利息,依据各地习惯,参照物价指数,随着供求关系,一般应低于行市,随时挂牌公布。

(4)绥德分行应研究米脂小型的粮食信用合作社,并经过他们,使银行资金与人民的信用合作相结合。

(5)在分行所在地的主导市场,可将吸收所得的存款,办理商业放款以灵活商情,并在调剂物价原则下,参与商业活动以灵活资金的周转。

5. 沟通晋绥汇兑关系及加强各分行间汇兑业务。

(1)由总行拨一千五百万券币,交农民银行作为券币的临时汇兑基金。

(2)同时农行拨二千万法币,交绥德分行作为农钞兑换基金。

(3)加强各分行间的汇总业务,灵活商业资金。

(边区银行:《一九四六年下半年金融工作计划草案》,1946年6月25日)

我也分三个阶段来检讨总行的工作和当时的思想。先讲抗战结束阶段。

日本投降以后,国统区物价惨跌,重庆八月十二日百货比十日跌百分之四五十。西安极混乱,银根奇紧,百货大跌,阴丹士林布从八月初十四万五掉到八月下旬三万五,金子惨跌到三四万。边区金价、物价也大受影响,码子布从八月十日每尺九十元券币二十日落到八十元,最低落到九月底二十元,金子从十二万五到八万五落到四万五。当时各生产部门大大叫苦,合作社的社员退股,闹得没有办法。边区食盐销路大减,抗战前月销二百多万斤,八月以后月销十几万斤。到九月间,外面金银低于边区,大量进口,布匹杂货则从三边涌进。土产出口,收入的大部分是黄金,大公法币来源空前地减少,十月才开始进来一些。我解放区猛烈扩大,干部大部出外,大公开支骤然扩大,税收减少。银行变换所法币大量兑出,发行准备金大大减缩。外来品在延安市跌得比边产品快,边产品难以脱手,工业生产急剧地减缩、停滞。

在这样的情况下,我们的总任务是"稳定金融,发展经济"。如何克服这个物价猛跌、生产停滞、金融市场混乱的现象?只有二个办法,一是发行,一是拉下边币牌价。当时,总行有这样的看法,即物价会下跌,运盐会停滞,干部要外出,边币流通的必要量会减少。边区物价下跌较慢,外货涌入,将形成法币外流,边币回笼,出口减少,法币则难来,金银价下跌,发行准备金减少,库存法币需要支持兑换三个月到半年,因此执行了如下的办法:

第一,总行少发票子。一般停止商业放款,仅放出二万万救济合作社。

第二,法币保持无限制兑出。

第三,要各分行不用边币,用法币买东西,金子可以照市价出售给出外的干部。无财政厅的支付命令的款不能垫支。

第四,对于金子在口岸上跌到相当程度时酌量收购。对陇行(二十二日电示)黄金在七万以下可收,五万以下可放手收进。

第五,禁止白洋的流通。

第六,拉下牌价。

八月二十七日财办处会议,估计到难进大城市,仍须做长期农村建设的打算。但九月财政厅开支即决定六千人,可省二万万,预计仍要支付二十万万,而收入仅有五万万。本月已近支付期,银行必须交券币给公司,使公司能支付财政垫款。当时银行提出稳定金融的办法,即将牌价从七元六角九分一下拉到十元比法币一元,即从券币一元换法币给公司,使公司能支付财政垫款。当时银行提出稳定金融的办法,即将牌价从七元六角九分一下拉到十元比法币一元,即从券币一元换法币二元六角改为券币一元换法币二元,使市场物价少跌百分之二三十,借以缓和信用紧缩的局面而利民生。同时大公可多兑入一些边币支付财政。当时决定:(一)改变牌价为券币一元换法币二元五角。(二)银行以二万件土产从公司转换法币,以补充发行准备金,保证兑换之用。

在九月上旬我们预见到一些金融物价发展的趋势,在确定方针上我们和贸易公司有些不同的意见,认为物价掉落有个底。在低水平稳定下去,抑或是在高水平稳下去?我看在高水平稳下去,即物价会回涨,国共合作后再稳下去。但在贸易公司会议上,九月十三日座谈会的结论,估计物价一定下掉,以后也可能回涨些,但总的趋势是下跌的,争论未发展下去。我们思想上动摇了,也同意了三个月或到半年物价总趋势是下跌的。

于是银行更不敢放出边币,保存了法币约有七万万。业务处售金子给出外的人员,也不敢收买货物,拖到十月初旬,看到情况不对,物价猛跌之后,边区工业与合作社已发生危机,必须设法补救,使物价的下掉缓和下去或平涨一些。

再提出拉下牌价，券币一元换法币二元，十月五日才批准。改变牌价后，延安市第二天物价即回涨了百分之八到百分之二十五，市场活跃了几天，不久即仍进入了疲滞的状态，欠边币债的人都松了一口气。合作社、公营商店也得到了一些帮助，交换所也转入正常的兑换状态，但没有达到边币大量兑入的期望，唯准备金回达到占边币实际流通额的百分之六十九。

  在这一阶段的和平思想很浓厚，以为全国可以进入和平建设。毛主席出发去重庆谈判，少奇同志的报告给我们印象很深。认为如果中共与国民党合作后，我们的工作会起大变化，银行可以归中央参加国民政府之后的中央银行管辖。我们怎样办呢？事先准备账目，划出党费，调张定繁回来做账。光华印刷厂因干部大批外调，缩小印刷机子到七架。但局势的发展愈来愈坏，摩擦很多，到一九四六年初，银行任务规定为稳定金融、发展经济、壮大资金。办事处总结银行金融工作时，责令菊如同志来银行总结历年来的发行工作经验，都看到事实上边区金融要稳在物价上是很困难，稳在比价上有可能，且已做到（一九四四年六月起稳到一九四五年四月全边区牌价一直稳于八元五角）。因此认为边区在当前条件不变的原则下，可以得出这个结论来。即稳在比价上有可能，且有必要。因此我们依据日本投降后的经验，在依据一九四六年的工作方针，即在稳定金融、发展经济、扶持财政的总方针下，规定稳定金融、避免物价暴涨暴跌的政策时，认为在外面物价上涨的条件下，要求公私兼顾。目前在平涨时，这要采取"物价随环境，比价求稳定"的对策。如果在外面物价下跌的条件下，则可采取比价随环境、物价求稳定的对策。如果外面物价真正走上了稳定的阶段，则必须实行稳在物价上，同时又稳在于我有利之比价上，以配合与协助农工商业之发展。

  这上半年情况是很紊乱的，思想也不一致，曹菊如同志写了一个小册子，黄松龄同志也同样写了一个相反的批评，印出一个小册子，供大家讨论。我们的指导思想是依据办事处的决定来进行的，它采取了一个折中的办法，比价只求相对稳定。情况变到于我们有利时，即上拉或下降。到六月下旬看出政治形势的发展和、战、拖都有可能，但谈谈打打拖的可能性更大。因此七月以后我们在金融方面一切依据"争取和，准备打"的总方针来布置下半年的工作，详见一九四六年下半年工作计划。由于日本投降以后，我们的发行少，在准备打以前，每月发行券币总在一万万左右，多不过二万万，而物价的上涨都比发行性，券币购买力不断下落。我们深深感到券币流通市场已发生了变化，绥德分区的白洋更猖獗了。依据四四年的警区十个大集镇的金融调查,被白洋、法币占去了流通量的百分之八十五,估计边币仅占百分之十五,基本原因是在农村市集我们没有控制日用物资,使人民非用券币不可。如龙镇炭如能控制起来,边币即可流通于米脂镇川一线。在九月行长联席会议上拟恢复各地光华商店组织。一方面它可以参加商业活动,壮大资金;一方面专门只买边币,可以推行券币。曾向毛主席建议,九月会议中,备战的形势更紧张了,确定在可能条件下来建立光华商店,起初和绥西栈合作,次与绥西栈合作,以及取经验,使各分行都有自己推行券币的机构。但在办事处讨论的结果,要贸易公司的据点来执行此项任务,我们也感到人员困难,乃取消此一决议,但这一问题据各方反映一直未得到解决。

(黄亚光:《边区银行会议上的发言》,1947年9月10日)

(三)对金融物价采取的措施

1.在八月下旬,依据当时电讯报导的材料,预见到了八月中旬有下述显著的特点:

(1)西安、榆林、吴忠堡、平凉、西峰周围金价比边区跌得快,其布匹、颜料、杂货也比边区跌得快,且跌得猛,不断向内流。因此,知道各地交换所从八月中旬起就会转入大量法币出超。

(2)食盐向南销路大减,发生了根本的变化,这种情况将长期存在,影响财政收入甚大。

(3)土产出口主要换金子,法币来源大减。银行与公司所存法币预计需要支持三四个月,查八月所存法币有十余万万元(仅银行存法币七万万余元),直至度过金融恐慌浪潮,眼前无多大问题,长期恐怕不保险。

2.银行总行下了这样的判断:

物价会下跌,运盐会停顿,干部要外出,边区流通的必要量会减少。边区物价下跌较慢,外货涌入将形成法币外流,边币回笼,出口减少,法币则难来。

金银价下跌,发行准备金减少,库存法币需要支持兑换三个月到年底。物价跌落阶段可能达到三个月或拖到半年。

因此执行了下列的办法:

(1)总行停发票子,一般的停止放款,仅放出二万万救济合作社。

(2)法币保持无限制兑换。

(3)对分行作了具体的指示。

例如八月十六日到绥德电指出：日本投降后，重庆文日（十二日）百货跌百分之四十至五十，昆明、西安也下跌，影响边区。(1)外一溜烟货看跌，百货疲滞；(2)对外贸易法币来源减少；(3)加上边区大批人员出发，边币流通量将会急剧缩小，同时兑换力量也会缩小。目前边币必须回笼，以求将来的稳定。因此：(甲)自己不能用券币与法币买任何东西。(乙)一旅卖粮不准用发行库款收买，他们自己出卖所得边币可以给他们兑换金子与法币。(丙)金子可照市价出售给出外干部。(丁)无财政局支付命令的款不能垫支。对各分行也同样有此分析。(廿二日)电各行：(甲)不能用边、法币买东西。(乙)对于金子应根据内外情况之变化，协同贸易公司在金价跌至相当程度时酌量收购。(丙)法币暂时可能稳定一下，因此对法币的去路（特别大量出超时）应随时多加注意，用压金价办法节省法币出口，以免商人从中投机获取巨利。又于二十四日电绥德：为节约法币：(甲)卖黄白给出发干部；(乙)设法压低金银市价至稍高于榆林、延川水平，当压低价时黄金在七万以下可收，白洋收价自定，以后遇法币不足时，以此金银作外汇。同日又电定边、陇东，黄金在券币五万元以下可放手收进，以后涨至七万以下仍可收白洋，除收买外，须严禁流用。其主要目的是节省法币流出，达到长时期内仍能支持无限制兑换，稳定边区金融。

3. 八月二十七日财经办事处会议，对金融方面的措施，我们都预见到：(1)不能进大城市，仍须做长期农村建设的打算；(2)食盐销路将长期减少，于三个月囤盐销光后应结束统销，以减少银行、公司对囤盐资金的负担；(3)加以土产专卖走私很凶，大公卖出换回的大部分是黄金，法币来源大减；(4)下月财政开支即使减少六千人，可省边币二万万元，但预计九月份应支二十万万元，收入不足十万万元，实际仅可收到五万万左右。本月已近支付时期，银行必须以券币兑换法币，使公司能支付财政垫款。

在银行岗位的负责同志提出了下列的意见：

适应外面情况，预计将来的困难为争取主动，一下退到能站的阵地，边币应自动贬价，其理由是：(1)要充实银行发行准备金，使库存法币能支持兑换到年底。(2)无限制兑出法币，边币贬价结果，库存法币可以多兑些券币入库，并调剂出一些边币来周转下月财政支付。(3)要使市场物价少跌百分之二三十，以缓和信用紧缩的局面，即把物价掉落程度降低一些，其方式是：牌价从七元六角九分二厘一下拉到十元，即从券币一元换法币二元六角改为券币一元换法币二元。

讨论结果决定:(1)牌价改为流通券一元换法币二元五角。(2)晋西北换二万件土产(银行已于今春送了十一万元白洋存西北农民银行)。从土产公司转成法币来补充准备金之不足。

(边区银行:《抗战结束阶段关于边区银行金融工作的检讨》,1945年11月17日)

(四)银行贸易部门对金融物价的看法
执行过程中发生的争论:

九月上旬情况的变化,使我们初步地预见到了一些金融物价发展的趋向。在预定方针上,我们有了一些不同的意见,其焦点为物价跌落后在低水平稳下去或是高水平稳下去。

甲、贸易公司方面的分析和结论。

从对外贸易斗争,积累了掌握物资政策的经验的贸易公司方面,他们论点归结起来,根据于下:

1. 抗战过程中,物价上涨,物资缺乏是主要的。例如物价上涨三千倍,其中由于通货膨胀而来的,估计仅占二百六十倍。

2. 大战结束,囤货抛出,外货收入,物价总趋势是下跌的。

3. 物价下跌之后,法币会和美金在较低水平上确定一定的比价。或者定美金一元等于法币五百元,或者定一千元,更可能是定在一千五百元。新票不久将出,它与法币将规定一个比价,又和美金确定一个一定的外汇兑换率,新票一出则物价即可以稳定。

其结论是:物价总趋势向下跌,中途可能回涨一些,又向下跌,但其总趋势是下跌的。

具体的意见,详见九月十三日的贸易公司座谈会议纪录。这一结论的根据有二:

1. 是物价脱离了金银价(抗战以后由于通货膨胀与物资缺乏的关系,物价与金价逐渐脱离了),大后方物价较战前涨了三千倍,美金只涨了二百六十倍(战前美元一元等于法币三元三角,九月十日重庆美金一元换法币八百四一八百九,平均八百六十元)。黄金只涨了六百倍(战前八十元换金于一两,九月十日黄金每两五万元)。如果一百元换一两,则为五百倍,六十元换一两,则为八

百倍。现在应该以美金来测量法币,物价的跌落如果以图表可以画成下列样式:

<u>三千倍(缺乏物资)</u>
二百六十倍(通货膨胀)

从物价与金价靠拢方面着想,物价上涨率与美金上涨率已相差很远,现在脱离过大了,一旦靠拢,物价必惨跌。物资缺乏将因抗战结束,美货大量输入而起大变化。国民党又是买办的政策,物价跌落,对于人民则购买得起,于美国则更好销货。这样,中国工商业虽然破产,但对美有利,因此,美国将不允许它把法币与美金比价拉回到三—九千元。跌到什么程度,要看国民党的新币对美金比价定在什么程度。现在传说第一种是说一元新币等于美金一元(重庆有说一元新币等于法币一千元的),如此照美金折合,美金一元可合法币一千五百元,战前一美元等于法币三元1500/3,等于法币跌五百倍,但表现在物价上已跌三千倍,相差六分之五,即物价还要跌六分之五。一美元换法币五百元(照重庆办事处来电报告的数目估计),则物价会跌十八分之十七。一美元换法币三千元,则物价要跌三分之二。大后方都希望跌了稳下去。果然如此,金银价回到原水平状况时,物价必然会继续跌落。

2. 美布输入中国,将急剧地影响物价下跌,其中心要看国民党改定美钞比价如何。抗战前美国布每匹美金六元(宋子文向美订购白布定价每匹六美元),战时物价美国上涨百分之二三十,美布每匹等八美元,运费在内以最多十美元计算,一美元等法币一千元,则美布一匹值法币一万元,一美元等法币二千元,美布一匹值法币二万元,一美元等法币六千元,美布一匹也只值法币六万元,现在美金已跌到一千元左右,美布一匹只需一万元就可以入口中,安安蓝布已从十四万五跌到了三万五,它还会跌落。美国急需对华输出,美布要在中国出手,因此美国不能让国民党把美金黑市定得过高,法币贬值过低。因此,国民党虽然企图缓和物价下跌,但会被牵制。其牵扯制条件:(1)发行钞币,加发一万五千亿也不能算是膨胀。因为地盘猛烈扩大到上海、南京及沿海各省份,法币流通速度又很慢,目前发行多少也不能立即抑止物价不下跌。(2)限制货物入口或减少货物来源,国民党决办不到,美国要中国门户开放,中美的关税协定只是对美有利的。(3)限制国内生产,今天不限制,也在破产中,中国生产早已不起决定作用了。(4)改订美钞比率,国民党不能自主,因此肯定物价必然继续跌落。叶经理结论"物价总趋势是向下跌,也可能回涨一些,又向下跌,但其总趋势是下跌的。"

因此,我们的对策:(1)目前存法币比存什么都好,存什么货都不好。(2)银行发行准备金应该存法币,抛出黄金、白洋、物资,吸收边币回笼。

乙、边区银行方面的分析和结论

从金融斗争在发行问题上汇集了五年,关于通货膨胀的知识,银行同志们发出了如下的议论,归纳起来概述如次:

1. 抗战过程中,物价上涨,通货膨胀是主要的。因为抗战前法币发行约为十四万万元,估计大后方实际流通量最多五六万万元。抗战结事时,发行骤增至一万五千万万到三万万万,发行比战前增加到三千倍或达五千倍,这是合乎平常通货膨胀的道理,即发行增长得多,物价涨得少这个一般的常态,物价上涨三千倍主要的一面是由于此。

2. 物资缺乏的事实,它与通货膨胀血肉相连,但所占的仍是次要地位。因为一方面是供给少了,但另一方面人民购买力降低,需求也少了。

3. 国民党财政无办法,不因抗战一结束即能解决了问题。它一面复员开支浩大,一面对我摩擦费用增多,因此,仍需采取通货膨胀政策,至少短期内不能放弃,即生产恢复与美货来华,尚需相当时间。

4. 新币要在财政收支相对的平衡,对外贸易出入口有些把握,外汇有相当准备,物价趋于平衡,各种问题相对地能解决之时,才能发行。因此,它与美金尚难确定比率。

我们对抗战结束后法币涨跌总趋势是这样估计的。其结论是:"物价金价在三个月到六个月后,可能回涨到一定程度。""上涨程度难以判断,可能达到抗战结束前的指数水平,或可能是比这水平低与高。"在九月十三日贸易公司座谈会上,没有展开争论,我们同意了。"在三个月到半年,物价总趋势会向下跌,中途可能回涨一些,又向下跌,但其总趋势是下跌的"。而在三个月最多至半年以后,依据我们银行九月十二日座谈的意见,是会回涨到一定程度的,跌落的最低点是后方与收复区拉平的那一点;不同意它跌到什么程度;要看国民党的新币对美金比价定在较低水平的估计而稳定下去。因为据贸易公司同志的意见,最可能的是定在一美元等于法币一千五百元的比价的物价,还要再跌六分之五,落到这个水平上即将稳定下去,当时未展开讨论,我们也马马虎虎同意并在思想上也动摇。

银行方面的具体意见则详见九月十二日的金融座谈记录下。

当时的结论是"物价金价在三个月到六个月后可能回涨到一定的程度",其原因：

1. 物价猛跌下去，于国民党不利。

2. 国民党已表示了仍要采取通货膨胀政策，并有使它稳在一定程度的企图。

具体的分析：(1)国民党存美金十余万万，存黄金三百余万两。美金、黄金在西安市金子八月五日十八万五千元，九月十日跌至六万元，已跌了百分之六十七点六；美钞八月五日二千五，九月十日跌至一千二，已跌了百分之五十。这样，中、中、交、农行外汇基金即跌了一半，在法币发行上准备上吃不消，即不以美金、黄金为兑换的外汇基金，在国内市场的比价，其高低并无多大影响，但还有一条。(2)抗战胜利，财政困难，依据历史上的情况来分析，只有发票子的一条路好走，目前已发行到二万亿到三万亿，其发行速度是愈来愈猛的。据参考资料的国民党发行数字来计算：

一九三七年六月十四亿，一九三八年六月十七亿，一九三九年十二月三十亿，一九四〇年十二月四十五亿，一九四一年上半年二十五亿，十二月七十亿，一九四四年九月九百亿，一九四五年六月一万五千亿，一九四五年八月（估计）三万亿元。

一九四一年到四四年每年递增一倍多，一九四四年到四五年六至八月每两个月递增一倍。从物价上涨指数来比较，历年物价逐月平均上涨率为：

一九三七—一九三八年1%—2%，一九三八年—一九四〇年六月初为5%—6%，后增至8%，一九四〇年七月—一九四二年十二月9%，一九四二年一月—一九四四年五月10%，一九四四年六月—十二月停滞（外汇涨），一九四五年一月—四月5%以上，一九四五年四月—八月初5%—25%。

今年一月以后到三四月间，物价逐月递涨百分之五十，而发行则每二个月约递增一倍。

财政预算因抗战结束已无限扩大，如军政方面薪饷新标准比原来提高三倍。九月三日又宣布了经沦陷区各省本年度田赋一律豁免一年，后方各省定明年豁免一年，收支相差已十分悬殊，比之今年初确定的预算四千三百万万元，收入仅及支出二分之一的官方报告更不知相差多少了。早在六月二十七日记者会上俞鸿均已宣布："政府决不紧缩必要的作战开支……今日政府收支相差悬殊，战时关系税收遭受影响，公债、储蓄均难推行，政府不得不增发通货。"可见其财政政策是发票子。当前具体事件足供参考的还有：

1. 重庆三十五年度预算(九月八日电)有:平抑物价管理物资所需经费一项规定:关于中央及省立机关经常费,以三十四年原预算及其追加预算部分合计之数为标准,这表明了它已预计到了物价会涨到抗战结束前的水平。

2. 重庆黄金牌价十七万不动。

3. 收复区何应钦下令九月十二日以后,银行机关一律改用法币记账,暂准人民行使伪币,这可以大大地缓和筹码不足的问题。

4. 重庆六日电:当局决定拨五十万万办理紧急工贷,期限一年半,月息三分四厘。这样高利息是寄托在物价回涨之上的。

5. 交通部长谈,半年内交通不易恢复,如此等等。我们认为收复区与大后方金价物价的水平虽然不能很快拉平,但总有一天一拉平,就可能会恢复到通货膨胀的老路上去。

如果照公司方面的总趋势估计出发,则应早抛早好;如果照银行方面估计出发,大公有力量囤积时,则不应急于抛出,跌落到一定程度还要收购,银行同志对三个月到半年金价与物价估计会下跌的意见和贸易公司是一致的。

在九月十二日贸易公司座谈会之后,银行同志在思想上动摇了,主要怕三月至六月物价下跌过程中法币不够用。因此,一部分主要物资的处理是根据贸易公司的估计和结论来布置的,当天回来即命令绥德分行莫行长抛东西,他回去抛出五万余白洋、一百五十多两金子;业务处在市上也抛了金子、白洋,不过买主都是上前方的干部和小公家。由于领导层面还是动摇不定,时抛时收,这样抛了二十余天(九月十三—十月六日),才最后下决心,不抛发行库的金子与白洋;相反地,下决心收买白洋、金子。但一抛再抛,涨了又看跌了,总想待一下再置,反复一二次,时间已经过去了。

(边区银行:《抗战结束阶段关于边区银行金融工作的检讨》,1945年11月17日)

(五)稳定金融物价工作的经验教训

时至今日,重庆、西安以至大后方各中心城市,包括边区市场,金价、物价均已上涨到一定的水平了。在领导思想上我们未预料到的有四点:(甲)在内部:(1)金子没有预料到会跌,更没有料想到掉得这样猛。(2)边币的流通速度很慢,几乎完全被我们忽视了。(乙)在外部:(1)不知美币原来定价是六美元。(2)我们也忽视了法币流通速度(参加贸易公司座谈会前后)。我们估计不足有四点:(1)没有料到法币的膨胀这样猛。两个月需发一万亿,我们认为再发一万五千亿,就解决了国民党的许多问题。(2)以为国民党会马上禁止伪币流通或可能贬得很低。收兑未估计到它会规定法币一元等伪币二百元,并允许伪币流通。(3)对国共和战问题不知道打得这样快、这样大,以为华北、东北可以流通法币,但事实上并不完全如此。(4)对美货来华认为相当快,不会像今天这样慢。因此,在九月中旬到十月上旬,我们对金融物价发展前途的估计发生了动摇,观望了二十多天(九月十三日至十月六日)。当时认为物价、金价跌落之后,上涨与平稳都有可能,主要看两个力量的对比,一是国民党的利益与通货膨胀的程度,一是向美国能借到多少钱和多少货,与沦陷区低水平的物价相互对抗看谁战胜谁。估计物价跌落应该有一个底,这个底就是以沦陷区与大后方物价拉平为限度,对此认为沦陷区物价应该上涨得慢,大后方还需多跌一些。但事实上沦陷区暴涨,而大后方并未再掉下去,这样就很快地拉平了。大后方物价十月下旬就回涨,而且一直涨上去了。

八月二十七日未能通过一次将牌价由七元六角多改为十元,如上错误地执行贸易公司座谈会上估计的结果。前后合计一下:

在坏的方面:

1. 银行本身大受损失。

(1)法币兑出上少赚十四万元(边币)。

(2)金子少买五百两,少赚五万万五千万元(接四十万买进,一百五十万卖出计算),应赚计有十九万万五千万元。

(3)土产转账,在最低的价钱上转账,赔十四万万元(牌价十元,按每两一万法币,每元法币折边币十元,转二万两花了十一万白洋计算)。

(4)出售金子约三百五十两,损失二万三千万元;出售白洋九万元,损失二万二千万元。不应赔而赔了十八万五千万元。以上合计约有三十八万万元。

2. 对合作社救济放款先松后紧,加速了它倒闭程度。

3. 怕发行准备金不够兑换用,不敢放金子、白洋。债务进口,使边区大小公家和人民没有得到跌价阶段物资金银跌落的好处,少赚外面一笔钱。

在好的方面:

1. 好在银行金库没有乱抛金子,减少了自己的损失,又没有造成市面更大的金融恐慌。

2. 二次拉牌价,缓和了一些市面物价的下跌(减少下跌百分之三十)。延市街上破产倒闭的商店只有一家,大公赚了一些钱。

简短的结论:

1. 全国全面的物价猛跌是件新事件。我们的知识经验都不够,掌握不了。由于总的领导发生错误,致财政、经建、贸易、金融都受了损失。

2. 银行方面有些正确的预见,曾经及时提出牌价拉到十元,它可站稳脚跟,充实准备,又可使物价慢跌。救济合作社,缓和市场的金融恐慌,没有及早这样做是错的,而自己中途动摇也是错误的。

3. 中途动摇是由于认识不够,没有弄清"通货膨胀"这个中心环节的各种联系。今后对新的问题出现,还需要全面分析,不要为一时的局部现象所蒙蔽。

4. 这次物价回涨,主要的是财政经济问题不得解决,时而转入内站,只是加速了上涨速度而已。

5. 十月下旬结束了物价的下降,因此今后是外在通货膨胀时期。只要财政经济条件未改变,在物价完全稳定,以致发行新币之前,以前的金融工作经验还是可供参考与采择的。

(边区银行:《抗战结束阶段关于边区银行金融工作的检讨》,1945年11月17日)

二、谈判决裂,准备战争阶段

(一)金融贸易在备战中的情况

抗战结束之后的经济恐慌,已经过去月余了。回顾一下这一次全国性的物价下降所造成的恐慌,我们还是初次遇到。由于经验知识的不够,在这次变化过程中掌握得很不好,使得公家和一部分人民遭受许多损失,而没有能够由外部赚来很多钱,这是我们应该检讨并作为深刻教训的。

这次掌握和判断的失误有什么呢?

第一,这次的恐慌,在金融方面看,就是一种币值提高的病。如果在八月底九月初呈恐慌,我们自动地将自己的票子贬值,马上降到一元流通券换二元法币,则痛苦会减轻许多,损失也会减轻许多,相反地,当我们看到物价已经落于最低点时,满可以向外大抓一把。

第二,我们对外部判断:(1)国民党没有群众观点,将对伪币大加打击,甚至停用之后收兑。(2)全国范围都可发行法币,用伪币贬值留下的空子,即可解决国民党相当大的问题。(3)直至十月间仍估计打几个大仗之后,全国交通即将恢复,华北也将使用法币。(4)美国洋布不久即来,甚为便宜。(5)沦陷区突然变为收复区,法币东流在全国吃香,将使其流通速度减慢,因此在抗战结束后,收复区的物价水平(以法币计算)低于后方,可能收复区物价慢涨,大后方快跌,直至二者达到同一水平,才算这次物价下降到了底。不然,在后方物价高于收复区时,后方物价仍然要下降。对于这次浪潮,估计三个月至六个月才能过去,在这个期间,法币将是有出无进或多出少进。为求金融稳定,必须保持法币。但事实证明,前四点判断在不同程度上都不准确,而第五点也被前几点马上改变了,结果收复区物价猛涨,顶住后方物价不要下跌。西安、重庆物价下跌时间一个半月,至九月下旬即到最低点。边区亦于十月初停止下降,法币开始进来,总计两月多时间,恐慌浪潮即已过去,而在其后我们仍未抓紧时机行动。

第三,我们对内部判断:(1)物价随整个浪潮下降;(2)盐销缩减;(3)大批公家人员外出。所有以上三点,都使边币需要量减少,可能自然的回笼一些。同时在准备金上:(1)由于金银价下降而减低了准备率。(2)边区物价下落迟于友区,法币在外面比边区更吃香,因此将形成只出不进,或多出少进。如果时间延长三月至六月,法币不够兑换,很有波动的可能。因此,采取谨慎态度以防意外(如黄金出乎意外的下降)。结果法币大出,一个多月后金银货物入口停止。同时由于物价下降,边币流通速度减缓,原准备的法币还有一半以上未曾兑出。

(边区银行:《抗战结束后之经济情况》,1945年11月28日)

陕甘宁边区银行总分行行长联席会议是在这样的情况下开的。

1. 国共谈判已全面破裂,在解放区已被国民党攻占了一些城市(承德、集宁、菏泽、淮阴、张家口等),而国民党军队已被消灭了二十余个师。中央提出了"争取全面抵抗的胜利"的时候,在国民党占领张家口之后,或将进攻延安,企图占领延安,西北中央局指示,边区全部工作"以准备战争为中心"的时候到了。

2. 陕甘宁与晋绥二个边区,财政上必须扩大收支,但收入可能减少,开支必须增大,银行的负担将日益加重的时候到了。

3. 在对外贸易上,贸易公司急需争取物资,保障供给,不能换进大量法币,保证银行无限兑换的时候将来即。

4. 银行的发行准备金,经过了历年的积累,已达到发行总额百分之七十左右,而法币的准备有时也有百分之二十几到三十左右的时候。

（边区银行:《行长联席会议决议案》,1946 年 10 月）

各分行备战工作均已告一段落,为支持长期的大规模的自卫战争,达到保卫边区、保卫延安的最后胜利,在金融工作方面,目前必须适当地稳定战时的金融物价,不使物价因受战争影响而猛烈上涨。

延安各地布匹、棉花和某些日用品,十一月底比月初码子布涨 63%,洋布涨 60%,东昌纸涨 33%,鹰球兰涨 33%,丰足火柴涨 23%,清油涨 2.8%,猪肉、草料涨 20%—23%,麦子涨 26%,小米涨 14%,白洋上涨最猛达一倍多,三十日回到一倍,一般日用品一个月左右即涨了 23%。绥德市涨得更猛,上月底到本月二十日,布涨 77%—80%,白洋涨 71%,小米涨 71%,其他日用品也涨了 20% 以上。其原因主要的是:(1)大军过境,供求关系起了重大变化。(2)内外军事封锁加严,货物难进。(3)内部存货少。(4)公私抛物存货,心理上怕存边币吃亏。(5)延市、绥市防空迁移,交易停顿。(6)法币限兑。(7)发行突然增加了一些(比上月底实际只增加 11.2%,到十一月底才到 28%)。目前物价上涨,发行还不是重要的原因,最重要的是军事影响,心理作怪。在今后将有相当数量券币发行,必须平抑物价,造成发行的有利条件。为此,在目前必须进行下列工作:

甲、在休战期间,在土产仍能大量出口期间,各交换所放宽兑换尺度,实行法币无限制兑出,兑入则追问其来源,贩卖法币的可以拒兑边币。

乙、延市、绥市均抛售黄金,只卖边币,不卖法币,以金子作外汇用,并提高售价三十六七万元,使金子进口。但延绥应有差价,一般的可以差一二万元。

丙、贸易公司在延绥各地放一批花布出去,平抑花布市价,回笼一些券币。各分行暂不收购花布。

丁、绥德市抛出白洋,平抑白洋市价,暂不收购白洋。

在今后几个月中,由于战争形势有些变化……大利所在,花必可以进口,实际上目前关陇各地已经进口了,赤城每集可收花一万斤,平均也能收四五千斤,布可进一千匹。关中方面进花一天有七八千斤,少时也在四五千斤。加上边区大公家手上已购存有几万匹布,足以支持机关部队而有余。因此,今天大公能够抽些花布出来稳定边区市场物价(主要是花布价)。

这些有利条件还可继续扩展,战争形式还可逐渐改善,是支持长期的大规模的自卫战争的物质基础与经济力量,是可以适应环境并加以改善的。那么在今后的金融岗位上,又必须可能适当地把稳定政策坚持下去。因此,在明年计划中务必向如下几方面努力。

第一,推广券币市场。

第二,增加券币用途。

第三,保证兑换力量。

为此,在银行方面可布置如下工作:

1. 实行配合贸易公司物资下乡,银行券币下乡。

贸易公司拟将近百个商业据点与各地合作社结合,供给花、布、油、盐、火柴,使农民拿券币买得到东西,银行不单独搞光华商店,办事处将由公司负责调剂边区内部市场。银行商业部门即可与之相互配合。银行主要力量可以用到调查研究,深入农村的农贷工作上去。如果筹办农贷,可依据行长联席会议的决议,具体布置各分区的工作。

2. 准备代理政府发行自卫战争公债。

在战时财政收支上,银行必须发行券币,以联合与通融公私经济,同时必须回笼券币。在发行券币过程中,我们必须好好准备发行公债的工作。至于如何搭配,如何经管,先行商讨提供意见寄交总行。

3. 改善交换所的管理(法币)外汇工作。

战时物资必须管理,为配合税局管理进出口物资,实行保护税则,总行已在研究"战时法币管理办法"。这一草案经政府通过后即将颁发,但各分区情况不同,如何具体实施,还不能千篇一律,同样布置。必须依据当时当地特殊条件自定办法。在目前情况下,总行拟提高券币币值,并在高水平上稳定一时期。如果内战拖长,法币可能贬值更猛时,随边区自给经济的进展程度,我们还可以逐渐减少发行库法币的库存,逐渐运用黄金政策,继续进行大量黄金的买卖。在关陇收购黄金,在延绥抛售黄金,东路如能打开,这种买卖将可以持久扩大。因此,金价的变化,各地务须自己注意,独立掌握。将来银行有法币多余时,一面有效管理,一面即向外采购花布,在三边购油,在口子上囤盐,在内地收集等工作仍可进行。在法币的准备金之外,加上实物的准备,战争即打下去也可避免无谓的波动。总之,行长联席会议的决定,各分行务必本此精神确实预先布置,并确实总结今年工作为要。

(边区银行:《给各分行行长的信》,1946年12月3日)

(二)备战中金融物价的方针及采取的措施

由于内战会延长,和平谈判不会有希望,为支持长期战,取得保卫边区的胜利,在金融工作方面,应有全面的长期打算。在这一过渡期间,要确定我们的金融工作方针,布置总分行的工作,经过一星期的讨论之后,一致认为必须贯彻既定的财经工作的总方针——发展经济,保障供给。

为适应新环境,完成边区三年建设计划,在金融工作方面必须坚持"相对的稳定金融,发展经济以支持财政,改善民生"的方针。因此,对下列几个主要的问题,特作如下的决定。

1. 增加发行不可避免。

2. 券币流通范围。目前在边界区,已相对地缩小,又因券币用途的缩小,禁令的松弛与银行的法币无限兑换,即在中心地区法币亦继续暗流,在某些地区已逐渐演成横流。

3. 战争一旦发生,在一定时期,出口贸易将难以保持常态,法币不可能继续无限制兑换。因此,必须执行如下的对策:

甲、在战争未发生以前

(1)保持正常的发行速度。

(2)交换所暂不限制兑换。

(3)禁止法币在边区内行使办法,请政府下令严禁,各地党、政、军、民、团体配合动员。

(4)存金可以换成一部分土产,准备以后易于换取外汇。

(5)库存白洋不轻易马上抛出,目前保存于绥德分行。

(6)加强边境上的交换所,首先加强其干部。凡法币进出,务须经过交换所,无特殊情形者,不发给法币出口,只有真正过境的法币,可发出口证。

(7)大法币的贴水一律撤销,实行搭配,券币可放手兑出。

乙、在战争发生以后

(1)战争一经发行,应建议政府立即实行部分的管理贸易,限制不必要的货物进口,同时管理外汇,限制法币兑换。

(2)与贸易公司密切配合,银行也应保持一部分土产,以便宜长期地换得部分外汇与群众日用必需品,用以保持必要的法币兑换和供给自己的商店或合作社收买券币。

(3)必要时恢复光华商店的组织,使起化物下乡与券币交流的作用。其步骤为：

以各分行业务处现有商业部门为基础，逐渐充实人力。

在可靠的货物集散地区设支店，但资力应相对集中，不宜分散。

商店与好的合作社相结合，经过我们分给合作社以群众日用必需品，并经常予以廉价的优待，但规定合作社必须卖券币，并以券币收买出口的土产。

光华商店经营的商品，必须对推行券币有决定意义的货物为限，不能什么都揽起来搞。

（4）对法币应采取严格禁止行使的办法，对券币要求一元化。

凡拒用券币者，一经查出即依法严加制裁。

法币在多少以上者，不准自由携带，其专为对外贸易用者，由交换所发给兑换证或通行证，政府应指定检查机关严加检查。

要求党政军各级机关部队以"推行券币"作为战时的重要工作之一，应一致合力推行。

（边区银行：《行长联席会议决议草案》，1946年10月）

有目前几个月的备战期间，边区周围的经济情况，已转向于我有利。因此，在金融贸易方面决定，今后即采取"肯定的稳定比价与适当的稳定物价"的方针。

当前于我有利之条件，从如下事实可以判断：

由于公司手上掌握有相当数量的物资，如花、布、油、盐、纸张等，足够保证大公半年消耗而有余。

由于银行手上控制着占发行总数百分之七十以上的准备金，如法币、金子、白洋、物资等，足以充分兑换。

由于进出口贸易正处于于我有利的时机。例如：

（甲）十二月一日陇东电：公司两日收花一万八千多斤、布一千五百多匹，花价已降三千四五至今三千二三，布价五百一致四百九，预计每日还能收花一万斤至今二万斤。西峰城拿布花者均可出门，驿马关市场熟花三千三四，市布十六万八，雁塔布十四五万，驿赤等地各种市布很多，公司已收到四五十匹。

（乙）十二月一日关中电：十一月销货收法币七万四五千万元，占收入的23.7%，金占收入的57.8%，花十五万斤，占收入的15.8%，其他占收入的3.2%，布花仍能进口。

(丙)边区外棉花、布匹还相对稳定,正便于我收购。

由于金融方面,法币兑换进入淡月,有些地区还是互相封锁着,因此法币出入不大,十二月二十一日至今二十五日已从法币出超转为入超一二五七万元。例如:

(甲)据电报统计,法币净出超七月六万万多,八月五万万多,九月六万万多,十月六万万多,十一月变为三万万余元,最高兑出十月份十二万万余元,十一月份仅五万万左右。陇东一日电,限兑后也无反应。

(乙)内地市场如绥德市一日电:物资虽缺,但交易平淡。公司停收布后,花价已至七千元,白洋涨跌不定,十一月下旬由五万三涨到七万,又回到五万五,又抬到六万二。法币东流冀村、南下安河等地,收花故有些出路。

(丙)北面、东面金价仍高,月底太原三十三万二,平津三十一万上下,碛口农币四十万(折三十七八万),绥市老秤从三十九万回到古十七万,延安市三十六万,关中三十三万余,陇东三十三万缺,金子仍然可以乐流。

由此可见,稳定金融物价的形势已进入好转中,在今后几个月内,估计有利的条件可能继续存在。

首先是晋西吕梁我军于收复永和、大宁后,二十七八日又先后解放了蒲县、隰县、石楼三县,吕梁解放区已打成一片。陕甘宁、晋绥、晋冀豫鲁三大解放区现在较能畅通,边区东侧的威胁也已告解除,胡宗南部三个旅被迫又复东渡,蒋胡顽军会延缓进攻边区的时间,至少短期内难以部署进攻延安。

其次隰县,原是出产棉花、布匹的地区,晋绥花布可以在晋南解放区收购,不完全依靠陕甘宁边区供给,照现在的金价计算,从边区换进的法币、金子过河,还可能由晋绥去收购一批花布,边区南面即再有战争发生,再遭受严密封锁,也不致更严重地威胁到我们。

第三,大关中产棉花估计在五千万斤,在内战困扰下已无多大出路,可能继续向边区北流。目前边区内花价相当大,现在大关中一带每斤花一千六七,到长武二千二,进入陇东赤城成为三千二。每头骡子驮花入口,可购二十万左右,大利所在,今后必能继续入口,因此边区物资——花布虽然缺乏,这一困难很快可能克服。但在过渡期间,十一月份的边区主要市场延安市与绥德市,物价正在猛烈地上涨。

延安市场十一月底比月初土布涨63%,洋布涨50%,白洋涨一倍多,一般日用品也涨了百分之二三十。绥德市更猛,工厂布、青市布均涨一倍多,白洋也涨了一倍二三，花布涨百分之七八十，一般日用品也涨了百分之三四十。查其主要原因：(1)大军过境，一时供求失调查，人心浮动，争抛边币，囤货不出。(2)内外封锁加严，货物难进。(3)内部市场存货少。(4)防空迁移，交易停滞。(5)法币限兑了一些时期。这是战争关系，一时期的心理作用，还不是发行的关系。因为发行比上月底到二十五日的指数方增加11.2%，三十日为28%，与物价相比，已相差太远了。

目前紧急性的备战工作已告一段落。今后应转入更深入的精细的筹备物资，以支持长期的、大规模的自卫战争，达到保卫边区、保卫延安的最后胜利。在贸易与金融方面，必须完成如下的任务，贯彻"肯定的稳定比价与适当的稳定物价"的政策。为此：

第一，在贸易工作方面：

1. 采取新的贸易办法：争取相对旺销。依据总公司的价格政策，在两月内争取棉花一百一十万斤，大布两万匹，并分运于指定地区。

2. 依据财政支付的情况，保证换取指定数量的金子与法币。目前依照电示，暂不变动，遇口子上交换所缺乏法币兑换时，必须协助银行，支持兑换，但同时必须电告总公司与总行。

3. 调剂内部市场，积极稳定物价。在绥德市及延属指定的地区须将指定数量的棉花散入民间换布，使一面周转民间纺织，一面支持券币，稳定物价。绥德分公司必须坚持放出棉花的指示，于花布价猛涨时抛出花布，使生花目前稳在四万左右，土布稳在六千四五到七千左右，在稳定一个时期转入疲滞时再行收购，不应束缚于收购任务而不机动地掌握市价。银行分行也应配合执行，不应只图一时利润，更刺激花布价上涨。

4. 协助分行积极推广券币市场与券币用途。分公司必须应用已有据点，在可能的条件下，适当地与可靠的合作社结合，卖给相当数量的棉花、布匹、油、盐、火柴等日用必需品供给人民，规定只准卖券币，不准卖法币与白洋（不使法币与白洋在警区横流，银行于可能范围内，在米脂龙镇设法控制）。迫使券币下乡，并须互保经济信用，分行更应积极配合公司的这些措施。

5. 在绥德分区，特别需要公司、银行配合控制棉花、盐、油、粮食市场，用一切力量先打击法币，其次打击白洋，不使法币、白洋在警区横流。银行于可能范围内在米脂龙镇设法控制炭市场，设法在龙镇供给当地炭工厂主以日用品或法币，企图使其出炭一律卖券币，不卖法币、白洋，必要时发行库抽二三千万券币也可以,借以推广券币市场。

第二,在金融工作方面:

1. 配合政府禁令,协助党政机关严禁法币、白洋在市面行使。必须坚持禁用法币、白洋办法,使检查机关起到应有作用。首先要求公商,次及一般商人、小贩,限期迫使法币到边区外去办货,不使其停留在边区市场行使。

2. 实行配合税局管理物资条件下的法币无限制兑换,必要时可以限制券币兑出。即遇贩法币捣黑市者拒绝兑给券币。管理法币办法应继续研究,以期达到一切消耗品和非必需品或限禁与禁进者,依据税局检查机关的证明材料或申请书不予兑换法币,分公司物资也不卖给持法币与白洋者。

3. 继续黄金买卖。依据外面的黄金价格的涨跌,适当地稳定金价,保持黄金向东向北流,以换取肥皂。物资金一般在关陇收购,在延绥抛售,延市比关陇可高一些,其价格变动、发行库的金子须听总行指挥。

4. 继续运用牌价政策。在全边区法币入超时提高券币,限制券币兑出。目前总行、总公司拟压抑物价,使落百分之十五,或利用比价政策,以促进物资进口,并打击法币持有者。

5. 政府准备为推广券币下乡而发行公债。分行须研究如何分发,如何回笼券币,在何处实行回笼,各须事先准备研究。

6. 业务上收购物资,也必须服从稳定金融物价之政策,在公司无据点的地区,仍须设法掌握一些对推行券币有决定作用的某项物资,如粮食、布匹、油、盐、炭等,以收卖券币,扩大券币用途。同时,必须在物价上涨时抛售,在物价疲滞时收购,以调剂物价,稳定金融。

7. 放款也要配合稳定金融与物价的总任务。于银根过紧时,放出放款,于物价飞涨、银根很松时,收回放款。

分公司与分行各须依据当地当时具体情况,灵活地执行上述原则,以期造成今后发行的有利条件,并贯彻上述方针。希于讨论布置后分别呈报总公司与总行为要。

(边区银行、贸司:《关旧战时稳定金融的方针问题》,1946年12月5日)

再讲到备战阶段。

十月谈判全面破裂,以准备战争为中心。此时大公物资感到必须增加,以应付未来战争的局面。办事处决定银行发行,支持公司按时垫支财政。自七月份起,往来透支一二百万,九月以后总数在二万万至三万万。八月以后发得多些,物价也涨得快些。上半年指数为244％,八月近300％,九月后每月上涨14％—20％以上。为稳定战前的金融,十二月五日与公司联合发出关于战时稳定金融方针指示。采取了肯定的稳定比价与适当的稳定物价的方针。计划争取收棉花一百一十万斤,土布二万匹,并要公司支持交换所,调剂内部市场,只准买券币,逼券币下乡,配合政府禁令,实行配合税局管理物资条件下的法币,无限制兑换,保持黄金向东北流,以换取肥皂物资。运用牌价政策,在法币入超时,提高券币,打击法币持有者。在收购物资与放款上,也均应服从稳定金融的任务。到十二月,为掌握黄金价格,操纵边区内外黄金买卖,以便公私收购花布,并运用黄金回笼边币,稳定金融市场,以利国计民生。又与公司于十二月十九日发出掌握黄金牌价的联合指示,为收购一批黄金,公司也痛快地卖给总行黄金一千多两。这一政策,今天看来比较是成功的。公司与银行之间,下面虽仍有些小矛盾,但在互相配合,一致行动,在上面是解决了。

(黄亚光:《边区银行会议上的发言》,1947年9月10日)

1.原来的情况:自十一月备战以来,由于部队突增,物资疏散,公私商人抛出边币,竞购物资,致使供求失调,物价高涨,里高外低。其差价达一二倍以上,于是游资转向黄金投机,法币无谓消耗,边币市场猛烈缩小,甚至被人拒用,财政预算无法保障。这种情况,如不加以改变,将会严重影响备战工作。

2.实行的对策:甲、压低法币,提高边币牌价,迫使法币外流换入物资,同时借以减少内部法币流通量。乙、压低金价,迫使商人放弃黄金投机,转向正当的入口贸易。丙、贸易公司抛货,批发零售以调剂市场,平抑物价,利益农商均分。丁、卖金抛货概用边币,法币限入不限出,借以回笼边币。戊、紧缩银行商业放款。己、与上述经济措施同时,西北局发布指示,政府重申法币禁令,借以扩大边币市场。

3.初步总结:大公有若干损失,即提高边币中银行兑换准备及贸易公司换回法币支持财政,在牌价上各减了百分之二十,共损失几十亿。但我们却以此得到如下结果:甲、法币开始外流,物资大批进口,大公掌握大部物资,今春穿着基本上已解决。乙、大公基本上掌握了金市,减少了投机,节省了外汇。丙、边币信用提高,金融物价趋于稳定,如绥延物价比最高时下跌百分之十五至二十。丁、财政预算不被冲破。戊、边区剪差缩小,提高了农民购买力。这些证明我们的对策基本上是正确的。

4.今后:为进一步巩固已得果实,求得贯彻稳定金融之方针,必须继续执行下列各项:甲、一致向外争取物资。乙、掌握金价,打击投机。丙、平抑物价,调剂市场。丁、货物、金子坚持卖边币,税收坚决收边币,以打击法币。各地合作社、公营商店亦应拒用法币,只收边币。戊、防止法币倒流,交换所限入大宗法币(关陇定除外)。己、最后,尤其重要的是切实执行政令,只有配合政令,才能更有效地挤掉法币,扩大边币市场,而今天执行政令,比过去任何时候都具有经济力量和有利条件。如只单纯经济力量而无政令配合,必难以维持而招致失败。因此,目前全盘胜负,系于政令之切实执行与交换所管理外汇办法之正确配合,这是目前整理金融最中心的一环,希各地党政切实注意领导之。

(西北财经办:《经济情况第一号》,1947年1月11日)

几点备战的措施:

和平绝望,南线战争爆发,进入了备战状态,十一月份直接反映在金融物价上,内地法币市场扩大,物价波动很大,感觉到了物资缺乏,十二月始为了稳定金融物价,支持战争,采取如下几点备战措施:

1.在内地市场抛售物资,拉着物价,一则以配合金融政策上的提高边币价,打击法币,以内地抛售物资,稳定物价,缩小与口岸的差价,以控制口岸,达到口岸抢购大量物资之目的。

2.用黄金政策堵死游资,投机黄金买卖,影响金融物价波动,一是控制黄金价格,以控制黄金市场,规定黄金价格为口岸高西安百分之三,延安、绥德内地价格比口岸不得超过百分之二的原则买卖之。二则控制市场,同时售出,又可回笼边币,以稳定金融和物价等。

3.控制口岸价格,以稳定内地价格,缩小内外物价差额,以提高边币购买力,并对外购买一批物资,打下战争到来时财政发行的基础。

4.发展妇纺,支持供给,低价出售棉花给纺户,规定以高于市价百分之五的价格收购民间土布。

5.缩小内地市场法币的作用,实行挤出去的办法,从牌价上降低比价,口岸法币从哪里进口即从哪里挤出去,不让在内地有流通周转过程。

(贸易总公司:《抗战以来陕甘宁边区贸易工作》,1948年2月10日)

情况简述:日本投降后,当时指导思想上有以下的认识:认为和平如实现,全国可能统一,金价前途看涨,物价会继续跌落或平稳,财政上可能放弃新土产经营,且需要蓄积一部分力量,要有专任党费。因此采取了以下的措施:

1. 首先是发行掌握上的放松。日本投降后,十、十一、十二月逐月平均增发15%,比投降前发行得多且快。

2. 其次是外汇管理的放松。蒋币无限制的兑换,再加以未与法令的禁止、行使相结合,内地蒋币行使逐月增多,边币市场因而缩小。不仅如此,而且东北沿黄河一带,白洋内侵(河东打击白洋向河西流)遂使蒋币、白洋比往年更多地侵占了边币市场。

由于以上的原因,再加以这时为了备战,部队突增,三五九族的人也回来了,河东开来大批部队,新兵也增加了,以及公私物资的疏散,市场物资的缺乏,加深了物价的波动。因此四六年的秋冬两季是个相当混乱的局面,这种混乱,无疑对备战是一个很大的妨碍。

在这种局面之下,我们所采取的对策是什么呢?整顿金融市场,打击敌币,巩固本币,停收金子,大量抢购布花等备战物资力量,作法是以经济力量为主,配合以政治。

1. 提高本币价格:十二月敌区物价正在上涨,本币价格由一元券币换蒋币二元,分三次的提,提高为一元本币换蒋币二元五角,提高了百分之二十五,以驱逐蒋币换回布花,缓和内地物价之涨风。

2. 掌握黄金价格:如不掌握黄金价格,则蒋币出去就会换进黄金,而不换进布花,故缩短内地与口岸的差价,压低内地金价,稳住口岸金价,其差额不超过百分之五,在内地(延安至绥德)其差价不能超过百分之二。口岸由公司统购,内部市场由银行公开挂牌出售,一方面压低了金价,制止了金子投机,一方面又回笼了本币。

3. 控制了布花的口岸与内地价格。做法是内地抛布花,缩小内地与口岸的差价;其次是在口岸上不与商人争购,让他们吃饱后大公再动手;第三是保证布花利润大于黄金,其比例是布匹利润至少百分之三十,棉花利润百分之五十左右,而新土产出口保证百分之八十至百分之一百的利润,金价只有百分之五的利润,因此十二月份至四七年一月份布花大量涌进。

4. 严格管理贸易,重禁纸烟、迷信品、消耗品入口,促使外汇换回必需物资。

5. 紧缩放款(农贷工贷除外),收回商业放款。

6. 兑换蒋币上限入不限出,用以打击敌。

7. 西北局发出指示,政府出布告,严禁敌币、白洋在内地行使。

8. 提前征收营业税。由于战争的爆发,延安只征收了一部分,绥德、定边、赤水全部收齐。

9. 最后尚有一项计划,即发行十亿自卫战争公债,由于战争已打起来,印好了未发出去。

采取了以上措施,其结果是什么呢？首先讲收获方面：

1. 将币外流,物资进口,陇东、关中布花涌入,当时大公手中掌握到洋布数千匹,土布约二十万匹,四七年的夏衣问题基本上解决了。除此以外,还掌握了八十余万斤棉花,同时小公和商人也都抓到了一批布匹,如果没有这批物资进口,四七年战争后情况将更不堪设想。

2. 控制了市场,节省了外汇。蒋币兑出减少了,银行的金子牌价确实左右了市场。银行可以少存蒋币、外汇,减少了保存蒋币所受的损失。

3. 物价相对地平稳了约二个多月,还跌了百分之十五到百分之二十。本币信用也提高了。

4. 保持了财政预算平衡,不受物价影响而冲破。

5. 布花价格不跌,粮价稍微涨了一点,缩小了布、粮价格的剪刀差。

这是好的一方面,自然也还有缺点,虽然有些是无法避免的,如：

1. 提高本币的结果,银行蒋币准备金中损失了百分之二十左右。

2. 由于金子的出笼,又支持了新土产的走私,削弱了新土产的旺销。

3. 由于政令贯彻不力,绥德分区白洋仍暗中流通,陇东、关中两分区严禁蒋币的工作,刚布置下去,战争就打开了。

4. 因为绥德公司未完全执行总公司的指示,扩大进行石炭、油、盐的土产经营,用以打击白洋、敌币,推行本币收益不如延安。

最后通过贸易公司与银行信贷工作,在对内扶持生产方面,战前还做了如下的布置：

银行在分行长联席会议上,确定扩大农村贷款,其方针在扶助公私营经济方面,以私营经济为第一,并抽出了发行准备金的金子一千两,分配于五个分区,进行重点放农贷,另又布置移难民贷款。

1. 在战争前后,主要在战前,计移民及植棉贷款,共贷出 19,771 万元。

2. 农贷主要在战前发放,由于战争的破坏,未能完全实现,战前后,除贷出数百石小米外,现款只贷出 15,817 万元。

　　　　(黄亚光:《自卫战争以来陕甘宁晋绥财经及金额贸易概况》,1948 年 4 月 5 日)

　　一九四五年日本投降后,法币流通区域迅速扩大,国民党区物价猛跌。我们为防止物价暴跌的破坏作用,适时地增加了发行,并储备了若干物资、金银,以供给边区军队及大量干部前往敌占区接收之用。但由于国民党采取了恶性通货膨胀政策,官僚买办大量携带法币在收复区抢购物资,因此国民党区在物价猛跌之后,迅即转为猛涨。我们为了加强对外经济斗争,遂将法币牌价由流通券一元换法币二元五角降至二元,贸易方面则抛售若干物资,以达到保持市场基本稳定的目的。在牌价降低后数日,边区物价稍有上涨,但迅即稳定下来。

　　　　　　　　　　(西北区行:《陕甘宁边区金融简况》,1949 年)

三、一九四七年七月以前

(一)战时金融工作指示、通知

　　自敌人侵占延市以后,绥米以外的一些较大城市也先后被占,边区的商场交易,暂时陷入了停顿状态,如以敌机到处轰炸扫射,部队机关和部分群众转移,农村中许多集市也先后停止了买卖,如此继续下去,将影响边币的流通,阻碍自卫战争的胜利。

　　在敌人侵入总分行办公地址,我们执行撤退转移任务时,有些同志只顾转移特效,忽视了融通公私经济与周转农村金融的工作,为适应目前战争环境,特规定战时金融工作于下:

　　1. 在运动战中,选择一些比较固定的据点,协助贸易公司进行对外贸易。

　　甲、与公司据点一起,或在中心集市附近,设临时货币交换所,随时兑换蒋币,融通内外经济,以流通边币。

　　乙、配合公司物资交换政策,除给商人兑换蒋币外,现在控制有生金银的据点,可出售金子、白洋,以适当的价格稳定边币与回笼边币。

　　2. 在内部市场或集镇附近,进行不固定的银行业务。

　　甲、除现在保证支付的人员以外,可将其余人员分成小组,随带一二头牲口

将能驮动的物资、金银、蒋币,在内部市场或集镇附近抛售。其任务为:

(1)抛售过去积存的布匹、杂货,通过区、乡政府带头恢复或组织集市。

(2)买卖金子,出售白洋,回笼边币。

(3)给小商人兑换蒋币,支持他们继续到城市去采办群众日用商品。

乙、每个小组配一个坚强而忠实的主要干部,以配合地方政府坚持在原地指导当地金融工作,并按旬或按月回总行报告工作与结算账目。

3.绥德分区应在沿河地区择定比较安全的地点,采购印票子的纸张与印刷原料,保证光华印刷厂继续开工,以每月出产券洋十万万到十五万万为目标,立即布置生产工作。

警区金融比其他分区更紊乱。应依据当地具体情况,仿照延属的经验,立即进行抛售物资与恢复兑换工作,以求稳定战时金融。发行库存物资、白洋、部分金子均可出售。

4.各分区发行库存,仍须按旬利用边区邮政寄交四纵队总部转总行,能通电时仍须以电报拍发库存报告情况,以便掌握发行,吞吐边币。分公司交给分行之现款,除供给财厅发各军分区的财政支付外,余款尽可能地解回总行,以保证野战经费的支付。凡回笼的券币,其中的破票可由当地党政派人监督就地毁废,呈报总行转边府核销。

5.继续坚持举办部分的战时农贷与警区的纺织贷款。

人民如怕接受边币时,可设法换取粮食、棉花,进行实物贷放。不因战时某些地区会遭失陷而停止进行,务须坚持到最后胜利。

以上望切实执行,并将你们的布置经过报告总行为要。

附设据点或临时办公处地点于下:

涧峪岔(子长县)魏正延　　平　桥(总部)刘华斋

真武洞(徐家沟)高学忠　　青杨岔(靖边)⎫

化子坪(安塞县)李夏农　　冷窑子　　　⎬三边分行派人

石　湾　　绥德派人　　志丹　　张定繁

东华池　　陈龙派人

(边区银行:《战时金融工作指示信》,1947年4月23日)

西北财经办事处于四月十三日检讨退出延安以来的财经工作,想拓夫同志处给你处有会议记录,此处不详述,我们仅将金融贸易方面的决定分述于下:

甲、在贸易上：(1)坚持关、陇、定游击分散式的小型贸易关系，争取衣服、军用器材由东边解决。(2)大公现存物资如布、花、盐、火柴、肥皂等，应拿出一部分来，供应市场，以维持金融和解决人民的困难。其方式可采用：

子、恢复乡间集市，在集市上出卖。

丑、向民办合作社批发。

寅、组织货郎担子下乡。

卯、一切财经机关保存物资之地，均有代售物品之责，由贸易公司统一进行之。

辰、各机关公营商店，应分散复业，以活跃市场。

巳、财厅发经费，应配合部分实物，由受领导机关部队向人民交换必须之物品中。

乙、在金融上：(1)凡一切离战地较远些的地区，银行兑换的工作，应即设法恢复。(2)黄金、白洋、法币、物资均应逐渐抛出，以回笼边币，吞吐发行。(3)发行应有节制，与财政、贸易密切配合，以减少发行与吞吐发行。如财厅采取部分实物供给制度、公司出售物资以收回边币等等。(4)印厂的生产应即恢复，纸张原料设法购买，以防中断，影响工作。(5)绥德分区金融立即设法整顿。四月十五日我们又到总部商讨具体办法和某些原则，我们更加确定财经金融贸易工作。公司四月二十二日发出指示，银行于四月二十三日发出一个战时金融工作指示，均由邮局分发挂号寄出了，不久当可收到，其中心意义在于应付长期自卫战争，准备在拖的局面下，如何支持前线，保障供给。

鉴于关中或子长附近我们埋藏物资及永坪瓦市一带疏散的物资均已被人搜出，大批物资埋藏疏散，是一种群众运动，不可能完全秘密，边区和平十年，人员成分复杂，中间分子、坏人暗藏不少，凡被搜出的东西，都有人带领，有内部敌人，才能搜出来。敌人的社会基础，边区依然存在一些。如此大规模的疏散运动，是不利于我们的，连分散给群众的粮食，敌人要人民交出来焚烧破坏。人民的藏粮，在延安以北的，也挖出抛的满山、满地。这种残暴行为，是企图毁灭边区的。

其次，我们边区军队是大军，四纵队还是大队伍，供应浩繁，不是十年前刘志丹时的游击兵团了，少数物资不能供给，少数运输力无济于事。又根据过去公司所存物资算起来，对大部队来讲是不多，但已够我们头痛。一有变动和行军，已无法运输，运送时劳民伤财，还供给不上，抛掉不少。敌机扰乱扫射，小路已不能驮笨重东西,也不能走大牲口,大路被敌人扫射,死人死牲口,有物资也供给不上,前方怪后方,后方怪行军频繁,其根源在于今天大规模运动战条件下,地理条件、飞机条件,使后方无法大量运送,不利于敌,也不便于我,有物资供不上,如何办呢?

最后我们也曾感到,在比较和平时期,囤集一年半年物资,以供给支付,这是办得到的。战时行动太频繁,运动亦感困难。敌人利用本地坏人的关系,稍住几天即到处搜索、破坏,现在埋藏不是一个妥善的办法,疏散给人民,也不是最好的办法。由于内部有叛徒,逼迫人民拿出来,人民又不能带走,为了求生存,只好取出交给敌人。在这种情况下:

1. 我们必须采取藏物于民(不是公家东西藏给人民,而是边区人民的私物),向民购买的办法,以应付敌人的搜索。

2. 同时大公也保存相当数量自己能运动保管的物资,以支援前线,供给自己。

3. 公司应采取也买也卖,一面稳定金融,回笼边币,一面供应前线,保证公私物资不十分缺乏,不再采取大批囤集保管的办法,以求源源接济,活动不停,像流水一样,如此即有些损失,不会大批抛光,只是损失一部分,同时也供给了人民,人民能生存,我们就可以生存。

4. 银行则保证商人的外汇供给,使商人到延安市、到沦陷区城市办货到农村来,我们保证他们能换到法币,公司即不断供给银行法币。为此,各地农村应即设法设立货币交换所,在此方针原则下,我们即布置我们的工作。

马书记过志丹到平桥回总部,路过我处,他把他看到的陇东、志丹情形告诉了我们,我将上述主张告诉他,他们已同意,叫我们先做,并说不如此,则不能活跃农村金融,会封死人民和自己的部队。他回去和林老商量,因此我们于四月二十五日又到林老处,商谈这些原则,基本上已通过了,因此银行四月二十三日的指示也发出去了。

如何具体布置?

我们认为志丹当地,在今天敌强我弱,敌兵多我兵少,敌进攻我退却,敌企图歼灭我主力,我不与决战,敌隐于寻找我主力决战,我则要疲劳敌人,忍耐不骄不躁,诱敌深入,造成各个击破的条件。敌人现采取了碾子战法、方块形战法,在我未能全面反攻当中,"拖"的局面会出现一个时期。现在敌人三种情况下都于我有利。

1. 胡部主力全部不退,吸引着这部分主力,于我各解放区有利。

2. 胡部第一军如果撤退,其兵力分散,也便于我提早各个击破、各个消灭,也于我有利。

3. 大部或全部撤退,我边区免再遭殃,也于我人民有利。

因此,我们可以看到前途虽光明,但目前工作应放在"拖"、放在困难方面来布置。

因此,我们准备敌人从蟠龙出发,扰安塞、志丹一带,准备敌人再打绥米,准备敌人再侵占陇东一些地区,把我们割裂几块。为此,则:

1. 志丹、安塞之间,瓦市、子长旧城之间,我们仍可活动,回转余地很大。

2. 志丹、吴旗、志丹与陇东边界上也可以活动,实际上关、陇、定的后方,已靠拢了你们,这和我们在延安时初期估计正相适应了,正相符合了。

敌占城市,我占大块农村,敌占点,我占面,胶着地战斗着,渗透着经济来往关系。因此,我们又必须以活动农村金融,恢复农村买卖与交换关系,来应付敌人的封锁,对付敌人的扫荡搜索。

我们在下列地区拟设办事处,附设交换所:

1. 平桥——东西窑沟——真武洞设临时交换所。

2. 镰刀湾——化子坪——黄河石崖——真武洞设卖货摊,附设交换所。

3. 子长旧城 以上两城设施的目的,在于打通延安市商人关系。

4. 子长旧城——九殿坪——涧峪岔设办事处交换所,以打通瓦市商人关系。

5. 志丹——(陇东边界线)——东华池(或悦乐)设办事处,抛卖货物,附设交换所。

6. 志丹到吴旗——向三边办货,设交换所。

看情况随军事变化而移动,但以不离这块地区为主,敌进我暂退,敌退我即回,敌住我暂避,敌搜索我钻到他内部支渠活动,把经济关系与敌占区建立起来,活动起来,已买到的东西不必窖藏,可取出来卖给人民,敌人的东西可以花钱走贿赂收买的路。钻进他的地区去搬运……这要与志丹处工作联系起来做。公司要抓到一批沦陷区商人,来到我处,银行即跟公司保证兑换法币。

总之,今天战争环境下,不能保守,应在行动中采取进攻发展活动的办法,才能解决问题。与此方针相反的,应即纠正。

你处应设法打通定边、陇东商业贸易关系,你处有关陇、定的干部和货物、

法币,可以相机活动。因此,我们决定:

1. 在志丹设一办事处,与公司配合进行,对内活跃农村集市,对外打通商业关系的中心工作。

2. 志丹办事处资金,可以在各分行(关中、定边均可以)抽取,我们送你处法币一万万元(两头号牲口能驮动的)。

3. 你们可以就近指导陇、关、定三个分行工作,即在这一方针下,分散活动。

(1)三边发行库存券洋不要埋藏,特于四月二十八日派××带骡子二头、武装一名前来接收,望速运回总部,以支援前线。

(2)关中所驮票子、物资很少,牲口有余,应抽调出来,进行抛售物资及运送边、法币工作,人员被盖应自己背,养成战时作风。

(黄亚光、喻杰:《贸银联合通知》,1947年4月27日于平桥)

今年二月到三月,在蒋胡军大举进攻初期,总分行即由和平的状态迅速地进入了战争的状态。这个突然的转变,总分行的领导或多或少地表现出了惊惶失措。各分行随时行动,远离党政领导机关,丢下工作,只顾撤退,因此使整个工作陷于混乱,在金融上、物资上招来了很大损失。各行在转入农村后,也还怕负责任,未能迅速、灵活地重新布置工作,而使业务处于停顿,总分行也很少联系。自总行与总公司发出战时金融贸易工作的指示后,各行才开始了活动,基本上结束了这个混乱的局面。为了即时总结战时的工作教育,了解各行的情况,分行必须认真地彻底地自上而下与自下而上地对这一阶段工作做一检查,将总结写成报告。其内容:(1)战前的金融物价、贸易的情况,所存的款项、物资多少,做了些什么工作。(2)战争开始转移的情况,物资疏散坚壁的情形,是否受到损失,损失了些什么,有多少,在金融贸易上、物价上起了些什么变化。(3)在接到战时金融工作指示后,你们的工作是怎样布置的,金融物价又起了些什么变化。这个总结是过去的检讨,是现在的业务学习,是今后的经验教训。

战时的一些新决定,各行必须坚持执行。准备库的十日库存报告制度(内容同以前五日电报库存制),曾电示几次要按时(逢十)电报总行,但有些分库至今还未执行,因此,总行对全边区的券币流动情况无法了解,影响工作颇巨。望接此指示后,按时间报告为要。

(边区银行:《各分行总结战争以来的工作》,1947年5月24日)

(二)战时金融工作情况

1.行军中的金融工作。

甲、四月一日至十八日。

我们一中队是处在流动的生活中。

三月卅一日　宿营僚公桥,仅发保小经费七千万,约于三天后发足。

四月一日　上半夜宿营僚公桥。新四旅警三旅来领款的仅给了三千万券币,另发边区医院一百五十万。联司战费券洋一万六千万无法支付,约于后一时期(一周左右)再来领取……在南沟岔时,派了四驮骡子到绥德驮取。

星夜出发向白庙岔前进。

四月二日　宿营南家湾。仅发五纵队三百万券洋,余补发法币(合券1,000万)。三日留南家湾,据三天计划,但半夜即接命令,马上出发向龙安以北杨家园子以西地区前进。到平桥一二中队走山路,部分人员失去联络。

四月三日　部分人员、大队部宿平桥侧面小村内。

四月四日　一二中队向化子坪川(走山路)到郭家圪塄行军,宿营郭家圪塄。许多领款机关找不到八大队所在地,领款人骂上级和我们。

四月五日　一中队大部人员到达指定的宿营地郭家圪塄。

我们向总部建议,应划定一些相对稳定的游击根据地,处理资财,不能随纵队(只要无目标地随着走)奔走,未被接受。

四月六日　牲口人员在郭家圪塄无法宿营移居于骡驹。

在此地处理了一百二十余名家属仍使回志丹疏散。

七日休息一天整理队伍。

八日,子长的物资一部分由辛波等率领归回本队。将本中队分编为二小队,仍宿营于骡驹。计划分散行动,恢复农村市集,银行出售九殿坪一带运回之物资——布匹、杂货。并分配人员回原地坚持原地工作。

四月九日,分配干部出发。魏正廷率四人回涧峪岔一带抛售布匹、杂货。队部六人随总部取得联系。

李向农等五人留县后,化子坪川活动农村金融。带一驮布在此川内出售。坚持在原地流动,不准逃亡。

大队部宿营平桥。

四月十日　到总部商决行动,制止绥德物资、券洋运过黄河。令其抛售白洋,吸收券币回笼。批评其逃跑思想的不对。宿营于平桥。

四月十一日　一中队移西窑沟。李海宽从绥德驮回券洋二百万万七千万,即支付给联司所属前后方部队,另由公司付法币九千万与前方部队。

电绥德令设法抛物资、白洋,反对其逃跑思想和行动。电转店子沟人员转枣林坪机器就地埋藏(这些都是马后炮的指示,不合实际)。

奉总部令搬离平桥,向团庄河一带(老庙山移动)。

四月十二日　大队移向东窑沟、西窑沟。

听绥德来人说,敌军已向店子沟进攻,所存物资有危险,急派辛波等率四人前往。规定其任务:(1)抛售白洋、物资和兑换法币,回笼券币,稳定警区农村金融。(2)埋藏机件原料,协助工厂工作。(3)送所存券洋回总部,支持财政支付。(4)协助王坦接近黄黑相机过河。带领牲口往王家山接取。宿营西窑沟。

四月十三日　一小队移李家砭,宿营李家砭。

在总部开财经工作检讨会议,检查退出延安市以来的工作。

四月十四日　派周继谦等四同志往绥德,纠正绥德分区的金融工作措施,反对其保守思想、逃亡行为。命冯行长负责执行警区的金融工作指示。一中队移到李家砭办公,起草恢复农村市场,进行自由买卖。流通券币办法送总部办事处审核。大队宿营李家砭。

四月十五日　当日喻经理率队部回窑沟。

率一中队到南家湾听命,星夜向牛家山行军,一夜行军只能走二十余里,一面开路一面走,运输人员非常疲劳。

四月十六日　晨宿于灯盏湾。遇飞机曹扫射轰炸,运输牲口受大惊。

四月十七日　奉令回驻平桥,夜间行军,大队迁回平桥。

四月十八日　全队即驻平桥。

这十八天中,驻了十一二个地点,总部尚未东移西转,而笨重的八大队、四纵队的资财人员如此频繁地转移,虽未蒙受敌人的袭击,但内部纷乱,领款机关难以找到我们,这是不可避免的。

乙、四月十九日—三十日。

我们开始择定平桥为活动的中心,进行各种业务活动。

随军售布,流通边币。

初到平桥时(四月三日),即感到拿边币到处买不到料,换不到东西。为此,发行券币,交机关部队行使,等于发行废纸,叫部队去违反纪律,这是自杀政策。

本队三月十八日到真武洞活动市场时,已决定高学忠率安塞办事处坚持原地工作，不准随四纵队本部行动，并派出四个工作团出发，准备随当地政府打游击，随地兑换法币，发放农贷，帮助地方工作。但纵队司令部东移时，要我们保存干部，打破了部分计划，物资埋藏人员轻装行动，实际是只跟着逃走，没有进行业务，除支付财政上的经费外，一切停顿失常了。当时只忙于运输黄白黑和一些物资，忙于走路。各地市集也因飞机侵扰，部队流通而被封闭了，边区金融陷入了紊乱状态。我们没有人去管，日愈严重。到了骠驹时，流散于子长的物资，一部分已汇合到骠驹来了。四月六日，我们未得上级指示，即决心将所有物资包括我们自己的夏衣布尽量抛售，以起带头卖货作用，以流通券币。公司也感到到处搬运不是战胜敌人的办法，应随军抛售布匹、杂货，有多少即卖多少，不要怕不能保证部队的供给。因此，我们在骠驹出发时，即分出一队六人驻骠驹，不随纵队独立活动。其任务为：(1)抛售布匹、杂货，流通边币。(2)进行地方群众工作，帮助当地政府人民解决问题（放部分农贷）。(3)团结内部，保存干部。

一中队即开始随军抛售物资，以流通券币。

从十八日起到达平桥，到二十一日整理内务，计划布置各种业务活动。……

（子）本队随军售布（十五日自西窑沟开始）。

（丑）兑换法币。

（寅）抛售黄金、白洋。

（卯）代理金库财政支付。

（辰）本中队自十五日起随军售布以来，到四月三十日截止。

共抛出：

青市布一匹半，每尺45,000元。

雁塔潼关布十六尺，每尺35,000元。

土布一百一十万匹，每尺14,000—18,000元，次布一万四，好布一万七八。

随军附设流动交换所，无限兑出法币。

农村中无市场，甚感兑出困难、不能换进物资之苦。库存法币不能周转，则损失甚大，因此决心与公司找商人关系，要公司打通对外贸易，吸引商人到农村来进行交换，以便兑出法币，换进物资这一工作也才开始，计四月二十一日到三十日。

兑入法币3,036,000元。

兑出甚少,不足二万元。

兑入的法币均系零星兑入者,内有小商人在乡下售货收入者,部队开支用在老百姓手中者。又兑入西农钞130,000元,系伤病员路经平桥时兑入者。

随军抛售黄金、白洋。

4月21—30日止,贸总交我们的黄金售出条22.60两,单价30万券洋,志丹处三科买去。售出饰金21.596两,单价32万券洋,除财办处转存6.71两外,余均系零星售出。

银洋售出735元,内:

(1)新华书店300元。

(2)安塞办事处100元。

(3)其他人民零售335元。

四月底库存白洋565元。继续出售尚需从总公司领取数千元。

代理财厅支付。

从4月21—30日十天内:

(1)现付810万券洋。

(2)转付各公司代付4,500万(贸总转付出法币)折券洋。

(3)由各分库转拨三边、陇东、关中5,770万元券洋。

合计11,080万元。

四月二十八日以前,由绥德分区运回券洋十二万万元。4月26日留给财厅直接付的共计八万万元。内付前总五万万元,财厅暂存待付的三万万元。到月底截止财厅直接支出数目此处不详。待与财厅对账后才能算清。

2.分配人员到各集镇抛售物资,回笼券币,并融通农村金融。

在化子坪川从四月十日起到五月一日止。

出售土布45丈
  灰山布110丈 收回边币2,200万余元(边币)

在平桥川四月十五日—四月三十日。

出售白洋布18匹
  白　布114丈内包括以布作价出售换回草料、粮食等已详前面。
  青市布3匹

在安定北尚未检查清楚(因在老君殿川以南地区)。

在真武洞主要发放农贷,放出棉花一百余斤、粮食二十石。抛售货物未详。

其实施结果，凡我队物资所到之处，逐渐恢复了交易。过去以边币换不到东西的现象开始克服了。现在公司在两力湾以下到化子坪川抛货，引起各小商也收券币。化子坪川、平桥川一带已恢复原状，边币也真正能流通于农村中。

3. 发行券币，支持前后方财政支付。

（1）在延安未失守以前，账面发行额已达券洋473426万元。库存（包括各分支库存在内）101270万元，实际流通量仅有372,156万元，比之去年底增发45%。

（2）到现在（四月底止）账面发行额已达600028万元。加上未收回的边币折券洋1397万元，合计601425万元。库存多少不明，因各分支行库存均无电报，仅总发行库存有255万元。一般库存常在八万万到十万万之间，现最多以九万万计算，实际流通的约为510000万元。

目前中心城市，流通券洋的地区，大部已失陷了，占90%以上，如此大量的边币无处可流，如拖延一个时期，军事上无大改变，则严重的金融恐慌即将发生。现在已处于券币停流，大量发行的时候，照常发行是非常不利于战争的。因此目前维持金融，以支援前线是我们的头等任务。目前应吃老本，尽量抛售物资、金银，以渡过难关，绝不能采取保守主义。公司存货有多少，即尽量抛售，不应以军事供给为顾虑，同时即积极活动，向外发展对外贸易，以换进物资。"藏物于民，我军取之于民"。这才是发展的路线。如此的大量回笼，大量吐出，在运动中以支持前线，才是正确的路线。

4. 检查库存物资。

在延安时期库存准备金、物资数目如下：

主要物资均运库子沟与绥德分行，计有：

法币72,819万　金子4,518两　白洋82,644元　土产28,937件　布匹9,911万　其他杂货3,856万元　合计值券洋204,336万元，占发行的55%。

现在搬运几次。由延安退出时，法币、物资由延市退到瓦市，到九殿坪、到龙叉峁、到涧峪岔、到店子沟、到王家山—过河，到碛口。

黄白由延到志丹，大部由延到店子沟，又由志丹到店子沟，到崔家湾、枣林坪过河。几次转到中途有无损失，今天尚无法清理。

据白士俊同志从安定方面回来的报告，龙叉峁的东西凡已埋藏的尚未损失。据王坦报告，黄黑均已过河，印厂也已布置到碛口。除送三五九旅新三团任团长土布六卷外，尚无大宗损失。已坚壁的无法派人去查，已报损失，与公司一块共损失土产二十余包、坏木箱三十余个。

目前掌握在本大队手中的物资甚少。

甲、准备库仅有:券洋(四月底止)2,550,000元(存120万元)。

赤金(存关中金子)304.444两。

白洋100元。

目前出售的是从贸易公司取出来的。银行资金然在王坦处(已到碛口)与绥行。

乙、业务处存货,除出售者外

青市布一驮余　法币二万万余元(公司交来的)

土布十余匹(在化子坪川)

丙、截至4月30日,券法币及金银库存。

(1)未发行的券洋五万万六千八百万元。(56,800万)

(2)回笼券洋共存一万万零八百余万元。(108,556,058元)

(3)法币二万万余元(215,251,923元)。

(4)金子241.29两。

(5)白洋一千余元(1,154元)。(内自己存589元)

(6)其他如上数。

5. 现有人员马区的检查。

本中队最近召集各地人员回队检查工作,从绥德又运回一批券币,因此人员、牲口均有增加。计开:3—5日人数共计六十八人。

队部　三名(二名通讯员常驻总部)	5人
一中队工作人员十九名(二十名)一名出发	19人—20人
杂务人员七名	7人
运输员二十一名(内粮食局五名)	21人
警卫班战士九名	9人
化子坪川工作团六名	6人

牲口　计驮骡三十三头　骑骡一头　马二匹(内通讯员一匹驻总部)(公马一匹)。

目前存在着的问题:

1. 农村集市尚未普遍恢复。为适应战时需要,应该新建立的市场也未建立。不经过民办合作社与农村小商人,目前无法发展农村的交易。因而银行所存的法币难以兑出,囤积在库内。一方面由于法币不断贬值,损失不小;另一方面不能大量兑出,我们必需的物资已不能输进,军民的困难也不易解决。

2.银行大批准备金、物资,囤在绥德分区,今已过河;而我们的券币主要在无定河以西大块游击区内流通。人员又在子长、安塞、志丹之间活动。物资与券币脱节,人员与物资脱节,今后不好进行金融活动。工厂迁在河东,部队在河西运动,也不相适应。军事情况如再紧张,运输不灵,我们将束手无策。

3.目前所存券洋法币,不足供给前后方二个月的开支,而行动起来则无法稳行军,更无法走小路。像过去一样,跟纵队司令部走,东调西转,将无法避免损失。责任所关,此点要求参谋处与司令部充分注意。

4.地区日愈缩小,券币无处容纳,仅依靠发行,不计算回笼数目,将造成无限危险。敌人即不伪造,也将变成无价值或价值极小之纸票。

为挽救金融危机,支持战争的最后胜利,我们拟进行如下办法:

1.积极组织农村市集,以流通券币。积极打开对外贸易工作,以输出法币换进必需物资。

2.组织武装游击的金融贸易工作组,深入沦陷区工作,借以打通东西的联络与建立秘密的金融贸易网。

3.银行、公司物资、法币、券洋均采取相对分散、大家保存的办法,前方部队可发三个月的经费(分散保存券洋),使银行集中力量配合公司克服兑出法币的困难。

4.银行、公司物资、金银尽量抛售,价格以低于周围市场为准。尽量回笼券币,以支持财政支付。

以上是否妥当,请予指示。

此　　致

敬　礼

(黄亚光:《四月份金融工作报告》,1947年5月4日于平桥)

由于陕北地区经济落后,地瘠人稀,脱离生产的人员又惊人地较其他解放区为多,战前有时达到总人口的8%—10%,而主要必需物资(如花布)占总输入的60%以上,一贯又依赖于国民党区域之输入。因此,边区的财政金融,从皖南事变以来就极困难。

自爱国自卫战争爆发以后,一方面由于敌人的残酷破坏,另一方面由于部队增加,财政开支扩大,贸易停滞,税收减少,发行迫不得已地增加,流通地区又空前地缩小。所有这些新条件的变化,造成我们目前更严重的困难。在这恶劣的形势下,我们曾采取了如下的对策,得以度过五个月的自卫战争:(1)吃老本,但今天的矛盾在于想吃而吃不开。由于敌人的严密封锁,使土货与黄金无法变成物资。(2)精简后方,充实前线,紧缩非战争所急需的开支。(3)尽可能避免发行。(4)贸易公司抛售残存的物资,以回笼券币。(5)整顿未被敌侵占地区的金融,推行券币。(6)采取游击贸易方针,以争取贸易情况的可能好转,但迄今仅有一些效果。(7)在敌人蹂躏过的地区发放农贷,以救济受难之贫苦群众,从而维持农业生产。但由于贸易上的基本情况未能改善,战争继续扩大,脱离生产的人员继续增多(目前已达十五六万人,不久即可达二十万人,加上牲口约等于二十四五万人),因而开支继续扩大,发行必不可免地要继续增加,因而使财政与发行的矛盾、物资供给与调剂市场的矛盾日益尖锐,这就是目前的一般情况。

(《西北财办给中央财办处的金融工作报告》,1947年7月20日)

最后谈到战争阶段:

在争购布匹、棉花,采取黄金买卖的过程中,从去年十二月起不断提高边币,十二月十二日每元券币兑法币二元,二十三日到二十八日改为每元券币兑法币二元三角,二十九到三十日电稿为兑二元五角,一九四七年二月二十日改为兑二元八角,银行保持外汇的充分供给,使券币信用提高了。敌人于二月二十日进占关中马栏,受军事的影响,使我物资与外汇来源也受到了大的影响。但在此时,已在大公手上蓄集到大批棉花和布匹。一月份财政支付银行垫边币二十五万万,公司支四十万万,税收二十万万,可以支持财政赤字六十九万万的不足。因此,银行发行速度尚慢,一月份物价平稳,麦子、土产涨得多一些,外来布花涨得少些,布涨了百分之七,麦子涨了百分之二十五。一月物价指数只涨百分之七。二月受战争影响,物价涨得快些。月底比月初也只涨了百分之二十四,米麦比布涨得多些。剪刀差自然缩小了一些,券币发行比年底也只增加了百分之三十五。但是二月十一蒋管区物价猛涨,金子从五十二万涨到二月十一日的九十二万,金融大波动,蒋管区十六日采取紧急措施,以至宣布黄金国有,禁止买卖。这一波动,边币本来可以再提高,但战争已逐渐紧迫到延安,肥皂大大减销,发行不可避免。三月六日西北局会议决定,增发八万万到十万万,确定了几项办法。银行兑换加以限制,出售部分黄金以支持券币,准备发公债,收二万石公粮贷金。但未布置就绪,敌人已打到延安附近。延市三月十五即疏散物资,进行坚壁清野工作。在这一阶段,主要是进行物资疏散,黄金、白银、肥皂二十三驮由王坦同志于三月三日运到清涧转店子沟。另有次要物资五十一驮运子长。日用必需物资,保证前方临时支付款,随总行退安塞真武洞。第一步撤退时,是有秩序地撤离延安市。敌人继续攻入瓦市,我们从龙安到张家山、党崖窑,半夜撤退时运输力不够,各分区也一样。四纵队转移,我们到南沟岔时,又折回安定城后退到白庙岔,直到四月十八,我们转移平桥,转了几个大弯,我们深深感到战后大队人马转入农村,券币吃不开,金融工作已到了最严重的关头了,券币不断要发,但是人民拿到券币换不到东西,变相拒用,甚至公开不用。我们配合贸易公司,在平桥、化子坪、白庙岔、东西窑沟、青阳岔一线,开展农村的集市,进行抛售布匹、流通券币工作。同时给当地农村农民解决了换夏衣的困难问题,从此深深地感到农村人民缺布的严重程度。于四月二十三日发出战时金融工作指示,并继续在安塞、志丹、子长等地,坚持农贷与买布,推行边币的工作。同时,物资继续东移,印刷厂与主要物资一百五六十驮也于三月十五移到清涧后,于四月十四移到后河底,东渡黄河转入晋绥。印厂立即开工,继续印票子,以支持前线。在转移中,王坦、郭林森以及工人同志是自动转移,得到晋绥同志帮助,保存了这批大公的主要资财,他们是有功的。

六月六日又从平桥撤退,转到大理河一线,进行组织物资对流的工作,到绥德分区协助整理警区金融。在今年四月初敌人进攻绥德时,分行表现了不应有的慌乱措施,把交换所全部撤退,金融波动,火上加油,白洋一下涨到三十多万,布匹、杂货也大涨,无布,办事处、银行总行电令制止,五月才进入常态,但券币已大受打击了。

在别的方面,即四月二十日到五月二十日驻平桥期间。

第一,贸易公司出售布匹、杂货,回笼券币四万万一千万。

银行代公司出售黄金一百五十四两,回笼券币六千二百万。

银行代抛白洋给部队机关二千三百元,收回券币一千四百万。

共收回笼券币四万八千六七百万。

第二,银行抛售物资及收回券币三千四百多万。

第三,银行发行新券十二万万八千万元。

第四,折付前方法币三万万五千万元。

银行焚毁破票一万万余元。

这一时期财政,即三月十九到五月二十五左右,共支付现金二十万万二千余万元。

为了支持财政,维持券币市场,五月二十五日定出公司在各地抛售棉花二十五万斤到三十万斤的计划,规定三分之二弹成熟花零售,如此可以同时解决妇纺的问题,使再经过人民变成布。由于敌人的向西扫荡,这一计划也被打破了,仅出售几万斤。四五月间,安塞、子长一线,物价表现出相对稳定,到六月二十七日,总结自卫战争三个月来支付现金约为三十三万万元,以此为一百,其中发行占百分之四十四,回笼占百分之二十九,银行资产垫支百分之二十七。如此支持了三个月的战费。

此时三个地区物价比战前布涨了一点二至一点三倍,米涨了二倍多(警区为四倍到五倍),白洋涨了二倍。我们的内部市场已缩到很小。各地反映说,到处边币奇缺,在陇东、关中一些未被敌占的地区,群众手中无边币,绥德分区早已成为白洋世界,农民手中也无边币,握有边币者大部分在部队与机关,部分已流落于敌占区。因此,我们提出目前中心任务为:(1)缓和物价上涨;(2)推行边币;(3)继续发行必不可少的票子,以支援前线。六月底"后总"批准办事处十项办法和稳定金融的方案。由于敌人的向西向北清剿,我们警区的计划因西面物资的损失及军事情况变化而难以达到。警区此时已严禁白洋、敌币行使,缺少物资的配合,加上军事上撤退,放弃进攻榆林,后方急行过河,这一计划也就停滞了。八月十七日总分行过河以后,首先碰到的是机关部队闹农币的兑换问题。我们两个边区的合并,根据统一的政策,以支援自卫战争到最后胜利。我以为要从整个大西北出发,在短期内未西渡时,金融贸易工作应好好检讨一番。战争暴露了我们自己的严重弱点,如何改正,可以讨论。如果西渡黄河,我认为公司与银行应合并为一个体系,或名义分开,而会计独立,但是任务要明确划分。推行边币、回笼边币、稳定物价等任务,由公司来负担,组织机构公司也应扩大发行,银行只进行如下的任务:

第一,印票子,发行票子。

第二,办理各种贷款,主要是发放农贷与纺织贷款,帮助人民发展生产。

第三,办理一般银行业务,例如生金银买卖、汇兑和某些存款等。

第四,代理金库。

第五,兑换有必要时才进行,一般或可移交公司管理。

(黄亚光:《边区银行会议上的发言》,1947年9月10日)

处在这样的条件之下,物价之所以尚未大涨,是由于我们采取了以下措施:

1. 以卖代藏的物价政策。这一方面是由于疏散物资,有了以下困难:

(1)运输力量不足,又不准备贸易公司动员牲口。

(2)人员全部搞了保管,这里一堆,那里一堆,浪费了很大的人力,因而也没有余力去搞市场的调剂工作。

(3)战况转变太快,消息又不灵通,运不胜运,且因此损很大。

由于以上原因,遂采取了以卖代藏的办法,到哪里即在哪里卖货。采取这种办法尚有以下几种好处:首先出售布花,可以解决群众纺织原料及换季的困难。当时决定限八月底以前售出二十五万斤到三十万斤,当时由于战况的关系,这个计划没有完全实现,只卖了十几万到二十万斤。

其次可以回笼本币,使本币售用可以维持,从吞吐中来调剂发行,以所得本币来支持财政,所以七月半以前财政开支的比例是:贸易回笼占28%,发行占38%,银行垫支占20%,税收占5%(大部为战前收的)。从三月十七号至六月十七号,在农村共回笼本币九亿余,其中出售布花占70%。

第三减少了运输,保管节省了人力,可以抽出大批干部去组织集市,最后可以减少因搬运不及而遭受的损失。

2. 以发给实物(供给野战军)来代替发给本币,借以减少发行。首先照顾野战军实物供给,同时将生活标准降低,这样既可保证供给,又可减少军队因发给现钞,在市场集中搜购物资而致使物价剧烈地波动。而且部队机关拿到实物后,尚可转售于市场,增加供给市场物资的力量。

3. 恢复集市。由于大规模的战争和不断的空袭,加之十余年的和平,公私商都缺乏应对战时经济的经验。因此人心惶惶,市集差不多完全停顿了。工农业品无法交换,公家感到粮草十分困难,老百姓感到穿用无法解决。其次是本币流通范围更加缩小,公私手中虽还有点物资,也找不到买主。物资和发行无法吞吐圆滑,回笼本币也发生了困难。因此决定以贸易公司、银行为主,配合政府动员恢复集市。其办法是贸易公司门市买粮卖布,并批发给合作社,带动私商恢复交易。坚持只卖本币,私商和合作社所卖之本币,愿要布花者给布花,愿要金子者给金子,以此方法前后在安塞、子长、志丹附近建立了十五个集市,其中较著名的如平桥、沟子坪、白庙岔、涧峪岔、志丹城等。不仅如此,银行并配合供给私商外汇(敌币、金子),向敌占区吸收物资,也收到一点效果。

4. 组织对外的游击贸易。由于七月以前66%的财政开支依靠发行及银行垫支,如对外贸易再不设法解决,以后的情况会愈趋恶化。只有把新土产搞出去换回物资,内部能够周转起来,财政才有办法,因此新土产的外销,不能不成为我们此时全部工作的关键。为此,西北局特发出如下的指示,并进行如下工作。

(1)推销新土产,换入必需品的工作不能靠贸易公司,党政军目前均有此任务。为了实行一元化之坚强领导,各分区须组织财经分会专力向外推销。

(2)武装保护点滴经营,带一批卖一批,随卖随领,随领随卖,敌东我西,敌西我东,敌进我退,敌退我进,保证不受损失。

(3)禁绝走私。

(4)配备有军事经验之坚强干部,统一筹划奖励有成绩者。

虽然如此,但是由于没有固定市场,军队行动机密,且流动性非常大,商人不敢冒险前来,因此我们找不到商人,商人也很难找到我们。其次纵使能卖得出去,也难得运回,因为换回之物资,均系布花,非常笨重,且运输牲口又非常缺乏。

总括起来说,这一个阶段的情况,虽然已相当混乱,但是由于以下的两个条件:

1. 过去我们积存下了相当一部分物资力量(粮、布、花、金子)。

2. 这时主力尚在延属延西及绥德分区,还有一部分市场便于掌握,因此情况不像我们所想象的那样恶化。具体的表现在:

(1)发行还有吞有吐,虽然吐多于吞。

(2)物价还能够控制,半年只涨了一倍多。

(3)支持了部分市场,保证了部分供给,也解决了群众一部分需要。

不仅如此,而且我们还在一些比较安定的乡村,如子长、志丹等地发放了15,817万元。但是到了七月以后,情况就更加恶化,条件也更加变坏了。

(黄亚光:《自卫战争以来陕甘宁晋绥财经及金融贸易概况》,1948年4月5日)

战争前期情况

二月份,关中、陇东分区首先被敌人进攻,三月十日撤出延安后,边区进入全面战争状态,这时边区市场已相当混乱。某特点是:

1. 关中、陇东口岸全部陷入敌手,新土产卖不出,入口停滞,物资极度缺乏。

2. 公私商号都在埋藏疏散、搬运物资,更加深了物资的缺乏。

3. 从延安撤出后,市场由集中的城市转入分散的农村,关、陇、三边全部及延属之延安、甘泉、富县、延长等市场都混陷了,只剩下子洲、志丹、安塞、子长一些内部的小集市了。

4. 私商转入疏散逃亡,开始有一部分商人跟着我们转移,转移得太多了,有些没有办法就回去了,有些是投敌了,因此,市场上就只有靠贸易公司来单独支持。但是,物资呢? 光靠毛驴、骡子驮就很困难,供给前方部队时更少,这是一个很大的矛盾。

其次财政就非常困难了,税收几乎没有了,但是开支呢? 继续在增大,因此财政开支就不能不绝大部分依靠贸易公司和银行了。三月到七月,财政开支的百分之六十六以上要依靠发行,银行垫支。但是即使如此,物价没有飞涨,市场还能够控制。

(黄亚光:《自卫战争以来陕甘宁晋绥财经及金融贸易概况》,1948年4月5日)

(三)金融与财政的变化

金融与财政——战前与战后的比较。陕甘宁边区虽然如此贫乏,脱离生产人员又是如此之多,在和平时期之财政开支,主要由贸易公司负担了。换言之,就是土产的输出解决了财政问题之一大半。以去年财政开支(粮食除外的概算)为例:

贸易公司负担——60%

税　　　　收——30%

银　行　负　担——10%

在30%之税收内,实际上还有大部为土产税,由此可知开支的绝大部分,即百分之八十是依赖于贸易公司对土产的输出,因此使边区金融才能维持相对稳定的局面。

但是战争爆发以后的情况,就完全变了,其最显著的特点是财政负担的主要部分由贸易公司转向银行了。兹将三月十五——七月十五日财政收支状况(粮食、被服除外,仅属财政厅经营各费用现款支付),列表下于(单位券币万元):

财政支付——388000万……100%

税　　　收——21500万……5.5%
银行垫支——109900万……28.3% ⎫
发　　　行——148000万……38.2% ⎬ 66.5%（依靠银行）
公司回笼——108600万……28%

由以上三四月财政支付之来源与去年之情况对照,即将去年贸易公司支持财政的60%以上转向银行支持66.5%了,这就是自卫战争以来金融与财政关系的新变化。

目前这一问题,更趋严重,脱离生产的人员将达20%以上。延属、关中、陇东分区已几乎全部失掉,即有些地方未驻扎敌人,但已是游击区域了,只有一个残缺不齐的警备区。因此,现在全边区人员最多一百多万,而脱离生产的人员,则将在二十四五万左右（原有脱离生产人员十一万多,在包括陈纵队四万,新扩兵五万,另有一万八千头牲口,每头按三人计算,折合五万四千人,虽然张王纵队被服全由晋绥供给,但粮食得陕甘宁负担）。在广大地区,由于敌人的七光政策,不仅不可能使群众负担,反而急需对群众进行救济,这增加了财政负担。

今冬被服问题,除晋冀鲁豫、晋察冀、山东帮助二十三四万市斤花、二十万匹布,可解决七万七千五百套棉衣、四万床毯子外,因增加新兵五万,至今尚有六万套棉衣、二万五千床毯子仍无着落。因此,财政上的困难问题还是很多,至今仍无适当的办法解决。还有老百姓的被服问题,我们根本无力去照顾它。

其次陕北荒旱已定,今夏麦子收成极坏,至今仍不落雨,群众极为恐慌。在这样一个贫穷的地区,是经不起这样严重的天灾人祸的。纵然,就是下了雨,如此多的脱离生产人员,也是供给困难的。这些都是财政上的严重困难。

(《西北财办给西北局财委的报告》,1947年7月20日)

四、一九四七年七月以后

（一）机关部队转移绥德后的情况

战争后期,所谓绥德阶段与前一阶段比较起来,发生了很大的变化。这主要表现在五个方面：

1. 敌人在延属分区开始清剿扫荡,我主力北上围攻榆林,机关及部队、后方各机关,均集中在绥德分区二三个县份上,因敌人像大碾子一样,在延、陇、关、三边各分区滚来滚去,地方党政连县区一级的干部和家属,都往东北方向转移,绥德分区也不过六七十万人口,突然增加了十万以上的公家人(约占其总人口百分之十五),战争的重担这时主要落在绥德分区群众的身上了。

2. 物资奇缺,特别是粮食、油盐,这主要是因为过去大公手上所有的物资现在都用完了,有一部分埋在河西地区,也运不过来,再加上战争的破坏、敌人的抢劫、生产的停滞及地区的缩小等,遂使物资感到极大的缺乏。

3. 八月后,久旱成灾,绥德分区原是人多缺粮区,现在粮食成大问题,以致粮价急剧上涨。

4. 边区唯一的主导市场(绥德)也准备放弃了,因此物资的交流、发行吞吐的工作,更趋于麻痹的状态。

5. 由于以上因素,造成了物价的空前波动。如以绥德为例:十二种主要物价,全年上涨了三十四倍,其中小米为八十五倍,麦子为八十三倍,油为四十二倍,小盐为四十倍,白洋为三十倍,金子为二十八倍,火柴为二十三倍,快靛为二十二倍,白市布为十九倍,土布为十八倍,青市布为十七倍,棉花为十六倍。而四七年全年发行仅五点七倍。现将发行逐月环比指数及物价逐月环比指数列后。

发行	月份	物价
131.1	1	104.8
127.0	2	110.5
115.4	3	134.0
121.6	4	(缺)
95.8	5	220.2
99.3	6	110.7
117.6	7	128.1
130.4	8	164.6
107.8	9	(缺)
162.0	10	218.9
106.3	11	135.7
129.5	12	195.1

注:(1)四月和九月是因敌人占领了绥德。

(2)粮价特快。一因粮缺;二因公司完全无粮,毫无控制力量。

(3)布花价特低。一因民间纺织发展,布不很缺;二因公司存花和布大量抛售,拖住了布花价。

(4)均以去年十二月为100。

(5)四月敌占绥德,致物价在五月大波动一次。六七月我们控制住市场,物价趋于常态。八月起由于上述四条原因,逐月飞涨。十一月是因公司由河东仍回河西,抛售了布花、油盐,故较稳。十二月又回涨上去了。

情况虽然如此恶化,在工作上,我们不能不做如下的布置:首先是紧缩开支,除保证前方及后方医院经费外,其他一切开支尽量节省;其次是征收借粮代金二千一百石,预计全部代金征收完毕,可回笼全部本币实际流通量的百分之十,以组织券币。因地区缩小后的退却,征收的办法是:(1)沿交通线(人马移动最多的地区)收代金的比例要大,收实物的比例要小。(2)粮贵区收代金要多,收实物要少。(3)限期征收完毕,此外还布置了抛花、抛金、驱逐白洋、提高本币比价等工作。但是由于八月我围攻榆林,胡匪绕道横山增援,八月中旬又由西面进占绥德,越过无定河,企图捕捉我后方首脑机关。野战军也需要我们过河,以便他们减少顾虑,更机动地打仗。我们八月东渡晋绥,这时只有沿河两个镇子没有敌踪,其他地区敌人都到过了。因此一切金融贸易上的措施大部无法实现,河西有一个多月(9—10月)市场全部陷入无政府状态,许多东西到河东了,河西一个后方也没有了。

八月底过河东,十月初又返回河西,这一阶段总起来说,主要作了以下的两桩工作:

1. 整顿队伍。关于整顿队伍,这里不全部讲,只讲主要方面的:

(1)清楚家务。半年来由于战况的不断变化,金融贸易部门经常在转移疏散中。为了了解这个阶段我们在战争中究竟损失了多少资财,不能不在此时趁机加以清理。据清理的结果,银行和贸易公司共损失合计本币十七亿九千万元(按当时物价计算)。其中银行损失最大的是绥德分行,由于情况紧张以及缺乏高度责任心,把金子二百来两及币一亿五千六百万元抛入黄河,该行负责人已送法院处理。其次贸易公司损失十一亿元,其详细项目为:新土产6,300两,蒋币6,130万元,花18万斤,盐12万斤,金子86两,本币355万元,毛绒28万斤,甘草、大黄10万斤,土布9,800丈,洋布262匹。

(2)现在我们再谈损失的原因及所获得的教训。先讲原因,这里可分两种情况：

第一种情况是无法避免的，如食盐、毛绒、大黄、甘草之类的，价值贱，体积重，运费比成本高，而且还缺乏运输力。

第二种情况是可以避免损失，但因一部分干部缺乏对革命资财高度负责的精神而致损失的，如绥德分行丢入黄河之二百余两金子一事。

（3）下面再来谈谈主要的教训。最主要的有以下几条：

①对敌情要有正确的估计，为达到此目的，军事上一定要供给情报，明确指示疏散方向。

②大公一定要掌握相当的一部分运输力量。

③以卖代藏。

④疏散民间，用一九分红（即群众得1/10），作分红奖励的办法。把物资疏散民间，由群众负责保管。大宗货物应抽百分之几的奖励，可视资贱、多寡、敌情之缓急而决定。如棉花百分之十（延安紧张时十九万斤食盐三天即疏散完毕），食盐百分之五十，洋布百分之五，以下等。

⑤注意坚壁的技术。坚壁工作是一个群众工作，要做好坚壁工作，一定要做好群众工作，群众有很多创造，是我们所想象不到的。这里有几个方面要注意：

A. 群众性的秘密工作。

B. 分散窖藏大路上。

C. 窖远村（离村几里）。

D. 窖深处。

⑥主要还是发扬干部对革命资财之高度责任心，这里有一个很显明的例子，如贸易公司保管处，在敌已经包围的情况下，一方面抵抗敌人，一方面全力抢运，因此重要物资全部抢出来了。其次是奖励办法。

⑦及时总结经验，教育干部。

2. 进行三查。三查运动，在金融贸易部门中的具体贯彻是：查思想、查工作、查个人财产、查阶级。对于思想堕落、工作上不负责任、生活上贪污腐化者，视情节轻重加以处理。对于一些工作上积极负责、埋头苦干的同志，则给以奖励。

（黄亚光：《自卫战争以来陕甘宁晋绥财经及金融贸易概况》，1948年4月5日）

(二)战时金融工作及采取的措施

估计某部来后,七、八两月经费开支将超过五十至六十亿券币(以现在币值算)。对外贸易若不打开,金融物价波动将更难设想。现陇大部收复,贸易有望,但若无相当稳定状态,大量外销仍将困难。因此,请在军事布置上照顾贸易。在陇、定之间,以一定军事力量维持一二外销口岸,并责成军政党负责同志协助外销,争取月销三至四万箱,并能在吴旗、志丹间建立临时接收物资后方。同时,我们拟以内部现有全部力量来维持金融。(1)用银行、贸司全部物资、现金,掌握警区米、油、盐、炭、花、布市场,打击白洋、法币,推行吞吐边币。(2)以千两黄金到山西购买必需物资,供应市场(已派绥德经理赴晋)。(3)部分恢复工业生产,并以其成品供应市场。(4)抛售黄金,刺激东路贸易。(5)管理绥属一切公营商店,维持金融物价。(6)严行白洋、法币禁令,违者没收。为此,已派范、黄、惠到绥德协助地委专署布置,王、贾亦拟去,如何?盼示!

(林、马、王、贾:《致彭、习、刘、马并报中央电》,1947年7月9日)

最后,谨将我们现在所采取的对策奉告于下:

甲、开源办法

(1)贸易公司再忍痛抛售棉花十万斤,以回笼券币,支持财政。

(2)从公粮内拨数百石小米,用以调剂金融。

(3)以法币、布匹、土货去张家畔、柠条梁一线换取清油,以给部队,并销售一部分。

(4)工业局将旧存一万条肥皂与二千条毛巾拿出抛售,以回笼券币。

(5)拨一千两黄金到河东换花布,以增加供给能力,并调剂市场。

(6)经过延属及其他部分合作社,向蒋胡军推销部分土货,换取物资,只收边币。

(7)关、陇分区销货除供给前总用费外,并为后委销三千件,以供给后方(但仅是一个争取问题,以目前情况来看,很难办到)。

(8)管理公营商店,反对小公损害大公利益的商业活动。

(9)加强政令,严禁白洋、敌币的行使。

(10)在警区征收些营业税,回笼一部分券币。

陕甘宁边区银行战区银行战争以来已知损失物资统计

部门	物资	数量	查检时间	地点	备考
绥德分行	冯治国私章	一个	18/8	木头峪	
绥德分行	绥德分行公章	一个	18/8	木头峪	
绥德分行	白市布	三匹	18/8	木头峪	三匹
绥德分行	青市布	四匹	18/8	木头峪	二匹
绥德分行	蒋币	三三〇余万	18/8	木头峪	抛入河内
绥德分行	白洋	四十七元	18/8	木头峪	抛入河内
绥德分行	冀南钞	八〇〇元	18/8	木头峪	抛入河内
绥德分行	西农钞	三,五九五,七〇〇元	18/8	木头峪	抛入河内
绥德分行	券币	一万万五千六百万	18/8	木头峪	抛入河内
绥德分行	黄金	九〇两〇三钱四分	18/8	木头峪	抛入河内
陇东分行	券币	十三万		曲子	未收回之商业放款
陇东分行	蒋币	三三〇万		驿马关	
陇东分行	食盐	数千斤		驿马关西华池	详数待查，原有一万余斤损失
陇东分行	蔓豆	一石多	2/3	西华池	
陇东分行	棉花	一〇〇斤	2/3	赤城	
定边分行	洋火	九〇包	20/5	青阳岔	
定边分行	家具	一部	15/5	定边	
定边分行	麻	数不详	15/5	定边	
定边分行	玻璃	一箱	15/5	定边	
定边分行	清油	六〇担	15/5	定边	
商店	马	一匹	17/8	螅蜊峪	区政府拉走
商店	食盐	六〇〇斤	17/8	黄河岸	水冲走
商店	食盐	一千五百斤	17/8	黄河岸	雨化掉
商店	土布	六匹		店子沟	三五九旅拿去
总行	土产	八〇两〇一			从延安至大禹风耗
总行	铜脸盆	十一个	25/3	贾家辛庄	
总行	食盐	三斗	25/3	贾家辛庄	
总行	油漆桌椅	四套	23/3	真武洞	
总行	小米	十二石三斗	23/3	真武洞	

乙、节流办法

(1)节省粮食支出——发动一人节省一两米的运动。

(2)重新编制——节省一部分牲口,任其参加生产,并调剂运动力。

(3)实行粮票制度。

(4)建立适应战时的财政制度。

在金融工作本身,我们只能提出如下的任务:

(1)缓和物价上涨,推行券币。

(2)纠结必不可少的发行。

预计七月份将发行六万万——十万万(券币)

我们所采取的具体步骤:(1)加紧整顿各地金融,扩大券币地区,驱逐白洋、蒋币,严格执行禁令。(2)组织内地集市,控制内地土产,组织物资对流——依据河川的交易关系。组织公司的据点——以重点组织粮食、布匹、棉花、油、盐、炭等吸收券币,不收白洋、敌币。(详节略)

这就是我们目前所能采取的对策。用以回笼券币所抛售的物资,在其他兄弟解放区看来确极微小,然而在贫困的陕甘宁,特别在目前战争情况下,它已经是动员了我们的最大力量。目前银行全部准备金只有土产五万件,黄金三千两,白洋三万元,蒋币四万万五千万左右,土布六十余券,这就是目前总分行全部准备金的情况,估计今后一定困难很多。以前陕甘宁的金融工作,我们主观上是有缺点的,直到今天警区仍是以白洋为主,除我们主观上努力外,但目前边区物资奇缺,地区猛烈缩小,纵然不怕发行,不怕波动,但是只吐不吞,没有力量去回笼,如此下去,的确有变为废纸的危险,这也是不能不考虑的。因此,我们仍希望能得到兄弟解放区的一些援助。同时,我们诚恳地希望中央财经办事处能更多地指导我们的工作。至盼。

(《陕甘宁边区银行给西北财办的工作报告》,1947年7月20日)

1.严重情况。

八九月份战争重心转向北线,战争重担也就随之落在分区人民头上。而绥德分区是缺粮而且物价高的地区,且大部分地区可能变为战区,因此估计供给任务重大,生产贸易停滞,物资缺乏,战情频繁,劳力减少,久旱歉收,以及地区缩小,敌人破坏等情况。再加上:(1)八月份财政概算达二十四五亿券币,而机关队又多集中在此一带,如此庞大支出,几乎全部用于绥德分区。

(2)战争打到这里,边区唯一接连后方的市场——绥德市,可能会暂时失掉而转入农村小市镇。金融贸易上的吞吐发行和调剂物资就会因为失掉了城市的经济枢纽而感到麻痹。此时如掌握不好,金融会大波,物价会大涨,这就直接造成后方混乱,影响前线,是要我们深刻警惕与全力来预防的。

2. 紧急对策。

八九月份任务,适当紧缩开支,调剂市场供求,相对稳定券币,支持财政预算,度过八九月份难关。为此,就必须很好掌握吞吐发行,大量回笼券币。办法:

(1)适当紧缩开支,保证前线供给及后方医院经费外,其他应尽量节制,八月争取二十一亿解决问题。

(2)征收借粮代金二千一百石。预算可收回券十亿以上。但代金必须坚决收券币,否则只解决了财政问题而没有同时解决粮价与回笼问题。

(3)分公司在八月份抛售熟花五万斤(连子长二万斤在内)、布七百匹,两次回笼券币五至六亿,大致上半月要出售三分之二,下半月三分之一,能控制的地区尽量出售。为完成此一任务,应组织这个工作的进行,如增加弹花工人,配备干部(总公司可用全力帮助分公司),增设据点(一部由银行代理),组织流动货郎担(意义很大,了解情况,教育群众,支持券币,满足农村需要),此一任务只要不怕"吃亏",放手进行,是有条件(如有力量,价格低,边币在农村流通量增加,总公司的帮助)来完成的。

(4)银行的外汇政策,由于对蒋区出口贸易由战前的一〇〇转为战后的二或三,金融关系也随之而变化,即敌币的外汇作用已降到很微弱地位。为此,必须坚决摆前脱蒋币跌价的影响,以金子、白洋、农币、冀币来代替蒋币地位。

甲,对于蒋币——决定明(六)日起自八比一提高至六比一。但提高券币、降低敌币之后,应加强外汇管理,以防止走私客公开套取及在黑市追求敌币贩入消耗品及非必需品进口(如镇川外来纸烟),此项应由分区全力负责。

乙,对于金子——为了吞吐发行与调剂外汇,决定继续开放黄金合法买卖的自由市场。银行公开挂牌(暂定券币一百一十万)抛售(八月份预定出五百两至一千两),这样约可回笼券币五亿至十亿。

丙,对于白洋——一律停止兑换,因在法律上既不承认其为货币,即不应兑换,但必要时可当商品买卖,并逐步压低其牌价,以减少无谓发行与资金积压。

内地公私白洋应鼓励其输出购货,尤其通寨的盐应以白洋在口岸掌握之,用以交换晋绥农币或物资,然后再变券币。因此,真正以白洋为作为正当外汇者,银行应按外汇管理办法供给。

(5)继续贯彻严禁敌币、白洋在境内行使政令,否则前述的政策就会成了跛行。

代金、布棉、金子三大工作执行得好,券币可以稳定在现在购买力水平,并可逐步提高一些,以保证八月份财政预算不被冲破、减少人民因货币贬值所担负的损失,并打下九月份财政金贸的基础。

(西北局:《关于八、九两月份财政金融措施方案讨论记录》,1947年8月5日)

1.推销土产,输出黄金、白洋、白银,换进军民必需物资,河西在西面与南面主要推销土产,争取物资与黄金。

首先土产采取半倾销,以打开销路,扩展土产市场,同时从宜川与陇东线吸收麦子、小米与杂粮。在宜、陇主要以食盐换粮,并组织人民的食盐与粮对流。河东在东面输出黄金,争取棉花进口。其次采取布匹等日用必需物资。

今冬与明春应输出黄金二万两到二万五千两,棉花要收入四百万万斤(全由河东收买)。在东路汾河沿岸要吸收粮食进来,解决军民需要。

2.组织公私运输,恢复商运。

首先调剂物资,使之对流。

河西的食盐、碱、驴、骡、羊、牛、皮毛、药材运向河东,粮食运至警区;河东的铁、铧、棉花、布匹、洋火运向河西。

其次恢复骡马店与运输站。

第三在河西恢复集市,建立贸易网,便利人民交换。

第四从速公布农币为本币,券币为辅币,券币与农币合流,其比价定为一元换农币一元,以沟通河东河西的物资,相互对流。

3.加强土产缉私,严格禁止白洋、敌币的行使。

严格管理外汇及出入口物资。

这些规定为党政军全体人员的当前重要任务之一,党政军机关人员应起模范作用。

小公家务从速登记,由财厅接收商店,再不准其囤积物资,进行投机,改造后恢复营业。

公私的商业部门,在物资缺乏时,不准囤积大批物资。对于农民群众及脚户,就尽量调剂供求,以回笼本币,同时要注意开辟来源。

4. 在目前首先稳定陕北的金融。

因为运输困难,物资一时接济不上,而大军云集,开支浩大,为保证军队供给及活跃国民经济,尚需在警区随行市出售极少部分黄金,但只准两以下为限。各分公司、分行所在地可设银楼,以收集的元宝制成装饰品、用具,配备饰金零售,以协助稳定金融。

在三分区、九分区黄河沿线,要筹集棉花、布匹、粮食及日用必需品,随市价出售,回笼本币,拒绝黄金、白洋,在短期内需提本币百分之二十到三十,最低也要做到相对地稳定,以便河西提高物价,便利物资对流。

5. 由粮食局在主要市镇可用粮店形式设立粮食调剂处,兼收斗佣,掌握粮价,推行本币(本月三十日提出,十一月十八日公布)。

本方案经西北局批准,特将原件公布,发至地委、专署与公司一级。望各依据具体情况,分别讨论执行。

(陕甘宁、晋绥贸易公司,西北农民银行:《畅通贸易稳定金融的方案》,1947年11月8日)

为了就地取给,统一筹划,保证部队在新区作战行动中的供给,并严格地执行政策,特决定于野战军后勤部与连队、旅团各级供给机关内成立工作队。

第一,财经工作队的组织。

1. 野战军后勤财经工作队的编制:

(1)珍部:队长一人,副队长一人,秘书一人,警卫员二人,通讯员三人。

(2)征收科:科长一人,副科长一人,秘书兼收发一人,科员十人。

(3)贸易科:科长一人,副科长一人,会计组长一人,会计十三人,出纳一人,保管组长一人,保管三人至五人,营业组长一人,营业员二十人。

(4)金融科:科长一人,出纳一人,会计一人,兑换员三人。

(5)总务科:科长一人,管理员一人,司务长一人,会计三人(包括保管出纳),乘马五匹(正副科长各一人,征收贸易金融科各马一匹),饲养员三人,炊事员十人。

(6)运输排:排长一人,运输员三十人,驮骡三十头。

(7)监护排:排长一人,战士三十人,枪三十支。

2.野战军纵队(旅)财经工作队编制:

(1)队部:队长一人,副队长一人,秘书一人,通讯员二人,乘马二匹(正副队长各一匹,公马二匹),饲养员二人。

(2)征收组:组长一人,副组长一人,组员七人。

(3)贸易组:组长一人,副组长一人,会计二人,出纳一人,保管三人,营业员二十人。

(4)兑换所:所长一人,会计一人,出纳一人,兑换一人。

(5)运输班:班长一人,运输员九人,驮骡十头。

(6)监护任务由特务连兼。

3.团财经工作组:

组长一人,副组长一人,组员五人。

第二,财经工作队的任务。

1.征收科(组):筹划一般的征发、征借地主富农粮秣及抢收敌人的仓库、物资等。

2.贸易科(组):推销土产,拍卖物品,采购物资,调剂市场。

3.金融科(组):推行农币,打击敌币,稳定金融。

4.与地方工作队保持密切联系,了解当地地主富农情况及其负担能力,并供给地方工作队有关群众工作的材料。

5.经政治部决定,救济劳动人民的物资,交政治部地方工作队去进行。

6.财经队筹到物资,除供给方面需要者,交供给部分配给部队;供给方面不需要者,交贸易组拍卖。

第三,领导与工作关系。

1.各级财经工作队,在同级后勤部或供给部领导下进行工作,在执行政策上,同级政治机关须特别注意其领导,在业务上须与上级财经工作队保持密切联系。上一级财经工作队,有权检查和督促下一级财经工作队之工作。在划定市场、统一土产价格及金融牌价时,属于野战军财经队。

2.关于收支情况:旅团财经工作队每日向纵队财经工作队报告一次,纵队财经工作队每旬向野战军财经工作队报告一次,并须随时将驻地周围地区金融市场物价变化情况报告上一级工作队。

3.上级财经工作队除一般地负责筹划同级直属部队财粮与处理缴获物资

外,并随时研究工作方式方法,总结经验教训,指导下级财经工作队。

第四,财经工作队人员的守则

财经工作队特别重要的是要全体人员养成艰苦、朴素、廉洁的作风,违反纪律者,按奖惩条例惩则第十八条处理之;特别有功者,按奖惩条例奖则第九条奖励,但不能享受单位奖励。

(西北财经委员会:《财经队的组织与工作》,1947年)

(三)统一陕甘宁、晋绥两边区的财经工作

为实现中央及西北局统一后方与全力支前之总方针,首先在过去晋陕两区财经统一之基础上,求得进一步彻底统一,实属万分必要。兹将有关两区彻底统一财经中之重要问题,提出如下,以供参考:

甲、关于财政

为求两区财政统一,并逐渐达到统筹统支,全力支前,必须:

1. 河东河西前方后方供给标准、供给制度必须统一,已初步拟定河东河西统一实行的供给标准及支付原则,应请审定,并于四八年会计年度付诸实行。

2. 清理两区大小公家务,先清理大公,后清理小公,逐渐达到全部清理与登记,以便统一管理使用。

3. 河东河西人民负责与税收,应拟定统一的方针政策及制度,统一实施,以求两边区负担合理公平。

4. 河东河西人员、马匹之精简,编制计划应统一规定,力求平衡,克服各种不合理及不应有的特殊现象。

5. 基于以上各项,应拟定统一的预算,交西北局及最高政府批准,在两区付诸实行。

乙、关于金融

为适应两边区财政经济之统一,必须统一金融。其主要事项为:

1. 统一货币,使两种货币合流而转化为一种。其办法有二:(1)出一新票,收回农币及券币。(2)以农币与券币中确定一种为主币,另一种为辅币,并逐渐收回。经研究结果,在目前情况下,实行第二种办法较妥。第二种办法按目前情况又以农币为主币、券币为辅币而收回券币为妥。因农币范围较券币为大,且其名称亦可适应将来发展大西北之情况(西北农民银

行)。

2. 两种币制统一后,并为适应财经统一之形势,其发行数应统一于两区最高领导机关——西北局。

3. 边区银行与农行在组织上应统一为一个单一体。

4. 今后两区金融政策如发行推行对白洋、对法币、对黄金、对外汇管理等,应在统一方针下进行。

丙、关于贸易

贸易为两区财经之枢纽,两区财政金融统一,贸易更应统一进行。

1. 对外贸易之管理政策及计划,应统一规定,统一实行,以便集中力量对外斗争。

2. 对内商业政策及活跃内部市场,扶助国民经济之计划,均应在原则上统一,而根据河东、河西历史及具体环境灵活实现之。

3. 两区贸易公司应合并成为一个组织系统,以集中力量,并在统一指挥下负担目前繁重之贸易任务。两个贸易公司之家务,应完全合一(如会计及保管合一等)。

4. 两区贸易计划应统一,在统一计划下分别经营,如河西应以销售土产换取黄金为主,同时亦尽量吸收部分物资;河东以打开黄金出路,吸收解放区物资为主,同时又应尽量经过各解放区推销土产,直接换取物资。两区调剂内部市场物资亦应有统一计划,互相照顾。

5. 两区贸易金融财政建设之关系——应统一规定,一致实行。

丁、关于经建

今后河东河西战时经建,亦须有统一的全盘计划。

1. 农业生产中之投资与贷款应有一个统一计划,分别实施。

2. 工业生产更须在统一计划下,统一领导,分散经营。如军工生产应在河东,但河西情况一旦允许,可设分厂。火柴厂重心亦应在河东,但将来情况允许,河西亦可设分厂,以求减低成本和运费。肥皂、纸张河东河西均可分散经营。

3. 整个国民经济建设计划应有个统一方案,然后将此方案在河东河西分两部分实行之。目前一二月内即应详细研究,并制定如何度过明年春荒及春耕下种之计划,积极进行准备。

戊、关于机构

上述各方面统一计划,最后均有赖于组织机构之统一来保证其实现,估计到今后财经空前困难之情况下,来实现彻底统一。如没有坚强有力与统一的机构,是不可能完成任务的。因此提议:

1. 加强西北财办,使其在党政直接指导下,统一河东、河西财经的全权负责机关,故除贺老总亲自负责主持外,并须由晋绥财经最负责的同志参加为副主任,以便集中领导力量,实现上述各种困难的财经任务,并为将来的发展形势做准备。

2. 银行与贸易公司如以陕边与贸司为基础形成总行及总公司,必须吸收亚绥原银行及贸司部分负责干部参加,才能成为真正了解河东、河西情况,以便掌握统一政策的机构,否则难免发生偏向,妨害统一及党的政策之贯彻(银行与贸司是否在组织上合并,可单另研究后决定之)。

3. 财政上大的问题可由西北财办筹划,交西北局及最高政府批准实行。一般财政关系则可由两个财政部门直接发生关系,一个服从一个(如以边府为最高行政机关,则晋绥财政处服从边府财政厅)。但在干部配备上,应有适当交流,以沟通双方情况,便于掌握并实行政策。

4. 经建方面,大体上亦如上述财政上的办法解决之。

5. 两区及前方后方后勤部门及工作应完全统一,可确定以联司后勤部为统一两区及前后方供给的制度,统一两区及前后方兵站组织及工作,统一两区前后方卫生部门之管理及统一两区军工建设。

6. 两区财经部门,随着行政机构之统一而合并或统一为一个单一系统后,应在干部中进行严格的思想教育,除纠正违背党的政策的各种偏向外,应特别着重克服不顾大局的本位主义的倾向,以便团结力量,克服困难,实行党的财经政策,争取战争胜利。为此,在财经部门中,应有计划地建立与加强政策机关及政策工作(具体计划另定之)。

(西北局:《关于统一两边区财经工作及机构的拟议》,1947年10月6日)

贯彻统一,为了增强支援前线的力量,领导决定了河东、河西、大公小公、前方后方、财经贸易的大统一。贾主任前面已经讲过,这里只补充四点:首先是货币的统一,必须根据两地的物价指数,定出适当的比价。刚统一时,由于河西币购买力稍高于河东,但仍定为一比一,因此,曾一度刺激了河西岸的物价上涨。

其次新币代替旧币,必须有一定力量以准备维持新币的信用。第三,统一后,对物价要做适当的调剂,以便利物资交流(如河东布匹西流,河西油盐东流)。这次因为全盘计划未全搞好,物资对流未达预期效果。第四,稳定金融,主要要依靠贸易上的物资来支持。过去单纯依靠兑换敌币,只是相对地完成了比价,即货币的购买力。

（黄亚光:《自卫战争以来陕甘宁晋绥财经及金融贸易概况》,1948 年 4 月 5 日)

五、减少发行,稳定金融,抛售物资,保证供给

依据一月三十日西北局常委会通过的方针,即动员全党开展对外贸易,同时在内部大量抛售物资,一面保证前方及后方供给,一面减少发行,稳定金融,以度过春季困难。拟定二、三、四三个月财政金融贸易计划如下：

（一）财政部分

A. 二月份的经费预算：

野战军二月份 376 亿

后方河西部分二月份 194 亿

甲、分区地方武装 68 亿

　　分区党政 39 亿

　　边区一级 52 亿

乙、事业费 34 亿

后方河东部分二月份 250 亿

总计 820 亿

B. 以二月为准,推算三个月的经费：

野战军即供给药品十二万件,白洋十万元,本币二百五十亿元。二月份除贸易公司解决油、盐、肉外,另拨券币一百亿元,作为二月份在内地使用,再拨本币九十亿。

边区一级油、肉、菜自己解决。

各分区地方武装党政,就所交家务及推销药品于当地解决外,尚需现款支付。三个月预计为：

野战部队三、四两个月不计,二月份尚需一百亿。

河东三个月约九百亿（包括二纵开支）。

河西约七百五十亿。

合计一千八百五十余亿。

（二）金融贸易部分

为渡过难关，保证支付，在金融贸易方面，必须尽量减少发行，并大量抛售物资，回笼本币，以稳定金融，供给开支，应以推销土产及抛售物资来解决。其计划：

甲、在河西：

1. 每月应推销土产五万件以上，分配地下：

关中一万五千件至二万件，陇东一万五千件至二万件，三边五千至一万件，黄龙及延属各销五千件，绥德五千件。

每件平均以四十万元计，每月争取解决二百亿，三个月共为六百亿，应立刻打电报要各分区党政军动员全部力量，杜绝走私，把一切走私力量统一在贸易公司领导之下，大量推销，保证完成以上任务。

2. 每月出售金子三百两，可得十四亿，三个月四十二亿。

3. 每月税收二亿，三个月税收六亿。

4. 由财政厅借公司细粮一千石，以后由公司买还，先于延水关拨五百石，志丹拨五百石，用以回笼本币，调剂市场，供给群众需要。

5. 以上共计六百余亿，如不能达到预计目标，则其不足之数，动员节约解决。

6. 河西贸司应完成由陇东购粮六千石及由延属晋南购粮四千石之任务，以调剂民食，周转金融。同时，应在绥属继续售花、收布，支持纺织。

乙、在河东：

1. 每月抛售粮食六千石，可得一百八十亿，三个月共为五百四十亿。

2. 销售药品每月二万件，可得八十亿，三个月共为二百四十亿。

3. 公司每月抛售布匹、棉花、杂货，可得四十亿，三个月共为一百二十亿。

4. 税收作为赔偿违反工商业政策的损失，不作为现款收入。

5. 不足之数动员节约之数解决，力争做到不发行。

6. 九、三分区应大批售粮，压低粮价，以便河西人民前往运粮，使粮食向河西绥属灾区流，一面平衡金融物价，一面救灾。

如能在贸易上做到以上计划，则三个月财政除前总项发行一部分外，其余可做到不发行或发行极少,这是稳定金融的首要办法。

（财经办事处:《一九四八年二、三、四三个月的财政、金融、贸易计划》,1948年2月2日）

我们认为,要解决当前的物价金融问题,治标与治本均应齐头并进。我们不了解全盘情况,只是根据局部的一些经验,有如下一些想法,提供给领导参考。

为支援大规模战争,一定的财政发行是不可避免的,但必须使这种直接的财政发行尽可能地减少,因为这一种财政发行就社会总体来说,只解决了财富再分配的问题,未解决它的增加问题,而且这种财政发行,对负担阶级阶层来说,是极其不公平合理的,则领用经费的战士和后方公家人也没有保障,因此应尽可能说服人民,从直接负担中求解决。我们认为,首先对于一切税制的废止减免,均应在公私兼顾原则下慎重处理。新解放城市免税面太宽,也值得研究。第二在人民可能负担之后,财政赤字发行也尽可能通过国营贸易周转,一面使利益不外溢,一面便于控制市场。第三才是必要的直接财政发行,但也应加强其部署性、吞吐性、计划性,以求主观上尽可能地通盘掌握起来。

发行的又一问题,是必须从力争稳定中来发行,否则便会发不出去。陕甘宁历年来的经验和最近拨五十亿冀币收花,但只用出去十亿,都证明了这一条是对的。为此,就有严格监督银行政策及其活动之必要。根据《华北银行月刊》后载石家庄分行及瑞华银行总结材料来看,该行投放中有很大比重投到商业上去,这是值得注意的,虽然他们也检讨了,但作为一个政策来看,今后对私人商业放款,不应由发行解决,以发行来贷款只应投入扶助国营经济和合作经济中去,至于把公营经济存款投入私人商业,这是违反公私两利原则的。总行严格监督一切放款和一切违反政策法令的商业行为,必需时收回,以保证国家资本真正用到有益于国民经济的事业上去。

其次,为求金融稳定,公粮中征收一部代金或变款,或以一部分公粮在青黄不接时调剂市场,也可起很大作用。四八年西北公粮交款780多亿元及晋绥历年粮变款的经验,都证明了是有效的办法。

（西北财办:《四八年西北财经情况及目前问题》,1949年2月19日）

六、贯彻独立自主的金融方针

(一)边区领导对银行工作的指示

九月初一以后,检讨日本投降以后的银行工作,九月二十二到二十四日在沙园会议上林主席指出:"日本投降以后,那时党争取和平是必要的,而时局迅速转变,我们工作上转变则是迟慢的。去年二、三月政协会议后,固然要准备和平,但七月后西北局已提出备战,我们都来得慢……毛主席与朱老总的方针,依然是正确的,问题在我们如何执行……革命家务也要建立在人民身上,事实很明显,这半年战争就依靠人民的力量。因此不论银行、贸司对人民的生产帮助才叫群众观点。虽然各地区有其不同特点,如陕晋要土产,但最后还要依靠人民……我们工作同志都有摆不脱土产的思想,因而无摆脱的准备。比如在预算上,军事第一是对的,但对国民经济的补助,表现出来就很差……"这就是我们在财经政策上没有依靠这个方针。在法币问题上,要以法币作外汇等是对的。四〇年以来,西北局就提出打击法币的方针,然而我们没有做到。领导这方面工作的同志自有责任,我们这些同志不能坚持这个方针,又受到旧的理论束缚,我们应用我们一套去看货币。思想上如在旧的货币论范畴内打圈子,是无法搞好的。贸易公司应在独立货币上努力工作。银行已有贸易结合,完全有力量使货币独立,苏联就是例子。把法币做工具是对的(应把法币作为打他的工具,不代他背上)。把边币稳定在比价上,这是不妥当的。固然在物价上不易永久稳固,但相对稳定是可以的。国民党过去常想使边区在政治上成为附属的。我们在政治上又力争主动,金融上也应争取独立自主。现在要把过去对货币的观点与理论加以检讨,华北财经会议已得出结论。由此可见,过去对货币的思想与工作是有错误的。我们思想已动摇了,因而对独立的方针就做得不力,与这二年小公的捣乱固有关系,但昨天亚光发言,可见银行就早有自己的打算了。管理外汇,打击法币,先是自己不坚决。

习书记指出:"过去是有明确的方针的——即生产自给。公私兼顾,军民兼顾,贸易上严格管理。这三条方针不但以前(四二年)高干会有,以后几年还是这几条,问题在如何执行。这三个原则,即独立自主原则。在金融问题上,我们不是独立自主,而是敌我不分;不是扶助民生,而是私商路线……牌价再次变动,都是搞的群众。生产贷款微乎其微。在贸易上出入口自由,单纯财政观点……批评了财经工作同志向党闹独立性,没有执行贯彻党的政策。"

贺老总也指出:"边区金融是自己搞坏的,银行自己就投机违法……财经部门的群众观点、阶级路线少得可怜。金融贸易对敌人比较好,打法币就是打蒋介石,打白洋就是打地主。是否那样坚决彻底呢?金融问题,独立自主决不能动摇。坚决打法币、打白洋,禁止法币、白洋到内地使用,禁止携带。严格管理外汇(买医药、兵工、交通、器材、花布一定数量,还要看那里,向西以花为主,向东以太行布为主。土产出去换金子作外汇),牌价兑进不兑出,牌价要保证群众不吃亏。"

西北局十月十一日指出:"检讨边区财经工作,一年来犯有严重的错误,在此次战争中更加明显暴露。金融上放弃外汇管理,在内地抛白洋、黄金,无限制兑换法币。明日打击黑市,稳定边币,结果白洋、法币愈抛愈多,挤掉边币市场,稳边币于比价上,实即使边币依存法币……这不是坚决贯彻独立自主方针,而是不相信自己;不是为了一百万老百姓服务,而只是替十万公家人打算。……这是对党既定政策与原则表现动摇……思想混乱。普遍有着浓厚的小商人观点,单纯追逐利润以及违法投机,因而对今后确定:'独立自主,发展经济,保障供给';公私兼顾,军民兼顾;严格管理对外贸易。三大方针决不可移。金融上坚决打击法币、白洋,严禁使用。严格管理外汇。牌价(内部)兑进不兑出……不论财政、金融、贸易都以扶助群众生产为主要任务。"

兴县会议,十月十九日确定币制统一,以农币为本币,暂行券币与农币同流,以一比一的比价,两边区通用,以后逐渐收回券币。金融贸易机构统一,银行和贸易公司本身组织合一,以求更加步调一致和精简。——强调财经工作第一为了农民,第二为了士兵,以扶助经济和保证战争供应为主要任务。坚持独立自主的方针,坚决打击法币、白洋,相信本币,提高本币。

在此方针政策指导下,我们起草了目前实用的"陕甘宁晋绥外汇管理办法"和药品、白洋、蒋币、赤金的缉私办法。

(边区银行:《抗战以来的陕甘宁边区金融概况》,1948年2月16日)

(二)贯彻"发展生产,稳定金融"的方针

三月自卫战争中,边区与国民党区经济关系上的变化。

1. 主要输出品(土产)减到战前的1%左右。

2. 主要输入品(花布)亦减少到几乎断绝。

3. 与兄弟解放区(晋冀鲁豫、晋绥)的经济关系日益密切。由于晋南大片地区扩大,提供了以后更趋密切的可能性。因此,战前的主要贸易方向——南,逐渐转到新的方向——东;战前的主要贸易对象——敌,逐渐转到新的对象——己。这个转变的物质基础主要是:由于陕甘宁最需要的是花、布,而晋南又是花、布产量最富的地区(如洪洞,距边区较大关中近得多),且产量极丰。

4. 基于这一变化,在边区金融上就发生了有历史意义的重大变化——对国民党区的依赖性大大减少,因此对蒋币、外汇的需要也大大减少,同时来源也大大减少。如果说以前券币是三分独立、七分从属的话,那么这已经是历史事实了;如果说以前有些人在某种意义上把券币认为是"兑换券"性质的话,今天这种说法的物质基础已经消逝了。

5. 蒋政府随着军事、政治、经济的日益危机,在金融物价上已发生了较历史上任何时期都没有的严重现象。而且这一趋势是发展的,这从以下事实可以看到:

恶性通货膨胀愈演愈深,无法遏止。

以一九三六年发行与物价为一○○(当时发行约14亿),则:

时间	通货发行额	发行增加额	发行增加倍数	物价上涨倍数	物价比发行快X倍
1946	35,000亿	34,986亿	2,500倍	8,000倍	3倍强
1947年4月	65,000亿	64,986亿	5,000倍弱	30,000倍	6倍强

在今年蒋区物价狂涨、蒋币狂跌的三次中,其特点是:周期性的惨跌,其间歇越来越短。第一次在二月上旬(即蒋介石宣布紧急措施);第二次在四月中旬,直到六月初旬才渐趋暂稳;第三次则于六月下旬又开始大波动,直到现在仍在继续加深。因此,可以看出:(1)第一次与第二次之间间歇为两个月,第二次与第三次之间其间歇则仅两三个礼拜。(2)第一次波动时间较短,第二次则延长到一个半月以上,第三次现在仍无迹象稳定。

6. 从以上事实看出:(1)边区的贸易关系正在发生着新的变化。(2)券币与法币的关系随贸易关系之变化而趋向新的变化。(3)事实告诉我们,新的趋势也暗示我们,券币不敢再随蒋币之惨跌而跌落,同时也可以不再跟其跌落而跌落,即是说逐渐脱离蒋币之直接影响,不仅必要,而且可能。

7. 因此在我们金融物价政策上,应该改变以前"物价随环境,比价求稳定"的内容。为了明确起见,应如此提法,即对蒋币随环境,对友币求稳定;物价随环境,利润求稳定。

所谓"对蒋币随环境",就是依据蒋币在蒋管区的下跌程度,与券币在边区的下跌程度之差额的基础上,逐渐提高券币对蒋币之比价,这就与过去对蒋币求稳定有了本质上的不同。但是边区与敌区依然是有些经济关系的,将来也不可能完全断绝,同时蒋币也不是马上完全要垮台,因此应该在一定的基础上去逐渐提高,而不能把主观愿望当作政治问题去处理。

所谓"对友币求稳定",即是对我有直接贸易关系的兄弟解放区的货币求稳定,以便利贸易。

所谓"物价随环境",不是随蒋管区的环境,而是随有贸易关系的(即货物之来源地区)兄弟解放区的环境。

所谓"利润求稳定",即内部市场之调剂问题,保证从其他解放区运货至边区之一定利润,在这个基础上来稳定物价(显然不是绝对的稳)。

以上四句连在一起,其精神即是逐渐脱离蒋币之影响,转而与兄弟解放区更进一步地密切联系,与他们的货币求得稳定,物价随他们的环境,能做到这样,陕甘宁的金融物价将会好转,而且前途是光明的。就是说贫穷的陕甘宁的物价金融是建筑在较富庶的解放区的基础上。

(边区银行:《目前金融工作的参考意见》,1947年7月7日)

根据各地情况,对今年上半年金融贸易工作,提出以下几点,望各地具体研究实行。

第一是扶植生产和救死救荒。今年的春耕,一般是在农民平分土地后进行的。但由于去年边区普遍受到灾荒,农民仍极端贫困,且贫雇农刚分得土地,尚无生产基础,故春耕中困难仍极多。贸易上应尽力设法帮助解决,如缺乏口粮、种籽、农具、耕牛与生产中的其他具体困难,在我们能办到的情况下,均应调剂解决,使农民能致力于生产,并应有计划地利用各地骡马大会,发动群众,组织商贩,向外购买春耕中的各种必需品到会供销,便于互相调剂所需。在救死救荒中,贸易上如何调剂粮食供需是一大事,各地在春耕前之粮食调拨运转工作基本上应完成,以便供应各地出售。鉴于贸易上存粮有限,群众需粮迫切,故各地存粮不能采取一下子卖完,或者老存不卖。根据解决生产困难及青黄不接时群众急需口粮等情况,原则上规定分期出售存粮,即在三月初春耕行将开始时,可以陆续出售存粮的五分之二,到夏收前后再继续出售五分之二,以解决口粮,同时调剂收购药材之用,下余五分之一,备作其他临时急用。

为了发展生产,还应组织土产运销,各地要依据内外具体情况,有计划地研究进行。与兄弟解放区贸易畅通后,布花来路广,加灾荒粮价特高,以致影响纺织利润低落,但以棉花计算,仍然有利,故仍须贯彻自纺自织自用的方针,以解放群众的穿衣问题,减少外布进口。对二分之之硫黄、五分区之盐、六分区之木材、九分区之炭铁等土产,应组织其运销出口。在发展生产、运销土产中,贸易上主要是积极给土产找出路,有计划地调整价格,调剂淡旺月,收买成品,并应发动组织群众、商投自由运销土产出口。公司在经营土产供销上,不应看取重利,应以推广销路、求得多销、发展国民经济、增加群众收入为目的。对于真正为群众服务,并为群众掌握与领导的生产变工的互助性质的小型合作社,应加以扶植。过去无阶级性的、盲目的、单纯的在经济上扶植以及不重视扶植合作社的偏向,应加以纠正。对合作社的扶植,主要应多从业务上给以指导,给合作社帮助想办法(如组织其运输,组织纺织、熬硝等生产,给公司代收代销货物等),与其经常密切联系。经济往来应在营业性质与守信用的原则下,使公私两不吃亏,以扶植其发展。目前应尽量发动群众进行熬硝生产,公司大量吸收,供给军用,以利很快消灭蒋介石。

第二是稳定金融,推广本币,提高本币信用,贯彻禁绝银洋、敌币,依照当地实况,掌握物价。以往不估计具体情况,采取硬压与放任不管、任其高涨的做法,均是不对的。根据现有实力状况,在价格上应采取相对稳定的方针,并注意使各地区间、各商品交换比率间之相对平衡,防止暴涨暴跌。过去的规律,一过旧年物价即行上涨,以致金融不稳。今年各地物资充足,故须冲破这种有害规律,求得物价相对稳定,用调剂供需以掌握市价,用掌握市价以调剂供需。各地须按物资供需流通路线、路程远近,逐地掌握价格差额,并照顾逐段运输之利润,便于组织转运,以辅助恢复市场,调剂供求。各缺粮区对粮价应依此掌握,使粮流去;二、五、六、九分区应依此精神,掌握粮价,在市场出售。在批发与零售价格问题上,因商贩在组织物资流通、促进生产、解决群众购买必需品与销售农产品的困难等方面,有一定作用,故有些商品市场原有批发价格者,如遇商贩批发时,即可参考批发市价,应给其一定利润,进行交易。

(晋绥边区行政公署:《关于金融贸易工作的指示》,1948年2月1日)

1. 回顾过去,瞻望将来,我们不仅应该而且完全可能使边区金融稳定。

应确定我们的金融方针为独立自主的稳定金融方针,不是稳定在任何货币的比价上,而是从相对稳定的物价的措施中,逐渐达到完全稳定在物价上。因此,在一切金融措施上,必须要本着提高本币的精神和办法,以求达到稳定。只有在内地稳着物价,敌币的贬值,我应提高比价,以稳定物价,不得受蒋区多种物价波动影响而提高物价或计算小的表面的金融损失,而不敢提比价。

外汇严格管理,配合贸易上的出入口管理政策,有计划地使用外汇。外汇支付必须以确定购回边区必须进口的必需品为总原则,反对过去那种自由兑换的放任办法。

2. 农币的对外购买力变动原则。

今后主要是以土产作外汇,土产的价格(对农币的价格)应求稳定,以稳定金融与物价,因此各口岸外销土产的农币价格,不得任意变动。在争取旺销某种必需物资的目的下,某些口岸销货价格有必需的升降时,必须先报请示,得到总公司、总行的批准始可升降。

黄金、白洋一律严禁在内地市场流通,只作为外汇手段对外支付,并应稳定于本币价格。在稳定的总方针下,必要的价格上的调剂,必须由总公司、总行统一指挥,并须从进口物资上和数量上去限制外汇的浪费,而不应该提高外汇价格,以抵制或从中取利,贬价本币的办法是错误的。

对各兄弟解放区的货币,应以两解放区的货币购买力平价及物资对流的情况,相互可用协商协定的办法,规定适当的比价。在两解放区经济上联系的条件下,促使商品流通。

在本币对蒋币的比价上,本着逐渐提高本币的精神,看出入口贸易的情况及蒋区物价下跌的程度来规定蒋币同本币比价的变动,在边区境内严禁蒋币的流通。在内部市场收入价格(在绝禁前一时期)应低于口岸比价,并绝对禁止不准内地支付携带行使,以打击其在内部市场的流通;在各口岸蒋币的收受与否,或收受多寡,应以各口岸贸易上的需要而定,在随进随出的购进必需物资原则下,可以酌情收进一些,否则拒收,以避免蒋币跌价的损失。如果有临时需用者,临时指定数量及某口岸公司收进。

3. 农币对内价格之稳定。必须尽一切力量,求得农币在内部市场的稳定。尽量维持在内部市场物价较长期的稳定,绝对禁止物价的朝定夕改、一市数价等违反金融政策的物价政策。对某些物资互相调剂,必需的升降价格,也必须是相对稳定的平涨平跌办法,应尽量避免暴涨暴跌,特别在个别地方,突然发生猛涨猛跌。该地负责人应适当掌握,同时立即报告上级调剂,不得任其剧烈上升,以致影响全局。

4.在贸易金融业务上,必须在稳定金融的总方针下,调剂筹码,发展生产,支持财政。

禁止在内地市场以物易物,或以物资作实物贷款,这对于货币的吞吐、调剂流通都是不利的。必须以货币交易,以利吞吐、调剂流通,稳定金融。

应办理一般的存款业务,特别折实存款的业务,保证农币持有者的购买力,以达到调剂发行的目的。银行放款禁止实物放款,始适合本币稳定政策,但放款数额必须有限度,要照顾财政及自己的力量。

办理农村低利贷款,扶助农业生产及农村副业,配合土改,使翻身农民得到经济发展。办理城镇工商业发展的贷款,扶植工商业发展。一切贷款必须以发展生产、繁荣经济为目的,若以赚钱为目的是不对的。但是不照顾金融财政,无限制地赊放救济,单纯赐予观点是错误的。我们必须了解金融物价的稳定,才是发展工农生产、建设经济最有力量的基本问题。如果过分加重金融的负担,减弱稳定的力量,所谓救济赐予,实则是舍本逐末,利少而害多的。

举办陕甘宁、晋绥两边区内部汇兑业务及与其他兄弟解放区的通汇,借使商品流通,促进经济繁荣(汇兑及具体通汇办法另订)。

在总的方针下,办理一切有关银行业务。

5.贸易工作上配合金融。

在贸易及税收政策的配合上,必须从严格管理出入口贸易,有计划地输入边区缺少的必需品,禁止奢侈、迷信等非必需品的输入,组织与刺激土产品的出口。一切贸易税收政策,必须与以上金融稳定、金融方针互为配合,互相促进。

内部市场的物资调剂,陕甘宁边区必须有计划地组织西地区的粮食、牲畜与东地区的布匹、棉花等各种物资互相对流,以流通本币。

发展扶植真正为农村服务的合作社、正当商贩、货郎担等,在物资上应予批改支持,但必须以现款交易,支持与照顾首先为合作社在批发价格上照顾,合作社暂定为百分之一,正当商贩及货郎担为百分之三,使这些合作小商贩、货郎担子成为金融贸易的基层,使农币下乡生根。

6.必须在各种业务方针上、具体的业务措施上及日常的细小业务工作上贯彻稳定金融的思路。在政令上坚决贯彻农币一元化的货币政策,严禁蒋币、白洋、黄金在内部市场流通。在稳定金融总方针下,一切应从发展生产、繁荣经济、公私兼顾、劳资两利的原则出发,掌握工作业务,一切以赚钱为目的的做法是错误的。另一方面,不顾财政金融负担,只从贷放救济上看群众眼前表面利益,不从稳定金融物价上去看发展经济的基本作用,这样的做法,同样是错误的。希即详加研究并掌握之。

(《西北贸易公司农民银行稳定金融方针指示》,1948年4月3日)

(新华社晋绥十一日电)边区生产会议闭幕会上,贺龙司令员评论发展生产问题。他首先指出,过去一年来生产工作是有成绩的,这可归纳为两个主要内容。即:(1)有力地支援了战争;(2)解决了群众生产困难,因而能与灾荒做斗争。但在去年一年的工作中,还存在着严重的缺点,他特别着重批评金融贸易部门某些同志,迄今仍认为投资生产与财政开支互相矛盾的错误领导思想。贺司令员说:这些同志出发点是为了支援战争,保证供给,但这种财政观点是不全面的,没有与群众观点和发展生产统一起来,不能反映群众的困难,结果就会使金融波动,物价不稳,不利于发展生产,财政供给也会更加困难。他提出"发展生产,解决财政""发展生产,保证供给""发展生产,稳定金融"为今后财经工作的总方针。他说,全面的财政观点,必须是与群众观点一致的,而要一致,就必须发展生产。他又批评了金融贸易机关过去用于发展生产的力量太少,银行绝大部分力量用于财政开支;贸易公司与公营商店也只顾完成财政任务,帮助发展生产很不够;金融贸易工作悬在空中,没有在群众中生根。他说,"我们银行与贸易公司的主要任务,应该是发展生产,稳定金融,平定物价"。他主张金融贸易部门与财政部门之任务,须划分清楚,银行、贸易公司、公营商店专管发展生产、稳定金融、平定物价,不负担财政任务,而对财政开支只是建立借款的关系,这样划分好任务,出现的矛盾就比较好解决。他说,农币乃是一种工具,应当发挥这样四种作用:(1)发展生产;(2)与蒋币、白洋作斗争;(3)媒介作用,改变以物易物状态;(4)储存作用。现在农币没有起它应有的作用,因而不能在群众中生根。他号召大家起来整理金融,要有计划地储存物资,抛售物资,以紧缩通货;而特别重要的是,应使农币与土改后广大得地农民的生产结合起来,要大量投资农村生产,并发展农村交换,举办有利或无利的贷款,使农币下乡。他充满信心地说:我们完全有力量把金融整理好,与广大得地农民的生产相结合,乃是第一个有利的保证。其次，是银行有雄厚的资金；再就是经过土地改革，地主富农与经济反革命的金融投机、违法走私的事，大大减少了；还有就是靠与会同志和财经部门的同志弄通发展生产的思想。

他对于贸易政策，重申对内自由、对外管理的原则，对外汇也应严加管理。他说，政策是以有利于人民发展生产为依归的。对内应坚决执行贸易自由政策，以发展交换，繁荣市场；对外要看那些需要出口的就奖励出口，不应出口的就不准出口，必需品应允许入口，非必需的奢侈品就不准进来。外汇管理也是根据需要，不能无限制地供给一切外汇。

（贺龙：《关于财经工作方针的讲话》，1948年5月）

"在'发展生产，繁荣经济'的基本政策下，由于我们坚决执行了'独立自主'的金融方针，使边区金融摆脱了蒋匪金融危机的严重影响。"这是西北农民银行行长喻杰同志接见记者时，对边区金融政策获得初步胜利的概括。他接着分析西北自卫战争以来的经济变化：第一，陕甘宁、晋绥两地在币制上统一后，财力物力集中，便于调剂和向外作有利的经济斗争。第二，西北人民解放军的光辉胜利使我区逐渐扩大（如晋南、黄龙等产棉、粮地区的解放），敌区日益缩小，增加和充实了边区的物资。第三，各地解放军胜利反攻，使许多兄弟解放区联成一片，在经济上可以互相支持接济，物资便于交流。这些情况的变化，使我们可以摆脱过去对蒋区某种程度的依赖，而执行"独立自主"的金融方针。

（《发展生产，稳定金融，提高农币，根据敌币》，1948年6月25日）

银行工作方针

1."发展生产，稳定金融"。金融为生产服务，是银行工作的总方针。在发展生产的基础上，达到金融稳定的目的。在目前情况下，应求得金融的稳定，使生产得到正常发展。应该认识到只有生产合理的发展，金融才能够得到稳定。

2.单纯的紧缩通货或其他方法求得金融的稳定（或者说物价上的稳定），而不把金融稳定的基础稳固地打在发展生产的基础上，使本币生根，使本币流通市场扩大，周转自如，是错误的，亦只是暂时的。

3.我们为生产服务，首先必须以大力投入生产，但同时绝不应放松吸收与组织闲散资金来达到投资生产的目的,后者应成为我们努力的方向。在目前来讲,更重要的是怎样刺激与组织农村借贷,调剂农村的资金周转。

4. 为了保证边区金融物价的稳定,必须进行严格的外汇管理及对敌比价斗争。在内部市场,必须贯彻严禁白洋流通的政令,以达到本币独占内部流通市场。在稳定金融的总方针下,在目前来说,有头等重要意义,忽视这一工作,是错误的。

(《西北贸易公司金融工作计划草案〔初稿〕》,1948年7月)

当前摆在我们金融贸易工作者面前不少重大的与迫切需要解决的任务与问题,例如:

1. 经过胡匪残酷破坏及严重天灾的农村经济与工商业,如何使之迅速恢复并进一步发展与繁荣起来?如何使金融贸易工作服务于发展生产的总方针?

2. 如何在发展生产的方针下,加强内部物资调剂,反过来怎样从加强内部物资调剂以刺激生产发展?又如何适当掌握价格政策,以刺激物资交流与发展生产,并达到金融稳定。

3. 如何争取足够数量的土产品的输出,如何争取足够必需品的输入?并如何进行对敌斗争(比价上、外汇与市场管理上……)并掌握独立自主的金融政策(本币一元化与本币稳定方针……),以达到有利于我边区经济的发展。

4. 在新区如何迅速驱逐猛烈贬值、严重剥削老百姓的敌币(并如何使之不影响当时社会经济,且要对我有利)?如何使本币迅速在新区推行并生根?如何使新区经济走上新民主主义发展的道路?

5. 在新恢复的老区及大部分新区,敌币已是迅速地被驱逐出去或遭到严重的打击,大体可不成问题了。但还有不少地方白洋未能肃清,在市场与农村中严重地捣乱我们的金融与物价,我们应怎样肃清这些白洋而维护金融?

……

还有许多需要解决的问题与任务,这些在全边区范围来讲,有的地方已顺利正确地解决了一些问题,并完成了一部分任务;有的地方则还未获得适当解决,或甚至还犯了一些错误,使工作遭受到损失;还有一些地方则表现徬徨苦恼,不知怎样办才好;也还有少数同志对工作及对自身的进步,还缺乏足够的责任心,不知积极去学习与改进工作以及提高自己。

因此,领导有责任及时地去组织各地经验教训的交流,指示正确的道路,提高工作干部的业务修养及工作积极性,以改进工作,提高干部质量。

《业务通讯》就是应该担负这个组织与引导的责任的。我们全体同志应该爱护它、重视它,并积极帮助它完成任务。

我们《业务通讯》对同志们的希望就是如此,愿大家努力!

另外还要说明一点,即《业务通讯》第一期油印出版后,奉习、马书记指示:为帮助分区及县级党政领导干部熟悉金融贸易业务,使他们更熟练地领导当地金贸工作,决定将《业务通讯》铅印发至分区及县级领导干部。我在此亦代表《业务通讯》欢迎与要求他们以及所有读到《业务通讯》的同志多多指教和来稿!

(西北贸易公司、西北农民银行:《业务通讯》第1期(33),1948年7月20日)

(三)贯彻执行金融方针的教训

金融是财政经济中的枢纽,是建筑在生产、贸易、财政的基础上的。生产不发达,出入口贸易不平衡,财政赤字庞大,依靠发行解决,单独要求得金融稳定,保持货币购买力是不可能的。但是金融方针的正确实施,对生产、贸易、财政又有极大的推动作用。因此,在边区目前的情况下,要达到发展经济,保证供给,怎样稳定金融,应该成为整个经济部门中的中心任务。因为只有金融稳定,才可以使生产正常发展,更好地管理出入口贸易与内部市场的调剂,保证财政预算的不被冲破。因此,在整个经济问题中,存在金融本位主义是错误的;但只顾及某一部门的单独小的利益,而妨害了金融稳定,同样是错误的。历史的教训如下:

1. 一九四四年前(当时的财政经济条件不可避免),特别是一九四五年八月到一九四六年的上半期(当时的财政经济条件已可避免),金融方针是"物价随环境,比价求稳定"的政策,实质是跟随国民党通货膨胀政策而膨胀的政策。在货币斗争上,是依靠敌币来稳定金融,是使本币跟随蒋币的跌价,放弃独立自主的方针,以此布棉主要特效的对外依附性,加上金融思想上的从属性,其结果是本币比蒋币跌得更快,使本币降为蒋币的兑换券。

2. 货币管理就是外汇管理,实质是贸易管理的外形表现。如果出入口贸易不能严格管理,单纯地施行货币管理,是不可能的,必须在互相配合的条件下,方能达到管理的目的。但是外汇的放任也会使出入口贸易的管理困难,或直接破坏了出入口贸易上的管理。一九四四年到一九四六年的上半期外汇管理政策无限制地兑换与蒋币行使禁令的松懈,对内是缩小了本币流通的市场,助长了蒋币的横流或禁令较紧的暗流,对外是破坏出入口物资的管理。这种外汇的自由政策,对边区基本的经济利益是有损失的。

3. 调节发行,吞吐筹码。过去曾犯过两种不正确的倾向:一种是只顾财政需要,而不顾金融的监发;一种是金融本位强调稳定,不管财政的困难。这两种偏向,对财政经济都是有害的,今后必须力戒。

在物价政策上,也曾发生过两种严重的倾向:一种硬压,不管主观力量如何,客观的变化如何,强调抑制物价,提高本币;另一种倾向,小商人观点,也是本位观点表现之一,不顾经济、金融、财政如何,强调吃亏,公司货价随市价,放弃主导市场掌握物价、稳定金融的责任,任凭物价无限上涨,或者无限制地下跌,一步一超的价虽然在小的范围内赚一点小利,表现一点益,结果在财政、经济、金融上造成不可估计的损失。此种保守思想,不讲政策,在公司所属金融贸易干部中虽有很大进步,但尚未完全改变过来。

4. 新的情况:全国解放军的大反攻及毗邻解放区的扩大,尤其有直接影响的是西北解放军转入反攻,宜川大捷,收复失地,开展广大新区,已经成为现实与将要成为现实,已使边区的经济条件起了或将要起着根本的变化。

首先是贸易情况的改变。过去军民生活的主要必需品特别是布棉,绝大部分要靠蒋管区输入,因此迫使我们的本币不能不与蒋币取得密切联系,在物质优劣的形势下,迫使我们在货币斗争上常是被动多于主动。现在边区布棉贸易主要对象,不再是蒋区而是晋察冀太岳等兄弟解放区了。随着我西北解放军胜利的大反攻与大西北的解放,某些地区,如黄龙分区的韩城,大关中与陇东的一些地区的解放,我们所需的棉布及其他某些必需品的供给,亦将获得全部解决及部分解决。在这些军事形势的胜利发展之下,我们必须看到边区的贸易形势,不仅像目前已脱离或正在脱离对蒋区的依附形势,且将变为对蒋区绝对优势。

过去的一年,虽然因为经济贫困及天灾、胡祸为害,受到了严重的创伤,但是由于华北财经办事处的成立,已取得了局部调剂,如晋冀鲁豫调剂粮食二十万市石,晋察冀调剂棉花一百万斤、土布八十万匹。这些物资的调剂支持了大军打出去,使得一年来受的严重的创伤的边区经济,得到了复苏部分帮助。

由于蒋介石内战的失败、地区的缩小,城市不断为我解放并孤立,蒋区经济已濒于破产,货币空前膨胀,而物价急剧飞涨,我们决不能使本币随敌币的无限下跌而再跌。

陕甘宁、晋绥两边区,在金融贸易上的统一,财政上的统筹统支,使我们能更集中财力,稳定金融,支援前线。

(《西北贸易公司、农民银行稳定金融方针指示》,1948年4月3日)

(四)新时期的金融政策

1. 金融是一切经济集中的最高表现。在目前革命战争过程中,它担负了支持战争、发展经济的伟大任务,它应成为支持战争、发展生产的有力武器,不应把它变为要人民纳税的工具。

2. 在战争发展过程中,物资缺乏,财政困难,不可能不依靠部分发行。因此,物价上涨,货币贬值,这一因素谁也不能否认。但是绝不可因为有这一因素而放弃各方面的努力,不去力争货币稳定的措施政策,反而使货币变为商品,商品变为货币,发行变为税收,而不去保持货币购买力,这样就会使货币的力量削弱,信用下降,从乡村排挤于城市,城市排挤于街道,最后归于国营企业、机关。这样一来,就助长了金融波动。由于金融波动,就助长了抢购物资,囤积居奇,愈囤积则市场物资愈缺乏,市场物资愈缺乏则愈抢购囤积,就会使金融愈波动,金融愈波动则愈增加抢购和囤积居奇,结果影响通货周转愈快,金融波动愈烈,最后则造成不必要的损失,影响生产发展,商业停滞,财政更加困难,市场大部物资囤积,小部周转,或者囤积坐吃,或者物物交换,白洋充斥,倒退到原始社会物物交换的办法,则发行就愈发不出去,或者物价走向发行前面好几倍,这时会使我军队行动非带实物及白洋不可,会妨害战争发展,破坏生产。这种循环的破坏性,是必须认清的。

3. 为要使革命战争更顺利地进行,经济更加速地恢复和发展,如何发挥货币的效能,成为支持战争、发展生产的有力武器,必须从积极出发,确定全套稳定金融的措施、政策。国营经济掌握领导,合作经济支持,则人民经济自然随之而来。引导广大群众维持金融货币信用提高是可能的,金融就会自然稳定,巩固货币购买力,自然会得到相对的保持,然后货币的容纳量与需要量就愈会增多,发行量就愈能增加,货币效能就愈大,随之支持战争、发展经济就更顺利,力量就更大,一切事情也就比较好办了。目前战争胜利如此突飞猛进,地区不断地扩大,战争必须支持,生产必须恢复和发展情况下,就应当改变过去和现在的作法。随着新的形势,采取进攻的稳定的金融措施、政策,在目前是迫切需要而且可能的。内外工商业者及广大群众,也希望稳定的货币出现,而且只要我们领导着,他们是会拥护的。

4. 为了顺利地领导新民主主义经济向前发展,必须掌握领导巨大的国营经济(国家事务),还要有合作经济,领导私人经济走向正确的道路,才能顺利地建立走向社会主义的基础。这虽是谁也不能否认与违背的。但是经过了十余年战争创伤,国民党通货膨胀所破坏的新区城市与乡村,土改后经济尚未恢复的城乡,在这种情况下,我们的做法是应该如何使一切物力资力均用到发展生产、支持战争方面来;如何调剂物资,加速周转,稳定金融,支持战争,发展生产力方面来;引导私人的物力资力,使其得以发挥,是目前很迫切的问题。同时,这一力量必须要有其他适当政策去配合(土改负担等),才能发挥起来。目前的国营经济应很好地来领导与掌握这一工作,如何把物资引导出来,支持战争,发展生产,稳定金融,而不是把物资囤积。所谓掌握起来,甚至狭隘地从发行上把许多呆死的东西囤积起来,作为扩大资金的方法,增加通货膨胀。这些做法是不适于目前形势的,也不是公私所要求的。国营经济是应该发展的、壮大的,但是只要整个经济恢复发展了,操纵国民生计的大企业又掌握在国家手上,再加上国家的财政权和发行权,国营经济的扩大是不难的。

5. 目前从发行解决一部分财政困难,一部分发展生产,是必需的。在新的形势下,也是可以的,只要运用得好,也不会很大地影响金融。如果我们把发行当作向群众上税,这是不妥当的。因为税收是有一定数额的,它有明确的阶级性,负担是公平的,通货膨胀给群众负担是极不公平的、无深浅的。聪明者或奸商不但不负担,而且可乘机赚钱发财;奉公守法的或愚笨者,不但赚不到钱,轻者可能资本逐渐削弱,重者可能倾家荡产。因此,无限制的膨胀政策是得不偿失的、没出路的。

6. 从发行上发放贷款,就某些重大建筑事业,群众办不到的事业,是必需的。一般的不应用发行贷款或投资,应引导与尽量发挥民力资力。中国小农经济与小生产者,分散的力量是极大的,如果只急于要发展生产,不顾一切地发行货币,看不到金融波动破坏生产;只图发放数目,不计算效力。商业虽然在繁荣经济中是不可少的,但它本身无生产价值,同时商业的发展,是依赖于工农业的发展而发展的,只要工农业得到发展,有正确的商业政策,商业资本是容易扩大的。因此,商业是不需要发放贷款的,尤其是从发行发放更不应该。就是工农业的贷款,在今天金融不稳、干部不多、工作不熟练、思想不明确的情况下,从发行贷款着手,不如从稳定金融、确定适当负担政策着手,发挥民资民力去做的效果会更大。因为金融是国计民生、财政经济最高的集中表现,一切生计都不能离开。如果金融不能稳定,物资缺乏,反而从发行贷款(特别是商业贷款)去做,结果除了助长囤积抢购,增加市场物资需要,减少物资力量,加速金融波动的程度,对生产可能起相反的破坏作用,或者把贷款对销了,结果公私得不偿失。

7. 保本问题。在建立新民主主义经济基础上,国营经济应居领导地位。在国营经济发展并领导私人经济过程中,至少要做到保本,而且应该有些利息,使得逐渐壮大,成为将来社会主义的经济基础,这个基本方向是万分正确的。但如何来完成这伟大的任务,并使之不妨碍整个经济发展并支持战争呢?同时,只能达到国营经济的保本与壮大呢?这是值得慎重研究的。因为它是决定国营经济经营的方针政策问题,稍有偏差,就会发生"差之毫厘,失之千里"的结果。如若没有个正确的保本领导做中心,各做各的,各从本位出发,就会把国营经济的领导地位降到私人经济的水平,甚至走向投机囤积的危险,而造成金融波动,使私人经济更加离开国营经济与金融。一旦国营经济失去领导地位,货币就会失去效能;货币一旦失去效能,对整个经济发展,支持战争,均是不利的。过去陕边行也提出过"保持购买力与壮大资金"的口号,我认为口号并不坏,而是具体应用和政策问题。如果用到整个金融政策上,以稳定金融为中心的话,那就不但银行购买力保持了,资金壮大了,而且整个购买力也保持了,经济可自然发展,财政困难也可减少;相反地,把这口号用于本单位的营业上,结果做商业投机,囤积居奇,走私违法,甚至总行赚分行的钱,分行买了贵货,则转给总行,有钱赚的归自己,你抢我夺,最后除了在本身业务上造成巨大的损失外,政策上的损失是不可计算的(请参看辛波案)。实物存放也是打击货币信用的,是原始时最落后的办法,亦可应提倡与采用。同时,实物有一定的季节性,供求关系以平均物价指数来计算,也是无法保本的。因此,保本的原则,必须是反对恩赐救济观点、只有放收等现象,而不应订出一些打击金融的办法,又要靠发行,又教群众不用票子,因此保本必须从稳定金融开始。就是说,一切财政经济措施、政策,都应从稳定金融出发,才能达到金融支持财政,发展经济的效能。组织国营经济与财政力量,领导合作经济与私人经济,都应围绕着稳定金融方向做,才能保持购买力,这样自然就达到保本,一切事情都好办了,对财政及公私经济均是有利的。还有一点需要说明的,经验证明,私人经济并不喜欢金融波动的囤积居奇(对大关中来商人都是这样说),只要公营经济领导,它是会服从和拥护的,谁也不愿意把资金压起来,不去周转。囤积居奇是通货膨胀政策,这是不可否认的,因此通货膨胀政策长久下去是没有出路的。

8. 今后的意见:

(1)确定稳定金融政策,放弃放任的、消极的膨胀思想政策。随着军事、政治的发展形势,转为进攻的、积极的、稳定的政策,一切的财政经济措施,必须服从以稳定金融为中心,提高货币信用,发挥货币效能,打击一切其他非本位币,取消物物交换,扩大本币市场,以达到增加发行,增强财政与发展经济的力量。

(2)开辟财源,增强税收。税收既能增加财政收入,又能稳定金融。

(3)变呆货为目前支持财政、发展生产、稳定金融的财政经济力量(如土产、金银及其他呆货),以度过战争时期的财政困难和恢复经济,取消囤积居奇(不是搜查,而是稳定金融,囤积自然会出来的)。

(4)取消小单位,一切商业资金收归国有,实现统筹统支。集中所有小单位的营业人员派去发展新区,比在老区有利得多。经验证明,小单位经营商业,弊多利少,除走私违法抓大公外,搞坏了许多干部,别无强处,真正经营正当商业得利的占极少数。

(5)奖励节约储蓄,必要时发行。还本还息、有信用。吸收存款,除放生产贷款外,放款主要对象为财政、贸易,国营企业之建国公债,以支持财政,建设经济,减少发行。

(6)尽量缩小商业贷款(或者取消)。因为商业的发展,是建立于工农业发展基础上的。只要政策正确,工农业生产发展了,商业资本是容易发展的,因为商业超过了工农业发展是有害生产的。监督工业贷款,防止以工业贷款名义去进行商业投机或者囤积居奇(陕边已出三家是如此,已催其收回)。

(7)出入口问题。统一出入口于贸易机关,以利对敌斗争。根据实际情况,放宽出入口尺度,严禁非必需品入口。在对外贸易上,坚决不与敌币或外币发生信用关系,但比价必须存在,以示知群众。一切对外交易,以本币计算,变本币为敌区(或外国)对我区贸易外汇,或者以物物交换,稳定出入口物价,掌握有利交换或等价交换,规定交换比例,稳定出口物价,以稳定进口物价,达到稳定内地物价。新收复的城市,无论消费品、必需品,均一律酌情加税,准其下乡交换农产品,以使城乡物资交流,解决当前困难。稳定金融,事后逐渐在消费品生产上予以限制或禁止。

(8)新收复城市与乡村中豪富巨商,可以实行一次征粮或捐税,以解决财政,稳定金融。

(9)一切财政经济公营企业机关,要有健全的领导机构(减少系统,能合并的尽量合并,以节省人力资力,集中的力量大,行动迅速)与严格管理,统一行动,克服本位主义、不顾大局的现象。

(10)厉行节约。开支必须分轻重急缓,防止百废俱兴,尽量减少不必要的开支与发行。

(喻杰:《新形势下的金融政策》,1949年1月16日)

(五)一九四八年金融贸易情况和方针、做法

四八年的金融贸易工作,是在陕甘宁全部地区被胡匪摧残抢劫,西北地区遭受严重的旱、雹、霜、冻之后进行的。

胡匪与灾荒给予人民财力、物力的损失,生产的破坏,饥馑的严重程度是空前的。计:陕甘宁边区被胡匪拉走并杀害的人有4,393人,抢掠与破坏的粮食19万大石,油20万斤,盐13万斤,牛驴骡马65,147头,羊149,723只,猪29827只,鸡77万只,破坏烧毁农具23万余件,纺车35,140架,织布机12,107架。损毁麦苗50万亩,荒芜土地365万亩,灾民达40万。饿肿2,000余人,饿死282人,因加上旱、涝、雹、霜、冻等灾害,使四七年全边区收成平均减少一半,粮食的质量亦差一半(如通常一斗谷能碾米六升,四七年的谷只能碾二至四升)。晋绥区虽战争情况较好(个别地区如神府亦甚严重),但荒旱不亚于陕甘宁。少数地区收成尚可(如九、六分区),大部地区收成为通常产量的3—4成,全区收成不过4—5成。灾民数目虽无精确统计,估计亦在四十万以上。

贸易公司损失:各种洋布904匹,土布27,328丈,土产5,556件,粮食136石,棉花233,026斤,盐碱28万余斤,油33,944斤,其他杂货、皮毛、纸张等值农币42,700余万元,其值247,695万余元(46年账面金额)。

陕甘宁边区银行损失:赤金290余两,各种货币、物资等共值48,500余

万元。

四八年初陕甘宁边区贸易公司、银行的家务仅有洋布一千余匹,棉花约 15 万斤,土产 53 万件,黄金 1.5 万两,一切组织据点都是重新恢复或建立。

二月间陕甘宁边区所控制的地区仅绥德、米脂、佳县、吴堡、子洲、清涧、志丹、子长等九县,人口约七十万,五月间宜川大捷后,才陆续光复与扩大,最大时人口 160 万,比 1946 年人口多 20 万。

由于战争及灾情关系,使西北的经济情况发生了很大变化。困难的一面是:盐、浪、油由有剩余大量出口变为不够用大量进口,财政赤字加大(计 65.2%,这一点与金融物价关系甚大),对外贸易口岸因军事关系均撤销,重新恢复建立,很费时日。有利的一面是:全面转入反攻的形势,兄弟解放区的联成一片及物资上的支援,计援助 13 万市石粮,土布 80 万匹(每匹 42 方尺),花 100 万斤。

有关四八年金融贸易工作方针的重要确定及指示,根据以上情况:

甲、四七年九月间沙园会议确定了以下工作方针:

1. 金融:独立自主一元化的方针,坚决打击白洋、法币,批审管理外汇,黄金在内地只兑入不兑出。

2. 贸易:

对内:稳定金融,调剂市场,发展国民经济,支持财政。

对外:独占口岸,严禁非必需品入口,组织土产出口(对外管理,对内在法令下自由)。对外价格实行等价与不等价配合应用,内地市场以本产货为主。

恢复工作:以十万件土产解决财政,恢复生产救灾,以五万件救济,以五万件由贸易津贴廉价卖生产工具及粮、布、花、油油盐等之亏损。

3. 工作关系:财政与银行往来关系,财政与贸易是税收关系,纺织贸易公司只负调剂责任,以营业性质往来。

乙、四七年十月间兴县会议又确定:

1. 陕甘宁边区银行、贸易公司合并为一个组织,对外仍用两个名义,晋绥西北农民银行、晋绥贸易公司与陕甘宁边区银行、陕甘宁边区贸易公司,统一为西北农民银行、西北贸易公司。

2. 陕甘宁边区银行发行之流通券与晋绥西北农民银行发行之西农币,固定比价为 1:1,相互流通,并决定以西家为本位币,流通券逐渐收回。

3. 减少发行,稳定金融,动用家务,黄金出笼,打开对外贸易,年销土产 160

万件(计陕甘宁80万件,华北60万件,晋绥20万件),以渡过难关。

丙、四八年一月三十一日西北局决定二、三、四三个月财政金融贸易计划,总的精神是(详见原计划):

1. 动员全党展开对外贸易,杜绝走私,指定河西每月销土产五万件,售金子三百两,河东每月销售土产二万件,购入物资,以保证前后方供给。

2. 内部大量抛售物资,并指定河东每月售出粮食6千石,以回笼本币,减少发行,稳定金融,供给开支。

3. 指定晋绥三、九分区大批售粮,压低粮价,以便河西人民前往贩运,使粮食西流绥属灾区,一面稳定金融物价,一面救灾。

丁、三月间晋绥召开生产会议,亦根据以上基本原则,确定了稳定金融、平衡物价、发展生产的具体措施。

戊、四月三号西北贸易总公司、总行发出稳定金融方针指示,批判了过去的各种作法,并根据上述原则确定具体新做法(详见3/4贸总指示)。

总之,四八年工作方针是集中一切力量,支援战争、生产、救灾、恢复集市与工商业等等。当时为要克服困难,渡过难关,而采取了举足轻重的方法,则是主要从稳定金融上着手,以求得许多矛盾问题的统一解决。

一年来的主要工作:

1. 生产救荒,不救荒则无法进行生产,要救荒就必须从发展生产着手。

(1)调剂粮食以解决民食。

境外购入:据已知数字晋绥一万余大石(合22,380市石),陕甘宁、陇东8,000余大石(合17,904市石),建属500余大石(合1,119市石),共18,500余大石(合41,403余市石)。方法是贸易公司以出口物资有意识、有计划地吸收,并掌握内地价高于边缘区的梯形价格,以利于组织发动群众购运。

境内调剂:主要靠群众贩运,贸易公司掌握价格,供给与收买粮贩的粮食,保证市场上有粮及贩运者有利。晋绥于青黄不接时抛售粮食五万多大石(合119,000市石),陕甘宁一万余大石(合22,380市石),群众自行贩运者无法统计,故其数不详。具体做法是贸易公司将粮食分布于各主要市镇,全西北解放区共二百余处,供给粮贩贩运与群众食用,掌握地区间差价,便利脚户贩运,建立购运粮站,组织粮盐交流。在志丹专设转运及组织陇东粮食流入灾区的办事处,仅延属分公司即组设购运粮站十处,在市场上粮多时则收买,粮少时则抛售。在价格失常时,贸司曾用高价收入、低价卖出的办法,以保证粮食的流动、转运与组织粮食流向灾区,计贸司专派运输队运粮 200 大石(合 447 市石)到河西。为救灾及时,借用陇东公粮五千大石(合 11,190 市石),以包运、记住运、自运等办法,运往灾区,该公粮随后由贸司购还。在灾区普遍设平粜处,低于市价一升一合的零售,便利灾民难民。据陕甘宁不完全统计,共零星平粜 4,137 大石(合 9,258 市石)。此外,还于交通要道组织建立与恢复集市,以便群众进行粮食等必需商品的交换。计陕甘宁边区恢复与建立集市有 20 处,如偏僻的青阳岔,恢复集市后,保持每集平均有粮食七八十大石的交易,最多时达 200 大石(估计群众贩运之数目大公司二倍到三倍之巨)。

(2)组织与扶助群众生产使群众有购买力。

贷款:由于财政困难,银行、贸司资金大部支持了财政开支,使贷款受到很大限制。计银行货币发行用于贷款者全年 76.1 亿,另外以银贸家务进行贷款,据已知者有利民堡设炭拨贷款四亿,孝义贷给煤窑 5.25 亿,汾阳贷三千万,河津贷 15 亿,陕甘宁贷麦子 1,046 大石,折本币 15 亿多,晋绥二分区贷 80 亿,关中贷棉花三万斤,三边贷盐七万斤,合计为 137 亿多,连发行贷款共为 213 亿多。

底垫资本:晋绥五分公司给山阴盐锅底垫 40 亿,约定产盐后归还,或以盐折还,这样维持了五十余口缺资锅盐的生产,可产盐 490 万斤。兴县给炭窑垫资本 9,000 余万。

以工代赈:朔县、怀仁兴修水利共出款 8 亿,以雇用贫困群众挖渠修坝,岱岳、朔县于青黄不接时,修建仓库雇用无工可做之贫民。

收买生产品:朔县于春季组织发动群众上山挖药材度荒,春天由贸易公司收买三个月的时间,共收买 40 余万斤,该县灾民因此得以解决生产问题。同时,还连带的发展了打铁、编席、打麻绳、做木箱等许多副业。贸司将药材运安国销售后亦有微利。晋绥五分区于夏季收存吴家窑大小西湾寺峰山等煤窑淡月炭 3,000 余万斤,兴县存 23 万斤,各地贸司收买群众熬出的火硝转交工业部,年约收三四十万斤,收买硫黄除供给工业部火柴厂用外,并转售给华北,使硫黄生产曾提高 8 倍。其他如志丹购毛口袋、毡及绥德、延安收买皮衣等,均有助于生产。

低价供给原料:为了救灾,使生产者多得利,并同时稳定市场物价,春天曾在警区以每斤花低于市价一万至二万元之价格供给灾区纺织,计共销花十万余斤,又拨救灾做军鞋花将近二十万斤。

组织运输:这一工作差不多各地都做了,唯限于条件关系,故规模之大小与群众获利的多寡亦有不同。比较以陇东及晋绥二、五、六分区组织较好,规模较大,群众获利亦大。如陇东元城子区有六、十乡,参加贩运粮、花者有201人,牲口258头,除去人和牲口开支外,净赚粮食137石多。

以上这些方法,除贷款一项由于严重地存在救济恩赐观点,贷款对象未选好,致未能起到应有的作用。其中以收买生产品收效最好,亦合乎两利原则。

(3)除以上调剂粮食、扶助生产等办法外,并拨付物资现款75亿多(陕甘宁区),专门救灾。

2.掌握金融物价:

物价是一切经济问题的集中表现,所以掌握物价便成为执行各种经济政策的重要工作。而四八年的财政、救灾、金融、贸易困难重重、矛盾多端的工作,则是以集中力量、稳定金融的方针来进行的。

(1)一年来对物价的方针是力争稳定,并彻底改变过去稳于比价的金融政策,因而具体的措施是:

对外:出口一律以本币计价,以土产直接充当外汇,出口的土产采取稳价办法,对外贸易实行以物易物,外来物资的内地价按照土产对外交换比例及土产的本币价决定。敌区物价上涨,我则提高比价,保持我区物价不受影响。

对内:春天集中力量调剂粮食,尽力维持粮价不使上涨;控制布花价格,各地商店门市部定价零整批发,指导群众贩运油盐,保持几种主要物资的正常流与适当的供给,防止其价格高涨,以维持货币一定的购买力及维持财政预算不被物价上涨冲破。夏收后,稳定布花等价格,并有意识地使麦价下落到一定水平而稳定之。秋收后,微提布价,稍降低土产对外交换比例,加紧贸易周转,大量回笼本币,以减少发行,除支持财政者外,并尽量购存粮花,以保持粮花的正常价格。解放区货币统一后,华北物价涨我亦随涨。

(2)总计1948年西农币发行总指数为922.43(1947年12月底为基期),发行用途计财政用73.58%,银行贸易用18.02%,生产用0.73%,印制费用7.67%。

以1947年12月物价为期,至1948年12月物价指数,晋绥兴县、五寨、碛口、新绛平均为204.7%,陕甘宁绥德129.5%,延安以4月为基期为129.6%,

华北石家庄为547%,邯郸322%,临清359%,西安敌区为147,310%。

一九四八年贸易公司共销售物资计(缺陇东材料):

粮　　食	53,212 斗	占7%
土　　布	750,923 丈	占21%
洋　　布	51,723 匹	占34%
棉　　花	512,505 斤	占11%
油	289,326 斤	
盐	1,454,330 斤	
碱	36,564 斤	
文具纸张		占5%
军工器材		占1.5%
杂　　品		占7.5%

以上数目计供给市场者占75%,供给党政军者占21%,转晋绥者占4%。

3. 对敌斗争与支援战争:

对敌斗争是以贸易斗争为主,货币斗争为辅,相互结合着进行的。在具体的作法上则是根据我之要求及敌我情况,掌握变更内地物价、土产对外交换比例及本币与敌币的比价,而且物价、交比、比价亦是相互结合,协同一致的。

(1)推销土产换入物资:

推销土产是我们进行对敌斗争、稳定金融、支持财政的基本环节。如果土产销不出去,则严重地影响金融物价及物资供给。但敌人用种种办法封锁查禁我土产出口及必需物资购入。一年来由于党的政策正确,各地党政军指导与缉私的加强及各口岸工作同志顽强地坚持工作(如关中铁王、柳林口岸曾数次受敌人袭击,陇东牺牲干部四人,三边贸易公司、银行则经常在政府及部队的前面80余里)及实行对外掌握交换比例,对内稳于本币价格上,并根据内外主要商品价格,调整敌我货币比价等政策,与用武装推销、游击推销、内外推销(即在内地成交,加强准予出口外销)、派会客组到敌区迎接客人等办法,共销出土产1,116,662件(超过全年任务80万件的39.6%)。共换入主要物资计各种洋布64,899匹,各种土89万丈,棉花87万斤,各种粮食万余石,油32万斤,盐200余万斤,碱64万斤,金子7,219两,白洋7万余元,银子三千余两,骡子613头,各种纸张20,000余刀，颜料万余桶，连同各种印刷、卫生电料、兵工器材、杂货等共约值农币5,000余亿，此110余万件土产的销售大大有利于本币之巩固、物价的稳定及战争的供给。

(2)驱逐敌币，使本币占领与巩固阵地：

政府禁止敌币在解放区流通周使，银行用比价打击及摧毁敌币的价格尺度和流通手段的机能，以驱走敌币，贸司用实物支持本币价格，拒收敌币，巩固本币信用。计在七月以前即将收复区、警区、延属、三边、陇东、关中及新解放区黄龙等地的敌币完全肃清；九月以后将边沿各地土桥、官桥、龙高、职田镇、张家畔等地的敌我货币混合市场的敌币驱走，变为本币市场；并使本币伸入到敌区张洪、通润、九砚、店乐、盘克等市镇流通周使。十一月后，因我区物价一涨再涨，使我已占领的新阵地缩小不少。

(3)掌握于提高对敌币比价：

根据敌币贬值程度随时提高本币比价，计由二月的1∶3九月提至1∶400，十一月提至1∶1000，十二月底提到1∶2000，全年比价指数为66666%，即比价上提665倍。而我边沿地区（如关中）一年货币购买力下跌约一倍，故比价上提实际为1332倍，同期西安物价全年共上涨1473倍，如按年初实际比价1∶1计算，则比价上提二千倍或四千倍（加上本币跌落率二倍），虽然曾在敌区物价大波动时，我们的比价曾经常是追击性的提比价，但追得很猛，并且数次追得超过当时应提的理论比价，所以说一年来的比价斗争还是相当成功的。

(4)支援战争：

支援战争，主要表现在稳定物价，驱逐打击敌币，巩固本币信用，以便于部队在内地整训及出击作战，随时随地可以取得供给品，并且有许多商人随着军队前进，其次是以大量财力、物资供给开支。计：

A.1948年1—12月银行发行垫支财政共7,690余亿，占发行总数73.58%，占全部财政开支（不包括公粮）54.3%。

B.自1—10月陕甘宁贸易公司垫付财政开支22,249,543,909元（内现款723亿，1947年旧欠147亿多，物资折款1,689亿多，减去代收家务款等335亿多），占全部财政开支（不包括公粮）30.28%。

11—12月贸司代财政厅推销土产共付款280多亿，财政上一方面大量透支发行，另一方面贸司支持金融的实物又大量垫付财政，这是维持市场金融物价极不利的形势，同时物资的调运分发，现金的周转，亦是一件极其繁重的工作。

对几种不同认识的看法：

(1)银行贸司合并问题

有些人认为银行、贸易公司的合并是陕甘宁晋绥化了,是因为边区银行业务处犯了错误,是取消了银行业务,是杀母鸡的政策,因而合并是错误的。

实际上以上这些说法才是错误的,他们既不看合并时的条件,又不看合并后的效果,仅抽象地喊,其他兄弟区均在扩大银行,而我们在取消银行等不切实际的说法。

首先陕甘宁边区银行、贸易公司的合并,是整个陕甘宁与晋绥的彻底统一,是西农币与流通券统一的一部分,是整个合并机构减少人员加强前方的一部分,是为了集中人力、物力、财力支援战争,救死度灾。而合并的实质又是领导的统一,是一个机构两个机能,并非取消银行。一年的工作证明,合并是正确的,它完成了它的救灾生产、驱走敌币、稳定物价、支援战争等任务。所谓合并后银行没有了,业务与过去来比,只是没有了忙于兑换敌币,没有了银行单独进行商业活动,至于存放汇兑等业务不多,是条件作法问题,与合并并无关系。

(2)物价问题

今年的物价是比较稳定的。有些人也不同意这样争取稳定,说什么稳定的结果大公吃了亏,贴了钱了,本应该长期打算,保住老本。实际上这些说法是没有很好地算账的,物价越稳定,本保得越多,所以必须力争稳定。

又如稳定于比价、稳定于物价问题。事实证明,稳定于比价是错误的,是将本币从属于敌币的做法,其结果是使我货币的跌落率等于敌币跌落率,再加我区物价上涨数,这便失去独立自主性。四八年证明稳于物价是正确的、可能的。

(3)土产卖本币不收敌币问题

过去卖土产出口,主要吸收物资及敌币,四八年则订吸收物资及本币。过去说土产出口不吸收敌币或吸收本币不成。影响土产销售,行不通;四八年证明不但行得通,而且是巩固本币,驱农敌币,便利零星土产出口好办法。

又有人说土产吸收本币的结果,会将土产的一部分利润贴补于本币的落价上,这种说法是错误的,是对本币不负责任的说法。实际上这是最有利的,因为总是公家发行票子收买群众物资在前,群众用票子买公家的东西在后,即群众需先出物资,才能取得票子。如果我们仅设想让群众相信票子、使用票子,而不保证群众取得票子后能向我们买东西,那谁还肯接收使用我们的票子呢？因此我们便必须用我们的主要物资支持我们的票子,这样则是维持我们发票子的信用,并不是什么贴补。片面算账的人,才叫贴补;就是贴补,那总比贴补于敌币的落价上强得多吧!所以土产出口,应拒收敌币,吸收本币,亦即我们必须以土产支持本币,坚决拒绝支持敌币。

(4)出入口贸易的指导思想问题

出入口贸易,必须是以我为主体,从解决我们自己的问题出发,去考虑处理问题。对外商赊欠,片面地为完成推销任务而换入敌币及非必需品,敌区物价涨,土产价涨,我则降低交换比例,以迁就维持商人利润的思想和做法都是错误的。

我们推销土产,是为了稳定金融物价,是为了换入物资供给军民需用。达不到这个目的,或起不了这个作用,我们宁可少销不销。

敌区土产价,主要是由我之比例来决定。我们必须争取做到,出口物资,我区涨价敌区随涨;入口物资,我区价落敌区亦随落,或敌区未落,我提高敌我货币比价。即有时因供求任务关系须要灵活变通时,也只能在以我为主的指导思想下去权宜变更。

(5)拒收敌币后要不要比价问题

在敌人统治未垮台以前,敌币在敌区仍能流通、周使期间,在口岸上要有比价,以显示敌币在垮台,本币是稳定的,进而用以打击敌币,并指导公私商业进行对外贸易的计算定价。因此,比价斗争这一套,不但今天对蒋区有用,将来对因只有经济上的往来也是用得上的。

4.获得以上成绩的原因主要是:

(1)党的沙园会议、兴县会议,西北局刘家川会议及晋绥分局生产会议,确定了正确的独立自主本币一元化稳定金融物价的方针,农币、流通券统一,驱逐打击敌币,统筹统支,取消小公商生产等政策。陕甘宁晋绥统一领导,陕甘宁银行、贸司合并的组织形式,即打开对外贸易、动用家务、渡过难关、争取时间的业务作法,并在实际工作中应时地贯彻执行了这些政策和做法。

(2)战争的胜利地区恢复扩大,使货币阵地扩大,物资来源加多,得到了兄弟解放区援助。

(3)各地党政正确领导,军队协助,缉私工作加强,各分支公司、银行、商店的同志们不怕牺牲,艰苦工作。

(4)去年灾荒,粮食奇缺,未使所有物资随粮食基比上涨,仅使粮价突出独立地上涨,因而今年夏季收后粮价易于回跌。

(5)部分地区群众于战争灾荒之后,购买力过低,所以在市场上表现为追求物资者少,因而物价亦易稳定。

(6)敌经济危机,军事失败,货币猛烈贬值,减弱与我斗争力量。驱逐打击敌币,使我对敌经济斗争的措施,更大地发挥了力量。

5.工作中有优缺点:

甲、优点

(1)贯彻了党的各种政策。

(2)超过了年销土产160万件(陕边80万、华北60万、晋绥20万)任务,购入大量必需物资,供给军民需用。

(3)相当地稳定了物价(总平均全区指数为154.6%),并支持了财政开支。

(4)驱走了敌币,扩大了本币流通范围,基本上摆脱了敌区物价上涨给我区物价的影响。

(5)扩大了培养干部229名(包括他部调来),练习生、工厂工人1,500名,提拔干部82名(全关中陇东延属西府提拔数)。

(6)加强了业务学习及对不同政策思想的批评斗争。

乙、缺点

(1)印制票子的准备工作差,产量少,致使夏秋收后所有票子仅能支付财政用款,贻误收购物资(主要是粮),影响对市面的吞吐调剂。

(2)在比价斗争上,各地存在着程度不同的右(如黄龙、三边不敢大提比价,关中较久地使用差价,绥德满足于驱走敌币,而不积极对外斗争)或左的思想(如陇东根本不要比价),使工作上吃亏不少。

(3)在业务上由于未能更好地及时了解情况,总结经验,随时具体有系统地指导各地,以致各地在交换比例上有的过高,有的过低,或者是半必需品的交换比例过高的现象。如陇东因对必需品交换比例低及某些时半必需品交换比例高,影响物资进口。黄龙则很长时期交换比例过低(主要原因是走私抢购影响),而且半必需品又低于必需品,以致半必需品大量进口,必需的布进口少,影响内地物价。

(4)买进大量的坏货、假货、贵货,使公家吃亏甚大,纠正这种现象在时间上迟了一点。

(5)比较有计划地组织领导各级干部进行政策思想及业务上的学习不够,

以致下面同志对金融贸易上的一些政策和问题迄今尚很模糊。在业务上的改进也不多。

（6）对经营出口商人，仅在经济上予以照顾，在政治上的宣传教育做得少，甚至有的在经济上迁就以致受骗，买入假货、贵货。

（西北贸易公司、西北农民银行：《一九四八年金融贸易工作总结》，1948年底）

1948年西北贸易公司、农民银行统计年鉴
编 辑 凡 例

1. 本年鉴计分：金融、贸易、物价、会计、生产、人事六类，共编54种统计表。

2. 本年鉴来源：除总司（行）直属部门外，主要为陕甘宁区（晋西北区及晋南区资料未包括在内），各分公司（行）工作总结报告、会计报告及物价报告与各种调查报告。

3. 本年鉴资料内容：总的说来，是综合性的数字多，类别性的数字少；表示结果的数字多，记述过程的数字少；描述现象的数字多，启示原因的数字少。但总算经过了一次逻辑性地整理编纂，故还不失为将来研究、分析、比较、参考的根据，以及统计制度进一步强固树立的阶梯。

4. 本年鉴编制方法：除将资料列表外，在计算方面共应用四种代表数（算术平均数、几何平均数、加权倒数平均数、中位数）、三种差异数（标准差、平均差、全距差）、三种指数（简单几何平均式、简单算术平均式、加权倒数式，其中又有基期与基点之分）以及长期趋势与季节变动；其表示之意义，并各附有简短注释。至于计算方法，则公式繁多，不及备载，读者可参看统计书籍。

5. 本年鉴计有对敌货币斗争之比价分析、金银牌价分析、发行分析、土产售价分析、土产交换比例分析、物价变动程度以及农工产品交换比例、销货价格之季节性、地区交流梯形价格与市场价格、门市价格之差率等分析，并各附有简短说明，以供参考。另外并附有"本年鉴初步综合分析"一份，借以作为全面研究之参证。

6. 本年鉴系初次创编，虽在资料方面力求真实，计算方面力求精确，分析方面力求合理，但纰误之处可能难免，尚希各方指正。

1949年3月

1948年本币发行指数与西北解放区物价指数比较表

1947年12月=100

指数别	月份	1	2	3	4	5	6	7	8	9	10	11	12	长期趋势	平均环比	标准差	标准差系数
发行指数	(基比)	117.1	149.4	184	215.4	246.1	287.9	355	125.3	512.2	640.4	789.4	922.4	120.3	—	—	—
	(环比)	117.1	127.6	123.3	117	114.3	117	123.3	119.8	120.5	125	123.3	116.9	—	120.4	3.8	3.2%
物价指数	(基比)	112.4	121.95	129.7	141	141.9	137.8	145.6	142.2	142.1	140.2	139.7	176.5	104.7	—	—	—
	(环比)	112.4	121.2	109.2	104.7	104	97.1	105.7	97.5	98.95	99.1	99.7	128.5	—	106.5	9.7	9.3%

资料来源:总司(行)金融科。

编制方法:1.西北物价指数由绥德、元城、新绛及兴县、五寨、碛口(三地原合编一指数)四种指数用简单几何平均法编制。
2.长期趋势用百分数差异法计算。
3.平均环比用简单算术平均法编制。

〔注〕长期趋势表示每月复利增加率,标准差与标准差系数之大小,表示数列波动之强弱(本表即表示发行与物价之波动强度)。

1948年陕甘宁主要对外贸易口岸——关中比价分析表

指数:1947年12月=100

月	日	挂牌比价（本币比敌币）	环比指数	每月平均比价	每月比价指数	敌区物价指数	内地物价指数	每月理论比价	理论比价指数	挂牌比价与理论比价差异指数
1		1元[注]	100	1元	100	123	100	1.2元	120	83
2	2	3	300	3	300	165	100	1.7	170	176
3	2	4	133	3.95	395	218	135	1.7	170	230
4	2	5	125	4.96	496	234	118	2	200	248
5	12	6	120	6	600	500	126	4	400	150
	27	7	116							
6	7	10	142	10.2	1,020	1,427	154	9	900	113
	19	12	120							
	25	15	125							
7	1	20	133	33	3,300	2,952	167	18	1,800	183
	6	30	150							
8	1	50	125	60	6,000	6,140	133	46	4,600	134
	13	60	120							
	24	70	116							
	28	100	142							
9	14	120	120	110	11,000	9,619	168	57	5,700	193
	19	150	125							

续表

月	日	挂牌比价（本币比敌币）	环比指数	每月平均比价	每月比价指数	敌区物价指数	内地物价指数	每月理论比价	理论比价指数	挂牌比价与理论比价差异指数
10	14	180	120	220	22,000	30,318	162	187	18,700	118
	19	250	140							
	20	400	160							
11	12	500	125	583	58,300	58,056	159	365	36,500	159
	17	1000	200							
	28	1200	120							
12	30	2000	168	1,045	104,500	146,610	215	682	68,200	153
平均			139.01							
长期趋势		128%（每月）	—	122%	122%	184%	106.6%	117.3%	117.3%	162
期末比较		1990（倍）	—	1044倍	1044倍	1465.1倍	2.15倍	681倍	681倍	—

说明

资料来源：关分分报告（敌区物价指数系总公司以1947年12月平均价为基期，内地物价系关中各地平均指数）。

编制方法：每月平均比价之计算，以日数为权数。每月理论比价之计算公式为：敌区物价指数×基期比价÷内地物价指数。

〔注〕一月份实际挂牌比价为本币一元比三元敌币。但当时内地主要商品价格：黄金（两）为500万，加入口利润100%，恰与敌区（西安）每两1,000万相等；内地雁塔洋布（尺）为8,000元，加入口利润60%，恰与敌区（西安）每尺13,000相等，根据购买力对比本表修正为1:1。

1948年陕甘宁主要口岸(关中、黄龙、陇东)比价变动统计表

〔本币(农币)一元比敌(法)币元〕

月旬别	关中比价	黄龙比价	陇东比价	月旬别	关中比价	黄龙比价	陇东比价
一月上旬	3	—	3	七月上旬	30	26	20
中旬	3	—	3	中旬	40	30	35
下旬	3	—	3	下旬	40	30	50
二月上旬	3	—	3	八月上旬	50	40	50
中旬	3	—	3	中旬	50	50	50
下旬	3	—	3	下旬	100	50	50
三月上旬	4	—	3	九月上旬	100	100	50
中旬	4	—	4	中旬	100	100	50
下旬	4	—	4	下旬	150	100	50
四月上旬	5	—	4.5	十月上旬	150	100	50
中旬	5	—	4.5	中旬	180	180	50
下旬	5	—	4.5	下旬	200	400	250
五月上旬	5	3	5	十一月上旬	450	450	400
中旬	6	4	6	中旬	500	450	400
下旬	7	5	7.5	下旬	1,000	450	400
六月上旬	10	7	8	十二月上旬	1,000	450	800
中旬	12	9	10	中旬	1,000	450	800
下旬	15	11	15	下旬	2,000	1,500	800

1948年金银牌价变动与黑市价格差率比较表

指数:1948年1月1日 = 100

品名		黄(两)金				银(元)元			
月	日	黑市	牌价	差率%	指数	黑市	牌价	差率	指数
1	1	500元	440元	13	100	22,000	15,000	33.49%	100
2	2	460	489	6	-46	66,000	30,000	45.9	136
3	26	1,000	630	37	285	60,000	45,000	25	75
5	9	1,100	950	13.7	105	—	—	—	—
6	24	1,300	1,045	19.6	150	—	—	—	—
11	29	1,500	1,300	3.4	261	108,000	60,000	44.5	131
12	26	1,740	1,600	8	62.1	120,000	80,000	33.4	100
价格指数		349	362	-4				100	
平　均		—	—	12.66	—	—	—	36.4%	—
说　明		本表由价格指数,可知上涨倍数;由差率指数,可知差率之升降;由差率平均,可知差率之总趋势。							

1948年金银牌价与黑市价格指数按月分析表

品名	价格别	1	2	3	4	5	6	7	8	9	10	11	12	上涨趋势指数	平均差率
黄金(两)	市价	471万	664万	898万	1,137	1,250	1,300	1,700	1,750	1,500	1,520	1,500	1,740	111	—
	牌价	440万	489	517	630	867	972	1,045	1,045	1,045	1,045	1,062	1,360	110	—
	牌价低于市价百分率	7	35	73	80	44	33	62	65	41	43	42	28	—	46
白洋(元)	市价	6.65万	6.69	6.0	6.3	7	8.1	8.9	9.5	9.7	9.9	10.6	11.6	104	—
	牌价	1.5万	3	3	42.5	4.5	4.5	4.5	4.5	4.5	4.5	4.8	6.39	112	—
	牌价低于市价百分率	343	122	100	47	55	80	98	110	112	118	28	81	—	100.7

说明

1. 资料说明：(1) 金银市价皆为全月平均价（一至四月为绥德价，五至十二月为延安价），牌价为月数为权数而算成的每月平均价。
(2) 1947年12月份绥德黄金（两）价为500万元，白洋（元）为7.25万元（市价）。
(3) 金额以农市万元为单位。
2. 编制方法：上涨趋势指数表示每月平均上涨的指数，平均差率表示一年中牌价低于市价之平均差率，12月份价格指数表示全年上涨之总指数。

1948年西北贸易公司农民银行工作人员成分统计表

职　别	自由职业	贫雇农	中　农	富　农	地　主	合　计
干　　部	8	419	225	22	19	457
非　干　部	5	274	149	16	13	693
合　　计	13	693	374	38	32	1,150
说　　明						

工作人员工作年数统计表

职　别	0—3年	3—5	5—10	10—15	15—以上	合　计
干　　部	81	129	283	124	76	693
非　干　部	258	74	87	34	4	457
合　　计	339	203	370	158	80	1,150
说　　明	同上表					

工作人员文化程度统计表

职　别	大　学	高　中	初　中	高　小	初　小	不识字	合　计
干　　部	1	7	77	223	335	50	693
非干部	0	0	50	96	181	130	457
合　　计	1	7	127	319	516	180	1,150
说　　明	编制日期:1948年12月						

工作人员年龄统计表

职　别	18—26	26—31	31—36	36—41	41—46	46—51	51以上	合　计
干　　部	184	180	129	94	58	34	14	693
非干部	278	94	35	11	9	5	5	457
合　　计	462	274	164	105	67	39	19	1,150
说　　明	编制日期:1948年12月							

工作人员党籍、性别、籍贯、职别统计表

职　别	党　籍		性　别		籍　贯	
	共产党员	非共产党员	男性	女性	陕甘宁边区	非陕甘宁边区
干　　部	479	214	673	20	469	224
非干部	59	398	430	27	394	63
合　　计	538	512	1,103	47	863	287
说　　明	编制日期:1948年12月					

各级负责人籍贯、职别统计表

公司别 \ 职别 \ 籍贯	陕甘宁边区		外区		合计
	经理	科长	经理	科长	
总公司	1	9	2	8	20
分公司	10	21	6	13	50
支公司	26		26		52
合计	37	30	34	21	122
说明	编制日期:1948年12月				

全部人员职别统计表

职别	数量	说明
干部	693	内有光华印刷厂干部16名、毛织厂干部5名
练习生	169	
工人	178	内有印刷厂工人120名、毛织厂干部57名
事务人员	110	
合计	1,150	
附注		

(西北贸易公司、银行:《1948年统计年鉴》,1949年3月)

1948年"统计年鉴"的初步综合分析

I. 金融政策

1. 发行——一年来的发行,从数量方面看,主要是用于支援战争。因此,发行累计额与上年底相比较,是扩大了八倍有余。定基指数为922.4——以1947年12月底为基准(100)。但亦正由于战争的胜利开展,使我们有了较好的经济条件及金融贸易方面关于物资供需的适当调剂、敌币的驱逐,促使物价得以相当稳定,使财政开支的发行,有按照金额以均匀分配于一定时间的可能性。但反过来,又由于以力求金融物价的相当稳定之指导方针与措施,实现了均匀发行的方针及支援战争的目的,基本上避免了盲目性与偶然突击性。表现在发行额的每月环比指数(120.4),比物价的每月环比指数(106.5)为大,而标准差系数(表示数列波动之强弱)则反而减少到物价的三分之一(发行指数的标准差系数为3.2%,而物价指数的标准差系数为9.3%)。这样将发行刺激物价的因素减低到了很轻微的限度,所以促成了物价指数大于发行指数四倍多的事实(以1947年12月为基准(100),则1948年12月发行指数为922.4,西北物价指数为176.5)。

2. 比价———一年来的比价政策,主要是稳定内地物价,及时地提高比价的手段,以扩大本币阵地,从而以阵地的扩大、比价的提高,来配合贸易斗争,以达到货币斗争胜利的目的。从此价的全年趋势来看,则全年理论比价应提681倍,而挂牌经纪人是则提了522倍。每月平均挂牌比价低于理论比价的23%(基础—一月比价:按实际内外购买力计算,则本币一元应比敌币一元。但因当时本币机能未曾恢复,故此比价可能偏低。挂牌比价:为本币一元比敌币三元。但因当时主观上用高比价以排斥敌币,同时当时在边缘区本币甚少,故此比价可能过高。本节根据以上二种情况,以本币一元比敌币二元计算)。表现在物价方面,则敌区全年物价上涨1.465倍,而内地上涨一倍多,基本上使内地物价相当稳定,运用比价的武器,隔绝了敌区物价狂涨的经济影响(本节以关中为例)。从各口岸比较来看,则以关中应变最速,黄龙次之,陇东的比价则比较迟钝一些。

3. 金银牌价———一年来的金银牌价,从实际价格方面来看,则每次价格变动后,黄金平均低于黑市的12.6%,银元平均低于黑市36%。如按月平均,则金价平均低于黑市的46%,银元价平均低于黑市的100%。再从上涨速率方面看,则金价上提率高于黑市上涨率的4%,白洋则与黑市相等。总的说来,如单纯从数字上去看,则全年的金银牌价有些偏低。但因金银的主要来源,是在边缘口岸,所以内地牌价的稍低,只起了避免刺激一般物价,起了相对打击黑市的作用。

II. 贸易政策

1. 进货——进货类的数字,第一说明了商品来源的总情况(敌区约占70.5%,内地约占29%,晋绥占0.5%)。其次是进货单位的分配(最多的是关中分公司,占35%;最少的是三边,占9.3%),以及分品类的重点经营(洋布占总值20.5%,棉花占15.3%,土布占12%)与按地区的收购土产与入口必需品(关中进口洋布占总量的60%,金子占86%,黄龙购进棉花占总量的41%,三边进盐占43%,陇东购粮占40%,绥德进碱占63%)及口岸市场与内地市场之分工(关中占敌区进货总值的49.5%,绥德占内地进货的

30%,黄龙占43%)。

2. 销货——销货的数字,第一说明了我们按地区的供应军民必需品(绥延灾区占总销量的48%,关中销布占总量的27%,延属〔总司门市部在内〕销布总量的35%。在纺织手工业有基础的绥德分区的布销量,仅占总量的9%),分品类的重点供销(洋布占总值32%,土布占总值23%,合计占55%)。内地与口岸供销政策之不同(延绥内地占总值的60%,关、陇、定三边缘区仅占23%)以及物资分配的情况(批发合作社及调剂市场占70%,供给党政军占25%,转供晋绥占5%)与按地区而分配之不同(绥德系内地,故供销市场占70%,关中系主要购入物资的边缘区,故供给党政军占44%)。

3. 代售土产。

价格与交换比例:以关中为例来分析,则口岸价格较总司规定价格平均高1.4%,另一方面则口岸土产价格全年上涨率平均落后于进口货价的22%;敌区土产价格平均落后于进口货在敌区价格上涨率的42%,依此则由价格对比可得出全年理论交换比例应降为$(1-22\%)\times(1-42\%)=78\%\times58\%=45.24\%$,而实际加权交换比例,仅平均降至66.3%,所以可以说是实现了66.3% - 45.2% =21.1%的有利交换(按关分换入本币仅占总销量的8%,故内地土地产价低落于物价之后,主要的是表现了敌区的生产萎缩)。当然,对于土产交换比率,由于九月左右吸收布花的主动减低亦有关系。关于交比的变动季节,一般地高交比集中在1—3月,低交比是8—10月,这一方面由于春季口岸新恢复,土产供少需多,另外则是我们在8—10月之间争取布花入口,主动贬低一些的关系。

销售数量:从月份方面看,全年是递增的趋势,最少者1月占1.6%,最旺者为12月,占14.7%(以关分说,12月为一月的10倍)。从各方的分配方面看,则主要的是关分占50%,其次是黄分占18.2%。全看销售1,116,60件,较计划任务超过了45%(计划任务是80万件)。

III. 物价政策

边区物价:1948年,由于战争的影响,只有绥德与陇东(元城)有全年物价的记载,因之,如果要看全年全区总情况,只能看这二个地方的平均指数。从时间方面说,2—6月为稳涨期,7—11月为回期;从商品方面来看,则农产品指数为97.4,衣料品指数为211,副食类指数为155,总指数为120。这两类(农产、衣料)商品的分歧变化,前者是受了前半年灾荒的影响,后者则受了后半年季节供需的影响。再从各分区的综合比较来看（只有下半年的资料），则基本上 11 月以前是稳跌趋势，12 月亦仅上涨了 21%。各商品的分配情况，是农产品为 72，衣料类为 128，副食类为 90。

另一方面，在特价的波动程度方面看，则在商品方面延绥两区的农产品波动程度较大，这当然有灾荒的原因，棉花波动最小（9%），土布次之（16%）。以全区来看，则以土皮波动程度最小（19%），这与纺织生产的发展以及贫苦消费者的季节影响和杜绝投机方面是有关系的。从各分的掌握方面看，则以关黄物价波动较大，这主要的由于地处边缘，另一方面关中 1—3 月是按比价折成的物价，当时比价过高，所以影响了基期的低落，以致形成波动程度较大。

边区农工交换比例：从地区方面来看，则延安的交换比例是边区的中等状态。绥德则是农产品交换工业品最多的区域。这与我们的物价政策以及当地的纺织业发展亦有关系。从商品方面看，则全区各地以换油盐的差异量较小，换布花的差异量较大。其中尤以小麦换布花较小，米换布花为大，总平均是一斗米换土布 36.5 尺，棉花 6.35 斤，食盐 44 斤，清油 6.5 斤。小麦一斗换土布 21 尺，棉花 3.1 斤。

解放区物价比较：如从地区的比较来看，以绥德作为基点（100），则华北全年上涨指数等于 316，华东为 383，东北为 673，西北为 121，从时间方面看，其分布是相当均匀的，总平均为 416（以 1947 年 12 月为 100），从 1948 年 12 月的商品价格来看，则以延安为 100，农产品华北为 188.6%，布花类华北为 115.5%，总指数延安低于华北为 25%。以陕甘宁与晋绥来比较，则陕甘宁的波动程度较晋绥大，但上涨程度却较晋绥小，这是与战争灾荒有直接联系的。

地区间梯形价格：下半年延、洛、绥、韩交通线的梯形价格，平均粮价洛川为 61.8，延安为 100，绥德为 155.6，棉花韩城为 76.3，延安为 100，绥德为 103，都完全符合了产销的合理交流线。洋布延安较绥德高 14%，土布较低 22%。这是与当地的纺织业情况有关系的。此外，韩城布价较延安高 11%，这主要是受晋绥与华北的影响所致，而且仅有 11% 的毛利，基本上是不会大量倒流的。

时间上的季节变动：从品类方面看，粮价在前半年是廉价平抑、后半年是高价收买（高低非绝对值，是与市场价比较而言）。布花价在 2、3 月是为了拖抑粮价而廉售，7—9 月则是对应需求而低价供应。这样的变化，减轻了物价的季节变动与照顾了小生产者的购买力,杜绝了商人的囤积居奇,基本上是正确的。从全年平均方面来看,则小米低于市价的1%,布花低于市价的13%,这样给予外来品与土产品以不同的差价,对于广大的农民,是曲尽了照顾的本怀。

延安门市布价与市场布价之变动:七月以来的布价变动,平均每次提价前雁塔布低于市价3%,土布低于市价11.5%。提价以后,土布与市价差可相等,洋布且有小数超过。这说明了两种布价的主从关系以及华北对洋布的影响。每次提价百分率平均俱为12%—13%,市场每次波动率则为10%—11%,都表示了逐步稳进而无剧烈波动的现象。

IV. 会计类

从积累资本方面来看,则各方总计,资本之获利能力平均为34%。以延安、绥德之货币购买力平均折算,则全年折实纯益为各分资本总额(期末)的4%,将总公司加入通盘计算,则资本(期末)之票面获利能力为171.4%。以延安、绥德之货币购买力平均折实,则全公司折实纯益约占资本总额(期末)的32%。从资金(期末)的分配方面来看,则以总公司为100,各分支公司则为150(以12月31日的资产负债表计算),其中尤以关中、黄龙所占比例较大(均占各分总计的26%)。内部业务方面:主要是由于客观环境以及具体任务不同(销货、购货、转货的利润率不同),表现在纯益与资本的比例上,以绥德为最合经济原则(以最小资本获较大利益),陇分、定分次之。另外,在纯益的实际数字上,则以关中为最大(以各分比较,上半年关中纯益占各分总计的56%,下半年占29%)。从毛损毛益的比例来看,则各分总平均为10.8%(即赚一元须花费用一毛零八厘,成本不在内),其中以关分为正常(符合平均数),延属较次(毛损占毛益的26%,这与转出货多、销出货较少有关系),再加入总公司全盘计算,则毛损占毛益的6.6%(成本不在内)。从毛损毛益的来源看,在各分合计方面,则土产毛益占总额的57%,商品货币次之,占18%,加入总公司计算,则土产毛益占76%,商品货币占14%;毛损方面以经费较大(各分平均占毛损总额49%,加入总公司则为38%),业务费次之(各分平均占毛损总额之10.5%,加入总公司则为11.1%)。

V. 生产类

本类为摘要统计,扶助合作社以关分做得较多,主要靠信用往来,方式亦较好。陇分批发合作社物资较多,但无全面统计数字。恢复工商业以绥、关、黄工作较多,方式俱运用信贷关系。只有延属则重于供给原料与收购成品方面,这当然是合理的扶植方式,不过此类业务将来还须与生产合作社或生产推进社分工。救灾方面:延属集中在直接救济,陇分侧重于间接救济。直接发展生产方面:绥分侧重于贷花收币,黄龙侧重于收购当地土产。这方面还须要有计划、有重心地搞(当然这又与战争环境、供给任务有关系)四八年的集市工作,陇定方面做得较好,关中、黄龙则侧重于恢复工作。

Ⅵ.人事类

全部工作人员成分方面集中于贫雇农占61%。工作年数方面集中于5—10年占32%,0—3年占30%,15年以上的工作人员占7%。文化程度集中在初小,约近于50%,高小达25%,初中达11%,高中为5%—6%,大学以上的为0.1%。年龄方面集中在18—26,约占40%,30岁以下的占63%,51岁以上的占2%。共产党员在干部方面占2/3,非干部方面占1/3。男性工作人员占97%,女性占3%,边区人占75%,边区外人占25%。负责人方面,边区人占55%,外区人占45%。科长经理级干部,占干部总数的1/5弱。全体人员共1,500,干部占60%。

(西北贸易公司、银行:《1948年统计年鉴的初步综合分析》,1949年3月23日)

七、新解放区的金融工作

(一)新解放区金融贸易工作的方针政策

根据西北解放区具体情况,特制定下列业务方针及具体任务:

1.业务方针。

发展生产,稳定金融,是金融工作的总方针。为此,在业务指导方针上,必须根据政府整个经建计划,在生产贷款上贯彻工农并重、先公后私及在一切业务活动上以企业化的经营方法,贯彻公私两利的原则,循此方向与贸易公司取得密切联系,以实现稳定金融、发展经济之任务。

甲、金融行政方面:

实施政府所赋予之金融行政权力,贯彻以人民币在西北解放区触点流通市场的方针,加强社会信用的管理并取得贸易部门的配合,管理外汇,进行对敌货币斗争,以保障人民经济利益,巩固金融,便利生产之发展。

(1)运用总行发行库西北分库库存新币,首先收兑在本区流通之各兄弟解放区旧币,继而收回本区农币,达到以人民币为唯一流通货币的目的。

(2)坚决肃清敌币,在边缘区驱逐其残存部分,在新解放区使本币迅速占领阵地,并协助贸易部门向敌区吸收物资,加重敌币混乱,促成敌区经济迅速崩溃。

(3)实施外汇管理,运用比价政策,开展对敌货币斗争,并造成对敌贸易的有利形势。

(4)人民银行为生金银、白洋等合法的买卖机关,为此必须贯彻执行严禁内地黄金、白洋流通,准许民间贮藏,执行不能携带与使用的政府法令。

(5)严格禁止一切机关、团体、公私企业发行变相票币之有价证券(如代价券等)。

(6)制定正确的存放款利息,一般以各行业利润的大小、金融物价变化情况及民间自然利率为依据,在公私兼顾、推动民间信用事业发展的原则下,各分支行提出利率高低,呈请总行批准确定。一般应农轻于工,工轻于商,即在农、工、商业中亦要有所区别。

(7)管理一切私营银钱业及其他信用事业。

(8)接收一切新解放城市之敌伪银行及敌伪信用机构。

(9)执行国家银行代理金库职务,一切财政款项收支,由银行统一办理。

(10)兼理西北人民政府总会计职责,其办法另行颁布。

乙、金融业务方面。

开展存放业务,争取集中公私闲散资金,作合理与有效地运用,使人民银行逐渐变为公私货币出纳和信用往来的枢纽,借以推进生产,调剂金融,周转财政与贸易,并达到增强银行资力,减少对发行之依赖。

(1)一切公款(包括机关、学校、团体的经费在内)及公营企业之流资金,由政府通令存入所在地之人民银行,不得存入私营银钱行号,同时银行务须以适当利息与最大可能之支取便利,争取求得此项业务之开展。

(2)由政府通令一切公款支付及对公营企业之投资等款项,须经银行办理支付手续。

(3)举办定期存款与储蓄存款,并争取私人、工商企业的活期存款,组织社会信用事业,引导闲散资金于正当用途。在战时金融不稳的情况下,为争取定期存款,必须以适当利率(货币计算)或实物保本的办法(暂只定折米存款)吸收存款,保证存户的利益。

(4)根据政府的经济建设计划,银行应把可能应用的资金,投放于农工业等生产事业上去,并在可能条件下,调剂财政贸易支付及对私人企业投资或贷放。在投放的重点上,应为工农并重,先公后私,所有存放款,均须适当计算利息,或采取折实定贷等项办法处理。

(5)供销及信用合作事业的普遍发展,是促进生产的重要条件。为此,银行应在业务及资金的周转方面给予大力帮助。

(6)依据可能与必要的条件,与各解放区的兄弟行间建立汇兑关系,促进物资交流,并试办其他可能的信用业务(如代收代付等)。

(7)银行一切业务活动,应从企业化观点出发,建立精确的经济核算制度。在壮大国家资本的目标下,应做到实物保本的完成。如因执行政府以致不能保本时,须事先请示上级批准。

(西北区行:《业务方针及具体任务组织工作规程(草案)》,1949年3月)

2. 机构与资金。

(1)为加强与军队的联系,便利新解放区金、贸工作的推进,拟将野勤财经工作队改为贸易公司与农民银行随军办事处,该办事处受总公司、总行及前方财委的两重领导,并在经济手续及业务与人事上由总司、行直接负责。该办事处下并设三个工作队,其任务是:在银行、贸易公司地方机构未到达前负责初步开辟与接受当地金、贸工作;在银、贸地方机构到达时,即将业务及所接受之资财等移交地方银行、贸易机构,并受命于办事处协助各地方机构继续进行工作。

(2)在新解放区的常设贸易机构方面,拟设:①甘、青贸易公司下辖青海、凉州、平凉、兰州、天水五个分公司。②汉中贸易公司下辖两个分公司。③宝鸡贸易分公司,直属总公司。④宁夏贸易公司下辖两个分公司。

(3)上述各新区贸易公司,在当地战争期间,即归前方办事处指挥,俟后按情况由总公司决定,直属总公司指挥。

(4)上述地区需要资金人民币四十亿,该项资金必须呈请中财部早日拨给。

3. 物价措施。

新区的物价问题,实质上与表现形式上都是金融问题。因为我们不可能从老区携带大量物资随军行动,所以必须从各方面用种种方法建立人民币在新区的信仰,使之能行使并立脚,以解决我们在新区的物资问题(西安在解放之初银行、贸司未放出分文物资,但还相当容易地收了各种布七八千匹,面粉四千余袋,炭约一千吨及银洋千余元等,后因上海、平津等地波动等原因,情况才发生变化)。在新区的物价上,贸司除尽可能在老区准备一些必需的物资如花、纱、布等,以支援新区外,应做以下事情:

(1)将接管的物资迅速拨交贸司一部分,在市场出售及带些黄、黑、白,在初到新区时,交换一些必需物资方式要秘密,以支持金融物价。

(2)及时公布解放区物价,并根据当时当地金融物资情况,适当订定当地物价,使货物能依价格的指挥而来到(价格适当,则当地物资亦就不可能在市场抛售。特别是在城市,许多人的生活依靠市场的恢复,而且解放之初所需物资亦不很多,因此,这方面的条件还是有利的),并使工商迅速恢复生产营业(复业问题,宣传政策、执行政令是一面,而物价恰当、金融稳定是更有现实意义的)。如物价先低后高,则先复业的商民吃亏,影响很坏。

(3)解放之初,除贸易公司外,禁止大量采购物资。

(4)公司门市部及早开门,价格不宜定得过低,过低了会把物资供应的担子完全压在自己身上,既苦恼且还根本无法应付,势必造成被动及市场混乱波动。如价格恰当,金融情况好,则门市开了,如西安初期还能吸收大量物资进来。

4. 各方配合。

(1)在市场复业及本币已能立脚后,应即严禁白洋、铜元流通,否则本币价格尺度及流通手段的机能无法确立,遂增加掌握物价的困难。

(2)税收及公用事业(电灯、电话、汽车、火车、邮局等)应坚决收本币,丝毫不苟地拒收硬币,对金融物价能起不小的支持作用(如西安解放之初人们传说铜元即将禁用,铜元价每元由五吊掉至十三吊,后老百姓见公共汽车收铜元,又传说解放军不禁铜元,铜元价又回涨至五吊)。

(3)财政征借,除定量实物外,应收一部分本币,以迫使物价上市。

(4)贸易营业地址应及早充分拨给,以利进行业务。如西安若早些解决营业地址,则在四、五、六号还能收更多的物资绝不成问题,但六、七号上海物价高且涨的消息传到有利的收购形势,立即反过来变成非卖不行及群众争购的形势,且贸易公司开门对市场及群众心理影响很大。

(西北财委:《新区贸易工作方案》,1949年)

(二)西安市军管会发布的布告、通知

西安解放后,本会业已分别派出军事代表,逐步接管一切公用事业(如电话、电讯、电灯、铁路、公路、邮局等)及大官僚企业(如四行、省市行、两局、一库、中纺及其仓库等),以及带事业性的行政机关(如农林水利系统、合作事业管理处等)。但上述部门,大多是领导机关在西安,分支机构分布在各县,目前发生了有些县份一经解放,即自行派人接管,并擅自处理和拆散其原来建制的现象。兹为贯彻中央和西北局一再指示,不打乱原企业,不影响各种事业之进行的方针,特规定,西安市军管会尚未派人正式接管前,各县对上述部门的处理办法如下,仰即遵照执行为要:

1. 凡西安市军管会尚未派人下去接管各该企业的分支机构的县份,各县一律就地代行接管,并妥为保护,嘱令原有人员照旧生产及工作,听候西安派人来接收。坚决反对各县擅自打乱其原来机构和私自拆散搬运处理的现象。

2. 各县代行接管之后,应迅速向西安市军管会报告各该企业及接管情形,以便本会派人下去正式接管,归还建制,以利生产,推进业务。

3. 西安市军管会派人下去各县接收时,携有本会正式证明文件,各县依此进行移交手续,具结签署,以后各县的分支机构即算归还建制,但交接后各该分支机构遇有困难,各县政府应予以协助解决。

(西安市军事管制委员会:《管字第八号通知》,1949年5月30日)

蒋匪为进行反革命战争,不断实施恶性通货膨胀,掠夺人民财富,用出卖国家权益的办法,换取美帝黄金。近以其反动统治迅速崩溃,伪金元券几成废纸,乃又利用银洋,企图苟延残喘,祸国殃民,无所不用其极。现在我军解放本市,为保护人民利益、发展生产、巩固金融起见,宣布自即日起,以中国人民银行发行之人民币为法定货币,并规定西北农民银行发行之农币,以二千元合人民币一元之比率,共同流通。所有交易、纳税以及一切公私款项收付、物价计算、账务、债务、契约等均须以人民币为计算与结算本位。凡蒋匪统治时所用之伪钞、银洋以及当货币使用之金银等,自即日起,均为非法货币。并规定处理办法如下:

1. 为照顾人民困难,×月×日以前暂准伪币等在市面流通,逾期严禁使用。

2. 伪金元券贬值异常猛烈,故在暂准流通期内,人民可按其贬值程度,随时变更其与人民币之比价。中国人民银行西安市分行亦将随时挂牌公布。人民币对伪金元券比价之变动,并将公布适当兑换办法,为劳动人民解决实际困难。

3. 持有大量伪金元券之商人、市民,可迅速向本会工商处所指定之办事机关登记,经检查后发给证明文件,准其包封携带出境。

4. 银洋及金银自×月×日以后,可向人民银行照牌价兑换人民币使用。如有仍在市面直接使用者,一经查获,即行没收。但贮藏不用者听便。

上开各项,仰我军民一律遵照为要。此布。

(西安市军事管制委员会:《布告》,1949年5月)

军管会已命令被接管之国民党官僚金融机构中国银行、交通银行、邮政储金汇业局、陕西省银行、西安市银行等五单位开业。过去,这些垄断市场为统治阶级利益服务,以榨取广大人民血汗的工具。现在已为人民接管,作为辅导生产、繁荣经济、谋取人民福利的机构。开业各银行,原有名称暂时照旧,职员全部原职留用。陕西省银行已于六月六日开业,西安市银行定于六月十三日开业,邮政储金汇业局及中国银行、交通银行,正在积极筹备开业中。

(西北区行:《一九四九年向群众日报发布消息底稿》,1949年6月6日)

查蒋匪官僚资本所属之伪中中交农四行、伪中售局、伪储汇局、伪中央合作金库、伪陕西省银行、市政府之市民银行以及各省伪省银行、孔祥熙所办之裕华银行等,在本市之总分支及其一切附属机构与全部财产,已指令,由本会金融处接收。为防止官僚资本隐匿逃避及保障私人财产不受损失起见,特作如下决定,并布告周知。

1. 凡前开各伪行、局、库在外之放款、房地产、工厂、仓库与其他资财,其或经借人统限于×月×日以前向本会金融处指定的办事机关登记,听候处理。

2. 凡前开各伪行、局、库所有之存款户或委托户亦限于×月×日以前携带各伪行、局、库原发证件,向本会金融处指定的办事机关申请登记,听候处理。各伪行、局、库如有私人股份者亦同。

3. 凡知悉前开各伪行、局、库在外之资产向金融处报告,经查明属实者,予以奖励;隐匿不报者,予以处罚。

上开各项,仰我市民切实遵照执行为要!

(中国人民解放军西安市军事管制委员会:《布告》,1949年6月21日)

顷接军管会本月二十一日指示:为使官僚资本无所隐匿及确实保障私人资本起见,本市各私营银钱行庄、金店、银楼、信用合作社等,凡有国民党反动政府大官僚分子、战犯以及国民党党政军机关公款(或以私人化名者的内)之存款、股权、债权以及其他财产或委托业务,自即日起予以冻结,并限于本月三十日前,将其存款、股权或握有债权之日期、数量、种类,详细造具清册,呈送本处审查处理(以上指示见于本月二十三日群众日报刊载之布告)。恐有未晓周知,特郑重通知。如过期隐瞒不报,或未经允许擅自发还者,一经本处察觉,即将呈报军管会严惩,切勿自误。

(西安市军管会金融处:《金字第一号通知》,1949年6月24日)

查抗战期间及此次革命战争前期,解放区长期被敌分割,为阻止敌人以纸币抢购我区物资,掠夺我区人民,各解放区适时发行地方货币,以供流通交换之用。现各解放区连成一片,由中国人民银行发行统一之人民币,各解放区货币应逐渐收回。现将各种货币与人民币比价布告周知。

1. 人民币对西北农民银行钞票为一比二千。
2. 人民币对晋察冀边区银行钞票为一比一千。
3. 人民币对冀南银行钞票为一比一百。
4. 人民币对华东北海银行钞票为一比一百。
5. 人民币对中原解放区中州银行钞票为一比三。

(西北区行代军管会:《人民币与各解放区货币比价》,1949年)

(三)关于新解放城市的金融接管工作

西安的金融机构相当复杂,有蒋匪国营之四行、两局、合作金库、陕西省行、西安市长安县银行及官商合办银行、私人银钱业、金店、保险业、当铺等共一百四五十家。接收组织机构可分:

部　　长:黄亚光　王　磊
接管处长:莫钧涛　王一鸣
业务处长:苏子仁　杨万胜　分业务、会计、出纳、人事、秘书科

秘书处长：师兆祥

人事处长：王　磊(兼)　李夏农　分组织、教育科

接管处分：

公营金融科科长：王一鸣(兼)

中农组　农民、中国　中交组　中央、交通　中信、储汇组　合作金库组　仓库组　省市组　县市组

私营金融科科长：刘华斋

官商银行组　私人银行组　银钱业组　金店组　保险典当组

入城后接管计划

(1)应接管者：中中交农、陕西省行、中售、邮储、合作金库、四行办事处、甘肃省行、绥远省行、河南省行、山西省行、西安市行、长安县行、银行监理、办事处。共十六个单位(有的已停业)及附属单位办事处、电台、仓库、宿舍亦须同时接管。

(2)应没收者(包括附属机构)：裕华、工矿。

(3)监督者：通商、四明。

(4)审查清理者：

银行：上海、四川美丰、亚西实业、川康平民、金城、大同、华侨、永利、建国。

银号钱庄：六七十家。

金店及信用合作社。

接管、没收、监理、清理全面进行，发现培养旧人员中积极分子协助工作。

(《金融部接收西安金融业计划》,1949年4月22日)

1.方针任务。

(1)彻底摧毁蒋匪集团的金融体系,迅速建立新的金融秩序,奠定新民主主义金融事业发展的基础。

(2)保护正当商民之利益,接收敌伪公营金融企业及军政机关在银行号之存款及股金,没收罪大恶极之战犯、特务、汉奸在银行号之存款及股金。

(3)大量争取留用敌伪金融业工作人员。对保护资财有功者予以奖励,对隐瞒、侵吞、破坏资财或未办交代手续意图潜逃着予以惩办。

2.几个问题的处理原则。

(1)关于接收问题。凡敌伪之公营金融业(包括银行号、信托事业、保险事

业等)、军政机关在银行号及其他金融业中之存款及股金、押金等,不论国营及地方公营一律接收。

(2)关于没收面、代管面的问题。原则上没收面要小,代管面要宽。

凡罪大恶极之战犯、特务、汉奸,在银行号及其他金融业之存款及股金一律没收。此种人员之标准,由最高领导机关决定。

属于公益事业之存款兼代管转发(如教育经费及救济院之存款等)。

对审查不清同有怀疑之存款、股金,予以暂时代管。

(3)工商业者及其他人民之存款、股金,一律不得没收。

(4)关于债权债务问题。

凡正当商民等之债权债务关系一律合法有效,不得废除。所有债务之清偿,在蒋币、蒋券兑换期中,可以蒋币(法币及金元券)或本币清偿;在蒋币、蒋券停兑后,解放前之债权债务应以解放后银行第一次牌价折为本币计算。

敌伪公营金融业所有债权债务全部接收(如资产不敷抵偿债务时,应按实际财产折价按成偿还),并将资产负债状况公告,不应采用逼令伪人员调款偿还及只管接收财产不管负债等办法。

私营金融事业(包括银行号、钱庄、信托公司、保险公司及金库、当铺等)之债权债务,应加以普遍审查,目的是要保障正当商民利益,处理敌伪之财产。审查之后,该复业的尽速使之复业,该进一步清理的即速深入清理,应根据具体情况分别处理。如有资产不敷抵偿债务情形,亦应在公私兼顾原则下按成偿还,不得先公后私,影响私人债权之保障。

(5)敌伪公营金融业工作人员问题。

明令宣布交代清理工作为其任务,不得推卸责任。

大量争取留用,其不愿继续工作者听之,不得勉强。

在清理工作期间照发原薪,如正式声明参加工作者,则按其能力、技术、勤惰分别确定其待遇。

对未办交代清理手续即行潜逃之各该负责人,应明令宣布归案法办,并设法召回其下级职员及时清理。

对隐瞒、侵吞、破坏敌伪资财及账册单据或怠工分子,应依法惩办;对保护资财、账册单据有功者,应予以奖励。

3.组织领导问题。

(1)领导关系。在敌伪物资清理委员会(或其他名称之领导清理机关)统一领导下,由银行组成的金融组,负责进行公营金融业及钞票造纸、印制厂的接收与私营金融事业的审查清理工作。

(2)内部分工。应按接收清理对象的性质分为三个小组:第一,工厂组(造纸及钞票印制厂);第二,公营金融企业组(国家、地方银行及公营信托、保险等事业);第三,私营金融事业组(私营银行号,保险、信托公司及金库等)。

(3)金融组应与清理委员会密切联系,以便迅速处理问题,及时交换各组(如财政组、交通邮电组、企业组等)情报,交流接收清理工作的经验及有关材料。

(4)金融组的工作,应与已确定担任当地银行工作之干部适当结合起来,以免将来再办交接手续。最初带突击性的工作,由金融组来做;带长期性的问题的处理工作,应交当地银行去做。如此则清理工作可迅速结束,临时抽调之机动干部可以调回。

4.建立新的金融秩序。

(1)迅速肃清蒋币(包括法币、关金、金元券等),巩固本币市场,配合贸易部门稳定物价(肃清蒋币蒋券办法另详)。

(2)迅速开展国家银行之存款、放款、汇兑业务,使市场之停滞状态愈短愈好。

(3)迅速宣布私营银钱业管理办法,尽量使他们及早复业,活跃金融市场,使工商业之生产经营及市民生活少受波动与损失。

附件

解放石家庄的接收清理金融企业工作的方法与步骤介绍(只供参考)

1.关于组织领导问题。

(1)在领导上:

接收清理石家庄金融企业,是在清理委员会统一领导下,设立银行组进行的。组内按清理接收的对象、性质,又分公营银行组、私营银行号金店组两个小组分别进行工作。

接收清理的方式:最初期间是带突击性的,由清理委员会的银行组来做。后长期性的处理问题工作,交当地银行去做。为迅速结束工作,更于处理问题,银行组与清理委员会须密切联系,及时与各小组交换情报,交流经验。

(2)在组织力量上:

尽量利用旧银行号人员去办交接清理工作,把此任务明确地规定为他们应有的责任。

我们的干部将有经验、有技术的干部适当配合,要具有审查会计与调查研究的能力,一般以两三个人进行一户的工作。

干部力量使用须集中,质量要好,数量以石家庄情况,有三四十人即可。

2. 工作重点的确定与力量使用上的配备。

(1)就公私上分,一般说,私营银钱业与地方关系多,问题较公营银行复杂,应把力量放在私营方面。

(2)就性质上分,一般说,地方银行较国家银行与地方上的联系多,问题较复杂;半官半私的私营银行钱业,则较一般私营银钱业问题复杂;金店较银行号的问题则较为简单,因金店的清理只是股东问题,银行号中暗银号清理则更加困难,因此类银号往往有政治问题。

(3)就经营时间上看,一般说,开业历史越短的问题越复杂,而历史悠久的银行号则问题较少,遭受战争损失或人员潜逃者之银行号也往往问题复杂,清理困难多。

(4)在账目审查上,重点应放在最近期间的账目上(战争紧张时期);在科目上,汇出汇款、外埠同业往来等则是审查的重点。

(5)为了避免处理债权债务少发生错误,没收面可以少些,代管面可以大些,以便继续审查,正确处理之。

3. 清理工作与步骤重点

第一阶段全面掌握。从正面搜集材料,利用旧人员办理交接清理工作,时间要短(七八天)。具体做法:

(1)去各银行号观察其状况规模,核对现金账及库存现金,令私营银钱号找保,负责清理。

(2)张贴布告,并召开银行号会议,宣布我们的金融政策、清理方针及银钱业管理办法。

(3)限期造送各种报表,暂停营业,调查材料,进行审查。

第二阶段是深入调查研究检查时期。重点是从侧面搜集材料,方式是从侧面进行工作多,时间约二三十天。具体办法:

(1)办理存款登记,进行存户及股东之审查,认为现有材料无问题之银行号,可另立新账,分别尽先宣布其复业或开业之自由。

(2)选择问题较多的银号,先进行清理,联系有关各部门,交换情报(俘虏、公安、邮电文件等),从银行号中下层人员中收集材料,找出经验,推动清理工作。

(3)注意调查尚未发现之银行号(如暗银号等)。

第三阶段是处理问题。根据材料,按照不同情况,进行处理。其原则:

(1)已处理完之银号,应令其限期交足没收与代管之款,并责成具结。事后如有隐瞒、侵吞敌伪资产者,受法律制裁。

(2)对于债权处理,应分三类,分别处理之:①已查清确系敌伪资产,照章应予接收者,即行接收,并给证明手续。②审查不清尚有怀疑之债权,予以代管,布告限期前来清理(带原有凭证),经查属实即予发还。如过期不声明领取者,其存款转入银行暂存项下,给以保存。③经审查纯系正当市民之存款,应分别发还。以上债权之处理均应布告宣布。

(3)俟一般突击性之接收清理工作告一段落时,属于代管款及债权债务之手续,即可移交当地和银行办理之。

以上三个阶段及日期,只是一个概略的估计,不应拘泥,应按具体情况灵活运用。

(西北区行:《关于新解放城市金融接收清理及建设工作的意见》,1949年4月)

(四)关于私营银钱业的管理和审理办法

一年来对于私营银钱业的管理工作,我们做得很不够,在某些方面还犯了些错误。例如有的地主国家银行对于银号的业务没有管束;有的部分贪图小利而将公款存入银号;甚至个别部门还开设银号来做机关生产。所有这些错误产生的原因,主要还是对私营银行号的性质及作用缺乏正确的理解。私营银行号是社会私人资金融通的集中点,若这些资金一旦为投机家所利用,便会兴风作浪、扰乱市场,危害之大,莫此为甚。即令调剂生产者一些资金,也仅是从属的、盲目的,所以,我们对此如不加以正确的管理,就会使我们的经济建设遭到不应有的困难。我们必须明白,对私营银行号的管理,不仅是与金融资本家的斗争,而且主要的还是和投机资本的斗争,这一点我们必须很好地认识。尤其是我们进入平津等大城市后,与私人投机资本的斗争更加重要,更加复杂了,各级行处必须予以足够的重视。

基于上述认识,我们管理私营银行号的目的,主要是取缔其投机违法的活动和限制其助长投机的可能性。其次,使其集中的资金,能在我们的整个意图下投向有益于国计民生的工商业。为此,我们管理必须从两方面着手:第一,必须控制其资金来源。这就要:严格执行一切公款存入国家银行,不管何种方式,国家银行不能在资金上支持他们;国家银行要尽一切力量争夺可能的私营存款。第二,要管理其资金运用。这就要:根据管理办法,使其投放的资金能合乎我们的意图,至少限制其破坏作用。

在管理步骤上,我们必须以各地不同情况,有重点、有策略地逐渐强化管制工作。

在地区上说,老区的中小城市,私营企业不多或资力不大的地方,凡我国家银行能胜任当地金融任务者,应不再使其发展,从我们业务扩大中逐渐淘汰之,新区私营企业较多、资力较大者,应加强管理,并以大力开展国家银行的业务,以达逐渐削弱或代替其业务的目的。从私营行号的经营力量和经营方式的不同上说,应该首先取缔那些投机性大、资力小而信用差的,对那些比较正派或投机性较小、信用好的,从管制其资金运用上来着手加以严格管理。在管理的方式上说,对平津应采取多样的、迂回的、比较复杂的方式,对中小城市就可多用些直接的方式。以上所述,主要的用意是提起各地注意,研究情况,提出适当对策。

要完成上述任务,各地还必须做到:第一,各地经济部门,特别是银行,应把这一工作作为经常任务,切实按照管理办法规定,担负起管理责任。在大城市的分行(如平津),应设立专管的组织,并配备工作能力较强的干部来掌管这工作。第二,国家银行的作风,必须继续改进,官僚主义的作风绝不允许存在。第三,我们的业务经营上,应尽可能有重点地争夺存款户。我们不可能也不应该满足整个私营工商业的资金要求,因而私营银行号暂时还有一定的活动对象,但我们也应该在不以资力无条件扶植私营企业的原则下,从存款手续上、代理收付上、汇兑上给予顾客方便,来达到吸收私营存款的目的。如天津分行在汇兑上予开滦以八折优待而争取其大批存款。总之,我们不仅在行政上要善于管理,而且也要在业务上善于经营,这样我们才能真正担负控制金融市场的任务。

从去年金贸会议后,我们还没有颁布全区性的管理办法。此次办法公布后,有些银行号会关门的,但从经济建设上说却是有益的。正因为如此,引起金融资本家的叫嚣也是不可免的,甚至在我们工作人员中也可能在各种不同程度上反映出这种呼声。所有这些,要求各级负责同志,不仅要能坚持既定原则,向有关机关进行宣传说服,很好地教育干部,而且要很好地向资本家加以解释,说明金融资本的畸形发展是旧中国的病态之一,银行号过度集中在几个大都市是和中国经济的发展不相称的。

由于我们在管理方面经验还不多,所以施行细则暂不公布,先随示发到各地作为工作依据。望把执行中的问题与意见报告我们。

(中国人民银行总行:《为正角执行华北区私营银钱业暂行管理办法的指示》,1949年4月27日)

(五)推行人民币和管理兑换银元、"金元券"办法

1.本币流通情况的变化。

(1)统一财经工作前,由于物价高涨,本币流通面限于点线,在我西北地区农村基本上是"以货易货"或暗中流通银元、铜板,成为主要交易形式。就是在本币流通之点线上,群众对本币的信用是"重货轻币",存货不存钱,流通速度正如群众所说:"不和人民票睡觉。"

(2)统一财经工作及物价跌后趋于稳定的新情况下,本币信用逐渐提高,群众思想逐渐转变为"重币轻货"。表现在以下几点:

城市本币入柜,看物价继续下跌(这是商人情绪),企图跌到底再抓物资。

银行折实存款户减少,如西安市分行折实存户由七二〇户减至四五三户。货币存款余额数增,如西安市分行二月底存款余额为六六〇余亿,三月底为一四〇〇余亿,四月底为二五〇〇余亿。

农民开始带本币回家,如陕南南部的十八里铺(镇),每日上市农产品卖后,由全部买成货物回家变为带一部分票子回家。四月上旬统计,每日带本币四〇〇余万元回乡。此现象较为普遍,宁夏农村,由"以货易货"变为以本币论价,虽投资本币十余亿,但乡村仍感本币缺乏。青海地区,由历来用银元、铜板的习惯已转变为商民抢要本币。由于全国银元禁用,一般商民对银元普遍不感兴趣。

(3)分析:总之,以上情况说明,本币适当投入乡村,不仅时机逐渐成熟,而且也是广大群众的要求,如不迅速求得解决,本币长期紧缩下去,大有造成物价继续下跌、使农村银元被迫"死灰复燃"的危险,对工商业也极为不利。加之,新麦不久即将上市,特产米大量外销,群众也要求我们给麦价及山货特产予以支持。银行机构已初步普建,贸易机构也较前增多,另外,由于物价稳定不久,商人手中所暂时存起来的本币,遇适当时机,仍会吐出。商人对我物价能否长期稳定下去,仍半信半疑。这些,在物价稍变动时,即会吐出,伸手抓物资,也必须予以适当警惕。

2. 对推行本币下乡的初步意见。

根据以上情况的有利及可能发生的某些危险,提出如下意见:

(1) 扩大本币在乡村的需要。

今夏公粮及去秋公粮尾欠,以适当部分折收本币(具体意见折百分之二十至百分之三十的本币,在我们既吃不完又运不出之地区,折收款的比例仍可增大)。城镇税款坚决收本币,不收实物。

麦收后农忙季节,群众对某些必需品(盐、布等)的购买力可能少有提高,贸司在农村性小城市及市镇增设基点,供应群众必需品,支持本币。

扶植农村及市镇供销合作社,支持本币,或由贸司及银行与市镇供销商和串乡小贩货郎担建立关系,予以扶助,使之在农村支持本币。

在农村继续贯彻禁用银洋法令,给推行本币开辟道路。在少数民族区,主要用经济办法打银洋。

(2) 适当投放本币,打破交易死滞、土产冻结的局面。防止"麦贱伤农",提高群众购买力。

贸司投票子收粮食。

各专业公司投票子收购有前途的山货特产(桐油、皮毛等),以活跃群众购买力。

银行主动帮助贸司及专业公司的周转,结合工商业调整,发放一部分贷款,协助工商业渡过难关。放款重点,除某些有前途的成型工业外,着重以下两点:①农村行以城镇促进城乡物资交流、山货特产外销的商业为主;②城市行则以促进埠际物资交流、山货土产外销的运销商业为主,采用押汇、放款两种办法去做。

银行各种放款,完全用货币形式贷出与收回。扩大保本保值存款范围,巩固本币信用,逐步扭转农村以货易货的局面。

(3) 推行本币下乡的步骤:

推行本币下乡的步骤:首先在市镇,只要将市镇本币做到流通无阻,等于解决了本币下乡的大半,因为每一市镇,在经济交换上,曾团结了周围数十里的农村;其次再推行至农村。

办法上:①向群众宣传本币的好处;②财政办法在打开局面上有重大作用,长期巩固本币,占领农村阵地,必须是主要靠经济办法。除增设经济基点外,应当大力有步骤地把农村供销合作改造好,组织起来,成为国营经济在农村的主要依靠。在银元较严重地区,应当银行和贸易机关结合征服,组织金融。

今后在物价稳定的局面下,只要在各地党政和财委会统一领导,共同努力,财政经济及必要的行政力量结合得好,推行本币下乡,是完全可以做到的。为此,希望将推行本币、占领农村的工作,应列为各地财委会重要任务之一,规定按期的报告制度,以便推动起来。

(西北区行:《提交财委会关于推行本币下乡的提案》,1949年5月23日)

关于方针问题不需说明,在具体实施上我们所提的意见,有如下的根据和想法:

1. 我们的目的是要贯彻本币一元化,打垮其他一切货币;但同时必须照顾人民利益,团结百分之九十以上的人民。因此,一方面宣布伪金元券、银洋等为非法,严禁使用;其他方面必须采取适当办法,解决问题,让人民能以非法的流通工具换到合法的工具,或出口换回物资,不能简单地作废或没收。

2. 接管西安,是在南京政府逃跑灭亡之后,是在敌我地位已不同于去年我军占领济南、沈阳时期,而是到了风扫残云的时候。具体时间可能在我军占领江苏、安徽全部,湖北大部,浙江、江西、湖南大部或一部的时候。到那时,敌人的纸币或者已全部变为废纸,或者即将变为废纸,要挤往甘肃、四川。第一可能各区已全使用地方票、拒用金元券,或虽不拒用,但封锁落在新解放区之伪券进入匪区;第二路途遥远,运输困难,运费可能高于币值,所以处理伪券完全照济南、平津或去年黄龙办法去做,在时间、地点、条件上都不适合了,必须根据新的情况,决定处理办法。

3. 现在即根据南京反动政权灭亡,宣传和促使伪金元券很快成为废纸,这样做有三点好处:(1)敌人金融崩溃,将发生许多混乱不安,不能再发票子解决军政费,促进其军事最后失败。(2)阻止胡匪以更多量的纸币征收人民财富,保护人民利益。(3)我们可以免去为人民调换纸币流通工具的作用。但是,既入城后,伪券如仍未变为废纸,即须以宣布禁用与不定比价等办法,迫使其很快贬价,只有使人们知道甘肃、四川伪券较值钱,而西安伪券太不值钱,才能很快驱逐其外流封包出口,走得愈快愈多,人民愈少吃亏,公家愈可减少兑换。假若不能大踏步地使伪券币贬值,其结果是害人民损公家。

4. 如果初入城即宣布比价,将伪券贬得太低,人民会不满意;我们贬得少了,无异替伪券撑了腰,不利于驱逐出境。但不宣布比价,商人开业感到困难。因此,须由公司宣布物价,解决及早开业问题。

5. 将来解决伪金元券,究竟以动员商人封包出口为主,还是以兑换为主,要看条件。战争近于结束时期,当反动派政权垮台,由人民政权取而代之以后,伪金元券也由人民与反动政权的关系暂转为人民(主要的)与人民政权的关系了。因此,在处理这一问题时,拟根据两条原则:(1)不在人民面前造成坏的政治影响和政治上的混乱停滞。(2)公家要尽可能地节省人民券的兑出,并在精神上准备兑入的伪券无法推向匪区,公家吃这笔亏,这就是公私兼顾。因此,可能时商人的大量伪券要他们群策群力,自己想办法弄到匪区换回物资。路途上由工商部门商请军事方面予以方便,同时由工商部门加封,防止商人把伪券散在乡下,掠夺农民。至贫苦人的零散数目,自己无法处理者,必须兑换。在执行兑换时,限时间,限数额,限大票面,不断地改变比价,这是济南的好经验,有利于迅速驱逐敌币和兑出人民币,且不利于投机套取。

6. 兑换需要的人民券,大体上是可以估量的。沈阳那样的城市,大挤小收,共用二亿三千五百万,东北币合人民券二十余万。济南大收小挤,共用北海币五十余亿,合人民券五千余万。天津共兑入伪券四亿四千万,约人民券五千至六千万。西安人口和商业都比不上济南、天津,故以大收小挤计算,亦只需人民券三五千万,不会高到一亿的数目。

7. 兑换不是救济,因为老百姓给蒋匪出了实物,落得一些纸币流通工具,当我们进城它不算钱的话,那是拿他们手中不合法的钱换了我们合法的钱,因为离匪区远,非去黄龙与西安钱物易于交流。如我们宣布无出路之敌币干脆作废,人民必然怨恨人民政权。实行兑换,实际是如沈阳接管经验所说"所费甚微,而得民心"。

8. 这种兑换也不是背包袱,应该是指支出多于收入和仁政观点、救济观点指导下不必要的开支而言。西安货币市场原不是真空,从以后发行的容纳量上去看,换与不换是一样的,只不过为了变敌币市场为本币市场,我们花了三五千万元的印刷费和运费罢了。

9. 个别同志的意见对伪金元券干脆不兑换,兑换就是背包袱,就是救济,与其如此救济,不如有计划地进行散粮等,更能得到人民的拥护,并请将此意转达上级裁决。

10. 今后人民币的真实敌人已不是伪金元券,而是银洋了。由于匪帮开放和使用银洋,更加深了银洋与人民币的矛盾。在国内经过十余年通货膨胀的今天,如任本身具有价值的银洋与人民币自由斗争,失败的一定是人民币。因此,我们要提出"有银洋就没有人民币,有人民币就不能有银洋",使学政军全体清楚地认识这一斗争的严重意义。全国各地的经验证明,想击败银洋,必须用极大的力量,实施有效的行政管理,严格禁用。这就要求机关部队和群众一律不用银洋,并应认识到城市领导乡村这一重要问题。在西安市场开业的第一天起,即须派出缉私队或纠察队进行检查,查到违法使用者,人钱一齐抓回,钱没收,人予以警告教育以后释放,并在报上公布,扩大影响。这种严格的态度,需要贯彻始终,绝不可时紧时松,或先紧后松。我们了解,严格处理将使人民与政府发生矛盾,但这是银洋与人民币不可调和的矛盾的反映。如果在这问题上对群众采取怜惜态度,实际上是采用了近视群众观点、仁政观点,为一部分人的暂时利益,破坏了全体的、长远的利益,将要因多次的小让步而破坏利用人民币进行支前与展开生产建设。因此,对银洋只能有一种态度,即可紧而不可松。

11. 为了贯彻严禁银洋,人民不须使用者,允许其自由贮藏;如必须使用者,则由银行以低于市价百分之五至百分之十的价格收兑,给予出路。这是一面要给群众出路,一面防止过多的票子出笼,影响物价。如银洋超物价而馋出上涨,则不照市价百分之五至百分之十定牌价,而以物价指数为标准确定收价,这办法虽不完全合理,但在未确定大收以前,只能如此就是了。

12. 黄金如果当货币使用,亦采取对付银洋的同样办法。

13. 允许金店买首饰,是过渡时期的策略问题,久后自不允许金店存在。因为第一金店做的是奢侈品,与生产无关。第二金店也很容易变为交易媒介,事实上也有当货币使用的。

14. 估计在西安小量的收兑银洋,加上收兑伪金元券,共约需人民币一亿元左右,与财政开支贸易用款配合起来。市场筹码问题,亦可迎刃而解。

(《金融部关于处理西安币制问题的说明》,1949年夏)

方针：打垮敌人的币制，建立与巩固本币市场，贯彻本币一元化。

具体实施：进城第一天，即宣布本币为唯一合法货币，所有伪金元券和代替伪金元券而当货币行使的白洋、黄金、外币，一律为非法，禁止使用，允许伪金元券封包出口。其后，即分别处理。

1. 处理伪金元券办法与步骤：

（1）入城之前，从现在起，根据我军渡江，南京政府逃跑灭亡，广播上宣传敌币随其政权而走向最后垮台，大荔、渭北在工作上、宣传上尽可能地予以打击。

（2）初入城时，由公司办二事：①公布平津、京沪、中原、晋南、陕北物价。②公布公司门市部买卖货物价格，借以使市民商场等有所遵循，即时开业。

（3）三五日甚至一周之内，不宣布本币与金元券比价，在其失掉政权的依靠及我之禁用下任其贬值，使其大小低于甘肃、四川等地伪金元券币值，易于驱使其流向蒋匪区，买东西来。同时，利用广播、报纸、会议宣传，鼓励封包出口。

（4）在上述步骤完成后，依据：①伪券有无出路；②长途运费是否高于伪券币值等二条决定。兑换办法二种：

在有出路和运费低于币值条件下，采取大挤小收办法。即对大宗的由工商部门加封帮助其出口，不予收兑；只收兑工人、城市贫民、学生、职员等小零数。限定时间（本天），限定数额（为一千至二千新币），限定大票面随券下落变比价，由公家、私人群策群力驱逐敌币，使公私都少受损失。

在无出路和运费高于币值条件下，采取大收小挤的办法。即对商民所存的和大票面的挤出口去，一定无法挤出者，即低价收兑。先收工人的，次收贫民的，再次收职员和学生的，最后收商民的，客观上由于敌币落价所产生的牌价变化，先兑者便宜，后兑者吃亏，合乎阶级路线。根据济南、沈阳、天津经验推算，以上二法，少则需人民币一千万，多则三五千万，总不会达到一亿。但是我们的工作准备，必须放在大收小挤上，人与钱均须如此。

（5）如果我入城时，伪金元券已垮台，那仅是伪反动政权与人民的关系破灭，人民不因伪金元券而与人民政策发生关系，当然我们也就根本没有收兑的必要与责任了。

2. 处理银洋的办法与步骤：

（1）初入城即宣布银洋为非法，不准使用。

(2)机关部队自己也不使用。

(3)待市场开业时,即派部队检查,一直严禁下去,因为城市领导乡村的关系绝不能时紧时松。

(4)以低于黑市百分之五至百分之十的价格收兑。

(5)人民贮藏不用者随便。

3.处理黄金的办法与步骤:

(1)初入城,即宣布以黄金当货币为非法,除首饰外,一切金条、金块、金砂等均不得自由买卖。

(2)暂时组织金业工会,我们派人领导,掌握集中于一二地点,进行首饰交易。

(3)指导金店转业,不转者以重税等予以节制。

(4)人民贮藏者随便。

(《金融部关于处理西安币制问题的意见》,1949年夏)

中国人民银行西安分行一九四九年七月上报区行。

1.银元问题:已成当前金融的症结,敌人逃跑,多带走黄"白",市场银元很缺。新解放商民受"法币""金元券"猛烈贬值的痛苦教训太深,对纸币特别不感兴趣。加以我们进城后,有两次较大的物价波动(六月十三、十四、七月十一、十二),亦给了商民一个坏影响,尤其是银元物价较稳定,如五月下旬初,七月十八日银元和本币比较,雁塔布每匹银元七元涨为八元五角,涨21%,本币三千四涨为二万五,涨7.23倍。混合粉(每市斤)银元二分五厘涨为三分二厘,涨28%,本币十五元涨为九十三元,涨5.1倍,银元黑市由二百四涨为二千八,涨7.23倍。因此,银元成为万物之宝,有了本币的商民,想一切办法换成银元,导致银元愈缺,价亦愈高,影响物价。为使物价稳定,进城后加强管制银元,打击倒贩银元,也捉住几个较坏的银元贩子。据公安部门反映,他们比特务还口紧。同时也采用以黑市打击黑市,先后售出银元二万多元,仅在收回本币、平抑银元黑市价格上起了某些作用。

人民币自发行以来,前后大小有三次波动(还有六月底较小的一次),同时大军云集,财政开支很大,加上西北最高机关都住在本市,开支亦多,每次经费发出,各单位为完成采购任务,集中在本市抓物次,如毛巾、牙膏、搪瓷缸都在几千打或个,手表七、八十个,还有公教人员、工厂生活费等都是抛在本市,故市场人民币偏多,且人民币在城乡人民中信用未著,有了人民币也都不存,马上换成银元才放心,因为买东西若用银元就便宜,目前银元牌价亦成问题。商民反映说:"我们逼着他们去做黑市。"因牌价五百五(大头)、五百三(小头)与黑市二千八相差四五倍,根本收兑不进。这是个使人头痛伤脑筋问题,请上面能想出一套管理办法来。

2. 折实储存问题:因商民手中一般不存本币,也无本币的闲钱,在他们脑子里是存货还不如存银元。故在目前情况下,开展效果不大。

3. 汇兑问题:略。

4. 伪金元券的比价问题:解放近两个月了,这个问题尚未解决,影响私营行庄的复业问题。如西安市六十三家私营行庄,只有一家开始营业,其余有八家准备复业,有二十余家可能改业或复业,十八家肯定改业,十七家预备停业,但问题均未最后决定。其有关清理债权债务问题,没有合法标准,是为一大原因。我们的意见是,我们既不承认银元,就应以敌人逃跑前的物价为基数,算出倍数来,作一个适当的比值出来,使他们有所根据去处理债权债务账项问题。

(人民银行西安分行向西北区行报告:《关于目前工作中几个问题的初步意见〔摘要〕》,1949年7月)

1. 蒋匪集团为挽救其垂死的统治,恢复了银元的使用。这个半封建半殖民地性质的硬币,在金融上给我们解放了的地区留下了得大的破坏因素。银元不但是投机的对象,并且成了潜伏匪特扰乱金融的工具。在最近三个月里,银元就波动了四五次,每次都引起了物价剧烈地上涨。为了打击投机,粉碎匪特的破坏,必须严格管理银元。

2. 匪帮最近还在待解放区公发使用银元,发行银元券。除了为最后掠夺解放区人民外,另外还有一个阴谋,就是要利用解放区人民对银元的错觉,而施行夺取我方物资的阴谋。匪帮有美帝的援助,美帝过剩白银,可能用来破坏我们的经济建设。如果我们听任银元自由活动,那么,我们的物资就要流往敌区,物价就要猛烈上涨。

3. 针对以上的情势,人民政府特于八月二十六日颁布了管理银元暂行办法,杜绝取巧,望大家一致拥护,拒绝使用授受。检举银元贩子,愿意继续贮藏的,赶快遵令登记,领到储存证,才有合法保障,不登记的以私藏论处。

4. 投机商人、银元贩子也是反动统治下的产物。他们一向浑水摸鱼,吃惯了甜头,要向他们解释在人民政府下,过去的那一套是吃不开了。现在已颁布了管理银元办法,如果不登记,要以私藏论处;如果登记了,就要规规矩矩,不再行使倒贩。不然查出银元数目与储存证不符,不论多了少了都要论处。

5. 原文不清(略)。

6. 银元与人民币优劣比较:

(1)人民币有广大的生产力与雄厚的物资作基础,有强大的人民政权的保证;银元则是靠人民对它的错觉来维持,靠即将完全覆亡的垂死政权来维持。

(2)人民币是独立自主的货币;银元则听命于帝国主义操纵。

(3)人民币携带自由,保存方便;银元则携带不便,储存困难,储存必先登记,登记后还要随时检查,以后要用一块钱,也必须更换一回储存证,不胜其烦。

(4)人民币可以折实存款,安全保本;银元的价格则随世界白银的价格正在逐渐跌价。

7. 银洋管理办法之要点:

(1)凡存有银洋愿意自行保存者,须向人民银行申请登记,登记后发给储存证,就可以自己保存。登记后,如愿意兑换,可以拿储存证,连同银洋随时向人民银行照牌价兑换人民币;如要转移银洋储存地址,可以拿上原领的储存证,向人民银行换领转移证。到了目的地后,再向所在地的人民银行换领储存证,照旧可以保存银洋。

(2)凡存有银洋不愿储存者,可向人民银行或其代办所,按牌价兑换人民币(但绝对禁止在市面行使、出售及购买物品)。

以上两项的办理期间是自八月二十五日起,以一个半月为期限。过了期限,如经察觉存有未经登记的银洋,就要以私藏论处。处分的办法有两点:

(1)不足十元者,强迫按人民银行牌价兑换。

(2)十元以上者,一律没收。如情节重大的,还要送司法机关依法处以罚金或判处徒刑。

至于倒贩银洋的人,则随时在严厉的查禁,不管他倒贩的银洋多少,如经查出,便一律没收。情节得大者,还要送司法机关依法科以罚金或判处徒刑。

这个办法全是为安定金融,稳定物价,保护人民大众的利益。希望存有银洋的人,赶快遵照办理。愿意保存的,就申请登记;不愿保存的,就立即向兑换所兑换,万勿观望。误了限期,致被查出来,受了处分,便后悔莫及了!

(中国人民银行总行:《管理银元办法宣传纲要》,1949 年 9 月 3 日)

(六)金融物价情况

解放至今旬日,自军管会布告宣布以人民币为本位币后,西安市金融起了一个划历史性的变化,即人民币以胜利的姿态投入人民手中。其简况如下:(1)市面各商贩普遍以白洋算价,但交易一般地仍是按 340 元的银行牌价折付人民币。(2)白洋已产生黑市 440—500 元。据商会一科尚主任谈,市上传说"上海解放后人民币比白洋为 500 元"有颇大影响。(3)黄金无行市,据贸分反映,曾有一商人带金子向贸分买货,贸分告他来分行兑换,但未见来。(4)伪金元券敌人在时就早成废纸,商民手中有少部分,但对它都未期望成为有价券。(5)铜子成了商品,市上到处摆着出卖,比白洋 540—550 个一枚(块)。

唯食品及其他日用零星交易日增,但大部分商号(尤其较大的商号)仍未开门(已开门的约占五分之二),敌人走时因匆忙,大抛各种物品,致一时各种物价压低,最近物价渐渐回涨。

今日物价调查列下:

价格表

品名	单位	白洋价	本币	品名	单位	白洋价	本币
麦子	市斗15斤	28	95	棉花	斤		60
机面粉	袋	230—250	80	食盐	斤		60
白米	市斤		10—12	猪肉	斤		70
小米	市斤		9—10	赤金			无市
清油	斤		80	白洋	元	铜540	350—500
雁塔布	尺		40	20支纱	捆		2700
白土布	匹4丈	160	540	通粉	袋	2	700

分行与其他三兑换所兑入的白洋统计

日 期	大 头	小 头	合 计	备 考
25	17		17	本 行 兑 的
26	206	201	407	本行与一、二代兑所的
27	258	5	263	本行与一、二、三代兑代的
28	38	24	62	同上
29	13	13	26	同上
30	12	15	27	同上
总 计			802	

从上表看出26号以后兑入数就一天天减少,这说明牌价小,产生了黑市,商民不愿拿来兑了。

（西安市分行:《西安金融》,1949年5月30日）

1. 金融与物价:

银元黑市续疲,为1900—1650。因近日宝鸡战役胜利,我军又连克四城,不日本市与宝鸡通车后,两地物价即可流转,故商民颇为安悦,追逐银元现象日渐减少,物价亦随之稍落,20支纱由8,000元降到7,500元,混合粉由2,600元降到2,500元,猪肉由350元降到320元,唯棉花南流,故市上存量稍减,价略扬,由2,000元涨到2,100元。附物价表于后:

物价表

品名	单位	本币价	品名	单位	本币价
麦子	斗	450	20支纱	捆	7,500
混合粉	袋	2,500	潞盐	斤	90
普通大米	斗	1,100	猪 肉	斤	320
小 米	斗	800	碎炭	斤	20
雁塔布	尺	150	赤金	两	无市
棉花	捆	2,100	银元	元	1,650—1,800

2.兑换情形:

共兑入银元63元,均是查兑。

3.汇兑:

从本月27号至30号本行汇出各地之款共193,720元,天津8次计155,720元,上海计20,000,北平15,000开封3,000(以上各一次)。

(西安市分行:《西安金融》,1949年6月30日)

1.本日市场又微波了一下,银元黑市回升价4,400元,推其原因:

(1)蒋匪对我之经济封锁消息刺激商人心理不安。

(2)上海黑市高涨(谣言已上两万余元),影响颇大。

(3)市面银根复松,而商不存本币,交易多是银元。

(4)银元筹码缺,供不应求,火车检查严密,外商不敢带银元来市,贸易公司月终结账停售,亦为原因之一。

2.黑市之升,对物价刺激不大,部分价码略高,如小麦较昨升100元,面粉升200,20支纱升1,000元,潞盐、碎炭升20元。但成交均冷落,棉花则看稳。

3.现在本币流通区域尚未扩大,较远乡村交易皆用银洋,故商贩反映,我军工作未深入到农中去,我们必须加强农村宣传教育工作,提高群众对本币的认识。

4.本日兑入白洋73元,均为查兑,打击黑市,兑出1,700元,高价4,150,低价4,020。

附:物价表

物价表

品名	单位	价　格	品名	单位	价　格
小麦	斗	1,000	雁塔布	尺	360
大米	斗	2,000	潞盐	斤	180
小米	斗	1,300	清油	斤	850
面粉	袋	5,200	猪肉	斤	750
棉花	捆	5,000	碎炭	斤	40
20支纱	捆	19,500	银元	元	4,400

(西安市分行:《金融简报》,1949年7月30日)

三原市各种物价指数表

时间 品名	单位	五月下旬 价格	六月上旬 价格	六月上旬 环比	六月中旬 价格	六月中旬 环比	六月下旬 价格	六月下旬 环比	七月上旬 价格	七月上旬 环比	七月中旬 价格	七月中旬 环比	七月下旬 价格	七月下旬 环比
麦子	斗	200	185	92.5	275	14.86	430	15.53	450	10.46	925	20.55	1,000	10.81
清油	斤	80	80	100	120	15.00	225	18.70	286	12.10	500	17.85	800	16.00
食盐	斤	60	65	10.87	120	18.15	120	100	120	100	160	12.50	120	12.66
石硷	斤	60	65	10.83	100	15.38	120	12.00	185	15.41	200	10.81	250	12.50
石炭	斤	28	3	10.71	65	21.66	5	76.61	15	30.00	25	16.66	30	12.00
大肉	斤	100	100	100	100	100	200	20.00	270	13.50	400	14.71	600	15.00
棉花	捆	450	450	100	1,600	2,555	1,500	93.75	1,800	12.00	3,000	16.66	3,500	11.66
雁布	尺	65	100	15.38	90	90.00	190	21.11	160	84.21	290	18.12	300	10.10
洋纱	捆	5,000			19.64	134,000	16.91	17,500	13.00					
粗洋布	尺	50	60	12.00	50	83.33	100	20.00	120	12.00	150	12.50	175	11.66
土布	尺	20	20	100	25	12.50	60	24.00	70	11.66	80	11.42	120	15.00
油光纸	刀	2,500			5,000	20.00	3,750	16.66	7,500	15.00	10,100	40.40	14,000	18.86
油墨	盒	1,200			2,250	18.75			750	20.00	1,750	23.33	2,100	12.00
白良纸	刀	200			325	16.25			1,000	30.12	1,600	16.00	1,800	11.25
腊纸	筒	1,500			1,800	12.00	7,500	41.66	6,500	86.60	65,000	100	6,500	100
本页纸	刀	305			500	16.36	600	12.00	1,100	18.28	2,000	18.18	1,000	50.00
白洋	枚	550	800	16.72	1,100	20.00	1,500	13.63	1,800	12.00	3,000	16.66	3,250	10.83
备注	1. 以五月下旬与七月下旬环比。2. 价格以人民币为计算单位。													

（人民银行三原办事处：《三原市各种物价指数表》，1949年8月11日）

西安黄金牌价变动表

日期		摘要	牌价
1949年	6月13日	业务收兑	50,000
	7月1日	同上	100,000
	9月5日	同上	180,000
	10月22日	同上	150,000
	10月24日	同上	160,000
	11月15日	同上	200,000
	11月19日	同上	332,500
	11月24日	同上	300,000
	12月20日	同上	580,000
1950年		业务牌价	搭购公债牌价
	1月9日	620,000	
	1月28日	610,000	680,000
	2月14日	720,000	800,000
	3月15日	同上	1,260,000
	3月25日	同上	1,200,000
	3月26日	同上	1,150,000
	3月27日	同上	1,100,000
	3月28日	同上	1,190,000
	3月29日	同上	1,200,000
	3月31日	同上	1,180,000
	4月3日	1,000,000	1,230,000
	4月4日	同上	1,220,000
	4月5日	同上	1,200,000
	4月6日	同上	1,170,000
	4月7日	同上	1,140,000
	4月8日	同上	1,120,000
	4月10日	同上	1,000,000
	4月11日	同上	1,260,000
	4月15日	同上	1,200,000

截至八月底止

日 期		摘 要	牌 价
1949 年	5 月 25 日	大头	340 元
	5 月 25 日	小头	330 元
	6 月 4 日	大头	550 元
	6 月 4 日	小头	530 元
	8 月 29 日	自兑	2,000 元
	8 月 29 日	查兑	1,500 元
	12 月 12 日	不分版别	5,000 元
1950 年	1 月 1 日	不分版别	5,000 元
	8 月 8 日	不分版别	10,000 元
	8 月 25 日	袁头	10,000 元
	8 月 25 日	其他版	9,500 元

西安市折实储蓄

开始办理日期	1949 年 6 月 11 日
标准商品及含量	雁塔白布 一市尺 混合机粉 二市斤 混 煤 五市斤

(七)西北区行一九四九年工作总结报告

西安解放后,第一批干部于五月二十三日下午赶到西安,接管与建行工作于二十四日即着手进行。半年来,情况变化很大,大军西进后,甘、宁、青、新四省迅速获得解放,接管建行与建立新的金融秩序刻不容缓,区行除紧缩内地(老解放区)机构外,并抽调部分主要干部,分赴甘、宁、青、新四省进行接管、建行与建立新的金融秩序工作。截至目前为止,由于时间与交通条件关系,青海、新疆建行不久,尚未有工作报告寄来,另如宁夏、甘肃也缺乏全面性的工作报告,从而区行目前尚难做全面的了解与掌握,故这一报告内容,仅以区行所在地西安为主,俟甘、宁、青、新四省比较系统的材料报来,再作全面性的报告与总结。

甲、金融与业务

1. 工作布置:

(1)西安接管伪行局库十三个单位及地下钱庄一家,代管官商合办及私营行庄五家暨地下钱庄三家,录用旧职员四百零三人、警工二百六十八人。其他陕、甘、宁、青等新解放区域,敌伪金融机构亦均次第接管。

(2)五月二十五日,利用伪中央银行行址成立人民银行西安市分行。

(3)公布人民币为本位币,其他货币均为非法,并严禁计价行使,以便本币迅速占领阵地。

(4)按照物价比例,订定银洋价格,大头三百四十元,小头三百三十元(六月二十日改订大头五百五十元,小头五百三十元)。同时,成立八个代兑所及缉私组织,将银元初步打入黑市,消灭其领导物价上涨的带头作用。

(5)批准较完整之中国银行、交通银行、陕西省银行、西安市银行、邮政储金汇业局等五行局开业,并划分专业范围,由人民银行西安市分行负责领导。

(6)先后公布管理私营银钱业办法、管理银洋办法、金银管理办法,作为管理金融的根据。

2.金融管理:金融管理以白洋为斗争中心,大致可分为三期:

(1)第一期——自五月下旬至七月下旬为波动期,中经三次较大的波动:

第一次波动在六月中旬,主要原因是战略上诱敌深入,炮声传入城内,匪特乘机造谣,银元黑市由一千元猛涨至五千元。十四日户县捷报传来,人心复定,银行配合宣传队作战略胜利的宣传及宣传拒用白洋之理由。二十日改订牌价后,由于缉私工作的加强,黑市虽仍猖獗,但已回落至一千八百元以下。

第二次波动是在七月中旬,主因仍为追击战,炮声时闻,银洋贩利用市民迷信银洋心理,乘机活动,十日至十一日由三千二百五十元抬至五千元,但十二日即回落至三千二百元。十四日宝鸡解放,粉碎了匪特造谣,同时贸司抛售货物,税局开征所得税,配合银行收缩通货,使银洋黑市继续下跌至二千八百元。

第三次在七月下旬,主因是敌人封锁上海,消息传来,匪特又乘机造谣,加之平津物价波动,西安物资来源不畅,大部商店均已开业,物资供不应求,物价随即上涨,市商追求白洋的心理又再复活,二十一日白洋价三千三百元,二十四日升至四千七百元,经银行开展汇兑,折实储蓄,抽紧银根,自二十五日以后,由回疲而稳定于四千元上下。

总结此期特点,银洋虽打入黑市,但仍与物价密切结合,仍有领导物价上涨之力量,本币亦未完全占领阵地,对银洋斗争尚未取得完全胜利。

(2)第二期——自八月上旬至十月中旬,可以称为稳定时期。由于甘、宁、青相继解放,交通恢复,城乡物资交流顺畅,商民对于政治已有相当认识,匪特造谣已不起作用,八月全月未有波动,银洋始终稳于四五百元上下。八月二十五日,政府公布管理银洋办法,规定持有银洋必须向政府登记,否则以捣贩论处或没收,加强了银洋的非法性,银洋活动更受打击,在九月份中逐步下落至二九百元,十月上旬因登记即将期满,一般商人已不欢迎银洋,倒贩银洋行为已大为减少,多数商人已不再接受银洋。在物价稳涨的形势下,银洋已有与物价脱节的趋势,失去了领导物价及计价标准的魔力。由于对银洋斗争的胜利,金融上遂取得两个半月的稳定。

(3)第三期——自十月十八日至十一月五日,可以称为再波动时期。自九月十一日公布发行五百、一千元大钞消息后,一般商人虽看法不一,但均持观望态度。事实上由于各解放区财经贸易部门配合得法及抽紧银根的结果,截至九月底,物价非但未涨,且有部分回落现象。十月上旬,大钞在本市开始流通,亦未引起波动,银洋始终盘旋于三千元上下,黄金亦稳于二十万上下,约合银洋六十至七十元之间。

十月十八日上海物价波动消息传至本市,物价金银一致成梯形上涨,至十月底,大致平均在一倍以上,食粮将近二倍,黄金银洋均涨百分之五十(黄金由二〇〇,〇〇〇涨至三一〇,〇〇〇回落至二七〇,〇〇〇元;银洋由三,一〇〇元涨至四,七〇〇元回落至四,三〇〇元)。现在(十一月五日)各货价格除棉花小涨,面粉回跌,一般已渐趋稳定,加之津沪物价涨幅渐小,西安银洋虽随同蠢动,但只能追随物价而不能领导物价。再仍在注意加强管理,以免再成本币大敌,危害金融。

3. 银行业务:自开业日起至七月底止,因在金融连续波动期间,除收兑银洋友币、代理金库业务外,大部力量均放在稳定金融方面,对于存放、汇兑仅在研究准备阶段,尚未展开。八月初因金融已臻稳定,津汇、申汇均已做开,折实储蓄逐渐增加,放款手续亦研究就绪,一切均以恢复生产、促进物资交流、稳定金融为中心,大力发展,至九月十二日初步检查,西安市分行存款已达十五亿元(包括折实储蓄一千七百万元),放款已达八亿元,所有西安各种主要生产事业均已普遍贷放,部分运销事业亦予贷款。十月间更有长足之进展,截至十月底,西安各行局存款结余共达七十四亿元(包括折实储蓄六亿元),公款占87%,私款占13%;放款结余共达二十六亿元(包括区行直接放出公营企业七亿元),其中公营企业占57%,私营企业占43%。五个月汇出汇款共计一百四十九亿元,其中以上海为最多,占54%,天津次之,占18%;汇入汇款共计十九亿元,以兰州为最多,占53%。通汇地点增至六十四处,各重要城市之行处均已建立汇兑关系。估计至本年年终,存放汇兑业务有再增加一倍之可能。

4. 经验和教训：

(1)对于银洋的斗争,仍应充分运用政令武器,限制其活动,加强其非法性,不放松打击。建议中央统一采取登记办法,全面管理,以求彻底压制银洋潜伏力量。其次,在新解放区订定银洋牌价,要迅速,要主动、机动,不可被动追随黑市,影响本币信用。

(2)在城市中设立分支行,不必要有大量资金,只要有适当的干部的准备,即可着手设立。

(3)汇兑为城市行中心业务之一,故应予以极大注意。西北方面对此问题研究不足,尤其是对清算汇表、灵活调拨的准备不够,直到现在尚未完全解决。因之,在银行业务的开展及资金的运用上,均有莫大的损失,应引为主要教训。

(4)城市行存款以公款及活存为主,平均在百分之九十以上,亦非完全不能利用,甚至可以说是城市行资金运用的主要来源。不过,利用时要抓紧时机,分别性质,估计其支用比例,注意适当准备,存款虽以公款活存为主,但也不可放弃私款和定存,要主动吸收并充分利用代理收付方法以广招徕。

(5)折实储蓄存款平时吸收不多,但对稳定金融、提高币信则大有帮助。在物价波动时期,吸收部分折实存款,对于安定人心亦有相当作用。

(6)在目前阶段上,银行放款应以定货贷款、折实贷款为主要方式,货币贷款很难实现公私两利的原则。此外,银行应力求在公营企业中担负一定的任务,以减少发行。过去公营企业多仰赖政府拨款,而未充分利用银行资金,银行贷款未在公营企业方面占到应有比例。资金多呆存库中,坐耗利息,两蒙不利。

(7)物价波动则是增加发行的自然结果,与发行大钞的关系极小。在发行大钞以前,抽紧银根,停止放款,吸收汇款,开展储蓄,勒紧支付,都起了相当重要的配合作用。唯此次紧抽银根,在时间上提早了二十天(九月中旬),没有注意发行大钞到物价波动还有一个过程,以致抽紧银根为期过早,逼迫部分物价下落,而在银根放松后又形成梯形上涨,不如缓抽缓放,使物价逐步正常缓升,较为适宜。

西安市基要物价分类指数

1949 年 7—10 月份　　　　　　　　　　　　　　　以六月平均数为基期

月份	日期	金银类	衣着类	食品类	总指数
七月	5	127	151	131	136
	10	214	220	180	199
	15	187	223	192	200
	20	195	238	190	206
	25	246	353	273	292
	31	269	318	245	272
平　均		206	251	202	207
八月	5	294	329	276	296
	10	291	341	269	295
	15	288	351	259	293
	20	321	425	286	345
	25	294	351	282	315
	31	261	362	253	285
平　均		292	360	271	312
九月	5	261	364	249	285
	10	250	363	252	284
	15	246	370	304	313
	20	249	386	320	326
	25	237	362	302	307
	30	204	363	299	299
平　均		241	362	288	301
十月	5	221	370	302	316
	10	221	400	321	325
	15	207	458	310	334
	20	192	434	350	344
	25	258	547	430	431
	31	297	689	704	618
平　均		233	483	403	376
总平均		243	364	291	299

注：金银类包括黄金、银元两种；衣着类包括棉花、20 支纱、白洋布三种；食品类包括大米、混合粉、小麦、猪肉、碎炭五种。

(《西北区行五个月工作报告》,1949年5月至10月)

1. 前言。

自三月西北财经会议后,根据规定的方针和政策,将银行机构与贸易机构重行分开,分别执行不同的任务,西北区行于四月十五日在延安成立,按照交替老区、接管新区的步骤,在发展经济、稳定金融的总任务下,依据下列五项政策进行工作:

(1)独立自主本币一元化的货币政策。

(2)严格管理私营银钱业及其他信用事业,以发展城市生产及运销事业的城市信用管理政策。

(3)扶助生产,工农并重,先公后私的贷款政策。

(4)公私两利,借贷兼顾,促进民间借贷的利息政策。

(5)壮大国家资本的企业化政策。

在九个月的紧张工作中,终于按照预定计算基本上完成了接管、建行、建立金融秩序、开展银行业务、扶助工业生产、协助物资赚交流等项基本任务。但在工作中还有缺点与错误,也还有困难,有的已经纠正,有的仍然存在,尚待努力克服。兹将本年工作分为接管建行、金融管理、业务开展三项以及各部门、各地区工作中的成绩、缺点、困难和教训综述于后,以供检讨。

2. 接管建行。

区行成立后,首先将延安、绥德、三边、黄龙等区业务划归陕北分行领导。当时由贸司分出的银行干部仅有一百二十一人,练习生九十三人,合共二百一十四人,对于银行最基本的组织机构,已感无法分配和建立,而军事进展极速,对于新区的接管刻不容缓,因此先就原有干部展开城市政策的学习,同时由财委陆续配合河东调来贸易工作干部一百一十五人,练习生一百二十四人及延大财校学生一百七十人,合计四百零九人,连原有干部共计六百二十三人(其中干部二百三十六人,占38%;练习生三百八十七人,占62%)。此为接管前银行人力之基本情况(其中留陕北工作者约一百八十人)。

在区行成立以前,银行并无独立资金,统由贸司资金项下拨支。区行成立的初期,仅由总行拨给银行资金一亿元(五月五日拨齐),又为统一币制,拨给兑换基金五亿元(六月二十二日拨到),此为接管前银行资力之基本情况。

五月十三日,区行即以上述人力资力自延安出发,开始了接管大西北全部金融机构的任务。二十三日抵西安,当日即在伪中央银行开始布置工作。二十五日军管会成立，组织金融处，派遣本行干部四人为军事代表，率领工作小组十二人，分驻各行接管，共计接管伪中央银行、中国银行、交通银行、中国农民银行、中央信托局、中央合作金库、邮政储金汇业局（十一月份划归邮政局领导）、陕西省银行、西安市银行、河南省银行、甘肃省银行、山西裕华银行、山西省银行铁路银号联合办事处等十三个单位，附属单位及宿舍四十一处，合共五十四处，职员五百零八人，工警五七九人，合共一千零八十七人，经先后以填表、写自传、谈话等方法分别了解，计当用职员四百一十一人、工警二百六十八人，合共六百七十九人，送民大学习者四十三人（现已结业录用），遣散者一百六十三人，自动离行者一七五人，其他机关录用者二十七人（现又登记上十余人，已送失业人员处理委员会统一处理）——录用职工六月份先发给维持费，七月起实行薪金制，先行自报公议，再由行政决定。遣散者发给路费，俾回家生产。

在接收步骤方面，先由军事代表召集全体员工讲话，解释约法八章，宣布接管方针，以不打乱原机构为原则，分别封库封账，责令负责人缮造移交表册，按册点交，发动群众，追查隐藏物资。各行局中除中国银行、陕西省银行员工有护行组织，大部保持完整外，其他中央银行、交通银行、农民银行、中信局、合作金库等单位负责人及账券均已撤走，仅责令留守人员就残余资财造册移交。根据清查结果，实行约法八章有功者奖、破坏者罚之规定，经过详细调查，配合民主评议，召开奖惩大会，计团体受奖者五个，个人受奖者九十一人，受惩者三人，发挥了爱护人民财产的教育意义。

接管资财以中国、陕省两行副业较多。中国银行投资之雍兴实业公司，计有纱厂三，打包厂二，机器厂一，面粉厂一，煤矿一，购棉部一（现已改组为西北人民纺织建设公司，由企业厅领导，另有兰州毛织、面粉两厂未计入）。陕省行投资面粉厂一处，机器厂一处，印刷厂一处。以上各厂矿按十一月三十一日市价估计，合值人民币二百零三亿元。各行其他资财计有房屋五十二院，地皮二百五十八亩，器具九千二百六十九件，估值四十二亿元；财政物资十八种，估值三亿元。全部总值约二百四十八亿元，折合折实单位七百四十万六千零四十八个。

其他各地官僚资本金融机构，据报告均已分别接收，但因各地解放时间先后不一，资料不全，暂难统计，唯据已有资料了解，录用员工约三百九十余人，接收机构以陕、甘两省行及中、中、交、农、信、邮、合七行局库较多，房产资财现在尚未清查完毕。

在进行接管中,同时展开了建行工作。五月二十六日首先成立西安市分行,陆续设立八个兑换所,批准较完整之中国、交通、陕西省、西安市银行及邮汇局复业,由西安市分行统一领导。关中区成立大荔、渭南、咸阳、三原、宝鸡、彬县六个办事处。陕南成立汉中办事处,由区行直接领导。榆林成立办事处,由陕北分行领导。甘肃、青海、宁夏、新疆成立分行。平凉、庆阳、天水成立办事处,由甘肃分行领导。兰州批准中国、交通二行复业。西安成立保险公司区公司。截至十一月底止,全区共有区行一处,分行六处,办事处十一处,支行二十处,营业所三处,农贷所一处,复业行及保险公司七处,共计五十三处(区行原墨守成规晋南,晋西北分行已划归山西省行领导,陕南分行最近方划归西北区行领导,西安邮汇局划归邮局领导,均未计入现有行数之内)。干部、练习生合计一千七百五十九人(包括复业行在内),老区来干部占22%,练习生占26%,新干部(录用旧员工)约占52%,重要地点建行工作大致初步完成。现在计划在一九五〇年拟将分行调整增设二处,办事处增设二十处,支行增设四十六处,专业行及保险公司增设五处,合计增设七十三处,全区分支机构预计将达一百二十六处,干部约需五千人。

检讨八个月接管建行的工作,是有成绩的,也是有缺点的。在成绩方面说,依靠老干部团结新干部,坚持学习制度、会议制度,在基本上完成了各地接管、清查、建行等项任务,并随时纠正了工作上的一些偏向;在缺点方面说,多数干部对于银行业务不熟练,工作迟缓,效率不高,未按时执行报告制度,有的报告显得凌乱无中心,又由于人少事繁,上级检查指示不迅速,主动的计划少,被动的应付多。

在接管上,最大的困难是账卷移走,情况了解不深入,无彻查,但经发动群众,启发积极分子,在帮助移交及清查物资起了相当大的作用,使接管工作能迅速完成。

在干部政策上,以提高老干部、培养新干部为中心,对于干部一般的均提升一级使用,计由办事处主任提升为分行经理者六人,支行经理提升为办事处主任者二十一人,干部提升一级者五十三人,练习生提升为干部者十六人,总计已提升九十六人,在实际工作中多能胜任,并力求进步。但银行的政治待遇(看文件、听报告)与生活待遇(家属及病号照顾),均比党政机关差,提拔也较慢。少数干部对于银行业务生疏,有些工作不太安心,希望转到党政的工作岗位上去,现正予以教育说服,促其进步。部分行政干部配备不恰当,尚须逐渐调整。对于新干部,采取大量录用政策,凡有工作经验及技能者,均不使流离失所。录用以后,组织学习,改造思想,以建立为人民服务工作态度。大部分是在工作中学习,少数送民大五部集中学习,送民大学习者进步较快,在工作中学习者,少数进步较快,多数不能联系实际,如学习文件,偏向名词之推敲,学习社会发展史,纠缠到猿人的生理研究,离题甚远,尚未能普遍建立革命的人生观,消除雇佣思想。现正加强领导,已逐步在生活及工作检讨中,展开批评和自我批评,使能联系实际,并计划在不影响工作范围内抽送民大学习。同时,以团结新老干部为中心,展开互相学习,由老干部传达重要政治报告,新干部讲解银行一般技术实务,以期新老干部在政治理论和技术水平上同时提高一步。

一九五〇年准备实行薪金制,根据总行原则,已议定详细办法,并在多次会议中阐述薪金制的意义,使老干部在思想上有所认识,在精神上有所准备。但实行薪金制系革命干部在生活上的一个大革命,少数干部未能了解薪金制在和平建设中的作用,尤其是文化低而负担重者恐薪金低,不能维持生活,产生悲观情绪,现正准备组织讨论和评议,提高认识,合理修改,在原则上保证不因实行薪金制而迫使其脱离革命队伍,以贯彻薪金制之积极作用。

3. 金融管理。

本年金融物价的演变,可分为两个阶段,五月以前为第一阶段,以延安为中心;五月以后为第二阶段,以西安为中心。在第一阶段中,由于黄河以北的各解放区已连成一整体,并建立了统一的货币制度,各区物资交流的范围扩大,相互的影响也比较敏锐。由于上年十月间晋南临汾一带物价上涨的影响,至本年一月份已波及晋西北及陕北,其波动趋势是由东向西、由外向内——延安。以延安物价为例,一、二月份上涨最猛,三月份涨势已较缓和,四、五月份更趋于平稳。具体物价指数(包括小米、小麦、玉米、熟花、土布、清油、食盐、洋布八种商品)与环比如下列:

月份	延安物价总指数	环比
一月份	140	140
二月份	222	159
三月份	286	129
四月份	309	108
五月份	338	109

由于陕北系农村环境，经济活动比较单纯，金融管理侧重物价控制，主要是配合贸易公司掌握民生必需物资及组织物资交流。

五月间物价的稳定，正是这一措施的效果。

自五月二十日西安解放后，西北金融物价遂进入一个新阶段。由于区域扩大和社会经济活动复杂，金融特价已非单纯掌握几种主要物资所能控制。诸如金银市场的管理，银钱业活动的监督，利率汇率的控制，存放汇兑业务的掌握，在需要密切的配合。

解放后的西北中心——西安物价的总趋势是由低落到波动，由波动转为稳定，再由稳定进入全国性的上涨，由于解放初期西安物价低于全国各大城市（六月一日面粉每袋价格：西安为八百元，上海为一千五百六十元，太原为三千零八十元，天津为四千三百元，北京为四千七百元），实为六、七月份物价必然波动的原因之一。加之六、七月间关中尚未全部解放，生产尚未恢复，城乡关系尚未彻底疏通，资金集中，供求失调，匪特乘机造谣，物价因之不断波动，而以银洋居于领导地位，一般物价在暗中均以银洋为计算标准。七月十四日宝鸡解放后，由于胜利形势的迅速发展，革命秩序业已建立，工商业渐趋活动，银行业务已逐步开展，币信逐渐巩固，匪特造谣已不起作用，并于八月二十六日边府公布管理银洋办法，非但限制银洋行使买卖，保存亦须办理登记。九月中旬配合发行大钞，实行全面紧缩，银洋市价遂节节下落，终于形成贬值状态，并失去计价标准的地位。西安物价在八、九月间遂获得两个月的稳定。十月间由于秋收不佳，又值货币大量投放时期，大钞陆续出场，外埠购棉资金源源流入，西路甘、青、宁市面恢复，对于西安物资依赖加重，市面银根大松，物价遂由农产品领导逐步上升，十月十八日，全国性物价涨风爆发，西安物价在各种因素推动下，以致创造了新高价，此次波动特点为速度猛，幅度大，时间亦长达一月之久，至十一月下旬方逐渐回稳。白洋虽亦随同上升，但是管理办法之限制，已不起领导作用，且与总指数相比，贬值几达50％。陕北、关中及陇东各地物价，大致均向西安看齐，波动较迟，稳定亦较迟。其次，个别物价上涨趋势并不一致，在先花纱布原比食粮上涨较快，最近食粮上涨率则已超过花纱布。再次，工农产品比价原甚悬殊，尤其是在九月间抽紧银根之际，农产品价格被迫下落，及至秋收因雨过多而减产，农产品领导先猛涨，使工农产品比价取得了自然合理的调整。兹将最近七个月延安、西安二地物价总指数及环比，西安食粮、花纱布、工业品、农产品、金银各类物价指数分列如下，以见其具体变化：

延安、西安物价总指数及环比

月　份	西安总指数	环　比	西安总指数	环　比
6	100	—	100	—
7	205	205	207	207
8	373	181	312	151
9	350	94	302	91
10	336	96	376	124
11	1,016	302	1,014	276
12	1,564	154	1,376	136

注：延安指数包括商品同前；西安指数包括黄金、银洋、大米、小麦、面粉、棉花、20支纱、洋布、碎炭、猪肉十种商品。

西安各类物品价格指数

月　份	金银类	食粮类	衣着类	工业品类	农产品类
6	100	100	100	100	100
7	199	206	237	223	221
8	290	286	362	316	331
9	244	370	368	315	326
10	231	407	467	402	472
11	540	1,251	1,206	1,034	1,424
12	715	1,835	1,593	1,434	1,993

注：金银类包括黄金、银洋二种；食粮类包括小麦、大米、面粉三种；衣着类包括棉花、20支纱、洋布三种；农产品类包括大米、小麦、棉花三种；工业品类包括面粉、20支纱、洋布三种。

在金融管理方面，虽以稳定物价为中心，但不能以单纯稳定物价为满足，消极地防止投机活动，虽属必要，而积极地开展存放汇兑业务、扶助生产，实更为重要。在进入新区的初期，一般地都以建立本币阵地、打击银洋为主要工作，公布本币为一切交易计价之合法货币，严禁银洋、铜元行使和买卖，配合缉私，将银洋打入黑市。参照老区、友区比价及新区物价，订定银洋牌价，进行收兑。统一公布银洋管理办法，持有银洋必须登记，西北各地普遍执行，登记者虽很少，但在加强其非法性上,确有显著效果,使其失去计价标准的地位,进一步逼迫银洋退出公开市场。西安、兰州在初期物价剧烈波动时,曾数度采取以黑市打击黑市的办法,但实际上更助长黑市,予本币以更大打击,现已不再采用。

西北各地私营银钱业原集中于西安、兰州、宝鸡、汉中、平凉、天水等地,其他中小城市均无私营银钱业设立。西安根据六月二十四日军管会公布之管理私营银钱业办法,予以管理,并坚持严格管理政策,考查各行庄过去历史资力信用,只批准上海银行及钱庄五家复业,仅占原有银钱业数十分之一。由于限制存放利率、存放对象,使私营行庄的投机行为大大减少,与解放前高利吸收存款、囤积投机、乘物价波动兴风作浪已迥然不同。又定期召开座谈会,交换意见,解放政策,一般均表示愿恪遵政令,经营合法业务,并在本行出纳繁忙之时,自动争取代收代汇,帮助本行解决部分困难。但据最近考查,除上海银行盈余八千万元外,四家钱庄有损无益,且资本微小(2,000至5,000万元),存放业务清淡,长此以往能否生存,实有疑问,现已考虑在管理办法以内酌量放宽管理尺度及提高存放利率,鼓励其合法活动,并引导其与生产相结合。由于在管理上执行先紧后松政策的正确,既已大削其投机性,复引导发挥其积极性,使部分行庄原已申请停业者,又申请复业,现正审查其动机、资力再定去取。其他各地除兰州批准四家复业外,尚无复业者。

关于黄金,亦经公布金银管理办法,予以控制。现仅西安批准四家金店继续营业,以收售饰金为限,由售价格须经本行核准,经常检查,交易不多。黑市虽有零星买卖,但追求金银者已日渐减少,在市场上已不起大作用。兰州原有金店十九家,继续营业者尚有七家,正在注意管理中。

根据经验,在物价波动时期,压低汇率,抽紧银根,以控制物价,确有大效。但在方法上应兼顾本地与外埠的金融情况,机动伸缩,以免加重大都市压力,影响全局。

九月中旬,西北各地为了配合发行大钞,防止物价波动,在大钞还未运到以前,即着手收缩通货,未考虑增发通货在市场起作用,还有一个过程,至于抽紧银根为期太早,收缩过紧,压迫农产品落价,一旦放松,反形成猛涨。不如缓抽缓放,使物价正常缓升,较为合理。

甘、宁、青、新等省金融物价情形:因解放时间较迟,一切尚未步入正轨,尤以少数民族区域习用金银,对于本币推行颇有阻力,在群众未深刻了解政策以前,未作硬性规定。如新疆暂准原省政府发行之银元券流通,但区外汇兑仍一律以人民币计算。青海虽公布银洋为非法货币,但由于回藏民族习用银洋,对银洋在市场上流通暂不敢缔,一俟时机准备成熟,再作进一步布置。宁夏因贸司、银行业务展开迟缓,放出本币不能回笼,物价一度紊乱。但经贸司抛售物资、银行开做汇兑后,渐趋平衡。甘肃方面以兰州为代表,因接近青海,虽执行登记办法,并已做到银洋脱离物价,但在十一月中旬由于全国物价上涨的影响,银洋死灰复燃,由四千四百元涨至八千五百元,月终更涨至一万二千五百元,成为物价上涨之领导因素,并发生拒用本币及市场交易再以银洋计价的现象,情形颇为严重。嗣经贸司调集十五亿物资,大量抛售,银行无限收汇,方始扭转市场混乱现象,但本币信用已受打击。此一经验应该重视与警惕,在银洋活动未彻底消灭以前,应经常保持战斗作风,随时准备作货币斗争。

4.业务开展

业务工作也可分为两个时期,延安时期除进行农贷及数量不大的合作贷款外,存汇业务均未展开。进入新区后的初期,因忙于接管敌伪行局,建立及健全机构,管理金融市场,业务的开展一般均较迟缓;七月以后进入的新区,因已获得经验,对于建立汇兑关系,事前已有充分准备,因之通过汇兑,即能很快地帮助工商业恢复活动,随后开展存放业务,比较顺利,也比较快。兹将全区存放汇兑农贷等主要业务简述如次:

甲、存款:区行进入西安,首先拟定各种存款章程,创办折实储蓄存款。西安市分行及所属专业行开展较快,逐月均有显著增加。自六月份起至十二月底止七个月间,共收入二千二百八十六亿元,共付出二千零七十九亿元,余额为二百零七亿元。按平均余额性质分析:活期存款占70%,同业存款占21%,折实存款占8%,定期存款不足1%。按公私性质对象分析:党政军机关存款占44%,公营企业存款占48%,私营工商业及个人存款仅占8%。西安以外各行处对于存款之重要性有认识不足者,如强调物价波动期间,不易吸收存款;或因存款流动性太大,不能利用,空负利息,存有戒惧心理;或以缺乏适当贷款对象,无法利用,因而不愿多收存款;或侈谈跳出柜台,而未有切实行动。凡此种种偏向,均经及时纠正,逐步提高注意。截至十二月底,陕、甘、宁、青各行处(西安除外)七至十二月份六个月间,共收入二百四十八亿元,共付出二百一十亿元,余为三十八亿元。按余额性质分析:其中活存占86%;定存占1%,折实存款占9%,储蓄占4%。以地别而论,兰州分行、宝鸡办事处两单位合计即达十八亿元,约占总额50%,其他各行处合占50%。大城市存款来源较丰,吸收较易,自属肯定之事实。

其次，存款的增加与物价指数的增加相比较，不仅完成正比例，而且超过了物价。以西安十二月份为例，物价指数平均为1541%，存款平均余额指数为3228%，证明存款之增加，不仅是物价膨胀的结果，绝对的存额也在增加中。考其原因，主动争取与经济繁荣各占其半，争取代收，尤有大效。由此证明，各地存款的吸收还大有发展的余地。以前重视不够或强调困难是错误的。根据西安的经验，如十二月底存款余额为二百零七亿元，放款余额为七十八亿元，约占存款额38%。放款资金的主要来源仍为活存公款，证明活存公款仍可大大利用。个别地区情况是有不同，仍可互相调拨调剂，如何利用及利用率的高低，除了个别情况的差异及适当的支付准备以外，一般地可以运用30%至40%。问题是看我们如何掌握，如何灵活运用，并从基本上认清，只有争取存款，才能扩大放款，才能加强银行在市场上的控制力量和在政策上的领导力量。

折实存款在数量上虽只占总存款的8%，但全部可以利用，并可帮助提高币信，吸收一部分游资，配合稳定物价，而在户数上首屈一指。以西安各行局为例，截至十二月底存户总数为三千四百六十九户，折实存款为二千七百六十四户，占总户数80%。由此可见其与群众之接触面远较活存为大，同时折实存款具有短期公债性质，在技术上如何作更进一步的经常推广，保持并扩大其存额户数，今后实有予以大力注意之必要。开办初期，存者极少，但经动员各行干部竞赛，组织宣传大队及工作小组，跳出柜台，走向工厂、商店配合代收，主动揽收，立收大效，存额存户逐月激增，不仅增辟了存款的来源，且大大地提高了群众对于人民银行的认识，并为其他业务的开展奠定了良好的基础。

乙、放款：西北区的放款，正如存款一样，重心也在西安。西安各行局在六月至十二月底七个月中，共放出三百亿元，收回二百二十二亿元，十月底余额为七十八亿元。陕、甘、宁、青各行处七至十二月份六个月中，共放出八十四亿元，收回四十一亿元，十二月底余额为四十三亿元。按对象分析（放出总数），西安各行局：工矿业占44%，贸易占32%，交通占15%，手工业占1%，农副业及合作事业合占2%，同业欠款占2%，其他文化机关贷款合占4%。陕、甘、宁、青各行处：贸易占30%，工矿业占39%，手工业占10%，合作事业占11%，农副业占9%，其他文化占1%。按公私性质分析，西安各行局公多于私：公营占86%，私营占14%；其他各行处则相反，公少于私：私营占72%，公营仅占28%。以上各业分配与公私比例之不同，由于西安公营工矿交通较有基础，公营贸易业务较大，需要自然较大，而其他地区公营企业极少，工矿业基础薄弱，需要亦小，贷款政策不能机械执行，应作灵活运用，因之遂不得不趋向扶植私营生产运销事业，与先公后私、先工后商原则并无抵触（注：西北区行直接放出公营企业折实贷款二十九亿元，收回三亿元，十二月底余额为二十六亿元，未包括在上述数字之内）。

西安解放初期，公私工业生产因资金缺乏，大部陷于停顿。为了恢复生产，保障工人生活，遂积极展开工贷，在最初三个月中，即贷出十五亿元，所有西安重要机器工业及手工业均已普遍贷放。据九月中旬初步检查，主要承贷工厂共生产面粉四十三万袋，20支纱一千二百件，各色布十五万匹，组织及吸收失业工人及贫民五千人，对于恢复生产、支援前线及安定社会秩序，均有显著效果，间接亦有助于提高币信及物价稳定。

在进行贷款之前，调查是必要的。西安分行根据调查所了解的产销情况，需款的缓急和数量及本身头寸的松紧，制订贷款计划，预定贷款的对象和分配数量，一方面达到了有重点地恢复生产的目的，一方面又防止了盲目的平均主义趋向，使贷款尽可能地发挥了最大的效果。少数行处不了解调查的重要性，调查无计划，不深入，因之不能主动地、有计划地贷放，或为放款而放款，不问效果，甚或找不着放款对象，坐候上级指示，这种情况现虽逐渐减少，但调查工作仍有继续加强之必要。

在贷款方式上，西安各行局对公营企业以货币贷款为主，占放款总数的30%，折实为辅，占24%，对私营企业以折实定贷为主，占放款总数10%。货币贷款较少，占4%。贷款期限最长不超过三个月，一般在一月或二十天左右。公营货币贷款主要对象为贸易公司，占放款总数的32%，对于本行资本累积上不无损失，但从大处考查，支持贸司收购棉花、小麦、布匹、面粉，掌握物资，也同样地壮大了国家资本，间接也推广了本币市场，稳定了物价和金融，仍属有利。其他公营生产事业，则在两利原则下，采用折实贷款。至于私营企业，着重折实定贷，以争取再生产。过去对于可以直接掌握物资的定货贷款做得不够（仅占放款总数2%）。今后拟在物价平稳时，多做定货贷款，而在波动时，则贷出实物，既与收缩通货无碍，又可扶助正常生产，更能贯彻两利政策。至私营货币贷款，只在物价平衡时作短期贷放，各地行处初期间有不能掌握两利原则，放出长期货币贷款，招致损失，或因折实贷款不易放出，无原则地适就私商，放出货币贷款，均经及时纠正，并分别指示引以为戒。

根据各地经验，贷款政策的掌握，均应以生产建设为核心。即充分掌握农工并重、先公后私、先工后商、公私两利及有利于国计民生等原则，灵活运用，避免机械执行，不能偏重某一项原则，而与实际情况脱节。如大城市工可多于农村，公营企业较少地区，自可多扶助私商。保本固属重要，但不应单纯强调片面利害，而忽视扶助生产之积极性。领导干部尤须随时总结经验，防止偏差。

丙、农贷：本年农贷以老区为主，多数新区因主观客观条件的限制，仅渭南、大荔配合救济水灾发放了五百万元的紧急农贷，三原、咸阳发放了四亿元的副业贷款以外，其他地区尚未普遍推行。

老区本年农贷资多分配，计晋南为一千八百万元，晋西北为一千四百万元，陕北为五百五十万元（加上收回旧贷款合计为一千万元）。除晋南、晋西北现已划转山西省行外，陕北农贷业务情况，据十一月底延、绥德、黄龙三分区不完全的统计：共贷出现款四百万元，麦子三千九百六十九斗，荞麦七百五十二斗。检查贷款使用，计调剂耕畜七百二十八头，增置农具四千三百零八件，播种麦田一万零五百七十四亩，扩大耕地三万一千七百六十四亩，增产食粮六万零四百六十二斗，组织私人资本九十一万八千三百六十五元，占贷款总数22%。在扶助农业生产中，确已帮助部分农民解决了生产资具的困难，实现了一定的生产计划。但同时也存在着不少的偏向：如部分地区春贷布置太晚，贻误农时，削弱了贷款作用；农具贷款的折价超过了市场价格，未达到动员私人资本参加生产的目的；或未即时检查贷款用途，致部分贷款转向还债、交公粮，甚至消费，失去贷款意义；部分地区存在着平均主义作风，贷款无计划、无重点，不能充分发挥贷款效用；部分干部仍抱有单纯救济观点；忽视保本，未贯彻积累国家资金与公私两利的政策；或未顾及农民还款能力，还款时期定在农民收益最少、青黄不接的时期，致发生农民为要还款不得不变卖耕牛及转借高利贷的现象，失去了贷款本意。

根据上述经验，深信要贯彻一九五〇年的扩大农贷的方针，农贷干部的政策学习与业务学习，实为决定农贷成效大小的重要关键之一。

丁、汇兑：进入新区的初期，对于汇兑的认识不够，准备不足，加之交通不畅，交换协议书、密押及印鉴，辄需三四星期，故汇兑之开展较远存放款为迟。西安至七月二十八日才开始做电汇，延迟已达二月之久。七月以后，进入之新区，对于汇兑已有准备，均能即时与西安通汇。对于短期内恢复金融秩序及工商活动，起了一定的作用。

西安市分行通汇地点，截至十二月份，已达二百余处，普及全国各重要城市，汇款数额逐月激加，截至十二月底七个月间，汇出汇款共计五百四十二亿元。按公私性质分析：私款占68%，公款占32%；按地区分析：上海占46%，天津占15%，汉口占11%，郑州占6%，其他各地合占22%，汇入汇款共计二百零二亿元，按公私性质分析：公款占24%，私款占76%；按地区分析：兰州占35%，上海占11%，天水占6%，其他各地合占48%。汇出入相较，出超三百四十亿元。

其他各行处七至十二月份六个月间，汇出二百一十一亿元，汇入七十五亿元，出超一百三十六亿元。汇出入主要地点均为西安，其次为区内互汇。区外汇兑，仅兰州、宝鸡、平凉业已做开，其他各地行处尚未与区外普遍建立汇兑关系。

西安汇率的调整，以上海、北京、天津、汉口、南京、徐州、太原、郑州变动最大最多，达二十余次。变动原因，系根据各地物价高低、银根松紧及本行需要开放或限制而定。以沪汇而论，最高达20%，最低为平过，平均在5%至10%之间。对于平津则采取廉价多汇政策，以减少现钞之运送。在汇兑联系上，已与主要的通汇地津、沪、汉、郑及兰州五处约定，汇率变动互相通气，以防止套汇。其次，对于汇率的掌握，因领导干部人少事繁，不能机动地升降，常陷于被动地应付；又因汇出多于汇入，汇差极大，不能很快清理，联行利息负担很重，因之过分重视汇水收入（七至十二月份西安收入汇水共三十亿元）。对于廉价多汇政策未能充分把握，以致造成黑汇互相拨抵现象，及至发觉，降低汇率以打击之，但已失去时效。今后对于廉价多汇政策，应切实执行，以防止黑汇大量产生。

托收业务虽已开始，但数量不大。押汇因过去交通尚未恢复，无人申请。现在陇海、西兰、兰迪诸路均已畅通，川陕运输短期内亦可打通，今后对于争取出口极有帮助的押汇业务可望开展，事前的研究与准备，实有必要。

在银行业务上，由于过去银贸合一及多数干部原系贸易工作干部的关系，对于银行业务还不精通，多少还保持着贸易作风，不能从发展银行本身业务上实现保本政策，常用依赖贸易方法为保本手段的思想，经及时纠正，未再蔓延。

由于银行转入城市，存放汇业务突增，从根本上改变了过去的赔本现象，但在开支上也大大增加。以区行本身而论，本年六至十二月份预算数为79133423元，决算数为120092746元，超出预算52%。主要原因是干部增多、调动频繁及补充被服等等人事开支激增的结果。但开支激增并不影响银行的损益及资本的累积,本年自四月份起拨到的资金总数为5237094193.80元,合折实单位5027102个。全区年终账面纯益为17247982223.84元,合折实单位4279896个,除去资金升值折实单位3727575个,纯益折实单位552321个,约合拨到资金总数11%。以地别而论,西安、兰州、宝鸡等城市行纯益较多,宁夏、青海、陕北等农村行则均有亏损。今后农村行能否做到保本,目前尚无把握。

城市设行并不需要大量资金,只要迅速开展汇兑,争取存款,社会资金即可源源流入银行,不虞匮乏,唯资金的调拨与掌握必须灵活,一分资金可以发挥二三份效用,否则资多呆滞,坐耗利息,有资金等于无资金。西北各行处对于调拨缺乏经验,尚待提高。

西北各地因出纳繁忙,出纳人员常占相当大的比例,虽每晚加班,并委托私营行庄代收、代汇,仍不能解除出纳拥挤现象,以致影响存汇业务。现经研究,试用定额本票,鼓励顾客使用支票,用支票汇款予以优待等方法,以便逐渐减少现钞进出数目。

在进入西安的初期,因旧的会计制度不适于新的城市业务,加之分支机构不断建立,会计工作比较繁乱。为了缩短繁乱过程,成立研究组,根据工作缓急,拟定了会计科目说明、存款及透支处理手续、各级金库处理手续、密押编制办法、联行账务及汇兑处理手续、联行账务处理办法补充说明、新疆通汇办法、预决算办法等十余种,在会计制度上打好了基础,解决了汇差调拨问题,配合总行实行了统一的联行制度,使会计工作走上了正轨,纠正了繁乱现象,赶上了业务的需要。根据经验,会计制度应力求完整统一,少用临时办法或暂时手续,以免朝令夕改,影响工作效率,浪费人力物力。西安、兰州已建立发行库,业务另作报告,各地金库亦已建立,对于有限度的利用发行库及鑫库,以应付大量紧急汇款问题是否可行,现正在研究中。保险区公司虽已成立,一切业务尚在筹划中,一俟就绪,即可配合展开质押及仓库业务。检讨本年全部工作业务过程,虽已获得了一定的成绩,这种成绩的获得,一部分是由于主观的努力,一部分是由于环境的要求和逼迫。在总的方面说,一般工作业务的开展,赶不上时局的发展。具体的现象是:事务纷繁,上忙下闲,问题多,会议多,新鲜事物不能很快地掌握和处理,中心工作不能很快地检查和总结,紧要问题不能很快地作出指示或答复,办事慢,效率低,主要原因是领导的经验主义与官僚主义作梗。区行曾于九月间在行务会议上检查,并作出克服经验主义、改进工作方法、肃清官僚主义、改变领导作风的决定,以提高效率为中心,实行分层负责,尽力精简会议,高速组织机构,加强报告请示制度,先在区行试行,虽已较前略有进步,但显然不够理想。今后拟再作定期检查,寻求各个具体困难的原因,以便分期、分部门地予以克服和肃清。

简　结

总结本年九个月的工作经验,在缺点方面说,由于下列三大转变,工作由乡村转向城市,准备不足,由小局面变为大局面,干部配备不足,以及由接管建行转向全面开展业务,经验不足,在初期工作上表现出主观力量与客观形势不能配合,整个的愿望和努力赶不上时局的发展和要求,有计划地领导少,临时的应付多,外部情况的研究少,内部事务的纠缠多,上级缺乏全面明确的指示,下级缺乏迅速而有中心的反映,终日繁忙,效率不高。现虽分别逐步改进,但一般说,仍未脱离纷忙现象,效率仍待继续提高。

在成绩方面说,已稳步地完成了预定的任务,没有重大的错乱。由于事先有了明确的政策观点,一般都能紧紧掌握,在原则性的问题上毫不懈怠,虽然缓慢,但步调一致,团结巩固,没有发生意外的重大损失。

根据经验,一九五〇年的工作方针,应在下列各方面贯彻下去:

1. 在政策上,仍应继续坚持四九年的五大政策——一元化的货币政策,严格管理的信用政策,先公后私的贷款政策,公私两利的利息政策,壮大国家资本的企业政策,上述政策基本是正确的,必须继续贯彻。但在个别地区应照顾当地实际情况,灵活运用,不可机械地执行,以免偏颇。

2. 在业务上,必须掌握两个法宝,即不仅要充分发挥政令力量,防止投机活动,稳定金融;同时必须大力展开存放汇兑业务,壮大银行资力,使银行不仅有力量进行调剂金融、稳定物价的斗争,而且也有力量扶植公私生产事业,繁荣经济。

3. 在干部方面,仍应加强团结。对于老干部,主要应提高理论修养,放手提拔,加紧技术学习;对于新干部,应切实领导政治学习,大胆使用,积极改造思想。同时,使新老干部在互相学习中,交流经验,促进团结,提高工作。

4. 在制度上,仍应坚持会议制度、报告制度、检查制度,不断地改进工作方法和领导方法,使人与事互相配合,不使脱节,并发挥工作的积极性,提高效率,使全体干部各尽所能,以迎接一九五〇年的建设高潮,担负起更多的任务。

(西北区行:《一九四九年工作报告》,1949 年)

第二章 陕甘宁边区银行的发展变化

第一节 边区银行的沿革

一、边区银行的发展与机构设置

在第二次国内革命战争时期,陕甘宁革命根据地即设有陕甘晋银行。一九三五年成立中华苏维埃银行西北分行,一九三七年改组为陕甘宁边区银行。一九四七年为了支持战争,统一陕甘宁、晋绥两解放区的货币,边区银行即又改称西北农民银行总行。由于解放战争的迅速发展,为便宜于配合大规模联合作战和统一领导全国金融工作,一九四八年中国人民银行总行成立。次年三月西北农民银行总行即又改为中国人民银行西北区行。

自一九三五年至一边四〇年,边区银行为边区政府的货币、金银的出纳管理机关,维护法币的流通,发行少量辅币,解决市场找零之用,便利交易往来之需,别无其他作用。一九四〇年以后,国民党背信弃义,对日妥协投降,对边区实行军事进攻和经济封锁,党中央即提出了"自力更生,自己动手,生产自给"的号召,从此,边区银行任务即为调剂财政,投资生产,扶助公私经济,周转贸易,稳定物价,代理金库,经理公债,支持抗日和解放战争。本着独立自主的货币政策和"吞吐发行"的金融方针,采取严格控制外汇和管理金银的措施,直至一九四九年进入新的历史时期为止。虽历经改组,但其任务基本上是一致的。

陕甘宁边区银行直接受边区政府领导。但它的最高立法机关为边区银行委员会,一九四三年以后,由西北财经办事处兼任,因此,它是双重领导关系。有关业务方针的拟定与监督、发行数量的确定与检查、资金的增减、分支行的废立、大量投资与贷款、存放款利率的修订、收益的分配与处理,须经西北财经办事处通知决定。内部组织机构为:(1)总理处下设货币管理发行、业务指导、金库稽核等科,主管银行实际业务及指导光华商店与分支行工作。(2)业务处主管延安市业务。(3)秘书室:主管秘书、文印及其行政事务工作。

西北农民银行受边区政府及西北财经办事处之领导与监督,其内部组织机构在经理下设:

(1)业务科:主管主贷、城市储蓄、存取、资金的调拨与统计。

(2)人事科:主管干部的调配与教育。

(3)出纳科:关于库房实物的保管,现金的收付与提存。

(4)会计科:主管银行的记账与审核。

(5)秘书室:主管银行内部秘书、文印及其行政事务工作。

(陕北省档案局:《陕甘宁边区银行历史沿革及档案整理简况》,1953年)

由于解放战争的迅速进展,各个解放区已相继连成一片。为了配合大规模的联合作战,最后消灭国民党蒋介石军队,一九四八年十二月一日中国人民银行总行正式成立,并发行了全国统一的人民币。在中国人民银行总行正式成立后,一九四九年三月十五日中国人民银行西北行亦正式成立。自此陕甘宁边区的金融工作即进入了新的历史时期,在西北局、总行与西北财委的领导下,配合有关方面,继续为大西北的完全解放而奋斗。

(西北区行:《陕甘宁边区金融简史》,1954年)

由于营业科与出纳科在日常工作上是极端密切的,因此往往易于发生一些误会,为避免影响工作之进行,为此特明确规定如下:

1.营业科与出纳科在组织机构上是平行的,各科科长直接向处长负责。

2.在工作职掌上两科各执行其规定范围内之事项,唯两科科长必须随时商量,以免发生误会。

3.由于工作性质不同,因此事实上营业科比较主动,出纳科比较被动;营业科执行本处除生产贷款外之各项业务;出纳科则必须保证在出纳事项上配合完成。

4.门市法币兑换、货币买卖、金银买卖等,按照牌价与方针,原则上统一归出纳科直接办理。但是除门市外的市场活动(如黄金、货币之买卖等)统一由营业科处理,出纳科完成此项交易之出纳事宜。

5.出纳科金银、货币之库存与营业科金银、货币之账目,每逢星期六下午,必须核对一次。如发生不符,立即协同查清,随时纠正。

(边区银行:《关于营业科、出纳科工作关系之规定》,1947年2月5日)

一九四七年二月五日处务会议批准:

1.办公时间不许迟到早退,有特别事情,得临时报告。

2.出纳人员(包括收款、付款、兑换、记账、检票等)每日须完成当天任务,不得拖延。

3.收款时须会同顾客当面点清大数,然后再分别详查细数。

4.努力精通业务,做到动作迅速,手续清楚,管库整齐,账目清楚,不遗失传票,传票与账目不符立即查清。

5.办公时态度严肃,互相监督,少开玩笑,外出请假,对顾客态度和气、冷静、耐心,不吵嘴。

6.内务整齐,爱护公物,坚持原则,不要私情。有怀疑的问题,请示科长解决。

7.密切与营业科的联系,遇事互相商量,双方手续清楚,制度严密,收付传票按规定原则办理(如盖章等)。

8.领导同志确实领导,切实检查,按时查库,解决问题迅速。

(边区银行:《出纳工作公约》,1947年2月5日)

出纳、会计、保管等问题:

1.出纳问题:我处的出纳工作,在分支据点说来,均未发生过什么大的问题,一般还能遵照制度执行。但由于出纳人员的缺乏以及在工作中不够细心,即造成有个别的差错与不整齐的现象。例:分行于今年十月间多付出农币五百万元(后经多次追查,仅在专署查出二十万元,下余四百八十万均未查出,现该款已转报损失)。又如各支司据点屡次给分司送回之票子有部分总是混乱不堪,封捆随便,票面不能统一,并有时所送回之票子由于数目太多,而分司点票员缺乏,故在验收时未做到随捆点张,即是按捆的封证验收,结果付出后取款者反映有个别微小张数的短少。再例:在收付手续上,按制度是应当先做传票后收付,但有时有些客观原因,即对此原则不能严肃执行。以上所举之例子,均说明了我们在工作当中存在着的粗枝大叶与制度不健全的问题,值得我们今后加以克服与努力改进。

2. 会计问题:我处会计方面在今年所存在的缺点,例:(1)账过错了有个别的不打红线,在传票上、表报上、账本上有个别的不填名盖章。(2)不能做到及时复核,故有时差错了不易随时发觉。(3)账簿还不够整齐清洁。(4)对支司据点在会计方面的联系不够。(5)缺乏改进与创造性。以上所有缺点,均系工作中对执行制度不够严肃,但十一月份学习时已进行了深刻的检讨,现正在克服与改进中。总之,我处的会计工作,由公司到支司据点,虽未大的改进,但一般在制度与技术上还未发生其他大的偏差,唯盼今后总司会计科应与我们取得密切联系;各方面应多加指导与帮助,使我们的会计工作能进一步改进。

3. 借款手续制度在分行来说,已做到了批准制,即不经负责人批准,一般不准向外借款,但个别支公司还执行不力。例如:青阳岔支公司没有任何手续,借给供给部黄维垣同志农币三百万元,至今尚未收回;又靖支营业员张德魁同志借去本币三百万元;靖支张家畔据点双无任何手续,赊给张德魁同志卡其布一丈二尺,以致发生该人化妆便衣逃跑的情形(借去之款在张德魁第一次逃跑时已全部扣下)。虽未受到损失,但说明我们的制度是不严密的,无政府、无组织的状态十分严重,分行已下了通知,严肃指出,加以纠正。

4. 保管制度在大的方面还未发生过什么问题,只是靖边张家畔据点由于保管制度不健全,致使丢失土产五十件(一包),找不出下落;青阳岔支司被贼打开窗子,偷去农币一千二百余万、雁塔布一尺,虽已将小偷捉住,限期归还,可能不受损失。但这两件事也说明了我们保管制度是不健全的。总之,我们整个制度仍未达到正常的要求,游击性的作风还是浓厚,今后应力求克服。发生以上制度不严的原因在哪里呢?(1)由于我们处于游击环境,情况经常变化,一切正规制度易被受影响。(2)主观上的努力与制度坚持性不够,在思想上存有游击习气。(3)无政府、无组织、无纪律还严重存在。

(三边分行:《一九四八年书面总结报告》,1948 年)

二、成立西北农民银行总行

(一)关于陕甘宁、晋绥两行合并的意见

根据中央关于陕甘宁与晋绥合并为一个解放区的方针,陕甘宁边区银行与晋绥西北农民银行通过以下步骤与方式下进行合并与整编。

第一部分　关于组织机构

1. 总行基本上以陕甘宁边区银行总行为合并后总行的历史继续：由于陕北银行有较任何解放区银行更长的历史，它在苏维埃时期已经产生，当时为中华苏维埃国家银行西北分行（或办事处）。中共中央来到陕北后，又将中央苏区的中央银行合并到一起，至今陕北银行仍保存有中央苏维埃国家银行一些历史性的会计文件与金银财宝（其中大部分是长征带来的），这一珍贵的历史性发展不应从此中断，同时由于陕北银行成立较早，且少变动，又遇和平十年，因此，各种设备、制度、历史文件、会计材料等均较齐全正规。因此，总行的组织应以陕北总行为基础，比较恰当。

2. 合并后的名称、组织：统一名称为"西北银行"，下设区分行（或分总行），以晋绥为主设河东区分行（或分总行）统一领导河东地区；以陕北为主设河西区分行（或分总行）统一领导河西地区。区分行下设（或分总行下），依据各分区组织设支行（或分行），县设办事处，总行随边府。兹列表于下：

总行 ｛ 区分行（或分总行）——支行（或分行）——办事处
　　　 区分行（或分总行）——支行（或分行）——办事处

第二部分　币制与发行

1. 合并后的币制应以"西北银行"发行的钞票代替西农行发行的农钞与陕北行发行的券币。但其步骤应先以农币代替券币，因农币价值较边币价高，券币又属商业流通券性质，虽然在名义上是国家性的企业部门（贸易公司）所以，但在理论上与国家银行发行的钞票是有区别的。

2. 合并后"西北银行"发行的钞票应取消"西北农民银行"的"农民"二字，由政府明令公布。前西农钞可与西北银行的钞票等价使用，以资在名义上与历史阶段上有所区别（或干脆以农币为过渡时期之币制，待中央财办处统一发行新货币时为止）。

3. 券币收回有两种办法：（1）限期收回，宣布废用。（2）券农合流，逐渐收回。这两种办法以后者较为恰当。因为：（1）短期内增发如此多的农钞，印制上可能有困难。（2）券币散布在广大的分散的战争环境下的陕甘宁农村，难以限期收回。

4. 券农合流，必须使券农比价定死，涨则同涨，跌则同跌，因其性质已发生根本变化：即非外汇关系，而均属本币，因此其比价：（1）不应经常变换。（2）定比价之标准应选择晋绥与陕北邻近地区，且贸易较频繁之区域，以两地券农对内购买力标准,求得比较适当的购买力平价,再加以贸易关系之利润等条件,作为比价的基准,以免影响两地物价之变动,否则为此所引起的物价波动,其因素纯属币值人为升降所致。

目前碛口三分行所定券农一比一,而碛口物价不断上涨(较绥市为高),因此农币对内购买力降低,对外购买力提高(对陕边)的现象只有在目前情况下才有可能:第一,券农为外汇关系。第二(主要的),战争影响,黄河封塞,贸易暂断,机关东渡,急需农币,否则是不可能的。因为晋绥与陕边的所谓"外汇"关系,是不同于国与国之间的外汇关系,因此这种汇价在正常状态下是不可能存在持续的。第三,在购买力平价的基础上,再照顾陕北的战区情况,求得一个适当的便利于群众折算的整数。这三点便是券农同流前规定比价的基础原则。

兹将绥德市与碛口市物价上。并以此折算券农的购买力平价:

以绥德市为基准的碛口市农币购买力指数

项目		8月8日绥市价（单位券币元）	8月20日碛口价（单位农币元）	指数	备注
土布	尺	1,450	3,000	206.9	
青市布	尺	337,500	530,000	157.0	
生花	斤	8,000	15,000	185.0	
小米	斗	65,000	120,000	184.6	
麦子	斗	32,500	100,000	307.7	
清油	斤	8,000	14,000	175.0	因系计算货币购买力指数,而非单纯指数,故金、银两项应包含于指数之内
猪肉	斤	4,000	8,000	200.0	
谷草	斤	225	600	266.7	
黑豆	斗	32,500	90,000	276.9	
洋火	箱	1,200,000	1,400,000	116.7	
快靛	桶	2,700,000	4,500,000	172.0	
白洋	元	14,000	18,000	128.6	
黄金	两	1,100,000	1,750,000	159.1	
价格平均总指数		……		195.1	
农比券购买力指数		……		51.26	

以上表计算，农比券比价是100元农币等于51.26元券币,即农币一元等于券币五角一分二厘六毫之购买力。但须注意:(1)绥市是八月八日价,碛市是八月二十日价,即绥市十二日涨价之部分未计入,显得农币过低。(2)上项物品较大部分如清油、火柴、食粮、黄金等,在贸易关系上均系由陕至晋,因此碛口价即在同一时间内亦应包含一定的商业利润,故碛价应高一些,并非表现农币比券币之价低。以上两个因素再加上其原购买力之30%—40%,则农比券购买力指数为六六·六四至七一·七六。在这个基础上再照顾到陕北的战争环境及群众便于计算,则农比券比价应定为一比〇·七五(即一元农币换边币十五元)比较恰当。

5.发行账由总行将西农行与陕北行之发行账目、表单同时接受,加以汇理编造,但应以西农行之发行账为主,将陕北行之发行账设一子目,除记载原币外,按比价折合农币,以资统一表现发行数字。

6.陕北行与西农行之发行准备金(如金、银、物资、肥皂、蒋币等)统一交纳总行,为总发行之准备金,发行数应集中于总行。

7.陕北行之光华印刷厂或合并至西农行之印刷厂或改印农钞。收回之券币,应经合法手续逐渐焚毁,原则上券币"只进不出"。

第三部分 资财、会计

1.陕北行与西农行在共同限期内,彻底清理资财,编造以原币为本位的详细决算书,并作接近现实的盘存核算损益,由新总行依据两行编造的总决算,汇理为统一的新账。

2.陕边行与西农行所属各支行、办事处,除按级向原总分支行报告决算处,陕北分行并在新决算基础上改券币为农币本位(包括各种债权债务损益等),其他暂不变动,以后再进行统一调整。

3.合并后各行(总分支行办事处同)现金账须增设现金类别账,分载券农币之数量,以农币为本位,以券币为原币,蒋币则不应载入现金类别账,应以货币买卖性质处理。

4.合并后由总行编制统一的会计科目,将原陕边行与西农行之决算,依据其性质归纳入新科目内,以后各分支行办事处须依据新制定之会计科目记载,以便使会计统一。

5.合并后各行先用原备之账簿,待总行统一印制新账簿表册及各种资产负债损益所需之单据后(如汇票、支票、存单及各种收据等),再行重新启用。

第四部分　干部配备

1. 总行:有两种配备法:

(1)设正副行长二人,由西北局决定人选,最好是原陕北行行长与西农行行长充任正副行长。

(2)总行设总经理一人,协理二人,协理二人同时分担河东区分行与河西区分行或分总行之经理,代表总经理具体领导河东与河西地区之分支行办事处,总经理则掌握全区之方针政策。

2. 分行或支行(即各分区之行)行长人选应有适当调整,但必须在原地留一原负责之人,这样一方面照顾熟悉本地情况及历史,另一方面避免可能的山头主义,障碍工作之指导进行。

3. 做实际工作的一般人员,原则上各执各事,不宜变动。但工作十分需要的调整是可以的,以免当时影响工作。

补遗

关于组织机构——目前晋绥是银贸合一,陕边是银贸分设,统一由财务处领导,各有利弊。但合并后应依据陕边目前之组织方式,因地区如此大,发行如此多,应专有一部分人搞金融,而统一由西北财办处领导,比较科学合理。

(陕甘宁边区银行、晋绥西北农民银行:《制定合并方案时的参考意见》,1947年)

为适应爱国自卫战争的需要,统一陕甘宁、晋绥两边区,陕甘宁晋绥联防司令部已得边区政府与晋绥行政公署之同意,将两边区银行合并,定名为西北农民银行。同时与贸易公司合并,又名为西北贸易公司。现在陕甘宁边区银行总行已按照上级指示,合并于贸易总公司,各分行亦须于指定期内从速合并于各分公司,以利工作之进行。于合并中,并须严加注意发生乘机贪污及生财用具吃喝上之浪费等行为。并特规定合并办法于下:

1. 物资移交办法:

(1)分行(准备库在内)、办事处、交换所之一切资产负债,统由分行负责清理作一结束。

(2)分行资产内各种物品、金银、银器具、武器生财等均按当地公司足价折算交分公司,取得分公司收据向总公司总行转账。

(3)分行已经疏散之物资,不必完全集中总分公司所在地,可先造成表册,由分公司经理根据需要,指定移交地点,但必须取得接收机关之收条,以便向分公司转账。

(4)凡是移交之物资,均要编制"物资移交清册"六份(总公司、总行、地委、财办处、分公司、分行各一份)。

(5)分行会计上之账簿单据及业务上之材料文件均交分公司接收。

2.人员处理:

分行干部如已决定调动者外,余下人员编制清册全部移交分公司,分行行长任分公司副经理。

3.分行合到分公司后,分公司增设"金融管理科",工作任务为:掌握外汇统计、物价市场情况调查、生产贷款、代理金库、兑换等。但该科会计不独立,可根据业务需要,在会计科目账上增设适当科目以处理之。分公司以下据点内不增设金融管理组织,口岸上由支公司按外汇管理原则办理兑换,内地支公司亦按外汇管理原则,只能收入金银敌币(不兑出)。

4.移交时由党政派人监交。

5.于十二月二十日移交合并完毕,将清册及折算收据寄到总公司、总行。

(边区贸易总公司、银行总行联合指示:《关于各分行合并于分公司问题》,1947年11月18日)

关于合并问题,我长期不工作,很多情况不了解,难以提供意见。现就想到的提出三点,请作参考。

1.流券与农币暂行不统一,如要统一,须待西北战局相当稳定之后,在目前情况下,以流券收回农币根本不可行,以农币收流券或以金银等收流券,表面是对人民负责,实则贫苦人民不易得到好处,而对以后战争的财政供给影响很大。今天的一些矛盾,集中表现于金融,而其根源却在军事,所以军事上一些问题均可迎刃而解,如不然两种票子的统一,可能是劳人伤财之举。

以农币收流券有三个问题:(1)今日手中持流券者,已吃币值猛落之苦,如果收兑大多数持有者很难直接兑换,结果得利的不是贫苦者,而是投机商,这样不能达到对人民负责的目的,还不如等待战局稳定,币值自然稳定为妥。(2)如果流券在陕北不好立足,那么农币更不行。过去已用流券收过边币,这时再收流券连苏票算已在人民面前出现四种共产党八路军的票子,流券如失信用,农币更难以建立信用,最容易发生的结果是陕甘宁的大多数票子被挤过河来。晋绥地区积累起两个边区的货币，膨胀之苦自然难当。（3）流券波动甚大，以何价收兑亦是问题。

以金银收流券：（1）得利的仍是投机商与票贩子。（2）要支持长期曲折的战争，金银等动产不可轻易耗尽。

我的想头是合并成一个银行，暂仍保持两种票子。部队机关忽东忽西使用两种票子确有不便，但注意兑换大体可以解决，若为此而积极统一货币，恐益少而损多（另出一个票子也是需要考虑的）。

2.在机构方面，除了按照业务分工而外，合并的初期总行还需要有按地区分工的设置。如管理陕甘宁的部门与管理晋绥的部门，待日久全体人员对两边区都有相当了解时，再将此等按地区分工的部门划除。

3.这次绥行的巨大损失，当然领导者负主要责任，但由此我想到应调整一些干部，据我看到的好像总分行较老的同志急速减少，代之而来的是绥米一带的学生和其他十几二十岁的同志，其中自然有好的，但在和平时期参加银行工作的人，有些是为了当干部享福，有些为了逃避兵役，尤其地主富农成分的是不肯吃苦，所以如此说是我遇到逃避兵役的人要求参加我们的工作。×××送我到他家门即不管我了；绥行驻重彩塔的同志除了苟大均同志外，尽管他们经常路过我住的屋顶到碛口去，我向他们要求了一个月连报纸都不肯给我捎一次。这可以反映他们对革命的认识，又听传说绥行在损失前行动也是缓慢的。这些使我想到在战争中至少对保管人员要调查成有锻炼的和精干的，如此才不至于像店子沟和木头峪紧急时谁也不知道那个东西是重要的，人不死是决不可丢掉的。在战争中，开源极其不易，节流和保护现有资财较平时更为重要，所以我们原有的干部，如冯相贤同志可调查回保管资财，另外在合并中也可求得适当配备，再不然从其他方面想办法调几个人也是必要的，如果将来免不了行动后大禹更须注意，这里一定要有几个老练的同志。

肖煌说这次是人员大集中，冯、张、莫行长都问我好，请代向他们致意，不另写信了。

（苏子仁：《关于两边区合并后币制问题给黄亚光的信》，1947年9月11日）

（二）关于机构合并与干部配备的决定、命令

根据西北局兴县会议决定，陕甘宁边区银行与晋绥西北农民银行合并，统称西北农民银行。陕甘宁贸易公司与晋绥贸易公司合并，统称西北贸易公司。

而西北农民银行与西北贸易公司在组织上亦合而为一,以利工作之推行。并决定喻杰为西北贸易公司经理兼西北农民银行行长,刘卓甫为副经理兼副行长,史唯然为监委兼政治处主任。特此通知。

(西北局常委办公厅:《通知》,1947年11月27日)

兹决定各分区贸易公司与各分行银行合并,并委任魏正廷为西北农民银行延属分行副行长兼延属贸易分公司副经理,马师冉为西北农民银行绥德分行行长兼绥德贸易分公司经理,李青萍为副行长兼副经理,梁爱民为西北农民银行陇东分行行长兼陇东贸易分公司经理,王坦为副行长兼副经理,李维新为西北农民银行关中分行行长兼关中贸易分行行长兼三边贸易分公司经理,张维培为副行长、副经理。

(陕甘宁边区政府:《干部任免的命令》,1947年12月1日)

1. 组织系统表

陕甘宁区行
- 第一分行(延属)——支行:延安、延长、子长、富县、安塞
- 第二分行(警截然)——支行:绥德、镇川(米脂)、清涧、蟋镇(佳县)
- 第三分行(三边)——支行:定边、安边、盐池
- 第四分行(陇东)——支行:庆阳、合水、曲子、镇原
- 第五分行(关中)——支行:马栏(新正)、柳林(淳耀)、铁王(赤水)
- 第六分行(黄龙)——支行:韩城、合阳、洛川、宜川、白水
- 第七分行(西府)——支行
- 第八分行(榆林)——支行

2. 区行本身编制表:

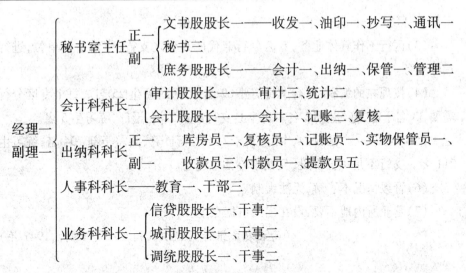

3. 分行机构及编制表（即专区办事处组织）：

经理 正一
副一
　　秘书股股长———文书二、庶务二
　　业务股股长———信贷八、城市一、调查一
　　出纳股股长———兑换一、收款二、付款一、复核一、管库一、
　　　　　　　　　提款一、实物保管一
　　会计股股长———会计一、复核一、记账三

4. 县、市支行机构编制：

经理 正一
副一
　　秘书———庶务一
　　业务组组长———信贷六（每区一个）、调查一
　　出纳组组长———兑换一、收款一、付款一、实物保管一
　　会计组组长———会计一、记账二

5. 市据点营业所编制：

营业主任一
　　会计一
　　营业二
　　出纳三
　　秘书一

6. 说明：

（1）此份编制系仅就目前之地区大小及急需而议拟的，如形势开展，则须扩大组织，另添新单位。

（2）此编制表上全为正式干部，杂务人员未编入，练习生也没有。为了培养

干部,在区行、分行科、股内可添三至五名练习生。

(3)区行不作具体业务,专区分行兼代所在地之支行,作为会计单位,进行具体业务。

(4)按现在的编制:区行本身需要62名干部,练习生25名。每个专区分行需要33名干部,练习生12名。每个县支行需要21名干部,练习生5名。

(5)现在以一个区行、八个分行、十八个支行计算,共需干部704名,练习生211名。支行不是每县都设,只在中心县市建立。

(6)晋绥情况不了解,无法编制。

(7)营业所内地不要,设在出入口据点上。

（西北农民银行:《组织机构及人员编制》,1947年）

1. 西北贸易总公司、西北农民银行政治处主任史唯然,副主任郭林森,金融科第二副科长莫钧涛,管理科副科长白云昌,金融管理科副科长刘华斋,办公室主任吕扬矩,副主任方天白;西北贸易总公司延属分公司经理兼西北农民银行延属分行行长陈凯,副经理兼副行长魏正廷;绥德分区贸易分公司经理兼分行行长马师冉,副经理兼副行长李青萍;三边分区贸易分公司经理兼分行行长郝怀仁,副经理兼副行长张维培;陇东分区贸易分公司经理兼分行行长董日新,副经理兼副行长王坦;黄龙分区贸易分公司经理兼分行行长高燕先,副经理兼副行长齐子清;关中分区贸易分公司经理兼分行行长李维新,第一副经理兼副行长周崇德,第二副经理熊光;西府分区贸易分公司经理兼分行行长冯九如,副行长姚建民等,均另有任用,应免本兼各职。

2. 委任贺金声为本府本商厅第一科科长,白建义为第一科副科长;庞振华为第二科科长;戴行伍为第三科科长,叶元超为第三科副科长;方天白为贸易总公司秘书室主任;王一民为西北农民银行总行秘书室主任;李夏农为第一科科长;杨万胜为第二科科长,肖克平为第二科副科长;刘华斋为第三科科长;曹士俊为第四科副科长;余建新为晋南行署工商处处长兼贸易分公司经理及西北农民银行晋南分行经理,李文炯为贸易分公司第一副经理,赵起为第二副经理;陈凯代理延属分区工商局局长兼代贸易分公司经理,刘锐为副经理;马师冉为绥德分区工商局局长兼贸易分公司经理兼西北农民银行绥德分区办事处主任,关彦成为贸易分公司副经理;郝怀仁为三边分区工商局局长兼贸易分公司经理,王维山为副经理;惠云武代理黄龙分区工商局局长兼代贸易分公司经理,黄振邦为副经理;梁爱民为大荔分区工商局局长兼贸易分公司经理,齐子清为第副经理,杨万银为第二副经理;高燕先为关中分区工商局局长兼贸易分公司经理,熊光为第一副经理,刘肇功为第二副经理;冯九如为西府分区工商局局长兼贸易分公司经理;董日新为陇东分区工商局局长兼贸易分公司经理,郑国文为副经理;高振业为榆林分区工商局局长兼贸易分公司经理;崔德权为西北农民银行榆林分区办事处主任,周继廉为副主任;董文慧为西北农民银行绥德分区办事处副主任;张维培为西北农民银行三边分区办事处主任,訾克恭为副主任;王坦为西北农民银行陇东分区办事处主任,陈平波为副主任;田子庆为西北农民银行黄龙分区办事处主任;周崇德为西北农民银行关中分区办事处主任,刘锐为副主任。

(陕甘宁边区政府:《干部任免的命令》,1949年4月27日)

民国三十七年四月八日新胜字111号令,任何昌扬矩为西北农民银行、贸易公司办公室主任,方天白为副主任;郭林森为政治处副主任;张定繁为金融科科长,刘华斋为副科长;王世平为会计科科长;冯九如为营业科科长,李志宵为副科长;胡必研为管理科科长,梁家业为副科长,谢扶今为保管科科长,姚建民为副科长;齐子清为黄龙贸易分公司副经理兼银行副行长;李戒迷为志丹贸司、银行办事处主任。

西北贸易公司通知,民国三十七年五月十四日,贸字第十四号。边府三十七年五月三日新胜字123号命令,任命冯九如为西府贸易公司经理、农民银行行长,戴行伍为副经理、副行长。

民国三十七年十月二十九日,努字33号令,委任范耀武为银行光华印刷厂厂长,师兆祥为副厂长。

民国三十八年五月十八日,努字92号令,委任魏正廷为西北农民银行陕北分行副经理。

民国三十八年五月二十日,努字97号令,任命贾拓夫为西安市市长,方仲如为第一副市长,张锋伯为第二副市长,方仲如兼任秘书长,张定繁为人民银行西安市分行经理,莫钧涛为副经理。

民国三十八年八月五日,努字116号令,任命李书田为咸阳分区银行办事处主任,邢耀祥为副主任;王一鸣为宝鸡分区银行办事处主任,李子军为副主任;史思成为渭南分区银行办事处主任,刘丕珍为副主任;刘锐为彬县分区银行办事处主任。

民国三十八年九月五日,努字148号令,人民银行西北区行第一副经理王磊另有任用,就予免职。

(《边区政府干部任免资料》,1949年)

(三)银行、贸易合并及其任务

金融管理科自成立到现在,工作任务还不怎样明确具体,有些业务取消停滞,有些工作表现出紊乱不正规,目前整个的情况是处在消沉无生气、窒息状态中。因此,我们提出一点意见,请考虑研究确定。

甲、应有的具体任务(这是工作范围的拟议)

1. 秉承行长意见。
2. 指示与处理各分行及其所属有关金融业务事项。
3. 办理不属于分行范围以内之银行业务。
4. 了解与掌握金融情况,即时提出意见和办法,起草各种有关金融业务条例等。
5. 编制有关发行及其他业务材料之统计事情。
6. 银行业务服务生产,应视为今后中心工作。

(1)农村贷款——农业、副业(油坊、牧畜业等)、纺织等均在内,即农村一揽子贷款,并协助恢复农村中之私人互相贷款。

目的——发展农村经济。

对象——按具体情况及群众需要确定。

方法——银行领导,政府布置,群众决定,有借有还。

四七年度农贷,在今年作一结束。今年农贷须请各级政府彻底作一检查,研究四九年度农村贷款的方针等。

(2)手工业、工业、作坊贷款——居于城镇上者,银行以贷款的方式,去组织领导其生产,防止其无计划的盲目生产。

(3)向规模较大之生产企业投资——一般采用定期放款方式,供其资金不足时周转。但对关系国计民生者,私人力量不足,小公力量也不够者,可以作定期之投资,以扶助其事业之经营。

(4)运输业贷款——在交通阻塞、运输工具缺乏之西北,要调剂内地物资,组织其交流,供给群众必需,就要有计划地组织民间运输,以公助民营的方式掌握运输的力量。

（5）合作业贷款——今后合作社应作为农村中的贸易据点，又是金融据点，银行贷予少量资金，专作为恢复活跃农村的借贷及破票的兑换。

7. 商业放款——目的在繁荣市场，争取必需物资入口。去年同机关一块转移出去之商人，无法复业者，在城市收复归来后，均可给予贷款的帮助，或对资力不足之入口商要购入我们急需的物品时也可以作适当的贷款。

8. 生金银买卖——此项业务应作为银行发行准备金的吞吐，这样可以减少贸易上的负担，同时也不影响支持贸易，其牌价不易与市场相距太远。

9. 各种货币买卖——应视为银行的一种经常业务，对外挂牌（目前敌币也包括在内），根据我们金融上的管理去进行，不是毫无限制的自由交易。

10. 汇兑——目的为了促进各地物资交流，帮助工商业发展，调动资金，扩大本币活动范围，故必须首先沟通内部汇兑；同时兄弟解放区在经济上有联系者，也应建立汇兑关系。两地之货币最好能固定比价，或采取定期清算的办法也可。

11. 存款——以回笼边币、调剂市场资金为目的。利率订得稍高些（现在利率标准即合适）。根据存户的意见，建立各种存款。为了照顾商人的方便，培养其与银行往来的兴趣，可在商人中开展往来存款业务，给予适当的透支。

12. 办理发行与销毁票币之事务手续——现在发行频繁而手续较乱，发行手续的办理均落后于款项支付后好久，甚至有时没正式手续就发行了，这种现象是与发行条例相违背的。如河东三月份用了款，现在手续还未转来，使发行量的统计无法进行。今后必须按发行条例办事，如条例不妥，即作明文修改，以便执行。同时，发行的申请应由用款机关去办，办好手续后方能取款。

13. 代理金库——各分库之收入款项，即时转到总库后，须发一定量之贸易周转或财政周转资金来维持财政，否则就会影响财政支付。

14. 办理出纳事务——代理公司出纳及管理发行之一切款项保管收付，在总行发行库与业务库应严格分开。

15. 管理光华印刷厂印刷业务事宜。

乙、应明确规定并及时解决的问题

1. 规定总分行业务资金——要开展银行业务，就必须要有业务资金，否则银行业务就无法进行。此项资金在不妨碍其本身业务时，与贸易资金可互相调剂。

2. 贸易款项周转问题——在一定时期内,由发行项下拨付一定数量款项,以供贸易周转,免得临时动用财政款项。

3. 发行费之拨付——发行费款项必须经常保持一定数量之现款,作印刷费运费之支付,即印刷材料之采购、纸厂之垫支等用。

4. 健全组织机构——目前各分行金融管理科是有名无实,业务无法开展,如恢复汇兑问题指示很早下去,经过数次催促,印鉴票有的还未寄来,其原因之一,是原了解银行干部均已调走,如绥德只有一名,过去是练习搞金融情报工作的,黄龙只有一个科长专作市场调查,延属还无适当人做,故有些业务虽然向他们作了指示,但他们感到很难进行。为了加强金融业务工作,分行人员必须作适当的配备,支公司及一些据点也应设有专门搞银行工作的干部,以利金融农贷等工作之进行。

5. 金融管理科与办公室分工联系问题。

(1)对各行业务指示及有关业务事项之答复。

(2)金银、白洋价格之通知(各分行在内)。

(3)各种货币牌价及敌币比价通知(各分行在内)。

(4)票样的收发等。

(5)有关金融上的一些材料必须转金融科有关同志传阅或保存。

6. 光华印刷厂的领导问题应明确确定。我们意见是印刷厂在组织机构上应等于一个科,由行长直接领导。日常事务应由相关科室负责处理;属于干部方面者,应由办公室负责处理;属于印刷业务范围者(如印刷材料之采购、票纸、印刷之样式、数量等),由金融管理科负责处理。

7. 分行会计需要独立——独立的处有二:A. 金融贸易业务情况分开表现,眉目清楚,账目不乱。B. 有专人管理能及时反映,了解各分行的业务情况。

8. 账簿之管理及印刷——各分行账簿需要统一,银行的、贸易的均归会计科筹划供给,最好做到各分行、各公司也包括在内,以达全行、全公司账簿的一致。

9. 总行与延属分行在业务上应有分工。

延属分行应进行之业务:

(1)延属各县之农贷,延市商代及手工业、作坊、运输业等贷款。

(2)办理各种存款。

(3)敌币、本币、破票、小票之兑换。

(4)了解延市市场金融情况,并作工商业信用调查。

总行应进行之业务:

(1)办理机关存款。

(2)办理汇兑。

(3)生金银及各解放区货币买卖。

(4)向较大之工厂生产企业贷款。

(5)代理金库直接收支延属财政款项。

(贸易公司金融管理科:《对银行工作建议》,1948年7月1日)

  银行、公司决定要分开,在会计问题上,规定这样处理:过去相互拉欠之款项,须作一彻底清理。应归银行者,则在银行账上表现。如过去的或现在的凡属于贷款性质的一些款项,都由银行负责;应归公司负责的,则在公司账上表现,如金银等以前在银行账上表现的,也要退出来。去秋一千石麦子贷款(延属五百石、警区三百石、三边一百石、陇东一百石),当时麦子多由政府代为拨出;今后的偿付仍由公司负责转银行账。但折合成的贷款金额则由银行支付。两家应转的账项须于二月底清理完毕,并在三月一日编造移交清册二份,经地委、专署审阅后寄总公司来,如需转账总公司、总行者,即打来转账收据。以后公司、银行款项不得随便拉用,以免妨害对方业务。

  开支问题,在伙食未分开前,一切费用均由公司负责报销。以上各点,望切实执行为盼。

(西北农民银行、贸易公司:《通知》银知字1号、贸知字5号,1949年2月21日)

关于会计出纳方面:

在新的会计制度未规定前,仍按原规定制度办理:

1.在组织领导上,各行与直辖行发生联系。

2.根据业务情况,每日或每五天结账一次(业务少者可十天一次),总账寄往直接领导行,每月终制月计表、余额表,分行作汇总月计表寄区行。

3.每月终往来账目,要互相对账单,核对账目。

4.代理金库,分行为分库,办事处为支库,支行为支分库,所收款项概归上级库谐拨。没有上级库之解据及支票,不得向外支付款项。

5.账簿表单,晋南与晋北可以自行印制,样式由区行发给。

6.开支分日用开支(按政府供给标准)、营业开支两种,每季作预算,每月作决算,寄直接领导行审核,在开支行报销(金库开支及基金运送费单独报销),单据送直接领导行至分行为止。

7.出入票币,必须按票版不同、票别不同分别整理,一百张一搭,十搭一捆,每捆必须贴封皮及签名。

8.本区发行之破小票,分行有权焚烧,分行以下无焚烧权,可随时送分行。分行焚烧时,须有行署和财委派人监烧。焚毕后,须在焚烧清单上共同签名盖章,寄回区行销账。

9.非本区所发行之破小票,可在分行集中送区行或直接送总行兑换。

10.凡收入之一切款项,均须详细点数。

与贸司有关的几个问题:

1.关于生金银外汇牌价的决定问题:

(1)生金银口岸牌价,由分司、分行根据对外贸易斗争需要,共同提出意见,电报总司、区行决定后,联合通知分司、分行,由分行挂牌(无分行处委托分司代理)。敌币牌价(专作计算,概不收兑)分司、分行有权先行变动牌价,随即电告上级。

(2)生金银外汇内地牌价,由分行提出意见,电告区行决定(区行未定收买前,暂由分行按原价)。

2.银行不经营商业,所有银行贷款及订货,收回实物时,可由借款户直接交贸司验收,并按当时贸司批发价,收银行账。

3.贸司存款暂不计息,透支暂以内部往来利息计算。

4.贸司汇款汇费低于一般汇费20%。

5.关于银贸分家问题。

(1)四月底以前,银贸机构要全部分开,银行单独成立机构,伙食单位是否分开,由分司、分行自行决定。

(3)四月底以前,一切开支由公司报销(单衣在内)。

关于报告制度方面:

1.综合书面报告,每月一次,内容简练扼要,抓住该月中心工作,加以分析总结和提出今后意见,下月十号以前寄出。

2.工作计划和总结报告每季一次(三个月一次)。

3.商情报告,一般与贸司合刊(有条件时亦可自办),分行注意多收集和反映有关金融及银行业务方面的材料。

4.关于会计报表(见会计出纳)。

5.关于业务报告制度方面:

(1)发行、金库、业务库库存根据各地情况十日电告或表报一次,逢一寄出。

(2)各种存放款、汇兑统计表,一月报告一次。

(3)要随时电告。

(4)各种业务工作的总结,如农贷等进行告一段落时,即需加以总结。

6.各级行凡有请示报告等,上级行须及时给予批答。

干部工作方面:

1.为适应时局开展及金贸业务扩大,政府决定银贸组织机构需要分开,该公司现有原属银行干部工作人员,一般的均仍归银行工作,不够的由所属财委统一调剂配备。

2.区行所属各分行及办事处科长、股长等干部之配备,应由各该分行或办事处提出配备意见,呈报区行审核。

3.各分行或办事处干部及练习生之增减、升遣、调动,均须呈报区行。

4.在目前干部缺乏的情况下,各分行或办事处均可依据需要,招收练习生,但必须注重质量,其文化程度老区应是完小毕业,新区初中毕业或具有同等学识者。

5.加强干部的培养和教育。(1)各单位一般的均应设副职,以资培养。(2)加强政策、业务、政治、文化与一般的学习依照财经会议贾主任的结论与指示办理。

(边区银行、贸易总公司三月经理联席会议:《关于金融工作若干具体问题的决定》,1949年3月)

"为了集中力量,对投机资本进行坚决有力的斗争,实现国家经济的领导作用,以资稳定物价,恢复与发展生产,现经总行、公司协议,今后各地城市银行所吸收之存款,除满足国营公营(如工矿、交通事业等)企业需要及不影响本身汇兑业务与准备提存外,所余存款,要借给当地贸易公司(或贸易公司所属之公司、商店)作为调剂物资之用(对有益国计民生之私营工商、运输业亦可酌情留拨一部进行调剂）。"同时，各地公司、商店的余款，亦必须存于国家银行，以利全部资金之运转与调剂。

金融、贸易工作是相互依靠、相互发展的。只有国家银行与国营贸易的密切结合，步调一致，才能体现新民主主义经济中国营经济的力量和它的领导作用，才能迅速恢复与发展生产，才能有效地打击与消灭投机资本。因此，为了保证我金融、贸易工作的巩固与发展，在双方一切经济往来中，必须建立严格的信用制度。银行方面，对存款应保证随时提存，并在制度手续及资金高度上对于贸易公司尽可能给以方便。贸易公司方面，在借款上亦应严守期限规定，至期必还。任何一方面如有故意拖延，不认真实行时，除应受到批评外，视情节轻重，并负相当赔偿损失之责。

以上指示，各分行、公司应共同研究掌握，并详细组织传达各地……

望共同研究，坚决实行为要。

（西北农民银行、西北贸易公司指示：《转示各分行、司研究并执行华北银贸总关于金贸建立密切联系》，1949年2月1日）

银行、贸易公司工作关系

1. 关于生金银问题的决议：

（1）生金银对外牌价要服从对外斗争，由公司、分行共同商酌决定，报请总行、总司批准，由银行挂牌贸易执行；对内牌价由总司、总行共同商酌，决定由银行挂牌执行。

（2）各分司金银须存入就近银行，以存条解送总司，由总司与总行作价转账或就近卖给当地银行。

（3）贸司金银解交银行时，九成以下者不收，九成以上者按十成收转。

2. 关于贸易、银行款项处理的决议：

（1）贸易公司在银行的存款不予计息。

（2）贸易公司的款项，银行未得公司同意前不得动用，其允许动用部分按利息计算。

（3）贸易公司大宗款项的收付，由银行代理。

（4）贸易公司在业务上委托银行汇款，其汇水以低于正常汇水百分之二十为原则，特殊者例外。

3. 关于财政垫支问题。贷销款由公司存银行以贸银往来科目处理，由公司统一划拨支付,由公司开出支票向银行支款。

4.关于货物实物的处理的决议:

(1)银行贷款收回实物一律交由贸司按当时批发价由贸司转账银行不再经手。

(2)银行取实物时,公司凭银行单据付出实物,公司以当时批发价转让银行账。

5.关于银贸分家与开支问题的决议:

(1)四月底以前银贸组织机构干部要完全分开,伙食分与否双方商议决定。

(2)四月底以前一切开支由公司报销,单衣亦由公司报销。

6.关于各分司、行支付手续处理的决议:

(1)总司、行应尽量减少电拨。

(2)各分司、行在未得总司、总行命令前,不得为财政支付借款。如非常必要时,由各分区财政科出具单据,同时双方电告各上级请求追认,但各分司、分行必须负责在经费发下时收回借款。

(3)在前方特别紧急的情况下,由前总负责人批准者可以垫借,并电告总司、总行,将来由前总经费内扣除,一般的前总开支不予垫借。

(4)关于财政借款问题,请求西北局召集会议作出决定,拟出条例,由各有关机关共同签署执行。

7.关于存放款问题的决议:

(1)各地农贷已放出者,按照原规定办理,不再改变。

(2)农贷如以票币放出者,月息一律按百分之九计算,农副业相同,折实贷款利息以百分之一。

(3)春季贷款争取夏收后收回,最迟必须于秋收后收回。

(4)城市中工业放款如以票币计算利息,临时面议。

(西北贸易、银行:《关于银贸工作关系的七项决议》,1949年4月1日)

为业务的需要,银行、贸易公司必须建立单独的会计组织与科目,如会计干部不足,则先将账簿分开,仍由原会计分别记账。

账簿分开后,银行、贸司间之账项,贸司会计资产类增加银行资金(总公司用)和贸、银往来(视其实际情况列入资产或负债类,总行、分行、总司、分司用)

两科目,贸司即将原接收银行移交之金额转为银行资金;一切贷款亦转入银行账上,作为银行资金;银行业务上需要增加资金,再另筹拨。各分支行会计对总行、分行负责,除总公司外,各分支公司会计账目上不表现银行资产。银贸相互往来账目,以"银贸往来"科目处理之。各分支公司、行,正副经理兼正副行长,仍负原贸易、银行全部工作之责。

(西北贸易公司:《通知》,1948年9月6日)

三、人民银行西北区行的成立及其组织建设

(一)成立人民银行西北区行,统一西北与华北的财经工作

中内决定西北的财政、金融、贸易、交通、军事工业等财经工作中一切可能的与必需的均与华北统一。根据这一决定,经与西北财办贺龙、陈希云诸负责同志讨论后,做出如下决定:

金融贸易问题:

1.机构设置:

(1)银行。西北设中国人民银行西北区行(在旧币仍流通前,对外仍称西北农民银行),区行下根据行署区设分行。目前西北区行与陕甘宁分行可合在一起,河东部分应依据行署区划设置一至两个分行,各专区设办事处,各县设支行(详细办法参看华北银行之规定)。

(2)贸易。西北设西北贸易总公司,其下根据行署区设区公司,各专区县按需要设商店之总分支店。

(3)银行、贸易各级机构,争取于四八年底建立起来。

2.领导关系:

(1)银行。区行受西北财经委员会与总行双重领导,其方针、计划、资金、调度、重要干部任免由总行统一,日常工作应由西北财经委员会根据华北财委与总行决定领导监督。

(2)贸易与银行同。

3.工商行政、银行贸易部门分开问题:

(1)银行与贸易部门分开,各自建立单独的机构与工作。

(2)工商行政管理与贸易经营部门原则上应分开。在目前情况下不能分开时,负责人可以兼职,但内部工作及对群众关系上要分开。

4.机构分设时干部分配原则：

（1）分配比例。河东部分银行贸易现有干部照银行四分之一至三分之一，工商贸易三分之二至四分之三之比例分配之。

（2）河西部分。银行以陕甘宁边区银行原有干部为骨干，先行恢复工作，交逐渐求得充实，原陕甘宁贸易系统干部仍归贸易公司。

5.原有资金分配及清理问题：

（1）金银贷款归银行（如金银系占财政上之款项者，可由银行以货币偿还）。

（2）商品物资归贸易（如欠财政款可出售偿付之）。

（3）银行与贸易在年底与财政上结算清楚，年后财政上贸易上是业务关系，一切以契约行之。银行只是代理金库，所有透支皆由总行根据批准发行计划支付，财政上不得占用银行及贸易资金。

（4）在年底前所有贸易、银行之财产，均应按市价估计（以市价中等价九折计），详列表册呈华北财经委员会，所有呆账及应出损益之事项，必须彻底结清（如贷款不能收回者）。从明年一月一日起，皆照总行、总公司之会计制度及保本规定进行。

6.两区干部交流问题：为了解情况，贯彻政策，华北与西北银行贸易方面各交换两个负责干部（西北河西银行贸易各一人，河东各一人）。干部条件，至少相当于各区分行、公司之副经理或科长。

7.通讯联系问题：华北暂确定与延安、临汾、兴县三个经济电台联系（此三地皆已有经济专用台）。

8.关于两区货币统一前的准备工作。

华北与西北两区货币于十月十五日起，固定冀农比价一比二十，边农比价一比二，相互流通。在统一之前，须进行下列准备工作：

（1）目前两区毗邻地区物价，晋南、晋中均与法价大体相吻合，晋北自然比价十八元，较法价差百分之十左右。为了稳定法价，便利统一流通，从现在起即加强兑换工作，在晋北除两行所设之联办已有基金外，华北增拨五亿冀钞，西北增拨五十亿农钞，无限给群众兑换。在晋中华北拨三亿冀钞，西北拨二十亿农钞，以之支持兑换。

（2）晋南现已开始的农冀混合流通，应坚持贯彻所有税收与公私款项，无论冀农钞一律通用。

(3)为了稳定法价,便于物资交流,在晋北由华北贸易总公司准备十万尺土布,十万斤棉花去支持。在物价措施上,华北区应求稳定,晋绥区则适当提高布棉价格,以利布棉西流。在晋中、华北和西北贸易公司各按原定调剂计划,继续向晋中输运物资。

(4)金银价格由华北银行统一规定。关于银元收购任务,价格标准待确定后再行通知。

9. 今后贸易中几个问题:

(1)为了解决西北的布棉和土产收购问题,华北贸易总公司于今冬陆续拨总值冀钞百亿的物资货币(计六十至八十万尺土布、五十至六十万斤棉花和一部货币)到西北,其中五十亿物资用作收购土产,五十亿收购粮食,稳定明春物价,土产收购后即转交财政,另五十亿(即收购粮食)拨作西北贸易总公司资金,此冀钞一百亿资金由华北财委会批准,由总会计于十二月上旬增拨给华北贸总。详细收购办法与质量等,由华北贸总与晋绥商定。

(2)晋南地区除用公粮征收棉花一百五十万斤外,由西北贸易公司统一购购棉花二百万斤,收购后由华北贸易总公司统一分配调剂,太岳区即应停止自晋南区吸收棉花,收棉资金由总会计增拨华北贸总资金十五亿,于十二月上旬拨付。

10. 今后发行印刷问题:

(1)西北所有印刷厂在年底前仍继续印刷农币,估计除完成已批准之三十亿外,还可多印出三十亿,须经批准后以作财政透支及收回破币与小额票之用。

(2)在新币发行后,截至年底止,西北印刷厂工作即应停止,将所有详细发行数字及一切手续连同银行贸易财产报来华北财经委员会,以资清理。

(3)中国人民银行票发行,尽先将河东部分农币市场逐渐接替,在新币未发行前在晋南收购物资也尽可能以冀钞去接替市场,使农币充分用于河西地区。

(华北财经委员会:《关于西北财政、金融、贸易工作统一问题的决定》,1948年10月5日)

为中国人民银行西北区行启用新印通知各地。

奉中国人民银行民国三十七年十二月十六日总秘字第二号命令颁布发中

国人民银行西北区行长方形钤印一颗、条章一枚,遵即于民国三十八年四月十五日启用。除呈报中国人民银行陕甘宁边区政府备案外,即希知照为荷。

(中国人民银行西北区行:《通知》区通字第一号,1949年4月10日)

中国人民银行西北区行大事记

四月十四日

财委会通过中国人民银行西北区行业务方针及具体任务。并基本上通过区行一九四九年工作计划及西北区行组织堆积交银行自己修改。

四月十五日

西北区行宣布对外正式办公,并对内宣布西北农民银行兼理西北区行一切业务。

(西北区行:《大事记》,1949年)

(二)关于机构设置与人员编制

为了适应新的工作需要,必须健全银行组织,使其相对独立,以免与贸易工作混淆不清,互相牵扯。因此,在组织上、人员上必须作如下的配备:

1. 总行。须加强领导,负责人员不能兼职,其组织人员:股长一名,股员二名,练习生二名。

业务股——进行银行各种业务,了解情况,检查放款,整理材料等。人员:股长一名,股员四名。

出纳股——代理公私出纳,作现款、白洋、金银收付、保管、破票兑换等。人员:股长一名,股员五名,练习生十名。

发行股——管理印刷厂、纸厂,管理未发行票币及回笼破票等。人员:股长一名,股员二名。

2. 分行。规定一个主要负责同志专做银行工作。其组织:会计——管理分行会计并掌握会计,与公司会计分开,以免混乱,指导支行会计等人员三名。

业务——进行银行之一般业务及农贷之放款业务、金融等材料整理总结案,人员三名。

出纳——作款项收付及保管等。人员十名。

3. 支行。在每县设立或在较大较重要之市镇设立,有一个专人负责,下设会计、出纳、营业。农贷员共三名至五名。

(西北贸易公司:《金融工作计划草案》,1948年7月)

建立银行独立机构

1.建立中国人民银行西北区行,兼西北农民银行总行及其分支行办事处等各级独立机构,对外名义一律于四月十五日公布。

2.陕甘宁边区贸易公司(包括农民银行,以下同)各级机构,原有边区银行之干部仍回银行(指人民银行,以下同),并按各地具体情况,予以可能之补充(具体数目另有商定),不足之数再由政府财委统一调剂。

3.银行资金:(1)陕甘宁边区方面,各级贸司将有关银行业务之一(存放等)资产负债转让银行账;各级行应将旧有债权债务尽速清理,务期于秋季以前结束。此项旧有债权债务,在未清理不计利息,不觉核算(保本)之限制(会计手续另行规定)。贸易须另拨少部分款项给银行,作为资金不足之数;区行应根据各所属行提出之资金数目统一筹划,提出总资金数目,呈报政府、财委及总行拨付。(2)晋西北、晋南两分行除已由贸司方面拨出之资金外,如有不足,应根据实际需要,提交区行审定筹拨。

4.陕甘宁边区各银行办事处所需马匹、枪支、生财、用具、房产等项,应根据实际需要,商得同级贸司同意后即行拨出,呈总司、区行核准。

5.陕甘宁边区方面:四月底以前银贸组织机构、干部要完全分开,伙食分与否由各分行自由决定,四月底以前一切开支由公司报销(单衣包括在内)。

6.晋西北、晋南两分行与贸司有关资金、干部及各项财产之划分等,根据各该级财委决定原则处理之。

甲、机构:

(1)依据总行计划成立西北区行(区行组织规程另订)。

(2)在下列各地成立分行(行署所在地)。

延安陕北分行,兴县晋西北分行,临汾晋南分行。

(3)在下列各地成立办事处(专署所在地)。

榆林(镇川)、绥德、三边、陇东、黄龙、关中、大荔、邠县(今彬县)、雁北、雁南、离石、运城、新绛、洪洞。

(4)在下列各地成立支行(县级)。

神木、延长、临县、荣河、临晋、万全、永虞、永乐、芮城、平陆、夏县、安邑、闻喜、解县、猗氏、河津、曲沃、汾城、襄宁、赵城、隰县、石楼、大宁。

(5)依据各分行办事处支行的人力与需要,建立以农贷为主要业务的农贷据点(金融网)。

(6)准备参加接收新区(西安、宝鸡等地)敌伪金融机构,蓄集一批干部,在区行内设立银行工作队,人数不定。

根据业务发展的需要与可能,改变目前按行政区划设置机构为按交通条件与经济区划设置机构,使资金与业务能互相联络与调剂。

乙、干部:

为充实老区准备接收新区,银行干部应即在思想上、方针政策与干部组织上进行下列工作:

(1)大量吸收培养与提拔干部:

大河东合并财经机构,抽出的干部,请西北局组织部与西北财委尽可能分配区行系统一百五十名。

在财经学校抽调三十名指名抽调,请财委会批准。

向延大及其他部门物色做过银行工作或商专毕业的外来知识分子与职员若干人。

进入新区后,大批选用在敌区金融机构内做过会计出纳与营业的职员,作短期的甄别与训练。

(2)普遍在各分行办事处与支行均设副职,举办轮训班。

(3)组织在职干部学习。在营业、会计、出纳等科股内设置一定数目的练习生,实行带徒弟的办法,训练干部。

(西北区行:《一九四九年工作计划》,1949年3月)

1.遵照中央关于华北、华东、西北货币银行统一之规定与边区政府之决定,将西北农民银行总行改为人民银行西北区行,原各分行一律改为专区办事处,行署一级设立分行,县、市根据需要与可能设立支行,支行以下为营业所。

2.西北区行在承总行指示,在边区政府领导下,主管下列事项:

(1)依据总的金融政策及业务方针,制订西北区具体业务方针和计划。

(2)指导、组织、监督与检查各分行对既定方针政策及工作计划之执行。

(3)负责关于干部培养、教育、任免、考核奖惩等事项。

(4)代理其他一切有关全区之金融事项。

3.按照上述业务,区行组织设置如下:

设经理一人,代表总行总管西北区行金融行政及业务事宜(区行不直接经营业务)。设副经理二人,协助经理领导区行金融事宜。

(1)经理办公室:由主任一人、机要秘书一人主持以下工作:

集中领导与处理有关全面的业务及日常工作。

组织主持行务会议及其他临时有关全面之行政会议。

关于对外之交际络宣传事项。

机要工作。

(2)秘书室:设正副主任各一人,下设文书、庶务二股,各股设股长一人,股员若干人。分工办理下列事项:

文件之撰拟、审核、缮写、收发、保管。

全行之行政事务及区行之生活事务工作。

其他不属于各科之事项。

(3)人事科:设正副科长各一人,下设干部、教育二股,分管下列事项:

干部之了解、配备、考核及抚恤与保健。

有计划地教育提高现有干部及培养大批新干部。

(4)业务科:设正副科长各一人,下设信贷、城市、调研三股,必要时可增设货币股。分工负责:

了解、研究、督促、检查、总结全行业务,并帮助各分行建立开展信用贷款、城市金融等业务工作。

草拟存放汇等一切有关业务之章程条例。

(5)会计科:设正副科长各一人,下设会计、审计二股,分别掌握以下各项工作:

掌握检查及帮助所属行关于会计制度之执行。

审查、复核全行会计及开支、表报、账目、单据。

定期进行汇理会计工作。

代理金库会计。

草拟有关全行会计具体手续、制度,进行有关业务之统计工作。

(6)出纳科:设正副科长各一人,下设司库、复核、记账、收款、付款、捐款员若干人,负责办理下列事项:

全行之现金收付。

保管生金银及贵重物品。

全行款项解运。

监督帮助下级行对于出纳制度的执行。

4. 各行署分行：组织机构与区行同，受区行直接领导，经营业务。

5. 各专区办事处：受分行直接领导（分行所在地不另设），组织机构与分行同，唯经理以下所设者为股。

6. 各县市支行：受分行或办事处领导，直接经营业务，视工作需要设经理一人或副经理一人，下设秘书、业务、会计、出纳各组，分司其事。

7. 目前应即恢复与新建立各分行办事处及支行：

（1）分行：陕北分行（延安）、晋南分行（临汾）、晋北分行（兴县）。

（2）办事处：绥德、黄龙、关中、榆林（暂设镇川）、定边、延长、韩城、陇东、朔县、兴县（分行兼）、临汾、柳林。

（3）支行：洛川、神木、五寨、代县、临县、离石、碛口、隰县、赵城、运城、新绛、河津、曲沃。

8. 各级行人员配备由总行根据业务繁简酌量增减统一调剂配备之。

9. 本规程自总行及政府批准之日起开始有效。

（西北区行：《业务方针及具体任务、组织工作规程（草案）》，1949年3月）

机构与人事

1. 一九四七年胡匪进犯边区，八月各机关东渡黄河。为适应当时条件，政府决定银行与贸易公司合并机构，在贸易公司总分机构内，设一金融管理科，专司银行业务。因此当时银行大批干部即被调出，另行分配工作。除一般科员外，调往野勤财经队、财校、财委及后勤部等机关之银行较负责任的中级干部即达三十名左右，至此银行所保留之干部已缩减到最低限度。

本年四月十五日银行奉命组织单独机构，与贸易公司正式分开办公，银行原有之少数干部即连最基本的组织机构亦无法建立与健全。

为此，曾向党政多次请求增调干部，并要求将原调往各机关之银行干部仍予调回，但因各机关工作需要，除少数外，原银行之专业干部终未能调回。

2. 本年四月十五号至五月中截止，政府财委先后由晋北调河西之干部中，调给银行干部八名、练习生四名，又先后由延大、财校调给银行学生七十名，共计干部八名、练习生（学生）七十四名，当时除以少数人员配备陕北区所属各行处外,大部带至新区担任接管工作。

截至五月上旬,老区各行处干部配备情况如下:

西北区行计有干部二十八名(新从晋南调来之八名干部在内,且大部为出纳人员)、练习生二十一名,干部、练习生共计四十九名;陕北分行(兼延安办事处业务)计有干部十六名、练习生十七名,干部、练习生共计三十三名。

绥德分区办事处(各县在内)计有干部十七名、练习生十二名,干部、练习生共计二十九名。

榆林分区办事处(各县在内)计有干部八名,无练习生。

三边分区办事处(各县在内)计有干部十三名、练习生四名,干部、练习生共计十七名。

黄龙分区办事处(各县在内)计有干部七名、练习生六名,干部、练习生共计十三名。

关中分区办事处(各县在内)计有干部十名、练习生十三名,干部、练习生共计二十九名。

陇东分区办事处(各县在内)计有干部十六名、练习生二十名,干部、练习生共计三十六名。

共计干部一百二十一名、练习生九十三名。

3. 五月从晋南调来干部、练习生各一百名,这些干部全数为贸易干部,很少做过银行工作者,且在此一百名干部内,据晋南贸易公司经理余建新同志谈称:因王磊同志(政府命令之区行副经理,始终未到职)已由组织内定另调工作,因此他将原决定调银行的干部中,抽调较强干部二十名,另补充以练习生。因此从晋南调来干部人员中实数只有八十名,另补充以练习生。因此从晋南调来干部人员中实数只有八十名,平均质量实际很低,最强干部为曾在晋南贸易支公司任过经理者,但在全西北已基本解放的情况下,从晋南调来干部一般均提升一级使用,过去曾任县经理者,一般均提为分区银行办事处主任,即如此仍不足以应付客观之需要。因此,六月间从晋南财校调来学生一百名分配去陕北分行七十名,兰州分行二十名,大荔办事处十名。

现再将新区干部配备情况分列于下。

西安分行配备干部二十八名、练习生十八名,共计四十六名。

宝鸡分区配备干部十七名、练习生二十四名,共计四十一名。

咸阳分区配备干部十六名、练习生十九名,共计三十五名。

渭南分区配备干部二十名、练习生二十二名,共计四十二名。

邠县(今彬县)分区配备干部七名、练习生八名,共计十五名。

甘肃分行(兰州)和天水办事处配备干部二十七名、练习生十二名,共计三十九名。陇东旧有干部、练习生计二十八名,区行六月间派去干部三名、练习生五名,计八名,平凉由陇东配备干部、练习生共计十八名。

大荔分区配备干部十七名、练习生十二名,共计二十九名。

汉中区派去干部十五名、练习生八名、旧职员四名,共计二十七名。

青海派去干部二十名、练习生十名、旧人员三名,共计三十三名。

新疆派去干部十名、练习生六名、旧职员二名,共计十八名。

4.自接管以来,各行处陆续吸收不少新干部及旧职员参加工作,至九月底止(区行是十月底),各行处的干部分配情况如下列各表所示(附表九份)。

关于干部问题,由于作人事工作的干部缺乏,大批干部调赴新区,故这部分仅系情况报道,没有思想动态,更没有总结,根据目前的材料,只能暂作简单的报告。

(1)新疆、青海、宁夏省分行兼市行。(2)全西北区设办事处40个,其中一等者为三分之一强,即14个;二等者为三分之二弱,即26个。(3)全西北支行80个,五分之二为一等者,即32个;五分之三为二等者,即48个。(4)区行暂以160人计。(5)西安市行以145人计。兰州市分行以140人计,陕西省行以80人计,甘肃省行以60人计,青海、西宁市行以100人计,新疆省行以160人计,宁夏分行以80人计。(6)支行为80个,一等者为15人,二等者为10人。(7)办事处一等者为50人,二等者为30人,中心办事处二个,各为60人(即宝鸡、南郑)。

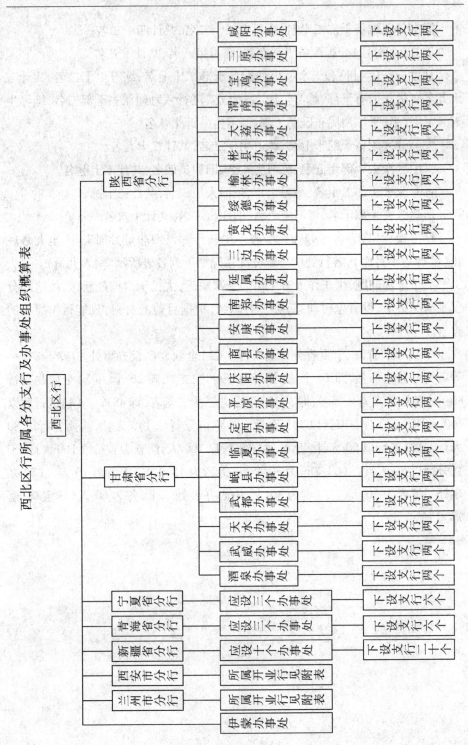

西北区行所属各分支行及办事处组织概算表

第二章 陕甘宁边区银行的发展变化

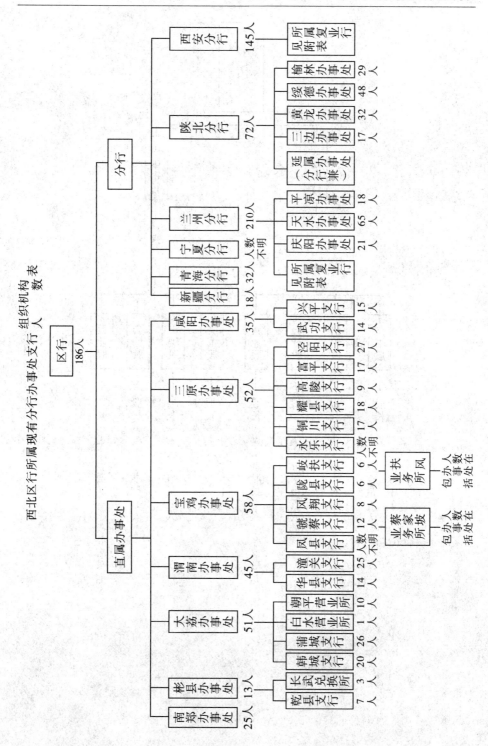

西北区行行所属现有分行办事处支行组织机构人数表

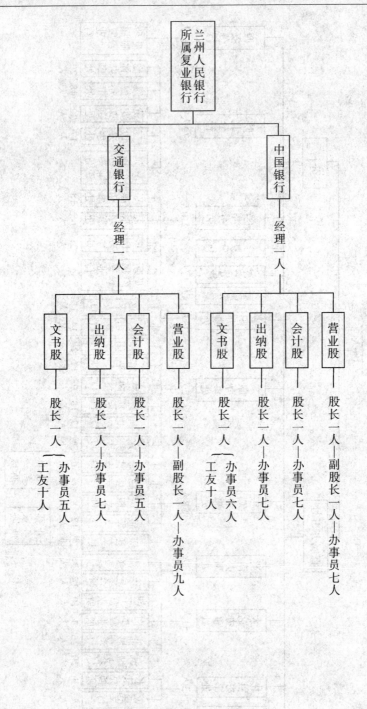

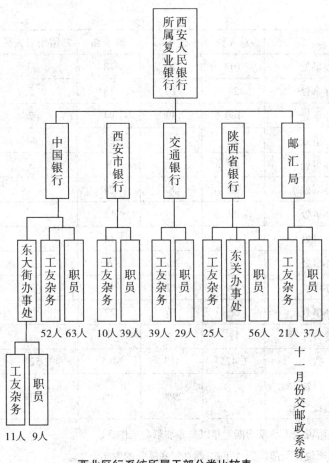

十一月份交邮政系统

西北区行系统所属干部分类比较表

行　名	总人数	老干部	新干部	留用旧人员	备　考
西北区行	171	43	34	94	
西安市分行	145	28	18	99	
甘肃省分行	215	26	8	181	
宁夏分行					
青海分行	33	16	14	3	
新疆分行	18	10	6	2	
陕北分行	72	31	41		
咸阳办事处	64	23	14	27	
渭南办事处	84	25	36	23	

续表

行　名	总人数	老干部	新干部	留用旧人员	备　考
大荔办事处	109	20	78	11	
彬县办事处	28	10	13	5	
三原办事处	140	39	94	7	
宝鸡办事处	90	20	26	44	
汉中办事处	26	15	8	3	
黄龙办事处	32	8	24		
榆林办事处	29	16	13		
绥德办事处	48	34	14		
陇东办事处	21	15	6		
平凉办事处	18	12	6		
天水办事处	65	10	27	28	
区行发行库	17	12	5		
总　数	1,425	413	485	527	
新老旧人员各占总人数的百分比		29%	34%	37%	

（1）本表所说老干部系指四七年以前参加革命工作者。
（2）本表所说新干部即四八年初、四九年底吸收的青年学生。
（3）本表所说旧人员即解放后所留用之旧职员与工友。

西北区所属各级干部质量概说表

项　别	数　额	占总数的百分比	说　明
曾在银行工作过的	35	6.3%	本表所说其它人员系指： （1）由其它部门调选的干部。 （2）练习生及留用旧职员。 （3）此表总计比前总人数少83人。
曾在贸司工作过的	82	6.1%	
其　它	1,175	87.6%	
总　计	1,342	100%	
曾任银行股长工作以上者	31	2.3%	
其　它	1,311	97.7%	
合　计	1,342	100%	

西北区行所属各行处人员入伍年代统计表

行 别	37年	38年	39年	40年	41年	42年	43年	44年	45年	46年	47年	48年	49年	合 计
区 行	16	8	4	1				2	1	7	5	25	101	171
西安分行	2	5	2	2	1		1	2	4	4	8	5	110	145
新疆分行	8					1		1		2		5	3	18
西宁分行	1	2		2	3		3	3	4	2	3	12	16	33
陕北分行	11	2	3	3	6	8	7	8	5	2	30	48	23	72
直属办事处	26	14	4	7	6	3	3	17	13	19	10	48	342	541
陕北分行所属办事处	8	2	2	8				3	6	7		19	32	109
甘肃分行所属办事处	4	4	4	1				2	4	1	7	7	5	39
小 计	76	37	16	24	15	13	14	38	37	42	63	121	632	1,128
区行发行库														17
兰州市分行														215
天水办事处														65
宁 夏														一
占总数的百分比	7%	3%	2%	2%	1%	1%	1%	3%	3%	4%	5%	11%	57%	
总 计														1,425

本表所填37年入伍者,系37年以前所参加的人完全包括在内。

西北区行直属办事处各级人员入伍年代统计表

行　别	年　别													合　计
	37年	38年	39年	40年	41年	42年	43年	44年	45年	46年	47年	48年	49年	
咸阳办事处	2	1		2	1	2		2		6	7	9	32	64
宝鸡办事处	3	2	1	1			3	3		1	5	11	60	90
渭南办事处	4	2	1		2	1	1	2		4	9	12	49	84
大荔办事处	5	1		1	1		1	2	1	2	3	5	85	109
彬县办事处	2	1			1	1		2		1	2	1	17	28
三原办事处	5	3	1	3	2	4	2	6	8	2	4	6	94	140
汉中办事处	5	4	1						4	3		4	5	26
合　计	26	14	4	7	6	8	7	17	13	19	30	48	342	541
占总数的百分比	5%	2.6%	0.7%	1.3%	1.1%	1.5%	1.3%	3%	2.4%	3.5%	5.5%	8.9%	63.2%	

续表

行 别		年 别												合 计
		37年	38年	39年	40年	41年	42年	43年	44年	45年	46年	47年	48年	49年	
甘肃分行所属办事处人员	陇东办事处	1	1	3	1					4		4	4	2	21
	平凉办事处	3	3	1					1		1	3	3	3	18
	天水办事处														65
	占总数百分比	10%	10%	10%	3%				5%	10%	3%	18%	18%	13%	
	合 计	4	4	4	1	1			2	4	1	7	7	5	104
陕北分行所属办事处人员	黄龙办事处	1			3	3	1		1	2	1	1	13	11	32
	榆林办事处	2		2	1	1	2	1	1			3	2	11	29
	绥德办事处	5	2		4	4		2	1	4	6	6	4	10	48
	合 计	8	2	2	8	6	3	3	3	6	7	10	19	32	109
	占总数百分比	7%	2%	2%	7%	6%	3%	3%	3%	6%	6%	9%	17%	29%	100%

本表所填37年入伍者系37年以前所参加的人完全包括在内。

(《西北区行五个月工作报告》,1949年10月)

建立与健全各种制度：

1. 制订业务、会计、出纳、秘书、人事、总务方面各种章则条例与手续制度（另行拟定）。

2. 确定报告制度如下：

（1）综合书面报告，每月一次，内容简扼要，抓住该月中心工作，加以分析总结和提出今后意见，下月十号以前寄出。

（2）工作计划和总结报告每季一次（三个月一次）。

（3）商情报告，一般与贸司合刊（有条件时亦可自办），分行注意多收集和反映有关金融及银行业务方面的材料。

（4）关于会计报表制度另订。

（5）关于业务报告制度方面：

发行库业务库库存根据各地情况十日电告或表报一次，保证逢一寄出。

各地利率、汇水、生金银牌价的变动要随时电告。

各种存放款汇兑统计表一月报告一次。

各种业务工作的总结，如农贷等，进行告一段落时，即需加以总结。

（6）各级行凡有请示报告等，上级行须及时给予批答。

（西北区行：《一九四九年工作计划》，1949年3月）

第二节　边区银行的资金积累和分配运用

一、资金的壮大与合理运用

壮大资金和资金的运用与配合问题：

1. 壮大资金主要是为了发展生产，保持一定资金的购买力，避免生产贷款的过分削弱。是为了扩大银行发行的准备金，以巩固边区金融。

2. 一九四三年规定银行不准参与商业活动，历年资金因而相对地削弱了。凡违反了这一办法，自行多少参与了生金银买卖和商业活动的，则保持得比较好些。例如一九四四年七月份财经办事处确定各分行的资金以后，历年每期将各分行的资金与每期纯损或纯益合计，依照延安市物价指数，计算各分行各期资金即本利合计的购买力，则所得的结果，可列表于后：

行名	四四年七月的资金	四六年上期应有资金	四六年上期实存资金	增损金额	资金增削百分比
陇东分行	250	250	354	（增）104	增41.64%
关中分行	150	190	26	（损）164	削109.52%
绥德分行	500	598	271	（损）327	削65.37%
三边分行	150	198	85	（损）113	削75.66%
总行业务处	1,000	1,107	1,076	（损）31	削3.05%
合计	2,050	2,343	1,812	（损）531	削25.90%

注明：本表金额以券币万元为单位。

如果只以票面金额计算，其资金与损益互相对照，从一九四五年下期各行处决算来看，可表现于下：

陇东分行	纯益	8,603,335.25元	占其资金的86.0%
业务处	纯益	7,832,526.50元	占其资金的31.3%
关中分行	纯损	1,037,367.37元	占其资金的69.2%
三边分行	纯损	222,791.14元	占其资金的14.9%
绥德分行	纯损	328,702.62元	占其资金的3.3%

从此可见银行资力以券币购买力计算，则亏损不小，即在票面额上计算，有些也已削弱了。

今后要扩大贴本的农村贷款，进行一般的低利工商业贷款，必须重新分配资金，特规定壮大资金的任务与资金运用的原则如次。

1. 重新分配资金，数目另祥，附表一。

2. 总行抽出一千两金子的资力，分配于各分行，进行农工生产事业的贷款，并确定以百分之五十专门办理农村贷款，以百分之五十参与一般业务活动，配合各分行原有资金，在长期运转中务期达到。

（1）以分行资金百分之二十五的资力投向农贷方面，办理贴本的"银行贷款"，即是一揽子贷款，其损失准向总行报销。其计算法为平均（按每月放出数或每月余额数）全年或全期保持有固定资金之百分之二十五投入生产贷款。

（2）以分行资金百分之七十五的效力办理各种业务，参与正当的商业活动，并以保持其原购买力为原则。

购买力计算法：

以券币的物价总指数为标准(延安市的指数)。

以土布、小米、黄金的平均指数为标准。

到年终结算或按期决算时,准分行采取以上二项中最低的一项为计算标准。此项资金名优能保持比上项最低的指数更高,不能更低,即保证只能赚钱不能赔本。

(3)上项百分之二十五的资金其放款利息规定为:

农业贷款比当地一般利息低百分之六十。

集镇手工业生产贷款比当地一般利息低百分之四十。

3. 何时以主要资力办理农村贷款,何时以主要资力进行一般业务与参与商业活动,由各分行依据具体情形自行决定。有时生产贷款真正放不下去时,不勉强乱放。

4. 根据总行券币准备金的实力消长,在稳定金融条件下,与财政经济贸易部门互相配合中,可以进行商业活动,由总行临时决定,令各分行进行吞吐物资,各分行务须以大力完成这一任务。

5. 各分行资金铁运用,以独立自主为原则,但在业务配合上,特规定于下:

(1)发行库的透支,从此次分配资金以后,即行停止。

(2)各分行间的小额汇兑,由分行自行清理。凡大宗汇兑必须经过总行,由发行库转拨。为求得迅速起见,承汇行须同时发电,一致总行,一致付汇行,待接总行通知时,即可照数转账。

(3)总发行库的金子,存于绥德分行的,绥行得依据市场情况,在有利条件下,准自由出售;关中分行得依据法币库存的可能条件,在保证一定数量的法币兑换之下,可以自由收购,但均须随时电告总行,听总行指挥。

(4)绥德分行所存的白洋,得代理总库,自由买卖,但其总数量务须保持只准加多,不许减少。并从即日起,由总行拨出白洋二万元交绥行代发行库参与壮大资金的活动,这种初步试办如能成功,可以继续加拨,其损益核算全归发行库。

(5)各分行之间,凡参与商业活动的工作,必须互相联系,必须互相信任,与贸易公司互相配合,尽量避免相互冲突,其合作条件可以自由商订。

(边区银行:《行长联席会议草案》,1946年10月)

1. 因物价上涨,货币贬值关系,你处现有资金亦不足调剂,为发展下期业务

计,今将各行固定资金及往来透支重新规定于下:

行名	固定资金	往来透支款
绥德分行	四千万元	一千万元
陇东分行	二千五百万元	五百万元
定边分行	二千万元	一千万元
关中分行	五百万元	二百五十万元
业务处	六千七百五十万元	暂不规定

上期获益全转到总行来,资金未领定者,接此通知后,请打来领据领取。为避免机关借款,处理资金的科目规定二个,营业基金科目,只表现四四年资金数,其余放在总行存款科目占表现。

2. 为了各行能自由运用自己的资金,今规定各个行间之汇兑拨款额不得超过其流通资金额,否则付款行资金有限,无力支付。如金额大者可在准备库汇之,但限于总分库之间,汇水可收在业务上。

3. 为督促各行能随时利用自己资金,使之周转得以壮大起见,规定基本金从七月一日起,总分行往来从八月一日起统统计息,前者周息二分,后者周息六分,如对流动资金计息法弄不清者,可提出询问。

(边区银行:《固定资金及往来透支重新规定》,1946 年 7 月 30 日)

业务资金

根据一九四七年陕甘宁边行业务资金为三万万余元,按当时价折黄金一点七九一两,折小米一三点九五六石,但此数与实际需要相差很远,就按这个标准计算。目前应拨业务资金一千五百万万元,计河东一千万万元,河西百万万元。如下:

陇东六十万万	关中四十万万	绥德八十万万
黄龙八十万万	定边七十万万	延属七十万万
总行一百万万		

目前银行尚无分文资金,原来资金交归贸易垫支财政,此项资金须由贸易上逐渐投入,计划明年下期拨足此数。

业务资金运用分配百分之六十投入生产,百分之十作汇兑资金,其余百分之三十经营其他业务。

(西北贸易公司:《金融工作计划草案》,1948年7月)

资金要根据业务的需要逐渐增加扩大,一下子不可能大大增加,业务要根据可能的条件去进行。譬如现在就无条件把银行应负的全部任务都搞起来,业务都开展起来,困难有资金与人员两方面,银行、贸司虽会计分开,但在资金铁运用周转上必须服从一定时期的主要任务,故虽资金分开,仍可相互透支调用。如果需大量贷款,即可调贸司实物力量;贸易公司如果需要收买物资,亦可使用银行存款。工作上应有明确分工,思想上不能分家,必须在一家的思想下去进行部门工作。

该计划缺少按五百亿分配后,能进行那种业务活动的具体计划与估计。

1. 资金的需要情况:

(1)应该注意的几个问题:

目前中央指出:①发展生产是争取革命战争在全国胜利的最基本最重要的一项任务;而指导生产又是银行唯一的中心任务。

②今后每年应当发放必要的和可能的无利或低利农业贷款……以便逐年增加扩大发放。

③在发放的范围和重点上毛主席指出,目前在解放区提高生产,必须是工业生产与农业生产并重。因此,任务比以前扩大了,发放的对象增多了,自然资金的需要量也得随着增大,这样就不必另设农业生产贷款局。

④随着军事形势胜利演进,地区逐渐在扩大,今后所得城市都是较大的、较富足的城市,人口多了,资金的需要量也得增大。

(2)需要量的几种计算方法:

①若将上述情况估计进去,再根据华北对银行资金的标准(每人一至二斗小米),我们以最低标准,每人一斗小米计算,则现有四十二县二○○万人口,今年再增加二十个县二○○万人口,明春再增加六个县六○○万人口,共计人口一千万,就需要一百万石小米,每斗以延市价二十五万计审要资金二万五千亿元。

②将明年要扩大的地区不算在内,也还有四百万人口,仍需小米四十万石,每斗以延市米价二十五万计,尚需资金一万亿元。

③以原边区银行资金为准(以当时全部资金折合小米六万四千石,按一百

五十万人口均分,每人能分到四升二合多),每人以四升小米算,则四百万人口(包括今年要扩大的二十个县在内),共需小米十六万石,按延市米价折,尚需资金四千亿元。

④按理说银行资金比任何经济企业资金钉大,因为银行是国家金融机关,它负有建设边区、发展生产、周转贸易、调剂筹码、支持财政等重要责任。

⑤如按原先计划五百亿资金以四百万人口,平均每人只能有小米五合,折线一万二千五百元,白土布一尺五寸。

2. 拨五百亿资金的情况:

(1)资金少,与实际需要相差甚远,业务很难发展。

(2)资金少只能明确规定几项工作任务,好多工作则无法进行。

(3)各项贷款转作资金,不应算作实收资本(非生产贷款估计收不回的生产贷款,也不能作为资金,如要拨为资金,可作为未交资金科目处理,因这些款项有名无实,不能拿来使用,或很久才能收回来)。

(4)目前各地已发放之贷款,根据现有材料统计如下:

地点	时间	金额
陇东	七月底	三四,七九九万
三边	六月底	三,〇六四万
延属	九月十日	一七五,三一八万
关中	六月底	三〇,一〇一万
合计		二四三,二八二万

这二十四亿三千二百八十二万之贷款,尚为历时很久之材料(大部分为六月底),实际目前恐怕不止此数。绥德的贷款数目因无材料尚未列入,估计所有全部贷款,其数字不在少数。这样五百亿资金,实际资力就更有限。

3. 拟拨五百亿资金的分配情况:

陇东三〇亿	绥德一二〇亿	延属一〇〇亿
黄龙八〇亿	总行一一〇亿	三边 三〇亿
关中三〇亿	共计五〇〇亿	

(边区银行金融科:《对划定银行业务资金时应注意的几个问题》,1948年9月)

1. 资金：陕甘宁、晋绥银行、贸易公司至少需资金一万亿，才能负起它应负的任务。此数争取于四八年十二月底补足。

资金的分配：

$$晋绥——7,000亿\begin{cases}银\quad 行\ 2,000亿\\贸易公司\ 5,000亿\end{cases}2,800亿$$

$$陕甘宁——3,000亿\begin{cases}贸\quad 司\ 2,200亿\\银\quad 行\quad\ \ 000亿\end{cases}7,200亿$$

现有资金及差数（银行、贸易公司实力另有附件）：

晋　绥 4,500亿——尚差 2,500亿

陕甘宁 2,000亿——尚差 1,000亿

合　计 6,500亿——尚差 3,500亿

2. 发行：八、九、十三个月财政需 2,100亿

八、九、十、十一、十二五个月印票需要 600亿（包括扩大纸厂）

九至十二四个月银行、贸司共需 3,500亿（收物资及贷款等）

合计 6,200亿

九至十二月每月至少需生产 1,550亿

自四九年一月起生产之票子即大部储存备形势开展用。

（西北贸易公司、农民银行：《金融贸易工作中几个基本问题的意见》，1948年）

每月必须填制实物（包括原币）存欠表，以供审核而便掌握。

关于资、基金问题决定如下：

1. 各分行资金、基金分配数目决定：（略）

2. 使用范围：

资金由总行统一分配，由分行具体掌握，在同一决算期内无特殊情况，概不调动。

基金由总行统一掌握，分配到下级行之基金，必须按照总行指定任务去使用。必要时总行可随时调动各级行全体总损益，决算后应悉数转总行，纯益时，允许如转为资金愿缴回总行者听之，如系纯损，由总行酌情补足之。

3. 内部往来问题：

（1）联行往来、汇兑往来均应按业务关系处理，建立直接订立契约、直接清算的制度。

(2)不论联行往来、汇兑往来,均须实行限期限额清偿制度,超过限度的汇款(联行往来同),虽在限期以内,付款行亦可以拒付。

(3)不论联行往来、汇兑往来,均应按月计息。在限度限期以内,按月息四分二计算,超过限度或超过限期之一者,按商业放款月息九分计息。

(4)总行如有必要调动分行存款、黄金时,与联行往来关系同。

以上各点,除有关会计手续方面者发会计规则外,其余各点均于十月一日开始施行。希即遵照为要。

附:总行与各分行联行往来契约:

1. 总行与各分行之间,基本上不做汇兑,其限度故不规定,联行往来限度暂定为一亿。

2. 清算期:北岳、太岳、冀鲁豫等三个分行定为两个月清算一次,其余各分行定为一个月清算一次。

3. 限期限额以内,按月利四分二计息,超过限期限额之一者,定为月息九分。

4. 超过限额不超过限期,只可提高利率计息,俟到期后始能索偿;只超过限期不超过限额者,除提高利率外,可以延长清算期三至六月,但须事先商定。

(华北银行:《关于资金基金等问题的指示》,1948年)

1. 各分行办事处发行基金及业务资金的分配:发行基金,其用途仅限于收兑生金银及兑换旧币、破票等。基金由区行统一掌握。分配下级行之基金,必须按照区行指定之用途去使用,必要时区行可随时调动。业务资金亦由区行统一分配,由分行具体掌握,在同一决算期内无特殊情况,概不调动。业务资金基本上争取实物保本。

兹将各行基金及业务资金数目分配如下:

行别	基金	资金(折实粮布各半)		合计
晋南分行	2,500万	3,500万	麦、布	6,000万
晋北分行	1,250万	1,800万	麦、布	3,050万
绥德办事处	500万	400万	麦、布	900万
榆林办事处	500万			
三边	250万	250	麦、布	500万
陇东	50万	100万	麦、布	150万

2. 业务资金活动的比例。为了保证区行业务方针及具体任务的执行,各分行业务资金必须依据此一方针及当地具体经济情况,与分区财委商议后,提出意见,呈报区行批准。项目确据边区贷款暂行条例,暂可分为农业及农副业、公营企业、合作事业、私营工矿业等类,唯各分行农业贷款不得少于业务资金总数50%,业务资金一般地不用于商业放款。各地吸收存款中,可在有利于生产事业及城乡物资交流的原则下,根据实际需要,贷款部分给供销商店,但其比例一般不得超过整个存款额的20%;特殊情况需要增加时,须经上级行批准,且须严格注意,防止贷于投机商人,影响金融物价。发行库款及金库款,依照条例执行,不得违反。

……

业务资金之周转率

其他业务(贷款、汇兑等)全部资金钱每年要周转三次,并争取四次。

各分行、办事处发行基金未拨去前,可暂用业务资金进行收买生金银及兑换破票等工作,所用款项即作为发行基金,将来区行拨去后即可补足。

(边区银行三月经理联席会议:《关于金融工作若干具体问题的决定》,1949年3月)

甲、关于基金、业务资金的运用;

基金:目前除收买生金银及破票、旧币兑换之外,不准移作他用。必要时上级行可随时调动掌握之。

根据以上规定,西北区需基金约十亿新币。

资金:各行可根据既定之业务方针具体掌握之一。在一般情况下概不调用。此项资金,在发展经济、稳定金融的总方针下,争取做到实物保本,区行及所属分支行除贸司已拨之资金外,在老区尚需增拨一亿新币,新区约计亦需新币一亿元。

乙、关于业务资金之分配周转及保本:

1. 为了保证业务方针之贯彻,各行业务资金必须根据当地具体经济情况,与行署或专署财委商议,提出运用意见,呈报区行批准,其分配比例,根据边区贷款暂行条例可分为:农业农副业(包括水利、牧畜等在内)、合作事业(包括运输业在内)、工矿业(包括手工业在内)等三大项。农业农副业占资金百分之五十左右,合作事业占百分之十五左右,公营工矿业占百分之二十五左右,私营工矿业占百分之十左右为宜。依照以上原则,各行可根据当地政府经建计划具体决定,呈区行核准。业务资金原则上不用于商业放款;但对有利于生产事业及物资交流的供销商,可在存款中酌量放给,一般不超过总存款的百分之二十。特殊情况需要增加时,事先须经上级行批准,并应严格防止贷给投机商人,影响金融、物价。

2.农贷款全年需周转一次半,其余资金全年需周转三次,并争取做到四次。

3.业务资金保本问题:

业务资金保本的具体内容是:(1)贯彻有借有还、公私两利原则,反对恩赐救济,片面群众观点。(2)建立经济核算企业化的经营方法,力戒浮支滥报的大少爷作风。(3)坚持发展生产的贷款政策,发展经济稳定金融下的保本政策,反对唯利是图的小商人观点的单纯保本主义。

保本计算:一般以粮(小米或麦子)、布各半折合计算,粮、布均以当地之中等市价计算,布以当地大量与普通之布匹为标准。

(西北区行:《一九四九年工作计划》,1949年3月)

第一,银贸资金如何结合:

银行与贸司同是国家企业,任务也是一致的。但是,由于资金运用上没有很好结合,以致双方库存都须积压一定数量的资金。分行三月十日库存442万,区公司24万(晋南全区贸易公司二月终库存为1,372万,其中区公司为260万),银贸库存各占资金相当大的比例。这样大的一笔资金积压在金库里,不能起积极的作用,是一种损失。再者,假如全年物价上涨一倍,此笔库存即将损失半数。如果把银贸资金相互结合起来,贸司可以把每日售货款交付银行,银行除了必要的提存准备外,也可以把积压的资金交贸司使用。这样可减少银行与贸司库存积压的资金,做好有一家的库存就可以维持支付了。依据经验,在物价平稳时,银行吸收存款一般得多于支款,而贸司门市则是售货不快,现款收入减少;同时贸司又需要现款吸收物资,保持物价平稳并活动市场,因此正可利用银行存款。当物价波动时,银行支款多于收款,而贸司门市正需抛出物资平稳物价,故收款增多,所收货款正可支持银行支付。所以银贸资金相互结合,可以减少库存积压,增加对市场的领导力量,是可能做到与必须做到的。但需要解决两个问题:

银行必须经常保持多少提存准备金？贸司每日平均售货能收回多少现款交付银行？

分行近数月数，逐日现金收支状况：去年十二月份库存每日平均75万上下，多时到100万，最少时为50万上下，每日收入现金60—70万，付款持平。

今年一月上半月库存每日平均53万余，最高时80余万，最低时20余万，每日收入现金平均89万，支款91万；下半月库存每日平均60万左右，只有两天各为80余万，两天为50余万，收款每日均匀74万，付款69万。

二月上半月库存每日平均222万，收款170余万，付款166余万，这半月内现金收支状况变动较大；下半月库存二十一日前为150万上下，二十二日以后为300万上下，二十五日为260万，二十六日为326万，二十七日为249万，二十八日为319万，收款平均二十二日以后为181万，付款平均169万。

三月上旬库存平均在340万以上，收款平均170万，付款平均160万。

据以上材料，在这三个多月内，分行现金收支状况，一般的每日收支数接近于平衡，一月份为数常在100万左右，自二月份开始存放业务较前增多，收支数在一百六七十万，而库存数除一月份却常常多于同日现金支付数，除二月上半月现金收支变化较大，有时支款多于收款（主要为公营企业单位提款），其数额最多亦未超过150万，一般则在50万以内。这些较大款额的支付，一般预先多有通知，故亦较易筹划，所以在物价平稳的情况下，分行目前库存100万元即够支付。不过现在库存数内，包括一部分小票约20万，因此最多有150万已足用。贸司门市进货按目前每日收款50万计，此款可遂日交付银行，则银行本身库存可以减少50万元。目前银行保持库存一百万元，多余现款除进行其他业务外，可供贸易上使用。

以上只是根据分行三个多月来现金收支统计材料所得的估计，还需要作精细的计算，即逐户分析存款户的情况，并参照市场金融情况的变化，作进一步的科学的分析。

贸司与银行往来存放款的利率，原则上应低于银行其他存放款的利率。贸司向银行活期存款按月息三分计，贸司向银行短期透支（一月以内不定期）月息四分五计息，如系银行定期（一月以上）放款，其息可稍高于同时期存款利息（6—8分）。

第二，关于银行保本问题：

按分行目前吸收存款为八百万元，存款应付利息按月息四分五计，放款应收利息按九分计,则把存款放出$\frac{1}{2}$(400万),收付利息即可相抵,现库存占300万,尚有100万元所得利息9万元即为毛利,可供银行本身开支(每月开支约10万元)。如能减少银行库存至150万元,则尚有1.50万元可供投放,即争取做到库存占吸收存款之$\frac{2}{4}$,使用$\frac{3}{4}$,故吸收社会游资,经银行集中起来,有计划地用到有利于发展国民经济事业上,加强对私人资本的指导作用,而且在银行本身,只要能适当地解决存款的出路,不但能够保本,还能有此利。

至于分行本身的现有资金600余万元,已全部贷出,如按贷款折实或贷实收实办法,同样能够保本,但贷款收款则可能会因物价上涨货币贬值所受的损失(物价上涨超过贷款所得利息一部分)。

(晋南分行业务科:《分行业务中几个问题的初步检查》,1949年3月)

二、保本问题

有关保本的几个问题决定如下:

1. 保本的范围:各种资金(包括农贷、工商业放款、投资等活动)必须完全保本。各种基金(包括白银、外汇、收兑本币、友币、临时等基金)可不保本,但也应争取保一定的本。

2. 保本的计算单位:总分支行内部往来算账,以"生活饭"为单位,对农村群众计算以"几种主要物资"为单位。城市内存贷款主要的是提高利率,必要时亦可以几种主要物资为计算单位(如储存)。

每个"生活饭"包括小米二斤、麦子一斤、土布一方尺、油五钱、盐五钱、炭半斤,以货贸规定的各个主要市场的一个月的物价平均计算而成,由总行统一规定。

3. 什么时候开始保本:此问题分为两段,第一种是对外贷款,第二种是银行内部算账。关于前者,是从新的贷款放出时就开始保本;关于后者,决定自十月一日起开始保本。九月底各分行皆须将所有财产做一次全面的清理,汇总报告总行,由总行统一折铱,通知执行。

4. 记账办法:基本上根据一套账的方法处理,但又有所修改。兹将其要点列下(照新发下的会计制度处理):

(1)取消原币往来(包括金银、外币、友币等),所有原币往来能作价的随时作价,不能作价的亦假定为买卖作价记账。

(2)实物存欠:假定为买卖交易,通过仓库经营科目作价记账(记明数量、单位及金额)。

(3)一切实物账(包括黄金、白洋、外汇、友币、仓库经营等)皆以品名立户,分为"实际买卖"、内部买卖、假定买卖等三部分(或三本账)分别登记之。

(华北银行:《关于资金基金等问题的指示》,1948年)

保本问题:保本在任何时候也不是一个新问题(它只是在以赔本主义群众观点的旧作法说是新提法)。凡是公营事业都要保本和有利的。如果国营资本不能得到极大的增长,以致于能在若干年内即具有压倒的优势,不仅会使工业生产力能有足够的生产力,以满足农民需要,换取原料和各种农产品;同时在商品流通的领域内,也有足够的力量,使国家贸易机关和合作社能肩负起商品流通大部或全部的节约任务,这一批国家资本的培植,从现在开始了。所以像保本这样的企业的原始的思想,现在就应该有和应该做,这一点想来和你们的意见是一致的。此外,保本能否实现,最终是决定物价的相对稳定(发行和市场的适应程度)。因为如果物价一月数变,大涨大落,生产就很难进行,生产资本有一部分也转化为投资资本了,保本和有利都谈不到。所以只有在发行、物价这些方面采取大量措施,使货币购买力和物价水平相对稳定,才能求得在生产和商品流通过程中求得利益。我们对于保本的提法,也是建立在这种前提下的,这一点意见也是相同的。问题就在于保本提出来后是否就助长了推币存物资,如果不提保本,这些现象就没有了。我们认为即使在没有提出保本以前,一切公私营工商业,都是根本,甚至少提保本的原则去进行业务的,否则公营经济的体系就不能建立和存在。机关生产的目的就是利润,借以解决机关困难。甚至少要求保本更无疑问,所有现有借以保本的各种手段,从前均无不采取,所以我感觉问题在于:

1.对公营企业来说,如何使其计划体现政策,并帮助其实现,如产品与市场供应的计划、贸易调节计划等,对其任务则要求实现政策下保本(当然在某种特殊需要时赔本是合乎政策的,但不能作为一般原则),否则国营的性质就没有了。

2.对于私资和机关生产则是加强市场管理的问题。

3.对于国家资本的拨付方法,应该进行研究(来电这方面也提到了),以便节省资金,加强企业资金周转和国家银行的结合。

保本问题对于我们解放区银行资本和国家发行没有严格划分。我们的放款实际上在许多地方都是对借款户的一种津贴。在解放区联成一片,即将取得全国胜利,农民的基本生产手段大致平均以后,情况就不同了。银行资本的核算,必须和发行分开。对于我们的业务对象,必须力求两利,必须加强贷款的研究运用,使贷款到了生产者手中时,能因改善了设备,增加了可变资本,较之未得贷款产生更大的物质价值。就在这个基础上,银行资本得以保本以致积累,我们仅要求生产者只取得其生产的物质价值,而把货币贬值部分还给我们,如果这一点都办不到,那么这个生产事业是赔本的,或者只有依靠银行的津贴才能够维持(当然这在物价暴涨暴落的情况下是会有的,但是我们应该承认一般的物价相对稳定的前提下不应这样)。如果除了发行的某一段落的特别情况下,这种生产事业就不得贷款保不保本的问题,而这个事业能不能办的问题了。银行资本保本问题的提法,就是这样的情形。

保本问题不是孤立的,它是与发行物价的努力、市场的管理、国家生产资本的管理制度,生产事业的企业核算等密切结合的。所以,目前实际情况是有机关生产囤积物资,商店看涨不卖,银行怕赔利息而放款,都与物价政策联系不够。然而这些现象不是保本的必然结果,而是上述许多方面没有做好、没有结合好的结果,所以在今天保本的提法还是必须的。但是我们同意你们所提出的许多现存不良现象,这些现象如果不能克服,是要招致很多灾害的。

财政透支是不可避免的,在全国胜利,地盘迅速扩大,我们将具有大量工业设备,大量的工业和大块的新阵地支持,我们相对稳定是可能做到的。因此,透支和保本并不是不能并存的,当我们工农产品增加,财政赤字减少,生产投资增加的时候,我们就必须要求产业本身的资本积累了。

(南汉宸:《给西北财委及银行诸同志的来信》,1949年1月31日)

说明:对南经理来信,银贸主要干部经财委同意于四月六日举行座谈研究,因问题颇为深奥,座谈会上决定由刘经理将大家意见作初步书面总结后,分发各同志再作进一步的研究。现将刘经理写的《座谈意见综合》印发与会同志,希望各个同志再作详细研究并提出意见。这材料系内部研究性质,且有不少秘密材料,不得借阅,阅后收回。

(一)保本的提出及本质

保本问题,是在由于币值不稳而造成的不自以为亏本而发生的亏本,和不公开的救济而实行的救济之情况下提出的。具体一点说,是在去年五月会议讨论贷款工作中发生了保本不保本的争论时而提出的,最后主席团答复这一争论时说"应该保本"后,经中央批准。我们认为是对的,但必须弄清楚它是针对着贷款工作中的"亏本"思想而说的,因而它便不能被了解为是一个政策,特别不能成为指导全面经济工作的一般政策。在我们的经济政策中提出"公私两利""企业化""加强经济核算""反对恩赐救济观点"就可以了,就已经包括保本的内容,不必再提保本,以助长发展不顾全面的本位主义。

国营金融贸易机构从成立的一天起,一般的业务就计入了利润和利息——即含有企业经营的性质,只有在货币贬值率超过了利润率和利息率的时候,保本问题才被迫提出。因此,问题的关键就集中在货币贬值率、利润率、利息率三个因素中。三者的关系如下图:

主从关系	主动因素	被动因素
相互关系	货币贬值率 >（大于）	利润率、利息率——亏本
	货币贬值率 =（近似）	利润率、利息率——保本
	货币贬值率 <（小于）	利润率、利息率——得利
变动时间	先	后

实际例子很多,不多举了。

从上可知保本的重要关键在于:货币贬值的尽可能缩小,与利润、利息率的适当订定。

(二)两种不同的保本方法与其结果

1. 币值保本。

币值保本是尽可能地稳定本币价值,而配合以适当的利润、利息率的保本。货币的价值和利润、利息率之间存在着辩证的关系,即由于币值的稳定,决定利润、利息率之提高;但利润、利息率提高后,又返回到影响币值的更不稳定,而其因果关系则是币值是因,利润、利息是果。因此,保本的方法便应该是如何使利润、利息率(被动因素)适当的与币值(主动因素)配合的问题,进而可说明在利息政策上采取两高政策是值得研究。

利润、利息率与币值之配合方法(根据国营金融、贸易之具体条件):

(1)主观方面——预计发行、财政、生产等条件来规定物价掌握之目标及利润、利息率。制订时详加考虑,决定后通告各地遵行。

(2)客观方面——略低于市场自然利润、利息率。

运用第一种方法,可以消除市场利润、利息率之盲目,以第二种方法配合,即可达到保本之目的。因市场利润、利息率等于货币贬值率加正常利润、利息率,故略低于市场利润、利息率只是薄利而不是亏本。

2. 折实保本。

(1)基本矛盾:折实保本是否定了本币的价值尺度。而贷实折实则更打击货币的流通机能。由于价值尺度是货币最基础的职能,它直接联系发行、物价、财政等政策,其变化情形如下图:

      时间   现象   原因

通货膨胀之前期→物价指数小于发行指数→价值尺度之维持,因而阵地不小,流速不快。

通货膨胀之后期→物价指数大于发行指数→价值尺度之破坏,因而阵地缩小,流速加快。

因之,折实与价值尺度之矛盾递演下去,则与货币发行发生矛盾,以至完全破坏币信。

(2)计算标准之困难

(子)现行的各种计算尺度:

计算单位	性质	实行单位
饻	加权公家人生活费指数	华北人民银行总行
金、布、粮	主要商品价值格指数	东北工业部第一处首届煤矿会议决定
粮、布、油	农工生活费指数	东北战时公营企业薪金标准
金	金价指数	辽东财办处纺织厂厂长会议总结
米	米价指数	各地财政预算

(丑)比较好的计算尺度:

计算尺度如固定于一种商品,由于物价愈波动,则商品间的不平衡变动的差率愈大,其偏倚性不言而知,甚至抹杀实际真相,固定于少数商品的结果亦同。比较好的办法是以一般物价指数为标准,这样的优点是可以适应一般的货币购买力；但其严重缺点是农村环境，一般人不理解物价指数之性质及算法。为补救上述缺点，对外一律以本币计算，仅作对内规定利润、利息率及物价时之参考。

3. 两种保本方法之比较：

类别	性质	运用	结果	应用
币值保本	配合币值之保本	利润、利息率之增加只是影响币值	维护本币机能及发行与流通中货币效能	具体应用
折值保本	摆脱币值之保本	以实物为价格本位则是否定币值	破坏本币机能及发行与流通中货币效能	内部参考

(三) 保本与公私两利比较

类别	观点	性质	政策	关联	结果
公私两利	全面性	积极的发展的	群众生产与国家资金积累之统一	可以包括保本	是新民主主义到社会主义经济的途径发展互助的集体主义
保本	片面性	消极的保守的	群众生产与国家资金积累之对立	是公或私保本之一面	是封建经济到资本主义经济的途径发展本位主义

各种经济政策实施的结果，不外以下四种可能及四种情况：

四种可能　　　　　　　四种情况

(1) 公私两利

(2) 公利私损——公利大，私损小，公利小，私损大。

(3) 公利私损——公损大，私利小，公损小，私利大。

(4) 公私两损

无疑的公私两利是最好的，因而它是我们必须遵循的政策。公私两损是最坏的，所以必须严防这种结果。

在战争期间，如果争取做到公私两利有困难不可能，那么起码应该争取公利大、私损小，或在某项具体工作上公损小、私利大；避免公利小、私损大或公损大、私利小，这些尺度成为检查各种措施工作的标准。

(四)发行与业务资金分开问题

关于发行必须与业务资金分开问题,是否说发行款可以不必保本,业务资金必须保本?即是说发行库存款由于货币跌价降低了购买力,所受损失不算亏本;而业务资金库存款由于货币跌价降低了购买力,所受亏损则谓之亏本?如果是这种含义,我们认为有研究的必要。

银行、贸司等企业部门业务资本之活动,是为发展生产,稳定金融,支持战争而服务的。其中关于稳定金融任务之完成,在现实的条件下(发行多,物价涨),有很大成分是用银贸资金经营周转的,以支持发行货币的效能。譬如发行供军用,则此项发行款用于收买群众油、菜等解决军食,群众则又用以向贸司买布、粮。经过这样一个变化,则贸易公司将布、粮变为货币,亦即将发行款变贸司业务款,贸司再用款去采买粮、布时,因物价上涨买不到原卖出数,如贸司出卖布、粮时,即将贸币贬值率加入布、粮内,则抬高了物价,减低了再发行货币的效能。

为便于核算,研究检查各种措施,发行款与业务资金在会计上、出纳上必须分开,事实上各地亦在这样做着(可能有的还不很严格)。但不管发行款也好,业务款也好,它们的货币购买力是无法分开的,也就是说,如果由于发行使货币贬值,则不管发行库存与业务库存均将一律同等贬值。为了要保持业务库存之道,只有不存现款买存实物,如此则又促使物价上涨降低货币的信用。在这里必须说明,货币是国家发行的,如果国家企业部门不予支持,那么谁又去支持呢?

强行将发行与业务资金在其所代表的购买力上分开,便是放弃了业务资金对发行的支持责任,其结果必是随发行的增加、货币的贬值,使业务资金亦无法壮大;相反地会逐渐削弱,最后是公私两损。

发行与物价问题。

保本问题的实质是发行、物价问题。发行的多了,引起物价上涨,货币贬值,结果增加了保本的困难,这些抽象的道理,都不去谈它,现就我们的看法特提出下面几点意见,供参考。

1. 相对稳定必须有领导。

相对稳定的提法是缺乏斗争性的(对不稳定),它给予放松,对物价采取不负责或促使物价上涨的经济工作者一个合法的借口。比如说全年物价上涨四倍,可以说是相对稳定;一个月上涨一倍多,也可以说是相对稳定。因此,总的领导机关首先应该根据财政、生产、建设、发行、贸易等全面情况,对物价决定一总的奋斗目标,然后再按年按月发行。只有这样,各地步调才能一致,即使有很大的主观成分,但也必须有这样一个目标;否则便必然会各地互相观望,甚至互相抬高物价。

2. 划分生产供销范围及数量,以便有计划地进行生产与供销调剂。

(1)几种主要的大宗生产品,如棉、粮、油、盐、布等,除给予生产任务外,并原则上规定其供销关系与数量,如察绥供平津粮油交换华北布花,潞盐规定年产若干供哪些地区等。

(2)划分生产任务时,从全解放区的自给出发,照顾到地区间的物资交流,晋西北产硫黄,北岳区亦产硫黄,那么便首先发展晋西北的硫黄生产,以便晋西北交换布花,不然生产品多的地区将为货币的汇集而影响生产。

(3)生产发展的地区,财政上多收现款。

3. 贷款利息的规定。

(1)领导机关根据生产、建设、财政、贸易、发行等总的情况规定了全年物价掌握水平后,贷款利息即据以及各地的自然利率决定银行贷款利率,不必经常变动利率,以刺激抢购存实,促使物价上涨。如果因为物价上涨率超过了原规定水平而引起贷款上不能保本,这一部分向发行上报销。

(2)贷款主要靠吸收存款,可通令各地全面地实行折实存款(折实存款与折实放款不同,前者是提高货币信用,后者是降低货币信用)。只有全面地实行,才能起紧缩通货、稳定物价的作用。吸收之存款,除必需之生产贷款外,应转贷给财政或贸易上。

(3)除少数交通不便、生产落后的农村外,一般地均采取贷货币收货币的办法,不采用贷实收实折实等办法,特别是城市。

4. 将公家的物资力量(包括贸易企业财政银行等单位)活动起来。

(1)国营企业、贸易机关及时地、迅速地处理冷残货,并在符合生产条件之下,尽量加速货物的购销运转与地区间的调剂,从加速物资的周转中加大资本的作用,以诸死投机者的机会,进而使金融物价稳定,以造成国家货币资本流通周转速度,而民间货币流通速度减慢的正确金融贸易状况。

(2)估计国营贸易机关全部物资之总值,一定大于现在全部发行货币之购买力,如果各地贸易机关统一步调、统一行动起来,一定可以争取到物价相当稳定。四八年西北区二、三、四月曾采用此办法,收效很大。

5 各财政机关均给予稳定金融的任务,采取的方法可有不同。

(1)各种税收均收本币,公粮划出一部分收货币,特别是军队过江后,江北各解放区公粮有多余的,由于我们多年来收实已成习惯,开始转变时群众可能说没有票子,但坚持历年收一部分货币,群众则亦会形成新习惯。

(2)银行普遍大量吸收存款,贷款则事先审查贷款对象,事后检查贷款用途,适当地订定利率。

(3)企业部门、贸易机关在收买原料、调剂产销季节、出卖产品供给需要方面,注意货币筹码的调剂。

总之,各财经部门均需在进行自己业务时,注意到金融物价,并且各部门必须互相联系配合。

6. 限制小公生产资金,并严禁作商业生产。

(1)小公生产资金多,则必然进行商业活动,囤积物资,刺激物价,且可能因本单位生产收入较多而提高本单位的生活开支,造成苦乐不均。

(2)给予一定数额的生产资金,使之解决本单位菜油等开支是必要的;但仅限其用于农业或其他副业生产,禁止经营商业。

7. 对外贸易,严格限制非必需品人口。

组织土产输出,实行以物易物的交换。内地严禁金银流通周使,集中金银供外汇。对美金采取打击态度,禁止在我市场上明暗行使。

8. 适当地提高解放大城市工商业者的负担(和农民比较)。

因城市工商业者的购买力高于农民购买力很大,所以在城市外来奢侈品不易限制消费,其购买力不仅增加收入,巩固币值,且限制奢侈品亦易进行。

(1)迅速进行征税

　　　　　　增加财政收入,回笼货币,减少发行

(2)必要时发行公债

9. 各项具体措施,必须总的要求一致,我们现行的各种具体措施中和我们的总企图是有矛盾的。

主要的计有:

(1)我们想依靠发行解决一部分财政赤字及投资生产,但另一方面,广泛地提倡实物保本,打击货币职能,结果物资退藏,货币充斥,且流通速度加快,造成物价不断上涨。

(2)一方面大量发行,另一方面则印小票子,结果使印刷成本、运输费、出纳人员大增,如将此笔多余的开支用以稳定金融,也可起些作用。发行大面额的票子,对物价有些影响,但基本的是发行数量,而不是票面额之大小。总之,印票、发行及物价政策,必须是一致的,如果不印大票,则必须紧缩发行,对物价采取稳定政策。

10. 积累国家资本,必须与巩固本币信用并重。

(1)积累资财,准备建设新中国是必要的,但货币信用的维持与巩固乃是最大资财,因而目前采取开支一部分家务巩固本币信用实有必要。问题是用降低货币信用的办法,以积累实物,准备将来投资建设,巩固本币信用呢?还是现在用周转开支一部国家已积累的实物以巩固货币信用,准备将来用货币发行投资生产建设呢?权衡轻重,还是后者为宜。这种提法,并不是现在不建设待将来建设,而且现在应注意货币信用跌落,破坏生产,很快要全面胜利,应争取这一时间,到全国解放,货币下跌,是全国群众负担,而现在则是解放区群众负担。

(2)要想巩固本币信用,首先政府特别是企业部门须从各方面显示对本币积极负责的态度。大连的币改办法和我们提倡折实保本是有很大区别的,一个是积极的支持本币信用,一个则无异宣布本币靠不住。

总之,问题的基本矛盾在于财政收支不平衡,发行过多,而表现形式则为物价上涨,币值下跌。但绝不能笼统地认为大规模战争开支浩大,消费集中,难免供应失调,物价必涨,因而就放松或迟延对物价上涨之主观努力。我们应以"以少胜众"的口号,提倡鼓励全体工作人员的勇气和信心,为达此目的,必须做到以下几点:

(1)提高货币质量——用上述各种办法齐一步调,力争金融物价的稳定,以保持国家资本的较高质量,转变群众物物交换、保充实物等所谓习惯为乐用本币,保存本币(不是长期储存)。

(2)加速资金的周转——马克思说:商业利润不是由它所运转的商业资本量来决定,乃是它垫支的货币资本量来决定。所以企业部门的资本流通速度是决定资本效用发挥的唯一条件。因之资金周转的加快,便可以在两个时间或两个空间起同样定额资本的加倍作用。

(3)抓住主要工作、主要地点、主要时间(季节性),有效地予以掌握,大胆地舍去次要的。

(4)结合群众生产——任何一件事,由于我们的倡导推行宣传教育,为群众所接受,使群众认识到这件事的好处是与他个人或团体的好处相联的、一致的,则群众必然拥护执行,其效用必是宏大无比的。在金融贸易工作上,必须争取金融物价相当稳定,才能获得广大群众的支持。如物价稳定,则调剂供需,维持金融的繁重工作分由许多群众进行;反之,则这一工作任务完全集中在贸易公司身上。

附:比较表

1946—1948年本币购买力与发行纯益军民亏损比较表

项目		年份 数字	1946年	1947年	1948年
本币购买力按年环比指数上年12＝10,000			2,370.0	579.5	7,722.0
贸易公司输出土产量(件)			1,749,017	36,000	1,116,662
发行	全年发行按日折实(米石)		(年终累计数) 117,490	177,202	288,231.6
	财政发行	按年折实(米石)	28,198	166,569.9	212,138.5
		占发行总额%	24.8	94	73.6
	发行总额按年环比指数		290	800	922
全年纯益 贸易公司	占实际活动资本(折土产%)		5.6	-13	22.5
	年终折实(土产件)		47,596	-111,466	243,184
军民亏损	年终折实(米)	折实(米大石)	46,120	284,198	15,932
		金额	16.8亿	228亿	567.6亿
	占发行折实%		39	159	5.6
	占财政发行折实%		164	170	7.6

说　明

在一般情况下,促进币值变动之原因有二:第一为对外输出入贸易值,其次为通货发行之数额,而后者又包括发行总额与财政发行额两种事项。由上表可知,四八年输出值较少,发行较多,支持财政实物较大。但由于业务与发行密切结合,币值较为稳定之故,结果造成国营企业不仅保本,且获较大纯益,并且军民亏损亦较小,综合起来,四八年的做法就造成了公利大、私损小的事实(注:四六年系陕甘宁边区资料,晋绥不在内,故仅可参考。军民亏损系全年流通货币贬值额)。

(西北贸易公司、西北农民银行:《对南经理来信座谈意见综合》,1949年4月6日)

三、边区银行历年资产负债统计资料

陕甘宁边区银行资产负债表

公历一九三七年十月一日起至三八年六月三十日止　上期决算

资　产	科　目	负　债
	负　债　类	
	资　本　金	100,000.00
	往　来　存　款	149,488.32
	特别往来存款	2,815.97
	本　　票	23,034.22
	暂　记　存　款	22,573.56
	汇　出　汇　款	2,00.00
	保　付　支　票	10.00
	代　收　兑　换　券	42,369.63
	资　产　类	
5,100.00	定　期　放　款	
114,417.92	往　来　透　支	
90,369.64	暂　记　欠　款	
22,007.82	生　金　银	
134,156.21	现　　金	
	损　益　类	
	纯　　益	23,029.89
366,121.59	合　　计	366,121.59

陕甘宁边区银行资产负债表
公历一九三八年七月一日起至十二月三十一日止

资　　产	科　　目	负　　债
	负　债　类	
	资　本　金	100,000.00
	往　来　存　款	165,256.17
	公　积　金	10,000.00
	盈　余　滚　存	429.89
	备　抵　呆　账	5,000.00
	特别往来存款	38,213.66
	本　　票	428,110.15
	暂　时　存　款	15,630.00
	汇　出　汇　款	58,849.09
	办　事　处　往　来	21,283.85
	代　收　兑　换　券	40,260.38
	代价券准备金	99,050.00
	资　产　类	
17,140.59	定　期　放　款	
405,997.96	往　来　透　支	
82,104.91	暂　记　欠　款	
37,292.73	生　金　银	
12,404.86	各　种　货　币	
476,476.44	现　　金	
	损　益　类	
	纯　　益	49,334.30
1,031,417.49	合　　计	1,031,417.49

陕甘宁边区银行资产负债对照表
民国二十八年度上期决算表

资　　产	科　　目	负　　债
	负　债　类	
	资　本　金	100,000.00
	公　积　金	30,000.00
	盈 余 滚 存	964.19
	备 抵 呆 账	10,000.00
	往 来 存 款	302,890.32
	特别往来存款	127,016.48
	储 蓄 存 款	3,773.25
	本　　票	117,109.22
	暂 时 存 款	510.00
	汇 出 汇 款	9,400.00
	代 收 兑 换 券	38,670.62
	代价券准备金	281,740.00
	办 事 处 往 来	24,050.02
	纯　　益	99,680.78
	资　产　类	
53,925.00	定 期 放 款	
50,000.00	分 行 基 本 金	
537,031.47	往 来 透 支	
102,910.51	暂 记 欠 款	
45,423.73	生 金 银 买 卖	
18,144.63	各 种 货 币	
338,369.54	现　　金	
1,145,804.88	合　　计	1,145,804.88

陕甘宁边区银行资产负债对照表
民国二十八年度下期决算表

收　　方	科　　目	付　　方
	负　债　类	
	资　本　金	100,000.00
	公　积　金	140,000.00
	公　益　金	2,226.05
	盈余滚存	1,644.97
	备抵呆账	15,000.00
	往来存款	203,666.22
	特别往来存款	207,643.89
	储蓄存款	7,471.13
	本　　票	143,328.96
	暂时存款	6,463.86
	汇出汇款	77,161.50
	代收兑换券	38,608.76
	代价券准备金	316,975.00
	纯　　益	272,063.42
	资　产　类	
20.00	呆　　账	
28,360.00	工业投资	
41,430.00	定期放款	
857,617.91	往来透支	
50,000.00	分行基本金	
155,373.10	暂记欠款	
60,621.65	生金银	
33,817.78	各种货币	
3,667.27	损益暂记	
46,537.57	办事处往来	
254,808.48	现　　金	
1,532,253.76	合　　计	1,532,253.76

陕甘宁边区银行一九四〇年度上期全体总资产负债表
公历一九四〇年一月一日起至六月三十日止

资　　产	科　　目	负　　债
	负　债　类	
	资　本　金	100,000.00
	基　本　金	100,000.00
	公　积　金	400,000.00
	公　益　金	3,671.60
	盈余滚存	3,708.39
	备抵呆账	20,000.00
	定期存款	1,150.00
	往来存款	224,297.25
	特别往来存款	364,142.86
	储蓄存款	9,876.05
	暂时存款	1,967.20
	本　　票	83,545.88
	汇出汇款	351,974.63
	代价券准备金	547,915.00
	暂记往来	203.62
	资　产　类	
200,000.00	分行基本金	
510,000.00	商业投资	
28,300.00	定期放款	
1,352.00	抵押放款	
1,014,336.50	往来透支	
172,224.27	暂记欠款	
31,946.74	商　　品	
63,556.92	生金银	
38,971.46	各种货币	
103,780.96	总分行往来	
11,529.44	杂项往来	
143,678.77	现　　金	
	金　库　类	
163,917.19	代理中央金库	
58,415.60	代理边区金库	
32,938.83	预支经费	
	损　益　金	
	本期纯益	362,496.20
2,574,948.68	合　　计	2,574,948.68

陕甘宁边区银行一九四○年度下期全体总资产负债表
公历一九四○年七月一日起至十二月三十一日止

收　方	科　目	付　方
	负　债　类	
	资　本　金	100,000.00
	公　积　金	780,000.00
	公　益　金	2,394.28
	盈　余　滚　存	6,204.59
	定　期　存　款	2,090.00
	往　来　存　款	1,510,716.92
	特别往来存款	124,306.65
	储　蓄　存　款	11,182.92
	暂　时　存　款	164,353.83
	本　　　票	271,199.88
	汇　出　汇　款	176,747.32
	代价券准备金	3,111,540.40
	总分行往来	3,157.88
	资　产　类	
10,000.00	分　店　资　金	
35,000.00	工　业　投　资	
500,000.00	商　业　投　资	
24,350.00	定　期　放　款	
1,737.00	抵　押　放　款	
1,004,026.96	往　来　透　支	
401,381.15	暂　记　欠　款	
78,745.98	总　分　往　来	
785.75	合　作　社　往　来	
220,350.00	杂　项　往　来	
208.59	暂　记　往　来	
2,276,585.43	过　次　页	6,263,894.67

续表

收　方	科　目	付　方
2,276,585.43	承　前　页	6,263,894.67
71,906.10	生　金　银	
30,755.28	各种货币	
215,368.23	商　　品	
53,267.63	布　　匹	
4,552.00	一般用品	
7,348.44	边区产品	
3,873.00	物料积存	
1,480.00	兑换基金	
2,819.20	应收货款	
355.00	房地租	
278.00	牧畜器具	
33,521.41	代价券印制费	
1,584,892.64	现　　金	
	金库类	
2,311,472.62	代理边区金库	
67,951.64	预支经费	
	损益金	
	本期纯益	402,531.95
6,666,426.62	合计	6,666,426.62

陕甘宁边区银行资产负债对照表
民国三十年度上期决算表

收　方	科　目	付　方
负　债　类	资　本　金	1,300,000.00
	公　积　金	1,180,000.00
	公　益　金	2,274.28
	盈余滚存	6,736.54
	定期存款	2,060.25
	往来存款	1,132,574.09
	特别往来存款	166,362.29
	活期储蓄存款	18,920.88
	暂时存款	12,994.63
	本　　票	52,970.64
	汇出汇款	45,255.38
	发行边钞	15,359,325.40
	发行盐票	560,000.00
	代理边区金库	138,745.19
	应付未付利息	80.50
	本期纯益	1,534,514.43
	资　产　类	
1,000,000.00	分行基本金	
3,380,000.00	工业投资	
2,500,000.00	商业投资	
10,568,100.00	定期放款	
71,425.00	定期抵押放款	
126,300.00	盐业放款	
680,032.63	往来透支	
151,601.58	暂记欠款	
18,477,459.21	过次页	19,978,300.07

续表

收　方	科　目	付　方
18,477,459.21	承　前　页	19,978,300.07
503,344.13	分 行 往 来	
193,823.90	生　金　银	
597,724.19	各 种 货 币	
184,484.00	物 料 积 存	
303,300.00	兑 换 基 金	
50,287.76	杂 项 往 来	
157,102.33	边 钞 印 制 费	
26,676.49	房　地　产	
335,961.23	应收未收利益	
682,651.26	现　　金	
21,512,814.50	合　　计	21,512,814.50

1941 年上期决算说明

边区银行在这半年经历了激烈的变化,无论在工作的转变上,内部组织上的健全和加强,都在改变着它的面貌,都在向着一个新生的道路上迈进。虽然检讨起来不可否认地存在着一些缺点,但无论如何总是在向上发展着。

本期以前的银行工作,主要力量无疑是放在商业的经营上去,差不多是全部的力量集中到光华商店的经营上,这无论在人力上、物力上都可以得到充分的证明。其次可以谈到的差不多就是些经费支付的事情,虽然边区金库是由银行代理着,但是这究竟不是银行的主要任务,而主要任务的存款、放款、汇兑等,我们所做得到的实在是太少了,虽然客观上存在一些困难,但主观上没有尽最大的努力,这是我们应该承认的。正因为这样,所以别人给我们称号是"光华银行"(群众只知光华商店,不知有边区银行)。对我们的认识是支领经费的地方(机关同志)、兑破票子的机关(一般群众的认识),这些给了我们一个什么样子的结论呢?第一,我们的银行还没有做到正规化,还没有真正起了流通金融、发展经济的任务;第二,我们与广大的群众没有联系起来,也就是说我们银行的声誉还没有传播到广大的人民中去,这是我们一个教训啊!

边区经济环境的变化,迫使着我们在工作上不能不有一个新的转变,在整个银行政策上讲不能不有一个新的决定,因此在边区自力更生、自给自足的经济建设的任务下,银行任务遂由商业经营开始转向工业投资,开始由单纯的数字的追求转向金融政策的把握与经济发展的目的,这在我们边区银行来说是一个基本政策上的改变。

三月份以前和三月份以后,在银行工作上讲是一个划时代的区分,且看我们半年业务概况吧!存款方面:总存款为 1,385,792.78 元。计定期存款为 2,060.25 元,占全额的 0.30%;往来存款为 1,132,574.09 元,占全额的 81.70%;特别往来存款为 166,362.29 元,占全额的 12.00%;活期储蓄存款为 18,920.88 元,占全额的 1.36%;暂时存款和票据存款两项为 65,965.27 元,占全额的 4.73%。定存储存的存户大都为机关职员和学生;特存和暂存本票等大都为机关公款。往来存款绝大部分是放款,计机关存户四十余户,工商业存户十余户。

放款总额截至六月底为 17,325,857.63 元。计工业放款为 152,082.16 元,占全额的 8.77%;农业放款为 165,000.00 元,占全额的 0.95%;运输业放款为

323,000.00元，占全额的1.87%；合作业放款为108,000.00元，占全额的0.62%；文化业放款为290,581.80元，占全额的1.68%；盐业放款为3,126,300.00元，占全额的18.05%；商业放款为98,524.17元，占全额的0.56%；定期抵押放款为71,425.00元，占全额的0.41%；政府借款为8,230,000.00元，占全额的47.50%；机关借款为892,944.45元，占全额的5.15%；贸易借款为2,500,000.00元，占全额的14.43%。从这些数目字里我们可以看出，政府借款及半政府性质的放款和机关借款约占全额的85%以上，而真正由银行投向工农商各业的资金不足15%，其数目不过二百五十万左右。

发行方面：从一月到六月份共计12,257,675.00元，计二角券17,400.00元，五角券1,051,900.00元，七角五分券39,375.00元，五元券3,765,000.00元，十元券7,384,000.00元。我们知道去年年底止，银行各项放款总额为1,247,253.41元，本年上期增加放款为16,073,604.22元，而本年上期发行额仅为12,257,675.00元。这里说明的一点是放款超过发行额三百八十二万余元，这些钱是银行连年盈余及吸收了的一些存款；第二点是银行真正投向各项生产事业上去的还不足此数，这是受了其他的牵连。

汇兑方面：半年来汇入433,439.23元，汇出为359,892.97元。汇聚入以三边为最多，约占全额百分之五十以上；绥德次之，陇东更次之（西安汇入虽不少，但仅限于一月份）。汇出以绥德为最多，约占全额百分之六十以上；三边、陇东次之。这里当然可以看出边区内的几个经济据点间的联系的情况。

其次，银行的附属业务，就是收买了一些生金银及各种货币等，截至六月底止，所存生金银约值十九万三千余元，各种货币五十九万七千余元。

收益方面：计收利息三十三万余元，汇水一千三百余元，生金银收益一十二万余元，货币收益二十万余元，商品收益一百万余元（光华商店一月到三月份纯益），其他收益一千余元。开销方面：最大者为边币印制费六万七千余元，日用开支五万三千余元，其他开销（包括牲畜、器具、特别损益、营业开支等）计一万四千余元，总计纯益为一百五十三万余元。

以上是半年来延安总行的营业概况，虽然比较去年下期是有了长足的进展，但是还存在了不少的弱点，希望各党政首长今后给我们以更多的指示和帮助，以使边区银行在边区经济建设上成为一个有力的支柱。

陕甘宁边区银行资产负债对照表
民国三十年度上下期决算表

收　方	科　目	付　方
负　债　类	资　本　金	1,100,000.00
	公　积　金	2,800,000.00
	公　益　金	14,849.28
	盈　余　滚　存	8,936.70
	备　抵　呆　账	200,000.00
	活期储蓄存款	36,748.41
	定　期　存　款	19,423.95
	往　来　存　款	598,831.57
	特别往来存款	176,301.19
	暂　时　存　款	169,813.06
	本　　　票	45,432.79
	汇　出　汇　款	70,136.50
	发　行　边　钞	27,373,165.40
	发行有奖储蓄券	500,000.00
	发　行　盐　票	23,660.00
	应付未付利息	349.35
	本　期　纯　益	702,327.81
	资　产　类	
1,160,000.00	分　行　基　本　金	
513,240.00	定期抵押放款	
8,028,120.00	盐　业　放　款	
2,034,929.98	工　业　放　款	
169,000.00	农牧业放款	
330,000.00	运输业放款	
123,000.00	合作业放款	
12,358,289.98	过　次　页	33,839,976.01

续表

收　方	科　目	付　方
12,358,289.98	承　前　页	33,839,976.01
310,652.08	文 化 业 放 款	
37,500.00	商 业 放 款	
10,208,276.23	政 府 借 款	
1,130,000.00	机 关 借 款	
2,300,000.00	贸 易 借 款	
1,629,400.65	往 来 透 支	
402,296.70	代 销 处 欠 款	
803,627.00	暂 记 欠 款	
1,487,490.94	总 分 行 往 来	
340,482.90	生 金 银	
703,949.55	各 种 货 币	
457,468.75	物 料 积 存	
80,000.00	兑 换 基 金	
5,133.11	杂 项 往 来	
178,680.86	边 销 印 制 费	
133,525.28	房 地 产	
7,879.46	票 据 买 卖	
237,307.80	应收未收利息	
1,027,818.72	现　　金	
33,839,976.01	合　　　计	33,839,976.01

陕甘宁边区银行资产负债对照表
民国三十一年度上下期决算表

收　方	科　目	付　方
	负　债　类	
	资　本　金	20,000,000.00
	公　积　金	4,000,000.00
	公　益　金	14,508.93
	盈　余　滚　存	9,503.15
	准　备　金	200,000.00
	活期储蓄存款	33,151.04
	定　期　存　款	15,300,00
	往　来　存　款	1,012,625,33
	特别往来存款	698,330.40
	暂　时　存　款	830,817.15
	本　　　票	873,768.70
	汇　出　汇　款	570,491.00
	发　行　边　钞	26,100,000.00
	发　行　盐　票	10,500.00
	发行有奖储蓄券	1,700,000.00
	应付未付利息	524.54
	本　期　损　益	4,782,493.91
	资　产　类	
2,250,000.00	分　行　资　金	
190,000.00	工　业　放　款	
823,000.00	工　业　投　资	
248,000.00	商　业　放　款	
3,000.00	商业抵押放款	
200,000.00	合　作　业　投　资	
10,000.00	农　牧　业　放　款	

续表

收　方	科　目	付　方
3,724,000.00	过　次　页	60,852,014.15
3,724,000.00	承　前　页	60,852,014.15
4,000,000.00	农　贷	
24,800.00	文化业放款	
18,673,314.89	税余抵押借款	
812,174.81	机关借款	
33,350.00	机关抵押借款	
4,000,000.00	贸易投资	
1,007,228.85	代销处欠款	
11,994,400.23	往来透支	
4,499,257.66	暂记欠款	
4,400,328.30	总分行往来	
556,198.90	生　金　银	
1,491,266.26	各种货币	
621,888.15	物料积存	
1,500,000.00	货币交换所基金	
6,903.11	暂记往来	
275,432.81	边钞印制费	
153,525.28	房　地　产	
35,863.93	票据买卖	
706,168.00	物价平准基金	
180,000.00	有价证券买卖	
934,461.75	应收未收利息	
1,221,451.22	现　金	
60,852,014.15	合　计	60,852,014.15

1942年上期决算说明

业 务 概 况

(一)发行方面

本期内共增发了一千七百六十余万元,其中一月份和五月份最多,共发了一千万元;四月份最少,仅发了四十六万元。

增加发行的用途,有下面的几方面:

1. 商品。前后共买了五百多万元的商品,其中洋纱最多,约值两百万元;布匹、纸张等次之。

2. 财厅借款。前后共借用了五百万元左右(一月份借两百万元,二月份以来借去约计三百万元)。

3. 机关借款。只有二百万元以上,内中央办公厅一百万元(透支),中财处三十万元(透支),联防司令部六十万元(均系概数)。

4. 农贷。本期内实际由总行付出现金的约有一百五十万元左右。

5. 货币交换基金。已拨给各地约一百五十万元。

6. 分行办事处透支。在三百万元以上。

详细情形,下面再行分别叙述。

(二)发行有奖储蓄券

本期内发行了第二期储蓄券,数额为一百二十万元,连第一期合计。共发行一百七十万元,内仅有十余万元未销出。

兹将第一、二两期销售地区列举如下:

地 区	金 额	占总数百分比
延安市	$423,172.00	24%
绥德分区	480,000.00	28%
陇东分区	140,000.00	9%
关中分区	130,000.00	8%
三边分区	100,000.00	6%
直属县	316,000.00	18%
未销券	110,828.00	7%
合计	$1,700,000.00	100%

因发储蓄券所用去的开支如下：

1. 各种开支　　　　　十四万元

2. 奖　　　金　　　　八万元(尚未付完)

3. 推销佣金　　　　　二万五千元(尚未付完)

合共用去将近二十五万元,占实际发行额的百分之十六。

券款尚有五十余万元未收回,绥德分区已全部交清,延市及直属县拖欠尚多。

(三)各种存款

本期存款也和以往差不多,没有什么显著进展,私人存款始终寥寥无几。兹分述如下：

1. 定期存款。只有五户,存款共一万五千余元,比去年下半期还减少了四千余元。

2. 活期储蓄存款。比较固定存户以机关人员及学生居多数,现有一百二十六户,存款共三万三千余元,比去年下期存户减少了五十户,存款减少了三千余元。

3. 往来存款。流动性很大,时多时少,大都是供各机关经费支付之用,随存随取,迄至六月底,存户有五十一户,存款有一百万元左右。

4. 其他如特别往来存款、本票等也都非常不固定,很少能供我们长期运用。

(四)各种放款

农贷为本期放款中心,其他放款均为数不多。兹分述如下：

甲、农贷

现已举办的计有耕牛农具贷款、麦子青苗贷款、植棉贷款、纺织贷款等几种,现根据各处寄来报告分别说明如下：

1. 耕牛农具贷款。共组织了生产互助小组八百七十一个,参加小组农户七千八百余家,共贷款一百五十余万元,他们自己筹集的资金有一百万元左右。借款农民中,据一部分统计,贫农占百分之九十以上,一共购买了二千六百余头耕牛,五千件农具,新增了耕地三万六千多垧,可能增加粮食二万六千余石,以每石值一千元计算,即增加了二千六百万元的财富,对边区国民经济补益匪浅。

2. 植棉贷款。包括延川、延长、固临三县,共放出了一百万元左右,折合棉花三万七千余斤。组织了五百二十九个小组,参加小组的农户有一万二千余家,借户去年植棉约仅一万亩,今年计划可增至六万亩,增加了五倍。根据建设厅估计,每亩可收净花十三斤,收获量当在一百万斤以上。

3. 麦子青苗贷款。正当农村中青黄不接的时候,青苗贷款的作用,就在于打击高利贷者的大力盘剥,减轻农民资金周转困难。可惜我们贷出的数目还不大,各县一共贷出了三十五万余元,折合麦子四百二十余石。

4. 纺织贷款。只在子长县放出棉花二千六百五十斤,合边币十三万元,对该县家庭纺织业有很大帮助。

此外,还在陇东分区放出了三十万元,因尚无报告寄来,详情不甚了解。

总计各种农业贷款,目前已发出了三百余万元,放款区域包括延安、甘泉、安塞、子长、志丹、富县、延长、延川、固临及陇东分区各县,对今年边区农村经济的发展上起了很大的推动作用。

乙、其他放款

1. 工业放款。

去年年底尚未收回的有二百二十余万元,到本年二月下旬即将军委各工厂放款一百二十万元转入财厅借款帐内,现仅有边区工业局各工厂如难民、振华、新华等工厂放款八十余万元,及其他工厂如华联工厂、光华煤厂等二十万元,合计一百万元左右。

2. 商业放款。

本期内一般的都停止了,仅对裕顺通增放了二十八万元(内有十八万元系入股),对德合店增放了十四万元(内十万元系代卖土产款),其他都是零星小额,期限也很短。

3. 机关借款。

以中央办公厅及中财处两户借去最多,数额很大。中央办公厅去年年底透支余额为四十三万余元,至本年五月初透支达三百七十余万元,后交来法币一百五十四万元,折合边币四百六十二万元,至六月底止尚结欠一百二十余万元,全期透支总额为六百三十余万元。中财处每月结欠余额亦平均在二、三十万元左右,全期透支总额为九十余万元。其他机关借款一般的都停止了借支,仅联防司令部借了三十万元(现已增至八十万元)。

4. 财厅借款。

去年年底止结欠一千万元,本年一月十日即借支了二百万元,二月二十三日军委各种借款共有五百八十九万余元均转入财厅账内(包括工业放款一百二十余万元、盐业放款三百万元、机关借款七十余万元及其他放款连同利息共九十余万元)。至六月中,又先后以公盐代金作抵借去三百二十余万元,除已由商业处拨转的公盐代金欠款外,尚结欠一千八百六十余万元。

5. 商业处借款。

迄至六月底结欠一千四百三十余万元,计包括下列几个主要部分:

A. 商品。五百万元(其中洋纱一百四十余万元,各种土布匹一百七十余万元,棉花四十余万元,纸张一百万元,其他三十余万元)。

B. 财厅公盐。五百七十五万元(内中三百万元系由盐业放款账转来,二百七十五万元系与财厅转账)。

C. 前贸易局借款。四百万元(去年底二百三十万元后由盐业放款中转去一百七十万元)。

(五) 汇款

甲、边区内部汇款

汇款中百分之九十以上系金库、贸易局、光华商店等相互拨款,其他商业性质及私人小额汇款,均为数不多。

由延安总行汇往各分行办事处的计有九十七笔,一百六十余万元,由各分行汇往延安总行的计有二百零四笔,六百八十余万元。

汇出中以汇往三边分行为最多,计有一百二十余万元,占汇出总额的百分之七十五,绝大部分系贸易局拨汇定边光华商店。

汇入中以鄜县(今富县)办事处汇来为最多,计有四十五笔,二百六十余万元,全系该地税局所收税款转汇。其他如陇东汇入一百五十余万元,三边汇入一百二十余万元,亦均以金库款居多。

本年上期汇入汇出合计有三百零一笔,八百四十余万元,而去年下期仅有一百六十一笔,一百四十余万元,增加了七百万元之多,这可充分说明本年财政上税款收入的增加和贸易局商店调款之繁巨。

乙、对外汇款

1. 利用邮局关系汇入四十余万元(中央款),汇出一百余万元(均系指法币),部分的打通了与大后方的汇兑关系。

2. 晋西北通汇。早已商议妥当,手续亦经拟定,不过尚还没有起什么作用,很少有人汇款。

(六) 调整各分行办事处资金

由于各行处任务加重,过去规定资金不敷应用,曾一再予以增加,兹分述如下：

1. 去年年底止。

各行处资金共为一百一十六万元（其中绥德分行五十万元、三边分行三十万元、陇东分行二十万元、关中分行十万元，其他六万元）。

以往并未明确规定各行透支额度，至去年年底止，各行处透支额实际为一百五十万元，已超过资金总额五十万元。

2. 本年上期。

期初即着手重新改订，各行处资金共增为二百二十五万元，并规定透支总额为一百零六万元（其中绥德分行资金一百万元，透支五十万元；三边分行资金五十万元，透支二十万元；陇东分行资金五十万元，透支二十万元；其他资金十五万元，透支六万元）。

事实上各行处均未按照所规定的透支额度办理，经常的透支总额达三、四百万元以上，至本年六月底止，透支总额已达七百五十万元（其中绥德分行透支最多，达五百万元以上，内有运去商品一百六十余万元，财厅拨收公盐款三百二十余万元）。

3. 目前新订资金及透支额度。

新订各行处的资金及透支额合计约有一千万元左右，其具体分配情况如下：

A. 绥德分行及其所辖。五百万元（内资金二百万元，透支一百万元，永昌公司二百万元）。

B. 陇东分行及其所辖。一百五十万元（内资金一百万元，透支五十万元）。

C. 关中分行。一百五十万元（内资金一百万元，透支五十万元）。

D. 三边分行。一百万元（内资金五十万元，透支五十万元）。

E. 其他办事处。一百万元。

此外，前拨给各行处之货币一百万元，交换基金有一百三十余万元（其中关中分行即占八十万元），按照新订办法即并入各行处现有资金内，不再另行拨给。

（七）损益

甲、收益方面。主要的有以下几项：

1. 商品。二百七十余万元，占总收入的百分之四十三。

2. 利息。一百九十余万元，占总收入的百分之三十（内有应收未收利息九十三万余元)。

3. 货币买卖。一百三十余万元,占总收入的百分之二十(内法币即收入九十二万余元)。

乙、支出方面。主要的有以下几项：

1. 全行开支。共有七十七万余元,占总支出的百分之五十三(其中伙食费有十八万余元,修理建筑费十万元,马干七万元,被服费八万二千元,印刷费五万八千元)。

2. 边销印制费。本期共摊提了二十七万余元,占总支出的百分之十九。

丙、收入和支出比较

本期收入总额为六百二十余万元,支出总额为一百四十余万元,纯益为四百七十余万元,支出为收入的百分之二十三。

(八)总结

根据以上所述,可以总结几点如下：

1. 业务资金与财政性质借支没有明确划分开来,没有指拨一定数量的资金,专供业务上运用,时常为了财政上的支用,东拉西扯,应接不暇,完全处于被动地位,没有拿足够的力量来发展业务(进行各种放款及调节货币等)。

2. 分行办事处对总行透支毫无限度,随便挪用,同时我们自己也没有严格检查其用途,并视其实际需要情形,主动地在资金上给以增加或减少。

3. 各种放款中,除农贷进行得较有成绩外,其他工业、商业等放款均因资金不足,且无周密计划,未有多大成绩表现。

4. 储蓄券的发行,并没有达到原有的目的,"相对的收缩通货,扩大银行的社会影响"。这主要是由于边区现实条件不甚适合,我们本身也犯了一些主观主义的毛病。

5. 对外汇款还没有积极设法打通,只部分地利用了邮局的一些关系,对华北各根据地汇兑还未很好地建立起来,没有多方去筹划沟通外汇和发展内汇的方法。

6. 今后如果要能完成"稳定物价,调剂金融"的任务,主要的一环在于能够灵活地、主动地去掌握和运用资金,必须明确地规定一定数量的业务资金,独立使用,不受财政上的挪借影响。同时注意调剂各分行、办事处资金,予以适当配备,不使其畸轻畸重,或任意透支。只有做到了这点,我们的工作才能走上正轨,业务才能逐步开展起来。

陕甘宁边区银行延安业务部资产负债表
一九四二年下期

收　方	科　目	付　方
	负　债　类	
	基　本　金	5,000,000.00
	定　期　存　款	3,250.00
	活期储蓄存款	42,842.65
	往　来　存　款	6,121,361.63
	特别往来存款	2,409,478.30
	暂　时　存　款	152,093.43
	本　　　票	20,995.70
	汇　出　汇　款	1,651,976.50
	发　行　储　蓄　券	1,700,000.00
	发　行　盐　票	10,500.00
	应付未付利息	145.64
	总分行往来	67,096,136.98
	期　付　款　项	91,000.00
	本　期　损　益	5,266,905.24
	资　产　类	
913,000.00	工　业　放　款	
2,002,400.00	工业实物放款	
960,000.00	工　业　投　资	
669,000.00	商　业　放　款	
239,000.00	商业抵押放款	
4,220,600.00	商　业　投　资	
2,303,000.00	土产贸易借款	
1,200,000.00	土产贸易投资	
3,741,118.00	合　作　业　放　款	
20,248,621.65	机　关　借　款	89,566,686.07
20,248,621.65	承　前　页	89,566,686.07
275,350.00	机关抵押借款	
24,670,216.13	往　来　透　支	

续表

收　方	科　目	付　方
321,744.70	代销处欠款	
1,373,501.36	暂记欠款	
15,319,775.30	暂记往来	
1,044,968.10	生金银	
996,035.24	各种货币	
260,843.99	物料积存	
153,525.28	房地产	
42,422.93	票据买卖	
8,904,406.05	物价平准基金	
1,611,532.23	应收未收利息	
12,225,000.00	物资局借款	
2,113,743.11	现金	
89,566,686.07	合　计	89,566,686.07

1942年下期决算说明

一、资产负债情况的变化

A. 从期初（七月一日）与期末（十二月三十一日）的负债类比较，始终是"资本性"与"发钞性"的数字，占着负债总数的绝大比例，这里可以看出我们银行的特性与存款业务的贫乏。

期初：(1)负债类中几项"资本性"的数字总和为：

资　本　金	20,000,000.00
公　积　金	4,000,000.00
公　益　金	14,508.93
盈余滚存	9,503.15
准　备　金	200,000.00
本期损益　+	4,782,493.91
	29,006,505.99

占负债总数 60,852,014.15 的百分之四十八强。

(2)负债类中几项"发钞性"数字的总和为：

发行边钞	26,100,000.00
发行盐票	10,500.00
发行储券　+	1,700,000.00
	27,810,500.00

占负债总数 60,852,014.15 的百分之四十六弱。

而其他负债的数字（包括各种存款与汇出汇款）为 4,035,008.16，仅占负债总数 60,852,014.15 的百分之六强。

期末："资本性"的数字为：

（十月二十一日延安业务部会计正式成立，故有关全行性的资产与负债，即拨归总行，但负债性质与数目大体仍未变动，不过把"发行边钞"与"资本金"等科目的数字，统归于总分行往来科目罢了）。

基　本　金	5,000,000.00
发行储券	1,700,000.00
发行盐票	10,500.00
透支总行	67,096,136.98
本期损益　+	5,266,925.24
	79,073,542.22

占负债总数 89,566,686.07 的百分之八十八强。

其他负债（包括各种存款与汇款）的数目为 10,493,143.85。仅占负债总数 89,566,686.07 的百分之十二弱。

兹将期末期初负债类变动情形列表于下：

种 类	期初(七月一日) 金额	百分率	期末(十二月三十一日) 金额	百分率	合计 金额	百分率
资本性的负债	56,817,005.99	93% -	79,073,542.22	88% +	135,890,548.21	90%
其他负债	4,035,008.16	7% +	10,493,143.85	12% -	14,528,152.01	10%
合计	60,852,014.15		89,566,686.07		150,418,700.22	

期末其他负债的结余总数较期初增加了负债总数的百分之五,这说明了本期的存款业务较上期繁荣,事实上往来存款的结余数字较上期增加了五倍(期初是1,102,625.38,期末是6,121,361.63),这在以后存款收付总数的比较中也可以说明。

我们实质上是握有发钞权力的国家银行,而且在四面包围的独立经济环境下,因之"资本性"的数学占了负债总数的巨大比例是不足为奇的,合乎边区经济发展的要求。问题是我们怎样运用与处理这庞大的"资本性"的数字,"资金运用得合理与否"是测量银行政策是否正确的标志。

B. 期末期初资产类别比例。

——怎样运用我们的资金

科目	期初(七月一日) 金额	百分比	期末(十二月三十一日) 金额	百分比
分支行处间周转资金				
分行资金	2,250,000.00			
总分行往来	4,400,328.30			
小 结	6,650,328.30	10.91%		
工业放款				
工业放款	190,000.00		913,000.00	
工业投资	823,000.00		960,000.00	
工业实物放款			2,002,400.00	
小 结	1,013,000.00	1.66%	3,875,400.00	4.33%
商业放款				
有价证券(投资裕顺通)	180,000.00			
商业放款	248,000.00		669,000.00	
商抵	3,000.00		239,503.65	

续表

科目	期初(七月一日)		期末(十二月三十一日)	
	金　额	百分比	金　额	百分比
贸易投资(贸易局)	4,000,000.00			
商业投资			220,600.00	
往来透支	9,573,112.69		594,034.44	
小　结	14,004,112.69	24.33%	1,723,138.09	1.92%
合作业放款				
合作业投资	200,000.00			
合作业放款			1,200,000.00	
小　结	200,000.00	1.33%	1,200,000.00	1.33%
物资局借款				
土产贸易借款(土产公司)			4,000,000.00	
土产贸易投资 　（盐业公司土产公司）			2,303,000.00	
往来透支(土产公司)			6,062,525.93	
往来透支(光华商店)			15,185,925.45	
物资局借款			12,225,000.00	
商业投资			4,000,000.00	
小　结			43,776,451.38	48.88%
农贷				
农贷	4,000,000.00			
小　结	4,000,000.00	6.57%		
机关借款				
财政厅借款	18,673,314.89			
机关借款	812,174.81		3,741,118.00	
机抵	33,350.00		275,350.00	
往来透支	1,621,287.54		2,827,730.31	
金库借款			15,050,246.26	
小　结	21,140,127.24	34.74%	21,894,445.17	24.45%
暂记欠款				
暂欠	4,499,257.66		1,378,501.36	

续表

科目	期初(七月一日)		期末(十二月三十一日)	
	金额	百分比	金额	百分比
代销处欠款	1,007,228.85		321,144.70	
暂记	6,903.11		269,528.44	
小　结	5,513,389.62	9.06%	1,969,774.50	2.20%
商品				
物价平准基金	706,168.00		8,904,406.05	
物料积存	621,888.15		260,813.99	
小　结	1,328,056.15	2.17%	9,165,250.04	10.23%
货币交换				
生金银	556,198.90		1,044,968.10	
各种货币	1,491,266.28		996,035.24	
交换基金	1,500,000.00			
票据买卖	35,863.91		42,422.93	
小　结	3,583,329.01	5.90%	2,083,426.27	2.34%
现金及生财				
现金	1,221,451.22		2,113,743.11	
边钞印制费	275,432.81			
房地产	153,525.28		153,525.28	
应收利息	934,461.75		1,611,532.23	
小　结	2,584,871.06		3,878,800.62	
合　计	60,017,214.07		89,566,686.07	

一、机关借款的数字，在上期与本期结余的资产数额中，都占了绝大比例。上期占了百分之三十强，本期除财政厅借款二千余万元拨与总行外，仍占了百分之二十四的比例，这里也显示出我们的"业务"的特性。因为我们既握有发行边钞的权力，对于机关的生产资金与财政收支的平衡，当然应尽量地融通。

二、物资局的借款在本期结余的资产数额中，占了百分之四十八的绝大比例，除物资局借款一千二百余万元是由物资局直接出名外，其余都是由物资局所统辖的各企业单位分别向银行透支或借款。计：

　　　　土产公司　　5,000,000.00

盐业公司　　7,365,525.93
　　光华商店　　19,185,925.45

　　这庞大数字超过了银行业务部"资本"总额（即负债类"资本性"的数字）79,073,542.22 的半数以上。

　　对于对外贸易的主要企业，银行资金与之适当地配合，就银行本身说，应视为重要业务，即就边区财政经济政策说，亦应当投以大量的资金给这些新兴的贸易企业。

　　三、财政机关与物资局的借款，既占了资产总数的绝大数，于是银行对于资金的周转，多少会失掉主观的有计划地掌握。对于物资局与财政机关投掷巨额的数字，也许不是我们最初拟定的业务计划范围，这是我们在掌握资金方面缺乏艺术，以后业务资金与财政补拙及投资贸易企业的资金应有明确地划分，否则银行本身徒具拥有大量资金的名义了。

　　四、工业放款的比例，较上期略有增加，事实上对于难民、纬华、新华化学等厂我们是给予大量方便的，我们曾先后各放款七十五万元与难民及纬华厂，并免费拨汇三边给以购买羊毛便利等条件，这仅仅是我们注意工业生产的开始。关于边区工业生产的情形及我们放款的成效怎样？那几家厂特别需要资金帮助等，我们还是"熟视无睹"的。如果要求我们的业务真正与边区的工业生产联系起来，做到银行资金与工业生产适当地配合的话，对于工业生产的投资与放款，不应再让其自流。应当有计划地进行，尤其是对于家庭手工业与小手工业作坊应当深入地调查，进行合理的帮助。

　　五、商业放款的比例，似乎是比上期减少多了，但实质上光华商店透支的一千五百余万元与贸易局的四百万元都归拨于物资局借款项下，如果算在商业放款项下，比例当不止此数。

　　C. 未确实的资产负债统计：

　　1. 暂存#472 记名代办处 $500.00 系兑换长出应收杂损益。

　　2. 暂存#5728 记名押品 $1,600.00 系万胜同志缴金戒指应收损益或处理。

　　3. 暂存#55743 记名三八布置款 $37,579.20 系疏散商品长出，应与暂欠#8 记名洋布款 $20,900.00（因疏散商品所短）冲转。

　　4. 暂存#55796 记名西北局 $44,000.00 应与机借 $35 西秘处冲转。

　　5. 工业投资#9 记名职校工厂 $200,000.00 几经催缴，该校申请因水冲，请给予补助。

机借#1 记名毛泽东＄10,000.00 时间过长。

机借#1 记名宋育仁＄50.00 借期过长押品系花旗银行汇票,已失时效(机关抵押借款)。

机借#28 记名留借部＄275,740.00 催收数次拖延未还。

以上数项,皆应拨呆账准备,俾便宜收回无望时抵冲。

6. 暂欠#1 记名卫生部＄17,000.00 时间太长,收回无望。

暂欠#3 记名社会服务团＄2,000.00 收回无望。

暂欠#5 记名华兴鞋厂,厂主赖债私逃,事业流产,收回无望。

暂欠#9 记名力器＄1,500.00 收回无望。

以上数项应报销。

二、损益说明

本期损益计算大都不合乎会计的稳健原则。

1. 物价的盘存都没有按照"时价与成本孰低"的原则,未实现的损益把它列入实际损益栏内了(上期盘存商品时,此项未实现的利益,即在本期报销了502,993.30)。

土产库存八千余件,实际上已由关中分行及土产公司代销了六千余件。卖出时价约在200—700之间,本期盘存的按市价与成本的中价700盘存,约多估计损益一百八十余万。

其他各项商品都按原价盘存了。

2. 各项投资利息均按月息三分计算,实际投资收益不止此数,与实际的投资收益约相差50万—100万。

3. 摊提呆账准备金的数字约30万未曾摊提。

4. 应报销呆账77,200.00未报销。

透支总行及分行基本金均未计息。为了损益明确稳健,会计试以六厘利率计算,本期业务部应付总行利息(每日积数以5,000,000.00元计算)1,800,000.00。

三、存款统计表及存款业务

各种存款存取总数统计表

一九四三年下期

存款种类	期初余额		本期存款总数	本期取款总数	期末余额		增或减	金额
	笔数	金额			笔数	金额		
定期存款	5	1,530.00	27,050.00	39,100.00	4	3,250.00	减	12,050.00
活期储蓄存款	126	33,151.04	141,710.36	132,018.75	138	42,842.65	增	9,691.61
往来存款	51	1,012,625.33	68,634,068.43	63,525,332.13	69	6,121,361.63	增	5,108,736.30
特别往来存款	28	698,330.40	6,223,438.24	4,512,290.34	17	2,409,478.30	增	1,711,147.90
本票	16	873,768.70	7,345,915.25	8,198,638.25	7	20,995.70	减	852,773.00
暂时存款	14	830,817.15	9,902,551.65	10,581,275.37	11	152,093.43	减	678,723.72
期付款项			2,212,420.00	2,112,420.00	4	91,000.00	增	91,000.00
合计	240	3,463,992.62	94,487,153.93	89,100,124.84	250	8,841,021.71	增	5,377,029.09

1. 本期各种存款收付总数为 183,597,278.77，较上期增加 $\frac{155}{100}$。上期收付总数 58,295,004.28 增加了 $\frac{253}{100}$ 倍，这说明存款业务较上期为繁荣，存款结余总数较上期增加。

2. 本期往来存款及特别往来存款较上期都有增加，往来存款上期增加 $\frac{605}{100}$，特别往来存款增加 $\frac{345}{100}$，本票及暂存余额都减少了，本票及暂付的稳定性很小，银行不能利用，但本票及暂存的收付总数平均较上期增加了（本期 $\frac{36,028,430.52}{7,259,044.49}$）$\frac{496}{100}$，说明了本期在资金的运转上较为困难。

汇款统计及汇兑业务表

汇出汇入总数统计　　一九四二年七月一日起至十二月三十一日止

行　名	延安汇出		汇入延安		合　计	说　明
	笔数	金　额	笔数	金　额	金　额	
绥德分行	56	7,503,481.60	54	1,477,594.36	8,981,075.96	
三边分行	37	2,591,250.00	28	3,857,941.22	6,449,191.22	
陇东分行	12	683,487.50	52	7,021,207.97	7,704,695.47	汇入数内计有土产公司三百三十万元正
关中分行	3	101,625.00	4	4,041,481.63	4,143,106.63	
米脂支行	4	135,434.00	5	2,842.00	138,276.00	
晋西北农行	11	5,130.00	12	25,850.00	30,980.00	
鄜县(今富县)办事处	8	97,650.00	26	387,840.80	485,490.80	
延长办事处	8	743,080.00	1	400.00	743,480.00	
子长办事处	2	20,020.00	1	100,000.00	120,020.00	
合　计	141	11,881,158.10	183	16,915,157.98	28,796,316.08	

汇款性质统计

汇款性质分类	延安汇出			汇入延安			合　计		
	笔数	金　额	百分率	笔数	金　额	百分率	笔数	金　额	百分率
机关性质	79	1,095,908.10		168	11,743,007.94		247	12,838,916.08	
商业性质	62	10,785,250.00		15	5,172,150.00		77	15,957,400.00	
合　计	141	11,881,158.10		183	16,915,157.94		324	28,796,316.08	

注：土产公司因系企业性质，故汇入汇出均列入商业性质，计汇入482万，汇出322万。

主要汇款机关统计

机关名称	延安汇出		汇入延安		合 计		说 明
	笔数	金 额	笔数	金 额	笔数	金 额	
土产公司	3	3,222,000.00	9	6,322,900.00	12	9,551,900.00	
粮食局			12	1,483,038.06	12	1,483,038.06	
总金库			9	5,420,000.00	9	5,420,000.00	
财政厅			1	1,397,458.60	1	1,397,458.60	
合 计	3	3,322,000.00	31	14,130,396.66	34	17,852,396.66	

1. 八月二十日到十二月三十一日。共介绍肤施邮局汇出计法币42,551.40。

2. 商业性质的汇款，在比例上似乎很多，实际真正的商业汇款较机关落款数额为小。商业汇款大都是土产公司的拨汇，在汇入汇出总计的324户中，机关汇款竟占了247户。

在边区的内部汇款上，怎样方便机关与私人的汇兑，是我们在业务上亟应注意的。因之，我们建议总行增设信汇，使汇款人能够得着电汇同样的利益，而又不会出较多的花费，这样也许能够繁荣我们的内汇业务。

3. 在汇率上我们施行了"挂牌汇率"，然却没有根据各地的银风逐日地变更，我们没有真正的用"汇兑武器"来周转我们的资金，是业务上较大的缺点。

本期汇率我们改变了两次，兹将一九四二年十二月底汇兑行市表于下：

地名	汇率	地名	汇率
绥德	1015	富县	1005
陇东	1005	延长	1005
关中	1004	米脂	1015
三边	1011	曲子	1008

陕甘宁边区银行总行资产负债表
民国三十二年六月三十日

资　　产	科　　目	负　　债
	负　债　类	
	资　本　金	20,000,000.00
	公　积　金	21,000,000.00
	盈　余　滚　存	1,414.56
	发　行　边　钞	426,100,000.00
	发　行　本　票	450,000.00
	发　行　储　蓄　券	1,372,432.00
	农　贷　基　金	3,000,000.00
	定　期　存　款	21,827.35
	活　期　存　款	20,417,332.63
	机关往来存款	15,259,069.09
	暂　时　存　款	7,415,006.80
	汇　出　汇　款	39,980,999.67
	本　期　损　益	17,560,203.74
	资　产　类	
27,800,000.00	农　　贷	
15,640,000.00	机关生产投资	
21,240,400.00	建设事业投资	
86,228,989.64	商业贸易投资	
2,000,000.00	土产公司投资	
133,554,159.77	财　政　贴　款	
1,458,500.00	农　业　放　款	
4,800,400.00	工　业　放　款	
674,500.00	手　工　业　放　款	
3,321,000.00	合　作　业　放　款	
2,782,500.00	运　输　业　放　款	

续表

资　产	科　目	负　债
299,500,499.41	过　次　页	572,578,285.84
299,500,499.41	承　前　页	572,578,285.84
2,375,600.00	商业贸易放款	
8,495,248.91	机 关 借 款	
26,342,878.06	往 来 透 支	
534,948.86	机关往来透支	
10,657,406.52	支行基本金	
5,115,643.69	交换所基金	
2,890,568.80	生　金　钱	
19,752,484.55	各 种 货 币	
20,050.00	票 据 买 卖	
9,374,836.84	商　　品	
1,134,308.54	物 料 积 存	
8,395,659.31	边销印制费	
342,169.28	房　地　产	
25,285,525.93	暂 记 欠 款	
82,100.80	应收未收利息	
10,212,486.78	总分行往来	
3,748,840.31	代 理 金 库	
5,758,178.53	货币交换损益	
184,043.00	外埠同业往来	
23,565,972.25	运送中现金	
108,808,885.47	现　　金	
572,578,285.84	合　　计	572,578,285.84

边区银行全行资产负债表
民国三十二年十二月三十一日止

资　　产	科　目	负　　债
	负　债　类	
	资　本　金	51,100,000.00
	公　积　金	47,550,000.00
	盈余滚存	8,995.15
	往来存款	208,606,217.81
	活期存款	7,299,351.16
	暂时存款	20,848,788.82
	发行本票	73,500.00
	发行储蓄券	1,351,673.00
	代理发行库	213,616,595.45
	代理金库	38,938,823.51
	汇出汇款	100,792,073.36
	外埠同业往来	158,778.10
	前期损益	2,905,781.12
	本期损益	47,336,031.88
	货币交换损益	55,428,329.16
	资　产　类	
4,227,000.00	农业放款	
14,121,000.00	工业放款	
1,000,000.00	手工业放款	
3,442,950.00	合作业放款	
3,950,000.00	运输业放款	
2,477,600.00	商业贸易放款	
43,339,867.50	机关借款	
200,000.00	牧畜业放款	
53,834,326.32	往来透支	

续表

资　产	科　目	负　债
126,592,743.82	过　次　页	796,014,938.52
126,592,743.82	承　前　页	796,014,938.52
204,193,422.87	暂记欠款	
31,614,421.40	生　金　银	
5,531,687.17	物料积存	
23,531,330.00	收回实物	
199,320.85	牲畜器具	
1,684,722.28	房　地　产	
73,486,895.42	总分行往来	
197,000.00	兑换基金	
13,034,177.15	交换所基金	
4,500,000.00	办事处基金	
19,756,606.96	交换所往来	
9,185.00	催收款项	
258,456.52	交换所开支	
182,845.00	解款旅运费	
11,453,425.30	兑　　　换	
96,857.60	应收未收利息	
39,309,938.24	运送中现金	
240,381,902.94	现　　　金	
796,014,938.52	合　　　计	796,014,938.52

边区银行全行资产负债表
一九四四年六月三十日止

资　　产	科　　目	负　　债
	负　债　类	
	资　本　金	241,100,000.00
	公　积　金	146,430,000.00
	盈　余　滚　存	11,828.62
	代　理　发　行　库	731,166,705.54
	代　理　金　库	10,4921,796.30
	发　行　本　票	73,500.00
	发　行　储　蓄　券	1,349,083.00
	特　别　放　款　基　金	819,136,950.32
	往　来　存　款	411,825,593.38
	活　期　存　款	30,800,442.22
	暂　时　存　款	516,183,335.46
	汇　出　汇　款	177,086,296.52
	垫　支　金　库	100,000,000.00
	财　政　厅　往　来	73,864,557.53
	外　埠　同　业　往　来	13,545,538.10
	总　分　行　往　来	5,205,685.43
	资　产　类	
819,136,950.32	特　别　放　款	
24,127,500.00	工　业　放　款	
32,786,000.00	合　作　业　放　款	
3,100,000.00	运　输　业　放　款	
29,697,479.07	机　关　放　款	
62,000.00	农　业　放　款	
200,000.00	牧　畜　业　放　款	
10,575,000.00	商　业　放　款	

续表

资　　产	科　　目	负　　债
919,684,929.39	过　次　页	3,278,272,311.42
919,684,929.39	承　前　页	3,278,272,311.42
13,099,451.79	往　来　透　支	
281,110,008.37	暂　记　欠　款	
50,959,667.00	生金银买卖	
121,694,458.20	商　　品	
239,206,101.06	购　货　预　支	
5,393,594,47	物　料　积　存	
2,143,325.28	房　地　产	
407,320.85	牧　畜　器　具	
127,109,426.90	交换所基金	
551,800.00	兑　换　基　金	
344,870,750.57	运送中现金	
51,858,212.19	本　期　损　益	
1,120,183,265.35	现　　金	
3,278,272,311.42	合　　计	3,278,272,311.42

陕甘宁边区银行全行资产负债表
民国三十三年十二月三十一日止

资　　产	科　　目	负　　债
	负　债　类	
	资　本　金	241,100,000.00
	公　积　金	146,430,000.00
	盈余滚存	11,828.62
	发行本票	73,500.00
	代理发行库	4,356,816.57
	代理金库	233,241,912.48
	垫支金库	100,000,000.00
	特别放款基金	1,372,636,950.32
	往来存款	195,151,841.90
	活期存款	1,329,185.14
	发行储蓄券	1,183,007.00
	暂时存款	318,652,940.14
	汇出汇款	40,377,229.20
	外埠同业往来	14,653,599.23
	应付未付利息	1,331,508.40
	本期损益	83,922,462.91
	未　　达	101,908,866.88
	资　产　类	
756,136,950.32	特别放款	
600,000,000.00	盐业投资	
2,390,000.00	农牧业放款	
255,797,500.00	工业放款	
24,120,000.00	手工业放款	
86,600,500.00	合作业放款	
47,130,000.00	商业贸易放款	

续表

资　产	科　目	负　债
1,772,174,950.32	过　次　页	3,026,361,648.79
1,772,174,950.32	承　前　页	3,026,361,648.79
600,000.00	运输业放款	
45,555,531.47	机关放款	
47,131,678.48	往来透支	
253,709,359.09	暂记欠款	
4,500.00	催收款项	
75,345,784.29	财政厅往来	
57,750,244.70	生　金　银	
13,289,230.00	商　　品	
13,875,280.00	收回实物	
21,010,189.50	物料积存	
3,053,920.85	牧畜器具	
9,438.519.28	房　地　产	
99,523,019.56	印刷材料预支	
5,648,251.00	应收未收利息	
16,000,000.00	交换所基金	
2,630,000.00	兑换基金	
76,802,310.00	运送中现金	
34,597,199.23	前期损益	
478,221,681.02	现　　金	
3,026,361,648.79	合　　计	3,026,361,648.79

陕甘宁边区银行全行资产负债表
民国三十四年六月三十日止

资　　产	科　　目	负　　债
	负　债　类	
	资　本　金	20,555,000.00
	公　积　金	7,321,500.00
	盈　余　滚　存	591.43
	发　行　本　票	3,675.00
	发 行 库 往 来	58,883,155.04
	代　理　金　库	8,336,524.34
	特别放款基金	50,056,622.77
	往　来　存　款	17,051,021.42
	活　期　存　款	765,195.83
	发 行 储 蓄 券	57,564.50
	暂　时　存　款	9,514,212.20
	汇　出　汇　款	503,239.01
	外埠同业往来	2,912,002.46
	总 分 行 往 来	9,221,378.12
	前　期　损　益	2,807,383.26
	本　期　损　益	17,814,814.33
	资　产　类	
49,906,622.77	特　别　放　款	
4,770,250.00	工　业　放　款	
3,545,500.00	手 工 业 放 款	
685,000.00	农 牧 业 放 款	
3,641,432.00	合 作 业 放 款	
505,000.00	运 输 业 放 款	
4,005,000.00	商 业 贸 易 放 款	
24,422,125.02	财 政 厅 往 来	

续表

资　产	科　目	负　债
91,480,929.79	过　次　页	205,803,879.71
91,480,929.79	承　前　页	205,803,879.71
5,487,890.00	机关借款	
32,462,763.52	往　来　透　支	
14,527,871.84	暂记欠款	
225.00	催收款项	
8,307,976.02	印刷材料预支	
9,005,631.46	生　金　银	
726,114.48	各种货币	
5,897,924.65	商　　品	
1,169,282.67	物料积存	
294,899.23	牲畜器具	
558,955.41	房　地　产	
762,487.60	应收未收利息	
121,500.00	兑换基金	
1,550,000.00	办事处基金	
33,449,428.04	现　金	
205,803,879.71	合　　计	205,803,879.71

陕甘宁边区银行全行资产负债表
民国三十四年七月一日至十二月三十一日止

资　产	科　目	负　债
	负　债　类	
	资　本　金	20,555,000.00
	生金银基金	8,600,000.00
	发行库往来	56,302,000.23
	特别放款基金	52,706,622.77
	往　来　存　款	68,953,619.45
	活　期　存　款	213,155.32
	发行储蓄券	57,529.50
	暂　时　存　款	19,554,188.60
	汇　出　汇　款	1,450,500.00
	总分行往来	3,108,251.43
	逐　期　损　益	27,862,299.02
	本　期　损　益	18,245,053.56
	资　产　类	
52,706,622.77	特　别　放　款	
5,126,427.07	代　理　金　库	
228,224.54	外埠同业往来	
2,686,500.00	工　业　放　款	
2,628,435.00	手工业放款	
964,000.00	农　业　放　款	
2,158,350.00	合作业放款	
7,500.00	运输业放款	
4,257,625.00	商业贸易放款	
6,440,917.36	财政厅往来	
14,151,523.33	机　关　放　款	
91,356,145.07	过　次　页	279,254,542.47

续表

资　产	科　目	负　债
91,356,145.07	承　前　页	279,254,542.47
16,249,857.30	往　来　透　支	
20,378,636.30	暂　记　欠　款	
11,668,669.02	印刷材料预支	
26,300,982.87	生　金　银	
151,295.58	各　种　货　币	
19,152,344.41	商　品	
1,698,527.12	收　回　实　物	
1,006,962.97	物　料　积　存	
876,533.35	牲　畜　器　具	
666,265.41	房　地　产	
297,768.00	应收未收利息	
101,000.00	兑　换　基　金	
3,000,000.00	办　事　处　基　金	
6,818,179.23	现　　金	
79,531,375.84	现　　金	
205,803,879.71	合　　计	205,803,879.71

陕甘宁边区银行全行资产负债表
民国三十五年一月一日至六月三十日止

资　产	科　目	负　债
	负　债　类	
	资　本　金	20,555,000.00
	发行库往来	225,993,206.85
	特别放款基金	230,456,622.77
	定　期　存　款	27,853,808.00
	活　期　存　款	18,695,767.96
	往　来　存　款	96,048,154.50
	暂　时　存　款	8,387,755.27
	汇　出　汇　款	4,650,908.00
	总分行往来	3,575,736.55
	财政厅往来	36,642,520.74
	逐　期　损　益	45,275,345.08
	本　期　损　益	54,100,338.59
	资　产　类	
15,126,684.49	代　理　金　库	
217,494.54	外埠同业往来	
230,456,622.77	特　别　放　款	
4,473,750.00	工　业　放　款	
4,256,725.00	手工业放款	
14,622,210.00	农　业　放　款	
889,250.00	合作业放款	
39,298,787.00	商业贸易放款	
4,074,000.00	机　关　放　款	
97,887,024.43	往　来　透　支	
40,866,175.81	暂　记　欠　款	

续表

资　产	科　目	负　债
34,500.00	催 收 款 项	
452,203,224.34	过　次　页	772,235,164.31
452,203,224.34	承　前　页	772,235,164.31
3,000,000.00	商 业 投 资	
2,450,510.02	印刷材料预支	
29,432,247.12	生　金　银	
574,429.88	各 种 货 币	
44,936,236.50	商　　品	
2,019,005.00	收 回 实 物	
1,126,429.40	物 料 积 存	
1,652,799.88	牧 畜 器 具	
1,626,921.16	房 地 产	
649,157.00	应收未收利息	
265,000.00	兑 换 基 金	
4,000,000.00	办 事 处 基 金	
1,987,669.36	分 支 行 往 来	
226,311,534.65	现　　金	
772,235,164.31	合　　计	772,235,164.31

陕甘宁边区银行全行资产负债表
民国三十五年度下期决算书

资　　产	科　　目	负　　债
	负　债　类	
	资　本　金	300,055,000.00
	特别放款基金	374,757,332.77
	发行库往来	172,039,824.07
	财政厅往来	12,672,250.94
	总分行往来	2,926,152.99
	代 理 金 库	2,712,993.72
	暂 时 存 款	101,222,070.06
	活 期 存 款	6,866,006.76
	定 期 存 款	13,950,561.19
	汇 出 汇 款	5,416,640.00
	往 来 存 款	140,540,283.73
	储 蓄 存 款	290,267.39
	逐 期 损 益	98,634,074.83
	本 期 损 益	272,140,609.38
	资　产　类	
21,500,000.00	办事处基金	
75,000.00	兑 换 基 金	
120,680,800.00	商 业 放 款	
374,668,387.77	特 别 放 款	
4,323,000.00	工 业 放 款	
9,026,500.00	农 业 放 款	
314,250.00	合 作 业 放 款	
697,600.00	手 工 业 放 款	
24,850,000.00	机 关 借 款	

续表

资 产	科 目	负 债
45,531,326.77	暂记欠款	
601,666,864.54	过 次 页	1,504,224,067.83
601,666,864.54	承 前 页	1,504,224,067.83
12,000,000.00	购货预支	
2,205,488.46	房 地 产	
19,245,949.01	牧畜器具	
168,879,622.03	生 金 银	
1,574,448.02	印刷材料预支	
319,719,746.80	商 品	
824,262.68	货币买卖	
2,409,443.76	物料积存	
4,521,400.26	分支行往来	
6,464,943.45	外埠同业往来	
40,995,100.00	商业投资	
1,010.00	催收款项	
65,032.00	应收未收利息	
11,000.00	呆 账	
77,019,023.48	往来透支	
246,620,733.34	现 金	
1,504,224,067.83	合 计	1,504,224,067.83

陕甘宁边区银行总行资产负债表
一九四七年度上期决算书

资　　产	科　　目	负　　债
	负　债　类	
	资　本　金	300,055,000.00
	特别放款基金	374,757,332.77
	发行库往来	108,546,139.70
	外埠同业往来	11,240,653.05
	逐期损益	347,592,012.82
	资　产　类	
	分行资金	
	分行特放基金	
	总分行往来	
	牧畜器具	
	暂记欠款	
	物料积存	
	本期损益	
1,142,191,138.34	合　　　计	1,142,191,138.34

说　明

1. 因为战争的关系,各乡、行的资金利息除绥行外,均未转来。

2. 总行五月、六月份的开支,因总务科的同志疲于行军中,未作出决算,也未报销,不能将本期确实数字均表现出来,只按账面上起的变化作一简单的总结。

3. 本期自三月初即进入战争中,开始是心于备战,后来则心于转移,故业务很少,会计上也较松懈,各分行的联系也差,这是即需要说明的本期特点。

中华民国三十六年六月三十日于小崔嘴村

陕甘宁边区银行全行资产负债表
民国三十六年七月一日至九月三十日

收　方	科　目	付　方
	负　债　类	
	资　本　金	300,055,000.00
	特别放款基金	2,800,000.00
	发行库往来	1,052,132.35
	代　理　金　库	2,290,494.72
	暂　时　存　款	1,284,022,455.49
	活　期　存　款	4,108,915.56
	定　期　存　款	13,495,551.95
	汇　出　汇　款	81,690.00
	往　来　存　款	1,325,734,437.97
	备　抵　损　失	30,000,000.00
	外埠同业往来	11,240,653.05
	逐　期　损　益	445,913,170.85
	本　期　损　益	255,543,390.77
	资　产　类	
15,000,000.00	办事处基金	
4,032,577.31	办事处往来	

续表

收　方	科　目	付　方
235,520,592.16	财政厅往来	
19,012,997.01	总分行往来	
10,855,000.00	工业放款	
211,055.00	特别放款	
284,632,221.48	过　次　页	3,676,337,892.71
284,632,221.48	承　前　页	3,676,337,892.71
108,458,008.99	农业放款	
91,003,650.00	商业放款	
371,421,234.89	商业投资	
314,250.00	合作业放款	
57,697,500.00	机关放款	
120,000.00	购货预支	
277,651,647.86	暂记欠款	
90,333,596.50	往来透支	
2,307,988.46	房　地　产	
542,294,679.97	生　金　银	
106,469,505.94	牲畜器具	
1,574,448.02	印刷材料预支	
1,363,721,550.40	商　　品	
4,586,642.94	物料积存	
34,338,965.25	货币买卖	
2,380,000.00	手工业放款	
20,483,898.00	待　　查	
1,790,635.00	损　　失	
1,010.00	催收款项	
314,706,459.01	现　金	
3,676,337,892.71	合　　计	3,676,337,892.71

说　明

中华民国三十六年七月一日至九月三十日

1. 此决算为临时总决算。主要是为了了解战争以来整个财产之状况和准备与西北农民银行合并,但由于战争关系,三边分行和关中分行未来得及编制,只能根据其最近的月计表编制(三边分行八月份、关中分行六月份)。

2. 陇东分行的特别放款250万,已由财经办事处批准报销,但此款总行尚未转账,故此数就在现金中表现。

3. 关中和三边的商品损益科目并入损益计算书利益部、商品损益布匹栏内。

4. 关中和三边的生金银损益并入损益计算书、利益部生金银损益科目内之金子栏内。

5. 科目合并:

(1)基本金和分行资金相抵销,总决算中不列。

(2)特别放款基金和分行特放基金相抵销,总决算中不列。

(3)农村贷款合并入农村放款科目内。

(4)合作社放款并入合作业放款科目内。

(5)机关借款并入机关放款科目内。

(6)各项开支并入日用开支科目内。

6. 开支账户的合并:

(7)绥行医药费并入卫生保健费用。

(8)绥行保育费并入生育扶养费用。

(9)绥行的旅费和陇行的转移、旅费并入转运费内。

(10)总行警地形费并入杂费内。

(11)陇东分行的购置费并入特别费内。

西北农民银行总行资金产负债表
一九四八年上期决算

资　产	科　目	负　方
	负　债　类	
	资　本　金	55,000.00
	外埠同业往来	9,965,653.05

续表

资　产	科　目	负　方
	逐 期 损 益	1,692,187,924.07
	往 来 存 款	121,715,370.60
	暂 时 存 款	361,335,730.00
	实 物 存 款	3,472,500.00
	定 期 存 款	600,000.00
	发 行 库 往 来	6,360,843,488.65
	资 产 类	
2,566,607,972.67	总分行往来	
2,467,492,568.42	会计科往来	
139,346,220.00	生金银买卖	
16,500,000.00	商 业 放 款	
610,000,000.00	工 业 放 款	
902,710,000.00	暂 记 欠 款	
505,723,200.00	印刷材料预支	
1,594,800.00	货 币 买 卖	
1,003,363,500.00	移 交 物 资	
336,837,405.28	现　　金	
8,550,175,666.37	合　　计	8,550,175,666.37

资产负债表
一九四八年下期决算

资　产	科　目	负　方
	负 债 类	
	资 本 金	55,000.00
	基　　金	12,710,000,000.00
	逐 期 损 益	2,696,216,000.00

续表

资　产	科　目	负　方
	发行库往来	5,386,508,000.00
	会计科往来	17,639,732,000.00
	总分行往来	266,218,700.00
	银贸往来	11,430,943,925.00
	办事处往来	14,774,000.00
	往来存款	642,036,000.00
	暂时存款	3,195,824,750.00
	实物存款	48,994,000.00
	汇出汇款	1,200,000.00
	定期存款	211,430,000.00
	代理金库	8,463,750,000.00
	应付未付利息	322,000.00
	本期损益	8,570,268,485.00
	资　产　类	
15,000,000.00	办事处基金	
483,880,000.00	工业投资	
2,466,500,000.00	工业放款	
2,965,380,000.00	过　次　页	71,278,272,860.00
2,965,380,000.00	承　前　页	71,278,272,860.00
24,500,000.00	手工业放款	
61,500,000.00	合作业放款	
2,76,367,000.00	农村贷款	
41,990,000.00	商业放款	
18,180,370,000.00	暂记欠款	
3,638,684,000.00	生金银买卖	
1,000,000.00	物料积存	
8,002,000.00	货币买卖	
2,211,551,000.00	工厂往来	
3,426,000.00	往来透支	
118,348,860.00	呆　　账	

资　产	科　目	负　方
41,307,154,000.00	现　金	
71,278,272,860.00	合　计	71,278,272,860.00

第三节　边区银行工作人员的政治工作及有关条例

一、关于政治工作的指示

战争以来,贸易金融部门在支持前线、保护疏散、转移及设法采购物资等工作中,是尽了很大力量。但同时也暴露了不少干部在经济思想上不纯,如贪污腐化、偷窃公物、铺张浪费、浑水摸鱼、做私生意和工作渎职、不负责任、破坏制度等严重现象,致使革命财产遭受严重的损失,或多或少影响支援前线的经济力量,加重了人民的负担,这完全和党与人民的利益相违背。为了克服以上不良的思想与行为,今后务须:(A)加强干部管理教育,提高全心全意为劳苦人民服务、廉洁奉公、生活朴素的优良品质。(B)严格建立各种业务上的科学管理制度与方法。为此,目前必须进行如下的工作:

1.设立政治工作机构。

为了加强对各级公司、银行党的领导与干部管理教育,以达到确实保证贸易金融政策方针之执行,除总公司设立政治处外,决定分公司、分行设立干教科,甲乙支公司设政治指导员(如暂无专人由业务干部兼任),专门掌握经济的干部管理教育等工作。

2.进行"四查"与建立政治经济民主作风。

对有错误的同志,应以毛主席治病救人、与人为善的精神,继续"四查"工作,并遵照如下方针进行:查阶级,查经济,查思想,查工作。此四者在进行时,应有联系,不能机械公开。检查坏的,发现好的,着重检查缺点与错误,但同时提出其优点与成绩。同时,在进行"四查"中,应建立与贯彻政治民主和经济民主,其具体办法如下:

(1)查阶级:应注意本阶级的思想与立场,也就是查思想与行为是否真正符合党与人民的利益,但查成分亦属必要,其目的为着弄清阶级成分,反对隐瞒与假报成分。同时供给我们了解每个同志的阶级出身,对其思想的影响如何,绝不能把阶级出身与阶级思想混为一团。地富阶级出身者,其思想不一定是地富思想;贫雇农出身者,其思想也不一定就是真正无产阶级的思想。过去一个时期忽视阶级成分是不对的,但若走上了"唯成分论"的偏向也是不对的。如果地主富农出身的干部,其思想立场仍站在原来的阶级方面,并对土改不满,有破坏行为者,或混入我部门进行隐瞒活动的阶级异己的反革命分子,则应坚决地揭露,并予清洗,提高我们的政治警惕性;如虽是地富出身,但因其接受了党的教育,放弃了原来阶级的立场,站在党与人民的立场上,我们决不能歧视,应看作是我们自己的同志,否则就会犯错误。

(2)查经济:进行此项工作,在我贸易金融部门具有特别重要的意义。特确定:私人经济之来源与增减,必须随时向组织报告,向同志公开,普遍进行登记检查,经过民主讨论,审查其来源,如认为是正当的,仍归私人所有,应予保护;如来之不正当者,应严正揭发其错误的经济思想,同时对其不正当来源之财物,应采取如下处理:甲、凡是由自己生产节约、资金等正当来源的,而用以作一般商品生意者,应将所得利润归公,原本归还。乙、凡是以正当来源资金作了违法生意(如倒卖土产、金融投机等),则本科全部没收归公。丙、凡是直接窃取、变相贪污等不正当来源者,一律收归公有。丁、凡是地富家庭在土改中逃避斗争之财物,应经组织审查,送回原地交群众处理。

(3)查思想:查阶级、查经济、要工作后,实际上就是查思想。但除了这些外,还应更有意识地来检查存在着自私自利、个人主义、自由主义、官僚主义思想与作用,特别是思想方法上容易走极端的左或右毛病。只有这样,才能使我们的工作做到深入,我们的方法才能更结合实际。

(4)查工作:也就是查政策业务,查工作责任心,查各种制度,查制度尤其重要,过去发生许多贪污、偷窃、浪费等不好现象,虽然主要由那些能作为的人负责,但同时也由于制度不严密和管理不得法,使那些思想不纯的分子有机可乘。四四年经理联席会议所拟定业务须知、各种制度与办法,必须严格执行。我们应懂得,财经人员要严格遵守上级规定的各种制度,是万分重要的,在这一点上,宁可机械,不可讲究灵活。以党性担保,固属重要(因为有那样的一些毛病,并非以严格的制度所能杜绝的,就有制度他也可以不执行,甚至破坏),但党性更应具体表现于对各种制度的忠实执行,否则只是空洞地讲党性那是不对的。

(5)建立政治民主的作风。实行党内的正常组织生活,采取无记名投票选举小组、支部负责人,建立会议检查、汇报等各种制度,各级负责人一定要过党的会议生活,倾听党员群众的意见,应定期召开全体人员大会,在会议上检讨工作、学习与领导,充分地发扬批评与自我批评的精神,达到真正团结一致,互相学习,使大家对党和人民的事业怀有高度的热情和责任心。

(6)建立经济民主的作风。各级行政单位,每月应公布本单位经济收支账目,由群众审查监督;民主选举伙食委员会,以参加管理伙食;反对浪费,提倡节约,严防贪污腐化。为使上述工作达到预定之目的,我们必须采取如下工作方法:

甲、政治工作与业务结合。我们的政治工作是为业务服务的,它必须配合上级每一次布置下来的中心任务,首先向干部们解释和说明这一任务的意义何在,并懂得怎样做,启发他们为完成该项任务而热情积极努力地去工作。在他完成该项任务后,应召集干部检讨工作中的优缺点并吸取经验教训。只有这样,才能不断改进业务,真正地提高和培养干部。

乙、政治工作与行政结合。政治工作绝非少数专门政工人员所能做得好的,必须广泛地与各级行政人员相结合。各级行政负责人、经理、主任、科长、股长等都应该是强有力的政治工作者,除领导本单位干部进行业务外,同时必须负责本单位之干部管理教育工作,应视为自己业务之一。因为干部的思想好坏,也是衡量思想好坏的尺度,而专门攻工人员则应善于与各行政人员结合,组织与计划各种政治工作之进行。只有两者正确结合起来,才能把政治工作做得好,要纠正过去单纯强调业务或单纯强调政治工作的观点。

丙、实行奖惩分明。我们的目的是在建树好的,纠正坏的,因此"四查"工作中及其以后对干部必须有全面的了解(优点与缺点)。对于坚决执行政策、钻研业务、严守制度、艰苦朴素、廉洁奉公及在某一具体工作上有显著成绩者,应加以表扬与奖励;对于贪污腐化及一切为个人打算、工作渎职、不负责任、破坏制度等错误行为者,应弄清是非,分别轻重,并视其对错误的反省程度,给予适当的纪律处分或批评教育。但对那些已经堕落腐化,经过多次教育仍执迷不悟、屡犯不改、坚持错误者,即应毫不姑息,给予严厉惩处。

上述指示,请根据你处具体情况布置进行,并将执行情形随时报告为要。

(西北贸易公司、银行:《关于目前政治工作的指示》,1948年2月21日)

《业务通讯》要我写一点东西,我想就来谈几句有关业务的话吧。

大家晓明,党的一切财经政策,都必须通过各种具体的业务来实现。现有良好的业务规模,任何正确的政策也难以收效和贯彻。可是,现在请每一个同志来检查一下,我们的业务状况究竟是怎么样呢?是否普遍达到应有的水平呢?可惜还没有,直到最近,我们还有据有十年以上金融贸易工作历史的地方,发现收买贵货、坏货和假货,还发现买来的东西在路上被一些完全可以避免的因素弄坏了。还发现有人能够冒充某厂人员用假信和假图章,从我们银行手里骗去农币数千万元。这些不都说明我们的业务工作还有严重的弱点吗?!同时,更应当看到,现在我们还在比较单纯的和不大的农村,因此,反映到业务方面也是比较单纯的。可是,我们不久将进入城市和更广大的农村,那里的经济环境是复杂的,绝不像我们现时所处的这样单纯,因而反映到业务方面也将是更复杂的。可以设想,有许多东西和许多问题,我们是毫无知识和经验的,但现实情况和任务将迫使我们去接受这些东西和解决这些问题,那又该怎么办呢?我想没有任何别的办法,唯一的办法就是学习。我认为所有的财经干部绝无一人可以例外,应当快速努力学习业务,以达到精通业务,必须把精通业务看成是完成政治任务和贯彻财经政策的基本条件。为着胜利和准备胜利,要求普遍提高我们的业务水平,求每一个财经干部在他自己的职务上都变成专家,我想,依靠我们对于革命的忠诚和热情,再加上不断地学习,我们财经部门里大多数同志是可以成为党与人民所需要的专家。我并希望《业务通讯》在提高我们的业务水平上能够发生应有的作用。

(贾拓夫:西北贸司、西北农民银行编《业务通讯》,1948年9月10日)

二、政治工作暂行条例草案

总则

(一)为加强金融贸易工作人员的管理教育,以保证业务任务的完成,特制定本条例。

(二)救治处工作任务,在西北财经办事处政治部与西北贸易公司、银行经理、行长领导下,负责对所属各级部门进行常务政治工作,以完成如下各项工作任务:

甲、贯彻贸易金融政策,保证其业务计划之顺利完成,因此必须使各级人员忠实执行上级指示,严守制度,并高度发挥工作热忱,按时完成每一件工作任务。

乙、培养各级人员廉洁奉公、爱惜革命资财、艰苦朴素的思想作风，以杜绝贪污腐化、铺张浪费、违法买卖、私做生意等一切自私自利、享乐发财的思想行为。

丙、提高各级人员努力学习业务、政治、文化的积极性，同时在学习中有计划地培养干部，以达到提高工作效率的目的。

（三）政治处与各分公司，分行的干教科组织机构（见附图表解）（原件无附表，抄者注）。

（四）政治处人员分工：政治处设正副主任各一人，共负责领导政治处全部工作，下设干事三人至五人，分理政治处组织、教育及巡视了解各级干部的思想动态及工作情况等各项任务。

细则

（五）政治处及各分公司、分行之干教科，甲、乙种支公司政治指导员工作范围：

甲、政治处工作范围：（1）直接布置计划、检查总结总公司、总行直属各部门的政治工作与党务工作。（2）原则上指导晋绥分总公司、分总行政治处的政治工作。（3）原则上领导各分公司、分行干教科的政治工作与党务工作。（4）组织工作范围：①凡一切工作人员的登记、审查、调遣、配备、保健和编余、开除人员的处理皆属之。②凡党员登记、审查、介绍、编组、处罚以及新党员的入党、转党、党员调动时组织关系介绍等工作，本属支部组织工作，但为工作方便，互相配合，政治组织工作亦可协同帮助。（5）教育工作范围：负责组织党的政策决议、政治、时事、业务、文化、思想品质等内容的学习，介绍经验，向党报投稿，并设立俱乐部。利用这种形式，推行群众性的宣传教育及其他有益于工作、学习之活动。

乙、名分公司分行之干教人员与工作范围：（1）各分公司、各行设干教科长一人，负责领导全科工作，下设干事二人，分理全科组织、教育等工作。（2）依据总公司、总行政治处工作原则的指示与配合分区党政具体指示，在经理、行长领导下，直接领导计划、检查总结分公司、分行直属各部门政治工作与党务工作。（3）领导甲、乙种支公司政治工作与党务工作，组织教育工作范围与政治组织教育工作相同。

丙、各甲、乙种支公司指导员职责：（1）政治指导员在分公司、分行干教科及支公司经理领导下进行工作。①负责保证干教科工作指示执行;②负责保证所在公司业务完成;③有对所在公司一切人员进行各种教育之责任;④有向各分公司、分行干教科作政治、党务工作报告及其他情况反映之责任;⑤有审查了解每一个人员之政治思想、个人财产,并负责保管所在公司人员之全部材料及杜绝贪污之责任。

(六)政治处与晋绥分总公司、分总行政治关系:

甲、晋绥分总公司、分总行政治处,除应由晋绥党政一元化直接领导外,同时亦应接受西北贸总政治处关于政治工作的原则与指示,并向贸总公司、总行政治处作政治工作报告。

乙、如发行总公司、总行政治处政治工作指示与晋绥党政对晋绥分总公司、分总行政治处政治工作指示有抵触时,分总公司、分总行政治处除应即商待晋绥直接领导决定外,并应函告河西总公司、总行政治处,未决定前一般的应执行后者指示。

(七)政治处各分公司、分行干教科,甲、乙种支公司政治指导员与各所在地党政关系:

甲、政治处与各分公司、分行干教科的关系:(1)政治处对各分公司、分行干教科可经过分公司、分行经理、行长直接发行领导关系,干教科对政治处所发下的一切政治工作与党务工作的指示均应执行。如发生与分区一元化领导的政治党务工作指示有抵触时,则应按(六)项"乙"点原则办理。(2)按规定制度向政治处作政治党务工作报告。

乙、政治处与各分区党政关系:(1)政治处一般不与各分区党政发生直接工作联系;(2)干部及人员问题,政治处对各分公司、分行之干部,可以自由调遣,但各分公司、分行干教科长以上的任免,得经各该分区地委专署之同意;(3)各分区党政调动或处分各该分区贸银系统支公司经理以上的干部,须征得总公司、总行之同意;(4)组织关系,政治处派往各分区工作人员之组织关系,应由政治处经财办处政治部转西北局组织部再转各分区地委组织部,然后转介绍分公司、分行总支或分总支,政治处调回之人员,组织关系的介绍,依此顺序进行。

丙、各分公司、分行干教科与所在地各该分区党政关系:(1)如干部人员不足时,得由分区地委专署请求补充;(2)党的生活应受分区直属党委部总支领导;(3)组织关系的介绍,须经一定组织手续;(4)政治党务工作报告与有意材料,得呈送分区党政委各一份。

丁、各甲、乙种支公司政治指导员与所在地党政关系,除受分公司、分行干教科直接领导外,并接受当地党政一元化之领导。

(八)各种制度的规定:

甲、会议的一般规定:(1)政治处总结工作会议三月一次,政治处处务会议一月一次;(2)各支公司政治工作总结会议一月一次,各干教科科务会议一月一次;(3)各分公司、分行政治工作总结会议两月一次。

乙、报告:(1)一般的规定政治处向财办处政治部每四月作书面报告一次;(2)各干教科向政治处三月作书面报告一次;(3)各支公司向干教科一月作书面报告一次。

丙、检查与巡视工作:一般不规定,但上级政治机关必须有计划地对直属下级机关政治党务工作进行巡视检查。

本条例收到即施行。如有不妥之处,可提出具体意见,经本处采纳后修改。

(西北贸易公司、农民银行:《政治处政治工作暂行条例草案》,1948年)

三、金融贸易工作人员奖惩暂行条例

第一章 总则

第一条 对金融贸易工作人员精于业务、忠于职务、安心工作、廉洁奉公者给予奖励,对贪污腐化、工作渎职、违抗命令者有所惩处,以资赏罚分明。贸易公司与银行特制定本奖惩暂行条例。

第二章 干部之奖惩

第二条 凡金融贸易工作人员具有下列条件之一者均得受奖。

(一)凡任金融贸易工作三年以上者(自参加革命以来实际财经工作时间计算,中途因学习或其他原因离开工作岗位者不在此例)。工作一贯积极未犯错误者,但未满三年者不得受奖。

(二)坚决执行业务方针、上级指示、政府法令、工作制度与纪律者。

(三)精于业务,创造新的工作办法经上级采纳实行有效者,或创造新的办法,当时未得上级采纳,事后证明其有效,工作有显著改进者。

(四)安心工作,忠于职务,埋头苦干,服从组织调动,品行端正,能按期确实完成或超过工作任务。

(五)不贪污,不腐化,并见他人贪污腐化能及时报告上级,经事查有实据。

（六）爱护公物不浪费，保管有方，手续清者。

（七）对商人态度和蔼，工作方式灵活，不因小利而害大公，对同志团结互助，能自我批评与互相批评者。

（八）学习积极（业务、政治、文化），自己进步，并能帮助他人者。

第三条　根据第二条规定的八项标准定为一百分，按如下比例，予以奖励。

（一）受奖标准第一项为十五分。

（二）受奖标准第二项为十五分。

（三）受奖标准第三项为十五分。

（四）受奖标准第四项为十五分。

（五）受奖标准第五项为十五分。

（六）受奖标准第六项为九分。

（七）受奖标准第七项为八分。

（八）受奖标准第八项为八分。

以上八项的分数可以根据银行或贸易公司的具体情况略予变动。

第四条　奖励办法分为物质奖励、名誉奖励两种：

（一）物质奖励钱，成绩满百分者奖流通券一万五千元（每一分为一百五十元），不满百分者按其所得分数奖给之。雇用职员（等于干部工作者）合格如下奖励标准，其受奖满百分者为流通券七千五百元（每一分为七十五元）。

（二）名誉奖励分口头与书面两种（会上表扬书面嘉奖如登报等）。

第五条　本年度在金融贸易部门实际工作十个月以上者，其物质奖励按分数所得金额全部发给，八个月以上者发给四分之三，六个月以上者发给四分之二，不满六个月不发奖。

第六条　凡在金融贸易部门实际工作五年以上者，按其所得奖金多发给百分之十；七年以上者，按其所得奖金多发给百分之二十；十年以上者，按其所得奖金多发给百分之三十。

第七条　调动人员的奖惩：

（一）凡已调出金融贸易部门者一律不奖，但发现其有特殊成绩或贪污腐化等行为者，应由原来工作单位提出考审，决定奖励或惩处，并将其奖金或惩罚决定转让达其所属机关与本人。

（二）凡本部门内人员调动（分区到延安或相反这公司到那公司等），在八月以前离开运去工作部门者，应属现在工作部门议决奖惩，但其过去工作部门有提供材料的责任。八月以后离开过去工作部门者,应属过去工作部门讨论奖惩,将其讨论结果转达现在工作部门复核执行之。

第八条　凡在一九四五年以前有受惩情事而转变进步,本年度具有受奖条件者得给奖;一九四五年一月一日以后发生受惩情事者则按九、十两条办理之(按情节轻重受惩),并不给奖。

第九条　凡金融贸易工作人员犯有下列错误之一者,必须给以一定惩处:

(一)不执行业务方针,违反政府法令,不服从组织分配工作者。

(二)贪污腐化浪费者。

(三)由于渎职(如错钱、错账、泄露秘密、破坏工作制度等)使工作业务受到损失者。

第十条　惩处办法按其情节轻重,分为批评、警告、记过、降级、撤职送法院等。

第三章　事务人员之奖惩

第十一条　事务人员有下列条件之一者均得受奖:

(一)凡在财经部门实际工作三年以上,一贯积极完成工作任务未犯错误。

(二)不贪污,不浪费,不腐化,勤苦节俭,爱惜公物未发生无故损失者。

(三)安心工作,埋头苦干,对公共生产节约卫生等公益事业上特别努力而有显著成绩者。

(四)遵守政治法令、纪律、制定,品行端正(如不偷东西,没有不良嗜好),爱护群众利益者。

(五)服从组织,能听指挥,团结友爱,不打人骂人,能自我批评与互相批评者。

(六)学习积极(业务、文化、政治),自己进步,能帮助他人者。

第十二条　根据第十一条规定之六项标准定为一百分,按如下比例予以奖励:

(一)受奖标准第一项为二十分。

(二)受奖标准第二项为二十分。

(三)受奖标准第三项为二十分。

(四)受奖标准第四项为十四分。

(五)受奖标准第五项为十四分。

(六)受奖标准第六项为十二分。

第十三条　名誉奖励与干部奖励办法相同。物质奖励：凡其成绩满百分者,奖励流通券九千元；其不满百分者,按其所得分数奖给之(每一分券九十元)。雇用事务人员合格受奖标准满百分者,奖流通券四千五百元(每一分为四十五元)；其余以上五、六、七、八、九、十条,均适用于事务人员之奖惩。

（陕甘宁边区贸易公司：《陕甘宁边区金融贸易工作人员奖惩暂行条例》,1947年1月8日）

四、银行工作人员供给管理办法

1. 为达到保障供给与集中管理本处工作人员被服津贴之目的,特制定本办法。

2. 本处工作人员每月所领取之被服津贴,务须悉数交由本处全体民主选出之被服津贴管理委员会,集中筹划经营。

3. 被服津贴管理委员会：

（1）民主选举五人组织之。

（2）管理委员会职责为：

A. 统一筹划并经营本处工作人员所领取之津贴,以达保证供给之目的。

B. 筹划并供给本处人员日常所必需的被服、鞋袜等日用品。

（3）管理委员会应单独设立会计,每三月结算一次,将每人所分红利结转下期。

4. 有下列情形之一者,经管委会之允许,方可提出存款。

（1）工作有所调动者。

（2）疾病须要用钱,而自己又无力支付者。

（3）其他生活必需品之购买。

5. 在未到结账时间即行提取存款者,按行员存款计息。

6. 经允许后提取款项如发觉其用途不当者,除将原提款项收回外,并以三月不准提存处罚之。

7. 管委会是筹划决定之组织,不得自己参与直接业务活动,其业务经营由营业科代理之。

8. 本办法如有未尽事宜,得由全体工作人员大会修改之。

（边区银行业务处：《业务处工作人员被服津贴办法》,1947年1月31日）

第三章 陕甘宁边区银行的货币发行

第一节 银行发行简史

一、苏维埃时期的发行

发行简史:发行可分四个阶段,即:一、苏维埃动乱末期。二、抗日战争时期。三、抗日结束争取和平时期。四、自卫战争时期。分述于下:

苏维埃末期的发行。这一时期是苏票与光华代价券时期。在国内和平尚未建立以前,中华苏维埃国家银行西北分行发行苏票约九十万元,流通于陕北苏区,抗战以后停止苏票流通。中华苏维埃国家银行西北分行改为陕甘宁边区银行,并以法币收回苏票,边区境内从此成为法币流通区域。一九三八年五六月间,延安市面辅币奇缺,买卖货物用邮票找零,人民甚感不便,边行根据市面需要,用光华商店代价券名义,发行二分、五分、一角、二角、五角五种票币,持券者随时可到光华商店照数兑换法币,商人自动使用,当时可以流通到国民党统治区的甘泉城内。一九三九年,国民党颁布限制异党活动办法后,国共关系恶化,当年冬法币狂跌,边区财政供给非常困难,于是举行大规模的生产运动——开荒运动。光华代价券即从为了调剂金融周转财政的性质,开始转到周转生产方面来了。光华券的发行,到一九四〇年七月底,才发到七十二万余元,八月以后,外援接济困难,即大量发行,一九四一年更曾发七角五分的代价券,到一九四一年二月十八日为止,共计发行四百三十万八千二百一十五元。这一时期法币是边区流通的主币,光华券只是当作法币的辅币而流通。

一九四〇年十月前后,边区党曾决定增发四百万元,指定为:(一)盐业投资;(二)生产基金财政支付之用。到十月份截止,所发一百万元交给银行周转,党的领导机关的预见已转到利用发行来发展经济了。银行十一月起才大量增发,十一、十二两个月发行数目,比十月以前发行总数超过二倍,但由于银行事先缺少印刷材料的准备,印制一元以下的贷价券不能应付这种大量支付的需要,而银行以前筹划的一元票子,又碍于统一战线政策,不能立即解决,虽然印好了一部分,也就没有发行。

二、抗日战争时期的发行

这一时期,是边币与商业流通券时期。

甲、一九四一年一月间,发生皖南事变,国民党政府用停发八路军军饷,用经济封锁来对付我们,企图把我们困死。当时我们几乎没有衣穿,没有油吃,没有纸和菜,战士没有鞋袜,工作人员在冬天没有被褥,我们的困难大极了。为克服这个严重的困难,党号召自己动手,发展边区自给经济。那时边区政府为了要筹集发展自给经济的资金,为了解决财政困难,为了边区老百姓免受法币跌价的损失。为了避免敌人经过法币套取外汇,同时也是为了抗议皖南事变与国民党的经济封锁政策,乃于一九四一年一月卅日颁布法令,禁止法币在边区行使。又于同年二月十八日布告,授权边区银行发行边币。并规定在边区境内,只准使用边币,而以边币逐渐收回光华代价券。突然事变发生,边区银行的发行准备工作也遭到极大的困难,边币一元票版不足以应付这一新局面,因此没有发行,二月即筹印五元券与十元券。在此以前的边币由于票面小、纸质劣、印得慢,裁切得更慢,虽要利用发行,数量上缓不济急,导致银行不能及时付款,使财政与经济上均遭受到困难与损失。银行负责人当时缺乏政治远见,未能遵照中央应付突然事变的指示及其他错误而受到撤职处分。截至一九四一年三月十四日银行改组时,共发行了五百卅六万元。

一九四一年三月十五日,朱理治同志接管银行工作。继续上半年发行一百万元之后,下半年又发出二百零八万元,这个月的发行速度,超过了一九三六年以来六年中的任何一个月。发行累计增加的数目,三月比二月增加了百分之七十一点四,这样大量发行,是依据一九四〇年十一月十二日西北局关于发展边区经济建设的决定和中央批准增发一千万元的指示而进行的计分配于:(一)财政借款二百五十万。(二)买粮三百万。(三)盐业投资三百万。(四)银行活动一百余万。四、五、六月份各发二百余万,七月份降低到一百零七万。计一九四一年上半年的发行比一九四〇年底约增发了五倍,发行速度是相当快的。当时即出现了如下情况:1.汇价下跌。皖南事变以后,大公家法币来源断绝,边区内停止法币行使,银行也逐渐停止了法币的兑出,对外贸易失了外汇的保证,边币与法币的比价,从一九四一年二月份起,延安市即发生一角以上的差价(边币一元一或一元一角五,才能等法币一元),到五月份,边币一元五角才能折合法币一元了。2.物价上涨。五月物价猛涨,比四月份涨了百分之三十。六月比五月涨了百分之廿六,发行速度落于物价之后了。3.老百姓拒用边币。五月反共摩擦,时局紧张,人们都怕保存边币,敌人又在碛口用大批货物和奢侈品来套取法币(天津中国银行票有贴水),警区一带法币需要量大增,影响到三边、陇东拒用边币,边币向延安市中心区退回,七月间边币跌到二元换法币一元,延安市大宗买卖非法币不行了。这一度金融波动引起了稳定金融与物价的要求,银行对此也引起了争论,即:(1)物价涨了,不应发了;(2)为了适应革命事业需要还应当发行。朱理治同志主张"一方面要投资工、农运输业发展生产,另一方面又要使金融不要波动"。他确定了要尽量发展信用,减少边币的发行,以免通货膨胀的发生。同年七月到十一月实行了紧缩发行工作,在这半年中,每月增发不到百分之十。那时党的政策是发展运盐,以求出入口贸易的平衡,用此达到稳定边币之目的。八月间决定发三百万元,全交军委帮助运盐,朱理治同志感到难做,八九月间,中央财经会议讨论金融问题,毛主席结论指出:边币问题基本上不是金融问题而是经济与财政的矛盾。如何解决这一矛盾呢？只有发展生产。并批评过去银行投资偏重于公营经济,以后应多向私人经济投资,特别要注意促进农业的发展。银行工作者这半年来的做法是:①搞平价运动;②搞有奖储蓄券,企图吸收存款,以作生产投资;③搞法币黑市买卖,设货币交易所;④给军委的三百万元,企图发盐票借,财政厅只许透支二三百万元,紧抓不发行,因而也难多向私人经济投资。因此,到一九四一年十一月底,发行累计数只有边币二千七百三十七万余元(折合流通券1,368,658元),全年共增发了七倍,下半年比上半年是更减少了。

乙、一九四二年头三个月中(四一年十二月至四二年二月)物价与边法币比价相对地稳住了。一九四二年边区经济财政建设的决定,指出了在经济建设上,必须用全力贯彻以农业为第一,发展私人的经济方针。政府决定从发行上放款一千万元,分配于农贷五百万,工商业各一百万,合作社一百万,其余由银行周转。银行的作法是,"不得已才发行,尽可能不发行。"仍搞有奖储蓄,搞了卅六个货币交易所,在太平洋战争爆发前后又发了一千万元,买了八百九十万元货物储蓄起来,以应付太平洋战争后物资缺乏之需要;但到放农贷时,由于物价已飞涨,打算卖货,紧缩一些通货以支付农贷款,因此,影响农贷拖延时间,不能及时放出。一九四二年三月以后,形势变坏了。(一)物价上涨很快;(二)土产食盐不能统销,边币与法币比价不断下跌,由二月的二元五角跌到五月为三元九角;(三)三月时局紧张,金融波动剧烈,绥德黑市达四元五角,边币流通市场缩小,延安市场大买卖都暗讲法币。六月卅日财经会议都主张暂时不发行。银行也于七月四日做出紧缩通货、提高边币的决定,希望向晋西北和财政厅取得十万件土产,充做外汇平准基金,边法币比价高达三比一,在提高前,一切东西暂不买,除工农贷款外,一切贷款停止,配合党政严禁行使法币,要政府收公盐代金,光华商店抛货物。这样,一九四二年上半年的发行是很少的,增加不到百分之五十,下月比上月每月平均递增不过百分之八。截至六月,累计发行只有边币四千五百万元(折合券币2,250,000元)。

  一九四二年七月,金融情况有了变动,(一)边区的土产、食盐出口多了,换进法币甚多,外面货物不得进口,法币需要量大见减少。(二)六月八日华中伪组织宣布了通货统一令,由江浙皖开始禁用法币,用法币向大后方抢购物资。(三)敌占区物资禁运大后方,法币大量自沦陷区流入大后方,西安物价大涨。(四)国民党政府改变对敌经济绝交政策,实行向沦陷区及我边区抢购物资,并动员接近边区附近人民存盐,每户最少一斗,又加紧封锁边区,不许货物运进边区。银行工作者为此决定进攻法币,请党政发出七月廿五日的党政军联合指示。银行一面用提高边币牌价的办法来打击法币,同时又采取发票子买货。八月六日,党政财经会议确定成立陕甘宁、晋绥财经办事处,批准"提高汇价,并发行边币买货"。由于银行对印票子工作无准备,七月底开始各地法币大跌,由三元二角五分边币换一元法币跌到十月二元一角换法币一元,边币大量从中心区流向边界区时,因票子印刷不及,迫使总行出五百元的本票,各分行各自也出了大小不同的本票。一九四二年的八一攻势,打击了法币,但到九月底止,也只发行到了边币五千七百七十万元(折券币2,885,000元)。十月份起财经办事处直接主持发行工作,批准十月、十一月、十二月三个月共发行边币一千二百万元,连前已发之六千六百万元,共计发行边币七千八百万元——其用途:1.代财政周转四百万元。2.代盐业公司周转二百万元。3.代土产专卖公司周围五百万元。4.银行其他业务活动二百万元。每月发行多少由银行自己调剂,实际需要超出了这一数目。十月二十七日又批准十二月增发六百万元,即代盐公司周转五百万元,代光华商店周转一百万元。截至一九四二年十月十日,共发了边币六千六百万元(折合券币 3,300,000 元)。

一九四二年边区高干会从十一月五日到十八日于检讨党史之后,决定撤销朱理治同志工作,对其发行理论的指导也加以检讨,曾一反其尽可能不发,不得已才发的发行方针,开始放手发行,从十月到十二月即发了边币六千余万元。如此大发而物价未见飞涨,边币对法币的比价并未下跌,反而有些提高的现象,例如:从延安市的物价指数与边法币比价的变化,即可略见一斑。

1942 年	七月	八月	九月	十月	十一月	十二月
1940 年底为 100 物价总指数	1.616	1.726	1.713	1.802	1.855	1.921
下月比上月增减百分率	13.8	6.8	-0.7	5.2	2.9	3.5
边法币的比价	3.25	2.90	2.20	2.15	2.11	2.09
下月比上月增减百分率	1.8	-10.8	-24.1	-2	-1.8	-0.9

丙、因此打破了怕发行的恐惧心理。一九四三年初,为适应当前财政与经济的需要,又放手大发,银行工作检查委员会揭发了银行过去对业务认识不清的"银行中心论""金融本位主义"的领导思想,与"对发行工作的保守观点"。依据西北财经办事处的指示,确定三项任务,即:(一)发展公私经济。(二)支持财政预算。(三)发行并调剂货币。在实现上述任务中,尽量吞吐发行,从吞吐发行的过程中来扶助公私经济的发展,支持财政预算的支付。并从一九四三年三月下旬起,建立会计统一的发行库制度,在发行工作上,积极争取主动,以适应财政工作的需要,及时解决各项迫切问题。自高干会以来,截至一九四三年六月止,共增发了边币二亿七千六百余万元。

这样大量的发行,当时确实解决了许多迫切问题。但金融情况到三月下旬即有些不稳,四五月间发生了波动。七月国民党尽撤黄河的河防大军,进攻边区,时局的紧张,也影响到法币黑市猛涨。不久,暂时地稳于三元五角至四元左右。

为纠正银行与财政厅的对立,一九四三年五月,办事处决定银行划归财政厅管辖,并决定银行的光华商店移交物资局管理,将稳定金融之任务划给物资局了。从此,银行的发行工作实际上接受财政厅的指导。四三年上半年一、二、三月发行速度加快,已使边区物价过分地高涨了。四、五月曾抠紧一下,照顾了金融不稳的情况,七月反内战的动员,给金融造成极大影响。而食盐土产的走私七月以后更凶,代销货多至占总销数百分之七十。物资局不能保证财政支付,同时对银行外汇的供给八月份大减,九月份几乎停止,以后更少。而物价飞涨,财政支付标准未变,而支出金额则大大增加。为了支持财政,供应经济周转,自八月份起发行速度猛增,九月份达到以五倍于七月份的数量,比八月也增加了百分之五十三的速度大量发行,十月政府决定紧缩发行,但物价继续上涨,财政需要迫切,物资局布置买新货,代销又未解决,十一月份又要猛发,用以服从财政与经济的需要,到十二月十七日,西北局才决定:1. 突击推销土产;2. 不发票子;3. 停发三个月经费;4. 不准机关部队兑银行的法币,准银行按市价兑入法币;5. 统一管理公商;6. 灵活启用一些被整风时关闭的商铺。依此,一九四四年三月,高干会又检讨了财经工作,即布置"稳定金融,提高边币"的措施。计一九四三年底,全年实际流动市面的边币共为十七亿四千九百余万元,比四二年底累计数增加了十四倍多,这是一九四三年大发行的情况。

丁、一九四四年一月份,发行库收回边币八千余万元。停止了发行,二月份发出边币一亿多元,三月份才发一亿五千万元,四月少至二千万元,大大紧缩发行,三月份估计市上流通的边币约有廿二三亿左右。这样停止发行,紧缩边币,同时提高边币对法币的比价,其结果,各地物价回跌。到三月下旬四月初即起了严重的变化,延安市一些货物直到四月五日或十日前后才回涨一些,四月上旬市场萧条,边币隐藏,法币暗地横流,提高边币,行之过猛,产生了许多坏处,其实质是相反的一种金融波动。

四月份银行面临着如下情况:(一)银行要支持年轻业公司,进行对敌食盐斗争,囤盐需十亿元;(二)高干会决定发展自给工业及放农贷数亿元;(三)财政上已紧缩停发三个月经费,四月份需十多亿元;(四)银行所属各货币交换所,需边币周转以推行边币继续回笼,实无必要。首先边币于四月廿九日在延安市开兑,从四月廿八日到六月五日实行,"边币有限制的出笼,法币无限制的兑换",如此避免了边币的猛烈波动。但如此做法,即与提高边币的要求不相适合。当前摆出了三条路:一是继续发行,使用边币;二是收回边币,另换一种筹码。后一办法,可以在票面上提到比法币更高,又不影响金融波动。五月十日西北财经办事处商讨这一问题，廿三日即决定发行陕甘宁边区贸易公司商业流通券，用以代替边币。西北局于七月廿九日电示各分区云：发行流通券的目的是为"整理边币，流通金融"。阐明其发行目的在于继续稳定金融，挤掉法币市场，流通金融，发展生产，而不是为了财政开支。并确定券币一元等于边币二十元，得与边币互相兑换。银行于七月二日正式在市面上发出券币，从此以后，边币即逐渐回笼，券币代替边币不断发行了。截至一九四四年六月底，边币发行，共达三十八亿四千五百万元（折合流通券 192,250,000 元）。以上是边币发行的情况。

经过一九四三年边区生产的大发展，加以四四年贸易金融的整理工作，一九四四年的本币即进入了相对稳定的局面。七月份起，券币的发行也能更有计划的支配，主动性大大增加了，六月底建立发行准备库制度与准备库的账簿，总行依据各处分库五日电报库存数目。即可掌握每隔五日的发行总数与市面流通的总数目。七月发行计划规定，凡透支财政的，由贸易公司保证以后折还法币，银行尽先为之周转，从此逐月能计划发行，但实际上多少有些出入。为实行西北局高干会所决定的自给工业计划，依照西北财办六月九日所批准的《关于陕甘宁边区银行特别放款办法的决定》。从七月以后，又进行了依靠发行，投资经济建设的政策。银行在固定的业务资金之外，凡经过财办批准放出之款，无论其长期或短期，财政性的或经济性的，均列入特别放款内，一般的利率定为一分到一分五，从七月到九月间前后放出边币十余亿元（折券币五千余万元），银行一面发行放款，一面依靠贸易公司财政收入及其他收入，可以回笼一些。到年终总结一九四四年的发行，全年共发券币二亿零三百九十五万元，历年累计，实际流通市面的有二亿九千三百三十五万元，比上年底累计总额多增发二倍多，而物价只能涨不动，汇价也相对地稳定于八元五，这是边区金融最稳定的一年了。

戊、一九四五年主要以券洋为本位，一切均改为券币计算。一月下旬（农历年底），为筹备食粮，计划买粮八千石到一万石，由银行发行一些，另送各交换所一部分，当时预见到：

（一）食盐出口本月已增加到二百五十万斤（即每月销出盐一万七八千驮），可增加流通量券币六千万元。

（二）物价已上涨百分之廿，约需增加五千余万元。

当时计划发行，在此一定数目之内，做到有百分之百的保证，使边区物价上涨的程度低于西安，西北财办于一月廿三日决定发行券币一千五百万元，二月份约需付出九千四百余万元,约可收回一千七百余万元,其中无保证的,只有买粮的一千五百余万元。其他可以向公司收回法币,银行即遵照发行。

一九四五年二月间,在稳定金融的条件下,财经办事处又计划建立银行家务。预计1.收赤金三千两到五千两。2.收白洋卅万元(金子以法币每两六万计,白洋每枚以二千二百元计),在逐渐发行、调剂贸易公司的透支中,逐渐收买。同时,酝酿用提牌价的办法以稳定物价,计算公私所得利弊,办事处决定不采此种手段。由于估计券币流通于市面者:(1)存大公手二亿;(2)运盐一亿;(3)商人手中一亿;(4)农民手中仅伍千万元左右。提价所得的金融利润,农民所占无几。三月份预计需吐出一亿元,三月五日办事处批准发行八千万元。并确定各机关生产已有相当的基础,一般原则上不再进行大量投资放款,今后与机关往来只是信用的往来,其发行主要是经过贸易公司,以周转财政;同时支持公司收金子,以后收货储备一年的布匹物资。三月下旬日寇进攻南阳,食盐销路少,外汇来源缺,但土产能销出。办事处估计四月份银行兑出法币三亿,公司也可收存三亿,五月兑出二亿,也能存二亿,如此土产公司即可以先向银行透支,银行即维持公司券币五千万元的透支,以后由公司还银行法币或兑成金子。盐业公司向银行透支二千五百万元,也可限期归还法币。四月确定不发票子,因为在对外贸易上,四月初,延长来货旺(由于二战区布放进边区有利,在延安兑出法币很多),四月下旬边币提高到七元六角九分兑法币一元,用以配合公司争取布、金的措施。五月东三县能来布又很多便宜,为使小公与商人收回一批布花,使晋西北收大批土布,借以收购土产。我们在收集有一批法币之后,即于五月十二日开库,发行券币。由于天不下雨,党政提出口号备荒,预计需买粮四万石,又可能走一万多人,在发行上,券币不宜大发,故未放手大发。六月份计划买粮一万石,抠紧公司代销款,抽出来买粮,计准备六千万到七千五百万元,主要的用盐收买,预计只需用五千万元,另拨七百五十万元买荞麦子,也由公司负担,但银行应预为支付。七月计划协助晋绥购新货,公司以大量物资支持了晋绥。预计到外贷可能涨,金子也会半涨,决定先销旧货,再收新货。财政上由土产公司垫补,七月预计三亿五千万到四亿,收支可能相抵,银行只需代公司收法币支边币。为此,办事处指出:银行在出超状况下,财政支出超过兑换量(即兑出法币收回的本领),必须发行。七月发行达券币一亿元。七月下旬盐公司要收粮在陇东缺款周转,将盐公司存花转给陇行,拨他一千五百万元。财政上要筹备四六年单衣需四千匹大布,另棉鞋费约需三千万元,办事处规定财厅八月十日以前支一千五百万元,十五日再支一千万元,十五日以后拨多少再看。因此,又规定银行收土产公司的法币,应立即付给券币,计八月一日到十日支一千五百万元,十二日止又支一千万元,十五以后也再看情况,计财政开支必须三千万元,被服费再由土产公司支付五百万元,八月份发行券币一万二千余万元,到日本投降为止,发行券币总共约八亿七千七百万元,市面上实际流通额仅有七亿三千二百卅四万元。

以上是抗日战争结束前券币发行的情况。

三、争取和平时期的发行

(一)抗日战争结束争取和平时期

(甲)一九四五年八月十五日,日本无条件投降,准备进大城市,但待到二十日,即看出城市不能够进,中央不走,干部要大批出去,在财政支付上,不能减少。计需付代销款退股金约需一亿,晋绥应付六千万,开拔费干部买鞋两万双需一千五百万,确定走三千干部或准备走一二万干部(党校一万五,联司五千)预计二万人,约需五千万元,准备打仗合计在券币四亿左右。这要销出六七万件土产才行,预计销出五万五千件。当时银行考虑了发不发,合作社大批干部退股。八月二十日决定由银行借给一千万元,在一个月内先支五百万元,以支持其退股。八月二十五日,党中央电复重庆国方,毛主席准备赴渝。中央提出了和平民主团结的口号。当时估计到和平有可能实现,一切准备着和平。在谈判中谈谈打打,打打谈谈,我们的基点要放在农村。我们准备发票子收买资财;但九月财政厅提出预算约一亿元,预计收入不足五千万元。办事处计较得失,决定了收缩的方针。油纸发实物,少发钱,牌价从边币七元六角九分贬为八元,换法币一元。

九月西北局决定办事处由贾拓夫同志主持(陈云同志调赴东北)。当时预计以六万人计算,不发经费的约一万人,预计本币不能大发,开支仍须抠紧。由于物价下跌,本币流通量无形增加,办事处决定收回边币,少发票子,财政上多发实物少发钱,以预防以后金融的反波动。九月中旬,预计本币的筹码多了,打算回笼一些,十七日又确定维持现状,静待研究。九月份物价续跌百分之四十五,本币退藏,工商业停滞,特别是二厂工业与合作社发生了严重的困难,银行给合作社贷款一万元还挽救不了它。九月下旬,财政开支要在土产公司支五千万元。此外,还需要五千万元。总公司售货收入九月上旬每天尚有二百万元,下旬仅有一万多元,必须从银行支付。银行九月间发行上收回券洋一亿二千万元。发行总额仅剩八亿六千余万元,流于市面的约为六亿一千一百万元。十月财政尚有五万六千人的开支,依靠当年的情况,九月以后货物税会少收,到九月止财政收入三亿元,支出:被服占40%,经费占60%(经常25%,特费25%,临时10%),月初先支现款二千万元。由于物价下跌,延市已达百分之六七十,估计本币流通量已缩小了,必须收回二亿元。为此,银行停止了发行。十一月决定银行贷粮局买粮一千万元。

估计如果和平实现,则票子难发。十月一日,决定印刷厂可调走一些人,民生纸厂的钞纸不再订购。为挽救金融危机,于十月六日又将本币贬低,将牌价改为券币一元换法币二元,以缓和物价猛跌。十月底计算财政收支相抵差一亿三千万元,除已支者外,吃老本再贴七千五百万元,由公司拨出,银行代付。

抗战结束,食盐滞销,为减少发行负担,十月二十二日决定存盐,卖完后取消统销。一九四五年冬,是外在争取和平的情况中,为配合发行,于十一月下旬决定收营业税,计上半年征收了券洋2,740万元,下半年分配1,400万元,规定不能少过1,250万,必须争取到1,100万元。

十二月三日,办事处会议编制四六年预算时,按四五年底标准约需券币一十五亿,其收入主要靠土产的推销。计划银行负责一亿,要在稳定金融条件下,不在发行数内赚出一亿来交纳。公司负担二亿,也要不在老本内抽取。对建厅所提之南泥湾移民贷款,银行贷五百石细粮,一百万券币的现款,年利二分,粮每石年利一斗,第一年应还40%,第二年还60%,交建设厅办理,银行即照办。

计全年共发券币七亿七千零六十八万余元,流于市面的总计为九亿二千三百三十二万元,发行增加了2.1倍,物价也增长了2.3倍。

(乙)一九四六年上半年和平幻想很浓厚,在发行上是采取谨慎态度的。我们认为如和平实现了,则许多问题须加考虑,今后是否发行券币?或只发辅币?已发的将如何收回?国共合作的政府,金融如何统一?因此,计划另造一份账簿,先做准备工作。提出发行准备金,将来划做党费。

在一月中旬编制一九四六年预算时,预计最高收入仅为128,000万元,内贸易税占80%,货物税、盐税、商业税共占20%;支出为197,724万元,赤字为69,724万元。此项预算是以四五年底物价为准,四六年又决定不收公盐代金,因此财政上的支付,尚须银行妥为周转。三月初由银行支二千万元,公司支四千万元,由于财政支付几乎全靠公司,三月十六日建设厅提出建设费预算一亿八千万元,依据公司每月销七八万件,收百分之廿的税,半年仅可收六亿元,赤字很大。因此,财经办事处确定以工业养工业(指轻工业而言)。财政上也不收税,必要时可由银行投资。并确定工贷一千万到五千万元计三月到四月支一千万元,四月半到五月底支二千五百万元,六月底支一千五百万,由银行发行上加以调剂。四月初由粮食局以公司作担保,向银行取款买五千石细粮,先支一千六百五十万元。

五月廿日检讨财政收支,五月至十二月收入券币十一亿四千六百万元,同期开支二十六亿二千三百万元,赤字一十四亿七千七百万元,以一再核减还有赤字一十一亿五千万元,每月平均为一亿五千万元。五月份支付需要一亿二千万元,六月份需要一亿三千万元,五六两月共垫支约为三亿元,办事处决定先放出一亿三千五百万元。

五月廿二日,西北局常委来公司和银行检查家务,决定银行拨五千两赤金交西北局充作党费。同时公司计划向晋绥收买土产,以便收百分之廿的税。此时公司在银行透支已超过一亿五千万元。廿三日西北局检讨财经工作,决定不吃老本,因此,银行更需要协助公司周转。六月十二日提出军工预算,全年三千万万元。已支一亿五千万元,到八月要全部支完,由银行照付。银行对工业局也进行贷款,原定纺毛机贷二千五百万元,后商定为一千五百万元协助其周转。六月廿七,鉴于边区脱离生产人员比其他解放区为多(占5%),即一百四十万人民须负担七万余人的经费开支,收入有限,供给浩繁,仍计划复员整编。西北局规定按五万六千人编制预算,争取收支平衡,以避免大量发行。土产滞销(关中六月份出一万件,关中销几千件),口子上军事外面物价涨疲,土产换回金子占25%,法币占70%,存法币多,法币只好有准备的发。因此,到六月底总计发行券币达十七亿,实际流通于市面的为十五亿一千余万元。

以上是抗战结束,争取和平时期的发行情况。

(二)备战时期

(甲)四六年七月间,西北局提出备战。八月份预算:收入七千二百五十万元,支出一亿九千五百万元,赤字一千二百五十万元(粮食服装在外,备战费也在外)。因此,先在公司支一亿四千万元到八月五日统计,财政垫支款已达券币一亿八千九百万元,财政上已吃老本二亿五千万元。办事(处)决定在银行红利内,垫支一亿到二亿元。

八月间探悉国民党准备打半年,定十一月定宪法,选总统。我们计划打一年,边区需要至少准备半年的物资。八月底三五九旅从南归来一部分,已到达边区,边区内部队即须出去迎接。以后人员马匹准备扩大到七万五至八万人。如果打仗即不能生产,需要长期供给,粮食被服都可能不够。战争第一,我们准备发行与吃老本,并注意节约过苦日子。

因此,确定公粮不少于十六万石。银行发票子,将来以金子支持。贸易公司收布的计划即付诸实行,绥德出口土布加税,公司收布和棉花,主要收布。财政上抠紧一些,出发的部队另定标准照发。

九月战争形势渐入紧张,胡宗南进攻边区约有五个旅,关中已有小接触。王世泰率所部于五日出接王旅。我党政计划扩兵六千二百名。脱离生产人员急剧增加,可达七万二千人。因此,又从新规定供给标准,并规定三不发(棉衣、马干、木炭不发),要各自生产解决。财政厅提出九月份预算收入八千五百万元,支出三亿四千五百万元,赤字二亿六千万元。银行先发行券币三千万元。九月廿一日西北局发出指示,实行战争动员。十月十日我军放弃张家口。蒋介石在庐山向政工人员讲话,梦想一年消灭中共,五年建国。估计敌人可能进攻边区,打通咸榆路,我们必要时准备放弃延安。因此,①实行疏散,缩小后方。②派大批干部下乡。如此十月份财政开支需要券币五亿到六亿元,搬家费尚不在内,而收入只有一亿二千五百万元,银行发行五千万元,尚差四亿多元。办事处批准从公司支二亿元,银行联(连)前共发行二亿元。十一月开支仍为五亿零四百六十七万元,收入为一亿二千万元。决定公司银行各拨出券币二亿元。

十月行长联席会议所规定的农贷,十月二十八日办事处确定灾区、新区、移难民也可以发放。为配合植棉计划,建设厅加强植棉领导,银行也应加强建厅所规定地区的植棉放款,先在东三县、清涧、吴堡、绥德、葭县(今佳县)等六七个县发放。

鉴于十月的发行情况不好,如果比较西安物价上涨的程度来发,我尚可发行五亿券币;而物价在延安市涨得快,发行则发得慢,其原因当时认为是由于券币市场缩小了。因为,①法币、白洋、金子、农钞尤其是法币代替了一大部分,白洋占了黄河地盘。②券币用途太少。③政府禁令松弛。④食盐不统销,收盐不用券币。解决办法,我们认为应该:1.扩大券币流通市场。2.保持券币的兑换力量。如果用黄金政策,最多可减少法币出超的三分之一,即向西北局建议,企图解决这一问题。

十一月时局更紧张，胡宗南以十个旅围攻边区，可能直扑延安。我军实行封锁消息，十一月九日，办事处拟转变金融上的兑换法币政策，在内部市场不兑换法币。并拟定十一月经费，打起来支十二亿五千万，不打财政支七亿五千万元(被服在外)。除税收外，在十一月底由银行支三亿元，公司支三亿元。

为应付战时金融的变化，在大发行之后，我们曾确定以下办法解决之。即1.收公粮代金二万石，负担面可达80％。2.发自卫战争公债十亿元。3.为保证供给需要打开东路贸易，争取以赤金换物资，借以调剂内部市场。

十二月概算，计划支出战时经费为券币47,194万元加平时经费18,770万元，合计为65,964万元。而收入仅有15,500万元，赤字有50,464万元。办事处决定公司银行各出一半，即各支25,232万元。

为了争取物资，主要是棉花、布与黄金。办物处十二月十八日决定银行与公司分工合作管理黄金买卖，实行新的黄金对策借以争取对敌贸易斗争的主动权。

截至四六年十二月底全年发行廿二亿七百五十万元，总计发行为三十二亿七千五百二十三万元。

(乙)一九四七年一月间，预算十万四千人。依据一九四六年决算为五十五亿元，每月平均券洋四亿五六千万，十二月即达八亿元。战争紧迫，人心浮动，发行增加，物价高涨，一月二月份每月支出达十亿元。因此银行周转数目也日愈扩大。

二月廿日，西北局讨论四七年财政概算时，鉴于赤字有一五〇亿元，约合四十万件土产。习书记指出：财经方向为坚持发展生产，保障供给，以支持自卫战争到最后胜利。

(第一)，必须生产。人民的农业生产、纺织、植棉计划，务须完成。(第二)发展贸易，准备要随军销货。(第三)发行部分票子支持战争。(第四)纠正走私，建立预决算审核制度，实行节约，号召党政军动员起来，支援前线。财经办事处本此方针布置一九四七年工作。

二月底财厅提出，三月预算为支出十四亿元，收入二亿元，欠一二月份三亿元。因此，赤字为十五亿元，解决办法：(一)提前收商业税。(二)停发后方三个月经费。(三)银行发行八亿到十亿元。(四)禁用法币白洋。(五)吃老本。(六)公司收布匹，先供给大公。此时银行如无法币兑换，只好停兑。如发生波动，财政上可控制一下，使之少波动。(七)禁止走私。此时银行准备金买有百分之百,但为应付战争,必须大量发行,布匹从南路不能来时,可改从太行太岳设法输入。因此,三月七日办事处决定发行十亿到十二亿元。发行后由公司以物资(一,〇〇〇匹布)支持。拖一时期,即由公司周转二亿。法币牌价可以拉住,不使发生猛跌。同时,拟即印发十亿元自卫战争公粮。票面分五千、一万、五万三种。定二年归还,年利5%,到期可顶缴公粮,可纳税并由银行筹印。对于部队尽可能保证实物供给。

三月胡匪在进占关中马栏后向陇东之庆合进攻,并占我陇东庆阳及各口岸。企图于三月十二日前后进击延安。我军为歼灭敌人有生力量,政府下令于三月二日起至六日止。党政学机关疏散完毕。敌机十二日起轰炸延安市,边区财政贸易、金融均起了极大的变化。首先是财政开支扩大,三月约需十四五亿元。其次是主要贸易口岸先后被敌占领。一月仅销土产五万件。二月销三万件,最多不过四五万件。三月更少,因此物资与外汇的来源更加困难。第三银行受战时影响,法币兑出不少而发行又不可避免。在此情况下:

为了长期支持战争,我们一面发行,又一面放出黄金与物资吸收部分券币回笼,以求相对的稳定。

以上是战时的发行情形。

(边区银行:《抗战以来的陕甘宁边区金融概况》,1948年2月16日)

四、解放战争时期的发行

敌人进攻延安,三月十九日我撤出延安市:银行的发行库已于三月三日东移清涧转店了沟。三月十四日总行本部移安塞,一部分北移子长。估计战争将拖延下去,志丹的工厂也于三月八日到十五日东移清涧县东数十里处。银行整个资财处于分散的转移中。发行库只能留一部分随军,供给战争需要。三月廿八日政府移白家坪,商讨金融贸易工作。当时财政支付预计十二到十五亿元。银行支取八亿,公司支二亿。野战军先支三亿七千万元。预计四月份尚需十亿至十五亿元。从此贸易已完全陷于停滞,百分之八九十不能不依靠发行。而十亿自卫战争公债,虽已计划分配,但由于敌人进占瓦窑堡,公债来不及运输,即就地焚毁了。三月廿二日起,随总部行军到子长旧城,折向东行,三月底又转回子长附近。我军已拖住十万敌人并能予以痛歼。四月五日南家湾会议对战局的估计是长期的。一切依靠自力更生,并准备在边区打上二年,我财政开支的人员可能增加到十一万人。战时粮食第一,贸易第二。拟定以20%的药品划给分区支配,必要时银行可发票子,公司银行又以物资(主要为布、棉花)在农村抛售,回笼券币。四月处于行军中,五月中旬进驻平桥,银行工作主要是代理金库支付与进行推行券币。

(A)从三月十三日到四月中旬,边区主要市场除米脂城外几乎全被敌人占领了。我主力高度集中,在运动战中,有三月十七日青化砭歼敌三十一旅之胜利,有四月六日永坪歼敌之胜利,有四月十八日在瓦市南李家滴哨、羊马河歼敌一三五旅之胜利,如此迫敌暂时停止向我进攻。办事处于四月十三日在子长西张家山会议,检讨金融贸易工作,确定(甲)贸易上:(一)坚持关、陇、定游击分散式的对外贸易,争取军用器材、被服等从东面输入。(二)大公所存物资如布、花、盐、火柴等,拿出一部分来供给市场,解决人民的需要以流通券币。(乙)在金融上:(一)凡离战场稍远的地区,交换所兑换的工作应设法恢复。(二)黄金物资逐渐抛售,回笼券币。(三)发行应有节制,要与财政贸易密切配合起来,吞吐券币。因此在财政上采取了部分实物供给。贸易公司银行即出售布匹,日用品与黄金回笼券币。在这一情况下,银行发了四月廿三日战时金融工作的指示。我们先在涧峪岔、化子平、平桥、真武洞、青阳岔等已经恢复集市(参看四月廿三日物价),并借以流通券币。在陇、定、绥各分区,也同样进行推行券币工作(在总行总公司所在地安塞、子长,随军售布与出售黄金、临时兑换法币等即收回券洋四万万余元)检查当时的发行与回笼的数目,有如下表:(三月十九日起到五月廿日止)

(一)支付财政透支 202,147 万元

(二)其来源:1. 发行 128,000 万元;2. 回笼 38,847 万元;3. 折付法币(75,000万元)合券洋 35,300

为稳定战时金融,我们从三月十九到五月廿日计回笼券币 55,615 万元。到六月廿日售出二千五百匹布。

甲、贸易公司抛出物资回笼　4,494 万元
　　抛出赤金白洋　10,247 万元 }共51,741 万元

乙、银行抛出物资　1,592 万元
　　兑出法币白洋　2,282 万元 }共3,874 万元

经过吞吐券币的结果,券币在市集上已相对稳定了。例如平桥:

五月十二日第一集到六月五日第六集的物价如下:(边币价,边币二十元折券币一元)

	五月十二日	五月廿一日	六月五日
小米（斗）	十四万五	十七万	十九万
黑豆（斗）	十二万五	十五万	十七万五
谷草（斤）	七百	七百	七百
猪肉（斤）	三万五	四万	四万五
盐（升）	四万	三万三	三万五
白市布（尺）	三万八	四万五	四万七
白土布（尺）	一万八	二万	二万三四

五六月间蒋管区物价继续上涨，上海食品一周内涨 10%～70%，张村驿发现一万、十万元蒋币大票，又云京沪运大钞到西安大关中购花，影响物价大涨。边区物价相对的稳定，券币的发行也不多。截至五月底，共发行 576,300 万元，流于市面者为四十七亿到五十亿之间，计库存十亿左右。为继续稳定金融，在抛售布匹之后，大公手上剩下的只有棉花。我们准备以廿五万到三十万斤棉花，到六月底只抛了十万斤，调剂市集人民的需要。五月二十五日贸易公司发出各地售花回笼券币的指示。花价确定比布价、粮价低些，生花在券洋二千五、三千之间。绥德分区定每斤三千到三千二百五十元。以求稳定市价。与此同时，银行发出五月廿四日指示，以标配合。要各地掌握库存，以便控制发行数量。

（B）六月初敌人主力向延安以西清剿。占我安塞之后，深入化子平川。九日占志丹。廿九军一部从蔡阳平推进，六月七日到平桥，九日到石炭贫、冷窑子，十日又东犯银行随四纵队东撤。六月十一日以后，暂驻大理河沿岸、马蹄沟一线，协助绥德分区进行工作。六月廿八日西北局讨论财政金融工作，我们先检查自（卫）战争深入到延安市以来的工作。自三月十七到六月十七日止，三个月的情况可概括为：

（一）财政支付：三十三亿元。

（二）来源：1. 账面发行十三万八千万元。（占支出的 418%）。

2. 财政税收二万万元（占支出的 6%）。

3. 银行资力抽出八万万元。（占支出的 242%）。

4. 回笼券币九万二千多万元（占支出的 28%）。

内部集市的物价。例以六月廿日比战前（三月十五日）有布匹，涨了百分之三四十到1.2倍至1.3倍。而发行的速度则为只增加百分之九十(以四六年底为一〇〇)其发行指数如次：

二月底135%　三月十五日(即敌占延安前)145%
五月底185%　六月廿七日191%

这与发行的直接关系不大,其主要原因为:战争中流通券币市场急剧缩小。对外贸易几乎完全停止了,货无来源特别是粮食的过分消耗与糟蹋,又有旱灾现象。在此期间内,城市中券币难发出去。在农村中则券币奇缺,沿黄河及延属东三县也变成了白洋市场。因此,我们提出当前三大工作任务:(一)缓和物价上涨。(二)推行券币。(三)继续必不可少的发行,支援前线,其方法为:1.组织内地集市。2.组织物资交流。办事处即确定了一个财经贸易金融方案,并力求实现。

我们处在边区西北部,在发行与回笼过程中,我们所碰到的问题是：

(一)本部农村中缺券币。

由于农村中农民唯一主要的是粮食、草、料和一些副产品(鸡蛋、鸡、猪、驴等)。在农村中集市不发展的地区,粮食卖不出去,农民即无法换得布、棉花和日用品。因此,我们的发行(主要发给部队、机关很集中的大批流出)与回笼(战争中主要是在极分散的农村中抛售物资)在今天是很矛盾的。

(二)发出的本币很难在农村中生根。

机关部队到那里,那里即繁荣一段时期。机关部队一般走,集市就冷落,券币就吃不开。因为战时农村中最大的消费者是脱离生产的人员,机关部队购买农民的食品,农民取得券币就闹买卖,最后来换我们的布匹、棉花和日用品,因而集市也就能繁荣,大批人员一走买卖就死了,跟着券币也会吃不开。农村中没有集市,我们发不出,也回笼不了。

(三)西地区的农村中最吃香的是布。银行蓄存的准备金大部分是生金银,在农村中农民最喜欢最必需的是老布。因此,回笼券币主要应依靠老布棉花和日用品。生金银不能起多大的作用。例如战后三月十七日到六月十七日止,银行公司在农村中回笼的券币为九亿二千八百八十七万元。其内容：

1. 贸总物资售出二千八百匹棉花四万斤,回笼61,673万元。
2. 总行售出布匹、洋火、杂货回笼3,379万元。

总行代公司并自售黄金588两　回笼25,655万元。

总行兑出白洋五千三百枚,回笼3,180万元。

即物资(主要是布匹)占回笼总数70%,赤金占27%,白洋占3%。

(四)农村中极需组织物资交流。农民普遍要求有人收购其粮食,使他们能获得布匹,解决穿衣问题。四七年五月到六月上旬我们在平桥时期即遇到农民要求组织集市的事实。而立即最感困难的是驮来的粮食,怕卖不了要空驮回家去。或买不到农民所极需的铧、食盐和日用必需品。这里也说明了要推行券币,务须组织人民的物资交流。

六月廿八日,西北局批准了我们对外打开贸易路线,对内调剂物资活跃内部市场的方针,并督促我们继续进行。同时也批准了。①建立九条川的交易与集市的计划,暂以西川为中心,建立贸总的核心,组织粮食与布花、油盐的对流。②确定大小公经营业要统一管理。小公商店虽仍为小公所有,但要他服从金融贸易的方针。依此方针进行了下季的工作。由于敌人的进攻,这一计划未能完全实现。

(C)七月胡匪主力一部搜剿志丹、安塞。一部扫荡葫芦河一线,我军反清剿,在陇东收复曲子、花池、环县。七月上旬又折向西北收复定边、靖边、安边等地。敌我往来作战,许多集市被打烂了。平桥、化子坪一线,券币已很难流通。比较安定的,只有警备区五六个县。但黄河两岸原为白洋市场,从七月一日起政府即严加禁止行使。检查、缉私、拿获使用白洋与敌币者,日有数起同时农币西流。市场上明的暗的同时使用着几种货币(券币、白洋、敌币、农币)。

此时,陈纵队打算来边区,七月廿四日办事处会议,计算财政上现有脱离生产人员已达十一万,牲口一万七千余头,如加上陈纵队及新兵、俘虏等再加牲口折合可达廿六万。我们所负担的人民仅一百万左右。一年之内,为脱离生产人员常占负担脱离生产人员的26%,则将发生严重的困难。贸易上出口的土产,四七年四月销七千件,五月减至一千件,六七两月停滞不动。过去占支出百分之七十至百分之八十的贸易税收今已落空。而马上还要七万七千套棉衣,四万五千床被子,预计缺布六万四千匹,缺花十六万三千斤。坐吃老本又吃不动。为求应急,非从发行上暂时调剂不可。在金融波动中又须尽可能避免多发。因此一方面要精简后方,厉行节约,降低供给标准。在另方面必须打开贸易找出路,因此还要取之于敌,求取于友(兄弟解放区)。当时财政预算,七月份经费为券洋十二亿到十八亿元。八月份可能十八亿,加上物价上涨50%,应为廿七亿。如此,(一)在贸易公司方面:要求销四万件才能解决。要集中小公力量来一致对外(公司售油、盐、布、炭、粮食等土产与合作社结合来推行券币)。(二)在金融方面:1.已了解到对付白洋办法。过去低收高出与边禁边收都是不对的,现在白洋东西两面都出不去,必须严行禁止行使。同时组织白洋向北到通秦寨去收食盐、清油、布匹、染料,如能出口即可收兑,否则不收白洋。并要求晋绥,不要使用白洋过河西来。2.发行券币,需要经常掌握一定数量的粮食、布、炭、清油、盐等,以便吞吐调剂。我们认为只吐不吞是危险的。因此,要公司借粮一千石,在市面抛售,回笼券币。银行的黄金计划打成戒指出售。对法币也改变作法,认为当时与蒋币关系已超根本的变化。由于(1)四月—六月每月销出土产不足二千件,六七月已降到以前销出数的2%了。(2)花布主要已不是从关中、陇东来。此时应坚决驱逐法币,法币只准备给部队打出去时带些,在交换所兑换买必需商品即照兑,非必需品坚决不兑,扫清法币市场,办求贯彻独立自主的本位币政策。

七月份,绥德分区的局面还比较安定,当时警区物价已波动不小,以绥德市为例:(边币市价)(二十元折合券币一元)

(注:单位万元)

	七月五日	(指数)	十日	十五日	廿日	指数
谷米(斗)	70	100	72	84	100	142%
麦子(斗)	38	100	41	42	44	118%
熟花(斤)	18	100	18	20	20	121%
中土布(尺)	2.25	100	2.7	2.5	2.6	115%
麻油(百斤)	945	100	1300	1300	1300	137%
小盐(百斤)	80	100	80	75	100	125%
白洋(枚)	18	100	18.5	19	20	121%

粮食带头上涨,不到一月涨了42%,油盐涨了25%—37%。

定边在七月初收复后,又被敌占领,关陇已成为游击区。中心区还被敌清剿着。

(D)战争中的财经工作是极端困难了,但五个月来,困难总算渡过去了,主要的是依靠下述办法解决的。(一)吃老本;(二)精简、紧缩非战争所必需的开支;(三)发少量票子;(四)公司抛售残存的物资,收回券币;(五)整顿未被敌占区金融,推行券币;(六)采取游击贸易方针,争取好转;(七)在收复区发放一些农贷。当前中心的一环是贸易情况尚未好转。而战争必须扩大。如此使财政与发行的矛盾、部队物资供给与调剂市场的矛盾,日趋尖锐化。

具体表现在:

1. 金融与财政:战前药品、土产的输出解决了财政的一大半。粮食除外的概算为,贸司占60%,税收占30%以上,银行占10%左右,税收内贸易税占大多数,贸司实际负担了80%,而战后从三月十七日起到七月十五日止,粮食被服除外,仅属于财政厅经临各费的开支,约为三十八亿八千万元(券洋)。其内容:

财政税收	二一五〇〇万元	占55%
公司回笼	一〇八,六〇〇万元	占280%
银行垫支	一〇九,九〇〇万元	占280%
发行券币	一四八,〇〇〇万元	占382%

当时财政上60%以上的负担已从公司转移到银行来了。(银行合计665%)

2. 发行与物价:战前物价上涨落后于发行,战后也发行了根本的变化。例如战前一月到三月半,延安市几种主要物价与金银价如下:

一日市价(券币)	一九四六年十二月三十日	一九四七年三月十五日	指数	平均数
土布(尺)	三五〇	五〇〇	1429%	
棉花(斤)	二,九五〇	三,四〇〇	1152%	
小米(斗)	三,四五〇	三,五〇〇	1014%	1202%
清油(斤)	一,二〇〇	一,二〇〇	100%	
白洋(枚)	二,五〇〇	二,五〇〇	100%	
赤金(两)	一八五,〇〇〇	三,〇〇,〇〇〇	1621%	

平均三个月内上涨20%,每月上涨不足6%。而发行指数则超过物价指数之上,例如同期的发行:

四六年十二月三十一日　四七年三月十五日　指数

券币发行数　二五六,〇四二万元　三七二,一五六万元　145%

自三月十九日敌占延安市以后,发生了巨大的变化。物价上涨,券币购买力下降甚巨,物价指数远超过发行指数七倍以上,例如绥德马蹄沟的物价:(券币价)

一日市价(券币)	三月十五日	七月十五日	指数	平均指数
土布(尺)	五〇〇元	一,六〇〇元	320%	
棉花(斤)	三,〇〇〇元	九,〇〇〇元	300%	
小米(斗)	六,五〇〇元	四二,〇〇〇元	6538%	
猪肉(斤)	二,〇〇〇元	七,〇〇〇元	350%	3855%
食盐(斤)	一〇〇元	三五〇元	350%	
白洋(元)	二,五〇〇元	九,五〇〇元	380%	
黄金(两)	二九〇,〇〇〇元	一,〇〇〇,〇〇〇元	3448%	

战后四个月内,平均涨了 2.85 倍。每月平均上涨七十一。4% 比战前上涨 6% 大得多了。由于边区地盘已大大缩小,我们的发行虽然很慎重,但还是如此。四个月发行情况如下:

三月十五——七月十五日止发行实际流通额如下:

三月十五日	七月十五日	指数
三七二,一五六万	五一七,七四九万	1391%

从以上情形可以看出,前三个月的物价七项平均涨 202%,发行增加 45%,后四个月物价上涨 2,855,而发行增加只有 391%,这就象征着边区财政金融的严重局面已经来临。

在此困难状态下,得到兄弟解放区(晋冀、鲁豫、晋察冀、山东等)廿三万市斤棉花,八百万方尺土布(约廿万匹小布)的帮助,使我们可以解决七月七千五百套棉衣与四万床被子。加上新增的新兵预算计二万五千人,则棉衣被子又差得不少,老百姓的被服更无着落。加之陕北灾象已成,夏收麦子每垧只一斗多二斗(常年八斗九斗)。秋收无望,解决当前困难的办法,只有采取七月十四日办事处会议决定的一套。其步骤为:①加紧整顿各地金融,扩大券币用途。②驱逐白洋、敌币,严格执行禁令。③组织内地集市,控制部分土产,组织物资对流。公司依据河川交易的关系以重点组织粮食、布匹、棉花、油盐、炭等吸收券币,不收白洋、敌币。查当时银行准备尚有土产数万件,赤金六千余两,白洋三万余元,蒋币四万五千万元,土布六十余卷,如果全能以之稳定券币,也还可以逐渐发行。

(E)八月初敌人向我靖边清剿,上旬董钊、刘戡分兵进攻绥德分区,刘戡部以数旅之众绕道出横山增援榆林。我主力围攻榆林城。十三日敌援军到达松林附近,八月十六日敌从西面南面分路进攻绥德城,并侵入绥德市内。我后方机关部队均于八月十六、十七日前后东渡黄河,驻碛口附近。我军于八月廿五日在米脂沙家店一带歼三十六师及两个旅(一二三旅和一六五旅),逼敌南撤,至此整个绥德分区也处于战争状态,大部市场交易也停顿了。

党政后方东渡前,为支持前方战费,八月二日即付清的,有送前总券币(实物除外)十亿八千万元,80%以上均落于绥德分区。八月份预算约为二十四至二十五亿元。银行大量发行,为维持金融。拟定贸司抛售小米二千一百石(内公粮一千五百石,公司存六百石)。在警区收公粮代金二千石。预计可回笼十亿元,到八月十日,检查财政支付与回笼数目:七月十五日到八月十日。

财政支付:240,000万元。(银行支十九亿元,贸总拨五亿元)

回笼券币:15,900万元。(售物资14,700万元,售金子11,200万元)

回笼数占支出的66%,而警区物价八月九日前后一度疲滞后,十二日又复上升。小米由每斗边币一百三十万涨到一百五十万元。战争紧迫,人心不安,公司门市部只能日收券币三四百万元。到十四五日,绥德城在敌人进攻前面,发生了大的波动。草料难买到,干馍馍一个券币一千元。

(F)总行总公司于八月十六日东渡黄河边区金融即进入了非常混乱的状态。后方机关过河以后,一切仰给于晋绥边区,但前方仍须支付券币。而后方人员所携带之券币,在河东不准行使。银行只有以黄金收兑,或以黄金到三分区公司收买农币,来支持兑换。边行于八月二十日商决于三分局,以边币十五比一元农币之定价,用农币收兑券币。八月五日已确定黄金每两券洋一百二十万元,于八月二十八日公布出售规则,在碛口也出售一些。八月二十三日即送前方券币十亿元,法币二亿元。券币仍须继续发行。过河后,按财厅八月二十三日通知,在九月十日前须发五亿元。后方机关的支付,改付农币。九月二十七办事处会议,计划十月份经费,供给标准降低,分区党政暂不管。计须券洋四十九亿七千六百二十万元(内加预备费二亿元)。九月二十七日以前,即送前总十六亿。另付农币共需廿七亿四千四百四十六万元(内准备费三亿元),因河西无其他收入,几乎全部以发行来垫支。由于解放军不断胜利,进攻绥德城的敌人九月五日即向双湖峪撤退。米脂敌三日南下,七日米脂、镇川已无敌踪。人民解放军追击由绥德、清涧一线南逃之敌。自九月十四至十六日,在岔口阻击胡匪机动兵力,四个旅,毙伤俘达四千余人。从此镇川、佳县、米脂、横山、子洲、靖边、志丹、安塞、子长均已光复。我贸易公司于此时在绥德分区沿河口上活动,抛售物资稳定金融。当时(九月十九日)义合辛家沟、崔家湾一带物价,渐向好转。

小米(斗)十三万七千五,麦子(斗)八万,土布(尺)三千元,白市布(尺),七千五百元,清油(斤)二万二千元,小盐(斤)六千元,石炭(斤)五百元,猪肉(斤)一万元。

(G)兴县会议于九月二日开始,商讨二个边区财经工作的统一,如何具体实施。到十月十四日即确定币制统一。以农币为本位币,暂时券币与农币同流。以一比一的比价,在两边区内通用。以后逐渐收回券币。银行公司合并为一个机构。从此以后,在券币的发行史上,即告了一个段落。

由于河西军事上的需要,农币一时流通不开,后方机关于十月廿六日西渡黄河。总行总公司驻延川工作。券币实际仍须发行。十一月财政预算包括陕甘宁晋绥全部,按十月份碛口市物价,粮食被服兵工事业费不在内,仅经缩各费,预算为一百八十亿。河西八十一亿,河东九十余亿元。主要发行农币,券币只是在农币难于流通地区发行。到十月底,预算照河西十月廿五日,绥市的物价,即须要九十三亿到一百亿元。而税收仅有一亿元,贸易周转来不及,主要仍依靠银行发行。河东在外,河西党政军必须九十二亿元,此时两个边区合计脱离生产人员达廿三万五千人。财政支付,由于药品不易销出,税收有限,不能不仍依靠发行票子,十二月份预算一百七地下六亿税收五万万,残废金不发,烤火费不发,原供给标准肉油应各发半斤的也不发。如此核减,尚须一百一十亿左右。拟定发行八十亿元(前方六十亿,后方廿亿),如此渡过了一九四七年。截至一九四七年底止,券币发行额。全年共发行一百八十六亿六千九百五十五万元累计发行额,总共有二百一十九亿四千四百八十万元。

以上是边区自卫战争以来券币的发行情况。

(边区银行:《抗战以来的陕甘宁边区金融概况》,1948年2月16日)

1. 发行

① 一九四六年十二月底止发行累计数券币 3,275,23 万

② 一九四七年全年增加发行量券币 1,866,955 万

③ 一九四七年十二月底止发行累计券币 2,194,478 万

2. 放款

四七年全行放款分类统计

行名 \ 种类	财政	生产	商业
总行	1,999,500 万	1,750 万	
业务处	400 万	5,863 万	6,918 万
绥德	2,720 万	11,064 万	3889 万
陇东		953 万	169 万
三边	315 万	136 万	2147 万
关中		5 万	200 万
合计	2,002,305 万	19,771 万	913 万

☐ 表示回收数

(边区银行:《四七年银行工作简单总结》,1947年)

五、发行用途与分配

光华券的发行初,偏重金融周转,这是对的。一九四〇年冬,开始利用发行投资生产,这是客观环境逼成的,我们还没有完全了解到必需而且可能争取主动,适时地大发一批票子,用来发展生产,保障供给。一九四二年高干会,毛主席在论经济与财政问题上明确指出:"发展经济,保障供给"的总方针后,我们在执行过程中,有时还是走了样子,没有完全贯彻这一指示,其发展过程,可概括于次。

(甲)一九三七年到一九四〇年十月,偏重于自营商业,以周转财政,保障供给。

(乙)一九四一年二月,从发行边区本位币以来,即大量发行票子,并经过银行放款的形式,分配于财政、生产及其他项目,其数目可表例于后(表见下页):

(丙)一九四二年十月,边区高干会以后,银行检委会检查了解行发行工作,对发行用途的分配,曾有:财政周转——30%,经济周转——50%,金融周转——20%的规定。在西北财办直接指导下,从一九四二年十月到一九四三年六月底,发行分配的比率也确实大体相符。

发行分配各种放款比率表(百分比)

时期	财政	生产	物资	商业	其他	自营商业
1937年10月—1938年12月	14	5.7	—	0.1	1.4	78.8
1939年1月—12月	8.9	24	—	1.6	1.2	64.3
1940年1月—10月	44.5	32.1		收回0.5	收回0.3	24.2
1940年11月—1941年3月半	42	52.7		0.4	0.5	4.7
1941年3月半—12月	26.3	62.3		3.3	0.2	7.9
1942年1月—9月	收回41.6	64.1	—	收回1.3	1.4	77.4
1942年10月—1943年8月	34.4	25.9	44.1	0.2	2.8	收回74

例如:

生产投资　　21.85%　⎱
　　　　　　　　　　 ⎰42.6%　财政贴款39.22%
物资局投资　20.75%　⎰

金融周转　　13.41%　⎱
　　　　　　　　　　 ⎰18.18%
发行费(资金)　4.77%　⎰

由于下半年金融工作与财政贸易配合不好,在一九四三年七月以前,虽然还能照顾到财政经济的需要,又照顾到金融情况的可能,伸缩自如地发行边钞。但到八月以后,食盐走私,土产代销,九月法币供给骤停,财政支出标准不变,但因物价已涨,金额大大增加。为了支持财政,与周转贸易公司,八月份起,发行大增,物价继涨。九月又以比上月加百分之五十三的高速发行,十月虽略为抠紧了一下,然财政需要迫切,物资局又正布置购新土产和急需付代销款,十一月份又以百分之五十一的高速度发行。其结果,一九四三年一月到十一月止,共发行十三万六千九百万零五千元,其分配比率即变样了,分配数目及百分比如下:(一)生产投资(17,365万)13%;(二)贸易周转(14,320万)11%;(三)财政周转(96,468万)70%;(四)银行资金及发行费(8,745万)6%。

（丁）一九四四年春，整理财政与金融贸易，提高边币，一月份停止发行，二月只发行七亿多，折券洋 357 万元。一九四四年三月到六月底，共发行边币合券洋 523 万元，银行放款达 991 万元，从银行资金中多抽出了一部分加以调剂，因此同期（三月—六月底）放款与发行的比例即变为如次：

例如发行边币，折合流通券为 523.5 万。银行放款总额为 991.2 万，对发行额来说其分配于下：

财政借款 3848 万……占发行的 735%

生产建设放款 2984 万……占发行的 570%

贸易公司借款 270 万……占发行的 515%

把财政上不可避免的透支尽量通过贸易周转与金融周转，再转用以供给军政的费用，如此财政上虽然账面透支是增加了，但对于市场则影响不大。如此既可以紧缩发行，又可以增加对投资生产的比重。

（戊）一九四四年六月底建立了发行准备库制度，发行权统属于西北局之西北财经办事处。依据办事处之发行凭单统计，一九四四年七月起，到一九四七年十一月止，发行分配的百分比率可表列如下：

时间	财政	贸易	金融	经建	发行金额
1944 年 7 月到 12 月止	17.63	26.24	49.73	6.41	10,480 万
1945 年	1.74	85.96	12.1	0.2	78,995 万
1946 年	5.95	48.68	42.11	2.26	221,180 万
1947 年 1 月到 10 月止	92.76	3.1	4.05	0.09	1,630,300 万

这里要说明并应回以分析的是：

（一）一九四四年改发商业流通券之后，继续依靠发行来投资自给工业。同时，尽量经过周围贸易与金融周转来支持财政。其方法是，除贸易与金融上来不及支付时，才直接发行作财政透支，平时则先在贸易方面，上月估计下月能收入法币多少，用以支持银行交换所的兑换，依此计算，公司可在银行先行透支一定数目，并转让给财政厅充作金库的支付。银行的交换所届时如果兑入不了一定数目券币时，即以发行垫支公司，或者公司收入法币有多余时也转存银行，按期在银行支取券币，用以供给财政支付。因此，在上列发行分配的统计上，凡兑换法币的数目，均列入金融项下，直接在总公司兑法币的部分，则列入贸易项下，其实质主要方面是为了支持财政，但其最后还款又归回到银行来了。

（二）由于通货膨胀，边币购买力不断下降，每年初与年末的发行数量，票面上虽然有少有多，但其先后的购买力则有极大的变化。在统计表上，只按照票面金额加起来比较，如此很容易模糊真象，也很难表现其真实的内容。为此，尚须将每月发行数换成实物，或依据当时的物价指数换算为同一时期之金额，互相比较，才能表明其真实内容。

（三）一九四五年二月，办事处计划建立银行家务，凡财政或贸易支付出去的券币，以后换回法币或金子时，银行即当做发行准备金，法币除供兑换外，有余的则变成物资或生金银保存起来，因此，表现了分配于金额方面的比例逐年增大。

（四）依据银行总账统计，实际运用的发行数目，则有些出入。

边币的发行一开始就建筑在边区的经济与财政的矛盾之上，发行常须服从于财政的要求。过去利用发行发展生产，这是对的，如何主动、适时、适当发行一批票子，更有长远打算地投向生产，特别是一九四四年投资发展边区自给工业以后，对私人经济的投资，尤其是对于促进农业发展的农贷，没有完全贯彻毛主席的指示。这是一件憾事。

依据边区过去情况，发行必须照顾财政与经济的需要，同时又要照顾金额情况的可能。只怕财政拖累，受旧教条主义之束缚，抠紧不发（如四二年说发一倍，物价即会涨一倍）是不对的。逼使发行完全服从于财政与贸易的需要（如一九四三年下半年认为手上有土产，超过敌顽区物价上涨之速度，放手大发），无限制的大发也是不对的。通过贸易，利用发行收兑法币，无限制兑换、逼使通货膨胀，更是不对。事实证明着，发行务须采取谨慎的态度，用于财政透支上是越少越好，但如能把不可避免的透支，尽可能在有利时机，通过贸易周转或金融上加以调剂，再用于供给更好。依据我们的经验：

（一）在不超过蒋管区物价上涨的速度下，按财政贸易的需要来发行，金融情况。可以做到比蒋管区更好。在战时条件下，即在临区物价上涨三倍到四倍，和边币流通范围仅占一半以上，要保持边币相对稳定，每月发行量，其累计总金额，下月比上月的发行百分比（速度）一般只能平均达到百分之十二，多至百分之二十，最高不能超过百分之二十七（如一九四三年），否则金融上就会发生大毛病。

(二)在有利条件下(地区扩大法币市场,缩小或被挤掉,物价下跌等),应争取时机,或发行一批用以生产贷款,掌握物资。这样,可以使财政透支比例相对降低。

(三)在不利条件下(市场缩小,灾荒贸易大大入超,季节不适合等),除应紧缩财政开支,以减少透支外,应把贸易公司与银行物资拿出一部分来,以抵财政透支,使不被动的急增发行。这样,虽然账面的财政透支加大,但对市场物价则影响不大。

六、发行与紧缩

过去发行光华券是兑换券的性质,到一九四一年二月改发边币,并确定为边区的本位币,从此我们就逐渐建立了边区独立自主的纸币体系。其发行过程,一九四一年二月到五月大发了一下,渡过了皖南事变的财政困难,打下了一些生产的基础。五月金融波动,发行就被迫地转入了被动,而主观上也受了旧教条的束缚,产生了紧缩方针,七月到十一月即紧缩发行,到一九四二年八月,边区外法币大跌时,才又被迫地多发行了一些,这样缺乏长远计划的被动发行,使工作受到了相当影响(如银行与财政对立,农贷不能及时发放等)。

一九四二年下半年,由于相对稳定,我们以反对过去发行的保守观点出发,一九四三年又走了另外一个偏向。一九四二年十一月起,放手大发,四五月稍微抠紧了一下,七八月以后,又盲目乐观地大量发行,结果引起了一九四三年的金融大波动。一九四四年一二月起整理金融,我们有意识地紧缩,并要求提高边币,做到边币比法币为一比一。由于过分地紧缩,过度地提高,四月物价猛跌,如此又造成了另一面的不稳,同年七月改发券币,收回边币,一九四四年起采取了更谨慎的态度,一九四五年保持了发行速度,下月比上月一般不超过百分之二十,最多的也只有一月份的百分之廿四。到日寇投降后,物价大跌,可惜我们没有及时地大发一批,用以收购物资,直到一九四六年七月备战以后,十、十一、十二月,三个月才又配合贸易多发了一批。一九四一年到一九四七年的发行累计,简表于下:

历年发行累计表(实际市面流通的金额)　　券币一元等于边币二十元均以券币折合计算,单位万元。

年月	发行累计金额	比上年十二月增加的百分率(%)
1940年12月底	15.5万元	100%
1941年12月底	136.8万元	879%
1942年12月底	592.2万元	432%
1943年12月底	8745.6万元	1476%
1944年12月底	29335.3万元	335%
1945年12月底	92332.2万元	314%
1946年12月底	289320.3万元	313%
1947年12月底	2194478.0万元	758%

由此可见发行如处于被动,有时突然大发,有时被迫不得已时进行过分紧缩,均不免造成物价暴涨、暴跌,这对市场及生产者都不好,所以处理发行问题,不仅发行要有步骤有计划,紧缩也要有步骤。有计划,大发之后,同时要布置紧缩,以避免物价暴涨、暴跌。

依据我们的体验:

(甲)发行方面:

(一)应依据市场的需要,发行量要看四种情况的变化。

1. 先要看口子上的货物来源和库存准备的力量。

2. 其次看口子上交换所的兑换量。主要以作为主要外汇的敌币的兑出量来观测。

3. 看市场的物价,以边区内外的物价指数来观测。

4. 看本币的发行量,以购买力指数即发行购买力指数与外面物价指数的对比来观测。

(二)发行要与敌币斗争相结合。敌币流通地区缩小,形势于我有利,即应发一批以争占市场,逐出敌币。

(三)发行地区应分散,不宜集中。

(四)发行不可用突击方式,时间应适当拉长。

(五)财政透支应尽可能经过贸易周转,以减少市场刺激。

(六)票额大小数量应适合市场需要。

(乙)紧缩方面:

(一)紧缩通货或停止发行,是控制物价最有效的办法。但过分紧缩会造成物价猛跌,商业停滞,紧缩到一定程度,必须适时发行。

(二)提高本币牌价,大量兑出外汇,限制本币兑出,这也是控制物价的有效办法之一。如能适时配合紧缩通货,刺激市场很大。

(三)紧缩要有充分物资抛售,提高本币要有适当的外汇准备。此外还要公商配合,如能各方动员,对市场心理影响很大。

(四)大量财政透支,要与贸易公司抛售物资相结合。收购物资,大量放款,应与财政上的征收相结合。

(五)发行与紧缩的比例,依据一九四四年一二三月的经验,紧缩了累计发行额之百分之十二,物价即会下降甚至跌落。

七、发行准备金

边币的发行是建筑在革命政权之上的,它有边区政府权力的保障。陕甘宁边区政府于一九四一年二月十八日发出布告,授权边区银行发行边币,并规定在边区境内只准使用边币。同年二月二十二日又训令各级地方政府,指出:边钞发行是有限制的,它以"盐税""货物税"作保证。一俟边区经济恢复,边钞就得从法币影响之下回到能兑换现金的地位。这种强制执行,在边区境内不兑现的纸币,对内流通本可以不要什么准备金;但在流通过程中,由于严禁法币自由出境,兑换限制很严。首先在延安市表现突出的是商人纷纷逃避,十大家先后都把资金暗中移出了边区,市面极端萧条,很少买卖了,政府鉴于人民甚感不便,乃于一九四一年四月十一日决定"准许人民自有法币,不经申请及检查的手续得自由出境,但边区仍不准法币在市面流通,违者处罚"。当时边币流通仍受阻碍,首先用边币买东西更贵,暗中用法币更便宜。此时银行所存法币一百多万及光华商店存布二千多匹,为解决党政军公家人的需要,不能大批抛售兑换,反而被瓜分了。市面物价不断上涨,边币的汇价逐渐下降,一九四一年二月到七月物价涨了一倍半,边法币比价降到二比一了,边币初向三边、陇东流。因为开始那里边币价高些,还有些土产可买,以后就乱流了,口子上的边币信用愈垮,愈向延安市内汇流。对外贸易我们急需布匹棉花和日用必需品进口,但又怕无法币可兑,不敢让它进来,勉强叫人民运土产出口,但公家又无大量土产出售。五月金融大波动,发票子就感困难了,从此使我们更体会到,边币不仅要有政权保障,还需要有外汇的来源,尤其要所得外汇能够集中到银行来管理与使用。银行要外汇的保证,才能顺利的发出票子,七月企图收缩通货,经过搞"有奖储蓄券"平价运动,光华商店带头抛货黑市买卖法币,一直到设立货币交易所(一九四一年十二月一日政府公布坚字二十七号布告,授权各地贸易联合当地商人,组织货币交易所,准在交易所内依公平价格自由交易。银行贸易局在边区内设立了十三个交换所)。事实证明,交易所的法币非由银行供给不可。否则搞不通银行贸易局手上无物资抛售公营商店叫不来,商人更叫不来,从此以后摸索到发行边币,并要使之走向稳定。除基本的搞生产运动,坚持发展,保障供给的方针,建立自给经济之外,同时再从半自给过渡到完全自给的边区,在工业品一大半以上仰给于外面的不利条件下,银行贸易局本身还需要掌握一定数量的物资与外汇的准备,这个起蓄水池作用,用以调节物价与汇价的资金,就是我们所需要的发行准备金。

(一)由于过去一个长时期银行贸易局力量薄弱,时常左右不了市场物价、汇价,只好随波逐流,在定边人民叫货币交换所,为"哭鼻子叫唤所",这充分说明银行贸易局必须要有力量才能支持边币,一九四三年五月银行的光华商店移归物资局管辖,稳定金融的任务也划归物资局。从此,银行主要只要求支持货币交换所的"兑换基金"了。一九四四年春紧缩通货,物资局用了大力,才回笼三万万元边币。银行为维持法币的兑出,调节与操纵边币与法币的比价,也蓄备了一些力量,到同年三月十日查总分行实力,计有边币三万万元,法币有一亿二千八百万元。在一九四四年三四月紧缩与拉牌价(即提高边币牌价)的斗争中逐渐的利用吞吐上发行,储积了银行的发行准备金,大公(银行公司)有了力量,边币的汇价从一九四四年六月起,就能听从我们的指挥了。六月底正式建立发行库制度,并设立了准备库的会计账目,依此制度与账簿,统计银行一九四五年七月以来的准备金,其变化情形可列表于下:

发行准备金的运用,主要在于:①使边币随时能够换到外汇(即法币),经过商人脚户到蒋管区去买进物资,供给一百五十万人民的需要。②其次是调节边币的汇价,间接用以影响物价。③必要时以物资配合贸易机关收缩通货,调节市场物价,稳定本币币值,在有利条件下,则抛售生金银,以回笼本币。因此,准备金第一线是法币,第二线是物资,第三线是生金银。

(二)由于边区三十一个县市二百几个区,四周二十四个县八十一个区与蒋管区犬牙交错,即百分之三十八的边境地区人民经济生活与蒋管区的人民经济生活相联结,大部分日用工业品又仰给于蒋管区,陇东、关中是食盐土产出口地,又是法币入口地,而三边、绥德、延长、镇川过去是货物入口地又是法币出口地。各地交换所法币输送频繁,费时也长,从陇关到延长,定边绥德、米佳输送一次约需十余天,因此,法币来往停留于各地银行手中的数目,有时很大,依据我们的体验(参看历年法币兑出,占发行流通额的百分率的比较表)如下:

1. 在货物大量入口状态下(一般是布匹棉花涌进时),要求边币汇价稳定,发行之准备的法币约需占发行实际流通额的 35%—40%。

2. 在货物畅顺入口状态下,要求汇价稳定,准备的法币约需占发行实际流通额的 25% 左右。

3. 在出入口正常,接近平衡的状态下,要求汇价稳定,发行准备的法币约需占发行实际流通额的 20% 左右。

4. 在入口货物不多,趋向出超状态下,要求边币稳定,或在本币提高时,发行准备的法币约需占发行流通额的 15% 左右。

5. 在货物入口极少,处于出超状态下,边币看涨时,发行准备的法币约需占发行实际流通额的 10% 左右。全边区属于发行准备的法币,兑出法币按牌价折合本币。一九四四年下半年平均每月占发行本币流通量的 28.5%,一九四五年平均每月占本币流通量的 27.9%,一九四六年平均每月占本币流通量的 24.5%,一九四七年自卫战争以后贸易停顿,因此减少到 7.25% 了。这一法币数量的停留,每年吃法币购买力跌落的亏,数目之大难以计算。要避免这个损失,只有完全垄断贸易或改变花布的来路才能摆脱法币。但布花等日用品,直到自卫战争以前还需要从蒋管区通过重重封锁偷运进来,因此不易摆脱。但我们主观指导也没有及时掌握好。因此,早在一九四六年七月以后本可减少法币的准备的亦没有及时减缩,尽量避免法币跌价的损失。

(三)生金银的储存,另一目的和作用是在于:①保存准备金的购买力,由于纸币不断下跌,金银价对货币来说即不断上涨;②又可利用金银实质,对纸币上涨这一部分的票面金额来弥补提高本币对法币的牌价的损失。一九四五年四月七日,办事处会议规定,提高边币,打击法币,同时壮大银行准备金,其办法是计算全部准备金,如果五月底达到能存边币五千亿元时,(1)以准备的一半,即二十五万万元存生金银与物资,估计到年底物价涨一倍,可得二十五万万元。(2)盐业公司投资十万万元,得利十万万元。(3)到年底发行八十亿元,即得八十万万元,合计账面金额为一百一十五亿元。提高边币,每月平均提百分之十五,估计库存需要周转的法币三亿元,在提高中因常存法币三万万元(当时以提到边币八元五角换法币一元计算,可折合边币二十五亿五千万元)。依此计算,从十比一提到八元五角比一,三万万法币兑出,只可得二十五万五千万元,若以损失五万万元计,则六个月共损三十万万元。二项相抵,可余八十五万万元。为此准备金的一半必须购存二千两赤金(以每两七十万计约需十四万万)十万元白洋,或存三千两以上的金子,从此以后,即逐渐收购生金银,以为发行准备金。

(四)对发行准备金的认识是经过了许多曲折的过程。

1.一九四一年五六月间,金融不稳,引起争论,有些人认为我们有政治保证,不需要准备金。这被以后金融波动的事实所推翻,并说明了光靠政令还不够。

2.一九四六年七月提高边币,打击法币时,从八一攻势起,三月即损失了四百七十八万九千元,银行实际工作者感到需要一批资金来补偿,曾向党政提出要求发行边币的"平准基金"。

3.一九四三年,在对贸易上银行要求物资局保证法币的兑换,用以稳定边币物价局认为边区银行发行上所需的兑换资金,从此认为银行应该采取"外汇基金制",这是一九四三年高干会上批驳掉了的错误的做法,但实际上承认了并批准了银行需要掌握一定数量的法币。

4.一九四三年春,在一些同志中认为,全边区大公的小米、窑洞都是银行的准备金,都可以调动来支持边币,但到金融波动时,仅能动员小公极少的一部分力量临时应付一下,不能根本平抑金融的波动,这也被事实否定了。

5.一九四三年秋,承认银行发行要有一定数量的发行准备金,但认为生金银不应作为准备金,只应以公营工商业、股票作为准备金。这一想法也被一九四三年金融波动的事实所否定,股票根本不起作用。

6.一九四四年建立了发行准备金制度,但到一九四七年自卫战争爆发后,又证明唯有百分之百的准备金,如果大公手上没有充分的粮食,布匹棉花和某些主要日用必需品散入农村,或有而不能达到每个乡村集市中去,也无济于事,必须适应农村情况,掌握得好,必须有适当的人员和机构深入到农村,才能起应有的作用。这亦是被自卫战争的事实所证明了的。

(边区银行:《抗战以来的陕甘宁边区金融概况》,1948年2月16日)

工作布置的根据：

外部：

（一）通货膨胀短期内不能停止。

（二）物资继续缺乏——比以前更缺乏，事实存在。

（三）内战扩大，交通复原不可能——拖长恢复时间。

蒋介石训词：中心稳定金融，说明他无办法。以前限价也无办法。宋子文讲演：财政困难。首先稳定金融。

物价上涨，一年比一年加快，一期比一期加快。可否平稳？要求财政收支平衡（财政），要求国际贸易进出口平衡（贸易）。短期内难于达到。原因：（1）美不能全部代付，只能借一部分。（2）内部不能解决。

物价再过一短时期（一个月）（十二月一日起—十二月三十一日）会达到投降前水平（不能超过农历年关）。将不限制于八月十日的水平。原因，内战扩大，上述元素不变。半年之内不能复原。

商人反映，国民党银行收金子、收棉花（收花不十分积极）。

美货未操在政府手上，中国自己卖。新的条件并未出现。

内部：

（一）财政不依靠发行。

（二）贸易平衡，有时出超。

（三）银行准备金充分，足以独立自干，且能发行券币（大有钱）。

有钱怎么办？办法：甲、老办法。法币睡觉？不好！财政上有困难，后头也存在。睡觉办法——替国民党服务。原因：贸易出超，法币大来，法币发行结果，只是为国民党服务，自己边区无利。乙、要做买卖，储集力量，不在今天花。以发行与现在资本可以滚大起来。1.要赚钱。什么最赚钱？同时在稳定金融条件下赚钱。2.土产买卖最有利。黄、白、土产结合最有利。

情况：准备金拨一部分做这个生意，能搞土产最赚钱。

A.法币：南不值钱北值钱。

B.金子：天津北平察包北面便宜，南边（西、庆）贵。

买卖办法：南来法币（1）用以买一部布、花流出一些。以布花也易买土产。（2）花布可收边币。

贸易出超，法币大来，迫我发行。发无必要。（兑换上供不上，财政用要发行。利用发行调剂收支）。

土产出超病,银行来调剂收买。

有好处:(1)调剂少卖,可以对外提价,大公有利;(2)免得被迫发行;(3)有法币买不下黄金,存黑金,存下有利。

A. 迟卖土产可赚物价上涨的差额利润,即将来可多收回边币。此为下策。

B. 绥包米来货一件二千五(榆林)三千(镇川)。大来走私不易缉,收此货利市三倍。收此私货可与统销结合,帮助经缉私(禹水归操),但对统销有利,对晋西北统销有害。全体算账,利害不同,赚钱最多,此为上策。

C. 参加统购,钱加入他们处收买,此为中策。

(一)用此又能稳定金融——可以调动,外汇性质多些。

1. 准备有50%很保险。五十以下也可以睡觉,可少留一些。

2. 调一批钱在第二线(黑、金、白、布均可以为第二线)。布匹棉花市场无货,大公家也缺货,吃紧时可出手。在花是机动的,买些放下,金融上有问题,即用囤下(的),可赚钱。

3. 多余的钱买土产、金子、白洋为第三线

转来转去中心为土产。

收金子白洋,比市价提高收买,高于市价或等于市价。西安金向兰州流,等于使向延安流(今天价高,明天价更高)。有机会即买土产,法币不叫睡觉,转入土产内。

(二)一年转动二次——一次赚一倍,二次有二(次)赚利。

存金子卖了买不回,与土产结合周转仍能买回金子。会计可盘存。

现有存款,加上发行,二倍利可以保证。

1. 不发行,要提牌子,一提,法币即不能动,力量更削弱。发,而不发不好,不发不易搞(因国民党发行)。

2. 发行可以储备力量,准备以后用,细水长流。

3. 发行过去只赚边区内人民的钱(发收法存起)。以后,发重心放在外面(以后)囤起向外面捞一把。以后向外捞更大的,即法币不睡觉。

A. 以土产向外面要账。此理论建立在两个条件上面:

(1)国民党物价上涨。(2)上涨程度不平衡(各种物资上涨不平衡)。

如美国来货,外面货拉平,则存布不如存金银,错则赔的大。

B. 接受经验。(1)接受曹行长经验,银行储集力量。(2)不只向内取,同时向外面赚钱。有多余法币买金子的批评对。再买金子、白洋、土产发展他的好

批评。

算法：

(1) 收私货：口子上一万二……（关中一万二，陇东一万二，榆镇三千），去20%税，剩九千六，每件利六千六。

$$3,000\{(12,000-2,400+3,000)=6,600\} \begin{array}{l}220\% \\ 2.2倍\end{array}$$

(2) 收晋西北统购货：晋绥五千五，出一万二，去税20%，每件利四千一。

$$12000-(2,400+5,500)=4,100 \text{ 利 } 34.16\%$$

(3) 收晋绥财政办事处货：六万（公司价），折六千六百七。出一万二，税20%，每件剩余二千九百三十。$12,000-(2,400+6,670)=2930, 24.4\%$

法币以后仍能来，银行准备有八万万余力。

有资金要动用。(1) 第一线的法币，睡觉。(2) 第二线、三线的钱可以动用。

A. 物价上涨不平衡性继续存在。土产涨六万六千倍，黄金涨两万倍。金、土产不平衡，如继续存在则可干。

B. 物价继续上涨，继续存在。否则不行。(1) 土产总趋势不能增加。抗战结束阶段，证实最吃开的土产。大后方不掉价。边区土产掉价，是主动下令掉的。(2) 土产危险性不大。算账：（贸易公司）银行搞土产，一年二次周转，可以超过一百万万。不利用发行即可得此数。①私货十五万件②统购也有利润。向外要利润，算账有大利。此次不搞，少四十万。

银行可赚票面。

贾（拓夫）：小公十五万件，银行插进去买二万件。公司帮助转动。金融稳定下赚五六十万万元。在明年，除全部收回外，再能（赚）一百万万元有准备。

白（如冰）：金子二十二——二十五两，口子十三两。去年十七八元白洋一两，今年十元。去年八九两换一，今年十三两才行。

喻（杰）：对形势估计，稳、跌与涨的形势都存在。我不参加意见。

决议

一般认为三万万至四万万法币可以用出去买东西。如不对，有公司顶着。三万万买土产，一万万买花、布、金。

（西北财办：《发行准备金多余部分的运用问题》，1945 年 12 月 1 日办事处会议通过）

八、晋绥西北农民银行的发行

西北农民银行于一九四〇年五月成立,当时除总行有简单的机构外,下面始终与贸易机构合一着,而总行也于四二年七月精简时与贸易总局合并,直至现在。

数年来的金融工作,有一些收获;但错误是很多的,给我们的教训也是很沉痛的。收获,首先是建立并保持了货币阵地,使蒋币、阎钞、伪钞不能侵据解放区的市场,因而也就使日寇、蒋阎匪不能借用纸币任意掠夺解放区的资财,使解放区的群众减少对日蒋阎的负担。其次是由于农币的发行相当地弥补了财政赤字,对保障供给,支持战争起了一定的作用。但由于我们政策的不明确,特别是工作中重复地犯了严重的错误,使群众生产受到了不可计算的损失,影响到军民生活,便利了奸商的投机。重要的是:(1)对银洋、法币政策的不坚决彻底,加以工作中的错误,因此受损失很大;(2)盲目发行(从发到大发不发,再到大发,再不发),造成的通货膨胀与过分紧缩的反复过程,也就形成农币稳定、波动的过程,给解放区以不可计算的损失。

(一)农币的发行

一九四〇年反阎斗争胜利后,建立了新政权,于五月间成立西北农民银行,并开始发行农币,从此农币便成为唯一合法的本币流行市场了。

甲、几个时期农币的发行额及其使用方向

1. 一九四〇年五月——九四二年五月

一九四〇年五月,农币开始发行,当时正当反顽固斗争结束不久,财政极端困难,除四大动员解决外,不能不依靠发行一部农币来渡过难关。自五月至八月底止发行一百万元,这一百万元是全部用于财政开支的。经过一年的时间,即至一九四一年八月止,增加发行三百万元,其中财政开支占93%,贷款占6.7%,而财政开支仍占极大部分。至一九四二年五月又增加发行五百五十万元,其中财政开支占85%,贸易用款占7%,贷款占5.4%,其他5.6%(包括印制费兑回破票等),财政开支仍占大部分。其他部分的比例虽有增加,但所占比例仍甚小。因此可以说从一九四〇年五月至一九四二年五月整整两年共发九百五十万元,主要是弥补了财政开支,帮助渡过当时财政上的严重困难。

2. 一九四二年六月——一九四三年六月

一九四三年春,边区号召大生产运动,为了帮助群众生产,决定发放大批贷款,这一年共发行1867万元。其中贷款占65.3%,财政开支占31.2%,贸易用款占3.5%。三分之二是用在贷款方面,对群众生产应是一种大帮助,但因为当时贷款缺乏阶级观念,而下层基础又不健全,故贷款对贫苦农民所起的作用则不很大,多数还是为干部及与干部有关之地主富农及贪污腐化投机分子所私饱利用了。

3. 一九四三年七月——一九四四年三月

边区经过敌人的多次扫荡,烧杀破坏,加以强化治安与蚕食进攻之后,地区大为缩小,财政来源更小,仍需靠发行解决财政困难。夏季土产收下后,为了解决群众销售困难,并借以增厚公家财政基础,实行空前的大发行,实际上在半年的时间内增发17,356万元,超过已往三年发行总数约七倍。计财政开支占82%(包括统购在内),贷款占17.4%,贸易用款占0.6%。

4. 一九四四年四月——一九四五年六月

由于前一阶段的大发行,结果曾引起了一次农币的大波动,故这一时期虽然由于对敌斗争取得胜利,地区扩大,内地生产发展与土产出口发展,内地物资大为增加,农币的需要空前增大,但我们的发行却采取了紧缩方针,由四月至十二月仅增发8,394万元。其中贸易用款占48.1%,财政开支占25.9%,贷款占23.2%,其他占2.8%。这一阶段财政开支的比例大减,由于过分紧缩的结果,造成市场筹码不足,公私均感困难,敌于一九四五年一月便又开始了发行,至六月共增发33,088万元。计财政开支占43.8%,贸易用款占35.6%,贷款占16.2%,其他占4.4%,财政开支仍居首位。

5. 一九四五年七月——一九四六年四月

感于过去历年发行用于财政上的多,而银行本身实力空虚。同时,认为发票子抓到物资,是用麻纸抓到物资,农币波动是变相给群众上税。故当时只要"票子不烂"(指不能用),即可大量发行,于是就不顾一切大量发行买土产了。从一九四五年七月到一九四六年三月增发225,633万元,其中贸易用款占66.6%,财政开支占26.5%,贷款占5.6%,其他占1.3%,从发行来解决财政开支变为发行抓物资。

6. 一九四六年五月——一九四六年十一月

一九四六年五月中旬到七月,正当晋北形势大开展,市场扩大,加以财政开支突增,于是必须增加发行,以应市场及财政需要。在短短的两个半月中,即增发305,200万元。其中财政开支占74%,贸易用款占24.6%,其他占1.4%。八月以后至十一月间,财政开支仍紧张,除抛售黄金回笼本币以应急需外,还不得不增加发行以补不足,故又增发 133,956 万元。其中财政开支占 84.5%,贸易用款占 9.9%,其他占 5.6%。自九月下旬晋北形势吃紧后,农币就又开始了大波动。

7. 一九四六年十二月——一九四七年十二月

这一时期由于陕北战争紧张,特别是延安失守后,土产推销不出,而部队之需不断扩大,因此财政开支赤字更空前加大,除非借发行来解决财政开支不可。夏季群众土产收下后,迫切要求出售,除物资外,须发行一部。一九四七年荒年,为了一九四八年救死救荒,贸易上必须收粮。除布花等外,还需发行,故这一阶段的发行较已往任何时期为大。其具体数目如下:

四六年十二月止 831,795 万元

四七年一月　　239,500 万元,

　　　二月　　218,250 万元,

　　　三月　　117,000 万元

　　　四月　　197,000 万元

　　　五月　　305,112 万元

　　　六月　　379,100 万元

　　　七月　　1,002,600 万元

　　　八月　　789,000 万元

　　　九月　　995,731 万元

　　　十月　　1,058,241 万元

　　　十一月　3,976,772 万元

　　　十二月　2,459,200 万元

　　　十二月止 12,567,302 万元

其中:财政开支占 26.2%,贸易用款占 42.7%,贷款占 1%,西北总行用款占 25.3%(用于财政开支),其他占 4.8%。由于继续不断发行,而币值也就不断下跌,物价相反不断上升。

乙、发行中的几个问题

1. 被迫的发行与盲目的发行

从历年发行统计上看出:发行首先是用于财政开支的;其次是用于贸易上的;再次才是用于贷款上的。就是农币第一用于开支,第二用于抓物资周转,第三才是用于农民。显然前二者的发行,由于农币不断落价,都是直接或间接增加了军民的负担,只有后者才真正于农民有利,但我们用于后者的比例却是极少。

为什么发行极大多数用于财政贸易上,而不用于贷款上呢？首先是因为晋绥的穷苦,地瘠人稀,财政来源少,开支大,不得不借发行以弥补赤字,这样发行就不能完全由主观掌握。为了渡过难关,虽感不断地发行用于财政开支致使币值跌落,因而影响农币信用与农币的推广,也影响到群众生产与军民生活,但仍要发行,这是被迫的一面;再是晋绥财政收入除公粮外,主要的是土产,收到的土产需要交贸易公司向外推销,推销土产,换回物资,需要相当长的时间,而换回的物资又只能是赤金、布花解决(如黄金、工资运输等等),故又必须将布、花、赤金交贸易公司在市场上出售后才能收回本币,所需时间就更长了。在这长的变换过程中,贸易上又非依靠借发行款来供财政开支不可,这是被迫发行的另一面。不断的被迫发行,促使币值跌落,物价上升,而物价上升又需发行量增大,如此就成为愈发行币值愈跌,币值愈跌就是愈需增大发行,形成几年来最苦恼最不能解决的矛盾。

发行中除了被迫的一面外,再就是主观的错误,不顾一切的大发行与为怕农币波动单纯的紧缩,都造成了很大的恶果。最显著者如一九四三年七月以后,本来统购土产已经发行了相当大的数量,短时间内财政开支又发行了一大宗,结果便招致一九四四年三月间的农币大波动,农币与银洋的比价由七月的五十元左右跌至三百五十元左右,个别地方甚至有五百元者,农币信用大减,市场紊乱,农币已不能周行。接着就是停止发行,大量紧缩,并用突击方法进行。当时紧缩的方法是:(1)公粮变款限期完成;(2)各贸易商店大量抛货,并催收外欠;(3)税局征收营业税(以上均限五天完成);(4)严格管制货栈买卖作价,机关部队所带农币使用时需通过贸易局。这样,经过月余的时间,农币与银洋比价便回到一百八十元至二百元。然而也就在这一跌涨的过程中,农民与公家吃了大亏(如五寨一个农民卖了一条牛只能买回二斤糖),奸商投机者得了大利。由于波动的教训,很长时间不敢发行,形成筹码不足,周围困难,曾有机关持赤金到银行兑换本币,银行不收。为农币稳定而单纯紧缩,没有乘有利时机发行贷款,以帮助群众生产。再如一九四五年七月以后,思想上只要"票子不烂"就行,于是就不顾一切地发行收买土产,结果招致了一九四六年三月的大波动,农币与银洋的比价由二百元跌到千元有余,将年余来农币稳定所建立下的信用完全摧毁。农币又从乡村拥到城镇,流通范围大大缩小了,没人愿意保存农币,流通速度加大,造成以后农币不断波动的因素,增加了以后发行的困难。同样在大波动之后,接着紧缩维持,同样的农民与公家吃大亏,奸商投机者得大利。

从上述事例看来,发行缺乏主观的掌握,从大量发行到大紧缩,再到大量发行,再到大紧缩,都不是实事求是的,都是不顾一切的极端作法。表现了盲目性。

2. 农币的发行与紧缩

如上所述,农币的发行很大一部分是被迫发行的,也就是说农币一定程度的膨胀是不可避免的。因此,更需要有计划,更需要加强主观的掌握。但是过去这一点我们是没有认识到的,因而除了被迫发行外,就加以主观的不顾一切的大发行,于是便招致农币的大波动。农币大波动之后,又反转来采取紧缩政策,这种紧缩也是被迫进行的。正因为是被迫的,所以又必然不顾一切地来进行收缩,也必然造成物价暴涨暴跌,严重影响到农币的信用与流通,也严重影响到物资的流转与群众的生产以及军民的生活。同时,并助长了投机者兴风作浪,根据地的损失不可计数。

所以不仅应认识到发行的必然性,要有计划;同时还应认识到膨胀的必然性,更要有计划地进行紧缩掌握,也就是大发行同时就进行紧缩掌握。只有这样才能处于主动地位,才能避免物价的暴涨与暴跌,才能减少对根据地的严重影响与损失。根据历年的经验:

在发行时:

A. 发行用在贷款上,对农币的信用与流通最好,有计划地用在贸易周转上。其次,用在财政最易刺激物价上涨,这一点我们不能做到。

B. 发行地区应该分散,不应集中于某一地区。

C. 发行时间最好是拉长线,不要集中发行于一时,也就是不应采取突击方式。

D. 发行应与货币斗争相结合,同时应与推广维持工作相结合,数年来的事实证明,每当银洋严禁时,农币的流通面就扩大,信用就提高,否则反是。同样,每当农币推广与维持工作较好时,即可增大发行而无问题,否则反是。

在紧缩时:

A. 紧缩工作应当是经常的对农币掌握工作,不应突击进行,突击性的紧缩必然造成市场死滞,生产停顿。

B. 紧缩确是提高币值的有效办法,要有充分物资准备。同时还必须有决心,以战胜市场的心理作用。此外还应动员所有力量进行,公营商店应起带头作用。

C. 紧缩必须要适度,过分紧缩不仅造成筹码不足,影响物资调剂,市场死滞,生产停顿,使农币脱离市场,影响农币的推广,且易引致银洋活跃与物物交易,或者敌币侵入,代农币而盘踞市场。

3. 币价问题

数年来对农币的稳定与跌落,有两种不同的认识。第一种,是在农币不断的发行情况下,要求农币长期稳定。在这方面有人认为,我们是新民主主义的政治、经济,一切都是上升的,农币有三百万人民作基础,所以不应该跌落,这多是由于不了解发行情况的单纯的理想出发。另有人感到币价不断降低,对农民及生产损害很大,所以同样要求农币长期稳定,感到农币价低,对农民生产有害,这是对的,但不了解在地区与容纳量条件不变而又不断的发行情况下,一定程度的跌落是必然的,应当的。若至一定程度,我们不去主动的掌握,使币值逐渐下降,而用物价来硬维持,顶不住时,结果还是会产生突然大落,那时对整个边区的经济危害更大。还有人当币价落至一定程度后,计算贸易(即银行)财产总额,高于发行总额,于是便认为贸易公司有如此充实的财富,便不应该让农币落价。这种意见,主要由于没有从发行的过程中去了解,也没有从农币信用与市场容纳量以及供求关系去了解。第二种认识是,农币只要不烂,可以不断发行,主观上任其不断落价。认为抓回东西,农币落了价,便宜增加财富,是变相向群众上税。这种思想必然造成恶性通货膨胀,把农币搞垮,并严重危害边区经济。如一九四五年秋冬的大发行收土产,便是在这种思想指导下进行的。以上两种认识都是有偏差的,不对的。正确的认识应当是,在不断发行的情况下,认识农币跌落的必然性,应如何主动掌握,使之逐渐下降,尽可能争取下降速度为小,并尽量避免突然事件。

以上是认识问题,下面再说一下农币币值问题。

农币价格究竟稳定在什么东西上? 即以什么为标准呢? 是多年来未解决的问题,也是常常苦恼的问题。稳在物价上呢? 还是稳在比价上呢(包括银洋)? 农币最初发行时,虽然宣布是有三百万法币现金做担保的,但主要的还是以银洋的涨跌为农币价格涨跌的标志。也就是银洋价涨了,就标志着农币的跌落,反之,则标志着农币的提高,这是晋绥六年来(四六年前)在货币斗争上最沉痛的教训。一九四〇年五月初发行时,每四元多农币抵银洋一元,至八月银洋涨到四十元,就认为是跌了,来进行维持,确定维持到三十五元兑银洋一元的标准价。至一九四三年银洋涨至八九十元,就确定维持到五十元抵银洋一元。到一九四四年银洋涨到三百五十元以上时,就努力提为二百元。至一九四六年三月银洋涨到一千元时,则又要维持到七百元。总之,是将农币稳在与银洋的比价上,一切物价的涨跌标准均视银洋的涨跌而定,也就是将农币紧紧地缚在银洋上面。而银行又并未保存有银洋,因之,农币便失去了独立性。银洋左右着农币,左右着一切的物价,在这种做法之下,虽然高喊严禁银洋,而银洋始终是无法禁绝的。

将农币紧紧缚在银洋上,使农币价格处于被动,失去了独立性。在一九四六年六月间,曾有一度企业摆脱银洋的束缚,变为依附法币的思想,企图应保持住九角多农币兑法币一元,觉着比法币低了对我政治影响不好;但也不必比法币高,因为我之经济力量抗不过全国性的法币。并明确指出,法币不断落价,农币也将不断的落价,这样就将缚在银洋上的农币转缚于法币上,同样不使之独立,而依附法币的思想则更危险。完全没有认识到,法币是四大家族残酷剥削全国劳苦大众的工具;更没有认识到由于蒋介石的独裁卖国内战,造成了蒋管区严重经济危机,法币必然日趋崩溃。也没有认识到,解放区经济的自立条件,只是形式上认为法币是全国性的,因而抵不过它,这种危险思想与做法,幸而为时不久即得到纠正,否则对农币与解放区的危害将甚于银洋。稳在银洋上,是要求农币长期稳定思想的产物。稳在法币上,是任农币下跌思想的产物。

那么农币究竟稳在什么上呢?稳在物价上吗?根据多年的事实证明在战争情况下,物资经常是缺乏的,而且物资的调剂也往往是不圆滑的,要想将物价长期稳定在一定的水平上是不可能的,何况农币又要不断发行呢?然而就是这一点多年来也未被我们所认识,当农币稳定在银洋比价上的时候,物价随银洋涨跌而涨跌,稳定在银洋的比价上,也就等于稳定在物价上,就是在一九四六年八月以后,农币波动,当时仍主观企图硬稳住物价,又将主要货物定价出售,不顾市场价格变动如何,也不顾自己的力量如何,只是一心一意地要达到主观愿望的定价。在日本投降以前,农币一波动,唯一的有效办法,是靠公粮变款大量收回农币,至日寇投降后,公司物资较充足了,就以大量搜集物资来支持,于是定价脱离市场价甚远,甚至在存货销光后,还用一百〇五万买布,九十万出售,结果将大批物资贱价抛出,便宜了奸商与投机者,物资抛光了,而物价仍然习跃上升,农币仍然波动,损失非常重大。

由于事实的惨痛教训,经一九四六年十二月检讨以后,才认识了银洋法币是敌人,农币不应依附于银洋法币,也就是不应将农币稳在银洋法币的比价上,而是应创造独立自主的价格。同时也应认识到长期稳在物价上也不可能,因为确定物价应稳涨,也就是农币应稳跌,农币的价格是表现在物价上的。而物价的涨跌又是根据商品的供需关系来决定,当某一种商品本身与市场存货不足以供应需要时,价格则必然上涨,反之则可保持平稳或下跌,而贸易公司(即银行)则应起主导作用,亦即当本身某一种商品缺少(当然也看市场情况)即主动提价,直到可以稳住时则用尽一切力量稳住,如由于一九四六年歉收,一九四七年灾荒,粮食恐慌,一般的粮价则由其上升,不采硬压办法,故粮价一年来上升二十五倍多,但布花存货多,价格则不随粮价上升,保持相对稳定,故一年来布花价只涨约五倍,打破了历史上粮花布的交换比率。

正由于这样稳定农币的结果,银洋法币便完全被抛开了,一年来银洋黑市也只涨了四倍至五倍,较任何商品上涨为慢,法币则更为不同,在边沿区也只有二角五分或顶多五角农币值法币一元了,农币独立自主的价格也就确立了。

4. 发行指数与物价指数

农币发行量增多,必然促使物价上涨,币价下跌,也就是发行指数的上升与货币的购买力是成反比例发展的,而与物价指数的上升则成正比例。根据一九四七年的经验证明,如果掌握的适当,物价指数是会低于发行指数的,若发行指数与物价指数均以一九四六年底为基础,一九四七年全军发行指数增加 14,085 倍,同期八种主要商品平均指数为 10.47 倍,计米升 25.16 倍,山药升 25 倍,油升 18.88 倍,盐升 9 倍,炭升 8.15 倍,土布升 5.48 倍,纺花升 5.16 倍,火柴升 5.03 倍,所以在发行不断增加,物价不断上涨的情况下,争取使物价指数低于发行指数是应当的,而且也是可能的。

5. 农币的推广

农币的维持主要靠物资,推广农币,使之深入乡村也主要靠物资,不仅只是卖,而且还得收买群众的物资,使农民有了农币,然后才能买物资,这样才能流转。在内地为了使农币下乡,曾实行货物下乡,使用是很大的。一九四三年夏季统购土产,在各村设站,带上农币与物资,一面收买群众土产花出农币,一面又卖物资收回农币,对农币的推广作用很大。否则,空喊推广是枉然的。新收复区与边沿区更须如此。推广农币的组织,有广大而健全的合作社最好,它分散在各地,与乡村群众接近,收买群众产品花出农币,然后再卖货收回农币,农币自然就易于推广,可惜合作社多不健全,未能负起这一责任。这一工作,主要就靠数目众多贸易公司商店来进行,如一九四七年收买群众粮食约十万市石,花出大批农币,商店就出售大批货物回笼本币。

(二)货币斗争

一九四〇年反顽固斗争胜利后,当时地方上流通的货币,有山西省钞、法币、银洋以及各县出的公私地方票,种类相当复杂,市场上主要活动的是法币,估计市场上流通量约二百万左右,其次活动的是白洋、省钞,再次是杂币,在此情况下,不与各种货币斗争,农币发行后要顺利推广流通是不可能的。数年来经验证明,白洋是最顽强的敌人,蒋币、日币次之,阎币及地方杂币更次之,因之货币斗争问题,主要是与银洋、蒋币斗争的问题。

甲,政策的演变

一九四〇年五月农币发行时,当时的政策是联合法币禁止省钞,取消杂币,农币以法币作担保,在进行中,具体规定四月底要将省钞压低到五元换法币一元,五月底要压到二三十元换法币一元,六月底即使之不能流通。对地方杂币也采取同样态度。但省钞由于它自身的破产,在五月初即开始发生大衰,由于落价而迅速不能周使。随着杂钞在很短时期内也由于无人支持而提前死灭。剩下的便是对银洋、法币的斗争。

当省钞、杂钞停止流通后,至八九月间由于农币猛跌,银洋便大肆活跃,至十一月二十八日乃提出禁止银洋行使,但为了解决冬装,财政上就花出一二十万白洋,禁止当然只是具文了。

一九四一年一月正式宣布农币为唯一合法的本位币,银洋只准保存禁止返运与周使,四月间行署颁布《扰乱金融惩治暂行条例》,白洋和法币同时禁止周使,但财政收款农币与法币都收,并明确提示各地对法币之查禁要放松,只在政治上严加打击,不在法令上深究,实际上是联合法币禁银洋。在禁止银洋的同时,还禁止银洋流入敌占区,银行本身所存银洋只作公开展览,也不向外推销,怕银洋外流资敌(这种对银洋保守的态度一直继续到一九四六年),银洋虽然宣布禁止,但仍成为市场上的主要货币,当时兴县大商人售货所收进的银洋比例,从二月份占营业额60%,至六月份增为80%,其他地区更甚于此,可见银洋活动之一般。八月份财政上又发出银洋经费,于是在又禁又花的情况下,银洋很自然会活跃了。

一九四一年十一月又颁布了《修正扰乱金融暂行条例》,更明确了严禁银洋政策。同时在政策上却又开放了法币。该条例第四条规定"……对法币采保护办法,在一定时期以前,暂准行使",使法币取得合法地位。至一九四二年春,由于美国封锁蒋介石在美基金,日寇不但不收法币,反而向我内地倾销法币,所以价格大跌,在群众中的信用大为减低,我们不但未加以严禁,反而使其合法了。

一九四二年五月间政府预借土产,为了要多收回农币,并企图吸收银洋,乃错误的自动贬低,农币与银洋比价突然由四十元落至八十元。当时还有不少人主张开放银洋,银行并准备实行银洋票据。七月间政府明白指示,银洋在五元以下者不予追究,加以土产上市,银洋大量流入,于是银洋就空前猖狂了。在此情况下,市场交易以银洋为主,法币与农币分享找零作用,而法币还是优于农币的。

一九四二年秋冬,高干会及临参会就银洋问题经过一番争论之后,仍然确定严禁银洋法币。十二月并宣布停止法币流通,当时因敌人倾销法币出路减少,价格不断下跌,且过去依靠法币到河西购买必需物资,现在已由土产来代替了。因之,禁绝法币便顺利的迅速完成,农币便独享了银洋的辅币作用。

数年来,虽严禁银洋,而银洋事实上并未禁止流通,在一九四三年七月统购土产时,采银洋、实物、农币各三分之一的方法,在严禁银洋的法令下,就又依然大花银洋了。

至一九四七年,群众斗争出来的银洋,各地仍要求按黑市行情兑换,曾规定较黑市低20%收兑,因黑市价不一,颇易争执,故后又改为代销,银洋交公司推出境外,按原价付群众物资,此办法后又奉西北局电令取消,改为以农币一万五兑换。

自禁止法币后,内地法币基本上是绝迹了。日寇投降后,依附法币思想复活,明确确定让农币跟随跌落,银行并努力筹划一批法币,作为外汇基金,结果只是给四大家族负担了一笔款子。

数年来,对银洋是采取了既禁止又使用,且开放的政策,表现为动摇妥协的态度。而银行则始终将农币束缚在银洋的比价上,故银洋思想终未击掉,银洋终未彻底禁绝。法币虽由投降妥协到禁止,一度又回到投降妥协。但自禁止以后,内地市场上法币已经绝迹,巩固了农币的阵地。伪钞则早在一九四二年前便严格禁止内流,故伪钞始终未流入内地,而保护了农币的阵地。

乙,货币斗争中的几个问题

1. 农币的发行是建立在政治军事对敌斗争胜利基础上的,没有对敌斗争的胜利,也就不可能有农币的发行。我们的军队与政权到达的地方,农币才能到达,否则,则是敌币流行。因此,对敌货币斗争是与政治军事斗争分不开的,必须密切配合。成功的经验,如在绥包战役及大同战役时,由于形势开展,法币在群众中威信丧失,当时在三个月内农币与法币最低到一比三,在这样机会下我们收了十二亿法币,并严禁了法币在新区的行使,推广了农币。又如当一九四一、一九四二年日寇强化治安施行后,八分区山地敌人扎下据点,而伪币也就上了山,及至对敌斗争胜利开展,伪币也就被驱逐出去。失败的教训,如晋南形势开展后,我们对法币未及时严禁,农币未及时推行,结果法币不但未驱逐出去,反而流进来,形势开展半年之后,据调查群众手中尚存有法币达四五十亿。在法币不断狂跌情况下,损失是很大的。对敌货币斗争除政治军事的胜利与配合,必须要有足够的经济作后盾,否则单靠行政权力出布告,严格缉私没收是不能解决问题的。相反会增加群众痛苦,引起群众对我不满。如在六分区边沿区禁止伪钞时,最初我们只是强调严禁,查住即予没收。群众即提出,我们也知道用伪钞不对,但是我们无处来农币,有了农币无处买到东西。后来提出商店(或合作社)货物农币三位一体配合前进,便将伪钞驱走,农币也推广了。所以不论在边沿区或新收复区,要推行农币,禁绝法币,除了政权力量以外,必须准备充足的物资,作为农币的后盾。农币才易占领阵地,才不至于退回来。

2. 在边沿区与新收复区对敌货币斗争,必须掌握以敌币打敌币的办法。我们一面严禁敌币周使与入口,一面又须限期予以兑换,或组织群众将敌币推出,我们再拿上敌币由敌区购货进来支持农币,这样才能将敌币驱出去,留出市场来流通农币。同时,吸收的敌币所购回之货,又可支持农币,绥蒙当时吸收了十余亿法币进来,就是禁了法币,又支持与推广了农币。兑换时为了打击敌币,压低是应当的,但也不能太甚,必须照顾市场价格,否则群众不到银行兑换,必然暗中互相受授,对禁止敌币推行农币都不利。忻崞战役时,由于军事胜利,收复了广大地区,法币立即下跌,当时市价八九角农币兑法币一元,而我们牌价是一元农币兑三元法币,结果法币未大量兑回,农币不久又波动起来(当然其他方面原因也有)。

3. 在货币斗争中,除领导上有坚决的决心之处,必须广泛的宣传动员,特别是干部思想打通是非常重要的。否则行不通。而且在严禁没收之后,必然造成不满,且会伤害贫苦群众的利益,这一点在禁止银洋中更为重要。数年来银洋未彻底禁绝,与思想未打通关系甚大。如神府是个老区域,抗战期中敌人未曾到过,但那里的银洋流行始终较其他区域严重,这主要是干部思想未打通,认为禁止银洋是对群众有害的,不广泛的宣传动员,只是城镇人们知道了,他的办法多,可以暗中捣鬼查不住。乡村贫苦群众不知道,他们偶尔使用少数银洋,反而被没收了,如四一年严禁银洋时,有一个贫苦农民,向富有者借几元银洋到城里买棺材,结果也被没收了。

4.农币的相对稳定,对禁止银洋、法币关系也很大,银洋之所以难禁,就是因为银洋价较稳定,变动小,群众拿住不易吃亏,而拿住农币,过一个时间不花就要吃亏,因而群众卖货愿要银洋,不愿要农币。法币之所以易禁,除其他原因之外,它本身的不断狂跌,且其速度较农币为速,因此群众更不要,这是有极大关系的。

丙、外汇管理

虽然农币长期企图稳定在银洋的比价上,后来一度虽又企图稳在法币的比价上,而且也曾公布了管理外汇办法。在日本投降以前外汇管理很少,银行兑出入数目也是很小,绝大部分是自流了。用途自然也是很乱的,自一九四〇年五月到一九四二年一月各地统计是:

	兑出数	兑入数
银洋	6985	5885
法币	20262	23118
陕边币	2440	4156
伪钞		91
晋察冀币	28	330

日本投降之后,延安干部过境,开始较大量的供给外汇,及至一九四六年春,为了稳定农币,决定抛售赤金、法币,准公私商自由兑换,一时形同兑现,月余时间内,仅兴县总行即兑出赤金一千二百余两,法币四千余万。八月间,为了稳定农币,又开始抛售赤金、法币,至十一月计抛出赤金约万两,只兴县即有三千五百余两,法币三亿四千万元,虽然回笼了大批农币,因为在内地抛售,且牌价又脱离市价很远,故对稳定农币的作用并不大,银行吃了很大的亏,各种奢侈品也随之而入。从一九四七年起,确定外汇集中于贸易公司统一使用,减少投机倒贩,一般的不供给外汇,也不挂牌。

数年来,在管理外汇中有如下几个问题:

1.晋绥外汇的来源主要的是依靠土产出口,其他都是次要的,土产统一了,大宗外汇自然也就集中了。故土产的统购统销工作加强了,实际上也就是外汇管理工作的加强,至于一般土产的出口,由于战争关系,而且是乡村环境与银行机构不健全,要做到完全统一于银行出入是不可能的,只能促使与组织商人带土产出口，换必要品回来。

2. 外汇的使用应集中于主要的方向，也就是外汇必须换回我之必需品，否则不应供给。虽限制的兑换供给，不仅外汇浪费，且予敌人以倾销奢侈品以绝好机会。如一九四六年春大量供给外汇时，月余时间即入口纸烟三万余条，同时也予奸商投机者以倒贩金融之绝好机会，助长农币的不稳。过去每当银行大量供给外汇的时候，大量奢侈品随之流入，而农币价格变化也即愈快，这是一面。再则地区上也不能平均，必须哪里入口物资多，外汇价高，就将外汇集中到哪里使用。如一九四七年花布及各种物品入口，主要的是从晋察冀与大同，而我们将赤金都用在这两个方面。因而花布及各种物品入口即多。这样既可争取大量必需品入口，而且价格也不吃亏，对农币稳定的作用也大。

3. 供给外汇的地点，一定要放在过境口岸上，不能在内地到处供给，必然使边沿区农币内流，既增大了内地农币的流通量，助长了农币波动的因素。如一九四六年秋，在内地大量供给外汇，各边沿区的农币都运回来了，汾阳一个公营商店，一月内跑了两次即带回五千余万农币到临县银行兑换，且使边沿区农币减少，给敌币流行以绝大空隙。同时，在内地供给外汇，价格不易掌握，入口物资也不易掌握。

4. 外汇价格必须实事求是，不能脱离市场太远。从主观愿望出发，为了表示农币高，怕低了政治影响不好，与市场价脱离不仅吸收不进来，造成供不应求的现象，且必然成为挨打政策。如一九四六年春，法币在外面涨价的时候，我们牌价六角八分兑法币一元，致使法币供不应求，到法币低价兑换之后，我们又改为九角八兑换法币一元。又如一九四六年五月间，形式的把金价定为十六万八，而当时周围的金价均在二十万以上，因此不到一月即兑出赤金二千余两。以后又难于支持，把金价提到二十二万元，内地各银行牌价不一致，相差甚远。如兴县一九四六年七八月间经常低于临县金价四万至五万元一两（距临县一百四十里），以此造成商人投机，一个延安商人在兴县以一千万元存款在银行买成金子，骑马跑到临县卖给银行，即赚了一百余万元。

5. 公开挂牌问题。根据经验，银行在内地到处外汇公开挂牌，是非常呆板被动的。当外汇下跌时，商人就将外汇卖给你；外汇上涨时，商人就买你的，而我们的牌价又不能每日不变，或一日数变，同时公开挂牌若不兑给，只会引起争吵，影响也不好，供给又只是挨打，故自一九四七年起，我们内地都取消了挂牌，银行只有内定价，随时变动，这样就灵活了。

各阶段发行情形

1940年5月至1947年12月底

发行时期	各时期发行数	发行累加总额	财政用	贸易银行用	各种贷款用	本币印制费	兑回破票	陕边贸总用
1940/8/31 止	1,000,000 00	1,000,000 00	1,000,000 00					
1941/8/31 止	3,000,000 00	4,000,000 00	2,800,000 00		200,000 00			
1942/5/31 止	5,500,000 00	9,500,000 00	4,500,000 00	387,964 85	300,000 00	312,035 15		
1943/1/31 止	287,729	9,787,729	200,000 00	871.29				
/2/28 止	1,300,000 00	11,087,729 00	1,300,000 00					
/5/31 止	14,144,400	25,232,129	500,000 00	388,225 35	13,256,175 00			
/6/30 止	2,938,600	28,170,729	2,776,181 65	162,418				
/7/31 止	24,512,240	52,683,469	25,512,740 00					
/10/31 止	25,889,295	78,572,764 14	24,955,397 14	980,223				
1944/3/31 止	124,954,164	203,526,928 18	94,177,364 04	7,412,941 47	30,776,600 00			
/3/31 止	8,726,641 47	212,253,569 65		15,200,000 00	1,313,700 00			
/6/30 止	12,980,168 65	255,233,738 30		9,492,141 50	3,000,000 00			
/7/31 止	12,492,141 50	237,725,879 80		6,757,579 40				
/8/31 止	6,757,579 40	244,483,459 20		9,848,947 50				
/9/30 止	9,848,947 50	254,332,406 70	22,609,044 07			2,225,325 52		
/10/31 止	24,864,369 59	279,196,226 29		795,269 82				
/11/30 止	795,269 82	279,992,046 11		7,456,653 00		25,000 00		
/12/31 止	7,481,683 00	287,473,729 11						

续表

发行时期	各时期发行数	发行累加总额	财政用	贸易银行用	各种贷款用	本币印制费	兑回破票	陕边贸总用
1945/1/31 止	77,924,639 89	365,398,369 00	10,000,000 00	30,494,054 56	29,517,985 43	6,876,523 80	1,036,076 10	
/3/31 止	32,700,000 00	398,098,369 00	30,000,000 00		2,700,000 00	2,601,301 00		
/4/30 止	66,341,750 00	464,440,119 00	20,000,000 00	29,719,557 00	13,240,000 00	3,240,620 00	786,892 00	
/5/31 止	63,034,250 00	527,474,369 00	35,000,000 00	16,793,130 00	8,000,000 00			
/6/30 止	90,884,000 00	618,358,369 00	50,000,000 00	40,724,000 00	160,000 00	58,800 00		
/7/31 止	63,964,476 50	682,322,845 50	10,000,000 00	52,632,929 50		5,239,056 00	1,222,747 00	
/8/31 止	406,952,523 50	1,089,275,369 00	240,400,000 00	161,086,524 35		4,942,512 00	626,893 15	
/9/30 止	237,710,000 00	1,326,985,369 00	128,400,000 00	93,467,483 00	900,000 00	2,528,865 00		
/10/31 止	376,617,807 29	1,703,603,176 29	80,200,000 00	292,262,528 71		2,000 00	1,616,414 29	
/11/30 止	338,382,202 71	2,041,985,379 00	33,720,000 00	304,660,202 00		6,354,590 00		
/12/31 止	305,000,000 00	2,346,985,379 00	1,441,463 00	297,203,947 00		2,814 00		
1946/1/31 止	632,705,000 00	2,774,690,379 00	4,838,537 00	237,702,186 00	125,000,000 00	3,515,580 00		
/2/28 止	65,000,000 00	2,774,690,379 00	90,000,000 00	56,645,883 00		3,025,633 00		
/3/31 止	100,000,000 00	2,874,690,379 00		6,974,367 00				
/4/30 止		2,874,690,379 00	222,000,000 00			9,002,468 00		
/5/31 止	222,000,000 00	3,096,690,379 00	440,935,145 00					
/6/30 止	1,230,000,000 00	4,326,690,379 00		752,226,000 00		36,838,854 23		
/7/31 止	1,600,000,000 00	5,926,690,379 00	1,600,000,000 00					

续表

发行时期	各时期发行数	发行累加总额		财政用		贸易银行用		各种贷款用		本币印制费		兑回破票		陕边贸总用	
/8/31 止	382,587,800	6,309,278,179	00	382,587,800	00										
/9/30 止	455,617,765	6,764,875,944	63	311,587,770	00	132,767,718	63			11,262,277	00				
/10/31 止	344,304,424	7,109,200,369	27	336,313,284	22							16,120	00	7,975,020	15
/11/30 止	157,050,000	7,266,750,369	50	100,759,360	00							56,290,640	00		
/12/31 止	1,051,700,000	8,317,950,369	00	307,000,000	00	630,206,029	50			32,270,703	00	82,223,267	50		
1947/1/31 止	2,395,000,000	10,712,950,369	00			2,383,909,276	00			11,090,724	00				
/2/28 止	2,182,500,000	12,895,450,369	00	440,000,000	00	972,500	00	1,210,000,000	00						
/3/31 止	1,170,000,000	14,065,450,369	00	20,000,000	00	140,000,000	00			360,000,000	00	230,000,000	00		
/4/30 止	1,970,000,000	16,035,450,369	00	100,000,000	00	1,950,000	00								
/5/31 止	3,031,120,000	19,066,570,369	00	2,801,000,000	00	2,600,000	00			250,000,000	00	81,120,000	00		
/6/30 止	3,791,000,000	22,857,570,369	00	4,081,000,000	00	690,000	00			300,000,000	00				
/7/31 止	10,026,000,000	32,883,570,360	00	4,390,000,000	00	5,305,350,000	00			640,000,000	00				
/8/31 止	7,890,000,000	40,773,570,360	00	3,669,000,000	00	3,260,000,000	00			240,000,000	00	64,318,000	00		
/9/30 止	9,957,318,000	61,313,300,669	00	5,120,000,000	00	5,770,000,000	00			455,000,000	00				
/10/31 止	10,582,112,300	61,313,300,669	00	3,650,000,000	00	4,670,139,800	00			742,272,500	00	15,867,300	00	15,000,000,000	00
/11/30 止	39,767,727,500	101,081,028,169	00	3,650,000,000	00	20,184,260,200	00			917,000,000	00	29,019,000	00	15,000,000,000	00
/12/31 止	24,592,000,000	125,673,028,169	00	6,350,000,000	00	1,900,000,000	00			1,312,981,000	00			30,000,000,000	00
				35,294,256,686	51	52,995,431,790	17	1,452,518,135	43	5,415,015,946	70	515,805,610	19		

银行贸易局略历

晋西事变后,于一九四〇年以兴县原地方农民银行为基础,建立了"西北农民银行"。但该行家务大部被顽固派搬去,所余仅几块印版,经我整理后,以四大动员之献金百分之四十以下充实了银行,并开始发行工作。

三位一体的形成

一九四二年银行贸易局合而为一,由财政处统一领导,形成银行、贸易、财政的三位一体。银行发行款,除以一部充作财政开支外,一部作为贸易资金。贸易局任务除经营物资、对外贸易、调剂市场、支持金融外,仍采购必需物资供给机关部队。而财政处则一面借用发行款及贸易局某些物资作为财政开支,一面则用财政收入,粮食税收等,交由贸易局调剂物价,稳定市场,或以公粮变款维持金融,三者互相结合,作用很大。

发行工作的检讨

1. 历年来发行对财政上的支持和充实贸易资金,是起了很大作用,计自一九四〇年到一九四六年的七年中,平均财政用款占发行总额的56.64%,用之于贸易投资上的发行款占发行总额的31.55%。

2. 对扶助生产、为生产服务的方针没有贯彻。

一九四二年提出为生产服务的方针,一直到一九四六年都没有很好的贯彻。历年来的发行款用于生产贷款上的为数很少,如自一九四〇年到一九四六年银行农业贷款只占发行总额的8.73%,计一九四二年占5.45%,一九四三年占17.68%,一九四四年占24.07%,一九四五年占2.65%,一九四六年占2.55%。

3. 不敢发行的经验教训。

从一九四三年到一九四四年约一年半之久,本币与银洋的比价稳定在1,501,200元之间,当时不但有稳定的条件,而且具备发放贷款、发展生产的条件,但由于过分保守高币制政策,只发行很少一点,而且没有用在生产上。当时有些人拿上赤金、法币、银洋到银行兑本币都不兑给,以致使生产品无销路,市场死滞,生产停顿群众受到很大损失。

4. 大发行的经验教训。

自保守观点、高币制政策纠正后,又走向另一偏向——不怕金融波动,大发行之后,即大量收购物资,不用于生产,以致引起金融的膨胀。在一九四六年十二月到四七年二月两个月中间,银洋由3,000涨到7,500元,布由5,400涨到

12,500 元,花由 700 涨到 1,400 元,平均涨了一倍以上。思想上以为落的多,则银行基金更充实,银行赚钱更多,因此未积极地去稳定金融,对群众、对大小公家的损失很大。

货币斗争

1. 与法币斗争:

一九四二年以前驱逐伪钞以后,当时本币的主要敌人是法币,法币对本币市场影响很大,因而对法币采取了严格的斗争。当时以经济力量为主,配合行政权力,政府颁发布告,教育群众采取强硬态度,几天行使手续者,一律没收。自一九四二年到日本投降前,可以说在内地市场上法币已经绝迹,巩固了我们本币的阵地,只有边沿农村极少数在黑市上活动。自法币禁用之后,本币市场扩大,虽有敌人几次扫荡,而本币并无波动,百分之八十的市场与农村均推行开本币。到日本投降后地区扩大,新收复区货币斗争复杂,接近国民党区域需法币增多,再加以和平思想一来,对法币管理放松,因此法币虽在内地没有流通,但边沿区及新收复区却大批行使法币。携带过境,管理手续曾一度废弛,致使本币与法币比价起了很大的变化。如自一九四四年二月法币一元兑本币 0.85 元,到一九四五年六月逐渐压低法币为 1 比 0.4 元,但到四五年年底即涨到 1 比 0.56 元,到六年十一月即涨到 1 比 1.43 元。这主要是由于管理不善,引起了法币提高,本币贬值。

根据我们以往经验,对法币斗争与军事政治斗争的配合有很重要的关系,如在绥包战役及崞忻大同战役时,由于形势开展,法币在群众中丧失了威信,当时在三个月内本币与法币比价最低到一比三,在这样机会下我们吸收了十二万万余元法币,并严禁法币在新区行使,收获很大。

我们同法币的关系,从来是处在"经常需要"和"经常吃亏"的情况下面。因晋绥内地贫困,出口物资较少,许多必需物资如棉花、布匹、军工原料和器材等均非从外区购买不可,而这些地区又多是敌顽区域,非法币不能买到东西。因此,我们土产出口必须经过一定的地点和时间才能换回法币,换回后又必须经过一定地点和时间才能出口换回必需物资,这样运输一次最少需要两个月时间,在这两个月时间中,法币不断跌价,致使法币出口不能换回与土产等值的东西,吃了亏。根据过去的规律,法币每月平均要跌价 30%,如此则使我们停留内地两个月法币吃亏很大,法币越多越久则吃亏越大。我们过去一九四三年、一九四五年、一九四六年以土产换回外汇及物资,法币即占 33.5%,在内地经常保存一个月至三个月的时间,其吃亏之大是可以想象的。其次在主观上,我们往往过多的保存法币。作为准备金融波动时放出之用,而且是呆板的存起,很少主动的积极的找法币销路,借以换回物资,充实市场,稳定金融,结果金融波动全拿法币也不能稳定,而且法币吃了亏。在绥包及大同战争时,所吸收之十二万万元法币,亦未迅速争取出口,以致法币跌价吃亏。

2. 对白洋的管理:

晋绥在黄河沿岸及晋北一些农村,存在着白洋或明或暗流通现象。主要原因,是本币信用不高,尤其在通货膨胀时白洋上涨更烈,如一九四〇听白洋与本币比价是一比十,一九四一年是一比五十,一九四二年一比六十六,一九四三年一比一百五十五,一九四四年一比二百,一九四五年一比五百五十,一九四六年一比三千五百五十,截至一九四六年底止历年来白洋上涨七百七十七倍。

自一九四四年五月一直到一九四五年九月,白洋与本币比价稳定在一百五十五—二〇〇之间,这是晋绥币价与物价最稳定的时期。当时我们实行了严格的管理,使白洋不敢露面,同时由于当时物价也稳定,我们白洋牌价变动很小,虽然只收进不兑出,但群众一般心理是只看牌价来估计市场物价。当时人心非常平稳。

到日本投降后,对白洋管理较松,农村中有少数白洋暗流,未采取强硬政策,在我们思想上总以为白洋有历史上的习惯,对农民影响深刻,因之迁就了白洋的行使如在五、六分区,去年群众所得斗争果实白洋七十万元,本应吸收回来,但因当时牌价不适当未能吸收,这是我们管理上的一个很大缺点。

3. 黄金的管理问题:

一九四三年到一九四六年,土产出口换回的金子虽然数量不大,但向来是由银行管理与掌握的,且无论作外汇或其他用处,均须经边区最高党政机关批准。因此,在内地市场很少有金子的交易,到政协会后,我们土产出口,大部分换回的是金子,为了回笼本币,将金子开放,准予公私商自由兑换,最高每日兑出曾超过七百两。一九四六年三月间在本法比价为二比一的时候,外面金价已经到了二十万至二十三万元,而我们的牌价反从二十万元降到十六万八千元,故不到几天,即兑出黄金二千余两,银行吃亏七八千万元,这是一个失败的教训。

黄金在内地市场虽然与农民交易关系不大,但在较大的市场上,黄金代替了本币交易的媒介,占住了相当数量的本币位置。如在临县碛口两地一次成交布匹,不用通过本币即可成效二三百两黄金,因此使本币市场缩小,信用降低,造成金融更容易波动。因此今年二月又决定恢复黄金管制。

晋绥金融波动,物价上涨的基本原因

除了上述发行工作忽左忽右的偏向以外,还有以下几个原因。

1. 本币没有建立在群众基础上:

根据过去经验,本币不深入农村,不和群众发生密切关系,则本币只在市场上流动,即不易稳定。而本币不稳,也会使本币不易深入农村,二者互为因果,但主要还是如何设法深入农村,求得稳定的问题。比如一九四四年五月到一九四五年九月,本币与银洋比价一直稳定在1,551,200元之间,而目前金融就经常波动。从去年五月到现在,白洋已经上涨8—10倍,究竟原因在哪里?从以下几个问题上可以看出:

(1) 公粮收款问题

历年来以公粮收款收缩本币,在稳定金融平抑物价上是起着很有效的作用。过去每年都有"以公粮收款稳定金融"的准备,每逢波动时,便限期收公粮变款,因之群众不得不追求本币与出售粮食,以备以本币折交公粮,如此则可很快地提高了本币,平抑了粮价,并影响其他物价下降。不过由于我们对"限期"和"定价"未知掌握,使群众在粮价下降时只有更多的卖粮,才能折交负担,吃了大亏,因市场很小只有卖粮而没有买则粮价更跌,这也是个缺乏群众观点的教训,目前由于人民负担过重,所征之粮尚不足食用,没有公粮变款,则票子不易回笼了。

(2) 食盐开放问题

反攻以前由陕西入口之食盐,是由贸易公司统购后批发到内地,专收本币,没有本币很难买盐吃。任何人每天都要吃盐。因此群众必须随时准备有本币在手,这样本币就和群众发生了密切的关系,但自反攻后因考虑政治影响,乃与陕甘宁同时开放,取消了食盐的管理,这对支持本币是有很大影响的。因此我们还准备在可能条件下恢复食盐管理政策。

2. 基本问题在于财政收支不敷与发行的矛盾:

自反攻后地区扩大,而财政收入并未增加,脱离生产人员比反攻前突然增加一倍以上,因而财政预算加大,收入不敷支出。在这种情况下,为了开支,必须向银行借款,而银行为供应战争需要,只得发行本币。财政上取得发行款后,立即到市场去用,因晋绥市场小,人民购买力很弱,市场上突然增加了本币的筹码,便会很快引起波动,如果为了避免波动不发行,则财政开支无法解决。另外,在晋绥财政收入中,所靠的主要出口物资,不能在内地为稳定金融而间接或直接吸收本币,若以之稳定金融必须出口赤金、法币,再购成物资,才能回来回笼本币,这不仅困难,而且周转过程迟缓,赶不上市场发展的需要,这在目前是急待解决的一个问题。

另外银行贸易公司本身有百分之二百以上的基金,但仍然不免波动,我们认为主要也是由于财政收支不平衡,与发行存在着基本的矛盾。

在稳定物价作法上的教训

1. 单纯的在内地区收购物资:

一般在物价稳定的时候,是死板的在内地收存物资,而且计划性不强,因各种原因未实现,自己内部也不一致,在思想上唯恐将来物资不多,所以往往用几种方法企图把物资控制在自己手里,以准备应付金融波动。因此也使得公私商不满而与银行贸易公司形成对立。同时公私商也摸到了我们的规律,看到贸易公司大买,就知道该货一定要涨价,因而就大家抢购,这也是促成金融波动的原因之一,如一九四六年二三月间三分区粮价已经由三八〇〇涨到四〇〇〇元的时候,三分区贸易公司存粮几千石,不但不卖,而且还到东村一带买粮,以致物价更加上涨。

2. 单纯地在市场抛售物资:

在物价波动时,各方面力量配合不够,机械的大量抛售,但人家布卖三万,贸易公司卖二万八,人家的布卖不出去,只有贸易公司一家卖,我们的布原从陕西过来,由于贸易公司大量抛布这后,大批的布又从碛口向陕西倒流,以致内地市场布匹空虚(并没有因抛布使市场布价稳定布量增加),潜伏了布价再涨的因素,商人也摸到了我们的规律,专看我们有多大力量?能抛到什么程度?临到我们的布快要抛完的时候,就大胆吸收,你卖他买,你卖完了他买不到贸易公司的就到市场上买,使布价提高甚至暴涨起来。我们这种只吐不吞或只吞不吐的做法,使这些商人投了机,得了大利,我们大小公家和群众都吃了亏。

在牌价与物价政策上的教训

过去挂牌和货物定价,多是与具体情况相差好远,所以有时便成为挨打政策。如一九四六年二三月间,法币在外面涨价的时候,我们挂牌六角八分本币兑法币一元,致使法法币供不应求,到法币低价兑完之后,我们又改为九角八分兑法币一元。又如一九四六年五月间形式的把金价定为一六八〇〇〇元,而当时周围金价都在二十万以上,因此不到一个月即兑出金子二千余两,以后又由于难以支持,把金价提到二十二万元。

内地各银行牌价不一致,相差甚远,如兴县一九四六年七八月间金价经常低于临县金价四万至五万元一两(距临县只一百四十里,一天多路程),由此造成商人投机,一个延安的客人在兴县以一千万元本币存款,在银行买上金子,骑马到临县贸易公司卖成本币,赚了一百多万元。

在物价上同样如此,如临县土布每捆市价一〇五万,兴县市价一〇〇万,而兴县贸易公司定价九〇万元,企图以此稳定金融抛售物资,机械的主观的规定主要市场的物价,并强令执行,结果总公司卖了一三〇〇捆布,赔本四〇〇捆。在压物价时,不是从各该地物价的顶点逐渐压起,而是硬要低于市价若干若干、结果在市场上形成孤军奋战,谁也不跟我们的价格走了。

(陈希云:《晋绥财经工作报名》,1947 年 2 月)

第二节 贯彻"发展经济、保障供给"的总方针,统一货币发行

一、发行工作的方针、政策和步骤

货币政策

目前我们的货币制度,由于战争环境,还存在着两大缺点:一个是不稳定,一个是不统一。由于不稳定和不统一,使我们在生产过程中,特别是在物资交换和货币流转过程中,免不掉受种种损失,这样就妨碍了国民经济的发展。为着发展生产,繁荣经济,便利各地区的物资交流,避免交换中不应有的损失,我们必须使我们的货币相当稳定,并把各地区的货币逐渐统一起来。

假使其他条件(如战争情况,本币流通范围以及生产发展程度、货币流通速度等)不变,那么币值和物价的高低,便主要决定于货币的发行数量。所以我们货币政策的中心关键之一便是调节发行数量,使我们的币值和物价保持相当稳定。货币发行应当首先保证生产建设,其次保证战争供应。我们必须掌握着"发展经济,保障供给"的基本方针,尽可能减少财政透支,使我们的发行主要用于生产建设。但在这样大规模的人民解放战争中,财政收支是很难做到完全平

衡的。战争继续下去,这样的情况只能希望稍稍改善,决不可能根本改变,而且还有更困难的可能,所以我们只能要求减少财政透支。而不应当不顾战争需要,要求完全避免财政透支,应当根据具体情况,来适当解决发展生产与保障战争供给间的矛盾,并尽量避免货币的膨胀。

这样看来,发行政策是个很复杂的问题,要照顾到战争,照顾到生产,还要照顾到物价的平稳。保障战争供给要求增加发行,投资生产建设,要求增加发行,但发行过多,便会物价高涨,使战争供给和生产建设均遇到很大的困难。

1. 战争供给是必须保障的。但应尽可能多依靠人民的直接负担少依靠人民的货币发行(这是一种间接负担同样落在人民身上)。但在这样紧张的战争情况下,亦不可能不发行若干货币,来暂时解决困难。

2. 生产建设也是必须保障的。我们可以增发若干货币来作生产投资,但生产投资同样要有一定限制,必须节约资金,并尽可能多地吸收社会游资,少依靠货币发行。

3. 调节发行数量,保持物价平稳,是我发展生产和保障战争供给之一重要保证。必须尽可能地朝这方面努力,但单纯紧缩通货,而不想法发展生产,保证战争供给,同样也是不正确的。必须通盘考虑,才能避免发生偏差。

怎样保持币值和物价稳定？在今天的情况下主要决定于战争和由此引起的本币流通范围的变化及财政收支状况的变化,我们金融贸易工作所应努力的,是在战争的胜利进展中迅速扩大本币流通范围,并在一定范围以内调节本币发行数量,以保持物价的相当平稳。如因战争紧张,不能阻止物价上升,那也应当使它平衡上升,避免上下波动。战争是集中的、突击的,如果发行货币直接供给战争,那就必然会引起物价剧烈波动,这就要求我们的发行工作要有一定的计划性,选择适当的时机和适当的地区,避免集中的、突击的发行,掌握分散的、经常的发行方针。发行工作要与贸易工作结合,要与财政的征收和开支结合,这就是说:"我们要通过贸易来有计划的发行货币和回笼货币,调节市场上的货币流通数量"。财政的征收和开支,也要与贸易相结合,不要在征收中骤然紧缩货币,更不要在开支中把大量货币直接投入市场,用这些方法便可以保持币值和物价的相对稳定。

其次如何逐渐统一各地区的货币,这也是这次会议所必须解决的问题。货币的统一不单纯是一个技术问题,它与财政的统一有着密切的关系。如果财政不统一而首先统一货币,那么某一地区在其财政困难时候,如果增发货币,则可能把一部分负担转嫁到其他地区人民的身上,引起邻区间的许多纠纷。如果取消其货币的发行区,那就不能应付紧急需要。现在晋察冀和晋冀鲁豫财政上已完全统一,银行和贸易也准备合并,因而货币的统一发行和自由流通已无任何困难。此次会议决定,两种货币即按＋与－之比价(接近于统一流通前的自然比价)自由流通,逐渐整理。山东和西北因为财政尚未统一,货币的固定比价和统一流通尚有困难,但也应使比价相当稳定。尽可能地避免波动,并争取早日实现华北各解放区货币的完全统一。

统一货币的方针是已经确定了,我们现在需要研究的是统一的步骤。由于战争环境,交通困难,财经工作在领导上还没有完全统一,所以货币统一亦不应当操之过急。晋察冀和晋冀鲁豫统一的步骤,是首先宣布两种货币的固定比价,自由流通,并使其中一种停止发行,按着可以在两种旧货币中收回一种,而使另一种货币在两个地区统一流通。山东和西北,目前还是稳定比价,实行有计划的调剂,我们准备于东西两边境上,设立两区银行的联合办事处,来掌握货币比价,并用有计划的物资调拨及财政调拨来平衡两地区间物资交换和货币兑换数量,以保持比价相当的稳定,并准备于一年以内完成华北解放区货币的统一工作。

华北各解放区货币的统一,仍没有把我们的货币问题完全解决,货币问题的完全解决,还有待于人民解放战争的完全胜利。这时,我们还应作进一步的措施,使我们货币的币值完全稳定,并在全国范围以内统一发行,自由流通。至于具体办法要等将来根据其具体情况才能决定。现在应作思想上的准备,并作一些必要的准备工作。

(华北银行:《金额贸易综合报告》,1948年3月)

1.货币政策。目前我们的货币制度,还存在着两大缺点,一个是不稳定,一个是不统一。这就妨碍我们国民经济的发展。我们的货币发行,应当首先保证生产建设;其次保证战争供给,掌握发行数量避免物价剧烈上涨。但因战争紧张,我们只能要求物价相当平稳,避免剧烈波动;而不可能要求把币值、物价完全稳定下来。货币发行不应直接供给战争,而应通过贸易周转,避免集中的,突击的发行;掌握分散的经常的发行方针。

货币的统一与财政的统一有着密切关系。晋察冀与晋冀鲁豫开始合并,决定两区货币固定比价自由流通。山东和西北由于财政尚未统一,货币的固定比价、自由流通尚有困难；但亦应使比价相当稳定，尽可能地避免波动，并早日实现华北各解放区货币的完全统一（中央已决定华北各解放区货币固定比价互相通用）。

2.货币斗争。货币斗争的主要任务是跟着战争形势的发展,而努力扩大本币的阵地（流通范围），压缩蒋币的阵地，并适应对外贸易的需要。而调剂蒋币外汇，掌握蒋币比价。用这些办法来巩固本币，打击蒋币，以保护人民财富，保证生产发展。现在是我货币斗争很有利的时机，但应重视货币斗争。在解放区扩大时，迅速驱逐蒋币；在蒋区物价高涨时，迅速抑制蒋币比价。否则政府和人民均将受到巨大损失。

货币斗争必须与贸易斗争相结合。阵地斗争不但是为驱逐蒋币而且是为争夺物资，即以无用的蒋币去换回有用的物资。贸易工作必须支持货币斗争，要在新解放区平抑本币物价，使群众乐于使用本币。在外汇管理中，货币斗争应为贸易斗争服务，按照进出口的需要来适当掌握比价，吞吐外汇。

（华北金融贸易会议：《关于货币政策与货币斗争问题》，1948年5月）

经过一个月的战争破坏及其影响，目前的情况是严重的，表现在：金融发生严重波动，地区缩小，兑换停滞，交换缺乏，人民手中边币买不到东西；另一方面，为支持前线，需大量发行，发出难以收回，吞吐不灵。在此情况下票价将继续下跌，财政收入大部停止，贸易上支持财政力量大大降低（变不过来）。因而目前只能依靠银行发行来支持财政，即开支因战争消耗而增大，致财政金融发生矛盾。财政扩大，发行就是增加，物价就要高涨，物价高涨，预算就要扩大，预算扩大，又使发行增加，这就是我们过去想避免的金融波动而难于避免的要到来了。

对策：

金融问题：1.凡一切稍为远战地区，银行总换的工作应即设法恢复。2.黄金、白洋、法币物资均应逐渐抛出，以回笼边币，吞吐发行。3.发行应有节制，与财政贸易密切配合，以减少发行与吞吐发行，如财厅采取部分实物供给制，贸司出售物资，以收回边币等。4.印刷厂生产应即恢复，票币应即设法购置，防止中断，影响工作。5.绥德金融应即设法整顿。

（西北财委：《财经工作会议记录》，1947年4月13日）

第三章 陕甘宁边区银行的货币发行

任转彭、贺、习、刘、马、贾：

由于贸易停滞,物资缺乏,久旱不雨,地区缩小等直接原因,边币信用大为跌落,目前金融面临之困难是：

1. 发行后无法回笼,若大兵团西渡,而更加深其程度；

2. 法币来源断绝,库存已空,若内地行使,不仅打击边币市场,且对将来出击时难于保证供给；

3. 由于囤积操纵白洋市场的绥德大地主、奸商没有受到严重打击,以及三边公家人对边币无信心,在内地行使法币,致使白洋、法币市场仍占优势,现提出解决办法如下：

（1）清查并动员贸易公司、银行、工商局、公营合作社的家务,以维持边币；

（2）吸收冀币与开辟晋冀鲁豫贸易路线；

（3）大公逐渐做到控制部分民生必需品,如油盐炭布棉粮等,以推行边币。

（4）提议前总将战争胜利品归公,提奖百分之二十以支持财政。

（5）提议前方各部队应坚决维护与推行边币,并使边币市场随我军事胜利的扩展而扩展,严厉打击法币白洋。

以上请示复并转饬有关部队机关遵行。

（林、范、黄、喻、白：《发中央任转彭、贺、习、刘、马、贾电》,1947年7月21日）

发行问题

1. 发行之吞吐：西北财经会决定总的发行额后,银行可以在不超过这个限度内,自由作生产,金融贸易财政等用途之调剂,做到尽量少发行,以免影响物价。

2. 建立发行保管库：为了即时能调剂各地金融,适应工作需要,在兴县、临汾设立发行保管库。

3. 票币生产情况及计划：

对印厂、纸厂之生产任务及管理,须作精确的规定审查,同时要保证解决生产中的一切困难（主要是原料器材）。二月十五日晋绥报告印刷机共五十二部,每月出产八千五百二十八捆,每月需要土钞纸（洪榆纸厂纸）六千二百刀,公私纸厂每月产量最高为五千刀,尚不够用。现在将光华印刷厂搬至拐峁,计划扩大到三十部机子,钞纸由民生纸厂供给（现每月出三十令）,八月份以后出六十令,尚不够用,须以一部分洋纸辅助,这样,六十九部机子每月可产成品一万一千四百五十四捆,如全系五千元票币,则金融为五百七十万万元;如全系一万元票币,则金融为一千一百四十五万万元,除每月发行外,尚可积存些,以准备主力出击开辟新区时,供给其流通筹码。

4. 发行费之拨付:须经常经备一定数量之款项,做印刷开支票币转运印刷器材之采购、纸厂纸款预支等用。

5. 发行销毁票币手续:目前发行手续较乱,往往是先取款后办发行手续,这种现象,严格说起来是很不恰当的。发行一定按发行条件办,如条例不适合而作明文修改,以便手续严明,发行的申请应由用款机关去办。

(《西北贸易公司金融工作计划草案(初稿)》,1948年7月)

财政

河南:据财政处电告,每月须开支600余亿,除税收、销上产及贸易垫款可解决400余亿外,每月尚须发行200余亿,估计河东包括太岳区在内税收工作加强。收入还可增加,发行数字还可争取减少,由河东财政解决,但确定发行数字以200亿为最高限度。

河西:

1. 支出

按财厅最初提出预算粮被在外,只经费一项每月支出为1100余亿。此一数字,经审计处历时一周之审核,可核减220亿,其中33%为经建中生产投资费,此项可按需要可能及新定章程三项原则移交银行具体解决,此后一律不列入财政预算,其余则于各项行政费用中均酌量核减下来(前方经费及后方生活费部分全部未动)。核减后的每月支出约为880余亿,三个月为2640余亿,另加六、七两月拖欠野战军经费270亿及新增慰劳费30余亿,则三月共计2940余亿,此项支出数字,按实际情况估计再不能少。

2. 收入

(1)税收:每月最高估计可得70亿,三个月210亿(注意这一税收大部在黄龙地区,因此必须加强该区税务工作才行)。

(2)贸易代销:原计划每月代销50000件现为克服财政困难,计划加重任务,提至100000件即加重一倍,如是每月可收入400亿,三个月共1200亿(注意:这一计划成功与否决定于销场情况和缉私情况,如销路开又能严禁走私即有完成希望,故应责成贸易部门,用一切力量,争取达到旺销。同时责成缉私委员会用一切努力制止走私)。

(3)现在河西公粮还不够吃用,但因经费开支过大,而收入过小,故决定拿出一万大石公粮来交款,以维持开支,计可得 200 亿,这一万石变款是普遍的征收,以期兼收,推行本币和解决财政之效。

(4)生产自给与节约每月 20 亿,三个月 60 亿(另须发动割草停发三月草,可省二百万斤,合款 50 亿)

3. 赤字

以上四项,如果工作真正做好,三个月可收入 1670 亿(其中决定关键仍为土产约占 70%),每月平均 556 亿,如是则三月赤字为 1270 亿,每月赤字为 422 亿。此数如不吃贸易家务,就得依靠发行解决;而贸易家务,经过去年一年及今年半年已吃掉很多,现在全部亦不够弥补此赤字数,故必须依靠发行解决(如工作做不好,收入就难达到上数,而赤字自然跟着更加增大)。

金融

估计这三月财政发行每月为 650 亿上下(河西为 430 余亿,河南 200 余亿),生产及贸易发行如按财政发行百分之五十计,两项发行每月须 1000 亿上下,如果这样发行,估计可能刺激物价上涨,我们应采取的方针是"力争相对稳定,避免暴涨"。为此该做到下面几条:

1. 掌握与调剂发行,力争做到按地按时比较均衡的发行,避免集中一时一地的发行。

2. 尽量通过贸易发行,减少直接发行于财政的数目。如收土产,使本币流入农村,卖粮布,使本币周流和缓和流通速度。

3. 争取实现吞发行,发行尽量与财政征收相配合,以达一吞一吐,缓和本币的流通速度。

4. 扩大本币市场,肃清蒋币,挤掉白洋(另订计划),土产卖农币,税收要本币,使本币有物资支持,有地盘可流,以此减少金融波动的因素。

5. 继续进行比价斗争,各口岸完全拒绝接收蒋币,动员组织群众将残存蒋币迅速全部推出,完全摆脱蒋币大掉影响,稳定我内部物价,保护人民财富。

6. 增大印刷能力,为适应上述发行趋势,并估计到今后随着战争胜利发展和地区扩大的需要,必须尽力扩大印刷厂加工印钞。同时,又估计到扩大印刷力有许多困难及限制,赶不上需要(过去数目已证明如此),故必须考虑增大票面额、缩小票面积等问题。

贸易

1. 贸易上首要任务是争取推销十万件，完成此项财政任务，并加强维持金融及周转贸易之力量，八至十三个月，河东应送河西三十万件。

2. 必须用全力加强内部市场调剂，为克服现在资金不足之困难，可用发行解决一部分，同时计划调动河东一部物资支持河西贸易及金融。

3. 清理家务：

(1) 半年来公司家务的实际消长应做一总结，以便了解家务现状筹划将来。

(2) 负债项内的小公股份，决定全部转入大公，作为抵还动用公司基金之一部，公司应将各股小公名单表报财委。

生产

1. 三月内生产贷款压缩到最必需的限度，以配合财经贸易渡过难关。

2. 责成建厅立即协同银行研究新的贷款条例及机构，并准备于冬季生产中开始实行。

3. 以往历年贷款及全部公营生产状况，应于本三月内作出详细总结，报告财委，并作一总处理。

4. 今冬及明年生产计划，应于十月前基本确定，以便统筹。

5. 各公营工厂工资制度，由后勤工合及工会三家组织一专门委员会，依据西北实际情况，并参照华北讨论方针及精神提出系统的改进意见。

领导

1. 财政、金融、贸易、生产各部门必须统一集中于财委领导之下，互相密切配合进行工作。反对片面有害的本位主义，以期顺利渡过这一难关。

2. 上述各部门必须根据这一计划的统一精神，定出各自具体的工作计划，并立即采取各种有效方法，组织其实现，每月月终应有系统的负责向财委报告其实施状况。

3. 在此三月内，应根据西北局决定之新的精神与方针，重新审核与确定各种工作制度，经财委批准后，通令所属执行，尤以健全各种财务制度为重要。

4. 在此三月内，必须更精密的筹划下三月工作，早为准备。下三月，财政上应以冬服秋征及征收土地登记费工作等为中心。生产上应以布置秋收及冬季生产为中心。金融贸易应按季节定出工作计划。这些工作有的应在本三月内即动手准备，有的必须于十月内提出完善计划交财委讨论。

5. 建立与健全财委机构及工作制度，以便加强对各部门各地领导。

(西北局:《四八年八、九十三个月财经筹措计划》,1948年9月1日)

目前,在发行工作上存在着的困难是——印刷原料不能有足够的供给。只印钞纸一项,就民生纸厂订制之纸,全月产量不足印刷厂半月之用;其他原料如石头、机器、油墨等等都不敷用,因而影响到目前发行上供不应求(财政上的款即付不出去)。

在内部,没有一个健全的管理发行的组织,因此,就发生了解决印刷厂的一些具体问题上不能及时迅速,在会计上没有向业务上的会计公开(主要是没有干部),使一些发行的报表材料不能及时地、有计划、有系统地汇集。在发行手续上无准则。因而产生执行中的不划一……如喻经理不按旧有制度批发,刘经理则要重研究制度等,具体执行工作上则发生许多碍难。

以上诸端为目前工作中存在的一些困难,欲在这项工作中进行无碍,则必须解决如下几个具体问题:

1. 健全组织——总的方面应有专人负责,并专设发行股,专管发行事宜。如原料供给,印刷厂的管理,新钞收发及保管,会计统计等工作。

2. 印刷原料——据说只"洪涛"一个厂将临县全年的产麻尽数用作制造钞纸尚不够用。在陕甘宁困难更大,"民生纸厂"的产量,不足需要量的半数。从以上两点看来,只纸张一项,要靠内地解决是做不到的。此外,尚有其他必需之外来原料(油墨桃胶等),应有计划地设法从外面采购,才能使生产上不受障碍。

3. 对晋绥关系应明确规定——对晋绥印刷厂的生产如何掌握,发行手续怎样办理,应有明文规定。如在目前,对"洪涛"的生产情况不能及时了解,在发行手续上,如晋绥实际上已将新钞投入市场,但在发行上还未登账,无疑,在会计及统计报表上即会发生同实际情况不符之误。

(贸易总公司:《金融管理科目前工作情况》,1948年9月6日)

二、统一陕甘宁、晋绥两边区的货币发行

为统一陕甘宁、晋绥边区的金融货币,西北局已确定,以西北农民银行发行之农币为西北解放区之本位币,而以陕甘宁贸易公司发行之流通券作为辅币,兹规定:

(一)河西流通之贸易公司商业流通券与河东流通之西北农民银行的农币,

其比价定为券币一元换农币一元,准其相互流通,不得拒用。

(二)贸易公司、银行及一切公私营业、机关、商店,凡一切记账、讲价、清理债务等。今后均应以农币为本位,逐渐推行到群众中去。

(《西北财经处通知》金字第一号,1947年11月11日)

为了增强战时财政力量,支援前线,恢复战区人民经济生活,畅通交易,发展生产,争取反攻胜利,现经本部和陕甘宁边区政府晋绥边区行政公署共同议决,统一陕甘宁晋绥两边区币制,确定两边区银行合并,定名西北农民银行,以西北农民银行发行的农币为两边区统一的本位币,一切交易、记账和清理债务,均以农币为准。前由陕甘宁边区贸易公司发行的商业流通券,暂与农币等价(一元换一元)通用。自布告之日起,即予实行。严格禁止使用和携带蒋币,禁止银洋在市面流通。望我陕甘宁晋绥各级政府和全体军民切实执行,一致努力,维护农币,坚决和破坏金融的经济反革命做斗争!

(《陕甘宁边区、晋绥联防司令部布告》,1947年1月23日)

(一)禁止白洋、敌币行使后,公司在内地只能买入,不能卖出(根本否定敌币白洋为货币,只认为是商品),并确定收买价格为:蒋币一元以二角五分农币买入。白洋一元以一万五千元农币买入,十足纹银一两作一元白洋价买入。收回之敌币、白洋如能输出者,则由各公司自行输出换进必要物资;如中心区不能直接输出者,送总公司处理。收进之纹银,可按当地群众需用之银器首饰及销售量,各分公司(或特别市镇)请银匠建立银楼,定铸银器首饰或制成之后交各门市部出售除铸销外之纹银,亦即送总公司处理。

(二)宣布农币为本位币后,各公司据点务希尽力宣传老百姓使用农币,大量推广农币,以逐渐达到代替券币,务即停止农币兑换,打破老百姓求券币拒用农币的习惯心理行为。

(三)今后记账、物价讲价均应以农币习惯自己,而逐渐使群众习惯。决不准以为群众不习惯,迁就说边币或白洋。

上述希即转　所属遵照执行为要。

(西北贸易总公司:《通知》贸字第54号,1947年12月6日)

(一)今后凡订定报告物价,出入口、记账等一律改用农币计算,绝对禁用敌币或边币,敌币与本币比价可列入商情内报告。

（二）为提高本币信用,出口土增收本币,应只收敌币 1%—2% 逐渐达到收本币、货物、黄金为主,拒收敌币。

（西北贸易总公司、西北农民银行：《为贯彻本币一元化给各分行指示》,1948 年 1 月 13 日）

陕甘宁与晋绥财政、金融、贸易于一九四七年十一月实行统一。在统一以前,双方规定边币与农币的比价经常扯皮,因物价变动,货币比价上容易给商人投机,汇兑也难办理,银行又不可能到处设兑换所,群众颇感不便,黄河沿岸银洋暗流,很难禁绝,以致影响金融,阻碍物资交流。于十一月统一两边区的货币,银行贸易公司机构同时合并。

统一货币办法：(1)以农币为西北解放区之本位币,所有陕甘宁贸易公司发行之流通券作为辅币,因为农币发行流通数量大,支持货币依靠晋绥的物资。西北农民银行为西北解放区的银行,名称也合适。陕甘宁流通券系商业流通性质,作为西北解放区的本位币也不适合。(2)固定比价为券币一元换农币一元,当时市价为券币七角五分换农币一元,固定比价有尾数计算不方便。券币发行数少,群众手里不多,部队机关存券币多,故决定一比一,群众吃亏不大。(3)宣布以农币为本位币,贸司、银行及一切公私营业机关、商店凡一切记账、物价、清理债务等,均以农币为本位币,逐渐推行到群众中去。流通券与农币准其互相流通,已印就的流通券继续发行流通,到破烂时由银行收回。

流通券与农币开始互相流通时,因开始改变比价,干部及群众不习惯,河西流通券有黑市价,开始流通券比农币略高些,后来农币又比流通券略高些,银行兑换所仍坚持规定比价,不随黑市变动,河西因战争影响,沿河绥德等地物价特高,影响河东物价上涨,特别是粮食,十二月份河东粮食上涨一倍,受河西影响有关。西北财办处决定河东贸司抛售物资,稳住河东物价,使河东物资西流,以稳定河西物价。并决定河东贸司向河西谓剂粮食一千大石,棉花二十万斤,以掌握河西物价,促使物资向西调剂。

统一以后,可以掌握价格,调剂粮食等物资西流,银行贸易能统一调动资本、物资,便利群众自由交流物资,对支持战争与促进生产亦起很大作用。

（刘卓甫：《自卫战争以来陕甘宁晋绥财政经济及金融贸易概况》,1948 年 2 月）

一九四八年全年发行额为 10,453 亿，以一九四七年底为基期，全年发行指数为 922，较之战前一九四六年发行指数仅 313 多了三倍，较之战后一九四七年 670 多了三分之一。分配比例方面也可以比较如下：

年份	财政	贸易	金融	经建	其他	印刷数	合计
46	5.95%	49%	42%	2.26%	0.79		100%
47	94	2	3	0.07%	0.83		100%
48			18.02	0.73		7.67	100%

以上数字说明战后两年来财政发行之大是历史上空前的。一九四八年如果不是由于其他特定因素，对于物价的刺激是可以想见的。但这种直接的财政发行如果继续下去，势必造成以后增加财政、金融、生产等方面的困难。因之我们深深感觉在财政统一的基础上，应尽量使发行透过生产以培养税源，透过贸易以刺激生产来为支援战争的财政服务。而直接的财政发行，应力求使之缩小，这是西北及各解放区均存在的问题。

自统一发行后，由于交通不便和华北担负着巨大的任务，西北的筹码经常感到短绌，在目前的财政情况下，物价一涨就严重地影响到前方和后方的经费支付，根据一九四八年一月十八日物价重订预算时，每月开支为新币 33 430 万元，赤字为新币 25 770 万元，加以每月须供给绥蒙新币 11 000 多万元，两项共在开支上所需新币筹码为 44 829 万元，和我们四八年十二月每月最高印刷力 7 000 万元，新币为六点四比一，亦即西北自印 5 元券，仅能解决我们（绥蒙在内）15% 或不到六分之一的问题。而印刷成本亦很不合算。且两种不同的票版和票币共同流通，会增加以后许多不便。因此，仍望华北统一及时地供给这边筹码，而且还请注意到大小票的调剂，以免尽是大票投入市场时，对物价所发生的刺激。

（西北财办：《一九四八年西北财经情况及目前问题》，1949 年 2 月 19 日）

三、货币的发行

（一）发行农币的手续和规定

1. 西北农民银行发行票币之权属于西北局，即陕甘宁与晋绥动用发行款，必须说明动用数目、用途等，呈经西北局批准。

2.陕甘宁边区银行与晋绥边区银行合并后,原晋绥西北农民银行之发行科,即隶属于合并后之西北农民银行总行,目前仍驻兴县工作,生活上由晋绥行署财政处管理。

3.西北农民银行总行向发行科取用发行款,除须先经西北局批准外,并须开具正式收据或补送正式收据。

4.晋绥动用发行款,除先电请西北局批准外,随后向总行开具正式收据,换取总行取用发行款正式收据,以凭撤销存于发行科之原收据。

5.发行科每十日向总行作一次发行及库存报告。

6.陕甘宁边区银行及原晋绥西北农民银行历年之发行数(分清类别用途),焚毁破票数等,一律以十二月底作出总结。报西北局存案后,转入合并后之西北农民银行总行。

7.本规定自一九四八年一月一日起施行。

(西北局:《关于发行与发行手续的规定(草案)》,1947年11月)

(一)西北农民银行票券之发行权属于西北局。陕甘宁、晋绥如因财政开支及其他用途必须发行的,须事先呈请西北局批准,并经总行办理发行手续,始可发行。

(二)凡批准发行之票币,均须取得西北财办处之发行凭单和取款机关之正式手续后始可发行。

(三)新农币之票面金额、票版大小、花纹颜色、印制数量均经西农总行审阅,经财办处决定后,即可交洪涛、光华两厂印刷。

(四)新票印刷就后,必须取得西北局之批准,并由总行向各分支行有关机关分发通知及票样后,即可发行。

(五)各保管科(票券保管科)有责兑回破票及小票,满五万元时,即可呈请总行转西北局批准焚毁,并由总行或晋绥分行指定焚监人负责监焚。

(六)破票小票经批准焚毁后,总行即依批准焚毁数目,作补填发行,不再另行请求批准。

(七)暂拨晋绥分总行基金十五亿元,作为纸厂之开支,兑换破票、小票、票券运送费及其他开支的支付之用,绝对不许动用未经批准发行之票券。

(八)票币印刷费用,田洪涛、光华两厂按季作出预算,呈清总行转西北局批准后,由晋绥分总行在基金内拨付,决算后每月向总行报销转账。票券运送费

(总行自运者在外)亦由晋绥分总行拨付,每月向总行报销并转账一次。

(九)关于洪涛、光华两厂之行政学习、生活暂均由晋绥分总行领导,并保证票币需要量之供给。

(十)光华厂之票券成品,经晋绥分总行通知后,直接运送总行。洪涛厂之票券成品,由晋绥分总行另设保管科保管之。各保管科对票币收发手续悉依总行与各保管库间手续制度执行。

(西北农民银行:《关于发行中一些问题的规定》,1948年3月)

发行制度问题

自机关西渡后,发行制度已紊乱到极点,经金融管理科发出的就有一百八十万万元,未办正式发行手续。在河东检查银行工作后,黄行长指示说:今后发行一定要有财经办事处之发行凭单及西北局之书面指示方可;否则死人也不能付款,这种对发行慎重的态度是完全必要的。而现在呢?就大小不同了。

　　十二月十八日　　发行30万万元,付前总凭办事处信

　　十二月廿一日　　发行20万万元付财厅

　　一月五日　　　　发行10万万元贸易周转凭喻经理便条

　　一月二日　　　　发行10万万元付财厅凭办事处信

　　一月十二日　　　发行60万万元付前总财厅凭办事处信

　　一月十五日　　　发行50万万元

六号喻经理面示:十一月份财厅在河东农行取得一百万万农币也要列入发行数内。但此款系财厅直接在河东取用,未经河西银行,财厅除用去之四十万万外,把下余之六十万万元作为存款,零星支付,当时追问财厅(二科余震同志)说,在河东已办了发行手续。

诸如此类,发生了过去没有的混乱现象,如此下去,使制度破坏,使下边工作感到十分困难。

我们建议:整理制度,严格手续,作出明文规定,以利工作。

垫支实物款项问题

近来有些不公家务,计有货物、敌币、白洋、黄金等向财厅移交,由公家作价后当作财政收入,财厅就可支用。但物品变为现款,又需要一个时间周转。目前,对这批款项怎样算为拨付,还有一个问题(此外门市上还偶尔收进些敌币,

纹银、白洋等）。如不及早准备，就会妨害支付。

我们建议，是否可由发行上拨付一笔款项作贸易周转。

破票焚烧后补添发行问题

过去发行归银行管理时，除增加发行必须经财经办事处批准外，破损票币焚烧后之补添发行，由银行自行处理，现一切新票币之发行均统一由上级机关批核。

我们建议破损票币经批核焚烧后，同时必须批准补添发行，否则防害财政贸易及一切周转中之支付。

（金融管理科：《对目前工作的一点意见》，1948年1月）

关于发行一万元票面额的指示如下：

（一）由于革命战争的胜利发展，西北解放区不断的扩大，市场筹码之需要日益增加，为了适应发展情况，畅通经济，帮助群众生产发展与照顾印刷上的困难，决定发行一万元票面额之新农币。

（二）但估计新票面开始出现时，在群众心理上会一时引起波动，物价亦往往因而波动，你们必须事前有充分的实际准备工作和回笼本币，即一方面在公营企业及税收机关中充分准备物资，以便稳定物价；一方面在机关、部队、群众中抽调人宣传说明农币发展前途，解除一切怀疑，打击各种破坏行为。

（三）各地党政领导机关和部队首长应实际领导当地贸易公司和所属商店，充分准备物资和各项必要的稳定物价的工作，坚持地把农币稳定于物价，并力求逐渐提高之方针。必须负责监督和教育各单位的采买人员，严禁抢购投机，违者须严办。

（四）各地政府军队、政治机关，应协同各贸易公司召集当地商人，说明我之金融政策，并在经济支付上尽量紧缩，以减少开支，配合回笼本币，防止物价波动。各区乡政府、支部利用各种集会向群众中进行宣传，凡有造谣破坏捣乱金融者，即按情节轻重加以法办，以上希即布置执行，并随时将情况报告西北局财办为要！

（《西北财经办事处指示》，1948年7月1日）

为了适应市场之需要，总行印刷新版壹万元土纸本币一种，此票与市面流通之本币同样使用。该票正面为兰色花纹边，中间有秋田与灌溉风景，背面为紫色花纹,并有"西北农币银行"字样之底纹,特此周知。

(《西北农民银行总行通知》,1943年10月6日)

根据临汾总公司通知内称,西北总行发行伍千元券,该票为AK字头六位号码,票版正面为灰兰色宝塔及村落图样,背面为红色。此票与以往发行之农币同样周使。为此通知为荷。

(晋绥贸易第十一公司通知:《西北总公司发行伍千元券本币》贸公字第12号,1948年10月1日)

(二)发行统计资料

发行数目

农币数额在河东共计一千零八十七亿

1. 至今年九月底止发行五百零七亿。

2. 十月至十二月七日止发行五百八十亿。

历年来发行数目用途,未接到说明。

券币在河西发行三百二十四亿五千九百万。

1. 一九四六年十二月底止发行累计数三拾二亿七千五百万。

2. 一九四七年十二月底止支持财政发行二百九十一亿八千四百万。

河东河西总共发行农券币一千四百五十六亿三千五百万。

一九四七年在河西逐月支持财政发行数额:

一月份计发行一亿

二月份计发行九亿一千万

三月份计发行六亿六千万

四月份计发行十亿七千万,七月份十亿三千万

八月份计发行二十四亿三千三百万。

九月份计发行八亿。

十月份计发行六十一亿八千一百万

十一月份计发行七十亿

十二月份计发行九十亿

今年发行增多九倍

(西北贸易总公司:《目前贸易金融情况》,1948年1月4日)

陕甘宁晋绥一九四八年上期发行指数及用途比例表

1948.8.8

发行时间		发行总额			陕甘宁发行		
年度	月份	本月发行	本月累计	指数	本月发行	本月累计	指数
1947	12		117,102,004,697.94	100		21,944,782,139.13	100
1948	1	21,813,449,000.00	138,823,532,692.94	118.5	13,500,000,000.00	25,352,861,134.13	161.1
1948	2	41,079,269,337.00	179,872,702,029.94	153.6	36,000,000,000.00	71,322,761,134.13	325.0
1948	3	48,024,281,663.00	227,890,109,442.94	194.6	18,700,000,000.00	90,015,886,884.13	410.2
1948	4	17,500,000,000.00	245,026,092,558.81	209.2	17,500,000,000.00	107,151,561,870,000.00	438.3
1948	5	14,410,000,000.00	259,436,092,558.81	221.5	14,410,000,000.00	121,561,870,000.00	554.0
1948	6	37,100,000,000.00	296,520,552,558.81	253.2	27,100,000,000.00	148,646,330,000.00	677.4
1948		43,018,450,000.00	339,539,002,558.81	290.0			
1948	7	28,500,000,000.00	368,039,002,558.81	314.3	28,500,000,000.00	177,416,330,000.00	807.2
合计		251,445,450,000.00			155,710,000,000.00		

续表

发行时间		晋绥发行			用途比例			
本月发行	本月累计	指数	发行额	财政	贸易	印刷费		
1947	12	8,313,449,000.00	95,157,222,888.81	100				
1948	1	5,079,269,337.00	103,470,621,558.81	108.7	218 万万	81.4	6.9	11.7
1948	2	29,324,281,663.00	108,549,940,895.81	114.1	411 万万	89.3	4.9	5.8
1948	3		137,874,222,558.81	44.9	480 万万	20.8	74.6	
1948	4				175 万万	97.1	2.9	
1948	5	10,000,000,000.00	147,874,222,558.81		144 万万	100.0		
1948	6	43,018,450,000.00	190,892,672,558.81	155.4	371 万万	84.9	29.6	18.6
1948	7			240.6	4302 万万	76.7		
合计		95,735,450,000.00 95,729,450,000.00			283 万万 25143 万万	84.2 70.4	15.8 22.0	5.1

说明

（一）上表最后第二笔系在三月以后到六月底间发行款，因至今发行支取手续未转来，故未包括在发行账内。
（二）上表发行累计数，减去最后第二笔 4,301,845 万元即与发行上之余额一致。
（三）发行指数，是以 47 年底发行累计数作基数（100），除每天发行累计数而得，单位为元。
（四）本月发行数内收回数减去。因此上月累计加本月累计与本月累计数相等。

第三章　陕甘宁边区银行的货币发行

战后金融贸易概况

发行概况：一九四七年河西发行累计总数为三百廿四亿余元,其中一九四六年底发行累计数为卅二亿七千余万元(实际流通量为廿八亿多)。四七年全年发行二百九一十亿八千余万元,以一九四六年为基数,一九四七年比一九四六年底发行增加八倍多。

河东至一九四七年十二月七日止发行累计数总额为一千零八十七亿元,其中九月底止发行累计为五百零七亿元,而十月至十二月七日不满三月新增加发行五百八十亿元,若以一九四六年底发行累计八十亿元为基数,则一九四七年比一九四六年底增加发行十二倍半。

以上河东河西至一九四七年底共计发行总额为一千四百一十一亿余元。

一九四七年河西逐月支持财政发行数额是：一月份计发行一亿,二月份计发行九亿一千万,三月份计发行六亿六千万,四月份计发行十亿七千万,七月份计发行十亿三千万,八月份计发行二十四亿三千三百万。九月份计发行八亿,十月份计发行六十一亿八千一百万,十一月份计发行七十亿,十二月份计发行九十亿。

以上可见,在七月前每发行十亿上下,而八月份后,每月由二十亿增至九十余亿。一至七月七个月全部发行总额约四五十亿,而八月至十二月五个月发行总数则为二百五十余亿,即后五个月比前七个月发行增加四倍,也即是说前七月主力在延属,物价涨得慢,发行也少,后五个月主力在绥属作战,物价涨得快,发行就大大增加。

（边区政府：《一九四七年财政经济概况报告》,1947 年）

四、华北与陕甘宁、晋绥货币流通办法

(一)固定比价和互相流通的布告

兹为便利华北与陕甘宁、晋绥两解放区货物交易,特与华北人民政府商定,华北与陕甘宁、晋绥两区所发行的货币固定比价,互相通用。并规定办法如左(下)：

1. 从本年十月十五日开始,冀南银行、晋察冀边区银行所发行的钞票与西北农民银行所发行的钞票,在华北及陕甘宁、晋绥两区准许互相流通。

2. 冀南银行与西北农钞比价固定为一比廿,就是冀南钞一元,与西北农钞

甘元等价;晋察冀边钞与西北农钞比价固定为一比二,就是晋察冀边钞一元与西北农钞二元等价。以后不再变动。两区任何地方所有纳税交易及一切公私款项往来,一律按比价流通收付。任何人不得变更。

3. 不论军民商等,如有私定比价,投机取巧,妄图扰乱金融,垄断物资者,一经查获,决给以严厉处分。

(《陕甘宁边区政府布告》,1948年10月)

一九四七年十月二十四日,中共中央华北财经办事处成立,统一领导华北各解放区的财经工作。同时,中共中央批准华北财经会议决定,其中关于各个解放区货币的兑换比价,按照一九四七年五月华北财办筹备处召开的河北邯郸会议决定的货币兑换比价执行。

(一)晋察冀边币与冀南银行币兑换比价10:1(一九四八年四月十五日开始执行)。

(二)晋察冀边币与冀南银行币和北海银行币兑换比价10:1:1(一九四八年十月五日开始执行)。

(三)西北农民银行币与冀南银行币和晋察冀边区银行币兑换比价西北农民银行币与冀南银行币兑换比价20:1;西北农民银行币与晋察冀边区银行币兑换比价2:1(一九四八年十一月二十日开始执行)。

(四)冀南银行币与华中银行币兑换比价1:1。

(五)冀南银行币与陕甘宁贸易公司流通券兑换比价1:20。

(六)冀南银行币与陕甘宁边区银行币兑换比价1:400。

按照以上兑换比价,各解放区货币可以互相流通。

(《中共中央批准华北财经会议报请的各解放区货币兑换比价》,1947年10月24日)

华北、华东、西北三区货币统一流通已顺利实现,但关于北币与农币,冀币与陕贸券、华中券的关系问题,过去没有确定,兹补充规定如下:

(一)北币与本农币关系问题,冀币与西农币规定固定比价,互不流通,即北钞不在西北区流通;西农钞不在华东区流通。如西农币流至华东区,或北海币流至西北区,则由当地银行进行兑换,比价固定为北海币一元西农钞二十元。

(二)冀钞与陕甘宁贸易公司流通券关系问题:冀钞与陕贸券(包括陕甘宁

边区票),规定固定比价,陕贸券不在华东区流通。如陕贸券流至华东区,则须经过银行兑换。比价规定为冀钞一元等于陕贸券二十元或陕甘宁边区银行票四百元。

(三)冀钞与华中券关系问题:(略)

(华北银行总行:《为规定北币农币、冀币与陕券、华中券的关系的通知》总业货字第七号,1948年11月25日)

(二)晋南地区划归西北后实行统一货币制度

1. 根据中央将华北之晋南十九县划归西北区以支援西北战争之精神,在新区划实行以后,必须在此十九县实行以西农币为本位币的统一货币制度。因此,就必须有步骤、有计划地投放西农币,收回冀钞,变冀钞区为农币区。

2. 在执行上述任务时,首先必须从两区群众利益出发,不使货币变化影响群众生产与生活。因此:

①为了便于农币之投放,太岳区各公营企业保证不再以任何方法向该地区投放冀钞,并应采取必要之步骤,以尽量减少群众继续向该区投放冀钞之数量。

②同时尽量对冀钞采取就地收回,极力避免将冀钞挤回太岳区导致太岳区物价波动,影响国民经济。但太岳亦应作可能的小量冀钞东流之准备。

③现在晋南某些县份(如芮城永乐平陆等县之一部)蒋币或尚占优势,或仍暗中流行,如在冀钞市场转变为农币市场过程中,对蒋币斗争松懈,将使蒋币复活,故应严加注意。

3. 吸收回之冀钞按以下办法处理

①华北将移交区之银行贸易资财交西北,作为收回冀币之部分物资力量,此项物资价款,西北在收回冀钞后,尽先分期偿还华北。

②西北投放农币,同时兑收冀钞,其所收回之冀钞应作如下处理。

A. 偿还华北原移交区银行贸易资金及物资价款。

B. 华北运城之食盐的盐税收入收回一部。

C. 西北可送石庄开付运费。

D. 西北可通过华北行署级以上政府至一定之市场采购西北所需之物资。

4. 农币之投放与冀钞之收回,必须以经济方法为主,以行政力量为辅,如完全不用行政力量,则难达到在该区内建立农币本位币之目的;但若主要依靠行政力量,则必引起价物波动,冀钞挤回太岳农币更不易投放,与蒋币有趁机侵入之可能。所谓以经济方法为主,是主要依靠物资支持农币,收兑冀钞。所谓以行政力量为辅,即对冀钞在宣布移交区以农币为本位币后,在农币筹码有一定数量时,税款之征收及公营企业出卖化物,可均不收用冀钞,经过一定时期,可停止冀钞行使,此后偶有行使者,即强制兑换,但不能贬价收兑或加处分。如系金融投机者,必须按情节轻重依法处理;反之,农币偶有至太岳行使者亦同样处理,这就是对兄弟货币之态度与对蒋币态度之原则的区别。

5. 投放农币收兑冀钞,很多具体工作,须作准备,故定七月份为准备时期。在此时间,所应进行之工作:

(1)在移交区及邻区干部与群众中,应进行深入动员、张贴布告,必须明确变晋南冀钞市场为农币市场,对于争取西北战争胜利之意义,任何消极怠工及工作上的观望自流均将妨害西北战争之胜利发展。

(2)西北之晋绥区,应准备足够十九县进行兑换及各经济部门继续工作所必需之农币,并在各重要市场准备一定数量之物资,以便开始发行农币时直接支持农币发行。

(3)华北之太岳区亦应在芮城及绛县之洪水镇准备大量物资出卖,以减少群众之冀钞继续流入移交区。

(4)为适应经济工作之需要,可由两行署(晋绥太岳)合组之六人委员会,协商指定少数市场(如临汾、运城)先行试放农币与冀钞混合行使,以创造经验。

6. 投放农币兑收冀钞,依据工作发展过程,大体上可分为混合行使及停止冀钞行使,限期收兑二个阶段。

(1)第一阶段为混合行使期。

A. 首先应由华北及西北两区政府联合布告,宣布以下四点:

甲　地区转移管辖关系与该地区币制之变换,在移交地区内确定以农币为本位币,冀钞仍暂准按银行所订比价流通。

乙　移交区一切税收及公用事业之自来水,电灯与公营企业出卖货物,盐池出卖食盐,一律均只收农币,无农币者,可先持冀钞向银行兑成农币。

丙　凡冀钞兑换农币或农币兑换冀钞,政府授权银行负责办理。无论公私商贩不准私相兑换,以免奸商捣乱金融。

丁　不论公私工商业交易之价格及账簿、单据、契约之记载,均以农币为本位。

B. 农币行使及冀钞收回之步骤、计划,应根据下列原则进行。

甲、由混合市场过渡到农币单一市场。乙、农币行使由公家带头支持行使到群众必须行使。丙、冀钞之收回,由自愿兑换到强制兑换。丁、由部分地区停使冀钞到全面停使冀钞。

C. 以一定之农币力量,在移交区,沿黄河之冀钞尚未占领阵地蒋市区,以农币展开对蒋币之斗争,使农币占领阵地。

D. 移交期间,因两种货币混合行使,极易引起物价波动,六人委员会应与两区邻近县份之经济部门取得密切联系,随时注意物价变化,如有波动,除指导移交区为必要之措施外,并可建议两区注意密切配合。

E. 两行(西北银行及冀南银行)联合办事处应即时成立。在两区之毗临地区设立兑换所,具体办法按华北与西北货币协定执行。下这一阶段,乃整个工作之关键,工作绝不能放任自流,党政民各系统干部特别财经部门的干部必须以最大努力创造停使冀钞之条件,提高农币信用,思想上要明确认识这一时期愈长对两区金融贸易群众生活愈不利,待农币在市场上已畅流无阻,银行已有足够农币及物资准备时,即为条件成熟,可以宣布停用冀钞,这一阶段暂定为八九两个月,并尽量使之缩短,如条件不足,准备不充分时,得根据情况进行(此点对外不宣布)。

(2)第二阶段为冀钞停止使用并限期收兑阶段。

A. 由晋绥行署布告移交区内之冀钞停止行使,不论公私交易,必先换成农币。

B. 移交区之冀钞停止行使,应有计划的分区逐步实施以免一次停止,使用影响物价波动。分区实施时,应先由沿黄河冀钞、筹码不足之地区开始逐步向内推进,达到分散收回之目的。

C. 每一地区停止冀钞使用后,暂定于一个月内将该地区之冀钞全部收回,如一月终了,实施上冀钞仍在市场上大量流行时,除一方加紧工作外,应由六人委员会协商延长收兑期限。

7. 农币与冀钞之比价由六人委员会根据下列原则适时确定。可每十日研究一次,如货币比价脱离物价比例,即应变更。

比价之确定应依固定市场、固定商品,一定时期两种货币价格来计算,对于计算比价市场之选择,于农币在移交区尚未占优势时,暂以未划区前,两区毗邻之重要相邻的两种货币市场,如新绛县城及南关,临汾县城及金殿镇,洪洞县城及万安镇等地之小麦、棉花、土布、食盐、煤炭五种商品在同旬之平均价格计算,各该地之比价,然后再以三地区之比价计算平均比价,统一使用,统一比价便于商民计算及农币投放。

在西农币已占优势时,可根据当时经济情况,确定两区新毗临县行,经济往来较密切之相邻的两种货币市场物价,作为计算两种货币比价之根据。

8. 移交区内,银行贸易及工厂等各种公营企业,统于七月份内办理移交,暂定至七月底交接完毕,财产作价,一般商品各按七月十五日当地市场批发价格为标准,冷残货物得从低估价,以期公平,房地产及各种家具原非购入者,即不作价移交,原系购入在账簿上列为资产者,不折扣、不加价,按原价移交,唯运输牲口得按市价计算。

该外、外该,原则上一律由西北接收,其中外该之欠户,如已无力偿还者,则应列呆账不作移交。在交接中如有争执,由六人委员会解决。

9. 各种税款收入,在七月八日以前归华北,以后者归西北。

10. 在交接期中应行注意之工作:

(1)对敌经济斗争,不能放松,要严格出口管理,坚决肃清蒋币。

(2)注意物价之指导,以免发生较大之波动。

(3)银元、银块应加紧管理与吸收。

11. 移交区今后与华北贸易往来,在华北金融贸易会议决定未发下以前,暂定为:

(1)两区土产互相往来,不得禁止流通,亦不课税。

(2)纸烟及酒暂时互不流通。

(3)进口外货,免税及税率相同者,自由流通,即使税率不同,而一方已征税入口者,不论较他方之税率高低,概不补退税款。

(4)甲方禁止入口之货物,在乙方虽已征税进口,甲方仍得禁止输入,但若一方通过甲方地区购入甲方禁止进口货物时,可特许过境,但不得在甲方地区内销售。

(5)甲方之货物,经过乙方输出,乙方应予以便利,不得无故限制;如乙方禁止出口时,应取得甲方之同意。

(6)土产绝对不得在对方内地销售,非经特许不得通过对方地区向外推销,否则应行没收。

12. 太岳区在移交区所设立之机关、生产单位,现仍应继续经营,将来是否开设,应遵照华北财办决定及晋绥区之具体规定办理。

（1）委员会有根据上列各条之原则，确定移交工作步骤及工作进程之权。

（2）委员会有向双方询问准备及执行所布置之工作情况之权。

（3）双方各有关地区之银行贸易公司，有供给委员会物价变动及经济情况之义务，以便随时注意物价之波动。

（4）委员会应每半月将工作情况向双方行署分别汇报一次。工作过程中，如双方意见不一致时，可分别请示各自上级机关协商解决之。

（中共中央：《关于华北划归西北之晋南地区货币转变，及金融贸易工作处理方案》，1948年7月1日）

五、回笼票币与破票的处理

回笼与收兑销毁办法

（一）目前中心城市已经全部沦陷，券币已无流通的市场。游击战争的环境，在农村集市，万难容纳大量券币。依据今天的战争情况和我们的物资实力，可以大量回笼券币，第一步估计回笼三分之一，即券币二十亿。

（二）已回笼的券币，应如何处理，其办法有四：

1. 供给财厅支付。

2. 尽银行现有运输力运转。

3. 就地在党政监督下焚毁。

4. 选择可靠地点埋藏。

财政支付每月仅需十余亿。目前无固定的后方，随四纵队司令部行军，不可能保存一二十亿元。

银行运输力，卅余头驮骡所驮票子，绝大部分是新票子。现已无余力接收回笼之券币了(现在库存数目已详四月份报告中)。

目前回笼的边币预计：

1. 涧峪岔。边币八十万万到一百万万(其中二百卷土布，七百匹洋布，一千件二毛皮及零星货)。

2. 绥德义合。边币一百万万(其中棉十六万斤，土布四千匹，洋布四五百匹及零星货)。

3. 志丹。边币一百五十亿(其中棉花二十万，大布三千匹零星货)。到二百万万。

4. 定边方向。边币五十万万(土布几千匹洋布几百匹)。

5. 陇东方向(关中)边币三十万万到五十万万(棉花五六万布有些)。

6. 团庄河。边币六十万万(洋布一千三四百匹,棉花五六万斤)合计三百亿(因已用掉一部分)到五百亿,约合券洋二十亿以上。

这批券币,各地都会送到总公司转交总行,其中有一部分是破票或半新旧的票子,且体积甚大;如堆积到平桥,我们将无法运输。

现在银行人员,牲口已感到行军困难,不能再扩大人员、牲口了。而回笼的边币,收进的法币,将不断增多,为适应环境,我们拟采取如下方法,请予批示,以便遵行。

(1)将旧票、破票、小票(留一部分)在平桥焚毁——不断清理,不断焚毁。

(2)各分区回笼的券币,请西北局和边府通令各分区党政派人监督,焚毁旧票,将焚毁数目分类报告总行。

(3)财政厅继续支付,并代保存一个月的或二十天的支付数目,以分担保存之责。

(4)银行尽量保存未发出之新的一千元券币,驮不了的旧票也以烧毁为主。

(5)敌人如真的伪造我券币,在市面如果大量发现时,我即宣布登记清理,停止行使(因我不可能依靠发行解决战费,目前亦已不可能发行了)。我们在战时,准备在边区内边法同流,我以土产换进的法币,即发给部队。

(《关于处理券币的问题——喻杰、黄亚光给马书记、林主席、贾主任的报告》,1947年5月6日于平桥)

破票焚烧暂行条例草案

(一)凡是属于票币及其他证券(如本票公债票储蓄券等)焚烧事宜,均需(须)按照本条例规定办法办理。

(二)凡是属于下列票币者方可焚烧:1.印坏、裁坏、号码打坏、不能发行而挑剔出来之废票;2.印好之钞票,目前不宜使用,今后也不能改用者;3.因流通过久破烂不堪,不宜使用,或票面金额过小无人接收者,但在破票中,绝不许夹杂能用之票币;4.收回本行发出之本票储蓄券,或政府委托之公债票等。

(三)焚烧破票权归总行,晋绥委托晋绥分总行或总行指定行。但在战时因运输不便,情况变化无常,分行也暂可焚烧。分行以下之支行办事处则不能擅自焚烧。

(四)焚烧时手续:1.总行在焚烧前须将要焚烧之票币、币别、张数、金额向财经办事处呈请焚烧,分行在焚烧前,也同样向地委专署呈请焚烧,待呈请批准,派来监烧专员后才可焚烧。2.需要焚烧之票币,须积存相当的数量后方可,不准零星焚烧。3.票币由库内发往焚烧地点,如相距较远,发票人、收票人、送票人均要明确指定,并作登记。4.票币发齐后,发票人和收票人双方核对无误,则由监烧人按焚烧清单,将币别、捆数、金融一一点清,同时有权抽点小数,查对是否正确。主烧人由行长或主管人担任,协助监烧人清查和主持其焚烧。配陪烧人由出纳等充任担任背送开捆焚烧等工作。5.焚烧场所需选择僻静地点,禁止群众观看,无关人员不许参加,周围需派武装警卫。6.在焚烧中,如有票币被风扬走者,应立即派员寻回焚烧。7.监烧人、主烧人及配陪烧人不得无故在焚烧时离开直至全部烧完检查不留残票时方可退场。焚烧完毕,有关人员须在焚烧清单上签名盖章。

(五)销账手续,总行即凭焚单销账,分行晋绥分总行于焚烧后即将焚单寄总行,总行转呈财办处批准后向分行转账。

(六)本条例修改权归总行。

(西北农民银行总行:《破票焚烧暂行条例草案》,1948年)

遵照总行总发字第八十七号指令,依据西北实际情况,兹规定西北区旧币收兑与处理办法公布之,希即遵照执行。

中国人民银行西北区旧币收兑与处理办法

1.收回币别,下列各旧币,继续收回。

(1)冀南币。(2)晋察冀边币。(3)北海币。(4)西农币。(5)陕甘宁贸易公司商业流通券。(6)陕甘宁边币。

凡陕甘宁边区政府未公布准许在西北区流通的各解放区货币均不予收兑(计有东北币、长城币、中州币等)

2.收兑办法:

(1)凡规定收回之旧币,不论其票面额及数量大小,各级行处均须一律收兑,收回后不再用出。

(2)通知各公营企业、合作社等营业部门,应将规定收回之旧币到银行兑换新币,不得再行用出,凡持旧币者,尽量给予兑换方便。

(3)收回之旧币,必须按币别分类整理,不得掺杂,百张一扎,十扎一捆,由经手人保封盖章,以明责任。

(4)残缺票币,按收兑破票办法处理。

(5)中州币,因地域相连,暂定由潼关支行专责兑换,其他行处不予兑换。

3. 处理办法:

(1)凡收回之旧币,暂规定各分行办事处均有权销毁;各行处以下各支行收回者,应送其管辖行,不得自行销毁。渭南、咸阳两办事处距西安很近,交通又便,送回区行销毁。

(2)凡不应收回之旧币,如已收回时,分行亦不得销毁,可送区行转总行或其发行进行兑换。

(3)收回之旧币,在有造纸厂地区一般不焚毁,可作为造纸原料,作价售给纸厂,以补偿包装运送等开支,如无造纸条件时即可焚毁。

(4)凡交纸厂造纸之旧币,必须保证不发生弊端,否则宁可烧毁。

(5)销毁时须按区行所订《残破本币销毁办法》进行。(办法另附)。

4. 收兑基金:

(1)各行处现有之基金,主要作为兑换旧币之用。

(2)基金如不够使用时,可根据当地情况提出数目,呈请区行增拨。

5. 会计处理手续:

(1)规定收回之旧币,办事处以下者作库存处理,积存一定数量后,送直接上级行兑换新币。

(2)区行、分行及办事处收回之旧币,成捆者即应在账上建立"收回本币"科目,并按票别分类立户(如农币或券币)处理,不应视为现金混入库存内,应另外妥为保存,如不够捆者当现金处理。

(3)收回之旧币,有销毁权之行处,按照区行规定之销毁办法销毁后,将清单转上级行转账。无销毁权之行处,将收回之旧币解送上级行转账。

(中国人民银行西北区行通令:《旧币收兑与处理办法》区纳字第一号,1949年8月2日)

西北区行残破本币销毁办法

1. 凡残票不能行使的本币及决定收回的旧币,依本办法之规定准予销毁。

2. 销毁本币权属于区行。但免运送之不便,授权各分行代理销毁,分行以下无销毁权。

3. 销毁时,应呈请政府派员监销。规定如下:

(1)区行执行销毁票币时,呈请财委批准,并由边府派人监销。

(2)各地分行,呈请分区财委批准,并由行署派人监销。

(3)市分行,呈请市财委批准,并由市府派人监销。

4. 在销毁开始前,应协政府监销人员进行抽查。办法规定如下:

(1)按销毁数量抽查百分之一至百分之五。

(2)监销人员认为必要时,可详细抽查(抽查数量视当时情形为定)或全部抽查。

5. 准备销毁之票币在销毁前,应先由主管人员核对加封,保证无误,并按券别大小顺序填写(小前大后)于销毁本币登记表,由各该执行销毁行主要负责人及主管人盖章,并呈请财委批准。在销毁时,交政府监销人员进行抽查,认为无误后由政府监销员于表上盖章后销毁。该表要制三份,一份存根,二份寄区行(一份存查,一份寄总行)。销毁完毕,再由监销政府加盖印信退回银行注账和向区行销账。

6. 在抽查及监销过程中,如发现长短顶替及假票情事,应分别在销毁本币登记表内详细说明。

7. 本办法系根据总行规定销毁办法拟定。

(西北区行:《残破本币销毁办法》,1949年8月)

中国人民银行西北区行暂订破票收兑办法

(一)凡陕甘宁边区政府准予流通之票币,均可按本办法兑换。

(二)凡具备正背两面之票币,虽已破裂,而所存尚在四分之三以上者,照全额兑给。

(三)凡具备正背两面之票币,虽已分裂数片,而联合尚存无缺,并可辨认者,照全额兑给。

(四)凡具备正背两面之票币,虽然污烂或烧焦,而签字号码数目花纹均可辨认者,照全额兑给。

(五)凡具备正背两面之票币,虽已破裂而所存在四分之二以上者照半数额兑给。

(六)凡票币破裂,虽具备正背两面,所存不足四分之二者,不得兑给。

(七)以上各条,凡数张破裂之票币,不得凑成作全张论。

(八)凡在票币上故意故写乱划,或割裂数条或数块,亦勉强凑成全张之票币,虽具备正背两面,一律不兑。

(九)凡一张票币短去一条或一条以上,另纸补足成为全张,如已短少签字号码者,虽所存尚在四分之三以上,具备正背两面者,照半数兑给。

(十)凡故意将票币割裂,或剪挖或撕去正背两面之任何一面者,一律拒绝兑换;但只因票币破烂不堪携带,而仅在一面用纸糊补者,照全额兑给。

以上七、八、九条,系防范显存恶意,将票币撕裂、剪挖、涂损而设。

(十一)凡将票币涂改填补,企图蒙混兑换者,一律不兑。

(中国人民银行西北区行:《暂行破票收兑办法》,1949年8月)

六、发行库工作情况与制度

(一)发行库工作情况

目前混乱现象:

总库不平:原规定应付西北款项,全拨付西北发行分库,统一支付。实际上不是这样,每次拨款,既不电告分库,也不书面通知分库,使分库无法掌握全部款项,造成总分库的账目混乱。

沿途乱用:款项无专人负责,沿途转运,款到哪里,哪里需要就可支取,指挥不统一,手续很混乱。

分库难管:按总库三月二十五日电,截至三月二十三日,共运西北款十三亿零四百万元,而分库实际收现款只有二亿三千零五十万元,其余款项究竟被谁支走,支用多少,分库一概无法知道,现在分库本身只能做到实收多少算多少。

由于制度不健全,手续不严密,而形成以上现象。造成目前总分库间无什么联系,账目脱节,很难清理的现象。

这就是目前西北发行分库的情况。此种情况如不积极设法改进,不但对款项难于掌握,就对工作也极不方便(互相乱抓用)是很危险的。

对今后工作意见:

要改变以上混乱现象,就必须:

1.明确规定,凡应拨付西北的款项,全由西北发行分库掌管,负责运输,办理手续。应领款机关,一律向发行分库办理手续支取。

2.建立发行转运站,在交通要点上设立,必要时可迁移地址。每站暂定三个人。现在需要设的是石庄、榆次、离石、临汾四个地方,地址设在车站附近,以便装御车。任务:(1)即时转运库款;(2)防止乱拉乱用。工作范围:各站按规定地区负责转运。总库押运员负责运到石庄,交清后,即返总库;石庄站负责运榆次,榆次负责运临汾,临汾负责运西北分库。这样就需要派来十二个干部。

3. 健全分库本身组织,除主任、会计、管库外,还需增加三个机动押运员和武装运输力。

4. 确定严格的支付制度:

总库方面:

(1)凡应拨西北之款,全交西北发行分库。除拿有分库拨款手续者外,不能直接付给任何机关。

(2)每次给西北拨付款时,当时即将其数目电告分库。

(3)总分库间账项往来,均以双方正式收据为凭。

(4)总库将款付出后又未得到分库正式收执前凭解款单记运送中现金账。

各站转运手续:

(1)石庄转运站收到总库运来款项时,将数目查验无误后,在其解款单上签盖私章及公章,退回总库,以示收到。

(2)石庄再转运时,即填写解款单,注明币别,箱(包)数,捆数,金额,同现款解运。其他站收到款项时,手续与石庄同。

(3)分库把款收到点清后,除在解款单上签名盖章退给解款转运站外,并打正式往来收据寄总库,总库收到正式收据后,付分库收运送中现金。

中途发款手续:

(1)西北后勤,财厅、银行、贸司需要在中途(如北平、石庄、榆次、临汾等转运线上)用款时,必须要有分库之证件(或电报);否则发行转运站不论任何机关人员一概不付。如转运站同志擅自挪用库款的,要受到严格处分。

(2)支款机关,除分库证件外,还须在其取款收据上签盖其负责人私章及机关公章,方可付款。

(3)款项付出后,将分库证件及取款收据,连同现款二者之付款项必须与收到款项总数一致(如现款付完,即寄单据)解到分库转账。

(4)分库根据取款机关收执即向委托机关清算。

希望西北财委、北平总库能批准这个建议。并由西北即速派出十五名较强的干部来,以便健全加强西北发行分库工作!

（刘华斋:《西北发行分库工作情况及今后意见》,1949年5月4日）

(二)发行库制度

1. 收款付款及对账

（1）一切收付款项须有管库员及管理处长或会计科长在场。

（2）收入款项时,管库员须凭交库单、收款单、兑换通知书详细查点,管理处长和会计科长则须查点大数核对入库。

（3）所收款项随即入库,不得存放库外或他处。

（4）付出款项时,须凭付款通知书,兑换法币通知书,破票兑换通知书,而各该通知书须有管理处长所规定之印鉴,否则管库员不得付款。

（5）收款单、兑换单及各种报单须管库员盖章后始生效力。

（6）一切收付款项须随时单记账,并于每日工作终了时与会计科核对账目及库存。

（7）各库每五日分别作报告表一份,交会计科,每月底作月报表四份,送给规定负责人员。

2. 金银收付

（1）金银点收时,应经管库员管理处长或会计科长共同查看质量、过秤、包装、上封,由经手人于封口处共同盖章,并在包上注明号数、件数、品别、重量及封存年月日。并收入清单交会计科记账。另外管库员亦要在发票上注明实收数量,加盖印章。

（2）付出金银,须凭会计科所发经管理处长盖章之收据支取金银。

（3）金银包裹启发封时,须经管理处长或会计科长及管库员共同在市场方可。

（4）金银发生变动时,管库员须与会计科长核对库存。

3. 管库及查库

（1）库房门锁管理处长与管库员各经管一把。

（2）库房门须经管理处长或其委托人及管库员共同开闭。

（3）库房内不得存放易于引火物品并禁止吸烟烧火。

（4）库房内不得代人保管钱物,但经行长或处长许可者例外。

（5）经一定手续寄存之物件,管库员须打给寄存人留有存根收据,取出时须经行长或处长批准。

(6)库内所存票币及一切资财,应随时注意使其不受损失。

(7)会计科长一月须点库一次,行长及管理处长作不定期的查库。

(8)查点库存时,发现条余短缺,应检查其原因与责任,及时报告管理处长或行长。

4.移交与接收

(1)管库员移交时,须将各库存票币、生金银及其他已登记之物件一一向接收人移交清楚,并制移交清单,移交人、接收人均须签名盖章,以明责任。

(2)如管理处长变动而管库员不变动时,该管库员仍须向新处长负责。

5.其他

(1)库存数目绝对秘密,不得向任何无关人员泄露。

(2)禁止无工作关系人员进入库房。

(3)本条例从即日起执行。

(《陕甘宁边区银行总行库房暂行条例》,1946年4月1日)

西北发行库制度手续暂行规定

为严密发行手续,避免紊乱,特规定如下:

(一)西北发行库为直属人民银行总行驻西北之分库,该库账目单独建立,库内款项无总行指示,一概不准动用。

(二)西北需用发行款项,财委须预先编造发行计划二份(定明用途、月份),一份呈送中央批准,一份交与西北分库转送总行,以便预期按时向总行索取发行款。

(三)西北分库接到总行根据中央批准之指示,拨给西北发行款时(电报或书面指示),即据所示数目、用途拨付发行款。

(四)发行款支付手续,先由领款机关至分库填写取款书,经财委批准签章后,即可随时至地库取款(取款书为三联,一联为财委存根,一联西北分库根据付款,一联由西北分库转报总行)。

(五)如因事实需要在发行库运送途中(如榆次,平遥等地)付出发行款时,须预先办好上项手续,交与分库,由分库负责,令运款员按指定地点付出发行款。

(六)西北分库每十日向总行电报库一次,每月底将发行支取款,总行发到入库数、库存数分报总行及西北财委。

（西北农民银行：《西北发行库制度手续暂行规定》，1949年3月25日）

(三)出纳制度办法

陕甘宁边区银行暂行出纳办事细则

第一章 总 则

第一条 凡出纳科之一切办事手续须依照此细则处理。

第二条 本细则之主要目的明确规定出纳之职责与确保出纳科任务之完成。

第三条 本科之主要任务规定如下：

(一)各种款项之出纳事务。

(二)各种证券、票币、生金银及贵重物品等之保管事务。

第四条 本科之分工制度与责任所属，均依照此细则之规定处理。

第二章 分工与负责

第五条 库存现金、票币及各种物品如与账簿之记载不符合时，应由出纳科长负完全责任。

第六条 收付款项之分工规定如下：

(一)收款处由收款员负责收款，并有复核员作最后核对。

(二)付款处由付款员负责付款，并有复核员作最后核对。

(三)兑换处有兑换员负责兑换，并由复核员作最后核对。

(四)款项之收付兑换，如有错误发生，出纳科长应对上级负完全责任。各经手之出纳员及复核员应对出纳科长负完全责任。

第三章 收付款项与兑换手续

第七条 收款：收款以现金收入为对象，一切票据收均归营业科或会计科处理。

(一)收款凭证：收入款项之金额、币别均以营业科或会计科之收款单或送金簿为据。

(二)收款手续：收款依据收款单所书明之数目、币别照收清楚后，并于收款单上书明号牌与加盖图章转交复核员核对后，再交出纳科长最后检查，如无误，即将收款单送营业科或会计科作收入传票；俟传票由收款单一并转入出纳科时，由收款员加盖图章与收讫戳记然后交出纳科长将传票与收款单核对，并盖章于传票上,以明责任。然后,将传票交会计员登账,收款单则由出纳科长保存,俟下工后查明收款无误时,再将收款单焚烧。

第八条 支付:支付以现金为对象,所有票据转付均归营业科或会计科处理。

(一)支付凭证:以营业科或会计科所制之付出传票并加盖业务处长或营业科长之图章者,得为支付凭证(预先或临时经行长与营业处长许可者不在此例)。

(二)支付手续:接到营业科之付出传票时,由付款员将款取出点查无误,立即加盖图章与付讫戳记,然后交复核员作详细核对,核对后再交出纳科长最后检查,如无误则盖章于传票上,复核员便依据付出号牌,并属明取款人之取款款目,如相符则将款付出,号牌收回,传票再交会计员登账。

第九条 兑换:兑换分三种:(一)破烂边币之兑换。(二)零整之兑换。(三)以法币兑换法币。

(一)破烂边币兑换手续:此种兑换无传票作根据,手续简明,兑换员将破损边币收清后,交复核员核对无误时,即将新边币付出(亦经复核员核对)。

(二)零星边币之兑换手续:其手续与第一项同。

(三)以法币兑换边币手续:其手续与第一种兑换完全相同。唯须逐一登记,于当日下工时合并作一兑换传票,以免边币与法币之混乱现象。

遇特殊情况之下,边币兑换法币其手续:

1. 兑换凭证:以营业科之兑换传票为据。

2. 兑换手续:与第七、八两条之收支款项手续相同。

第四章 其他事务手续

第十条 抵押手续:(专指生金银及其他贵重物品之抵押而言,其他物品之抵押完全归营业科处理)。

(一)首先将抵押品之性质、质量、数量、市价、总值辨别清楚,然后商同营业科长,必要时呈请业务处长批准抵押金额,始能办理抵押手续。

(二)抵押品应经抵押人亲手包裹妥当,并盖章加封,由出纳科长负责收存。

(三)以上手续办妥后,则复写两张抵押品寄存证,一张存根,一张交抵押人收存,抵押凭单,到营业科办理抵押手续。

(四)抵押到期收回时,应依据抵押人交来之抵押品寄存证,将抵押品原封拿出,并按营业科之收入传票,将款如数收入,再将抵押品交还抵押人。

第十一条　生金银货币及土产等物之收买手续：

（一）生金银各种货币及土产之卖出。必须经行长或营业处长批准，方可办理一切手续。

（二）生金银货币或土产之收买，应按照规定价格收买，行长或业务处长特许者例外。

（三）生金银货币或土增收买时，于秤准查清后，用收买物品单通知营业科作付出传票，按传票付款（货币不作秤准手续）。

（四）金银或较贵重之物品收买后，应经业务处长与出纳科长立即盖章加封，交出纳科长编号保存。

第十二条　库存款项及保管物品对外绝对秘密，如因数目泄露致发生其他纠纷者，出纳科长应负完全责任。

第十三条　出纳科未经正当手续，不得代人保管任何物品，经行长或业务处长准许者例外。

第十四条　封存之款由经手人点算盖章，对内负责。

第十五条　错误：如收付款项发生错误情事，应立即查究，如当日无法查出者，即呈报行长与业务处长；如一月后仍无法查究者，应书面呈报行长或营业处长处理。

第十六条　内库与外库：无论大小收支，均由外库收存或支付。谁外库过多时，应交回内库，或外库不敷支付时，可由内库及时补足。内外间之互相收付，均应登记账簿，并逐条由经手人盖章为凭。

第五章　会　计

第十七条　传票经出纳科长盖章后，会计员应立即登入现金账、出纳账，并过入出纳类别账。

第十八条　如有生金银或生产及其他货币之买进卖出，会计员应立即登入物品登记账，该账与库存物品必须相符。

第十九条　每日工作结束前半小时应即行结账，结账后与实际库存及会计科之总账核对后，并经出纳科长检查，最后由出纳科长盖章证明，始可搁置。

第二十条　凡出纳科一切会计事宜，如兑换登记，内外库收付登记以及其他种种表格之制就，均由会计员办理。

第二十一条　库房除行长、业务处长及出纳科长处，其他无工作关系之人员不得擅自进入；但经行长或业务处长指定者例外。

第二十二条　行长或业务处长得作不定期之查库,会计科长于规定时间内协同行长或业务处长点查库款。

　　　　　第七章　附　　则

第二十三条　本规则自批准公布之日实行。

第二十四条　本规则有不适宜处,经行长或业务处长之批准修之。

(《陕甘宁边区银行暂行出纳办事细则》,1946年6月7日)

关于金子的收付手续及包装制度

1. 收运:凡水运金子时,须由经理或经理委托之负责人(对于金子有丰富经验者)鉴别成色,认识真伪,如系镀金,包金或在几成以下者,均一律拒收。

2. 包装:(1)凡评好成色,决定改进之金子,须经过秤、点件、登记、包装、封存、入账六道手续。

(2)凡包装金子时,至少须有经理(或委托之负责人)、出纳股长、出纳等三人以上参加。

(3)凡已包装好之金子,须以印就之封皮封口,各负责人并须于封皮上签名盖章(包内包上同样一张)。

(4)每包金子最好在五十两左右。

(5)凡包装金子时,无论用麻纸、油纸、布,均须捆扎结实,以经久不烂为原则。

3. 付出:(1)凡付出金子,须有经理批准,在门市零售范围以内者例外。

(2)付出金子时,须有出纳股长参加,出纳无单独启封皮支付之权。

(3)付后所余之金子,仍须以第二条包装手续包装封皮。

(4)付出大批金子时,准顾客挑包,不准挑件,以免混乱。

(5)付完后,出纳凭会计科所出之债币支付通知下账,门市零(售)例外。

(6)每次付出金子时,如较原存长出或短少均须登记,交会计作账。

(边区银行:《关于金子的收付手续及包装制度》,1948年)

第三节　中国人民银行发行人民币

一、发行人民币，统一西北、华北、华东三区的币制

为成立中国人民银行发行统一货币由。

为适应国民经济建设之需要，特商得山东省政府，陕甘宁、晋绥两边区政府之同意，统一华北、华东、西北三区货币。兹决定：

（一）华北银行、北海银行、西北农民银行合并为"中国人民银行"，以原华北银行为总行。所有三行发行之货币及其对外之一切债权债务，均由中国人民银行负责承受。

（二）于本年十二月一日起，发行中国人民银行钞票（下称新币），定为华北、华东、西北三区的本位货币，统一流通。所有公私款项收付及一切交易，均以新币为本位币。新币发行之后，冀币（包括鲁西币）、边币、北海币、西北币（下称旧币），逐渐收回，旧币未收回之前，旧币与新币固定比价，照旧流通，不得拒用。新旧币之比价规定如下：

1. 新币对冀币、北海币均为一比一百，即中国人民银行钞票一元，等于冀南银行钞票或北海银行钞票一百元。

2. 新币对边币为一比一千，即中国人民银行钞票一元，等于晋察冀边区银行钞票一千元。

3. 新币对农币为一比二千，即中国人民银行钞票一元等于西北农民银行钞票二千元。

以上规定，如有拒绝使用或私定比价、投机取巧、扰乱金融者，一经查获，定严惩不贷，除另行存告周知外，仰即遵照。

（《华北人民政府训令》金行字第一号，1948年11月22日）

明年一月一日起以中国人民银行钞票为财政税收本位币，令各级政府及银行金库、中国人民银行、总金库、总会计。

为发展贸易，繁荣市场，沟通我区与友邻区物资交流起见，经与陕甘宁、山东、晋绥民主政府协商，同意以中国人民银行钞票（以下简称人民票）为华北、西北、华东三区本位货币，并于本年十二月一日发行，所有原来各区货币，与人民

银行钞票之比值按冀钞,北海币一百元折一元人民票;晋察冀边币一千元折一元人民票;西北农钞二千元折一元人民票,流通兑换。各区之一切税收、借款、公私款项收支及一切交易往来,均以人民票为本位币计算,并以金行字第一号通令与布告在案。兹为全区财政税收计算一致起见,特规定:

(一)凡本区一切财政税收、会计账簿、报表、支拨以款计算者,统以民国三十八年一月一日起,以中国人民银行钞票为本位币,冀钞、农钞、边币、北海币按规定比值,折人民票计算。

(二)凡在三十七年度已预支三十八年度款项者,明年一月一日;过转新账时,统应按规定比值,折人民票登账。

(三)凡财政暂借或投资转入明年新账时,均按比值折人民票记账。

希即转饬所属,遵照执行。

(《华北人民政府训令》财制字第十八号,1948年12月18日)

决议事项:

(一)华北财经委员会机构问题

决议:在华北政府委员会下,单独设立一个机构,在机构内部组织未确定前,先由财政、银行、工商、企业、交通、农林(水利在内)、后勤各抽干部一人,组织一个工作机构,在方毅同志未到前确定由宋劭文暂代秘书长,戎子和暂代副秘书长,在正副主任领导下办理日常工作,办公机构设于华北人民政府。

(二)设立人民银行与发行人民银行券问题

决议:中央既已确定成立人民银行,发行人民银行券,我们即可着手组织并准备发行。至于人民银行券与各解放区票币比值,为了稳定物价,便于流通,人民银行券与冀南北海钞比值确定为一比一百,与边币农币比价为一比一千、一比二千。人民银行券定于明年一月一日发行,今年三个月为准备阶段。在印刷上力求精美,防止假造。由南起草一个关于发行人民银行券指示,内容着重号召人民予以支持,注意稳定物价金融,避免波动,防止假票,与蒋币斗争等。并向各级党委各级政府和广大人民说明,我们这次发行是统一货币,整理发行,不是币制改革。

(三)华北、华东、西北三区货币统一流通问题

决议:华东、北币与华北冀币,确定比值为一比一(北币比边币为一比十),自十月五日起由两区政府布置告统一行使。

西北农钞与冀币、确定比值为二十比一(与边币为二比一),自十月二十日起,由两区政府布告统一在三区行使。

为支持三区货币统一流通,贸易公司须准备调剂一部物资,支持这一流通工作。

(四)华东、西北要求增加发行问题

决议:华东为掌握物资,支持外汇,今冬要求,除中央已允许发行数外,今年再增发北海币二千亿,现济南解放,缴获大批物资,可减少很多外汇,再发行一千亿即可支持。

西北由于人数增多,物价变动,要求除中央批准发行数外,今年再增加发行农钞二千二百亿,西北财政困难,除尽可能核减开支外,应再发行农钞一千六百亿,并由华北调剂冀币二十亿。

以上两项发行计划,俟报中央核准后再正式通知华东和西北。

(五)吸收白洋问题

决议:现华北、华东、西北存有八百万现洋,一百五十万两纯银,可顶一千万现洋使用,为支持南线从现在起到明年九月止,须由华北银行(包括华东、西北在内)在不刺激物价条件下,再收三百万现洋,经常掌握一千万元现洋在手中,完成保障供给任务。

(六)机关生产是否允许成立银行号

决议:关于机关生产方针,不久即拟好公布,所有机关生产新请开设之银行银号,一律不准,已开设者应一律移交华北银行(由银行清理付款)。

(七)派人到山东参观问题

决定:为了三区的财经工作统一和建设,所有华北财政、贸易、交通、企业、农业等各部门均要派一人到五人,组成参观团,到山东参观各种财经建设,以便交流经验。参观团由宋、戎负责组织,用财委会名义介绍前往,到时归华东财委分会领导。

(八)内勤和外勤统一问题

决定:将外勤、内勤全部统一起来,各级均各成立后勤系统组织,所有后勤工作均归后勤系统负责,并服从大军区后勤司令部指挥。同时确定后方勤务一律改为雇用办法,由秀峰、尔陆负责修改战勤差务办法,着重解决调剂民力平衡差务诸问题。

（九）华北追加预算问题

决定：划给山东八个县和军工生产，均是中央、军委批准的，因此减少的收入（约四千万斤）和增加的开支（南边增三千七百五十四万三千斤，北边五千零七十七万二千五百斤）均准予增减，由戎做出收支报告，报请中央批准执行。

（十）关于华北财经委员会与党组织关系问题

决定：此问题很大，暂不作确定，提由华北局常委讨论。

（华北财委：《华北财经委员会第一次会议记录》，1948年12月2日）

为适应发展国民经济与支援解放战争之需要，由本年十二月一日起，华北银行、北海银行、西北农民银行已合并为中国人民银行，并发行了统一的中国人民银行券（下称新币）。已由政府明令公布在案。兹为贯彻此一法令起见，规定：

（一）自明年（一九四九年一月一日起）实行以新币为本位币，并责成银行及贸易公司代理人民银行总行，逐渐收回旧币。但所有未收回的旧币，仍依法令公布之比价，即新币对冀南币及北海币为一比一百，新币对晋察冀边币为一比一千，新币对西农币为一比二千，流通周使，不得拒用或改变比值。违者法办。

（二）凡银行、贸易公司、财政厅、建设厅、联防军后勤部及各该所属部门，以及其他机关学校、团体一切财政供给部门和公营企业，一律改用新币为记账本位币。

（三）各公营工商业在交易中的挂牌、议价、契约、单据等亦一律改用新币为本位币。

（四）一切税收及预决算，均改用新币计算。

（五）改变本位币后，各地贸易公司和银行共同召集当地工商业者座谈，根据统一货币布告及新华社"中国人民银行发行新币"社论的精神，说明统一货币的意义，不是货币改革，而只是货币的统一与整理发行。并劝说他们和公营企业一样，改用新币为本位币，以便公私两便。但主要依靠我公营部门首先坚决执行来影响他们，不应该用命令办法强制他们。

（六）新币票样由银行总行即日发送。以后因改变货币本位所发生的技术问题，由财政厅、建设厅、贸易公司、银行分别对所属机关加以具体指示，并责令坚决执行。

（西北财政经济委员会《通令》，1948年12月22日）

根据十二月十六日政府统一货币之布告,决定从明年一月一日起,本司(行)所属系统之账簿、单据及一切往来等记录。计算之本位均一律改为"中国人民银行票币"(简称人民币)作本位,在会计之处理上,可按照以下办法进行:

(一)在今年底结账时,先将每一账户内不足一元人民币之尾数一律去掉,转到"什损益"科目内处理,该"什损益"科目待其他科目之尾数处理完毕后,本身还有千元以下之尾数时,即作一现金付出传票处理之,使之每个科目,每个账户都成为千元以上金额。

(二)在年底结账之后,把有余额之各科目各账户,在转到新账或新总账上时,将其金额都直接缩小两千位(因一元人民币兑两千元农币),折人民币表现即可,在新账之摘要栏注明"上期农币账转来",今年底各项户金额本位不变。

(三)自明年一月一日起,讲价、支付、报告行市,统计材料等都要以人民币为标准。所签发之各种单据等,都要在金额上书明"人民币",以免与农币混淆。元以下之金额可四舍五入,但作为计算单价时则不可,属于资产方面之正式单据,为了与新账上之金额一致,则一律批明折合人民币多少,负责类之单据,可尽量给予批注。

(四)各账簿改成新本位币后,所有往来类的账户,均要与对方核对金额一次,以免互不一致。

(农民银行、贸易公司:《为农币改为人民币作本位币》,1948年12月25日)

二、发行人民币的目的和意义

关于发行中国人民银行钞票的指示信

冀、边、北、农先后固定比价,统一流通,在便利民商往来与物资交流上,是起了很大的作用。但在货币制度上仍存在着两个亟待解决的问题:一是货币复杂,四种货币,几百种票版,印制技术不精,易于造假,群众不但对假票难以识别,即对各区货币亦有折算之苦。且各区货币都有习惯上的地区性,亦不能作为统一货币的基础。二是面额太小不便行使,由于十年战争的消耗,生产之减退,各区货币的购买力实已逐渐降低,现在一张千元冀钞相当于战前的一角钱(实际购买力不过三斤小米),一元相当战前的一毫,公私款项在收付携运上均极感不便,市场交易亦更受影响,公私企业为点款而增设许多人员,我们银行以十分之四——十分之七的人员从事出纳工作,尚感不足。因此就滞碍了金融流转,不便于商品流通,浪费了人力、物力,大有碍于生产。且在敌"币改"之后,本币对伪金元券的比价形成过高的贴水(十一月间四百元冀钞比一元金元券),此虽属计算上的差别无关实值,但对群众心理上的影响及对敌货币斗争上亦属不利。

基于上述情况,为了进一步的统一三区货币,经华北、山东、陕甘宁、晋绥政府会商决定:将华北银行、北海银行、西北农民银行三行合并,成立中国人民银行,即以华北银行总行为中国人民银行总行。以人民银行筹备基金及华北银行、北海银行、西北农民银行之全部资产准备统一为中国人民银行之资产准备,即以本年十二月一日施行。并于同一日开始发行中国人民银行钞票,统一华北、华东、西北三区货币。新币与旧币固定比价,中国人民银行钞票一元等于冀币或北币一百元,边币一千元,西农币或陕甘宁贸易公司流通券二千元。新币发行之后,旧币即停止发行,逐渐收回。在旧币未收回前,仍按固定比价照旧流通。如此,则可消除四种货币的复杂局面,减少货币对付携运之繁,易于防假,改变对伪金元券比价的不利形势,且对今后发展生产,支援战争提供了有利条件。

中国人民银行钞票之发行,不但统一华北、华东、西北三区的货币,且将逐步的统一所有解放区货币,成为新中国战时的本位货币。同时,也就加强对敌经济斗争的力量,给予蒋匪货币和经济上以致命的打击,加速其经济的崩溃。

为了保证新币发行顺利,信用巩固,各级行处应进行以下工作:

(一)在接到指示后,首先内部进行教育,使所有人员了解发行新币的必要与其重大意义;同时结合目前形势,进行学习,提高干部思想,迎接胜利,提高工作效率。出纳人员还须注意熟悉新币票样。

(二)配合政权部门,分发张贴华北人民政府关于发行中国人民银行钞票的布告,并组织力量,通过各种方式(开会、黑板报、广告等)向群众进行广泛的宣传解释,说明发行新币的意义及布告的内容,号召群众使用与爱护新币。宣传重点,首先放在城镇和集市,然后普及于农村。

(三)在新币发行之初,向公营企业介绍新币票样。说明对旧币是有计划地逐步地收回。并协同公营企业注意稳定物价,大力支援新币,估计新币发行后,获有新币者可能储藏,而推出旧币。为此应动员公营企业有计划地放出新币,并随时向群众解释,说明新旧币的比价及旧币仍准流通的规定,应深切注意群众因误解而拒用旧币的现象。

（四）各行处开始发行新币时，在地区上应有重点，在对象上可先付给公营企业或合作社；在方式上新旧币须搭配发出。在发出之后即随时注意收集新币流通情况及群众反映，如此在初步取得新币发行经验之后，再普遍发行。

（五）新币发行与流通情况，各分行应每半月报告总行一次。

以上所述，希即研究执行。华北银行名义即于十二月一日取消，改用中国人民银行名义。三行合并之后，一切组织领导及新的业务，另行指示。钤记、图章另文颁发。新钤记、图章未发下去前，暂时借用旧的。

（华北银行总行：《关于发行中国人民银行钞票的指示信》总业货字第五号，1948年11月25日）

华北、山东、晋绥、陕甘宁各解放区政府，最近协商决定成立中国人民银行，于本月一日发行中国人民银行新币。并规定新币一元合冀南币或北海币一百元，合晋察冀边币一千元，合西北农币二千元。新币已开始发行，首先在华北、山东、西北各解放区流通，逐渐推及其他解放区。人民银行新币发行后，上述各解放区旧币均将停止发行，并逐步收回。这样，华北、山东、西北三大解放区的货币统一工作即将逐渐完成。人民银行新货币的发行，预告着解放区货币的进一步地巩固，和解放区经济的进一步繁荣。

现在各解放区的货币，大多是在抗战时期，被敌人分割封锁情况之下产生的。当时各解放区经济上均不能互相联系，因此不可能，亦不需要发行统一的货币。抗战胜利以后，各解放区政府开始作货币统一工作，如华中解放区发行了统一的华中币，来收回五六种名称不同而且币值不同的地方货币；其他各解放区也作了类似的措施。但是统一工作尚未完成时，国民党反动派发动内战，解放区有许多地方被敌人侵占，使这个统一工作不得不停顿下来。去年华北各解放区召开财政经济工作会议，大家均感到有迅速统一各解放区货币的必要。尤其在人民解放军胜利攻势进展以后，陇海路以北各解放区局面巩固，而且逐渐打成一片，各地区间贸易联系，物资交换日益发展起来。但各地货币的不统一，货币比价的不固定，成为贸易发展中的巨大障碍，并使野战军的作战遇到巨大的困难。因此，解放区的货币统一工作，已经刻不容缓。

今年一月，西北解放区停止了陕甘宁边区银行货币的发行，使西北农民银行货币成为西北解放区（包括陕甘宁和晋绥两个边区）的统一货币。四月，晋察冀和晋冀鲁豫两大解放区合并为华北解放区，于是北面的晋察冀边币和南面的冀南币，即于同时宣布以十比一的比价互相通用。到十月五日，山东的北海币与华北的两种货币宣布互相通用，规定北海币与冀南币等价，与晋察冀边币的比价亦定为一比十。十月二十日，西北农币与华北货币宣布互相通用，规定冀南币一元合西北农币二十元，晋察冀边币一元合西北农币二元。十一月十五日，北海币与华中币又宣布等价通用。这样华北、华东、西北三大解放区的货币便完成了初步的统一工作。除这三大解放区外，现在还有中原解放区新发行的中州币和东北解放区的东北币，冀察热辽边区的长城币尚未统一。中原解放区在郑州解放以后，已于(与)华北解放区完全打成一片，两区货币的统一已有在短时期间实现的必要和可能。东北解放区与关内解放区的货币统一工作，则须在平津解放，关内外交通畅通以后才能实施。

固定比价，互相通用，这只是货币统一工作的第一步。由于各地区货币种类复杂，币值高低不一，互相折算仍然相当麻烦。各解放区人民要求发行统一的新货币来代替这些各式各样的旧货币。因此，华北、山东、西北各解放区政府协商决定，把华北银行、北海银行、西北农民银行合并改组为中国人民银行，并由人民银行发行新币，作为三大解放区的统一货币。又因各地旧币币值太低，计算不便，故决定把新币的币值适当提高，比冀南币、北海币、华中币提高了一百倍，借以减少贸易上的困难。

解放区的货币统一工作，与蒋介石所谓"改革币制"丝毫没有类似之点。蒋介石所谓的"改革币制"，目的是为实行更剧烈的通货膨胀，并以此来更残酷地掠夺人民。所以实行结果，不但物价飞涨，民怨沸腾，而且更加速了经济崩溃。我们的货币统一，是为了使我们的货币制度更简单，更巩固，是为了更便利于物资交流和经济发展，完全是从人民的利益出发的。因此可以预料新币的发行，必将促进各解放区市场的更统一，更繁荣。

解放区的货币，从它产生的第一天开始，即与金银完全脱离关系。解放区的人民并不爱好金银，我们爱好的是粮食、布棉以及其他生活资料与生产资料。所以解放区虽然有着丰富的金矿，年产黄金数十万两，并拥有大量的白银和银币，但我们用作货币保证的，却不是金银，而是比金银更可靠的粮食、布棉以及其他为生产和生活所必需的重要物资。持有解放区货币的任何人民，它可以在任何时期、任何市场充分获得他们所需要的各种生活资料。我们既不需要限价，更不会发生抢购。所以解放区的币值物价，比较国民党统治区远为稳定。

在日本投降的时候,北海币一元折合蒋币(法币)五元,冀南币一元仅合蒋币(法币)二元。到今年八月蒋介石政府宣布"改革币制"的时候,由于蒋币的狂跌,上述两种货币已经涨到值蒋币(法币)八百元至一千元,现在则值万元以上。在伪"金元券"初发行时,每元折合北海币或冀南币约三千元,现在仅仅三个多月,已经跌到三百元以下,有些地区已经跌到百元上下。这些明显的事实,不但教育了蒋匪区的人民,而且也教育了国民党统治区的人民,使他们痛恨蒋币,爱护解放区的货币。我们解放区的货币正在配合着战争的胜利,迅速扩张它的流通范围,并将把蒋币驱逐到它的坟墓里去。

(新华社:《社论》,1948 年 12 月 7 日)

(一)十二月一日中国人民银行发行了新币,这种新币是新民主主义的货币,人民自己的本位币,它不是地方性的货币,是全国性的货币。

(二)新币发行的客观条件

1. 新币的发行有一定的客观条件,这个条件在自卫战争初期不具备,在自卫战争接近胜利的第三个年头情况就不大相同了,人民纷纷要求货币统一。

2. 自卫战争进行了二十八个月,全国形势起了基本的变化,革命力量由劣势变为优势,不久(一年左右)在全国取得最后胜利,其具体情况是:

①陇海路以北各解放区已打成一片,并且日益巩固,中原各大城市次第解放,各个地区也逐渐连结起来。

②各个地区贸易联系逐渐加多加强,物资交流日益发展起来。

③大规模的野战军连(联)合作战,庞大的供给需要统一。

3. 三月华北财经会议,各解放区对金融工作进行了一次检讨提出在货币制度上存在有两大缺点:

①不稳定
②不统一 } 妨碍了国民经济发展,不利于支援大规模的战争,这样新币的发行就刻不容缓。

(三)新币所负的任务

新币是历史的产物,它担负着一定的历史任务——支援自卫战争,建设新民主主义社会。

1. 代替各解放区旧币,加强和统一对敌斗争的力量,打垮蒋介石的金元券。

2. 沟通各解放区经济,促进各解放区物资交流,便利商人往来。

3. 调剂各地金融,使得各地物价趋于一致,促进各地生产发展,三边如大皮毛。

4. 便利支援前线,供给不受影响。

5. 掌握全国发行,便于通盘筹划,调剂筹码,调整物价,有利于工商业及群众生活,有利于新政权之迅速建立。

(四)新币发行的几个具体好处

1. 使各地货币单一化,把各地种类繁多、票版复杂而印刷不精、易于造假的旧币渐渐收回,以腿长的新币代替,并独占市场。使票币由繁到简,群众便于识别使用。否则市场混乱,俗云"一个槽头拴不住两头叫驴"。

2. 避免各地币值不一,互相折算之苦,使新币一元化,解决了妨害统一的各种地域性的旧币。

3. 各地旧票币值太低,计算不便,新币价值高,减少贸易上的困难。

(五)新币的统一,不同于蒋匪币改

1. 新币的发行与蒋匪多元券发行,二者没有丝毫相同点,前者为货币统一,后者为币制改革。

2. 蒋匪币改的实质是耍流氓手段,实现其通货大膨胀,原发行数值金元券二亿。币改发二十亿,十二月底发到八十亿,四个月零十天膨胀了四十倍。

政治大骗局:吹牛金元券有"足够的准备",其实是虚金本位币,金银不准买卖,更不给兑付。

物价大掠夺:金元券之发行在法币连发三次大票之后(500万元一张),那样多的敌币规定在八月二十日至十一月二十日三个月为兑换期,逾期作废,地区大,时间短,交通不便,实际很难兑回,这样四大家族就发了一笔洋财,把掠夺之东西转往外国准备逃跑,形同土匪。

其结果:物价飞涨,八月十九日以后至十二月底上涨20倍至30倍。

黑市活跃,明市没东西,限价黑市上涨五倍至十倍。

资金逃避,多转往外国、香港等地。

民不聊生,薪水不增,生活难于维持,货币不稳,广大群众受其害。

经济破产,商业关门,工厂倒闭。

政治崩溃,无法维持其庞大的反动机构,树倒猢狲散。

3. 新币统一。

新币的信用是建立在为人民服务的政治上,丰富的物资基础上。

金银只是作为清理外汇的工具,不是巩固新币的准备金。

新币的物质保证是可靠的,能解决困难的粮食布棉及其他生活资料及生产资料。

保证新币不论在任何市场、任何时候(解放区)都可获得其所需要之物资。

在作法上:

商品不限价,有足够物资平稳。

旧币不限兑,按规定之比价收兑,兑到最后一张为止,时间不限。

适当地掌握发行数量,不使物价波动,地区扩大,新币时感不足,不会膨胀,而绝对维持。

从比价变化上即可证明:

以关中分区作例

	八月	九月	十月	十一月	十二月
一元农币换敌币	100元	150	400	1 000	2 000
一元金元券换农币	3万	2万	7 500	3 000	1 500
一元金元券换新币	25	10	3.75	1.50	0.75

现在比价是1比0.5,即新币一元换金元券二元。

从物价上也可看出:

蒋区西安1948年上涨1466倍。

2月份到12月底即上涨24倍。

我区、华北、华东全年上涨三倍,西北不到一倍,延安八月为129.62,十二月为129.58,以8月份为基期不但未涨还落一点,绥德以八月为基础,十二月上涨百分之一。

从此可看出,新币是新生的、发展的、信用巩固的,而蒋币是垂死的、没落的、信用破产的。

(六)结语

新币的发展是为了配合政治军事的形势发展和需要,首先在华北、西北、华东开始统一,逐渐推到各解放区,这表示着人民金融的强大,象征全国的胜利,新币的发行预告着解放区货币进一步的巩固,市场进一步的统一,经济进一步的繁荣。

但有好些群众商人,由于我们宣传解释不够,对新币还不了解,还有些怀

疑,如说:

1. 新币发行后,旧币就不顶钱了,因此,市场上形成两种物价。
2. 认为新币发行是大票出来了,对物价看涨。
3. 新币比旧票大了二千倍,过几天就小了,认为新币与旧币一样是贬值的。

这些不正确的看法,影响了新币的推行。因此要巩固新币信用,我们每个同志都必须宣传解释,打破群众这些对新币不必要的疑虑。

(西北农民银行:《发行新币问题》,1949 年)

三、推行人民币、平抑物价的决定

为迅速恢复新区市场,安定社会秩序,交流城乡物资,供给部队需要,打击白洋,逐渐做到禁用,使广大群众认识人民币是新区唯一的合法货币。利用各种形式宣传人民币的信用,尽量用财政收入及供给新区必需物资,支持人民币流通,巩固人民币的币值,使人民币在群众中生根。对此特作如下决定:

(一)坚持人民币市场的方针。刚解放的新区,全为白银市场,人民币与群众初见面时,其信用可能不高,但我们必须坚持使用人民币,不能因使用不方便或暂时吃亏或购买不到自己必需物资而动摇人民币的使用。在我们内部(新区党政军民机关部队)必须拒绝白银思想,绝对不准使用白银,除经野财委专门特许者外,任何机关部队人员使用白银均为非法,必须受纪律制裁。

(二)集中力量巩固人民币的信用。我军使用到市场上的人民币,必须使之流通方能有价值,否则将造成物价飞涨,市场混乱,社会上将由生活的不安。走上政治不安。因此,进入新区时,刻不容缓的经常做巩固金融的工作。其办法:

1. 宣传人民币制。各级政治机关、宣传部门、供给机关、金融贸易机关、党政机关、利用各种形式与战争胜利形势,宣传配合起来,宣传人民币是人民民主政权唯一的合法货币。它是以没收自反动政权与四大家族的国营企业和其他财富为基础的一种货币,它是在人民政权下,完粮纳税交易周转的统一货币。

2. 野战军军以上各供给部门带一部分白银,在必要时到黑市中活动,收回人民币,巩固人民币,打击奸商之投机,指导物价。

3. 野战军师以上供给部带一部土产,化装商民采用秘密方式,利用各种关系,抛售土产,买回人民币(专收人民币,拒收任何货币与物资),这是支持人民币的主要力量。

4. 我军所到地区，立即进行税收，暂依国民党原有正税之税目税率征收，吸收人民币，其他银行物品一概不准抵交，如发现抵交时，告其到银行兑换人民币。在银行未建立之前，各供给机关有责任按内定比价替人民兑换本币。

5. 可能时设立门市部，在战争胜利品中抛售一部分日用品，在缺乏粮食之市镇并可出售粮食，回笼人民币，以引导市场交易推行本币。

6. 若金融波动很大，必要时可在预借粮中收一部分人民币作粮代金。

7. 实行统一采购，遵行贸易公司之统一采购计划。部队应和当地贸易公司取得密切联系，通过贸易机关采购大宗物资，若当地金融波动时，即日用品也可暂时少买或不买。

8. 休整时，部队有计划的远道采购，扩大采购面，调剂城乡物价，不使货币集中，流于少数市场，影响币值和物价。

9. 绝对禁止抢购物资，贯彻以往决定，前后方步调一致。

（三）指导与稳定物价：

人民币第一次在市场上与人民见面，必须表现一定的购买力，否则市场必定混乱。因此，决定按当地白银物价折合成人民币的物价，作为表现人民币的实际购买力。换句话说，即宣布人民币与白洋的比价作为人民币的实际购买力（只口头宣布不挂牌）。

此种比价，是老解放区实际的黑市比价，不是主观凭空捏造企图赚价的比价。

西安为西北最大城市，其金融物价在西北各市场上或多或少是有影响的。但目前，西安物价由于种种原因则高出于西北所有市场，因此我们在新区宣布比价时，一方面依西安为标准，另一方面应依我们在西安的金融政策为标准。西安市目前是提高的方针，因此新区比价应稍高于西安比价。如西安目前黑市比价为1300，在宝鸡新区比价应1100，天水、平凉、汉中应为900，西安目前暂以800为提高的目标，因此西北任何地区均不能提高800以上，提到1500—1600，天水、汉中、平凉等地则可提高到1200—1300，总之按当时西安的比价为准。

我在新区的贸易机关建立后，应立即着手适当的解放城乡物资交流，有计划的调剂市场价格，平抑物价，和敌人作金融斗争等。西安是西北最大城市，四周各地多以西安物价之涨落为跌涨之依据。因此，我们应很好掌握西安物价，以作指导物价之主要根据，决定各地物品价格，如西安市之日用品、工业品为各地所需者，其价在一般情况下，不应低于西安（若西安金融发生畸形波动时则例外。各地土产及工需原料,其价应比城市为低,促使城乡物资互相交换流通)。

(四)对白洋的方针,我军初到时,一方面群众对我币值不了解,一方面我又无充分物资支持,因此,在初解放区,我们对白洋暂不挂牌,也不禁用,采取默认态度,待我经济条件准备成熟后,再由政府命令,禁止白银使用。同时,银行持挂收白银(只兑进不兑出)。

以上数点,望即研究实行,并将所遇问题及实行情形告诉野财委。

(一野前财委会:《在初解放区推行本币平抑物价的决定》,1949年7月)

第四节 发行与比价

一、减少开支,紧缩发行

(一)金融贸易与财政的新变化

1. 本币与蒋币关系的新变化——对于蒋管区贸易的停滞或断绝,与对于邻友解放区交易的开始与继续,使边区内不足百分之六十、百分之七十的棉花、布匹等日用必需品,从战前仰赖于蒋管区的输入,在战时变为转向于邻友解放区(如晋冀鲁豫、晋绥)了。这一生产不足与蒋区贸易的关系,转化为边币与蒋币联系的变化及生产与消费的依存关系,通过贸易转化为边币对蒋币的储存关系,现在已发生着和将要发展成为历史性的根本变化。目前蒋币的外汇作用已日愈减少,战争下去,使我们直接对兄弟解放区的贸易更成为必要。贸易路线的新变化,使我边币摆脱一贯对蒋币的依存关系,也存在着更大的可能。

2. 金融贸易与财政三者关系新变化——由于对蒋管区贸易的停滞或断绝,使土产的输出陷于冻结。因此,和平时期贸易支持财政的主要部分已转向由银行负担了。兹将一九四六年与今年三月十五日至七月十五日财政负担的比例列下:

(1)一九四六年全年财政开支为100。

贸易公司负担60%

税收30%,其中极大部分仍是(土产)税

银行负担10%

(2)今年三月十五日至七月十五日被服、粮食除外的财政支付为100。

税收5.5%

公司回笼 28%
银行垫支 28.3% ⎫
发行 38.2%　　⎬ 银行负担 66.5%

由此可见，和平时期，贸易支持财政的 60% 以上，战时已转向由银行负担了，这就是自卫战争爆发以来，金融贸易或（和）财政三者关系的新变化。

金融与财政的这一矛盾，将因脱离生产人员的继续增加而加深，这就象征着边区金融的严重局面已经到临，我们的任务更艰巨、更复杂了。

3. 在这一新的形势下，总行提出两大基本任务：

（1）缓和物价上涨，推行本币。

（2）继续必不可少的发行，支援前线。

为了适应新情况，完成新任务，总行特发出如下指示：

1. 各分行及总行业务处，在战时一律取消壮大资金的任务，以全力稳定金融。

2. 由于对蒋币关系的新变化，必须采取对蒋币的新态度：

（1）坚定独立自主的本币思想，全力推行本币，争取本币独立市场。严厉打击蒋币，排挤蒋币，放弃与蒋币之固定联系，摆脱蒋币对本币之直接影响，抛弃以往对蒋币比价求稳定的基本方针，配合争取必需物资斗争，有可能与必要时即逐渐提高本币比价，估计在一定时间内，会产生各地不一的黑市，这是不可避免的必须畏惧，纵然一旦贸易情况有所变化，土产可争取输出，所换回者亦非蒋币，除部分黄金外，则将以物物交换为主。

（2）各分区内地交换所，一律停止对蒋币之交换，目前各地兑出之蒋币，大部仍留于我边区市场，在这种情况下，单纯兑换，等于推行蒋币与压缩券币市场，内地交换所可在原有基础上，逐渐转变为借给群众日用必需品的小型商店。

（3）为了适应战时变化多、难联系的特点，各分行应依据当地情况，并参照邻近分区之情况，机动灵活，相对独立地决定一些对策。在牌价问题上，可放弃和平时期的统一比价，各分区可依据不同的情况，采取差价的政策。但须注意：①差额不宜过大；②明了些措施，是为了打击排挤蒋币的手段之一，须机动灵活；③在一般情况下，内地蒋币比价可低于边缘区，以便先将其排挤于边缘地区，逐步使本币夺取阵地。

（4）各分行应协同当地贸易分公司，税局实行管理贸易。对真正必需品之输入，可介绍至边境交换所给予兑换（保证办法各地自定），其他非必需品之输入及内地市场一律停止兑出。并配合当地党政,严格执行禁令(限期兑入,逾期拒绝兑换),违者一律没收。

(5)警备区白洋问题另文处理。

3.各分行应协同贸易分公司(可适当分工进行)组织内地集市,控制部分土地,组织物资对流,依据河川的交易关系,以重点组织粮食、布匹、棉花、油、盐、炭等必需品之交流,只卖券币,拒收白洋、蒋币,不从盈利出发,只为支持本币之流通。

4.各分区在敌人清剿蹂躏后,无法维持生活,进行生产之贫苦群众及部分贫困抗属;其次,在重新进行土地改革的地区,应配合当地土改工作,对分得土地而无力购置农具、籽种的贫苦群众,给予农具、籽种或食粮贷款;在内地目前可配合锄草,酌量发放一些贷款,贷款内在券币流通的地区应以发放券币为主,在群众暂不信任券币的地区,则以发放实物为主,在敌人蹂躏过的地区及非灾区的实物贷款一律免收利息,非灾区的券币贷款仍须酌收低利。

以上指示,各分行接到后应深刻考虑,使这一方针与当地具体情况相结合,迅速布置执行,并将执行情况报告息行。

(边区银行总行:《关于目前金融业务的指示》,1947年7月26日于子洲)

(二)发行与财政、物价、贸易的关系

1.财政与发行

①河西三个月来的财政开支如下:(券币)

月份	预算	收入及占预算比例		亏空及占预算百分比(亦即银行发行垫支数)		亏空折细粮
九	32亿	1500万	2.1%	319,500亿	98%	2500石
十	63亿	16,300万	3.9%	615,700亿	96%	4920石
十一	100亿	1亿	1%	990,000亿	99%	6000石

(亏空折粮一万三千余石,系按逐月警区价算,若按其他粮价低的分区算,亏空更大大地超过一万三千石之数。)

②再看河东三个月发行(大都用在财政上)

九月发行农币92.8亿折细粮(兴县价)9180石

十月发行农币105.82亿折细粮(兴县价)8140石

十一月十七日止发行农币 348.34 亿折细粮(兴县价)17240 石

③如此庞大支出,以陕甘宁而论,军费八月份占总预算 67%,九月份 90%,十月份 83%,十一月 63%,平均在 75% 上下,其中前总开支又占总预算的百分之四十九,即是说,财政开支中把大部分是用于支持自卫战争的军费。

④河西开支至十月份后突然增大(十月票面开支比九月多 96%,十一月比十月又多 58%),是因为九月份仍维持旧的供给标准,大小公分担重负,十月后开始不许小公经商,提出统筹,补助面很广。同时,人马又在不断增加;另一方面,由于贸易生产停滞,税源枯竭,物资缺乏,造成目前解决财政唯一办法是靠发票子,而大发的结果自然刺激物价上涨,这是票面开支剧增的另一重要因素。因此,如何控制发行和物价,有亟待解决之必要。

2. 发行与物价

①财政亏空既然依靠发票子弥补,大发结果,又刺激物价飞涨,物价涨又回头,逼使财政追加预算,亏空更大,如此循环不已互相为因果,造成目前严重的情况。

先看发行、物价、财政三者的关系(物价是以绥德分区为例,绥德分区物价历来是最高的,主力和后方转入绥德分区后,更加刺激高涨,比陇东、关中及延属西部物价高上四五倍不等)。

月份 种类	基期	八月	九月	十月	十二月
发行指数	100		267 增一倍半以上	2066 增十九倍半	2348 增二十二倍半
发行金额	2.9900 亿	绥六日价	8 亿 蟥十六日价	61.8000 亿 蟥九日价	70 亿 其中有农币 60 亿 义合二十六日价
小米指数	100	1428 增加十五倍多	2434 增二十三倍多	2381 增二十三倍多	3142 增三十倍半
物价总指数	100	737 增加六倍多	1244 增十一倍半	1267 增十一倍半	2117 增二十倍
财政指数	100	477 增三倍半以上	594 增五倍	1170 增十倍半以上	1851 增十七倍半
财政预算	5.4000 亿	25.8000 亿	32.1000 亿	63.2000 亿	100 亿

（注）物价总数项包括土布、熟花、小米、清油、洋火、小盐、白洋七项。其中小盐基期是今年三月（因无去年底价）米盐油三项指数，十一月份比一九四六年底涨二十五倍以上，以上基数系根据绥德分行统计数字。

实际说来，物价总指数不只涨了二十倍，因为九月十月份的物价，由于人马东渡，由河东替河西负担了一部分，这从河东物价也在猛涨可看出，如碛口物价，七月份比一九四六年底涨三倍弱，八月涨为四倍弱，至九月大涨至六倍，十月底更涨至八倍以上。

②物价猛涨是什么意思呢？

（A）发行多，物价涨，财政预算扩大。十二月份又要增为河西的一百七十七亿（折米八千石左右），河东的一百八十九亿（折米一万二千石左右），两处共三百六十六亿元（折米约二万石），在基本情况未改变前，一二月份开支，必将仍按上述趋势连续增大，其速度与程度，可能较过去三个月更快更大。

（B）因为物价涨在前，又涨得多（十一月份比去年底物价涨二十倍多），财政赶不上物价（财政权十七倍半），故领经费的单位吃了大亏。如前总十月份经费，据说在延川作预算时，按物价会涨百分之三十估算，但实际达到榆林时，物价飞涨了百分之八十，一百元顶二十元用了（大军云集，供求突变也是重要原因）。再加财厅按每月二十日平均价发给，有时又难于按时发给，以最近北线而论，每个战士的实际生活标准，每日为券币 3,450 元，但领的经费仅六百几十元，相距五六倍。票子跌价，对于每个持有票子的公家人和老百姓都给予莫大的生活压迫。

（C）依靠发票子来扶助生产及救荒，在没有物资或缺乏物资来支持所发出票子的情况下，也有利弊两面。如：

河西救灾和纺织贷款，目前试办性的少量贷款，对金融暂时还不致有如何大影响，但如大量贷出，而买不到农民所需（耕牛、农具、籽种、粮食等等），贷款收效甚微。

河东二、五、六分区，秋收后粮食上市（朔县每集四五百石），卖主多系贫苦农民。为适应他们的需要及大公购买，以作地域及季节调剂（晋绥已购 25,000 大石，尚购 25,000 大石），必需发行，但发行回笼的很少，二、五分区仅四分之一。继续收购，必然加甚农币购买力下降。

又如收土产十万件，需粮一万石，我们困难于用粮去收。现专员会议决定，年前以花去收，则更扩大花与粮的剪刀差，会打击纺织生产，入秋后其变化如下：

碛口十月二十日一匹布换米1,986斗，十一月十八日降为1,31斗，离石同期由1,66斗降为1,41斗，方山由2,266斗降为1.75斗，预计统购土产开始，又值冬里粮价将大涨。

又如晋绥动员民力，转运粮食及花布救济物资，脚费日发25,025,000万，月需750,000万。

以发行去收粮，以花去换土产而无适当物资，吸收通货回笼，就会造成物价猛涨，这又是一个矛盾。

总的说来，财政发行与生产发行，根本是一个以物资回笼通货的问题，下面谈谈物资问题。

3. 物资与贸易

①现有物资，河西方面：花15万斤，大布一千匹折四八小布5,000匹。河东方面，花35万斤，小布175,000匹。

就是这点力量，要解决财政同时要解放金融。供给上需：制鞋24万双，需布16万丈，折32,000匹。制被子30,000床，需布40,000匹，需60000斤。

以上需布约十万匹（四八布），花四十四万斤，如以之供应市场，晋陕每个老百姓平均仅得布一尺多，花一两半——这和市场需要何等遥远，如以之解决需用的夏衣不足一半，如以之解决经费，只够一个月开支。

②在各解放区，经过半年多时间才买下一部物资：

晋南十分区，共30万斤，布5万匹。

冀中花7万斤，布5万匹。

但（A）晋察冀的外汇限于金子，且每月限两千两。

（B）山东以土产换花布，运费昂贵（棉花原价加百分之五十，布匹加百分之三十）。其次如以（土产）换金，金价也贵，即北海票十七万元换金一两，北海与冀票比价一比十四冀票与农币比价，一比二元二，这样实际是以二十五件（土产）换山东的金一两（我关中仅十二件土产换金一两）。

（C）运输是大问题，买下东西不易运回。如满足要求河东五万石粮运河西，竟需二万石运费，一次十天运完，需十万毛驴，五万民工，如以五个月运完，每天需驴六千七百头，民工三千三百五十名。

总之，与各兄弟区的贸易问题，是运输问题与外汇问题，以及经济核算上，陕晋会要吃亏（土产贱）的问题，这个问题并未解决。

③河西贸易：三边口岸未开，陇东九至十一月，入口土布 11,211,200 丈，关中十月入口五万方尺，两共折四八布 24,000 匹。根据敌区金融大波（三原已出现五万元大钞），金价大涨（十一月约涨一倍半），洋烟次涨（十一月约涨百分之六七十），布小涨（十一月雁布约涨百分之十几）的情况，土产出布入的希望是存在。但：（A）军事封锁和市场不稳；（B）纵会交换进行，而货物不易运回。因此，贸易开展，今天仍属有限（虽然用大力争取其开展）。

以上可见，东面是远水救不了近火。西面是杯水车薪，所无大补，而大公手上家务则又异常薄弱。因此，回笼本币与财政供给问题，依然是个严重问题。

4. 金融与负担

财政依靠发行的结果，实际上是对人民的一种很大的负担。在战争中，人民负担空前严（重），可从以下几个主要方向看出：

①战争前后，河西二十几万壮年中，差不多有四万至五万人当了新兵或游击队，即由生产者转为消费者，农村劳动力减少了$\frac{1}{5}$到$\frac{1}{6}$。

②公粮：目前河西人员，十七万一千余人，牲口一万六千余头，全年需细粮三十五万七千余石。九月底止已预借 146,350 石，现在布置征收 99,650 石，两共 246,000 石，按今年征 246,000 石之数，达今年陕边产量 700,512 石（细粮）的百分之三十五点一，比以往任何一年的征收率都高出几倍（一九四一年公粮负担率占陕边产粮 12.3%，一九四二年占 9.8%，一九四三年占 9.1%，一九四四年 8%，一九四五年 10%，一九四六年 9%，今年 35.1%）。加入敌人掠夺、糟蹋，估计损失十九万石，两项共 436,000 石，占人民收粮七十余万石的百分之六十八，足见人民负担，粮食缺乏，已到十分严重境地。老百姓断米吃树叶、逃荒，野战军杀骡、杀马充饥，已开始发生。

③战勤：战争八个月来，人民战勤尚无全面调查，但仅就第二次榆林战役，民力动员程度已够惊人。兹计算如下（公家人动员力量未计算在内）：

（A）北线现有公家人畜，每月需细粮一万三千石，此数必须近追警区，远自延属及河东一、二、三、六分区动员转送北线，需动员人力畜力如下：

每条毛驴平均驮四斗，共需动员毛驴 32,500 头。往返路程平均十二天共需驴工 390,000 个。两人赶驴三头，共需赶驴人数 21,660 名。

这一万三千石预计一个月（三十天）内运完，这样平均每日在路上送粮的毛驴共一万三千头，赶脚 8660 名。

（B）北线六百付常备担架，五人一付，共三千人，一个月九万个工，临时担架八百付,五人一付,共四千人,一个月十万个工。二千头随军毛驴,一个月驴工六万个,一千四百名赶脚,一个月共人工四万二千个。

以上两项(送粮及随军)合计一个月需人工511,800个,驴工450,000个,如工资每个人工以小米一升,驴工两升计,可得粮一万四千一百余石,而这些负担,还不能以全边区人力计算(因有敌占区及遥远区),而集中在战区及近战区的。

④在上述三种负担之上,还要加上金融的负担,如河西九、十、十一三个月共以发行支持财政开支,一百九十余亿(券洋),可折合细粮13,420石,而十二月河东河西开支共计需366亿元,可折细粮二万石,这些财政发行在缺乏投资回笼的情况下,极大部分都是变成人民对公家的负担了。即是说,人民除出兵、出粮、出人、出畜外,还要每月以数千石粮食支持公家吃用。而人民的负担能力,在经过八个多月战争后,加上今年的严重灾荒,可以明显看到,不论人力、畜力、物力、财力均已到极困难的地步了,即是说,已到再无力维持的境地了,必须引起我们严重注意。

5. 解决办法拟议

由可见,金融问题,实际就是财权问题,亦即战争与民负问题,是一个带根本性质的问题。解决这个问题的根本办法,经研究,可提出以下几个主要方向,以供参考。

①主力出击,取给予(于)国民党区以战养战,是节粮节财及打开对外贸易基本办法之一。若能实现十一月下旬所提关于解决粮食方案,主力八万人出击,除节省边区粮食十几万石。同时经费亦可以发土产,代替发票子,则可减少发行40%到50%(光就河西说)。

②开展贸易:河西加强缉私,军事掩护开关陇口岸,尽量销土产换回花布及黄金。同时建议华北财办统一计划,由晋察冀及冀鲁豫代替晋陕销土产及黄金,换回花布及各种必需物资。同时用一切力量和方法解决运输问题(主要发动与组织民运,同时动员公家一切运输力量),以增加物资力量供应市场,回笼边币,相当的稳定金融,以支持财政减轻民负。

③开辟财源,回笼本币——十二月份晋陕预算达三百六十六亿(折细粮两万石),贸易公司售货回笼不及百分之二十,势在增发三百亿上下,票子泛滥,物价波动,提议开辟财源,大量回笼办法如下:

(A)实行土改中征收土地所有权证登记费(或地表登记费),此一措施,带有一次缴完的印刷纸张等手续性质,可以兼收解决财政开支及扩大本币的农村市场,又能大量回笼的实效。这一费用征收,又适应农村接受"契约"的习俗,农民认为契约出了钱,土地所有权就固定下来,就合法了。另一方面,因为征收面宽广,对翻身农民并未加重多大负担。但是集腋成裘,对金融及财政则是一副救命剂。办法如下:

晋陕耕地以四千万亩计(陕边 1500 万亩,晋绥 2500 万亩),如每亩征收小米两合,折付本币三千元(必须收本币现款),许可收一千二百亿元,折米八万石,每人平均 26.600 元,合米约一升七左右,此一千二百亿元,可够晋陕三个月以上财政开支。

此一征收,可随土改发展情况,各分区分期征收,以避减免农村筹码突然紧逼后,所产生的恶果。

(B)陕边营业税改以粮食折合收款,以求农商负担合理化。冬季营业税,虽因敌占城市,商业萧条,奸商附敌而受影响,但全陕边征收 1,000 石,折款六七亿,河东也可进行补征牲畜买卖税(用烟用白洋所换入之牲口——河曲十月份仅公家换入百余头岚县二百余头),对金融财政当不无小补。

④驱逐敌币、白洋,扩大本币市场。如晋南禁用蒋币前后,送去本币九十八亿,隰县也可送去五十亿。我关陇等分区,目前全部是敌币市场,警区是白洋市场,如恢复我币市场,可使本币不致局促警区一隅,外流数十亿,对增加我财政负担面,缩小敌人掠夺面。当有重大意义,故应根据西北局决定,坚决贯彻禁令,打击敌币、白洋,以恢复扩大本币市场。

⑤其他关于如何精简节约生产等都是减少开支,亦即减少发行的重要办法,此处不详谈了。

(西北财经办事处:《三个月来(九至十一月)财政金融贸易情况》,1947 年 11 月 30 日)

在战争未爆发前,边区物价上涨的速度是比较缓慢的。而且在一般情况下,物价上涨的指数是落后于发行递增指数的。但是,自战争爆发以来,由于消费空前增加,物资日益奇缺,使得这一个基本趋势发生了根本的变化。兹将战前(一月—三月半)三个半月延市几种主要物资及金银价格列后(单位券币元):

	四六年十二月三十一日价格	四七年三月十五日价格	指数	
土布(尺)	350	500	124.9	总平均指数 =120.2
棉花(斤)	2950	3400	115.2	
小米(斗)	3450	3500	101.4	
青油(斤)	1200	1200	100	
白洋(元)	2500	2500	100	
黄金(两)	185,000	300,000	162.1	

上表看出延市在今年三个半月内,一般主要日用品物价的上涨是较缓慢的,上列六项,平均上涨20%,每月则仅平均上涨不到6%,而这一时期的发行指数则远超过物价指数之上,兹将三个半月内发行实际流通量开列于下(单位券别(币)万元):

十二月三十一日　　　　　　　　　　256.042

三月十五日　　　　　　　　　　　　372.156

指数　　　　　　　　　　　　　　　145

但是自三月十九日撤退延安后,这一基本形势则发生了严重变化,物价波动甚烈。券币购买力猛烈下降,物价指数远超过发行指数七倍以上。兹将警备区(目前边区唯一的市场)马蹄沟三月十五与七月十五的物价对照于下(单位券币元):

	三月十五日	七月十五日	指数
土布(尺)	500	1600	320
棉花(斤)	3000	9000	300
小米(斗)	6500	42500	653.8
青油(斤)	2000	7000	350
食盐(斤)	100	350	350
白洋(元)	2500	9500	380
黄金(两)	290000	1,000,000	344.8

总平均指数 385.5

上表看出战争爆发后的四个半月内,物价与金银价格在边区是猛烈的上涨的,尤以小米为甚总平均涨了2.85倍,每月也平均涨71.4%,这与前三个半月每月平均上涨不到6%是何等惊人的变化!这是一方面。另一方面由于边区政权所达的地盘过分缩小,城市百分之九十以上已被侵占,内部集市又遭敌扫荡,全陷于停顿——其中体的形势可图表于下:

注:①敌主力一军二十九军六月初间我老根据地志丹一线扫荡,六月末又向我安塞内部扫荡。内部市场即遭全部破坏。

②七月初,我仅保持黄河以西警区六个县以及收复三边分区及陇东一部分。

③代表日/月是指失陷的时间。(略)

在这一时期的发行,我们是持着慎重态度,争取少发,且以极大力量去回笼券币。因此,实际发行量,并没有较过去有突出的增加,且较前三个半月的平均数为少,而物价指数却超过了发行指数七倍以上。兹将三月十五日至七月十五日发行的实际流通量列下:(单位券币万元)

三月十五日	372,156
七月十五日	517,749
指　　数	139.1

总结以上情况,前三个半月物价(包括金银价)平均上涨20.2%,发行增加为45%;后四个月物价(包括金银价)平均上涨285.5%,而发行仅增加39.1%,这就是战争以来发行与物价关系上的极大变化。也正象征着边区金融的严重局面已经到临。

今后形势如何?我们估计军事上的反攻将获得伟大的胜利,但是在财经问题上会困难更多。为了"反攻",部队必须增加,因此,开支就必须再扩大,贸易依然在南路找不到出路,发行迫不得已的将继续增加。以支持自卫战争之进行。因此,我们对于兄弟解放区、晋冀鲁豫、晋察冀、山东,对我们二十万匹、二十三万斤花的帮助,衷心感谢。

(《西北财办给中央财委的报告》,1947年7月20日)

发行与物价

一般的真理是货币数量的增加与币值的降低是反比例的。也就是说,发行指数的上升与物价指数的上升是成正比例发展的。这从我们一九四〇年边币发行以来的统计,可以得到充分证明(详见边币发行与币值变动比较表)。

但发行政策掌握得好,例如发行与紧缩配合适当。推行边币做得好,控制物资工作做得好,则物价的上升会低于发行指数,否则物价指数比发行指数上升得更快。

历年边币的增发影响了农产品与外来布匹。棉花等日用工业品剪刀差现象扩大,这使农民吃了很大的亏,到日本投降为止,这一趋势我们没有很好地把它扭转过来。一九四五年二、三月间,一斗米只能换四尺土布,比之抗战前每斗米能换三丈四尺土布,差了七倍半。一九四五年六月以后好些,到自卫战争将在陕甘宁边区爆发时,才有大的转变。战争破坏了一切,特别是加重了对粮食的破坏。由于敌我消耗,加上灾荒,粮价从一九四六年十二月平均每斗三千一百七十五元涨到一九四七年十二月平均四十四万八千三百元。一年左右,涨了一百四十余倍,剪刀差到一九四七年六月间即恢复到抗日战争以前的状态,到一九四七年十二月变为农产品每斗小米换布八丈,超过抗战前 1.35 倍。

自卫战争改变了一切,战前、战后、物价上的剪刀差也起了根本的变化。战前是布价领导一切物价上涨,而战后则是粮价领导一切物价上涨了。

附一九三七年至一九四七年延安市小米与布、花交换比例表。(见下表)

延安市小米与布花交换比例统计表
一九三七至一九四七年

		价格		一斗小米			说明
		棉花(百斤)	土布(丈)	小米(斗)	换布(丈)	换花(斤)	
一九三七年	上半年	33.0	0.47	2.5	3.4	7.6	
	下半年	40.0	0.91	2.7	3.0	6.8	
一九三八年	七月	36.7	0.94	2.5	2.7	6.8	
	十二月	36.7	1.47	3.2	2.2	8.7	
一九三九年	一月	33.3	1.40	3.3	2.4	9.9	
	六月	48.0	1.50	3.7	2.5	7.7	
	十二月	81.0	2.20	4.2	1.9	5.2	

续表

		价格		一斗小米			说明
		棉花(百斤)	土布(丈)	小米(斗)	换布(丈)	换花(斤)	
一九四〇年	一月	83.3	2.20	5.0	2.3	6.0	一、价格单位均以边币计。二、斤系小斤(16两)。三、斗系三十斤斗。四、四七年为绥市之物价折合。
	六月	122.3	2.90	5.2	1.8	4.3	
	十二月	265.3	5.70	7.6	1.3	2.9	
一九四一年	一月	333.5	5.90	7.7	1.3	2.3	
	六月	623.3	13.50	32.0	2.4	5.1	
	十二月	1,666.7	33.80	60.0	1.8	3.6	
一九四二年	一月	1,500.0	33.20	60.0	1.8	4.0	
	六月	3,800.0	82.60	98.0	1.2	2.6	
	十二月	5,625.0	100.00	133.0	1.3	2.4	
一九四三年	一月	5,607.3	107.00	161.0	1.5	2.3	
	三月	12,908.6	212.60	221.0	1.0	1.7	
	六月	25,497.0	423.20	406.6	0.96	1.6	
	九月	105,810.0	1,492.00	860.0	0.58	0.8	
	十二月	154,093.0	1,995.00	1,958.0	0.98	1.3	
一九四四年	一月	144,000.0	1,848.00	2,300.0	1.3	1.6	
	三月	176,000.0	2,916.00	2,064.0	0.7	1.2	
	六月						
	九月	270,000.0	4,118.00	3,866.0	0.94	1.4	
	十二月	263,000.0	4,765.00	3,433.0	0.72	1.3	
一九四五年	一月	315,000.0	5,900.00	3,400.0	0.58	1.1	
	三月	501,000.0	11,700.00	4,730.0	0.40	0.94	
	六月	839,000.0	12,920.00	16,170.00	1.30	1.9	
	九月	945,000.0	7,410.00	12,250.0	1.60	1.3	
	十二月	827,000.0	13,900.00	13,800.0	0.99	1.7	

续表

		价格		一斗小米		说明
		棉花(百斤)	土布(丈)	小米(斗)	换布(丈)	换花(斤)	
一九四六年	一月	867,000.0	14,070.00	20,000.0	1.40	2.4	
	三月	1,480,000.0	24,750.00	25,500.0	1.10	1.8	
	六月	1,530,000.0	24,230.00	34,800.0	1.40	2.3	
	九月	2,510,000.0	41,500.00	42,000.0	1.00	1.7	
	十二月	3,850,000.0	77,330.00	63,500.0	0.82	1.7	
一九四七年	一月	4,220,000.0	72,000.00	125,600.0	1.70	2.98	
	三月	5,000,000.0	75,300.00	200,000.0	2.70	4.0	
	六月	12,600,000.0	220,000.00	702,000.0	3.20	5.6	
	九月						
	十二月	66,000,000.0	1,120,000.0	8,966,000.0	8.00	13.6	

(边区银行:《抗战以来的陕甘宁边区金融情况》,1948年2月16日)

甲、我们要集中力量,步调一致开展贸易工作,巩固金融、调剂物价和平抑物价,贯彻对敌斗争,必须做到以下几点:

①财政供给机关,不论在任何时期,需要在内地市场大量购买物资,足以波动市场者,事先应通知当地贸易机关配合进行,必要时,可由贸易机关尽力调剂。

②财政供给机关,不论任何时期,需要花出大量本币,足以波及金融者,事先应通知当地贸易机关注意,以资掌握。

③贸易机关有对外采购军用器材之责,事先应由需购机关列出需购品名及预购数量,交贸易机关有计划的采购,而贸易机关应组织群众,发动群众积极的负责努力按时完成。

④内地之军用器材,需要统一收买者(如铁轨、火硝、白锡、铜元、铁丝等)由后勤机关通知贸易机关统一收买,并约定数量及约定收买期。

⑤财政供给机关从陕甘宁边区(或敌友区)输入较大批物资(或货币),需要在内地销售,且足以影响内地市场者,事先应通知当地贸易机关配合进行,以

资掌握。

乙、边区各级军政机关及部队所必需日用军用物资、贸易机关及其商店,兴业公司有代购之责,绝不得推辞,其具体办法为:

①购买现货,价格面议,原则上应较当地市价低百分之一——百分之五,以交付现款为原则。

②委托买货,先付定购款(以购货总值半数为原则),交货时全数付清。

③委托购买货物之价格先议定,言定购买期间并订立合同,在限期以内购妥者,接议定价格接受结算。在限期以外购入者,则低于当地币价百分之一——百分之五,由委托机关接受,如无议定者,则依原价加运费,并再加百分之五——百分之十的手续费。

(边区政府:《关于财政、后勤、供给机关与贸易金融机关经济关系的通知》,1948年8月5日)

二、金融物价政策和原则

(一)金融与物价的关系

喻、刘、史经理:

自从坚持提高牌价,不变土产价(指本币),稳定金融,平抑物价这一方针,上半年收到了很大效果。这种经济上独立自主的方针,我们是要设法稳底执行。但近来蒋介石军事政治上失利,地区缩小,声言改换币制的影响而造成突然通货膨胀,物价剧烈波动,对于棉布严格控制,黄金停止交易,以致影响农村布棉的涨价。现敌区棉花百斤换敌币6900万元,临口土布每尺90,000元,土桥、张洪一带土布每尺13万元,按我交换比例实难进口。同时,长舌头、土桥、铁王的土布好的每尺涨到农币10,000元,兰土布每尺涨到14,000元,雁塔布每尺涨到22,000元,比延洛价钱还高,但群众依然收存农币;拒绝敌币,并没通货膨胀(农币),互相争购现象。因为其他物价尚稳,而且敌币贬值多于农币数倍的原因。

(李维新、周崇德:《给总公司经理的信》,1948年7月3日)

根据沙园会议决定的贸易方针,内地市场的任务是稳定金融物价,恢复与发展生产,渡过灾荒,恢复市场与工商运输业,支援战争。一年来,执行这一系列任务,总起来说,在内地市场工作方面,基本上是以"调剂供需,掌握物价"来贯彻的。

物价为经济结构中的集中表现,可以促进生产的发展,可以打击生产,可以促进消费之增加,也可以调剂消费之节约,可以稳定金融与波动金融,也可以提高与巩固本币信用,使本币流通速度减慢,以利发行,也可以使本币流通速度加速,起着社会财富的分配调剂作用,体现繁荣经济的阶级路线作用。

物价又决定于供需之均衡,即决定于购买力(需要)与出卖力(供给)之一致点上。此一致点包含本区与各区域间,以致整个有物资交流关系的全体市场。因此,调剂供需又是掌握物价的中心环节。也就是说,是否能够掌握好,就要看贸易工作上是否起了大小"蓄水池"的作用。

一年来,在稳定金融,发展生产,繁荣经济,支持财政的一系列工作任务中,我们在思想上、作法上是从掌握物价与调剂供需着眼和努力的,我们认为这是"连续环节",这样的做法是对的。

1.从物价与金融上来看:

A.从情况上来看:

①由于一九四七年胡祸、天灾的结果,市场群众中的物资奇缺。

②由于一九四七年对外贸易停滞,公司所存力量用尽,公司无力量。

③发行增加九倍,财政开支庞大。

④大军长时期集中黄龙作战休整。

⑤5月以前对外贸易消淡。

B.从结果上来看,物价稳定了,绥德以小米、麦子、黑豆、熟花、土布、油、盐七种物价指数,以一九四七年十二月为基数,至一九四八年十二月底至(止)其指数才为129.49,延安亦以同样六种物价指数,自收复时的四月为期,迄止十二月止,其指数仅为129.58,若以(与)各兄弟解放区比较,亦算是最稳定了,如哈尔滨全年物价指数为877,石家庄为547,德州469,邯郸323。当然,这一物价的比战争以来的任何一年及一九四八年的其他所有地区更为稳定,自有其如下之原因。

①党的方针(独立自主)政策(打击敌币、稳定本币,取消小工商业生产)正确。

②四七年的物价涨得高,基期物价高。

③战争的胜利,地区的扩大。

④各种具体措施与掌握切合时宜。

物价稳定与金融稳定是相联的,物价稳定了,金融也就稳定了;金融物价稳,本币即能夺取阵地,占领阵地,在群众中生根,周转速度减缓,本币在市场的容纳量增加,也就便利了发行,促进了发展生产及支持财政。

2.从调剂供需方面来看:(略)

缺点:

①在掌握物价上,十月确定固定比价,货价统一时,西北物价即低于华北物价,西北之东地区约低百分之二十,西地区则低约百分之五十至一百;加之冀鲁豫物价续涨,票子大量西流西北,西北粮棉洋布则东流华北,在此物价形势之下,西北物价必然随之上涨无疑。可是,这时由于对华北物价整个趋势发展的估计不足,加之主观上怕提物价影响金融财政及农工商业整个国民经济受损失,没有主动上提,直至十月底,延绥黄等分区物价已受波及,而布花已猛涨,尚希望寄托于华北物价能回稳。十一月八日在被迫之下,决定上提口岸及西地区之物价,以适应绥延黄已上涨之物价时,又未下定决心提到适当水平,每尺土布提了五百元(农币),雁塔布提了一千元,棉花提了……此上提水平仍很低。(表略)

②谓剂供需上(略)

(西北贸易公司,农民银行:《一九四八年内地贸易工作总结(初稿)》,1948年)

1.在稳定金融工作上,我们在延市敌人未外窜前,在靠延边境设立了几个推销土产的据点及流动小组,大量换回群众必需物资(布匹、粮食、日用品等)。在各地较大市镇上设立了门市部或小摊,进行推销零售,这样使群众所存之本币,可以使他们随时买到必需的东西,这样逐渐提高了本币的信用及市场流通量的扩大,使物价也逐渐平稳起来。在黄龙解放区与延敌外窜后,我们进驻延安,得到贸总好多物资供给,更用大量土产向外推销,换回了更多的粮食、棉花、布匹等供给了分区各地市场群众的需要。这样更加提高了本币地位,稳定了金融物价,直至最近货物变价前,保持了平稳的物价。从这里可以看出,要稳定金融物价,一定要掌握一部分物资,再配合其他政治上的宣传解释,保证了群众所存的本币能买到他们所用的东西,就会使金融物价长期稳定。

2.在进行货币斗争方面:①在年初时,延属各个主要市场,除瓦市外,各县每个市场几乎全是敌币、白洋充斥的市场,本币几乎有时就买不到东西。当时比价是一比一(即敌币一元换农币乃一元),群众认为敌币、白洋有出路,能向外买回东西;本币只是在边区内地能流通(还不普通)。②我们当时在领导思想上,是动员所有干部,首先认识了推行本币,驱逐敌币、白洋的重要性,在思想上确定每个同志的信心;然后通过党政出指示、布告、下命令、缉私等方式,协助进行这一工作,经宣传解释仍使用敌币、白洋者,择其大宗而假公家名誉贩运者,缉私方面采取了坚决没收的办法,这一打一骂众的有效作法,就使敌币、白洋逐渐由公开而转向秘密了(如瓦市首先没收了四族四万万多敌币),最后逐渐就走向绝迹了。在延安敌人逃走我们进市后,商人都不开门,因他们不知本币和敌币的比价,故在搞生意时,他们不敢要价。后协同专署,由分行将牌价公布后,群众即开门进行交易。后即采取了首先限制敌币在本市流通,过期进行没收,及组成商人限定时间携带敌币向黄分边界购货,这样延市敌币大部挤出,遂即由公开而逐渐也走向绝迹。③目前,敌币各地都也绝迹,本币在各个市镇交易都占了主位,只有个别地方,在不久前市场买卖讲价仍以白洋计算(如延川、永平等地),但成交付款时,大部分仍以本币计算。另外,乡下之订婚、嫁女议定婚礼,有些地方仍以白洋、粮食去计算。上述工作,在进行中感觉有如下的缺点:A.各地在缉私方面犯了冷热病与抓小失大的毛病。如白洋在市面上群众拿着一两元——十元使用者,即进行了没收或强迫兑换;而将专贩大宗搞白洋生意者未加破获,这证明我们工作做得还不够。B.配合党政的每个市镇与群众团体内,宣传解释,使其自觉的不用白洋,而用本币与大家起来协助进行这一工作。

3.关于比价斗争:我们自进住延市后,离总行近,牌价一有变动,即以此通知各支行与延市黑板报上登载。现将比价变动情况另附表说明。当时有些人反映比价变得太快,使他们所存的敌币吃亏太大。至于如何掌握比价斗争及提高比价的根据等,我们在当时研究的比较少,只是依牌价而变动,这是我们的缺点。

4.分行依据总行以一切努力去贯彻本位币的方针,公司一切贸易以本位币为计算议价的单位,所出售的物资,拒收敌币、白洋。此办法实行后,对驱逐敌币,打击白洋,提高本币的信用与扩大市场的阵地斗争,起了很大的作用。我们在市镇有贸易据点外,为便利群众购买必需品与推行本币,还组织了些流动性营业小组公司把大批与群众生活品销于市场及农村,存有敌币或专为捣(倒)换回的敌币,除吃敌币贬值及比价之亏外,还买不到东西,有本币的群众,不会受比价的亏,而且买东西很方便。因此,就告诉了群众一件很明白的事情,敌币是没前途的,本币是有前途的,存敌币就要吃亏,因使群众争用本币的信心提高了。

5.于一月后,我军宜川大捷,敌区物价大波动,敌币猛往下跌;我们相反,物价平稳,本币信用大增。瓦市与主要市场的贸易公司,协助政府、商会召开商人座谈会,讲解上述的问题和今后商人交易。记账应以本币为本位,特别告诉商人,对敌币前途的看法不要犯错误,并切守政府在内地不准使敌币、白洋的法令。

6.业务部分

A.信贷:①今年共放出贷款额为 3,500,000.000 元。计工商贷款 350,000,000 元。应贷款 3,150,000,000 元(包括五百石麦米子),各种贷款总数,以目前门市小米(三十六万一斗)价,拍合小米九百七十二石多,拍合土布(二万元一尺)一万七千五百丈。它在各种生产上起了很大作用。就以商放为例,吴满有之女借了二百万元,不到一月的时间,即赚了二百几十万元。其他如麦籽贷款,每放五升就能增加麦田一垧,共计放了五百二十石,要增加麦田一万零四百垧,平均每垧收麦以八斗争计,能收麦八千三百二十百。群众反映,一般还好。如说不是公家放这一贷款,我们麦子就种不上,明年就怕饿死。这样一下只要明年天收了,就不怕了。②上述贷款呆账及其损失,另附表。③所放贷款利息,春季之籽种无利,工贷二分,商贷三分,麦籽贷实物,到明年夏收时加利一升(每斗),今年秋收后还者一斗收一斗。上述各种放款的方式略述于下:籽种贷款是由分行将款拨付专署,由专署召开会议研究后,指定由分区救灾委员会负责,委托各县合作社代买各样籽种及做农具,然后经县区着重灾情严重的地区进行发放。在进行这一工作中,有如下的缺点:一是预先没有很好的进行调查研究,对情况了解不够,故在发放时,有不应发放者进行了发放;二是在定做农具收回时,因负责者没有很好的进行检查,以致有好多不能用者亦收回发放了,引起群众的不满,妨碍了群众的生产。其他贷款,一般的还是经过当地政府详细讨论研究,召开村区会议等方式,然后进行发放的,一般收效还不错。如延市之工商业贷款,分行首先确定该市所贷之数目后,然后由市府商会详加传达、讨论,经大家研究提出名单,又由市府商会最后批准,然后介绍到银行写借据、讨保取款。总之,我们感觉在目前干部缺乏的时期,贷款之收放工作,应同党政互相配合负责进行较好。原因是党政对一般情况了解较深刻,发放时只要负责认真地去干,容易做到公平合理,在催收时也容易收回来。④在战争与金融不稳定的情况下,放款还是放实物比较好些。原因是这样放法群众马上可以得到他所要的东西,而用到生产方面,不至于将票币刚拿得手,即买不到原放所要买到的东西(因物价上涨)。另外,在银行之保本上说也能达到目的,这种放法,一般的群众也较欢迎。⑤延属现在各个市场,一般很少看见群众中有什么借贷关系。原因是在土地革命时,做这样事情者,在定成分时,定为高利贷(受到了打击斗争)。去年土改时,做这样事情者,又受到了打击。虽在今春对这方面进行了提倡,说明过去之限制打击是不对的,公开的宣布群众中之有利借贷是合法的。但至今仍未实行起来。原因是群众仍怕在负担上加重。

B. 存款:今年存款共有两种:一种是本行工作人员之实物存款,共计十四户,小米五石七斗,土布二十二丈七尺五寸;另一种是定期存款,共计四户,金额211,431,000元,还有一户往来存款,金额500,000,000元。存款户对象:实物存款全是本司人员在日常生产中积存家中带来之款存下的。定期存款是几家公家(如新华书店将预定买书之款暂时存入,待用款时即取出),这项工作以现在来看,不能发展。原因是以票币存放,在物价波动的情况下,利息再大也赶不上物价上涨,故谁也不愿存入。现在定存利息三分,实物存款每三个月利息千分之五。

C. 生金银买卖:今年共买入金子二钱一分,白洋909元,纹银172.61两,牌价变动情况另附表说明。群众对牌价总感觉太小,不愿自动拿来兑换。

D. 出纳工作:今年共长款十一次,金额1,075,000元,短款十次,金额1,094,350元。长短款的原因,是大多数干部因不熟练这一工作,又加有时事情太多,有时多收与多付了人家。出纳的收付制度是有一个管库的、付款的与收款的、记现金账的,每日收回之现款由大家点数后,由收款人将总数清理,捆成大捆后,即交入外库(付款员处),付款员之款是向总库领出,照条付款。

延属四八年（全年）调剂市场主要商品与市场差价损益表

品名	单位	平均差价 门市价	平均差价 市场价	调剂量	总值差价 门市价	总值差价 市场价	损额	益额
棉花	斤	48,443	55,042	150,000	7,266,450,000.00	8,256,300,000.00	989,850,000.00	
白洋布	尺	21,078	23,974	474,600	10,003,618,800.00	11,378,060,400.00	1,374,441,000.00	
青市布	尺	32,894	37,948	75,000	3,467,050,000.00	2,846,100,000.00	379,050,000.00	
白土布	尺	8,907	9,401	577,732	5,145,858,924.00	5,431,258,532.00	285,399,608.00	
青斜布	尺	23,880	26,590	76,800	1,833,984,000.00	2,042,110,000.00	208,128,000.00	
条子布	尺	15,375	17,478	57,600	885,600,000.00	1,006,732,800.00	121,132,800.00	
昌呢	尺	21,084	24,156	58,560	1,234,971,840.00	1,414,575,360.00	179,603,520.00	
小米	斗	287,618	312,723	21,870	6,290,205,660.00	6,839,252,010.00	594,046,350.00	
麦子	斗	190,302	204,770	8,924	1,698,299,668.00	1,824,367,480.00	129,067,812.00	
清油	斤	39,561	42,737	56,800	2,247,064,800.00	2,427,467,600.00	180,396,800.00	
食盐	斤	9,030	9,530	494,000	4,468,947,000.00	4,716,397,000.00	247,450,000.00	
合计					43,542,050,692.00	48,185,617,182.00	4,643,566,490.00	

说明
1. 麦子中包括杂粮。
2. 白土布中包括兰土布。

物价交换比例表

市场	时间	物价			交换		
		小米价	熟花价	土布价(尺)	米换花（斤）	米换布（丈）	米换布（尺）
延安市	5月	352,000	55,000	8,420	6.4	4.18	6.5
	6月	372,000	50,670	8,117	7.8	4.92	7.3
	7月	381,000	59,700	8,110	6.3	4.69	7.3
	8月	314,500	69,500	9,640	4.3	3.26	7.2
	9月	229,900	70,200	8,580	3.2	2.67	8.1
	10月	167,300	59,600	9,833	2.8	1.7	6
	11月	160,000	58,000	12,000	2.7	1.33	4.8
	12月	202,000	63,866	12,126	3.1	1.66	
	总平均	275,825	60,830	9,603	4.4	3.05	6.4
子长市	1月	550,000	45,000	6,000	12.2	9.16	7.5
	2月	520,000	53,000	8,800	9.4	6.26	6.6
	3月	540,000	60,000	8,600	9	6.27	6.9
	4月	439,500	57,000	8,000	7.7	5.49	7.1
	5月	480,000	52,000	8,000	9.2	6	6.5
	6月	460,000	55,000	8,500	8.3	5.47	6.4
	7月	430,000	59,000	8,300	7.2	5.18	9.1
	8月	340,000	63,750	8,500	5.3	4	7.5
	9月	254,000	62,000	9,100	4	2.79	6.8
	10月	190,000	63,000	9,800	4		
	11月	186,000	65,000	10,300	2.8	1.7	7
	12月	267,000	69,200	11,300	3.8	2.36	6.1
	总平均	388,040	38,829	8,766	6.8	4.71	6.8

续表

市场	时间	物价			交换		
		小米价	熟花价	土布价(尺)	米换花（斤）	米换布（丈）	米换布（尺）
志丹市	1月	300,000	48,000	5,500	6.2	5.45	8.7
	2月	390,000	30,000	6,500	11	5.38	4.6
	3月	330,000	35,000	7,000	9.4	4.71	5
	4月	260,000	35,000	7,000	7.4	3.71	5
	5月	300,000	40,000	10,000	7.5	3.95	4
	6月	300,000	40,000	8,000	7.5	3.75	5
	7月	340,000	40,450	8,200	8.5	4.14	4.8
	8月	225,000	50,000	8,500	5.5	3.23	5.8
	9月	180,000	60,000	10,500	5.5	3.23	5.8
	10月	160,000	63,000	10,000	2.5	1.6	6.3
	11月	87,500	70,000	12,000	1.2	7.2	5.8
	12月	120,000	70,000	13,000	1.7	9.6	5.3
	总平均	250,635	48.416	3,850	5.8	3.19	5.5
延长市	1月	400,000	55,000	14,000	7.2	2.85	3.9
	2月	440,000	45,000	6,000	9.7	7.33	7.5
	3月	550,000	50,000	7,500	11	7.33	6.6
	4月	399,000	45,000	10,000	8.8	3.99	4.5
	5月	397,000	43,000	10,000	9.2	3.97	4.3
	6月	335,000	40,000	9,000	8.4	3.72	4.4
	7月	380,000	62,000	10,500	6.1	3.61	5.9
	8月	290,000	63,000	10,000	4.6	2.9	6.3
	9月	268,000	51,500	9,600	4.6	2.79	5.9
	10月	163,000	55,000	11,000	2.9	1.47	5
	11月	175,000	53,800	13,000	3.2	1.34	4.1
	12月	240,000	53,000	14,000	4.3	1.71	3.9
	总平均	336,400	50,000	10,383	6.7	3.58	5.2

一九四八年延属主导市场金融变动情况

延安市								子长市							
白洋价		黄金价		黑市		倒黑市		白洋价		黄金价		黑市		倒黑市	
时间	黑市	时间	黑市	时间	黑市	时间	黑市	时间	黑市	时间	黑市	时间	黑市	时间	黑市
1/5	45,000	5/5	50,000					7/2	30,000			3/3	1:4		
16/5	60,000	1.5/5	67,500									3/3			
28/12	80,000	20/5	5,5000	16/12	1,300万							16/3	内地 1:5		
		2.5/5	80,000	29/5	1,630万			8/4	35,000	25/3	750万	3/3			
		30/5	90,000	1/6	1,700万							16/3	口岸 1:4		
		2/6	85,000	18/6	1,600万							3/3			
		6/6	90,000	20/7	1,720万	28/12	1,600万	15/4	45,000			10/4	1:5		
		9/7	92,000	22/7	1,750万							4/4			
		12/7	90,000	28/7	1,770万										
		15/7	92,000	3/8	1,800万			2/8	85,000			29/5	1:6		
		30/7	95,000	4/8	1,750万			8/8	80,000						
		4/8	98,000	17/8	1,700万			5/8	75,000						
		6/8	100,000	20/8	1,720万			8/8							
		7/8	95,000	30/8	1,650万			2/8	80,000			1/6	1:7		
		8/8	92,000	14/9	1,500万			8/8	82,500						
		20/8		16/9				10/8	85,000						
		30/8		19/10	1,400万			1.5/8				4/6	1:8		

续表

日期	数额	日期	数额	比价	日期	数额	日期	数额	比价
19/9	90,000	23/"	1,300万		5/9	82,500	13/0		1:10
6/10	92,000	26/"	1,350万		6/"				
8/"	98,000	28/"	1,400万		5/"	90,000	20/6		1:12
11/"	100,000	8/"	1,500万	29/6 1:15	10/"				
18/"	105,000	10/"	1,550万		20/"	95,000	29/6		1:15
19/"	100,000	12/"	1,600万	3/7 1:20	31/"	100,000			
8/11	105,000	18/"	1,550万		10/11	95,000	3/7		1:20
23/"	108,000	22/"	1,500万	9/7 1:30	11/"	100,000			
4/12	110,000	22/11	1,480万		30/"	110,000	9/7		1:30
19/"	115,000	29/"	1,500万						
21/"	120,000	1/12	1,580万	21/7 1:240	20/12	110,000	21/7		1:40
27/"	125,000	5/"	1,600万						
30/"	130,000	9/"	1,680万		25/12	120,000	22/7		停兑
		10/"	1,700万	22/7 停兑					
		25/"	1740万						
		27/"	1800万						
		30/"	1,950万						

合邦、培福同志并转陇东新华支社：

　　合邦、培福两同志十日致仲勋、明轩同志的信，支社八日致总分社的信，均转我们看过了。你们关心到金融物价问题，并细算了金融波动对于广大农民的利弊，这种精神很好。金融贸易工作，在党的全部工作中已日趋重要，尚望今后继续注意这方面的问题，并希望随时反映情况，并提出建议，共谋工作之改进。现在将你们先后寄来的信一并答复如下：

　　去年，我陕甘宁金融物价相当稳定。延安自光复至年底，物价涨百分之二十九，河东、河西亦仅涨不到一倍。物价稳定，使我们能比较顺利的医治战争与天灾给本市信用的打击，并配合军事上的胜利，迅速地打击、驱逐了原在我边区根深蒂固的敌币。去年金融贸易工作在我们各地同志努力下是有成绩的，今后我们仍应本此努力，克服所存在的缺点，继续进步。

　　去冬各解放区货币统一后，金融物价即变成全面性的问题了。西北物价原先就低（1948年我们上涨不到一倍，华北上涨了三倍），此时就必须服从物资流通趋势而适当提高。至十二月人民银行新币发行，正值东北大军入关，平津、张垣、太原等大城市都进行着大规模的战争。一方面大军云集，供应频繁；一方面政府也在准备供应即将解放各大城市的粮食、棉花等农产品，商人也为购集农产品准备去各大城市做生意。大家购买囤集粮食，以致各地物价大涨，并影响其他物价。同时，由于对新币发行的全面布置掌握宣传不够，致使人民币发行以来，各解放区由东向西、由南向北相继发生某种程度的物价高涨与金融波动，迅速波及晋南与晋绥，渐次波到黄龙与警区，至年初延安亦受其影响。如此全面性的问题，不是靠一地一区的力量所能使其平复的。故贸总乃于八日及十三日将商贩意图追求的雁塔洋布等作了两次价格上的调整，约上提百分之七十、百分之八十（当时临汾雁塔布每匹新币三千元，合农币六百万元），市场物价受影响而上升（延安以去年十二月底为基期，至一月十五日雁塔布上涨百分之七十九，土布上涨百分之二十五，小米亦上涨百分之二十五），以打击投机商人和避免物资东流过多，影响西北支前供应。现在各地涨风基本上已经过去，华北、晋绥亦已大力布置平价，陕甘宁各地，在此时应根据总的趋势及当地情况，力求物价平稳。

　　至于陇东地区粮贱布贵的问题，是一个带普遍性的问题。它产生的经济上的原因，是由于工业不发达，交通不便利，中间商人的剥削，农村生产的季节性以及我们主观上有意识地掌握工农产品的一定的差额比例，以刺激工业品大量生产等情况下产生的。问题不在于这种剪刀差的存在,而在于如何适当地掌握它。即一方面保持农产品去换得定量的工业品,以刺激农民的生产情绪;一方面也要使工业品比较值钱,以促进工业生产;因而今天提出消灭剪刀差的问题不仅过早,而且对整个国民经济来说也是不利的,也是难以做到的。至于最近以洋布为代表的工业品上涨如此之速,则是不应该的。但目前要想单独地平抑布价,按照现在各解放区布价来看已属不可能了。现在比较适合的做法,提出下列几点意见,供作参考。

（一）给粮食找出路,掌握粮价,使其能东贩与北运。

（二）在合算的条件下,可提倡自纺自织自穿。棉花的供应贸易公司是可以负责的。但提倡纺织,事先应周密计算,不可盲目、铺张。

（三）加强副业,以增加人民收入。如西面的牲口（驴、羊、猪等）东贩即能获大利。其他如养蜂、制毡、毛织、口袋,收集猪鬃毛等,都可以搞。

（四）洋布价高,土布涨得较少,可宣传人民多穿土布,即可以少受洋布涨价的影响。

今后物价当然仍应力求稳定,但这问题是全面的问题,必须全面的努力与掌握,始克有效。最近,中央及华北财委已密切注意到这个问题,并已采取许多措施和办法,以适当的尽可能的来稳定物价,力避猛烈的波动。此复

即致

敬礼

（贺龙、贾拓夫:《关于物价问题》给陇东李合邦、李培福及新华支社的复信,1949年1月26日）

各县书记、县长:

半年以来,各地物价上涨,金融波动,又加其他地区的工私商贩来我分区大量采购货物、牲畜等,更加剧了物价的增长,致使必需物资大量外流,特别棉花、粮食、牲畜,在我分区今年进行生产的资力上至关重要,值得我们各地注意,查此次物价上涨与金融波动的主要原因:第一,由于新解放区在过去长时期受着蒋介石集团的掠夺蹂躏之下,民不聊生,又加上战争的影响,生产减少,消耗增大,物资缺乏,供不应需。第二,在各解放区的货币开始统一,新旧币的种类多而比价悬殊,由于我们宣传工作做得不够,没有提醒群众认识到货币统一是军事政治经济胜利的发展表现,是货币进一步的巩固,更便利于物资交流与经济

发展;有些人未认识到旧币逐次收兑,错误认为旧币不久要作废,引起群众的怀疑,又加新解放区需有物资,一些小公推出旧币到分区抢购物资,造成物价与金融的不正常动荡。望各级党政军民对此有关国计民生之重大问题,必须采取如下有效措施。

1. 各级党政军民应有计划地进行宣传教育,支部应发动爱护新币的运动,并向群众进行广泛宣传,市镇地方可召开商人座谈会,说明货币统一的意义,是完全为人民利益出发的,使群众明白维护货币就是维护自己的利益,揭露与追查造谣分子的破坏行为,并具体的解释群众的怀疑顾虑。

2. 有计划、有步骤地主动的以梯形方式将物价提到适当的位置,以保留必要的生产资力,准备资助明年大生产运动。

3. 为了使物价稳定,其他邻区的公司或小公来采购货物、牲口时,政府和贸司应找他们详谈,说明道理,购货须经过当地贸司统一采购,不得到处乱购,以防影响物价继续上涨。若有个别不服从而继续有意提高物价乱行争购者,当地政府应采取有效办法立即纠正。

4. 农民如有出售耕畜者,应加劝止,并鼓励增加耕畜,凡非倒贩牲口而新买耕畜之农民,在三个月内免除战勤负担,喂一个牲畜繁殖的驴驹牛娃,二年不计算征收公粮,如因避免战勤出卖耕畜者,出卖后仍应照旧负担战勤,并组织群众向外地购买(上述棉花、粮食、牲口禁止向敌区流出,不得限制我邻区的流通)。

5. 禁止黄金、白洋向内行使和外流,严禁毒品走私,须加强缉私工作,特别在城市边界地区,更应严加查禁,如有乘机活动捣乱金融贸易者,除违禁品全部没收外,人犯应依法惩处。

6. 为了贯彻人民银行新币(简称人民币)的推行,各级所属各部门及其他机关学校团体,自一九四九年一月一日起完全依照财政经济委员会的通令,一律改用新币为记账本位,并召开工商业者座谈会,宣传与劝说其同样改用以使公私两便。

以上各点希讨论执行为荷

(《绥德分区财委会指示》财字第 2 号,1949 年 1 月 14 日)

入春以后,我们估计布匹将是淡月,但会微升,因其价格与农产品的差额太大。粮食上市将会大量的减少,因为农村存粮不多,农民对非农产品已经不很迫切需要了。而春耕很快就要到来,口粮与籽种就成为极关重要的问题。从粮店本身来说,不但不可能再吸收粮食,而且更应将大批存粮抛出应市。根据分总公司的意图,估计了群众购买力及时间和我们的存粮数,我们认为粮价不变,是可以渡过春耕时期的。我们坚决地执行了既定方针,五个月来,事实证明这样做法是对的。以朔(县)市来说,在四月里二分区粮价上涨,河曲、保德、五寨等地来此买粮较多,此时上市之粮油五十石锐减至二十石,粮店卖粮由十余石突增至七十石,因而形成一时的争购现象。但我们还是不动摇地放手抛粮回笼本币,结果仅两天工夫,粮市又恢复正常状态,岱岳、右玉也增发生同样的情况。

在四、五月间,北线金融物价又曾发生新的波动,共原因如下:(一)北线新解放的城市,外来货价小,如红糖、白糖、洋布、火柴、日用品等,其价格远较内地为低,公私商均前往争购。但新解放区全系白洋市场,购外货者均暗中以本币兑成白洋前往采购,致使朔市白洋黑市由四万元突升至四万八千元,而物价亦随之波动。(二)大同之敌,重占怀仁,解围应县、岱岳危急,朔县备战,人心略见浮动,大都争抛本币购存物资。在此情况下,一方面加强口岸管理,一方面仍不动摇地抛售物资以吸收本币。朔县每日收回本币由四千万元而突增至一亿元以上,岱岳虽情况危急,商店仍坚持工作,市场情况很快又趋于平稳。

有些货物的价格,采取一般的平稳办法,检讨起来也有不妥当处。例如:开始时为了使水烟价格与其他物价相称,就采取压价的办法,致使商贩无利,无人贩运。以后自己派人带上粮食与土布到保德采购。因保德粮、布价高,以粮、布所赚红利赔在水菸(烟)上,而水菸(烟)仍低价出售,结果采购人疲于奔命,仍然是供不应求。由此可以看出主观计划一定要与自然趋势相协调,才能产生一定的效果,两者缺一都会产生不良的结果。须知不是占主导作用的商品,其价格的升降对市场其他物价均无多大影响。虽然水菸(烟)曾经是人们日常生活所需,但在今天较之粮食,那就相差太远了,毕竟水菸(烟)可以不吸,而饭则每天必须要吃。四月中旬将水菸(烟)价提高后,其他物价并未受到丝毫影响。

过去有人认为贸易机关必须百货俱全,才能平抑物价稳定金融,否则难以办到。但几个月的经验证明,只要掌握了几项主要商品就可办到。以今年春夏两季来说,主要是粮食,其次是油、布、花。秋、冬二季将是布、花为主,食盐及石炭次之。其他商品,有的是受上述商品的直接影响,有的则无关大局。五分区的炭和盐,就完全以粮和油的价格为转移,炭矿区主要的必需品是粮食和油,粮油价稳炭价也稳。而盐区的必须是粮、炭、油,如果三者无变化,盐价也会稳定。

关于提高本币信用,扩大其流通面,这是与上述稳定物价有直接关系的。

根据我们的经验,要想把这件工作做好,必须具备下列三个条件:(一)要与生产相结合,只有发展了生产,才是本币的可靠支柱。(二)坚决实行单一本位币,严禁非本位币的行使流通,并须动员全体党、政、军、民共同遵守,尤其是公家人更要做模范,不能以任何借口有所违犯,否则稍有动摇就会功亏一篑。(三)使物价能有较长时期的相当稳定,尤其是几项主要商品要稳定,这就需要有充足的准备。

边区生产会议后,更明确地建立了单一的本位币的思想,在岱岳、吴家窑、右玉等地也开始禁用白洋。各方的意见开始时不一致,部分地方工作同志的信心不高,认为仍会与过去不可逆转有始无终。但我们还是坚持了这一方针,一方面放手抛出物资,大量吸收本币,并使物价稳定。另一方面向盐、炭业底垫和投资,扶助其发展。我们又以部分外汇和土产由敌占区换回粮食,在市场上大量平价出售,只收本币而坚决拒收白洋,其他物资也是如此。这首先影响了盐区和炭区,炭矿上为了要取得其必需的粮食和油,盐区为了要取得炭、粮、油,都必须首先取得本币。过去曾经是白洋占统治地位的盐、炭区,竟很快地改变了过去的交换形势,这样就促进了盐业及炭业的发展。反过来,盐、炭生产的发展,又促进了本币的流通与提高,岱岳的白洋黑市竟低于法定价格而为三万八千元。由于物价较长时期的稳定以及本币与生产相结合,本币已开始流入乡村,并变成了储存手段,使本币流通面积扩大而速度减低,市场交易步入正轨,争购与积存的现象逐渐减少,反而使市场的物资充盈,又促进了物价较长时期的稳定。

以上的情况,并非说明白洋的暗中行使已根本不存在了,因它在群众中有长期影响,虽明令禁用并已受到严重的打击,部分群众仍在暗中行使。这并不奇怪,只要各方协同一致,坚持不下去,终会达到逐步消灭的。可惜的是有些公家生产单位人员仍在违法走私,如五月以前,×××等单位的采购人员,均进行白洋与货物走私,当白洋没收后,政府又以故退还,这就减低了政策的严肃性。我们认为如果要把金融工作做好,必须严格管理口岸,除了政府指定专门机关外,任何单位均不得到口岸采购。党、政、军各单位自上而下遵守金融、贸易政策,不能有任何借口稍加违犯。

(晋绥五分区工商局:《五分区内地金融物价工作与掌握口岸价格的一些经验》,西北贸司、农民银行编《业务通讯》463期,1948年11月20日)

（二）稳定物价的政策和原则

一九四七年的物价是上涨的形势，从小米等八种物价指数的上升来看，平均约上涨十倍，同期发行指数增加约十四倍。

1. 兴县八种主要商品价格指数，十二月份指数：小米2616，山药蛋2600，黄油1981，食盐1000，大炭915，临南布648，纺花616，火柴603，物价总指数为1147（以一九四六年十二月底为基数等于100）。

2. 一年来特价之演变过程：即自一月份至五月中旬，是各物稳涨阶段，中间虽经一月份一度高涨，但为时不久，涨势不猛，如兴县一月份指数为120.3，五月份为287.5，约涨1.3倍。在这时期各地物价均趋稳涨，其中从四月中旬到五月上旬，即各地片收营业税时，因商人经销货物、交款、交税，引起物价一时略见回疲，稍稳之后，仍慢慢上涨。第二阶段由五月下旬起，至七月底止，因为天旱不雨，人心恐慌，及统购中放出一部分本币，引起粮价急剧上涨，布花则仍平衡，如兴县五月十九日小米三万五千元，至六月七日，涨至六万六千元，在二十天中上涨即达一倍。六月九月落雨后，各地粮价均见回疲，如十六日兴县小米回到五万五千元，而七月中旬之后，各地又久旱不雨，秋苗将枯死，兼之统购开始，放出一部分本币，群众争购粮食，故粮价上涨，又趋猛烈。由七月十三日到二十八日，兴县小米由五万八涨到十万元，唯布花尚为平稳，如五月十二日兴县临南布九万元，纺花一万六千元，至七月十四日，布为十万零五，花为一万五，上涨之数实微。总之，这一期间，粮价突出上涨，布、花、盐价则较平稳。第三阶段为一月至十一月底，物价之基本趋势是稳涨。由于七月份粮价的突高，粮布花价的交换比例悬殊太大，于是在八月份布花价渐抬头，我们亦主动地使之提高，如兴县八月四日纺花为一万六，临南布为十三万。至九月一日，纺花为二万元，布十八万元，上涨百分之二十五至五十，而这一时期秋粮上市，价较平稳，如兴县八月四日小米十一万，至十月六日为十一万五千元。二个月中，粮价未变化。第四阶段，从十二月初开始征集公粮，同时并大量运粮过河西，粮价由过去四个月中之平稳状态，转而飞跃直上，一月之间，上涨百分之五十到一百。如兴县月初米价七万八，到二十六日涨为十八万五千元，月终回到十七成发三千元，较月初上涨一倍，而盐价平衡，花价未动，布价约涨百分之十。

3. 物价上涨趋势，从整个物价之演变过程中看出：

①一年来物价的上涨，以粮价为主导，粮价稳定则其他物价均可稳定。由于年荒成灾，粮食奇缺，如由一至五月的稳涨到五月下旬及七月下旬的突涨，九

月至十一月份,因秋后上市粮较多,曾趋平稳,但十二月份因征集转运公粮,促成再度猛涨,而其上升指数超过其他任何商品,如兴县、五寨一年中小米平均上涨二十五倍,而布花火柴则达五倍至六倍,黄油为十八倍,食盐为九倍。

②由于我们主观掌握各种物价上涨,多是此涨彼稳,彼涨此平,而非各种商品之同时上涨,进而造成物价全盘波动和各金融紊乱。如五月至六月粮涨而布花食盐等均平衡,八月至九月布花价提高约百分之五十,而粮则较为平稳,及至十二月粮上涨一倍,布只达百分之八,这种间隙的交替上涨的形势,主要是供求关系所引起的,故不易造成人心慌乱,对商业生产及军民生活,较之一般物涨价、百货均涨的现象,其为害较轻。

③由于荒年欠收,粮价高昂,花布则因与兄弟区贸易畅通,输入量大为增多,且多为公司掌握,价格相形见低,改变了晋绥一贯布贵粮贱,农业品与工业品的剪刀差形势。小米和布的交换比率,兴县历史比率为小米每市斗换标准布七尺,一九四七年十二月份变为30.65尺,超过历史比率三倍有余。棉花历史比率为一市斤小米换纺花一斤,一九四七年十二月底增至四斤一两,超过四倍有余,故对农民有利,但靠纺织为生者因无利而停顿。

④自惩经济反革命与严禁银洋后,银洋在内地市场暗流现象大大减少,因此对物价之影响,已不像过去之大,不同于以往起着左右物价之作用。以银洋价格上升指数看(约五倍)亦较一般商品为低,因此物价摆脱了完全跟随银洋的涨跌而升降的现象。

4. 物价政策,在贸司对物价的方针上,纠正了过去不顾主观力量及市场供求关系硬压价的做法和对物价的放任态度,摆脱了完全跟随银洋上涨的影响,采取了使物价相对平衡的方针。根据主观力量与市场供求状况,在不稳的情况下,主要提价,提一种物价,稳定其他,提到一定程度即站住,随后再调整其他物价。如六月粮涨稳住布花,八、九月粮稳提布花价,由于战争的供给、物资的缺乏及财政上收支不平衡,本币发行增加等,故物价之逐渐上涨无可避免,但必须防止猛涨猛跌,即某一商品涨价而百货均涨的现象,在物价的地区性上,是采取掌握物价,以调剂供需,以调剂供需去掌握物价的做法,保持地区间一定的物价差额,以使物价能流通为原则,防止以物价而滞塞物资交流的现象。如掌握粮价使敌区及边沿区粮食内流。在商品交换比率上,保持手工业产品的一定利润,如布花交换比率,在外来布花大量涌入及荒旱粮特别贵,无法维持粮布交换比率的状况下,仍保持一定标准布换纺花八斤的历史比率。在纺织上,提倡是自纺自织自用的方针。对黄油与小米的交换比率,由于战争,河西油来不了,荒年油籽产量少,土改影响油坊停顿;相反,油的消费量增大,故主动提高油价,由八月每市斗小米换油五斤二两,到十一月改为三斤九两,十二月当粮价突涨一倍时,仍保持到四斤半,历史比率为三斤。

零售价与批发价一致:生供会议检讨走群众路线,为群众服务,减少商人中间剥削,迫使商人下乡或与生产结合。决定批发价与零售价一致,执行中个别地区又发展为只零卖不批发,好布卖给老百姓,次布卖给商人,不让商人挑货(其实卖给商人坏布,结果仍是由商人卖给老百姓了)。因此,形成贸司包办垄断,兴县除牲口、粮食、吃喝、摊子、肉铺、药铺以外,贸司占全市交易总额百分之五十六,布花占全市总交易额百分之七十。贸司虽扩大并增加门市布,还是挤得应付不过来,这样做,虽使贸易工作比过去接近了群众,同时群众对贸司看法亦有了改变,认识了贸司为群众服务,商人也再不像过去靠限利低价批发,就地倒贩获利大,但包办的结果影响正当商人营业,且实际上贸司不可能(包办)全部军民及市场之需要,晋绥因市场缩小,故一时尚未发生恶果。一九四八年上半年金融贸易工作指示中,在批发与零售价格问题上,指出商贩在组织物资流通,有其一定的作用,故有些商品,市场上原有批发价的,如遇商贩批发的,即可参考批发市价,应给其一定利润进行交易。

对外贸易在交换价格上,我们对外贸易没有打开局面,没有经验可谈。关于交换价格上,把我们体会的几点意见,提出来共同商讨。在交换价格上应根据某种商品进出的目的和数量,并掌握产销季节性,市场供需关系等等状况,重要的是掌握出口货与进口货的交换比例,不应呆板的只看形式的价格,故某一货物需出口能出口者,需进口能进口者,掌握争取等价交换;需出口难出口者,需进口难进口者,可以先用不等价交换刺激进出口;需进口能大量进口,入口供过于求,需出口能大量出口;出口求过于供,以致影响出入口价格不平衡发展时,在不影响主观要求进出口任务数量之下,可以掌握进口时低价,出口时高价政策,以争取有利交换。但应注意正常交换,照顾对方最低利润,不因价格政策而搞死。一般在出口土产上,需要使土产能夺取市场,巩固市场和扩大市场等三步骤,故掌握价格上适用由低价到平价的办法,我们过去一遇土产能出,即视为至宝,于是管理禁止和求高价,以致影响输出;输不出去则又检讨不应要求过高,致积压资本,主观虽要求有利交换,但结果则因输不出而使生产不利,群众无利。在进口上,为了刺激进口,争取平价,在价格上可采取高价、低价、平价三个步骤,以冲破敌人封锁,即先用高价吸收,大量进口后,再采取平价、低价,如此平均亦可获得平价。总之,在对外交换价格上应争取变被动为主动。在进口货上,避免敌区涨,我区随涨,做到我区跌,敌区随跌;在出口货上,避免敌区跌,我区随跌,做到我区涨,敌区随涨。

(刘卓甫:《自卫战争以来陕甘宁、晋绥财经及金融贸易概况——晋绥金融贸易工作报告》,1948年2月)

为贯彻金融物价的独立自主方针及金融物价相对的稳定政策。并如何使内地金融物价不受外面波动影响,必须研究掌握如下之五项原则:

1. 各口岸输出输入,一律以本币为计算单位,无论议价成交均用本位币。
2. 统一本币土产价,以土产作对外的主要外汇,以本币土产价和交换比例来计算内地物价。
3. 内地金融物价须掌握相对稳定的方针,本币土产价和交换比价亦不应轻易变动,须保持相当的稳定,适应于内地物价的稳定,以稳定金融。
4. 原则上确定,出口土产只卖本币与以物易物,但在随进随即在该口岸转为必需物资,敌币绝不能转手而在内地流通使用的情况下,以按需要收进外,则一律拒收。售敌币的价格及比价,则应是灵活的,根据敌币贬值及蒋管区物价上涨情况,随时提高比价及售敌币价格。
5. 牌价政策,采取内地低于口岸收进,在内地停止兑出,配合禁止,予以由内地向外挤出去的打击,决不卖给持敌币者任何东西。

以上各节实施以来,各分行掌握情况略举一下,以供研究与今后掌握之教训。

(边区贸易公司:《三个月内地物价掌握及比价斗争的经验指示》,1948年4月12日)

价格政策

(一)对外价格政策:

1. 需进能进,需出能出者,掌握等价交换;需进难进,须出者,可以不等价交换,实则为出口补贴。需进大进,入口供过于求须出大出;出品求过于供,在此供求关系之下,可以影响出入口价格的不平衡发展时,在不影响主观要求进出口任务数量之下,可以用进低出高的有利交换。

2. 在第一点原则下,掌握产销季节性,一般即应在产的季节性上,用之非季节性价格疲平时,大量换购,市场与价格香俏时,不换购或少换购,求得平价购入。但目前因战争影响内地物资供不应求,入口市场不能维持正常的情况下,此条暂不能机械实行,但必须经常注意掌握此原则。

3. 在第一点原则下,换进物资,一般的平价入口。但季节性与一时性之争取者,为了刺激进口,争取平价,则采取高平低三步骤,平均亦为获得平价,在战争与敌人封锁下的贸易,必须如此作才能冲破封锁,打开口岸。出口则须获得夺取市场、占领与扩大市场、巩固市场三个步骤。一般的适用低平步骤,以低价夺取和扩大市场,以平价巩固市场;但某些因敌区的依靠性大的、适用平高步骤,争取不吃亏与有利时机的不少赚,但也不能因追求高价而失去市场,这样是不利的。

(二)内地市场价格政策:

1. 相对稳定的价格政策:在目前条件下,应坚决取消金融上的稳定本币与敌币的比价,物价上通过比价跟随敌区物价概念,以致使我处于被动。内地物价必须以独立自主的相对稳定政策,力争脱离敌区金融物价的波动对内地物价发生影响。同时,各地公司必须以买疲卖快,零售批发,适当运用,掌握市价,主导调剂,以防止暴涨暴跌,波动金融。

2. 相对平衡价格政策:

(1)地区上的相对平衡,以掌握市价来调剂供需,以调剂供需来掌握市价,达到组织物资对流目的。各地掌握价格,须根据按物资供需流通路线、运程远近而决定各地物价上的差额。今后,油、盐应以三边为基价,布花应以河东为基价,粮食应以关、陇与延川、延长、河东等为基价,各地按供需路线逐段决定高低差额。凡须合作社商贩辅助在市场流通调剂供求者,更须妥善掌握逐段流通之利润,以组织其转运流通调剂供需力量。以购销调剂,甲物缺涨,公司并组织合作社商贩即运输甲物。

(2)种类价格的相对平衡,包括缩小工农产品剪刀差,调剂压价,乙物多下跌时,公司及(即)提价收购,以求种类物价的相对平衡,利于生产与销(消)费。此极端分散的小农经济,交通运输困难,而销供需的调剂是很困难的,比如抗战时期的粮贱布花贵,目前的粮贵布花贱,即为其例。但本此政策去注意做,总比完全不注意好。

3. 贴补价格政策：

（1）凡需出口而难出口的土产如毛绒等，公司为了救济牧畜业，须有意识有限度地提高价格，赔本收购。

（2）为了发展纺织，适应低价调剂棉花，按布价收购布匹。

（边区贸易公司：《陕边业务经营方针及计划》，1948 年）

物价是一切经济问题的集中表现，所以掌握物价便成为执行各种经济政策的重要工作。而一九四八年的财政救灾，金融、贸易困难重重、矛盾多端的工作，则是以集中力量稳定金融的方针来进行的。

1. 一年来，对物价的方针是力争稳定并彻底改变过去稳于比价的金融政策，因而具体的措施是：

对外：出口一律以本币计价，以土产直接充当外汇，出口的土产采取稳价办法，对外贸易实行以物易物，外来物资的内地价按照土产对外交换比例及土产的本币价决定，敌区物价上涨，我则提高比价，以保持我区物价不受影响。

对内：春天集中力量调剂粮食，尽力维持粮价不使上涨，控制布花价格，各地商店门市部定价另整批发，指导群众贩运油盐，保持几种主要物资的正常流转与适当的供给，防止其价格高涨，以维持货币一定的购买力及维持财政预算不被物价上涨冲破，夏收后稳定布花等价格，并有意识的使麦价下落到一定水平而稳定之，秋收后微提布价，稍降低土产对外交换比例，加紧贸易周转，大量回笼本币以减少发行，除支持财政者外，并尽量购存粮花，以保持粮花的正常价格，解放区货币统一后，华北物价涨我亦随涨。

2. 总计 1948 年西农币发行总指数为 922.43（1947 年 12 月底为基期），发行用途计财政用 73.58%，银行贸易用 18.02%，生产用 0.73%，印刷费用 7.67%。

以 1947 年 12 月物价为期，至 1948 年 12 月物价指数晋绥、兴县、五寨、碛口、新绛平均为 204.7%，陕甘宁绥德 129.5%，延安以 4 月为基期为 129.6%，华北石家庄为 547%，邯郸 322%，临清 359%，西安敌区为 147.310%。

一九四八年贸易公司共销售物资计（缺陇东材料）：

粮食	53.212 斗	占 7%
土布	750.923 丈	占 21%
洋布	51.723 匹	占 34%

棉花	512.505 斤	占 11%
油	289.326	
盐	1.454.330 斤	占 13%
碱	36.564 斤	
文具纸张		占 5%
军工器材		占 1.5%
杂品		占 7.5%

以上数目计共给市场者75%,供给党政军者占21%,转晋绥者占4%。

(西北财委:《一九四八年金融贸易工作总结》,1948年)

半年来共销土产××万件,换进物资:洋布占23%,土布约10%,黄金约7%,骡子约20%,农币约23%,其他商品约17%,又以换进物资约38%支持黄龙,约2%支持富甘,约0.6%支持志丹,其余部分则供给了野战军及延安、关中等地军民之用。对稳定金融与物价,起了相当的支持作用。

半年来敌区物价上涨二十余倍,而关中物价一般仅涨30%至50%(按三月份物价算,在三月前是敌币市场)。基本上摆脱了敌区物价对我区的影响。在货币斗争上,由于我们执行独立自主的金融方针,使关中这一敌币占统治,本币无法行使的金融市场,一变而为本币占统治的地区(山区基本上肃清敌币,边缘区混合流通,但本币信用已占上风),本币在群众中树立了巩固的信用,奠定了完全驱逐敌币的坚实基础。

以上这些成绩的获得,主要是:由于解放战争的胜利,我党正确的金融贸易政策的指导以及我们全体同志的努力,能在敌人无数次袭击"清剿"下面,毫不支援地执行上级对坚持阵地工作的指示。基本上执行了以物易物,距(拒)收敌币只卖本币的决定。在内地市场的供需调剂上,建立了双龙镇、土桥、马栏、长舌头、铁王、柳林等七个门市部。虽然在执行上述政策中,曾经发生不少缺点和执行上的偏差以至错误;但无论如何总体是向着总司(行)所指定的方针前进。

执行政策中的缺点和错误的检讨:

1. 比价和差价问题:

(1)差价的产生:

由于三、四月份关中全为敌币市场,我们一方面为了提高本币价值以打击敌币,使用了差价办法,即持本币买土产价低(按总司规定价),用敌币买土产价高。一方面刺激商人由别处带来本币买土产以资流通,在差价政策的施行中,持本币买土产比用敌币买确实合算。因此,后来外商即用敌币在市场上大量收换本币,而本币在市场上发生了供不应求的现象(产生了黑市),威信由此大大提高,大家就把这个差价的作用夸大了(不可否认在当时的情况下,有它的道理,但却没有看到它掩盖着另一面的恶果)。后来在对外贸易上的敌币进口多,物资进口少,我们又用差价抵制敌币进口,以刺激物资进来,也取得了成效,这也是事实。于是我们就把差价作用提到政策上,大肆提倡,认为这是宝贵经验的取得。在这问题上主要的错误是:只看见了它在某个时期的片面作用,而看不见差价吸引敌币进口,投入市场倒换本币,代替本币地位的最大害处或套取我土产出口的损失(详见本刊第一期《关中六月份货币斗争失败的教育》)。只看见差价可以减少敌币进口,增加物资进口,而看不见和不懂采用差价而拒收敌币,使原来进口敌币,一改而进口物资,这样就更能增加物资的进口。不知道不用差价而将比价及时地提高到敌币贬值水平,这样既可以维持本币购买力,又可以打击敌币,提高本币信用,使内地物价稳定,不受敌区金融物价波动的影响,对于边区公私经济都有好处。

半年来比价上提的比例,始终落在敌币贬值的比例后面(三月初到六月底敌区物价上涨二十余倍,而我们将比价只提了四倍)。尤其表现在六月份比价提的慢,一度引起物价大波动(上涨一倍多),约有半个多月的时间。在总司(行)指示速提比价之后,物价才回跌下来。这就是由于我们对比价斗争缺乏经验,加之对比价政策研究不够,没有看出适时与适当地提高比价有以下作用:可以稳定农币购买力,稳定内地物价,保护国民经济利益,以利于边区经济之发展。可以阻止敌币的内侵,以利于物资进口。可以提高敌区土产价,使敌区土产价服从于我。由于我们对比价斗争是货币斗争中的主要武器的认识模糊,因而产生了以上的缺点和错误。这是一个很深刻的经验教训,它使我们进一步认识了多加研究政策与掌握政策的重要性。

(2)对黑市的错误的看法:

我们只看见黑市是本币吃香的表现,而看不见这是由于我们没有正确的掌握比价,亦即比价提得不够所产生的结果。另一方面吸引了小商放下正当生意,专拿敌币倒本币,使敌币内流。使本币在市场上成了商品,不能在群众中扎根,造成了劣币排挤优币的恶果。

2.内地据点虽已建立起来了,也做了一些稳定金融,调剂供求的工作,但公司(行)对此没有明确的办法,特别在发展生产方面更差,只是告诉大家要推销物资,回笼本币,稳定物价,支援军队,解决人民供求,在价格上只告诉各据点的门市价低于市场价,批发价低于零售价,在这个大原则下自行调剂,掌握市场物价。但是究竟怎样掌握价格,组织物资交流,如何调剂供求,支持金融,为发展国民经济服务等问题,则未加以具体研究与指导,比如:各地间批发价相差很少,零售价与批发价的相差太大(百分之二十至百分之三十),这样就阻碍了物资交流。又如:各地虽有门市据点的建立,可是对于内地市场各种业务的重视与进行都做得很不够,无论是土桥、柳林及其他各支,都严重的存在着重外不重内的缺点。

(关中分公司、农民银行:《半年来关分金融贸易工作中几个问题的总结》,1948年)

一九四八年西北的金融物价由于军事胜利地区扩大,粮食收成好等许多客观的和特定的因素,以及主观掌握上采取的措施,基本上是稳定的,一年来河西方面绥德的指数为129.5(1947年12月基期),延安为129.6(1948年4月底基期),河东方面兴县、五寨、碛口、新绛四地平均为204.7(1947年12月基期),全西北上涨一倍左右(以1947年底为基期),货币购买力延安一九四八年四月为一元,至十二月为八角二分,仅跌掉一毛七,另一方面河东、河西发行总指数达922,就是说发行之猛和多,除一九四三年外,都不可比拟。再拿内线作战及灾荒严重的一九四七年来说,物价上涨34倍,发行五倍半(指数670),货币购买力跌至0.0194也迥然不同。这种情况,是与边区经过一九四七年战争摧残与大灾荒后农村的恢复相关联的。

但另一方面,一年来西北物价的趋势是和华北脱节的。一九四八年石家庄物价指数为547,邯郸为322,华东的潍坊为496,这就造成了一种物价上东高西低的倾斜状态。十一月货币统一以后,加上原先订比价时把西农币人为的订得低于自然比价,十二月因种种原因,从华北所引起的金融波动迅速影响到西北,使西北不能不缺乏准备的被迫的连续的把物价向上提了达五次之多。最近一个月来(1948年12月25日—1949年1月25日)平均涨了60%,计小米涨48%,麦子63%,熟花57%,食油42%,食盐27%,土布5.3%,洋布10%。由于物价上涨,自然就严重影响到财政预算,公私生产以及本币信用,而抢购物资,投机倒把,物物交易,白洋授受,借贷停顿,市场萧条,新币信用下降等现象也就很自然的发生了。虽然以后华北首先采取了各种措施,把涨风扑灭下去,但其所造成的影响和目下潜伏着的危机与问题依然不能忽视。

(西北财办:《四八年西北财经情况及目前问题》,1949年2月19日)

关于金融物价问题

对一九四八年金融物价政策,执行中有若干争论,我认为基本上应当这样看:

1. 去看秋收与货币未统一前,我们采取加强对敌货币斗争,稳定金融物价的方针,应当肯定是对的。实际证明也是有成绩的:①物价基本上是稳定的;②在内部驱逐了敌币,实现了本币一元化方针;③不断提高本币对敌币比价,使我区不受敌币跌价的影响,而完全转入主动。这种金融物价之稳定,对当时支前与救灾都是非常必需的,这一方面应当肯定。但是,其中有缺点,这就是夏收季节需要放出一批本币,以收购农民农产品时,我们未做,结果使农民受了损失,公家也受了损失。其原因:一方面,是稳定金融存在一些左的思想,当时认为财政可以解决财政,有一种盲目乐观情绪,因而强调了金融更加稳定的一面,而实际情况并非完全如此;另一方面也是更重要的,是没有票子,当时各地及总司均有了发行,有收购粮食的要求与计划,但均因没有票子不能实现。在这两点上,特别是后一点,主要应由财委领导上负责,不能完全责备贸司,现在我们当作教训研究是必要的。

2. 十月以后,即货币统一后,由于两地物价悬殊,要求平衡,故提物价是对的。但我们在物价掌握上,缺乏全面观点和远见,即对统一后可能发生的变化及这种变化对西北的影响,估计不清醒,结果当华北物价涨的影响到我们面前时,才被迫地缓慢地提高物价,使西北与华北物价的悬殊状况不能迅速平衡。如果把这一阶段与上一阶段联系起来看,可否这样设想:如我们能在夏季发行些收买一些粮食,使物价在那时就上涨一点,那么在统一后,我们与华北物价悬殊就会小一些,而手里东西可能多一些;这样对统一后由于空提物价使贸易所受的损失也会少一些;而物价在一定限度内也可减轻猛涨的程度,这一点经验,是值得研讨的。

3. 去年的稳定应当看作是特定条件加以主观正确掌握的结果。这些特定条件如:①军事胜利地区扩大,②生产恢复,灾荒减轻,③晋陕货币统一,④对外贸易形势改变,⑤华北物产援助,⑥大灾荒大波动后人民购买力低下,⑦统筹、统支、统销,⑧敌币空前下跌,敌我对比力量发生大变化等。主观正确掌握,即是依据这些条件,采取以土产为主要手段,稳定物价,并坚决驱逐敌币,贯彻本币一元化。就是说是有条件的,不完全是主观的作用,这样才能得出正确的经验教训。同时,可否因根据去年情况和做法得出结论说历史上的金融措施完全错了。我认为不能否定一切,都应有分析、有批判的去估计。基本原因就是条件不同,过去有过去的条件,产生过去的做法,在那些做法中有正确的,不能全部否定。而去年的做法应当说也是历来做法的发展,不是天上忽然掉下来的,是条件的变化(客观),加上经验的积累(主观)所产生的。检讨去年及过去历史,我认为应当抱这样客观的态度和方法,才能得出正确结论。

(《西北财经会议总结报告(初稿)》,1949年3月)

……

乙、友邻解放区:

加速胜利的革命形势使各友邻区的经济联系日益紧密起来。因之,关于友邻解放区的金融物价研究,在掌握全面情况上有着首要意义。

(一)从地区方面看,在第一季度内,西北解放区全区(包括陕甘宁——延安、绥德、洛川、韩城。晋西北区——兴县、碛口。晋南区——临汾、新绛)上涨1.32倍(临汾去年十二月涨百分之十七,延安、绥德涨百分之二十——根据中央财部七期财经简报)。华北(石家庄)涨1.19倍(去年十二月涨百分之三十九)。华东(济南)涨1.97倍(去年十二月未动)。中原(洛阳)涨二倍(去年十二月落百分之七)。从以上文字可以看出,如将去年十二月的因素加大,则各解放区的物价上涨程度基本上是相当均匀的。

(二)从时间方面看:解放区各大城市的物价变动,从时间方面看,可分为主动地区与传递地区两种类型。关于前者:如华北的石家庄、华东的济南,其变化过程为一月最高,三月次之,二月较小,后者则为西北的延安与中原的洛阳,其变化过程为二月最高,三月次之,一月最小。在华北和西北两区分类来看,则城市工业品价格,一月份为西北低于华北期(洋布以延安为基点[100]则临汾为31.6,石家庄为158.1),二月份为西北与华北持平期(洋布延安价为100,临汾为91.9,石家庄为95),三月份为西北高于华北期(洋布以延安价为100,临汾为97,石家庄为80.1)。原料(熟棉花)价格,则西北主要产棉花区——晋南,直接支持了华北(一月份临汾与石家庄,棉花价之比为90.7比200,二月为119.37

比172,三月为75.2比121.2)。

(三)从西北方面看:华北、西北为一种类型。以布花居首(延安以洋布居首,指数有344。1948年12月为100,石家庄以棉花居首),油盐、粮食随之。华东(济南)、中原(洛阳)则以油盐粮食居首,布花随之。

丙、敌区——以西安为中心

三个月来的敌占区的金融物价,是随着军事政治上的惨败而加速的总崩溃过程。

从金融方面看:是匪邦的本位币金元券贬值速率的登峰造极,以黄金计算,较(八—九)币改时,购买力减低至三千一百分之一,超过了去看全年贬值率的一倍多,并大于前年贬值率的一百八十倍有余。如以去年十二月西安金元券购买力为一元计算,则一月份的购买力即跌至三角九分,二月份为六分八厘,三月份则仅乘一分四厘,在三个月中,贬值达百分之九十八点六。较之去年一至九月的贬值率,尤为巨大。在此空前的恶性通货贬值风暴下,金元券的价值尺度,亦日见为人唾弃,白洋或实物已成为敌区主要而普遍的交易媒介了。

从物价方面看:则以去年(西安)十二月份为基期,用雁塔布、大新青布、黄金、小麦四种商品价格计算,一月份指数为二五六,二月份为一四七四,三月份为九五九六。在环比指数方面,一月份为二五六,二月份为六八二,三月份为六五〇。在商品品类方面:则前半季度为食粮带头,布匹次之(食粮指数一月为三八〇,布匹为二三五,黄金为二〇五,均以一九四八年十二月份为基期)。后半季度则为洋布居首,黄金尾随(三月洋布指数为11,300,黄金为10,200,小麦为6,500,均以一九四八年十二月份为基期)。这说明了后半季度西安洋布减产,与敌人准备逃跑以及敌区经济风暴的加速是相关的。

物价措施的初步检查:

(一)地区间的——梯形差价检查:

总的说来:在友邻解放区之间,是西北区的油盐支持了中原(一月份临汾食盐低于洛阳近三倍。油盐二倍,二、三月份形势未变)。粮食亦为向东南外流的趋势(全季平均低于华北[天津]一倍,华东[济南]二倍,中原[洛阳]三倍)。洋布在前半季度是东流的形势(延安一月份低于石家庄零点五倍)。后半季度主观上意欲扭转原来的形势,以造成东布西流,虽二月提价百分之五十七,三月提价百分之二十六,但西北的洋布价格,还是比较稍低一些(三月份延安低于石家庄百分之二十,临汾百分之三)。棉花则不仅晋南且陕甘宁渭北区棉花亦有一部分支持了华北(临汾平均低于石家庄五成到一成之间)。在本区各地之间,则粮食以关中、陇东、洛川为低价,油盐以三边、吴旗一带以及路盐产区晋南为低价。唯延安洋布较临汾仅高百分之二三,是尚须加以调整的。

(二)时间性的:

1. 公司售价与门市售价间问题:

比较大的各地市场延属黄龙、绥德为典型检查,则平均粮食低于市价百分之二十九点三,布匹百分之十二点八,油盐百分之十六点一,棉花百分之十三,总平均为公司价低于市价百分之十三点五。在下一季度物价上挺的趋势中,低于市价,虽为必要的措施,但低的太多,而且在春荒期中,粮食差率较小,这亦是不合适的。

2. 门市价格变动问题;以延安为标准:

第一季度以棉花上提最多,计指数为三百三十三,洋布次之,为三百一十七,白土布最后为三百(皆以去年十二月底为一百)。在速度方面,一月份稍快于市价,二、三两个月则稍慢于市价,实际价格则一直低于市价。分开来看,则每次提价率最大为百分之四十,最小为百分之四。在价格变动前后情况来看,提价以前,棉花低于市价百分之十二,土布百分之九,洋布百分之七点五;提价以后,棉花低于市价百分之十二,洋布百分之六点五,土布百分之四(均以变动前后两天计算)。在目前西北市场价格变动的因素,主要的还不是商人投机,所以提价较低对于和缓物价的波动程度上,是起着一定的作用的。

(三)商品间的:

1. 农工产品剪刀差问题:

从陕甘宁主要市场平均来说,小米换土布量是增加了七十四尺,熟花换土布也增加了零点二八尺,小米换棉花量却减少了十点三两,这说明了春季纺织业的繁荣,以及华北工业城市吸收棉花与减小了春荒粮价季节变动的结果。这种棉花趋贵、土布趋贱的剪刀差缩少现象,是革命形势大开展——掌握了工业城市的标志,以后是将要继续发展的。

2. 生金银价格问题:

延安第一季度生金银指数为三百七十五点四,白洋指数为三百七十六点三(均以一九四八年十二月为一百)。按去年黄金与白洋涨率之比为三十三比一,而今年则竟相持平,这表示了一般人对白洋的需求心理。环比指数,按月依次为一百七十八点九五、一百五十一点二、一百三十八点九,这表示了金银较一般物价先涨的锐敏性。

丁、关于今后掌握物价的几点意见

（一）友邻解放区配合的问题：第一季度的物价问题，不仅在原因方面，是友邻解放区物资交流的因素多，本区季节供需的原因少，而且在主观措施方面，亦是与友邻解放区联络不够的比重大，而本区措施的缺点少，所以今后解放区间的经济情报必须加强。关于金融方面，上月货币发行量以及本月估计发行量，与大宗信用吐纳，关于物价方面：则十日物价通报，最好能三至五日内电知，主要物资供求情况亦须联络。

（二）本区掌握问题：

1. 金融方面：由于第一季度连续性的物价波动以及敌区行使白洋，因之，白洋在个别地区如陇东、绥德得到了猖獗的机会，较严重的区域为绥德一带，白洋甚至代替了本币的价值尺度机能。今后必须力求金融物价之稳定，以提高币信，在政治方面打通干部思想，加强缉私，把打击白洋作为一项主要的金融工作。

2. 物价方面：

（1）一般的方针，应确定为在上涨中，门市价稍低；在下跌中，门市价稍高，以缓解其波动程度。但另外还须运用涨价中的提平猛抛与在跌下声中的平价猛购来配合。总之，一方面要尽量减少波动的幅度，但更要避免用硬压提的方式。门市价不应高或低于市场价格的百分之十，因为这样容易造成争卖与抢购的现象，减少了国营贸易机构对群众的领导性，也增加了与群众的对立性。

（2）地区间的差价，必须明确组织：由于大西北战争在即，西安即将解放，食盐应以运城为基价向大关中引流；粮食亦应由马栏、黄龙向边缘安全地带集中，晋南棉花以供给华北为主；同时，目前还须组织商品由华北西流；韩城、合阳一带的棉花则应向南线引流；以保证西安纺织原料。总之，除有计划的调整公司本身物资以迎接新形势外，还须有意识地用价格组织群众力量。因为只有掌握了物资，才能使城乡间物资展开合理的交换，稳定新区金融物价，从而造成奠定币信，驱逐白洋，大量投入通货，发展生产的基础条件。

（三）对敌斗争问题

1. 贸易斗争：

新形势的发展使我区的物资力量形成了相当的优势，所以对敌人的贸易斗争，应当继续提高交换比例，以达到有利交换的目的。但对于白洋，却不应提高交换比例以诱其向内侵入,而是应采取打击的方式,以达到适量吸收,达到不妨碍本币机能的目的。

2.货币斗争:

由于敌区金元券的迅速破产,所以今后对金元券的比价作用也大为减小。主要是靠稳定金融物价以及政治上的缉私,来支持本币,打击白洋。对于新区物价,更应避免压得过低。以预伏因其回涨,从而影响于本币的信用。

(西北贸易总公司:《四九年第一季度物价汇报》,1949 年 3 月 31 日)

三、比价问题

喻行长列举今年以来农币与敌币比价的变化:一月份为一比四,三月份升为一比五,五月份升为一比六,现在已跃进为一比十。关中与延安廿日并已提至一比十二;陇东由于坚决打击敌币,曲子本钵一带敌币持有人已买不到任何商品,甚至发生下列"倒黑市"的情形,当牌价定为一比七点五时,"倒黑市"则为一元农币兑换十元敌币,牌价继续至一比八时,"倒黑市"则又迅速上升至一比十二点七,即农币一元兑敌币十二元七角;关中亦发生同样情况;绥德分区的敌币则已绝迹。农币流通市场普遍扩大,且其信用已在农村中日益提高。

(喻行长谈边区金融问题答记者问:《发展生产,稳定金融,提高农币,根绝敌币》,《群众日报》,1948 年 6 月 25 日)

自本月十一日起,蒋币又继续贬值,据边区银行公布,自该日起,蒋币牌价改为券币一元,换法币二元八角(即法币一元换券币三角五分七厘)。

自去年十二月,蒋币已经两次贬值,一次再(在)十三日,由券币一元换蒋币二元,改为换蒋币二元三角;另一次在廿九日,改为券币一元换蒋币二元五角。但两次券币提高牌价,都收到预期的效果,稳定了边区的金融贸易。此次由于旧历年关前后,蒋管区的金价、物价暴涨,蒋管区此种经济危机足以影响边区的物价,因此,边区不得不提高券币牌价,借以稳定边区物价,使边区工商业不致遭受蒋管区经济危机的袭击,而保持常规。同时,边区不是靠发行货币来解决经济问题的,因边区公私生产日益发达,券币又有充足的准备金,发行券币只给边区经济以调剂和支持,故信用日增,价值日高;决不像蒋币的恶性通货膨胀,破坏了国计民生,亦造成自身不得不日益贬值。

(解放日报：《稳定边区物价不受蒋区影响》，1947年2月14日)

比价斗争：我们过去认为警区已禁止敌币入口与流通，因之既无敌币进口，亦无流通，交易中也不讲敌币价，故没有比价表现，而没有认识到用比价斗争，逐渐提高我本币价格，降低敌币价格，从此实际教育群众，了解敌人经济破产。在口岸交易，由于不讲敌币价，亦不支付敌币，故忽视了利用比价，继续提高比价，来宣传敌币的破产。也来明确地定出挂牌比价，计算敌我币制的购买力。实际上在口岸和外商进行交易时，个别外商尚有依照敌币标准作价者，因为他贩来的货物有的是拿敌币买的。

各季度比价变动表

地区	时间	农币比敌币	金子钱比农币	白洋元比农币
镇川	30／1	1比 1.75元	1比 82万	1比 6万
	30／3	1比 3.15元	1比 100万	1比 5.75万
	30／6	1比 19.35元	1比 132万	1比 7.75万
	30／9	1比 7.5元	1比 145万	1比 10万
	30／12	1比 2570元	1比 238万	1比 14万
绥德	30／1		1比 84万	1比 6.5万
	30／1		1比 100万	1比 6万
	30／1		1比 130万	1比 7.5万
	30／1		1比 144万	1比 100,000
	30／1		1比 270万	1比 150,000

(绥德贸易公司：《四八年工作总结》，1948年12月31日)

延安市历年物价表

		小米	麦子	生花	白土布	清油	食盐	猪肉	雁塔布	白洋
		斗	斗	斤	尺	百斤	百斤	斤	匹	元
一九三七	上半年	2.5	2.3	0.33	0.071	34.00	6.73	0.13		1
	下半年	2.7	2.4	0.40	0.089	34.70	7.30	0.22		
一九三八	一月									
	二月									
	三月									
	四月									
	五月									
	六月									
	七月	2.5	2.1	0.367	0.091	43.00	10.00	0.267		
	八月	3.8	2.6	0.367	0.089	41.00	11.40	0.260		
	九月	3.7	2.7	3.367	0.094	38.7	10.90	0.280		
	十月	3.5	2.7	0.367	0.097	36.3	10.50	0.280		
	十一月	3.1	2.7	0.367	0.123	30.00	11.00	0.290		
	十二月	3.2	2.8	0.367	0.143	31.3	11.00	0.300		
一九三九	一月	3.3	3.4	0.333	0.140	33.3	12.00	0.310		
	二月	3.5	3.4	0.333	0.129	33.3	10.00	0.301		
	三月	3.5	3.4	0.367	0.154	36.7	11.00	0.333		
	四月	3.7	3.8	0.400	0.154	40.00	11.00	0.323		
	五月	3.7	4.1	0.433	0.150	45.3	11.40	0.367		

续表

		小米	麦子	生花	白土布	清油	食盐	猪肉	雁塔布	白洋
一九四〇	六月	3.7	4.3	0.487	0.150	45.3	11.60	0.400		
	七月	3.6	3.8	0.490	0.146	50.7	12.40	0.400		
	八月	3.9	4.6	0.600	0.146	56.3	11.80	0.330		
	九月	3.3	4.6	0.720	0.186	62.2	11.40	0.333		
	十月	3.0	4.2	0.906	0.186	82.0	15.00	0.343		
	十一月	3.6	4.7	0.929	0.211	80.7	16.60	0.362		
	十二月	4.2	5.3	0.814	0.209	80.9	20.20	0.420		
	一月	5.0	5.5	0.833	0.217	63.3	20.00	0.333		
	二月	5.0	5.5	0.924	0.206	66.7	21.00	0.367		
	三月	5.0	5.1	1.015	0.289	66.7	18.20	0.367		
	四月	4.9	4.7	1.088	0.266	66.7	22.70	0.367		
	五月	5.3	4.5	1.090	0.283	60.0	25.50	0.400		
	六月	5.3	4.9	1.223	0.289	66.7	23.60	0.400		
	七月	5.2	4.2	1.427	0.283	80.0	34.70	0.429		
	八月	4.8	5.4	1.467	0.391	80.0	24.80	0.457		
	九月	4.4	5.9	1.967	0.514	100.0	32.90	0.468		
	十月	5.7	6.2	2.667	0.523	126.7	85.50	0.771		
	十一月	6.4	4.8	2.567	0.569	138.7	85.50	0.771		
	十二月	7.6	8.7	2.653	0.557	150.7	80.80	0.800		

续表

	小米	麦子	生花	白土布	清油	食盐	猪肉	雁塔布	白洋
一九四一 一月	8.5	9.6	3.335	0.583	160.0	90.0	0.893		
二月	11.0	12.4	3.400	0.600	160.0	92.7	1.000		
三月	14.5	13.3	5.333	0.600	153.3	107.3	1.033		
四月	19.4	14.3	4.967	0.674	177.7	104.6	1.133		
五月	21.3	22.9	5.133	1.109	268.3	136.4	1.733		
六月	28.0	28.7	6.233	1.309	366.7	148.4	2.333		
七月	32.0	31.3	3.332	1.543	500.0	141.8	2.833		
八月	36.0	32.0	8.667	2.229	566.7	150.0	3.000		
九月	40.5	38.7	9.333	2.714	533.3	160.0	3.000		
十月	42.5	40.7	12.000	2.714	566.7	200.0	3.667		
十一月	48.3	48.7	13.00	2.716	533.3	190.0	5.333		
十二月	57.0	63.3	16.667	3.285	600.0	195.0	8.667		
一九四二 一月	63.0	80.0	15.000	3.229	633.3	230.0	6.000		
二月	66.0	83.3	16.000	3.474	733.3	220.0	6.667		
三月	76.0	110.0	21.820	6.229	800.0	273.0	6.667		
四月	106.0	124.0	32.67	7.937	1,118.3	457.0	9.020		
五月	90.00	133.0	30.67	7.914	1,000.0	507.0	13.333		
六月	98.0	128.0	38.50	8.029	1,133.0	667.0	17.120		
七月	105.0	131.0	36.50	8.029	1,500.0	756.0	23.61		
八月	110.0	138.0	40.00	8.511	1,890.0	1,150.0	23.50		

续表

		小米	麦子	生花	白土布	清油	食盐	猪肉	雁塔布	白洋
	九月	110.0	137.0	43.00	9.771	2,200.0	752.0	20.00		
	十月	110.0	140.0	50.00	9.429	2,400.0	730.0	20.00		
	十一月	135.0	172.0	52.00	9.714	3,333.0	724.0	20.00		
	十二月	145.0	179.0	56.26	9.714	2,867.0	854.0	20.79		
一九四三	一月	150.0	210.0	56.07	10.40	3,070.0	765.0	20.00		
	二月	150.0	285.0	83.89	14.29	3,620.0	892.5	22.0		
	三月	260.0	331.3	129.09	20.66	6,678.0	1,107.8	23.33		
	四月	300.0	471.6	189.19	26.66	9,666.0	1,522.5	35.00		
	五月	320.0	496.6	207.73	28.86	8,800.0	2,047.5	50.00		
	六月	450.0	615.4	254.77	31.13	10,440.0	2,703.8	76.66		
	七月	700.0	738.0	278.58	73.60	13,800.0	2,730.0	94.00		
	八月	820.0	1,187.0	485.23	103.49	23,876.0	3,167.9	128.33		
	九月	800.0	1,440.0	1,058.10	144.85	30,711.0	4,200.0	174.00		
	十月	1,500.0	1,929.0	1,347.34	192.02	32,123.0	9,520.0	250.76		
	十一月	1,600.0	2,455.0	1,302.27	182.80	43,590.0	11,200.0	333.00		
	十二月	2,200.0	3,210.0	1,540.93	193.76	47,660.0	12,600.0	374.00		
一九四四	一月	2,200.0	3,400.0	1,440.00	179.42	45,000.0	9,471.0	400.00		
	二月	2,200.0	3,964.0	1,894.20	263.43	52,226.0	13,038.0	460.00		
	三月	3,000.0	3,514.0	1,760.00	283.26	51,300.0	14,965.0	454.00		

续表

		小米	麦子	生花	白土布	清油	食盐	猪肉	雁塔布	白洋
	四月	1,650.0	3,250.0	1,451.03	252.00	45,033.0	13,403.0	400.00		
	五月									
	六月									
	七月									
	八月									
	九月									
	十月									
	十一月									
	十二月	3,433	4,967	3,950	460	140,000		1,000		
一九四五	一月	3,433	4,967	3,950	460	140,000		1,000		
	二月	3,840	6,800	5,700	767	225,000		1,000		
	三月	4,730	8,367	7,183	1,167	335,000		1,300		
	四月	5,400	3,233	10,100	1,233	356,667		1,500		
	五月	8,033	15,833	10,767	1,192	376,667		1,667		
	六月	16,167	21,833	12,750	1,292	460,000	51,000	2,000		
	七月	17,167	22,500	13,750	1,458	450	000	3,000		
	八月	22,667	25,500	18,667	1,620	476,667		2,833	2,333	
	九月	12,250	17,417	14,167	742	355,000		2,250		
	十月	8,000	12,250	5,417	667	155,000		1,500		
	十一月	9,000	13,167	8,000	1,223	228,333				

续表

		小米	麦子	生花	白土布	清油	食盐	猪肉	雁塔布	白洋
一九四六	十二月	13,833	18,917	12,417	1,390	326,667	75,000	2,000		5,800
	一月	20,000	26,333	13,000	1,407	379,167	61,500	2,712		
	二月	24,500	33,250	15,750	1,950	473,750	64,750	3,500		
	三月	26,500	31,633	23,333	1,467	563,333	80,000	3,667		
	四月	33,500	40,167	23,722	2,353	614,167	82,000	4,667		
	五月	33,333	36,500	22,833	2,983	547,670	84,000	5,000		
	六月	34,833	38,167	22,850	2,423	610,833	136,000	6,000		13,800
	七月	34,667	38,992	22,895	2,447	610,833	124,000	6,000		
	八月	35,833	37,000	34,667	3,367	775,670	210,000	7,000		
	九月	42,000	45,833	35,667	4,150	838,333	181,660	7,500		
	十月	43,333	48,667	44,667	4,587	1,176,677	235,000	8,667		
	十一月	45,167	49,500	45,000	6,287	1,575,000		11,000		
	十二月	63,500	77,000	57,667	7,733	1,966,667	260,000	17,620		
一九四七	一月	67,000	85,000	58,000	7,100	2,400,000		28,000		
	二月									
	三月									
一九四八	五月	345,000	224,999	熟花 56,700	8,500	4,780,000	940,000	34,500		65,000
	六月	388,000	246,000	53,600	8,000	5,580,000	1,300,000	40,000		80,000
	七月	380,000	195,000	60,000	8,200	5,800,000	980,000	46,700		89,500
	八月									

（边区银行：《延安市历年边法市比价表》，1948年8月）

不从提比价,稳住土产价,而降低比价(规定一比四,降为一比三),提高本币土产价(规定四十五万,却提至五十四万至六十万),贬值本币是政策错误。同时,拒绝敌币,应在比价上去打击,不应把土产价分为本币与敌币两种来打击敌币,而应稳住本币土产价下提高比价来打击敌币才对。

(边区银行:《关于比价与差价问题致关中分行指示》,1948年7月12日)

比价为对外斗争,稳定内部物价,是保护边区人民经济利益的有力武器,它在经济上有力量,群众也容易明了。使用办法应该是:1. 内地应稍低于口岸,使其只能向外流,不能向内流,所以比价在内地敌币尚未肃清的时候,应该是内地定低一些,口岸稍高一些。2. 比价不落于黑市之后,应提在黑市之前,以免卷入被动,物资不进口,敌币大批进口,应给口岸主动权,必要时可先提后报。3. 倒黑市不是表示我们币制信用高的好处,而是表示我们对敌斗争的右,严格的是我们掌握情况不够,没勇气的大胆提,或因我们手中存有敌币,怕吃局部的亏,而忘记广大人民的利益,所以往往因这些问题,使我们的有力武装(比价斗争)没有尽到保护人民经济利益的责任。4. 比价可稍高一些,也可看外面波动情况去决定。总之,稍微有点黑市对我有利,使敌币只能出去不能进来,不能套取物资出去。因此,对敌币只能随进随出,可利用,否则拒收。至于高价收,我们失败了,已经吃不少亏,再不能存幻想了。今后波度不会大,还会快,今年历史已证明了,这些问题不完全归于我们,前总要负些责任。这次几百亿敌币损失过半,使他们转变了看法,过去黄龙提比价,遭受了许多阻碍,现已作了决定,并已提出一比三十,情况大大地改变了,物价已跌百分之百至百分之三十不等,不管比价高低,敌币始终兑不出去了。

目前,我们金融稳定在物价上的方针既定,所以在内地必须注意物资调剂和物价掌握(如这次土桥则不应该有的),对外必须掌握比价斗争,千万要注意,勿入被动。至于差价政策,只能在临时可以利用,决不能成为一种政策。以上希予研究为盼。

(边区贸易公司:《关于比价与差价给关中分行的信》,1984年7月12日)

甲、农币为唯一合法之货币

四月廿一日胡匪南逃,民主圣地的延安即为我光复,四月廿四日,我延市政府即宣布敌币与农币的比价为四元敌币换一元农币,廿八日我延属专署又正式布告农币为陕甘宁边区唯一合法之货币,敌币在半月内暂准流通,持有敌币者可向西北农民银行延属分行兑换农币。此时我分行亦公布敌币与农币之牌价为敌币五元换农币一元,持有敌币者,即纷纷向银行兑换农币,待后,因农币供不应求,兑换即因而中断。不久,黄龙方面三比一之牌价消息传来,此间持有敌币者即不再兑换农币,因此,延市敌币即走向黄龙作货币投机,分行除将既已兑入之敌币全部兑出外,商人尚以农币请求银行继续兑换。

乙、敌币与农币的比价应该是多少?

两种货币的购买力平价,即是计算两种货币比价的基准,请看敌人南逃前延市以敌币,子长以农币计算的物价及其比例:

品名	单位	延安	子长	比例数
小米	斗	2,300,000	452,000	5.09
麦子	半	1,500,000	280,000	5.35
土布	尺	30,000	8,500	5.53
洋布	尺	75,000	20,000	3.75
棉花	斤	240,000	55,000	4.36
食盐	斤	60,000	8,750	6.85
猪肉	斤	200,000	50,000	4.00
青油	斤	320,000	45,000	7.311
大洋	元	200,000	65,000	3.07
平均				4.79

从子长与延安两地物价的比例即可看出,敌币与农币的购买力平价大体上应为四元八角,那么在延安敌币与农币的比价应当是多少呢?它的比价应当是四元八角内除过百分之十五——百分之廿的运输费与商业利润,即三元八角至四元一角之间,即是说我们现行的牌价高于这两种货币之间应有的比价九角至一元二角。

丙、高牌价的后果

农币对敌币牌价的提高,其作用应该是:

1. 打击敌币之外流,为本币占领市场开辟道路。
2. 促进必需品的输入,使内部市场商品增多。

但这种作用的产生应具有下列条件：

（1）占领本币市场后，具有能使本币稳定于一定程度上的物质力量——多量的必需品。

（2）能充分供给必须入口物品的外汇。

否则，这种高牌价的作用不会产生其反作用的到来，且是势所必然的。

A. 它首先造成延安与黄龙之间的货币投机。

B. 它也造成农币对敌币的黑市，目前最低者为四元。

C. 它也造成敌币的退藏，加速了农币的流转速度。

D. 它也造成了延安物价的上涨。请看以牌价折算应有的几种主要物价，与五月十四日几种主要商品的实际价格及其指数：

名称	单位	敌币价	以牌价折算价	现在实价	指数
小米	斗	2,300,00	460,000	380,000	76.08
麦子	半	1,500,000	300,000	240,000	80.00
土布	尺	30,000	6,000	8,500	141.66
洋布	尺	75,000	15,600	20,000	133.35
棉花	斤	240,000	48,000	60,000	125.00
食盐	斤	60,000	12,000	8,000	66.67
猪肉	斤	200,000	40,000	35,000	87.50
青油	斤	320,000	64,000	40,000	62.50
火柴	包	40,000	8,000	18,000	137.50
黄金	钱	4,000,000	800,000		
白洋	元	200,000	40,000	70,000	175.00
平均					

从上表可以看出下列问题：

（1）以牌价折算之价格与市场价格计算，边产品下跌百分之25.1%，边外来品则上涨46.9%，平均上涨13.5%。

（2）农币购买力以边产品计算，则提高了34.2%，以外来品外算，则跌落了32%，以平均指数计算，则跌落了12%。

(3)如果从五月廿日以后的物价计算则农币的购买力跌落的更多。

因此,高牌价所引起的后果总是物价的上涨,即农币购买力的减低,而不是实际的币值提高,即以边产品的粮食市场来说,以本币计算的价格与敌币计算的价格比较,其区别亦很显然,请看下表:

品名	单位	敌币计算价	农币计算价	比例数
小米	斗	1,200,000	350,000	3.40
麦子	斗	800,000	2400,000	3.30

除粮食外的其他商品价格,亦大体相同,因此,在市场的商品交易中,便存在一种商品用两种货币计算的价格——敌币价与农币价或对公家人的价格与对老百姓的价格。

E. 它也造成了好多商人不敢拿货出来抛售的情况(外汇供给也是原因之一),他们害怕将来以同样的农币价格买不到原数量的货物。

因此,在延安市上,一方面呈现出货物不易抛售(部队机关的经费开支有限),另一方面却是商人又不愿抛出货物,这是一个矛盾,也是一个亟待解决的问题。

(边区银行:《延安光复后的敌币问题》,1948年)

为确定与贯彻本币稳于物价,必须逐步将敌币在内地逐出肃清,其斗争方法:一切出入口物资均以本币计算或议价,本币物价决不轻易变更,并在比价斗争上争取统一,暂定内地收买一比四,边沿口岸一比三,敌币继续跌,比价酌量提,对进口敌币原则上坚定拒绝,只卖本币;但在就地口岸,随时能变成物资,并在有利原则下则随收随出。

(边区银行:《贯彻本币稳于物价,驱逐敌币统一比价给各分行指示》,1948年2月26日)

1. 是否还要比价:

比价是必须要的,因为两地货币不同,在还有很大经济联系的情况下,必然会有比价存在。现在的问题是怎样来掌握比价,怎样来运用这个比价,使我区物价不受敌区物价影响。并指导群众在经营进出口贸易上,不致因蒋币跌价而吃亏。但内地一律不要比价。

2. 比价之对象：

与法币来比呢？还是与金元券来比？在目前还是与法币比，理由：

（1）金元券实际上是大票面的法币，广大群众还是用法币作记账计价标准的。我们从法币物价出发，按蒋介石政府规定三百万顶一元金元券折算，比从金元券出发，按蒋介石政府规定的各种金、银、法币价计算要有利的多。如最近西安金子法币七亿三一两，按三百万折合金元券二百四十三元；但蒋介石政府规定每两金子二百元金元券，显然后者是吃亏的。

（2）在各方面我们不能有一点促成蒋介石政府迅速完成金元券代替法币的处置或思想。

将来金元券的命运如何，再按情况研究。

3. 比价统一：

因各口岸情况不同，故比价也不一定完全一致；但亦不能悬殊太大，特别是毗邻地区（如黄龙、关中、陇东）。

4. 比价的运用：

根据拒收敌币，以物易物之原则，比价之运用，不能作为敌币实际收付之牌价，而只能是作为计算的标准。其掌握原则应与市价一致，根据蒋区物价之上涨指数来提比价，不要落于蒋区物价后面。在拒收敌币政策下，亦不至高于市价（因我不收敌币，则敌币落价我吃亏的情形已不存在），以免影响物资进口，进而影响我区物价。因此，就要经常注意蒋区之物价变化，并应努力作到出口物资价格以我区为标准，我区物价如动，敌区必动；敌区物价上涨，则我提高比价、以保持我区物价不受影响。

我们定比价的方法应该是：从我们的土产价（本币）出发，按照我们所愿意实行的交换比例，去决定我区外来物资的价格，然后根据敌我区物价及商人利润去计算，并定出本币对敌币的比价。进而教育出口商人，经营出口物资，从我区本币物价出发，按照比价再加上一定的利润，去决定蒋区售价。

（边区银行：《对蒋匪币改后比价问题的指示》，1948年9月9日）

所谓比价，就是本币与敌币汇价的比较，亦就是两种不同的价值尺度本身对内购买力的对比。斗争的目的，就是巩固本币的价值，去打击敌币的价值，使敌币贬值，本币不受影响。在边缘区和新区，要彻底打垮敌币残存的价值尺度机能，使本币在群众中树立起普遍的信用来。斗争的方法，是在敌区物价上涨

（敌币贬值）的时候，在服从贸易的前提下，及时提高本币对敌币的比价与理论比价（即单纯的敌我货币购买力之对比，如敌区雁塔布每区为10万元敌币，我区为5千元本币，那么理论比价便是 $100,000 元 \div 5000 元 = 20$，即本币一元比敌币二元，这是一个举例。实际计算时应以物价指数及加入商人利润、运费等因素）之前，以打击敌币与保持本币价值（本区物价），不受敌币贬值的影响。

（边区银行：《阵地斗争与比价斗争》，1948年）

国家社科基金重大项目『延安时期未刊文献资料收集、整理与数据库建设』（17ZDA008）系列成果之一

解放战争时期陕甘宁边区金融史料摘编

下册

杨伟宏　王保存　主编

西北大学出版社

目 录

第四章　陕甘宁边区银行的存、放款和汇兑业务 …………………… 489
　第一节　吸收存款,组织资金,支持生产,支援战争 ………………… 489
　　一、吸收存款的目的和作用 …………………………………………… 489
　　二、存款的种类 ………………………………………………………… 492
　第二节　发放贷款、支持生产、支援战争 ……………………………… 517
　　一、贷款的基本情况和政策原则 ……………………………………… 517
　　二、农业贷款 …………………………………………………………… 535
　　三、工矿和交通运输放款 ……………………………………………… 619
　　四、商业放款 …………………………………………………………… 621
　　五、财政借款 …………………………………………………………… 633
　　六、银行自营商业资金 ………………………………………………… 637
　　七、贷款工作的经验教训 ……………………………………………… 640
　　八、关于债权债务问题 ………………………………………………… 643
　第三节　汇兑业务 ……………………………………………………… 649
　　一、开展汇兑业务和建立通汇点 ……………………………………… 649
　　二、汇兑条例、章程和方法 …………………………………………… 654
　　三、电码密押 …………………………………………………………… 658

第五章　陕甘宁边区银行的法币和外汇管理 ………………………… 662
　第一节　扩大本币流通范围,缩小法币流通市场 …………………… 662
　　一、边法币斗争的指导思想 …………………………………………… 662
　　二、禁用法币完全行使边币的指示、布告 …………………………… 663
　　三、西北财委关于白洋流通情况的调查报告 ………………………… 677
　　四、各分区禁用法币,推行边币的政策、办法 ……………………… 685
　第二节　打击和驱逐法币　稳定金融物价 …………………………… 728
　　一、运用法币牌价争取更多的物资 …………………………………… 728
　　二、配合贸易争取黄金和布棉的措施 ………………………………… 732
　　三、解放战争爆发后的新变化与新措施 ……………………………… 737

四、对国民党"币制改革"的对策与措施 ············· 743
　　　五、对法币斗争的经验教训 ··················· 750
　　　六、反假票斗争 ······················· 754
　第三节　加强金银外汇管理,输入必需物资 ············· 757
　　　一、加强外汇管理的方针和办法 ················· 757
　　　二、加强金银外汇管理和换进物资的外汇支付 ··········· 766
　　　三、设立货币交换所,打击法币,禁绝白洋市场,扩大本币流通
　　　　 ······························ 784

第六章　陕甘宁边区银行的钞票印刷 ················· 788
　第一节　光华印刷厂 ······················· 788
　　　一、战时转移情况 ······················ 788
　　　二、印刷厂和纸厂的器材与人员统计 ··············· 792
　　　三、印刷厂试行工资办法 ··················· 801
　　　四、印刷厂历年资产负债表 ·················· 804
　　　五、印刷厂一九四八年度决算 ················· 816
　　　六、印刷厂和纸厂工作总结 ·················· 817
　　　七、印刷厂简史 ······················· 837
　第二节　洪涛印刷厂及其印制货币简史 ··············· 854
　　　一、兴县农民银行的货币印制与发行 ··············· 854
　　　二、晋绥边区银行洪涛印刷厂的货币印制工作 ··········· 856
　　　三、刘少白奉党之命办银行 ·················· 864
　　　四、洪涛印刷厂的片段回忆 ·················· 867

后记 ······························· 869

第四章 陕甘宁边区银行的存、放款和汇兑业务

第一节 吸收存款,组织资金,支持生产,支援战争

一、吸收存款的目的和作用

储蓄存款、商业存款、商业放款等,这一方面是一种社会服务应有的职责;另一方面它是配合我们的主观愿望而办理的,如办理储蓄存款是由于:①我们需款参与活动。又如办理商放是由于四月份起市场物价呈稳,难于活动,因此将存款转作商放,吸取差额利息,为了使其周转更快,达到公私两利,曾用过整借零还的办法。总之是为了给存款寻一适合当时情况的妥善出路。自五月后市场情况又有起色,于是便停止商业放款,转作其他活动,在活动之进程中仍感资金不足,于是于九月末又举办商业存款,当时也收到一些成绩,但由于十月中期后,整个环境紧急,于是各种存款便先后提取,从此存款业务基本上陷于停顿,直至年终。关于吸收存款大大帮助了壮大资金,比如在八月份,业务资金虽有边币十三万万五千万元,但活动资金却在四十万万以上,其来源即赖于存款。

(边区银行:《业务处一九四六年工作简要总结》,1946年12月)

存款——以回笼边币、调剂市场资金为目的。利率定得稍高些(现在利率标准即合适),根据存户的意见建立各种存款。为了照顾商人的方便,培养其与银行往来的兴趣,可在商人中开展往来存款业务,给予适当透支。

(边区贸易公司金融管理科:《谈谈银行工作》,1948年7月1日)

存款作用

(一)使本币回笼,配合稳定物价。

(二)吸收零星游资转入生产。

(三)以优厚利息奖励节约,储存利率月息一分至六分。

(四)培养群众存款习惯,手续力求简便,根据存户意见自由存入。

1.定期存款:期限一月,本币五万元即可开户。

2.往来存款:主要对象为商人,必要时给予透支。

3.活动存款:主要对象为机关。

4.储蓄存款:主要对象为工作人员及市民,奖励其生产节约为目的,利率比一般存款为高。

5.实物存款:以票币按公司门市价折成小米、土布存入,支取时按门市价折取票币或实物均可。

(西北贸易公司:《金融工作计划草案》,1948年7月)

吸收各种存款,凡有条件可以吸收存款的地方,必须办理各种存款。为了最大可能的吸收社会游资,必须掌握公私两利的原则,特别是在存款上,必须给顾主以最大便利,重点应放在定存上,但活存亦尽量争取。三个月以上者,可用折实办法,折实暂以土布为标准,存款均以当地贸易公司部门,大宗出售之中等土布价为标准,不满三个月者,以本币计算(特殊者另定,如工作人员的储蓄存款)。

(边区银行:《关于金融工作若干具体问题的决定》,1949年3月)

各行原有存放业务种类划分:

中国:陇海路局过去因离得近,所以常存款,此外像公路局、电厂、雍兴公司等。

交通:过去国民党政府曾规定各行业务范围、陇海路全路存款、电厂规定由交行承作,但其他行也极力拉存款,华峰、成丰和合面粉厂也由交行放款。

邮汇局:(6月11日开业)邮汇局存款以邮局最多,次为电信局,陇海路器村社等也存。

省银行:(7月1日开业)公路局也曾存过,时断时续,过去只得依靠省府各机关经费存款如花纱局、水利局、农林局、各生产合作社。

市银行:市行平常活动基金靠市库,资金不足时,向各行折借透支,基本存户仅大华纱厂等。放款多数短额,只限商业短期方面。

议定:陇海路局由中国交通两行承作。公路局划给交通,人民电厂由中、交、邮三家承作,邮局归邮汇局。电信局由交通邮汇两家承作。

(军管处金融处、人行西安市分行:《各行开业纪录》,1949年7月)

西北区行管辖各行处存款余额统计表(西安市另计)
1949年7月至10月

单位:千元本币

月份	行名	定期	活期	折实	储蓄	合计
七月	陕北分行	9,178	275,841	25		285,044
	宝鸡办事处				89	89
	三原办事处		26,423	77		26,500
	渭南办事处		400	5	5	410
	咸阳办事处	22	2,576			2,598
	大荔办事处			45		45
	陇东办事处	21		96		117
	小 计	9221	305,240	248	94	314,803
十月	陕北分行	16,067	26,673	20		52,760
	甘肃分行	3,978	455,851	34,693		494,203
	宁夏分行	2,290	224			2,514
	宝鸡办事处	61,478	479,512		27,518	568,508
	三原办事处	290	64,449	7,680	12	72,341
	渭南办事处		44,448	50		44,498
	咸阳办事处	19	9,862	11,080		20,691
	大荔办事处		38,341	468		38,809
	平凉办事处		126,872	105		126,977
	天水办事处	406	48,828	1,645		50,879
	彬县办事处	80	88,182	1,914		90,176
	陇东办事处	2		225		227
	合计	84,610	1,393,243	57,560	27,530	1,562,943

西北区行管辖各行处存款余额统计表（西安市另计）
1949 年 7 月至 10 月

单位：千元

月份	行名	公营工矿业	私营工矿业	公营贸易业	私营贸易业	公营文化业	合作社	手工业	农副业	合计
七月份	陕北分行	680	275	2,736	2,028		4,219	3,076	6,138	19,150
	三原办事处	50					2,600	53	1,049	3,752
	渭南办事处		2,875		2,100					4,925
	咸阳办事处							1,048		1,248
	大荔办事处							1,729	22	1,751
	陇东办事处						20	1	737	758
	小　计	730	3,098	2,736	4,128		6,839	5,907	7,946	31,384
十月份	陕北分行	16,380	1,343	7,200	3,381		12,308	15,310	9,148	65,070
	甘肃分行	49,103			7,000					56,213
	宝鸡办事处		18,076		1,300		26,440	42,916	249	88,684
	三原办事处	1,326	44,141	795	18,522		22,367	39,780	15,548	142,497
	渭南办事处		28,445	6,100	29,623	4,050	14,406	19,761	4,119	106,504
	咸阳办事处		42,790		12,749		11,245	40,329		107,113
	大荔办事处		1,395		8,037	2,600	1,850	22,250	666	36,798
	平凉办事处		400	4,000	1,530			8,200	1,878	16,008
	彬县办事处				2,200		500	3,367		6,167
	陇东办事处		300		3,850		522	7,234	750	12,656
	小计	66,719	136,890	18,095	88,192	6,650	89,638	198,850	32,358	637,392

（西北区行：《各行处存、放款余额统计表》，1949 年 10 月）

二、存款的种类

（一）定、活期往来存款

西北农民银行往来存款暂行章程

第一条　本存款以减少公私各界大宗现款收付之麻烦，减少各机关团体与公私企业出纳人员之困难，便利交易，调剂金融为目的。

第二条　存户开户时,本行如认为有必要者,得请其觅取妥保,款存妥后,由本行发给送款簿、支票簿及存款计算折。

第三条　初次存入金额最少一万元,嗣后续存每次不得少于一千元。

第四条　取款时必须开具支票,并签盖原留印签。

第五条　此项存款三月结算一次,利率按本行规定计。

第六条　往来户是否透支,本行依据当时各种放款原则处理,但在利息与借款先后方面予以优待。

第七条　存户如未与本行订有透支契约,则所出支票之款额不得超过其存款数,如与本行订有透支契约者,则以约定之透支额为限。

第八条　凡存户所盖印鉴不符,以及所有一切不合乎《支票使用法》之支票,本行均得退票。

第九条　存户开出支票,经本行保付时,即由其存款中提出备付。

第十条　每届月终存户应来本行核对存取数,如有错误漏记等情况,存户应即通知本行由本行查对更正,存户不得自行涂改。

第十一条　存款额至少须留人民券二百元,存入未满一月即全部支清者,除不给利息外,应交手续费人民券一百元。

第十二条　存款支清时,存户应将存款记数折及剩余之空白支票交还本行。

第十三条　存折、图章、支票遗失时,存户应速向本行挂失,登报三日,声明遗失作废,经五日后如无纠葛发生,方可补发存款记数折,另开支票及更换新印;但在未挂失前,发生冒领及其他已损存户权益,本行概不负责。

第十四条　本章程如有未尽事宜得由本行随时修改。

第十五条　本章程自即日起施行。

（西北农民银行:《往来存款暂行章程》,1949年4月）

西北农民银行定期存款暂行章程

第一条　以提倡节约,集中游资,发展生产,调剂金融为宗旨。

第二条　存入金额最低人民券五十元,最高额不限。

第三条　此项存款最少期限为一月,一月以上者不限。

第四条　存款利率由本行根据金融物价情况订定挂牌。

第五条 此项存款到期凭存单支取本息,愿留印鉴者,得签盖印鉴。

第六条 存款不到期不得提取,特殊情况得与本行另议,但存入不满一月者,不计利息,一月以上者,按实存时间照规定利率计息。

第七条 存款到期如要续存,应来本行办理转期手续,如到期五日不来支取者,即将本利转存一月以到期日起息。

第八条 存单如有遗失应向本行挂失,并登报三日,持同原报来行证明(如存户为公务人员则由所属机关负责人出具遗失证明即可)。十天后,如无纠葛,再予补发新存单,但于挂失前给人冒领者,本行概不负责。

第九条 本章程如有未尽事宜,得由本行随时修改。

第十条 本章程自即日起施行。

(《西北农民银行定期存款暂行章程》,1949年4月)

中国人民银行西北区行定期存款暂行章程

第一条 以提倡节约,集中游资,发展生产,调剂金融为宗旨。

第二条 存入金额最低人民券五十元,最高额不限。

第三条 此项存款最少期限为一月,一月以上者不限。

第四条 存款利率由本行根据金融物价情况订定挂牌。

第五条 此项存款到期凭存单支取本息。愿留印鉴者得鉴盖印鉴。

第六条 存款不到期不得提取,特殊情况者得商洽本行另议。但存入不满一月者不计利息,一月以上者按实存时间照规定利率计息。

第七条 存款到期如要续存,应来本行办理转存手续,如到期五日不来支取者,即将本利率转存一月,按一个月的定期存款计息,如在转存期满前提款则不付转期后的利息。

第八条 存单如有遗失应向本行挂失,并登报三日持同原报来行证明(如存户为公务人员则由所属机关负责人出具遗失证明即可)。十日后,如无纠葛,再予补发新存单,但于挂失前给人冒领者,本行概不负责。

第九条 本章程如有未尽事宜,得由区行随时修改。

(中国人民银行西北区行:《定期存款暂行章程》,1949年6月10日)

西北农民银行活期存款暂行章程

第一条　本存款为便利存户存取,吸收机关团体及个人之闲散资金,用于正当事业为宗旨。

第二条　存户开户时,办妥手续,由本行开具存折,经有关人员鉴章,交存户收执,愿留印鉴者,另填据印鉴。

第三条　初次存入金额最低人民券五百元,提高额以人民券二万元为限。

第四条　存户凭折取款,愿留印鉴者,得填据取款凭条并签盖原印鉴,方可支取。

第五条　三个月结息一次,利率按本行规定计。

第六条　存折如有错误漏记等情况,存户应即通知本行,由本行依据账册查对更正,存户不得自行涂改。

第七条　存款余额不得少于人民券壹百元,存入未满一月即全部支清者,除不给利息外,应交手续费五十元。

第八条　存款结清时,须将存折交还。

第九条　存折或图章遗失时,存户应立即向本行挂失,并登报三日,声明遗失作废(存户若为公务人员由各该机关负责人出具证明即可),经五日后,如无纠葛发生,存户可持同原报,领取新存款,经五日后,如上无纠葛发生,存户可持同原报,领取新存折。但在未挂失前,被人冒领时,本行概不负责。

第十条　本章程如有未尽事宜,得由本行随时修改。

第十一条　本章程自即日起施行。

(《西北农民银行活期存款暂行章程》,1949年4月)

中国人民银行西北区行往来存款(甲活)暂行章程

第一条　本存款以减少公私各界大宗现款收付之麻烦,减少各机关团体与公私企业出纳员之困难,并使得交易、调剂金融为目的。

第二条　存户开户时,本行如认为有必要时,得请其觅妥保,款存妥后,由本行发给送款簿、支票簿及存款计数折。

第三条　初次存入金额最少为壹万元,嗣后不论款额多少,均可续存。

第四条 取款时必须开具支票,并签盖原留印鉴。

第五条 此项存款三月结息一次,利率按本行规定计。

第六条 存户如未与本行订有透支契约,则所出支票之款额,不得超过其存款数,如与本行订有透支契约,则以约定之透支额为限。

第七条 凡存户所盖印鉴不符,以及所有一切不合乎《支票使用法》之支票,本行均得退票。

第八条 存户开出支票,经本行保存时,即由其存款中提出备付。

第九条 每届月终,存户应来本行核对账目一次,如有错误漏记等情,存户应即通知本行,由本行查对更正,存户不得自行涂改。

第十条 存款额至少须留人民券贰百元,存入未满一月即全部支清者,除不给利息外,应交手续费人民券壹百元。

第十一条 存款支清时,存户应将存款计数折及剩余之空白支票缴还本行。

第十二条 支票、图章、存折遗失,并登报三日声明作废后,持该报来行证明,经十日后,如无纠葛,方可补发存折,另开支票更换新印鉴,但在未挂失前,被冒领及发生其他损失,本行概不负责。

第十三条 本章程如有未尽事宜,得由本行随时修改。

(中国人民银行西北区行:《往来存款(甲活)暂订章程》,1949年6月10日)

中国人民银行西北区行活期存款(乙活)
暂行章程

第一条 本存款为便利存户存取,吸收机关、团体及个人之闲散资金,用于正当事业为宗旨。

第二条 存户开户时办妥手续,由本行开具存折,经理及有关人员签章,交存户收执,愿留印鉴者,另填具印鉴。

第三条 初次存入金额最低为人民券五百元,嗣后不论款额多少,都可续存。

第四条 存户凭折取款,愿留印鉴者,得填具取款凭条并签盖原印鉴,方可支取。

第五条　三个月结息一次,利率按本行规定计。

第六条　存折如有错误漏记等情,存户应立即通知本行,由本行依据账册查对更正,存户不得自行涂改。

第七条　存款余额不得少于人民券壹百元,存入未满一月即全部支清者,除不给利息外,应缴手续费五十元。

第八条　存款结清时,须将存折交还。

第九条　存款或图章遗失时,存户应即向本行挂失,并登报三日,声明遗失作废(存户若为公务人员则由各该机关负责人出具证明即可),经十日后,如无纠葛发生,存户可持同原报,领取新存折。但在未挂失前被人冒领,本行概不负责。

第十条　本章程如有未尽事宜,得由本行随时修改。

(中国人民银行西北区行:《活期存款(乙活)暂行章程》,1949年6月10日)

(二)定、活期储蓄存款

储蓄存款

1.举办前的情况

自日寇投降后,金融经济上之巨大变化,使公私人员私商之唯一出路——向合作社入股。因合作社之垮台,引起人们对合作社之普遍恐惧心理而导致自行堵塞。而此项游资,终因物价之继续上涨,徘徊寻找出路,于是直接投入其他商行或自行放账者日见增多,这就是我们举办储存之时的情况,也正是此项存款之社会基础。同时,去年冬季以来,我们虽未曾注意此一业务,利率也很低(活期只一分二),然而,存款者有相当数量,这一自发的趋势告诉我们,今天已存在着这一要求。同时,三月九日行务会议关于业务方针的决定内有一条即是研究存款。由于这几方面的启示,使我们决定办理此项存款,以实际试办存款来研究存款,于是便于四月二十二日正式设储蓄部,开始营业。

2.办理过程

(1)章程之规定:

四月起,即着手拟制章程、账簿、表单等之印刷工作。为了便利存户,当时曾决定办理四种存款:"整存整付"的定期存款与"零存零付"的活期存款外,并增设了"整存零付""零存整付"之定期存款。

(2)九天的试办概况(四月二十二日至三十日)。我们的整个章程之中心是以便利存户为重。因此,为了在各方面给存户更多的便利起见,将储蓄部搬到市场口大众信用社原址办公,并取消假日、星期日之休息,不规定一定之办公时间,自早至晚随到随办,事先在报纸上加以宣传,果然在开张后收到了一定效果,从下面存入数字中便可以了解其全貌。

四月二十二日至四月三十日储蓄存款收支简况(单位流通券元)

项目	21日之余额	9日来存入	9日来支出	30日之余额
整存整取	2,788,980	3,879,531	63,500	6,605,011
零存零取	41,501.5	2,549,045	157,202	2,433,344.5
整存零取				
零存整取				

3. 在四月底,我们总结了九天的试办经验:

(1)"整存零取"与"零存整取"在九天的试办过程中,一户未开,同时所来存户对此两项存款均不甚关心,证明这两种存款是主观的,不适应目前延市情况,因而决定取消。

(2)在"整存整取"与"零存整取"的两项存款中,在九天试办中一般存户反映,定存原订起码三个月之期限太长,活存原定在银行计息日(六月二十日或十二月二十日)以前支清者不给利息,使机关学校之存户均感不便。为适应延安动荡环境及接受存户之反映,决定将该两项存款之原订章程自五月一日起修改如下:

(A)期限缩短,将原订起码三月为一期改为一月一期、二月一期、三月一期。

(B)利率提高,将原订三月一期按月付息百分之五改为百分之六,二月一期者百分之五点五,一月一期者百分之五。并规定未到期确系他调者,经证明后可提取存款,并按其实际存入日数,按月规定照付利息。

活存:

将原定每年六月二十日及十二月二十日结算利息,改为随时结息(即存款支清日结算),但利息不予提高。因为我们刺激使其转入定存,以更有利于我们运用此项资金。

此项修改经《解放报》广告予以宣传,当时存款曾一度激增,今将修改章程后至期底止,存支情况列表于下:

		定期存款				活期存款		
		存入金额	户数	支取金额	户数	存入金额	户数	支取金额
五月	上旬	1,085 万	204	110 万	15	80 万		208 万
	中旬	1,239 万	134	944 万	17	134 万	7	52 万
	下旬	1,189 万	106	659 万	32	75 万	1	81 万
六月	上旬	797 万	111	678 万	85	65 万	1	78 万
	中旬	325 万	75	259 万	54	54 万	1	44 万
	下旬	223 万	61	164 万	37	127 万	6	129 万

4. 依据上表之存支变化,看出如下的情况:

(1) 上表与四月下旬之对照看出,五月初旬比四月下旬定存存入户数(五二户)实增二百零四户,即增长392.3%,金额增长197.7%,而活存存入金额却下降13.3%。其原因为定存期限短,利息厚,许多活存户都把已存之活存转作定存,此即正达我们之愿望。

(2) 五月中旬为存款之最高峰,从此为转折点以后,每旬的存入都是逐渐下降的。

为何下降?前途如何?这便是我们应该研究的问题。

A. 从五月下旬起,由于蒋机不断侵扰,政治环境也曾一度紧张,储蓄部被迫移回,给存户增加了不便,导致影响存款,这可能是为存款下降的政治因素。

B. 根据存户成分及其存入金额,再加以估计分析。本期储蓄存款共存入七百七十八户,存入金额流券六千三百九十余万元,兹列表于下:

项目\成分	存入户数		存入金额		每户平均额
	户数	占总户%	金额	占总额%	
机关团体	35	4.5%	32,100,000	50.2%	917,143
公务人员	511	65.7%	17,071,872	26.7%	33,408
学生	185	23.8%	6,137,700	9.6%	35,478
工人	47	6.0%	8,595,000	13.5%	182,872
合计	778	100%	63,904,572	100%	1,168,901

从下表看出机关团体之存户数虽只占 4.5%，而金额却占了 50%，公务员及学生存入金额虽只占 35.7%，而户数却占了将近 90%，平均每人三万元以上。以上这个统计只能作一般参考，因为有些户数内可能包含着若干人，但一般情况是可看出的。共计存户 778 户，金额合边币 12 万万余元，数目也相当可观，这个存户金额的数字，究竟是多还是少？是否已将个人游资均吸收完了，我们的答复是否定的，没有吸收完，而且也不可能吸收完。在这里我们对延安现有的所谓（公家人）作具体分析，可能有如下情况：

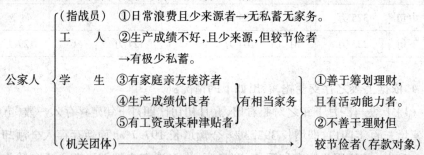

根据以上分析，机关团体及有相当家务的个人，但属于理财而较节俭者，这一部分可能是我们储存的主要对象。善于筹划理财，且有活动能力者，将不会来存款，如银行本身有些同志有点私蓄，但他有活动能力，外出放账收取 10%—15% 的利息，自然不会来存款换取 5%—6% 的利息。机关团体如党校曾三次存款共流券 350 万元，但当丁兆到了党校之后（已经有了善于理财且有活动能力了），也便要将存款提取，而再不会来存了，便是明证。至于前两种：①无私蓄，无家务者，自然不可能存；②有极少私蓄者，也不值得来存（或可能有极少数来存）。这样一来，我们存款的对象就缩到很小范围，因为有相当家务的占少数，而这少数中又以不善于理财及无活动能力者为限，这样范围自然就很小了。这样说以上存款户数及金额之统计情况，如果经济上再没大变化，或利息再不提高的话，则存款大量增加也很困难。

几句结语

1. 此项存款自创办以来，收到了相当效果，它对业务资金之调整运用起了不可忽视的作用。经常平均有将近五万万边币的存款可以利用，而且这些存款绝大部分均属定期。兹将定存与活存存入户数与金额列表于下：

	存入户数	%	存入金额	%
活期	35	4.5	7,755,776	12.8
定期	743	95.5	56,148,796	87.2
合计	778	100	63,904,572	100

2.事实证明,当时创办储蓄存款是适时的(或稍迟了一点),但事实也证明在延安办理此项存款,应使其简化;如整存零付、零存整付便是主观主义的。因为在延安没有薪水阶层,也没有多样存款的习惯,因此它就不会有前途。

3.此项存款,以后应继续设法使其增长,但我们也不奢望将个人或机关团体的游资都吸收来(详见前段分析),只作到在现有基础上,使这一业务经常化,要想使其猛烈发展,没有其他条件的配合是不可能的(如利率提高)。但根据目前情况,五月份物价指数下降2.8%,六月份上涨6.3%,同时一般市场利率也下降,在此情况下提高利率没必要,也不应该,以后只是如何保持这一存款业务经常化,当然,必要时利率做适当的调整,那要根据当时具体条件决定。

(边区银行业务处:《几个业务问题的简要总结》,1946年)

试办储蓄存款

(甲)延安市储蓄部要继续办理,逐渐扩大存款范围,下半年设法深入到附近农村中去。

(乙)各分区可以试办工作人员储蓄存款,或协助可靠的信用合作社,吸收县区乡工作人员与农民的存款。

(丙)存放款利息依据各地习惯,参照物价指数,随着供求关系,一般应低于行市,随时挂牌公布。

(丁)绥德分行应研究米脂小型的粮食信用合作社,使银行资金与人民的信用合作相结合。

(戊)在分行所在地的主导市场,可将吸收所得的存款,办理商业放款,以灵通商情,并在调剂物价原则下,参与商业活动,以灵活资金的周转。

(边区银行:《一九四六年下半年金融工作计划草案》,1945年6月25日)

吸收存款工作

1. 数年来通常存款只有政府系统各项公款(带有保管性的)存在银行,这种暂时存款,从来未断过,有时数目还很大,如本期五、六月份存入银行达五百万以上,存取接续,有助于银行周转的私人存款过去没有。

2. 本期增加了一笔私人存款,这种私人存款为马栏军人合作社所创造,分区公务人员过去是没有钱的,于前年(一九四四年)开办了军人合作社,当时号召集股,保证三个月百分之百的红利。听到这一号召,公务人员及家属卖东西、当首饰,凑了些股金(入股人数一千二百多),开办了合作社。这样大的红利究竟如何保证呢? 开土产店,贩土产; 金融投机,卖黄金,到退股时每人分了好多钱,创造了一批游资。去年十二月份决定,到本年二月退了股。分行在一月份则看中了目标,计划吸收游资,到退股后,三月份分行准备办理时(当时打算存款利息最高提到一毛,放款利息不超过一毛五分),又考虑到一个问题,政府反对高利贷,限制放款利率,规定一毛以上是否适当,和专署与大家商量结果,决定办理信用合作社。即召张清益同志来马栏,在银行开了两次会,拟了存款章程,后来又有两个问题:①合作社没有较强的干部经营;②各机关人员间有一种呼声,说银行吸收存款的话,利息低一点亦可,马栏合作社办理储蓄没人去存,这样就拖了一个时期,最后到五月份了,决定还是银行办理。利率规定:存款利率,活期存款月息三分;定期存款一月四分五厘,两月五分,三月五分五厘,四个月以上六分。放款利率规定最高不超过一毛,商业贷款九分,农工合作事业贷款八分。即在五月下旬银行做了些宣传工作,关中报上登了启事,街上贴了广告,即开始了存款。到六月底统计,存款券币已达百万元以上。我们估计有四五百万游资,因备战的关系,家属回家的、疏散的,把大批款带上走了,所以存款数字还不大。

附半年来各种存款逐月增减统计表:

半年来各种存款逐月增减统计表

月份	月底变化数	增、减	比较数
1	1,637,365	增	711,585
2	3,034,635	增	1,397,270
3	4,278,935	增	1,244,300
4	6,234,810	增	1,955,875

月份	月底变化数	增、减	比较数
5	6,308,786	增	73,976
6	7,968,281	增	1,658,495
合计	29,461,812	增	7,041,501
平均	4,910,302		1,173,584

（关中分行：《三十五年上期工作总结报告》，1946年7月）

中国人民银行西北区行活期储蓄存款暂行章程

（一）宗旨：本行为人民服务，便利储蓄存款存取起见，特举办活期储蓄存款。

（二）额数：开户以壹百元起码，多者不限。

（三）期限：此项存款，定为一个月、两个月、三个月三种，在约定期限之内，可随时存入，次数不限。但每半个月支取以一次为限，在存款未到期前，每次提取金额不得超过现存数一半，到期本息取清。

（四）利率：随时规定公布之。凡一满一个月销户者，概不计息；一个月以上，还未满期提前取清者，按本行乙种活期存款计息。

（五）手续：开户时，由本行发给存折为凭，需要使用取款凭条者，留存印鉴，支取时携带存折并开具取款凭条，签盖与原留印鉴相符之签字或图章方可照付。不愿留印鉴者，凭折支取。但有遗失，致生纠葛等情，由存户自理。存折登记如有错误，须立即通知本行查明更正，不得自行涂改。

（六）挂失：存户遗失存折、支票或图章时，须立即向本行挂失，并在该地主要报纸上登报声明，经十日后如无纠葛，始得觅取铺保，补领存折及更换新印鉴，挂失前被人冒领者，本行概不负责。

（七）本章程利率规定及未尽事宜，由区行随时修改。

（中国人民银行西北区行：《活期储蓄存款暂行章程》，1949年6月10日订）

中国人民银行西北区行定期储蓄存款暂行章程

（一）宗旨：为提倡节约，奖励社会各界人士、机关、团体长期储蓄，特举办定期储蓄存款。

（二）种类：暂时举办以下四种：1.整存整付；2.零存整付；3.整存零付；4.存本付息。每种均分为货币储蓄与折实储蓄两种，由存户自择。

（三）计算标准：货币储蓄，本金之存取与利息，均以货币计算。折实储蓄，以货币折成实物存入，到期提取以实物折合货币付给，实物以"标准实物单位"计算，一个标准实物单位，甲种包括混合粉二斤，混煤五斤（即碎炭），雁塔布一尺；乙种包括小米或麦子二斤，土布一尺，根据各地不同情况选择一种，存取均以当地前一天主要报纸公布之物价为计算标准（无报纸者以经济部门调查之物价为标准）。

"注"：（1）实物选择固定之牌价，不要轻易变动，度量衡尽量采用市斤、市尺，如当地还未采用，可以市场常用之"秤""尺"为标准，按规定固定之换算方法（如混合粉每袋以四十斤计，雁塔布一匹以百尺计）。

（2）物价采取零售价。

（四）储存办法：

甲、整存整付：

1.此项存款，当存入时，须预先约定期限，将款存交本行，由本行发给存单为凭，到期本利一并提取，其存入数以两个标准物单位或人民币五百元起码，多者不限。

2.期限：分为三个月、四个月、五个月、六个月、七个月、八个月、九个月、十个月、十一个月、十二个月十种。

3.利率：存入货币，由本行根据金额情况订定挂牌，存取均以存入时利率计算，存款折实者（月息）三月三厘、四月三厘五、五月四厘、六月五厘、七月五厘五、八月六厘、九月七厘、十月七厘五、十一月八厘、十二月九厘。

4.提前支取：此项存款未到期前，不得提取；如有婚丧、疾病等情况，有经本行认可之特殊原因，取得凭证提前支取者，得填具"提前支取申请书"，经核准后，按下列规定付给。

（1）所存不满三个月者，折实存款按原存货币付给，不计利息；如物价下落，仍按折实无利付给，货币存款，按本行活存计息。

（2）存满三个月以上者折实存款，折实付给，利息减为一厘五，货币存款按本行定存计息。

（3）存满六个月以上提前支取者，折实存款，本息均折实付给，利息按月息三厘计；存满九个月至十一个月以上者，利息按月息五厘计。货币存款均按本行定存计息。

5. 过期提取：折实存款，过期不来提取，亦未声明转期，十日以内提取时本息仍以原到期日牌价折算；超过之日期，不予计息；过期十日以上仍不提取时，本息即按到期日牌价转入活存，按本行活存计息，存户如愿转期续存者应于到期前通知本行，以凭办理。过期以后申请转期者，按当日牌价折算起息；如以函件申请时，以本行收到函件之日为准，货币存款，过期十日以内提取时，不计利息；十日以上转入活存，按活存计息。

乙、零存整付：

1. 此项存款系零星存入，一次提取的定期储蓄存款，期限分为半年至八个月，九个月至一年两种。其存交期次，分为每半个月一次，每两个月一次，每三个月一次四种，由存户自择。每一个月以三十天计，半个月以十五天计。

2. 额数：以一个标准实物单位或款二百元起码，多者不限。但最后一个月内之存款不得超过已存次数之平均数。

3. 利率：折实存款，定期半年至八个月，月息三厘至四厘；九个月至一年，月息五厘至六厘，货币存款，存取均以存入时利率计算。

4. 中途停存：此型存款如遇中途停存，则仍应到期支取，折实存款。存半年至八个月，利率减为二厘四，九个月至一年，利率减为五厘。货币存款半年至八个月者，以原利率的百分之八十计算；九个月至一年者，以原利率的百分之八十五计算。

5. 提前支取：如需提前支取，按整取整付第四项办法处理；唯存满三个月以上者，折实存款利率减为一厘；存满六个月以上者，利息减为二厘四；存满九个月以上者，利息减为四厘二；货币存款不满三个月，按活存计息；满三个月以上，按本行定期存款计息。

6. 到期迟交：折实存款如到期迟交，五日以内按牌价计算；迟交逾五日以上，则视为间断一次，补交时物价上涨，即按补交当日牌价计算；物价下落，则仍按原定存交日牌价折算；其间断原存交次数三分之一以上，半年至八个月，利率减为二厘七，九个月至一年，利率减为四厘。货币存款间断应存交次数三分之一以上者，半年至八个月，利率减为百分之八十，九个月至一年，利率减为百分之八十五。

丙、整存零付：

1. 此项存款，由存户将本金一次存入，本行发给存折，以后凭折分取本息，期满结息。折实储蓄存额以二十个以上标准实物单位起码,货币存款以款五千元起码,多者不限,但应以能平均分取为准。

2. 期限:分为半年至八个月,九个月至一年两种。支取期分为一个月一次,两个月一次,三个月一次三种,由存户自选。一经确定,不得变更,到期不来提取,超过之日期不再计息,折实者仍按到期日牌价计算。

3. 利率:同于零存整付半年及一年之规定。

4. 提前支取:如需提前支取者,按整存整付第四项办法处理。

(1)存入不满三个月,折实未取部分按原存货币付给,如物价下落折实付给,不计利息,货币存款,按本行活存计息。

(2)存入满三个月以上,折实其未取部分折实付给,利息以一厘二计。存满六个月以上,利息以二厘七计;存满九月以上,以四厘五计息。货币存款按本行定存计息。

丁、存本付息:

1. 此项存款其存额以二十个存标准实物单位或款五千元起码,预先约定期限一次存入,由本行发给存折,每月凭折支息,到期不来支息,其利息不再复息,取息时仍以原到期日牌价折算,期满支取本金。

2. 期限:分为半年至八个月、九个月至一年两种。

3. 利率:折实存款,半年至八个月,月息三厘至四厘;九个月至一年,月息五厘至六厘,货币存款,存取均以存入时牌价计算。

4. 提前支取:此项存款如遇与整存整付第四项所列情形,亦得经许可提前支取。唯已支之利息,应予扣回,其办法如下:

(1)其存不满三个月者,折实存款按原存货币付给,利息按原支货币扣回,如物价下落,本金仍折实付给。已支利息亦折实扣回,货币存款,亦将已付利息扣回。

(2)存满三个月以上的折实存款,本金折实付给,已支利息,亦折实计算于扣除整存整付第四项规定应得之利息后,其余扣回、货币存款除应得利息,其余扣回。

5. 各项存款开户时,先由存户填具《储蓄存款开户申请书》,择定存款种类,书明户名、职业、住址等项,如须凭签章取款者,并须预留印鉴,以凭验付。

6. 储存:存交款项时,须携带存折来行登记,由本行记账员及负责人员盖章,方为有效。如有误记,请告知本行查明更正,不得自行涂改。

7. 支取：支取款项时，由存款人携带存折及印鉴，开具取款凭条由本行经办人员核验无误后，始可照付，未留印鉴者凭折（单）付给。

8. 挂失：存户如将单折印鉴遗失，须向本行声明挂失，于声明十日后觅取保证或由机关证明，至本行补换新据，本行认为必要时，须在当地报纸上登载遗失声明，至少两天，并检送报纸两份（每日一份）备查，如在挂失前为人冒领，由存户负责。

9. 本章程利率规定，必要时得随时更改公告，唯在更改以前存入者，仍按原定利息计算。

10. 本章程所定各项存款之存取日期，如遇星期日及例假日，应予推迟，但折实存款标准，仍以原到期日牌价计算。

11. 本章程如有未尽事宜，得由各地行处提出意见，经区行修改。

（中国人民银行西北区行：《定期储蓄存款暂行章程》，1949年6月10日）

西北农民银行晋绥分总行活期储蓄存款办法

第一条　本行为奖励节约，养成边区人民储蓄习惯，以积谷防饥精神，特举办活期存款业务。

第二条　第一次存入至少一万元，以后存入支取，在五千元以上者不加限制，存入支取一律按本币为单位。

第三条　可自由存款，不定期限，但存入后在半个月以内取清，概不计息。

第四条　利率按月息一分计算。

第五条　由本行给存款人存折，可凭折存取，手续简便。

（西北农民银行晋绥分总行：《活期储蓄存款办法》，1949年）

(三) 商业往来存款

陕甘宁边区银行业务处商业往来存款暂行章程

第一条　为便利延市商业往来与周转市场金融，特制定本办法。

第二条　开户：（一）存户开户时应填具申请书，经本行认可后始得开户。

（二）留存印鉴作为日后支付款项及其他一切核对之用。

（三）向本行领取支票及送金簿作为以后存款与支款之用。

（四）存户开户时首次须存入一定量之金额，此项金额暂定为伍万元。

第三条　存入与支取：

（一）存户每次存入金额不得少于二万元，存入手续以送金簿为凭。

（二）存户支款概以本行所发出之支票，由存户填写就绪并加盖戳记为凭，但每次支取后，须保持一定量之结余。

（三）有下列情形之一者本行即退票拒付：

甲、存款不足而未订有透支契约者。

乙、透支过额。

丙、支票字迹模糊，数目不清，印鉴不符、不清、不全与其他本行认为有错误者。

丁、原存户已经正式挂失之支票。

戊、存户虽有存款，但此项存款已经本行保付，而其结存不足支票所开金额者。

（四）存户如将支票转让别人，请求本行保付时，本行当即按其存款在支票上加盖保付戳记，由本行完全负责。

（五）与本行往来较多，而且信用优良之存户，在周转不灵时，可请求本行给予透支（透支契约另定）。

（六）存户如欲支清存款，应将未用之支票，送金簿交回本行。如未满一月而即支清者，除不付息外，并须交纳手续费二千元（此即正式销户）。

第四条　利息：（一）存款利息暂定为周息百分之二十四。

（二）透支利息暂定为周息百分之四。

（三）利息计算每半年一次（六月二十日——十二月二十日），不到期者概不付息。

（四）本行利息，当视市场情况随时作必要之增减，在本行牌示。

第五条　账目核算：本月于每月终后五日向各存户发出核账单，如有查询，各存户当在十日内办理，过期本行即认为无误。

第六条　存户如有迁移地址、改换印鉴、支票遗失等事者，须事先正式函告本行，否则发生与此有关之一切事件，本行概不负责。

第七条　本条例有未尽事宜，得由本行随时修改。

第八条　本条例自公布之日起施行。

（边区银行：《业务处商业往来存款暂行章程》，1946年10月1日）

第四章 陕甘宁边区银行的存、放款和汇兑业务

（四）党政机关暨公营企业存款暂行办法

1. 为了掌握发行、调剂筹码起见，所有各军政机关经费及公营企业周转资金公用款项，依本办法规定办理之。

2. 凡由财委会核发各军政机关经费及一切公营企业运用的款项，应一律存入中国人民银行或其他国营行局（如中国交通等），不得存在私营银行及钱庄。

3. 所有库款（包括财厅、后勤、野勤、边区政府行政处审计科、西北局行政处审计科、军管会行政处等），应一律存入中国人民银行，不得转存其他任何金融机关，遇金融剧烈波动时，人民银行得经财委批准，停支或缓期支付此种存款。

4. 所有公营企业及伙食单位之存款，除西北贸易公司另行商议外，应一律依照规定付给利息。

5. 所有库款存在中国人民银行者，概不计息。

6. 各军政机关及公营企业存款，如有不依照本办法规定办理，应由各级审计机关会同各主管机关严加查禁。

7. 本办法经财委会核定施行。

（西北区行：《西北区军政机关暨公营企业存款暂行办法》，1949年7月）

（五）实物、折实存款

西北农民银行定期实物存款暂行办法

1. 为了吸收游资，发展生产，繁荣市场，保证存款户之实物利益计，特制定本办法。

2. 存款种类：分土布、小米两种。

3. 存款可以票币按当时当地公司门市价格折成实物（土布、小米以下同）或直接存入实物，存款期满后，银行即照原存实物，按当时当地公司门市价格折付本币本息。

4. 存款时间：分三个月、半年、一年三种，不到期者，不得支取存款。

5. 利率：三个月者，按月息五厘计；半年者，按月息七厘计；全年者，按月息九厘计。

6. 凡到期不支取者，即将本利转期，继续存满三月、半年或全年者，利息照规定利率计算。

7. 支取存款本利，均以存款单为凭，如存单遗失时，必须向银行报失，并登

报声明。三月后如无纠葛,银行始可补发存单,但报失前被人冒领,银行概不负责。

8. 存单支取存款本息,仅限于存款所在地银行。

9. 本办法如有未完事宜,须由总行随时修改。

10. 本办法自即日起施行。

(《西北农民银行定期实物存款暂行办法》,1948年3月25)

西北农民银行折实存款暂行章程

第一条 本行为提倡节约储蓄,扶植国民经济,并保证存户利益计,特办理折实存款。

第二条 本存款存入时,以金额的一半折合中等土布,一半折合中等小米(或麦)到期支取时一律按原存实物,折合本币支付,存取均以当地贸易公司门市部当天零售价计(没有贸易公司的地区以市场大宗成交价计)。

第三条 存款额最低以三尺土布为限,最高额不限。

第四条 本存款为定期存款,期限最少三个月,三个月以上者不限,不到期不得支取,特殊情形得商洽本行另议,但不满一月者不得计息,一月以上者按实存期限,照规定利息付给。

第五条 存满三个月者,折实月息0.6%,四个月0.65%,五个月0.7%,六个月0.75%,七个月0.85%,八个月0.95%,九个月1.05%,十个月1.15%,十一个月1.25%,一年1.35%,一年以上者面议。

第六条 存户存款后,由本行签给存单为凭,是否留印鉴存户自定。

第七条 凡到期七日不支取者,即将本利一并转存三个月。

第八条 如存单遗失时,应速向本行挂失,并登报三日,声明作废后,持同原报来行证明(如本户为公务人员则由各该机关负责人出具遗失证明即可)。经十日后,如无纠葛,再予补发新存单,但于挂失前经人冒领,本行概不负责。

第九条 本章程如有未尽事宜,得由区行随时修改。

第十条 本章程自即日起施行。

(《西北农民银行折实存款暂行章程》,1949年4月)

存入票币支取实物西北农民银行创办实物存款

西北农民银行最近除原有的业务外,特创办实物存款业务,以保障战时存款人的利益,使他们不吃物价上涨的亏。其办法:(1)存的种类:暂定为土布、小米两种实物,存入数量最少是土布一丈,小米一升,多的不加限制。(2)存款人也不加丝毫限制,商人和农民、机关部队的工作人员士兵等,都可以自由存入以上规定的一种或两种物品。(3)现款、实物皆可存入,若是现款即按当时当地贸易公司门市价折成实物存入。(4)存款的期限,分为三个月、半年、一年三种。期满存款人即可凭存单到当地银行支取实物本息或按当时当地贸易公司门市价折取票币。但不到期的所存实物则不能随便支取。若到期不愿支取,可以自由转期;过期不取,银行即自动将其本息一并转期,继续得息。(5)利息均按实物计算,三个月按月五厘标,半年按月息七厘算,一年按月息九厘算。这项业务因系初创,故只限于总行、各分行办理,现已开始进行。

(化哉:《存入票币支取实物》西北农民银行制办实物存款,《群众日报》,1948年4月2日)

本区举办折实储蓄存款业务,自六月份起,先由西安市分行开始试办,逐渐推广到各专业行及各行处,次第举办,普遍劝储,半年积累经验,成效颇著。谨将举办的实际经验及改进意见,汇集总结谨呈如次:

1.举办的简况:以西安市分行半年举办具体情况来说,在六月份开始举办,至七月底共收储了16,337单位,折合人民币476,309元,迨至十二月份,收储余额增为663,520单位,折合人民币1,243,186,000元,按单位比较,超过七月份的单位四十一倍。在十月份物价波动时,对提高币信,稳定金额起了相当大的作用。但有少数行处,对储蓄业务认识不够,因此,在思想上发生偏差,例如对折储增加顾虑到运用困难,恐怕赔本,故不敢大量吸收,只采取了消极应付的态度,经发觉后,立即纠正,并阐明举办折实储蓄是为了稳定金融,繁荣经济,奖励储蓄风尚,集中闲散游资,积累社会财富,转而从事生产建设。现在就一般来说,都能按照此种精神,积极推动,今后更应根据实际经验,检讨研究,进一步争取主动,克服困难,走出柜台,多方宣传,普遍吸收,力图储蓄业务健全开展。

2.单位含量及牌价:单位实物含量的选定,是以生活日用品为原则,分甲乙两种计算方法,甲种以工农矿三种不同性质的物品作基础,并注意采取土产品与地域输入品,参差选定。在含量及价格上,力求比量接近计价平衡,相互牵制,以免受物价畸形涨落,引起单位牌价剧烈变动。因此选定以混合机粉二市斤,混煤五市斤,雁塔布一市尺,组成一个单位。牌价是以当地先一日主要报纸公布的贸易公司的牌价为依据(如较小城市无报纸的,根据先一日贸易公司门市牌价为准;如无贸司的地区,应协同商会,按市价洽定)。乙种系以工农业品各半选定小麦或小米二市斤,土布一市尺,组成单位,牌价计算方法与甲种同。在实行过程获得经验是甲种适用较大城市,乙种适合较小城市。因此,我们决定以西安市为中心的城市行,采用甲种办法。其他农村行采用乙种办法,试行结果对牌价涨率,尚能保持中和,平稳妥善。

因为贸易公司的面粉牌价,有时与市价高低悬殊,失去了代表性的价格意义,因此部分存户反映,现行单位不能做到保本,例如西安市各私立学校以面粉折合经费之款项,按单位折实存储银行,在八月间存储九个单位合面粉一袋,在到期提取时,如以单一的面粉计值,则损失较大;如以单位计算确已做到保本,但此种情形,并非经常现象。如果各私立学校,今后改用单位,折算经费,存储银行,当无问题可言。

单位价格的升降变动,正代表着货币购买力的大小,有些地区,违犯这一原则,忽略单位的选定,例如兴平支行举办折实储蓄初期,对单位的实物选定,是以麦子一市斗组成一个单位,在粮价平疲时,则存款极度微小。如遇粮价波动时,则引起投机取巧,存款激增的现象,致使资金运用掌握困难,发现后即予纠正,现已改用甲种办法。

3. 资金运用及损益估计:对折实存款资金的运用,以西安市分行及各专业行,都能够配合政策,灵活运用。当物价波动时,即大力吸收存款,紧缩放款;反之,在物价平稳时,配合存款,开展折实或定货贷款业务。然在此半年来的资金运用过程中,受到物价波动时间较稳定时间长的影响,因此形成折实存款差额的损失率甚大,致使折实放款资金运用收益率较小,就是在折实存放款业务的配合运用上估计损益,则收益率远较损失率为低(折实收益率为2.593%,折实损失率为4.137%)。兹将西安市分行及各专业行自一九四九年六月一日起至十二月二十日的折实存款资金运用估计损益,列表说明(如下页表)。

由下表说明了资金运用收益率与折实存款损失率的差额悬殊,在损益上的估计,已明显受到相当损失。此项损失,只有从全部折实放款收益额内提供弥补(折实放款平均余额 1,401,255,331 × 每日收益率 2,593% × 日数 152 =折实

第四章 陕甘宁边区银行的存、放款和汇兑业务

科目\行别	折实存款 平均余额	折实放款 平均余额	放款存款	存款损失额 每日损失率	存款损失额 金额	每日收益率	资金运用收益额 金额	损或益	估计损益 金额
西安市分行	445,907,156.39	1,401,255,331.75	314.25%	4.137%	3,062,171,456.14	2.593%	1,919,353,845.80	损	1,142,817,610.34

备注：1. 西安市分行包括西安中国银行、西安交通银行、陕西省银行、西安市银行
2. 按折实存款余额全部运用于贷放该行实放折实放款估计
3. 折实存款余额累计系该行实际存款平均天数（166 天）平均
4. 折实放款余额累计系该行实际放款平均天数（152 天）平均

放款收益总额 5,522,851,698.80 元),但对政策的坚持执行,是力求贯彻的,总结半年来的经验与教训,今后我们必须在执行政策的原则下,要进一步加强运用,重视折实存款资金与折实放款业务。在运用上,要做好密切配合,实现用收两利的效果,兼达保本目的。

4. 对象期限及利率:从开业起至九月中旬止,在期限上,全部偏重三个月以上的存款,经检讨后,只吸收了部分机关的款项,而妨碍了一般市民、工人及公教人员的零星款项的存储,原因是他们的收入不多,如有积蓄,随时都有应急之需,因此对三个月的存期,咸感过长,无形中将群众对象,拼拒门外。嗣经反复研讨后,为了适合社会环境,迫切需要,照顾一般存户的便利和广泛地吸收储蓄存款起见,即决定由西安市分行于九月十九日开始试办一个月期限的折实存款,并防止投机取巧。对象只以薪工阶级为限。经三个月的试办结果,对于业务的开展,已获得显著成效,兹将九月至十二月份试办四个月的折实存款动态,列表如下:

月份	户数	单位数	金额
9月	83	4876	3,356,482
10月	261	29184	29,723,997
11月	308	18657	48,507,028
12月	350	22484	79,232,330

从户数的逐月增加,证明了一个月期的折实存款是照顾了薪工阶层的便利,也获得了大众的欢迎。兹在按照试办一个月的收储户数,与三个月的收储户数逐月分别比较,列表如下:

月份 项目	9月	百分比	10月	百分比	11月	百分比	12月	百分比
一个月期户数	63	89%	261	72%	308	95%	350	72%
一个月以上期户数	10	11%	63	28%	15	5%	134	78%

根据上表可以看出,一个月期限的折实存款,已充分发挥了增强储蓄业务的效果,我们决定今后通知各行处,积极举办,普遍吸收。

因为西北是一个工业落后、农业为主的广大地区,存款对象单靠城市是不够的,所以我们今后除城市为重点外,还要扩大范围,兼顾农村。对存款来源分作:一、提倡农村副业生产,如发动每人养鸡一只,或喂猪一口,栽树一株及种植菜蔬等,换来的钱作为储蓄。二、吸收农村游资,如小孩的"压岁钱",媳妇的"私房钱",女人的首饰。老人的寿衣寿枋的准备金及其他零碎钱等,以变死钱作活钱的利益出发,广泛宣传,鼓励存储。

依照目前自然利率上升的情况,我们对折实存款利率自一九五〇年一月份起,改作如下调整,一个月三厘,二个月四厘,三个月五厘,四个月六厘,五个月七厘,六个月八厘,半年以上面议,这样的调整是必要的,即以存息的合理提高来促进储蓄业务的发展。

5. 提前及过期的支取办法:关于提前及过期支取办法,一般存户反映,我们只着重行方利益,没有照顾到存户利益,忽略了两利原则。因此,我们已将支取办法予以修正,即是:一、提前支取属于特殊原因者,五天以上,一月以下,以折实支付,并按一个月期的利率,按日计息,五天以下按原货币支付;二、过期支取属薪工阶层者,按支取日牌价折付,其过期时间,不计利息;三、其他存户,过期支取统按到期日牌价计付,过期时间,按活存计息,已转存者照章办理。

6. 试办半活期折储的情形:甘肃分行应群众的要求,于十一月起试办半活期折实存款,较一个月的期限更为灵活。对象以工薪阶层及学生为限。办法是每月可存两次,其数额不得超过全月或每月学费百分之七十五,每隔十日可提取一次,不提者听便。每次提取金额,不得超过存额三分之一;如逾二十天其提取额可增加为存额的三分之二;未连续存满两个月,不得提清。现正在试办期间,俟获得经验后,再行普遍实行。至于活期折实存款,因易于引起奸商投机,故我区尚未办理。

(西北区行:《折实储蓄存款业务总结报告》,1949 年 12 月)

(六)存、放款利率和本票

为适应抗战结束后经济情况之新变化,并调整在这一新情况下之借贷关系,特规定:

1. 存放款利率暂订如下(自十月一日起实行):

(1)放款:

机关放款:月息三分

农业放款:月息二分五厘

商业放款:月息五分

工业放款:生产合作业放款:月息二分

信用合作业放款:按借款信用社存款利率计息

其他合作业放款:月息三分

往来透支:周息二分

(2)存款:

活期储蓄存款:月息一分二厘

往来存款:周息一分

定期存款:一周以上——三月者:月息一分五厘

　　　　　三月以上——六月者:月息二分

　　　　　六月以上——一年者:月息二分五厘

2.旧放款清还办法:

(1)抗战结束以前之放款

机关放款、工业放款、农业放款、生产合作业放款;在十月份以内归还者(无论到期与否),一律免收利息,只还本金;十月份以后归还者,则按新订利率计息。

商业放款及其他非生产性质之合作业放款,在十月份以内归还者,利息一律减半;十月份以后归还者,十月一日以前仍按原订利率计息,十月一日以后按新订利率计息。

信用社之白洋抵押放款,无论到期与否,一律于十月份以内偿还借款,赎回押品;如逾期不清,本行则拍买其白洋,偿抵借款,不再保证付给白洋,至于利率仍按原订利率计息。

(2)抗战结束后之放款,一律按原订利率计息,自十月一日后则按新订利率计息。

(《陕甘宁边区银行总行通知》,1945年10月)

第二节 发放贷款、支持生产、支援战争

一、贷款的基本情况和政策原则

(一) 贷款的基本情况

边区银行全部资金的运用,主要分配在各种放款和自营商业两项业务上。

放款可分为:1.生产建设事业放款(包括农业、机关农业、工业盐业、运输业、合作社等放款)。2.财政性放款(包括财政厅借款、机关借款)。3.物资局投资或贸易公司放款。4.商业放款(包括私营商业放款,各机关单位经营的商业放款)。5.其他放款(包括短期的暂欠或金融贸易上的临时透支和少数的私人借款等)。

历年各种放款统计表

单位:券币千元

年别	放出总数	财政借款	生产放款	贸易放款	商业放款	其他放款
一九四三年	101,833	60,622	13,606	10,558	917	16,129
一九四四年	328,250	77,706	74,387	55,836	11,689	108,632
一九四五年	1,234,980	84,742	75,764	133,164	48,724	892,586
一九四六年	6,763,848	3,258,736	97,827	1,350,615	534,656	1,522,014
一九四七年	4,099,553	2,357,989	183,414	10,000	300,071	1,248,079

历年各种放款占放款总额百分率比较表

单位:券币千元

时期	财政放款	生产放款	贸易放款	商业放款	其他放款
一九四三年	59.5	13.4	10.4	0.9	15.8
一九四四年	23.7	22.7	17.0	3.5	33.1
一九四五年	6.8	6.1	10.8	4.0	72.3
一九四六年	48.2	1.5	20.0	7.9	22.5
一九四七年	57.5	4.5	0.2	7.3	30.5

银行在市场上一般存放款的活动较少,所谓贷款,主要是生产贷款,即工业贷款与农业贷款,机关部队生产贷款,则归财政厅。

　　一九四一年至一九四二年的贷款,是由银行自己经手做的,银行派干部直接到乡村掌握,放款要切实,手续繁杂,不便于民,老百姓不愿借,所以作用不大。一九四三年开展大生产运动,放款由政府去作,由各级政府与合作社去作,否定了过去银行认为放款吃亏的说法,当时决定就是大公家赔些钱,只要发展了生产,群众收入增加就是好的,利息规定为月息一分,群众得到实惠。但这样贷出的款有收不回来的,所以规定,只要有正当的理由,经当地政府证明,确实无力偿还者,不还也可以。还有曾经发生过问题,这个问题不是发展生产的原则错了,而是有些贷款经过县区政府时,没有放给农民,或者是县扣除了区的欠款,区扣除了乡的欠款,贷款到不了农民手中,或者有的作了机关生产。一九四四年纺织又改经合作社贷款,但也发生了县联社扣了区联社的欠款,而纺织户得不到实惠,如延安县乌阳区就发生了这样的毛病,一九四五年的情况与此差不多。一九四六年决定一九四七年的贷款办法,(公营)工业由工局掌握调剂,政府不放款,也不提工业局盈利。银行扶持农村手工业作坊合作社及农贷,所以明确提出农贷的对象,以劳力需要及生产需要为标准。放款原则:经过政府,依靠区乡,群众评议,银行指导,比一般利息低百分之六十。执行得如何,还要待今年总结。

　　过去我们讨论银行的工作时,曾确定边区银行带有农民银行的性质,但如何深入农村,真正(体)现出农民银行的特点,还很模糊,没有摸到像太行那样正确的真正为农民服务的贷款路线,还多是在旧的办法中转圈子。银行工作从自己本身盈亏上计算的多,对银行在国民经济中应起的根本作用上注意不够。

　　　　　　　　　　(南汉宸:《陕甘宁边区的财经工作》,1947年3月)

各种放款统计表

项目 日期	放款总额			财政借款			生产建设放款		
	放出	收回	累计	放出	收回	累计	放出	收回	累计
1938.6 至									
1943.8	26,654	686	25,968	11,875	467	11,408	6,874	17	6,857
1943.9	16,005	1,757	40,216	9,198	731	19,809	1,731	31	8,557
1943.10	16,101	4,459	51,858	11,400	1,952	29,319	481	211	8,827
1943.11	28,184	6,967	68,075	12,952	380	41,889	3,435	1,598	10,664
1943.12	24,739	2,773	90,041	16,715	1,407	57,197	2,735	119	13,280
1944.1	12,910	8,662	94,289	948	62	58,083	617	31	13,866
1944.2	3,612	3,346	94,605	1,179	1,121	58,141	1,089	129	14,826
1944.3	4,527	10,862	88,270	1,949	3,474	56,616	724	389	15,161
1944.4	32,910	31,130	90,050	17,385	10,728	63,273	15,275	19,657	10,779
1944.5	11,125	14,932	86,243	2,176	10,724	54,725	192	2,917	8,054
1944.6	50,563	29,318	107,488	16,976	3,410	68,291	13,653	11,083	10,624
1944.7	31,561	9,776	129,213	12,700	8,330	72,661	6,906	304	17,226
1944.8	32,611	5,694	156,190	11,318	2,330	81,649	12,361	589	28,998
1944.9	51,016	55,104	152,102	4,543	15,945	70,247	7,287	1,629	34,656
1944.10	41,030	32,328	160,804	1,301	2,092	69,456	7,281	2,046	39,891
1944.11	32,917	34,295	159,406	6,237	13,547	62,146	4,330	1,813	42,408
1944.12	23,418	32,783	150,061	994	8,122	55,018	4,672	3,227	43,853
1945.1	103,195	67,763	185,493	20,293	1,735	73,576	11,228	6,655	48,426
1945.2	66,302	49,024	202,771	9,920	851	82,645	4,894	2,439	50,881

续表

日期\项目	贸易公司借款 放出	贸易公司借款 收回	贸易公司借款 累计	商业放款 放出	商业放款 收回	商业放款 累计	其他放款 放出	其他放款 收回	其他放款 累计
1943.8	7,402		7,402	130	44	86	373	158	215
1943.9	525		7,927	15	26	101	4,542	995	3,762
1943.10			7,927	60		135	4,160	2,270	5,652
1943.11	3,000	634	10,293	799	79	855	2,998	4,276	4,374
1943.12	860		11,153			855	4,429	1,247	7,556
1944.1	10,836	6,025	15,964	252	25	1,082	509	2,544	5,521
1944.2		1,050	14,914	1		1,083	1,142	1,021	5,642
1944.3		5,942	8,972	50		1,133	1,853	1,057	6,438
1944.4			8,972	135	45	1,223	200	745	5,893
1944.5	7,500		16,472	189	92	1,320	1,122	1,246	5,769
1944.6	19,500	13,835	22,137	323	109	1,534	245	898	5,116
1944.7	10,000		32,137	1,057	195	2,396	1,632	1,033	5,715
1944.8	5,500		37,637	2,981	967	4,410	2,375	2,580	5,510
1944.9			37,637	1,668	2,532	3,546	36,205	36,563	5,152
1944.10	2,500		40,137	1,898	1,133	4,311	28,280	25,658	7,774
1944.11			40,137	3,135	3,313	4,133	20,452	17,802	10,424
1944.12		5,000	35,137	5,086	3,872	5,347	14,617	18,121	6,920
1945.1			35,137	1,149	668	5,828	66,588	50,501	23,007
1945.2							50,339	45,066	28,280

续表

项目 日期	放款总额			财政借款			生产建设放款		
	放出	收回	累计	放出	收回	累计	放出	收回	累计
1945.3	143,801	63,932	282,640	3,557	804	85,398	8,358	4,929	54,310
1945.4	187,186	177,703	292,123	4,607	3,050	86,955	2,962	1,766	55,506
1945.5	120,728	106,631	306,220	3,824	5,128	84,651	5,437	5,054	55,889
1945.6	109,695	161,849	254,366	12,265	29,446	67,470	10,367	5,998	60,258
1945.7	173,852	94,268	333,950	3,575	440	70,605	5,666	3,183	62,751
1945.8	127,537	171,953	289,534	4,995	1,375	74,225	9,503	5,241	67,013
1945.9	45,136	40,264	294,406	5,003	2,746	76,482	4,742	4,567	67,188
1945.10	24,272	29,534	289,144	2,774	6,699	72,557	7,218	9,550	64,856
1945.11	19,656	98,689	210,111	1,985	5,402	69,140	3,174	10,584	57,446
1945.12	113,620	112,155	211,576	12,944	4,773	77,311	2,215	7,043	52,618
1946.1	201,093	182,847	229,822	23,910	13,164	88,057	763	1,912	51,469
1946.2	258,554	245,964	242,412	23,633	10,605	101,085	1,050	1,509	51,010
1946.3	457,428	408,106	291,734	22,548	3,595	120,038	5,263	2,156	54,117
1946.4	493,324	400,911	384,147	62,806	5,392	177,452	2,955	1,623	55,449
1946.5	187,122	185,738	385,531	123,025	63,719	236,758	6,712	28,597	33,564
1946.6	316,004	284,730	416,805	475	6,903	230,330	27,707	7,687	53,584

续表

日期\项目	贸易公司借款			商业放款			其他放款		
	放出	收回	累计	放出	收回	累计	放出	收回	累计
1945.3	17,657		52,794	4,748	3,308	7,268	109,481	54,891	82,870
1945.4	74,752	47,657	79,889	3,752	4,802	6,218	101,113	120,428	63,555
1945.5	2,500		82,389	5,503	4,909	6,812	104,464	91,540	76,479
1945.6			32,389	5,756	5,345	7,223	81,307	120,760	37,026
1945.7	38,255		120,644	3,022	5,534	4,711	123,334	85,121	75,239
1945.8			120,644	9,356	7,183	6,884	103,683	158,154	20,768
1945.9			120,644	3,990	7,033	3,841	31,401	25,918	26,251
1945.10			120,644	1,956	3,157	2,640	12,324	10,128	28,447
1945.11		50,000	70,644	1,248	2,013	1,875	13,249	30,690	11,006
1945.12			70,644	3,158	3,185	1,848	95,303	97,154	9,155
1946.1			70,644	396	1,839	405	176,024	165,932	19,247
1946.2			70,644	3,702	2,914	1,193	230,169	230,936	18,480
1946.3			70,644	10,793	4,206	7,780	418,824	398,149	39,155
1946.4	60,000		130,644	18,540	10,455	15,865	349,023	383,441	4,737
1946.5		65,507	65,137	50,510	19,932	46,443	6,875	7,983	3,629
1946.6		60,000	5,137	38,434	47,646	37,231	249,388	162,494	90,523

续表

日期\项目	放款总额 放出	放款总额 收回	放款总额 累计	财政借款 放出	财政借款 收回	财政借款 累计	生产建设放款 放出	生产建设放款 收回	生产建设放款 累计
1946.7	691,492	548,100	560,197	295,174	283,105	242,399	34,179	13,307	74,456
1946.8	475,594	452,358	583,433	369,305	327,695	284,009	5,172	6,615	73,013
1946.9	586,205	586,138	588,505	276,091	258,851	301,249	4,779	6,600	71,192
1946.10	617,748	709,506	491,747	409,807	468,629	242,427	3,539	4,296	70,435
1946.11	1,045,499	854,519	682,727	674,463	473,368	443,522	1,378	4,934	66,879
1946.12	1,433,785	1,099,972	1,016,540	977,499	724,890	696,131	4,330	3,236	67,978
1947.1	155,996	78,116	1,094,420	32,250	6,650	721,731	4,260	3,027	69,206
1947.2	296,369	139,200	1,251,589	33,800	5,750	749,781	44,944	2,208	111,942
1947.3	206,645	98,578	1,359,656	52,175	5,050	796,906	42,185	3,475	150,652
1947.4	347,894	204,870	1,502,680	159,779	51,400	905,285	18,258	16,600	152,310
1947.5	171,467	153,554	1,520,593	44,600	28,580	921,305	2,554	8,620	146,244
1947.6	357,388	183,300	1,694,681	221,907	90,678	1,052,534	57,616		203,860
1947.7	121,433	85,186	1,730,923	68,200	17,700	1,103,034	12,781	760	215,881
1947.8	317,112	97,566	1,950,474	108,000	8,100	1,202,984	566	840	215,607
1947.9	451,850	220,211	2,182,113	316,000	8,000	1,510,934	250	8,190	207,667
1947.10	524,663	124,822	2,581,954	437,500	1,000	1,947,434		150	207,517
1947.11	515,765	240,866	2,856,853	377,028	104,520	2,219,942		250	207,267
1947.12	632,971	3,000	3,486,824	506,750	3,000	2,723,692			207,267
合计	12,533,314	9,046,490		5,841,307	3,117,615		446,648	239,381	

续表

项目\日期	贸易公司借款			商业放款			其他放款		
	放出	收回	累计	放出	收回	累计	放出	收回	累计
1946.7			5,137	149,441	49,168	137,504	29,574	19,396	100,701
1946.8	20,807	10,807	23,389	60,256	73,414	124,346	20,054	23,827	96,928
1946.9	296,252	278,000	56,778	3,854	37,132	91,068	5,229	5,550	96,607
1946.10	159,421	126,032	122,082	27,915	43,327	75,656	17,066	67,222	46,451
1946.11	356,288	290,984	121,187	4,944	77,472	3,128	8,426	7,761	47,116
1946.12	274,723	275,618	121,187	165,371	88,748	80,251	11,362	7,480	50,998
1947.1			131,187	93,020	47,520	125,751	26,466	20,910	56,545
1947.2	10,000		131,187	135,235	82,198	178,788	72,390	49,044	79,891
1947.3			131,187	58,838	62,135	175,491	58,447	27,918	105,420
1947.4			131,187	1,280	10,970	164,521	169,857	125,900	149,377
1947.5			131,187	8,875	7,780	158,021	123,033	108,574	163,836
1947.6			131,187	650	500	166,396	68,990	92,122	140,704
1947.7			131,187		8,797	158,249	39,802	57,929	1222,577
1947.8			131,187	2,173	3,045	157,377	206,373	85,581	243,369
1947.9			131,187		64,750	92,623	135,600	139,271	239,698
1947.10			131,187		3,000	89,627	87,163	12,672	206,189
1947.11			131,187		250	89,377	138,737	135,846	209,080
1947.12			131,187			89,377	126,221		335,301
合计	1,561,402		1,430,215	896,144	806,767		3,787,813	3,452,512	

从上述放款统计中可以看出,一九四四年以后,生产建设贷款的比率是很小的,特别是日本投降以来,虽然也进行了一些生产贷款,但因鉴于一九四四年生产建设的特别放款多有去难回,有些甚至是有去无回。怕多搞所谓"经济开始""政治解决"的投资,怕这些贷款对生产帮助不大,有许多变成了投机的游资。又因群众未发动及对于发展生产的观念不明确,特别是向私人经济投资的观念模糊,更加缩手缩脚,不敢大胆发放。这样就没有贯彻利用发行发展生产的方针。

生产建设事业放款

1. 一九四三年检讨财经工作以后,高干会确定大量发展边区自给工业。银行依据一九四四年经济建设计划,于同年六月九日确定特别放款办法,并在会计科目上立此项目,向自给工业大量放款。此项办法,规定了特别放款须经西北财经办事处在借据上签字,银行才准付款(即凡在边区固定的业务资金以外,经西北财经办事处决定放出之款,无论是长期的或短期的,财政性的或经济性的,均称为特别放款,而适用本办法)。其所需资金的来源为发行边币。银行在办妥放款手续,并取得西北财办处批准发行之书面文件后,即向发行库支款,其借据交银行保存。至放款收回,退还借据时,应同时将款如数归还发行库,并报告西北财办处备案。在此过程中,边行不得将此款移作别用。从此就确定了依靠发行发展经济的具体办法。从一九四四年放出的贷款,凡大宗的均须西北财办处直接批准,银行不能增减移用。银行只负责检查收回。

2. 日本投降后,当时物价大跌,由于幻想和平,主观计划要稳定金融,稳定物价,而不敢大量发行,因此更不敢大量放款、发行准备金,由于需要筹拨党费而急剧减缩。一九四六年六月提党费赤金5000两,主观上更加不敢依靠发行来大量放款。直到一九四六年十月行长联席会议时,才计划从发行准备金中抽出一千两赤金办理农业生产贷款。计分配于下:

延安业务处120两,87,500,000元,绥德分行250两,80,000,000元,陇东分行225两,60,000,000元,三边分行225两,60,000,000元,关中分行175两,35,000,000元,共折合当时券洋31,750万元。这些放款(即农贷)因自卫战争的爆发未能完全放出。

3. 历年生产建设事业的贷款多偏向于公营企业(例如一九四四年的贷款,绝大部分投向公营企业中去了)。对于个体经济的贷款一九四四年并没有增加,只是依靠以前的贷款,仍由政府(区乡政府)经管。这种贷款数目不大,但也发生过不少弊端。不仅有许多收不回来,因缺乏具体检查,常被中途折扣,难于照数发放下去,农贷作用也没有充分发挥。

银行自营商业与壮大资金

银行的自营商业,自四二年检讨银行工作后,即大量收缩资金,并且缩得很小。

因为银行所属光华商店拨交物资局领导后,银行本身即不搞自营商业了。物资局改为贸易公司,其任务也有些改变。对内推行边币工作,因其集中力量注意对敌经济斗争而大大放松。边币在农村中不能很好地流转生根。银行自己企图恢复光华商店的组织,使起货物下乡与本币交流的作用。因此,于一九四六年行长联席会上,曾计划经过银行原来各分行的营业部门正式逐渐建立,以免完全依赖贸易公司。但银行缺乏能经营商业的干部,乃实行与公营商店合作,并逐渐做到自己经营商业。

为求保持银行放款后,不继续亏损下去,决定允许分行的业务资金(发行库准备金例外)可以参与商业活动。

(西北财经办事处:《抗战以来的陕甘宁边区金融概况》,1948年2月16日)

各种放款统计表

类别	金额	百分比
农业放款	1,334,500	1.8%
合作业放款	775,000	1%
工业放款	4,826,000	6.3%
商业放款	20,206,000	26.1%
机关借款	49,995,000	64.3%
合计	77,136,500	100%

1. 农放

下半年为贯彻边府三年经济建设方案,发放农村贷款,首先在子、绥、吴三县进行,其目的完全是为了吸收经验,以便明年大规模的发放,故当时每县抽一、二个乡试放,数目较少(详见农村贷款总结单行本)。

2. 商业放款

主要是小商人临时周转性的放款7—10这四个月最多,因当时我们业务上没有什么好做,业务资金主要用于商放,目的系为利及调剂金额,11月后我们开始收物资,即停止放款,加紧收账,至12月中旬,始因银根奇紧,买卖萧条,放出微少。

3. 工业放款

7—10月为土布销售旺月,土布业欣欣向荣,放款较多。11月后北线战争开始,土布业遭到致命的打击,但分行当时收购物资任务紧急,故亦未放出,所有放款全是前三月放出的。

4. 合作业放款

合放下半年原则上停止了,但如刘老婆等小型妇女合作社、田庄合作社、面临危机的绥市信用社,在他们必要下,我们放出了一小部分,帮助他们。

5. 机关借款

这主要是一般财政性的借款,如十月份北线战争时战费支出浩大,均在此项内支出,另外其他机关如米中、绥市等经费不足之暂借,故数目较大。

(绥德分行:《1946年工作总结》,1946年12月)

农贷问题

1. 发放情况:今年伍亿农贷,根据专署决定发放了,吴旗一亿伍千万元,靖边两亿伍千万元,定边一亿。吴旗发放了一、二、三区,靖边发放了青平区、青阳区、龙州区、长城区、巡检区;定边发放了边缘区。各县所发放之区域,均系敌祸天灾较重,生产资料受到了部分的破坏,如农具籽种,竟变成当时无法生产的困难。但经贷款发放后,乃求得了解决,生产得到了恢复,群众同声道好。

2. 清理情况:今年所放贷款,分行规定按二分利息清理,去年旧贷也一律收回,此次分行派专人赴各县清理,迄已将近两月即收回二亿八千余万,占今年所发放之伍亿元及以前所发放之三百八十余万旧贷的56%,其中吴旗前旧贷一百五十万已全部收回,又收回今年的一亿一千万元,占全县发放款一亿伍千万元的723%。靖边收回一亿四千七百万元,占全县发放额二亿五千万元的58%。定边收回二千五百万元,占全县发放额一亿元的25%。

总之,在今春及去年曾发放了的贷款,所放之处大都解决了生产中农具、籽种等困难。对发展农村生产起了很大促进与刺激作用,即收到了一些成绩。例如吴旗三区一、二村在五户贷款统计,买铧者三户,买牛者二户,共耕地一百零一垧,共收(公斗)粗粮五十三石,特别是许起章对农贷很满意,据自己谈今年家里没有变卖的东西,公家不放农贷的话,准备满给许家砭住的分公司卖一个铧,而春耕农忙时已过，虽有铧也不能春耕种地。但在另一方面，由于群众对发放方针认识不足，曾发生了个别偏向，以至少数贷款不能起应有之作用，影响了贷款不能及时收回，即妨碍了资金正常周转。此次贷款虽已收回一部，但尚未达到全部收回。政府一再下命令，要抓紧收回。

3.今年农贷不能按期收回者其原因有：

（1）有个别人对农贷之意义认识不清，以为贷款就是救济，有不准备归还的思想。

（2）有些人认为，在当时放款时粮贵，收款时粮便宜，即吃亏太大。这是根本没有看到生产果实的说法。

（3）有些将贷款买粮吃了，例如吴旗一区共贷了三百零六户，买吃者即达一百零三户，虽然救活了命，但失去了农贷的意义。

（4）有些贷款不能适时放于农户手中，例如吴旗三区区公署所贷放之二千五百万元，即企图去倒生意，准备赚到红利救济难民，结果虽未去倒，但有部分款迟延到五月间才放到农户手中。

（5）迟收回者主要是区乡干部着重土改，其他工作有些放松。

（6）吴旗三区六乡某村负责人刘廷富同志，放款时将乡署的敌币按二元作价，给群众顶农币放，结果使群众误会银行拿敌币放农贷。

4.为什么会产生这些情形呢？

（1）今春发放款时，正处于土改与天灾威胁的环境之中，故此确定的发放原则上，特别强调灾情与贫雇农路线。致使有大部贷款放给了灾区与贫雇农，使有部分贷款在客观上变成了救济款。

（2）放款前为了抓紧时间，布置研究十分不充分，发放后检查不够。

5.经验教训

（1）要深刻向群众宣传我们的贷款政策，要使群众了解借贷与救济不同，必须有借有还，改变过去的错误认识。

（2）今后发放贷款，必须经过群众民主讨论，严防要私情，并须加以经常领导与检查，坚决执行总行指示，政府指导，银行主持，务使贷款用于正当的生产事业方面。

（3）根据群众反映，明年再发放贷款时，应着重放耕牛贷款，其原因是今年已丰收，籽种与农具已不成困难。

吴旗一区贷户成分调查

成分	放时调查		收时调查	
	户数	百分比	户数	百分比
中农	57	18.6%	178	58.2%
贫农	209	68.4%	91	29.8%
雇农	36	11.80%	35	11.4%
灾民	2	0.6%		
退伍军人	2	0.6%	2	0.6%
合计	306	100	306	100

吴旗一区贷户用途调查

成分	放时调查		收时调查	
	户数	百分比	户数	百分比
买农具	278	90.9%	118	38.6%
买籽种	21	6.9%	47	15.3%
买牛			8	2.6%
买车	7	2.2%	22	7.2%
贩盐			5	1.6%
买食者			103	33.8%
吸鸦片者			3	0.9%
合计	306	100	306	100

吴旗三区贷户成分调查

成分	放时调查		收时调查	
	户数	百分比	户数	百分比
中农	7	5.9%	39	33%
贫农	83	70.3%	29	24.6%
雇农	27	22.9%	18	15.2%
移民			30	25.4%
退伍军人	1	0.9%	1	0.9%
二流子			1	0.9%
合计	118	100	118	100

吴旗三区贷户用途调查

成分	放时调查		收时调查	
	户数	百分比	户数	百分比
买农具	92	73%	67	56.8%
买籽种	22	18.7%	11	9.3%
买驴			1	0.9%
买耕牛	4	3.3%		
未查出用途者			13	11%
买粮			26	22%
合计	118	100	118	100

(二)各项放款原则

1. 有借存还,讲认用,经常放,经常收,纠正把农贷视为救济物的恩赐观点。

2. 对象是直接进行生产的企业或间接帮助生产的事业。

3. 方式,短期存款、长期投资、临时收购或定购成品。

4. 目的,在使生产部门经常进行生产,不因资金一时不足或周转不灵而使生产停顿。

5. 采取低利制,根据金额情况、物价高低,定出适当利率,暂定为月息一分至五分。

(1)农村贷款。用途:农业、水利、农村副业(油坊、妇纺、作坊等)均包括在内,根据群众需要,按具体情况决定。方法:政府领导布置,银行计划检查,群众评议监督。

(2)手工业放款。对象:城镇上之手工业作坊其生产品为群众所必需或可作为外汇者。方法:以定购成品或短期借贷扶助其生产,同时,防止其生产的无计划性。金额:占放款总数百分之十五。

(3)工业放款。对象:规模较大之生产企业,关系国计民生之工矿业。方法:在资金周转不灵时,给予临时的定期放款或定期投资以帮助其经营。金额:占放款总数百分之十。

(4)运输业放款。目的:因西北交通阻塞,在运输工具缺乏的情况下,调剂内地物资交流时组织民间运输。办法:对运输队、朋帮、长脚、短脚以公助民营方式,以扶助运输事业之发展。金额:占放款总数百分之八。

(5) 合作业放款。对象：合作社应视为农村金融贸易的桥梁，帮助经过改造的为人民为生产服务有信用的合作社。用途：贷予适量的款项作为恢复农村中借贷资金，活泼刺激农村信用。金额：占放款总数百分之五。

(6) 商业放款。目的在繁荣市场与组织土产出口。对象：对过去同机关一块转移出去之商人，在城市收复后，无法复业者，均可给予贷款之帮助及资金不足时之出口商，经营土产之内商，也可以给予少量的短期借款。

（西北贸易公司：《金额工作计划草案》，1948年7月）

(三) 一九四八年的放款工作总结

1. 一年来各种放款统计

（统计表见下表）

陕甘宁边区1948年各种放款统计表

种类 地区	农业贷款			手工业贷款		工业放款	合作业放款	商业放款
	籽种	农具	货币	棉花	货币			
延属	6772 斗	14327 件	48,000 万	4000 斤		507,460 万	4,500 万	23,540 万
绥德			56,066 万		38,935 万			63,390 万
黄龙			2,967 万	685 斤	24,450 万			
关中			140,000 万		15,200 万		76,000 万	40,000 万
陇东			37,097 万		100 万			49 万
三边			65,774 万		111 万			3,107 万
合计	6772 斗	14327 件	349,904 万	4685 斤	78,796 万	507,460 万	80,500 万	130,086 万

说　　明

(1) 上表所统计各项材料除延属、关中、黄龙系实际统计数字外，其他各分区仅系根据账面数字为依据，实际上放款数字是大于账面数字的，如三边之盐贷七万斤，其他各分区之妇纺贷款等均未在放款内表现。

(2) 总行的各种放款数字统计在延属内，故不另列。

(3) 延属之48,000万农贷，实际上系实物放款（瓜菜籽），但因该款数字无法统计，故以货币形式表现。

2. 一年来各种放款是怎样放出的

(1) 一九四八年上期农业贷款,由银行拨出交救济委员会购置农具、籽种,由各县党政领导配合救灾工作,由合作社直接经办事务手续放给各农户。此项放款均系放出实物,不收利息。

(2) 麦籽贷款,由建厅、银行、专署共同组织工作,分赴各县配合增种冬麦,与各级政府商讨研究发放办法,工作组直接参加这一工作的组织领导。经调查研究,群众评议,再经审核批准放出。秋后归还者无息,转期至次年夏季者,每斗收息一升。

(3) 延市工商业贷款,由银行拨出款项,由市府商会以及延市各区乡政府直接负责,经调查研究,民主评议,借款人找保后发出。此项放款均系票币,月息百分之二。

(4) 各县妇纺与延市工矿业贷款,均经银行公司直接放出,妇纺中部分的由合作社直接经手放出,每斤生花收布五尺。

(5) 经财委会批准,由银行直接放给各公营工厂(如工合各工厂)。有的采取投资分红办法,如华丰皮革厂、民生造纸厂等。

3. 一年来放款工作中优缺点与作用

缺点部分:

(1) 一年来群众性的生产贷款,主要是十期的十六亿农具、籽种贷款,在这一工作中主要的缺点是,贷款与救济混为一谈,干部思想不明确,因而许多接受贷款的群众,都认为是救济款,不准备归还,也未办理任何借款手续,简单了事,给群众就算恩赐。救济的思想也表现在麦籽贷款中。基于这种恩赐救济点,在贷款上给群众负担起来,因而不仅在地区上平均,在放款对象上亦尽可能得照顾,结果使贷款分配得非常分散,起不了作用。不从生产出发,强调贷款要发展生产的方针。

(2) 一年来,在我们贷款工作中的第二个缺点,是款贷出去以后,不再进行贷款的检查,或者说检查得不够。因此,有的贷款转移用途,有的把贷款浪费掉,有的只是把贷款从上而下的分配以后,则不再过问,如富县黑水市区六乡,在七月间仍未把贷款放给农民,把农币积存在乡政府。关于贷款的作用问题,我们只能是举出一些个别例子或少数的典型调查,而未能对贷款的作用有一个确切的较全面的说明材料。

(3) 一九四八年的贷款,不是在公私两利原则下进行的,而是一种贴本贷款。一年来,我们的物价涨了一倍多,如果放出去的十六亿全部收回来,也不过只值原来的八亿元而已。而且里面有许多是不可能收回来的坏账。荞麦籽春季每斗二十万元,现在收回每斗不过十万元,银行贴了一半。再如工商业贷款利息百分之二,一方面相距市场利率太远(百分之十五),一方面借款获利至少在三倍以上,但他所付出的利息只是百分之二。如借款一百万元,获利三百万,三个月付出利息六万,借款人则尽(净)得二百九十四万,在今后的贷款中是值得注意的。

(4)我们的实物贷款,由于经验的不够以致有许多农具做得不好,群众不能使用,因而贷不出去,有的贷出去又退回来,荞麦籽有的种上出不来。

(5)贷款分配的不公平,有些干部要私情,该借的借不上,不该借的倒借上了,如富县姜有才(富农)现有耕牛两头,大车一辆,家境很好,借了二斗麦籽。志丹七区一乡文书,不给移难民贷麦籽,倒转来说移难民不种麦子。

4.优点与作用

一年来,我们的贷款虽有上述缺点与偏向,但也有其应有的作用。

(1)许多地方,经过胡匪的抢掠破坏,又有严重的灾荒,致使群众无法继续生产与生活下去,民主政府则贷款给群众,帮助他们恢复生产,重建家务,更进一步地使群众深刻地认识了共产党,扩大了我们的政治影响,加强了对敌斗争的力量。

(2)在生产上,在经过胡匪抢掠后的农村,农具、籽种极度缺乏,我们则从山西、韩城买来许多农具、荞麦籽、菜籽,虽然在今年春天遭受严重灾荒,由于贷款生产能和救灾结合起来,因而灾荒得以渡过。百分之九十以上的借款户,其因借款获得的利润均在三倍以上;但也有很少的部分因害病,人口多,做投机生意等,因而没有搞好的。

(3)在接受了上期贷款与救济混为一谈的教训后,我们在下期的贷款中,则纠正了干部中的恩赐救济观点、平均观点的错误思想,强调贷款的生产作用,注意手续,建立有借有还的制度。注意检查,同时对贷款的组织领导亦开始重视。

(西北农民银行:《一年来放款工作总结》,1948年)

1.边区许多地方,为关陇绥延三边等地,广大农村市镇都经过了胡匪的抢掠破坏,造成不少的无人区,群众之家具、财产受到很大损失;再加上严重的灾荒,许多农民都失去了生产资料和生活资料。农贷解决了他们的困难,群众说共产党真正是爱护老百姓的,扩大了我们的政治影响,加强了对敌斗争的力量。

2. 解决了群众在生产上的一些具体困难,如农贷对于农业方面的帮助,延属麦籽贷款五百余石,这一贷款成绩,将于今年夏收中表现出来。又如关分赤支公司负责同志谈,该县贷款至少有三分之二落入正当农民手中,作为买农具、开工资用,解决边境上部分群众抢收抢割之困难,并抵制了高利贷的剥削。在马拦还解决了部分耕牛。某当家妇女说:公家是我们的救命恩人,不是公家给我们贷款买牛,我的地就无法种上。工业贷款也起了不小的作用,许多工厂得到了恢复。如延安市的工矿业贷款,在延安光复后,煤窑很快开工,供给了延市的燃料。瓷业的恢复,解决了延市的用具问题。子长的铁工贷款,解决了铁工的再生产,华丰皮革厂造出一千一百余件皮衣,供给了前方。同时,缝制皮衣,也维持了部分难民妇女的生活问题。延市小工商业者,因战争损失惨重,得到贷款后,使他们重建了家务。如天生衡(钉秤)借款一百五十万元,不到两个月就赚了一千余万元。雷振云做肥皂,借款一百五十万元,自己原有百余万元,现已发展到将近一千万元。新市场乡王成华(染匠)借款一百五十万,不到两个月赚了一千余万元。

3. 商业贷款及周转方面,给小手工业者、商贩很大的帮助。如关分恢复了马栏双龙镇柳林等山区的交易市场。使农民得到了必需品的供给与农产品的销路。

4. 合作社贷款,使合作社恢复了其正当业务,如淳耀县合作社战时将物资损失精光,以贷款得到了恢复,现为关中第一个合作社。执行了金融贸易物价政策,支持了本币,供给群众必需品,以垫支土产的方式帮助群众购买了一些牲口,发展了运输。

(西北农民银行:《一九四八年贷款总结》,1948年底)

(四)边区贷款暂行条例

陕甘宁边区贷款暂行条例

第一条 为推进生产,繁荣经济,特制定本条例。

第二条 边区一切贷款,统归中国人民银行西北区行(以下简称银行)主持办理。

第三条 银行须依扶助发展生产之任务及"公私兼顾"原则办理贷款事宜,

保证贷款做到有借有还。

第四条　贷款种类依据其性质区分为：

（一）农业（包括水利）及农村副业贷款；

（二）工矿业及手工业贷款；

（三）合作事业贷款；

（四）畜牧事业贷款；

（五）借销及运输业贷款。

第五条　对各种生产事业贷款之多少与先后，应以边区政府生产计划及当地实际情况决定。

第六条　贷款利息须依"发展生产，公私兼顾"的政策，并注意奖励民间互相借贷，由银行根据各种生产与行业之利润情况及金融物价变动情形，分别规定，挂牌公布。一般利息应不超过民间借贷之普通利息标准，带有倡办或试验性之生产事业，应免除或减低利息。

第七条　贷款信用，依据下列各条予以保证：

（一）银行有权检查各贷款单位之贷款用途及其生产业务经营状况，如发现贷款用途不当或有违法投机活动者，收回其贷款；

（二）银行一切贷款，依据法定手续收不回时，必须依法请求政府追究，各级政府应对银行之本息债权，确实负责追究清偿；

（三）所有借款保证人，须对所借贷款负保证用途与本息清偿之完全责任，但工作人员不得担任保证人。

第八条　贷款办法手续与办事细则由银行另定。

第九条　本办法自公布之日施行。

（《陕甘宁边区贷款暂行条例》，1949年春）

二、农业贷款

（一）发放农业贷款的重要性及其作用

甲、战时农贷的重要及其作用

1. 保卫边区、保卫延安的自卫战争，是长期的、大规模的、残酷的战争。支持这种自卫战争，主要的依靠是农民，农民的经济来源，主要的是农业生产及其副业。战时必须保持农业的生产力，使之不致大大的削弱，以支持保卫边区的长期自卫战争。

2. 十一月下旬,政府下动员令,宣布进入战争状态。今后,公粮公草增加,动员增加,劳动力减少,耕牛、农具损失、意外灾害加多,生产可能减退。

3. 明年边区政府继续贯彻发展农业生产的政策——其中心是保持粮食生产与增产棉花,在副业方面是发展纺织。具体实施为:(1)明春以前,在未经分配土地地区,以贯彻减租并采用土地公债办法,彻底实现"耕者有其田"。在经过分配土地的区域,进行土地整理登记,确定地权。(2)组织妇女老小少加生产。(3)劳武结合,在战争区域武装保卫春耕。(4)贯彻以往毛主席指示的政策,即:号召人民节衣缩食,储蓄物资,支持自卫战争。(1)减租减息。(2)保持已耕地。(3)推广植棉。(4)不违农时。(5)调剂劳力。(6)增加农贷。(7)提高技术。(8)实行累进税。

4. 今后在战争中仍须继续实现三年农业计划:即:

(1)增产粮食。(2)增产棉花。(3)发展价值较高的农作物。(4)开发山货,提倡副业。(5)兴修水利,改良土质。(6)植树护林,发展果木。(7)发展畜牧。(8)组织劳动力。

5. 为贯彻增加农贷的政策,总行已抽出一千两金子的资金,举办农村贷款。农贷可以帮助一部分缺乏耕牛、农具和粮食的农户,以恢复其生产或发展其生产。

为促进与帮助某种必须发展的农业(如植棉)、农村副业(如纺织),与在某些必须更多发展的地区(延安、延川)或恢复生产的地区(如子长)或受灾的地区给以农贷帮助尤为必要。

6. 今天的财力、人力都有限,还不能按照农户的需要来贷款,但有一点比没有总要好些,总有些调剂作用。明年是大打的一年,战时比平时更其需要农贷的帮助,以解决一部分农民的困难,支持其恢复生产力。

乙、明年农贷根据什么来发放?

A. 群众的迫切要求;

B. 政府的农业建设计划;

C. 银行"帮助发展生产,使券币下乡生根"的愿望。

1. 贷款应放给能提高现有耕地产量的,或某些荒地多的区域内有劳动力而缺乏耕牛、农具,或缺乏粮食接济的新旧移民及老户贫农,以及土地种得多而无钱雇人锄草的农家。

2. 贷款应放给灾区内有劳动力而缺粮食接济的贫农、中农,以恢复其生产。

3. 贷款部分的也可以贷给非灾区而给有劳力的务实农民,以扩大其再生产。

4. 贷款也可以部分的放给新解放区内合乎发展生产或救济贫苦农民而有重大影响的,以推行券币,并扩大其生产。

5. 农业建设计划中,规定了几项急需办的事业:

(1) 扩大植棉,维持全边区卅五万亩,在延长、延川、固林、富县、绥德、清涧、吴堡七县加强植棉工作的领导,在 A、延川扩大植棉田2%(达12%,一千二百亩)。B、富县1.6%(达8%加五千亩)。C、清涧2%(达到9%)在此三县可择其某些地区办理植棉贷款。其他也多少看能力放贷款,以帮助提高花的产量。

(2) 增产粮食。主要帮助能改进农作法者。次及移民垦殖地区,如南泥湾、金盆湾、清泉沟、傅川林移置七百户。可经建厅给以贷款。

(3) 对发展经济价值高的农作物有大大帮助的,如油、烟、线蔴、苜蓿、糖萝卜等也可贷些。

(4) 对发展副业有帮助的,如绥德、子长的养蜂。

(5) 对发展畜牧有帮助的,如三边养羊好的,防疫有效的。

(6) 对组织劳动力已有显著成绩的,如极好的变工扎工队。

6. 银行力所能及,有了干部,有了基础的地区,而适合于上列条件者。

(黄亚光:《在总行业务处农贷研究班讲话提纲》,1946年12月19日)

放委会之职责与任务:1. 贷款员(即主任委员)专办贷款事宜,唯放出时与其他委员商决,以避免孤立独断及某些可能之弊端,并加重各委员之职责,便于放款之收回。2. 放委会检查监督放款事宜,如放款对象、金额账目、现金外欠等经济审查。3. 吸收群众对贷款之意见,集会研究改进。4. 每两月召集例会一次,听取主任委员之报告,并检查工作,交换意见,布置下两月工作,如对放款对象、金额、利率等之确定。

(延安县乌阳区:《短期贷款初步总结》,1946年)

我们的银行要为生产服务,要为农民服务,负责调剂农村信用,亦即吸收社会游资,扶助生产发展。现在我们吸收社会游资大多尚未做到,完全依靠发行来作生产贷款,因此贷款数额便有一定限制,很难完全满足生产需要。所以除掉增加发行(为了发展生产增加发行,不致引起通货膨胀),尽可能地增加贷款数额以外,基本办法还在建立存放业务,吸收社会游资。由于物价不断上涨,存放利息不应太低,否则,无法吸收游资,没有存款也就无力增加放款。在物价的上涨中,即使利息提高一些,获得贷款的人还是有利可图,机械限制存放利息,是对借贷双方均不利的。

更重要的工作,是要建立农村金融机构。过去政府发放贷款,不但数额太少,而且办法过分机械,决不可能适合群众生产需要。现虽大多改由银行发放,但因银行无力普遍建立农村金融机构,仍不能与群众生产密切结合。晋冀鲁豫开始建立合作社的信用业务,银行贷款逐渐通过合作社来发放,这是一个新的发展方向。今后在合作社已普遍发展且已相当巩固的地区,应当开始建立信用业务,利用合作社来吸收农村游资,银行贷款通过合作社来发放。这样把银行与合作社也结合起来,灵活农村金融,使我农村经济更快繁荣起来。

(《华北财政经济会议综合报告》,1947年5月)

前言——提出问题的原因和根据

边区办理农贷虽在一九三六年、一九三八年也曾有过,但实际上均为一种爆款的性质。而比较大规模的正式农贷工作,是从一九四二年开始,直至现在,陆陆续续的有一些。但由于我们工作中发生偏差和不善于总结经验教训,致使我们犯了这种偏向后,反过来又要犯另外一种偏向,使农贷始终未能起到应有的作用。直到今天仍然还纠结于农贷工作怎样才能搞得好的问题,而这一工作,又应是今后农村经建工作中的重要工作之一。因而"今后农贷究应如何处理"? 就成为一个亟待解决的问题。为此,领导方面曾企图在此次麦籽贷款中吸取一些经验教训,但经研究认为要解决这个问题,单靠这一点是非常不够的,而必须研究过去几年来成功与失败的经验教训,且以之作为主要的材料,再加上这次麦籽贷款中的一些经验教训,然后得出今后的意见。当我们这样做了之后,认为今后农贷工作必须明确地解决下列诸问题:

1. 为什么要放农贷,亦即农贷的目的是什么?

过去数年来,都明确确定了发放农贷是为了发展生产,但在思想认识上、具体做法上却有两种偏向:

一种是过分强调生产(实际上是只强调生产条件),强调吸水游资(如没有部分或大部游资就得不到贷款的规定),强调保本(如折实贷款只按市价的九五折等),强调组织(如贷款只以生产互助小组为对象),强调是好的,手续过于麻烦等(如要写贷款申请书,经若干核准手续等)。因此,结果就使许多确实需要贷款的正当贫苦农民受到了许多限制,得不到或得到很少的贷款,实际上就妨碍了生产的发展。这种做法的根本原因,在于缺乏明确的群众观点,亦即没有阶级路线或没有掌握公私兼顾的原则,是不对的。这种做法,以一九四二年为代表。

另一种做法,是把贷款同放款救济粮款一样看待。他们毫无把农贷款保证用在生产上的具体组织工作,而只强调解决贫苦农民的困难,他们甚至说:"不应把生产和救济严格区分",他们的理论是:"我们的银行,就是人民的银行,因此,银行赔了钱,人民得了利是应该的"(实际上是拿全体人民的血汗津贴给少数人甚至部分不好的人)。他们毫不注意手续(有些地方借给了谁都不知道),只管放出,不管收回,放出贷款究竟做了什么,也不知道。其结果只是银行年年亏累,少数人得一笔意外的津贴。这种做法的根本原因,在于片面的近视的群众观点,也是不对的。这种做法,是在检讨了一九四二年的农贷工作以后所发生的。以一九四三年为代表,直至今天还深印在县以下的多数干部及边区级部分干部的脑海中,因而在今天还是主要的偏向,应该加以纠正。

正确的群众观点应该是:"最大多数人民的最大利益",因而今后的农贷目的应明确规定为:

(1)农贷是为了解决多数农民(包括移难民)在生产中(包括农业及副业),自己无力解决而又必须解决资金困难,以帮助边区农村经济得到迅速恢复和发展。

(2)农贷应成为政府组织和领导农副业生产重要而有力的工具。

(3)用农贷组织私人游资,领导农村借贷(目前农村几乎没有什么正当的借贷关系),推行农币(目前不少的农村几乎毫无农币)与合作社相结合,以调剂农村金融。

2.必须严格确定农贷用途。

为了使农贷真正用到农副业生产上,使农贷与救济不致混淆,对农贷用途的范围做了规定,只能用于生产资料方面(如耕牛、农具、籽种、肥料,水土保持,兴修水利的工资以及各种副业等),而绝不能用于生活资料方面(如吃粮穿衣等)、即使这种生活资料(如吃粮)是与生活资料方面(如吃粮穿衣等),与生产有直接关系的,亦应由政府组织群众互相调剂,私人互相借贷,及政府拨出部分粮款以解决,此种救济粮款,在某种条件下,可以不收回,并可在有条件时采用以工代表的方法,以收生产与救济之两效。但农贷则必须保本收回,甚至加利,只有如此,农贷才能川流不息的周转下去,以帮助更多的群众生产(只有在特殊情形下,如荒年,物价猛涨及借款人遭遇不幸时,才作为特殊问题处理)。历年的经验证明,凡放出贷款是用于生产资具者,借款人获利必大,如一九四二年延安县川口区二乡两河口村樊鸿业(原榆林人),借边币二千元,自己添了二千元,共四千元买牛一头,每年种秋田二十垧,麦地十垧,这个六十岁的老头,至今尤对公家感激不已地说:这牛就是他的宝贵财产,因为其他东西都让敌人抢光了(建厅王子瑞同志调查)。又如一九四七年春富县牛武区三行政村黄天寿等说:"给我们扎牛根据啦!我们要拿良心报答公家对咱的好处"。该处共有五户借农贷的人,当去收款时,都冒着大雨闹钱,不到半天工夫,就都送还了。反之则不仅对生产毫无帮助,即对其本人亦无甚好处,如同一个牛武区二乡三行政府吴万有借农币八万五千元,除买很少需用品外,就买了猪肉五斤,清油三斤,烧酒五斤大吃大喝了,甚至有买棺材放起来,或买烟叶抽掉者(见业务通讯二期牛旺林等),诸如此类现象,除了放时不慎重,放后未检查外,还有一个很重要的原因,就是当时贷款用途即所谓"一揽子贷款",这也正是一九四六年贷款中值得研究的一个问题。

(政府建设厅:《对于今后发放农贷的初步意见(草稿)》,1948年11月10日)

最近,晋西北行政公署对发放农业贷款出了一个指示。这个指示把过去贷款工作中的缺点、贷款的意义和用项、贷款的手续和做法都说得很清楚。现在分别写在下边:

过去贷款有三个大缺点。过去几年,政府发出农贷不少,也起了不少作用。但是,因为有些干部对贷款政策认识不清楚,产生了三个大缺点:1.贷款与救济不分。有很大一部分贷款作了单纯救济,对生产没起作用;2.贷款与组织生产脱节,形成为贷款而贷款,对于贷款户,起初没有帮助他用在生产上,其后又督促检查的不够,有些贷款就浪费了;3.只着重往出发贷款,没有看重往回收,甚至贷出去就不收了,使政府贷款的老本,年年亏累很大,不能使政府积累力量,更好地扶助群众生产,并且给一些人留下错误的认识,凡事都依靠公家救济,不靠自己解决。

贷款的意义和用项。今年的农业贷款,必须纠正过去的毛病。1.保证有计划、有重点的全部用在生产上,不能用作救济。各县做出计划,把贷款用在几个中心的生产事业上(如修水利、买牲口、种土产),反对无计划的分散和无计划的集中。贷款工作与组织生产结合起来。贷款发出以后,要经常督促检查,通过贷款把生产发动组织起来。再次,贷款用途是解决生产上的困难(如耕牛、种籽、肥料、水利工具等),不能用作生活费用(粮、布、油、盐等)。群众得到贷款后,还要帮助他买到生产上用的东西,各地可试验贷实物。2.全部贷款,必须有借有还,并且按实物计算,要保住原本,使公家积累贷款的本钱,能够帮助更多的人发展生产。不许浪费、贪污或挪用。3.把银行贷款和组织群众私人借贷结合起来。我们的利息政策是建立在便利发展生产的基础上,本着劳资两利的原则,由借贷双方自由约定。利息不计征公粮。贷款的对象,主要是积极生产而又缺乏资本的贫苦劳动人民,较富裕的劳动人民,如经营对发展生产有重大意义的事业(如修水利、繁殖牲畜、种土产),也可以贷给。在同等条件下,列属军属有贷款优先权。至于缺乏劳动力,生活非常贫苦,亟须帮助,将来又归还不起的人,不应贷给贷款,应用救济款救济。不生产的二流子,不论贷款与救济款,都不应给他。

贷款的手续和做法。今年的农业贷款,有四千六百六十六石小米,还有一部分收回来的旧贷款。这些款由银行根据政府贷款计划,负责经手贷出。没银行的县份,由生产推进社代办。贷款在群众中的组织与发放,主要由县区政府干部领导,依靠村人民代表会议进行。贷款较多的地区,区政府可指定一两个人,脱离其他工作,专门做贷款工作。凡请求贷款的人,首先报告自己贷款做什么用,贷多少款,经代表会议审查通过,由领导该村贷款工作的县区干部,代表银行批准,找妥保人,立好契约,借款人拿上契约,向银行(或推进社)借款取得现款,按当地当时普通市价折成小米,按米来计算本利。归还时,再按归还时当地普通市价,折成票子归还,或者还实物。贷款利息,是月利一分五厘。贷款期限,争取夏收后收回一部或全部,其余秋收后归还。契约上要写明归还期限,欢迎在约期内,分散早还。

(晋西北行政公署的指示:《怎样发放农业贷款》,1949年3月26日)

(二)农贷的方针、政策、原则和做法

银行在准备金中抽出一千两金子的资金来进行"农村贷款"。这与各分行

原定资金合并,其营业方向特规定于次:

(甲)扩大农村贷款

在检讨一九四二年与一九四三年及其以后的农贷之后,我们必须纠正过去的缺点,发展一九四六年总行业务处的一揽子农贷的长处,特规定于下:

1. 农贷对外名称改叫"银行贷款"。

2. 其目的为"帮助发展生产,使券币下乡生根"。

3. 银行的生产放款应做到:(1)放得下去。(2)能起作用。(3)收得回来。在物价继续上涨的条件下,这种生产放款,其实质是贴本放款。预计一千两金子作五年贴完。但尽量争取少贴,以便长期贷放。实物放出(如粮食棉花等),则预期不赔不赚,保持原有实力。

4. 发放原则,采取典型的普遍发放,即采取"地区上是典型的相对的分散,而资金的运用则是相对的集中,以能帮助解决问题为限度",例如延属分区只放一些县:每一个县只放一些区,每一区只放一些乡,资金不平均分配。做好一些地区,就立即总结经验,再求推广。

5. 放款路线,依靠群众,区乡负责。

银行应该与乡区政府相结合,放手发扬民主、依靠区乡干部去干,依靠群众监督。放款重心,依据今天情况来说:

(1)延属分区应注重农贷,延属东三县及一些主要植棉县区注意棉贷。

(2)绥德分区应注重纺织贷款。

(3)陇东分区应注重农贷,配以纺织贷款。

(4)三边分区应注重畜牧与小手工业贷款。

(5)关中分区应注重农贷。

6. 吸收延安、安塞和一些已放农贷地区的经验。

(1)必须相信区乡干部,依靠区乡忠实干部和参议员、劳动英雄等去搞,但主动权应保持于银行。

(2)银行必须经常检查,会计账目又须银行帮助建立。

(3)领导机关务须强调农贷的重要性与对区乡干部的教育。

(4)在乡村中务须公布贷款的总数目。

(5)放给群众的数目不能过大,例如延安一般的不超过廿万元。

(6)利息不能过高与过低。例如延安月利有时不少于七分。

(7)检查出不适合的贷款,务须收回另贷。

(8)放款必须适合农时,一般的春耕贷款在正月十五日以后到二月初,夏耕去青苗贷款则在古历五月后半月到六月初最为适合。

7. 放款对象,依据各分区的实际需要,自己选择。一般的(1)灾区可以放,以恢复生产。(2)非灾区也可以放,以扩大生产。(3)有基础的务实农民也可放,以扩大再生产。(4)新区也可以放,以推行券币,并扩大生产。

8. 农贷利息,比当地一般利息可低百分之六十。

9. 农村放款手续,力求简捷,账目力求清楚。

10. 农村放款可按分行人力与资力,有把握时即发放,无保证的可不必勉强。

11. 一般的农贷期限不能过长。但特殊的如移民,改良土质等贷款可以延长到一二年。此项特殊的政府倡导者,应以特别放款形式处理。分行不直接贷放。

(陕甘宁边区银行:《行长联席会议草案》,1946年10月)

这一材料是根据行长联席会议的决议,关于农贷问题的"组织路线"和"组织形式"的叙述,供下乡发放农贷同志做参考的。至于其他问题,如放款对象等,已有分行长联席会议的决议,《金融通讯》第三期登载的几篇总结以及今年一月乌阳区调查材料可做参考,故不再另述。

1. 怎样布置一个地区的农贷工作

经过县府,依靠区乡,群众讨论,银行领导。

A. 为什么"经过县府"? 因为我们发放农贷,不是按地区平分配,而是根据生产需要。那么,某一县哪些区比较更需要贷款,显然县府比我们清楚的多,因此要经过他们。但仅仅是经过他们告诉我们哪些区需要及其需要程度如何。

B. 为什么"依靠区乡"? 因为区乡(特别是乡)是政权的基层组织,他们直接与群众发生关系,他们熟悉群众,了解群众,群众也易于监督他们。因此,我们直接与他们发生关系,依靠他们,指导他们,经过他们把贷款转移到农民之手。

C. 为什么"群众讨论"? 刘少奇同志在修改党章的报告内教训我们:"我们的一切,依靠于、决定于人民群众的自学与自动,不仅依靠于群众的自觉与自动,我们将一事无成,费力不讨好。只要群众有了真正的自觉与真正的发动,又有了我们党的正确领导,我们党的一切伟大事业,都定要获得最后的胜利与成功。"(着重点是另加的)。因此,"群众讨论",就是在农贷工作上发动群众,启发群众的自觉,从而依靠群众的自觉与自动来达到我们发放农贷的目的。从而消灭我们工作中的官僚主义,包办代替,恩赐观点、私情观点、平均分配等脱离群众的工作方式。

D. 为什么"银行领导"? 因为农贷工作分工于银行办理。对农贷问题的研究和具体政策的制订是经过银行的。因此,除依靠区乡干部,除有了群众的自觉和发动外,还必须有"银行领导",方可保证正确的实施。因此,分行长联席会议的决议指出:"主动权应保持于银行",其意即在于此。

2. 怎样主持一个乡的农贷发放

宣传、讨论、评论、通过,由下而上、由上而下;一句话,从群众中来,到群众中去,这便是"依靠区乡""群众讨论""银行领导"三者相结合的规律。也就是"党的领导"与"群众的自觉"相结合的规律。

A. "宣传":利用时间,利用村民大会,向大家宣传:(1)公布分配到本乡的贷款总数。(2)告诉大家我们发放农贷的目的,哪几种人可以借,哪几种人不能借,实质上这是给第二步"群众讨论"时的思想做准备,启发他们的自觉。(3)告诉大家贷款的手续以及贷款本身的各种问题(如期限、利率、归还办法等)。(4)产生评议小组的人选。

B. "讨论":根据我们向群众宣传的贷款目的和办法,让大家广泛讨论,谁该借,谁不该借,谁该借多少,做什么用(如耕牛、农具、粮食、籽种等)? 干部耐心的倾听群众的意见,把讨论的结果记载下来,交到评议小组审议。

C. "评议":评议小组除有区乡干部参加外(银行人员来得及也应参加),此外由群众推选的公正人士或参议员、劳动英雄等组成。其任务即审查群众讨论的结果,修正群众中可能发生的某些"盲目性""片面性",慎重地研究,适当地决定,尽可能少修改群众的意见,然后再交由村民大会通过。

D. "通过":即由村民大会通过。评议小组审议后的贷款名单,评议小组向群众充分说明修改之点及其理由,如无异议即正式通过,如因个别对象,绝大多数群众反对评议小组的修改意见,而且有充分理由时,当接受群众的意见。

E. 经验证明,经过这一完整的过程,会在提高群众自觉的基础上,把贷款工作做得更接近合理,它既有"党的领导",又有"群众的自觉";既有集中指导下的民主,又有民主基础上的集中。

3.经过怎样的会计手续

综合单据、存查、收执。

以此达到,层层负责,手续简便,账目清楚。

A."综合单据":当贷款名单通过后,将原名单填于以行政村为单位的综合单据上(即印好的一大张),当借款人收到款项后,即在其名字下"押印"栏内盖一指印,使款项发放完毕,该综合单据即交乡政府保存,既作单据又做账。同时,又易于保存,这样群众与乡政府在手续上都较简捷而清楚。借户以压手指为凭,既合群众习惯,又较简易。同时对其印象也深。

B."存查":乡政府收到各行政村的"综合单据"后,将各行政村贷款数目填一"存查"单,交区政府存查。

C."收执":区政府依据各乡颠倒为之"存查"单,汇集填"收执"单据交银行。

D.银行根据区政府填来之"收执"单记账,备考栏注明共若干乡、若干户,以便统计。经过这层层负责的形式,使银行与借户联系起来,在银行账目上可表现出贷款总数、户数、区、乡数等,同时也易于检查,可根据这一"收执"一直追到借户本人。

(边区银行:《发放农贷参考》,1946年10月)

边区自胡匪侵扰后,百分之九十的区乡由于遭受烧杀抢掠,水灾冻灾荒灾,使不少群众没吃没穿,生产基础破坏很大,现我西北人民解放军大举反攻,敌匪南撤,大部地区次第光复,恢复生产和救济灾荒,已成为我全边区人民的紧急任务。

1.基本任务和方针

(1)任务:全边区人民组织起来,为战胜灾荒,重建家园,不让边区饿死一个人而奋斗。

(2)方针:依靠与发挥群众力量,组织起来,团结互助,生产自救,从生产与节约中解决问题,打下明年生产的基础。各级党政应以组织领导此项工作为目前紧急任务之一,扶助群众以组织运输为主,并配合各村冬季的副业生产,调剂供销,组织合作互助,配合土改,造成群众冬季生产的热潮,克服贫雇农等待土改。中农动摇,地主富农大吃大喝的倾向。同时,克服各级干部中从不积极组织群众生产节约备荒,消极的叫喊天旱、涝、霜、雹灾,仰望救济的等待心理,必须以组织群众生产自救为主,以重点的救济贷款为辅。

2. 如何发挥群众力量

（1）调剂:A. 发扬阶级友爱,实行互帮,渡过灾荒。B. 干部带头,影响群众。C. 奖励灾民移迁,实行地域间的调剂。

（2）节约:重新提出保存秕糠、瓜菜、枣、炒面等,并在农村中开展节约粮食运动,订立度荒计划。

（3）奖励农村各种合作,发展副业,如伙喂牲口,劳力资本和牲口合作搞运输等。

3. 政府救济和贷款

（1）数量及其分配。以2500万万元边币为扶助群众生产及救济群众贷款。具体分配如下:粮食救济（包括平粜）占45%,纺织（包括棉花、周转工具、贷款等）25%,解决耕牛牲口（贷款）20%,农具贷款10%。

（2）救济与贷款须有重点,有效果地发放（即受灾严重区域最困难的时候）,克服贷款只考虑能否收回,不着重解决问题的观点。

（3）救济与贷款不能解决根本问题,只能起救急的推动作用,因此应以普遍组织群众游资、劳力、蓄力、工具等合作,以壮大生产力量。

4. 如何组织群众冬季生产

（1）纺织　A. 组织农村小型纺织合作社、公营商店、贸易公司供给棉花,调剂土布。B. 工合办事处派干部至各地建立纺织工作据点。C. 解决纺车、织机困难及穷苦纺妇棉花借贷。

（2）运输。组织群众运盐运炭及贩粮运货等,并大量组织贫苦人民的担担手,以扶助其发展交换事业的目的,适当处理拾得的牲口,对群众牲口损失给予调剂或补偿。

（3）开办平粜,使群众搞副业挣钱后能买到粮食。

5. 工作步骤

（1）解决灾情严重区的粮食问题,安置移民,组织冬季纺织运输。

（2）筹划恢复明年生产。

（边区建设厅:《恢复生产与救济方案提纲》,1947年）

发放九十万万元生产贷款的决定已颁发,其领导和手续问题补充通知于下:

1. 各分区、各县贷款由专员、县长会同贸易局、公安局、民联、武委会、建设科等部门的负责人负责领导,共同计划,督促检查贷款的发放工作,随时纠正偏向,第一期春耕贷款结束之后,按级作出总结。

2. 各单位所交贷款物资统由各级贸易公司商店经手接收,根据政府之决定调剂分配(详细规定已发)。

3. 贷款对象和贷款数字确定之后,由发放干部开证明信到原贷款地点填写登记账单,领取贷款,自然村做完贷款,即将贷款账目公布。春耕结束之后,原账单送村公所保存,另照誊一份交县,县总结第一期贷款工作时,即按项目做出统计。

(晋绥边区行政公署:《关于贷款领导和手续的通知》,1947年1月12日)

由于安塞四区去年欠收,因此在今年锄草工作发动中,就碰到很多不易解决的困难。有的群众没粮吃,有的没钱买工具或支付工资,于是变扎工队也很难组成。银行知道这种情况后,即给该区贷出边洋一千万元。经过四种方式,贷放到如下七种人们的手中:一、扎工队;二、变工队;三、缺乏劳动力者;四、患病无法劳动者;五、没粮食吃者;六、没有生产工具者;七、转变了的二流子。有了好的主张,没有很好的工作方式,也常常会把好的主张弄成事与愿违的结果,据区上对于四种贷款方式的检讨,意见是这样的:

这一种方式,是由乡级干部一揽子会议上决定受款人名单及金额后,通知受款人直接到乡政府去领取贷款的数目。这种方式的主要弊病在于乡上对全乡群众的真实情况缺乏完全彻底的了解,因此在受款人的决定和金额分配上,容易发生偏差。如一行政村刘真旺,乡会上分配贷他三万元买锄头,事实上连刘自己也承认:"咱有锄头!"可移民奕秀旺真实没有锄头用,乡上并没有给他分配贷款,经村民提议把刘的三万元改贷给奕,而刘也很满意。另荣学村高玉章、高焕章患病多年,乡上决定贷了款;但高其福同样病魔缠身很久,乡上却没有给予分配,经村民提议,才贷给三万元,雇工把草锄干。因此这种方式是不妥当、不适宜的。六乡三行政村所用的是第二种方式,即由村级干部一揽子会上,照乡上分配来本村应贷放的款额,决定受款人的名单及金额,通知受款人到村长手上去领的方式。这种方式比第一种要好些,因他对全村具体情况的了解比较清楚,克服了分配偏差的毛病;但它又克服了"自然村长们总想多贷一些给本村的本位主义",以及某种程度、某种空隙下玩弄私情的毛病。如同崖窑村长姚彦章,却把该自然村的贷款带回去悄悄地一个人使了。三乡余乡长用的是彻头彻尾的个人负责办法,由乡长决定贷给谁,并贷给多少,而不经过任何会议的商讨。这种方式毛病最多,在其各种工作中,都有明显被事实证明是不好的。而余乡长这次所犯的是把钱都放给扎工队(这是第一位必要的),完全没有顾及其他群众的困难解决,如马家沟陈有法,因他哥病了,种地二十四垧,自己锄不开,雇人没钱开工资,召开村民会,民主讨论贷给谁和贷给多少的方式,事实证明是最好的方式。六乡二行政村官咀村,共有居户十二,劳动力十三,该村分来款额十五万元,经村民大会研究,决议贷给治安主任杨前五万元,因他一个人种地廿三垧,劳力少,误工多,今年又负责专门帮助二流子杨四转变,自己锄不开草,雇人又没有工钱开。村里组织的扎工队,推选王殿清当功德主,没现钱垫出三个外来队员的工钱预支,因此决定贷他十万元。李家圪自然村分得贷款五万元,本拟贷给刘万保组织扎工队,经村民大会讨论结果,认为刘不需用贷款也能够组织起来,于是通过贷予患病无力锄草的李丕旺,开了拉工锄草的工资。如此村民都满意,无怨言,困难也解决了,私情与打埋伏的事情都消灭了。

(边区银行:《安塞四区放款的四种方式》,1948年春)

根据以上检查,提出今后工作意见:

一、大力开展农村信贷工作,活泼(跃)农村金融,把农村各种资金组织起来,有计划地投于各种生产事业,帮助贫苦农民克服各种生产资金困难,扶持群众进行生产建设,为国家银行的基本任务之一。也是今天国家银行支持群众生产运动中的主要任务。

二、农村信贷工作的基本方针。

农村信贷工作,是农村生产运动的一个重要部分。信贷工作计划必须组织到全部生产建设计划中去,信贷工作必须组织到生产运动中去,建筑在群众生产基础之上,为群众生产服务。因此,信贷工作是随着群众生产运动的发展而发展的。组织农村资金,活泼(跃)农村金融,应从两方面着手:一方面是国家银行放款扶植;一方面是开展信用合作事业,组织群众资金互助。开展群众信用合作,组织资金互助,是农村金融工作的基本方向。但今天农村资金不足,信用合作事业的开展尚需一个发展过程,而贫苦农民,特别是新翻身农民,急需大量资金扶助。因此,国家银行发放大量生产贷款是必要的,在今天还是主要的。

1. 认真开展农村信用合作事业,帮助农民组织起来,实行资金互助,生产发家。

信用合作社是群众自己组织起来,互助互利,生产发家的资金互助组织,不是银行的下级机构,更不是银号钱铺。其任务是:把农村资金组织起来,扩大资金效能,帮助群众克服生产资具及其他急用款项困难,发家致富。其业务经营,必须走发动与组织群众生产发家的道路。其领导必须是真正民主的,要建立严格健全的民主管理制度。

信用合作是整个生产合作运动的一部分。根据今天农村经济特点,信用合作事业必须大胆踢开纯货币活动的束缚,信用业务必须与生产、运输、消费业务密切结合。因此,农村信用合作,应走混合业务合作社兼营的道路。这是指全村范围的较高级的信用社而言。除此以外,还可以根据群众历史习惯和当地具体情况,组织各种各样的比较低级的小型信用社。如以生产大队或生产互助组织为单位的小型信用互助社,劳力互助与资力互助相结合的小型合作社以及互助性质的合会等。

2. 国家银行发放大量生产贷款,帮助贫苦农民解决生产资具困难,扶持群众生产运动。

贷款工作必须走发动与组织群众生产发家的道路,在发动与组织群众生产中,解决贫苦农民生产资具困难。任何脱离生产技术的观点与救济观点都是错误的。

实行重点发放,反对平均分配。今年贷款有限,需要者多,平均分配则将减少贷款效能,甚至形成浪费。

为了充分发挥贷款作用,必须实行重点发放:①主要贷给有劳动力并积极从事生产的贫雇农(包括新中农)。同时,必须贷给有生产资具困难且生产积极的中农及手工业生产者。为鼓励群众组织起来,并更大地发挥贷款效能,在款少人多情况下,应适当照顾组织贫苦农民。②各地应根据具体情况,抓住生产中的主要困难,确定贷款的主要用途;但不应机械限制。③主要贷给已经转入生产运动的地区;对灾区、贫区更要多照顾。

为了有计划地发展整个解放区的经济建设,加强对敌经济斗争,可提倡某种特种作物(如蓝靛等);银行亦应发放特种作物贷款,以资鼓励。此种贷款应以生产条件为发放标准。在发展生产原则下照顾贫雇农和翻身农民。

根据农村经济特点及以农业为主、农副业结合贯串(穿)全年的生产政策。农副业贷款,一般不应机械划分,同时,应逐渐转变季节性的突击收放为常年的经常收放，收放结合，随收随放。至少要做到春贷冬收。

在合作社有基础的地方，银行贷款可经过合作社发放；把国家资本与合作资本、私人资本结合起来，统一运用，可以更加充分地发挥资金效能。同时，我们可以集中力量开展信用合作工作，从而保证贷款政策之贯彻。

3. 对于农村中私人借贷关系，应允许并鼓励其发展。

在有利群众生产的原则下，利息应由借贷双方自愿规定，我们不应限制。

三、关于农业副业贷款保本问题的两种意见：

由于物价上涨，货币贬值，加之银行"低利贷款"的方针，致赔累太大，虽年年增加贷款发行，但以实物计算，则是名增实减，使贷款远落后于群众生产的需要。解决这一问题的基本办法，当然是发展生产，平衡物价，巩固币值，但贷款的方针和做法也有很大关系。保本问题就是在这种情况下提出来的，在这一问题上有着两种不同的意见和做法。

第一种意见：主张应即确定保本方针，认为贷款应该保本，而且可能保本。其理由：1. 保持贷款，资金可以长期扶持生产。2. 减少贷款发行，有助稳定物价。3. 避免因少数人贷款得利，而增加大多数人的发行负担。4. 刺激和推动社会信用之发展，以弥补国家和合作信用之不足。这样做正是从群众长期利益和全体利益着想，国家既可保本，贷户又能得利，其口号为保赚保本。

其具体做法是：1. 贷款必须用于生产，发挥贫苦农民的剩余劳动力，增加财产，这是保本的基本关系。2. 实现的方法：贷款可以用贷现、贷实、贷款折实、投资订货、发原料收成品。它可以是实物的借贷关系，也可以是实物计算的货币关系，也可以是单纯货币的利息计算关系。在时间上也可以视生产者之具体情况可长可短。

实施这一方针之困难：主要是干部思想上的障碍，首先是银行的，地方的干部中长期浓厚的仁政观点，其次是我们缺乏经验，和目前机构不相适应。因此必须教育和打通干部思想，有步骤的在部分地区开始试办，使银行真正成为生产组织者。

另外是解决工商业贷款利率低和农业贷实无利还实利率高的矛盾，应提高前者而不是降低后者。

第二种意见是：公私兼顾——在群众生产有利原则下争取少赔本，逐渐达到不赔本——在目前情况下要求绝对保本，既不可能，且不合理。因为：

1. 计算贷款赔赚，应从发展国民经济着眼，不能单看银行本身赔赚；银行保本,必须首先建筑在国民经济发展的基础上。

2. 我们贷款的基本对象是贫苦翻身农民,帮助其解决生产资金困难,使其逐渐取得独立生产能力,进一步达到发家致富。但在目前金融波动、物价上涨的情况下,一般是农业生产利润较低,因此若强调保本,是否能够达到扶贫苦农民生产发家的目的,摆脱对贷款的依赖,是颇值得考虑的。假定全年物价上涨一倍,就等于月息八分四厘;物价上涨两倍就等于月息一角七分;物价上涨三倍就等于月息二角五分;农民生产得利是否有这样大?银行保了本,货方能否保本?是值得怀疑的。

3. 发行的负担极不合理,是没有阶级性的,贫苦农民一样要分担对发行的负担是不合理的。因此,用贷款赔贴一部分的办法,帮助贫苦农民发展生产,是目前解决这种负担不合理的最好办法,也是应该的。

4. 根据工商业利息高于农业利息的原则,若农贷利息提高到保本程度,城市工商业贷款利息应提得更高。这不仅是农贷利息高,群众难以接受不敢贷,即城市工商业利息过高,同样会打击正常的工商业发展,助长了投机。如去年冀中银行提到一角九分的利息,一般工商业者便不敢贷款,只有投机商敢贷。又据邯郸经验,城市银行号现行利息同样能够保本,如邯郸去年物价上涨一倍半,瑞华银行利息最高未超过八分,年底结账纯利三元。

5. 银行保本,不应单从农副业贷款上打算,应按银行金盘业务计算,以肥养瘦。

其具体做法,可按群众生产需要和不同条件分为贷款(适当提高利息)和贷实两种。根据过去经验,一切贷款通过实物发放是不可能的。其困难和坏处:①助长以物易物,打击本币信用。②实物集散之损耗,运输等开支很大。③容易形成资金积压,金融死滞,减弱贷款作用。④必须设办仓库增多人员。但也并非完全不能进行实物贷款,在某种条件下,贷户既不吃亏,银行又可保本。如吃粮、种籽、肥料(豆饼、麻饼)借花还布等均可借实还实。

这种做法的积极意义,是国家以较少的补贴促进贫苦农民生产能力较快的发展,只要生产发展,物价逐渐稳定,这种补贴即可随之减少、停止。

最后必须指出,国家贷款与私人借贷有原则上的不同。国家为了整体利益和长远利益可以进行赔本贷款,私人及合作社则不可能也不应该这样要求。私人借贷关系,必须在劳资两利原则下才能成立。私人借贷利息应由双方自愿订定,信用合作社借贷利息应由群众讨论规定。国家的低利无利赔本贷款,对私人的借贷发展并无好处,因国家贷款绝不可能完全满足社会的需要。

四、农村信贷工作的组织领导问题:

为使贷款进一步和组织群众生产相结合,使农副业贷款做到随收随放,川流不息,并确实组织群众信用合作,应依行政区划加强银行的组织机构、专门负责,除县以上按总分支三级设立外,县以下组织领导问题,有以下意见:

1. 组织机构

(1)合作社有基础的地方,县设支行,区不另设机构,但是支行业务员可增多,至少每区平均一个。

(2)合作社没基础的地方,区设银行借贷所,三至五人组成(交通方便地方三两区域设一所,不方便的地方一区设一所)。如进行实物放款则增设仓库,加多人员。村可设不脱离生产的业务员。

(3)县设支行、区、村设业务员。

(4)县区设立生产推进社、县社,由银行支行、实业科组成,负责信贷工作和生产建设组织指导事宜,不另设业务部,供销业务仍由商店负责。区分社由银行干部、合作干部和实业干部组成。

对以上四种组织形式,有着三种不同的意见和主张,第一种意见:主张根据不同情况,采用前三种形式,好处是事有专责,认为后一种形式领导关系不统一,实际工作执行困难、考虑问题容易偏废,顾此失彼。

第二种意见,主张采用后一种形式,好处是工作结合密切,适合农村生产分工不严,一揽子的领导特点。认为前三种形式容易孤立,工作结合不密切,且浪费人员和开支。

第三种意见:主张三种形式因地制宜,都可采用,各自试办创造。

2. 领导关系

(1)县党政领导应在上级行统一方针政策下,既监督和保证完成信贷工作任务。贷款资金经党政统一决定分配后,应交银行掌管,党政领导不应干涉,更不能随意挪用。

(2)党政召开有关生产会议,银行干部必须参加。信贷工作计划,必须列入生产计划中去,同时,检查信贷工作应是检查生产的主要内容之一。信贷工作是每个生产组织者的任务,银行干部必须懂得生产运动,在一元化领导下参加生产运动,从发动与组织群众生产中来开展信贷工作,并专责集中整理信贷工作经验。党政负责同志则应认真帮助与指导银行同志总结信贷工作经验。关于信贷工作的总结报告、情况反映,除向上级银行报告外,必须向同级负责人报告。

(华北财委:《农村信贷工作问题》,1948年4月27日)

1. 农贷应该放在那些地区

经验证明,农贷只有重点的发放,才能起更大的作用,那么边区哪些地区应为重点呢?①延属分区,其特点:A.胡灾天灾最为严重;B.移难民多;C.地区人少;D.战争负担很重。②绥德分区,其特点:A.人多地少,产量又少;B.副业发达;C.去年战争负担及灾情均甚重。

上述两区无疑义的应成为农贷的重点地区(自然在该两区又应分别轻重)。三边、关中、陇东、黄龙则应酌情发放部分。

2. 农贷要解决什么问题

目前甚至以后一个时期内,根据我们的力量,农贷只能按照各该地不同的条件,解决那里最迫切、最主要(即对生产最有意义)的问题,如延属分区主要的应该是解决耕牛问题和部分农具问题,因为那里的条件是"不患无地可耕,只患无力去耕"。延属分区耕牛损失平均36%,延安县则平均48.63%,其次则是部分尚无喂牛条件的需帮助农具的移难民。绥德分区则主要的应该是帮助提高产量的问题,如水利贷款等,其次则应该是充分利用人力的副业贷款。

3. 农贷放给什么人

边区经过土改、战争与灾荒,故农贷的对象应该是一切积极生产的劳动农民。乡村中一切人民,不论其阶级成分如何,只要进行生产,都有获得贷款的同等权利,如贫农、中农、手工业工人和经过土改真正转入劳动的地富等。至于贷款数量的多少和得到的先后,利息之高低,应根据生产者的困难与需要决定。

4. 农贷怎样才能放得好,收得起

(1)贷款必须与组织领导生产相结合,其结合的方法:

A. 直接领导生产工作的党政机关(专署、县、乡),必须把农贷作为领导与组织农村生产重要而有力的工具,层层负责,不仅管放出,而尤其重要的是保证贷款的正当用途及将来收回。

B. 直接主管贷款的机关,则必须直接参加到组织与领导生产的工作中去,要具体的了解贷款与生产的关系以及所发生的问题。

C. 贷款必须不违农时,如耕牛贷款最好能于旧历年前完全放下去,过早易于转移用途,过迟则会妨碍生产,此次麦籽贷款如能早半个月就更好。

D. 贷款不仅要在贷出时有详细而慎重的调查研究,而同样重要的是放出后,必须进行认真的检查,比如说,某人借麦子要增种麦地五垧,某人借款要买一把镢头或一头耕牛,那你就必须在放出后进行检查,看他是否按照预定计划做了,或放的是否合适。此次志丹放出麦籽后的复查,就发现了不少问题。

最近延安的蟠龙、青化砭、川口等区麦籽贷款比较顺利,且较有把握地种在地里,主要原因就是:子、政府事先已有动员,群众已经翻过很多麦地;丑、贷款期间,主要的力量放在宣传(集市及农村)及动员群众增种麦地上;寅、群众的生产情绪非常高涨;卯、党政比较重视这个工作,特别是建厅与专署,并派了较强的干部;辰、组织了农贷小组,负责"保种""保收",因而才能在为时太晚的情况下,仅在蟠龙、青化砭、牡丹等区的八个乡,增种麦地1130.5垧,川口区四个乡增种1193垧,较去年增加两倍。

(2)贷款必须走群众路线

贷款方法须走群众路线的问题,本来在历年的贷款中已经证明为必要,特别是一九四六年已经明确指出"民主讨论"。但此次麦籽贷款的方法,基本上仍有两种类型:

一种是经过详细地调查研究——个别地调查与会议地调查,其方法:A. 逐户调查,从旁调查;B. 找三五个较公正的务实农民调查;C. 会议上互相讨论,领导上须熟悉与掌握充分材料。决定贷款的方式:子、自报公议,领导决定;丑、民主讨论(本人先不讲,由大家讨论),领导决定。经研究结果,认为第一种方式较合宜,领导决定的意义主要的是照顾需要与可能的统一,以及各村标准是否一致等。

另一种做法则是:既不调查,也不研究,由县到区,层层分配,平均分配,此种做法以延川县最典型,志丹、安塞等县均有类似的情形。此种做法的另一面则是迁就群众的意见,放弃自己的领导,如延安牡丹一乡,有些群众本可不借,自己也能或已经解决了问题,但仍借给了。

研究的结果,认为前一种做法是好的,比较公平合理,更能发挥贷款的作用。后种做法则易于产生平均分配、救济、耍私情等流弊。

(3)农贷必须与私人效力相结合

农贷与私人效力相比较,其力量是极端有限的,而两者有不同,农贷比较集中,私人效力则分散零碎,因而两者必须互相结合、互相利用,始能发挥更大的力量。一九四二年农贷提出吸收游资,有其对的一面,而错误仅在于机械地规定了游资为贷款的先决条件,但一九四二年后的农贷不再吸收游资,也是一种偏向,因而,今后农贷必须重视组织私人资力,其方法:A.针对土改后农民群众在借贷问题上的顾虑,加以宣传解释,并用许多具体办法调剂、借贷。B.在进行贷款时,可采用民主算账、互助研究的方法,如某人要求借麦籽二斗,那就应看他在去年种麦多少、收多少,他的开支及其他方面的收入,今年种麦多少,然后看他应否借,他自己能解决多少,再向公家借多少。最近的麦籽贷款中,青化砭、蟠龙、志丹等地均采用了这种办法,收效很大。

但是,以上两种办法,都必须在民主与群众路线的基础上实行,如果稍加强迫命令或硬性的规定,弊病即会发生。

(4)贷款手续必须简单清楚

贷款必须注意的手续:①借款人必须填写借据,借据必须按照规定项目填写得清清楚楚,然后由借款人亲自加盖手印。②各行政村、乡、区、县政府必须留存借款户花名册,以便负责检查及收回。③借据应交直接负责收款的机构保存。

借据格式应力求简单明了,既当借据又当账簿,最近麦籽贷款的借据格式尚较合适,唯普遍反映幅面太小,不易填写,今后印时应加以注意。

借据填好后,主持贷款者,必须认真审查,如填写不妥和错误的地方,立即改正,并必须使贷款人及同组的人记住某人借多少,何时归还,以示慎重。

5. 贷款也要做宣传教育工作

其内容:①贷款一定要用于生产方面;②农贷与救济不同,务必使借款人了解有借有还乃是天经地义的道理;③借款人应遵守之条件,务本"先小人,后君子"之意,讲得清清楚楚,如应遵守之条件而不愿遵守时,干脆不要借给。

6. 借款户必须组织起来

一九四二年也曾有过一种组织,叫作生产互助小组,那种小组是一种合作社的性质,是一种长期的组织。贷款即以此种组织为对象,显然太为狭隘,并带勉强性。在目前条件下,普遍实行比较困难,作为个别的试验则可以。

最近蟠龙、青化砭、川口等区所采用的是另外一种组织形式,它是一种由若干借款户(以自然村为单位)在借款期间的一种临时组织,它是一种连环性的"保种""保收"的组织,它不同于消极的"保人"办法,它的积极意义就在于以群众的力量"保种""保收",而不是单单依靠政府的力量。这种制度不仅仅是私人与公家的信用关系,而且也形成了一种私人与私人的信用关系。同时参加此种组织的人,并不怕这种连环责任,而且认为这种组织很好,当问到他们是否怕受连累时,他们说:"怕什么呢？谁如果不种地就不借给他,如果种上了,人走了地走不了。"这正是说:只要用在生产上就没有问题。此种组织既简便,又能解决问题,应普遍采用。

7. 贷款应同时解决有关的困难问题

为了更能保证贷款真正用于生产,就应同时解决有关的困难问题,比如目前耕牛被战争严重破坏以后的情况,就必须解决牛源问题,使牛源(西地区三边及蒙地)与需牛(驴)户(全边区但重点在延属与绥属)相适应,因此,于发放耕牛贷款的同时,即须组织合作社及可能组织的群众到牛多的地方贩运,使购牛(驴)者有牛购买,但其与合作社及贩牛群众之关系,则以买卖性质处理,公平合理,愿要拿上,不愿要可到他处去买。

8. 实物贷款与折实的问题

在目前情况下,边区农贷可分为季节性与经常性两种,前者多用于农业,如耕牛、农具、水利等,其时间较长,借、还都有季节性,可用实物贷款或折实贷款的办法;而后者则多用于副业上,其时间较短,最好能够做到随借随还,可用借钱还钱的办法,按照不同情况,规定适当利息以保还。

在实物贷款与折实贷款方面,有以下几个具体问题:

(1)利息:目前农村利息以实物计,较高者50%,公道者20%—30%(春借秋还),我们则以不超过年息15%—20%为原则。

(2)折价问题:一九四二年农贷曾遭受群众不满的原因之一是农贷折实,贷出价钱按九五折,即群众当时就吃5%的亏,这与公私兼顾的原则是不大符合的。同时,为了调剂农村金融,使农币下乡,就有必要在农贷工作上加以配合,而目前不少农村,本币几乎绝迹,即如蟠龙那样的集市,亦概以麦子为交易本位。为此,在贷款折实的问题上,不妨有意识地让出少许利润给贷款户,即贷出时以最高市价为准,收回时以中等市价为准,这样既可促使群众多用本币,又可减少大公收受实物的麻烦及损失。

(3)较短期的副业贷款,则以本币借贷为宜,利息可根据当时情况规定,一般以社会普通利息的百分之六十为宜。

9. 收贷机构及干部问题

边区农贷的机构,曾经几度变更。一九四二年贷收,几乎全由银行负责,其最大缺点为:(1)不熟悉下层情况;(2)与生产脱节;(3)干部问题不能解决;(4)开支庞大。一九四三年完全由政府负责,毛病亦很多:A.救济恩赐,平均分配。B.马马虎虎,不负责任,不少地方把农贷当欠款扣除,当公粮扣除,并挪用于机关生产,由县到乡上行下效。一九四四年部分地区试行经过合作社发放,亦很糟糕,由于当时业务方针与干部思想上存在着严重问题,结果大部分让合作社挪做了生意。一九四六年经过县府,依靠区乡,群众讨论,银行领导的办法较好,但仍不够完善,主要缺点在于这样做还不能把农贷当成党政的一个重要工作。今后怎样办呢?

甲、在机构方面

A. 贷款必须有专管机构负责,最好能设农贷局,隶属建设厅,以与整个农村经济密切配合。在目前情况下,银行负责亦可,但银行必须重视这一工作,把农贷作为银行重要业务。为了保证不至成为口头上的重视,必须划拨固定的资金,并设专人负责。

B. 边区、县、乡三级应设农贷委员会(分区由财委分会负责,区由区长、区委书记负责)。农贷委员会应为决定农贷问题的权力机关,它所决定的问题,贷款主管机关应毫无保留的执行。组成分子:边区由财委、建厅、银行、贸易公司组成;县由县长、四科长、农会、银行、贸易公司、县联社组成;乡由乡长、乡农会、各行政村民选一人组成。各自然村借款人在三户以上,十户以下者,可成立贷款小组一个,民主选举组长一至二人,三户以下者,可由村长负责。

C. 下级农贷委员会,得坚决执行上级委员会的决议,且一切措施,均不得与上级指示相矛盾。

D. 尽可能地把已经改造了的合作社吸收到农贷工作中来,且应规定农副业贷款应为此等合作社的重要业务之一。贷款主管机关应让出适当利润给合作社,并继续改造合作社,以期将来县以下的农村金融工作完全由合作社负责。

E. 在目前情况下,某些据点可以试行生产推进社的办法,在蟠龙等贸易公司与合作社即可合在一起,业务仍旧保持,既可节省人力,配合尤较密切。其任务应严格规定为:子、配合并组织农村一切农副业生产;丑、供给生产原料,推销农产品;寅、吸收农村游资,进行农副业贷款,以调剂农村金融。在不妨害以上三项业务的原则下,可兼营农村必需品的消费合作业务。

乙、关于干部问题

A. 贷款主管机关,必须掌握一批业务水平较强的农贷干部,以了解、检查、研究、改进农贷工作。经验证明,一个区没有这样一个干部,工作是无法做好的。最近的麦籽贷款更加证明,哪里有上边的人参加,哪里就搞得好一点;反之,则绝大部分搞得不好,甚至有很糟糕的。虽然也有个别较好的,如志丹县联社主任,但可惜为数太少。干部质量虽不可能要求像一九四二年农贷办事处那样高的水平,但亦需有相当条件者:子、具有相当文化程度;丑、能发现问题,并正确对待问题;寅、具有实际工作经验,并能与党政干部合作。

B. 县区乡必须挑选较强干部参加并经常负责这一工作,因为农贷工作即是生产工作的一部分。

C. 所有参加农贷工作的人,最好加以短期训练,并经常地给以适当的教育。如编一些简明易懂的农贷工作者须知之类的小册子,使其首先对农贷工作及方针有一个正确的认识。

D. 在目前情况下,边区农贷尚不可能普遍做到随收随贷。因而可按贷款性质的不同,分为季节性与经常性两种。季节性的可由边区、分区组织银行、贸易公司、建设厅、专署、工合办事处、分区联社等协同收贷,既可解决干部不足的问题,又可与各有关部门的工作直接配合。但这些人在下去之前,亦须经过认真研究讨论,并在思想上取得一致。最近的麦籽贷款,由于时间仓促,没有来得及这样做,是一大缺点。

E. 在合作社、贸易公司、银行做得较好的地区,某些试办生产推进社的地区,则应尽可能地做到随收随放,因为这是最适合群众要求的,因而也就应为今年努力的方向。

经验一再证明,收贷机构与干部问题,对农贷工作好坏,有头等重要的意义,因而必须予以适当的解决。

(边府建设厅:《对于今后发放农贷的初步意见(草稿)》,1948年11月10日)

关于本年度生产贷款的方针和任务:亚光同志强调,今后生产贷款,应在扶助翻身农民,发展生产的任务下和公私兼顾的原则下进行工作,必须保证做到有借有还。他着重指出:"农贷及农副业贷款的目的,是为了解决农民在生产中必须解决而无力解决的生产资料的困难,帮助政府使整个农村经济建设计划的完成及通过贷款把更多的私人资力组织到生产中去。"因此,贷款政策就必须是整个生产政策的一部分。关于主持办理农贷的机构问题,指出专门机关办理农贷是正确执行贷款政策的主要保证之一。今后确定农贷业务统归中国人民银行西北区行主持办理，各级党、政、机关、工合据点，合作社等有关部门，应在当地财委分会统一领导下，在贷款工作上给予有力地配合和帮助。没有银行的地区，由银行委托可靠的合作社、工合据点，或特定的区乡政府所设脱离生产的专人办理。所谓银行主持办理的具体解释是：1. 贷款政策及业务的掌握和指导；2. 贷款工作的检查和总结；3. 调查研究及解决贷款工作中所发生的问题；4. 贷款利率及手续、制度的制订等。

至此，亚光同志着重指出：今后配发贷款工作，必须与组织生产相结合。同时，党政机关必须重视贷款发放后，立即进行贷款使用的检查，应坚决反对平均分配。发放时，可采用"自报公议"或"互报互议"等民主方式决定贷户。在土改后的区域，贷户对象主要是劳动农民，如贫农、中农、手工业工人；但这些必须首先照顾需要迫切扶助生产的农民和组织起来的变工队、生产互助组等。未经土改的地域，农业贷款的对象是真正发展农业生产的贫雇农及中农。今后贷款工作，应由过去行政化的突击任务改进到企业化的合理途径——通过经济核算、科学管理等办法，在"公私兼顾"的方针下，从"发展生产、繁荣经济"中，求得自身的发展，而绝不是单纯的营利观点。它的内容至少包括：1. 通过各种具体办法，实现正确的农贷政策；2. 建立必要的科学制度，加速资金的周转；3. 正确计算损益，建立适合农贷要求的会计制度；4. 健全组织机构。

（群众日报：《发挥国家资本的领导作用》，黄亚光同志在财经会上报告生产贷款问题，1949年3月14日）

今后如何办理农贷

根据陕甘宁及各兄弟解放区过去农贷工作中的经验教训，阐明以下几个问题，是办好农贷的先决条件。

一、贷款的目的是什么？

农贷及农副业贷款，是为了促进农村经济更快地恢复和发展，具体说来他是为了：

1. 解决劳动农民在生产中必须解决而无力解决的资具困难。
2. 帮助政府整个农村经建计划的完成。
3. 通过它把更多的私人资力组织到生产中去。

因而它的政策，就应该而且必须是整个生产政策的一部分。

二、贷款工作由谁来主持

经验证明，有专门机关主持办理农贷是正确执行贷款政策的主要保证之一，陕甘宁具体经验是：由银行主持，党政及其他有关部门配合，比较适宜，为此确定：

1. 农贷由银行主持办理。

2. 各级党政、贸易公司、工合据点、生产推进社、合作社等有关部门，应在财委分会统一领导下，在贷款工作上给予有力配合和帮助。

在银行机构十分不健全，人力非常薄弱的今天，贷款具体工作完全由银行去做是不可能的，所谓银行主持办理的具体解释是：

①贷款政策及业务的掌握与指导。

②贷款的检查及总结。

③调查研究及解决贷款中所发生的问题。

④贷款利率及手续制度的制订（定）等。

其他如组织生产，了解对象，具体发放，监督用途，督促收回等等，则主要应依靠区乡党政干部，好的合作社、工合据点及生产推进社等负主要责任。

各分支行在现有基础上，必须配备一定数量能力较强的干部，专做信贷工作（信用工作及农贷），此种干部不应随便抽调，并逐渐做到贷款县设立一个专门的信贷机构。

三、贷款中应注意的几个问题

1. 有重点的使用贷款，这是为了解决需要与可能的矛盾。因为我们可以用在农业及农副业方面的贷款是有一定限度的，是不可能满足所有的需要的，因此我们就必须根据以下几方面，按照其轻重缓急，把有限的贷款重点使用在能发挥其最大作用的地方：

①解决什么样的需要。今天，许多农民生产资料与生活资料均甚困难，我们不可能同时解决两方面的需要，而只能以解决生产资料的方法，帮助其致力于生产，从增加收入中解决其生活中的困难，在解决生产资料上，应力求解决其最低限度的需要，而不要过于分散，导致谁的问题也不能解决。

②发展什么样的生产。农贷及农副业贷款，既是整个组织生产政策的一部分，它就必须遵照政府既定的农村经建计划来厘定贷款的用途分配等，根据我们的力量，把它用到各该地最重要与最需要的生产上去，而不是笼统的、盲目的所谓发展生产。

③贷到什么样的地区。这应在整个经建计划下,根据生产条件的优劣,群众的需要程度以及主观组织力量的强弱来确定,亦即贷到生产条件较好,群众迫切需要,或者主观组织力量,可以把贷款组织到生产上去的地区。

④贷给什么样的人。经过土改的地区,他是一切积极从事生产的农民,均有获得贷款的权利,如贫农、中农、手工业工人以及战争中受害很大或在土改中被清算而真正转入劳动的地富等。唯在上述阶层中,又应首先照顾需要迫切者与组织起来的农民,如生产互助组、变工队等;未经土改的地区,应贷给务实的贫雇农及中农,地富则不贷给。唯对政府特外提倡的生产事业,则主要应看生产效果的大小,而不应机械遵照以上标准执行。这种必须强调,不管新区、老区,均应把贷款真正用于生产事业,作为贷款的先决条件。一切尚未转变的二流子概不贷给。

2.坚持有借有还的原则,反对把贷款当做救济款的观点,在企业化的方针下,经营农贷。

①恩赐救济观点直到现在依然严重地存在着,这可以从清理旧农贷的迟缓得到证明。因而必须从上而下地使干部思想上把这一观点联系实际进行深刻的检讨,并给他们教育。对于过去所放农贷,必须坚决遵照边属去年十二月三十一日力字第十六号的指示,继续清理,今后则必须做到有借有还。

②为什么说恩赐救济观点是错误的?因为:

甲、会削弱国家力量,使国家资本无法在全部经济中起领导作用。

乙、不能使有限的资金不断地周转下去,以帮助更多的群众。而得到贷款的群众,也还只能求得一日饱,不能解决千日饥。

丙、有碍农村信用合作及私人借贷关系的开展。

丁、不利于把生产贷款真正用于生产事业,且易产生下层干部(部分的)预借,要私情等流弊。

戊、某些必要的救济,应由政府单号拨款,农贷无此任务。

③企业化的意义及其内容。企业化是为了用经济核算科学管理的办法,在"公私兼顾"的方针下,从"发展生产、繁荣经济"中,求得自身的发展,而绝不是单纯的"保本""营利"观点,因而其内容至少包括:

甲、通过各种具体办法,实现正确的农贷政策。

乙、建立必要的科学制度,加速资金的周转。

丙、正确计算损益,建立适合农贷要求的会计制度。

丁、健全组织机构,加强干部配备。

3."实物借贷""贷款折实"和利率问题。

在物价还不可能完全稳定的条件下,为了具体执行"公私兼顾"与企业化的原则,贷款中可以而且也必须采取"实物借贷""贷款折实"与提高利率等办法,具体讲来:

①季节性的农业贷款,一般的时间较长,利率较难掌握,因而可根据贷款用途的不同,采取"实物借贷"(如种籽等)或"折实贷款"(如耕牛农具等),折实标准物,可根据各地不同情况定为米、麦或一定标准的老布。

②经常性的农副业贷款,一般的时间较短,利率较易掌握,因而可根据实际情况,制定适当的利率"贷款收款",自然也可以贷实收实,如贷花收布。

③订定利率的几个原则

甲、一般来说,农业贷款的利率应略低于农副业贷款,短期的贷款利率应略低于长期贷款。

乙、不超过各该生产的平均利润率与贷款区的农村自然利率。

丙、金融物价的变动情况。

(4)今年的贷款利率

甲、"实物借贷"与"折实贷款"暂定为月息十至十五(分)。

乙、本币借贷率,各地可根据上述原则,酌量订定(不能与农村自然利率相差太多)。

4.贷款期限一般应根据加速资金周转与农民实际困难两方面来确定。

①农业贷款一般的应以农业季节为限,到期无特殊原因者不得转期。

②农副业贷款期限愈短愈好,一般不应超过三个月,争取全部资金全年周转一次。

5.手续应该严格、简单、清楚。

①借款人必须按照借据格式详细填写,为适应农村习惯,可以亲按手印。

②各乡政府必须留存贷户花名册,以使负责检查与督促收回。

③借据归银行及其委托机关保存。

④银行及其代理机关,应按照区行所发账册,详细记载。

6.贷款必须与组织生产领导相结合。

①宣传政策很重要。必须使新区干部和群众真正了解,只有发展生产,才是真正的群众观点和最多人民的最大利益。要坚决反对"穷比富好"的错误观

念,要鼓励"起鸡叫,睡半夜"和掀起"生产发家、劳动致富"的生产热潮。

②直接领导的党政机关,必须重视贷款工作,必须层层负责,不仅管放出,而尤其重要的是保证贷款的正当用途及收回贷款,把贷款作为整个生产工作的一部分。

③银行及其代理机关(如生产推进社等)则必须直接参加到组织领导生产的工作中去,具体了解贷款与生产的关系及所发生的问题。

④贷款放出后,立即进行贷款用途的检查。

7. 贷款要走群众路线。

①贷款前须经正面、侧面、干部开会等方式,进行详细调查了解,掌握必要的材料,加以认真研究。

②耐心地向群众说明贷款的意义,什么人可以给贷以及贷户必须遵守的条件等等。

③根据各地群众不同的觉悟程度,分别采用"自报公议"或"互报互议"等民主方式决定贷户,但均需有领导的进行,且会议不宜太多,以免耽误群众生产。

④把贷款户组织起来,即贷户以自然村为单位,组织成小组,按照人数多少不同(三户以下者即由村长负责,不另组织),在贷户中由民主选举组长一至二人。这是贷户在贷款期间的一种临时组织,是一种连环性的"保证生产、保证归还"的组织,它的积极意义是,使每个贷户在私人与公家的信用关系外,又增加了几个私人间的信用关系,因而就有可能造成一种群众性的互相监督。

8. 解决有关困难问题

为了更便于群众将贷款用到生产上去,就应同时解决有关的困难问题,如贷款区缺少贷款资具(耕牛、纺车、农具等),群众难以买到或要吃很大的亏才能买到,即应设法解决,最好的办法是组织供销合作社担负这个任务。但今天则主要依靠各地贸易公司,好的合作社及组织可能组织群众的贩运。在贷放方法上,可用"折实贷款",也可用买卖的办法,由群众自由选择,不加丝毫强制。

9. 不违农时,这是很重要的,过期容易转移用途,过期会妨害群众生产或同样转移用途,因而贷款必须恰合时宜。

四、几个发展和努力的方向

我们的农贷工作,是应该向前发展的,不是也不能是永远停留在现阶段上。因此,我们就必须从现实出发,同时看到一个发展的方向,在实际工作中有分别地、有步骤地，朝着这个方向努力。

1. 通过农贷，组织私人资力。农贷与私人资力相较，其力量有限，唯农贷比较集中，私人资力则分散零碎，因而两者必须互相结合，互相利用，始能发挥更大的力量，故在进行农贷工作时，必须十分重视组织私人资力，使群众把可能的资力完全投到生产中去。

2. 从季节性地发放走向经常性地发放。农民最希望的是："随借随还"和"整借零还"，这样不仅便利于农民群众，而且可以加速贷款资金的周转，以便使贷款起较大的作用，因此凡是主观力量可能这样做的地区，都应当这样做，目前尚不可能这样做的地区，则应有意识的向这个方向努力。

3. 组织领导群众性的信用合作，这应从以下几方面着手。

①订定与掌握适当的利息政策，针对群众的心理，用各种具体办法，打消群众顾虑，以便开展群众性的借贷关系。

②大力帮助与领导农村信用合作运动，开展农村信用业务，不仅永远只借款给农民，还要做到能够吸收农民的存款，以农村的闲余资金，通过银行或信用合作社来解决农村资金的需要。

4. 从个人为主要贷款对象逐渐走向以组织起来的集体农民为贷款主要对象，这一点虽然尚需经过一个时期，需要具备一定的条件，但这个方向必须确定。因为农民们得到了土地，不等于就可以彻底解放。假如听其自流，富农经济就会发展，资本主义的危险，也并非完全没有可能。因而我们现在就应该有意识、有步骤地把散漫的小生产者逐渐养成合作互助的习惯，准备将来集体化的有利条件。

（边区银行：《农贷问题》，1949 年 3 月）

银行一切业务，应当为生产服务，并要与生产工作密切结合起来，因此，银行须依扶助发展生产之任务与公私兼顾原则办理贷款事，并须保证贷款做到有借有还。换言之，今年应以"公私两利"扶助发展生产为总方针。

一九四九年必须根据政府整个经建计划，在生产贷款上贯彻工农并重、先公后私，及在一切业务活动上以企业化的经营方法贯彻公私两利的原则。

农贷工作又是今年贷款中的唯一中心工作，必须以大力办好农贷，以推进生产的恢复与发展。其具体原则，西北局财委批准如下：

今春农贷资金为新币四千二百万元，由银行资金内拨付。

分配于晋南的 1800 万左右。

晋绥的 1400 万左右。

陕甘宁的 1000 万左右,除原旧贷外,新拨 550 万元(合农币 110 亿元)。

河西又分配于绥德 200 万元,延属 200 万元,关中 50 万元,榆林 50 万元,黄龙 50 万元,陇东三边不另拨,在由贷款内收回再贷。

此项贷款,主要集中使用于农业,少数用于农副业或手工业,在春耕前后,有计划地依据财委会指示的原则办理。

这些原则是:

1. 贷款要集中于某些地区某些事业发放,不能平均分配。

2. 贷款由银行主持办理。无银行地区,由银行委托可靠的合作社、工合据点、生产推进社,或特定的区乡政府设脱离生产的专人办理。

3. 贷款对象为真正发展农业生产者。

在土改后的区域主要放给劳动农民。

在未进行过土改区域,则主要贷给真正发展农业生产的贫雇农、部分中农与手工业工人,对地方富农不贷。对劳动互助的合作组织,则均可贷放。

4. 以贷给生产资料或以解决生产资料为主,例如耕牛、农具、籽种、肥料、小型水利及生产组织需要的生产工具。

5. 利息,以不超过并略低于一般自然的市场利息为标准。为求公私兼顾,可以贷款折实或试办实物贷款。

6. 期限。以一个季节为限,产麦区可以春贷夏收,产米区可以春贷秋收。

主观力量能办的话,可以随借随还或整借另还。

7. 贷款保证人,农会或可靠的农民,工作人员不准担保。保证人要保证用途正确,按期偿还。

8. 资金周转率全年争取一次半以上,能达到二次则更好。

9. 贷款保证有借有还,不得与救济款、赈济粮相混,改变过去行政化的突出任务为企业化的经常工作。

10. 党政领导,银行主持,要深入宣传农贷的上述新方针和计划,要抓紧切实检查。

要保证上述原则,必须解决如下几个问题:

第一,坚决克服恩赐救济观点与过分强调本位主义的保本观点。

对前者要说明思想上恩赐救济的害处在于:

（1）削弱国家资本的力量，使国家资本无法在全部经济中起领导作用。会削弱无产阶级对个体农民的农村经济的领导。

（2）不能使有限的资金不断地周转下去，长期帮助农民解决生产困难问题。

（3）有碍农村信用事业及民间互相借贷（关系）的开展。

（4）不利于把生产贷款真正用于生产，而便于部分干部徇私舞弊。

建立生产观点。

对后者要给执行贷放机关找出路，思想上解决问题外，我们准予不能保本（实物保本）的可先报告区行向上级核销。

第二：解决贷款的主持机关——即农贷机构问题：

（1）银行在放贷款中心地区设立自己的据点，每个放款县至少要有三五个人来专门进行此项工作。

（2）有好合作社地区，即由合作社主办，给以一定的手续费或工作人员的生活津贴。

（3）有工合据点地区，应义务执行此项工作。

目前以上两个是基本问题，必须求得解决。

（西北农民银行：《四九年贷款方针和具体原则》，1949年春）

开展国家银行信用业务：

甲、首先办好农贷：

（1）依据去年边府清理农贷指示精神，继续清理旧农贷。银行直接放出者，由银行清理，政府放出者，应督促各分区转饬各县尽速清理，一般应在夏收后清理完毕，至迟秋收须全部结束。

（2）一九四九年农贷资金共拨四千七百万元，计：

晋西北一千四百万元，晋南一千八百万元，陕甘宁一千五百万元（旧贷款在内）。

（3）改进农贷管理经营：

A.依据农贷指示，坚决执行以贷给生产资料为主的方针；改变平均分散的发放为有重点的发放，纠正各级恩赐救济思想，坚持公私两利，有借有还的事业原则，并须逐渐做到改变行政化的突击任务为企业化的经常工作。

B.农贷资金争取一年周转一次半（即一百万元当一百五十万元用）。

（4）建立可能与必要的农贷组织机构，确定银行为农贷的主管机关，陕甘宁应争取做到平均每县三到四个农贷员,并以此为基础,再行建立必要的农贷办事处。

晋南应以各县支行为各该县农贷主管机关,个别无支行的县份,应设法建立农贷办事处。

晋西北即以每县四个农贷员与各县生产推进社结合,由生产推进社代理农贷业务。

在银行机构不健全、干部不足的情况下,应利用一切可能利用的机构,如合作社、工合据点或特别指定到区乡政府及妇女青年等组织代理此项业务,但银行必须负责督促、检查,掌握贷放原则。

(5)发挥农贷的积极作用,通过农贷的利息政策(各项利率另文规定),恢复民间借贷组织,扶助农村信用合作社,引导民间游资投向生产,与好的合作社密切结合,帮助改造坏的合作社,扶助合作事业的发展。

(中国人民银行西北区行:《一九四九年工作计划》,1949年4月)

发放农贷的方针与各项基本原则,西北财委会已有电示,又经三月财经会议之讨论,对农贷有更明确的规定。各地均应在实际发放中力求贯彻。唯目前发放农贷,如何与组织领导农业生产更密切地结合起来,是值得特别指出的问题。

各地生产报告,经我们研究分析的结果,认为在最近两个月内,动员起来按时下种,是目前组织领导农业生产的中心环节。而农贷就是解决群众生产困难的重要方法之一。

目前,群众生产中存在的困难问题,首先是劳力、畜力的缺乏,其次是工具的缺乏,再次是籽种及部分地区吃粮的缺乏。而我们今年的农贷工作,亦存在着两大矛盾,即:①发放时间太迟。②现在各地仍无足够掌握与发放农贷的干部。因此,各级政府财委分会、银行必须注意下列几点,并正确地运用农业贷款。

1.播种时间只有两个月了(有些地区两个月以上),而各地的农业贷款仍未完全放到群众手里。事实上解决耕畜,对于播种已经为时太晚,因此,各地目前的农贷,主要目的已不是解决耕畜问题,而是帮助发展生产力的问题。

2.在用途上主要的应该是:①添补生产工具。②添补部分地区部分群众的籽种。③解决某种地区(如榆林、绥德分区)为数不多的务实农民,确因没有口粮而不能进行生产。但这必须与救济粮严格分开,其唯一的目的是为了生产,而不能是别的。

3.在对象上,首先照顾生产互助社、变工队等已组织起来的群众,以示鼓励。

4.在地区上,首先照顾交通要道的群众,因为这些地区群众的负担较重,需要草料较多,对于运输供销关系甚大,但也并非不管其他地区。

5.吸收私资,带动私资,对于农村生产关系甚大,因而在发放农贷中,必须重视这一点,必须有意识地组织私人资力。用各种政策和具体事实,打破群众今天依然存在的顾虑,必须做到群众间敢于拿出自己的私资,敢于互相借贷,这就必须改变过去的那种调剂即"救济"的做法。调剂必须是借贷,利息可以由借贷双方自定。今天的主要困难,不是物价高涨中票币的利息高低,而是群众告贷无门。其次则须使各级干部了解高利贷封建剥削与正当借贷有原则性的区别,不仅要宣传政府保护正当债权,而同时必须在处理这些纠纷中,用事实证明这一点。政府过去负责调剂的粮款,在这些群众有可能归还时,就应该负责督促归还。必须了解事实的解决,对于农民群众的作用就是具体宣传的作用。

6.在这些原则之下,农贷款应尽早地放到群众手里,尽可能地多解决群众的问题。为此,各级政府、财委分会、银行应尽可能地抽调干部,并领导好的合作社,进行这一工作。但同时必须防止单纯任务观点,坚决反对由于时间仓促就潦草从事,平均分配,恩赐救济,不负责任的作风。在依据上述原则精神,争取在春耕间及早发放,如确因时间过迟,放下去对生产已无多大帮助时,就不必勉强为完成任务而发放。待到锄草时再放青苗贷款,以解决群众雇人锄草的工资及其他问题。总之,我们发放农贷的目的,是为了发展生产,并成为发展生产之组织领导的工具之一,而绝不是为放农贷而放农贷。

以上各点,望即连同农贷问题,一并深刻研究,立即传达下去,务使正确的农贷政策得以贯彻,农贷发放情形,并希随时报告本行、厅为要!

(边府农业厅、西北农民银行:《关于目前发放农贷的指示》,1949年4月7日)

(三)边区及各地农贷发放情况和问题

自己过去没有搞过农贷工作,也没有专门研究过农贷问题;同时过去农贷工作的一些历史材料已转移后方,手头毫无材料根据,仅就记忆中及这次行长联席会议交谈所得的一些零碎材料,夹杂些个人看法,供给大家参考。空口空话,错误是免不了的,如在实际工作中能有一二可取之处,即可是万幸了。

1. 边区农贷的简史

十年来在边区发放农贷就记忆中只有五次。

第一次,一九三六年春在瓦窑堡苏维埃政府曾给发放过十万元的农贷款,究竟是否全部发放,如何放出,放给哪些人,起了什么作用,后来怎样,这些是完全不知道的。

第二次,一九三八年陕西省政府建设厅派专人到边区放农贷,记得不到十万元。农贷款发放给延安附近的几个县份,由边区银行经理支付,据说当时在区乡也组织了与农贷小组类似的组织,但是后来群众反映很多,说都放给有钱人,穷人真正需要农贷款的反而借不到,对我们的政府很不满,后来边府令各县收回重新发放,据说纠正了以前的偏向。

第三次,是一九四二年直接由银行发放的,贷款总共三百多万,开始准备除东三县棉贷外,再放一两个县,后来扩大到延属十县除靖边外都放了,还扩大到其他分区的一些个别地区。

第四次,一九四三年共贷款两千余万,银行一次拨足,由各级政府经手发放的,有些地区由银行农贷办事处经手放出,但同年六、七月间银行农贷办事处相继撤除,就完全由各级政府经理了。

第五次,一九四四年共贷款一万万余元,完全由各级政府经营发放,到一九四五年基本上就没有放了,一九四六年总行业务处只在延安、安塞、延川的个别地区作试验性的贷放,吸取经验,准备一九四七年的农贷工作。

2. 一九四二年度农贷工作中的几个问题

保本思想:

一九四三年冬,边区高干会上,对农贷工作的评价是不好的,认为是从保本思想出发,因此而发生了一连串的严重的偏向。这个问题,当时是有争议的,这是两种对农贷基本不同的认识。第一种看法,认为农贷是半赈性质,政府取之于民,还之于民的一种表现,银行发行,等于取之于民,发放农贷,等于还之于民。即使连票面额也亏损了,但群众的经济发展了,算总账是吃小亏得大利的。第二种看法(大部分为银行的同志),认为银行基础薄弱,农贷又要每年发放,发行是有一定限度的,半赈济性的农贷会使我们无力继续发放,实际上对老百姓的帮助不能长久下去。假若不要亏损过多,我们可以不断地放下去,这样不是对边区经济发展更有益处吗？这两种争议，当时是没有得到解决的，直到今年十月间行长联席会议上，才确定了比较明确的方针，就是：不是保本，而是求少亏。为了把农贷工作持久下去，保持一定的资力是需要的；但为了给老百姓更多的好处，亏一点同样是必要的。因此，办法是把商业活动中所得的贴到农贷上去，这样可以把农贷工作持久，且可以扩大。

农贷折实：

当时对农贷的非议，是农贷折实是保本思想的具体表现。农贷折实是这样的，发放时以粮食或者棉花等的市价折合发放现款；收回时以粮食或者棉花等的市价折合收回现款或者实物。当时反对农贷折实的说法是：银行赚钱，老百姓吃亏。银行在票面上的确是赚了钱，或者赚了很多的钱，但老百姓是否吃亏？在经济原理上讲，老百姓是丝毫没有吃什么亏的。因为你借钱时假如能买一斗粮，你还钱时虽还的钱是多了，但仍只能买到一斗粮，即使有些利息，但那是很低的。据说有的老百姓的确借农贷后算下来吃了亏，我想即使真有其事，也是很特殊的现象。这个问题在当时是个争论的焦点，一直到现在也没有作出个结论。不过我认为在农民的简单思想中，银行放钱、收钱或收实物，在物价不断上涨的情况下，的确会给老百姓一个不好的印象："银行图利，使老百姓吃亏"；但假若我们能以放钱收钱，不收实物，放实物收实物，那么，那个不好的印象是会消除的。以老百姓的需要与自愿决定二者之一，不要呆板执行，那么，老百姓决不会有自己吃亏的想法。今年延安乌阳区农贷，就是以放粮收粮的办法，老百姓的反映是好的。

探买青苗：

探买青苗本来是农村高利贷的一种形式。一九四二年农贷内有青苗贷款一项，也是一种探买形式；但同高利贷的探买有原则的区别。因此，高利贷的探买，一般的是以市价打七折到五折计算，使农民吃亏很大；一九四七年农贷的青苗贷款是以贷款时的市价九折左右计算，这样借款农民并不吃亏。而且当时发放青苗贷款的目的是为了打击高利贷的探买，虽然因为贷款数目小，并未能起了应有作用，但这样方式是否仍可采用，是值得研究的（一九四五年政府曾颁布禁止探买的命令，主要是打击高利盘剥者）。

富农路线：

一九四二年农贷非议的另一种说法，是只放有钱人，真正贫穷急需贷款的人没有借到，说这是"富农路线"。虽然这反映的是个别地区，但同样是值得研究的。这里有三个问题值得提出,第一,记得当时确定农贷的目的,是以有劳动力,有基础的中农、贫农为主,因为他们可以扩大耕地面积,增产粮食。第二,当时强调吸收并组织农村资金,即所谓"有个背心添个袖",由此干脆没有钱的人自然就不是贷放的好对象。第三,要保证收回,因此太穷的人收回就无把握。自然一九四二年农贷还不能说它就是走富农路线,但是由以上的出发点发展下去,是完全可能走偏向的。

怎样放出与怎样收回:

分散平均与集中贷放。根据一九四二年与一九四三年农贷发放的经验,在需要贷款者多、贷款少的条件下,分散下的集中贷放是比较恰当的。假如平均发放,真正需要钱的人不能解决问题,不需要款的人同样借到了钱,这可以说是一种浪费。但另一种偏向同样是要不得的,如过于集中,会转移用途(如商业投机及转放高利贷等),有违农贷本意。

不违农时。发放农贷不违农时是最重要的,过早会转移用途,过晚不能解决问题。一九四二年农贷款一般的发放较晚(确有当时的困难),是值得今后注意的。

手续简便。农贷必须手续简便,才适合农村条件,一九四二年的农贷款发放手续过于烦琐,农民嫌烦琐,但同样必须有一定的手续,不然会成了关中分区某县的借款,不知向谁要,只好逐户访问了。

公平合理。实物贷放与收回,必须公平与合理,不应过于强调公家损失,而采取低出高进的办法,所得无名,而在农民中的影响是很坏的。归还时过期处罚,为了刺激一些有意拖粮的二流子那是必要的,但一般采取即不适合,这会给农民一种银行图利的想法。

作风问题:

根据一九四二年一九四三年的经验,银行单独发放,对下级党政闹独立是放不好的;但完全依靠党政,同样会发生自流现象。只有银行负责与区乡党政结合的办法,才能行得通。

城市作风要不得,应完全适合农村条件及老百姓的习惯,在延安的一套搬下去,如办公时间、繁杂的手续等,一定会碰钉子。铺张浪费、大吃大喝、骑马下乡等办法是不能接近群众的,会使群众认为不是自己人,避而远之,必须发扬朴素刻苦的作风。

3. 对农贷工作的应用认识

"全心全意为群众服务",这是我们农贷工作的准绳,因此,我们必须认识到:

(1)农贷是为了发展农村经济,帮助穷苦农民翻身,这是我们的目的,同样是我们的责任,尤其是我们银行业务工作的出路和前途。认识这一点很重要,因此必须实事求是,一点一滴地积累经验,寻求办法,尽力去做,能做多少算多少,决不要急于追求成功,稍有成绩,即趾高气扬,稍有困难,就灰心失望,必须下定决心,搞出成绩。

(2)要认识群众利益与公家(银行)利益的一致性,决不要因公家利益而损害老百姓的利益。因此,我们的一些办法中,规定到老百姓那里行不通时,就要从老百姓那里学习新办法。一切东西必须适合老百姓的要求和需要,从老百姓那里来,决不要拿我们的办法硬往老百姓头上套。

(3)便利群众最要紧,是农贷工作好坏的尺度,要给老百姓方便,要使老百姓得到实惠,群众没有不欢迎的。

(《边区农贷工作中的若干历史问题提纲》,张处长(定繁)在总行业处讲话,1946年12月25日)

我这次去的地方,是安塞四区的三乡、三区的五乡和一区的一乡,拿安塞全县比较说来,这三个区乡的农民生活及生产状况是属于中等的,它包括的地域,有邻近延安的一区一乡,有邻近志丹的三区五乡,有去年受雹旱灾很重的,也有收成比较好些的,至于邻近子长的六、七两区,虽然受灾更厉害些,但因地处沙壤,发展有限,且因时局的关系等等,只能在几个不同情形的村庄中,做了些大略的了解,分述于下:

从前发放农贷的概况:

安塞的农贷,一九四三年起由政府直接经放,计一九四三、一九四四两年共放出边币七百廿万元(一九四四年五百四十万元,一九四三年一百八十万元),一九四四年因县府没详细的统计外,就一九四三年发放的一百八十万元,在耕牛方面即增添了一百七十八犋,镢头和其他项贷出的尚未计算。到当年十月份,本利即全部归还政府,而且它没有发现有痞账现象。一九四四年的贷款,政府虽无手头材料,但我在四区三乡猫儿圪垯村和农民高元泰闲谈中,得知一些情况。该人于一九四二年由绥米移来,到一九四三年全年可生产粮六石,一九四四年借农贷三万元边币,自己添三万元,共六万元买得牛一头,到秋收时共得粮食十四余石,除农贷本利及救国公粮外,全年收入比一九四三年增加一倍。由于此三万元的农贷,现在光景已过得像中农的家庭生活了。

我觉得从上述两件事看来,这两年虽然放出的金额有限,但它在促进生产与解救农民困难上,起了不少的作用,这是县政府及区乡干部中都这样一致公认的。

一九四五年放出七百万元,其分配法是按各区增具需要数目,就放款总数比例分配,这七百万元的分配是,一区一百三十三万元,其中农贷四十万,棉籽六十万,夏耕三十三万元;二区共一百七十三万元,其中农贷七十五万元,棉籽五十八万元,夏耕四十万元;三区共一百三十八万元,其中农贷五十万元,棉籽六十三万元,夏耕二十五万元;四区共一百四十四万元,其中农贷二十五万元,棉籽七十二万元,夏耕三十七万元;五区共四十五万元,其中棉籽十万元,夏耕三十五万元;六区共三十六万元,其中夏耕贷款三十万元,棉籽六万元;七区共三万元,只放出棉籽三万元。这六百七十二万元中有二百七十二万元是由县府预购棉籽,以每斤四角至五角价(看还款日期而定)放给棉植户。其农贷款之一百九十万元则是由上年各区未交回款中顶替放出,各区放给乡也是顶替数目。我估计实放数目,恐不及此数,其夏耕贷款,除与农贷发放一样外,更有扣除其他公款(公盐代金等),如三区李副区长谈他区在接获此夏耕贷款通知时,时间已在七月中旬,而且全部款项(二十五万元)被县府扣除,故他区一九四五年名目上虽然有二十五万元贷款,但实际上都分文未放。农贷(也即春耕贷款)也因数目微小和政府平均分配,农民嫌少,不起作用,而退还政府的,如三区五乡,一九四五年分得八万元贷款,因无法分配,全部退还区府了。

综合过去的农贷情况及我与区乡干部的闲谈中,得出这样一个梗概来。优点方面,它能刺激生产,解救农民困难。缺点方面,却因领导上抓得不紧,只有布置,没有检查,而限于自流状态。由于政府无专人管理及上级政府扣除下边的积欠款项,或有个别用途不当而减少实贷数目。更有干部认为农贷是救济,难免有农民硬是要求,使干部除平均分配外,只好原款退还。总之,农村中农贷是渴望着发放,但他却认为是普遍的救济。又政府无专人管理,致使过去的农贷失掉它更大的作用,变为一种极寻常的行政工作布置了。

现在农村中的状况是生产情绪很高,我沿路见到很多村庄门前都堆积着黑黝黝的烧柴,一犋一犋的耕牛在开始春耕。据四区三乡李乡长谈,今春因雨水润泽及毛主席的生产号召,都认为是丰年的预兆,鼓励着农民们捡柴、拾粪、收拾耕犋。据估计今年的情况超过任何一年,但它却为天灾的后果而威胁着。如四区三级共382户人家,因去年天旱减收,能吃到秋天的仅有四五十户,能吃上夏收的百八九十户,能吃到春耕以后的有百余户。现在比较困难的六七十户则图谋着搬家或打短工,其中如陈家崖张好学家,因没有喂牛的草料和粮,把一头大犍牛也卖了,并准备全家移往南川给人家按伙子去,他留的三十余垧地却找不到租户,而要荒芜。

雹灾的危害,更酿成农村的困难,阻碍着今年农村的发展,如一区五乡有三个行政村,雹打的颗粒无收,三区被雹打坏的也达三个行政村,如一区的五乡则更为严重些,因此而引起粮荒问题,在我走过的这三个区中(六、七区更甚)普遍存在着。如三区比一区受灾较小,也已有二百户人家在三月中即无粮吃了,虽然区政府及乡政府用调剂办法解救,但存粮有限,也只能延缓暂时而已,故一般农户尤其是区乡干部,亟待上级有所措施,贷粮贷款及早施行!

民间的借贷利息又趁机猖獗。如春耕借粮一斗,秋后偿还要一半五升,最少的也要一半四升,尚须亲朋转解政府说服,始能贷到。借款则每月有利率20%—30%,而且是复利计算,虽如此高利,而一般农民也是告贷无门。如一区一乡杨家沟村杨老汉,在二月初十日集上买牛一头,用价五十万元,因无法凑足所短差之二十万元,准备在十五日集上仍然把牛卖掉(后由我们借给他二十万元始保存住此牛了)。尤其是银行的贷款(不尽然是农贷,信用社大部都倒闭了),农民是在渴望着的。但是他们不希望杯水车薪的或层层节制的像农贷那样,更不希望平均分配或顶替贷款数目,把贷款失掉时用。这大概要算农民普遍的呼声了。

区乡干部他们对银行的贷款有如下的希望:

①确定对象。比如放给谁,谁应该领得贷款?由于干部(他们自己承认)对此只认识到是救济贫难民,故在发放时,难免不有平均分配法,致使钱力分散。一看无法,更有怕得罪人,难分配,仍将贷款退回,如上述三区五乡即是一例,若能确定对象,他们也即有原则可依了。

②放款的目的。一致认为应放在发展生产上,当然移难民也应当照顾,可是应着重发展生产而不是着重救济,只要是对生产有发展,就是老户或中农也应得到贷款,如此则不致把有限的钱发展有限的移难民了。如果只限于移难民则农贷将无可避免地被认为是救济款,也即很困难能不有平均分配地作法了。

③放款办法。一致认为少经过些机关好,因为经过的多,弊病也多(各级都是生产自给想抓钱来周转一下),如县级扣除区级的积欠款项,区级的又扣除乡的积欠,扣来扣去,扣到农民头上,恐所剩也即微乎其微了,况且级级辗转,发放误时。如果由区政府派专人负责管理,区委保证,由村主任审核,经乡政府评议,再由农户缮立借据,交区府专人管理,区府可随时按其实际需要与银行再来。但这种办法,又有干部的能力问题与路途遥远的困难,不过他们希望银行可斟酌情况而采用之。

④放实物抑放现金呢? 这个应根据具体环境的不同而定。一般说来,实物要比现金更稳妥一些,而且也更有效于农民生产一点;若尽放现金,他们恐怕时间变化(如日寇投降),归还时要闹麻烦。另一种则是折实放出,具体办法没有研究,他们愿意提出这个问题来,因为一九四二年折实办法在农民中尚无恶劣影响,只有他收获丰盈,还粮比还钱更要来的慷慨些,因为还钱还把粮再倒一次手续才行。

⑤银行管理方面。认为银行如采用区政府管理,可随时派员监督,或随时检查,更细密些,就是按着银行贷出数目,随时审核区政府所保存的借据,观察其中有无短少或钱目不符等情况,这样可起一种互相牵扯的作用。

⑥需用的资金,可由银行自己来决定,拿三区来说,今年如果要解决生产上发生的临时困难时,除自己调剂外,只要有五百万边币,即可周转过来,如果按往年农贷办法,数目要大,而且其中部分会变成机关的财政周转和生产资金的周转了。

我以为安塞全县,若采用上述办法,而且目的在发展生产,只要有三四千万元即可周转了,况且这三四千万元,又不是经常在外,有时会少些(到期还款的),有时会多些(借出去的)。总之,调动属于银行,而不属于政府。况且我觉得把放给商人的钱(不足三四百万的借户)若放给农村一家商号,足要占一个自然村的资金;就是稳妥方面,也不如农民保险些,因为农民的生产是在庄稼上,只要青芽出土,欠款就有保证归还。

上述情况,因时间的关系,不能做普遍的调查,只把这一县中的三个区部分情况写成,恐怕还不是一县的普遍实际情形,望酌予研究。

(嗜夫:《安塞县农贷情况》,1946年3月20日)

[子长讯]在边府春季六百万元边币水利贷款帮助下,本县新修水地三百一

十六亩,补修水地六百零九亩,种植旱粮之收获可折合细粮三百多石,为本县农民胜利度过春荒的主要条件之一。如西一区一乡南家铺、张家圪、南家湾三村中十八家农户,贷款卅万元,即修井窖、水地五十七亩,春种大麦收粮廿四石,收割后又种上糜子,估计可收粗粮十五石。北一区四乡五家湾魏希良贷款二万元,补修井窖一口,可浇一亩多地,种的八分白菜,除一家四口人度春荒吃用外,又换进米八升。春季修水地易误群众春耕,现拟于收秋后,利用农闲发动群众继续增修。

(解放日报:《水利贷款六百万,变成细粮三百石》,1946年11月5日)

1. 业务处今年下期业务资金之壮大,预计可能超过预定计划,在八月份所订之下期工作计划内,根据当时对各种损益之可能结果分析,预计将要壮大原资金之100%,做得好争取150%,根据目前之试算很有可能超过150%,而且将可能争取到200%。那么,业务处明年上期将有业务资金30余万万。

2. 根据分行长联席会议的决议:资金之25%投入生产贷款,那么明春业务处可抽出八万万到十万万作生产贷款。

3. 数字分配:

A. 按性质:
①植棉贷款三万万
(必要时还可增加)
②春耕贷款五万万
③民营工业二万万
共计十万万

B. 按地区:①东三县放植棉贷款三万万;②其余六县一市均放春耕贷款,然各县只放一些区。计:延县一万万,延市一万万,子长一万万,安塞、志丹一万万,富县、甘泉一万万。

4. 组织工作:

A. 延安设办事处:办理东三县植棉贷款,可与交换合并,以节省人力。

B. 子长设办事处:办理本县农贷及妇纺,可与合作社合并,以节省人力。

C. 延市、延县派一流动工作组,安塞、志丹派一流动工作组,富县、甘泉派一流动工作组。

D. 各据点、各组一律于旧历年前完成发放之准备工作。

E. 干部配备:①牛旺林、辛波到东三县,办事处成立,曹士俊做主任,牛旺林做副主任。

②魏正廷、李生汉到子长县。
③肖克平、白俊杰到富县、甘泉。
④高学忠、霍振林到安塞、志丹。
⑤高志英、张志雄到延市、延县,管库员可由张怀德补缺,提款员可由马洪贵补缺。

5.宣传教育工作:

A.抽调一部分有农村工作经验或银行工作时间较长的同志(即上述名单),给予短期训练(最多一星期),训练毕即派赴各地执行任务。

B.训练期间,每日早晨上课(业务处其他同志均旁听),上下午座谈讨论(其他同志即去办公)。

C.将分行长联席会议关于农贷部分之经验总结,编成大家都熟悉的歌子,放农贷的同志必须唱熟并向区乡干部宣传,这样可以比较简单明确地让农贷工作者熟悉业务(包括区乡干部以深刻的印象,至少将几点必须注意的地方,他们可以经常记住)。

6.目前大规模的妇纺不搞:

A.时间太仓促,搞不过来;

B.业务上正是没钱的时候;

C.目前正是棉花布匹涨得最高,又逢贸易公司抛售压价之时,否则我们将出大价买进棉花,倒换成布,说不定还得赔点钱,这当然是次要的,主要是前两项。

(边区银行:《一九四七年春季农贷初步布置》,1946年12月3日)

银行在延安县柳林区发放了四千万农贷,目的在帮助解决群众生产中的各种困难问题(如耕牛、农具、粮食等)。现将该区发放情形详述如后:

(1)放款经过:区府接到这次贷款后,即召开乡长联席会议,讨论并布置了这一工作,并根据各乡不同情况,将款数分开,计一乡一千零五十万,二乡六百万,三乡四百五十万,四乡六百万,五乡七百万,六乡六百万。区府又派了干部帮助乡上发放,乡上又召开了行政村主任会议,讨论了发放的办法及贷款的对象,其原则:(1)贷给没粮食吃的务实农民与没耕牛和农具者为主。(2)贷款保证用到生产上面。(3)如发现有不正当用途者,得随时收回,于是又进行了广泛的宣传与调查。如二乡(吴满有乡)各村都召开了村民会议,经过村民提出应使款者的姓名及使款数目,然后又经乡府审查,乡府认为有意见时,可再提到村民会上复议,这样的做法,据研究放的比较公平合理,相反六乡三狼岔村住十户人家,把三十万贷款每家分用三万元,结果都零花了,作用不大。

(2)发放后的作用:首先以数目字来看,全区六个乡,原有户数一千八百二十户,使用贷款者四百五十三万,买到耕牛九十三头,食粮五十三石四斗一升,锄头一百七十六把,铧七十四页。据统计新买牛犋共耕过地一千九百九十九垧(在春季),在扩大耕地面积与收获粮食上当然起了一些作用,另外在几个具体问题上来看,如二乡南庄河张万才没有粮吃,不给别人做活、打短工,就不能维持生活,自给他贷款十五万元后,即参加了变工队给自己锄地种地了。李玉明原准备揽工,使洋十五万元后,和他亲戚共使牛一头,亦给自己种地了。

(3)优缺点:(1)区乡干部在开始发放中一般说来还积极认真,但在发放后,就不注意了。既不检查其用途,又不总结其经验,发现了不正当用途,亦置之不理。如区府隔河五家沟所住之李生明,使洋二十万元,自己又添了十九万元,买得耕牛一头,耕过十垧地后,将牛八十三万元卖给区府,后以一角五分利息放了高利贷,区府知而未管。(2)还有个别玩弄私情者,如一乡的曹步发、刘万基,他们光景很好,本不应使款,但因他会说话,结果使了十五万元,另外还给开饭馆做生意的魏福兴也放了款子,引起群众不满,可是还有些应该贷款的人家,而又没有给贷。

(4)今后应注意的几点事情:①首先要使干部与群众了解贷款的重要性,然后开始发放,放出后,要很好地检查其用途,如发现用途不正当者,应即时收回,转贷给需贷款者。其次,区乡干部应及时检讨并总结经验。要达到这样的目的,一方面银行应派干部下去,另一方面各级党政部门把这一工作要加以重视,应把贷款工作看作本身重要工作之一,那么,发生的弊病也自然就会克服了。

②放款一定要适合农时,如春季贷款,在正月十五后就要开始发放,赶二月初一完毕。锄草贷款在五月后半月就开始,至六月半放完。

③根据这次经验,以后发放贷款一定要和区乡干部配合起来才能搞好,靠合作社是不成功的,单纯银行派人去放是很难搞好的。

(边区银行:《柳林区农贷材料》,1946年)

陕甘宁边区银行为了配合一九四七年的大生产,响应政府"保持粮产,增加棉产"的号召,目前在行务会上决定,最少贷出农村放款券币一万五千元。放款主要对象为刚得到土地而缺乏农具、籽种的农户及一般贫苦地区或灾区之贫农。其原则是根据地区的实际需要,为农村中一揽子贷款,包括内容较广泛,有农具、耕牛、籽种、纺织、畜牧、农村小手工业者等。贷款的方法是采取相对普遍发放,资金相对集中,不平均分配,金额的多少,谁该借,谁不该借,都由该村的群众民主的去讨论。利率低于当地的利息百分之六十至百分之七十,此种低利放款,在当前物价不断上涨的情况下,实质是贴本放款,以银行的损失来刺激农民的生产情绪,求得帮助贫苦农民翻身,发展农村经济,增加边区人民的财富。为了不耽误农时,迅速发出,现已决定派大批干部日内下乡,协同区乡干部开始发放。

(边区银行:《配合今年的大生产运动普遍发放农贷》,1947年1月)

为了发展生产,增产粮食,克服灾区严重的耕畜缺乏及兴修水利,以期彻底消灭灾荒,并提高人民生活起见,除尽力发动群众力量进行外,按目前实际情况,特提出如下两项必要之贷款。

绥德分区连年天灾胡祸,灾区人民生活至今仍极贫困,生产力(耕畜劳力)大大降低。历年来经政府之帮助和群众的努力,一般的灾区之牲畜已增购不少,但是镇川、米佳北之重灾区和沿大道一些地区,耕畜仍远不及所需,群众亦无力购买。为不使土地荒芜,为达到增产粮食、减轻灾情起见,除发动群众自买外,还须由公家贷款,增购耕畜四百头,才能将现有之土地耕完,并争取开一部分荒地,每项以一石米计,须贷米四百石。

贷的办法为:(1)贷给真正无力购买耕畜又以务农为生、好劳动的农民。(2)贷款的数额以每户不超过每耕畜全价的1/2为原则。(3)按当地市价,以小米作标准折贷货币,到期后,按实物无利归还。(4)由银行和工合各县事业厅及所属工合据点或托合作社直接贷给农民,但事先应经过行政部门之介绍(区、乡)。(5)归还期在本年收夏时还1/3,收秋时全数还清。

(绥德专署:《关于耕畜水利贷款》,1948年1月21日)

元隆寺系延安县乌阳区所属的一个村子,东北距甘谷驿三十里,东南距姚店子二十里,西北距青化砭二十里。全村共有五十六户,计:移难民九户(未订成分),老户四十七户(雇农二户、贫农十六户、中农二十四户、富农五户),男女大小二百一十余人。过去虽曾遭受胡匪蹂躏,但较之附近的村庄还不算严重。据区乡干部谈,该村在经济条件上是一个中等村庄,可以代表附近地区情况。

1. 农村金融情况

由于土改的影响与灾荒关系,农村借贷已处于停止状态。虽然还存在着一些战前就已有了的借贷关系(实物与白洋),但因灾荒关系,亦无法清理解决。

敌人占领延安时,该地及附近村庄完全流通敌币,宜川大捷,胡匪退缩延安后,逐渐使用本币。由于敌我来去不定,也就没有一定的比价,且因计算繁复,农民甚感不便,于是贮藏已久的白洋逐起而代替其他货币的流通,并逐渐发展成为主要的支付手段和计算工具。延安光复后,由于本币的推行,敌币被排挤及其不断贬值,因而敌币已告绝迹。但目前在甘谷驿、姚店子集镇上,粮食、牲畜等主要商品的交换,仍以白洋作价。农币不被拒用,亦不受欢迎,并发生差价现象。如甘谷驿麦子每斗白洋一元五角左右(每元市价为农币九万元),若用农币购买最少要十五万元。估计该村现在流通的农币尚不足一百万元。

目前还存在着以物易物的交换形式,把麦子当作交换与支付的工具,如西瓜一颗换麦约五合,羊肉一斤换麦一升七合,牛一头换麦三石几斗,劳动一日得工资一升五合麦子。

产生这种现象有以下两个原因:

(1)在刚过灾荒的夏收后,可以作为交换的,对农民来说,除了麦子而外,再没有任何别的东西。

(2)对另一部分农民来说,目前急需的东西是粮食,而目前除麦子以外,再没有任何别的东西。

这是灾荒时期一种特有的交换形式,它将随着秋收的到来与灾荒的消除而消逝。但目前来说,在农村中(集镇除外),还是一种主要的交换形式。

2. 农村生产

在农业生产方面,由于胡匪的扰害和抢掠,使去年秋天小麦的种植较之往年要减少三分之一到四分之一。该村有十三个青年参军杀敌,劳动力因而减少,耕牛被胡匪抢杀六头,因灾荒卖出五头,畜力也随之减少,又因窖藏籽种(恐被胡匪抢去)的沤损,以致秋天出苗很稀,再加上春耕时,青年壮丁前往宜川、临镇背粮贩卖,以渡灾荒,因而许多土地未能耕种,有的虽已耕种,但作务很差。据初步统计,该村已荒芜的土地,最少在三十垧以上。

今年夏收每垧约四斗,秋收山地每垧估计可收两三斗,川地五六斗,该村今年共种麦子一百零七垧,收获约六十石,秋地种植四百余垧。

由于这一带地区基本上是人少地多,土地的数量足够耕作而有余。但也有不种自己的地,任其荒芜或出租,而另外又租种别人的土地,其原因有二:(1)距离较远;(2)地质不好。

在副业生产方面,妇纺是这一带的主要副业。该村五十六户之中,即有二十六人会纺线,十六人会织布,纺车二十四架,织布机六架,过去布匹可半自给,有许多家则完全自给。但现在是吃饭第一,还没有力量买花织布。当秋天已经到来的时候,粮食问题可告解决,一部分又因冬天将到,而迫切需要解决穿衣的问题了。

另外,该还有炭井一口,过去是公私合办(区政府一份,合作社二份,群众一份),现在有七八家群众合伙经营。每三天可出炭二千余斤,每人可分二百斤左右。在冬天和夏天农闲时尚可维持,农忙时也就随之而停止了。

3. 群众生活及负担问题

该村群众用以下办法解决了灾荒问题:前往宜川临镇贩运粮食,一共运回卅余石,这些粮食除去卖掉一部分外,其余的都吃了,并继续贩运,有的赊账买牛,赶到宜川去驮粮,回来以后卖牛还账,粮食由自己吃用;有九户将牛卖去换粮吃,有一户卖独一口,买小米一斗,又将余款买花并到宜川运粮时当路费用去了;还有的用野菜糠皮为食。

目前群众中未种夏田者,以南瓜、玉米、豆角等秋菜为食,耕作夏田有少量麦子者,多系以麦子磨碎和菜煮食。生活最好者,则以各种粮食磨成杂面吃,而绝大部分人家,半年来未曾见过小米。

老百姓大都是过着自给的生活,在无一定用途时,绝不保存任何货币。与市场发生关系者,仅一部分花、布、食盐、火柴、针、核子等而已,其中有一部分还是以鸡蛋、粮食交换的,不经过任何货币关系,点灯与食用的油,百分之九十以上是自给的,有的甚至半年来未点过一次灯。

今年该村夏征粮十一石一斗,由三十六户负担,占全村户数百分之六十五,负担比例如下:收粮约四石者出一石五斗,约三石者出一石二斗,约二石者六斗,约一石者出二斗,约五斗者出五升。

军鞋已做了三次,共二双,最少者一双半,最多者四双或五双,中等人家大都是三双,军工属不负担,移难民不做,负担者只三十余户。

在运输负担上,按一个畜力顶两个人工计算,则共费三百七十余个工,半年来一个中等之家负担约在十五天左右,最少者亦不下十天。

过路的公务人员,被派在二十三家里吃饭,半年来每家负担了粗粮四五斗。

担架负担,因照顾到去年该地是战区,县区均未派去。

依据上面的负担来看,一个中农家庭,现在大部分只有一个劳动力,半年来要出劳力负担四十五天,军鞋三双,管饭四、五斗粗粮,夏征粮三斗,全部以麦子计算折合麦子一石五斗左右。

4. 写在后面的几个问题

党中央号召我们要用大力发展生产,以支援战争,目前农村里有许多问题,需要我们很好地注意与解决,我现在提出以下三个问题来作为大家研究的参考:

(1)金融贸易工作怎样为群众服务,怎样为生产服务?已经停滞的农村借贷关系怎样恢复起来?

(2)在历年的农业贷款中我们已有许多经验,必须作出一个有系统的总结,关于农贷问题,党中央号召我们:"必须有计划的长期的把农贷在企业化的基础上确定办好""农贷必须有借有还,以便逐年增加扩大发放。"我们在此指示下应该怎样去实现?

(3)目前农币在农村中虽不拒用,也不受欢迎,白洋还占着极大优势,怎样打击白洋,使农币在农村中生根,使它与农民的生活及生产密切的结合起来?

(肖克平:《乌阳区元隆寺调查》,《业务通讯》第二期,1948年8月15日)

为了增产粮食,绥德分区各县一九四九年拟修水地一万亩,主要为横山城关六乡唐河,可修水地三千四百亩(去年已打了十五丈石洞,还有十丈石壕未动工)。镇川县乡水区代家湾给修水地一百五十亩,武镇区孙家沿可修九十亩,鱼河区花园滩修一百五十亩,董家湾修一百五十亩,盐湾区峁上修九百亩,子洲县三眼泉可修水地九百亩,赵家寨则上下修九百亩,巡检寺对面可修九百亩,清涧折家坪修水地六百亩等(去年已完成一半工程)。这些水地工程较大,有些需动石工,除组织民力外,当须政府贷米六百石方可完成。

贷米办法为:(1)土工不贷款,一般贷给石工。(2)贷款均以实物(米)计算,分期低利归还。(3)归还期限分三期,即当年秋收为第一期还三分之一,第二年夏收为第二期还三分之一,秋收为第三期全部还清。第一期利息为10%,第二期为15%,第三期为20%(以米计算)(4)由工合及合作社直接贷出,并事先由行政上介绍提出初步应贷数额。

(绥德专署:《关于耕畜水利贷款》,1948年1月21日)

1. 为扶助群众生产,迅速恢复和发展边区国民经济起见,决定发放农贷本币三十五万万元。各分区分配如下:绥德分区十三万万元,延属分区十万万元,三边分区五万万元,陇东分区四万万元,关中分区三万万元。另拨三万万元扶助新收复的延安、垦区等地恢复生产。

2. 为达到上述目的,此次农贷完全由各级政府负责,银行协助进行。各级政府进行分配和贷放时,务须切实根据各地各户的灾情轻重,决定多分少分或不分,使真正受灾深重的地区和失去生产条件的农户得以迅速和有效地恢复和发展生产,切忌平均贷放。

3. 此次贷款并非救济款,因之规定秋后归还。除特殊困难者经政府审核批准予以延期外,一般至迟十二月底全部结束。归还时,仍以本币为准,不收利息,亦不得折合实物,但以前只管放出不管收回的现象必须克服。

希将贷放情形(过程、范围、具体用途、所起作用等)及所发生的问题,随时写成材料,分别报告本政府及银行总行,以便研究。

(边区政府:《关于发放农贷的指示》,1948年4月22日)

陇东在去年,三边在今春,都发放了一些农贷,解决了群众生产中的一部分困难。在发展生产上收到了一些成绩,但也表现了一些对农贷的模糊认识。今后,农贷将是银行日常的主要业务之一。我们对农贷必须要有正确的认识,否则就会发生偏差。现将我对两地农贷工作中的一些意见写在下面,以供大家研究时参考。

(一)

贷款地区之选择,应该是从发展生产的观点出发,而不能以救济观点作为主要根据。贷款的对象,应该是积极生产的勤劳人民,而不能以灾情或单纯的贫苦农民为主要对象。三边是怎样确定的呢?在其农贷总结中说:"依据灾情之轻重,确定每乡农贷数字,使农贷真正放在失掉生产条件农户之手"。又在宋安、冯毅两同志所写,介绍吴旗一区农贷经验一文中提到"……在吴旗县府会上决定的几个原则中之第二条……把农贷放到失掉生产能力之真正勤劳农民手中,即坚决照顾受灾轻重之真正勤劳农民,移难民、贫苦军工烈属及退伍军人等"。不错,灾区的群众较其他地区的困难更多,生产的要求也很迫切,我们应该也必须加以照顾,发放一定数量的贷款。但此款必须与救济款严格区分开,主要根据生产条件及主观力量来决定保证真正用于生产,有借有还,利息可少收或不收。但三边只强调了灾情,而未谈生产条件,这样就会把贷款与救济款混淆起来,浪费了生产资金,对生产是不利的。

农贷工作的重点应该而且必须以发展生产为重点。以生产条件的优劣及需要、效果大小及主观组织力量,为缓急轻重之主要标准,同时也照顾灾区的需要。

(二)

农贷的目的是发展生产,在经过土改之后的边区农村里,一切群众不论其成分如何,只要努力生产,在生产中有困难者,就有可能得到贷款。这里包括着贫雇农、中农、手工业者,也包括着土改后真正转入劳动的地主和富农。如果他们有同样的生产困难,我们的力量又有限,在此情况下,首先应该照顾贫雇农。但三边和陇东就不是或不完全是这样,例如:三边的农贷总结中说:"各级政府均能根据土改的精神,真正的坐在贫雇农的怀里,使农贷起了应有的作用"。在这种思想支配下,靖边长城区放了农贷六千万元,借户四百二十家,而雇农就占了四百零九家。青杨区放出农贷六千五百万元,借户三百五十九家,全都是雇农。这样,就使具有生产积极性而有困难的农民无法得到贷款的帮助,使农业生产的发展,受到了很大的限制。

在陇东的贷款总结中提到:"华池是温台三乡农贷工作的缺点:(1)对调查研究不深入,只根据工作团调查的材料和乡干部会的评议,就决定了贷款对象和金额。根据后来的研究,共放出一百四十余万元,贷给中农占60%,贷给贫农只有40%。这个乡是经过土地革命和征购清算的。全乡中农占主要数量"。如果该乡需要帮助的贫雇农,都已得到了帮助,而户口占多数的中农,在生产上也需要帮助,只要我们有力量,是应该而且必须帮助的,这并不是缺点。如果不从生产出发,把农贷局限于狭隘的贫雇农圈子里,那才是有了偏向。因为单纯从"穷"出发的结果,只有穷人才能得到贷款,这样就会使其中不劳动的二流子占了便宜,不能发挥贷款在生产中所应起的作用。

(三)

"银行所放放的农贷,应该按生产需要和主观力量来有计划的重点发放,反对平均分配"。——中央对农贷问题的决定在陇东农贷总结中提到："今后意见……（二）贷款对象和贷款额：①贫雇农每人起码贷给一页铧或一把镢头，二斗粮。②难民每人起码贷给一页铧或一把镢头，三斗粮食"。这种贷法是欠妥当的，因为①把贷款对象只局限于贫雇农及难民，而其他在生产上有困难的农民，就没有可能得到贷款。②没有按照农民的生产需要，也不估计主观力量，只是用机械的用绝对平均的分配方法贷出去，这样就会造成资金的浪费，对生产没有好处。

（四）

评判农贷工作的好坏与成绩大小，应该以农贷对恢复与发展生产所起作用的大小与增产多寡来决定。可是在陇东的农贷总结中却这样说："虽然金额放的不多，但是对老百姓的帮助不少，如三村周宪公……要粜三石多麦子，才够开支，结果借到农贷款十一万元……今年还时只粜了二斗麦子就够还清本利。二村张生杰，去年借农贷六万元，自己添补了一份就买下一头牛。据他说现在可卖二三百万元，他很高兴的在我们收农贷时，把牛拉来指给我们看，并说这是借农贷买下的。"在这个材料中，没有提到农贷在生产上起了些什么作用，增产了多少粮食，没有从发展生产上来计算群众所得的利益，而只是单纯的以农贷款购买的东西来计算得失。在物价上涨时期，农民在贷款上的所得部分（即票币购买力的保持），也正是银行的亏损部分（即亏了老本），并不能说明农贷在生产上起了什么作用（其实是银行把全体人民的钱，津贴给了少数借款人）。因此我们应该以"公私兼顾"的原则，从发展生产上来评判农贷工作的成功与失败，才是正确的。

（五）

在三边的农贷总结中提到："分行派去之人员，因时间关系，未能普遍深入区乡，故对农贷具体发放情况，不能普遍地、具体地了解。"又在经验教训中说："放农贷由各级政府负责，银行协助……"发展生产是政府的工作，也是银行的任务，在农贷的具体工作上，银行应该更多地负些责任，而不能认为只是协助的工作。我们的原则是："政府指导，银行主持。"如果在工作中发生了偏向，银行首先要进行检讨。银行派出的贷款同志不能停在上边，必须掌握农贷方针和原则，深入群众，了解、研究情况，不能单纯地只办理一下收付款项及记账等事务工作就算完事。

在陇东农贷总结里，"在农村中提高银行的信仰……"这种提法是不妥当的，银行是政府领导下的一个工作单位，不能把农贷作为在农村中提高银行信仰的工具，应该是提高农民对政府的信仰。因为离开了政府，银行的信仰，就没有依靠。

　　以上所述各点,只是我个人的看法,正确与否,敬候批评与指正。

　　编者按:此文系作者根据一些新的方针与原则,来检查过去工作写成的。从文中可以看出,有的问题如:反对亏本思想及狭隘的贫雇农观点等等,由于总行过去没有明确、及时的指示,各地亦未自动、认真地研究,因而在工作中发生了偏差。但有的问题,如发放农贷要从生产观点出发,要有重点地发放等等,总行早有明确的指示,但有的地区却未认真执行。因此,希望同志们对以上问题要特别重视,多加研究。对此文如有不同看法和意见,亦可提出讨论。

　　　　(化斋:《我对陇东三边农贷工作中的一些意见》,《业务通讯》第五期,
　　1948年12月22日)

　　自五月下旬起到八月十五日止,绥分共计发放五亿元农币,贷给出口脚户、小商贩一百二十余人,每人每次借款期限为一个月,利率四分。他们得此贷款后获利甚大,如五月底,此间一个小商贩借农币三百五十万元,买成外汇到安边,按当地市价可买厂呢八匹(每匹四十三万七千五百元),六月中旬运回绥市,可卖农币七百二十万元(每匹市价九十万元),除了应还银行本利三百六十四万元,用去运费及税款一百五十余万元外,净赚农币约二百一十万元。同时,又因银行发放此项贷款,入口贸易额亦随之而增加了六亿元以上。另外,银行在子洲、镇川投资炭窑,发放盐贷,又在绥市发放皮毛贷款,合计金额为四千八百五十七万元农币,利率二分。

　　　　(西北贸易公司
　　　　西北农民银行 《业务通讯》第二期,1948年9月10日)

　　本县被胡匪破坏甚重的永坪、永胜、城市、禹居四个区,大部群众缺少生产农具,自己无法购买。政府为了解决农具与种籽困难,除当地政府在各区调借外,延属分联社拨来籽种贷款九千万元,农具贷款一万四千七百四十五万元,麦籽一百一十石,纺织机贷款一千七百四十万元,以永坪为据点,由永坪救灾社计划贷放。

　　1. 放贷办法:由该社负责到交口等各地统一买回籽种后,干部到各农村深入宣传,瞅准对象,召开村民会议,经群众评议谁该贷或否,确定目标才贷给他们。主要以灾情较重的区乡,如永坪、永胜、城市等为主,各乡均贷了一部,禹居

只贷了五、六两乡,其他乡没有贷。

2. 发放数目与收回情况:

农具:各区共放老镢四百把,合洋四千四百二十万元;共放锄五百张,合洋六千五百七十五万元;共放镰刀一千张,合洋一千七百五十万元;共放农铧三百八十页,合洋二千万元。以上四宗总共原价合农洋一万四千七百四十五万元。

以上各种农具共收回洋九千二百九十一万元,永坪、永胜、禹居三区在清收时大部分群众不能一次把一件农具的贷款付清,他是分几次零星付还的,所以现时只知现收洋多少,便算不清实收农具种类与数目,只有城市区的实收数能分类算清。

城市区共放老镢六十八把,合洋七百五十一万三千元,实收回六十二把,合洋六百八十五万一千元,退回五把,免收一把(每把单价110,500)。共放锄一百张,合洋一千三百一十五万元,现收回九十张,合洋一千一百八十三万五千元(每张单价131,500)。共放镰刀二百四十张,合洋四百二十万元,现收回二百一十六张,合洋三百七十八万元,退回二十四张(每张单价17,500)。共放农铧八十三页,合洋五百零二万一千五百元,现收回八十页,合洋四百八十四万,退回二页,外欠一页(每页单价60,500),该区的收放共合数目,已合算在各区总共收放数目内。

另有银行贷镰刀一百七十四张,合洋三百七十六万元,现收一百六十张,合洋三百二十万元,退回十四张,合洋二十八万元(每张单价一万五千元,加利五千元,每张共二万元)。

所退回之农具,均是质量太差,群众不能使用。免收一件是男人死掉,妻子无法付还。外欠者是极贫军工属及移走不在家的(指城市区)。

永坪区贷农铧三十七页,已全数收起(每页七万元)。中区贷农铧四十页,已全数收起(每页七万元)。这两区的铧由工合贷来,本反贷给重灾区,但因铧式适合平原耕地(鹰嘴铧),山陡地不便使用。

(延川县政府:《清收农贷报告》,1949 年 2 月 2 日)

人民银行西北区行今春发放四千二百万元新币生产贷款,现正在各区发放中。据悉:延属分区贷款将集中配发去年灾情较重的蟠龙、永坪、李家渠、金盆湾等地。最近延属专署已抽调干部十名,将前往各该地协助当地政府分发,以利农民春耕。按该项贷款分配的地区与数额,计晋南一千八百万元,晋西北一千四百万元,陕北一千万元(除原有旧贷款外,新拨五百五十万元,合农币一百一十亿元)。陕北区的贷款,计分配绥德、延属分区各二百万元,关中、榆林、黄龙分区各五十万元,陇东、三边分区不另拨发,在旧贷款内收回再贷。贷款的主要项目是农业贷款,其次是各项副业贷款。

(人民银行西北区行:《发行农副业贷款》,1949年3月14日)

[本报讯]人民银行西北区行延属、绥德、三边等办事处,着重扶助灾区生产,有重点的发放农贷。延属办事处于三月二日至十七日,开设短期农贷训练班,受训的十名干部现已分配各地农贷据点进行工作。按该办事处以二百万元(新币下同),有计划的贷给以延川永坪、延安市、蟠龙、青化、李家渠、川口、子长南区等地为据点的灾区。干部下乡前,分区李景林专员指示:农贷款在农村应起组织劳动互助及推动群众间相互借贷的作用。在条件具备的村庄,与当地党政、合作社取得联系,以农贷力量为核心,结合农村救济、代耕、移民粮以及农村其他经济力量,如村公产等一切可能参加的劳畜力,组织劳动互助社。

绥德办事处发放农贷将近六十五万元,组织了四个工作组,分赴佳县、米脂、子洲、绥德各县灾情较重地区,采取有重点的贷放。

三边专署及银行办事处,为使二十五万元农贷真正达到发展生产的目的,于三月十五日指示所属各级政府及合作社重视此项工作和今春发放的具体办法。

(群众日报:《各分区银行派员赴灾区重点发放农贷推动生产救灾》,1949年3月31日)

正当部分灾贫户无法进行夏收夏耕之际,边区银行特于本月适时拨发青苗贷款五千万元(边币),以三千万贷济延川,以二千万贷济安塞(为期两月仅利息每元五分)。此举深得人民赞誉。上述两县县府当即根据各区不同情况,迅速贷发,主要对象为受灾(去年歉收及今年雹灾)地区无法进行夏收夏耕者、好劳动家庭与扎变工队有困难者。顷据延安县委书记王国华及通讯员王汝璋报道该项贷款已发放完毕。去年受雹灾最重的永坪区拨予一千万元,次为禹居(七百万)及东阳(六百万)。据不完全统计,共发一百八十六户,十个扎工队,贷款对农民夏收夏耘确起了很大作用。东阳区二乡冷水坪霍胡仁,婆姨病时吃了药无钱付账,到处借钱,妨碍生产,政府贷给他十五万元,付清了药钱,还雇短工割麦锄地。城区二乡龙眼村邓福财,只有一个劳力,又无钱雇人,结果种麦子十三垧,只割了七垧,秋田二十五垧,仅锄过七垧。这次给他贷款十万元,翌日即到该乡王家坪雇来一队扎工,他高兴地说,要没有这次贷款,秋田荒了,将吃到口的麦子也要丢了。这次贷款也帮助不少农户买牛买驴,夏收后用以翻麦地。其次,因给扎工队贷款,使不愿参加扎工的农户亦搞起扎工。如城区二乡杨家圪塔扎工队领到贷款十万元后,该村杨作周说,只要公家帮助,我也扎一个工,后给贷款二十万元,他和霍生秀商议,果然扎起一队。由此该乡共组织了三队扎工。但群众对这次放款与收款期限认为太短(只有两个月),到还期仍有困难,有希望缓至秋收者。

(边区银行:《发放青苗贷款五千万元》,1946 年 7 月 19 日)

现在各县普降饱雨,应抓紧时间发动群众在可能情况下,大量播种荞麦,以补秋田之不足。

前经专署发给你县之荞麦籽种贷款,务必及时落到群众手里,请严加检查、督促,防止干部间推诿及要私情等偏向。至于具体的解决办法可参考子长碾沟村派专人买籽种或组织小组转运的办法(见七月二十九日《群众日报》延属讯),具体布置,并将执行情况呈报本厅为盼。

(边区建设厅:《荞麦籽种贷款》,农济字第四号,1948 年 7 月 29 日)

(甲)这次贷给各县的麦籽,应以下办法执行:

1. 贷给好劳动,确实无法解决麦籽的贫苦农民与难民移民。必须用于种麦,应该贷五升麦子增种麦一垧,才算完成任务。但一般也不能放给去年已种麦的老户,有些地区政府预先号召与组织群众翻过多量的麦地,可按其需要给多贷一些,但不能完全依靠贷的麦籽。烈军工属的麦籽,当地政府组织代耕队,确实负责,调剂解决一般的不作贷放麦籽的对象。2. 要有重点,组织增种冬麦,不宜平均分配。就是重灾区或移难民多的地区,而且宜以种麦的区乡为对象,每一个乡应放到十石以上才好,而且宜以种麦的区乡为对象,每一个乡应放到十石以上才好。3. 以县或某个据点成立农贷委员会,委员会由县府、县联社、劳动英雄或好的群众及放农贷的工作组组成。其任务是:发放现在贷下去的麦籽,收回与总结过去发放农贷的经验。必须于一月内完成发放,写出总结带回来。4. 以村为单位组织农贷小组,选强有力的组长,领导该村受贷麦籽户,促其确实把麦籽种在地里,同时收回麦籽时,组长亦有责任督促其归还。5. 发放的手续,每个受贷麦籽户,填写银行印发农贷二联借据一份,并在借据上要盖章或按手印,发放后,将此据交给收农贷部门,待受贷麦籽户归还麦籽时各持一半。

（乙）收回农贷的办法：

1. 各级政府应确实负责督促群众归还农贷,坚持有借有还的原则。今年发放的镢头、锄头、镰刀、犁铧、籽种贷款（包括菜籽、荞麦籽和这次的麦籽）,除少数无法归还者外,赶今年秋收后收回。如生产资料确实困难者,再给新的贷款,借此打破干部群众把农贷当善款的观念,如现在即可收过去的旧农贷和农具等,收回是麦子时,即可再放给无麦籽者。2. 今年发的工具类,按原发价格收回。贷给钱的归还钱,贷给荞麦籽、麦籽的以实物归还,或等于麦籽、荞麦价格的其他实物,如有极少数无法归还者,迟至明年夏季归还,每斗加利一升。3. 工具价格以农币为标准,可以折交粮食等实物,所有农贷可按市价折交硝。4. 各地区乡政府将发出农贷登记数及受农贷的花名册,交付各地贸易公司、贸易公司门市部及有能力接收农贷的合作社（合作社收农贷由各县政府具体确定）或政府接收。5. 所收回的农贷,钱或实物,应及时投放于冬季生产、运输、组织、收硝等事业上,使农贷轮流不息的起再生产的作用。如只放不收或不总结农贷的县,不但以后不便再放给农贷,且是行政工作上的一种渎职行为。

（延属分区专署：《关于发放麦籽的通知》,1948年9月4日）

1. 一般情况

（1）夏收以后,政府曾号召增种冬麦,增加新地籽种,到时政府可作部分调剂解决。

（2）因天灾胡灾,今年夏收冬麦在未熟时即已吃上,除夏征公粮、人吃与换取必需品外,现在已十室九空。

（3）原系敌占区者（一乡）情况较好,问题亦较小,敌我往来游击区城乡受创伤严重,问题亦较大。

（4）安塞冬麦种植较晚,寒露后才开始,可种一个月时间。

2. 贷放办法

（1）先召集乡村干部开会,讲明贷放麦籽的各种原则与意义,根据情况分配数字,由各村居民大会讨论决定。

（2）"同上"只是不分配数字,由各行政村主任、村长开居民会初步研究提出名单,再将各行政村提出之名单在全乡干部会上讨论作最后决定。

3. 贷给什么人

(1)去冬今春下来的移难民新种冬麦,而又无力解决种籽者。

(2)当地居民过去种植冬麦,但因天灾胡灾等原因,现已确无籽种而又无法调剂或调剂不足者,已翻麦地,即在明年改种秋庄稼者。

前者(称难民)多数系全部解决其问题,后者则按情况部分解决或全部解决,每户最低者五升,最高者二斗,多数系一斗。

4. 贷出统计

乡别	户 数			贷出数目(斗)			种麦垧数		
	移难民	本地居民	小计	移难民	本地居民	小计	新增	旧地	合计
1	13	10	23	13.5	11.5	25	28.5	12	40.5
2	48		48	50		50	55		55
4	4	12	16	3.5	11.5	15	10.5	26	36.5
5	32	16	48	19.5	30.5	50	48.5	30.5	79
6	26	23	49	34	26	60	48	22.5	70.5
合计	123	61	184	120.5	79.5	200	190.5	91	281.5

附注:

上表贷出户数,移难民占 66.8%,贷出数量移难民占 60.2%,新增麦地占旧有麦地 67.8%。

5. 发放当中的几个问题

(1)存在于区乡干部中一个思想上的问题——恩赐观点,在这次工作中也表现出来,如在贷款数字的分配上要求尽可能全面照顾,各乡或各村都应分配一些(倒不在多少),有害(指负担)同受,有利同享。因此,县政府虽决定在一区只放三个乡,可是到区上以后,又抽出四石来放在两个乡上,决定四乡一石五斗,只放一个行政村,可是区政府的同志到四乡以后,又分散在四个行政村。实际看起来,区府决定的一乡放二石五斗,该乡系原来敌占区,遭害不大,而且种麦地极感缺乏,调剂亦极困难,移难民虽多,但因土地无着落,因此,对种麦不敢尝试。四乡四个行政村,贷出一石五斗,对问题的解决微不足道。由于这种恩赐观点的存在,贷款便不可避免地由集中到分散,各处都存在问题,但又都不能得到全盘解决,因此,便产生贷款管理上的困难(检查与收回)。

(2)要达到增种冬麦,只有在土地、劳动力、麦籽三个条件完全具备的条件下才可以。二乡、六乡(一个行政村)有土地,有劳动力,因此,在麦籽上稍感不足。一乡三、四行政村,劳动力多,土地少(节家湾四十余户中即有半数是移难民),这里移难民对种麦不敢尝试,甚至开会时绝大部分的移难民均未参加,因为他们感觉到,即使公家借给麦籽,自己亦无地可种。因此在贷款地区的选择上,必须在土地、劳动力均具备的条件下按情况分配,否则即使贷出,对贷款资金亦是浪费。土地、劳动力、籽种三者结合起来,才能增加生产。

(3)发放贷款的方式。在一个行政村所属自然村分散的条件下,以前述第二种方式进行为宜(不决定贷款数字先开干部会,再以自然村为单位开居民会,先行提出名单,初步研究,然后再以乡为单位开会,综合研究决定),用这种方式的好处,在于他不会在各村之间造成不平衡的现象,同时他却可以避免误工跑路,因开会防害生产的坏处,但这种方式,也有其缺点,那便是最后确定的贷款对象未能经过群众讨论通过,民主稍感不足。

(4)麦籽的需要究竟大多?以一区六乡为例,据我们所了解的情况该处:

A.有新来的移难民,有可以种麦的土地,那里敌人经常来去,遭害最大。

B.两个行政村,共一百九十七户,提出需要借麦籽者五十四户,如全部解决其问题,最多亦不过需麦籽七石。在乡的全体干部会上研究以后,只决定贷给四十八户,麦籽五石八斗,这样就已解决其问题。其余未借给的六户,家庭情况都差不多,不借麦籽已翻麦地,亦会用私下互相调剂或拿出自己保留的麦籽等办法来解决问题。如果这些人所提的问题亦给予解决,那么这部分作为生产资金的麦籽就会浪费,因此分配在六乡的六石麦籽只贷出五石八斗,其余二斗交乡政府作为临时调剂之用。

因此,关于麦籽的需要,我们应做适当的估计,不应为片面的反映与某种假象所模糊。

6. 对贷放麦籽作用的估计

据初步统计,二十石麦籽,增加新麦地一百九十垧,使九十垧旧麦地不会因无籽种而明春改种秋季作物,当然里面还有群众自己解决与互相调剂的一部分。但恐怕事实上每个行政村不可避免的有一二户将借来的麦籽吃掉,用自己隐藏起来的麦籽去种。因为农村有这样的话,"饿死爹娘,要留籽种",可见群众对籽种看得多么重要。其次,在农村中,我们也发现在青黄不接之时,要求政府救济(政府当时已作救济),然而在夏征入仓时,被救济者所缴的麦子却是去年的旧存麦子,今年的新麦子直到现在仍堆在场上未动,而另一方面还说"没吃的东西"。因此,在安塞的一区说来,经过这样一次麦籽贷款,已翻的旧麦地和新翻的麦地绝不会因无籽种而荒下来或明年改种其他作物。但同时由于上述原因,已贷放的麦籽不可避免的有百分之十左右,是可能浪费的。

(延属分行:《安塞一区麦籽贷款发放报告》,1948年秋)

本署为恢复耕地,发展生产,关于增种冬麦问题,曾出通知三次,检查指示一次,故区乡对种冬麦工作抓得紧,群众动手早,翻的麦地亦很多。但去年胡匪破坏最重的区域,尤其是敌制造之无人区,没有籽种,后银行决定贷放麦籽五百石;同时,由财委会、建设厅、银行总行和延属分行共派二十多名干部下乡进行贷放工作。于九月三日,在本署座谈贷放方法和确定贷放地区(延安:蟠龙、青化砭、川口、南区、延川;永坪包括子长东区五乡,安塞二区;甘泉:劳山、道佐埠。富县、志丹等六县)后,即组织分区农贷组,于九月四日分赴各县进行贷放,于十月十日全部结束,计共贷放麦籽521.2石,增种麦田9101垧。现将这次贷放麦籽的方法、经验教训和发现的区乡干部在农贷工作上的各种不良倾向写在下边。

甲、贷款方法:

1. 层层分配。从县分配到区到乡到具体的人,这次贷麦中用这种方法的很多,而尤以延川和志丹为主。据魏行长谈,延川从县一层层分配到乡上,只有子长东区五乡的部分村子是经过民主讨论的,其他都是分配的。像永坪三乡由乡干部决定分给了种麦户。另外,志丹七区五乡分配来了麦籽后,由乡长就分给了种麦户,连其他干部都未通过。志丹工作组于发现这种层层分配现象后,立即复查,纠正了干部的不良倾向和分配不公现象。

2. 经过民主方式,按照群众确实需要贷放。采用这种方法的有两种地区,方法亦略有不同。一种是蟠龙、青化区,该地群众翻过麦地的,已准备下种麦籽,没有麦籽的就没有翻麦地。工作组去后,即动员大量翻麦地,籽种无法解决者,由银行贷给,并个别调查,了解夏收及夏收后的支费情形,种秋多少及人畜力土地情况后,即召开群众会议,根据群众人数、畜力、土地条件,提出扩大麦田计划,要扩大麦田无法解决籽种者,自己提出,由大家公议是否该借给,再经过一次审查后,由领导确定贷给与否。这样仔细地搞,既能增加麦田,又不致使麦籽浪费。像两区第一次各乡报告需要麦籽79.8石,经过审查,把有麦籽的或准备借麦籽还账的去掉后,只贷68.45石就够了。另一种地区,是敌人制造的无人区,川口区的二、三、四乡,去年未种麦,今年区府早就号召群众翻麦地,籽种由政府设法贷给。麦贷组下去时,群众的地已翻好了,就等着贷籽,在这里即在群众会上,由群众自报翻过多少麦地和需要贷给多少麦籽,由群众评议决定贷给谁(这种方法太不细致,事先没有个别调查了解情况,事后没有审查就贷给了,这样就容易叫个别投机分子取巧)。

乙、农贷小组

农贷小组的组织大体上分为两种。1. 以乡、行政村、自然村为单位组织农贷小组,由乡长或村主任或自然村长任组长,像延川、志丹就是这样搞的。甘泉则普遍以自然村长为组长,这样的组织形式,实际上是形式,不能起作用。2. 蟠龙、青化、川口区的以若干借麦籽户自愿结合组成小组,并民主选出组长,它是连环性的,"保种""保还"的组织。有的并具体规定,组长负责保存麦籽(避免吃麦籽的坏现象),到种时才发给种麦户,督促下种,保证按期归还。以上两种组织形式,以第二种较好,能起实际作用。

丙、区乡干部在农贷工作上的几种不良倾向

1. 平均分配,利益均沾的观点。这个观点较为普遍,从县到自然村的干部都有,他们觉得有利都得,有害同受,这是应该的。如延川原贷放120石麦籽,专署指示以永坪为中心(包括子长一个乡)贷放,其他地方调剂借贷解决,而县上却给城市区分了十石。又如甘泉原贷籽30石,专置指示以道佐埠劳山一带为贷放地区,结果平均分配了。志丹二区祁文玉,坚决主张平均分配,分区农贷组同志不同意,给祁解释农贷并不是救济款,而祁说:"农贷、救济不是一毯样。"直到贷放麦籽后,祁还生气地说:"以后的负担都给一、二乡放上。"又如延川禹居区五乡共三石麦子,平均分配给了五十九户(每户平均五升多)。

2. 恩赐与救济观点。麦籽一放下去,各级干部都很高兴,认为有了办法,但放下去后,就力求上面不收或迟收。如这次蟠龙、青化区一说收旧农贷,就意见蛮多,价格算的高了,以米计算群众太吃亏,群众困难还不起等一连串的意见。这次贷麦籽,有的地方就当救济物资贷给军工烈属,如延川城市区,借麦籽户九十二户,而其中烈军工属就有五十六户。禹居区关家庄村共贷麦籽三斗,分给了军工属(军工烈属的麦籽问题本署指示由代耕队调剂解决)。又志丹二区一乡给六十八户贷放麦籽8.85石,全部是明年还。富县是36.2石麦籽,亦全部明年还。这种全部明年还与干部的自私自利是有很大影响的。如青化区四乡副指导员赵廷选,行政村主任赵廷玉,都种七八垧秋田,还要求明年还麦籽;牡丹区一乡指导员郭登明种秋田十垧,要求归还麦籽;蟠龙区四乡组织干事强井义种秋田六垧,要求明年还(最后都纠正规定今年还)。

3. 不相信群众,不走群众路线。如蟠龙区一乡三行政村主任边治华,第二次复查填写借据时未召开群众会,他一人包办了,引起群众许多的不满。新庄库刘某告状说:边治华想给谁贷就给谁贷,连群众会都不开,我们都不知道。志丹七区五乡,乡上有些干部还不知道,区助理员和乡长就分配给了种麦户。

4. 怕麻烦,敷衍塞责的官僚主义作风。派到延安川口区七乡去领导贷放麦籽的县科员范怀玉和副区长吉发周,到乡府后,连农村也未下,放了多少连数也数不清楚。范在乡上成天就是吃饭(二人共吃乡府麦子1.7斗),吉发周上山收茸子、剥麻。南区二乡麻台新翻过麦地十二垧,因无麦籽空下了,此麦地在乡府门前,乡长连知也不知道,他还说没有人要麦籽了。南区粮秣助理员刘运富,因夏征粮难收,为结束手续,私自将夏收尾欠粮顶麦籽拨给群众;银行贷下去的麦籽,当现粮拨给了荣校;同时二乡没有尾欠粮也不负责任地拨给了一石五斗(耽误了二乡的种麦),一乡给兑下去四石,到十月十日左右还有一石四斗未收起贷给种麦户;乡长家里欠一石,四行政村主任徐海生家里欠四斗。又安塞四区五乡经县指示(不应该如此指示),让以夏征公粮兑换麦籽,结果出公粮户根本没给受贷麦户麦籽,只是每户出公粮户平均少出了些公粮(给交公粮的帮了忙)。又如延川县政府报告上所说,一般的缺点则是宣传工作不深入与不清楚,如公家的原则群众不知道,该麦籽是做啥的,有的群众还不知道,以为是救济粮。同时,还有不愿费力组织群众解决生产中的困难问题,存在着靠上思想,这种现象很普遍。如青化区四乡王家沟是重灾区,在全乡来说是中等村子,住十三户人家,麦子已大部种上,场上圾的麦子还可以打六七石。阎荣富一家据说还存有八九石麦子,这说明群众里面还有调剂的力量,可惜我们的干部在这方面的工作做得太差了。四乡今年两次贷放麦籽十四石至十五石之多,群众中仅调剂一石五斗,还有的地方就根本没有调剂。

5. 私情报复,缺乏阶级观念。志丹七区尚文玉二垧麦地贷麦籽二斗五升,王定邦妹子的种麦子一垧半,贷给麦籽1.75斗,黄茂春是老户,有牛驴羊并种秋田三十多垧,也给贷了麦籽,而贫苦好劳动的李发田要求借麦籽,只借给了五升(最后复查中将王定邦妹子的麦籽收回0.75斗,补贷给了李发田)。一乡文书不给移难民贷麦籽,倒说:移难民不种麦子。农贷组同志问他调查没有,他说:没有。又如,富县政府报告中所说的,放给富农万有才二斗麦子,按万现有耕牛两头,大车一辆。又川口区助理员郭殿贵去三乡放麦籽,田家圪崂郭太藩,经群众讨论,该人确实无法解决麦籽,但郭一再强调不能借给郭太藩,因郭殿贵对郭太藩有成见,农贷组同志发觉后给补贷了。

6. 只喊放下去,不管能否收回来,不利用农贷组织群众生产,这是很普遍的现象。如今春放出去的农贷,如何组织农村生产,发挥农贷更高效的作用,这样的例子简直找不到。当然,不组织生产,到归还时就一定会发生难收的现象。又如今年贷麦籽,绝大部分地方没有很好的组织保护、保收性质的农贷小组,将来收时亦会有困难。

丁、经验教训

1. 下乡的干部要有足够的思想准备,下去要做的事,应事先讨论,使大家都搞得清楚明白,下去政策就容易贯彻。像这次贷放麦籽,因时间仓促,没有很好讨论,故下去做的就很不一致,如发放的方法与组织的农贷小组等做法各不相同。

2. 加强区乡干部的教育,使他们对农贷逐渐有正确的认识,并要有严格的农贷制度,使区级干部的各种不良倾向受到限制。

3. 要有严格的检查制度。这次志丹最后的复查和延安蟠龙、青化区中间与最后的检查,纠正了不良倾向,都取得了良好的效果,又一次教育了干部与群众。

4. 贷放的办法,必须是干部负责调查研究(个别调查与群众会议调查相结合),领导群众用自报公议的方法民主讨论,最后决定贷放。

5. 农贷的时间,要适应农时。今年春季放的某些工具和这次放的麦籽就太晚了。

(延属分行:《延属贷款麦籽经验总结》,1948年10月20日)

[本报讯]延属分区,去冬对该分区秋季贷放麦籽工作,曾经总结出若干问题,可资今后发放农贷的参考。兹特摘要发表如下:该分区农贷组(由分区及西北财经委员会,边府建设厅等单位抽派干部二十八人组成),于去年九月在延安、延川、安塞、甘泉、富县、志丹六个县,遭胡匪破坏最甚的蟠龙、永坪、劳山等处,配合县区乡干部贷放麦籽五百二十一石二斗,使农民增种麦田九千一百零一垧,成绩很大。但在这些工作中,曾发生过若干比较重大的缺点,表现在:(1)

贷放方法上大多数地区,不经过农民,由少数干部决定,由县上一直到农户层层分配下去,延川、志丹二县最为严重,志丹七区五乡的麦贷,是由乡长和区助理员直接分给种麦户,其他干部不知道,后经工作组查觉有许多不公现象,始予纠正。在发放组织方面,该二县均以行政、自然村为单位成立农贷小组,由乡长、村主任、自然村长任组长,实质上还是原来的行政机构,没有发动群众参加。所以工作很难做好。反之,如蟠龙、青化区工作组去后,先动员群众翻麦地,宣传政府对实在困难者贷麦籽,然后个别调查,再召集群众大会自报公议,决定贷放户及各户贷放数。两区原要贷麦籽七十九石八斗,经过上述步骤,只贷六十八石四斗即够种了。两区农贷小组,则是由借麦户自愿结合组成,民主选出组长,保种保还。互相负责督促,使麦贷能真正用于生产。这都是正确地走群众路线的结果。(2)干部怕麻烦,恩赐观点浓厚。延安县科员范怀玉、川口区副区长姬发周派到七乡领导贷放,结果两人共吃了乡上麦子一斗七升,但并未进行工作,麦贷结束后,范、姬还不知道全乡放了多少。延安县南区粮秣助理员刘巨富因夏征粮难收,为结束手续,竟私将夏征尾欠粮顶麦籽贷给农民,又将银行贷下的麦籽顶现粮拨给荣校。这类事例还很多,充分地表现了若干干部对群众缺乏责任心。(3)对于有借有还的农贷政策不了解或不愿执行,认为农贷就是救济,产生"平均分派(配),利益均沾"的观点。由于干部有恩赐观点,因此高兴放,不高兴还,如这次蟠龙、青化两区干部听到要收农贷就说:"价格算得太高了""群众困难收不起来"。但他们并没有真正去向群众调查、宣传。(4)自私自利,私情报复。如延安青化区四乡副指导员赵廷选,政府干部赵廷玉,各种七八垧秋田,还要求迟还麦籽,因此影响了群众也不想还。在放麦籽时,延安县川口区三乡郭太藩,众人都说应贷给他,区助理员郭殿贵坚决不贷,原因是他对郭有成见,后经农贷组同志发觉后补贷了。延属分区专署认为上述缺点的基本原因是干部思想作风不纯,不了解农贷政策或政策观念不强。为此,今后应:

(1)事先使干部有足够的思想、政策、方法的准备。(2)加强各级干部对农贷的正确认识,建立严格的放、收制度,克服各种不良倾向。(3)建立检查制度,如去秋延安县蟠龙、青化两区在发放时及发放后的复查中,纠正了不良倾向。(4)贷放方法,最好是干部负责调查研究,然后群众民主讨论,自报公议决定。(5)农贷的时间要适农时,延属去春贷放的农具及去秋的麦籽均太迟了。

(群众日报:《延属分区总结去秋贷放麦籽,增种麦田九千余垧》,1949年3月19日)

关于养猪、鸡，这是边区农户普遍能够发展的一种副业，并且容易经营，妇女小孩都可做此工作。因之，应该有计划地发动群众在基本区内尽一切可能发展猪、鸡。建厅能在这方面多反映些材料，并多提供饲养方法，加强指导，其他均同意。

（习仲勋对边区建设厅《关于今后发放农贷的初步意见草稿》的批示，1948年11月20日）

延安县川口区三乡养猪鸡调查和猪鸡贷款意见

1. 养猪的两个调查报告材料

（1）川口区三乡田家圪崂景姬先养母猪调查材料。景姬先是横山人，于民国十八年移民到马四川沟开荒种地。当胡匪侵占延安前，他有四十多石存粮。之所以能存下这样多的粮食，是由近几年来养猪喂鸡解决穿衣和零用，地里打下的粮食除了吃和交公粮外，长余的就都存起来了。据他谈，他养猪确实获得利益不小，比如一九四五年十二月，他用七斗米买了一口大母猪，喂到一九四六年三月下了小猪八个，卖了买来一石米。一九四六年十一月又下了猪儿八个，换到一石二斗米。一九四七年二月下猪儿十个，换来三石米，后把老母猪卖了，买米二石，总计以上收入米七石二斗，总支出食用米一石五斗，连买猪用米共花费米二石二斗，总计喂了十五个月的猪共净挣米五石。

（2）西窑沟王成贵养肉猪调查材料

王成贵一九四七年一月用二斗米买猪娃一个，喂糠五袋，玉米四斗，是年十二月卖了七十五斤肉，买米一石二斗。按卖肉所得刨去本钱，约净挣八斗米。

2. 田家圪崂刘子珍养鸡调查材料

刘子珍家有四口人，她男人有病不能劳动，两个孩子小也不能参加劳动。去年又遭到胡匪移民并村的损失，三月间回到田家圪崂一点吃的也没有，除政府救济外，她自己原有六只鸡下蛋，抱成小鸡卖掉买成麦子，卖蒸馍挣黑面吃，渡过了四五个月的饥荒月。这六个母鸡，对这四五个月的度荒确实起了很大的作用。其详细收益情形略述于下：六个母鸡从二月到七月共下蛋三百三十个，用102颗蛋抱成鸡儿87只，卖了183颗蛋，吃了三十颗。计鸡蛋183颗卖了三十六万，买了麦子一石八斗三升。第一次卖小鸡七十五只，得洋一百万元，买麦子五斗。第二次卖鸡儿子十二只,得洋七十五万元,买麦子五斗五升,总计净洋二百零八万六千元,买麦子一石二斗三升。

3. 全乡一九四八年和一九四六年养猪鸡比较：

九月调查,该乡经过敌人一年的糟蹋,一九四六年养猪一百五十三口,今年就只有猪二十口了,减少一百三十三口。根据以上王成贵养一个肉猪一年能挣八斗米计算,该乡在养猪的收入上要比往年减少一百零六石四斗米。另外,一九四六年有鸡一千三百三十只,今年只有一百六十只,减少了一千一百七十只。如果一只鸡只按五十颗鸡蛋的收益计算,该乡在养鸡的收入上更比往年减少七十石麦子(每蛋按二千元计),该乡共有 180 户,平均每户减少收入九斗八升麦子,这样的一个收入减少量在一个农户来说是不算小的。

4. 对猪鸡贷款的意见：

根据以上的几个材料,我们可以看到农户养猪和鸡的收入量是占相当的数量的,尤其是一个像景姬先这样仔细的会过光景的农户,他们会以养猪鸡来解决穿衣和零用,把地里打下了的粮食保存起来,以防备荒旱年用,所以养猪鸡是增加农民财富的好办法之一,同时也是增加人的营养物质的最好办法。但经过敌人去年一年的糟蹋,重灾区的猪鸡受到绝大的损失,像该乡猪鸡损失了将近百分之九十,农民想要恢复起养猪鸡的生产,敌人刚被逼退时是缺资本又无处购买。现在秋收了,唯一的困难,就是无处购买,即有少数贩卖猪鸡者,又图利太重,故目前给各重灾区农户解决猪鸡来源是一个大问题。我们意见银行可抽出一笔款又贷给合作社,由合作社去贩买猪鸡,低价卖给农民(合作社只得极小的利息)。

(边区建设厅:《延安县川口区三乡养猪鸡调查和猪鸡贷款意见》,1948 年)

[本报讯]关中专署已将边府农贷款三万万元与贸易公司贷棉三万斤,迅速分配各地。计淳耀农贷款一万万一千万元,贷花六千斤;赤水农贷款八千万元,贷花一万一千斤;中宜农贷款五千万元,贷花二千斤;旬邑农贷款一千万元,贷花三千斤;新正农贷款三千万元,贷花六千斤;新宁农贷款二千万元,贷花二千斤,贷款之主要地区为受胡匪破坏特重的山区,且居民多为移难民,无贷款即无法继续生产,恢复经济,故应着重贷发棉花,除贷给灾区贫苦群众外,并贷给受灾中农与部分贫苦群众,其发放办法为:(1)农贷采取重点发放,避免平均分配与依靠贷款而不认真进行群众间之互助调剂。通过合作社配合区乡政府(无合

作社者由农会与政府配合),经民主评议,决定放款对象与数量后进行发放,组织纺织互助小组,贷给棉花。(2)农贷以贷成物为原则,为犁、铧、镢头、籽种等(以菜种籽为主)。各地应集合木、铁匠制造农具或向外购买。(3)农具贷款每户以十万到二十万左右为限(至多不能超过三十万),若贷耕牛时,每户不得超过一百万元,不够时或由群众添补,或二户合买一头,但要保证买到。不能移作他用。棉花每个纺妇以三斤到五斤为限度,军工烈属可以优待,不会织布者可以变工织或收线,初学纺织者并予优待。收布、线标准是:每斤熟花收布六尺(宽一尺二寸五),上等线半斤,二等线九两(三等线不收)。农贷限秋后收回,棉花限二个月收布。(4)此项贷款严禁机关干部人员非法挪用,棉花严禁投机取巧卖花买布交公的破坏行为,违者严惩。(5)清理旧贷款本利,重新发放,未收起者,亦可转发放。

(关中专署:《贷款三亿元,贷花三万斤,扶助灾民生产,发展纺织》,1948年4月20日)

(四)信用合作社及其贷款工作

在边区信用合作社一年来的发展过程中,存在一些问题,亟待解决,但因各地的材料不足,目前尚难提出确(切)合各地实际情况的解决办法。因此本厅仅就延安附近与陇东等地的一些零星材料,收集整理了《目前边区信用合作社的一些问题》的一个材料,专供各地整理信用合作社的参考,希接到后,针对各地信用社的具体情况研究采用,并将信用社的情况随时报告我们。

(边区建设厅:《关于目前边区信用社的一些问题的通知》,1945年12月26日)

边区信用合作社的一些问题

边区农村的贷款关系在土地革命中已完全停顿。国内和平实现后,随着生产的发展与商业发达,民间借贷要求增加,又因物价上涨与币值下跌,一般利率上升,高利贷得以乘机发展。至一九四四年,个别私人放账利息达百分之三十至百分之五十,"挖蹦子账",每集利息百分之十五至百分之二十。在缺乏市集,交换不发达的安塞、志丹等地,则普遍流行着青苗的探买探卖,探卖价格一般仅及当时市价的一半,而志丹仅及三分之一。在物价上涨时,往往有交粮时价格高于探卖价格的十倍至廿倍者。最近两年,延安一带又盛行一种"请会"(亦名"钱会"),虽经延市、县政府禁止,而仍大量发展。高利贷钱会的流行,说明边区农村需要一种借贷制度来解决其迫切的要求。

一九四〇年,关中赤水劳动英雄蒲金山,创造了老户集钱(一年得利百分之廿)借给新户(一年出利百分之卅)的信用组织。至一九四四年,全县共集粮六百六十二石,放出五百八十石。一九四三年米脂各区农会在防荒目的下,号召农民成立了十七个小型的粮食信用合作社,共计入股粮食一百零八石,以低利或无利放给贫苦农民,一般利息为半年百分之十五或一月百分之二点五(社员)至百分之三(非社员)。这都是农村中自发组织的比较简单的信用合作社。

一九四三年三月,延安南区沟门正式成立信用社,这是边区第一个规模完备的信用社。规定存款每月一角五分,放款每月二角复利,开始存款放款。并规定存款扣百分之十,借款百分之廿作为股金办法以积累资金。当时合作社全部资产仅一万零八千元,除去房产等外,流动资金仅有三万八千元。至一九四四年二月,一年之内,股金扩大至三百六十万元,存款累计至五百八十万元,放款累计至九百五十四万元。

一九四四年春,因西北局研究室在报上介绍了沟门信用社经验。由于南区刘主任的推动及银行投资帮助,先后在延安各区成立信用社七个,安塞、曲子亦各成立一个,完全采用沟门办法,这是信用合作社在群众中的成长阶段。

一九四四年六月,边区合作会议确定信用合作将大量发展的方针,提出每区建立一个信用社的口号。然而由于当时信用社经验不足,对信用社问题未能有深刻的研究,因而一方面信用社大量发展了(据九月延属分区统计,信用社由五月的八处增至二十三处,存款达一万万二千万元,股金四千四百余万元,放款一万八千万元。至十二月,全边区信用社由五月的三十二处增至八十六处,资金由六千八百万元增至五万万元)。另一方面各地信用社产生了扣股,引起群众不满。利息大,放滥账,出现了个别借户因借款拉垮生产等严重弱点。

一九四四年九月,召集延属分区信用社会议,虽曾针对上述弱点提出:(一)实行低利借贷,逐渐降低利息(存放款均由每月复利改为三月一期的复利,存款如月月取利改为月息一角二分,三月取利为月息一角五分);(二)放款要达到"生产实效",防止滥账;(三)限制投机存款;(四)废除扣股办法。但仅在技术上提出了问题,而没有在思想上解决举办信用社的目的及从小到大、逐渐积累资金等问题。这些办法除扣股一条真正实行及延川信用社全部执行外,均未能贯彻,并继续扩大了错误做法:许多信用社单从营利出发,存款是盲目吸收,并大量挪用,借款就不选择对象,利息也不可能降低,在某些方面起着破坏生产的作用。而信用社本身则因大量发生滥账而不可收拾（如陇东各县及延安姚店、李家渠等信用社），及至抗战胜利结束，物价陡跌，信用社危机愈益严重，除少数站得稳的沟门、延川、安塞大队部等信用社外，大部濒于破产。

据两年来的经验，信用社可能和已起的作用有三：

1. 推动储蓄，使民间游资转入正当用途。日本投降以前，全边区信用社吸收存款约十五万万元，其中大部是干部及农民存款。办得好的如延川信用社，在两千万万存款中，几无商人存款。沟门信用社，妇孺、养老等储蓄存款占百分之六四点五，而城市的如绥德市等信用社，干部存款达百分之八十以上。其次吸收了三万个以上的白洋及若干首饰，大部交给银行，把僵死的东西变成活动的资金。

2. 发展借贷关系，部分抵制了农村高利贷。各地信用社成立后，一方面直接存款放款，另一方面使生息借贷由不公开变为公开，在市场一般来往短欠均按信用社利息计算。在农村由私人放账日益增多，而有信用社的地方，如沟门月利息由百分之卅至百分之五十跌至百分之廿至百分之廿五，李家渠"挖蹦子账"利息由每集百分之十五至百分之廿跌为百分之五至百分之十。探卖青苗，虽经政府禁止，而在信用社办得好地方则更为罕见，如延川探卖棉花，今年本已禁绝，而当信用社两集无钱放款时，就有探卖棉花救急者。

3. 解决资金的临时周转，部分的扶助了生产的发展。在物价上涨和不稳的条件下，完全依靠信用社借款或长期挪用信用借款进行生产是很困难的，但在沟门、子洲、曲子等地证明信用社对运输（如子洲运炭、运油、曲子运盐，延市附近运木炭等）及农村副业的短期借款，曾起了很大作用。各地信用社在解决农忙时锄地工资及冬夏换制衣服方面，亦起了不少临时周转的作用。

但由于许多信用社走错了方向，就减弱了他的作用，甚至个别信用社起着相反的作用。这里普遍的现象是：第一、助长了商业投机。城市信用社（如大众信用社）三分之一以上的放款是商业放款，同时，大量商业资金随物价波动随时向信用社存进取出。此类往来存款，延市大众信用社常达八千万元（定期存款在外）。而有些农村信用社，放款亦以借给半农半商倒贩牲口者为多。在姚店，曾有人半年内在信用社借款十次，钱数由第一次的一万元至第十次的二十万元，专以信用社放款在当地倒卖牲口。第二、利息过大。信用社存款每月一角五分，放款每月二角复利。在一九四三年物价上涨廿四倍时是适当的，一九四四年以后，物价远不如一九四三年上涨迅速，而信用社死板地沿用旧的利息标准,全年复利存款本利为五点五倍,放款为本利八倍,而一九四四年物价仅上涨三倍,个别信用社甚至任意提高利息至三角。第三,因而造成某些妨害生产的现象。一是在今春粮价相对低下时,延安、安塞等地个别人有将牛、羊出卖或将雇人工资存入信用社生息,减少了生产。一是借款农户解不下复利计算,如信用社不及时要账,借款时间拖长,利息即超过原本甚大,无法偿还,容易拉垮生产。此种现象,在陇东、安塞、延安、富县等地曾发生过。因而群众叫信用社为"性命社",如此可见信用社问题之严重。

信用社发生的偏向,主要是下列问题没有获得解决:

1. 方针问题。许多信用社的举办,不是从吸收民间游资、发展储蓄、周转群众急需、扶助群众生产发展借贷关系,抵制农村高利贷出发,而是单纯从营利出发,因之第一、当物价平稳时,不愿降低利息。延安青化砭信用社且提高为三角复利,西口信用社亦提高为二角四分,李家渠信用社只压低存款利息,不减放款利息,以提高存放间利息的差额。第二、不及时收账,如姚店信用社以为反正每月有三角的复利,何必收回、放出,结果拖成一千多万的烂账。第三、消费社为了挪用资金,附设信用社,盲目吸收存款,存款增多,不能不急求放出,致放款不能选择对象而放给商人"倒运手"、炭工、二流子等(如姚店、李家渠、曲子、华池等信用社)。一则助长投机,二则发生烂账。第四、除沟门、延川、安塞大队部等个别信用社外,几无一不大量挪用存款,最严重的如大众信用社给总社消费部门透支最高达二万万四千万元;安塞四区信用社存款二千万元,合作社以之投入小型工厂达一千万元;李家渠信用社平时积压现金为二百万元,而今春物价上涨时,账面现金数字逐渐增至九百余万元。第五、个别商店(如延市普利商店、鸿泰号)无任何手续与保证,成立信用社、储蓄部门,吸收存款,这种单从营利出发的观点,造成两种后果:1. 信用社主观上不愿降低利息,生怕降低利息,一旦存户提取存款无法应付。所以,日本投降以后,乌阳、延河湾等信用社仍按一角五分复利吸收存款,以救一时之急。2. 大量发生烂账和挪用存款之后,信用社普遍发生赔本现象,又无股金或公积金以资补偿,于是存款无法保证,随着金融波动而走向破产。

因之,举办信用业务时,合作社干部及区乡政府,必须在思想上确定:吸收民间游资,发展群众储蓄,扶助群众生产,周转群众急需,发展借贷关系,抵制高利贷为信用社工作的基本方针。在此方针下,信用社应核算正当的利得,但必须反以单纯营利的观点。所以举办信用社的头项问题,就是非有选择足够能掌握其业务的干部和相当的资金,否则是办不好的,同时在发展上,只能在适当条件下逐步发展,不可能在短期内大量发展。至于私人(包括公营商店)举办信用业务,必须经政府登记批准,并规定其吸收存款总额不得超过其全部资产的一定比例。

2. 基础问题。去年九月以前,各信用社均采用沟门存款放款入股办法,规定存款以百分之十,借款以百分之廿入股,此类股金,一年以内不能提取。这一办法在积累资金、奠定信用合作的物质基础上是必要的。但另一方面,借户入股是迫于经济急需,以二角复利借款入股(在同一时期内股金红利绝不及借款利息之大),且借款一万,使用八千,一月还本利一万二千元,老百姓认为是五角的利息,致有人宁可探卖粮食,不愿借款。特别是办得不好的信用社,借款利息滚至十几倍,股金则已赔光,更引起群众的反对。所以去年九月延属分区信用社主任会议取消了此一办法,但因忽略了它好的一面,并简单地认为存款与股金没有差别,未寻找适当办法以资代替,因而信用社(除沟门信用社外)完全没有打下基础,单纯依靠存款来实现所谓"经过高利贷来抵制高利贷"的任务,结果,是迁就了存款,或因存款的提取垮台。此次金融波动,绝大部分信用社垮台,而沟门信用社独能不受影响,且能一元分得一元红利,主要就是它积累了二千六百万元的资金,打下深厚基础的缘故。信用社积累资金的主要办法有二:一是信用社以每期红利的百分之五十以上为公积金;一是目前沟门信用社的办法,即存款放款,各以其应得或应交利息的五分之一为股金(个别存户无力以五分之一的利息入股者例外),但绝不能额外提高借款利率,这一办法一方面为信用社积累了资金,打下了基础;另一方面也等于降低了利息,替借户积累了资金,使之由负债变为股东。

3. 利息问题。一九四四年后,信用社利息远高于商业利润,已于第二节说过。这里应解决的问题是:第一利率与物价关系及利率的管制问题。最普遍的现象是信用社干部不能灵活掌握利率,他们只会跟着物价上涨将利率提高,不能在物价平稳时降低,且随物价的涨跌而定。但须比物价上涨率提高少,同时必须有一个管理利率的机关,视物价变动的趋势,规定信用社的最高利率,此一机关以银行最为合适(各分区由各分行规定)。第二是计算利息的时间问题,过去一月一期计算复利(存款有按天计算的,即等于活期存款),一则使借户计算困难,如借款时期延长,就在不知不觉中拖下大利无法偿还,再则对存款来说,既可随存随取,利息又高,易于引起投机。因之,计算利息,应改复利为单利。

借款可根据其具体用途约定还款时间,最高不能超过三月。过期不还,则重新借款,并及早解决,以免越滚越大,难以解决。存款利率,短期存款即月月取利者要小,长期存款的要大。这一办法,除将利息降低外,并可刺激借户按期还款,同时对一般随时向信用社大量存入,又随时大量取出的投机存款,亦有所限制,在延川采用已证明有效。

4. 制度问题。信用社必须建立严格制度,在这方面,延川信用社做得很好。第一不滥收存款,对投机及大额存款给予限制;第二严格注意放款对象(只借给农户),款额有一定限制,并依据借款人家庭经济而定。在二千万放款中,最大不过三千万元;第三对作保人员必须要求严格,凡借款人不能作保,保人不能借款;第四抓紧要账,尽可能月月清利;第五信用业务与清费业务分开,不能用存款作消费营业及其他用途。因此很少发生滥账,即在金融波动中,亦能如数退还存款,并有一百万元红利。这些办法,值得各信用社采用。

5. 原有信用社,应尽可能收回贷款,结算账目,能办的继续办,不能办的早日结束,俟条件具备再求发展。在结束时必须慎重审查业务,审查干部经济手续,清算账目,按其资金能力退还群众存款,并由干部亲自到农村给存户解释盈余或短欠之情况及原因,并实行自我批评,使群众有所了解。

最后,信用事业关系整个金融及社会秩序至巨,对于信用社的登记管理,利率之规定、检查,以及存款、放款等具体办法,政府应作法令规定。目前各地须依据当地情形,自行研究订出具体办法,并随时报告建厅,以使拟定法规,明文公布。

(边区建设厅:《边区信用合作社的一些问题》,1945年12月26日)

1. 成立及经过的概况:

一九四四年六月响应政府号召发动大量集股,准备成立消费社,后因合作社干部缺乏,决定改为粮食信用社,因此有些报名纳股的终止了,仅有二十五户纳股麦子二石二斗,豌豆四斗四升,最多的是二斗,最少的是三升,一般是一斗。当时农会交出妇女纺毛工资小米五斗六升,黑豆一石三斗,麦子二斗四升,合并于村信用社。这工资原在一九四二年给阎家坪纺织工厂纺毛线二百○三斤,一九四三年春领回工资法洋八千一百二十元,当时征求妇女的意见,认为每人分得几十元也不顶事(每户最多四百元,最少三十二元,共一百二十三户),集中起来买成粮食,托农会代放颗颗账。农会代买成粮,保存起来,没有放粮,一九四四年六月成立村社,将粮移交村社,这时村社共有股本小米五斗六升,黑豆一石三斗,由村民会选出主任刘得正。副主任刘得时不理事,收下的粮存着不放,交股粮折成的钱,也不买粮(二斗麦子折法洋八百元),如此推拖了一年,村里人不满意提出改选。于一九四五年四月改选出新主任刘安生管账,刘树范抹斗,刘安英保管,刘安世将存法洋八百元买成麦子一斗一升,计赔麦子九升,于一九四五年六月二十八日开始放粮。由四位干部决定每月每斗利息三合,半年一升半,全年三升,还期不定,但不能超过一年。(借)粮手续,找保人写保条,盖章或打手印,共放了二十八户,最多的五斗,最少的五升,都是供给吃粮。同时决定出入股自由,但抽股在夏秋间还粮。红利按投分配前赔了九升在总红利补足,现在还没有分过红,仅有此计划,也没有人抽过股,截至去年腊月共得利息小米八升四合,麦子二斗一升六合,黑豆一斗九升半,豌豆去年没放出去,今年正月才放出,做了种籽,现在全部放出去了,没有存粮。

2. 优点和缺点:

它的优点,最显著的是把妇女纺毛工资通过妇女的自愿买成粮来放账,即可生利,又能救济穷人的吃粮和解决农户的籽种困难。那时如果分了,每户仅能得六七十元(有一户能分四百元),也不能做什么。其次活期放款(一月两月都可以还),使贷户便于清还,少出利息,同时贷粮对象,最穷的人有优先权。

它的缺点:第一,初次选择的干部时,重点选择了有商业经验的人,没有注意到能否为群众服务,虽然发觉了这一缺点,领导(乡长、指导员都在这个村住着)也没有即时纠正,一年后才改选;第二,集粮时虽然积极分子和干部作了带头作用,但群众中酝酿不成熟,所以入股的积极分子中干部多群众少,而且带有勉强性。第三,征求群众意见少,使真正需要借粮的反而借不到,如冯致富未曾借到粮,当然这是个别现象。

3. 今后需要注意一点,首先在乡级干部领导要经常检查并了解情况,帮助研究问题与解决问题,其次合作社要经常了解群众生活情况,征求意见使合作社放粮做到全部真正为群众解决急需。

(建设厅:《米脂县印斗区一乡印斗村信用合作社调查材料》,1946 年 3 月 16 日)

1. 概况:全村住户五十万,参加农会的四十七户。当 1943 年给延家坪纺织工厂纺毛线五十四斤,1944 年春领回工资法洋二千一百六十元,当时政府号召发展合作社,他们通过村民会,用此款搞合作社,当时探买麦子九斗(每斗二百四十元,六月交麦,一九四四年三月市价三百一十元)。这时又发动群众集股,共集到麦子六石一斗,七月只在积极分子和干部中收得麦子二石一斗,其他四石都由本人借(找了保人)。这时又把本村寨门卖给学校,得来四斗麦子,一斗归合作社。当集股时由群众大会选出主任李其贵,副主任李英杰,管账的冯得英,食库李万栋。同时决定每斗半年利息一升半,半年为期,找一保人,借粮额以入股额多少来决定,最高不得超过一倍。如入一斗最多能借二斗,七月后全部放出去,最多的借了二斗(除自己纳股的二斗以外)。冬季没有往回收,继续借起。到了一九四五年七月,群众知道了合作社股金可以自由抽,当时正是天旱,他们要求抽本留红利,干部嫌麻烦,说你们暂时可将本利都拿回去,以后用时我们再来拿,就将本人股麦会同保人取消了。收起的那二石一斗,也向贷户将本利讨回,归还了原纳股人(每斗分了三升红利)。纺毛工资的粮和卖寨门的粮,因天旱而未曾收起,延到秋收后才折收了米和黑豆(按两种的市价来折合)。在该年的六月,政府号召成立义仓,该村又三升二升的集了小米四斗,黑豆四斗,麦子一斗,最多的一户五升,最少的二升,是一种募捐性质,这粮也归合作社放出去,去冬将所有人借的都收回了,本利共收得小米一石四斗九升,黑豆三石二斗六升。

1946年正月,干部们开了会认为防荒以黑豆为主,有黑豆吃就饿不死人。现在一斗小米能换二斗七八升黑豆,存黑豆能多救济些人。他们决定春天放出去一斗小米,六月归还三斗黑豆(本利在内)。同时决定借的手续,以地作保,每借一斗用一垧山地作抵押,过期不还,改为典契,按期交租。现在已放完,多的借了三斗,少的一斗,存的黑豆准备在四月青黄不接时再放。

2. 成绩和缺点:

这社收到的成绩:第一,死产变为活产,寨门是无用之物,卖给印斗学校,卖得粮食,一方面能解决穷人的吃粮;另一方面又能生利,准备将来防荒之用。第二,纺毛工资如果分了,每户不过五十元,也不能抵啥事,今合伙买了粮食,投于合作社放款,帮助合作社解决群众的困难。第三,帮助解决贫佃农因买地影响到吃粮不足的困难。该村五十户人三年来买地二百垧,一户最多买到十八垧(高有来),最少买三垧。如去年高有壁买了三垧地,结果粮不够吃,向合作社借了二斗解决了吃粮的问题(这村大批是佃农,租种高庙山常家的地,常家连年出卖地。如果他不买,他就向外出卖,佃户恐怕别人买了,他们没地耕种,只好拿粮来买,合作社解决了这些人的吃粮问题很不少)。第四,扶危救急,帮助解决婚丧事中的困难。如麻常广(该村的老户)从外回来,家中再无人口,他病了告借无门,他们借给米六升,后来病死了,也没还。杜良润娶媳妇时,借麦子二斗,解决了吃的问题。李万秀等七人(这些人中也有买过地的)借了粮食安住家,他们出外做工(有的去延安,有的在附近打短工)。第五,利息低于私人的三分之二强(私人每月每斗利一升)。他的缺点也不少。第一,干部怕麻烦,有些社员本不愿抽红利(每斗三升利),他们没法退回去;根据和群众谈,还有些人愿意给合作社纳股,但他们没有提出扩股(冯得亮和高有壁谈的)。第二,借粮以地作保,没地的人不易借到,如常加银去年借米一斗,冬季在优抚粮上扣除了,现在常还想借,但没有土地借不到。第三,借额没有规定,有些人借太多了,常维哲今春就借了三斗小米,他还不是个上坡户。第四,对收粮时抓得不紧,第一期收的就延长了一年多才收回。

3. 该社今后亟待解决的问题:

第一,从思想上克服干部们怕麻烦的心理;第二,以地作保值得研究和转变。

(建设厅:《米脂县印斗区一乡惠家沟农会信用合作社调查材料》,1946年3月20日)

1. 概况:

全村共住四十二户人,二百来口人,只有七户中农,其余是贫农(该村是七乡五行政村,包括高家渠在内)。在一九四四年春上召开村民会,布置生产变工及行政工作时,由农会主任杜良起提出,别的村庄都成立了合作社,过去咱村最苦,现在已经走上坡路了,咱们也可以集一些粮食办合作社来低利放账,解决吃粮困难问题,帮助生产还可以帮助一些婚丧事情没办法的人等。主任这样一提,当场即得到群众的赞同,当场就自动报名集麦子三石二斗五升,入粮户达三十五户,未入粮的七户均是顶困难没办法者。多者入二斗,少者入五升,并推选出杜良起为主任,杜昌元管账,高志昌抹斗,这三位干部均不脱离生产,没有报酬。

虽然大家报名入粮,并选出了干部,但当时并未收起,一直到五月底夏收后才把麦子收齐。六月二十日开始放粮,其办法以半年为一期,放的对象及利息均由群众大会决定。一般放粮的对象是先给最没办法的放,如粮多时,谁也可

以借,也不限借额,现将每期放收情况简述如下:

第一期,1944年六月二十日开始放,到十月底归还,利息由村民会决定每斗二升半利,共有借户十二户,放出粮食三石一斗,借粮额多者八斗,少者一斗,这十一户借粮的,只有常占山借八斗,是买地用的,其余都供给了吃粮。十一月把放出的粮食全部收回麦子三石一斗,麦利三斗七升半,米利三斗(因没麦子而折价还的),麦子本利共三石六斗二升半,米三斗(麦米共三石九斗二升半)。

1945年正月本村有十七户人,由乡社抽回麦股一石三斗,多者一斗,少者五升也入到本村信用社了,这时本利共有麦子四石九斗二升半,小米三斗(米麦五,二二五石)。第二期是1945年正月底放出,到六月底收回,由村民会上决定每斗利息二升,借户二十九户,放麦子四石八斗,小米三斗,多者六斗,少才一斗(杜良得借六斗买地用),到六月底收回来米本三斗,米利六升,收放麦本四石八斗,利九斗六升,存一斗二升米,共米三斗六升,麦子五石五斗八升半。第三期是1945年六月放,十月收,利息由村民大会决定,每斗利息一升半。借户二十五户,放麦子五石一斗,米三斗,多者八斗,少者一斗(杜良得夏天买了三垧地借八斗),到十月底收账时,因被冷子打了,所以大部分人家还不起麦子,故决定还黑豆,按市价借一斗麦子还二斗五升黑豆;借一斗米,还二斗六升黑豆,但仍有人连黑豆也还不起,所以大家都要抽股或抽红利,这时共收本利及原存七石一斗二升四合(这都是各种杂粮折合成麦子的总数)。

在第三期放粮结束后,群众们因被冷子打了,收成不好,所以大批的抽股,计全部抽的有十一户,其余都是抽红或抽一部分本的。抽股时,第一次入粮的每斗有红利六升四合,第二次入股者每斗有红利三升八合,这个时期抽的剩下社员三十四户,麦子三石三斗二升(把粮食本位改成黑豆)。改成黑豆的主要原因,是黑豆防荒年比麦子好,二十四户社员中最多的入一石,少者入一斗。第四期1946年正月放,六月底收,利息由村民会决定,每斗二升。现放出去一石九斗,多者借二斗,其余的现在不放,到青黄不接时来放,以济急需。

其次常占山去年十一月交优抚粮没办法,合作社给放米六升七合,到今年六月还一斗,这种利息是大了些。高家渠高祖明去年腊月娶媳妇没办法,给借了四斗米,没有说利息,至今仍未归还。在二月中旬用一石五斗黑豆换了二十八斤蜂糖,卖了一个月蜂糖,卖的卅七元,可买一石八斗五升黑豆,在目前看来是赚了,但如黑豆继续涨价,则可能赔钱,这是没把握的。

2. 它的作用及缺点：

它的作用，第一，把能够根据群众的需要和自愿来办事，比如该村住四十多户，其中绝大部分是贫农，最大的困难是吃粮和土地，因此即进行低利放款，解决了吃粮困难，使得群众能够安心生产，如杜良之在未成立合作社前，正到锄草时，没粮吃自己给别人打短工，误了给自己锄草，结果自己的地荒了，而现在有合作社则免除了这个困难。

第二，该社1942年，只有自耕地不足五十垧，其余完全租种高庙山常有义的地，而常又是一个破落地主，在减租后，即提出要卖地，因此该村群众只有积极节约向地主买地。计在这三年中共买地三百多垧，多者买了十四垧，少者二垧，这样的买地就使吃粮更加困难，所以合作社放粮的作用就更大了。比如杜良德原有地六垧，1941年冬买地五垧半，1945年春上吃粮就困难了，向合作社借了二斗麦子、三斗米，夏收时本利还清，1945年五月又因买了三垧地，到七月吃粮困难，七月又向合作社借了五斗麦、三斗米，收秋后如数归还。这种事实不仅单纯的解决了吃粮问题，而且也是积极的起了发展农村贫农经济的作用。

第三，刺激了群众储蓄备荒，把群众节约的一些粮食集中起来使之生息。在平时可解决群众吃粮困难，如遇荒年，可以备荒。比如去年被冰雹打了，收成不好，则可把股红抽回去解决了吃粮困难。

第四，抵制高利贷的剥削，在未成立村信用社时，向私人借粮每月利息八合到一升，太穷的人还借不到，而合作社放粮利息平均每月四合到六合，手续也很简单，现在该村向私人借粮现象已经没有了。

第五，执行了出纳股的自由

它的缺点：主要的是账目记得不清楚。比如放出的人名、粮数均有，但收回的本利类别没有记，在收粮时只凭三人在一起约定的日子，入仓随时结清，但花名账上不收账，在三期的总结数是相同的。为什么账目记得不清呢？主要是全村只有两个识字人，杜昌元是识字最多的一个人，但对账项上不懂，所以记不清，并非干部思想不好。其次在干部中还有一种投机想法，从中图利，所以搞了一次蜂糖生意，从目前看来，是可以赚钱的，但将来是否赔钱还不能肯定，因此干部们今天也感觉到这种生意是不可靠的，又误工多，所以今后也不敢再做了。

3. 今后应注意的几个问题：

第一，在领导上尤其是乡上，应当经常去了解，并且给予实际的帮助，如账目应如何记，放粮的对象，利息方针各方面的指导。

第二,利息问题,如利率的规定,应当按放收粮时的粮价高低及时间长短来规定利息大小,较为适宜。如六月放麦子便宜,十月还麦子又贵了,利是二升半,而 1945 年正月放麦时价贵,六月还麦子便宜,利是二升,像这种问题值得研究。

第三,放粮对象,应当先解决吃粮困难的人,然后来帮助置地户粮食困难。放粮额应当适当规定,比如第一期放粮时,常占山一人贷了总粮的四分之一,这是不适当的。

第四,领导(县区乡)应加强注意经常了解他们的情况,给以适时的指导,如该社 1944 年春,搞生产起劲的时候经政府号召,积极分子杜良起即把合作社办起来了,二年的工作的确是有成绩的;但至 1945 年由于领导对生产的自流,以后县区乡干部再没理会,他只知有一个合作社,但很少知道其内容,经这次调查后,给他们反映具体情况后,他们才觉得以后应该加强注意这样的合作社。

(建设厅:《米脂县印斗区七乡杜家崖窑粮食信用合作社调查材料》,1946 年 3 月 22 日)

1. 通过合作社进行贷放前的准备工作。

(1)首先与当地党政及合作部门协商,根据各社现状慎重选择对象,并确定结合的原则,逐级贯彻直至村,否则合作社单独去进行是行不通的,即使勉强接受,亦易于产生偏差。

(2)在确定通过之合作社后,即分别召开其经理会议,或直接与其商洽,主要的内容,为使其了解贷款原则和订计划及工作方法等问题,因为这是一个新的工作,合作社还缺乏经验。另外,在社干部思想上如不明确这一问题的价值与意义,则不易愉快地接受。同时,在必要的情况下,还可以进行社干部、村干部联席会议研究贷款计划及贷款方法,并明确工作责任,以免某些村干部的权威思想及双方互不负责任的现象发生,而影响到贷放工作。

2. 结合合作社发放农贷应采取的方式。

(1)合作社代理贷放,其办法是合作社结合村干部,遵照银行的贷款方针,仍以评议方式确定贷户及贷额,唯仍须经过银行同意具体手续由合作社办理,借据交回银行。这种方式,适宜于合作社业务方针还不够明确,或尚未具备贷款能力者。

(2)全部贷给合作社,由其直接贷放,但亦须执行银行贷款原则,并协同村干部进行贷放。这种方式,一般要具备三个条件:①合作社业务方针正确,及已具备贷放能力者。②贷放工作有基础的地区。③合作社和群众关系密切者。

(3)结合合作社供销业务,调剂群众所需的生产资料,这分两种作法,一是由银行贷款给合作社,由其购买生产资料贷给群众;一是通过合作社购买生产资料后,再由银行贷给群众。

3. 工作中要注意掌握的几个问题。

(1)对合作社的优待办法问题:

为了巩固和发展通过合作社贷放,应根据公私两利的原则,订定以下办法:

A. 由合作社代放代收,办理具体手续,借券交银行保管者,由农贷息中银行收一分二厘,给合作社三厘。

B. 将款全部贷给合作社,由其直接贷放,粮食存在银行仓库,收发保管由银行负责者,由农贷息中给合作社五厘,银行收息一分。

C. 由合作社直接贷放,并代收回保管,所有蚀耗、偷盗、晒粮掉秤等全由合作社负责者,在农贷息中银行只收六至八厘,给合作社七至九厘。

(2)农贷结合合作社资金运用问题:

目前农贷结合合作社资金运用,是采用两种方式,其一为合作社资金与贷款严格分开,农贷资金合作社不能运用。其二为将款直接贷给合作社,结合其资金统一贷给群众(目前这主要是集体性的副业)。这两种是以前者为主要方式。而根据工作的发展要求来讲,是应逐渐的向后者转变的,这不仅是必要的,也是可能的,这样作法的好处是:

A. 可以利用合作社资金间隙,充作农贷资金,也就是组织群众资金,扶持了群众生产。

B. 合作社可以利用农贷间隙,发展本身业务,因此农贷扶助了合作社。

C. 利用这种方式,有意识有条件地培养合作社信用活动,以推动信用业务之开展。具体工作经验证明,要使农贷更好与群众生产结合,充分运用农贷资金,必须通过农贷逐渐地建立合作社的信用业务。我们有些行处,春天通过合作社发放贷款,秋季后又通过其收回,收回后又委托其代为保管粮食,而证明这一套工作由合作社负担均为有利。实际上凡是通过了合作社就自然形成了整套业务交给了合作社,而有些合作社实际上也将贷款当成它的一部分工作,并拿出一部分资金投入到农贷上面。如将农贷资金和合作社基金结合运用,且这样有系统地做下去,会增加很多工作上的好处,会减少银行和合作社关系上的许多好处,会减少银行和合作社关系上的许多复杂性。因此,我们认为,通过的形式要逐渐走上信用业务的轨道,这是银行农贷和农民生产结合的最好形式。但这不是一蹴而就的,还必须通过多次贷款,借以教育合作社干部,并使其积累经验,从而诱导农民逐步走上与合作社发生借贷的习惯。因此,农贷结合合作社资金统一运用,就是必要的。

(3)几个具体问题:

A.我们刚开始通过合作社贷放时,应首先由村社贷给本村或附近几个村庄,不要将范围划得太大了。因合作社的力量有限,工作又较生疏,工作范围大了很难办好。

B.通过合作社贷放,应是结合合作行政部门讨论逐级贯彻,但是在经济手续上,应当是和贷放的社直接发生关系,不必通过领导的合作社,以便减少许多麻烦和易于产生的系统紊乱。

C.在这工作布置以后,不能百事大吉,要经常地、及时地进行业务指导,帮助其解决实际工作中发生的困难。同时,在贷款完毕以后,应协助进行总结,以提高其业务水平。

D.仍须经过当地政府讨论,尤其是季节性贷放,一定由政府参加,共同研究,确定贷放地区。银行干部必须紧紧掌握贷放原则,合作社协同村干部确定贷户,并管理手续,这三者必须协同一致,否则易于造成偏差。

E.合作社办理农贷,必须设专人负责,以便掌握。同时对某些合作社干部不艰苦的思想作用,应进行教育。

(边区银行:《结合合作社发放农贷的意见》,1946年下半年)

合作社贷款,使合作社恢复了其正当业务,如淳耀县合作社,战时将物资损失精光,以贷款得到了恢复,现为关中第一个合作社,执行了金融贸易物价政策,支持了本币,供给群众必需品,以垫支土产的方式帮助群众购买了一些牲口,发展了运输。

(西北农民银行:《一九四八年贷款总结》,1948年底)

(五)农贷的清理工作

为了彻底清理资财,以便更有计划地集中人力财力,度过春荒,支援前线,特规定本办法如下:

第一条：粮贷、纺贷等实物贷款，一律豁免利息，收回原本（或收原实物或以公司门市价折收贷币）。

第二条：货币贷款，仍以原定利息计。

第三条：所有贷款，均可以各种实物计价归还，实物最好以粮食、棉花、布、油、盐等为准。折价以当地公司部门价格为准。

第四条：由于胡灾、天灾致使家破人亡、流离失所、无力归还者，可按具体情况免收、减收或转期，但必须多数群众公认，当地政府证明。

第五条：目前无力归还或归还后妨害春耕生产者，可延期归还，但必须于一九四八年秋后还清。

第六条：已由当地政府收回之各种贷款，须由当地政府负责即速归还。需要向上级机关转账者，由收用机关呈请上级机关审核批准后转账，否则由该收用款机关按实物归还。

第七条：所有全部或部分豁免之贷款，均须取得当地政府及农会之证明文件为凭。所有延期归还之贷款，均须办理正式延期手续，并经当地政府及农会证明为凭。

第八条：未收或已收回之实物（粮、棉等），疏散后，未遭损失者，给保存户百分之五之报酬；如遇胡匪而遭部分损失者，按具体情况决定。如因胡祸天灾而收不回者，可按第四、五条处理。政府收回者，则按第六条办法处理。

第九条：所有各分区之贷款，均由各该分行负责清理，并须于四月十五日前清理完毕，报告总行。现收货币及现收实物以公司门市价折合，货币账转总行账。

第十条：敌占区俟我军收复后，立即派人清理，不得延迟。

第十一条：本办法公布之日施行。

（陕甘宁边区：《四七年度农贷清理办法》，1948年2月26日）

各专员、县（市）长：

1. 过去边区农贷工作中，存在着严重的恩赐救济观点，许多地区的农贷款只放不收，以致贷款不能经常周转，起不到扩大生产的积极作用。这种错误倾向，必须立即自上而下的从干部思想上进行彻底检查和纠正，并对过去发放的农贷，一律限于明年二月底前彻底清理结束。今后的农贷，必须有借有还，配合生产运动，发挥扩大生产力的作用。

2. 分别清理历年贷款：(1)一九四八年发放之各种农贷(除一部分言明四九年夏秋两季归还者外)一律收回。其中目前确实无力归还者，可予转期，个别借款户因迁移、死亡致无法追还者，可宣布免收。(2)凡一九四七年以前所放之农贷，应彻底清理，能收回者一律免利收回，因战争灾荒或移走死亡确实无法追还者，宣布免收。(3)应转期者，须经各县府农贷委员会根据具体情况审查批准。并一律照市价折实，并按当地银行利息标准规定利息，另立借据。转期以不超过一个农业季节(夏收秋收各为一季节)为原则。应免收者，须由县府呈请分区农贷委员会批准，并呈报本府备案。

3. 收回贷款标准：(1)一九四八年之贷款除麦籽、棉花按原规定收回外，荞麦和其他籽种概以所借实物为标准折收，每斗加利二升；瓜菜、洋芋、籽种和农具概以原价计收，不加利息，不能使用或尚未用过之农具，可将原物退回；在生产救灾中，凡议定为借贷性质或公牛等物，应如数收回，不加利息。(2)一九四七年以前之农贷，依当时所放原物(票币或实物)收回，不收利息。

4. 贷款收实物及收回贷款之处理：(1)如收回米、麦、布花时，可按贸司价格或市价折收。(2)收回之贷款不得就地转借，须呈专署、本府统一处理。

5. 代收贷款机关：(1)根据各分区具体情况，可由专署指定贸司、合作社或工合为代收机关，粮食亦可交指定仓库保管。(2)凡代收机关应另立表册，依户详记发给收据。

6. 清理手续与各级政府之职责：(1)乡政府：配合农会，依照上述规定彻底将贷款清理，催促借贷户将款迅速交指定代收机关。并取得收执交乡府勾销旧欠，乡府再向区府销账。应转期户和免收户，应报区府转县府核批。(2)区府须督促乡府切实负责清理，并将各乡交来还款收执持至代收机关对账后，呈报县府核销，转期户和免收户应呈县府批核。(3)县府：批核转期户，免收户汇总呈请转署批核，并和代收机关结账。总结农贷工作经验，呈报专署和本府。(4)专署立即召集有关机关(银行、贸司、县社)根据分区具体情况确定具体办法，责成所属机关负责清理，并随时纠正工作中所发生的错误观点和偏向，总结经验，并将工作进行情形及收回贷款数目随时报告本府。

此致

敬礼！

(边区政府：《关于清理贷款的指示》，1948年12月31日)

为了彻底清理以前内外账项及物资,改进今后工作,现规定以下各项工作,希即办理:

1. 从上半年会议表报来看,各分户商品等账户,名称均表现庞大,使我们资力分散,影响资金的运用与掌握,应即予清理。

2. 一切贷款,内外欠款,均须迅速负责设法收回,尽力使公家少受损失,如因特殊情形而实在无法收回者,可按会计手续转报呆账损益(已转呆账即可能收回者都不能宣布今后不收,已转呆账者,仍须另立清册,备今后追还)。内部欠款应归还者归还,应报销者报销,应转账者转账,亦应进行清理。今后之贷款,必须遵守"有借有还"之原则,应经常检查,及时清理。

3. 商品账户内之一切零货物资及非必需品或已落码之商品,应立即设法出售。同时,今后对这些非市场及借给需用之非必需商品,尽可能不要再买,以免积压资金,影响周转。

4. 各分行必须将十一月底及本年终账项与物资,彻底清理与确实结算出现有实力,依据实际情况对各种物资盘存估价,估价原则如下:(1)土产每件四万元。(2)赤金每两一千万元。(3)白洋每元六万元。纹银每两六万元。(4)商品按现价(门市部价)九折计算。对生财房产,运输资材亦作彻底盘存,按原价或现值计算,酌情转折旧损失。

5. 对外往来账项,须要互相查对,如双方不得一致,则须追查,如一时查不出,则将余额另外记账,保证以后一致。

(西北贸易公司、农民银行通知:《为彻底清理账项及物资》,1948年11月6日)

过去农贷工作中存在着严重的只放不收,把农贷当作恩赐的救济观点,导致大公年年亏累,贷款实力年年削弱,此种做法,对于发展生产至为不利,则不能长远的帮助更多的人民生产。因此,这种错误做法,必须立即从上而下坚决予以纠正。正确的农贷方针,应该是为了发展生产,有借有还的方针。故特决定,过去各地所发放各种贷款,最迟必须于旧历年前一律彻底清理收回,以便明年帮助大生产运动。为了便于清理起见,特提出以下具体办法,希即遵照执行,并将执行情形半月报告一次为要。特此通知。

(延属分区专署:《为清理旧贷款通知》新通字91号,1948年11月23日)

延属分区旧农贷清理办法

过去所放农贷,有籽种、农具、棉花等数种,为了统一各地收款标准,暂规定下列具体收款办法试行,如在执行中群众有意见,可随时反映,以便继续研究修改:

1. 按什么标准(本币还是实物)收:

①荞麦籽及其他籽种概以所借实物为标准折收,每斗加利二升。

②麦籽按既定办法收回(今年无利息、明年夏每斗加利一升)。

③瓜菜、洋芋、籽种概以原价计收,不收利息。

④农具概以原价计收,不收利息,完全没有或刚刚使用即坏者,可将原物退回。

⑤棉花可按照原定条件收布或花。

⑥在生产救灾中,凡说明是借贷者及公牛之类的东西,概按原议定性质如数收回,不加利息。凡当时说是救济者,则一概不收。

2. 所收贷款能否原人或原地转借,确实无法归还或应还而故意不还者怎样办:

①所收贷款不得就地转借,必须从原借户手里收起,并集中到指定地点听候处理。

②目前确实无法归还,将来还可以归还者,可将实际情况呈报县农贷委员会批准转期,但须一律按照规定折实立据,其期限以不超过一个农业季节(夏收秋收各为一季节)为宜。目前无法归还,将来亦毫无希望收回之少数烈军工属及老弱残废之贷款,得持其具体材料呈报分区农贷委员会批准免收。

③应还而故意拖欠不还,或借款未按规定用途使用,甚至挪用于非正当事项者,应依其具体情况,送政府法办,或取消其贷款资格一年至三年,以示惩处。

3. 收款据点及代收机关:

农贷的催收监督,应由各级政府负责督促,所指定各据点之贸易公司、合作社则主要负接收的责任,自然也帮助政府催收。

延安县:蟠龙、青化、牡丹三区以蟠龙区为据点,由蟠龙合作社负责收,乌阳区以该区槐树圪台为据点,由银行负责收。丰富、川口、姚店子以李家渠为据点,由县府负责,南区由南区合作社负责,河庄区由县联社负责。

子长县:以瓦市为据点,除棉花一项由县府督促原放机关收回外,余均由瓦市贸易支公司负责接收(包括一九四六年麦籽、豌豆籽及棉花贷款在内)。

安塞县：一、二区以延河湾为据点，由河庄区合作社接收。三、四、五、六区以真武洞为据点，由该地贸司收。七区以白庙岔为据点，由白庙岔合作社收。

延川县：永坪、永胜、禹居以永坪为据点，由永坪合作社负责。城关区与其他区由县联社负责。

志丹县：以县城及除二区以侯家河湾为据点，由二区合作社接收外，余均归县联社收。

甘泉县：以县城及下寺湾为据点，城市区四区三区由贸司收。一、二区由下寺湾二区合作社收。

富县：大义、道德、直罗、黑水寺、张村驿，以张村驿为据点，由该地贸易公司负责接收。交道、牛武、城关、太安、永坪以县城为据点，由合作社接收。

延长县：一区以甘谷驿为据点，由该地贸司接收，城市区及其他区由县合作社接收。临镇县县联社接收。

4. 哪些东西可以收：

①米、麦、布、花、火硝各地可以普遍收，其价格按既定价钱、或贸司价钱、或市价折收。

②安塞的白庙岔、真武洞，延川的永坪、城市区，延安的蟠龙可按照本币每斤三千五百元，收生熟烂铁（以上所收实物好坏、真假概由代收机关负责）。

5. 收款手续：

工作小组（或农会小组）须将收款数目、花名加以登记、代收机关则必须另立账簿，将银行、工合贷款以及公粮尾欠及所收利息本币或实物转期等详加记载，以便于贷款组核对检查。

6. 代收手续费及收粮机关：

①凡属于农贷方面，委托各地合作社代布匹、粮食，概由农贷方面付给各该合作社百分之三的手续费，但所收实物，在一月之内转卖于该合作社者，不得收手续费，一切损失概由代收机关负责。

②凡属工合委托各地代购之生熟烂铁，应由工合付给代收机关百分之三的手续费，但必须按原价转交工合。

③凡有贸易公司及仓库的地区，粮食概交该两机关代为保存。

④今春救灾时借出去的粮，除义仓粮仍收入义仓内保管外，其他项公粮，一概暂存入公粮仓库内，由县财委会报告分区财委会批准处理。

7. 谁来领导：

为了便于领导及检查，在正式农贷机构未确定前在延属分区财经委员会领导下，应成立延属临时农贷委员会，由专署、延属分行、分区联社组成，由专署任主任委员。各县农贷委员会由县财委会决定成立，但重要问题应由会议决定，不能解决者，经上级机关商议解决。

凡属于农贷方面的问题，各县农贷委员会得服从分区农贷委员会的决定，分区派往各地的贷款组与当地区乡干部，均须坚决执行上级农贷委员会的决议、指示。

收放农贷的主要办事机关，在农贷委员会领导监督下，分区以分联社为主，县以县联社为主。

（《延属分区旧农贷清理办法》，1948年11月23日）

三、工矿和交通运输放款

各专员、县长、银行经理：

西北农民银行为吸收游资发展生产，决定举办存放款业务。目前，放款的方向，主要是工矿运输事业，农业贷款仍由政府统一发放，办法下年度再行研究决定，商业放款暂不进行，商业与贸易公司的来往仍需现款交易，不得赊欠。在矿业方面，目前以煤矿、硫黄矿为主；在工业方面，目前以纺织、熬硝、熬盐、纸厂为主；在运输方面，除牲畜运输而外，在运输供应线必要地点之骡马大店，也需要加以发展。

领导和发展工矿方面的生产，中心是在如何发动、组织及经常的问题，所以首先要从发动组织方面着手。必须认识到不是放一笔款就能解决问题的，必须要在政策上、在产销上、在组织游资上多方面加以一定的保证。在力量不足的地方，才可以由银行加以帮助。银行的放款是起一定刺激作用的，因而这个工作不能用过去一般贷款的方式来进行，假如用过去普遍贷款的方式来进行，必然要归于失败，因此，在作法上，应该从重点地区开始，取得经验，逐步加以推广，并以求得一定的效果为目的，务使放款能真正用到发展工矿事业方面，这便是我们放款的精神和做法。

银行放款的时间、利息、数量、手续已详见《工矿运输事业放款办法》，希研究执行。

（西北农民银行晋绥分总行：《举办存放款业务的指示》，1948年5月26日）

第一条：本行为发展边区工矿生产，运输事业起见，特制订本办法。

第二条：放款范围以各种矿业、工厂、手工业作坊，运输、合作及骡马店等为对象。根据各该地情况，按目前需要，有发展前途而一时缺乏资金周转者，可给予一定数额之放款。

第三条：放款额及期限，根据实际情况决定，但期限不得超过一年。

第四条：上述各业需要向银行申请放款者，必须经县级以上政府介绍担保，其经营规模较大者，必须附送关于资本来源、业务范围、过去经营实况及今后经营计划之报告，以资本行研究决定是否接受其申请。

第五条：银行向上述各业放款后，有随时了解其经营实况、财产变化之责，对经营方针有随时建议之权，如发现有不符合发展生产方针时，银行有权随时收回其放款。

第六条：放款利率，不论期限，不论事业性质，一律按月息二分计算。

第七条：借款还款利息的计算，规定以借什么还什么为原则，若借用物资而欲归还本币者，当本利结算后可按市价折还本币。

第八条：借款人借款时，其经营规模较大者，必须填具本行所备之《工矿运输事业放款契约》，并加盖借款人工矿厂公章、经理私章，政府担保之图记，须加盖主管人私章。其一般规模较小者，银行即凭政府之介绍担保信件（式样由银行印发至各政府翻印使用），再由借款人开一借据，加盖图记或指印。

第九条：未经政府由本行直接放款者，其性质同前列各条规定。

西北农民银行工矿运输事业放款契约

立借据人　　　今向西北农民银行　　　行借到　　　本币
并愿遵守下列条件：

一、在借款期间，银行有随时派员前往清查其一切账目并检查其经营方针之权力。

二、此项借款如不符合发展生产之方针时，虽在约定期内，银行有权随时收回其本利。

三、本契约的借款期限以　　月为限，至　　年　　月　　日到期本利一并归还。

四、到期不能归还时，担保人自愿负完全责任。

五、此项借款按月利二分计算。

　　　　　　　　　　　　　　　立借据人
　　　　　　　　　　　　　　　担保人
借款人职业　　　住址　　　　备考
　　　　　　　　　　　　　　　民国　　年　　月　　日立

（西北农民银行晋绥分总行：《工矿运输事业放款办法》，1948年5月26日）

四、商业放款

1. 三月来的市场一般情况及放款收回：

日寇投降后，大后方物价直接惨跌，截至八月中旬，平均物价惨跌百分之五十左右，分区物价从八月中旬起至八月下旬止亦平均下跌百分之五十左右，一时人心慌慌，无所适从。陇行年来向以短期（一般一月）商业贷款为业务资金的活动中心，在此物价惨跌、商业赔累不堪时期，立即决定稳持态度，一般放款非有十分收回把握者，不予贷款，以静观市场变化，并指示各办事处谨慎办理。八月底到九月上旬由惨跌而转稳，由稳而一度上涨，如加生布，由胜利前的法币九千元左右直跌至四千余，后又上涨为五千余。当时总行指示及分行估计均为物价已跌至相当程度，以后趋势当为稳定或稍有下落，金银价格基本趋势为上涨，一时的稳定是免不了的。因此，在九月初，分行在积存资金太多的条件下，继续商放十四宗，以资周转，孰知九月上旬的分区物价再次惨跌。较八月底物价平均下跌百分之六十左右，市场立即混乱，分行于此时立即决定停止任何人、任何性质的放款，并集中一切力量收回放款。并指示各办事处遵照办理。虽十月中旬以来物价又逐渐上涨，截至十一月中旬，一般物价已快与八月底的物价平衡，但分行始终未贷放任何款项，坚持收回总行加收放款指示。

2. 收回放款中的一些具体措施：

九月中旬分区物价再次惨跌，市场即呈混乱，摊贩沿街叫卖，多愿抛售存货，市场顿时热闹，但买进者少，只是农民零星买卖而已，银根奇紧，债务纠葛纷起，在此情况下，收回放款已十分困难，分行在此时采取如下办法：

（1）九月中旬正值分区召开县长联席会议，原经各级政府发放之家庭纺织业贷款收回问题已被提出，当时各县意见认为，在此物价惨跌期，民间纺织户多赔本，因此纺织贷款应一律免息，并折成收回。分行当时考虑如下几点：A. 物价一再惨跌，主要是由于国民党区域影响，如此惨跌系一时现象，不能再三惨跌下去；但亦不会就此稳定，将来很可能会回涨。如按成折收，公家吃亏太大，妨碍将来对经建事业的帮助。B.即使按成收回，分散的纺贷，一时不易收回。拖延时日，不若等金融较为稳定再作决定。即使物价就此不再上涨，公家折成收回，实际资力仍旧保存，如物价回涨，那时当可按原数收回，因此，在县长联席会议通过之下，延期三月再作收回决定。

（2）物价惨跌后的商业情况，据初步调查，此次变动，毫无损失之商家占16%，损失较轻占57%，损失较重但不至不能继续营业者占22%，损失惨重无法恢复营业占5%（这些损失连土产生意都在内，现在不能分开，将来要分开）。对债务处理有如下几种态度：A.有力并积极清偿债务者；B.有钱亦借口拖延者；C.比较困难但设法清偿者；D.实无法偿还者。分行在此情况下，对于商业、手工合作业等放款采取如下办法：

子、专人积极催收，借款户较好的借款，专催借户，保人较好的借款，专催保人，以加强其清偿责任。

丑、借户无力归还，保人分担清偿，或因借户信用较差，由保人出具借据转期偿还。

寅、高价折实收回，开始以金子为主，如九月中下旬，金价在法币五万二三千时，分行折实还账，金价以法币五万五千或五万七八计算，亦有以布匹折抵债者。高价折实收回放款有以下两个条件：①估计将来涨价者如金子。②现不抓来实物，将来实物亦无法收回者如联合工厂以布还债。

卯、分期归还，或清理利息展期归还，视不同情况，具体处理。

辰、减息免息收回。

巳、十月份一律开始降低利息。

午、送政府扣押追索或由政府限期归还，调解处理。

3. 收回放款的总结及几点经验：

（1）以分行来说，八月底九月初放出者，现已全部收回。现未收回者，大部为日寇投降后放出者，其理由为八月底九月初，商业借款人大部分带土产出去买回黄金，因该时西安等地金价低于西庆，内外金价悬殊太甚，主要因公司换货比例太大所致。日寇投降后，前借户大部贪买花布等货，物价惨跌后赔累太大，无法清偿，亦有其他原因者。

（2）过去商业放款私商绝大多数较好收回，公商因难收回一拖再拖，亦有无法偿还清息转期者，过去公商贷款采取私商担保方法，有时以催保人办法催其归还,少有效力。截至现在,分行商放计流券一百二十余万,公私商各半。

（3）三月来收回放款的几点经验。首先,我们收回放款的基本原则是公私兼顾,照顾群众利益,不使因还债而破产,无法营业,无法生活;第二,我们对不同对象,采取不同办法,如对王坦、陈平波采取一软一硬的态度,我们专门在外催收款同志,采取较和缓的态度,但并不放松催收,以保持与商人的关系。在家同志,采取强硬态度,直逼其归还。这一办法,在实际体验中,证明是有作用的。第三是随时了解借户的经济来源去路,不怕麻烦,零星收回一点不放手,比如贾万被服厂的借款就是这样收回的;第四,深入了解借款人同保人的经济联系,如借户同保人有密切的经济联系,或合伙生意时,则令借款户另找保人,以加重其偿还责任,如借户同保人的经济关系轻疏时则强迫保人归还,以起互相牵制的作用。

以上是三月来分行收款工作的初步总结,在以后工作中及各办事处材料中,当可予以补充及修正,若有不适宜处,望多提意见,是荷。

（陇东分行:《日寇投降以后的业务工作总结》,1945年11月23日）

商业放款

关于商放,在四、五、六月份工作计划内这样写着:由于目前物价暂时呈稳及干部条件的限制,仅在延市吞吐物资,利润已大大降低,因此将资金转入商业放款,以吸取有保证的商放利息。这就是举办商放时的情况与动机。

同时,自四月份起,也计划开始吸收储蓄存款,而此项存款,如能转作商放,吸取差额利息,在当时也是比较妥善的运用方法,因此,在吸收存款时即办理商放。

此项放款自四月下旬方开始放手贷出,共贷出一百五十三户,流券五千五百五十万元,兹将逐月贷出金额及户数比较于上（金额单位流通券万元）：

月份 项目	一月	二月	三月	四月	五月	六月	合计
户数	—	7	9	22	72	43	153
金额	—	155万	280万	970万	2367万	1779万	5551万
四月前后比较	户数——（四月前）10.5%——（四月后）89.5% 金额——（四月前）7.8%——（四月后）92.2%						

从上表看出无论户数或钱数,四月以前均极微弱,四月以后则激增,尤以五月为最高峰,此即贷出之一般情况。

此项放款所包括之问题大致是:1. 主观之愿望与目的及达到此一目的之措施。2. 放款额度及对象之选择。3. 贷款手续及信用之调查。4. 利率之变更。

1. 本期商放之目的正如前述,如寻求资金之出路,调剂市场并取得一定的利息,因此,除当时根据具体情况,将利率由九分提到一角二分外,便是再使资金周转率加强,如此,曾研究如何使之加强,最后修改了以往之整借整还为整借零还、零还清息,如此便可在同一利率下多取得一部分利息,而债户却又比整借整还少负担利息,此一似乎矛盾之现象——债户少出,银行多得——恰恰正是资金周转率强化的结果。

此外曾规定一般以一月为期,以便加强周转,但是在具体执行中,超过一月者颇多。

2. 放款对象,曾确定以中小商人为主,但是在具体执行中,对所谓小商人之对象选择,曾发生了一些偏向。所谓油杂鬼、二流子等,非正当的商人,借去者非个别现象,以致发生呆账。据现在已知者共有四户,金额已逾流券五十万元,显然不仅没有掌握放款对象,且放款期限亦没清晰标准,此系一严重教训。

3. 贷款手续及信用调查。在贷款手续上,经借款人申请批准后,须找两家正式铺保,而且规定借户不得作保,保人不得再借。但后来根据某些借户的困难反映,曾修改了这一规定,固然这样可以更多地放出一些,但是也正给一些骗子开了方便之门。

其次,此项贷款纯系非抵押之信用借款,固而信用之调查就极端重要。但是在我们的具体执行中,一方面也由于干部的缺乏,但另方面也确实对此项调查工作没有足够的认识,因此,对债户与铺保就缺乏进一步的了解。由于思想上没有深刻认识这一问题,因此也就没有研究如何去做调查的方法。因而我们对于某些债户与铺保之真实情况,可以说是漆黑一团。以下三条呆账便是明例:①五月一日雷盈生借款流券十万元,根据我们的了解,自然是雷盈生之正当需用,但实际上雷盈生只用了二万五,另一个二流子冯光厚用了五万,保人又用了二万五,到还款时,出名借款的人倒可偿还自己用的部分,而暗中用的却无法归还。②五月五日韩有福借流券十万元,但是实际上韩有福分文未用,而由两家铺保分用了。因为韩有福是其中一家铺保之雇员(鞋店工人)。③又如冯光厚已是到处拖债的骗子,但我们不了解还借给了流券十万元,这都说明我们对此项贷款之信用调查是很不够的。因此明确制定调查制度及研究调查方法,实是刻不容缓之工作。

4. 利率之变更。本期商放利率曾有几度之变更:如由一月初之六分,逐渐到三月中旬之九分,又逐渐到四月下旬之十二分,又经过十分到五月下旬之九分,六月下旬又升为十分。这些变更之根据大致是:①物价之涨跌,自身资金之状况;②货物之进口情况;③市场银根之松紧;④私人借款之利率,兹将上期利率指数与物价指数比较于下,并附当时之市场情况作对照。

A. 一月——三月:物价上涨102.9%。进口旺,生意多,一般银根较紧,故利率逐渐提高50%(六分—九分)。

B. 四月由于三月份布价大涨,刺激市场更形活跃(特别是下旬以前),私人借贷利率为15%,故又将利率提高到33.3%(九分—十二分),以接近于市场利率。

C. 五月封锁严,无进口,蒋机扰乱,生意萧条,且逐步进入淡月,四月下旬,物价显疲,且逐步进入下游,进入五月布价大跌,金价亦疲,五月份物价总指数下跌2.8%,市场利率15%降至12%—10%,故五月下旬利率已下降16%—25%(由十二分—十分—九分)。

④六月份:进口虽仍少,但市场情况已有转机,物价回涨,土布由五月初到六月底上涨47%,因而到六月下旬利率也提高20%(由八分到十分)。

5. 几句结语:

(1)商业放款要想放得好、收得回,必须对债户及铺保作深入的了解,因此信用调查就异常重要,而且应依据具体对象施用不同方法。A. 中上商号,平时即应有适当之调查,将每户资产信用及所负营业税之等级等项制定简要之卡片材料,以供参考。如其申请贷款时,则更应作进一步之调查,可通过商会及其他商行之间接方式等。铺保之要求则必须严格。B. 对小商人及流动生意者,则必须十分注意,必须与乡政府结合,通过他们进行调查而且贷款时,须有乡政府之介绍信,先经过乡政府之调查(因为只有乡政府对他们更了解,这样才不致使二流子或不务正业,无信用的份子钻空子),保证放款之收回,这一部分人平日是难于了解的,但是在贷款时之调查就务必十分认真。

(2)为了有充分时间进行调查,故贷款手续应更加认真。应制定申请书,借款人应先填具该书(或代填),包括借款人姓名、金额、用途、期限、住址、保人姓名、住址等。一般规定隔一日再行办理借款手续,在此时间内营业员持该申请书进行对申请者及铺保之调查工作。

（3）放款到期必须收回,一般规定不转期、不延期,养成其保持信用之习惯,对不守信用之商号必要时拒绝来往,或用其他方式给予不荣誉之精神压力。

（4）利率仍因各种情况之变化而随时变更,但也不宜过于频繁,因利率可能升降之范围在一般情况下是不太大的。

（边区银行业务处:《几个业务问题的简要总结》,1946 年）

1. 商业放款的主要目的,应该是调剂市场,壮大资金。

2. 因此,放款期限宜短(一般以一个月为限),而且务须能够按期收回。为此可采取整借零还的方式,以达到资金的周转自如之目的,必要时在放出时可与政府商会、手工业工会配合进行。

3. 放款对象应着重于中小商人为主,但决不是"油杂鬼"或城市二流子均可放给,而一定要放给务正的、讲信用的靠实商人,同时,不放弃有利条件下的大商人放款,一般以放给本市商人为原则。

4. 放款额一般以不超过借款人自有资金的三分之一为原则。

5. 平时应对分行(或办事处)所在地的行栈、商号、自由跑生意的以及小手工业者等,有一个概括的了解、调查的方法,应经过税务局、商务会、各业工会、乡政府以及商人自己。了解的内容应包括：

（1）出营业税的等级。

（2）资产(动产及不动产、人欠或欠人等)。

（3）为人及信用。

（4）所营行业、同外商业关系及其他有关事项等。

并将调查的材料随时制成卡片,按照等级性质分别汇存,以备随时参考。

6. 放款应经过以下手续：

（1）借款人应填写借款申请书,注明借款用途、期限以及担保人等。

（2）借款人须觅得可靠铺保二家,每家铺保资金须大于借款钱数的两倍。

（3）根据申请书参照自己已有的材料,并重新派人了解。切实对保,并经主管人员核准。

7. 放款利息不宜过高,以低于市面一般利率为原则,利率的订定应根据市面银粮的松紧,自身空余资金的多寡以及整个金融贸易的情况,随时变更,可采用挂牌形式。

8. 养成商人对银行严守信用的习惯,使商人知道对银行马虎不得,对于信用不好的商人,以下次不再借给为惩戒,经验证明这一点对于商人很有用处。

9. 公营商店与私营商店一样处理,唯事前务须注意,防止某些公营商店借该主管机关出面拖延讲情等,对于此种商店可以拒绝借款。

(边区银行:《在进行商业放款中应注意的一些问题》,1946年8月1日)

商放之目的:对市场而言,在于调剂金融;对银行而言,在于调剂资金之运用,并取得一定程度之利息。欲达此目的,除适当变更利率外,便是使放款资金之周转率加强,为达此目的,业务处曾采取以下办法:

修改以往"整借整还"为"整借零还""零还清息"——即在借款期,债户可根据其收入,随时偿还借款之一部,免遭因一时凑不足借款之总额而负担利息,此即"整借零还",同时于零还时将另还部分之利息一并还清,此即"零还清息"。

举例:如某商店向银行贷一万元,息10%,期限一月。

(1) 如系整借整还,银行到月满时收回本息11,000元。

(2) 如系整借零还,到半月时先还5,000元,月满时又还5,000元则到半月时收回本息5,250元(再转放出去,半月又可收回利息262.50元),到月满时再收本息5,500元,因此一万元之贷款可收回利息:250元+262.50元=1,012.50元。

因此"整借整还"不利己又不利人。

"整借零还"则一举两得,债户感到灵活方便,少出不必要之利息,银行反可多获取利息。显然所得之利,并非多索取了原借款人,而正是由于资金周转率强化的结果。

(边区银行:《业务处商业放款办法之介绍》,1946年8月5日)

1. 营业工作

高度的运用营业基金的计划,原建筑在这样有利的条件上,因陇东主要市场几全部接连蒋区,而内部市场的曲子市又为三边食盐去关中以及甘肃部分地区必经之据点,因而我们就企图在今年前半年至少获纯益四千万元,西华池与赤城两地为二千五百万元的任务,但是这个计划几乎完全由于以后的情况变化而落空。

今年的商业活动,实际上只有半月光景,因而在正月十五日即二月十日以前,内受戒受,外受封锁的影响(加之过了一个旧年),致各口岸进货极少。直至二月十八日起布匹始能大量进口,好在分行并未放过这个机会,而能于短短的几天中购进一批货物。

由于我们的总任务是稳定金融,我们就绝不能做不利于金融的事情,因而我们的营业范围规定为:(1)生金银买卖;(2)食盐;(3)布匹棉花;(4)商业放款。

根据分行现有之材料其统计为:

品　名	买　进	卖　出
赤　金	二十二两六钱	七钱
白洋布	三十九匹	转发行库九匹
白老布	二千八百丈	二千七百二十九丈
灰斜布	二十二匹	(已转发行库)
青市布	四十一匹	(已转发行库)
生棉花	二千五百六十斤	(主要为了放纺贷)
食　盐	一十三万二千斤	七万三千二百斤
快　靛	二十斤	
金　额	四千七百三十四万	三千一百七十万

以上均为分行、西办处、赤城(有一部分未统计在内)在一月份至战前(二月廿八号)期间所买卖。

2. 商业放款(分行与西办处)

放出二千七百九十五万,收回三千一百六十三万(内有去年的),现在尚有二百一十一万未收回。

三月一个月营业工作一直停顿着,但是我们日益感到农村金融非货物不能解决问题。银行所到之处,用券币买不到东西,实为一种莫大的耻辱。加之只出不入,开支甚大,我们绝不能坐吃山空,因而就决定将分行原存之一部分布匹、毛布等拿出来,在分行所在地附近出售。首先要求做到银行所到之处,可以拿券币买到东西;同时也可以少吃老本。试验的结果颇有效,因而在三月卅一日专署会议之后,便决定派郭文焕等四名同志去西华池(此时唯一的口岸),配合西办处购买一批农村必需品,在二将川一带出售,但因敌不久即二次侵犯,只买到三百多丈老布即返回。

此时我们深深感到货物与干部不足的苦痛。贸易公司虽因有了专署的决定而配合,但只是一种应付,而把大部分干部空放在后边"训练",把门市部的许多东西送到志丹,结果又说没有东西,而且把物价提得相当高。最近虽因喻经理的强调而稍好,但执行时仍打折扣,这主要因为梁经理对这方面认识的不同,尚有值得商榷者,即:第一次西华敌人退走之后,西华池贸易公司曾不仅销土产不收券币(经公司提议合水政府决定),而且出卖食盐也拒收边币(公司自行决定李副专员、汤毅同志均如此反映),致合水境内券币更加倒霉。这一问题虽已由分行与分公司协商解决,但这是极严重的问题。至于怕麻烦而遇有客人带部分法币、部分券币时,则公开提出要只给法币或只给券币的办法,更为过去常有的事情,这实际上是一种打击券币的行为。

由于我们在三月以后的营业工作主要是为了调剂农村金融,推行券币,因而我们的货币价格就较低,如一尺老布、一条毛巾比之贸易公司就低五十元至一百元。分行在这期间共卖出老布八百廿二丈,洋布四匹,青市布一匹,贡呢一匹,毛巾二百打。

自五月十六号收到总行的指示后,因其精神与我们已做者同,因而基本上无啥变更,只是在原有基础上更充实了一下,如增加了两个工作组,后来又买了一点火柴、针、女人袜子等零碎东西搭配着卖。

但必须指出,这只是在华池境内搞的稍好,其他地区一直未搞,其主要原因当然是敌情异常严重,但主观上怕损失东西而未尽最大的努力,也是事实,如合水的太白一带,总可以做点事情,但还是一样没有做,曲子则由于以后的情况变化,根本没有可能进行。

现在的条件比较过去,总是要好些,我们将遵循着总行指示与方针继续努力。

(陇东分行:《半年来的工作与战争以来的一些情形》,1947年7月1日)

陕甘宁边区银行绥德分行商业贷款暂行章程

第一条:本贷款纯正为鼓励土布出口,输入边区必需品,繁荣警区商业为目的。

第二条:本贷款种类:

一、信用贷款

二、抵押贷款

第三条：为鼓励输入边区必需品起见，凡保证购入边区必需品者，得向本行请求上列两项货款，以助其资金周转。

第四条：凡保证输入纺织原料，或专以买卖土产之商业机关请求贷款者得酌予优待。

第五条：凡营正当之私营商业机关，得向本行请求贷款，公营者另议。

第六条：凡向本行借款者，须持有贸易局及商务会议之介绍信，再经本行调查认可后，填写正式借据，或合同和借款及担保人，必须在借据上签名盖章始为有效。

第七条：贷款的标准及数额，应根据下列情况斟酌决定：

一、执行金融贸易法令之程度。

二、借款的用途。

三、资本多少。

四、人欠、欠人的情形。

五、营业的状况。

六、信用程度。

第八条：商业抵押贷款之抵押品，只限于输入如下诸物：

一、洋纱、棉花、必需工业原料器材、纸张文具、印刷材料、洋火及其他的必需品，不易损毁而使保存者。

二、抵押金额，最多不得超过其抵押品时价所值百分之八十；信用贷款金额不得超过其原有资本之一半为度，如有特殊情况者例外。

三、抵押贷款除收利息外，另酌收栈租若干，如到期后三天内不能一并将本利还清者，本行有权拍卖其抵押品偿还借款，卖价多寡各无异言，拍卖之款仍不足偿还时，借款人得通知后应即时备款前来补足；如有余时，借款人亦可自由提取或以存款存入本行，得以厚利优待。

第九条：借款期限，信用的最多以三月为限，抵押的至多以一月为期，特殊情况者例外。

第十条：本贷款用实物折价贷出及实的偿还办法如下：

一、借款时按当地时价将所借的款折合实物贷给。

二、偿还时仍按贷出的实物折合量归还，或按当地时价折合边币偿还亦可

(以何实物折合面议)。

第十一条:本借款利息规定为月息一分三厘,归还时按原借金额计算。

第十二条:借款虽未到期,但如有特殊情形或与原订契约不符者。本行得提早限期通知,将本利一并归还。

第十三条:于借款期内,本行在必要时有清查其账目之权利。

第十四条:借款人不得在借款期内为他人的担保人,担保人不得再向本行请求贷款。

第十五条:借款人如到期不能偿还时,担保人得负完全责任应立即备款代还。

第十六条:如借款人及保人均不偿还时,本行得依法起诉。

(边区银行绥德分行:《商业放款暂行章程》,1946年)

供销贷款问题

一九四八年金额贸易工作上面,已肯定其成绩方面,而且是主要的,但也有缺点,有同志批评"财政成绩多,经济成绩少",在一定程度上,这一缺点是存在的。由于战争要求银行发行及贸易供给,就不可避免用很大力量首先支持战时财政和部队需要。这些数目,这次会议已公开了,这就不能不导致在经济方面所用的力量减弱。如果不先估计到这一点,而只按民生需要来提出问题,就会是不全面的。在我们估计到这一方面问题后,再依据具体条件,来检讨贸司银行在供销及贷款方面的工作。在供销方面,去年是作了一些工作的,这有数字可检查,够不够?不够,可否增加一点?还可以增加一点的,如去年夏收放出一些票子,多收一些物资,就可以多增加一些供销贷款的力量。但我觉得问题还不只是经济力量的一面,主要还是如何使用这种力量的问题,故提出以下两个问题加以讨论。

第一、关于供销问题:贸易公司去年在这方面所用的力量还是不小的,比以往历年还要多一些(如花、粮、油、盐、布等)。值得研究的问题是:这些供销,一般的经过门市部转给私商去做,而缺乏有计划地利用这些供销力量,去逐渐地刺激与组织农民的供销合作。就是说,在供销方面与合作社的联系不够,这是值得检讨的一个问题,而应引起贸易公司注意,加强与改进这方面的工作。

第二、关于贷款问题：黄已有报告，这个问题还未彻底解决。问题在两方面，一方面我们在干部和群众中恩赐救济观点未扫清，所以去年贷款还有一半未收回，削弱了大公今年贷款的力量，这一方面不克服是大公的损失，而人民生产也发展不起来。因其不能保证用于生产，这是今后要继续努力克服的一面，斗争的主要一面。另一面，正是由于存在有恩赐救济观点，也使我们不敢放手去进行贷款工作，因而产生了一些保守观点，这种情况或多或少也存在，这两方面都成为阻碍，今年应当同时加以克服。其中还有一个保本问题，我们还没有适当解决，不解决也不好进行下一步工作。关于保本问题，是去年华北会议时总结了各区贷款经验，是针对普遍存在的恩赐救济观点提出的，这是应当肯定的。但在物价不稳条件下，要做到保本，也有许多困难，这种情况也是应当承认的。因而保本不是绝对的，而是根据条件力争实现的方针。究竟能否保本，一方面要看金融条件，同时，更重要的是还要看贷款是否真正投入到生产中。如果真正是迫切需要的农民，而又真正投放到生产中去，增加了生产，那么在这种条件下，保本就是可能的、有保证的。如果放给二流子或放给一般农民消费，甚至浪费了，那就没有保证，因而我们应确定贷款必须力求保本，要保本必须真正放给迫切需要的农民，并保证用于扩大生产中。再要加强农村的信用制度，坚决克服恩赐救济，在这一连串工作中去求得保本。银行应本此精神定出各种具体办法，并在实践中去建立真正能促进生产、公私两利、有借有还的贷款制度。

（西北财委：《西北财经会议总结报告》，1949年春）

历年贸易公司放款统计表

时 间	本年放出金额	本年收回金额	累计余额
一九四二年			1.229
一九四三年	10.558	634	11.153
一九四四年	55.836	26.852	40.137
一九四五年	133.164	102.657	70.644
一九四六年	1,350.61	51,300.072	121.187
一九四七年	10.000		131.178

历年商业放款（或自营商业投资）统计表

时　间	本年放出金额	本年收回金额	累计余额
一九四二年			56
一九四三年	917	118	855
一九四四年	11.689	8.411	4.133
一九四五年	48.724	51.009	1.848
一九四六年	534.656	456.253	80.251
一九四七年	300.071	290.945	89.377

（边区银行：《抗战以来的陕甘宁边区金融概况》，1948年2月16日）

五、财政借款

历年来，发行库借出之财政放款、特别放款均已日久。在延时，曾建议清理，也无结果，这些款项均是由财经办事处批准放出的，性质不同，用途不一。现在借款经手人、批准人也多调动，如再辗转拖延下去，则更难清理。当陕甘宁边行与西农行移交之际，彻底作一处理，实属非常必要。

1. 特别放款：这种放款，内容繁多，性质不一，包括着各解放区之旅费借款，生产贷款，如办工厂、棉籽、修路、农贷、纺织、水利、移民等，也包括有财政借款如借用经费。这些借款虽然有的订有期限和利息，但很少能收回来，有息变为无息，有期成为无期。

处理办法：①林彪、山东回鲁干部处、晋察冀留守处五笔借款可由财厅报销。

②西北铁厂与关中纺织贷款，由经手机关向财办处写一经营情况报告，由建厅报销。

③建厅借款由建厅作一清理，不能收回者由建厅报销，而能收回者转入农行生产贷款账上，或转到建厅账上。

④一纵队借款由后勤扣其经费或转在财厅在其移交家务中扣除。

2. 财政放款：这是一九四三年决定各机关经费自给时，借给党、政、军、民各团体机关的生产基金。现在又要实行统筹统支，以前建立之家务都全部交公，有些机关合并、转移也不易找寻，故此款也实难收回。

处理办法：由财厅报销。

3. 财政贴款：此款系财厅直接取用的，从一九四一年起到现在未清理过，也需要作一处理。

处理办法：由财厅将每年借款作一整理，结束借款手续，办理一报销手续。

4. 业务处之借款：系业务上借出，都订有期限、利息，为了即速将其账目结束，故也要很快处理。

处理办法：借给军队者，由后勤负责清理。借给黄龙特委者，电告其原机关清理或在财政厅扣其经费。借给合作社者，可转建厅账上。

后附借款详单三张，均按借款时全价折成黄金，以表示对该借款贴补之金额。

以上意见请考虑，并迅速作一处理为要。

特别放款统计表
1948年1月15日

年	月	日	借款人	摘要	批准人	金额	折黄金	利率	期限
1945	7	5	林彪	山东干部由延返鲁旅费	贺、陈批	2,000,000.00	22,222		
1945	7	30	林彪	山东干部由延返鲁旅费	贺、陈批	750,000.00	8,333		
1945	8	14	林彪	山东干部由延返鲁旅费	贺、陈批	1,500,000.00	14,286		
1945	3	26	西北铁厂	炼铁　陈郁手	曹批	1,000,000.00	37,736	1%	一年
1945	5	18	西北铁厂	创办铁厂陈郁手	贺、陈批	600,000.00	12,245		
1945	6	9	西北铁厂	炼铁　陈郁手	曹批	600,000.00	10,526		2个月
1945	7	6	西北铁厂	炼铁　陈郁手	曹批	2,500,000.00	27,778		
1945	8	8	西北铁厂	炼铁　陈郁手	贺、陈批	2,000,000.00	19,048		
1945	9	3	西北铁厂	炼铁　陈郁手	贺、陈批	1,000,000.00	20,000		
1945	9	25	西北铁厂	炼铁林华手	贾批	1,250,000.00	25,000		
1944	3	5	关中分行	纺织工具贷高长久手	曹批	300,000.00	20,000		
1943	12	1	建设厅	农贷四宗高自立王子端手		5,206,347.52	810,054		
1945	2	3	建设厅	开办工厂高自立霍子乐手	贺、陈批	2,199,775.25	109,989		23个月
1945	2	5	建设厅	棉籽、农具贷款高霍手	贺、陈批	1,800,000.00	90,000	1%	11个月

续表

年	月	日	借款人	摘要	批准人	金额	折黄金	利率	期限
1945	3	13	建设厅	棉籽贷款霍王手	贺、陈批	900,000.00	33,962	1%	10个月
1945	3	19	建设厅	防猪瘟贷款高王手	曹批	1,000,000.00	37,736	1%	1年
1945	5	12	建设厅	棉籽贷款 高王手	贺、陈批	1,000,000.00	20,408	1%	3个月
1945	6	21	建设厅	水利贷款 高手	贺、陈批	1,000,000.00	17,544		19个月
1945	9	22	建设厅	水利贷款 高手	贺、陈批	500,000.00	10,000		15个月
1946	4	23	建设厅	棉籽贷款霍惠中权手	贾批	350,000.00	31,819	1%	6个月
1946	6	29	建设厅	垦区春季民粮款62456石	贾批	5,600,710	43,082	5%	2年
1947	2	11	建设厅	霍惠中权手	贾批	15,000,000	53,572	45%	3个月
1946	12	21	一纵队供给部	关明臣、章亮基手	白批	10,000,000	55,556	1.5%	6个月
1945	9	24	山东回鲁干部处	送干部旅费 张暮尧手	贾批	200,000	4,000		
1945	9	17	晋冀察留守处	送干部旅费 余光文手	贺、贾批	400,000	8,000		6个月
			合计			58,657,662.77	1,542,896		

财政放款表
1948年1月15日

借款机关	用途	金额	折黄金	说明
建设厅	机关生产运输,火柴厂贷款,永昌公司投资	1,080,861.46	617,635	
粮食局	运输投资	13,500	7,714	
联防部	机关生产运输、炼铁、农贷	3,253,000	1,858.857	
中管局	运输、日本农林、中央党校中警团农贷	2,034,000	1,162,286	
保育院	机关生产	23,308.51	13,319	
边抗联	机关生产	134,270	76,726	
市青联	机关生产	750	0.429	

续表

借款机关	用途	金额	折黄金	说明
延属分区	机关生产	1,125,000	642.857	
干小	机关生产	15,000	8.572	
延大	机关生产	25,000	14.286	
行政学院	机关生产	150,000	85.714	
延安师范	机关生产	30,000	17.143	
保小	机关生产	25,000	14.286	
留守供给部	生产投资	1,000,000	517.428	
西北局	文艺基金	50,000	28.572	
新华书店	生产周转	25,000	14.286	
合计		8,984,689.97	5,080.110	

业务处机关放款统计
1948 年 1 月 25 日

年	月	日	借款机关	经手人	币别	数量	折黄金	利率	利息
1947	2	8	三五八旅	夏部长	黄金	100.000	100.000	10%	114,000
1947	2	16	黄龙特委	李怀珍	黄金	110.000	110.000	10%	122,466
1947	3	5	黄龙特委	李怀珍	券币	1,000,000	3.571	11%	1,162,333
1947	3	11	黄龙特委	李怀珍	券币	250,000	0.897	11%	285,083
1946	7	11	延属供给部	奕高轩	黄金	22.500	22.500	10%	41,650
1946	12	18	新四旅	胡去生	黄金	117.178	117.178	10%	153,894
1947	3	3	安塞县联社	建设厅	券币	300,000	1.035	7.5%	242,473
1947	3	3	志丹联社	建设厅	券币	200,000	0.689	7.5%	159,500
1946	2	16	移民借款	建设厅	券币	250,000	3.333	2%	116,500
1946	3	6	移民借款	建设厅	券币	750,000	7.731	2%	340,500
1947	2	28	王立高	建设厅	券币	100,000	0.357	11%	117,066
			合计				367.291		

(边区银行:《对财政借款处理的意见》,1948 年 1 月 29 日)

历年财政性放款统计表

时　期	本年放出金额	本年收回金额	累计金额
一九四二年			一,〇四五
一九四三年	六〇,六二二	四,四七〇	五七,一九七
一九四四年	七七,七〇六	七九,八八五	五五,〇一八
一九四五年	八四,七四二	六二,四四九	七七,三一一
一九四六年	三,二五八,七三六	二,六三九,九一六	六九六,一三三
一九四七年	二,三五七,九八九	三三〇,四二八	二,七二三,六九二

(《抗战以来的陕甘宁边区金融概况》,1948年2月16日)

六、银行自营商业资金

1. 银行的自营商业,自一九四二年检讨银行工作后,即大量收缩资金,并且缩的很小,其变化详见下列各种放款与自营商业累计数百分率比较表。

	各种放款合计	自营商业
一九四二年六月底	64.7%	35.3%
一九四二年九月底	57.0%	43.0%
一九四二年十二月底	75.3%	24.7%
一九四三年六月底	97.3%	2.3%
一九四三年八月底	99.3%	0.7%

因为银行所属光华商店拨交物资局领导后,银行本身即不搞自营商业了。物资局改为贸易公司,其任务也有些改变。对内推选边币工作,因其集中力量注意对敌经济斗争而大大放松。边币在农村中不能很好的流转生根。银行自己企图恢复光华商店的组织,使起到货物下乡与本币交流的作用。因此,于一九四六年行长联席会上曾计划经过银行原来各分行的营业部门正式逐渐建立,以免完全依赖贸易公司。但银行缺乏能经营商业的干部,乃实行与公营商店合作,并逐渐做自己经营商业。

一九四五年日本投降后,计算银行损益。依据一九四五年下期各行处决算来看:

陈东分行	纯益	8603335元	占其资金86%
总行业务处	纯益	7832526元	占其资金31%
关中分行	纯损	1037367元	占其资金69%
三边分行	纯损	222791元	占其资金15%
绥德分行	纯损	328902元	占其资金3%

这只是依据券币票面金额计算。如照购买力计算，则削弱极大。深深地感到历年各分行每年都要增加一至二次资金，其结果只是依赖增加发行。认为如果和平实现，则不能随便增加发行，必须自力更生。因此，要求各分行保持一定的购买力。检查有些分行所以不损的原因，都是由于买了黄金和一些布匹日用品。力求保持银行放款后，不继续亏损下去，决定允许分行的业务资金（发行库准备例外）可以参与商业活动。

一九四六年元月上旬，办事处提出壮大资金任务，随又分配银行边币二十亿的财政负担，规定不准在发行内支取，要在正常商业方面赚出。这与银行保本思想相结合，即积极布置商业据点，企图一方面用以推行边币，另一方面借以壮大资金。

银行原来的准备金是存有的土产。一九四五、一九四六年二次转给贸易公司销售后，一九四六年初，按南区复电，可以在张家口参加收购，当时估计银行所存黄金转成土产，当年即可达到黄金万两，这与扩大发行准备金的思想也互相结合起来了。

2. 参与商业活动以至发展到走私违法的简单经过。

一九四六年三月份批准总行业务处与绥西过载栈曾福林商量合作，订立合同。自四月起正式营业。据一九四六年业务处上期总结报告，投资二百五十万元，三个月（四、五、六）取得101.3%的利润，这等于商业放款扩大到月息33.8%。又便利了业务处自己做生意，而认为是成功的。当时只认为与绥西合作存在着一些问题：

①他可利用我们的名义四处活动，使得声势很大，引起有利害关系者不满，对银行发生误会。②在我吞吐黄金物资时会拖欠利用我们款项，使他们获得一部分额外利润。③当时情况下，绥西负有巨大的走私嫌疑，以后了解到绥西栈确有带军队走私的事实。但未追查业务处，反认为分得他一笔大利润，与银行本身也无多大损害。从此采取了放任态度，并允许发行库收买一批私货（一万

余件)。业务处辛波同志为猛烈壮大自己的资金,有其个人打算,把业务处的资金几乎全部投入黄金收买私购上去了。不仅如此,在收私货中,把这项业务隐蔽起来,不公开在会议上讨论。到资金周转不动时,秘密拖欠发行库资金,挪用财政厅与贸易公司的存款。甚至偷用总行与总公司联合搞黄金政策,用以收缩券币,稳定金融,用去黄金一千两。并集体向组织上隐蔽,偷买黄金三百余两。当办事处检查其账目时,捏造活页假账以蒙蔽上级。在内部工作关系上发展了一股歪风,破坏了银行原有的一套制度(会计制度、出纳制度、库房制度及其他互相联系又互相牵制的优良制度)。这些隐藏着的行为,直到自卫战争爆发后的一年左右,即东渡黄河,西北局在检查银行工作中才揭发出来,回到河西进行三查运动时才被彻底揭穿。

在一九四六年底,银行领导黄亚光同意于绥西栈向业务处借取黄金与现款时,明知借去的黄金必然会用去收购土产,为了收取其百分之十的黄金利息,批准发行库取出三百两黄金交业务处放给绥西栈,如此作法,也未向办事处提出讨论。

自卫战争爆发后,业务处放出的现款和赤金就无法收回,拖到总行移到绥德分区时,又批准业务处将绥西栈全部接收,同时要业务处清查绥西资产,并接收其土产,过河东保存。其经过详情,另有文件叙述。

3. 从业务处事件来分析总行执行金融政策的结果

甲:把边区银行降到私人商业银行的地位了。

①一面发行券币,一面又要求业务资金保持一定的购买力。这是自相矛盾的。

②允许业务资金自营商业活动,借以保持一定的购买力,并要求其壮大资金。在一定时期一定程度上,它与收缩通货,执行稳定金融任务也是互相矛盾的。

③对于总分行每年上下期计算书的损益计算法,是采用了普通商业银行的计算法。因而要求自己的资金保持购买力的标准定为:(甲)以券币物价总指数为标准。或以土布、小米、黄金的平均指数为标准。这种商业银行的计算法搬到边区银行来,它与发行银行的性质是互相矛盾的。

④对于发行银行,而要求其从存款放款业务与经营商业上追逐利润,壮大资金来负担一定的财政任务。这与稳定金融的任务也是矛盾的,其结果只有自相矛盾,混乱了自己稳定金融的步调。

⑤批准业务处与公营商店合作,准其追逐商业投机的利润,这与稳定金融的任务也是矛盾的。其结果只有助长投机,打击自己。

这样自相矛盾的政策,虽然财政任务的负担较早取消,壮大资金任务到平桥时才撤销。但从以上决定及其措施来看,已把国家银行降到私人商业银行的地位了。

乙:把发行库赤金借给投机走私的公营商店与部队,收取其百分之十到百分之二十的高利,这是违背国家银行低利放款政策的。

丙:以部分发行准备金收买私货,允许业务资金与投机走私的商店合作,采用这些助长走私的方法来壮大资金,是违法的行为。这是严重违反金融政策的。执行上述错误的结果是①所谓壮大资金,是削弱了资金。②经营正当商业则参与了走私违法的生意。③破坏了边行优良的制度。④培养了投机商人的歪风。⑤搞坏了干部。

4. 经验教训

从此获得如下的教训:

①发行银行不能允许有独立的业务资金参与商业投机。

②发行银行的业务只能是稳定金融,发展经济,不能另有壮大资金的业务。

③发行银行的会计计算法,只能从整个国民经济的财富增减来计算,不能用普遍商业银行的会计法来计算。它的资金只能以本位币来核算,不能另订其他标准来核算。

④发行准备金的运用,不能与其他稳定金融任务相矛盾的事业结合,否则会搬石头砸自己的脚,银行资金绝对不能与私商相结合,也不能与公商相结合。

⑤银行业务在党政指导下,必须在一定的会议上民主讨论,不得互相隐瞒。

⑥发行银行本身,不允许经营投机生意。

(边区银行:《抗战以来的陕甘宁边区金融概况》,1948年2月16日)

七、贷款工作的经验教训

一九四二年,农贷经过银行发放。因有放款的机构与账目,多少能够反映一些材料,及时研究改进。但与整个组织领导生产的县、区党政缺少密切的联系,不听从其指导。有些走了富农路线,发放得不甚适当。一九四三年指出其错误后,全部撤销其机构,改由区乡政府接收办理。政府承办的结果,对于确定具体的发放对象与整个领导生产的组织能适当地配合。但由于政府人员调动频繁,账目无专人管。时间拖长,人员变动后,放给谁了也无人知道,因此,一九四三、一九四四年的农贷,至今还是空挂总数,年年增加,变成年年报销了事。据一九四五年的反映,农民认为是政府七大好处之一。但这笔资金落在谁手,确是无处可查了。

一九四六年银行因搞的农村典型放款的材料,也带给我们一些可供参考的经验。

扩大生产建设贷款的一些教训和几点农贷经验。

1. 摆脱一切顾虑和困难,克服过去的保守观点;同时,也应反对把农贷和赈济款混淆不清的思想与粗枝大叶随便乱放的大少爷作风,才能放手扩大并搞好生产建设的信用贷款。

2. 必须稳定金融,稳定物价,才能发展生产事业并真正发挥贷款的作用,否则很难保证把贷款投向生产。

3. 信贷工作必需紧密地结合生产,适合实际的生产需要,否则不能顺利发展。

4. 土改之后,必需放手扩大农贷。

几点农贷的经验:

1. 贷款对象应集中于有劳动力的贫苦农民,贷款期限应根据贷款户的生产过程,自愿订定。分配方法,应采取民主评议。

2. 放款不应采取平均主义,应集中的放给需款迫切而又能生产获利的那些县、区与农家。并须以能解决问题为限。

3. 放款路线,依靠群众,区乡负责,银行参与指导。必须相信土改之后区乡群众、干部能发放得好。

4. 在乡村中必须公布贷款的总数目。

5. 必须银行参加经常检查,会计账目银行应帮助建立。

6. 领导机关务须强调农贷的重要,并加强对区乡干部的教育。

7. 放款利息不能过高或过低,但必须低于当地的一般利息。

8. 放款必须适合农时,手续愈简单愈好。

(《抗战以来的陕甘宁边区金融概况》,1948年2月16日)

[本报讯]三月一日人民银行西北区行经理黄亚光同志,在西北财经会议上报告关于生产贷款的问题。亚光同志首先检讨了去年生产贷款的工作。去年陕甘宁、晋绥、晋西北除盐业贷款及实物贷款外,总共发放农币二百一十三亿元左右,其中陕甘宁各种贷款计农币一百二十六亿余元。全部放出贷款约可收回百分之五十左右,像绥德分区手工业贷款能全部收回,并无滥账。某些地区将贷款视同"赈济",有贷无收。去年所放贷款对边区农业、工商业等起了一定的作用。因边区农民遭受胡匪劫掠和天灾后吃粮、籽种、农具、耕畜及其他生产工具等损失惨重,贷款的发放,曾解决了一部分群众(主要是农民)生产资料和生活资料的困难。例如延属分区贷麦五百余石,增种冬麦九千余垧,估计可收麦三千六百石左右。发放贷款中,某些地区经过民主方式,按群众切实需要实行贷放,如延安县蟠龙区和青化区群众,缺乏麦籽,工作组即协同区乡政府,进行个别调查了解,人畜力及土地,每户能种麦多少,缺乏麦籽多少等情况后,召开群众会议由大家公议,谁应借麦籽及借给多少,这样麦籽既能贷给应借的群众,同时使麦籽不致浪费。

接着亚光同志即分析和批判了去年农业贷款工作中存在的某些偏向:第一、大部分干部和农民存在着严重的恩赐救济观点,他们将农业贷款视同赈款或救济款。有的说:"不应把生产和救济严格区分";有的说:"我们的银行就是人民的银行,银行赔了钱,人民得了利是应该的";有的地区只管放出,不管收回,错误地认为:"只要多收一把公粮,贷款就回来了"。他们没有把农贷用到生产中的具体组织工作上,没有发动农民将所得贷款去购买农具、籽种、耕畜等生产资料,而片面的强调解决农民生活上的困难。这种做法的结果,不但放下去收不回来,即对生产亦不能发生积极作用。这种错误思想的根源,在于他们只有片面的近视的"群众"观点,没有掌握"公私兼顾""公私两利"的原则,不了解这样会削弱国家资本的力量,因而使国家资本无法在全部经济中起领导作用,不知道资金的不断周转,能够帮助更多的群众生产发家。亚光同志指示:在今后发放农贷时,必须坚持"有借有还"的原则,坚决反对"把贷款视同赈款"的恩赐救济观点。第二、部分干部发放贷款时,存在着"平均分配、利益均沾"的思想。甘泉原贷麦籽十石,延属专署指示以道佐、劳山一带为贷放地区,结果平均分配了。这样使多数真正需要贷款的农民,得不到或只得到无补于发展生产的少量贷款,而不需要贷款的,反分配了贷款。结果浪费了人民的资财,也解决不了实际问题。同时,某些干部在发放贷款前,对贷款对象没有调查研究;贷放后,又怕麻烦,敷衍塞责,不检查官僚主义作风,故发生将贷款用作投机生产等不正当用途;甚至有徇私、贪污等恶劣现象,因而使生产贷款没有收到应有的效果。

(群众日报:《发挥国家资本的领导作用》,黄亚光同志在财经会上报告生产贷款问题,1949年3月14日)

八、关于债权债务问题

1. 日本投降后,物价狂跌,小匹土布由最高每尺二千一百元跌至最低五百元,跌落百分之七十六。小米由最高每斗二万八千元跌至最低五千元,跌落百分之八十二。因而百货停滞,银根奇紧,大小商业及手工作坊,一则因存货及器材价格跌落,普遍发生亏损现象。再则货币价值提高,负债者更感难于应付,债务纠纷情形紧张而日趋严重。

据各方反映,延安市面,已破产者计有义盛魁、段志得、于震、高绍光、艾玉洲、李杰三、薛艾元、于得森、尹福龙、李顺银等十家;有破产危险者,已知的有井不明、艾生荣、庆义和、工农烟厂、杜仁贵、复真荣等六七家;逃跑的有高绍光、王惠明、白学运等五六家。延安所有债务,据估计当在二十万万元以上,其中发生问题不能清理者,计有已告到法院的一万万五千万元,志丹处在市场所欠货账二万万多元,三十个过载栈向小贩赊出约六万万元,合计当在十万万元左右,因而债务纠纷日有数起,据延安地方法院统计,自八月十二日至十月二十八日止,债务案件达八十二件,占同期民事案的百分之七十七强,平均每日至少一件,最多者一天六件。

在农村,一方面是粮价跌落,农民债务难于偿还。志丹粮价,日本投降前每大斗(等于小斗二斗七升)达四万元,最近跌至一万二千元,即过去二三斗粮食能够还清的账,至今须付出粮食一石。又如延安寨子沟等村农户为扩大生产,在银行贷款二百万元,共买耕牛十三条,种麦八十三垧,至今所有牛具尽值数十万元,须将所种麦子及牛具全部出卖,能如数付还贷款,而全年劳动,吃粮均属白费。

另一方面,在物价猛跌中,货物大量由市场抛向农村:店家将货物赊给小贩及合作社,小贩及合作社又将货物向农村赊放,甚至有高于市价一倍价格赊给农民的,因而农村中除旧账之外,又增加了许多新账。此种现象,在纺织不发达的安塞、志丹等地尤为普遍,仅安塞西河口一地,小贩及合作社赊给农民货账即达四千万元。志丹全县,据县联社估计少在二万万元以上。此类债务,不但因为物价下跌,而且还因为是高于市价赊出,农民里外遭受两重损失。结果抛货是从店家——小贩(合作社)——农民,一层企业剥削一层,而要账则是农民——小贩(合作社)——店家,一个还不起一个的账。因之,债务纠纷乃逐渐由市场深入到农村。据最近调查,农村中已发生因债务自杀事件两起。一在安塞招安,因替人担保货账五十万元,债务人逃避不见,债主迫保人要账,回家又受婆姨斗争,埋怨、内外受逼,乃于农历九月十三日上吊。一在延川永坪四乡,因春初借人粮食,折价四十万元,今年天旱,麦子未收,不能还账,又遇卖价大跌,愈感债务不易了结,乃于农历九月十一日自杀。此虽个别现象,但说明债务纠纷在农村将更为严重。

2. 所有债务,按其性质基本可以分为三类,即:①商业来往及赊欠、暂借、暂欠等债务关系;②信用社存款、放款及私人生意借款;③政府对老百姓的各种贷款。

第一类,债务关系,以公私关系说,包括公与公、公与私、私与公三方面。以地区说,包括市场与农村,其形式有买卖、投资、合伙、短欠、承包、工资、损失等项(见后法院受理的案件),这种债务又可以分为四个部分:①市面上字号间来往,两个月来,一般均已付还,除个别破产者(如义盛魁)外,各字号间尚未有到法院打官司的。据调查,如玉和祥、天瑞西、义盛兴等家,自日本投降以后,义和祥已付还西北商店等八百余万元,天瑞西已还正大商店等一千余万元,义盛光已还一百三十万元,并已无欠账。②店家欠客人及各字号间的,一般是比较大宗的货款,其中已有部分用退货等方式解决,但大部分未了解,如大众栈至今尚欠二千三百余万元,妇女栈尚欠一万万元。③小贩欠大家。④农民欠小贩的。后三个部分至今尚未解决。它们的特点是:A、从市场到农村、店家到农民、呈连锁关系,中间有一个不能还账,即牵连到许多人不能还账。如大众栈借杜仁贵等人六百八十四万元,系妇女栈买大众栈客人布匹,经大众栈借钱垫付,限一月为期由妇女栈交款还账,妇女栈随将布卖给志丹处,现志丹处不能付钱,因而妇女栈、大众栈都不能还账,而杜茂斋等也以此借口不还别人的账。B、以钱数来说,是由集中到分散,货物赊到农民身上,据志丹、安塞等地一般以几万十几万为最多,个别也有赊到四五十万的。因之,此类债务难催收,而另一方面也因钱数不大而可能收回一部分。

第二类：信用社存放款。主要是在农村,经过合作社集中起来而又分散出支的债务关系。全边区信用社存款、放款估计约三十五万万元。其中存款约十五万万元,放款约二十万万元。以延安县为例,全县信用社存款二万万七千万元,放款二万万九千万元,其中发生问题的计有放款一万万五千万元（烂账）,存款一万万七千万元（除滥账外,尚有消费部门挪用,因物价下跌而不能付还的）,存放款合计当有百分之五十七不能维持信用。因而各地信用社发生相当严重的危机,而个别合作社（如安塞延河湾延安鸟阳区）因存款无法支付,不但不敢压低利息,且仍按一月一角复利吸收新的存款,以救一时之急,将更会增加其危险性。此类债务的特点有三：A、信用合作社大部没有社员,赔了无人负责,存款的支付,只能依据放款收回的数目而定；B、钱数比较集中,除个别放款谨慎的放在信用社外,放款数目一般均在十万以上,而且凡成为烂账者,大都数目较大,不易收回；C、利比本大,去年一般放款利为每月二角复利,今年为一角五复利。利息即增长原本一倍,凡不能收回的债务,大部是去年的旧账。按目前物价而论,以过去的利息滚大的债务,而以如今的"钱"来支付是不合理的（据银行统计物价指数,以九月物价为基准,则今年四月的钱只值九角,五月八角,六月七角六,七月七角一,八月六角六）。

第三类：主要是政府为发展生产而放出的贷款,完全是公与私的关系,计建设厅放出农贷、棉贷等约四万万元,银行及各分区放出工贷等约四万万元,全边区合计约八万万元,此类贷款的发放,如农贷（二万万元）,则多少带平摊性质,到农户身上钱数不多,较易收回。工贷主要放给小型工厂,至今许多小型工厂已亏本结束,估计当有半数不能收回。同时所有放款均经各级政府辗转发放。据银行调查,有部分实际为县区政府移作他作,因之,此类贷款的收回更觉困难。

3. 上述三种债务关系,其负债者基本是农民,其次是小贩合作社,因而从大商人以至农民,对债务态度各有不同,一般较大商人平时欠账太多,放账也很有把握,物价下跌后,积极要账还账,市场中等商店如玉和祥、天瑞西等,两月来已各将十余万欠账还清,但欠公家债务则抱观望态度（玉和祥、天瑞西两家欠化学厂一千四百余万元,欠税务五百万元）,希望少给。资本较小的商人债务较多,全凭拉扯做生意,如井玉明欠铁厂一千余万元,庆义和欠二三百余万元,无法付还。但因怕吃官司,失掉信用仍不敢破产,努力维持；但也有部分商人,企图在物价下跌中骗账。最显著的如天顺忠饭庄（段志得）将比较值钱的东西窝藏起来,宣布破产。又如靖边王九义、高树仁、李玉峰三人(合伙开字号义盛魁),家庭均很富裕(三人家中据说均有羊八九十只,骡十来头,高树仁还在柠条梁开有盐店),在延安拉扯四千五百万元,三边进布匹及牲口,自称亏损一千三百万元(实际未赔这样多)亦宣告破产。在农村一般小贩及农民则在无法还账之下,根据过去土产款及探卖青苗经验,希望政府下令减免债务。

4. 对债务的处理,两个月来的商人及法院中已有许多办法,据调查所知,市场上自动采取的有五种。

①退货,分人认赔和不认赔两种,如高桥小贩王应旭九月中以一千八百元价在运合栈赊布四捆,共值八百来万元,后布价跌至一千左右,无法付款,运合栈乃将原货还回。又如小贩纪成章在大众栈以五十五元流通券价买布十捆,布价随即跌到三十三元,经调解,除将布全部退回外,还多退布一捆,现洋二百万元,认作赔头。

②退利还本,自日本投降后,一般利息均已停止。大众信用社在八月十五日有放款一万万五千万元,至十月二十五日止已收回八千五百万元,共退利一千八百万元。此外,市场尚有退本十分之一到十分之二了清债务的。

③实物顶账。如大众社收回实物约一千万元。农村小贩则多以牲口支付债务,但用牲口顶账往往牵连税务问题。如延市调节债务案中即有安塞小贩欠布账一百二十万元,用牲口两头顶账九十万,但因乡政府要上牲口买卖税,债主与债务人都不愿负责,纠纷无法解决。

④由几人垫付债务,如杜茂斋、杜仁贵、李文昌等四人合伙做生意亏本,欠账六百万元,由四人平均还,但杜仁贵无力支付,经商会调解由其他二人代为支付。

⑤出赁房产偿债,如唐心安于五月借款四百万元,赎回市场口楼房一座,现房价跌落无法还账,经商会调解唐心安将楼房出赁两年,以赁钱了清债务。

至于法院处理债务办法,据统计的六十四件归纳如下:

甲:破产案十件,其中假破产一案。处理原则是,必须具备①经营事业亏损。②无窝藏财产行为。③全部财产不能偿清债务,才许破产。对于破产的处理,是由法院和债权人清理债务人财产,然后将全部财产,除保留其家庭半年的生活条件外,公平摊还债务。

乙:买卖引起的债务案九件,经判决退货者两件,按原价付钱者两件,将财产平均摊还债务者一件,未决者四件。

丙：因损失（如土产被没收、被盗等）引起的债务案五件,经判决有酌赔损失。双方负责赔偿损失,及与被告无钱等四种。

丁：因工资、承包、合伙、旧债引起的纠纷八件,经判决主要为照顾原来契约发货、交钱。

此外,在六十四件案中,约有三分之一的案件牵连到保人责任问题,此一问题在法院尚未得一致意见。总的来说,无论商会或法院对债务的处理,基本仍采取维持原来信用原则。而在具体处理时则按双方具体条件给予适当的调处。

5. 债务问题。至今仍极严重影响社会秩序及人民生活,目前各方对此问题尚未有明确方向遵循,兹据上述情况,提出处理债务的原则如下：

①破产应由法律规定,非因其事业遭受损失,无隐藏财产情事,而全部财产不足抵偿债务者,不许破产。无故骗账和假破产应受法律制裁。处理破产人财产时,保留其家庭一定时期的生活条件（如粮食或生产工具）。

②一般买卖、投资、合伙、工资、承包、暂借等债务,基本应维持原有契约,而具体处理时,A、如债务人确无法如数付还,得以双方情况酌情调处（如退货、退本、退利等）,但债务人付款,至少不得低于原货的现价（还款时的市价）。B、农村贷账,如原价与现价相差甚远,或赊货价格高于当时市价一倍以上者,得酌予减少。

③何人对债务应负赔偿责任,但应先尽债务人赔偿,其不足部分由保人酌情补赔。如债务人在逃或根本无力赔偿债务时,保人得依据其经济力量赔偿,但须照顾保留其家庭的基本生活条件。

④信用社存放款：A、自八月十二日以后,过去存放款一律停止生息。B、已付利息超过原本两倍者停利付本。C、利息未超过一倍但在阳历六月（农历五月）以前,或日本投降后而物价尚未跌落时存放者,得依其经济条件酌予减少。D、信用合作社亏蚀,不能如数付还存款者,得依其全部实际资产合理摊付存款。

⑤政府放给农村的贷款,在不影响借款人生活及生产条件下须如数归还,其所有经济无力归还导致妨碍其生产者,得呈请政府并经主管机关核准酌予缓收、减收或免收。

（陕西省档案馆：《关于债务问题》,约1945年11月）

绥德义合区七乡姚家沟居民七十四户,其债务关系如下：

①债权人调查

（甲）一家富农放债为生,现尚放债六宗（前年放出的五条,去年的一宗）,共本一百零六元白洋（该地借贷纯用白洋）。利率月利一角的五宗,一角五的一宗。放给三家贫农,三家中农。已收回本利白洋四十三元八毛,尚外欠本利白洋二百六十五元九角,已放债三年,自己不劳动,靠放利为生,生活富裕。

（乙）十家中农放债十九宗,前年放出的十七宗,去年的两宗。共白洋一百八十二元,粮食二石九斗。放给八家贫农,七家中农。利率白洋账月利五分的一宗,八分的五宗,一角的六宗,一角二分的一宗;粮食账六宗,皆月利加一,已收回本利白洋九四元七角,粮食一石一斗,尚外欠本利白洋二百二十一元四角,粮食四石四斗八升。

（丙）贫农放债的一家,只放出一宗,前年放给一家中农,白洋六元,月利一角。本利未还。

（丁）合作社放债七宗,共本白洋六十元。放出时间：一九四五年一宗,前年三宗,去年三宗。放给五家中农,两家贫农。利率月利五分的三宗,一角的三宗,一角二分的一宗,已收回本利六十八元四角,尚外欠本利六十五元。

（戊）学校基金放账两宗,共本白洋三十二元,放给两家中农,月利一角,皆前年放出,本利未还,现共欠本利六十九元七角。

（己）贸易公司放债两宗,共来二斗二升,放给两家贫农,月利三合,皆去年放出,本利未还。

②债务人调查

（甲）贫农借债的十五家,共十九宗,共借白洋一百二十九元,粮食二石七斗升,已还白洋八十一元五角,粮食二石,尚欠本利白洋二百五十三元九角,粮食二石九斗六升。借债原因为接济吃粮八宗,婚丧事六宗,买驴一宗,害病一宗,还账一宗,好吃爱花者两宗。

（乙）中农借账的十八家,共十八宗,共借白洋二五七元,粮食四斗,已还白洋一百二十五元六角,粮食一斗,尚欠白洋三百八十元,粮食七斗四升。借债原因为婚丧事五宗,买地买牲口三宗,做生意两宗,还账两宗,去担架路费一宗,接济吃粮一宗,不正当用途四宗。

③债务关系特点

（甲）现有债务关系中,地主放的债很少,农民放债二百元以上者,计算剥削分量时即容易达到富农标准,因此,也可说富农是大宗放债者,而多宗小宗债务则存在于中农、贫农之间。农民间债务关系,主要起了应付急需、发展生产的互助作用。但个别富农放债滚进土地或脱离劳动,靠放债生息,过比较优裕生活的现象是有的。

(乙)一九四六年放债利率,在月利八分到一角二分之间。根据当年粮价,按白洋计算,上涨一倍的情况计算,五分利不够本,八分利稍有盈余,一角利实得年利百分之三十,一角二分的利这次得年利百分之五十五,一角五分的利实得年利百分之百(皆以十个月复利计算)。

(丙)一九四七年春季土改后,民间借贷关系又渐停滞,现存债务大部分是去春土改后停止偿还的。

④处理办法的意见

(甲)地主、旧富农放的债应一律废除。

(乙)农民之间的债务一律承认其合法,并予以保护。但对一九四七年春季土改后停止偿还而引起的债务纠纷,则经过政府与农会,根据双方经济情况及债务情况进行调解,分别采取各废利还本减低利息、停止行息、缓期偿还等办法处理之(不停止则负债者滚利过重,损失过大,但应多采用减低利息办法,不能过多采用废利还本办法)。

(丙)政府与农会应采取有效办法,恢复农村借贷关系。

(群众日报:《义合七乡姚家沟债务调查》,1948年4月15日)

第三节　汇兑业务

一、开展汇兑业务和建立通汇点

汇兑——目的为了促进各地物资交流,帮助工商业发展,调动资金,扩大本币活动范围,故必须首先沟通内部汇兑;同时,兄弟解放区在经济上有联系者,也应建立汇兑关系。两地之货币最好能固定比价,或采取定期清算的办法也可。

(边区银行金融管理科:《对银行工作建议》,1948年7月1日)

汇兑目的：促进各地物资交流，调剂两地筹码。

通汇地点：各地建立汇兑网，绥德、延安、三边、陇东、洛川、马栏、富县、五寨、朔县、原平、离石、北偏城、隰县、新绛、临汾等地。

办法：一般的采取票汇，有电台联系者也可电汇，各通汇地点，均须保持适当的汇兑基金，不论公私汇款均收汇水，汇率的规定，根据两地物价、银根紧松、运费大小拟定公布。

（西北贸易公司：《金融工作计划草案》，1948年7月）

中国人民银行西北区行直属办事处及所属支行通汇点等级限度表

管辖行	直属办事处	通汇点等级	办事处所属支行		通汇点等级	备注
西北区行 地点 西安梁家牌楼公字四号 电报挂号 6148	宝鸡	一等	虢蔡、凤翔、陇县		二等	①凡与本区行直属办事处及所属支行通汇时，除密押互寄印鉴经区行转寄外，管辖行必须通知通汇行遵守本表规定之限额。 ②各级通汇点限额：一等日汇额一千万元每月不得超过两亿元。二等日汇额五百万元每月不得超过一亿元。三等日汇额三百万元每月不得超过五千万元。 ③本区所属西安、甘肃、西宁、宁夏、迪化（今乌鲁木齐）各省市分行均可迳向区外行处通汇。 ④在总行颁发新的汇兑办法以前暂按本表规定额度先行通汇。
	三原	一等	泾阳		二等	
			同官、耀县、富平、高陵		三等	
	大荔	一等	韩城		二等	
			蒲城		三等	
	咸阳	一等	兴平、武功		二等	
	渭南	一等	潼关		二等	
			华阴、华县		三等	
	汉中	一等				
	彬县	二等	乾县		三等	
	陕北分行（延安）	一等	所属办事处	榆林	一等	
				绥德三边	二等	

汇兑主要是小型的公款及私人汇款，一般商业汇兑很少。汇水率千分之十六，大家都感太高，因券面票纸很小，票面金额又大，带运亦很简单，汇水率还须研究。一般大宗公款拨兑，都经发行库免费转携各处汇兑。附半年汇兑统计表。

第四章　陕甘宁边区银行的存、放款和汇兑业务

半年来汇兑统计表

行别	汇入			汇出		
	笔数	金额	占总数百分比	笔数	金额	占总数百分比
延安总行	3	79,114 -	100%	10	709,164.88	39.11%
绥德分行				1	100,000 -	11.18%
米脂支行				1	2,500 -	0.28%
华池办事处				2	-85,000	9.5%
合计	3	79,114 -	100%	14	894,664.85	100%
说明	系延安汇张专员及邮政管理局款。			①大部系分区教育部门汇延安新华书店书报款。②个别公私商业汇款。		

（关中分行：《三十五年上期工作总结报告》，1946年7月）

沟通晋绥汇兑关系及加强各分行间汇兑业务。

（甲）由总行拨一千五百万券币交农民银行，作为券币的临时汇兑基金。

（乙）同时农行拨二千万法币交绥德分行，作为农钞汇兑基金。

（丙）加强各分行间的汇兑业务，灵活商业周转。

（边区银行：《一九四六年下半年金融工作计划草案》，1946年6月25日）

近来法币在市场上甚为充斥，关于禁止问题，前已有提示，今根据商人心理，决定今后可开展下面两种业务，以达减少法币流通目的。

1. 在准备库举办法币汇兑：

具体会计手续是这样：

①凡是汇款人愿意作法币汇兑者即可承汇、汇款地点只限于总分库之间。

②汇水一律要收，汇水率可根据本身法币紧松灵活决定，采用随时挂牌或面议办法，所得汇水可收在业务汇水账上。

③采用汇票，就是以前的汇票，写法基本上同前，不同者就是在写阿拉伯数目时，写明保付法币多少，并加盖法币汇兑印章，参阅样式。

④账的记法，不另设汇款账，凭法币汇兑汇票之流通券，金额直接记总分库

往来账(此种汇票与凭单作用同),但必须注明收款人或法币数目。

⑤付款手续,按汇票上之保付法币金额如数付给收汇人,内部按流通券记账。假如两地牌价不一致时,所发生损益由付款库负责,损益用交换损益科目处理,并注明何库汇来法币多少,汇票上牌价与现时牌价各若干。

2. 业务上举办法币存款

①保证存法币取法币,按存款人意旨可确定定期或活期存款二种。

②利率要比一般存款低,活期的应该更低些,因为此项业务主要目的在消除商人害怕边币跌价,而遭受损失的心理,就是利息不高,这对他们也有很大好处。

③在给存款人的定期存单上,活期计数折上都记法币,不记券币。

④传票账簿上之金额,以流通券作记账本位币,但也需注明按当时牌价,折合的法币数,以便作存单存折的对照。

⑤牌价发生变动时,损益由业务上负责,当日即可按新牌价把存户一一清转,但不必通知存户。

⑥银行业务库原无法币,故法币的收付可向准备库(或交换所)作兑换解决。

(《边区银行通知》,1946年7月19日)

开展汇兑业务

(A)通汇地点:争取上半年做到以下的地点通汇(不是每一处都可与以下各地通汇,而是特定地点间通汇)。临汾、运城、新绛、平遥、汾阳、翼城、长治、兴县、临县、朔县、离石、原平、镇川、神木、绥德、延安、洛川、韩城、大荔、关中、陇东、三边、天津、北平、石家庄、济南、郑州、沈阳。西北区以外之汇款仅限于分行一级,办事处以下暂不通汇。

(B)清算点:各行署区内通汇点概以各分行为清算点,但各处能争取直接清算更好,西北以外各地通汇概归北平分行清算。

(C)清算日期不得超过三个月。

(D)汇款限额:各通汇行互相商定后,呈报区行,超过限额汇款,付款行可拒付,汇款人所受损失,概由汇款行负责赔偿。汇往西北区以外平津等地者,由区行根据各分行计划,作整个计划分配。

(E)内部往来利息,从付款日起计息,利率以付款行两个月定存利率计,比如两月定利息为六分,即按六分计息,其他内部往来,亦均计算利息,利率与汇款同。

(F)汇费:一般的应以现金输送费为标准,但可根据银行实际情况,自行伸缩或减免。

(边区银行、贸司:《关于金融工作若干具体问题的决定》,三月经理联席会议,1949年3月)

四月二十五日函及通汇协议书敬悉。本行同意延安与华北区北平、天津、石家庄三地通汇,通汇具体办法、手续总行正在草拟,不久送去后即可通汇。关于和济南、郑州、沈阳三地通汇问题,请与东北、山东、中原三区银行直接协商。
此致
黄经理
张王副经理

(中国人民银行总行:《为西北与华北通汇函》,1949年5月)

我处现在准备搞汇兑这一工作,只因我们对该项工作没有经验,又找不到参考材料,所以对汇款的汇率就很难订出。陕北邮局现在是一种小额(据说以后也要办理汇兑,金额要大一些,汇费不会小于百分之五)汇款,汇率是百分之五,我们觉得太大。经研究后,我们意见,将汇率订为:往绥德汇为百分之二,往西安、三原及临汾汇为百分之三,往北平汇为百分之三点五。我们订出的这个汇率,不知恰当不恰当,请你们来信指示是盼。

(人民银行陕北分行:《向西北区请示汇率问题》,1949年6月27日)

接榆林办事处六月二十六日来函,询问关于榆林商人要求向西安、平津等地汇款业务,可否承做等事,兹公复如后:

(一)与西安、平、津等地开办汇兑业务,我们同意。

(二)汇兑手续由办事处以后直接订立,如在寄通汇协议书、印鉴、密押、汇款限额等。

(三)汇差由分行清算,分行无法清算者由区行清算,汇差清算办法,正在规定中,不日即可寄去。

此致

            陕北分行转
            榆林办事处

（西北区行：《函复榆林办事处与西安平凉等地开办汇兑业务》，1949年7月11日）

  自西安解放后，各地要求汇兑者日多，为了促进各地物资交流，加强各地经济联系，陕甘宁边区内部汇兑应即速举办，以适应客观要求。但为了便于清理和调拨头寸，防止混乱起见，暂规定以办事处为单位，开始通汇，办事处以下机构暂不通汇。汇兑种类暂规定票汇一种。汇水根据当地情况自行确定。今将票汇会计手续、汇票报告表账簿、申请书、章程协议书等均先后寄去，希按照指示早日进行为盼！

（中国人民银行西北区行：《西北区内部通汇指示》，1949年6月28日）

二、汇兑条例、章程和办法

陕甘宁边区与晋绥边区通汇及兑换暂行办法

  （一）双方均施行单一货币制，晋绥边区禁用流通券，陕甘宁边区禁用农币，一切交流往还尤其不以银洋为媒介。

  （二）为沟通两个边区的经济关系，双方银行总分行间均行通汇及兑换。沿河两岸交界处所有金融机构，如边区螅镇办事处、晋绥、离石支行均须以流通券与农币随时兑换，在正常状态下，尽可能做到不加限制。

  （三）通汇与兑换比价，一律以流通券与银洋及农币与银洋的主要市价为计算标准。①具体汇价，各行收汇时，依照当地及付款地点市价自行决定。②兑换比价是：在常态下，交界处由双方最接近的支行办事处或交换所随时商定，报告其上级分行，遇金融波动或发行争议时，须一律取得分行同意后，方可改变比价。

  （四）汇费由收汇行自行决定。

  （五）为确定适当汇价及比价，双方总行及临县与绥德分行间必须电告银洋市价，平时以五日或十日一次，如遇波动则随时通告。

（六）延安、兴县、临县、绥德收汇、付汇每次以流通券或农币一百万元为最高额，其他各地以三十万元为最高额，在此限度一半以下者见票（或电）即付，一半以上者，见票三日即付。

（七）双方汇款不限差额而算利息，每宗汇款自付汇之日起，按月计息。

（八）遇到金融波动或付款行无力支付时，可以暂时停止汇兑。

（九）双方汇款均集中总行记账，每月必抄寄对账清单，以便彼此核对账目。

（十）清理汇差及兑换差额，不定期限，需要时可以随时办理。①清理采用按照市价兑换办法，所剩余额以实物偿付。②总清理集中于双方总行，每年至少进行一次。③沿河两岸贸易如不相抵，可采用借款或由绥德与临县分行兑换办法取得出超区货币，以供人民兑换。

（十一）双方总行必须各自转其总分行主要负责人签字盖章之印鉴片汇集成册，分发双方各行，以凭核对汇票上之印章签署，如各行负责人员有个别调动时，必须彼此通知并补发新印鉴片。

（十二）本办法业经双方同意采用，日后如有修改之处，仍须双方商得同意。

（《陕甘宁边区与晋绥边区通汇及兑换暂行办法》，1946年）

陕甘宁边区银行特定公款汇兑暂行办法

第一条：特定公款包括一切财政收入款项，建设厅及其各地之直属单位的经济建设款项，各地物资局及其直属经济单位之周转资金等项。

第二条：特定公款之汇兑，概免收汇水、手续费、电费等款，但须取得各该地、各该系统之证明文件始可。

第三条：特定公款汇兑，一律以边币为单位，不得以法币汇兑，如交入法币时，须折合边币汇出，但币价应以收付两地之牌价较高者计算，此项损失归汇兑损益科目，统一由总行处理。

第四条：非第一条所包括公营商店，按一般商业汇款半价收费，第三条所定之币价计算不得援用。

第五条：其他会计手续与普遍汇款同。

第六条：本办法经政府核准后生效。

（《陕甘宁边区银行特定公款汇兑暂行办法》，1946年）

西北农民银行汇兑暂行条例

第一条:为了促进各地物资交流,帮助工商业发展起见,特举办此项业务。

第二条:汇兑一律以本位币为计算单位,如以其他货币要求汇兑时,概不收汇。

第三条:汇兑种类,暂定为电汇、票汇两种,电汇只限于(总分行间)有电台直接联系者,无电台联系者一律采用票汇。

第四条:汇率由总行、分总行统一规定通知(目前暂定最高不能超过3%)。

第五条:汇款数量由陕甘宁、晋绥两总行自行掌握决定,并随时以电报联系,必要时各通汇行也可直接联系,自行确定汇款额。

第六条:汇兑会议手续,陕甘宁及晋绥暂照过去各自所规定之手续办法。

第七条:汇差清算,陕甘宁仍采取总行集中清算制,陕甘宁、晋绥各分行相互间之汇差,由两总行集中清算。

第八条:通汇地点,暂定为陕甘宁、晋绥各总行,分行所在地,分行以下支行,办事处暂不办理此项业务。

第九条:本条例须经总行才能修改。

(《西北农民银行汇兑暂行条例》,1948年)

西北农民银行汇款暂行章程

第一条:本行办理汇兑业务,以促进物资交流,减少现金运送,便利人民为目的。

第二条:本行汇款暂定为票汇一种。

第三条:收款人持本行所发汇票,向指定之银行或代理处取款,如汇款人要求凭保取款,或付汇行发生怀疑与款额过大时,付汇行处得请收款人觅取妥保,否则须接到汇款通知书后,始得汇付款。汇票如将"或来人"三字划掉时,汇票背书应与原取款人同,如托人代收者,应以原收款人委托信为凭。

第四条:汇款以本行当天所挂牌价为准,大额者面议。

第五条:汇款人如需查询时,应详开收款人姓名、汇出日期、汇票号码、金额等以便清查。

第六条:汇款因故退汇时,应持原汇票来行申请退汇,以便分别办理退汇手续,无论退汇原因如何,汇费概不退还。

第七条:如汇款人收款人将汇票遗失时,速向付款行、收汇行申请挂失止付(详述该票字号金额等情)并登报三日,声明作废。经十五日后,如无纠葛发生,收款人即可觅保(机关、学校、团体、可由本单位负责人写信证明即可),并带所登报纸,填具收条,签章取款,如挂失前已被人冒领,本行概不负责。

第八条:本行所发汇票必须加盖本行行章与经付理之签章,始生效力。

第九条:本章程如有未尽事宜,得由本行随时修改。

第十条:本章程自即日起施行。

(《西北农民银行汇款暂行章程》,1949年4月)

中国人民银行西北区行汇款暂行章程

第一条:本行办理汇兑业务,以促进物资交流,减少现金运送,便利人民为目的。

第二条:本行汇款暂定为票汇一种。

第三条:收款人持本行所发汇票,向指定之银行或代理处取款,如汇款人要求凭保取款,或付汇行发生怀疑与款额过大时,付汇行处得请收款人觅取妥保,否则须接到汇款通知书后,始得付款,汇票如将"或来人"三字划掉时,汇票背书应与原取款人同,如托人代收者应以原收款人委托信为凭。

第四条:汇率以本行当天所挂牌价为准,大额者面议。

第五条:汇款人如需查询时应详开收款人姓名、汇出日期、汇票号码、金额等以便清查。

第六条:汇款人因故退汇时应持原汇票来行申请退汇,以便分别办理退汇手续,无论退汇原因如何,汇费概不退还。

第七条:如汇款人、收款人将汇票遗失时应速向付款行、收汇行申请挂失止付(详述该票字号金额等情)并登报三日,声明作废。经十五日后,如无纠葛发生,收款人即可觅保(机关、学校、团体、可由本单位负责人写信证明即可),并带所登报纸,填具收条,签章取款,如挂失前已被人冒领者,本行概不负责。

第八条:本行所发汇票必须加盖本行行章与经副理之签章,始生效力。

第九条:本章程如有未尽事宜,得由本行随时修改。

(西北区行:《汇款暂行章程》,1949年6月10日)

平津沪宁汉西安国家银行间通汇办法

（一）先办电汇、密押、印鉴送到后再办票汇、信汇。

（二）每日汇款限额平津与沪各一亿,平津与宁汉各五千万,天津与西安二千万,北平与西安一千万,如超过限额须先电商。

（三）每月汇款额度：平津与沪各十五亿、平津与宁汉各五亿,天津与西安两亿,北平与西安一亿,逾度额即设法直接清偿。

（四）汇率原则总的趋势是向南汇稍高,向北汇低,目前可参照两地物价差额灵活掌握,暂定南汇不超过百分之二十,北汇不超过百分之十五（开始时注意与私营行庄汇率相近,以免投机,并通过经营使行庄汇率跟着我们走）。

（五）利息在度额内按月息六分计,超过者按九分计。

（六）押脚、密码、统一编制。各行指定科长以上干部专人负责保管。

（七）汇兑手续可先采用原中国银行的。

（总行：《平津沪宁汉西安国家银行间通汇办法》,约1949年7月28日）

三、电码密押

近来五日电报库存,有些分行不能按时发出,内容打得也很不明显,因此规定：

（一）发电时间,最好在每五日下午即将电稿交电台,最迟第二日上午就要送去。为迅速计,此稿可单独发。

（二）电报内容为1. 准备库券△△△,法△△△,金△两△钱计△△△,白洋△△△元计△△△交,所往来△△△,运送中现金△△△（送总行,送交所须注明）。金额全以流通券万元计算,但法币就按法币算,白洋之数按元作单位。

2. 业务库券△△△

（边区银行：《通知》,1946年5月15日）

通知各分行长

财经办事处给了银行一个新的任务,要在稳定金融的条件下,利用库房的睡觉资本作赚钱生意。如何赚法,除另有指示外,为了保证电报指挥的秘密,特指定"电码代用字"一份送来,于一九四六年一月一日起实用(前于八月由交通送来的那一份,如收到时,即行作废)。这种代用字用得久了,难免别人不会猜着,因之必要时得由总行随时制定更改。应用时如你们发觉,一有泄露,请即电告为要。

我们拍发运用"电码"代用字翻译的电报时,报头上一定先写报头语,我们看见报头语时,就知道要用"代用字"才可以翻译出来。这次的报头语,为"常识"二字,唯代用字码,必须由行长保存,因之电报自然要由行长、副行长亲译了。

你们也可运用这个"代用字"向总行拍电,唯必须限制。在需要做秘密的生意,或你们打算做什么新的生意,需要事先就商总行,或对总行"代用字"电报,内容有意见,需要商量时,或为了保持事先的秘密时才可。此外的电报仍照旧拍发也可。你们接到这个"代用字"后,请即电告收到,电报上只写"秘要字第〇六〇号通知收到"的十二个字就够了。

报头写"常识"

真字	一	二	三	四	五	六	七	八	九	十
代字	寅	辰	午	申	亥	子	卯	未	酉	丑
真字	壹	贰	叁	肆	伍	陆	柒	捌	玖	拾
代字	丁	庚	甲	戊	辛	癸	乙	丙	巳	壬
真字	元	毛	分	圆	角	万	千	百	十	月
代字	钱	孙	起	李	和	英	夏	秋	春	冬
真字	天津		榆林		吴中堡		南京			
代字	谷子		高粱		玉米		蔓菁			

| 真语 | 法币 | 流券 | 边币 | 黄金 | 白洋 | 买进 | 卖出 | 兑换 | 牌价 | 兑进 | 兑出 | 提到 | 降到 | 西安 | 重庆 | 上海 | 北平 |

| 代词 | 白虎 | 当归 | 青龙 | 生地 | 带黄 | 甘草 | 生姜 | 南芍 | 获神 | 砂仁 | 麦冬 | 陈皮 | 枳枝 | 豌豆 | 资产 | 胡菽 | 青菜 |

(边区银行:《通知》,1946 年 12 月 20 日)

各分行通知

牌价的上提或下拉,在今后的工作中可能遇见的很多,为了避免别人的投机,特拟定"电码代用字"一份发来。以后凡遇牌价的更动,或买卖金银等通知,必要时电报上即用这种"代用字"发出,你们接到时可参加"代用字"译出即了然了。譬如要你们买进黄金,电报上不写成"买进黄金",而写成"生姜获神"。要把牌价提到"一元券币兑换法币二元五角"时,电报上即写成"丙寅砂仁甘草陈皮、庚寅乙子或李辰冯午"等。

这件代用字,由总行负责规定,但如有汇露或遗失时,请即电报,以便注意和更改。但代用字必须由行长或副行长亲自保存,收电后亦亲自翻译。这次发电时报头先写"行长亲译"四字,你们看到这四字时,即知要用代用字翻译内容。

你们与各交换所亦可规定一种代用字或暗语,以便通知时别人不能够看得懂。比如上次,陇东分行由电话上给西华池交换所通知时,则被抗大偷听了电话,连夜跑到新宁去投机投资八十多万元。我们要做足够的估计。今后各机关部队,对我们的一言一动,都会十分的注意哩!如果现在不引起十分警觉时,吃亏的事情还会多还会大。

因为再没有更好的办法送给你们,这次只得托志丹处的交通带来。同时我们估计这一着,他们现在还不至于警觉到,以后一定还是此路不通,一律由自己的押款人员或来往妥人携带。代用字接到后,望即电告,电报只写"亲译信收到了"的几个字发来,我们就知道了,而且安心了。

报头写"行长亲译"

真字	一	二	三	四	五	六	七	八	九	十
代字	丙	庚	戊	壬	乙	辛	己	丁	癸	甲
真字	壹	贰	叁	肆	伍	陆	柒	捌	玖	拾

代字	钱	李	赵	郑	冯	宋	吴	孙	周	陈
真字	元	毛	分	圆	角	万	千	百	十	月
代字	寅	子	卯	辰	午	申	亥	酉	丑	虎
真语	法币	流券	边币	黄金	白洋	买进	卖出	兑换	牌价	兑进	兑出	提到	降到
代词	陈皮	砂仁	麦冬	获神	南芍	生姜	胡菽	甘草	生地	枳枝	带黄	当归	白术

（边区银行：《通知》，1947年12月9日）

通知各行

为了防止买卖金银走漏消息，特规定以上代用字即希按照使用。

金价（存款），白洋价（放款），买进（转账），卖出（总行），两（万元）。

除以上代用字外，金银价格一律提高一百倍。如金价三十万，电报就打三千万，白洋一万元，电报就打一百万元，兹举例如下：

例一、原文金价在二十八万左右可买入。

代用字存款在二千八百万元可转账。

例二、原文金价在三十万元以上卖出二百两。

代用字存款在三千万元以上拨付二百万元。

例三、原文白洋价一万五千元。

代用字放款一百伍十万元。

唯以上代用字及使用方法，务须行长亲自或最可靠的同志负责，不得让任何人（包括电台）知道其秘密。

（边区银行：《通知》，约1946年7月6日）

第五章 陕甘宁边区银行的法币和外汇管理

第一节 扩大本币流通范围,缩小法币流通市场

一、边法币斗争的指导思想

一九四四年十一月十二月间,西北财经办事处召集金融座谈会,研究金融工作,从总结经验中我们体验到边币与法币的关系是密切的,边币与法币必须在边区市场上分离,但同时又必须在对外贸易上互相联系起来。

陈云同志指出:(一)对外经济关系主要是法币。(二)一九四四年金融稳定的原因,第一是一九四三年产了二百万斤棉花,第二是贸易出超,法币充足。(三)稳定在物价上没有可能,目前(指当时)只能稳定在比价上,目前提价是不利大公的。我们当时认为独立的边币,同时要与法币发生贸易上的交换关系。因为边区在多数地区主要是与国民党区域做生意,国民党区使用法币,而我们一百五十万人的布匹、棉花主要从那边来,这样,我们在未能实现全面管制对外贸易或实行物物交换以前,我们搞法币进来兑给商人,经过人民分散地偷运布匹、棉花进来,解决我们军民的需要,这是完全必要的。没有法币,只有金子、白洋也难行得通,因为金子从外边来,外廉内贵,用白洋则国民党区一九三五年已禁止使用,公开大量买卖有困难。因此边币与法币密切地联系着,同时,也经常地斗争着。我们认为,边区许多工业必需品一时还不能自给,当时稳在物价上已不可能,稳在于我有利的比价上有必要,而且勉强办得到。如要稳在物价上,只有经常提高边币的牌价,这等于送法币给商人,大公吃亏。因为卖出去的东西(土产、食盐)主要在公家手上,出超主要是土产。现在打法币,贬低法币,即要贬到自己身上。今天边区一大部分必需品还要从外边来,因此我们暂时主要

稳定在比价上。我们又认为,要经常与法币斗争,斗争的手段,应该是以经济为主,政治为辅。一九四四年八、九、十月间,贸易处在旺月,八、九两月间兑出法币三万万三千余万,若无充分准备,即会发生问题。十月中旬不抠紧发行,也难渡过难关,这种斗争,主要依靠准备充分,如绥德出黑市,即总给法币;三边严禁法币流通,银行即能保证出外办货者准予充分兑换,这说明有经济,政治才起作用。一九四四年六月五日,决定八元五角的汇价以后,比价一直是稳定的,而物价也相当稳定,其基本原因,正如陈云同志所指示的一样,首先是边区需要一百几十万匹三八土布、几百万斤棉花。九、十月各兑出法币一万万九千余万元,若无生产的二百万斤棉花,既要增加一倍,少买外来花,即是生产的胜利,抵销了多少外来货,即少付出多少法币。其次,对外贸易顺利,才能多收,用以保证充分兑换。与法币的斗争,主要是争取物资,而不在乎比价高低。对交换所管制法币办法,我们考虑了三种:(一)无限制兑换,有来即换,其坏处是中心地区流通法币,边界区也用法币讲价支付,其结果是边币市场缩小。(二)"三边办法",即一方面禁止法币流通,另一方面无限制兑换法币,这样使政令易于推行,其坏处是法币充足时可以办到,无法币来时不好办,其结果是法币进少出多。(三)"严格管理",即出去才兑,不出去不兑,兑要有担保,其好处是有担保更可靠,事后能检查伸缩性大,但坏处是银行交换所自己来限制也办不到,必须移交对外贸易机关物品交易所去办。限兑通常有黑市,黑市过大是否仍然会影响物价波动?依据我们的体验,采用"三边办法"比较适用。即(甲)交换所无限兑换,(乙)贸易上实行管理,(丙)政府禁止使用法币。在上述指导思想下,产生了一九四五年一月五日《禁用法币办法草案》,以后又修正为《边府与联司战时严禁法币行使办法》(一九四六年一月公布),在抗日战争结束以前,我们对法币的态度与做法,大致是受此思想支配的。

(陕甘宁边区银行:《抗战以来的陕甘宁边区金融概况》,1948年2月16日)

二、禁用法币完全行使边币的指示、布告

(一)西北局严禁法币流通完全行使券币的指示

1. 目前边区金融市场异常混乱,国民党的票币(法币)公开在市面流通,其流通范围已侵占了大半个市场,致使边区本位币的券币流通范围反而缩小,继续发展下去,边区金融市场将被国民党的票币完全控制,而边区的券币,则将无

立足之地,或被降到辅币的地位,其结果,就是使我们失掉了经济上的独立自主,让国民党恶性通货膨胀的负担加到边区人民头上,造成边区经济的严重损害。这种经济损害,必然就直接影响到长期自卫战争的物质保证,因此,必须认识法币和券币的问题,其实质就是国共斗争在经济上的反映,是国共斗争的一部分。

2. 确定边区以券币为本位币,严禁法币在边区境内流通,这是党的一贯方针,早在一九四一年皖南事变后就确定下来,并由政府明令颁布,但历年来所以未能贯彻这一方针,其基本原因有二:一为经济力量不足及经济措施不当;一为政府法令未坚决执行或执行不当。在一九四四年前一个时期是以前一个原因为主,而一九四四年后直到最近这一时期是以后一原因为主,而要贯彻党的上述方针,则这两条缺点都必须克服,且必须使二者相结合,这是几年来边区金融工作中的主要经验,因此,在经济方面,必须保证必要的外汇兑换,以加强出入口贸易,必须增加调剂内部市场,必须用物资力量来平稳物价与回笼券币,必须在适当时机运用牌价政策,以打击法币,提高券币,必须筹划发行公债以推广券币用途等。这些均已由各有关机关负责筹谋与在实施中。但与这些经济措施同时,必须运用政权的控制力量,贯彻执行政府严禁法币在边区的内行使的命令,以与上述各种经济措施互相结合,才能收效。因此,已由边区政府与联防司令部重新制定严禁法币在边境内行使的办法,明令公布,各级党政军均须负责保证其实行,以贯彻边区境内完全使用券币的方针。

3. 要贯彻执行上述方针,首先必须在全体党政军干部思想中说通以下几点:①不要以为这是无关大局的事情,而应了解金融问题,是边区经济的命脉,是我们和国民党经济斗争的主要方面,不仅经济意义,而且是有政治意义的斗争,特别在目前蒋胡进攻边区的情况下,这一斗争对争取自卫战争的胜利有重要意义,对这问题采取任何消极态度都是不对的;②不要以为这只是银行或财经部门的事,而应了解这个问题将是一个长期的复杂的斗争过程,非团结全边区所有力量不能达到胜利。因此,这是边区全体党政军民的责任;③不要以为过去禁令未能贯彻,因而得出结论说这次也不能贯彻,而应了解现在我们的条件比过去有了很大变化,过去内部生产不足,对外贸易入超,银行准备金空虚等,曾是金融不稳的基本原因,而现在我们生产有很大发展,贸易大致走上平衡,银行准备金也是空前壮大了,因此,在经济力量上我们是有足够条件的,问题的关键在于我们主观努力如何来决定;④不要以为禁令实行以后使工私商受影响,会使市场萧条,而应了解我们有充足的外汇力量,供给外汇的正当需要,绝不会使正当商业受影响,而使市场萧条的。有些投机商业可能受到影响,但投机商业是应受到打击的,对上述这些问题认识清楚后,就应坚定不移充满信心地去执行这一法令。

4. 根据过去经验,执行这一法令必须是坚决的,但又是有步骤的,大体上应当是:①先商后农,并由公商而私商,因搞金融投机者多为商人,而公商又有决定意义,故应有各地党政军领导机关,首先负责约束所属公商执行政府法令,以影响与推动私商及一般人民执行,如公商或公家任何经济单位有违背此法令者,除按法令处罚外,并应给以党纪、政纪、军纪制裁。②先内地而后边境,内地容易控制,也必须控制,边境情况复杂,不容易控制,故应先由内地作起,逐渐推广到边境,然后再由控制边境来巩固内地市场。③先城镇而后农村。首先应抓紧银行及货币交换所所在地的各大城镇,再由联络这些大城镇的交通大道开始执行,然后逐渐推广到分散的农村。这不仅因为我们人力有限,非如此做不可,而且为适应经济的流通趋势也非如此做不可。④先宣传而后执行。必须先用各种方法,由人民宣传政府这一法令,使人民都了解这是必要的,是保护边区人民利益的,而打击边区敌人的政策,在群众自觉的基础上再执行法令,法令就有了可靠保证,然后进而强制执行。再进而对违犯法令情节严重者实行处分,这样步步逼紧,以求贯彻,在执行中,尤须严防国特及少数坏分子造谣破坏。

5. 在边区市场上,和券币对立的除国民党的法币外,还有白洋。对白洋问题应和对法币问题加以区别。因法币问题是我们对外部敌人的斗争,而白洋问题则是属于内部斗争的性质,但亦不能听任自流,任白洋在市场流通,以致代替券币,而应加以管理,使白洋只能成为民间储藏手段或商品,而不能当作货币行使。为此目的,边府及联司又公布了管理白洋办法的命令,各地就坚决执行,在步骤上应当先集中力量打击法币,在打击法币获得一定结果时,再处理白洋问题,绥德分区的白洋问题可另订具体办法实施。

6. 过去在执行法令中曾经犯过的毛病,即可谓"乱没收"的现象,此次必须绝对避免,为此,必须规定,除有个别特殊情形并经县以上党政领导机关批准者外,一般的绝对不允许入户搜查,更不许翻箱倒柜,以免发生流弊而引起人心不安,违者应受处罚。而能否避免这一点,即是法令能否顺利执行的重要保证之一,但凡在市场行使或违法携带者,则必须坚决执行法令,按规定处理。

7. 各地必须指定专门的和经常的检查机关,如税局、公安局、保卫部门的检查站及其他司法机关等(军队除检查部队本身人员外,一律不担负检查任务)。地委专署及旅以上的政治部应每月总结一次,并报告西北局、边府及联司。只有党的经常的检查和指导,才能使这一工作贯彻、坚持下去,而这一工作只有坚持下去才能得到应有的效果,各分区党委接到这一指示后,详细讨论并规定具体执行的办法。

(《西北局关于严禁法币与完全行使券币的指示》,1946年12月18日)

(二)边区政府禁用法币和白洋的指示、命令和办法

自日寇投降以来,政局不定,各地对边币为本位币的金融政策产生了错误的认识,因而对于边区以外的货币尤其是法币,在边区境内甚至中心市场流通,亦熟视无睹,完全采取了放任的态度,致使法币流通区域日益扩大,边币市场日趋缩小,这对我们的财经金融政策,实为一个莫大的损害。兹为了巩固边区金融,适合目前需要,除希坚决执行坚字五十九号布告外,特再规定如下办法,希作为你们在处理问题时的一般根据和参考。

1. 延安市、延长、甘泉城、富县县城、子长互市、绥德城市、清涧城、子洲、定边城、张家畔、庆阳城、曲子镇、环县城、合水城、马栏等市场及边区中心集市,买卖必须做到完全使用边币,边币以外的任何其他货币,都不得使用,违者应受部分及全部没收处罚。

2. 米脂、安边、盐池、镇原及关中的某些市镇及固临、富县等完全行使法币的边沿地区,必须做到边法同流,任何人不得阻用边币,或有意贬低边币,违者应处以一定的罚金或变科劳役,私营商店违者,应加倍处罚。

3. 佳县、吴堡两县的白洋流通,对于沿河以致绥德、清涧等地的推行边币,是一个非常大的障碍,因之绥德专署除于信到一个月内,提出有效办法报告本府,首先将白洋打入黑市,以缩小白洋的流通区域,直至完全禁止外,同时,必须从思想上提起该两县负责同志的注意和认识,在执行中程中,自然会碰到许多困难,但困难必须设法克服。

4. 凡有交换所的地方,任何不得私自买卖法币,违者法币、边币双方均须受罚,轻者部分没收,重者全部没收。

5. 凡携带法币出境者,须有交换所出口证,没有交换所的地方,当地政府发给证明信到经过的第一个交换所换交换证。携带法币入境者,如无交换所,须先到边区第一个地方政府或检查机关写证明信,到经过的第一个交换所换证或兑换边币,否则,检查机关在超越检查机关或交换所以外十步地区查出时,在有交换所的地区可酌情课以百分之十至十五的罚金,没有交换所的地区,检查机关将扣留全部法币,连人一起交政府处罚,携带法币三次无证明信或交换证者,以有意破坏金融论罪,法币全部没收。

6. 惩罚原则:屡犯不改者应重罚,有意破坏金融者应重罚,投机牟利者应重罚,数目愈大者应愈重罚。

7. 惩罚等级:应根据惩罚原则和具体情况分为:罚金、部分没收、全部没收、登报和徒刑等数种。

8. 奖金分配:现金或没收款的百分之二十归告发人,百分之三十归查获人或检查机关,百分之五十归政府充公交金库,未经告发而经检查机关直接查获者,罚金或没收款的一半归检查机关,一半归政府交金库,充当财政收入。

9. 上列之规定得由公安机关或政府指定之代理检查机关执行,以免发生乱检查与乱没收的现象。为了执行上列各条,各地的交换所应尽量保证兑换,万一偶遇需要的数量甚大,现有资金不敷兑换时,可介绍到邻近途经的交换所,或兑款人拟到达的市镇交换所兑换都可,但须给予证明信件,并必须注明应注意的事项。

为使执行的有秩序,必须在干部、商人和一般群众中首先进行公开的动员,并订出执行的具体步骤和先后缓急来。在动员过程中,可能碰到某些责难的疑问,比如:"银行是否有足够的力量保证兑换"等,我们的答复是肯定的。银行已经具备了足够的经济力量,能够保证供给外汇的需要,只要政权的力量能够加强和紧密配合,并坚持下去的话,效果可能会很大。估计谁家的办法想的适当并能坚持不懈的话,谁家的效果一定会更加显著。

(《陕甘宁边区政府给各专署、县的指示信》,1946年8月)

各级政府、各旅团部、各机关学校:

为稳定边区金融,保护边区人民经济利益,支持长期自卫战争起见,特制定《战时管理白洋行使办法》及《战时严禁法币行使办法》,随令公布,希予接令之后,督查所属确实遵照的行为等。

(陕甘宁边区政府、联防司令部:《关于公布战时管理白洋办法及战时严禁法币行使办法的命令》,1946年12月22日)

陕甘宁边区政府 联防军司令部 战时管理白洋行使办法

（各分区可奉此精神，依不同情况另拟办法，经边区政府批准后施行）

为确立边区境内以边币（流通券）为本位币，借以稳定金融，支持自卫战争到最后胜利，特制定本办法。

一、陕甘宁边区银行之边币（贸易公司商业流通券）定为边区本位币，禁止白洋在边区境内行使。

二、白洋准许民间储藏。

三、凡以白洋作价、讲价、记账、填写票据、清理债务、交易买卖，均为不合法行为，于涉及诉讼时，政府概不受理。

四、政府授权边区银行为买卖白洋机关，其他任何机关、团伙、个人不得借故自由买卖。

五、凡有特殊用途，欲携带白洋出境、过境者，须持有银行之白洋通行证，边境地区没有银行，须取得当地政府之证明文件，始准通行。

六、凡有下列行为之一者，除将所有白洋强制兑换外，得以情节轻重，科以百分之十到百分之三十之罚金。

甲：市场行使白洋者　　乙：自由携带白洋出境者

丙：所携带之白洋与通行证不符者，其多带之数以违法携带论。

七、凡群众报告查获之调查，以百分之五十归政府，百分之三十归报告人（或扭送人），百分之二十归查获人。

八、税局检查站及政府公安局有检查权，其他军民人等不得随便搜查，但发现使用或私贩白洋时，有当场扭送或密报之权。

九、检查机关人员只限于市场上、税卡上与政府指定检查站口进行检查职务，检查时并须携带证件出示，不得进家翻箱倒柜，随便拦路搜腰，否则被检查人有权拒绝检查，并可向政府控诉。

十、被罚之罚金，均以各级政府正式收据为凭，任何人不得借故私出条据。如发现检查人员有假公济私、中饱贪污或诬陷敲诈等事情，被检查人可依法控告，各级政府须依法受理，彻查严办，并保证没收人赔偿被没收之财物。

十一、本办法自公布之日施行。

（陕甘宁边区政府、联防司令部：《战时管理白洋行使办法》，1946 年 12

月22日)

陕甘宁边区政府 联防军司令部 战时严禁"法币"行使办法

为贯彻边区境内以边币(流通券)为本位(币),借以巩固边区金融,支持自卫战争到最后胜利,特制定本办法。

(一)边币(流通券)确定为边区之合法货币,凡边区境内一切公私款项之收支、交易、讲价、记账、票据、债务之清理等,均须以边币(陕甘宁边区贸易公司商业流通券)为本位币。

(二)严格制止法币在边区境内行使。

(三)凡藏有法币而一时不出边区境外购货者,须将所藏法币持向边区银行或货币交换所兑换边币(流通券)。

(四)凡私藏之法币,因正当用途欲携带出境,须至各地交换所申请领取法币出口证,在边境尚未成立交换所的地区,须取得当地政府的证明文件,始准携带出口。

(五)凡因正当用途需要法币者,得照章向各地交换所兑换,并取得法币交换证,始准携带出口。

(六)进口客商所携带之法币,由住宿店栈负责通知客商到交换所兑换边币(流通券)行使;否则一经查出,各该店栈须分担客商行使法币之处罚。

(七)过境客商所带之法币,限于入境地交换所兑换边币(流通券),出境时,在出境地交换所兑换法币,违者依法论处。

(八)凡有下列行为之一者,得分别给予处罚。

(甲)自由行使法币者,买卖双方钱货一律没收。

(乙)违法携带之法币,除强制兑换边币外,得科百分之五十的罚金。

(丙)凡携带之法币与交换证明不符时,均以违法携带论。

(九)凡群众报告查获之罚金及被没收之法币于兑换后,钱货百分之五十交公,百分之三十归报告人(或扭送人),百分之二十归查获人。

(十)被没收之钱货,均以各级政府正式收据为凭,任何人不得借故私出凭据,混淆手续,否则以破坏金融论处。

(十一)税局检查站及政府公安机关始有检查权,其他军民人等不得自由搜查,但发现使用或私带法币时,有密报与当场扭送之权。

(十二)检查机关人员,只限于市场上、税卡上与政府指定之检查站口,进行检查职务。检查时并须携带证件出示,不得进行翻箱倒柜,随便拦路搜腰,否则被检查人有权拒绝检查,并可向政府控诉。

(十三)如发现假公济私、诬陷敲诈、乱行没收等行为者,被没收人可依法控告,各级政府须依法受理,彻查严办,并保证由没收人赔偿被没收者损失之财物。

(十四)本办法自公布之日施行。

(陕甘宁边区政府、联防司令部:《战时严禁法币行使办法》,1946年12月22日)

兹据子洲县长李身修同志报称"子洲金融过去较为稳定,白洋及敌币市上不敢公开流通,市上一发现,即行没收或强行兑换,最近过往机关及部队使用白洋及敌币者很多,当地无法禁止,使这里金融发生混乱,边府禁用敌币及白洋法令不能贯彻。我们认为这一现象应设法纠正,不能任其继续下去"等语,请各系统各部门各旅团首长立即在所属进行清查,如有使用白洋、敌币情况,应立即纠正。以后如再发生使用白洋、敌币情况,不论任何机关部队,一律没收,其负责人并应受到处罚。特此通知。

(林伯渠、王维舟、贾拓夫:《通知》,1947年6月16日)

在日寇投降和政局不定的情况下,各地对边币为本位币的金融政策,产生了错误的认识,因而对于以边币打击法币,逐渐缩小白洋市场,以达禁绝为目的的工作采取放任态度。边区金融问题,历来警区较为复杂,白洋、法币、农币、边币往往同一市场,有以白洋或法币为主而拒用边币者,目前情况日加严重,白洋、法币侵入中心地区。如绥德、子洲各中心市镇,若放任自流,则边币市场更会日趋缩小。

根据各地具体情况,绥、清、子等各中心市镇,法币、白洋应一律禁止流通,米脂以打击白洋为主,佳、吴、清沿河一带市镇则首应打击法币,但境内任何地区、任何人不得拒用边币。我们的目的是推行边币,打击法币,缩小白洋市场,直至禁绝。

这一工作的进行,势必发生许多困难,正如过去历次发生的一样,但目前情况也比过去不同:(1)银行的经济力量雄厚了。(2)贸易路线也开始转移到河东了。(3)晋绥对法币、白洋管理较严,根据各地的扩大给我们管理方面的便利,事情的进行要慎重,但不要犹豫,办法要随时随客观情况变化,但总的方针要坚持贯彻。一方面主要的由银行情况逐步紧逼(如时紧时松)而运用经济力量,政府应经常地配合必需的政治力量。

在进行检查登记前,要耐心地进行法令条例的宣传解释,更应让干部明确了解对敌币的斗争,其实质和向国民党反动派作斗争是一样的。在处理违法事件上,除屡犯不改而危害金融者,应以此指示,分情节轻重惩处外,一般的不使商民人等遭受经济上的损失,以达到推行边币、打击法币的目的。现提出如下办法,希各县根据具体情况研究执行。

甲、法币

1. 在绥、清、子中心市镇,严禁法币在市面流通。米、佳、吴各地可依当地情况,采用渐进及灵活办法,做到以边币为本位币。而目前最低限度要做到任何人不得拒用边币。

2. 外来客商带入边区内地购货之法币,应在入口地之交换所兑成边币,或由入口地之交换所加封开给通行证,到中心市镇交换所(如绥、清、子)换成边币行使之。

3. 凡入口商贩贩进必需品者,出保兑换成法币再度出口。凡入口商和出口商兑换法币之行为,必须经过贸易公司依据实情介绍银行交换所批核兑换。

4. 凡公私商民现存之法币,须限时向交换所登记或兑换,来日出境外购货时,交换所给开通行证之便利。未经登记须领通行证者,交换所得收 1% 的手续费。

5. 凡过境之法币,由入口交换所加封。如发现中途在边区私自行使者,查获后送银行收 2% 的手续费,以示惩罚。

6. 凡在边区境内携带之法币,既未登记又无通行证者,应为违法之行为,若查出后按情节轻重予以教育或收 2% 手续费(但盐炭脚户之盐炭则例外)。

7. 由政府指定一定机关负责检查,非指定机关部队及人员只有密报权而无检查权,此事望各县特别注意,以免发生乱没收乱检查现象,而重要据点如清涧市、双湖峪、田庄、螅镇、宋家川、班家沟等地应进行灵活而严格的检查,在市镇处所主要的以密查形式进行。

8. 处罚办法

（1）查出在市面行使法币者，按牌价扣2%作为查获人与密报人之奖金（各得1%），余款由持有者兑成边币行使。

（2）逾期未经登记之法币或因私自负责而收入之法币，要求签发通行证者，交换所酌情开给，但需收手续费1%，以示惩罚。

（3）凡捣乱金融、进行金融投机者，以边府和本分区已规定条例惩罚。

乙、白洋

1. 在绥、清、子三县等中心市镇，须严禁白洋流通。佳、吴、清、绥等沿河区域公开行使白洋者，以其经济力量雄厚，而免影响正常经济生活，可暂时默认，但仍须设法有规划地逐渐将它打入黑市，并做到边币不被拒用，违者以捣乱金融论罪，依法惩处。假设我经济力量处于优势，亦应严禁白洋流通，而以边币为本位币。

2. 在内地可自由携带白洋，但应取得交换所或银行之通行证。如因特殊情况外出者，交换所亦得予以通行证。凡是自行登记颁证者，不收手续费，被查出者收1%的手续费。

3. 如在中心城市查获使用白洋者，交换所以牌价兑换边币，但取2%的奖金，由行使者奖给查获人及密报人（各得1%），交换所不另取手续费。

（绥德专署、银行：《给各县府、交换所指示信》，财字第8号，1946年6月26日）

陕甘宁晋绥边区政府联防军司令部战时严禁敌币、白洋行使办法

为确立边区境内以农币（或流通券）为本位币，借以稳定金融，支持前线，解放大西北，特制定本办法：

（一）西北农民银行之农币（或贸易公司之商业流通券）定为本边区之本位币，严禁敌币、白洋在边区境内行使。

（二）凡以敌币、白洋作价、讲价、记账、填写票据、清理债务之交易买卖，均为不合法行为，以（于）涉及诉讼时，政府概不受理。

（三）政府授权西北农民银行（或西北贸易公司）为兑换敌币、白洋机关，其他任何机关、团体、个人不得借故自由兑换及买卖。

（四）白洋暂准民间储藏，但绝不准使用。

（五）凡现存有敌币者，须一律向各地银行或贸易公司兑换农币使用。

（六）凡有特殊用途，欲携带白洋过境、出境者，须持有银行之白洋通行证。凡没有银行或贸易公司之边境地区，须取得当地政府或农会之证明文件，真正出境者始准通行。

（七）凡正常用途需要敌币者，得照章向各地银行或贸易公司兑换，并取得敌币交换证，始准携带出口。

（八）凡各地于土改中，斗争果实之敌币、白洋，须向各地银行（或贸易公司）兑换农币使用，或由各地农会有组织地向外采购必需物资，不得在市场流通，否则以违法行使论。

（九）凡有下列行为之一者，得分别予以处罚：

（甲）凡违法使用敌币、白洋者，不论任何人买卖，双方货钞一律予以没收。

（乙）凡违法携带敌币、白洋者，不论任何人一律予以没收。

（丙）凡携带敌币、白洋与通行证不符时，其多余部分予以没收。

（十）各级政府须指定专门机关负责检查，其他任何团体、个人不得自由搜查，但发现有违法行使敌币、白洋者，有密跟与当场扭送至各级政府或检查机关之权。

（十一）凡被没收之敌币、白洋，均以政府或检查机关之正式收据为凭，任何人不得借故私出条据。如发现检查人员假公济私、中饱贪污或诬陷敲诈等情事，被检查人得依法控告，各级政府得依法处理，彻底严办，并保障被诬陷人之权利。

（十二）检查机关人员只限于市场、关卡、大道、渡口或特定之检查站口行使职权，必要时得出示检查证件，不得进家翻箱倒柜，否则被检查人可拒绝检查或向政府控诉。

（十三）凡因密报或扭送而查获违法行使之敌币、白洋时，应以没收款项百分之十或二十折合农币奖励密报人或扭送人。

（十四）本办法自公布之日施行。

（陕甘宁晋绥边区政府联防司令部 《战时严禁敌币白洋行使办法》，1948年）

查严禁敌币（即法币）、白洋在边区境内流通事，早经一再明令在案。但蒋、胡、傅、阎等为挽救其垂死命运,以暂行缓和其财经枯竭的严重危机,意将大量敌币倾入我边区,捣乱市场金融,损害人民经济利益。同时有些地区,对于严禁白洋流通的政令,未能认真执行,以致对边区金融也大为有害。兹为巩固边区金融,维护边区人民利益,特再申重前令:凡我党政军人等存有敌币者,不论使用与否,均应立即到各地西北农民银行分支行或西北贸易公司分支公司,依照牌价,全部兑换农币。其存有白洋者,于使用时,也应先行兑换后方可。但不需使用时,则准许保存。至各地在土改中的斗争果实,如有敌币、白洋需向敌区采购必需物资时,也得经由农会向银行交涉,开给通行证,方准出口,否则一概不准流通。倘有明知故犯,一经查出,概予没收,并将其人送交政府议处,决不宽贷。望我边区人民及各机关、各部队、各团体、各学校人员一体切实遵行为要。

（陕甘宁边区政府:《严禁敌币、白洋在边区境内流通》的布告,1948年3月）

为维护人民利益,稳定金融物价,政府曾数次布告:以中国人民银行所发行之人民币为解放区之法定本位币,严禁银洋流通。近仍有少数不法之徒,忽视法令,暗中行使倒贩银洋,破坏金融,扰乱市场,危害人民利益至大。兹为贯彻禁止银洋流通法令,特颁发银洋管理办法,仰我全体军民,切实遵行。倘有故违,一经查获,定予严惩!

（陕甘宁边区政府:《布告》解字第十五号,1949年8月25日）

管理银洋暂行办法

第一条　为贯彻禁止银洋流通法令,以维护人民币,稳定金融、物价,保护人民利益,特制定本办法。

第二条　凡本区境内,不论军、政、商、民人等,凡储有银洋,需使用者,皆得向人民银行或其代办所(以下简称行所)兑换人民币使用。

第三条　凡储有银洋,愿自行保存者,得依下列规定,申请登记:

(甲)申请登记者,皆得于本办法公布之日起一个半月内,向当地行所办理登记手续(无人民银行或其代办所者,由区级以上政府代办之)。逾期不登记者,经察觉后,以私藏论处。

(乙)申请登记时,须说明其银洋数目、储存目的、地址,经发给储存证后,方准合法保管。

上述银洋登记,暂在各重要城镇实行,各该城镇由专署以上政府据实研究提出,报本府批准。

第四条　已准登记保存之银洋,其查验、兑换、转移储存地址,均以下列规定办理。

(甲)查验:政府或银行于必要时,得根据储存证进行查验,如数目超过储存证开列部分,以私藏论处;减少部分,以行使倒贩论述。

(乙)兑换:储存人如愿兑换时,得持储存证向当地行所兑换人民币。一次兑完者,储存证随时缴销;兑换一部者,其保存部分,另换新证。

(丙)转移储存地址:储存人如欲移地储存时,得持储存证向当地行所请领转移证后,方准携往指定地址,并于到达该地后,凭证向该地行所将转移数目报告,经查验后,另换储存证保存,不报者,以行使论处;私行转移者,以倒贩论处。

第五条　凡拟由待解放区转运银洋入本境者,必须事先向人民银行请领转运证后,方准运入,并于运到指定地址后,凭证向该地行所报查,不报者,以行使论处;移行转运者,以倒贩论处。

第六条　凡私藏或行使银洋者,经查获后,依下列规定处理:

(甲)不足十元者,强制其按银行牌价兑换人民币,并扣除其百分之十五,作查缉人之奖金。

(乙)十元以上,一律没收,其情节重大者,并得送交司法机关依法科以罚金或判处徒刑。

第七条　凡倒贩银洋者,不论多寡,一律没收,其情节重大者,并得送司法机关依法科以罚金或判处徒刑。

第八条　未经指定输银行登记之城镇、乡村储有银洋者,暂不进行登记,但严禁行使倒贩,违者分别依第六条、第七条之规定办理。其欲兑换、转移者,分别依第四条(乙)(丙)两款办理。

第九条　为求本办法贯彻执行,各分区皆得组织缉私委员会及缉私队,在边区缉私委员会领导下,统一输查缉事宜,并得授权公安机关、税务机关、工商行政机关及银行进行查缉,凡未授权查缉之机关或个人,只有报告与扭送之权,不得进行搜查与没收。

第十条　不论缉私队员或受委托缉私之机关人员,于执行检查职务时,须先出示所持分区以上缉私委员会发给之缉私证,以杜假冒。其检查手续,由边区缉委会另行拟订,呈经本府核准后施行。

第十一条　凡缉私案件,均由缉获机关送当地缉私机关处理,事后并须报告上级缉私委员会备查,情节重大者,须移交司法机关判处。

第十二条　凡缉获之银洋,其为强制兑换者,得提取百分之十五作为奖金;其为没收者,得提取百分之二十五作为奖金,奖给缉获机关,再由之酌量奖给缉获人。经报告人因而缉获者,报告人应得全部奖金百分之六十,缉获机关应得百分之四十。上述奖金,皆得兑给人民币付给。

第十三条　缉获之银洋,除提奖者外,悉数送交人民银行,收入国库项内。

第十四条　本办法如与陕甘宁晋绥边区暂行缉私规章有抵触者,悉依本办法之规定处理。

第十五条　本办法自公布之日起施行,如有未尽事宜,随时修正。

（陕甘宁边区布告:《管理银洋暂行办法》,1949年8月25日）

(三)边区银行战时法币管理办法

为了保卫边区,支援前线,并严格防止敌人破坏边区金融起见,特规定战时管理法币办法如下:

1. 凡边区公私商人,欲出外采购物资兑换法币者,须取得当地铺保一家,并说明采办何种物资,何地出口,由当地交换所酌情兑换。延市交换所除直接交换外,亦得介绍兑换人向边界交换所兑换。

2. 凡边区公私商人兑换法币出外办进货物时,须取得入口税务之入境货物税票及买货时之发票及税局所填写之法币兑换申请书,至原兑出交换所注销手续抽回保条押金,如有差数,须照数退回,否则由保人完全负责。

3. 凡公私商人兑换法币后,证明其并未出外办货转作其他不正当用途者,须交原兑换法币追回,并视情节之轻重,送政府以捣乱战时金融罪法办。

4. 凡进口外商卖出货物兑换法币时,须取得入境货物税票及税局所填写之法币兑换申请书,始得兑换。事后如查明有与原申请书不符情事者,亦视情节之轻重,按捣乱战时金融罪法办。

5. 凡机关、部队外出有特殊用途者,须经各该部门最高负责人批审,经银行批准后,始可兑换。

6. 凡有下列用途之一者,始得照章兑换法币,否则一律拒绝兑换。

(1)向外采办税务条例规定之必须(需)品者,全数兑给。

甲、棉花、棉布、棉纱。　　乙、医药及医药器材。

丙、军用器材。　　　丁、文具纸张。

戊、工业原料及机器。　　巳、五金类。

庚、染料及杂货类。

(2)向外采办税务条例规定之半必需品者,半数兑给之。

(3)机关、部队外出所必须(需)之工作费。

(4)工、农、商人(家住边区外者)十万以下之小额川资(但必须有各该组织区乡政府工会农会之证明信件)。

7.本办法有未尽事宜,得由本得呈请政府随时修改。

8.本办法自公布之日起施行。

(边区银行:《战时法币管理办法(草案)》,1946年12月)

(四)新解放区初期金融工作办法

1.明令停止蒋币及白洋流通,用券币代替其流通市场,并以券币为支付、议价、账目、交税的货币单位。

2.限期兑换蒋币,规定适当比价(目前暂定四毛券币兑一元蒋币),并逐渐提高本币,贬低蒋币,扩大我市场,缩小其市场,在适当时机宣布停止蒋币流通。

3.动员商民即持蒋币外出办货,无外汇者银行可供给外汇(可按外汇管理条例办理之)。

4.白洋原则上不兑入,个别兑入者应低于市价百分之廿收兑之。

5.为维护券币信用,贸易公司及有关单位必须出售物资(首先是民生日用品),坚决卖券币以维持之。

6.敌伪统治时之银行存放款项,应分别存户之良奸处理之,存款属于战犯、特务、贪官污吏、官僚资本及土豪劣绅者,应无条件充公;属于正当群众者,一般应维持其信用,放款之借户属于敌伪官僚资本者,应立刻追回本息;属于贫苦群众,可酌情减免本息处理。

(边区银行:《新区初期金融工作办法草案》,1946年)

三、西北财委关于白洋流通情况的调查报告

各分区财委并各分行、分公司:

白洋问题,为西北金融贸易问题上几年来所存在的最严重的问题之一,这

一问题,历年来也曾下过一些功夫,企图加以解决。但是由于种种原因,如认识不够一致,力量准备不足,政令未能坚持以及决心和互相配合的不够等,始终未能普遍地收到预期效果;特别是由于去年胡匪的进攻,边币的激剧波动及当时各地党政对此一问题比较放松,遂使某些地区(如延属、黄龙等区)较之以往反有变本加厉之势。此种演变趋势,如不赶快采取有效办法加以阻止,其恶果将不堪设想,但如不下最大决心,不接受以往之失败经验,仍采取头痛医头、脚痛医脚的局部的枝节的或单纯强迫命令办法的话,此一问题将仍无法彻底解决。因此,财委为了尽可能彻底解决西北的白洋问题,坚决执行中央关于白洋问题的指示(严禁内地流通、出口及以适当的价格吸收)及加强对敌金融斗争,以便打下西北与华北货币统一后的巩固的金融阵地的基础,财委准备于适当时机(今冬)动员党政所有可以动员的力量,来彻底解决此一问题。为了事前能够有较充分的准备及制定切合实际状况的真正能够贯彻执行的具体方案起见,特拟定如下调查提纲一份发下,务希督导所属于接到此指示后,立即布置抽派一定干部,于双十节以前调查完毕,呈报财委为盼!

调查的基本方法:可用典型抽查(一定要事前研究好所选择的是否真系典型)及召集熟悉情况及有经验者开调查会(座谈会)的方法。

1. 你区白洋流通的情况。

根据流通情况的严重与否,大体上可划分为三类地区:(1)最严重区(绝大部分使用白洋区);(2)次严重区(边白同流区);(3)较好区(白洋流通较少区),每类地区均须分别调查下列各项:

(1)城镇:①主要日用品(粮布油盐炭),用什么讲价,用什么支付(用白洋与用农币的比例);②白洋与农币总流通量的比较(根据有经验者估计);③白洋多存于什么人手中。

(2)乡村:调查项目同前。

(3)每类区域白洋总存量的大体估计(根据人口或其他更适合的标准)。

2. 白洋出入口情况(指本分区对敌占区):

(1)出口多还是入口多?

(2)一个月出口或入口数量的估计。

(3)为什么出多或入多?

3. 目前政令的执行与兑入白洋的情况:

(1)目前兑入的情况如何?为什么不能大量兑入?

(2)目前执行政令的情况如何(松紧),效果如何,干部及人民的认识如何?

(3)政令为什么不能贯彻,怎样才能贯彻?

4.一方面加紧政令,一方面提高白洋牌价(接近黑市),兑换能否大量兑入,在你区用什么物资、什么办法吸收白洋才有效?

5.你们认为要彻底解决白洋问题,怎样去做才有效,并且什么时候开始合适。

(西北财经委员会:《关于调查白洋问题的通知》,1948年9月10日)

前 记

白洋问题为西北金融问题上几年来所存在的严重问题之一,历年来虽曾下过一些功夫,企图加以解决,但由于种种原因,未能得到预期效果。在前年胡匪进攻时,本币曾发生剧烈波动,各地党政当时对此问题比较放松,遂使某些地区较之以往有变本加厉之势。财委会为着尽可能彻底解决这一问题,以加强对敌金融斗争和巩固我金融阵地。在去年九月初,决定第一步对白洋问题责成各地作些调查,然直至目前为止,除绥、关、延等分区比较按时将材料寄来外,陇、黄两分区经两次电催后,于去年十一月初方始将材料寄来,定边分区则于最近一月里才寄来。因此,影响此一综合报告的及时完成。现将各地材料加以整理如下:

白洋流通概况

(甲)白洋流通情况的划分:

白洋流通情况的严重程度,大体上可分为:最严重、次严重及较好的三类地区。

从地理上看,沿黄河各县为最严重区(如佳县、吴堡、绥德、延长、延川、固临、宜川等地);接敌边缘区(如关中、榆横、韩城、靖边等地)为次严重区;内地各县为较好区。

从各分区来看:绥德分区为最严重区,延属、黄龙及关中等分区为次严重区,陇东及三边两分区为较好区。

从流通时间长短来看:以绥德分区为最长(长)(有四、五年历史),延属东三县次之(亦有数年历史),其他各地白洋流通的时间则系近年来的事情。这主要是由于胡匪进攻、本币波动及敌军大反攻以来敌币猛烈贬值所致。

现将白洋流通情况的各种不同程度及地区分述于下：

一、最严重区：

（一）绥德分区之佳县十三个区（除螅镇）、镇川五个区（除镇川市）、米脂四个区、吴堡两个区、绥德三个区、清涧四个区，共计三十一个区均为最严重区，占全分区总区数（六十七个区）的百分之四十六，在这类地区主要日用品之交易，以白洋议价者占百分之九十左右，以白洋为支付手段者约占百分之八十左右，尤其是农村几乎全部支付白洋，而农币支付量甚微。佳县之乌镇，每集成交总额约值农币三亿元，以农币支付者约百分之二十，土产交换者约占百分之十，其余占百分之七十均以白洋支付。清涧之店子沟及解家沟两个区，集市上之交易，绝大部分使用白洋，如牲口、土布、棉花、粮食、油、盐等交易，全系以白洋议价、支付，仅买火柴、零食、石炭及找零款时，才使用农币。据估计这些地区白洋流通量约在百分之七十以上。

（二）延属分区之东二县及甘谷驿等地，农村之交易，大部分亦以白洋议价、支付，约占总额三分之二。如付农币亦按白洋黑市价折合支付，市镇上因缉查较严，使用白洋者较少。

（三）关中分区之新宁县，白洋早已存在，去年"八一九"敌人宣布"币改"时，我方宣传迅速驱逐敌币出境后，由于该地金融贸易工作的薄弱及禁令的松弛，白洋遂起而代替敌币市场，目前市面之各种交易，均以白洋议价与支付。新正六区之底庙，由于接近敌区及我政令不严之故，白洋流通亦很普遍，农币流通仅占少数。

（四）黄龙分区之宜川、韩城等地，未解放前并无白洋流通，解放后白洋大量涌入，已公开流通了。其原因是：（A）我军南下携带部分白洋投入民间。（B）时值灾荒，延属及绥德等地群众带白洋来此买粮。（C）有些公私商人来此捣（倒）贩白洋，并以之采购物资。宜川解放初期，便有使用白洋现象，后来逐渐成为以白洋议价与支付，现虽严禁查缉，但时而转入黑市，时而又公开使用了。

二、次严重区：

（一）绥德分区之佳县及正（镇）川各一个区、米脂五个区、绥德八个区、吴堡两个区、清涧三个区、子洲两个区，共计二十二个区为次严重区，占全分区总区数百分之三十三。在这些地区主要日用品之交易平均起来，城乡以白洋议价者约占百分之七十，以农币议价者仅占百分之三十。以白洋支付者约占百分之四十,以农币支付者约占百分之六十。绥德义合区的粮食、牲口等成交,大都以白洋议价与支付。如以农币支付时,则卖主就把价钱提高一些,原因是怕票子跌价。其次,该区的小盐及土布等成交,以白洋议价,而以农币支付,因为持农币可去绥德买小盐,去河东能买到土布。再其次,该地石炭、麻油及零星东西之成交,则以农币议价与支付。虽如此,但在每集的晚上,农币又大部分转到贸易公司了(到公司买布),或由脚夫带去买盐,群众很少存放家中。绥德市之各项现款交易,均以农币议价与支付,但赊账时,则以白洋折算记账,以防农币跌价。

(二)延属分区之子长、延安等地,白洋占交易总额的五分之一弱,延安市亦有少数以白洋暗中进行交易者。

(三)关中分区之新正县属之秋波头、职田镇,旬邑之太峪,彬县之香庙(多系接敌区),集市主要交易以农币及白洋为主(有时白洋占优势),乡村则以粮食为主,自禁令管严后,市面白洋大减,即使有少数亦转入黑市。

(四)黄龙分区之黄龙、澄县、白水、合阳等地区,时有发现白洋流通,但系个别的暗地的使用,尚未成为普遍、公开的现象。

(五)三边分区之张家畔(靖边县),原非白洋市场,年来因敌占区之安边及定边等地成为白洋市场后,出入口商追求白洋,张家畔系边缘口岸,故受其影响。去年九月里,白洋议价与支付约占交易总额百分之三十,近因白洋出入口数量逐渐增加,市面白洋亦较多。

三、较好区:

(一)绥德分区之子洲五个区,一切交易大都用农币支付,如有较大宗之交易,均以粮食议价,而以农币支付。乡镇主要日用品的交易,以农币议价与支付者约占百分之七十五,以白洋议价与支付者约占百分之十,以物易物者(夏收以麦子秋收以小米)约占百分之十五。子洲之马蹄沟一带为盐、炭生产地区,白洋极少流通。原因是:(A)当地党政执行禁令很认真、严格与坚决。(B)一年公司供应了大量日用品,尽力给群众方便。(C)公司卖货坚决只收农币,盐炭工人亦只有用农币才能买到日常必需品。

(二)延属分区除东三县、延市及子长市外,其他各县据最近了解,乡镇中除少数商人及脚夫使用白洋外,大部分群众根本不用。

(三)关中分区除新宁、新正、旬邑及彬县等边缘区外,其他地区很少甚至没有白洋流通。

(四)陇东分区之曲子及环县,虽有少数白洋流通,但仅限于买卖婚姻、打首饰及土改前农村典当土地之用,白洋基本上已停止流通了。

（五）三边分区除张家畔外,接近吴忠堡的回族商人,有时亦贩少数外,各地白洋流通量已寥寥无几矣。

（六）黄龙分区之洛川、黄龙、宜君等地几乎看不到白洋。

除上述三类地区外,目前在某些偏僻地区,以物易物（主要是粮食）的现象是相当严重的。横山八个区及子洲之周家硷,以物易物者竟占交易总额的百分之八十,而农币或白洋的流通却占极次要的地位。

（乙）白洋储存量及主要存在何人手中：

一、绥德分区共八个县,共计十五万六千户,据估计白洋储存总量约有八十万元左右。这是根据当地户数、白洋流通情形,人民经济状况,遭受胡祸天灾程度及纺织业发展等情况来决定的。佳县螅镇区六乡任家沟,共有七十户,存白洋五百元,平均每户有白洋七元。绥德义合区五乡白家岔,共有六十户,内有盐贩十六户,共有资本一百六十元白洋,其他四十四户存白洋一百五十元（此数字只会少不会多）。至于储存对象,在集市上多存于商人手中,尤其是染坊存得较多。义合全市存有白洋约三千余元,商人手中即有二千五百元。乡村土改后,白洋多存在中农手中,部分富农及个别地主亦有白洋,贫雇农手中只有少数白洋而已。

二、延属东三县约存白洋二十七万元,估计每户约有十元左右,全延属分区约存有白洋四十余万元。储存对象以商人、脚夫及中农居多,地主、富农旧存数亦不少。

三、陇东分区曲子全县,估计有白洋二万元左右（主要是存银子多）,全县七千余户,存白洋及银子者约占百分之二,且多存于地富及妇女手中,木钵黄自源上一家地主存有白洋一万元,八珠区两家范姓地富,被清算出银子四千余斤。据估计环县全境所存白洋亦与曲子数量大致相同。以上两县所存白洋虽多,但平日不取出使用,认为白洋较之抗战前购买力太低,或准备定亲时用。

四、黄龙分区白洋流通量,估计不超过十万元,且大部分均在沿河一带流通。

五、关中及三边两分区,白洋储存量很难估计,而储存与流转对象多为外商、小贩及部分群众。由上可知,全边区白洋储存量相当可观,尤其是沿黄河各县最为严重,在经过土改的地区,白洋多转存商人、脚夫及中农手中；在未经过土改地区,地富手中存量亦大,沿河纺织妇女手中积存白洋者亦很普遍。

(丙)白洋流通路线及出入口情况：

一、绥德分区于去年九月前，白洋由河东流入，南去延安及宜川，北经正(镇)川向榆林流去。近因南面白洋价平衡，南流甚多，北因榆林土产价低，难以出口。入口杂货及走私纸烟不少，白洋向北出口大增，西面因受敌区定边等地白洋市场之影响及出入口商人之要求，故白洋向西、北两路出口，估计每月出口二万元。

二、关中分区新宁县之九金等地区，白洋出入口数量大致相同。唯新正等地区基本上是入口多，此系外商带来及公司在边缘区收兑之故。

三、黄龙分区之白洋，出口大于入口，此系最初解放时，我老区之公私商人及群众前往以白洋买货者甚多之故。

四、延属分区之东三县，估计白洋进来的较多。原因是：(A)群众中有储存白洋的传统；(B)东三县向外销售的棉花及土布，可以收回一批白洋。

五、三边分区之张家畔，自去年十月份后，入口白洋日渐增多。

六、陇东分区之曲、环二县，由于公司以适当价格收购，故亦入口白洋。

目前政令的执行及银行兑入白洋的情况

根据各地区反映：过去对政令的执行，时紧时松，先紧后松，目前基本上仍未改变此种情况，具体表现在：

一、绥德分区没有坚持贯彻白洋禁令，因而当没收同兴商店白洋八百元后与兑给白树标白洋三百元时，未请示上级领导机关，擅自按白洋黑市价兑给。对被查获而应没收之白洋亦随意退还，至于佳县及正(镇)川等地政令不严，因此情况仍较严重。

二、延属分区之东三县，白洋流通时间较长，政令亦未能坚决执行。据东三县税局在去年六、七、八等三个月报告，只在延长县没收过白洋九十元，其他地区概未没收。

三、关中分区亦反映在敌"币改"时，由于政令不严，后来各口岸据点都成立了缉私委员会，政令转趋严格。

四、黄龙分区各地执行政令松紧不一，宜川开始松，现在紧；洛川始终很紧；韩城先紧后松。

五、三边分区亦反映要加强政策教育与缉私工作，才能逐渐消灭白洋。

综合各地未能坚决执行政令的原因如下：

(一)部分干部对金融政策的认识不够。强调片面的群众观点，没有把禁用白洋政策贯彻到群众中去。例如：绥德分区有的干部以为禁止白洋对群众不利，尤其是正(镇)川反映：如果没收白洋，就会影响工商业发展。延属部分干部认为：群众中农币很少，大都使用白洋，不便于没收，甚至以为没收白洋是"亏人"。黄龙分区部分干部认为白洋与敌币不同，老百姓辛苦赚来几块白洋不应没收。有的认为禁止白洋是银行的事，政府出一张布告就算完事。

（二）由于金融的不稳定，群众认为白洋较吃香，票币容易跌价，因而愿意保存白洋。

半年来银行兑入白洋的情况：绥德分区除查获强迫兑换外，无自动兑换者，此与白洋黑市价较牌价太高有关系。关中各口岸据点去年八、九两月共兑入四千四百八十五元，其中新宁兑入四千三百元，主要系外商带来交换我土产者。陇东分区曲子公司在一个月时间（九月半至十月半）中，共兑入白银五百七十五两，白洋九百三十六元。环县公司共兑入白洋九百三十八元（三分之一系内地的），银子一百六十两。因兑价较高，外商带来有利。

今后意见

现将各地对如何适当处理白洋问题的意见整理如下：

一、加强政策教育，打通干部思想，把金融政策通过干部贯彻到群众中去。

二、加强各贸易据点的物资力量，尤其是群众生产原料及主要日用品的供给、收购与推销群众生产品，使物价相当稳定，以消除群众对票币跌价的顾虑。

三、在白洋流通严重地区，各地合作社应设法帮助群众采购日用品及推销生产品。

四、适当掌握内地白洋兑收牌价，使白洋较快地流入大公手中。

五、加强缉私工作，严禁白洋投机贩卖。

小 结

根据此次各分关于白洋之初步调查报告看来，白洋问题是相当的严重。为了巩固金融，发展生产，使西北地区的经济日益发展起见，此问题确有适当解决的必要。

全边区四十六个县中，白洋流通最严重地区竟占九个县，次严重区约十个县，两者竟占边区总县数的百分之三十到四十。在这些地区的主要日用品，其成交方式几乎半数县份以白洋议价与支付者，尤其是绥德分区及延属东三县等地更为严重。

至于白洋储存量,据估计约近一百万元之数,以绥德及延属两分区储存量较大。储存对象,在市镇多存于商人,农村多存于脚夫、中农(已经土改地区)及地富(未经土改地区)之手中。

从出入口情况看来:绥德、黄龙目前是出去的多,关中、陇东、三边等地是进步的多。现在我禁止白洋出口,在适当争取入口的政策下,白洋外流的现象可能减少一些。

根据各地的经验,每在金融波动中白洋更为活跃。个别地区如绥德市物价上涨时,白洋常起"带头作用"。在金融较稳定时,白洋活动力量大为减弱。由此可见,稳定金融确为解决白洋问题的基本条件,而坚持政令,以适当牌价兑收等条件,亦应在稳定金融的基础上,配合进行。

(西北财委会研究室:《陕甘宁白洋流通情况初步调查综合报告》,1949年2月20日)

四、各分区禁用法币,推行边币的政策、办法

(一)绥德分区整顿金融,禁用法币的布告、命令和办法

绥德专署及分行所拟之整顿分区金融办法,经行务会议讨论后,提出如下意见:

1. 由于各县具体情况不同,因而办法与目的亦各有区别,主要力量应放在绥、子、清等中心地区,这些地区的政令应特别严紧,而佳、米、吴、螅蜊峪等地则首先做到不拒用边币,然后再逐渐加强政令,扩大边区流通范围。

2. 过境法币在入口交换所加封一点能否行通,请加考虑。

3. 检查完全由政府指定机关负责很好,而其他一切机关、部队、团体或个人除有密报权外,还应有扭送公安机关权,而对于扭送者应给予较多的奖金。

4. 白洋除政令严禁行使外,银行应配合,以收买的办法,收买价格应以当时当地大宗的、一般的价格为准,分行应将收买白洋作为经常的重要的业务之一。从长期趋势看,今后白洋将是上涨的,而其上涨率将不会低于其他商品。因此准备库准备囤白洋十数万元,一方面可逐渐减少白洋流通量,同时也可壮大准备金。为此,是否将螅镇交换所加强,将丁鸿慈同志调去做该交换所主任,一方面经常收购白洋,同时还可做些其他生意。

5. 处罚办法是否太轻,请考虑。同时处罚办法亦应按照不同地区定出不同

办法,一般的中心地区应重;拒用边币者应重;违反次数多者应重;使用法币、白洋数目越大者,处罚应越重;查获数目越大者给奖金越多,注意力应主要放在大投机商方面。

6. 为了消除某些商人因恐怕边币贬值而不愿兑法币给交换所的心理,分行业务上可吸收法币存款及进行法币汇兑,以配合管理法币。

以上六点意见,除以函达绥德专署及分行外,特此呈请。

(边区银行:《关于整顿绥德分区金融的意见》,1946年7月24日)

为布告事:查近来法币在绥德各地非法流通,日甚一日,各处店铺、摊贩竟以法币交易为本位者,触目皆是。此种现象,若不加以制止,实有助于反动派破坏我边区的金融,造成我财政经济的严重困难,会削(弱)我们粉碎反动派对解放区罪恶进攻之斗争力量。为此,政府重申禁令,自十一月十日起,严禁法币流通。绥德银行已拟制了具体的执行办法,交由绥市公安局、各区公署及派出所坚决执行,希我全体人民及机关、学校、部队各同志切实遵照执行,以巩固边区金融,支持我前线部队粉碎反动派之进攻!

(绥德县政府:《禁止法币流通》,秘曲字第8号,1946年10月20日)

1. 为稳定边区金融,保卫边区人民经济利益,支持长期自卫战争,边区政府与联防军司令部,特于去年十二月发下《战时严禁法币行使办法》及《战时管理白洋办法》,而达到边区境内完全行使边币(贸易公司商业流通券)。本分区特制订布告一种,随令颁发,望各级政府广为粘贴,确实遵照执行。

2. 分区金融——向较特殊,有以"边""法"币同流,有以白洋或法币为主要市场而拒用边币,过去虽屡次禁用,而收效甚微。考其原因,一为经济力量不足及措施有缺点,一为政令未坚决执行或执行不当。现与经济措施同时,务望我各级政府运用政权力量,切实予以控制。

3. 我们必须了解,边币与法币的问题,其实质就是国共斗争在经济上的反映,是国共政治斗争的一部分,我们首应在边区境内完全做到行使边币,彻底打击法币与禁用法币。同时,亦须将经济基础较巩固之白洋问题打入黑市,禁止流通,并可强制兑换,依情科以百分之三十的罚金。由于这一问题是长期复杂的斗争过程,我们必须发动团结全民力量,坚决地、彻底地进行。如认为这仅是财经或银行部门的事,这是不对的。

4. 根据以往经验,我们的步骤为:(1)先商后农,并由公商而私商。(2)先内地而后边境,因内地较易控制。(3)先城市而后农村,首先应抓紧银行及货币交换所所在地的各大城镇及联络这些大城镇的交通大道开始执行。(4)先宣传而后法治,我们各级政府,首应召集各城镇公私商号会议以及利用市集与农村各种会议,将边府公布办法及分区布告广为宣传解释,使人民都了解这是必要的,是保护边区人民利益而打击敌人的政策,是巩固边区人民经济的政策、法令,首先在自觉的基础上执行,然后进而强制,再进而对违反法令情节严重者实行处分,尤须严防国特与少数坏分子造谣破坏。

5. 各县应加强领导这一工作,召集会议,详加讨论布置,并以此在干部中进行思想教育。如绥、米、子、佳可酌情专设二人或三人管理其事,其人员由各县编制外之人员抽任。如无长余人员,可调其他干部担任。而经费则由罚款中开支。召集有关检查机关,规定检查办法,严防"乱没收"现象。各地银行交换所及贸易机关应随(时)将金融贸易情况报告政府。法币、白洋通行证统由绥德分区银行印发。罚金证据及检查证由各自自行制用,并须呈报本署备查为要。

(绥德专员公署:《通令》财字第17号,1947年1月4日)

查蒋介石于去年十一月四日签订蒋美通商条约,致美货无限制倾销,民族工商业则广遭摧残,金银流出,民不聊生,并不惜配合美军,发行大量法币,进行内战,直降中国为美帝独占殖民地!我警区为交通要道,商业往返,素称频繁,近复面临战境,依据目前情况,若纵令法币、白洋继续流通行使,实有助于蒋美,而危害我全体人民经济利益。现本署特依边府指示,重申禁令:自本年元月×日起,凡拒用边币或变相压低边币价值使用法币者,应以破坏金融、帮助国民党论罪;凡逾限仍行使白洋或以之进行投机者,须以捣乱金融治法。望我公私商民人等,本爱护边区、维护全体人民经济利益之旨,务望严格遵守,勿干咎尤,倘敢故违,决不宽贷,其各禀遵。

(绥德专署:《布告》布字第22号,1947年1月)

1. 由于战争影响与敌人封锁破坏,金融上一时期发生很大波动与混乱。近来虽因我采取必要措施之故,敌币已受到相当打击,但金融并未稳定,特别是白洋充塞市场,机关、部队、公营商店,甚至某些贸易部分使用、买卖白洋,并以白洋为计算本位等恶劣行为,极为普遍,危害战时金融极巨。而个别地区甚至发生拒用边币的情形,尤为严重。产生上述行为的主要原因,是由于我领导上过去存在着向白洋妥协的思想,没有明确的打击方针,采取自由放任与熟视无睹的态度。在今天战时财政发生严重困难的情况下,如不采取紧急措施,仍然任其自流或管理不严,边币市场必将日益缩小,直接影响到全体人民的生计及战时财政的供给,因而严重影响长期战争。各地党政对这一关系国计民生的重大问题,必须引起高度注意,迅速有效地纠正干部中对敌币特别是对白洋妥协思想和放任自流的自杀政策,建立信任边币,树立我们经济为人民服务的观点。为此,各地领导应首先深入检讨过去对敌币、白洋妥协与容忍的错误,把推行边币、巩固金融作为党的重要工作之一,并以此深入教育动员干部(特别是经济工作人员),认清这一问题的重要性,认识到使用敌币、白洋的行为,即是帮助国民党蒋介石及封建势力的反革命行为。每一革命干部、共产党员,都有责任起来与此作坚决斗争。

2. 敌币虽受到相当打击,白洋已成为当前金融上主要的敌人,我们今天的方针是坚决打击白洋,彻底消灭敌币。各机关、部队、学校及公营商店,都应本此方针,坚决执行专署关于禁止敌币、白洋的命令,并首先做群众模范,于七月十五日以前将所存之白洋、敌币交银行兑换,不得私藏、携带或使用。各机关单位并应将推行边币、稳定金融这一工作与清洗内部经济、反革命分子相结合,尤其是财经部门及公营商店中的阶级异己分子、贪污腐化分子、为个人搞生意及经常投机的违法分子,均应在此次工作中,发动群众进行斗争,并予以惩办。其贪污犯法为私人所积累的财物,一律没收充公,严重者交政府关押处理。而商人中违法的大奸商及捣乱金融的投机分子,应发动群众斗争,并予以严厉处罚。但对贫苦群众因不明法令而违法者,且应按情况予以适当照顾。

3. 各地党委应将领导金融斗争这一工作,放在相当重要的位置上,作为经常工作之一,并为贯彻上述方针而努力。以后任何机关部队如有故意违抗上述方针,不遵守法令或阳奉阴违者,除白洋、敌币查出没收,违法者本人受到党纪政令的严厉制裁,商店关门外,其直属上述负责人,亦应视其情节轻重,受到一定处分。为统一领导经济斗争,确立方针,督促检查及执行纪律,分区根据西北局决定,成立财经分会,以张邦英、杨和亭、吴岱峰、马师冉、莫钧涛、王慈、冯继胜等七同志为委员,并以张邦英同志为主任,杨和亭同志为副主任。财经分会下设秘书室,处理日常事务,进行调查研究,由黄振邦同志任主任秘书。各县在财经分会及县委会指导下,由县委书记或县长定期召集有关人员的会议,切实负责,研究指导,检查全县金融斗争问题,另设秘书一人(附设县府二科),处理日常事务及进行调查研究工作。

4. 为使上述方针得以贯彻,分区及各县财经贸易机关,必须很好配合这一斗争。第一,准备必需物资供给群众日用需要,如棉花、粮食、油盐、布匹等等,均需准备充足。在城镇大道设立贸易据点,开辟贸易市场。对广大农村,应尽可能组织货郎担子下乡,一面向群众宣传使用边币,拒用敌币、白洋,并使群众能满足需用,购买方便。第二,掌握土产,调剂食粮,对三皇峁之盐、龙镇之炭等土产,均应由贸易分公司及银行分行负责掌握管理,以换取必需外货,通镇之进口盐亦应准备管理。第三,银行分行应在重要城镇设立交换所,便利商人及群众兑换。应严禁以白洋、敌币交纳税款的现象。第四,责成贸易分支公司协同当地党政,在公私商店人员中进行宣传动员,搞通思想,讲清纪律,具体组织公私商店遵守法令,并与少数违法者作斗争。至于缉查问题,由各级政府统一筹划布置,组织力量。

5. 在执行步骤上,应先抓紧金融问题严重的城镇,如蝗镇、通镇、宋家川、镇川市、武家坡、银城市、龙镇、解家沟、店子沟、三皇峁、绥德市、义合等地,逐步推广至乡村。应先从分区及各县直接领导之公营商店开始,然后推行至私商及客籍商店。

希各地接此指示后,在干部中深入讨论动员,布置执行,并随时将推行情况及发生问题汇报财经分会。

(绥德地委:《为坚决贯彻西北局稳定金融决定的指示》,1947年6月28日)

由于蒋胡匪军的侵入民主圣地——延安。续即北犯,企图实现打通延榆公路的打算,于是随着陕甘宁边区十年相对和平的绥德分区,也随着陕甘宁边区的突变,而成为战争前线阵地。由于我们十年的相对和平思想与生活,由于我们缺乏战时金融贸易工作的知识与领导经验,于是未能毅然想出适用于将新时期新的金融工作措施,遂致分区的金融骤起混乱波动。白洋空前大涨,按四月上旬券币二万五千买白洋一元计,比去年十二月底上涨百分之一百零二,简直无白洋买不到东西,券币惨跌,不少地方产生阻用行为,事后分行虽然放手抛出白洋,公司虽然出卖物资,但收效依然有限,兹在总公司与总行从建立券币的购买信用上着手解决券币的推行与稳定问题指示下,经过三整天会议的检讨和研究,特作出如下的一致决定:

1. 掌握土产问题

一地的土产常与一地的人民生活有密切联系,因之掌握土产,使之买卖使用券币(不是与民争利)与(对)金融的推行与稳定有决定性的长期作用。为此:

(1)子洲的食盐,由贸易公司负责,解决盐主盐业工人的必需要求,在盐主和盐业工人不吃亏、避免公司吃亏的原则下,以经济为主的方式达到券币买卖的管制,必要时分行可给予物资资金协助。

(2)米脂龙镇的石炭由分行负责,解决窑主与挖炭工人的必要需求,在窑主与挖炭工人不吃亏及避免银行吃亏的原则下,以经济为主的方式,达到券币买卖的管理制。

(3)宋家川与螅蜊峪的山西石炭,由分公司负责研究与改善方式,做到卖券币的有效经营。

(4)调剂粮食为分公司与分行经常业务之一,但依据现有人力,首先从绥市(分行负责)、子洲、螅蜊峪(分公司负责)三处做起,并逐渐推广到其他必要市镇。

(5)准备管制上下盐池及通秦寨的食盐,买卖使用券币。

(6)贸易各据点应继续发展,以花换布业务及掌握熟花价格,使土布脱离白洋关系。

2. 据点的调剂及业务问题

原则上决定一个县境内必须至少有公司与分行的一个据地,但可互相兼理。为此(除原有不动外):

(1)子洲成立支公司,以管制食盐为主要业务。石岔支公司搬到宋家川,但必须兼理石岔的食盐管制业务。

(2)米脂龙镇(以管制石炭为主要业务)和清涧由分行负责兼理公司职务(必要时分公司有供给必需物资之责)。子洲和螅蜊峪由支公司经理兼任交换所主任,但分行需派必要人员做技术性的实际工作。

(3)依据各据点的供求特性,公司(分行兼理处亦同)必须掌握主要物资,以期达到掌握物价,不使发生暴涨或暴跌。如金融万一发生临时性的波动时,各据点应坚持不动物资的原则定价,如确系边区外物价涨跌影响,必要变动定价时,应先市场的跌而跌,先市场涨而涨。但不论如何变动,仍须坚持低于市场百分之五至百分之十的原则。

(4)加强商情调查研究工作,各据点每五日向分行、分公司报告商情一次(在双方都有据点的地方,共同负责报一份转阅)。

3. 开展对外贸易问题

没有物资的买进,便难有卖出,因之必须打开对外贸易路线,以便物资对流起来,才能活跃与掌握市场。为此:

(1)对外贸易路线由分公司负责开辟。

(2)分行负责筹划外汇供给,唯首先供给公司需要,再及商人。

(3)公私商人所需的大宗外汇,由公司审查批核,但外汇兑换者必须具有保条(铺保或保人),于贸易公司和交换所按言定日期,凭税票及原始单据销汇。

4. 改变作风问题

作风的好坏,对于实现上述各节问题有相当之决定作用。因之:

(1)必须改变座(坐)机关等客来的做法,而实行背物资背票子赶集市的做法(各据点应赶之集市,由各县中心地点,根据现有人力资力,与当地党政商定之)。

(2)物资以零发(售)为主(棉花卖熟花、麻油卖斤两、洋火卖包箱),以期直接达到销货(消费)者手里。暂不批发,至真正实行有利金融条件的(如卖券币不过高剥削等),合作社和商人(偏重于肩担者,防止大商奸商化转小商人)可酌情卖给。

(3)提供加强互相帮助、互相学习、互相商量的作风。如有意见分歧时,力求自行解决。万一争辩不下时,可把双方理由联合呈报解决。

(4)各地银贸所属据点,应成为执行金融政令的模范,如有违反,必予严办。

(5)双方不得竞争购买或互相投机。

5. 其他问题

(1)应积极不折不扣执行此次地委关于金融问题的指示,并配合当地党政宣传动员公私商号执行。

(2)贸分与分行取消赚钱任务,检查工作,以推行与稳定金融的程度为标尺。

(3)分行、分公司应共同建立联络通讯员及整理各地汇报材料,提供各地参考。

(4)此决定自七月一日起施行。

(《绥德分区贸易公司经理、交换所主任联席会议决议(草案)》,1947

年7月1日)

1. 全分区白洋流通情况的各类地区之划分：

绥德分区共八个县，白洋流通情况，大体可分为下列四类地区。

(1)最严重区：佳县(除螅镇)，镇川(除镇川市)，吴堡两个区，绥德吉镇、枣林坪、崔家湾三个区，清涧之店子沟、解家沟、高杰村、新社区四个区，米脂(印斗、桃镇、河岔、民权)四个区。

(2)次严重区：米脂五个区，绥德(除吉、枣、崔)八个区，清涧(城、折、石)三个区。

(3)较好的区：子洲县的五个区。

(4)特殊区(以物易物)：横山全县(包括子洲新划归的两个区)，又子洲一个区。

2. 各类地区的概况及几种调查材料的介绍：

(1)佳县：全县共有十四个区，有九个市镇，除螅镇设有贸易公司为次严重区外，其他均为严重区。在该县内比较中心，并可代表全县情况之市镇，如通、乌、店等镇，白洋支付量占总支付量百分之七十，农洋占百分之廿五，土产占百分之五。

边界地区，如方家塔用土产交换者最多(公私货都有)，约占总成交量百分之七十五，白洋百分之廿，农洋只占百分之五。

螅镇由于贸司出卖物资的支持，市上农、白同流，支付量各百分之五十。

农村成交生意很少，不论买、卖东西。大部都在集市上交易，即有少数交易者，大部使用白洋，估计占有95%，使用农洋者估计有5%。

(2)清涧情况：在店、解两区(严重区)作了一次调查，根据所了解情况，该两区都有集市，在集市上农民交易，绝大多数都是使用白洋，如买牲口、土布、棉花、粮食、油盐等，全是白洋讲价、白洋支付。如买火柴、食品、石炭及找零数者使用农洋。据调查，白洋疏通约占总流通量的70%强，农洋流通只占30%弱。

白洋存量，根据解区的调查，全区共有人口9,452人，共有白洋14,000元(这个调查也不准确)，每人平均有白洋一元四角五分。

(3)绥德县义合为次严重区，根据调查，义合市为白洋与农币同流地区，其情况分下列三种：

①粮食、牲畜的成交，大部以白洋讲价，并以白洋支付。有个别农民卖粮

食,只要白洋,不要票子,所以拿票子的人不易买到粮食,即使要票子,也要高卖一点(如黑豆一斗,白洋价是二元,黑市上白洋一元换农币九万元);如卖票子,应该卖十八万元,可是卖粮的不少廿万元。拿农币买粮食,就要比拿白洋买粮多出百分之十一。这里边有两种原因:一是农民卖粮的钱,因当时不买东西,要放在家里,怕白洋涨价吃亏。一是粮从崔家湾、解家沟等最严重区来的,那些地方票子更买不到粮,总的原因是票子价波动所致。

②以白洋讲价支付农币——如小盐、土地,这些东西计价时都是说"一尺土布几毛""一百斤小盐几元",但支付时都按黑市价折付农币。原因也有二,其主要原因是农币在绥德可买到小盐,并黑市价格也无差别。河东拿农币可买到土布,并价格上也无差别。其次是白洋带上没有便宜,既无价格上利益,又往往被缉私队查去。

③农币讲价亦以农币支付——如石炭、麻油及零碎东西,由于这些东西,用农币可以随时买到。又因街面用农币便于使用。

在义合市上的成交支付,白洋流通量多于农币,较大的生意都用白洋,零星交易使用农币。用白洋估计交易在百分之六十左右,农币百分之四十,并且每集的晚上,农币大部到了公家。就是群众卖东西卖到的农币,部分脚户带去买盐买炭,不在家里存放,一部分随时在贸易公司买成货物,这说明群众不相信农币,就是怕农币跌价而吃亏。义合市据不确实的统计,存有白洋三千多元,而在商人手中即存有二千五百元。特别染坊存白洋多,因为染坊都先染后付钱,故完全以白洋讲价。同时,染坊买一桶快靛染几个月,赶前一桶染完,必须要积存下够再买一桶快靛的钱,在这距离中间的时间较长,金融波动必然难免,如存农币可能买不到一桶快靛,存白洋可能有盈余,至少不亏本;况染坊算账、付款,都在窑内,不易检查,便于收存,有他的自然条件。全市群众手中只存有白洋五百多元。

在义合白洋流通的路线,来自河东,而贩往绥德、镇川一带,并在农村来往流转者亦不少。

(4)绥德市是农币与白洋同流,为次严重区。其情况是:

①绥市商业情况:一部分为零销,一部分为批发,进来的较大宗货物,在西北方面有市布、快靛、纸烟、水烟、盐碱、麻油等,东南方面(有)粮食、土布、棉花等。这些东西,除粮食、盐炭直接在群众中销售一部分外,其余大部分是经过商人与贸司的购买,然后转销于群众,另一部分是行商贩运。

②物资交易与金融的关系:目前运销于绥德之货物,绝大部分来自西北(即

安边、榆方）。其主要为市布、快靛及各种颜料、纸烟、水烟、碱等。这类物资售出后，带去农币很少，而所带去的一部分是土产。近因榆方价小，带去的不多，一部分是猪鬃小皮，其余就是带白洋，因此近来白洋北流颇多，特别走私纸烟，完全与白洋结合。其次生碱、快靛也有百分之三十要换出白洋，麻油绝大部分是换去土产，东来之土布，只有少部带去白洋，东南运来之粮食，也有少部分带去白洋，盐、炭完全使用农币。

③农币、银洋流通量的比较：有绥市不论公私门市部及摊贩与零星买卖食品，均以农币讲价、农币支付。凡现款交易者均以农币讲价、农币支付；凡赊买物品分期付款者，均以白洋讲价（防止白洋涨价吃亏，到支付时按白洋价计算），如染坊一般规例是先染布后付款，故全部以白洋讲价，支付时白、农均有。全市各项交易总合计算，讲价方面白、农各半，支付大部分以农币及货物交换，白洋约占百分之二十。

兹将绥市五日交易情况分列于下：

品名	单位	五日成交量	单价	金额（农币）
快靛	桶	10	20,000,000元	200,000,000元
宽面洋市布	匹	50	2,000,000元	100,000,000元
生碱	斤	10,000	18,000元	120,000,000元
麻油	斤	7,500	60,000元	450,000,000元
大小盐	斤	17,500	7,000元	122,500,000元
熟花	斤	1,500	60,000元	90,000,000元
土布	匹	1,000	450,000元	450,000,000元
生花	斤	500	50,000元	25,000,000元
石炭	斤	25,000	1,200元	30,000,000元
各种粮食	石	150	2,200,000元	380,000,000元
各种颜料	桶	50	1,400,000元	70,000,000元
外产纸烟	条	50	200,000元	10,000,000元
各种牲口				30,000,000元
土产	件	1,000	400,000元	400,000,000元
其他				100,000,000元
合计				2,537,500,000元

根据上述五天的统计数目来研究,其中如麻油换买土产及部分快靛、市布、石炭等,换买土产与猪鬃、小皮、土布换买颜料等。互相作价交换才占全部支付量的百分之廿五,用农币支付的有百分之六十五,白洋支付者百分之十。全部成交量为农币二十五亿三千七百五十万元,其中除作价交换货物百分之廿五外,农币百分之六十五,为十六亿五千万元,白洋约百分之十,为二亿五千万元。以现在黑市计算,即为白洋二千五百元,每天平均支付白洋五百元。

④绥市银洋出入情况:一部分是从东来的,因为油、碱、颜料等运至沿黄河一带,由于价格有时低于绥市,在有利可图的情况下,即转流进来。另一部分是来自农村,农民保存的白洋,他买东西即须使用出来,在最近一部分向北流出,一部分转入农村,白洋农村还是出入交流。

(5)子洲县:各市镇之金融,一般说来为较好区。其情况是:

该县的金融,基本上是农币流通为主的地区,群众多有不懂农币的计算法,习惯上一般以边币讲价,但一切支付全用农币。如有较大的探买探卖生意,如买牲口等,则以粮食为标准讲价,夏收后以麦子计算,秋收后以谷米计算,支付时以当时粮价支付农币。个别落后地方(接近横山),以物易物,这样的地区很少,支付白洋的更少,主要以农币为主。如:

①马、双、苗、驼四镇,为子洲县之中心地区,尤以马、双、苗三镇在绥、定交通线上,为子洲县之政治、文化、经济、工业中心区,设有县政府、税局、自给工厂、工合事业所、贸易公司,并有十里盐湾的盐及岔罢沟四其里的炭,因此买卖油、盐、炭、花、布、粮食等日用必需品,讲价、支付完全以农币计算,买卖牲口个别的以粮为标准,见不到白洋交易,是子洲最好的农币市场。

②周、高、爪区的一部分地区,进行以物易物,一切货物的计价、支付,以粮食为标准,农币少,白洋更少。周区在边区正确的工商业政策下,又由于贸司的互助,近来繁荣起来,染坊发展成十家,需用快靛很少。近来榆林、三边来靛,商人讲价完全以白洋为标准,支付则粮食、白洋、农币都有。近来由于贸司有计划地改变以物易物,市场以期款形式,低价卖给小商人大批土布,收回农币,致使农币逐渐流通,白洋逐渐减少。

③裴老区及爪区之四、六乡,因为接近绥德、清涧、镇川,受其白洋使用的影响,又无大公物资支持,因此一切日用必需品讲价、支付都用白洋,也有以白洋讲价,以农币支付者,这两区为白、农同流区,以裴家湾白洋流通较多。

④马蹄沟市的农币畅流,白洋绝少的情况与原因——马市每集可上市粮食

五十石左右,十里盐湾每集销盐百石左右,按现在市价粮、盐每斗以二十万元计,需本币三亿元,贸易公司门市部每集可收回五千万元,白洋半月来才发现一元,这说明白洋在马市流通很少。究其原因:

(甲)首先是由于物资力量的作用(贸易公司的作用)。马蹄沟市场小,没有大商,不需大批外汇。马市小盐半年可产四千石,每斗按现价廿万元计,可流通本币八十亿元。我公司半年内供生熟梅花10,937斤,土布225,779尺,麻油5,054斤,青市布1,088尺,白市布7,023尺,黑豆702斗,麦子1,033斗,小米787斗,以上八宗共合农币3,618,659,675元,比市上少卖农币405,381,704元。由于公司物资力量充足,对货物与稳定金融上起了主导作用。并一两油、一合米、一钱颜料都卖,货物多少不拒(拘),票金额大小破坏不拒(拘),更以十天半月之期款卖给小商化物。商人不怕金融上吃亏,群众不愁买不到货。今春灾荒,我们控制了粮食,打击白洋,回笼本币,一度时期内二人拿白洋买不到粮食,要求向政府兑换本币。存白洋的人吃了亏,使本币在群众中生根。又由于子洲县本身产有盐、炭,可以掌握金融。

(乙)马市周围拥有千余盐炭工人,他们生活苦困。一般人民均由于生活的限制,无力保存白洋,他们所需的日用品,就是棉花、土布、粮食,都是农币才能买到,故大家都不追求白洋。

(丙)政令执行严格,一经查获,即按实际情况兑换或没收,特别在今春一度时期内,不论任何情况,一律没有(收)。执行了政令与物质力量的配合,造成群众拒用白洋,商人无利,不收白洋,拿白洋者,到处碰头,本币威信逐渐提高,白洋一天天地减少。

3、几个典型例子

(1)佳县乌镇(白洋最严重区)。该镇共有270户人家,内有饭铺20户,柴草店五户,杂货铺一户,药房一户,工合据点一,贸易公司一。该镇每十天有两集,每集成交大盐40驮,小盐16驮,生碱7驮,麻油7驮,粮食10石,炭25驮,土布30匹,市布4匹,总成交量约值农币三亿,而实际支用农币6,000万元(内贸易公司收2,000万元,税所收400万元,其余在群众中流通),占总流通量20%,银洋支付有2,200元,占总流通量的70%,土产交换占10%。

(2)佳县方家塔(佳县主要口子),每集进大盐70驮,快靛10桶,市布5匹,纸烟60和,成交总值银洋3,000元,百分之八十换去土产,百分之二十付以白洋,每月约出去白洋3,000元。

(3)佳县螅区六乡任家沟,共住有70户,存有白洋500元,存有农币60万元,平均每户存银洋7元,每户存有农币9,000元。

(4)绥德义合五乡白家岔村,共住有60户人家(有人口300),内有盐贩16户,有资金银洋160元,这些盐贩出外成交生意,大部使用农币。除了这些以外,其他44户存有白洋150元,他们买卖物品,作用钱时,农、白都用,但保存的全是白洋。

4、分区总(综)合情况

(1)白洋流通情况与农币的比较。

绥德分区八个县,共有67个区,406个乡,户数156,003。现有人口705,588,根据参考各类地区的调查材料及我们的推测,其大体情况如下:

①最严重区。佳县十三个区,镇川五个区,米脂靠县之四个区,吴堡二个区,清涧东四区,绥德(崔、枣、吉)三个区,共卅一个区,占全分区面积的百分之四十六。在这一类地区内,主要日用品的交易,各城镇与各乡村平均起来,以白洋讲价有百分之九十,以农币讲价者百分之十。其流通量,以银洋支付者分之八十五,以农币支付者百分之十五。

②次严重区。佳县一个区(螅镇),镇川一个区(镇川市),米脂五个区,绥德八个区,吴堡二个区,清涧三个区,子洲两个区,共二十二个区,占全分区面积的百分之三十三。在这一类地区内,主要日用品的交易,城镇与乡村平均起来,以白洋讲价者百分之七十,以农币讲价者百分之三十。其流通量,以农币支付者占百分之六十,以白洋支付者占百分之四十。

③较好区。子洲县计有五个区,占全分区面积的百分之七点五。在这类地区内,主要日用品的交易,市镇与农村平均起来,以农币讲价与支付的占百分之七十五,以白洋讲价与支付的占百分之十,以物物交换者占百分之十五。

④特殊区。横山全县八个区(包括子洲划过的二个区),又子洲县一个区,共九个区,占全分区面积的百分之十三点五。在这类地区内,主要日用品交易,不论讲价与支付,以物易物者占百分之八十,农币、白洋各占百分之十。

(2)白洋总存量的估计。

白洋存量的估计,我们根据下列几种情况:①白洋流通情况;②人民经济状况;③遭受天灾胡祸的程度;④纺织业发展情况。并计如下:

清涧、吴堡两县白洋流通较多,经济状况较好,灾情轻,纺织发达,每户均以八元白洋计,清涧15,301户,计存白洋122,408元,吴堡有9,670户,计存白洋

77,360元。

绥德县比清、吴受灾较重,每户以七元计,有33,841户,计存白洋236,887元。

米脂经济状况与纺织较次,每户以五元计,共有20,714户,计存白洋103,570元。

佳、镇两县,经济状况与纺织更差,受灾严重,每户以四元计,佳县有28,471户,计存白洋113,884元,镇川有9,000户,计存白洋36,000元。

子洲、横山两县,除受灾严重外,因白洋流通少,故存量每户以三元计,两县共有39,006户,计存白洋117,018元。

全分区八个县,共有156,003户,共存白洋807,127元,在土改后,白洋多存于中农手,一部分富农有白洋,个别地主、贫雇农有少数。

(3)出入口情况及流通路线。

在前时期,白洋东来较多,南北均往外流,最近因南面价格稳定,南流甚少,北流较多,特别榆方较多,因为榆方最近土产跌价,凡进来之货物及输入之纸烟,带土产无利,故多带白洋出去。根据各方面的了解与估计,每月在西北方面至少输出白洋二万元,其来源只是东来一部分,为数不多,比较起来出多入少,以现在的情况来看,分区白洋逐渐消灭,凡西北进来之市布、快靛、麻油、生碱、纸烟、水烟等等,而换出的除猪鬃、小皮外,就是土产,近因敌方禁止较严,故白洋流出较多。

(4)政令的执行与兑入情况。

各级政府对白洋禁令的执行时紧时松,先紧后松,没有坚持贯彻到底。其原因由于有些干部,对金融政策了解不够,故执行不坚决,甚至有些干部认为禁止白洋于群众不利,只看到小的利益,没想到整个利益,使政令不能贯彻下去。其次,在今年灾荒之际,为了照顾灾民,放松一步。

其次,禁用白洋政策,没有贯彻到群众中,群众对政府禁用白洋不满。他们说,敌币禁止是应该的,白洋为什么不让群众用呢?认为公家没白洋,是为没收白洋,同时也是利害问题,因为群众只知自己的利益,不明白洋危害金融,也不明白对敌的金融斗争,特别在物价波动时期,他怕本币跌价,凡是缓用之款,就要保存白洋。

在今年数月来,白洋牌价为四万五千元,而黑市现在是九万元,就在数月以前,也是七八万元,黑市与牌价相差甚大,所以无人兑换。自牌价规定以后,银行内除被查获后强迫兑换者外,没有一个来自动兑换的,因此他宁可冒险私带私用,也不愿吃此将近半数的亏。

自夏收以后,灾情好转,政令执行较严。子洲一贯执行较好,清涧近来对政令的执行抓得较紧,而该县的白洋流通情况就逐渐转变,佳、镇两县执行得较差,白洋流通情况也较严重,当然佳、镇处于边沿,环境不同,也是原因之一,但政令应该放在首位,再加上各方面的配合,才可收效。

(5)提高牌价及解决办法。

提高牌价,必须要充分的分配力量,否则会将黑市价的增涨促得更快。首先要把干部的思想认识搞通,把金融政策经过干部贯彻到群众中;其次就要严格执行政令,加强缉私,并要准备物资力量。如棉花、粮食、布匹、油等物资力量,作有力的支持与掌握,如子洲有计划地推行农币到乡村。另外要制定一定的兑换办法,贸易据点附设兑换所,如去兑换者,要带有兑换的一定手续,并应经过政策介绍,兑换后要将兑换证向政府缴销。凡不经过这样手续,而私自携带与使用者,一律没收。牌价既要提高,就须接近黑市,并低于黑市百分之十至百分之二十,并须考虑出一个适当的限期。

在进行之前,应将金融政策与白洋处理办法写成文件,党政军各级干部作为学习文件之一,并应列为主要工作之一。

进行时间,最好从现在开始,配合登记土地,整党审干,特别收登记证手续费时是兑回白洋、推行农币的好机会。

(《绥德分区白洋初步调查材料》,1948年10月)

1.一年来白洋流通情况。自战争爆发后,由于敌人侵占我主要市场,农币一时信用低落,致使警区白洋市场更趋扩大,许多地方全变为白洋交易的市场。只以绥市来说,自敌人败退后,我们初回来时,市面上一切交易完全以白洋讲价。由于我公司门市部低于市价,大批抛售物资,供给群(众)须(需)要。银行低价抛售黄金,充作外汇,使农币信用提高,打击了白洋,并加之政令禁止,使白洋节节退缩。总的来说,在夏收以前,白洋流通较为严重(灾荒严重,须要白洋购买粮食,政令未敢严行,农币信用尚未恢复),夏收后逐渐退减。白洋流通最严重的地区要算镇川、佳北、清涧县以东部地区,吴堡县等地,其次是绥市。

(1)通镇:七月份以前,一切交易完全讲白洋,八、九月份起本币稍有流通,十月至十二月份就大部分变为以本币讲价,白洋变为黑市。七月份以前,白洋讲价占100%，交易占90%，十月份以前白洋流通占70%，本币占30%，十月份以后，本币讲价占90%，流通占70%，白洋讲价占10%，流通占30%（其中有讲本币付白洋者）。

（2）镇川：十月份后，白洋的流通与讲价逐渐缩小，由100%讲白洋价减为70%，农、白流通量各占50%，白洋出口尚占外汇的20%（交易中有讲白洋价折农币者）。榆林来的商人至秋季以后多带金子出口，带去白洋者占少数。镇川白洋多系河畔与四十里铺一带的油、盐、碱贩子带去的。

（3）吴堡：农村与宋市等主要市镇，向来为白洋市场。入秋后由于政令严格，以及分区缉私队的配合，当地政府的查缉严格，使白洋不断碰壁，故市镇上交易大部改为以本币计算。农村仍因纺织发展，妇女当家，稍有盈余，便愿意换存白洋，故农村中白洋仍占绝对优势。

（4）清涧：县城与城关周围数十里地区内，由于秋后政令严格及延安缉私队的检查，加上有适当的物资配合，使严重的白洋市场变为本币市场。东地区解家沟一带，大部分是白洋市场，自公司九月份于解市设立据点以后，白洋在市场流通量由60%减少为40%。

绥市：夏收以前大小生意普遍以白洋讲价，尤其粮食、牲畜、估衣摊完全讲白洋价。凡赊期欠款者，更是非选择白洋不行。夏收以后，由于南路拿农币可以买到粮食，又因种种物价与白洋长时期的稳定，群众感到拿上本币并不吃亏，税局对政令执行得较严，使白洋携带不便。自七月份以后，即打破了过去非讲白洋不行的惯例，至此白洋的流通量减少了很多，交易中大部分变为讲本币价，赊期欠款者也有了讲本币的，故白洋已脱离开了一般物价。白洋从九月底至十二月中旬，始终稳定在95,000元左右，农币流通约占70%以上。自十二月中旬起，由于华北金融波动，引起大批货币西流，物资东流。公司在此情况下，主动提高物价，各货均趋上涨，影响得白洋上涨亦猛，致使一般群众便怕吃亏，不喜欢要本币，特别是农村卖粮食、布匹者，又普遍以白洋计算价格。且因公司十二月中旬土产停售后，部分商人脚户走安边买货者，亦有追求白洋，充作外汇。又值生碱旺销，北面贩碱之脚户均喜要白洋，故十二月底白洋复趋暗流，与物价结合。

2.白洋在市场的存在与流通量不同的原因。由于白洋本身有它的物质基础，跌价很慢，既可作货币与商品，又可以储藏，使存者不吃亏或很少吃亏，且系交通不便的农村，环境造成了存在的有利条件。但因各地情况不同与做法的差

异,使其流通量亦不相同。兹分述之:

(1)镇川去年才变为白洋市场,本年公司在七月份前以白洋作外汇,口岸增加了需用量,内地商人去边界购货,自然多带白洋,且因政令不严,致使白洋在市场流行。

(2)农村因纺织业结合了白洋,妇女们纺织稍有盈余,就愿意换存白洋。而政令未能贯彻下去,因贸易据点不普遍,离贸易据点较远的群众,本币不好买到货物,因此农村白洋至今仍占绝对优势。

(3)绥市因私商与小公的资金力量较大,他们普遍以白洋为计算资金的本位,且系警区各地商贩交易之中心,而一部分商贩卖了商品后,需要白洋,再进行商业活动,或清理债务,对稳定金融有很大的妨碍。但因我们用充足的物资,在支持本币与政令的严行,使白洋转入黑市,大大减少了流通数量,虽在十二月中旬波动,白洋在市上仍未公开流行。

(4)子洲因执行政令严格,贸易据点多,市场小,公司力量大,公司的资金超过了全部商人的资金。子洲粮多布缺,公司掌握了收粮供布的中心业务,且在白洋初起流通时,即执行了政令,严格缉私,使物价与白洋未结合起来,故在敌人退后,即很快地恢复了本币市场,使白洋退缩,为警区本币流通最好之区域。

3.一年来执行稳定金融推行农币的措施,对金融工作,总得(的)说来,是独立自主的本币一元化的思想指导,用了充足物资,支持了政令的严行,使本币在阵地斗争中,打垮了敌币,挤退了白洋,而且在具体执行上,与情况变化亦有很大的影响。如:

(1)在金融历次波动时,公司门市部坚持了既定的价格,不间断地抛售了物资,甚至大量批发物资。如(七、八、九月份中旬)三次金融波动,公司放手批发了大布。

(2)在抛售土产中,金融波动时,采取以回笼本币为主、交换物资为辅的做法。

(3)公司在经费上的支持与提议,促使增加缉私队廿人,加强了缉私工作。

(4)为了改变子洲各地以物易物的交易方式,在该县主要市镇均设立了据点,以十天半月的期款,给商人批发货物,先促使商人普遍愿以本币卖货,商人卖货要本币,群众自然也随之感觉到本币的重要。夏收后,子洲各据点执行了收粮卖布的吞吐方式,使本币流通量逐渐扩大。

(5)由于军事胜利,地区扩大,夏收后南路以农币能买到粮食,也是对警区农币市场的扩大,起了主要的推动作用。

(6)公司掌握了花、布、油、盐、碱等主要物资的供销周转。

4.一年来掌握金融工作的经验及教训。

(1)在金融发生波动时,必需(须)适当了解情况。认清波动的主要原因和波动中主导市场的主要物资,再根据自己的力量来适当地采取稳定措施。平息波动必须要各地互相配合,不宜孤立进行。

(2)按本年的经验,须要有充足的物资,一元化的本币思想指导,政令能坚决严格执行,是可以击退白洋,扩大本币流通范围的。如清涧迅速变为本币市场,子洲除敌人进攻时与退后短时间倒退外,长期为本币市场,金融也较稳定。镇川领导上对政令没信心,致长时期白洋公开流通,易引起金融波动,至今日白洋流通量较其他区为多。

(3)党所领导的各部门,须要认真执行本币一元化与独立自主的政策,尤其是公营生产部门,如能执行金融政策,是可推动一般商人的,并且公营商店应坚决改变为工农业和作坊性质的生产方式,即可避免因追逐投机利润而妨碍政策。

附:一年来绥、镇两市全年各季度主要物价指数表

总得(的)来说,本年的工作:(1)在思想指导上是着重于稳定金融,推行农币方面的成绩较大。(2)在实际行动中,被迫财政支付多,对收购土布与粮食时逼中断,生产投资少。(3)在工作过程中,对市场需要估计不足,与对投机商人斗争差。对商人的领导上,只有物价的指导作用,而无组织领导,对政策宣传少。(4)有力地支持了救灾工作,减少了灾民的死亡。(5)在发展运输业上,起了积极的推动作用,使运输业发达。(6)对外贸易上,虽然推销土产67,890,97件,但了解情况不够,被动性多于主动性,而其他土产则无组织地任其自流出口。

(绥德贸易公司:《四八年工作总结》,1948年12月31日)

(二)延安市禁止法币流通办法施行简则

近几年来,法币在延市之非法流通日益猖獗。店铺摊贩以法币交易或找零者满目皆是,此种现象如不加以消灭,实有助于反动派破坏我边区金融,造成金融市场之混乱,增加我财政经济之困难,致削弱我们粉碎反动派对解放区罪恶进攻之斗争力量。为此,我们已呈请政府重申禁令,严禁法币流通。延市交换

各季度主要物价指数表

1948 年度

（按各月平均物价计）

地区	时间	小(斗)米 物价	小(斗)米 指数	熟(斤)花 物价	熟(斤)花 指数	土(尺)布 物价	土(尺)布 指数	雁(尺)布 物价	雁(尺)布 指数	麻(斤)油 物价	麻(斤)油 指数	白(元)洋 物价	白(元)洋 指数	以上各种平均指数
绥市	一月份	65万	100	4万	100	6,000	100	20,000	100	57,500	100	66,500	100	100
	三月份	50万	76.9	6万	150	7,000	110.6	17,000	85	67,500	118	60,000	90.9	106.2
	六月份	45万	69	5.5万	137.5	7,250	120.8	20,000	100	75,000	180	77,000	116.5	112.3
	九月份	31万	48	6.5万	162.5	8,500	130	24,500	122.5	45,000	77	100,000	151	116
	十二月份	50万	76.9	10万	250	12,000	200	34,000	170	48,000	78.2	150,000	225.5	166.8
镇川	一月份	71.5万	100	5万	100	8,000	100	15,600	100	62,000	100	60,000	100	100
	三月份	57.5万	80.4	5万	100	6,500	83.5	18,300	117.3	60,000	96.8	57,500	95.7	95.3
	六月份	54万	75	5万	100	8,000	104	24,500	157	70,000	112.9	77,500	129.1	112.3
	九月份	39万	54.5	6.5万	130	11,000	138.5	27,000	174	60,000	96.8	100,000	166.7	126.75
	十二月份	40万	56	7万	140	13,000	162.5	30,000	192	50,000	80.7	140,000	233.3	144

所曾拟制了具体的执行办法,并邀请商会、公联会、地方政府、公安机关等各方负责人进行座谈。当经一致同意,今特将延市禁用法币之执行办法寄上一份,请转达所属机关或学校、部队之同志。首先起模范作用,坚决执行。以巩固边区金融,支持我前线部队粉碎反动派之进攻!

(边区银行:《边区办公厅负责同志并转全体同志》,1946年9月5日)

延安市禁止法币流通办法实施简则

一、为巩固边区金融,贯彻政府法令,特制定延市禁止法币流通办法施行简则。

二、券币为边区唯一合法之货币,严禁法币之非法流通。

三、凡公私商民向外采购物资或其他必需品,交换所给予无限制兑换之方便。

四、交换所取消兑换法币之手续费,贴水按同一比例,兑进兑出,互相收受。

五、凡携带法币出境者,须持有交换所之兑换凭证或银行签发之通行证,否则,检查机关得暂时扣留其法币,补办手续始可通行。

六、凡自存法币拟携往他处者,可向交换所申请补发通行证。

七、凡现存法币,应向交换所兑成券币行使,如欲储存者,可不受此条例限制。假如发现其在市面行使,则全部没收。

八、没收款项之20%归告发人,30%归检查人或检查机关,50%归政府交金库处理;未经告发直接查获者,则50%归查获人或检查机关,50%仍归政府;直接扭送公安局者,则50%归扭送人,50%仍归政府充公交金库。

九、执行机关由公安局或政府指定之代理机关执行,以防止乱没收乱检查之现象,现任何人均有密告或扭送权。

十、本办法如有未尽善之处,得请由市政府修改一。

(边区银行:《延安市禁止法币流通办法实施简则》,1946年8月30日)

事由:为巩固边币,严禁敌币流通,禁止使用白银,禁绝外来纸烟,厉行缉私。

各县政府、各税局、各游击队长:

为巩固边币,稳定金融,以畅贸易,严禁敌币(蒋币)流通。停止使用白银,禁绝外来纸烟等。自胡匪侵犯我边府以后,即以大量蒋币、毒品及消耗品倾销我区,套换我白银及物资,排挤边币。企图动摇我经济战线,削弱我作战之物质基础,而我区各级政府部队尤其边界县区尚未认真执行禁令,以致某些边界地区仍继续流通敌币,使白银、纸烟等消耗品大量倾销。此种严重现象如继续存在下去,会给我人民生活上增加很大痛苦,也给我自卫战争增加困难,完全有利于蒋胡的劫掠阴谋,因此特再规定如下办法:

1. 各级政府及缉私机关务必严厉执行。凡本分区境内发现敌币,敌区侵入纸烟等消耗品及销售毒品者,一律予以没收,其情节较重者并交法办。2. 白银可以携带、保存并兑换流通券(兑换率为白银一元换流通券八千元),但不得在市上公开或秘密交易使用,违者一经发现亦予没收。3. 为保护自由贸易,贯彻上项禁令,特由本分区军政税收等机关统一组织缉私队,分别到各地执行此项任务。该队逮捕之人犯经初步审讯后,应交县司法机关按情节轻重裁判处理。此外不带缉私证之一切游击队、公务人员及群众决不得以缉私人员之面目进行缉私工作,如缉私人员因力量不足请其协助时,任何部队均有此义务,如发现他人有上述违法行为,报告政府或缉私队,缉获时应依法给予奖励。4. 凡边区军民皆有爱护边区,消灭蒋胡敌币之义务,巩固金融也为战胜敌人的一个条件,开展对外贸易,推销土产换进必需物资,尤为我区公私商店之义务。故本分区缉私队同时要保护各对外贸易人员,以便对敌斗争。此令。

(《延属分区专署、延属军分区司令部联合命令》,分字第一号,1947年8月29日)

(三)陇东分区禁用法币的命令、指示和办法

关于推进券币禁用法币,前虽有命令公布,但近来市场货币仍有"券""法币"同流现象。现为采取进一步有效办法,特颁布陇东分区禁止使用法币暂行办法,希各县研究执行为要!

(陇东专署《命令》,战字第298号,1946年1月10日)

陇东分区禁用法币暂行办法

一、边区境内不准行使法币。内地客商凡欲往友区办货或有其他用途者,可随时到交换所兑换法币,并给予出口证,不加以任何限制。

二、凡边区境内以法币买卖交易作价者,钱货各没收其半,以示惩罚,其余一半强迫其兑换为流通券。

三、凡未经交换所私自进行边法币交换,或交换价格与交换所牌价不同者,则以捣乱金融论罪,并以第二条规定惩罚。

四、不论本地外地商民人等,欲携带法币出边区者,必须持有货币交换所之出口证或交换单,依照检查,如钱证不符者,按以下办法处理:钱数较出口证上数额多时,没收其多余部分的一半,钱数较出口证不足时,查明其不足原因,如系在边区内交易者,则没收其不足部分的一半。

五、凡携带法币入境而尚未经交换所所在地者,不论其携带多寡,皆不得没收。

六、凡住在商店之行商客贩,该店主人应负责通知禁用法币政令,并督促其兑换或办理其兑换手续,违者除该商贩照第二条处罚外,该商品应连带受同样之处分。

七、凡路过外商,不在边区交易者,由各店负责报告交换所,领取出口证。

八、查获违令使用法币之人犯时,应将人钱统交司法机关依法处理。如因路途遥远,行走不便时,得由当地乡政府负责,慎重处理,确定没收之钱货,必须发给没收证据,任何缉私人员,不得私行处理,若发现任意没收、舞弊情事等,该缉私人员应受严重处罚。

九、没收钱货百分之五十归政府,百分之五十作为奖金,按交换所牌价换成券币发给受奖人员,即报案人百分之三十,查获人或办案人百分之二十。该项奖金由交换所于强迫兑换后直接扣除,当面发给,不论公家人或群众,凡查获应没收之法币时,同样受奖。

十、凡使用法币之人犯,如认为处理不当时,在法定期内允许上诉。处理机关应将处理情形及人犯之意见转告本署。

(陇东分区:《禁用法币暂行办法》,1946年1月10日)

蒋介石以继续大量发行货币,来支持其卖国独裁的内战政策,致而物价飞涨,不但影响蒋管区人民生活,而且也影响着边区物价的上涨;如法币在边区境内继续流通,则边区人民所遭受的损失是很大的,为了从经济上巩固边区,以支持长期自卫战争的胜利,西北局发了关于禁止法币在边区境内行使的指示,边区政府联防司令部也颁发了同样的命令和布告。因而,禁止法币,是我们目前一项极重要的工作,丝毫不容忽视。

由于陇东大部分边界毗连蒋区,法币统治陇东城乡市场为时已久,一小部分群众,甚至一小部分公家人,对于法币流通边区的害处,认识不够,加之以往几次禁止法币不彻底,因而我们的工作是会遇到困难的。但是,我们有比过去更有利的条件,能够克服困难。边区生产已有很大的发展,贸易大致走到了平衡;银行准备金充足,贸易公司支持兑换。因而外汇的供给没有问题;土地问题的解决,会使广大群众更拥护政府政策;我们自卫战争的胜利,党政军团结一致与共同努力的结果;所有这些,使现在禁止法币与过去任何一次都大不相同,只要主观努力,我们是有条件胜利的。禁止法币的办法,边府联司布告中已有详细规定,本署兹依据陇东具体情况,规定执行边府联司禁止法币命令办法几个具体步骤,希遵照执行。

1. 首先召开干部会(包括公营经济机关),搞通思想,使干部认识禁止法币的重要意义。召开商会、群众会,利用集市秧歌、社火,宣传政府法令政策,说明其利害关系,务使家喻户晓,然后可配合法令。对故意违犯者进行没收。总之,宣传教育工作必须广泛深入,使禁止法币造成群众运动,使大家自动起来,对敌人的经济进攻进行斗争。只有经过群众,走群众路线,才能达到目的,防止简单的命令主义作法,与乱行没收的脱离群众现象。

2. 公家机关应首先成为执行党政政策的模范。一切机关、部队、学校、税局、银行、贸易公司、公营商店、工厂、合作社等,记账必须以边币计算,交易必须以边币进行。收税收款收代金必须收受边币,拒收法币。须知我们公家机关在商业市场中的吞吐力量(即收入与开支)是很大的。公家机关首先执行,禁止法币也就有了基础。我们一方面以公家经济力量抵制法币,另方面配合以政府法令,禁止法币就不难达到目的。

3. 禁止时间一般于正月二十日开始,但对有交换所的地方,如庆市、西华池、驿马关、孟坝、曲子等地可斟酌提早,没有交换所的地方,须抓紧进行宣传动员,逐渐达到禁止,应当经过宣传禁止后,如有故意拒绝使用边币,或降低边币价值的非法行为时,必须严禁,并进行没收和惩处。

4. 凡没收之法币,最后决定权属于县府。

5. 没收法币之手续,由各县制三联收据,一联给被没收者,一联存县政府,一联送专署。

6. 禁止法币,须与解决土地问题密切联系起来进行,使得利益的群众成为农村中禁止法币使用边币的强大力量,使他们了解使用边币与保护土地同样重要,发动广大群众为禁止法币,反对敌人经济进攻而斗争。

(陇东分区:《关于禁止法币的指示信》,取字第 1 号,1947 年 1 月 28 日)

由于陇东地区西南边界全部接连蒋区,而主要市镇又几乎全部集中在这一线上,内地集市极少(如华池县全县没有一个集市),而贸易公司又未注意这一工作,因而就造成了人民直接对外进行交易的习惯。法币在陇东特别吃香,这是陇东乃至边区金融问题中最严重的一个问题。然而,可惜过去并未引起我们(包括党政)应有的注意,所有陇东的一切党政军乃至金融贸易工作者,讲价交易概以"法币"为准,对于法币横流的奇怪现象熟视无睹,只是延安刚来的同志才感到奇怪,过些时候也就同化了。

因此,我们再三向党政建议,"法币"必须禁止。这不仅是因为我们感到战争一定要打,发行一定增加,不禁止法币,边币就无法推行,而且在我们地区上流行敌人的票子,实不能与政治军事情况相配合。但是,我们的意见直到西北局的指示与边府联司联合的命令下来后,才得到有力的支持。其主要原因为:陇东地区特殊,禁止法币也不止一次,党政许多负责人也曾费过不少力气,但均遭失败,因而许多负责同志对此问题失掉了信心,而他们最担心的两个问题是:(1)无足够力量。(2)无一定之方针。因此,在陇东直到地委会议,根据西北局的批示讨论这一问题时,还有许多不同的意见,引起了争论。因此,在陇东禁止法币的第一难关,就是使负责人统一思想,提高他们的信心;第二难关就是给公营商店便利与保证。

我们接受了过去的经验教训,不敢轻举妄动。因而,事先不管在边法币的准备上、思想动员上(包括公私两方面)以及技术上都作了充分的准备。因而工作一开始尚未遇到大的困难,各市场均于正月十五即 2 月 10 日前后开始禁止"法币"。各公营商店在私商观望不开门的情况下,差不多全部能起带头作用,首先开始营业,一切交易讲价完全以券币为准,所存法币完全兑换成券币;加之政府与公安局有力配合,牌价的提高(二月十一日由二元五角提至二元八角),在很短的时间即能给根深蒂固的"法币"与"法币"思想的人们以很大的打击,因而大家一致认为,这次禁止法币一定能够成功,某些同志也不能不改变过去的看法,而其中开始较迟、配合较差的是西华池。这银行与政府的同志都要负责,直到我二月二十三日去西华池,二十四日重新讨论,于二十五日开始认真进行,但敌人于二十八日就开始进犯了。

敌人的进犯使我们的工作遭受了莫大的损失。从二月二十八日至三月底,这一个月中除少数的兑换外,其他工作几乎完全陷于停顿,绝大部分力量放在转移物资上。加之军事的撤退,引起了群众的恐慌,致金融发生混乱。主要表现在券币使用不出去,但物价却未上涨。其主要原因为战争前有一批物资进口,战争后东西没有人要所致。某些东西如食盐、粮食等反而大跌价,但仍无人问津。

我们感到这样的局面,决不能任其继续下去,战争总是要打下去,工作不能不做。因而三月三十一日由专署召集了一个会议,在这个会议上,对金融问题作出了两项具体决定:(1)组织流动市场。恢复商业交易,供给群众日用品及生产工具。(2)推广券币市场,严禁行使法币,以资稳定金融,其中又规定了若干具体办法,后来虽由于情况的变化使一切工作未得实现,但基本上是根据这个精神进行工作的。银行本身共组织了五个工作组即:合水一、曲子一、华池二、分行后方所在地一。由于敌情日益严重,致合水、曲子等地工作始终未能进行。他们完全编入游击队,曲子几次遭遇敌人,非常危险。华池及分行所在地的工作则较好,加之贸易公司的配合,收效较大。赶到五月份华池部分地区边币始能畅通,这里必须指出四月二十六日牌价由二元八角降至二元。对于边币的信用有不小的损害。五月十六日收到总行的战时金融工作和黄行长的亲写信指出:"当前的唯一工作为大量回笼货币,应在农村中无限制兑出法币。"因这一指示与分区四月二日即三月三十一日的决策相抵触,故当即带信提请地委讨论,经五月二十一日地委会议讨论决定,遵照总行指示执行。

流动的无限兑换刚刚开始几天,主力军就从东面过来了。因此,边币信用大大提高,不少人认为边币又要提高,因而你无限兑换,他却不兑了。

为了便利军队,为了回笼部队散发出去的券币,华池的两个工作组专门到部队所在地和部队到过的地方去兑换,军民咸称便利,在此期间共兑出法币一万万多元,几乎全部为部队所兑去。但这种做法,实际上只能使法币更加横流,与边币一元化之方针完全抵触。因而习书记、刘副主席均提出了意见。六月九日于总行所在地的金家湾,由刘副主席主持对金融贸易工作并加以讨论,并对金融问题作出以下几点决定:

边币问题

1.方针:在陇东地区坚决实行边币一元化。

2. 办法:采取经济配合政令的办法,推行边币,各级政府和党政军的公营商店在内地出售一切货物用边币交易,坚决拒用"法币"。

3. 停止农村无限兑出"法币"的办法,"法币"兑出限于出口商及出外工作费。

(陇东分行:《半年来的工作与战争以来的一些情形》,1947年7月1日)

(四)黄龙分区对法币处理的步骤

(甲)货币斗争:

货币斗争是新区金融工作的中心一环,因为敌人在军事上、政治上虽被击败。但是在经济上还有其根深蒂固的货币存在。如不将其肃清,建立本币一元化的市场。对于部队供给,发展经济,保障新区人民利益,均有莫大的妨害。估计敌人退出黄龙时,遗留在黄龙分区的敌币,总数在三千亿以上,到七月份为止,已经完全绝迹。同时,我本币比价,已由开始时的一比三提至一比一千。另外蒋介石政府于八月间,发行"金圆券"。在其所谓"币制改革"的掩饰下实行大膨胀、大欺骗、大掠夺的阴谋。在与党政军互相配合,一致宣传、揭露、打击下,始终未越雷池一步,所以我黄龙分区虽处边缘地带,未蒙其害。

关于比价斗争。六月份以前,由于我们对于比价斗争的作用还未彻底了解,对于敌区的金融波动也蒙昧无知。对于比价和牌价的不同,也没有分清楚,所以对于提高本币、打击敌币的正确方针,执行得不够精确。表现在每次提高本币比价的时候,总是犹豫不决,顾虑很多,不敢主动大胆地去提,而是慢慢地一元一元的去提,尤其在大军西征,胜利频传的时候,配合敌区的金融波动,正是我猛提比价的好机会,可是这一战机完全丧失,直到总公司为此问题送来专信以后,我们思想上才有了明确的认识,摸到了提高本币比价的规律。必须本着稳于物质的方针,跟随着敌币跌价的比例而提高,至于具体措施方面,有以下几条经验教训。第一,向群众宣传敌币跌价的道理,这一点我们做得不够普遍深入,仅仅在韩城、宜川、洛川等地召集了几次商人座谈会,而利用集会向群众宣传或深入乡村宣传,或配合宣传机关,用书面宣传都没有做到。因此,我们初期的提比价,有些群众反映"国民党票子是凭印的,共产党的票子是凭说的"。在这方面,部队首长非常重视,例如:彭总亲自写的打击敌币宣传纲领,张总一再指示,展开宣传。可是我们的宣传工作做得太差,忘记了我们的政策。如为群众所了解,就变成伟大无比的力量。例如最近洛川商人就会根据敌区物价上涨情况,计算农币比价应该提多少才合理。第二,要经常了解敌区物价上涨情况,否则,就会失去主动。例如五、六月间的情况,就是如此,以后建立了边沿口岸,必须向分公司报告敌区物价的制度,并尽量设法订购敌区报纸,才使被动状态慢慢地改变过来。第三,要精确计算必需物资进口利润及土产出口利润。否则比价过高,就会影响土产出口,比价过低又会影响物资进口。第四,当本币与敌币同流时期,一定要实行内高外低的比价办法,以便敌币向外流动。第五,当内地敌币已经肃清,内地比价可以取消。第六,在物价配合方面,初期门市物价要与市价看齐,以便以后提高比价,降低物价,使农币比价反映在物价上真正的提高了。但是,物价降到一定程度以后,就不能再降。例如洛川在一比五之前是提比价降物资。一比五之后是提比价稳物资(比价门学具体实例,参考业务通讯,黄龙货币斗争一文,此处不赘)。

关于阵地争。禁止敌币流通,驱逐敌币出境,建立本币一元化的市场,这一政策我们是坚决地执行了。不过根据经验证明,在步骤方面,应该有前后缓急之分,而且在解放之初。暂时的允许本币与敌币同流,也是必要的。例如韩城在四月间,即实行禁止敌币流通,可是布告贴出以后,生效不大,因为韩城是对外贸易的(中)心,敌币流通数量很多,而本币筹码很少,在那样情况之下,马上禁止敌币是不可能的。

有了以上的经验,所以以后的禁止敌币,便采取了由里而外的方针,先宜川、洛川,其次是中部的黄龙,再其次是韩、合、澄、白、宜,布告限期一般地是一个月到廿天,在限期内宣传组织群众持敌币到敌区办货,但是,限期一到,必须进行严格的检查,这一点也是一个很重要的经验。例如洛川检查较严,敌币绝迹最快;宜川检查较松,敌币绝迹较慢。在检查当中,要选择一二宗进行没收,儆诫其他。如洛川没收敌币二亿多,宜君没收金圆券七百元,虽然被没收者受些损失,但是为了维护法令的尊严,也不得不如此。

关于支持本币,我们本着以物资支持的原则,主要有下列两种措施:一、土产卖本币价,这一点自始至终没有变更,因为土产是我们的主要出口物资,又是主要外汇,用土产卖本币价,对于稳定金融、平衡物价,起了主要作用。二、设立门市部推销一般商品。

全年黄龙各地门市部(自五月份至年底)共计销售主要物资约略如下:

品名	单位	数量	金额
土布	丈	150,000	12,000,000,000 $\frac{00}{XX}$
雁塔布	匹	2,500	5,000,000,000 $\frac{00}{XX}$
各色洋布	匹	2,900	2,900,000,000 $\frac{00}{XX}$
清油	斤	80,000	2,400,000,000 $\frac{00}{XX}$
食盐	斤	300,000	2,700,000,000 $\frac{00}{XX}$
冰碱	斤	110,000	1,700,000,000 $\frac{00}{XX}$
熟花	斤	3,000	150,000,000 $\frac{00}{XX}$
日用杂品			1,000,000,000 $\frac{00}{XX}$
文具纸张			1,500,000,000 $\frac{00}{XX}$
合计			29,350,000,000 $\frac{00}{XX}$

门市部的作用,不仅支持了本币,提高了本币信仰(用),而且对于市场的影响也非常大,例如宜君在未成立门市部之前,土布每尺20,000元,雁塔布每尺30,000元;成立门市部之后,马上跌至每尺土布6,000元,雁塔布每尺18,000元,请看下表:

品名		单位	门市部成立之前（九月以前）		门市部成立之后（九月廿二日）	
交换比例			一斗麦换	一半包谷换	一半麦换	一半包谷换
土布		尺	2.25	1.25	8.33	8.33
雁塔布		尺	1.50	0.83	2.68	1.05
青市布		尺	0.90	0.50	1.92	0.77
熟花		斤	0.275	0.1875	1.125	0.50
附注	麦	斗	@45,000元		@50,000元	
	包谷	斗	@20,000元		@20,000元	

又如韩城六月份时局紧张时,门市部曾一度停止营业,致使物价波动,固然这一波动的基本原因是土产没有统销、争购物资等,但是门市部的停止营业,也有其直接影响,后在野勤会议上作了纠正,并筹集大量物资用汽车载去,门市部立即恢复营业,从而物价得以平稳下来。

关于外汇问题:开始一个时期,确实感到非常辣(棘)手,因为我们的主要外汇是土产,但是有许多出外办货的商人不带土产。他们说:以往没有作过这生意,隔行不取利;还有的说:带上土产危险性大,一怕没收,二怕枪毙,因此都想换敌币。可是我们的土产又拒卖敌币,在这种情况下,我们便想出了以下几种办法:

1. 凡是到敌区办货的商人,介绍至口岸公司兑取外汇,需要多少由口岸公司临时收进多少。这样常常使商人在口岸上要等候几天,因为我们绝对不能无准备无限制地收外汇,而吃敌(币)跌价之亏。

2. 总公司六月份最后拨给野勤的敌币,后来野勤不要了,分司以之解决了一部分外汇问题。但是这笔账,吃了敌币跌价之亏,约有农币十亿左右。

3. 利用兑换所,解决了一部分。

4. 建立秘密汇兑关系,解决了一部分问题,请看下表(只宜君支行一地有此关系):

六月份至十二月份宜支秘兑统计

商人交农币数	比价	在敌区兑用敌币数
$538,392,710\frac{00}{XX}$	1:15	$8,137,000,000\frac{00}{XX}$
$37,500,000\frac{00}{XX}$	1:80	$3,000,000,000\frac{00}{XX}$
$5,532,500\frac{00}{XX}$	1:120	$663,900,000\frac{00}{XX}$
$80,000,000\frac{00}{XX}$	1:120	$9,600,000,000\frac{00}{XX}$
$66,000,000\frac{00}{XX}$	1:1000	$66,000,000,000\frac{00}{XX}$
$120,000,000\frac{00}{XX}$	1:500	$66,700,000,000\frac{00}{XX}$
$847,425,210\frac{00}{XX}$	合计	$154,100,900,000\frac{00}{XX}$

注:秘密汇兑手续,主要是公司在国统区办货有一定可靠的大商人,他们与公司有来往,出去的商人,先将本币交到公司,由公司开一信件(并有暗记)给敌区商人,敌区商人见函付款,到公司凭函照价取我土产。

(乙)禁止白洋：

黄龙分区在未解放以前，市面上是没有白洋的，据一般老百姓说："十几年来没有见过的白洋了。"解放以后，白洋大量涌入，查其来源不外有三：一、大军南下时带来一部分，并用两种方式散入民间，一种是作兑换，一种是公开出售或采购日用品。二、延属分区和警备区的粮贩子及白洋贩子带来一部分。三、从河东流过来一部分。

根据白洋的流通情况，可划分为三种地区。最严重的算是宜川、韩城。宜川解放初期，不仅公开使用，而且发展到以白洋议价成交的现象。后来虽被禁止，但迄今并未绝迹，仍在暗暗流通。韩城最近发展得很严重，据十二月份来信称："白黄共同使用。"次严重的算是黄、合、澄、白，仅仅有黑市存在，较好的算是洛川、中部、宜君，很少看见白洋。

分司对于白洋问题，根据总行指示：刚到宜川时，立即召集商会会长，座谈金融问题。商会会长的意见是："敌币可以禁止，白洋最好不禁。"因为"白洋是解放军带来的，不算犯法"。我们当即加以解释，说明白洋在金融问题上的害处，并只许储蓄，不许流通的道理。以后在各次有关会议上，反复说明白洋之为害。在县委书记县长会议上，更强调了禁止白洋的重要性，引起各县的注意。至于银行本身，则采用低价打击政策，初来时牌价为35,000元，目前为60,000元，以土产换回来的白洋，平均为65,000元。

总结禁止情况，以洛川为最佳，自始至终很严格。宜川较松，因为当时领导上有两种观点：一、上边要饿死人，拿白洋下来买些粮食，怎能忍心去没收呢？二、本币筹码少，不叫用白洋不行。韩城先紧后松，分区会议之前，还仅有黑市，而分区会议之后，发展到"黄白共同使用"。延安缉私队一二次派来黄龙，对于禁止白洋起了不小作用。

总之，黄龙目前的白洋问题，虽然不甚严重，但是除了政令禁止之外，还没有想出其他更妥善的肃清办法；至于用牌价打击办法，证明收效也不大，因为牌价左右不了黑市，以牌价换回白洋更办不到，自开始至现在没有兑回一元。

（黄龙贸易公司、黄龙农民银行：《一九四八年金贸工作总结》，1948年）

到新区对敌币的处理办法，必须依据下列步骤去进行。第一步，向群众宣传我严禁敌币行使与本币一元化的金融政策，视实际情况，用牌价政策逐渐提高本币比价，打击法币，使其流外，换成必需品进来。凡我售出物资，罚款、税款、捐款等均须收本币,决不能收敌币。如一时无本币,哪怕缓收或收实物,拒收敌币。总之,以维护本币信用,打下本币基础之精神去掌握。第二步,则采(取)禁用,但亦须有步骤,不可过早,必须在我具有物资力量,机构配备较好了,敌币信用在商民间开始破产的时候,则坚决宣布禁止流通。但开始禁止时,不可一下全面禁止,应先从毗邻老区开始,逐步提出,否则会使商业陷于停顿,经济金融上均会受重大损失的,甚至可能造成反复几次不能禁绝的。如若过急禁止,敌币流不出去,我收集过多,又无直接对外关系,亦会受到敌币贬值之巨大损失。

希商同党政,根据具体情况,研究布置执行为要。

(边区银行、贸易公司:《为新区对敌币处理办法》,1948年3月15日)

黄龙敌币斗争开始时过左,现在则过右。如韩城、洛川等地,过去前总已提到一比四,现在又降为一比三,又没有请示,则降为一比三,这对推行本币极为不利。尤其是延安光复以后,没采取积极的进攻,而是极右的表现。见你们报告和屡次来电,要大批敌币兑换为支持金融的主要工具,并强调无限制地兑换,这种法则还承袭过去错误思想,应即纠正之。尤其在延安收复后,黄龙没采取进攻手段,以致影响延属的敌币肃清与本币推行,因此,黄龙目前应采取紧急措施,政令经济应双管齐下,比价应即提至一比四元五角为合适(延安一比五)。首先掌握粮食,使持本币的随时能买到粮食(因目前延属、警区需要黄龙的粮食),另则掌握布、花,洋布可向关分取运,土布河东已大批到宜川,油、盐、潞盐已到宜川,陕盐亦可源源接济上,把这些东西掌握起来,金融问题则不大,差一些外汇,有土产当可抵销。掌握粮食,主要放在洛川、宜川旧县,即与老区接近区域。敌币必须立即管理起来,在中心区和接近老区的区域,立即取消交换所,兑进改为收买,停止兑出,收入的敌币送到边界去买东西。白洋亦应同时办,收进的白洋则送总公司,不能再抛出去,为将来之害。宜川、洛川过去没使用白洋的习惯,是这次我们种下的根子,应作为经验教训。

土产价格仍坚持总公司所规定的,不要随便变动,收必须收本币。据吕场炬来电称:韩城土产价很混乱,土产提得很高(一百二十万),就打击了本币,应即查明报告总公司,以便提到西北局讨论,并就地建议党政军,予以纠正解决。请刘副主席解决,统一起来。

物价与比价斗争必须统一起来,只提比价不压物价是无用的,必然会与市场脱节,发生黑市,因敌币继续下降,尤其在我胜利的影响下,因此,提比价和适当的压物价,禁令必须同时并进。

管理出入口,目前我们要敌区的东西不多,非必需品,必须严格禁止输入,旧存的必须登记盖章(这些税局做),但要协同。

在洛川要立即掌握一部分粮食,以利与延安进行盐碱交换,并利用顺脚发运延安,与富县杨万银取得密切联系,进行这一工作,利用发富县的脚,可以能更容易找。

干部问题应大胆招收和雇用,但雇用招收必须注意下列条件,一切必须纯洁的青年学生或店员学徒,决不可收独立营业者和掌柜的货牙子等,因这些剥削思想很深,不易教育,但主干必须是我们自己人,惠云武同志不日即可去任干教科长。

前总共取去若干款,应即时转帐,以便在经费扣回,今后要即时转回来,并先电告。

(喻杰、刘卓甫、史唯然:《黄龙货币斗争须纠"左"右偏向》,1948 年 5 月 13 日)

黄龙的金融、贸易工作是从四月六号开始的,至今已五个月,兹先以金融斗争为题,作初步检讨如后:

1. 当时的金融情况:

当时延、洛未下,战局不定,人民怕反复,怕变天的空气很浓厚。同时,对我们的政策,也不十分了解,而银行、公司又初来,除十几名干部、五亿农币及数千件土产外,再无任何力量,在这样的情况下,农币信用自然很低,本币与敌币比价明市为一比三,黑市却为一比一,甚至还有拒用农币现象。当时随军财经队唯一的办法就是靠兑换来维持,兑换所一开门,便挤得水泄不通,农币经公家用出去,又迅速转回兑换所,在这样的情况下,如何提高本币打击敌币,便成了中心问题。

2. 两种办法:

提高本币、打击敌币的总方针,无人反对,但在具体做法上有两种意见:一种是偏重以敌币打击敌币,主张无限制地兑换敌币;另一种主张是主要以物资支持农币,由政府下令严禁敌币,反对无限制兑换敌币。这两种意见相持很久,最后大家的认识是:前者仅适用于接敌区、游击区和没有银行、公司据点或大军过路的边缘地区。因为光靠兑换,换来换去,敌币永远不能除根,在某种程度上来说,还相当于支持了敌币。因为既然兑换,就必须先吸收敌币,等于承认敌币在我区为合适,易使群众糊涂,所以这种做法仅能作为一种临时性的办法,不能当作根本政策,而根本政策还是以物资来支持。

3. 怎样以物资支持金融:

(1) 卖土产支持本币,拒收敌币。土产是我出口的主要物资,用土产卖本币价,拒收敌币,就会提高本币的信用,打击敌币。开始时有些人认为这种办法太机械,后来事实证明这种做法是对的。本币信用不断提高,周转范围不断扩大,而凡收敌币者,无不吃了大亏。

(2) 调动必需物资平价出售。计先后从关中运来物资有各种洋布一千三百多匹,土布三万七千六百丈及其他日用品杂货不少。从延安运来的有清油一万八千斤,食盐七万斤,石碱三万八千斤,从河东运来的有潞盐二十万斤,清油一万多斤。

布匹、油、盐、碱从东西北三面汇流黄龙后,就成了一支有力的支持本币、稳定金融的力量。公司当即平价出售,如陕盐一斤成本一万四千元,而我们只接市价卖一万元,清油每斤成本五万五千元,而我们只按市价卖三万元。这样做了,在新区支持了本币,并提高了本币的信用,公司虽赔一些,但从整个市场看,稳定了金融,取得了大利。

(3) 掌握主要物价,领导市场。公司门市物价,公布在牌子上后,就不要轻易变动,以达到物价平稳,本币能迅速在新区立足,并推广与建立信用。四个月来门市物价如下:

货名	单位	五月十二日	九月十五日	百分比
雁塔布	尺	22,000	20,000	-10
白土布	尺	8,000	8,000	平
清油	斤	32,000	35,000	+9.4
食盐	斤	10,000	13,000	+30
麦子	斗	85,000	75,000	-11.8

这些物价的掌握,基本上必需照顾到两个问题:1. 地区产价。2. 工农产品要高低适当,否则就会影响物资之自然交流,出现伤农伤工的现象。不过,当四

月初黄龙分区刚解放不久,该地物价高,本币信用低以及敌币仍在流行的时候,我们以平价售货的办法,来支持、提高本币的信用,我们认为这也是必要的。

(4)比价政策:

农币有了物资支持,获得了提高比价的稳固基础,就时间上说,一比五之前(五月二十日)提比价,降物价(因当时物价太高);一比五之后提比价,稳物价。例如:雁塔布一尺一比三时二万二千元,一比四时二万元,一比五时一万八千元。以后就稳定下来,市价亦随着我们的门市价格由降而稳。例如:同样一万元农币买饼子,一比三时买三个,一比四时买四个,一比五时买五个,以后也就稳住不动。

就地区上说:先是内高外低,以促使敌币外流(如同一时期洛川一比四,宜君一比三,持敌币必到宜君去用),以后内地取消比价,使得农币全部占领阵地,以杜绝敌币再向内侵。

就结果上说:市场由以敌币讲价很自然地转为以农币讲价,由于农币比价不断提高,持敌币者惶惶不安,朝不保夕,不少讲敌币、存敌币者吃了大亏。例如:某药房一比三时出借敌币三万元,当还款时比价升为一比五,债务人还了药房一万元农币,反要债主找给他两万元敌币。此类例子很多,给了大家实际教训,人们才建立起本币观念,敌币观念始从思想上消除。

金融斗争,除比价打击外,还必须政府颁布命令,严禁敌币行使,才能达到彻底肃清敌币目的。五、六月间在宜川、洛川、韩城、黄陵等县,政府公布限期禁止敌币,七月间内地敌币即告绝迹(合阳、澄城、白水、宜君边境现在还有残余)。

(5)成绩:

由于:(1)军事胜利。(2)总行的正确领导。(3)同志们的努力,得到了如下的成绩与收获:

第一,夺取了敌币阵地,达到了本币一元化目的。

第二,比价由一比三提到一比一百二十元。

第三,稳定了物价,洛川八月份较五月份七种物价平均涨百分之二十四,如与四月份解放时比,比例下降很多(如麦子一斗由十二万降至八万,土布一尺由一万七降至八千)。宜川八月份较三月底七种物价平均降百分之五十,韩城八月份较四月份七种物价平均涨百分之十八点八。

(6)缺点检讨:

①估计情况不足。初来时只看到大军驻境,用出本币不少,唯恐通货膨胀。

因此在提比价时,总是小心翼翼地一元一元的提,"稳重"的提,其实当时敌币猛烈贬值。如果我们坚决打垮它,使本币迅速夺取市场,建立威信,那是绝对不会有什么"通货膨胀"的,后来事实亦证明,黄龙并未"通货膨胀",而相反出现"筹码不足"。

②没有及时改正货币兑换为物资支持。由关中带来的五十亿敌币,本应及时买成物资适时提出,但相反地都用在兑换上了,吃敌币落价之亏不小。

③失去有利时机。大军西征、胜利消息频传时,我未趁此时机猛提比价。以后大军回师黄龙休整,负担加重,比价经常落在关中、陇东之后。

④比价落后的损失。五、六月间敌区物价飞涨,我区比价却提得很慢,对外来说,必需物资不能进口;对内来说,不能迅速平抑过高的物价(如韩城雁塔布始终比延安贵),物资倒流。再如韩城、合阳棉花也被敌币廉价套取,这些损失是无法计算的。

⑤宣传工作太差。禁止敌币布告出得太迟,既公布了又未严格检查督促。

⑥对白洋问题没有更多的想办法,虽然查禁,但仍然在流通。有一部分人这样说:"黄龙白洋如不禁止,影响河东、延属、警区。"而我们则感觉,这些白洋都是上述地区所来。我们认为:欲行禁绝,必须各地各部门痛下决心,齐一步调,说服教育干部及群众,牺牲个人目前的小利益,服从永久的大利益,将白洋卖交银行,银行按政府规定价格予以兑收。而后如若明暗行使,一经查获,则一律没收。

(黄龙分行:《五个月来黄龙的货币斗争》,1948年9月)

(五)关中分区驱逐法币稳定物价的决定

近来货币斗争发生了很多的矛盾和偏向,没有即时研究和迅速解决。比如农币、敌币,土产与比价有时相差过大,而造成倒黑市的普遍活动。外客以不等价的敌币套去了我们的土产,强拒收驱逐敌币,但因差价而又引入敌币的内流。同时外货猛涨,没敢大胆地、适时地提高牌价,堕落于敌区物价上涨的后面,一直影响内地某些物价甚至上涨一倍。军民吃亏,奸商得利,虽然在铁、土两镇进行驱逐敌币工作和信用借贷,曾经调剂了很多本币筹码,皆因群众贪图目前小利,将农币倒入黑市,未在农村生根,仍然转入公司,敌币又侵占了我们的市场。为了彻底驱逐敌币,提高牌价,稳定物价,实行敌币机动的买卖关系,由黑市变为明市,坚决展开压低于(与)驱逐敌币有力攻势,为(此)有如下决定:

1. 自七月六日起，兑换比价提到农币一万比敌币卅万，各支应立即清查库存敌币金额作转损益，并通知当地税局政府街市张贴牌价。

2. 柳、土、铁、长四个支行，暂时设置敌币买卖交易所，一面支持外汇，一面联系县区组织驱委会，通知当地军政、商民限期由各单位集中敌币介绍齐来，由交易所统一收买，向外排挤。

3. 货币收买的基本任务，是为了驱逐敌币，保护群众利益，农币下乡，而不是收买外商之敌币。各单位集中敌币有介绍信者，可按适当价格收买之；如系没手续者，可以分别贫雇农与农兼商及商人，数多少、正当下否，酌情提高收买之，如牌价卅万，可提卅（万）以上。依照黑市的比例买进，防止黑市套取土产。

4. 主动联系县区成立驱委员会，通知各乡及商会后，第一集宣传收买，通知群众下集停止敌币流通，第二集有手续集中之敌币与没手续者，必须有收买基价之别。第三集宣布犯法没收，必须时以更高价的收买，个别捣乱金融者，给予没罚。外商敌币入口后，有通知重建统一管理外汇手续。

（李维新、周崇德：《通知》，1948年7月4日）

货币斗争，关中是从四月份以后才开始注重的。我大军在关中往返与整训时，用出不少农币，使得三月份以前，完全为敌币侵踞着的市场变为农币、敌币混流市场，但敌币还是占着优势。当时，公司各据点采用差价政策（即出口土产的敌币价，高于以比价折合成的敌币价格，迫使外商以高于比价的价格，到黑市中追求本币，来购买出口土产），并大量抛售物资，支持并提高了本币，打击了敌币，本币始在关中稳固地站住了脚。

但是当取得货币斗争的初步胜利以后，我们未能更进一步采取有力地、全面地跟踪追击，同时，主观措施上还有漏洞。地方政府对法令执行还不够认真，以及受黄龙影响等原因，致使敌币未能很快从内部市场上驱逐出去，使广大人民负担了很大的敌币贬值之损失，使敌币廉价套取我土产出去，使内地物价受到了敌区金融波动的影响。总之，六月份的对敌货币斗争是失败的，没有尽到保护边区财富与人民利益的责任。现分别叙述检讨如后：

1. 由于"差价政策"，致使外商拿进敌币到黑市追求本币，吸引了大量敌币到了我区。首先请看下表：

六月份两种土产价与三种比价对照表

时间	单位	农币土产价	兑换农币	比价敌币	敌币土产价	土产比价		黑市比价	
						农币	敌币	农币	敌币
上旬	件	450,000	1	6	4,500,000	1	10	1	7–9
中旬	件	450,000	1	10	6,500,000	1	14	1	12–14
下旬	件	450,000	1	15	9,000,000	1	20	1	16–18

以上表上旬为例，外商只要拿敌币315万元，即能（在）黑市上以一比七换到45万元本币，可到公司买到土产一件，比公司敌币土产价每件少出敌币135万元，于是外商就带进大批敌币投入我内地了。"差价政策"除开始时能起促使外币追求本币、提高本币信仰的一点外表作用外，它不仅不能在阵地上驱逐敌币，反而还引进大批敌币到内地了，为害匪浅。

2. 我们因"订购麦子信用借款"，仅赤水一地即贷出农币九亿元，并又在赤水兑出农币六亿元，当时敌区物价飞涨，物资不得进口，只有带敌币进口商人，才多少有点利益可图。我们吐出去的大批农币，在差价政策的促使下，恰恰成了外商倒黑市的对象，敌币大批流入边区，套取了我们的土产和一些农产品，使公私财富受到剥削，而且又负担了敌币贬值损失，比如下表所示：

六月份口岸敌币物价波动比率表

时间	加生布(尺)	雁塔布(尺)	麦子(斗)	玉米(斗)	食盐(斤)	菜油(斤)	洋火(包)
上旬	40,000	120,000	650,000	350,000	80,000	100,000	48,000
中旬	65,000	170,000	900,000	500,000	100,000	140,000	80,000
下旬	120,000	260,000	1,700,000	800,000	150,000	250,000	120,000

七种商品一个月内平均上涨百分之一百三十多，即涨了一倍多。

这就是说，若上旬外商套取了我土产留下了一百亿敌币，当时可交换土布二万五千丈，或麦子一千五百三十八石多。但到下旬，再拿流转着的这一百亿敌币，只能交换到土布八千三百三十多丈，或麦子五百八十八石多了，等于给蒋介石缴了公粮，这是多么沉痛的教训啊！

3. 敌区物价，六月份上涨甚为激烈时，我未适时地、大胆地提高比价，以致比价远落于敌区物价上涨之后，影响边区某些物价一个月内即涨了一倍多，为啥不敢大胆提高比价呢？原因就是顾虑了黄龙的比价情况及当时本身沉醉于差价政策"胜利"的缘故。请看：

比价低于敌区物价所引起的内地物价上涨表

物价比价 时间	加生布（尺）			雁塔布（尺）			比价		应提比价	
	敌区价	内地市价		敌区价	内地市价		农币	敌币	农币	敌币
		敌币	农币		敌币	农币				
五月下旬	20,000	25,000	5,000	60,000	80,000	16,000	1	5	1	5
六月上旬	30,000	40,000	6,000	70,000	120,000	16,000	1	5	1	10
六月中旬	50,000	65,000	7,000	90,000	170,000	17,000	1	10	1	15
六月下旬	80,000	120,000	10,000	180,000	260,000	20,000	1	15	1	20

因为没有赶上敌区物价上涨水平，商人在五月下旬拿一尺加生布卖原农币价就要赔钱，因而农币物价也不得不跟随而涨。而到六月上旬，外面土布每尺又涨到三万元敌币时，内地每尺卖五千元农币，按当时一比六的比价，只能兑到三万元比价，外商则刚刚够本，运费白贴。到了下旬，外面土布又涨到八万元敌币，我比价提高至一比十五，如我内地仍稳在五月底五千元农币的价格时，外商在外用八万元买的布，贩到边区只能卖到七万五千元敌币，还要赔本。这就是敌区物价飞涨，我比价提得不够，致使内地物价亦不得不跟随上涨。

如果及时根据敌区物价上涨速度，适当提高比价，内地农币物价就不会波动。比如六月上旬，外面土布每尺三万元，若我比价提至一比十，则边区卖五千元农币，合五万元敌币，每尺还可赚二万元敌币的红利。到了下旬，外边土布猛涨到八万元一尺，我比价若提至一比二十，在边区卖五千元农币，合十万元敌币，则还是赚二万元敌币的红利。这样比价斗争，既可不影响物资进口，又不致使内地物价波动。这是第三个教训。

4. 地方政府对严禁敌币流通及驱逐其出境的货币斗争重视不够，虽然边府下了严禁敌币的通令，但仅仅是张贴于墙壁而，没有很好地召集当地公司商讨与支持如何排挤敌币，以保护人民财富。

例如：铁王、土桥进行驱逐敌币工作前，县府通知了各区府，除土桥区姚书记积极领导外，三区、四区、官庄区就没有很好下达，更未很好地宣传动员及集中各区的敌币到银行兑换，以致别处已严禁敌币流通了，这几个区广大群众还握有大量敌币，吃亏不少。

我们公司干部更应主动联系政府,诚恳地在政府统一领导之下,取得政令配合,缉私检查,才能力量一致。

根据以上经济教训,提出今后货币斗争初步意见:

(1)根据敌区物价上涨倍数,机动提高比价于敌币贬值与黑市之前,争取物资多进口,我少吃亏,并避免内地物价受波动。

(2)敌币土产价与比价应求得一致,取消差价政策,贯彻运用比价斗争的武器。公司只因有计划地、适时地搭配收一部分敌币,以支持必要的外汇。

(3)为了本币下乡,取消黑市活动,各银行支行可暂设敌币交易所,通过政府,深入农村,宣传动员,集中农村敌币,由交易所统一限期收买或组织出口,以排挤出去,挖掉敌币在农村的根子。

(4)驱逐敌币,管理对外贸易,要与发展生产密切结合起来,改造现有合作社单纯盈利观点,建立真正为人民服务、为生产服务的合作社,比如大量发展纺织,扶助手工业、作坊,逐渐以土货代替外来货(如以土布代替洋布,边产纸烟代替外来纸烟),实行粮食管理,争取对外有利交换。只有我们能达到一般生活品的自给,那么经济上的独立自主就能长期巩固下去,本币也就有了经济基础的支持。

(关中分行:《关中货币斗争失败的教训》,《业务通讯》,1948年7月20日)

由以敌币作外汇改为以物资作外汇。

下半年,口岸取消交换所,停止以敌币作外汇,改用以物资作外汇,对外贸易实行以物易物,开始许多干部认为这个方针不能采用,但我们依据上年的经验教训,觉得如以敌币作外汇,不仅群众吃敌币贬值的亏,而且会影响剩余品的出口,因此坚决执行以物资作外汇的方针。同时,亦正确地估计到停止交换所后,边沿市场可能发生的困难(物资缺乏、供求失调),向群众宣传,并组织他们以一般剩余品作外汇,到敌区换必需品。要口岸公司收群众必需品供给市场,坚决地执行了上述方针,结果新情况出现了,过去不带土产,以敌币作外汇的外商,开始用(土)产作外汇了,出外办货的内商,过去用敌币,现在用麦子、茴香、猪、橡、板、胡桃、方板、石炭作外汇,带回群众所需要的布花等。另外,在开始停止以敌币作外汇时,口岸群众的对外贸易,一时受到影响(外货进口少,市场物价波动),但不久就稳定了。我们认为这是大改变中难免的事,且主要是公司调剂工作做得不够所致(边界不稳,不敢存大批物资,一时无力供给市场)。

1. 金融工作与各方面的配合

(1)大公的力量

公司的以外对内计划,工作布置,价格决定,物资力量的分配,均能密切联系到维持金融,推行本币(详见贸易部分),这种思想行动上的密切配合,使金融有了雄厚的物资力量作基础,这是今年农币能够顺利推行的主要条件,如群众说:现在的农币有公司支持,不怕瞎,便是生动的事实。

(2)政令与宣传动员工作

一年来,政府几次出布告,严禁敌币行使,推行农币,在农村集市向群众解释驱逐敌币的道理,组织各级驱逐敌币委员会,督促群众将敌币送到敌区换必需品回来,对多次教育不改,仍干犯法纪使用敌币者,则严格执行没收。下半年来,共没收一百九十多亿,这种配合是今年彻底驱逐农币必不可少的条件。前半年政令的配合和宣传动员工作缺乏全面性,对排除敌币缓慢是有关系的;反之,下半年边沿区敌币所以清除得快,(与)政令、宣传、组织工作的加强,进展很大。

(3)税收工作的配合

税局同志一年来坚持交税只要本币,不要敌比(币)的坚定(政策),经常宣传组织群众驱逐敌币工作,这不仅使本币有经济基础,且起了引导教育内外商贩重视本币,愿意使用本币,抛弃敌币的作用。这种配合,亦是推行本币、驱逐敌币不可缺少的力量。

(4)公营企业合作社是首先推行本币,以本币记账、讲价,坚持只卖本币。如淳耀联社,在四月份私商不要本币或抬高市价,而它却以低于市场价专卖本币,不收敌币。当我们执行对外贸易、以物易物的原则时,淳耀与赤水炭厂首先坚持只有本币与物资来才换给炭(事先作了宣传),结果不仅改变了外商拿敌币买炭的习惯,而且引导群众均实行了以物易物。这样,公营企业、合作社就无形中变成银行的金融据点及推行本币的宣传者,这对推行本币的作用很大。

由于上述各方面的有力配合与带头作用,逐渐形成整个国民经济支持本币,达到独占市场的目的。

2. 内外金融物价波动情况

上(半)年敌区物价上涨七倍多,我区物价仅上涨百分之十七点六,这说明我区金融物价基本上摆脱敌区金融物价的影响,而本币表现独立自主,又由于我比价仅提升五倍,未能赶上敌区物价上涨指数,因而造成敌币进口的条件,妨害了驱逐敌币工作早期完成;反之,下(半)年度敌区物价上涨卅二倍,我比价提高一百五十倍,我区物价仅上涨百分之七十九点八,这对本币独占市场且流到敌区有决定性作用。

比价提升与黑市对照表一份附后。

3. 一年来,驱逐敌币及推行本币工作的经验教训

(1)一年来实际经验证明了比价斗争是货币斗争的主要武器。只有适当掌握了这一武器,才能使本币摆脱敌币贬值的影响;只有依据敌区物价上涨指数(最好稍高一点)提高我比价,才能稳定我区物价金融,提高本币信用,驱逐敌币出境,刺激物资进口,从而扩大与巩固本币阵地,稳定我区金融物价;只有掌握了这一主要武器,拒收敌币,以物易物,阻止粮食出口及禁令等办法,才能发挥巨大作用。经验又证明,就是敌币在我区绝迹之后,只要我区和敌区仍然发生密切的经济联系的话,比价的作用仍然存在,对这一武器的掌握仍不宜放松,否则就会影响我区物价波动,敌币重新侵入,或模糊群众对敌币斗争的观念,即引导群众认识两种货币比价和购买力的作用。

(2)一年来事实证明,要顺利推行本币,驱逐敌币,必须将公司、税局、公营企业、合作社及可能争取的小商人、手工业者等的人力、物力组织与团结起来,作为本币的支持者、推行者、宣传者,并一齐将内地的敌币组织起来,送到敌区换回必需品,这是正确的比价政策的物质基础,只有两者密切结合起来,才能顺利完成驱逐敌币、推行本币工作。

(3)事实教育了我们,以敌币支持本币的办法,不宜多用,时间更不宜长;否则就不易切断与敌币的关系。引导敌币进口,因实质上是承认敌币合法。这种办法,只有在推动本币之初,大公缺乏物资支持(一般军民必需品)时,暂时用一下,主要依靠既存物资和以敌币换回的物资支持,这样不仅加速敌币外流,并掌握了物资,且可迫使内外商带我剩余品出口,有利于我国民经济的发展。另外,以敌币支持兑换,则限制本币的信用不能超载敌币。

(4)事实证明政令的密切配合,党政军民齐动员,大家带头推行本币,拒用敌币,把它推到敌区,换回物资,才能加速驱逐敌币和本币推行。这个工作的好坏,决定肃清敌币的快慢。

4. 明年工作意见

由于敌币已被肃清,它对我们的影响再不会像过去那样对我区金融物价产生迅速影响。因此,在思想上与实际工作上,对敌区物价金融动态更宜注意,适当掌握比价斗争,如果疏忽,将会犯错误。

应将金融工作重心转向扶助纺织业、农业上去，进行实物贷款，扶助国民经济发展，为本币进一步奠定物资基础。

一九四八年关中比价提升与黑市对照表

	比价	环比	定期比	黑市变动情况
一月	一比三元	100	100	
二月	一比三元	100	100	
三月	一比三元	100	100	
四月	一比四元	133.3	133	部分地区使用一比三
五月十二	一比五元	125	166	一比六
六月三号	一比六元	120	200	一比七、八、九
六月七号	一比七元	166	233	一比八、九、十
六月十号	一比十元	142.8	333	一比十二、十三
六月十八号	一比十二元	120	400	一比十四、十五、十六
六月廿五	一比十五元	125	500	一比十六、十七、十九
七月一号	一比廿元	133.3	666	一比廿二、廿五、廿八
七月三号	一比卅元	150	1000	一比卅、卅二、卅五
七月十四	一比四十	133.3	1333	一比廿、卅
八月一号	一比五十	125	1666	一比四十
八月十三	一比六十	120	2000	一比四十、五十
八月廿四	一比七十	116.6	2333	一比五十、六十
八月廿八	一比一〇〇	142.86	3333	一比六十、七十
九月十四	一比一二〇	120	4000	一比六十、七十
九月十九	一比一五〇	125	5000	一比七十、八十
十月十四	一比一八〇	120	6000	一比一二〇、一四〇
十月十九	一比二五〇	188.8	8333	一比三〇〇、四〇〇
十月廿	一比四〇〇	160.0	13333	一比五〇〇、六〇〇
十一月十号	一比五〇〇	125	16666	一比五〇〇、六〇〇
十一月廿	一比一〇〇〇	200	33338	一比六〇〇、七〇〇
十二月廿	一比二〇〇〇	200	66666	一比一五〇〇、一四〇〇
十二月卅一	一比三〇〇〇	150	100000	一比二四〇〇

（关中分行：《一九四八年金融工作总结》，1949年初）

(六）晋绥行署严禁银洋、敌币在内地行使

生供会议，关于外汇管理，确定外汇集中使用的原则，内地银行不供给外汇，只在过境口岸上按外汇管理办法供给，取消公开挂牌，纠正过去主观定牌价的挨打政策，并严禁银洋、蒋币、赤金在内地使用，至十月西北局决定统一陕甘宁与晋绥两边区货币。兹将禁止银洋与两边区货币统一的执行情形摘要叙述于后。

禁止银洋。数年来对银洋是采取了既禁止又使用，且防止银洋外流的政策，表现了动摇妥协的态度，而银行则始终将农币束缚在银洋的比价上，故银洋终未彻底禁绝。生供会议对过去作了检讨批判，认识银洋是地主、奸商剥削农民的工具之一，银洋存在，对生产建设、金融贸易起着严重的破坏作用，故决定贯彻禁止其周使与携带。除明令公布、重申禁令外，银行定价收兑，政府特许银行向外推出银洋，换回有用的物资。

土改中地主的银洋，转到群众手中，各地斗争出来的银洋数也很大，各地要求按黑市价格兑换，若以黑市价格为准定价，则等于公开承认不合法的黑市，亦势必助长黑市上涨，贬低本币购买力。为了打击银洋，压低银洋黑市价格，至七月间规定照出口交易价降低百分之二十五至百分之三十，由银行吸收，以便使本币提高，达到逐渐消灭黑市，并具体规定银洋每元兑本币九千元，纯银一两按银洋一元价收兑。后因各地反映群众吃亏，仍要按黑市兑换，故九月改为一律按各地黑市价低百分之二十兑收，不拘泥于九千元定价。具体兑换价格，在各分区统由各该分区贸易公司根据市场情况统一规定，此办法则群众如感吃亏者，可让群众组织起来，将银洋、元宝自行输出，换回粮食、布花等主要必需品，并由银行开给护照。又因各地黑市价不一，争执颇多，故十一月又改为代销，银行交贸易公司代向境外推销，购回物资按原价付给群众实物。此办法十二月又由西北局电令取消，改为按农币 1.5 万元兑换，兑换之本币向贸易公司买货给予九折优待的办法。到一九四八年二月改为 1 元兑本币 3 万元，一、三分区已按 2.5 万元兑者补足 3 万元，其买货折扣部分在补足时扣还，允许群众组织起来，带银洋到境外购入必需品，出口之银洋可集中交贸司代运至口岸支用。在执行中存在着两个矛盾，即是：(1) 兑换价格之争执，各地干部和群众要求按黑市价格兑换，若如此，必助长黑市，且促使银洋向内流，换走物资，因此兑换价格数度变更，仍未有适当标准。(2) 银洋收兑力量与客观需要的矛盾。群众斗争果实数量很大，银行因力量有限，无力全部兑收。为避免增加发行，

影响金融曾规定银洋代销办法,后改为定价兑收,与群众组织起来自行出口,换回物资。

一年来基本上是采取低价兑收、刺激输出政策,全年共输出 148 万元,大部是经银行输出的,换回物资主要是粮食,内地坚决严禁银洋周使与携带,违者一律没收,并予以处罚,现内地基本上已肃清银洋暗流现象。因此,一年来物价摆脱了银洋的影响,对稳定金融、生产建设起了一些作用。

(刘卓甫:《自卫战争以来陕甘宁晋绥财经及金融贸易概况——晋绥金融贸易工作报告》,1948 年 2 月)

第二节 打击和驱逐法币 稳定金融物价

一、运用法币牌价争取更多的物资

(一)日本投降前的做法

一九四五年一、二、三月间,外面物价上涨,公司收了一批法币。三月十五日前后外面物价暂稳,金子跌(从 3.9 万跌到 3.8 万元),首先从秋林进来一批花布,但做金子、土产生意利润更大。因此我们禁止金子出口,禁止走私,交换所照常兑换,8.5 元牌价不动,向外购货用法币。三月下旬,日寇进攻南阳,同月二十日以后,盐滞销,药品规定减收法币,只收法币 15%(计算以够维持兑换为准)。公司换购金、布,方针不动,指定坏货收法币,四月延长来货 20% 以上的利润,商人每月走六次,月利可得一倍,其布价廉,比陇关来更有利,因我法币有准备,放宽尺度兑换,收了一批花布,银行自己向关中陇东送边币提法币,公司有多存的法币也收购了金、布。三月底,为要准备部队出动,计须法币约 1 亿元,故药品改收法币,比例增加到百分之五六十,四月十七日提高边币的牌价(一到十七日边币 8.5 元换法币 1 元)为八比一,二十一日提高到 7.69 元,借以调节法币兑出,并动员了一批商人到二战区办货。五月初盐开始旺销,西华池每日销三万斤,药品也快,西安花纱管制着。但二战区布仍能进来,延市商人有到吉县,桃渠采办花布的,次布五六十元,中等布七八十元,土布洋纱均多销我边区。因此东三县五月兑出法币约在 3 亿以上,这对我有利,因为(一)布比陇、关来更便宜且能进。(二)我能主动对他压价,只要他比西安来路更便宜,即以不断绝这条路为上策。因此,我们在发行上,放出了一批边币,让小公商人自由到交换所兑换,使他们收回一部分布匹,同时使晋西北也大收一批布匹,便利晋绥发行农纱,收购药品,总结这一时期做法:二月三月间,外面物价涨时,我以次货收集了7亿余元法币。四五月情况变化,外面物价相当地稳住了一时,使我公司收得二千两金子,50亿廉价的布匹和物资,解决了当年冬衣问题,并争取了主动,但四月中旬,公司还要抢购一批洋纱,多用出了8,900万元法币,而延长大批花布仍然涌进商人手中,到处找法币,银行法币一时奇缺,银行存9,000万元,公司用掉8,900万元,交换所法币接济不上,我们的应付办法是:①紧财政上的10亿元,晋西北的10亿元。②放手销次货,停止了一下购便宜货。③大公用东西顶着,例如售金子市价边币九十二万,我银行九十万,布市价九百,银行八百,其结果银行收进金子五两,布卖不出去,不断提高边币牌价,如此缓和了一下法币的挤兑,又动员了商人继续办货,从此得出经验:(一)存法币(当时存七亿万元)可从被动中争取主动,用以对外争取物资。(二)库存要存到十天到十五天的准备数目,以能从陇、关补上时为限。来货不仅看关、陇、定,还要看秋林,只要货能进,商人是会来兑法币的。银行手上要囤些布匹棉花预备顶上去,技术上要守秘密。

这次斗争金融上的办法是:(一)守住发行口子。(二)抛售实物顶替。(三)提牌价。事实证明是对的。牌价小提慢提可阻止大量边币出来挤兑,能提高边币信用,又打击了法币。六月二十八日以后,食盐开始转入旺销,预计未到旺月而旺销,可以证明外面法币跌价,盐公司食盐暂不提价,法币来,依据上半年经验,银行可存相当数目的法币,再危险也不抛尽,因至少运来法币要有十天或半月,七月中旬估计到以后法币会大来。贸易上90%可能是法币。如达到十亿左右即须找出路,在当时条件下,办事处确定把土产提一些收法币,银行收进法币出边币,七月下半月,延长方面来布二十二万丈,合三八布六万匹,吉县还有二百余驮布未运过河。依据当时情况,八月到十一二月法币可能稳定。因昆明来洋布三十万匹,金子已稳在十七万左右(国民党发行当时估计在一万三千万万到一万五千万万左右),贸易上准备收金子,晋绥囤了一些金子,于是银行准备仍收存一批法币。

(边区银行:《抗战以来的陕甘宁边区金融概况》,1948年2月16日)

(二)日本投降后的措施

八月十日日寇投降,十五日正式宣布,当时延安在金融上尚未了解外面物价,到大跌不久才看到大后方突然信用紧缩。金融物价猛烈下跌,造成了抗战以来空前未有的金融恐慌,边币贬值与一九四五年十月、十一月、十二月两月两次牌价的升降。八月上旬土产公司推销土产,已吸收一批金子和法币,到八月二十日得悉,我们到大城市的希望不大。预计到食盐运出会减少,因潞盐可销到关中。国民党已占运城,我盐只能销渭河以北部地区,甘肃长武以北吃我食盐,以南则难销了。每月可能只销售六七十万斤,销一百万斤,也只能收八九千万法币,而我负担很大,故须考虑,如此运输队也难于维持。以食盐维持外汇的希望,从此不甚大了,八月二十日延安物价跌40%至50%,金子每两八万(券币),看则(着)外面金价十万,物价跌50%证明是可靠的了。法币被逼提高,市面筹码不足,法币向沦陷区流,当时曾考虑土产也贬价,定十八件换金子一两。此时对法币看是涨的,八月二十七日办事处会议,估计到毛主席出去谈判,力争在贸易上我对外销盐要降低价,而我们要发票子收原料和物资,使边币稳定,预计可先主动的贬值;如不准发行,我们提议先主动降价,从八元比一元一次降到十元比一元。其好处是:①物价少跌一些,延长平跌的时间。②法币以后如不来或少来我们兑换的数量可以减少。③银行准备金能多兑些边币或少垫一些,因为看到八月兑出了二十八亿元,外面物价还跌。九月财政上又要大批开支,逼的土产公司抛出金子收票子,银行又不得不发票子。这与收缩有矛盾。此时对法币斗争,我们企图采取贬值办法,以缓和物价下跌。当时决议,牌价从边币七元六十九降到八元换法币一元,预先退一步,以防下月不来法币时,可以避免边币波动,并决定在财政上拖发一二个月经费,火柴加税50%,以保证自己的火柴,九月初法币大涨,我们于九月三日在办事处会议上,估计法币不来的时候,最多三个月,法币三个月后,如再不来,则金融会发生问题。银行今天不作空头发行,贸易上自己可以抵销,主要的是支付财政开支,对法币的斗争,我们存有这些顾虑,因此决定支持应付的办法是:①收回边币少出票子。②财政上多发实物,少发经费。③抛出金子压金涨,使交换所的法币少兑出。九月上旬边区食盐值大跌,盐公司当时存盐三百二十万斤。关中价已跌至每百斤七千元,陇东五千元还继续跌,因此盐池打盐的工人也发行困难,打出盐销不出去,外汇来源也将发生问题,货币交换所九月份半月来即兑出法币三亿元,估计筹码还多了,分析当时原因有三:①物价跌了。②脚户不运盐。③人员走了一批。当时计算每月二百万斤盐需六千牲口,可容纳边币十四亿元。食盐停滞后,至少有五六亿不能流通了。物价跌40%至50%,即须多准备法币四亿元。走六千人约少流通二亿元,为充实银行准备金,计划二万件交土产公司吸收法币,用三千两金子到晋西北购土产,在绥德银行也抛售一些金子,收回边币,以减少法币的兑出。各交换所仍维持法币无限制兑出。十月初一提议拉下牌价,办事处确定静待一二周再议。十月六日改牌价为券币一元换法币二元,预计利弊各半,利为:①救济一时的经济危机,物价可少跌。②银行的准备金法币部分,可多兑边币回来。③贸易公司不急收法币,可争取主动,能赚大钱。④打击货币投机者。⑤能回笼边币。弊为:①边币信誉不好,看跌。②流通范围变坏。③物价上的剪刀差不能缩小。④存边币的人吃亏。⑤财政开支不能缩小。事后检讨牌价是拉得过迟了,反之如能发行一批,购买物资,则公私更是有利,十月中旬依据情况的变化,看到法币最吃香的时期已经过去,大公除夏衣布外存十一万斤花,一千匹大布,虽大公布已解决,但群众的夏衣布尚须放进一批,因此三边依市价收30%的高税。交换所照常兑出,十一月初,从各地商情了解到外面货物跌的可能没有了,平涨与猛涨的可能性都有,决定仍要争取物资进来,以土产换布刺激它来。土产每件换布七至八丈,换花十三斤(法币九千),以争取为主(当时计算存大布七千匹,自织布一千匹,足供大公夏衣之用,只差晋西北与群众用布约需二万大匹),法币牌价于十一月二十六日确定,从十比一提到八元八毛,以刺激布花进口。十二月十七日预计年关在即,外面布可能稳些,以后会涨,而晋西要布五万匹,北面不能来,要南面来,在到此一月底二月初的十来天内,决定购一批布,主要公司收购,决定公司吸收物资,银行即吐法币出去,以回笼券币。十二月份计放出法币四亿八千余万元。四五年十二月下旬,鉴于晋绥土产来不及,只靠我存货出售,外客年关要法币回家,小公转向金子生意,法币兑出会多,外面价稳时好争物资,但销货只有这么多,走私也多,如三个月内要争取物资,则须银行自己支持财政款应由银行先行支付,到明年三月份,金融如果波动时,公司再出来支持,如比银行赚钱,任务必须考虑取消,但在银行方面,如果稳于比价上,到明年公历二月底三月初,银行自己所存调剂的力量,预计法币九亿五千万,金子一千八百两,银洋七万,布匹五十卷(约共百卷),而流通量仅一五三亿元,给财政上支持三个月,计六十亿,税收收入二十万,发行只增四十万万可以负担此任务。因此十九日即确定,配合公司计划布置购黄金、棉花、布匹,估计如果能和平实现,外面货再跌我会吃亏也要买,因为晋西北要布,边区内布也不够,我们应是保证供给第一,赚钱第二,这一计划确定后,银行交换所仍无限兑换,并于十二月二十二日起将牌价改为券币一元换法币二元,准备大量兑出。

(边区银行:《抗战以来的陕甘宁边区金融概况》,1948年2月16日)

二、配合贸易争取黄金和布棉的措施

一九四六年对法币的做法,仍本争取(一)金,(二)花、布的计划,实行"三边办法",交换所无限制兑换,在过年期中曾停兑了一下,由于(一)外面物价平稳,对外贸易如能早对口,即可早些转入正常状态。(二)公司土产提价每件一万元,物资、金子,仍可进来。旧年前开兑消息一传播出去,货能早日进口。因此确定二十九日按券币一比法币二元开兑。二月十八日依据当时情况:(一)外面物价平涨。(二)公司存布不多(一万多不足二万小匹),晋绥要求十万匹,准备给购五万匹。(三)年关过后,季节性到来也要求物资,而西北布尚缺,确定对外贸易,采取旺销政策,布匹价提到每两七丈至八丈(降了一丈)花十五六斤,法币一万二不变,法币来也不拒收,金子不变,二十日又改为法币一万三到一万四,金子十四两到十五两,交换所兑法币仍不限制兑出。

三月上旬大公用布预计(边区大公七万人的被服计,棉衣四万套,单衣七万套,须一万八千四大布,晋绥一万五千匹到三万匹大布,除边区难民厂出大布四十匹,绥德分区收购民间纺织的三万匹,小布折六千匹大布之外,其余均须到外面采办),到八月底止,要求公司购足大布三万匹,为了刺激边区纺织的发展,公司尽量收花变布,同时还要保证被服供给,而对一百几十万人民的用布,必须依靠商人输入,计三月份各地法币的兑出数在六亿四五千万元。检查从一九四六年一月到四月底对外贸易以土产交换计:大公收得金子占50%,收布二万匹,共存布达三万匹(总公司存土布一万匹,花三十万斤)。四月以后,内外物价平涨,唯金子、白洋猛涨,同时估计到时局和与打都有可能,而拖的方面也有。为配合财政贸易工作,预计陇东已来法币八亿,加上银行库存十一亿,银行的外汇准备完全可以支持到一二个月,因此六月十九日决定,银行配合公司,再定下期的购金计划。

五六月间在对外贸易上,一般的进口布少,警区土布出口增加,其他皮毛土产难出口,而纸烟大进,从四月十日起到六月上旬止,据税局报告,约进有六万条,内有二万余条过去进的,依此以十二个月计;(每月三万条)需消耗二亿四千万元,我外汇虽然充足,土产销出,收入法币多,但管理外汇仍需研究,仍计划禁止纸烟进口。

七月党政提出,争取和准备打的方针,以后即进入备战,在金融贸易上八月初预计内战拖延,国民党通货膨胀不能停止,交通阻隔,京沪物价虽暂稳,金价必须要涨,公司仍坚持取金子进口,土产换金。八月一日定为十五两,按关中口子市价,土产法币二万二,金子合三十三万,柳林市价金子三十万零五到三十一万五,关中土产换金占90%,法币很少。到八月十六日计算,公司银行收入法币在十九亿左右,即计划总公司支用六亿,关中即支用一亿五千万元,余五千万元交货币交换所支持兑换,银行以二万五千六百件土产转给公司,支取公司的法币。八月十六日办事处又决定,除公司支用七亿五千万法币外,存银行的法币,非得命令,不准动用,银行要因此批法币,独立支持到九月十五日,以完成收金、布计划。在十五日以后,再行布署,我们利用这批外汇,准备压低边区内的金价,垄断金子市场,争取时机,以土产吸收金子,物资备战。因此决定:公司存银行七千零二十万元,银行即代付秦晋公司三千万元,关中支取七百五十万,三边兑八百万,拨财厅一千三百万,即转土产款一千九百七十七万,银行再付公司八百万元,以此清算后,所存法币,即作为配合贸易,争取物资,金子之用。

查七月十八日起,各口子上争取金子,到八月十六日为止,已收进金子六千多两,二十多亿法币,并用了十余亿收购赤金,八月以后,关中、陇东、口子估计可以打烂,销货困难。同时预计到衣服布仅够下半年用,部队回来,北面二十二军也可能变动,冬衣还有困难,夏衣即准备。因此必须准备布匹,以后打烂了,人民会争取实物,票子会受影响,法币不来,金子难使用,可能被逼发行,同时土产利已不大,对外价再难提高。打烂了销售更困难,因此公司抓到的金子可以不动。

八月底确定:迷信品、奢侈品严禁入口,肥皂、煤油也禁止入口。火柴收30%的税,纸烟又改为收30%,入口税,棉花收3%,土布收10%,用以保护自己的土产,乃减少兑出外汇。

九月下旬,计算晋绥要土布十五万匹,边区七万人预算需小布七万匹,共需二十二万匹,在十一、十二月内,即须准备完毕。因此又确定在十一、十二两个月内输入十五万匹小布,为刺激纺织发展。(一)工厂自出五千匹。(二)第一步在内部市场收购三万匹。公司在外面先收购七万匹。九月二十七日决定银行六万万法币不动,土布十万匹,开支由银行发行边币,同时可以抛出金子,用以配稳定金融。

一九四六年度,公粮十月初四预算需十五万二千石,干草二千二百三十六万斤,共需十七万五千石。

十月十一日预计,财政上需发三亿元,要法币七亿做准备(六日晋绥来电要提法币十万万元,只送了三万万余元)。而公司中心任务,应是争取布花。在未打响前,要大抓一批才行(估计晋绥六十万斤花,十二万匹布,加上边区共需一百万斤花,二十万匹布)。因此只提金子法币的价,花布不提,以利争取。为此办事处决定:①公司以争取花布为主。②银行支持财政。如发行挤兑,则经费停发一下,十月份开支,公司取一亿元(被服除外),银行发行一亿五千五百万元,银行交换所可维持平常状态。

到十一月九日,办事处会议上拟改变金融上的兑换办法,在内部延安市不兑换,只限口子上兑换,并严格限制,留下法币可以应付战时的特别兑换之用,金子可挂牌出售一部分的代替法币。

十一月备战,以五万人计,预计收入每月一亿到一亿二千万元,赤字每月六亿五千万左右。为支持战争,拟定用黄金政策,发了票子,以黄金来支持。因打烂后,花布南面不能来,要靠东面来,法币东面不能出去,不敢吸收,吸收不到物资,只好收黄金。关中可吸收黄金,陇东亦希望不封死自己的口子,以便收花布,在金融上银行于十一月十二日在办事上会上提出了金融、贸易方案,为支持长期战争,贸易应以争取物资为第一,财政收入也以贸易为主,其他税收次之,发行第三。但实际支付全靠发行。因此(一)公司应在收物资中可附带收法币、金子,以支持发行。(二)银行尽可能发行,但不可无限制的发。如何求取从稳定中发行。必须①法币只在口子上兑换,中心的延安市不兑换,或严格批审汇兑。②金子挂牌买卖,收进三十二万,出三十二万到三十三万。③筹印一万和五万元本票,银行极力支持公司争取棉花布匹。因当时估计到关中可产花四十万担,他们只能用十五万担,尚余二十多万担,故棉必然可以争取到边区来。因此公司继续争取花布,十一月十五日,西北局会议,对于金融贸易方向,大体上指出,战争会打下去,应长期打算。贸易上应与武装相结合,为解决这一问题,要统一领导,分散管理。银行所提办法,可照执行,金子出笼,限制兑换,可节省大量兑出,但票子必须发行。

为应付战时金融的变化,也预计到了法币是容易来,但来多后无出路,则甚感困难。战时发行,即无限兑换也不能解决问题,金融上在未打烂前,不能让他乱,且应求稳定与提高。当时拟提到八比一,在争取物资、花布上到十二月初已达到大公存布定边二万匹五二布,市面调剂五千匹,陇东一万匹小布,志丹有一万匹小布。我存建厅大布一千一百匹,存志丹一千五百匹,总公司存大布五百匹,关中小布一万匹)约共合大布一万一千匹。计划建厅产二千五百匹,绥德收五千匹大布,合计可得一万八千匹,当时(一)陇东进口棉花很多,每集各城可收一万斤,布一千匹,平均日收四五万斤花。(二)关中进花一天八九千斤,已到手的三十万斤。除存花外,从关陇再抓五六十万斤花,即可解决问题。银行以发行支持财政,以法币支持兑换,配合公司抓购这批棉花布匹,对以后的自卫战争是起了相当作用的。

十二月十日政府讨论金融工作,为支持长期自卫战争,我们从(重)新提出了战时严禁法币行使与战时管理白洋行使办法。以政府布告形式,动员党、军、政、民一律执行,分期禁绝行使。定一九四七年一月一日起实行。由于外面物价金价上涨,又确定从十二月十三日起,将牌价从券币一元换法币二元改为券币一元换法币二元三角(即法币一元换券币四角三分五厘)。依此,同时将金价提高13%,即条金价改为收十八万元,出十九万。鉴于外面金价涨,十二月二十九日又提高券币一元换法币二元五角,以不断打击法币外流,并换回物资。依此,金价不动,金子价进十八万五,出十八万七。我在内部市场压低金价,使与口子价平,便利公司以土产换赤金和花布,当时耀县的花每斤一千四,陇东进口即达三千三四,花继续进口,贸易公司收到六十万斤,可能已收达八十万斤。为扩大券币市场,物资除供应大公外,并需调剂民用,因此,必须多收一批,银行即继续配合收花、收布。

为了管理内部市场之金价与物价,打击投机走私者,为了避免边区内部随金子上涨的一些纠纷,能更好地配合贸易,以免影响用土产争取物资与黄金。十二月十八日决定执行新的黄金对策,即(一)买卖赤金,银行与公司实行分工,公司在口子上收购,银行在内地市场出售。(二)金价公开挂牌,进出价格由总公司与总行商决。(三)收入金子统一由总公司总行清算,出售金子由银行收3%的手续费。(四)加强金价情报,控制金价,以西安为准,陇东高5%,延市高7%,绥市高7%至8%,以便黄金从南流,向东去。执行结果收效很大,大公争取到了不少金子与花布。

一九四七年一月十一日,检讨金融贸易的成果,陇关口子上已收花约八十万斤,进土布约一万匹,够九万人每人发一套单衣。公司用此可调剂市面五六百匹,土产的售价也相对地提高了(例如:一九四五年一般的每件货换布六丈,换花十一斤,一九四六年为布九丈,花十六七斤,金子换货,一九四五年约七件,一九四六年约六件半)。银行不配合,则难于掌握。

一九四六年比价是稳定的,末期相对地提高了,但提的过高些,其稳定的基本原因为对外贸易顺利,全年销一六五万件,法币来源有了保证,如收法币近七八十亿,收花九十万斤,布二十万匹,无此保证,比价即无稳定可言。

(边区银行:《抗战以来陕甘宁边区金融概况》,1948年2月16日)

一九四七年提高边币的情况

二月四日接陇电:从二月四日起,布匹进口极少,交易清淡,外面物价受大票影响(五百元关中),赤城雁塔布每匹已达三十三万,为了不跟他涨,二月十日决定又提牌价,从十一日起,每元券币换法币二元五角,改为二元八角(即一元法币换边币七元一角五分)。券币又提高了12%,这一提高是在下述情况下决定的。

①边区外黄金、美钞一月来(一月一日至三十日)飞涨20%—30%,上海达50%,细布也涨了6%—20%,一般外涨内必涨,这一个上涨将影响我内部市场,而我延安市场物价一个月来仅上涨7%(黄金只一月上涨13%)。②一九四六年十二月份,大批物资已进口,一月间大批布花,还不断涌进,大以夏衣布已购进一万匹,除制衣外尚存九千匹,一月已抛售五百匹,二月还可售出一千余匹,以稳定物价。③法币在一九四六年十一二月已兑出不少(十一月五万八千万十二月九万五六千万。一九四七年一月份六万万,净出四万万左右),已购的货物二三月份可以大进一批。④财政上于十二月应发的大部移到一月份透支,发行还缓慢。⑤二月初外面物价继涨,金钞猛涨,较一月十七日上涨40%—50%,米粮涨50%—60%,有上涨一倍的,逼的国民党实行进出口贸易新措施(二月三日公布)。这一风潮散及西安、太原,最后必然要影响边区。我公司虽已收购一大批布、花,但整个边区来说,还是物资不足,大公收购计划尚未完成,除供给外无多大的力量调剂市场。

此时预先加以控制,从牌价上加以牵制,其上涨速度可以缓和,而花布物资仍然能够保持进口,因此办事处二月十日决定券币提高12%,如此做法,二月二十日截止,约兑出法币九亿一千五百万元整,净出七万三四千万元。边区内物价也平涨,二月底比一月底十六项物价,平均只上涨24%。

二月十一日前后,国民党区,上海发生金钞暴长,震动了反动的统治,我们估计其必然要收拾不稳局面,法币狂跃已到顶点,我之对策定为:(一)公司可收取一批法币,每两十万收他二三十亿,金布价不变,利用外面整理金融的间隔,在其较稳定吐出物资时,再以此法币吸收其大批花布。(二)银行于此时放一批法币进库,待外面稍稳时放出法币,吸收蒋管区物资。此时,牌价维持现状,边区布价金价涨时放出一批布、金,回笼一些券币,办事处二月二十八日批准此一部署。

批准由于①外面飞涨已达一定高度,边区内部布花不足(公家尚差一万匹左右),私商也未购饱。②财政开支每月需八亿到十亿,银行已发一千元券币的大票。③三四五月间市场季节性处于旺月,银行库存法币,如不能及时接济,将打破边区吸收布花的计划。④土产销路受关陇战争的影响,转入停滞,外汇来源不多,三月间走私纷乱,一时不易制止。⑤外面物价猛涨风潮十天半月即会普遍影响于边区,因此估计到金融贸易方面,我们将会遭到发展中的极大困难,而需要坚持收购花布的方针与计划。在交换所还是采取了无限制兑换,三月份估计需兑出十三四亿元。但二月底,银行尚掌握有十三亿,唯发行不可避免,如果战争不马上打乱,关陇与延安当时确需兑出十余亿,办事处向西北局提出财政金融贸易方案,西北局于三月六日讨论此方案时,提出暂行方针之后,确定银行必须发行,且可以发。对东路争取打通太行,输入布匹,我可以黄金交换,又指出波动不可避免,以后可以稳定,因此批准①发公债的计划。②收二万石公粮代金。③吃老本。同时加强禁令,禁用法币白洋。从此银行采取"限制兑换",交换所拖长时间,同时抛出一些黄金。

(边区银行:《抗战以来的陕甘宁边区金融概况》,1948年2月10日)

三、解放战争爆发后的新变化与新措施

(一)金融市场的新变化与新措施

敌人于三月十九日侵占延安市,边区金融从此进入了一个划阶段的时期,一切都因战争改变了。

在三月五日紧急疏散时,机关商店都忙于搬家,笨重的土产如麦子由六千元一斗跌到四千元,一般粮食跌20%—30%,外来必需品,如布匹、棉花也有波动,雁塔布三日下午十二万五尚售不出去,四日又回到十三万五千元,兑换法币,由于各地限兑,某些地区停兑的结果,一般商人都抛出券币,如镇川缺法币,

黑市达边币八元五角,绥德市的法币大量出超,白洋内流,法币黑市也是八元五角。定边布匹进口后,均要求兑法币,分行限兑后,虽有一批物资交换土产,但几天后,货不来,急电:绥分要求送四万万,至少二万万元,他们看到货物中途返回,限对法币实际即成为限制货物进口了。陇庆及关中大部已沦陷,一般的无商业可做,也无所谓兑换,从三月十三日到四月十六日敌人将我内地主要市场大部侵占了。券币当时难于流通,绥德分区物价波动最大,几乎完全变为白洋市场,但在军事上有三月十七日青花砭歼敌三十一旅之战,已大大振奋人心,以后又陆续有大小不同的胜利,券币市场虽大大缩小,各地物价虽不断上涨,但终究还能行使,只少数乡村开始有拒用现象,由于各地对外贸易均未恢复,小商生产也未展开,因而兑出法币甚少,例如:安塞、子长、瓦市及平桥一带,从五月一日到五月十日止,兑出数目如下:

	兑入法币	兑出法币
安塞子长一线	四〇八万元	二,一一七万元
平桥一线	三六九万元	二,二〇七万元

从此,法币在边区市集上,由于对外贸易被切断,乃失掉作用了。为求东路从太岳区输进棉花、布匹,白如冰同志从晋冀鲁豫来电(五月三十日),可以土产换布花,计换来小布二十万匹,棉花五十万斤,这仅由公司交换,但一般商贩,尚未能做。

六月中旬,(六月十三日)鉴于(一)敌向我西北清剿,农村中已带入不少法币。(二)外面蒋币大跌,大米上海二月初高达十四五万,五月二十日下旬涨到四十五万。三个月涨了三倍。(三)对蒋区贸易未打开,边区内大公的法币无出路,于六月十三日发出命令给各行,办事处说明对于作为外汇手段用之蒋币,应采取如下的办法:

1. 停止蒋币的兑入,经过查明,确系外出办货用的,可按边币八元换法币一元,如数照兑,不加限制。

2. 严禁蒋币在边区境内行驶,违者一经查获,即于没收(此时敌人已向我心地区扫荡)。

因此,大部分城市和集镇均已破坏,各地口岸,由于军事封锁,贸易关系几乎完全断绝,内部集市破坏,商业也陷于停顿,各地已无固定的后方,物资也不易有计划的调剂,因而管理外汇的办法实际已不起作用了,人民不多接受券币,也不愿意接受蒋币。在绥德分区只有白洋能吃开。随军交换所也失掉了应有的作用,绥德分区比较安定一些,在绥德市有些交易,银行多少有些白洋兑出,六月上旬绥德市兑出白洋一万零五百元,宋家川一千三百元,义合二千五百元。六月中旬在张村驿黑水寺一线,有些对外贸易销出的土产还供不上银行兑换用,在黑水寺十天之内,兑出蒋币达八千万元,后因无法支持,即行停兑。

六月二十五日,商讨发行后之对策,其中有一条为改变我们放任法币白洋的办法,即加强禁令,严禁法币的流通,积极设法,以蒋币三亿及土产到张家畔一线,收购清油,由公司购回实物来回笼券币,但此计划也没有完全实现,被敌人军事进攻扰乱了。

七月上旬,敌仍在志丹、安塞内地搜剿,抢劫人民物资、壮丁,永坪一线也是一样,我主力西行,收复陇定各地,拆除其封锁线后,又东移,敌我来往作战,许多集市继续破坏,即平桥、化子、平川以前流通券币之老区,因持券币买不到东西,也变为难于流通了。绥德七月间虽然比较安定,地委专署下决心禁止白洋敌币在市面流通,并从七月一日起实行检查、缉私,被没收者日有数起,但法币白洋还未根绝。

七月初,定边敌逃于宁夏,我军进驻定边市。三边分行第一天即兑出敌币三千多万,第二天不准部队兑换,只准商人兑去办货。当时市价边币雁塔布每尺四万五,青市布(尺)五万五,老布(尺)一万八,五福布(尺)五万,市场马上稳定此,但敌币缺,银行将野战部队所带之蒋币六万万元借出来兑换,因我军用出券币过多,商人持券币来银行兑法币出去的也多,我们又令其按照管理外汇办法办理,输出必需物资者设法兑换,否则拒兑。

七月下旬整顿金融市场,为扩大券币用途,即实施严禁白洋、敌币,驱逐其出去办货。由公司组织内地集市,控制部分土产,组织内地的物资对流,依据河川的交易关系,采重点配备,贩卖粮食、布匹、棉花、油、盐、炭等吸收边币,拒收白洋敌币,并提高券币,绥德于七月二十七日起,由券币五角换法币一元,改为四角换法币一元(即每元券币兑换法币二元提为每元券币换法币二元五角),以打击法币。

八月初,敌人向靖边清剿,并向绥德分区前进,于八月十六日占我绥德市,我后方四纵队全部东渡黄河。至此,绥德分区也完全处于战争状态,大部分市场停止了交易。

为保证野战军费,八月份券币发出十一万零八千万元,百分之八九十均须用于绥德分区的绥米、镇川一线,而蒋币的兑换则完全停止,已少兑入,也不兑出。我们拟定:①收公粮代金。公司抛出小米二千一百石,计划可回笼十万万元。②公司售花三万斤。③银行抛黄金以回笼券币,对蒋币即停止兑换了。八月五日办事处曾确定金价(每钱)十一万元,白洋(元)八千元,只收进不兑出,对敌币的比价,再提高券币,为券币三角兑换法币一元(即券币一元换蒋币三元三角三分),但市上兑换是停顿的。

在敌人进攻绥德城时,八月十五日金融发生波动,沿河辛家井、张家山一线,白洋涨到每枚换券币二万五—三万元,馍馍一个(券币一千元)。四纵队过黄河后,券币即与农币发生直接联系,从此不与蒋币发生密切联系了。

以上是券币与法币发生关系并与之斗争的经这情形。

(边区银行:《抗战以来陕甘宁边区金融概况》,1948年2月16日)

(二)东渡黄河后对法币斗争的方针

自八月十六日,银行公司东渡黄河以后,一般供给均仰给于晋绥边区,券币过河不能行使,银行作为外汇的东西只有黄金与白洋、土产了。土产、白洋均在禁用之列,作为外汇用的仅仅有黄金一项。边行初以黄金向三分区贸易公司三分局兑取农钞,每日向机关部队兑回券币几千万元,关于兑换农币办法,实际只限于机关部队(八月二十五日公布),同时本身也出售金子,以回笼券币,当时定(八月二十五日)每两一百二十万元。

九月初一以后,检讨日本投降以后的银行工作,九月二十二日到二十四日在沙园会议上林主席指出:

日本投降以后,那时党争取和平是必要的,而时局迅速转变,我们工作上转变则是迟缓的,去年二三月政协会议后,固然要准备和平,但七月以后西北局已提出停战,我们都来得慢。毛主席与朱老总的方针,依然是正确的,问题是我们如何执行……革命家务也要建立在人民身上,事实很明显,这半年战争就依靠人民的力量。因此,不论银行、贸易,对人民的生产帮助,才叫群众观点,虽然各地区有其不同特点,如陕晋要土产,但最后还要依靠人民……我们工作同志,都有摆不脱土产的思想,因而无摆脱的准备,比如在预算上,军事第一是对的,但对国民经济的补助,表现出来就很差。我们检讨应从这些地方出发,这就是我们在财经政策上没有依靠这个方针,在法币问题上要以法币作外汇是对的。一九四〇年以来,西北局就提出打法币的方针,然而我们没有做到,领导这方面的工作同志自有责任,我们这些同志不能坚持这个方针,又受到新的理论束缚,我们应用我们一套去看货币,思想上如在旧的货币论范畴内打圈子,是无法搞好的。贸易公司应在独立货币上努力工作。银行已有贸易结合,完全有力量使货币独立。苏联就是例子,把法币做工具是对的(应把法币作为打他的工具,不代他背上)。把边币稳定在比价上,这是不妥当的。固然在物价上不易永久稳固,但相对稳定是可以的,国民党过去常想使边区在政治上成为附属的,我们在政治上又力争主动,金融上也应争取独立自主,现在要把过去对货币的观点与理论加以检讨。华北财经会议已得出结论,由此可见,过去对货币的思想与工作是有错误的。我们思想已动摇了,因而对独立的方针,就做的不力,跟这两年小公的捣乱(固)有关系,但昨天亚光发言,可见自己银行早已打自己。管理外汇打击法币,先是自己不坚决。

习书记指出:"过去是有明确的方针的,即生产自给,公私兼顾,军民兼顾,贸易上严格管理,这三条方针不但以前(一九四二年)高干会有,以后十几年还是这几条,问题在如何执行。这三个原则即独立自主原则,在金融问题上我们不是独立自主,而是敌我不分。不是扶助民生而是私商路线……牌价再次变动,都是搞的群众,生产贷款微乎其微,在贸易上出入口自由,单纯财政观点……批评了财经工作同志向党闹独立性,没有执行贯彻党的政策。"

贺老总也指出:"边区金融是自己搞坏的,银行自己就投机违法……财经部门的群众观点、阶级路线少得可怜,金融贸易对敌人比较好,打法币就是打蒋介石,打白洋就是打地主,是否那样坚决彻底呢?金融问题,独立自主,决不能动摇。坚决打法币,打白洋,禁止法币白洋到内地使用,禁止携带。严格管理外汇(买医药、兵工、交通器材、花布等一定数量,还要看在那里,向西以花为主,向东以大布为主,土产出去换金子作外汇),牌价兑进不兑出,牌价要保证群众不吃亏。"

西北局十月十一日指出:检讨边区财经工作,一年来犯有严重错误。在此次战争中更加明显暴露,金融上放弃外汇管理,在内地抛白洋、黄金,无限制兑换法币。明中打击黑市,稳定边币,结果白洋法币越抛越多,挤掉边币市场,稳边币于比价上,实即使边币依存法币……这不是坚决贯彻独立自主方针,而是不相信自己,不是为了一百万老百姓服务,而只是替十万公家人打算……这是对党既定政策与原则表现出动摇……思想混乱。普遍有着浓厚小商人关(观)点,单纯追逐利润,以违犯(法)投机……因而对今后确定:"独立自主,发展经济,保障供给",公私兼顾,军民(且)兼顾,严格管理对外贸易。三大方针决不可移。金融上坚决打击法币、白洋。严禁使用,严格管理外汇。牌价(内部)兑进不兑出……不论财政、金融、贸易,都以扶助群众生产为主要任务。

兴县会议,十月十九日,确定币制统一,以农币为本币。暂时券币与农币同流。以一比一的比价,两边区通用,以后逐渐收回券币。金融贸易机构统一。银行和贸易公司本身组织合一,以求更加步调一制(致)和精简——强调财经工作,第一为了农民,第二为了士兵,以扶助经济发展和保障战争供应为主要任务。坚持独立自主的方针。坚决打击法币、白洋,相信本币,提高本币。

在此方针政策指导下,我们起草了目前实用的《陕甘宁晋绥外汇管理办法和土产、白洋、蒋币、赤金的缉私办法》。

以上是一九四七年九、十月检讨银行工作,关于对法币斗争从(重)新确定的方针与政策的情形。

(边区银行:《抗战以来陕甘宁边区金融概况》,1948年2月16日)

坚持稳定金融发展经济的方针。

应该力争本币的稳定,防止物价的暴涨暴跌。为此必须依靠可能与需要,调节发行速度,有计划地吞吐本币。

甲、坚决的驱逐打击法币、白洋,建立统一的本位币市场。

1. 严格禁止蒋币、白洋及其他非本位币在边区境内买卖行使与携带。

2. 推行本币的基本办法是靠组织物资力量,支持本币。

①大公收购农民粮食、牲畜、皮毛、土布及其副产品,组织食盐等土产输出,供给农民的布匹棉花及日用必需品。

②加强贸易据点,恢复民间工商业,繁荣集市,组织农村必需物资的交流。

③取消内部市场的货币交换所,在内部市场上,由公司门市部收兑法币,依据牌价,兑进不兑出。

乙、巩固与扩大本币市场,缩小法币、白洋市场。

1. 大公以低于外面市价的牌价,收兑内地的蒋币、白洋,有计划的输出,换回人民所需的物资出售。

2. 土产食盐在口子上主要交换物资,不卖蒋币,或随收随放,换回物资,以物资收回本币,扩大本币用途。

3. 组织群众的蒋币、白洋,到蒋管区换回物资。

4. 在口岸上,以法币、白洋打击法币、白洋。即依据内外物价的变动,在外面物价上涨时,逐渐拉高本币牌价,准许进口之必需品,保证十足兑换,以打击内部法币、白洋的黑市,而使之向外挤流。

(边区银行:《抗战以来陕甘宁边区金融概况》,1948年2月16日)

四、对国民党"币制改革"的对策与措施

(一)对国民党"币制改革"的布告、指示和评论

蒋介石政府在其严重的军事失败、政治破产、通货恶性膨胀、财政经济迅速崩溃的绝望形势下,宣布实行所谓"币制改革",即以所谓"金圆券"代替旧"法币",限制十一月二十日前收兑法币,逾期敌法币即成为废纸;并限期九月三十日前收兑黄金、白银、银元及外国券币,逾期持有,即为非法。查敌"金圆券"名"金圆",实则以纸换纸,仍为币券。原规定一元金圆券兑三百万元旧法币,预定发行金圆券二十亿元,即合旧法币六千万亿元,比旧法币的发行额还增加达五倍之多,这是蒋介石绝望中的挣扎,企图借此更普遍更残酷地掠夺搜刮人民的金银财产,以维持其无法挽救的财政危机。实际上这种自欺欺人、换汤不换药的办法,不仅更会加深其经济危机,促使其更快死亡。为使我边区人民及早防备免受损失起见,必须在我全边区境内立即彻底干净肃清敌币,维护本币,为此特紧急布告如下:

1. 立即将我边区辖区残存的敌法币,在布告到达之日起一个月内,如数输出换回必需品或半必需品,输出敌法币时,各地银行应批给出口证,并予以协助。在我内部市场,绝对禁止敌法币或金圆券流通,违者一律没收。

2. 协助政府拒绝敌法币或金圆券流入边区,以免我区物资外流资敌,所有一切出口物资,尽量实行物物交换或吸收本币,禁止吸收敌金圆券。

3. 坚决维护本币,并注意旦此期间严禁边区黄金、白银、银元流入敌区。

以上各点,希我全体军民深刻认识,一体遵行,毋违!

(边区政府:《布告》,第6号,1948年8月)

各专员、县(市)长:

蒋介石政府在其严重的军事失败、政治破产、通货膨胀、财政经济濒于崩溃的绝望形势下,宣布实行所谓"币制改革",自八月二十日起,落实金圆券,并以金圆券为敌区本币,限期十一月二十日前收兑敌法币,逾期敌法币即成废纸;又

限期九月三十日前收兑黄金、白银、银元及外国券币,逾期继续持有即为非法,查敌金圆券名义上为黄金本位,实际上以纸易纸,仍为无保证的货币,且规定旧法币三百万元,兑换金圆券一元。预定发行二十亿,即合旧法币六千万亿,比旧法币的流通量增发达五倍(旧法币发行估计约一千万亿至二千二百万亿)。这是敌在其财政(伪财政部长公开承认全年财政赤字十一亿多金圆券)经济崩溃中的绝望挣扎,企图借此暂时延缓其崩溃的速度,并再一次实行对中国人民更普遍残酷的掠夺。这种新阴谋和新花样在我军事、政治继续胜利,即敌之军事、政治继续失败无法挽回的情况下,必然遭遇破产,所谓金圆券,也必然更剧烈地膨胀、更迅速地贬值。为使我边区人民及早防备,免受损失起见,必须立即彻底干净肃清敌币,维护本币。为此特紧急指示进行如下措施:

1. 抓紧敌法币破产的机会,实行驱逐敌币的总动员,各级政府协同各地银行和贸易公司,广泛宣传国民党政府"币制改革"的企图,是实行更剧烈的通货膨胀和更残酷的掠夺人民。国民党政府"币制改革"的必然前途,是敌区物价仍将剧烈上涨,金圆券仍将大量膨胀,迅速贬值,号召、组织群众将残存的敌法币立即输出换回必需的日用品,绝对禁止吸收金圆券,群众输出敌法币时,各地银行应批给出口证,并予以各方面的帮助。

2. 各口岸地方政府得依需要组织临时专门的缉私队,查缉敌法币及"金圆券"的流入,号召人民协助政府拒绝敌法币与"金圆券"流入边区,以免我区物资外流,在我内部市场,一律绝对禁止敌法币与"金圆券"流通,违者坚决没收,并应注意严禁边区黄金、白银、银元流入敌区。

3. 宣传与组织工商业者及全体人员,坚决拥护本币,所有一切出口物资,尽量实行物物交换或吸收本币,禁止吸收敌法币或"金圆券"。

上述各项,希即布置执行,并将情况随时报告本府。

(边区政府:《紧急指示》,产字第7号,1948年8月27日)

自从蒋介石政府宣布"货币改革"以来,一个多月事实的发展已经充分暴露了所谓货币改革野蛮的掠夺性,充分证明了伪"金圆券"必然继伪法币之后同样地迅速崩溃。一个月以来,反动派为挽救其财政经济的崩溃,除废除法币外,曾采用一些高压政策来强迫人民用金银、美钞去换不值钱的"金圆券",强迫冻结物价,对违反所谓"经济紧急处分令"的人民实行没收财产,以至逮捕宣判处死,企图达到其掠夺财富的目的和稳定物价的幻想。但是,一切高压办法的结果,却是物价的继续上涨,黑市继续发展,资金继续逃避,各大城市许多商店、工厂关门倒闭,缩小营业,市场货物缺乏,以至管制最严的京沪等地也发展抢购风潮,迫使蒋介石集团承认所谓"币改"的失败,现在为"金圆券"的发行数量,正如本社今日电讯所说(见本报今日三版),已比伪"法币"骤增十倍,而且必将继续膨胀。因此,今后物价的上涨必将更趋激烈,持有伪"金圆券"的人们必将受到更严重的损失。至于广大群众所持有的伪"法币",因为停兑期近,在短期内更将完全变为废纸。

在这个情况下,解放区的政府和人民,必须用高度的警惕来对付像洪水般泛滥的敌币,为着防止蒋匪掠夺,保护人民的财富,我们必须采取下列紧急措施。

第一,在我新解放区必须迅速驱逐敌币,并防止伪"法币"和伪"金圆券"侵入我区,在这些方面,我们应当采取适当步骤帮助人民驱逐敌币,减少人民的困难;但必须以组织人民自己驱逐为主。必须教育新解放区的人民爱护民主政府所发行的本币,协助政府迅速建立巩固的独立自主的本币市场,使解放区的人民财富,再不致被蒋匪的通货膨胀政策所掠夺。

第二,必须坚决打击蒋匪掠夺金银,掠夺物资的阴谋,蒋匪用其不值钱的伪"金圆券"来强制收买我人民的金银和银元;我们必须防止金银流入敌区,因此就必须停止某些地区金银的自由买卖;并严防奸商私运金银外流资敌,民主政府准许人民贮藏金银,但不准在市场上行使;如出售必须一律由我银行收兑,以免奸商收买金银资敌。同时,必须防止敌人滥发伪币,在我边沿地区夺取粮食、棉花等重要物资,解放区的一切输出必然由公营贸易公司严密掌握,绝对不准换回敌币。

第三,各边沿区的政府、银行、贸易公司必须把贸易斗争作为目前之中心工作,认识这是保护政府和人民财富之重大政治任务,必须采用各种方式,如在集市宣传和开商人座谈会等,从人民切身利害来广泛宣传蒋匪"货币改革"的阴谋骗局和民主政府的正确政策,扫除人民任何可能出现的误解,组织人民迅速排挤敌币,尤其是即将完全成为废纸的伪"法币"和伪"东北九省流通券",必须加强边沿区的群众缉私工作,防止敌币的内流和金银物资的外流,并把缉查斗争与军事政治的斗争相配合,以保障人民的利益,保障革命战争的胜利。

(新华社短评:《迅速驱除敌币》,《群众日报》,1948年10月15日)

（新华社陕北二十八日电）新华社记者评十九日蒋匪宣布的所谓"改革币制"称,这是一次大膨胀、大骗局和大掠夺,这是蒋介石匪帮为了最后挣扎,并准备自己退路,把全国人民的财富劫掠进四大家庭腰包的流氓手段,其结果必会在国民党统治区引起更大混乱,促进蒋介石反动统治的最后崩溃。

蒋匪的所谓"金圆券",总额据宣布者为二十亿,每元"金圆券"等于"法币"三百万元,现在"法币"及"东北流通券"的发行量,据蒋匪政府财政部长王云五说:"仅需二亿元金圆券即可收回。"这就是说,"改革币制",形式上是缩小了发行量,由六百万亿"法币"改为二十亿"金圆券",实际上却是增多了十倍发行量,由二亿"金圆券"增至二十亿"金圆券",或由六百万亿"法币"增至六千万亿"法币",就是把通货膨胀十倍。就蒋币最大钞票面额来说,现在是五百万元"法币"一张,蒋匪的"金圆券"是一百元一张,一百元"金圆券"等于"法币"三万万元。这就是说,"改革币制"形式上是把蒋币的最大票面额由五百万元减至一百,实际上却是由五百万增至三万万,一下子提高了六十倍,把通货增强十倍,把最大票面额提高六十倍,这不是一次通货大膨胀是什么?

蒋匪为了实现此次大膨胀,布置了一个空前大骗局,说什么"金圆券"有"十足准备",并且还装腔作势,说什么"每元法定含纯金零点二二二一七公分",成立什么"金圆券发行准备监理委员会",提交"百分之四十的黄金、白银、银币与外汇,百分之六十的国营事业资产及敌伪产业"似乎真有"十足准备",其实,狐狸总有尾巴,夜叉总有獠牙,"金圆券"一来不能兑现,二来不能自由购买外汇,仍然与"法币"一样,是虚金本位币,正如上海一个美商银行老板艾齐亚所说,这不过是"把一张纸换成另一张纸"。而蒋匪所谓"十足准备"的真正目的,却是打起这个幌子,一方面,好以此为圈套来骗取和吸引民间的金银外币,放到他的"央行"里去,也就是放进四大家族的金库里去;另一方面,又可以把指定的国营事业的资产,组织公司,发行投票,把四大家族将来逃走时不动的产业,一下子变成流动资金,这真是一箭双雕,真是空前的大骗局,揭穿了说,蒋介石政府连"法币"和"东北流通券"都维持不了,那又何能维持十倍于此数的"金圆券"呢?这不是骗局是什么?

蒋匪布置这样一个大骗局,来实现变相的通货大膨胀,其目的在于实行空前的大掠夺。"改革币制"前数月,蒋匪政府故意加速降低"法币"价格,连发三次大钞,使广大人民手中的法币在三个月已经贬值至十分之一以下。"改革币制"一来,首先宣布所有"法币"和"东北流通券"限于本年十一月二十日以前兑完,以现在这样的交通条件,这样的物价波动,三个月内全国广大乡村和偏僻城市的广大人民所持有的黄金、白银、银币和外汇,统限于九月三十日前向"中央银行"兑换,外汇资产限于十二月三十一日以前申请登记,这就是要把所有人民,包括资产阶级在内的金银财产都掠夺而去。王云五说,蒋介石政府岁出要达到三十六亿"金圆券",单从"金圆券"发行的实际数目看,人民的负担已经增加十倍,若再负担这样多的岁出,今后的负担更不知伊于胡底,而公教人员及工人的薪资的生活指数却一下子都取消了。蒋介石之所以实行这样一个空前的掠夺计划,主要是为在军事上进行最大的挣扎,并把全国人民的财富卷入四大家族的金库,准备在最后失败时,好逃往海外,而把中国人民抛入穷困的深渊,南京《和平日报》二十一日称,此次货币计划,系孔祥熙在美国拟就,这就很明白。蒋匪派了宋子文、蒋经国、张厉生替他分别在华南、华中、华北掠钱,派了孔祥熙在美国管账,派了陈立夫与英美反动头子接洽,这一切准备,显然是为了上述目的。

可以预言:由于"法币"多数成为废纸,人民对于蒋币,即使叫"金圆券"也好,不会再有信用。由于人民谁也不愿把金、银、白洋、外汇交给四大家族,因而蒋介石、宋子文、蒋经国、张厉生等势必要用法西斯的手段实行检查与掠夺,其结果必然引起有资产者的逃避藏匿和市场的混乱。又由于蒋介石政府的发行、税收和开支都比从前增加了十倍以上,所入远不足支出之用,更由于国民党反动军队的处处失败,统治地区日益缩小,因之经济破产必将加剧,物价必将上涨,黑市必将复活。"金圆券"必将贬值,市场投机将不可收拾,会让人民和工人的生活状况更加恶化,而军队也将丧失意志,故"改革币制"的结果,必然引起蒋介石统治的更大混乱,促进蒋介石统治的最后崩溃。即使这次"改革币制",由于蒋介石的镇压和欺骗,双管齐下,加以美帝国主义的物资援助,或可以起一时的麻痹作用,但国民党反动统治的整个衰亡,尤其是反人民战争已不可避免的失败,不管美帝国主义有多大的援助,都无法阻止这种更加混乱和最后崩溃的趋势,这是过去几年事实不断证明了的。

(《大膨胀大骗局大掠夺》,1948 年 8 月 30 日)

(二)待解放区要抵制银圆券

国民党残余匪帮又发行伪银圆券进行新的大掠夺。

新华社北平十四日消息:广州国民党残余匪帮在伪金圆券完全崩溃以后,

本月二日又宣布发行所谓"银元兑换券",这种"银元兑换券"从本月四日起开始发行,企图在他们最后灭亡以前再一次掠夺人民的财富。在决定发行伪银圆券以后,伪行政院战时经费筹备委员会就通过决议推行临时财产税,发行所谓"爱国银元公债"三万万元,还发行一万万元的"爱国捐",这就充分证明蒋介石政府所谓"充分兑现",实际是拿一文不值的伪币来兑取人民的银元和财产。

(《晋绥大众报》:"国民党残余匪帮又发行伪银圆券进行新的大掠夺",1949 年 7 月 18 日)

广州国民党残余匪帮的伪银圆券,是在国民党反动派统治已经灭亡,匪帮正处于军事、政治和经济的全面总崩溃,反动残余势力行将被中国人民彻底消灭的情形之下发行的,它必将会迅速地成为一文不值的废纸。

在过去,四大家族曾先后发过伪法币、伪金圆券两种货币,大肆掠夺人民的血汗,破坏人民的经济生活,在去年"九一八"国民党反动政府发行伪金圆券当时,本社记者曾在评论中指出,这是一个大膨胀、大掠夺、大骗局,伪金圆券一定迅速崩溃,其膨胀的规模和崩溃的速度要比伪法币大千百倍。后来的一切事实都证明了我们当初估计的正确,伪法币还维持了几个月之后就完全破产,伪金圆券十个月的贬值程度比伪法币十四年中的贬值速度还快了一百倍,现在国民党匪帮在宣布发行新币时,自己都不予收兑,成为一笔大倒账,伪金圆券的发行,则是匪帮残余势力在覆灭以前对于中国人民的更大规模的敲骨吸髓的掠夺,它的破产一定要比伪金圆券更快得多。因此,第一,匪帮今天的境况要比发行伪金圆券时还要悲惨得多,这些吸尽人民骨血的蛇蝎很快就会被中国人民扫荡净尽。流亡广州的国民党政权已经穷途末路了。第二,匪帮业已丧失掉如上海、武汉、天津、青岛、镇江、无锡、杭州、宁波、温州、南昌等主要税收来源地和主要的货币销纳场。主要税收来源地的丧失,则又使得匪帮大量地滥发的货币,只能在日益缩小的区域内流通。例如上海是货币容纳的最大的市场,过去容纳全国货币三分之一以上,现在这些地方既已解放,自不容许伪币入境。这将使伪金圆券在其可以强迫流通的小块土地上更加膨胀,但由于银元已经占领了残匪统治地区的市场,而这次匪帮又承认银元流通。因此,伪银圆券除了在像广州那样残匪统治的中心城市以外,其他广大的未解放的地区是否发行得开都成大问题。第三,国民党反动统治已经灭亡,但其臃肿的官僚机构却依然存在,目前匪帮每月实支一亿银元,赤字至少在八千万银元以上。这八千万银元的赤字无法解决,只能像过去一样依靠印钞机。这三方面因素交错发生作用,结果伪银圆券必须比伪金圆券膨胀得更快,贬值得更速,垮台得更干脆!

国民党残余匪帮自己也知道,他发行的任何货币已经无法取信人民。虽然与以往历次发行伪币时一样,总要自欺欺人地吹嘘一通什么"十足准备,充分兑现",但人民已有伪法币、伪金圆券的两次痛苦教训,决不会有人再上当了。因此,国民党匪帮就玩弄了一个更卑鄙险毒的阴谋。他们承认其残余势力盘踞地区人民拒用伪币、使用银元的事实,允许银元同时流通,企图使伪银圆券与银元发生假象的联系,以便以"银本位"作幌子,一方面经由伪银圆券来吸收人民手中的银元、粮食和物资,尽情掠夺人民,继续进行垂死挣扎;另一方面则以伪银圆券和由人民手中抢来的银元,配合特务匪徒的活动,组织奸商和银元贩子,来兴风作浪捣乱市场,破坏金融,哄抬物价,危害人民的经济生活,妨碍我们的经济建设事业。大家知道,银元经过国民党反动政府几次搜刮,大部分都已集中到四大家族手里,并由四大家族之手转送到帝国主义手里。白银在世界市场上,已经完全被美帝国主义操纵。在中国,操纵着银元的首先是以四大家族为首的官僚资本集团,尤其是蒋介石。他把国库中贮存的银元劫夺到台湾、香港、纽约等地,当作个人的私产和剥削人民的资本。现在,国民党匪帮在穷途末路之际,便妄图以少量的银元,配合大量的伪银圆券,进行大规模的投机破坏勾当,洗劫人民,糜烂国家经济。因此,在已解放的地区,如果允许银元活动,便是让帝国主义和国民党反动派、匪帮、奸商操纵我们的市场,支配我们人民的生活。全国人民对此应有充分的认识,只有中国人民银行代表人民民主新中国发行的人民币,才是人民自己的本位币。它以实物为基础,有最可靠的信用保证,并以流通经济,发展生产,保护人民利益为职责,与中国历史上任何一种货币有本质上的不同,在人民政府的管理下,只有允许这种人民自己的本币自由流通,作为唯一合法的通货。否则,便无法巩固金融,稳定物价,保护国民经济和人民生活不受敌人的侵害。所以,在人民解放军已经到达和人民民主政权已经建立的地方,应该向广大人民进行宣传教育工作,揭发国民党的阴谋,说明伪币的祸害,展开反银元投机斗争,迅速肃清一切伪币,禁止银元流通,扑灭匪特、奸商的金融捣乱活动,拥护人民自己的人民币,保护人民的经济生活利益。

中国人民解放军很快就要向华南、西南发动新的大规模的进军,国民党残余匪帮的巢穴就要被一扫而光,全中国即将得到完全解放,伪银圆券过几天就会变成一文不值的废纸,而人民币将会占领全中国所有市场。过去,在解放上海、南京、汉口、杭州、西安、太原等城市时,人民政府为减少当地人民的损失,曾一再收兑伪金圆券,但这却使国家和全国广大人民负荷了重大负担。现在,国民党残余势力统治区的人民群众已经有了遭受伪法币、伪金圆券祸害的教训,眼看祖国的任何一块土地很快就要解放,理应及早自动拒用伪金圆券,再没有理由和收受保存伪金圆券,要整个国家和广大已解放地区人民来对国民党发行的伪币作无代价的支持。所以,人民解放军在继续向南进军解放广大城镇乡村时,人民政府为了保护整个国家和多数人民的利益,为了保护国家的财富免遭国民党的劫掠,只负责收兑银元,而对伪银圆券、伪银元公债和一切国民党残匪所发行的地方伪币,则不负兑换的责任,待解放区的同胞应当坚决拒收受伪银圆券,凡已收受伪银圆券的,应当赶快向伪中央银行要求兑现,以便在解放后可以兑成人民币。已在解放区的同胞,则应自动停止银元流通,配合人民政府,打击国民党匪特和银元贩子的投机活动。

(新华社短评:《待解放区要抵制伪银圆券,解放区要禁止银元流通》,《晋绥大众报》,1949 年 7 月)

五、对法币斗争的经验教训

(一)对法币斗争的经验教训

一年货币斗争工作检讨。去年各区货币斗争,都有一定成绩,表现在:(一)一般都坚持了独立自主的货币政策,基本上跟上了军事胜利,肃清了新区蒋币,占领了阵地;(二)进行了比价斗争,减少和在一定时期中摆脱了蒋币落价影响,起了巩固本币币值、稳定解放区物价的作用;(三)大体支持了军需民用的外汇供给。但也存在许多缺点,表现在:①我们多数地区具有很有利的条件(如贸易出超或大致平衡),但未能完全摆脱蒋币落价的影响;②各区外汇不能互相调剂,浪费了许多外汇;③对边沿(接敌)区货币阵地斗争一般重视不够,同时,各区工作发展不平衡,例如:有的能较迅速地肃清新区蒋币,占领阵地,有的则拖延很久,使人民财产受到相当损失;有的对比价斗争掌握较紧,有的则偏于自流;有的遭受蒋币落价损失较小,有的则较大等。

造成上述缺点和不平衡,有许多原因(如地区不统一,领导不统一,对蒋币的跌价趋势估计不足等等),但主要的还是由于部分同志对于货币斗争的任务,对它的重要性及其与贸易斗争的关系的认识,对于邯郸会议精神的领会尚不够明确和一致；主要是不认识货币阵地斗争的意义，片面地将外汇工作(中心是比价斗争)附属于贸易斗争等两个思想问题，因此，会议认为有必要将邯郸会议精神重申一下。

货币斗争有阵地的斗争和比价的斗争、阵地斗争的任务，在于肃清解放区市场的蒋币，建立独立的本币市场，杜绝蒋币对解放区物资掠夺。因此，它是对敌斗争、物资斗争，保护人民财富、保护生产的主要武器之一，是一切新区进行经济建设的前提条件，但有的同志不认识货币阵地斗争的重要性，因而在开展战役时来将货币工作组织到新区开辟工作中去；在新区开辟或收复后又不去组织群众肃清蒋币，建立本币阵地，以致有的地区解放半年后蒋币犹未肃清，造成人民巨大的损失，也因为同样的原因，使许多地区放松了边沿地区的货币阵地斗争，在今后我军攻势进一步展开，新解放区不断出现，敌人必加强掠夺解放区主要物资的情势下，使全体党政财经干部明确认识货币阵地斗争的重要性是具有极大的现实意义的。

比价斗争的任务，是要跟着蒋币的跌落，而灵活适当压低蒋币的比价，以保持本币币价和解放区物价的稳定。(华北财经会议文献)应该认识：比价斗争的胜利是以贸易斗争的胜利为基础的，如果没有强有力的贸易管理工作，外汇供应无法掌握；如果出入口不能平衡，外汇供不应求，要保持本币币值，摆脱蒋币落价影响，是不可能的。但因此而认为比价斗争(甚至整个外汇工作)就是从属于贸易斗争的，这又是忽视了它本身的独特任务(稳定本币币位)。因此，比价斗争必须支持贸易斗争，但贸易部门亦必须在外汇供求不协调，导致斗争处于不利时应出(物资)而支持，它们是互相支持的关系，而不是片面的从属关系。而所谓比价支持贸易必须包含两个方面：既照顾过剩土产品以有利出口，又应支持重要出口物资(粮、棉、生油等)的有利交换，既照顾有利出口以便换回外汇支持军需民用，又需及时压低蒋币币值以减低入口货(主要是军需采购)成本和制止重要物资走私。因此，要求比货单纯服从于某种或某几种土产之有利出口，则更是片面和错误的，其结果都必将使本币随着蒋币跌落而跌落，解放区物价随着蒋区物价波动而波动，重要物资外流，走私严重，对贸易斗争对解放区经济都有害无利。是极显然的，还有人认为目前或不久将来即可以易货制代替外汇出入，因而根本否认了外汇工作和比价斗争的重要性，这同样是片面的。必须分清两种情况：对于重要出口物资(粮、棉、生活等)在海口贸易地区，已经大都或全部以物易物，因而避免通过外汇手段所引起的外汇跌价损失，这是完全正确的;在某些平原地区,重要出口物资应该争取这个前途的实现。但对于过剩土产品,又在平原地区,都是群众性的分散出入口,则不能大部分通过外汇手段,在这种情况下,如强调以贸易制代替外汇,则必然使过剩土产出口大受打击,引起走私和外汇暗流,贸易和外汇工作都将陷于不利状态。在今后蒋币跌落愈益剧烈,比价斗争愈益加重,又必须大力贯彻奖出限入的贸易政策下,片面地将外汇从属贸易(取消比值斗争本身的独特任务)或以贸易制代替全部外汇的观点,都是会使解放区人民遭受不必要的损失。

(华北财办:《对敌货币斗争问题》,1948年4月19日)

(二)货币阵地斗争的方针与基本做法

今后随着各区胜利大进军,必须开展全面的货币攻势,迅速战占领和巩固一切新区之本币阵地。这是今后货币阵地斗争的紧急任务,但又应根据各种地区规定各种具体任务、方针和做法。

大致可区分下列三种地区:

1. 接连老区的新收复区、新解放区。其任务应为坚决迅速肃清蒋币,建立巩固的本币阵地,但如何肃清蒋币,又应视情况的不同而采取不同的方针。

(1)在连接敌区的大块新解放区有条件地排挤,且蒋币藏量大,不胜收兑者,应采取组织群众排挤(输出蒋币挽回物资)为主、收兑为副的方针。

(2)在远离敌区的孤点或小块地区,无法排挤者,或当时有必要借收兑支持采购与比价时,应采取收兑为主的方针。这两种方针的选择,应以能否迅速肃清蒋币占领阵地为最高标准。

不论采取排挤为主或收兑为主的方针,为了迅速肃清蒋币,必须实行下列三点:

①我军已经解放的地区,立即宣布蒋币非法,一律改用本币交易计价,限期输出和兑换完毕(期限不宜一开始即宣布);划定先经过宣传阶段与混合流通阶段的做法,或延长蒋币流用的合法时间是不妥当的,在本币不利情况下税收可征收一部分本币,以支持本币信用,切忌征收蒋币。并可建立市场管理,监督交易中使用本币。

②贸易机关有计划的投放本币(银行亦经由收兑投放一部),又有计划地抛售必需物资,只卖本币,以支持本币使用,在限期禁用蒋币地区应适当压低本币物价(但须以不妨碍老区物资流入新区为限)、抬高蒋币物价(但不能过分超过

蒋区物资,防止蒋币物价回跌),造成本币迅速占领阵地的有利条件。

③在党政一体化领导下,开展群众性宣传组织工作,动员群众向蒋币算账诉苦,树立对蒋币明确的敌情观念,迅速输出蒋币换回物资或兑成本币,发动人人驱逐蒋币的群众运动。

此外,在实行收兑时,还必须注意:(甲)比价之规定,为适应军事胜利形势及减免收兑中的贬值损失,新区收兑比价可稍高于一般口境(岸)牌价,但亦应防止盲目的高比价思想,使群众吃亏,最后本币币值也无法维持,因而也阻碍蒋币之迅速肃清。同时,比价应随蒋币之落价而提高,以免收兑中贬值损失,也可促进群众迅速兑换;但掌握中应注意不宜变动过于频繁,迅速肃清蒋币是全体人民(包括贫苦群众)的最大利益,比价规定必须从这最大利益出发,如果为照顾贫苦群众而规定两种收兑牌价,其结果则造成蒋币投机,因而也妨碍蒋币之迅速肃清,且流弊很多,不宜再用。(乙)为了迅速肃清,城市中应以委托(银号、商店)兑换为主;在乡村中,初期应在集镇设摊兑换为主,后期即应下乡挨村收兑,便利群众,以便彻底肃清。

在实行排挤时,还必须注意:(甲)给予输出蒋币群众以各种便利,并于出入口管理法令下,使换回必需物资,防止资金逃亡,减少换回奢侈品,应认识排挤蒋币的斗争,同时即是与敌争夺物资的斗争。(乙)掌握比价上应造成蒋币币值内低外高,日用品(即争取换回的)物价内高外低,以便蒋币外流,物资内流。(丙)新区解放之初,与敌区交通未恢复,不便排挤时,应先收兑一部,投下部分本币筹码,也便于迅速肃清。

2. 远离老区的新解放区,大军渡江后,主要就是这类地区,在初期游击性很大,宜随军发行军用票(由华北财办统一印发),以解决部队副食品、日用品问题,军用票币值应高于蒋币,以后尚可视情况随时提高比价。我们的方针,应争取军用票信用高过蒋币,逐渐在市面上压缩蒋币,为此,必须注意:

(1)以缴获物资有计划的出售一部,专售军用票,以支持军用票信用。

(2)进行一定宣传工作,打击蒋币。

(3)比价应由该区最高后勤司令部统一宣布(和改变),任何单位不得擅自更改,以免损害信用,应该指出。由于蒋军节节失利,蒋币日益剧跌,在民间已完全丧失了信用,如谨慎掌握,使军用票的信用高于蒋币,然后逐步压缩蒋币是完全可能的。

当根据地初具规模时,即应发行地方性货币,与军有票固定比价流通,以便逐步收回军用票。

3. 老区边沿（接敌）区与游击根据地，这些地区敌我反复拉锯争夺。我们的方针应是逐渐压缩蒋币，巩固扩大本币阵地，并进而将本币伸向敌占区去，这类地区的阵地斗争最复杂多变，应注意以下各点：（一）要善于在军事开展时组织阵地扩张，在军事不利时组织阵地掩蔽（组织群众贮存本币）或做某种程度的退却（抛售物资收回一部本币）。（二）强调货币力量和军政力量及物资力量的结合，只有和军政力量紧紧结合，才能深入边沿集市进行兑换，我阵地即能巩固（平西张坊有些经验），反之，阵地即会退缩。同时也必须有物资力量支持，如组织群众以蒋币向敌区购进物资，在边沿市场出售时，本币价略低于蒋币价，或由内地调用土产、工劳品，到边沿市场出售，本币价低于蒋币价，以支持本币（晋察冀十分区有此经验），我阵地即能巩固和扩大，单纯货币力量或单纯行政力量，都是不能解决问题的。（三）这种地区混合市场的存在是必然的。我们只能通过军政力量的伸展，物资力量的支持，逐渐变混合市场为本币市场，变蒋币市场为混合市场，如此将混合市场逐步推向蒋区去，而决不能以单纯行政命令取消混合市场，以致脱离群众。

（华北财办：《对敌货币斗争问题》，1948年4月19）

六、反假票斗争

近来华北各地普遍发现了假票，十月二十二日蟋蟀文公司也发现了一万元假农币。这些假货币、假边币、假农币，经追查发现，均来自敌区，这说明蒋介石在其经济走向全面崩溃的情况下，以大量印制假票来破坏我区金融，掠夺我区物资。对这一严重问题，我们必须深刻注意，应把反假票斗争视为对敌经济斗争的重要内容，提高警惕，以防止其活动。

假票的来源：一是反动派有组织、有计划印的；一是敌特协同奸商印的。其活动的方法，多在我边缘区，以缴获八路军的票币作掩护，暗中给群众兑换，或廉价卖给奸商到我区使用；以欺骗的办法，向不认识票子真假的偏僻农村购东西，或在夜间使用，有时将新假票搓旧，号码弄乱，真假掺杂使用等。因此，我们就应该：

①首先要熟悉我们票币的特点，以便随时识别假票。

②收入款项时，不但要点对数目，还要审查花纹，发现假的即盘问追究，或

送政府审讯。

③向群众进行反假票教育,揭露敌人阴谋,并教给群众如何识别假票,必要时号召大家进行检举运动。如在你区发现假票,可不必进行这项工作,以免引起群众不安。

  (西北贸易公司,农民银行给各行、司通知:《关于防止假票问题》,1947年11月8日)

三月二日,总公司接得螅支任经理报告谓:螅支发现农钞二千元的假票,并有螅镇区委组织科长张某持农币二千元假票两整沓,计农币四十万元,到支公司门市部买货,被门市部同志认出退回的情况,总公司接得此报告后,即命我去螅镇调查真相,兹将调查经过简述于后。

我于三日到螅镇,适四日(即阴农二月二十四日)逢集,当晚商同任经理在集市布置,侦察假票情况,曾在门市部发现假票七张,当即将各该使用假票者,讨保追查,当日下午去区公署,遇区长、区书及组织科长等均与(于)数日前下乡未回,即找区助理员及其他区上同志,追问组织科长使用假票情况,并与有关方面核对,查得情况如下:

螅镇刘四店(现名),原为佳县政府所属公营商店的骡马店,并代理收受税款,去年阳历,十一月二十三日,因小公告示移交大公。该店即派张士文将所收之牲畜税计农币五百万元的账目凑足现款,交区署结束账目。十二月初区署派李聚和将此五百万元带去缴佳县政府,同时又向县政府支领某项奖金二百多万,县政府在该五百万元内支出,因此区署即将原款带回二百多万元。不久,区署即以此款向支公司购货,即被支公司同志发觉系假票,并告区署同志假票与真票之区别,区署同志即在领回二百万元中认真识别,共拣出假票一百四十万元之多,当即函告佳县政府,请示处理办法,并请其在所余之二百万内识别真假,后接县府回信,谓所余之二百余万元均已用出,无法追查,处理办法迄未提及。过后,区署在选出之二百四十万元假票内,在市面用出二十多万元,余一百一十七万暂保存,直到正月中旬,才将假票一百一十七万连同真票三万凑足一百二十万数退回骡马店,骡马店人员接回假票后,即零星夹付使用,截至正月二十四日止共用出假票八十四万八千元,下余三十二万二千元,经螅支收回注销。

在旧历正月二十日左右,区委组织科长张某带同该店推行假票,将两整沓假票四十万持向公司门市部冒充真票购棉花,被门市部同志识出退回(按区署组织科长张某与骡马店掌柜陈九宣,会计张茂真与张士文系亲叔伯兄弟)。

我们在区署了解以上情况后,即找刘四店掌柜陈九宣、会计张茂真及张士文等追问,均承认以上情况属实,追查假票来源时,均谓系去年卖出油盐等所收回,至于收回何人者,则无法回忆与追查(按油盐大部卖给商店带碛口一带商人)。

根据以上情况判断,并同任经理研究,认为该店尤其该店张士文有极大的嫌疑,其理由:

1. 螅镇在正月以前,并未发现假票,且前数目所发现之假票均为该店用出。

2. 该店所交牲畜税款五百万元即有假票一百四十万元之多,至于交县府之二百万元内有无假票,或有多少,则无从追查,且假票大部系整沓,号码未乱。

3. 张士文系螅镇最奸猾之商人,政治上不纯洁,与碛口一带商人联系最多。

4. 据店内会计张茂真谈,去年十一月间,是他自己同张士文管钱,且当时上交区署之款时,亦由张士文送去。

根据以上理由,并商同任经理,请区书将该张士文管押追查,并由区署彻查假票案件,区署因负责人不在,不敢负责处理,暂将该张士文讨保释放。

此次假票事件及螅镇现洋流通情况,我认为佳县县区政府对金融问题毫不关心,不但对假票使用不予理会,且身为组织科长而有意识的向公司门市部使用假票,此等现象,如不予以及时纠正,则农币一元化的货币政策将无法实现,影响金融物价匪浅,请转呈边府,西北局严令各县贯彻白洋禁令,并应以贯彻金融法令为各级政府重要工作之一,是否妥当,请考虑。

(张定繁:《关于螅市发现假票事件的调查报告》,1948年3月8日)

各县工商局长、支行经理:

接到总行指示,开展反假票斗争及其对假票处理办法,随文附发,希各地工商局、银行认真研究执行,分局、分行并按具体情况,作补充联合指示:

查近来敌向我区投放假票,各地都有零星的发现,如猗氏、永虞等县。因为我们对这种工作缺少经验,也注意不够,致使物价上升,损害人民利益。据确切消息,敌最近向平陆投放假票已第四次了,企图向内地侵入,平陆物价最近高涨即是明证。我们今日要十分警惕,急速开展反假票斗争,决定注意以下几点:

1. 在河口上(出入口上)要十分注意检查,平陆、芮城更要注意检查,内地各集镇地方工商事务所要代替识别所,经常检查识别真假。

2.银行干部出纳要注意识别真假票。

3.告诉公营机关都先注意起来,先不要向群众宣传,以免致使群众惊慌,对货钞有影响。

4.真假票样银行要找专人负责保存。

各地接文后必须认真研究讨论,明确认识反假票工作是当前货币斗争中紧急任务之一,及时收集情况,重要情况及反假票经验望随时报告,一般情况每五日报告一次。

并接指示后,由银行召集有关部门,开一真假票识别会议,根据分局、行指示,结合当地具体情况,作出具体办法,并报告分局、行,此示。

(晋绥区 工商十一分局 西北农行十一分行 《反假票斗争联合指示》,1948年11月1日)

第三节 加强金银外汇管理,输入必需物资

一、加强外汇管理的方针和办法

(一)1947年外汇管理工作情况

生产会议关于外汇管理,确定外汇集中使用的原则,内地银行不供应外汇,只在过境口岸上,按外汇管理办法供应。取消公开牌价,纠正过去主观牌价的挨打政策,并严禁银洋、蒋币、赤金在内地使用,至十月西北局决定统一陕甘宁与晋绥两边区货币。兹将禁止银洋与两边区货币统一的执行情形摘要叙述于后:

禁止银洋:数年来,对银洋是采取了既禁止又使用,且防止银洋外流的政策,表现了动摇妥协的态度。而银行则始终将农币束缚在银洋的比价上,故银洋终未彻底禁绝,生供会议对过去作了检讨批判,认识"银洋是地主、奸商剥削农民的工具之一,银洋存在,对生产建设、金融、贸易起着严重的破坏作用",故决定贯彻禁止其周使与携带,除明令公布、重声(申)禁令外,银行定价收兑,政府特许银行向外推出银洋,换回有利的物资。

土改中,地主的银洋转到群众手中,各地斗争出来的银洋数也很大,各地要求按黑市价格兑换,若以黑市价格为准定价,则等于公开承认不合法的黑市,亦

势必助长黑市涨价,贬值本币购买力。为了打击银洋,压低银洋黑市价格,至七月间规定照出口交易价降低百分之廿至百分之卅,由银行吸收,以便使本币提高,达到逐渐消灭黑市现象。并具体规定银洋每元兑换本币九千元,纯银一两按银洋一元价收兑,后因各地反映群众吃亏,仍要按黑市兑换,故九月改为一律按各地黑市低百分之廿收兑,不拘泥于九千元定价。具体兑换价格,在各分区统由各该分区贸易公司根据市场情况统一规定。此办法群众仍感吃亏的话,可把群众组织起来,将银洋、元宝自行输出,换回粮食、布、花等主要必需品,并由银行开给护照。又因各地黑市价格不一,争执颇多,故十一月又改为代销,银行交贸易公司代向境外推销,购回物资按原价付给群众实物。此办法十二月又由西北局电令取消,改为按农币一万五兑换,兑换之本币向贸易公司买货给予九折优待的办法。到一九四八年二月,改为一元兑本币三万元,一、三分区已按二万五兑者补足二万元,其买货折扣部分在补足时扣还。允许群众组织起来,带银洋到境外买入必需品,出口之银洋,可集中交贸司代运至口岸支用。在执行中存在着两个矛盾,即是:(1)兑换价值之争执,各地干部和群众要求按黑市价格兑换,若如此,必助长黑市,且促使银洋向内流,换来物资,因此,兑换价格数度变更,仍未有适当标准。(2)银行收兑力量与客观需要的矛盾。群众斗争果实数量很大,银行因力量有限,无力全部兑收。为避免增加发行,影响金融,曾规定银洋代销办法,后改为定价代收,与群众组织起来自行出口,换回物资。

一年来,基本上采取低价兑收,刺激输出政策,全年共输出 148 万元,大部是经银行输出的,换回物资主要是粮食。内地坚决严禁银洋周使与携带,违者一律没收,并予以处罚。现内地基本上已肃清银洋外流现象。因此,一年来物价摆脱了银洋的影响,对稳定金融、生产建设起了一些作用。

(《自卫战争以来陕甘宁、晋绥财政经济及金融贸易概况》,刘卓甫在金融贸易会议上的报告,1948 年 2 月)

外汇的管理与对各种货币汇价(即边法币的比价)的调整,必须服从促进生产之发展与配合对外贸易,保护或争取物资的需要,不能单纯从提高本币币值的高币值观点出发。依据以往经验,接受两年来的教训,在边区可考虑如下的做法:

甲、管理外汇要分工合作,只有进出口货物税条例规定与执行得好,管理贸易工作做得好,外汇管理才能做得好。因此,外汇的审批权属于贸易机关,检查缉私权应属于税务机关,而货币交换所只能依据税务局税票与贸易公司的通知书,按汇价自由兑换。

乙、掌握外汇的来源。历年事实证明,主要的外汇来源是土产的输出,掌握了土产,即能掌握80%的外汇。为此,必须坚持土产的专卖与食盐的管理。

丙、掌握汇价(交换所的比价)。汇价高低要看下述具体情况来决定:

(1)出入口具体情况,看进出口货物多少,尤其要看进口货多少与我们的需要如何。

(2)内外市场物价涨跌的情况,看进出口利润的大小。

(3)我之外汇准备力量,主要是看我对内物资的准备与外汇的准备有多少。

(4)货币交换所总的兑进兑出的情况,主要是看出超或入超。

(边区银行:《抗战以来年陕甘宁边区金融概况》,1948年2月16日)

要掌握挂牌价打击黑市。

一九四四年六月以前,各地法币黑市猖獗。由于银行无法币准备,自己无控制,各地黑市差价很大,搞货币投机者也很多,金融物价相当混乱。一九四四年七月以后,决心整理金融。大公搞食盐统销,土产专卖。首先大公掌握了作为外汇的法币来源,在各货币交换所又实行平价兑进兑出,无限制交易。于是黑市完全消灭,外汇上当时的法币也能大量兑进。依据几年来的统计,其兑出量与法币出超量占我发行总额的比例之变化,可表列于后。

(附)历年法币兑出折合券币金额占我发行流通额的百分率及净出法币折合券币金额占我发行流通额的百分率比较表

	兑出法币折合券币占我发行流通额的%			净出超法币占我发行流通额的%		
	一九四四年	一九四五年	一九四六年	一九四四年	一九四五年	一九四六年
一月份	一八·八〇	一二·七一		七·七一	一二·七一	
二月份		一〇·二四	一九·七二		四·〇七	一九·七二
三月份		四〇·二四	二五·一五		二二·一〇	二五·一五
四月份		四九·一〇	三五·九一		二五·八二	三五·九一
五月份		三七·〇五	二七·一四		二·六八	二七·一四
六月份		二二·六四	一五·五二		八·一四	一五·五二
七月份	一〇·七六	一七·二四	二一·四五	八·八二入超	一五·六五	二一·四五

续表

	兑出法币折合券币占我发行流通额的%			净出超法币占我发行流通额的%		
	一九四四年	一九四五年	一九四六年	一九四四年	一九四五年	一九四六年
八月份	二一·一八	三二·八〇	四二·五八	一九·八六	一四·八〇	四二·五八
九月份	四二·六一	四四·三〇	三一·六八	三六·三六	三八·三二	三一·六八
十月份	三八·九七	二六·〇〇	三一·七	三二·一四	八·三六	
十一月份	三四·九二	一三·六〇	一三·五	二七·一三	五·六三	
十二月份	二二·九六	二三·二七	一七·一	一四·七〇	三·二八	

全边区采取了一致的牌价，堵塞了货币投机者货币投机的空子。因此，便利了一般正常商业的流通。牌价的进退，可以间接地指挥外来品物价的涨跌。

但这里必须银行有足够力量，以支持交换所。同时要有情报的交换，以了解内外的行情。与此同时也带来了极大的弊端，即便法币在市面上有不断的来源，形势于我不利时，可以演变成法币暗流，挤小我券币的市场。

掌握外汇用途，坚持管理外汇的既定政策，要毫不动摇。使用外汇，要有一定的计划，公家机关、商店使用外汇，必须经过一定领导机关之批准，并须规定公私分配计划，以免大多数为公家所占，而私商得不到多少。对于法币在内地要坚决肃清，不允许其暗流（即不准自由携带）。在边境上，只准经过银行及其所指定的货币交换所按市价公平兑换。

掌握各地货币交换所。在接近边境出入口旺盛的市镇，均须建立货币交换所，充实其交换基金。内地则一般不应设立。

依据一九四二年以来的体验，各主要市场的外汇兑出以地区论，其兑出量占全边区总兑出之变化约为：

（一）延安市交换所（管茶坊、富、甘一线）　22%—35%

（二）绥德市交换所（管榆林、神、府一线）　15%—20%

（三）定边市交换所（管包头、宁夏、陇南一线）　16%—20%

（四）庆阳市交换所（管西峰一线）　16%—30%

（五）西华池交换所（管西峰至大关中一线）　12%—16%

（六）延长交换所（管宜川、韩城到河东一线）　8%—30%

（七）柳林交换所（管至关中一线）　4%—5%

延长方面，过去由于阎锡山有时在秋林对外输出布匹、棉花，故法币大量兑出,比延安市还更大。

定边因有土产输出,抵销了一大部分,故兑出量不甚大。关中、陇东则是边区土产、食盐的出口地,外汇完全可以自给,且可以调补他处(自卫战争后,因对外贸易变化,外汇情况也必然随之变化了)。

(边区银行:《抗战以来陕甘宁边区金融概况》,1948年2月16日)

1946年全边区各交换所法币出入表

月份	兑入	兑出	出超	附注
1月份	194,343,992	290,671,005	96,227,013	
2月	182,891,850	461,595,715	278,708,865	1. 定边缺十、十二、十二三个月的数字。 2. 延长缺十一、十二两个月的数字。 3. 定边十、十一、十二月:兑入283,408,570,兑出110,906,526,故总合计数字应为:兑入4,182,158,012,兑出9,137,975,840,出超4,955,817,828
3月	260,855,610	641,987,595	381,131,985	
4月	192,738,925	893,448,590	700,709,665	
5月	323,803,275	782,478,672	453,675,897	
6月	321,177,810	630,384,490	148,073,980	
7月	483,130,810	630,384,490	147,258,680	
8月	593,924,340	1,311,794,420	717,868,080	
9月	534,315,300	1,041,653,150	507,337,830	
10月	319,909,870	1,004,123,760	684,213,890	
11月	250,045,100	671,025,840	420,980,740	
12月	236,612,560	838,654,287	602,041,727	
合计	3,898,749,442	9,037,069,314	5,138,319,872	

1946年下半年各地法币兑换统计表1

	7月		8月		9月	
	兑入	兑出	兑入	兑出	兑入	兑出
延 长		17,041,400		12,487,100	9,300	82,669,100
绥德分区	59,062,600	141,231,900		200,779,000	155,0000	123,400,000
三边分区	334,012,420	168,145,800		529,110,050	184,4550	176,662,580
陇东分区	43,213,160	168,145,800		180,366,900	34,8700	154,119,950
关中分区	18,730,080	70,433,990		25,301,870	23,4500	47,037,020

续表

	7月		8月		9月	
	兑入	兑出	兑入	兑出	兑入	兑出
延安市	28,112,550	18,165,750		363,749,500	185,5250	457,764,500
合计	483,130,810	630,384,490		1,311,794,420	534,3300	1,041,653,150

1946年下半年各地法币兑换统计表2

	10月		11月		12月	
	兑入	兑出	兑入	兑出	兑入	兑出
延长	2,288,500	83,550,000				
绥德分区	143,573,200	95,929,100	23,344,200	95,440,100	86,274,250	141,622,700
三边分区						
陇东分区	55,724,300	232,464,000	104,361,550	71,521,600	61,170,310	122,507,650
关中分区	103,951,140	123,716,410	79,165,400	38,416,200	53,086,500	18,937,675
延安市	14,372,730	468,464,250	43,173,950	465,647,940	36,081,500	555,586,262
合计	319,909,870	1,004,123,760	250,045,100	671,025,840	236,612,560	838,654,287

(边区银行：《1946年边区各交换所法币出入统计》，1947年)

(二) 外汇管理办法

兹制定《陕甘宁晋绥边区缉私办法》《陕甘宁边区政府关于几种群众斗争地主果实处理办法》及《陕甘宁晋绥边区外汇管理办法》，随令颁发，希即遵照执行为要！此令！

(陕甘宁边区政府：《命令》，新胜字第89号，1948年2月19日)

陕甘宁晋绥边区外汇管理办法

(一)为维护解放区国民经济，稳定金融，巩固本币，促进国民经济发展，特授权西北农民银行及西北贸易公司，统一管理外汇与对外贸易。

(二)禁止蒋币、白洋、条金及其他非本位币在境内买卖行使与携带(有携带证者例外)。银洋只准储藏,饰金在两以下者,只准银行及其指定之门市部或商店出售。

(三)境内公私商贩经营对外贸易,凡在本解放区货物税条例允许条件下,应以输出土产充抵外汇,但购入贸易公司指定的货物,银行得给外汇。

(四)在境内留存的敌币、银洋,贸易公司和银行只按牌价兑进,但不兑出。凡有军区以上负责人之批准与证明文件,向外采购用品经核准的,得由银行兑给外汇,介绍出境采购。持有党政机关介绍信出外工作,需要路费与工作费的,得由边境口岸上之银行兑给外汇。

(五)外商输入之必需品(税务条例规定允许入口者),经税局查验证明的,得供给外汇或土产。

(六)一切公私商贩及过境人员,凡由境外携入蒋币、银洋、赤金及其他非本位币过境人员,必须将所带非本位币交入口处之银行查验,由银行开给出口证件,限定出口路线、时间和地点出口,不得私行自由携带过境,违者没收。

(七)不在边境口岸之银行,不办理供给外汇业务。

(八)本办法自公布之日施行,前颁条例办法中如与本办法有抵触者,悉依本办法执行。

(《陕甘宁、晋绥边区外汇管理办法》,1948年2月19日)

延属分区处理外汇暂行办法(草案)

为了推行与提高本币,把敌币、白洋、元宝等由边区内地挤往敌区换回必需物资,故暂拟定临时实施办法如下:

(一)敌币、白洋、元宝在内地绝对禁止使用流通。如有使用流通者,一律没收。

(二)边境口岸群众所存敌币、白洋、元宝,限期在两个月内准许向银行登记兑换。如要求向外购货者,须经银行许可指定出口地点办理。如过期则由银行收买,违者没收。另外,经银行收买后,要向外购货者,仍须由贸易公司审查认为必要时,给予再兑外汇。如所带物品与通行证不符,亦在没收之列。

(三)贸易公司边境地区所设立之对外贸易据点,所售之边产(土产)贴有成达公司出口证者,在不超过期限很少数量与内地销售者,不但不得没收,而且应加以保护。为了推销边产之安全,决定成交地点最好在我方警戒部队后面

(十余里之村庄),当地党政军民与缉私人员,遇此商客,不得阻挡,以利交易。

(四)在边境口岸之群众,经当地党政审查,许可者可带二万出口土产向外进行贸易。

(五)其他出入口货物,亦同样经贸易公司与税局许可后之交易者,任何部队机关不得留难没收。如此人有问题,依法处理此人,货物仍须交公司处理。

(延属分区财经分会:《处理外汇暂行办法(草案)》,1948年1月22日)

各贸易分支局长、银行经协理:

近来,各地、各机关、部队单位多自行携带赤金在内地市场售卖或出口,不经任何管理(三分区较好),这不但影响金融市场,且使赤金出口价大跌,对我损失很大,根据管理对外汇兑第六条规定"赤金的出入口与在内地交易,须经过银行登记管理,不得自由流通"的精神,各地对金子出入口,必须视同外汇,进行管理登记。对入口者,应是能收买者定价收买,不能收买者,登记后封存于银行或原主处,日后银行收买或批准其自行出口。对出口者,一定经管理批准(批准时应注意卖价不能过低,且须换回必需品),或由银行依实价收买出口。内地携带,须取得银行证明,买卖亦须经银行书记批准,否则均属违法,除没收外,或并可酌科罚金。此事关系对敌经济斗争,各地必须认真进行,并须布告周知,配合税务局等机关,严厉进行缉私工作,以消灭此种不良现象。

(晋绥贸易总局:《关于管理赤金的通知》,约1948年)

(三)外汇管理中的主要问题

边区对法币的斗争是走了弯路的。其经过如次:

禁用法币、管理法币、兑换法币,从有限制到无限制。

皖南事变后,政府即确定了"禁止法币在边区境同行使"的政策,当时严禁法币自由出境,兑换限制很严,因实行不通,于一九四一年四月十一日改为"准许人民自有法币,不经申请及检查的手续,不得自由出境"。

由于大公手上没有法币来源,控制不了黑市,边币得不到外汇支持,亦很难周流。法币在市上暗流,边币遭受排挤。五月酝酿如何控制法币黑市,十月在延安设裕顺通商号,参加黑市买卖,得了些经验。了解到要稳定金融,推行边币,必须设立货币交换所,政策采用了货币交换所公开挂牌买卖法币的政策。

一九四一年十二月一日政府明令公布,为抵制敌伪破坏边币流通,资购边区物资,便利出入口商民贸易,特授权各地贸易局,联合当地商民,组织货币交换所,规定凡为对外贸易,要买进或卖出其他货币者,均应到该所依公平价格自由交易,任何人不得强迫兑换或借故没收。同月十八日,又颁布破坏金融法令处罚条例,以保证其执行。从此,先后成立了富县、交道、张村驿、延长、安河、定边、米脂、佳县、绥德、庆阳、西华池、驿马关及延安市十三个货币交换所,实行自由交易兑换。由于银行不能充分供给法币,黑市仍然猖獗。为了稳定金融,一九四二年二月搞土产统销,不成。九月边区组织盐业公司,搞食盐统销。八月十五日酝酿重组土产公司,又搞土产统销,九月正式成立。从此,大公可以掌握到部分法币,用以支持交换所的兑换。一九四二年十一月设立边区物资局,统一领导对外贸易,并将银行光华商店划归物资局管理,大公家资力逐渐集中起来了。一九四三年六月三日公布《陕甘宁边区银行管理外汇办法》,坚持边区境内不准行使法币;但承认储藏不使用者不加干涉,也不得强迫兑换。规定凡携带法币在边区内通进,数在二千元以下者,任其自由通行;满二千元以上者,必须向政府指定的检查机关登记,并领取通行证。这样,给法币自由行使打开了一个后门,给我们推行边币与管理外汇工作增加阻碍与麻烦。

管理外汇办法公布后,法币的兑换,实际上即由物资局所管辖之物品交易所批审,商人到货币交换所交换,交换所给予货币交换单作为凭证。实行了半年,碰到了许多套取法币的困难,又定了边币二元一角换法币一元的死牌价,各地大宗物品交易,均以法币为准,法币黑市,年底高达二十元,口子上有些已达廿余元。十二月西北局决定稳定金融办法六条,银行遵照执行。为了早日实现"为着打垮黑市,稳定金融,稳定物价,争取对敌斗争的主动权"的指示,对法币采取了放松兑换尺度,交换所不限制法币兑出的办法。经过一九四四年的整理工作,银行能相对地控制边币与法币的黑市了,其关键在于限制不限制边币与法币的兑出。交换所限兑法币,法币即上涨,出黑市;交换所限兑边币,边币也上涨,出倒黑市。因此,体会到管理外汇工作,不能单由货币交换所来实现,必须先由管理进出口贸易的机关或由税局来执行,先管理了出入口物资,才能管理到外汇,并掌握汇价的涨跌。一九四四年六月前后,各地货币交换所先后都采取了无限制兑出的办法,同时又要求政府加强禁令,严禁法币在市面行使。

(边区银行:《抗战以来的陕甘宁边区金融概况》,1948年2月16日)

二、加强金银外汇管理和换进物资的外汇支付

(一)用金银、土产作外汇换进必需物资

确定土产作为外汇主要支付手段给各分指示

为坚决打击"法币",使内地金融物价脱离敌区金融物价波动影响,争取必需物资的换进,各地主要据点已实行用土产作外汇,并无论对内对外,一律定卖本币,作为计算物价标准。

战争以来,由于某些地区为敌人侵占,粮食减产,人马消耗逐日增加。在出入口上盐油为过去出口之主要物资,十个月来已变为入口。目前粮食亦须大量从敌区争取进口,需用敌区外汇至巨。战争以前积存之黄金,业已支付,快将用尽,估计今后因西安孤立,黄金进口亦将很少,且须作其他外汇用途,换进敌币作外汇,则周转过程中受损贬值损失甚大,对我金融物价极为不利,经再三考虑,只有以土产作为敌区进口之外汇支付,而且必须在内地各主要贸易据点,准做支付之交换,方能适应目前贸易要求和庞大的财政开支。因进口油盐粮食均系笨重物资,公司不能在口岸垄断交易,必须依靠脚户、商贩、群众向外购进,同时往内贩运,始能有效解决问题。

因为只有准于内地主要贸易据点交换进口物资,才能解决支持战争、稳定金融及救灾生产供给问题。因此,虽然在实行之后,脚户、商贩在途中零星出售之流弊可能发生,但可以加强缉私,严密防弊办法,以杜绝之。

1. 用于对敌区进口物资交换性质及确实用于对外贸易性质者,始准卖给,绝对禁止内销。

2. 用 XXX 名义制定转境证,作为出口护照凭据,严格责成各级党政缉私。凡无成达公司之转境证及过境者,无论携带至何处或出境,均已(予)没收,并以违法论处。

以上呈请是否有当,请予批示遵行。

(西北贸易总公司:《请准用土产作外汇在内地主要据点换进物资》,1948年2月6日)

1. 出入口严格管理

(1)严禁入(口)非必需品。必需品的买入种类、数量亦须随时有所伸缩。本着经济独立自主的精神,必须入口者,亦须先友邻解放区而后蒋管区,友邻解

放区供给不足与没有部分,始向蒋区购入,以尽量减少对蒋区经济上的依赖。公司准买入者,暂限为棉花、土布、白青蓝、灰色宽匹大布及一部边区所无、友邻解放区亦不能购入之群众必需品等,在指定任务之下,买入兵工通讯医药器材、工业原料。

(2)在出入口管理条例规定之下,准许出入口之物资,可以自由出入口。但须以物易物或一律用本币交易,用敌币者没收论处。准出口春毛、甘草、毡等,准出口土产暂准以敌币交易,但须经报告税局登记,将交易额之敌币交当地银行兑换,我本币给卖主后始准出口。在土改期间,为了给予斗争果实之白洋不吃亏,经过银行许可后,准予将白洋有组织地出口,换进群众必需物资。公司对外贸易,原则上亦确定以物易物,以出口土产换进口物资与卖本币,只有在指定任务之下,准卖敌币。唯购进兵工通讯医药器材准用黄金、白洋为输出任务,准用以购进一切物资。

2. 根据先友邻解放区而后蒋管区的出入口原则,公司应即组织与开展东西流通的贸易路线,可采用贸易协定方式,从晋南及晋察冀进口布、花、铁,陕边往晋南出口碱、皮革、骆驼、驴、马,往晋察冀出口皮毛。凡因出入口贸易上而发生贸易差额,应保证结汇。

3. 出入口经营任务

(1)棉花进口任务,按全边区发展十六万纺织户的目标计算,加上公家人民及群众装花供给估计,需棉花二百万余斤,除去今年估计边产棉花百万斤外,须向外购进二百万余斤,如大关中渭北解放后该地区之长余部分,应计算在进口数之内。

(2)布匹进口任务,按十六万多纺妇计,每人每年纺织十斤棉花所织成之布外,群众所需之布,平均每人每年二丈五尺(警区每人约三丈,其他地区每人约二丈),公家人每年所需之布约每人九丈计算,除纺织自给之外,需进口土布二百五十万丈至三百万丈,公司计划购进布匹一百廿万丈,如关中渭北地区解放后,该地长余部分应计算在进口布匹数量之内。

(3)出口毛制品。条毡50,000条,由绥、延属组织销晋南、陇东、关中向蒋管区推销。毛线、毛毡除本解放区及友邻解放区之供销外,多余部分连同10,000双毡鞋由关、陇分公司担任外销。

(4)组织出口春毛廿五万斤到卅万斤,出口主要靠关、陇开辟外销市场,绥、延分公司亦注意友邻解放区出口之可能市场的开辟。

(5)颜料、针、篦、洋火等零碎必需物资,按供销情况酌情购进。

(6)如盐池收复,除内销之处,公司努力争取经营出口食盐十万驮,陇分出口四万驮,关分二万驮,延属四万驮,非熟碱应尽量作过境经营。

(边区贸易公司:《陕边业务经营方针及计划》,1948年)

1. 开展对外贸易,加强出入口管理,推销土产、药材、银洋,吸收必需品,对敌进行经济斗争,凡能出口之土产,尽量输出,并组织发动群众商贩自由输出。在交换价格上,应调查研究具体情况,掌握产销季节性、淡旺月、市场供需关系等情况,故某一货物需出口能出口者、需进口能进口者,掌握争取等价交换;需出口难出口者、需进口难进口者,可以先用不等价交换,刺激进出口;需进口能大量进口,入口供过于求,需出口能大量出口,出口求过于供,以致影响出入口价格不平衡发展时,在不影响主观要求进出口任务数量之下,可以掌握进口时低价、出口时高价政策,以争取有利交换。但应注意正常交换,照顾对方最低利润,不应因价格政策而搞死。一般在出口土产上,需要使土产能夺取市场、占领与扩大市场、巩固市场等三个步骤,故掌握价格上适用由低价到平价的办法,争取少吃亏或不吃亏。过去一遇土产能出口,即视为至宝,于是管理禁止或求高价,以致影响输出。主观虽要求得有利交换,其结果则因输不出而使生产不利,群众无利,是要不得的。在进口上,为了刺激进口,争取平价,在价格上可采取高价、平价、低价三步骤,以冲破敌人封锁。即先用高价吸引,大量进口后,再采取平价、低价,如此平均亦可获得平价。对经营进出口之群众商贩,要使之有一定利润可图,在检查纳税等手续上要简便,特别在大同方向口岸市场上,为了避免互相竞争,公家单位不准自行进行对外贸易(私商群众经营土产出口应自由),由五分公司统一经营。但为了内地调剂便利,五分公司可在口岸吸收能出口的土产,有计划地组织出口,还可将购进之外货,就地出售给公私商贩,促使物资流转迅速,并应组织商贩到太原方向过境,无论进出,贸易上一律采取现款交易,绝不准赊欠,以往之旧欠者,应继续收索,以免损失。

2. 一般物资的调剂供需,各地应研究市场情况、季节性等条件,及早筹划。如供给棉花,解决纺织原料,运销布匹,解决夏衣以及油盐碱等等供给军民需要,主动地掌握调节价格,使物资能正常交流,在二、六、三、九、十分区,尤须组织运输,接运由东边区及十分区来的棉花,如针线、火柴及一些必需用品等,按当地群众生产、消费需要情况,有计划地进行调剂,以解决群众购买困难。需调剂运转之物资甚多,故除须加强组织运输外,还特别组织发动群众贩运,纠正公司自己包办的思想,以便利物资流转,便利群众交换。

以上各项,仅就原则提出,希各地与具体情况结合研究,并订出详细具体的贸易金融业务计划,报来行署。

(晋绥行署:《关于金融贸易工作的指示》,1948年2月1日)

(二)关于黄金银元牌价的指示

今年来,国民党区域的黄金价格,其上涨可分为三个阶段,以上海为例:

一九四五年底	今年三月十日 (第一次调整美汇)
金价八一,〇〇〇 美钞一,三五〇 } 60:1	一七七,〇〇〇 二,一七〇 } 82:1
八月廿五日 (第二次调整美汇)	十二月七日 (最后酝酿三次调整美汇)
金价二一〇,〇〇〇 美钞三,三五〇 } 63:1	三三〇,〇〇〇 六,〇〇〇 } 55:1

这里可以看出黄金的法币价比较其他物价与美汇上涨为慢,与美钞比率反而下跌了,我们估计黄金的总趋势可能还要上涨。因为:

1. 蒋介石内战政策下的财政困难,只会日益加深,解决办法,大部必然依靠通货膨胀,这样,金价无疑地会受其影响而上涨。

2. 蒋管区最近风传美汇又将调整,假定美汇与法币的黄金价比率再跌,可能更加刺激金价的上涨。

3. 据悉,中央银行黄金库存近已锐减,如果金潮一旦到来,在美国帮助不多的条件下,国民党能否左右和平抑金价也属疑问。

上述可以相信,国民党区域的金价,虽然在各个时期有稳定、平涨、大涨之分,但它总的趋势要上涨是完全可能的。为此,我们对黄金若不采取独立自主的政策,我们就会蒙受损害,即就目前的黄金市场来说,由于西安与边区金价颇有距离(西安卅四万元,延安折合法币四十三万元以上),已经产生一系列的影响:(1)游资转黄金买卖;(2)金价物价高涨,边区流通速度增快;(3)法币作了无谓消耗;(4)必需物资不能大量入口;(5)还可能预料到一旦黄金入口过多而感膨胀,金价必跌,公私就同受其害。

目前边区金融贸易的中心任务,在于乘战争还未大打起来的空隙时间,尽量动员一切公私力量向外争取必需物资(布匹棉花等),特别是布匹。最近边币的提高与禁止法币在境内行使,就是这个措施之一,在争花布的任务之下,其入口利润应使之高于金价百分之五十以上,否则花布就无法进口。

其次,目前金子里外涨风正在方兴未艾,如果在这涨的情况下,大公也伸手争购,努力助长它的上涨,这对于稳定金融、保障财政预算不被冲破等都是非常不利的,自然在一定的时机,即明年军民穿用大致解决了之后(估计在来年正月的下半月),我们是可以拿土产换回大批黄金,再拿换回的金子到晋绥阎区购买土产及所需物资,以供今后的战争供给。

明白了上述任务之后,我们即应更好地运用黄金政策来配合这个斗争,这就是:贸易公司将其出口土产换回黄金在手,然后通过牌价政策来掌握与左右黄金市场,目前的做法应让黄金大量出笼,这样,西安与边区间金价差额必然缩小,黄金投机商人无利可图,因而转向花布等必需物资的入口生意。这个政策如果掌握得好,我们就可能达到下列的目的:(1)法币兑出量,可以因黄金投机的减少而减少,这样大公土产换法币的比例也可减少,亦即替国民党法币跌价的负担减少,而土产换回花布的比例就可增加。(2)内外金价差额既然不大,加上我们配合外汇管理办法,就便于我们动员商人向外收购花布入口。(3)陕北金价趋稳,我们电请晋绥,一面严防黄金结合走私,一面组织黄金出口,换入必需物资,既可替黄金找一出路,又可换回物资。(4)我们大量抛售黄金,回笼边币(黄金必须卖边币),这对于稳定金融、吞吐发行、减少财政赤字将起重大作用。总之,上述黄金政策从大处看来,对于边区国计民生都是有利的。

目前在争取花布第一的情况下,各地黄金卖出牌价具体规定为"五二二差额制"。即:(一)关、陇、定卖价应高于西安金价(按八五折成库秤)的5%。(二)延安卖价应高于关陇的2%,绥德卖价又高于延安的2%。其算法举例如下:

(1)西安每两三十四万元,按八五折库秤为四十万加5%,等于关、陇卖价四十二万元,合券币182600元(注:百位尾数可去掉(四舍五入),即流通券183000元——下同)。

(2)延安卖价高于关、陇卖价2%,即法币428400元,合流通券186000元。

(3)绥德卖价高于延安卖价2%,即法币437000元,合流通券190000元。

至于各地收价,原则上以低于卖价券币2500元为度。因为买卖价距离过远,则会妨碍黄金买卖的活泼性。

以上价格均以条金两为单位,饰金可酌加制造费。

为了保证这一政策的实现,银行和贸易公司的步调必须一致。首先必须要领导思想上的一致,只有思想上的统一,才能达到步调上的一致。因此,我们提倡两家多商量、多照顾,这不仅是在黄金斗争中应如此,在所有的政策执行上也应如此。过去如果还有不协调的地方应纠正。须知团结就是力量,步调不一就是能削弱斗争的力量。为了保证两家步调一致,贸总与总行决定:

(1)在黄金买卖上两家实行分工。即:向外争取是公司的任务,调剂黄金内部市场是银行的任务。公司将通过其土产政策换回大批黄金(土换金换花布,按法币比例由贸总随时电示各口岸),并根据市场情况抽出一定数量之黄金,交与边行出卖,求得调剂市场,以达稳定边币、吞吐发行的目的。银行发行库在关、陇口岸,原则上不另收买黄金。

(2)各地金价的规定,不是一成不变的,应该是根据市场的变化而变化。但各地牌价的变动,应由贸总与总行共同决定,由办事处批准,电告各地。

(3)银行代售黄金,应统一由总行向贸总领取,分行因运输条件而需贸分拨兑时,应得总行与贸总同意,但所有账项清算,应统一在两总进行。但贸分拨给分行代卖之黄金,应取得分行收条,连同发票一并解回总公司转账,否则拨给分行之金子,总公司账面上无法表现,将来统计不便。算账办法,银行可先取金后偿付,卖多少算多少。为便于延安两总算账与掌握情况,各地分行贸分,逢一联名电告每旬已售数目、单价、金额。

所有代销黄金,概归发行库账项内。

为照顾银行业务起见,贸总当给予总行代销数量3%的手续费(耗损在内)。

(4)为了更好地掌握边区黄金政策,迅速确实了解蒋管区的金融情况,就有头等重要意义。因此,两总责成各地分行贸分加强情报工作,并随时反映上来。须知今天的做法,关系边区财政经济的好坏和过去的做法是不同,影响也自然是不同的,这是我们必须深刻认识的。

接到这个指示,各贸分、分行应即联合讨论执行,并将随时反映给我们。

(边区银行:《关于掌握黄金牌价的指示》,1948年12月19日)

为规定白洋牌价给各地指示

为彻底肃清白洋,并照顾贫苦人民,决定凡自动向银行兑换本币者,以每元四万五千兑换。如系查获者,在十元以下,按三万五千强迫兑给本币;在十元以上者,一律没收。

(边区银行:《为规定白洋牌价给各地指示》,1948年4月上旬)

1. 蒋区黄金情况。

(1)蒋匪的"币改",把黄金、白洋、包汇定为国有,禁止私人买卖和挂牌。

(2)蒋匪发行金圆券,结果引起物价上涨,而蒋匪以二百元低价收购,过期则搜查没收,使存金户感到恐慌。

(3)黄金被迫四处逃亡,一部分隐藏,一部分逃往国外,一部分流到解放区。

2. 吸收黄金的有利条件,已电各分按20　25箱放手吸收。

(1)以前黄金进不来,现在可以大批进来。

(2)以前廿五件土产不易买到,现在可以大量买到。

(3)以前市场上很少,延市只是一两个戒子的交易,市价一千八百万难买到,现在市场存金较多(均系南路客带来),市价已降至一千三百万元,容易买到。

(4)目前是我区金价最低的时候,也是吸收黄金最好的机会。当蒋介石政府对黄金大压力稍松,则金价必然会涨,进来则也困难。

3. 我们需要黄金。

(1)作为对其他解放区或蒋介石政府的外汇来使用,或是作长期打算,准备将来作国际外汇(好像中央也有这样一个指示,各解放区要保存一部分白洋、黄金)。

(2)作为票币的发行准备金,比其他物资要适当些。

(3)必要时作为商品,回笼票币,稳定物价。

4、吸收黄金办法

(1)用土产来换,在各口岸上以廿五件换一两、内地以廿六件换一两为原则。

(2)由发行库拨出一笔现款购买,有两个好处:

①解决了市场筹码之奇缺;②充实了发行准备金。

现款购买价格,在口岸上订为一千一百万一两,内地价也同。

(3)一般只准买进,不准卖出。如必须支付的工作费及要换回急需物资的,则可以按一千一百二十五万元作价计算。

(贸易公司金融科:《对目前黄金问题的一点意见》,1948年9月23日)

查近日各地银元黑市上涨比全解放区各大城市更高,有些干部提议以接近黑市的牌价政策去打击黑市;有些干部主张不跟黑市提牌价,依据一般物价在一定时期内固定了牌价,就要坚持一个时期,这样,才能打击黑市。为使大家在这个问题上获得明确的认识,采取一致的做法,特作如下解释。

1. 首先必须确定我们的牌价政策,应该是为稳定物价服务,而不是为收兑银元服务。稳定物价的基本办法,是积极发展生产,大力组织城乡物资交流,而不是稳定银元牌价,以控制物价或是随银元市价吞吐银元,以操纵物资。

2. 以人民币为本位币的货币政策,是我们既定不变的唯一方针。因为只有如此,我们才能够建立健全独立自主的货币体系,而为独立自主的经济服务。

3. 从以上两点出发,我们必须认清人民币今天所面对的真实情况和我们所应采取的政策。

(1)过去,银元在市场上和今天银元在市场上的地位根本不同。过去本币在市场上遇到的主要敌人是"法币"或"金圆券",银元在我解放区和蒋管区都为非法,而今天蒋介石集团留给我们的市场已经主要甚至全部是白洋市场了。我们的人民币在新区一开始遇到的敌人,就是体现半封建半殖民地的硬币,而不是纸币。

(2)因为银元本身具有商品与货币的两重性质,由于战时经济形成的物价不稳,本币购买力降低。这就使它成为扰乱市场、动摇物价的一个重要因素。当由于银元黑市的剧烈波动而影响到一般物价的平稳,造成市场的混乱。如果我们追随黑市,提高牌价,不仅使货币本位实际变为银元,同时势必养成银元持有者期待牌价继续上提的观望心理,促使银元与物价更迭上涨,助其互相循环影响,这无异给奸商们开辟了一条投机的坦途。老区与新区的经验一再证明,黑市上凡有银元活动,本币就更不稳定;有银元公开流通,本币行使就受很大阻碍,甚至站不住脚;只要有买卖银元存在,人民币本位即不可能巩固。假如我们是采取了跟随黑市的牌价政策,那实际是对银元身价之帮助,而不是打击。

(3)国民党残余匪帮在"金圆券"破产之后,最近又在美帝国主义的支持下,发行"银圆券",这自然又是一种掠夺人民的骗局。但如果我们不是坚持一元化的本币政策,而是采取跟银元黑市的牌价政策,那我们就将摆不开待解放区乃至香港美英物价及银价波动的影响,我们的货币实际上就会受到美帝及其走狗蒋介石的影响,我们就很难建立独立自主的货币体系。

(4)全解放区货币已经统一流通,总行又不收兑银元,目前各兄弟区的银元价格均在二千元上下(尚有一千四五百元),独西北特高。如我们迁就此种现象,接近黑市挂牌,势必向我们挤兑本币,造成严重恶果,同时影响各地。

(5)今天人民币比银元有利的两个条件,一为政权保证,一为国家经济之支持。但银元所具备的优越条件,又是人民币不具备或不存在的。因此,我们就必须充分发挥人民币之有利条件,克服其不利条件,坚决打击银元之有利条件,处处增加其不利条件,我们不能够采取一视同仁的纯经济办法,而必须是长人民币之志气,灭银元之威风。在目前货币不能绝对稳定的时候,其办法应以政治为主,所为(谓)政治者,包括严禁走私,发动群众拒用、登记、检举等。经济为辅,其含意主要包括财政、贸易及各公营业部门有力地配合和支持,而牌价仅仅是一种辅助政令,统一强制收兑的比价,是含有惩罚的意义在内的。只有使银元经过政治力量的层层打击,再加上经济力量的配合,其优越条件才可能逐渐减少,人民币才有可能战胜它。

基于上述理由,我们对于银元的牌价政策,必须从稳定物价、打击银元、巩固人民币、照顾全国情况出发,而绝不能服从,能否收到银元及企图从稳定银元牌价求得物价之稳定出发,因为这实际上是不可能的。因此,我们的银元牌价是独立自主的牌价,在物价稳定时,我可依据津沪银元的银子价格酌量规定其牌价;在物价不稳时,我即固定在一定的比价上,不随银元波动,去助长物价波动。因此,在目前西北银元价格特高的情况下,暂时干脆取消牌价。为了配合缉私及解决某些具体问题,如强制兑换等,各地可内定为一千五百元。自动来兑者(包括机关部队工厂公营企业等),可按二千元收兑。今后在区行没有通知变更前,不得随便变更。

各行处接到本指示后,一面转陈党政领导机关及财委分会,一面组织全体干部学习,务使从上而下对这一问题有明确的认识,以保证正确政策之实现。

管理银元办法已呈边府批审,不久当可公布。

(边区银行:《关于银元牌价问题》,1949年8月22日)

(三)金银管理办法

生金银买卖办法

(根据陕甘宁、晋绥边区外汇管理原则制定)

第一条:黄金、白洋一律由本行管理作外汇使用,不准在内地市场买卖行使。各地分行可以买入,不准卖出,但两以下之饰金,在指定分行或贸易公司出卖者,可以出卖之,未经指定者,仍不得卖出。

第二条:凡经证明确系出外采购必需物资及其他特殊用途而需白洋者,经当地银行最高负责人核准,始可卖给,并给出口证,否则一律不准卖出。黄金则须于指定购进之特殊必需物资始准批卖。

第三条:黄金、白洋、纹银、破旧首饰,收进与卖出价格,一律以总行规定为准,不得任意抬高或压抑。

第四条:银器、首饰准许自由买卖,不在管理之列。

第五条:纹银、元宝除由银行收买可以作外汇外,并准许自由铸制首饰、银器出售。

第六条:本行收买金银成色规定:

1. 金银、元宝、首饰质量在九成以上者,按足成收买。
2. 纹银、元宝、首饰质量在九成以上者,按成色高低折价收买。

第七条:凡属下列各种质量者,本行一律拒收:

1. 黄金质量在九成以下者。
2. 白洋中之哑板、川板、云板、洗澡板等及其他之成色过低者。
3. 一元以下之角洋。
4. 纹银、元宝成色在七成以下者。
5. 银器、首饰不足五成者。

第八条:本办法如有未竟(尽)事宜,得由总行随时修改。

第九条:本办法自即日起施行(晋绥银行只作参考)。

(西北农民银行:《生金银买卖办法》,1948年3月25日)

各行署主任、西安市长、各专员、县(市)长:

兹制定陕甘宁边区金银管理暂行办法,随令颁发,即遵照执行为要!

(陕甘宁边区政府:《颁发陕甘宁边区金银管理暂行办法》的命令,努字第169号,1949年10月22日)

陕甘宁边区金银管理暂行办法

第一条：为保护人民财富，安定人民生活，防止金银投机倒贩、走私资敌，特制定本办法。

第二条：本办法所称金银，除银洋业经另订管理办法，应不列计外，凡金块、金条、金叶、金砂、银块、银条、银锭、元宝、金、银质首饰及其他杂质金银均属之。

第三条：本区境内，不论军、政、商、民人等，凡储有金银者，均准其自行储存，但不得行使、流通与买卖。如需转化使用时，应向人民银行或其代办所，按照牌价兑换人民币使用。

金银首饰及其他金银制品之买卖，以经政府批准之金银饰物业为限。

第四条：本区人民持有金银，除因正当用途，经本政府核准特许出境外，一概禁止携带出境。如在本区境内携带者，亦须申请当地人民银行或区级以上政府发给许可证，填明携带人姓名、住址、金银数量、携带理由、起迄地点、时间等，以资证明。

第五条：自其他区域携带金银入境者，依左列办法办理：

（一）自已解放区域携带金银入境，并持有原地人民银行或区级以上政府证明文件者，经查验机关查验后放行；如无证明文件，应由携带人于入境时，向当地人民政府自行申报，并由人民银行验明，依第四条之规定办理。

（二）自待解放区域携带金银入境者，携带人应于入境时，向当地人民银行或区级以上政府或对外贸易管理机关登记，申请发给许可证后，始得入境。

第六条：凡人民自行佩戴之金银首饰以及馈赠所用之银质礼品，其不超过左(下)列重量者，应不受第四条及第五条(一)项之限制。

（一）金质首饰在一市两以内者。

（二）银质首饰在四市两以内者。

（三）银质礼品在廿市两以内者。

第七条：凡工业医学或其他因业务之需要，必须购用金银原料者，得向当地人民银行陈明理由及所需数量，由人民银行酌情售给，不得自行采购。

第八条：凡在本区境内经营金银饰物业者，须呈请当地政府核准，发给营业执照后，始得开业。其日常业务，除收售金银饰物制品外，不得收售能种金银。其每日收售饰物数量、交易情形以及所存材料，并应分别按旬表报当地人民银行查核。

第九条:凡违反本办法第三、四、五、六、七、八各条规定者,依左(下)列各项处理。

(一)凡行使、买卖或投机倒贩金银,经查获证实者,得按其情节之轻重,分别予以兑换或没收其一部或全部之处分。如系屡犯或情节特重者,除全部没收外,并得处以一倍以下之罚金。

(二)在本区境内携带金银,不依第四、五两条之规定,取有证明文件或以金银计价行使者,一经查获,得由人民银行按照牌价贬低百分之十五至百分之二十五收兑。但经证明确系不明本办法者,得从宽按照牌价收兑。

(三)凡携带金银,经查获证明,确系走私资敌者,除全部没收外,并得送由司法机关依法惩办。

(四)他区人民初入本区,对于本办法尚未明了者,除系走私资敌,情节重大,仍应适用以上(一)(三)两项规定办理外,其违反第三条或第五条(一)项之规定,经查明并非明知故犯者,得从宽由人民银行按照牌价收兑。

执行上列各项处罚,在外县为县以上各级人民政府,在市区为市政府。

第十条:凡本区军、政、商、民人等,对违反本办法之规定者,均有检举与告发之权。必要时并得扭送政府机关处理,其处理机关对于报告人应酌予奖励。

第十一条:凡违反本办法之规定,经政府将其金银予以贬价收兑或没收处分者,均给予正式凭据。如有假借名义勒索敲诈者,准由人民控告。

第十二条:本办法自公布之日施行,如有未尽事宜,得随时修正之。

(边区政府:《金银管理暂行办法》,1949年10月22日)

管理银元办法

(1)布置:

(一)由军管会正副主任及财委、工商处、金融处、公安处及有关部门负责同志组成管理银元委员会,商讨联系具体措施。

(二)由军管会于十五日前颁布管理银元布告,明确规定储藏、携带银元办法(内容另附)。

(三)由文教委员会拟定管理银元宣传提纲,深入宣传,发动群众。

(四)金融处布置登记银元代理所及所需各种证纸。

(五)工商处增设门市部,适时大量吞吐物资,支持本币,深入市场,加强管理。

(六)军区与公安处组成银元缉查队,与金融、工商处情报联系准备查缉。教育缉私队阐明此种工作之阶级意义、革命意义。

(七)以西安为中心,通知各县比照西安措施办理。

(八)由公安处在潼关设卡,注意查缉银元出入陕境。

(2)管理办法:

(一)政策——禁止银元行使,坚定不移地与银洋作斗争。专区、县、区、村均有缉私队及银洋管委会之组织,首先进行宣传,自报登记。

(二)公安处以西安为中心,并通知各县与工商、金融、税务机构联系,开展严格的缉私工作,重点放在陇海沿线及洛川、韩城、榆绥及接敌区,查缉携运交易银元分子。

(三)缉私队得穿便衣携缉私证,在交通要道中心市场进行查缉,所谓(获)白洋须经地方政府证明,一律交至银行,可酌情发奖金。目前内定价牌价1,800元,如缉私队以外之群众报告或暗报,给以百分之三十到百分之四十的奖金。

(四)工商、金融部门获悉交易或私贩银元,通知公安缉私队协同查缉,工商、银行有责押送公安局。

(五)不论在交易中、运输中,或储藏量与登记不符,所查获之白洋一律没收,归政府所有,交银行按牌价兑付人民币。

(六)凡私运私藏及交易与储藏量不符之差额,应强制兑换。十元以下者,按牌价兑给人民币;在十元至五十元者没收;在五十元至百元者,除没收外,科以罚金;百元以上至五百元以下者,除没收外,并科以罚金及判当事人徒刑三月;五百元以上者,除没收外,科以一倍之罚金,并判当事人徒刑半年。

(七)公布之银元管理办法,适用于全体军民、军政机关、国营金融贸易机关。需要携运保存白洋,须有军区级机关或师以上之政治部证明。

(西安市军管会:《管理银元办法》,1949年)

任经理:

来信所询对收买群众斗争地主之银洋作价问题复后:

(1)白洋原是封建地主的货币,是剥削劳苦人民的,与我本币完全对立。不肃清白洋,则很难畅行本币,为稳定市场,使得贫雇农少受白洋波动的影响,有利于贫苦农民发展生产。

（2）收买价格，不跟黑市，是为了降低价格，就是铲除封建根基，一则以免敌区白洋因我区白洋价大而暗中流入，扩大白洋黑市市场，侵占本币市场，危害金融，破坏经济发展；二则可以迫使其外流，以换回军民必需品。

（3）白洋既不能吃，也不能穿，在内地保存流通不能解决物资问题。在此救灾时期，只有向外挤出，换回物资，才是解决问题的唯一出路。

我们应在政府严禁政令之下，搞通思想，贯彻打击白洋的政策，务希坚决执行，决不因一时的现象而动摇。请详加研讨，对群众多加解释，不要因当时小的利益而妨碍将来大的生产建设。

（喻杰、刘卓甫、史唯然：《给任经理的复信》，1947年12月26日）

（四）土改中群众所得金银处理办法

陕甘宁边区政府关于几种群众斗争地主果实处理的办法

（一）白洋——凡群众斗争地主所得之白洋，均必须按以下原则处理：

1. 不准使用白洋，违者没收。
2. 准予民间保存白洋。
3. 如急需出售，可到银行按牌价出售。
4. 如经过农会将白洋集中到口岸上出售，换回军民必需品，银行可开给通行证，并帮其出口。

（二）鸦片（毒品）——鸦片（毒品）是违禁品，原则上应没收归公处理，但在特别情况下，为照顾贫苦群众分得果实利益，得按价收买，交贸易公司。

（三）敌币——严格禁止收藏使用，凡斗争出之敌币，一律按银行牌价交银行。但票面五千元以下者，银行不收，因蒋介石政府已宣布作废。

（四）军用品——枪支、弹药、弹壳、铜元、铜钱（兵工原料）、军力电话机、收音机、电池、望远镜等军用品，无代价地交政府转交军队。如组织民兵需用武器，可呈请政府再酌情发给。

（边区政府：《关于几种群众斗争地主果实处理的办法》，1948年2月19日）

为了在内地坚决禁止白洋行使，并实行统一固定的牌价。在这牌价的实行中，为了照顾群众斗争果实，不在牌价上吃亏，准以乡为单位，有组织地带到口岸，对外换进必需物资。但是为了避免发生弊端，即带到口岸后不用进口物资交换，而用于境内物资购买，结果白洋仍未出境，又由边境流到内地。为此，特规定：

（一）可用汇兑方式汇兑到口岸，由农会自找卖主成交，确系进口物资。将白洋带出境者付汇款，公司即凭汇据支付白洋。

（二）凡农会带到口岸交换进口物资之白洋，必须交存当地口岸公司据点，由农会去购货者，自行找好卖主，成交后，确系买的进口物资，白洋确系出境者，方予取出支付。

（三）为了给予农会购买之方便，应变白洋支付为土产支付。如农会所需换进之物资，进口卖主如愿要土产交换者，可以土产支付，白洋交公司抵土产价款。如系汇兑去者，即可以以此支付之土产抵付汇去之白洋，价格以当地当时白洋土产所购物资的实际交换比例价格在双方自愿原则下议定，不得有任何一方吃亏与勉强。

（四）为了给予农会购货时间上的方便，凡农会所需购进之物资，当地口岸公司按当时进口及实存物资情况，可以分给购货之农会时，则按当时当地用白洋交换之进口价格，原则让给农会，农会则按白洋交换价格，将白洋交与公司交换，或将汇去之白洋抵付。

以上之（二）项，为必须依照执行的办法，一、三、（四）项在争取和商得农会购货者愿意原则下行使。

为了贯彻（二）项办法，凡各地公司核准发给农会白洋通行证到口岸购货时，必须同时与农会派去之购货人谈明此项办法必须如此做的原因，并函告该口岸公司为要。

（西北贸易公司：《关于群众斗争果实之白洋带到口岸使用指示》，1948年3月17日）

各级政府
各级农会　各级贸易公司银行：

今冬土改工作普遍展开后，各地斗争地主所得之银洋，为数定巨，而银洋为地主剥削农民成果之一，故内地一贯严禁周使携带。但此批银洋若不设法推销出，换进农民所需之日用必需品（粮食、布花、牲畜等），则银洋成为死宝，不仅对农民翻身无所裨益，而内地银洋亦不易彻底严禁。而银洋不易彻底禁绝，则危害金融物价，破坏生产，并影响军民生活。前曾规定银洋由银行按比黑市低百分之二十兑换，此种办法只能部分解决农民问题，但一则银行力量有限，大批银洋兑入,若不能随时转化成农民必需物资,就不能继续不断兑换,致银洋问题得不到圆满解决,目下此种现象各地均已发生、存在。其次是兑换价格,虽规定比黑市低百分之二十价兑,但黑市因地因人而异,高了则打击本币,低了则农民感到吃亏(易引起农民与银行之间的争执),且不论比黑市低多少,实际上均为承认黑市,亦即承认银洋黑市的合法,影响严禁银洋政策的贯彻。若由农民自行无计划向外推销,则易形成边缘地区银洋拥挤,反而不易转化成有用物资。为此,决定:

(一)各地农民斗争所得之银洋,均交银行(即贸易公司商店)代为推销转化为日用必需品(粮、布、花等)。凡斗争出之银洋,均先不分散给农民,由县农会集中交当地银行(已分散者,由农会集中交银行),由银行给农会开银洋存款收据(收据上为银洋,不折农币)。

(二)银洋推销地区确定为五、八、九分区接敌区之边缘区及忻州接敌区之边缘区。为了不影响内地严禁银洋政策之贯彻,推销银洋之边缘区由五、六、八、九分区具体划一界限,在划定界限外,可以推销使用;在界限内则仍严禁周使、携带,违者一律没收处罚。

(三)各银行收到农会之银洋,采取分期偿付办法,原则上满二月偿付一次(月终偿付)。偿付比例按交到银行银洋数多寡及贫苦农民需用之缓急而定。因系代销,故偿付时,均以农民必需品(粮食、布匹、棉花等)为偿付手段。偿付地点以推销地区确定。由银行按期事先通知农会,组织农民去取。为了能使农民了解推销情况,银行有责随时向农会报告推销情况,并吸收农会代表参加推销工作。偿付时之粮、布、花价一律按银行原买价加脱耗、运费、人员开支算价,银行不得盈利。因各地前后所买之物资价格不同,为了计算简便,并免引起争执,每次偿付时,均按平均价计算。如农民愿在内地支取布花或本币,在贸易公司力量许可条件下,可以付给部分,价格由公司按边缘区布花价加运费、脱耗、开支等折付。

(四)为了转化迅速,各县边缘区银行所收到之银洋,可自行销售,并偿付物资(或者农会集中代农民销售亦可)。其余各县均由分区银行统一指定送推销区银行代为销售。两分区之间偿付比例,可互相商定或电报总行处理。

(五)斗争出之元宝、碎银、首饰等,银行不收买(愿交银行保存者听之,但不代销),由农会或农民自行处理。

(六)如农会组织农民自行到推销地区由农会自找卖主购买物资者,农会可请当地银行将所存银洋全部或一部汇至销银洋地区应用。边缘区农会可组织群众自行去境外推销。

(晋绥边区行政公署、农民临委会:《通知》,1947年11月6日)

各级政府
各级农会　各级贸易公司银行:

本月六日所发通知中,关于群众斗争果实中之元宝、碎银器等处理问题作如下之更正。

(1)元宝、碎银一律按银洋处理办法之规定,为了偿付公平,计算合理,按成色折为纯银。存入银行代销时,销出后按销售多寡与先后,陆续通知偿付物资或款。

(2)银器首饰等如愿存入银行代销时,亦按成色折为纯银代销,依前项规定偿付。

(晋绥边区行政公署、农民临委会:《通知》,1947年11月12日)

(五)陕甘宁晋绥边区对敌币、金银的缉私办法

为贯彻严禁贩卖毒品,肃清蒋币、银洋及赤金在内地行使的政策,特制定缉私办法如下:

(一)关于查禁毒品及蒋币、银洋、赤金的收买与推销等事宜,政府特授权给各级贸易公司、银行负责进行,其他任何机关及个人,一律不得使用、买卖,违者悉依本办法处理。

(二)不论机关或商人,如以蒋币、银洋、赤金充抵外汇,向境外购入军民必需品时,得按照边区政府颁布之管理外汇办法,向贸易公司声(申)请,经批准后向银行兑换,并给予携带出口证明文件,方得通行。如无银行之证明文件,携带蒋币、银洋、赤金者,统以走私论。

(三)民间之金银首饰,准许自由佩带(戴)、保存,黄金、银洋、元宝只准保存,蒋币一概不准保存。人民保存之银洋、条金,如愿兑换时,须持当地区乡政府介绍信去银行兑换。

(四)各机关、部队、商民人等,凡私自买卖、携带银洋、蒋币、赤金等违禁品者(持有贸易公司、银行证明除外),一经查获,一律没收,人送政府处理。

(五)除专门缉私组织外,各分区及各县税务局、贸易公司、银行均有担任缉私之责。缉获之私物,一律归大公,一般规定不给奖金。情形特殊者,由边区缉私委员会酌情发给。

(六)缉私人员只能在路途、道口、河口、关卡检查,不得进入民房、商店搜查。如必须搜查时,应事先报告当地政府,经同意,应协同进行检查,同时,并报告上级缉私组织。

(七)缉私证统一由边区政府印发,无缉私证无权缉私。凡宣布没收之违禁物品,缉私机关须即发给没收执据。如发现缉私人员或机关有私吞赃物或受贿行为者,一律以贪污论处。

(八)各分区所查获没收的金银、敌币、毒品,一律交当地贸易公司、银行按当时牌价作价,并取得正式收据,交边区缉私委员会(晋绥各分区则交晋绥缉委会)。

(九)贸易公司、银行携带以上违禁物品时,除发给一般证明文件外,并须有负责人之签名或盖章信件,以便查明,免得混淆。

(十)各贸易公司、银行,如有滥用证明文件,包庇受贿行为者,须依法加重处分。

(十一)本办法自公布之日实(施)行,前颁之缉私办法及缉私证一律作废。

(《陕甘宁边区命令》,1948年2月19)

[本报讯]为巩固金融,粉碎敌人吸收我金子、白洋倾销奢侈品之阴谋,并贯彻防旱备荒,对捣(倒)贩金子、白洋、粮食出口及贩运非必需品等非法行为。行政公署特再通令各专员、县长、各局长、各单位,重申禁令。(一)凡携带或出口金子、白洋,均需到贸易局办理非本位币之携带或出口护照,否则以走私论,予以没收,并对走私犯以《扰乱金融治罪暂行条例》判处徒刑。(二)严禁任何人倒贩粮食出口(编者按:本根据地内各地区仍得自由买卖,以调剂有无,不在此限)。如有违反此规定者,一经查获,即予没收。(三)严禁洋布以及以前规定禁止之各项非必需品入口,除特许者外,一经查获,即予没收。(四)特许证只有行署委托之税务总局有权办理,其他任何机关或个人,不得擅自特许。如查获走私物品,须报告当地税务机关执行没收,不得擅自处理。凡查获报告以上走私物品之查获人、报告人,均按提奖办法,予以奖金。

(《严禁金银粮食出口》,1947年6月)

三、设立货币交换所,打击法币,禁绝白洋市场,扩大本币流通

(一)交换所兑换办法

1. 为了减少人们因对边法币看涨看跌,而随意换入换出法币起见,特先由延安交换所开始实行,在兑出法币时,试收手续费千分之二,实行结果还好,因而希你处亦能照收手续费,但兑出法币在五万元以下者,不收手续费。

2. 在兑出法币时,常常发生商人祈求大票的现象,这当然是由于为了跑生产的便利以及节省运费等原因所产生的结果,为了解决这一问题,延市交换所当按照票面的大小酌收贴水,经试验的结果认为以如下的贴水比例较恰当。

二千元4%　　一千元2.4%　　五百元1.2%

四百元1%　　二百元0.4%　　一百元不收

当然以上贴水还只是延市的,你处研究收多少,还可根据实际情况增减。长年下去,将是相当可观的一笔数目。

(《边区银行通知》,1946年2月27日)

今后兑换办法按下面规定进行:

1. 凡是出外购买,税局准许入口的边区必需品者才可兑给,如棉布、军需等用品、器材、生产工具等,购买黄金者则不兑。

2. 要找保人写保条,限期验货(延安办法看税票做记号,以防重用),到期货不来者,由保人负责退回所兑之法币,外加百分之五的手续费。

3. 机关部队出外工作费,须由该部门的最高负责同志开具介绍信才可兑给。

4. 老百姓需要兑换者,凡在五万元以下的小额不加限制。

5. 小数目由你处兑给,五十万元以上者,由你处将手续办好(如找保人写保条),介绍来延兑换。

(边区银行:《交换所兑换办法》,1946年2月25日)

(二)交换所买卖外币办法

(一)为鼓励并保证输入必需品与输出剩余土产品及巩固金融、稳定物价起见,特规定本办法,将外汇合理分配随时兑换,并制定本办法以规定之。

(二)本所买卖外币价格,出入一样,并无差额。

(三)凡由外采购下列物品者:1. 棉花;2. 宽窄面原土布;3. 土纱、洋纱;4. 必需的五金染料;5. 军工器材;6. 医疗用具;7. 必需的中西药品;8. 必需的文具纸张。这些随时挂牌,价格按实际情形折合兑给百分之四十至百分之八十。

(四)凡因采购第3、7项所指定物品请求兑换外汇者,必须填具下列保单。

保单略……

(五)凡因运进或出售第(三)项记载物品请求兑换法币者,必须具备下列手续:

1. 呈验货样登记证——由交换所暂保存,成立时退回。

2. 成交物品存单或成验交易所成效的登记证(上注存货人、交款人拟卖价格、售出日期)。

3. 保证存货公家有优先购买权,并在交易所成交或登记成交。

4. 签交第(三)项记载之保单。

5. 凡过境的物品(染料、碱等),同样必须签定保条。如输出边区外,必须保证兑回外币。

(六)运第(三)项物品进来,脚户出去时,兑给法币。手续如下:

1. 呈验货脚户登记证——兑完收回,其式如下(登记证格式略……)。

2. 向盐公司购盐及输出证。

3. 平均按四站兑给,每站法币五十元(如实际情况变动的酌予变更)。

(七)内脚运盐或其他土产出去时兑给法币手续:

1. 出口税票。

2. 签交第(三)项记载之保单。

3. 购盐发票及输出证或购其他土产发票。

4. 平均按七站计算,每站兑给法币五十元(与前项第[六]3项同)。

(八)空脚进入边区驮盐及其他土产须交出:

1. 货物脚户登记证。

2. 外汇兑换证——边区银行或交换所签发。

(九)出外川资及外商养家用款兑换法币者,由兑换所按当时当地的实际情形临时决定。

(十)本办法由政府批准后实施。

(十一)本办法修正权属于边区政府。

(边区政府:《交换所买卖外币办法草案》,1946年)

(三)税务机关代理交换所办法

各分行行长

各级税务局长:

查严禁法币行使问题,边府联司曾有联合命令颁发各地,对此命令各级税务机关除要详细研究外,并要在思想上深刻认识,这是关系金融政策、维护人民经济利益的重大问题,并非简单的调换票子问题,因此必须坚决执行。但因地区不同,故在执行方法上亦应有所区别。兹将执行中应注意的事项指示于下:

一、在中心地区以及边币流通量较多的地方,不论市面有无货币交换所,各税局、所收税时,都要坚决拒收法币,否则除牌价变动发生损失时,税总局不给报销外,并要列为对各该局所执行政策的考绩标准之一。

二、在边区边境未设交换所地区,由于边币流通量较少,市面可能不易换到边币,若无补救办法,对于税局收税,商人纳税,事实亦有困难,经边区银行与税务总局研究,认为有由税务机关代理交换所的必要,并印制《税务机关代理交换所暂行办法》随信发给。

以上两项暨《税务机关代理交换所暂行办法》希各分行、各级局所详细研究执行为要!

附:《边境地区税务机关代理货币交换所暂行办法》

边境地区税务机关代理货币交换所暂行办法

第一条:本办法为便利边境税务机关执行边府、联司关于严禁法币行使的禁令,特参酌各地具体情况制定。

第二条:凡边境边币流通量较小而又未设货币交换所地区,得依据本办法之规定,由当地税务机关代理交换所代兑纳税法币。

第三条:代理交换所之税务机关,其兑换对象,一般只限于无边币纳税之外区商人,但在不影响税收业务的情况下,当地群众如有少数正当用途者,亦可酌情兑给。

第四条:代理交换所之税务机关,于兑换法币时,概按银行规定牌价兑给,非有银行通知,不得任意提高或降低牌价。

第五条:代理交换所之税务机关,于兑进法币时,应填写货币兑换单两分,一份由代理交换所之税务机关存查,一份于解款时解送该区中心局(或总局),经审查盖章后转解银行,得按所收牌价作边币抵解税款。

第六条：凡遇牌价变动，当由银行通知当地税务中心局（或总局）、商定执行日期后，由中心局（或总局）以最严密迅速的方法，转知所属代理交换所之税务机关如期执行。

第七条：凡在牌价变动前所兑进的法币，不论盈亏，代理交换所之税务机关，均须依照原牌价解缴银行，不得浮报亏损或留用长余，否则一经查出，即按贪污处理，但银行亦应照价（原牌价）收进，不得拒绝。

第八条：应行代理交换所地区及解缴法币的期限，得由各区分行会同中心局具体商讨决定，延属解缴法币日期，在各该县未设交换（所）前，暂定每月一次，其代理地区只限下列各处。

富县的张村驿、牛武、交道、寺仙各所（富县局不在代理之内）、临镇税务局、固林的安河税务所等。

第九条：本办法的施行日期，由各区分行、中心局商定之，延属则于二月二十日起施行。

第十条：本办法如有未尽事宜，得由边区银行、税务总局随时研究改订。

（边区银行、税局：《指示坚决执行禁用法币禁令并颁发"税务机关代理货币交换所暂行办法"》，行税字第9号，1947年2月10日）

第六章　陕甘宁边区银行的钞票印刷

第一节　光华印刷厂

一、战时转移情况

当时看不到报纸，总想前面会有队伍抵挡，至紧张时，会得到消息，再行动不迟。后从解放军士兵口中得知，敌人到处"自由行动"，听见这样反映后我们很着急。三月三十号黎明，去店子沟问王、郭，并去区府了解情况，当时正值县政府叫所有民夫，牲口去清涧抢粮……至此，已预感到环境紧张。当时工厂得不到上级指示，情况又如此紧张，遂找郭、王，于三月三十日夜约七时在店子沟召开了一次决定性的会议，参加人郭林森、王坦、范耀武、王瑞祥、刘伯龙、周益，决定下列事情：

1. 派马正义、刘子林（有联合信可查）至总公司、行请示，情况如此紧急，钞没钞，人没人（郭的意见），没有运输力（共同的意见），怎样办？需急示。

2. 派王洪涛同志去清涧县府，交涉动员牲口令。

3. 决定转移方向——枣林坪。转移次序，先黄，次土产，再成品（票子）石头。

4. 决定在动员的牲口在未来之前，先集中工人与警卫排的力量，把土产抢运到崔家湾（过无定河），工厂笨重物资坚壁于杜家圪台。

三月三十一日，敌情继续紧急，是晚，敌陷清涧。本日黎明，派员四处动员牲口，继集中工人去店子沟抢背公司土产至崔家湾。杜家圪台留范耀武、师兆祥领导坚壁印厂物资。

王坦同志发言摘录：

四月一日早，听到敌人于昨晚陷清涧后又到大岔，公司由郭林森同志决定，暂把物资先抢运出店子沟至苏家塔。当时运输力的情况：

刘幼仁带来八条骡子，秦晋任经理，有十八个骡子，加上三边脚户邓高奎五个骡子（廿卅日运货到枣林坪未返），动员来的毛驴一部（十九头），这就是全部运输力。

一直到四月一日下午，我处薛宝强同志押送贸易公司土产由苏家塔回来，我才知道公司的物资向苏家塔转移。郭告我说，先抢运公司的好货，动员牲口来再说。

一直等到四月一日的半夜，我向郭林森要求，银行的土产才开始往苏家塔抢运。

到苏家塔后

四月二日的下午，我与郭林森在店子沟东山背后的一个坟地里等待转移最后两批物资的时候，周继泉同志从崔家湾来信了，绥西三十多头驮骡是否要，如要来信。郭林森即派我马上到苏塔，一面接洽驮骡，一面找任子良商谈第二步的行动计划。去时任已睡了，我也因几夜未睡疲倦了未谈。将近半夜，郭林森待最后一批货驮起，他也来了，我们只见了见面，他与任子良谈话，我就睡去了。

第二日确定休息整理货物。中午开了一次决定性的会议，参加人有郭林森、任子良、王瑞祥、刘幼仁和我。会议上决定：（1）不再转移。（2）过无定河去择地坚壁。当时经张爱民圈定的地点是王家山、文家山、党家山、赵家圪河等地，秦晋占一地，银行占一地，贸司占两地，只是圈定了他地，没有具体分配。会后，任子良进行绘地图，银贸进行整理工作。

工作进行到下午，消息传来了，敌人进到解家沟。郭马上就派当地老百姓侦察，老乡回来报告不是解家沟，是新社区和店子沟。郭展开地图一看，敌人采取包围形势。此时天已经黑了，当即派队伍封锁店子沟的路口，一面叫我与任子良商谈应付敌人的办法，郭的意思立即进坚壁，我向任子良说，我们听到一点消息总是惶张的，不能沉着，我的意见，一面封锁敌人，一面准备坚壁，但另一面应派人确实侦察。任认为对，故即与郭商量，未被采纳。我也没坚持意见。谈后任子良因有干部和运输力已单独行动了，当夜抢过无定河，我又当了郭林森行动的尾巴。

当时情况那样紧张，郭即召集张爱民、刘幼仁商讨坚壁计划，决定在本村立即进行。郭当时派我随村干部看坚壁的地方，一共看了五个，还有两个地方没去。看毕马上开始动作，贸司先开始坚壁，最后方坚壁银行的。共占三个窑洞，贸、银两家分占两个，贸独点一个，刚坚壁完，尚未封口，天已明了。郭说坚壁已完，大家过无定河到王家山，我们留刘幼仁，银行留谁（郭问我）？我说把肖煌同志和白玉明（警卫班长）留下。郭又谈这里的工作交刘科长负责，一面封口，一面监视敌人，说毕我们过河了。

肖煌同志发言摘录：

三月三十一日中午，我押着四个毛驴，驮500至1000元原翻板及六箱银元去枣林坪。次日黎明，走至离枣林坪二十里路，赵楚同志奉命赶上，说河边紧急，命我即速押原物回杜家圪台。中午走至离杜家圪台五里路的高山上，遇到郭林森同志派去鱼口的警卫员说："情况紧急，郭处长、王主任已到山上，杜家圪台（工厂）的人都走完了。你不能回去。"说毕即下山而去。当时我即决定暂找附近西北山把物资隐蔽起来，再打听情况，及至西北山到店子沟区委始知，店子沟物资在苏家塔集中，于是径去该处。彼时苏家塔是刘幼仁负责接收物资（贸司），银行的物资于当日的下半夜才开始运来，当时银行只有王笑天和薛宝强二人。于是我即帮助点收运来物资。下午王坦同志至三号整理点封货箱，晚间由郭、王等决定贸、银物资坚壁于苏家塔，彻夜工作至天明前始坚壁完，遂在郭处长处简单地谈了一下善后工作，参加人有郭林森、王坦、刘幼仁、王瑞祥、肖煌（彼时秦晋公司全部物资人员已过无定河），贸司留刘幼仁、银行留肖煌在苏家圪台进行坚壁后的堵口工作，天明后警卫全体与王连长随郭林森、王坦同志过河。当时留给我的任务是了解敌情完成堵口工作，后即与刘幼仁过河。四月夜完成坚壁的堵口，五日早晨过无定河至王家山述职，到王家山后郭命我与刘当天回苏家塔，未去成，第二天（六日）范厂长派我回总行，行至崔家湾见到冯行长，决定连夜抢运杜家圪台工作财产，连夜随范厂长回杜家圪台抢运。

师兆祥同志谈王家山会上的意见

四月四日，贸易公司银行，印厂人员齐集于王家山，在中饭后，召开了一次行政联席会，参加人有郭林森、王坦、师兆祥、薛兆林、王瑞祥、王洪涛、吴宗林等。

首由郭林森同志发言：我们转移的任务已完成，公司、印厂做得不大彻底，现在我们应准备进行以下的工作。

1. 组织起来编为三个支队，进行游击战争。
2. 建立统一领导机关，由贸易公司、银行、工厂产生，设支队长指导员。
3. 生活上建立统一制度，伙食衣服都化一，家属疏散到各农村去。

4.运输力的配备,公司的不动,拉老百姓的七条毛驴归工厂驮日用品。

郭谈完后,王坦、王瑞祥发言大致无异(从略),继起发言者为师兆祥同志:公司银行的物资现在已全部离开了店子沟,而工厂的机器,原料、石头丝毫未捺出去,全部埋在杜家圪台,一旦敌人到了就会全部丢掉怎样办,这是一。第二总行几次来电:叫急速开工,说明发行上急需要票子,我们把工厂全部东西放在那里,这问题怎么解决。第三公司银行的任务是保管物资,而工厂则是生产供给,怎么能合起来打游击呢?第四,我们从店子沟抢运出来的黄、白、土、货都不能拿出去使用,税收减少,年费无从开支,因之我提议把现有的牲口组织起来,去抢运杜家圪台工厂的东西,好进行生产像十年内战时一样,到一地就生产,敌人来了就走。为此,必须有足够的牲口才行,若行不通,我尚有三个意见:(一)请示总行把工厂的生产工具驮上跟他们走,边生产,边发行,减少运输,又能供给需要;(二)来不及的话找军事同关,请他们掩护转移与继续生产;(三)移至河东急速生产,总之不能东跑西奔放弃任务,师发言毕,会议霎时停顿。王坦问郭处长怎么办。郭说,我与工厂不是直接关系,不能负责,我是按当时情况做的,对不对以后再检讨,我也不怕翻舌头,要打官司,就要打到中央为止,我始终未谈出具体的办法来,会议也就无结果而散。

会后师与王坦谈两点办法:(一)明日即派人找范厂长回王家山商决,正在派人去找,行至半途碰见绥德专署一姓王的说,敌人到了店子沟,你们不要去了。师兆祥、李正邦随之回至王家山向郭林森汇报,郭、王等人将说毕,范厂长三人回来了,说敌人真的到了店子沟。当时刘幼仁、肖煌同志还说根据他们的调查敌人未到,说毕范用饭后立即召开工厂干部会议商决。(二)派部分强硬干部拿上枪去侦察敌人,是否到了杜家圪台,侦察好即回报,再决定抢运办法,当范回来后又召集了本厂干部会(总行周继泉、王坦亦列席),决定集中全力回杜家圪台抢运,同时冯行长也来信要郭、王、范去崔家湾开会。

四月六日崔家湾会议(参加者冯、任、郭、王、范)决定:

1.将坚壁的东西一律移至无定河东或河畔。

2.运输力统一分配。

3.由冯行长负责领导转移物资。

4.郭王打前站找适当的地方接收保存。

5.首先转动印厂与秦晋公司的物资,贸司物资与银行的物资后转移。

6.当晚派范厂长带21条骡子回杜家圪台抢运工厂财产。

四月七日我们在枣林坪动员大批毛驴到达,才把印厂的财产全部转出后,过河暂住于中阳前村,逾半月始转来临县后大禹。

这次印厂的财产能全部转出杜家圪台与冯行长来崔家湾有着不可分离的关系。

(范耀武:《苏家塔转移前后》,1947年10月8日)

二、印刷厂和纸厂的器材与人员统计

甲、印刷厂

(1)光华厂

器材

名称	数量	能用者	不能用	说明
石印机	30	23	7	不能用者还可以修理
石头	40	30	10	不能用者黑石头5块,白石头5块托蜡后还可暂用
号码机	3	2	1	不够用,时出毛病

人员:共140名,警卫、什务、行政人员均在内。产量:每架机子每日可产300张,底纹在外,每月按廿六天计算7,800张,开25部机子,每月产量为19.5万张,按14K计折合273万小张成票,计2,730捆,每月需钞纸60令。

(2)洪涛厂

器材:

大石印机1部　　　二号石印机37部

石头67块　　　　号码机8部(内有手摇机6部)

大小机器裁刀各1部

人员共计287名,工人占221名,其余为行政干部及什务人员。

产量:每月可印672.8万小张,成票计6,728捆,每月需纸54刀

乙、纸厂

(1)洪榆纸厂

现在有水碾3个、旱碾2个,池子17个,人员98名,每月需麻6,511斤,出纸1,259刀。

该厂附近尚有好些私人纸坊也承制钞纸,每月产量二千刀。

现在唯一的困难是麻缺不够用。

（2）民生纸厂

现有旱碾子8个,池子19个,人员82名,每月产量60令。原料每月一万余斤,都是用的旧麻头,故不感困难。

（西北农民银行:《关于发行的一些问题》,1948年7月）

光华印刷厂统计材料

1. 器材统计：

名称	数量	现能用者	不能用需修理者	说明
石印机	14部	13部	1部	
石头	19块	18块	1块	
号码机	3部	2部	1部	
备考				

2. 工务科人员统计

职务分工	人数	说　　明
工务科长	1	
印刷股长	1	
印刷组	22	
制版组	3	
雕刻组	2	
压白纸	2	
库　员	1	
完成股长	1	
号码组	3	
裁切组	4	
券务组	8	
库　房	1	
总　计	49	

3. 产量估计：

部门	每天产量	每月产量（以张）	说　　明
印刷组	4000 张	12000 张	
号码组	16000 张	480000 张	
裁切组	4000 张	120000 张	
券务组	60—70 捆	1800,1200 捆	

完成条件	(1) 底纹研究成功。 (2) 每天工作十小时，每月工作廿七天。 (3) 每月成品则为 1,800,000—2,100,000 张。

洪榆纸厂统计材料

1. 工厂规模

项目	数目	说明
水碾	3	内有一盘暂不能用，不久即可修复
旱碾	2	
池子	17	内有四个池子因麻缺暂停工

2. 全厂人员统计

部门	职务	人数	
厂部	厂长	1	干部11人
	副厂长	1	
	教育干事	1	
	会计	1	
	出纳	1	
	小计	5	
管理股	股长	1	
	出纳	1	
	事务长	1	
	管理班长	2	
	小计	5	
工务股	股长	1	工人76人
	捞纸工人	17	
	晒纸工人	15	
	看碾子工人	16	
	洗浆工人	17	
	挑纸工人	5	
	木匠工人	2	
	打麻子工人	2	
	什工	3	
	小计	77	
事务人员	炊事员	7	什员11人
	饲养员	3	
	通讯员	1	
统计		98人	

3. 产量、成本统计:(6—12月)

	月份	碾数	池数	前量(刀)	需麻数(斤)	总成本(万)	每刀成本(元)
洪榆纸厂	6	1	5	510	2250	2499	48991
	7	1	8	739	2715	4978	67500
	8	3	13	933	4204	7196	77064
	9	3	15	822	3736	9226	112200
	10	3	17	1364	6018	15759	115400
	11	4	17	1259	6511	19152	152154
	12	4	17	536	2490	19727	367670
	合计			6163	27924	78537	127434
	每月平均			880	3989		
私人纸坊	6		28	665	3325	5187	78030
	7		28	2277	10921	17867	78458
	8		28	1813	8610	14644	80731
	9		38	1725	8195	16636	96500
	10		38	2114	10038	27060	128000
	11		38	1611	7928	26938	161217
	12		45	1223	5809	25442	208000
	合计			11488	54826	133774	116450
	每月平均			1641	7832		
备考							

洪涛、光华印刷厂各种统计

	项目	洪涛厂数目	光华厂数目	合计
器材统计	石印机	38部	13部	51部
	石头	47块	18块	85块
	号码机	8部	2部	10部
	机器裁刀	2部		2部

续表

	项目	洪涛厂数目	光华厂数目	合计
技工人员统计	号码	59 个		59 个
	印刷工人（石印）	111 人	22 人	133 人
	号码工人（铅印）	17 人	3 人	20 人
	制版工人	11 人	3 人	14 人
	雕刻工人		2 人	2 人
	裁切工人	42 人	4 人	46 人
	券务工人	25 人	8 人	33 人
	其他工人	15 人	4 人	19 人
	总　　计	221 人	46 人	267 人
总量	一月产量（5000 元券）	6728,000 张	1,800,000 张	8,528,000 张
附记	（1）印刷成本在一九四六年以前，各处票券（最大者为 2000 元）之成本一般占 5%—7%，以后因物价上涨，成本增加，至四八年一月，据洪涛材料，5000 元券成本每张约需 450—500 元，占 9%—10%。 （2）洪涛厂每月需纸 5,000 刀，光华厂每月需纸 1,200 刀，两厂每月共需 6,200 刀，洪榆纸厂及该村私人纸坊在热天时每月最高产量为 5,000 刀，如此则每月仅不敷 1,200 刀，目前系以洪涛一部旧存纸弥补不足之数。			

洪涛印刷厂统计材料

1. 器材统计

名　　称	数　　量
大石印机	1 部
二号石印机	37 部
二号石头	14 块
三号石头	37 块
四号石头	16 块
足踏号码机	2 部
手搬号码机	6 部
大机器裁刀	1 部
小机器裁刀	1 部
号　　码	59 个
说明	

2.全厂人员统计

部门	职务	人数	
厂部	厂　　长	1人	
	副 厂 长	1人	
	指 导 员	1人	
	小　　计	3人	
供给科	科　　长	2人	干部22人
	会计股长	1人	
	会　　计	1人	
	出　　纳	1人	
	股　　长	1人	
	总务厂长	1人	
	管 理 员	1人	
	采　　买	2人	
	事 务 长	1人	
	小　　计	11人	
医务所	医　　生	1人	
	看　　护	2人	
	小　　计	3人	
工务科	科　　长	2人	工人221人
	科　　员	1人	
	看 干 燥	1人	
	工务保管	1人	
	制 版 室	11人	
	大 石 印	8人	
	小 石 印	103人	
	铅印工人	17人	
	裁 切 完 成	42人	
	点 完 成	35人	
	收　　发	15人	
	小　　计	226人	

续表

部门	职务	人数	
事务人员及小孩家属	警卫班班长	1人	什员 44人
	警卫班战士	7人	
	运输员	6人	
	炊事员	12人	
	担水	4人	
	勤务员	2人	
	理发员	1人	
	家属	4人	
	小孩	7人	
	小计	44人	
总计		287人	

3. 现存材料统计

类别	名称	单位	数量
墨类	红墨	磅	1547.50
	兰墨	磅	633
	白墨	磅	685
	黄墨	磅	1330
	绿墨	磅	563
	黑墨	磅	690
	紫墨	磅	292
	药墨		
	药墨绽	绽	281
油类	煤油	斤	2030
	汽油	斤	762
	机器油	斤	242
	甘油	磅	62
	干燥油	磅	19

续表

类别	名称	单位	数量
纸类	夹蔴纸	张	636,905
	磅纸	张	1513
	黄厚纸	张	431
	牛皮纸	张	824
	宣纸	张	445
	洋磅纸	张	9814
	报纸	张	16918
	木炭纸	张	8954
	砂纸	张	$135\frac{3}{2}$
其他	酒精	斤	8
	汞水	斤	14
	桃胶	斤	129.50
	松香	斤	280
	黄腊	斤	19
	玉面粉	磅	66
	洋漆片	两	13
	铅皮	张	$41.\frac{4}{5}$
	锌皮	张	46
	自行车内袋	条	90
	德国胶	磅	90
	文明刀	把	412
	钢锉	把	19
	钞罩	个	1153
	通针	支	67
	泥心	个	21
	三角	个	30

（西北农民银行：《光华、洪涛印刷厂、洪榆纸厂人员、器材、商量统计》，晋绥贸易公司，1948年2月15日）

三、印刷厂试行工资办法

光华印刷厂试行工资问题的报告

本厂根据财委会召集了工资研究会，所提全面计时工资办法，而拟出我厂试行工资办法如下：

1. 工资标准：每个侬的内容包括以下几项，以延安市11月20日物价计算：

小尺布	7.7寸	12,500	9,625.00
小 米	1.5斤	566.00	8,499.00
麦 子	0.5斤	6,100.00	3,050.00
清 油	5钱	30,000.00	937.50
盐	5钱	8,500.00	265.50
石 炭	1.5斤	1,200.00	1,800.00
以上每侬共合			24,168.00

2. 工资等级：

最高工资	80侬	1,933,440.00
中等工资	60侬	1,450,080.00
最低工资	40侬	966,720.00
四期学徒	38侬	910,384.00
三期学徒	36侬	870,048.00
二期学徒	34侬	821,718.00
一期学徒	32侬	773,376.00

3. 价办法：拟定评议条件：

（1）技术提高及培养学徒多少

（2）劳动态度及爱护工具节省原料

（3）政治进步及思想意识

组织了评价委员会，由工务科主任，党政工负责人参加，另由各部门各组选举评议委员，经大会讨论其结果如下：

职员估价工资表

姓名	职别	工资	说明	批示
范耀武	厂长	70 饻	带有石印技术	
师兆祥	副厂长	63 饻		
王洪涛	会计科长	63 饻		
温汗德	总服科长	50 饻		
李海祥	总务科员	40 饻		
张世恩	会计员	36 饻		
霍向伦	会计员	36 饻		
刘光耀	出纳员	36 饻		
宜子清	工务科员	36 饻		
冯振云	总务科员	36 饻		
陈富山	采购员	37 饻	年老	
刘进才	炊事班长	45 饻	白夜班管理故应增高	
李福堂	汽灯工人	36 饻		
李三狗	勤务员	32 饻		
合计		616 饻		

工资估价表

姓名	职别	工资	说明	批示
商伯衡	雕刻组长	90 饻	有高等雕刻技术	
薛兆林	总务科长	80 饻	有高等石印技术能开大机子	
高光成	裁切组长	75 饻	有高等裁切技术，土地革命时的老工人	
孟立真	工务副科长	72 饻	有较高技术	
薛正国	石印股长	65 饻		
唐子名	石印副股长	65 饻		
李振邦	技工组任保管	65 饻		
马正义	技工组事务股长	65 饻		

续表

姓名	职别	工资	说明	批示
赵 楚	制版组长	65 饨		
马德仁	库房保管	63 饨	有点票技术	
张淑华	库房保管	63 饨	完成库房	
石显君	压纸组长	63 饨	另有木工技术	
庞新庭	制版工人	55 饨		
李汗林	制版工人	55 饨		
马进福	石印工人	50 饨		
马明生	号码组长	55 饨		
张天云	券务组长	50 饨		
阎海山	裁切工人	50 饨		
杨生才	石印工人	48 饨		
李 民	券务保管	48 饨		
薛明海	号码工人	44 饨		
刘治全	石印工人	41 饨		
商楷文	雕刻工人	44 饨		
王福林	完成股长	65 饨		
张占金	石印工人	40 饨		
白进元	石印工人	40 饨		
杨怀秀	石印工人	40 饨		
高登花	石印工人	40 饨		
韩银录	石印工人	40 饨		
四期学徒	10 人	38 饨	共计 380 饨	
三期学徒	6 人	36 饨	共计 216	
二期学徒	22 人	34 饨	共计 748	
一期学徒	52 人	32 饨	共计 1664	
			以上总合工人工资 4444 饨	

四、印刷厂历年资产负债表

光华印刷厂资产负债表
自民国29年10月10日至12月31日

资产部				负债部			
科 目	附注	金	额	科 目	附注	金	额
现 金	流动资金	1,180.62		资 金		20,000.00	
原 料	流动资金	7,983.70		暂 存		1,983.58	
助成用料	流动资金	1,996.98		折旧准备		360.59	22,344.17
应收账款	流动资金	486.68		合 计		22,344.17	22,344.17
暂 欠	流动资金	200.00		本期损益		4,989.28	4,989.28
工员欠款	流动资金	505.00					
物料积存	流动资金	1,685.50					
存放银行	流动资金	3,034.92	17,073.40				
牲 畜	流动资金	613.00					
工 具	流动资金	7,211.70					
器 具	流动资金	1,413.51					
房地产	流动资金	1,021.84	10,260.05				
总 计		27,333.45	27,333.45	总 计		27,333.45	27,333.45

厂长　　　　　　　　会计

光华印刷厂资产负债表
自民国30年1月1日至6月30日

资 产				负 债			
科 目	附注	金	额	科 目	附注	金	额
现 金	活动	7,037.58		资 金		30,000.00	
原 料	活动	41,891.20		前期损益		4,989.28	
助成原料	活动	12,662.90		折旧准备		3,856.57	
应收账款	活动	11,647.72		应付账款		2.266.14	
暂 欠	活动	1,394.50		暂 存		1,546.00	
工员欠款	活动	934.50		定期借款		10,300.00	
物料积存	活动	40,361.13		合 计		52,957.9	

续表

资		产			负		债		
科	目	附 注	金	额	科	目	附 注	金	额
器财积存		活动	1,210.54		本期损益			89,213.65	
存放银行		活动	143.41						
牲 畜		固定	1,748.00						
工 具		固定	15,541.80						
器 具		固定	3,839.26						
房 地 产		固定	3,670.00						
总 计			142,171.64		总 计			142,171.64	

厂长　　　　　　会计

光华印刷厂资产负债表

自民国卅年七月一日至十二月卅一日

资		产 类			负		债 类		
科	目	附 注	金	额	科	目	附 注	金	额
现 金		流动	24,255.26		资 金			30,000.00	
原 料		流动	22,191.40		前期损益			94,202.93	
助成用料		流动	38,915.80		折旧准备			10,037.87	
暂 欠		流动	5,519.75		应付账款			2,277.00	
工员欠款		流动	625.50		暂 存			1,546.00	
物料积存		流动	56,820.94		合 计			138,063.50	
器材积存		流动	1,657.42		本期损益			149,933.96	
存放银行		流动	51,887.49						
购料预支		流动	51,150.40						
公债金		流动	1,140.00	254,479.00					
牲 畜		固定	2,348.00						
工 具		固定	21,217.80						
器 具		固定	5,674.70						
房 地 产		固定	4,600.00	33,578.00					
总 计			288,057.46	288,057.46	总 计			288,057.46	

厂长　　　　　　会计

光华印刷厂资产负债表

自 民国卅一年 二月 一日
至 民国卅一年 六月 卅日

资产类				负债类			
科 目	附注	金	额	科 目	附注	金	额
现 金	流动	60,381.51		资 金		60,000.00	
原 料	流动	1,434,020.00		前期损益		244,196.89	
助成用料	流动	316,196.97		折旧准备		20,655.12	
暂 欠	流动	5,174.25		活期借款		80,111.50	
工员欠款	流动	30.00		合 计		404,963.51	
物料积存	流动	274,635.07		本期损益		1,767,803.14	
器材积存	流动	3,496.00					
购料预支	流动	14,923.00					
公债金	流动	1,215.00	2,110.071.80				
牲 畜	固定	1,515.00					
工 具	固定	79,718.80					
器 具	固定	14,871.05					
房地产	固定	6,590.00	62,694.85				
总 计		2,172,766.55	2,172,766.65	总 计		2,172,766.65	

厂长　　　　　　　会计

光华印刷厂资产负债表

自 民国卅一年 七月 一日
至 民国卅一年 十二月 卅一日

资产类				负债类			
科 目	附注	金	额	科 目	附注	金	额
现 金	流动	231,414.21		资 金		60,000.00	60,000.00
原 料	流动	3,047,180.00		前期损益		2,012,000.03	2,012,000.03
助成用料	流动	498,578.80		折旧准备		46,513.76	46,513.76
在制品	流动	335,967.00		活期借款	透	1,346,611.78	1,346,611.78
暂 欠	流动	53,520.25		应付账款		4,320.00	4,320.00
物料积存	流动	262,972.48		合 计		3,469,445.57	3,469,445.57
器材积存	流动	5,181.00		本期损益		1,153,246.56	1,153,246.56

续表

资产类				负债类			
科目	附注	金	额	科目	附注	金	额
公 债 金	流动	1,171.50					
牲 畜	流动	2,015.00	4,440,000.28				
工 具	固定	117,947.00					
器 具	固定	74,954.85					
房 地 产	固定	36,790.00	182,691.85				
总 计	固定	4,622,692.13	4,622,692.13	总 计		4,622,692.13	4,622,692.13

厂长　　　　　　　　　　会计

光华印刷厂资产负债表
自民国卅二年一月一日 至民国卅二年六月卅日

资产类				负债类			
科目	附注	金	额	科目	附注	金	额
现 金	流动	298,738.15		资 金		60,000.00	
原 料	流动	2,715,650.00		前期损益		3,165,246.59	
助成用料	流动	651,412.01		折旧准备		106,657.90	
在 制 品	流动	349,101.00		合 计			3,331,904.49
暂 欠	流动	6,284.25		本期损益		3,581,242.44	3,581,242.44
存放银行	流动	1,685,914.52					
物料积存	流动	544,081.60					
器材积存	流动	81,481.00					
公 债 金	流动	1,251.00					
牲 畜	流动	2,015.00	6,247,929.03				
工 具	固定	518,397.00					
器 具	固定	102,035.90					
房 地 产	固定	44,790.00	665,222.90				
总 计	固定	6,913,151.93	6,913,151.93	总 计		6,913,156.93	6,913,156.93

厂长　　　　　　　　　　会计

光华印刷厂资产负债表

自 民国卅二年 七月一日
至 民国卅二年 十二月卅一日

资 产 类				负 债 类			
科 目	附注	金	额	科 目	附注	金	额
现 金	流动	972,952.52		前期损益		6,787,762.03	
原 料	流动	13,549,440.00		折旧准备		667,617.12	
助成用料	流动	5,963,570.00		活期借款		1,414,918.98	
在 制 品	流动	6,509,452.90		合 计		8,870,298.13	
暂 欠	流动	61,863.05		本期损益			39,445,542.04
物料积存	流动	10,033,647.50					
器材积存	流动	588,625.00					
公 债 金	流动	1,251.50					
牲 畜	流动	130,000.00	39,825,802.47				
工 具	固定	8,805,050.00					
器 具	固定	1,654,997.70					
房 地 产	固定	44,790.00	10,505,037.70				
总 计	固定	48,315,840.17	48,330,840.17	总 计		48,315,840.17	

厂长　　　　　　会计

光华印刷厂资产负债表

自 民国卅三年 一月一日
至 民国卅三年 三月卅一日

资 产 类				负 债 类			
科 目	附注	金	额	科 目	附注	金	额
现 金	流动	155,112.08		前期损益		46,233,304.07	
原 料	流动	20,504,160.00		折旧准备		901,481.12	
助成用料	流动	5,868,422.50		合 计		47,134,785.19	
暂 欠	流动	7,627,239.73		本期损益			5,159,464.67
工业投资	合作社	11,276,650.00					
物料积存	流动	5,281,753.00					
器材积存	流动	621,537.50					
工 具	固定	786,675.00					

续表

资产类			负债类		
科　目	附注	金　　额	科　目	附注	金　　额
器　具	固定	164,700.00			
房地产	固定	8,000.00			
总　计	固定	52,294,249.86	总　计		52,294,249.86

厂长　　　　　　　会计

光华印刷厂资产负债表

自民国卅三年四月一日
至　　　　六月卅日

资产类				负债类		
科　目	附注	金　　额		科　目	附注	金　　额
现　金	流动	526,942.45		股　金		11,446,650.00
原　料	流动	1,080,000.00		暂　借		7,013,510.50
助成用料	流动	291,450.00		应付账款		15,329,837.50
在制品	流动	17,627,076.60		活期借款		7,161,119.13
器材积存	流动	336,200.00		折旧准备		1,474,410.00
物料积存	流动	3,016,595.50		合　计		42,425,527.13
商业投资	流动	3,433,085.60		本期损益		1,565,816.53
暂　欠	流动	476,570.86				
应付账款	流动	955,104.30				
副　业	流动	2,100.00				
伙食透支	流动	156,342.00				
公债金	流动	1,126.35	27,902,593.66			
牲　畜	固定	130,000.00				
工　具	固定	14,364,100.80				
器　具	固定	1,594,650.00	16,088,750.00			
总　计		43,991,343.66	43,991,343.66	总　计		4,991,343.66

厂长　　　　　　　会计

光华印刷厂资产负债表

自民国卅三年七月一日
至民国卅三年十二月卅一日

资产类				负债类			
科目	附注	金额		科目	附注	金额	
现　　金	流动	3,814,953.83		前期损益		51,713,520.27	
原　　料	流动	45,270,200.00		应付账款		1,384,800.00	
助成用料	流动	13,090,325.00		活期借款	银行	19,366,482.12	
在 制 品	流动	14,989,792.00		暂　借		178,200.00	
暂　　欠	流动	425,912.10		折旧准备		7,143,903.62	
器材积存	流动	946,475.00		合　计		78,786,906.01	
物料积存	流动	17,721,815.50		本期损益		67,239,216.16	
商业投资	流动	1,530,000.00					
应收账款	流动	5,397,238.00					
副　　业	流动	241,788.10					
伙食透支	流动	519,547.64	103,948,047.17				
牲　　畜	固定	205,000.00					
工　　具	固定	40,139,275.00					
器　　具	固定	2,725,800.00					
房 地 产	固定	8,122.17	43,078,750.00				
总　　计		147,026,122.17	147,026,122.17	总　计		147,026,122.17	

厂长　　　　　　　　会计

光华印刷厂资产负债表

自民国卅四年一月一日
至民国卅四年六月卅日

资产类			负债类		
科目	附注	金额	科目	附注	金额
现　　金	流动	126,715.15	前期损益		5,947,636.80
原　　料	流动	6,748,800.00	应付账款		62,500.00
助成用料	流动	2,327,667.76	活期借款	银行	2,311,803.92
在 制 品	流动	598,198.80	折旧准备		788,437.45
暂　　欠	流动	155,877.13	合　计		9,110,378.17
物料积存	流动	2,061,548.80	本期损益		5,647,384.52

续表

资产类				负债类		
科目	附注	金 额		科目	附注	金 额
应收账款	流动	166,448.00				
工业投资	烟厂	139,445.00				
伙食透支	流动	153,332.30	12,477,033.94			
牲 畜	固定	7,250.00				
工 具	固定	2,036,213.75				
器 具	固定	236,865.00				
房地产	固定	400.00	2,280,728.75			
总 计		14,757,762.69	14,757,762.69	总 计		14,757,762.69

厂长　　　　　　　　　会计

光华印刷厂资产负债表
自民国卅四年七月一日至十二月卅一日

资产类				负债类		
科目	附注	金 额		科目	附注	金 额
现 金	流动	354,587.60		前期损益		11,595,021.32
原 料	流动	6,278,640.00		折旧准备		1,129,663.65
助成用料	流动	2,210,435.00		合 计		12,724,684.97
暂 欠	流动	80,502.23		本期损益		3,854,224.74
应收账款	流动	264,830.00				
存放银行	流动	3,224,127.08				
工业投资	流动	25,000.00				
物料积存	流动	1,950,877.40				
伙食透支	流动	5,841.25				
副 业	流动	23,895.00	14,418,735.96			
牲 畜	固定	7,250.00				
工 具	固定	1,899,303.75				
器 具	固定	253,220.00				
房地产	固定	400.00	2,160,173.75			
总 计		16,578,909.71	16,578,909.71	总 计		16,578,909.71

厂长　　　　　　　　　会计

光华印刷厂资产负债表

自至民国卅五年六月卅日

资产类				负债类		
科目	附注	金额		科目	附注	金额
现　金	流动	455,334.17		前期损益		15,420,743.93
原　料	流动	6,074,480.00		折旧准备		1,362,909.65
助成用料	流动	2,123,842.80		活期借款		500,000.00
在制品	流动	206,209.60		暂　存		3,750.00
暂　欠	流动	87,000.00		伙食往来		74,943.30
应收账款	流动	360,500.00				
存放银行	流动	750,000.00				
工业投资	流动	22,500.00				
商业投资	流动	2,879,135.00				
物料积存	流动	1,778,945.75				
副　业	流动	77,770.00				
牲　畜	固定	50,000.00				
工　具	固定	1,849,053.75				
器　具	固定	313,620.00	17,028,390.17			
本期损益	亏	333,956.21	333,956.71			
总　计		17,362,346.88	17,362,346.88	总　计		17,362,346.88

厂长　　　　　　　　会计

光华印刷厂资产负债表
自民国卅五年七月一日
至民国卅六年四月卅日

资产类			负债类		
科目	附注	金额	科目	附注	金额
现金		7,394,018.67	前期损益		15,086,787.22
原料		29,906,000.00	折旧准备		1,774,399.65
助成用料		5,707,050.00	暂欠		13,780,000.00
商业投资		10,440,000.00	合计		30,641,236.87
物料积存		3,429,480.00	本期损益		28,549,054.30
牲畜		377,500.00			
工具		1,888,947.50			
器具		47,245.00			
总计		59,190,291.17	总计		59,190,291.17
合计		17,028,390.17			
		59,190,291.17			

厂长

光华印刷厂资产负债表
1947年12月31日

科目	资产类 金额			备考	科目	负债类 金额			备考
现金	1	016	803 67		暂借	44	185	000 00	贸易公司 43,985,000.00 兴县银行 200,000.00
原料	1,009	116	544 00	附明细表	伙食往来	3	566	613 00	伙食结余
助成用料	363	544	735 00	附明细表	前期损益	43	635	841 52	接1940年10月至47年4月
工务存料	42	735	374 00	附明细表	折旧准备	1	774	399 65	
物料积存	315	374	550 00	附明细表	合计	93	161	854 17	
工具	77	150	000 00	附明细表	本期损益	1,799	818	052 72	
器具	3	370	000 00	附明细表					
暂欠	126	052	453 22	银行欠 92,816,953.22 留守处 33,235,500.00					
商业投资	5	366	200 00	投光义和现账未结					
货币兑换	20	254	000 00	现存大洋10元					
牲畜	20	000	000 00	骡子二头					
武器	30	000	000 00	短枪三支					
总计	1,892	979	906 89		总计	1,892	979	907 89	
厂长					合计				

光华印刷厂资产负债表
1948年12月31日

资产类

科目	金额(百十万千百十元)	备考
现金	18497000	
原料	29273500	
助成用料	62648700	工务领出未用完的材料
工务存料	12540000	
物料存积	41253600	总务一切生活用品
商业投资	15000000	
应收账款	77983960	应报管理制造迁移费
暂欠	33463000	外欠临时账款
工具	20987500	生产工具
器具	20750000	汽灯及木器灶具等
牲畜	10000000	骡子5头
武器	2000000	短枪2支
金银	40655000	黄金2.88两银洋53.5元
副业生产	21800000	石磨两台
总计	144126590000	

负债类

科目	金额(百十万千百十元)	备考
前期损益	18410400	准备工具损失
折旧准备	23062000	
暂借	92549160	欠银行及晋绥款
银行往来	17815100	透支银行
应付账款	98281000	应付机器石头款
伙食往来	26670000	
合计	132066790000	
本期损益	12059800	
总计	144126590000	

厂长　　会计

五、印刷厂一九四八年度决算

一九四七年十一月至一九四八年十二月决算报告：

资产情况：

1. 现有资产，连未报决算在内，共计一百四十四亿一千二百六十五万九千元整，除应收账项下，未批报下半年决算与迁移费、建筑费，共计七十七亿八千四百七十一万六千元外（此系已开支过了，而只未报销实不存之未了，仅未转入暂借），实有财产为六十亿二千七百九十四万三千元了。详情附有《资产负债表》及《盘存明细表》可参看。

2. 自一九四七年十一月与留守处合并时，计有资产十八亿九千二百九十七万九千余元。

以表面来看，扩大了两倍半，若以油墨计，以前为一万一千八百磅，现为二万二千磅，不到一倍，油墨每磅只十六万，到年底盘价三十万（十二月公司买来为三十一万），只提高了78%（在此问题上有的工厂以白洋比价为基础盘价，而我们则以当时实际买价而计，合理否需研究），况且工具百余万都以原价未动为不动之资产了，若以物价油墨也增一倍的话，资产当在八十余亿了。

负责问题：

1. 表列前期损益乃为本厂历年发展所余之基金，折旧准备乃本期提出工具器具10%的准备，以防工具损坏，以两项实为内部之基金了。实际外债，即暂借银行往来，应付账伙食往来数项。

2. 暂借九十二亿五千余万，若除应收决算报销数七十七亿八千四百七十万外，实欠一十四亿七千零二十万元了。应付账款系晋绥所收石头四块、机子两个未算账，九千五百万及收业务科麦子一石四斗二升未算账之款（现已清了）。

3. 综合起来实际所欠外债为三十三亿五千零二十九万九千元。

损益说明：

1. 本期内利益损失相抵，实际盈余为一十二亿零五千九百八十万元。附损益表一份。

2. 利益部分，主要为盘价收益，附明细表一本。内有材料盘价的道林纸一项所亏五千余万，乃报销时纸已用了。外边账还未算来，仅以以前纸价报销，则有结亏；其次即有物料内外欠四十四石余，移交时河东每斗四十万，但此粮为安塞群众及志丹仓库所欠，至河西用物价合计，实亏了一亿五千余万元，现在此粮根本只能收回一半,至于损失如何还待以后解决。

3. 盘存损失之助成用料有毛边纸、薄型纸、桃胶、甘油、煤油,系由于两次搬家数百里,路途中渗漏磨烂打破,开始保管混乱所损(松香买来包皮未除)。脱水纸有不能用的,酒精由于挥发性太大,零碎用的亦有未记的,而账损二十七斤余。物料内小米损失,系河东河西共损四百四十余斤,占作数的0.9%;麦子主要在河西买的近二百石,而盘损四石零五升,计损2%。量斗上及老鼠吃有关系。麻纸一项以会计账数少一千四百余张,经详查后,乃因七、八月间学习上订本子发纸未开条而差,本应补报决算内才对,特此说明。

总之,过去保管未有固定的人员负责,搬家中手续没搞好,致有一些损失。现已注意了。

4. 工具耗损内主要是全年共坏石头十块,原价平均损失共一亿元,有的过去用了多年很薄了,也有折旧的准备。其次就是耗损铁锉二十八把,小锯条三十八条,系磨的不能用了。这些消耗是太大,已提工务注意省用了。

总之,此决算时间过长,也由于合并、转移、建厂,中间账目复杂,会计人员又少,原有两人,现有三人内亦有两人新学,前送之资负及损益表没有附表,说明不详,现特补此说明呈上,请审阅指示。

(光华印刷厂:《一九四七年十一月至一九四八年十二月决算报告》,1949年4月12日)

六、印刷厂和纸厂工作总结

1. 情况

(1)从一月份起,印厂还处在与保管科合并时间不久,其内部生产组织还未整理好,生产人员较少,又遇当时三查运动,在这一种过左的情况下,而本厂领导干部,从厂长、支书、会计等人当时均变成有问题的人物,故干部在情绪上不高,影响到本身的工作职责。

贫雇农小组初步产生,也影响到工人中之不团结,在组与组及个人与个人之间,均闹不团结。因此在一、二月产量特别低,病号增多,个别人员不服从分配,反抗领导等怪现象,均在这时产生出来。

(2)从5000元券改变印10000元券,为了增强质量,减低个人计划,也是原因之一。

2. 几个月的产量总结:

月份	天数	产量	每机平均	全月开机	制大版数量	每日平均	每块印数	事病假	说明
1	21	118880	560 张	212 架	59 块	2.7 块	2015 张	16 天	
2	15	116053	574 张弱	202 架	69 块	4.6 块	1682 张	27.5 天	旧年放假 1 天
3	28	180950	700 张弱	259 架	123 块	4.4 块	1476 张	128 天	
4	28	251387	710 张强	350 架	103 块	3.6 块	2440 张弱	153.5 天	
5	26	245704	716 张强	343 架	97 块	3.7 块	2532 张	45 天	
6	13	143680	728 张	178.5 架	63 块	5 块弱	2280 张	66 天	改印 1 万元券停 1 天
7	25	267420	843 张	317.5 架	127 块	5 块	2214 张	31 天	
8	13	87100	837.5 张	104 架	60 块	5 块	1451 张	30 天	
总计	169	1411174	709 张	1965.5 架	701 块	4 块	2000 张	497.5 天	

完成部各组完成总数为 9512 捆逐月完成数开列如下以供参考

月份	数据	券务、号码裁切	成本计算价格	
1	522 捆	三部门共同完成	5 月份 556.40 元	1 月份 414.70 元
2	429 捆	总数 9512 捆	6 月份 613.00 元	2 月份 452.33 元
3	1308 捆			3 月份 597.70 元
4	1482 捆		11 月份 938.25 元	1 月份 414.70 元
5	1571 捆		12 月份 160.61 元	2 月份 452.33 元
6	1676 捆		4 月份 523.50 元	3 月份 597.70 元
7	1190 捆		坏片总数为 186680 张	
8	1334 捆		每 1 千张好票内有坏片 19 个,占好票 19‰,印刷厂老早运走了,故此不能完全正确,完成三部占坏片 17%,完成三部占坏片 23%,残纸坏片占整个坏片 60%。 以上数字,因这次迁移中有些账目老早运走了,故此不能完全正确,只是大致上总结,可以作参考(以上数字系每月总结报告中摘录来的)。	

3. 几个问题的发生与解决：

（1）由三查运动起，不但生产低落，干部不满，病号增多，三、四月份占全生产人员18%到20%。为什么一、二月份病号少呢？主要是害怕个人吃亏，故此少。到三、四月份多的原因，是三查已结束了，大家还不满意，因此有点小病就休息，甚至于有的人躺在床上睡觉还闹，三查为了克服各种不良现象，行政上做了如下的工作：

A、首先结束三查，纠正了偏向，有不对的地方，领导者已向大家承认了错误。改选了支部工作，将未处理的一些事情，当时马上分别处理，以安定大家情绪。

B、由三查马上转为学习运动，依刘少奇同志论党员修养为中心，采取上大课讨论，每月举行一次测验，每次测结果，均在80分上下，由此逐渐使大家思想上有了初步认识，因此在生产上一月比一月有逐渐增加。

C、为了减少病号，行政上采取了每月不休息，奖励肥皂1块，故从5月以后病号降低了三分之二。当然，教育还是占其主要原因。

（2）从一月到三月份，工厂已拆了印石8块，均系薄的一寸厚，小石头3块，这在本厂是莫大之损失。每块坏后，均采取了开大会小会检讨，座谈研究，至此后，再未发生拆石头的问题。

（3）在这一期内，培养了制小版1人，大版1人，裁切1人，券务4人，石印11人，雕刻组3人，现可刻简单的东西，总共23人，可进行工作。号码2人在内。

（4）发生了制版组长与股长闹架，不服从分配，石印组长与工会主任闹不团结，合作社经理变相贪污等事件，均采用了大会斗争，分别处理。有的已介绍出去，有的已受到处分，不但教育了本人，对全体人员均有很大的教育，因此，从五月到八月份的职工的工作情绪，干部团结关系，已走上了正规。

4. 由于上级关心与及时解决问题使工厂很快地发展起来。

工厂由去年从河西移来时，全厂人员最多超不过30人以上，机子十二三架。现在过河，全厂人员有百人，机子有十六七架这均是上级领导结果，望能今后还得到上级更多的帮助与指示。

这一总结，是在临过河西的前一天，百忙中抽了一天时间写了一些个人意见，恐其中错误很多，请予以批评纠正为盼。

（光华印厂：《一月至七月半生产总结报告》，1948年8月26日）

十月份工作总结

工厂八月十五日由山西都督村搬起,九月廿日全部才到拐峁,十月份全部机器开动(十月十一日搬入大工房内)。这一时期是工厂变动发展最快最大的一个历史阶段。如人员由九月份60多人,十月份突增为160多人。机器由过去的8部增开到28部,平均开到24部。产量由每天出50捆还不到,增至到200捆。在这样一个变化多端的情况下,我们感觉到各方面的困难。范厂长从河东过来生病,直至今日还未痊愈。工务上,原来领导的同志薛兆林留在山西未过来,孟立贞同志对过去的工作了解又不全面,加之今天与过去相比,工务科的工作范围与责任扩大了三倍。新提拔起来的三位股长,过去未做过领导工作,而是埋头实际的生产工作,今天搞起来感觉工作有很多困难。各组组长,有的是工人,有的还是较老的学徒,印刷工人是来到拐峁后新提上机器的,过去是摇把的,所以自己对自己都不能独立地进行工作,至于领导别人更是困难。而学徒都是新增加的,大部是农村中来的,一时尚靠不住,工作效率只能当半个人使用。我们对此种情况未加考虑,犯了估计问题的错误。

由此形成了上面有了领导形势,对下面的领导指示谈不到,整个工作的进行是无计划的,不是有计划的、有检查的、有总结的。这是什么原因呢?我们认为,主要原因是由于过去的小规模突然变为今天的较大规模,真是俗话所说:"老虎吃天无从下手"。我们必须了解,像这样大的科级组织是少有的。同时,工厂内做一个工务科的工作,必须有文化有技术,在作风上又必须是大胆的、细心的、灵活的,否则,每天的小事就够做了,哪里还谈得上考虑问题呢?这是我们全部生产干部的情况。

我们当时对这样的情况未仔细的分析与思虑,而贸然地提出每天完成三百捆的突击任务,这是战争胜利对我们的鼓舞,也可说有些胜利冲昏头脑。但是实际生产起来,只能完成153捆,与原提300捆尚少147捆,这就是我们不能完成任务的原因。

下面再谈几个具体问题:

1. 全厂现有生产人员一百二十四名,其中只有十三个工人,其他皆为数月的学徒。这些人员分布如下:石印学徒六十人,工人二人;制版学徒七人,工人三人(由印的人中抽算的);雕刻工人一人学徒四人,压纸工人一名,学徒五人;石印库房学徒二人;券务工人两名,学徒十四人;号码工人一人,学徒六人;裁切工人两名、学徒六人;挑票三人,全系新来人员;库房三人。

从人员分布的情况可看出,十三个工人,每一部门只有一人,有的组长也是徒工。这样状况的下工厂数量质量怎么提高呢?

2. 生产数量的情况——十月份全月共开机561部,以24天计算,平均每天只开23.4部,全月产量为417,377对K张,平均每机每天印774张。坏片31000小个,占全部产量的千分之一(残纸在内),每天平均起来出154包成票,而任务是300捆,每天距完成任务尚短少146捆。

3. 事病假情况——全部生产人员124名,全月病号就有300人次,每天平均有4名。据检查,系胃病肺病的占绝对多数。请事假回家的有马进福结婚、王建周因祖父入土回去送丧,徐东明也是治丧事,冀永宾家中来信父亲亡故,其他人因家中无法生活需本人回家。另有不能担任工作的,介绍回总司另行分配。还有为加强库房起见,由生产上抽了两个同志,也少开一架机子,总体算来事病人员就减少了8部机子的生产,因之由30部变为20多部,这就是其中的原因。

4. 现有机器石头数目

石印机27部,能使用的只有20部,其余7部待修好后才能使用。石头全部是55块,其中有白的20块,黑的15块,因薄不能使用。用黄蜡松香托的20块,如全托好后,使用日期也不会过长。如果还不能解决问题,就是雇人摇机子(十一月份已雇了两个)。

5. 现存的困难与改进办法

为了把工作搞得更好起见,今后必须:①首先在技术上加强对印刷同志的实际帮助,开会进行讨论工作中的技术问题,以提高数量、质量。②材料使用,由十一月份开始执行按预算分发,以减少浪费,并计划订一个奖励办法,正在试验与考虑之中。③加强检查制度,以使提高质量,减少坏片。④为了完成上级规定的任务,行政人员由十一月三日起,每晚加工四小时,开三部机子,以补不足之数。

现存困难放进十一月计划内,这里不着重谈。

以上是十月份的工作情况,请收到后,详加审查,并希望多给指标为盼。

总务、会计两科工作本应一并报告,但因建筑工作正在结束中,待全部总结好后,当即送上。

(光华印刷厂:《十月份工作总结报告》,1948年11月)

十一月份生产计划

1. 劳动力及机器的配备——现有管理生产及库房人员11人,实际人数是120人:

①印刷股石印61人,除请事假3人及长期病假4人外,实为54人,还有一个要请假的临时病号杂务工,实则最多能开25部机子,平均每人每天700张,为17500半成成色,计成票8750大张,以24人计,合210,000个。共5460捆。

雕刻5人,本月要刻2万元票版,刻风景培养学徒(还须两人学习)。

制版10人,除供给印版外,在半月内须将2万元原版做出。压纸6人,每日可压10000张。

②完成股裁切9人,每天裁24K大票8500张(连白纸少坏在内)。

号码8人,每天开6机,每机可打6K的6000张。要加强质量,减少坏片。

券务现有17人,开6班,每班35捆,可成210捆。挑票3人,可挑8500张。

总之,每天要各部门都不发生问题,才能完成210捆。以26天生产日计,可成5460捆,即546亿。券务上还有练习的人,石印上现在还雇3个徒工,若再任务加大,当须另外设法了。

2. 现有困难及所存在的问题:

①按以上的计划,每月需要券币113750张,现在纸厂只能出100令,即10万张,所距之数还须解决。

②印刷上,生产人员82人中只有5个工人,占61%;完成37人中也有工人5个,占13.5%,故质量提高上是困难的。我们准备每周上两次技术课来补救。

③石头只有39块,有时版换不过来,则要等版误生产。如都开白班,则更不够用了。还有一大部为用过的。天一冷,学徒学经验,须特别注意,坏了石头就更成问题。故需再买20块为好。

④现在开夜班浪费大,又疲劳精神,也不易管理。但如全开白班,即还须添购机子五架,开夜班汽灯少两只,马上坏了也误生产,用洋蜡不合算,如修理三次,则等于买一个新的,故须添买五个新灯。号码少调不来,有时坏了一修就接不上码字,也须急买。铁皮现在多为铅版不能用,必须买铁皮才行。

⑤关于材料的节约,坏片的减少及病假问题,我们研究,最好用奖励办法才有效。但必须增加预算,待解决。

(光华印刷厂:《十月份工作总结,十一月份生产计划》,1948年11月7日)

自本年六月五日兆祥奉总公司经理们的指示,在拐峁兴建工厂,至今已有五个月零九天,共修起石头窑洞52孔,土窑洞9孔,工房17间,从旧基础上加顶的房子28间,在长期的修建中,我们在工作上有很多缺点与经验教训,检讨列后:

自从六月五日来到拐峁,只有兆祥子清两人,七日又由总司派来景明一人,共是三人,协同进行修建与准备开工生产。可惜我们三个人中没有一个人懂得此工作,检讨起来只能说吃了几天苦,而工作缺点很多。

1. 门窗我们是包给了延市南关木铺去做,共50付,每付90万元,共计4050000元。但因木铺人事不合宜,在时间上误了我们一个礼拜的期限。这一件事情,我们检讨起来,是由于操之过急,一下子包了出去;又因为经验缺乏,未分开包订,这是一个经验,是今后在工作中要注意的一点。

2. 在这样大的兴建中,我们因无管理能力,对木料的管理有些浪费,如橼头子共有三四千,因为未严密管理,都被烧了火。在购买中,买了一根松木檩子30万元。这是一个浪费,值得严格检讨与克服。

3. 因无经验,包订石头每垒多掏了四十万元,后来计算起来,公家吃亏,就降低了工资。当然,与粮价也有关系。这件事情上最少也说明任何事情都须有详细的计算,同时还要多请教,才不会上大当。

4. 最后的五间房子,因天气渐冷,泥活难做,怕冻了做不成,所以做得快,就没把墙垒端正。我们认为这是建筑上的一大缺点。后来我们要叫摧毁,重新垒起来,又感觉时间上不允许,所以扣除了工人一部分工米叫重垒。从这件事情,说明我们的监督工作的不够。再者领导抓得不紧,也是一大原因,检讨起来,应受到批评。但绝对不能忽视此严重的教训。

5. 对于泥木工的管理。由于我们对干部教育不严,对建筑知识缺乏,故在管理工人上、检查工作上都不严格,所以有时叫工人报工数,发现不合实际数目。当时立即召来工头,严厉地批评后,又严格地进行经常检查,才克服了以少报多的现象,这是我们管理松懈的一个错误。

6. 我们对于开支与修建次序上,是采取了把旧的修好后,立即就修工房,后来在进行中因住处不够,在批准的数目内调剂修了几间灶房与总务管理的房子,这件事只向莫科长谈过,而未作书面的报告,今天检讨起来是不对的,犯了无纪律、无组织的错误。

在这五个月中,我们的工作中缺点很多,现择其要点报告上级。其他细节,我们仍在不断地检讨与反省,稍后再作报告。请上级接到后,多多批评指正,为盼。

(光华印刷厂:《光华印刷厂修建总结检讨》,1948年12月7日)

印刷厂、纸厂工作总结

工厂由一月到八月的全部工作,在山西时已作过报告,这里不再谈了。现在要总结报告的是来拐峁后的工作。详情述后:

1. 在拐峁建立新厂的情况:

(1) 胡匪走后不久的六月,总行即令工厂在拐峁修复胡匪破坏的火柴厂,进行生产。原来火柴厂的建设那是很完整的,经胡匪摧残后,房无一间,窑无一孔,良田荒芜,草木丛生,居民稀少,商业萧条,这就是当时当地的实况。在总行指示帮助与同志们同心协力的努力下,在这废址上建立起每日开四部机子的印钞工厂的雏形。(七月廿日)

(2) 因为各方面物质条件困难,上级指示一面修复一面生产,为了两件事情的同时并进,为了迅速恢复起见,当时最需要的就是适量的生产与干部队伍建设。但因战争胜利的发展,老区光复了,新区解放了,这些地方更需要大批干部,哪能顾到我们呢?但我们的要求、希望、需要,如饥似渴一般,远的来不了,近的又没有,我们仍不断请求,终于派来了四个同志,这就是我们进行工作的资本。

(3) 如何开工呢?机器原料一无所有,当时总行立即派人到黄龙分区、关中分区,四处搜寻,又接二连三地给河东电示,派干部与机器原料,总之,达到早日开工,经各方努力之后,于七月廿日,正式开工生产。

回顾当时,我们是在混乱、茫无头绪的生活中度过的,直至九月下旬十月上旬,才算有了些眉目。加之莫科长的亲临指导与山西工厂全部搬来,工作逐渐走上正规化。紧接着发行了急需要的大量的票子,我们根据此种情况,贸然地提出每日突击三百捆的任务。

2. 三个月的生产任务完成与否:

在战争胜利的发展鼓舞之下,我们热情地提出三百捆的任务,而未估计到主观的人力技术程度,以人员数量之多的看法,提出了空洞的不能实现的任务,经过三天的实践证明,只能完成50%。

为了进一步了解实际情况,我们把河东与河西的人员质量、生产情况列表于后,可作参考。

山陕干部数质量比较表

类别	山西时的干部	来陕后的干部	说　　明
行政干部	11 人	19 人	
技　　工	16 人	18 人	
四期学徒	7 人	19 人	
三期学徒	12 人		
二期学徒	25 人	25 人	
一期学徒		59 人	
合　　计	71 人	140 人	

山西时的生产量统计

月份	天　数	共开机数	印出数	完成数	制版数	坏篇数	事病假	说　　明
1 月	21 天	212 部	11880 捆	522 捆	59		16 天	
2 月	15 天	202 部	116053 捆	429 捆	69	27.5 个		
3 月	28 天	259 部	180,950 捆	1308 捆	123		128 天	
4 月	28 天	350 部	251387	1482 捆	103		153.5 天	
5 月	26 天	343 部	246704	1571 捆	97		45 天	
6 月	13 天	178.5 部	143 680	1676 捆	63		66 天	
7 月	25 天	317.5 部	267 419	1190 捆	127		31 天	
8 月	13 天	114 部	87100	1334 捆	60		30 天	
合计	169 天	1965.5 部	1411174	9512 捆	701	186680	49.5 天	
每月平均	每日平均	每机、每日	每日捆数	每版印数	百分比	每日平均		
		11.51 部	724	56 捆多	2012	2%	3 人不足	

说明：

(1) 八个月共开机器 1965.5 部,每天每部平均生产 724 张。(三色版)。

(2) 八个月共出坏篇 186,680 小张,占产量总数 2%。

(3) 质量上因为印的技工是有经验的,所以一般说来花纹线条比较清楚,墨色浓淡尚一致。

(4) 技术人员与四期学徒占总人数(71 人)的 32.4%,一、二、三期学徒占 52.1%,在数目上来说,工人与四期学徒占总人数只有百分之三十二点四,但技术的熟练程度要好得多，这是决定工作好坏的一个主要因素（数量节省等）。

来陕后的生产量统计

月份	天数	共开机数	印出数	完成数	制版数	坏篇数	事病假	说　　明
7月	8天	32部	6862	96068	14块			
8月	26天	234部	48443.8	678210	97块			
9月	26天	420部	91009	1274120	182块	92774个		
10月	25天	568部	208696.5	4000	321块		181.5天	
11月	26天	569部	155602.5	4810	438块		262天	
12月	27天	517部	179575	4050	336块	20000个	414天	
合计	138天	2340部	720181.8	14908398	1095	292774	8575天	
平均数	每月平均	每日平均	每机平均	每日捆数	每版印数	百分比	每日平均	
	25天多	17部	662	108	1143	1.9%弱	6.5人	

补充说明：

（1）六个月生产时间 138 天，共出成品 149,083,998 捆（内有三套色的 2,136 捆），平均每天 109.5 捆。

（2）六个月共开机子 2,340 部，每部每天平均生产 662 张。

（3）六个月产出坏篇 292,774 小张，占总生产量的 1.9%。

（4）质量方面，因为老工人提拔成了干部，仅留的是极少数开机器的同志，大部分是新来的学徒，因之质量上比山西是差些，尤其是一万元的版纹，风景过于细致，使花纹不够清楚。

（5）技术人员少学徒多（占总人数 121 人的 103 人），18 个技术人员，还散布在石印的大工房、制版房、裁切房、券务组、号码组各部门，而参加工作的仍是少数大部分进行指导工作，实际工作是 103 名学徒来做，在这种情况，工作效率就很差，数量少，质量也不强。这是由于工厂突然扩大所形成的。

由以上两表之对比，可以说明如下问题：

（1）工厂搬过河西后，工人仅占总人数的 14%，而学徒占了 86%，形成了头小脚大不正常的现象。在生产部门内，技术是决定一切的。我们工厂的这种不正常的发展，对于提高数量和质量，降低成本，短期内很难谈到。

（2）但由数量上看来，河东最高数字是每天每部机子印到八百到八百五十（16 开三套色的），而来到拐峁后，大家情绪就很高，尤其是在突击生产中，早上工、迟下工,其余时间作杂务工,以增加正式的生产数量,因之生产数量最高达到一千三百张,普通的印到七百五十张,这都是同志们在突击生产中的积极表现。虽然干部都是由工人提拔起来的,工作计划总结能力不强,整天忙乱,但积极负责、埋头苦干的精神很好,否则,还不会完成如此巨大之任务。

(3)坏票的数目河西和河东一样,占总生产数的2%,但以干部的水平来比较,那可以说是稍有减少。

3. 突击生产与培养干部:

在这工人少、学徒多的情况下,我们提出了由十月十五日进行突出生产。开始因未考虑,主观地贸然提出每日三百捆的任务,经过三天的实际工作,把我们的主观计划打得粉碎。

虽然任务在数字上看来是没有完成,但还不能得出结论说同志们的努力不够。处在技术条件劣势的情形下,倒显出是提高了一步,如十月份每日产154捆,到十一月份上升为每日产187捆,证明了技术的熟练是决定性的。与河东相比,是提高了一步。

在干部方面还可看出,把过去的农民慢慢培养成了能印能裁能点的半熟练工人,这对今后工厂奠定了一个良好的基础,便于今后扩大与发展,以迎接更伟大的任务之到来。

干部思想问题

上面把工厂在山西的情况,简略地谈了一下,但我们还未忘记,那时最多是七十九人,在行政上,有处长、厂长、人事秘书等健全的干部与组织;在技术上,有数十年印刷技术经验的高秉仁同志亲自参与指导。

自到了拐峁后,范因病去医院修养,直到今日未痊愈。尤其在开始时,领导干部全在山西,这里只有兆祥一人孤单作战,上级虽然常有指示,但实际上工作困难重重,徘徊不前,虽多次要求派干部来,终未达到要求。最后,十月二日莫科长亲临指导、了解情况后,仓忙提出突击十五日就开始。

在干部质量方面,三个科长,四个股长,其中大部分只有实际工作经验,而没有组织与计划领导的能力。并且是刚提拔起来的,作实际工作不成问题,但作起领导工作却变成了毫无办法的懦弱者。在工作任务加重,范围扩大的情势下,不得不做,除此而外,我们领导本身有些迁就的想法,这是值得深刻检讨的。

但我们仍不能抹煞这些同志们吃苦耐劳与热情的优点。当然,这些同志最严重的毛病是不学习,反而骄傲自大,是我们今后须严加教育帮助的。他们要求领导与上级组织多加具体实际的帮助与批评。对于领导上帮助少、批评多的方式感觉不满,甚至影响其情绪。有时受到严厉的批评后,想调动去学习,或作实际的生产工作。这种情况,我们认为有改革的必要。但要从两方面着手,主要的是这些同志本身努力进步,放下老包袱向前迈进,而组织上须特别抓紧教育;同时我们希望上级政治处多给具体的实际教育指导,如召开干部思想检讨会,进行个别教育,作政治报告等。最好希望上级能派一得力干部,专任此项工作,这是我们希望与要求的事,现在希望早日实现。

目前干部思想中存在些什么问题?

在领导思想上带历史性的迁就,在工厂发生的问题,都可说明这一点。在一九四八年的工作中,我们已下定决心,纠正这一观点,并提到新高度,当作我们的计划进行克服。在干部中,因为时局的开展,大家感觉无能力迎接新任务,因而想不通,就产生了悲观的情绪,这在检讨中作鉴定时,作了思想开导和严厉的批评。在一般同志中的不安心现象甚为浓厚。究其原因,是新币发行后,他们感觉没有自己能干的工作,又怕去当兵,经我们党内外大小会议的讲解,这样的担心稍微减轻了一些,还须努力教育来完全克服。

4. 建筑问题:

自从六月九日起开始修理,到十一月十四日,共五个月零九天,共修好土窑洞九孔,石窑洞五十二孔,工房二十四间,其他房屋二十八间,与全厂的一切生产生产用具,共开支农洋九万五千万万元之谱(详情已有报告呈上)。

下面我们把建筑中的缺点检讨于下:

(1)干部少,又没有经验,建筑用料,因胡匪的破坏摧残,又难买到,如不是上级命令拆城内的大碉堡,盖工房那就大成问题。

(2)由于干部少,又无经验,管理上松弛,致使浪费,如石灰买的过多,用完毕后,还余下将近千斤。椽头刨花没有很好的管理,部分被家属烧了,小的雨水泥土染多,浪费了一部分。

(3)在经费开支上,严格的检讨起来,有无组织的现象。开始时是按照预算进行的,后来大工房经批准修建时,住人的地方不够住,于是在十一月间,我同温汗德同志到总公司请示建筑,与给新同志补充棉被问题时,请示建筑的问题,莫科长答复,可在批准的总预算内调剂的进行,只是口头的答复,而无书面的请示,就从敌人破坏后的旧基础上(有墙没木料),盖起了一部分小房子。我们今天检讨起来,是组织观念薄弱与无纪律的一个错误。

(4)对节约原则掌握不够,除工房外,不应该上石灰地,墙也上了石灰。今天我们从思想上检讨起来,是一个浪费,不合乎节约的原则。

5. 来拐峁后所发生的问题:

(1)六月九日来拐峁,第四日被贼偷去农洋19,367,500.00,当时已有详细的报告呈报总公司。

当时由于警惕性不够高,对敌人走后的情况没有分析调查,这是问题发生的基本原因,现经政治处指示,请政府司法科作一判决书,呈报总公司批示。

(2)十一月十五日上午十二时,因不注意,致使修理剩余下的分板着了火。事情发生后,检查未找出线索,经研究后,最大的可能性是收木灰时吸烟不慎惹下的祸根。因为当时哨兵距离着火的地方有30米远,在未着火前,并未发现什么踪迹,等人发现时烟冒的很大,经过大家奋勇抢救,抢出了部分木板,被火烧的有二丈多。

自从钱被偷之后,我们就在大会上与党内都作了检讨,今后应警惕。可是这次问题发生后,检讨起来,仍证明我们在管理方面的警惕性不够。

(3)工厂来到陕西后,最严重的问题是十月四日,制版房庞同志打坏久未使用的一块黑石头,主要原因是石头不平,垫的皮子过多而压坏的。

十月廿五日冯开尚同志印了两天的石头未发生问题,到了第三天早晨,印了一百张后,石头上出了一条白线,当时股长的检查是托石头时,中间的黄蜡未灌平压坏的。

此两件事情发生后,我们均召集大会检讨坏的原因与大家应注意的事项。

(4)压纸房于十二月一日,因地道火烧的过大,把木板底下的笤帚烧着后,燃着了白土纸贰仟伍百张的边子,当时一发现扑灭火后,立即召开会议进行批评教育,并告诉大家火不能烧得太大,靠火的地方不许放易燃物品,防止人不在时发生更大的火灾。

(5)在印五千元票券时,重打码子一次,当时未发现,隔了两天才检查出码子已超过了规定的数字,立即报告总行,并请从交库的票子中,检查是否重了码子,经检查后,未找出,估计可能已发出去。我们召集大会讨论,是因为粗枝大叶不细心的缘故,打错的又是学徒,只给了批评未处罚。

(6)由于管理不严格,在开初时对于纸条与油墨盒子被人乱拿使用,并到处乱抛,现时正在统计损失有多少,统计好后当即汇报。

6. 会计工作:在会计工作上,经过河东的结束及迁移河西的修建,工资问题的研究,旧账堆积很久,不能按时总结及报告,未能及时提出意见,没有起到应有的作用。手续上有宜子清手错,将铁匠九百万元借条当作领条,两个月才经发现,已经解决。自成立会计科以来,手续上才走向正规。现正在赶造一九四八年总决算,详情等待后报告。只将一般情况简述于下:

7.成本问题:

一九四八年成本比较表

月份	成本		比率	说明
	一万元	五千元		
一月	414.70		100	
二月	452.33		109	旧年放假生产量低故增
三月	597.70		144	因每张纸由4000张至6000增加50%,但产量稍有提高
四月	523.50		126.5	产量更为提高
五月	556.40		134	油墨每磅涨2万元米每斤涨了2仟元
六月	610.00		147	油墨涨了一倍又停工半个月(因等新版)
七月	439.20		106	产量提高及洪涛新版票面小每张20开,过去16开
八月	393.20	510.50	95/123	一万元票因八月结束有前印之半成品在内,故省工;伍仟元票因新建工厂开支大,工具修理增了三倍
九月		530.40	128	本月因发日用品油墨增2万元
十月	317.50		76	物价减低突击中产量提高,又是二套色的少印一色
十一月	340.00		82	本月开支棉衣及日用品费如以半年平均开支成本实为305.00
十二月	322.40		78	本月执行全面工资制,物价特涨,实比十一月份增加5.7

由上表可以看出,成本增减的原因,主要是物价及生产量的高低,生产日的配备,事病假的多少,票面大小,色数多少,坏篇增减,各方之节省,如印道林纸,

如系两色则比土纸便宜些,洋纸每个合 177.00,土纸则合 208.00。

8. 开支问题:全年共支制造费 8,330,623,480

9. 总务工作

工厂总务工作的任务,包括的范围甚广,除了生产以外的事情,都是总务科的事情。但我们工厂的总务工作,在半年的过程中,基本上完成了生产上与大家生活之供给任务。

(1)管理制度不严格,致使浪费现象发生。如建筑时的木柴,椽头没有严格地保管与使用,都被烧了火,到急用的时候,束手无策,把大材料改小使用,计算起来是一笔浪费,每根椽头以 500 元计算,4000 根椽头,就是浪费 200 万元。

(2)在调剂生活方面,基本上掌握了供给标准的原则。可是对作物技术的研究与进一步改进饭菜的做法,亲自动手的地方太少。

(3)对总务人员的教育不够,因而这些人只知道工作、赚钱,改进工作,研究节约,仍然是不够的。一般来说,对干部要教育,要使用,我们只知道使用,忘记教育他,所以他的工作就没有生机勃勃的气象,整天死气沉沉,要做好工作,必须进行思想教育。

(4)掌握物价,及时地购买回我们必需的用品是不够的,如买粮等就做得不够。这也说明我们在大的地方着眼与小的地方着手不够,因不了解此原则而吃了大亏。由于新币发行,农币停印,对购买东西的影响甚大。

(5)工作上建立了各种制度,并且逐渐由紊乱走到统一,这是总务上大家努力的结果。

(6)伙食上按时结算,并向大家公布,这是经济民主化原则的执行,须继续坚持,并更好地利用,对工作才更有利。

最后,光华印刷厂成立至今已有八年的历史(一九四〇年十月十日成立)。在几年中间,因战争关系,迁厂就有数次(延安、志丹、山西后大禹、都督村、拐峁),而规模最大算是今天。不论在干部方面,在经济工作中总算尽了它应尽的一部分责任。存在的不足仍是很大很多的,如领导同志的迁就,同志们中的平均思想、自由现象等。

尤其是管理的企业化,那是更谈不到,需要在今后的工作中继续摸索,不断地学习,以期取得经验。

以上报告,希望上级接到后审阅,并给具体的指示,是所至盼。

(光华印刷厂:《光华印刷厂八月至十二月工作总结报告》,1949 年 1 月 20 日)

自工厂搬到拐峁以后,可分为三个阶段,自去年六月至十一月十五日四个半月,是修复敌人破坏的一切,并部分的开工印五千元农币;十月十五日,大工房竣工,就立即开始了一个月的突击生产,这一期间的工作是最难的一个阶段,因器械、原料是由山西和各处搬来的,都不就绪,而人员又是各处新调来,工作手续制度都未建立,整个形势要求发行数目巨大,工厂生产不出来,为了供给这一数量的需要,工厂就把全部力量放在生产上,忽视了工作手续制度,致使产生数目短少的错误。因为对人力技术条件估计不够,后来总结经验,健全领导机构与制度,中途因新币发行,农币停印,工厂由扩大又要压缩。

不论是领导或是一般同志均有不安之势,维持经常工作,等待结束。一九四八年的工作已有总结呈上。

以下将四九年一、二、三月份的工作总结报告于后。

工务科工作

一九四八年的工作结束后,一九四九年接着就开始了,原来准备结束时作一总结,后来新币继续印刷,才安定了人心。为着改进质量,我们把生产重新组织了一遍,规定每人每天六百张,在实际的工作中,三个月平均数:每部机子每天印六百三十张。但要以三月份来看,只印到五百八十五张,究其原因,是新币的发行人心不安,害了失业病。时局发展,此地人不愿出外,干部思想也有波动,因而工作热情一时不易恢复到正常状态,提高工作效率困难,整个工作的详情分别述后:

生产情况:一、二、三月份的生产数字另有总结表附后,请参看。农币在二月六日得令停止印刷,改印人民币。可是样子呈上后,又令改印农币,后又决定印新币,反复数次不能开工。在停印时,组织了全部人员每日六小时的学习,还抽时间打了数丈墙的猪圈。小版作好后,经总行看过,准备开工,总行又通知叫暂停印,等待决定好后再行付印。在这期间,印邮票三令纸。三月十二日正式开工印刷,因新片华北版未到,不能工作,误工两天,去延请示后,仍决定用旧版印新币五元版。总之,石印上是休息了二十余天,而完成上误的时间更多。

附一月至三月份生产总结表

月份	摘要	开机数	制版数	生产人数	生产时间			生产数量		事病假	
					生产时	任务时		印出数	成捆数	事假	病假
一月	西农万元币	411 部	222 块	111 人	1524.5 天	287 天		318970 张	2189 捆	288 天	11 天
二月	西农万元币	55 部	53	110 人	518 天	145 部		84450 张	3210 捆	187.5 天	24 天
三月	人民伍元币	288 部	108 部	109 人	913 天	71 部		168404 张	264 捆	244 天	7 天
合计		754 部	383 部	330 人	2955.5 天	503 部		521824 张	5663 捆	659.5 天	42 天
说明	库房人员和点汽灯的六人未计算在上表，石印印数以半成品计算。成品以券务实出数计算。										

工作中发生的问题：(1)元月八日，印刷股×××同志，压断了三号白印石一块，该石头厚二寸八分，长廿四寸一分，宽十八寸一分(英寸计算)，打坏的石头不是中间打坏的，而是打了一个角角，故大的还可以印大六K用(长18寸半，宽不变)。

当时由于垫的不平，一头有一块小木板已有走动未被发觉，是两头挤了起来而折断的。问题发生后，当即召开全体大会，刘同志作了检讨，行政上又把坏的原因作了说明，使大家认识造成这不必要损失的教训，刘在大会上要求处分，以承担这一损失，行政上给以当众严厉批评之处分，以示不能再犯此等错误。

(2)与印刷股压坏石头的相隔不远，完成号码房×××同志，因未把号码闹清楚，印重了号码二千张，立即开会检讨，给予批评，并讨论出防止再重印的办法，建立了交替手续与各自负责制。

(3)发现票券的短少，当即追查。一月廿四日，在李市查出未发行的票券一大张(等于六小张)。调查结果，是×××偷了裁切组的票子，当时私叫谈话，在身上检查出二张，一张未有号码，一张有码子(等于十二小张)。谈话调查好后，当晚召开大会斗争教育后，送延安县司法处审讯，承认偷了三百余万元……(抄者略)。从此件事情上，我们检讨其发生的原因，由于手续不严格，当时已知短少，库房以为自己数得不清，当即补上，造成对偷票人的放纵态度；未经组织同意，随便把旧制度取消，也不汇报，领导检查不严，未及时发现纠正，由此种种原因，造成今天的大错误(已有报告四月六日呈上)。

尚待解决与已改进方面：①现在机子坏的多，不能保证按规定数开动，原规定白班机子十八部，夜班五部，现只能开动十六部，有两部经久修理未成，因大轴不平而增加了夜班。铅皮的问题，过去每张可用到半年，而现在只用十余天至二十天就不能用了。现延市又买不到好的，订压板的皮条太干，质量不好不耐用。现时每天的什务工，占了一部机子的工作时间。

②手续制度：由于过去制度不严，而造成了×××盗窃的恶果。从此发现以后，建立了严格的手续制度，完成库增加了一人，库门上两把锁，保管人各带钥匙一把(现在三人，原来二人)。

A、石印库领白纸时，需有股长亲自过数才得入库。压纸房数三次，库房数两次(过去各数一次，股长不数)。印刷组向库房领纸时，需印的人当面过数，其他人不给。

B、完成库向石钱库领纸时，由股长保管人各数一次才能入库；向各组交付时,各组长在库内当面过数,库房收回亦过数后才入库。

C、各组门上的钥匙,由组长负责保存,组长锁门组长开,其他人不得任意去开。

D、生产上有一般问题,要在四小时内向科长报告,若有短少的问题,当即追查其原因并查库,定期半月查一次,除此而外有问题就查。

会计科工作

(1)做了一九四七——一九四八年底的总决算,资产负债表已呈,附表亦即送上。将全厂财产进行一次盘存与盘价,结转新账,并与有关各方对表一次,未清账目亦已去信查对了。

(2)进行过一次检查工作,会计上过去不能按时与各科核对账目,上级现已逐月核对了,决算只能在下月中旬才能作出,今后还需加速改进。出纳的手续正确,近日也有发工资时付错的,工人已自动退还。保管上因外出买油,另人代管手续不合,现已解决。

(3)召集各科记账员开联席会一次,检讨了工作,建立了每周一次的业务课。这方面我们过去亦无人指导,又无书籍研究。在管理上、核算上、技术上还差得很,故建议企业或财校应研究一套统一的工厂会计制度,或设工厂会计的训练机关,也是必要的。

(4)坚持了半月一次的发工资制,此对公私都有利,预算也影响不大。一月份开支管理费152,273.19。二月份开支管理费189,449.00,增加了17.6%,但每次饩卖家付离开37%,乃因二月份烤火费减少,由于工房停工之故。

一月份每张票子成本20.4,二月份38.75,增加90%。这是由于物价的提高,及本月因为停工半月多,因而成本增大,还有坏片用纸,过去未报销,现已结束,坏片共计351594张,合大纸7325张,以10计则73250元,占总产量的1.36%,这对成本上有很大关系。今后亟须注意减少坏片,每月即应交银行一次,按月报销才为正确。三月份决算未成,下次再作报告。

总务科工作

由于整个工作走向收缩之势,总务工作也是同样,以收缩之势解决目前的吃穿供给问题,同时,也注意到节约与副业生产,以调剂伙食,注意卫生,加强警卫。达到保证大家身体健康,顺利完成行政之生产任务。其具体详情列后:

(1)总的领导方面:在三个月来,依据行政上的指示,在供给标准以内调剂伙食,供给必需之物品,为完成此项任务,做了如下安排:

A、在人员上,除公务员外,总务上有十个雇工,做饭菜的六人,给大工房烧担水的一人,烧开水与干燥室的一人,赶牲口的一人,磨面的一人(副业上报销其开支),勤务一人,干部五人,除此而外,还有警卫班十三人,医生一人,这就是总务科领导下的全部人员。

为了顺利地完成任务,教育干什人员是一项很大的工作,如做不好教育工作,任务就难完成。在这一方面,除按时开会外,有定期定时的学习,因之大家的工作热忱与情绪尚好。在原有的十一人中减少一人,还能自动的无代价的杀猪、做豆腐、调剂伙食,是其收获。

B、采购工作:买米三十二石三斗零三合,麦子六十八石,菜二千八百廿七斤,石炭五万六千一百五十斤及其他必需之物品。

C、伙食保持每天一面二米,肉每一礼拜二次,调剂作法,花样也较多,并在作法上召集有经验的同志座谈研究,改良过　次,而账目按月结算公布,总体来说意见尚少。

D、副业生产简况:磨面作豆腐、生豆菜,由三月份开始,除成本与开支外,尚净余农洋八百五十八万二千五百元,钱数虽不多,但对伙食调剂起了很大作用。

(2)警卫工作:自去年来后,在警卫任务上,比起县政府的警卫班对任务的负责要好得多。

A、军训与文化学习,经常不断的进行着。

B、除上项以外,还替工厂作了不少的零星事情,如打扫卫生、抬担架等等。

C、他们以很少的代价,帮助工厂负担春菜的任务。

D、有定期的会议制度以检讨工作生活学习,这是他们最大的一个优点。

……

(抄者略)

以下三个月的工作得出如下几点教训:

1.不论是几年来或是三个月来,都证明了印钞工厂的工作是最主要的一环,手续要严格,如果做不到这一点,就会造成极大的错误。我们在这一次因手续不严产生的短少票券错误,认识到未发行的票券之短少,不同于一般的票券短少,他会造成破坏分子乘机伪造我币的机会,这是我们这次在错误中学到的教训。如×××把未发行的票券偷去在街上乱花,造成真伪不分。

2.从这次拐呂修复,突击生产及今年三个月来的工作中证明,不管在任何复杂混乱情况下,必须要保证制度的执行,否则,就会发生问题,出现混乱情况,事后就无法收拾。

　　管库房人对废票未打作废图记,收发未按规定的手续当面过数,造成了长短互相补退,分不清责任来。

　　3. 为了少发生或者不发生问题,必须建立并执行极严格的检查制度。领导如不对制度进行严格的检查,就会变成官僚式的领导,那就是对人民事业不负责,就会造成极大的罪恶。这次库房短票子未及时发现,就是因为没有定期检查而造成的。

　　4. 在三个月中,也说明了不管情况如何变化,领导一定要安定人心,如做不到此点,就会产生更多的不负责任与自由主义,工作就会变得一塌糊涂,就会犯错误。我们三个月的各项工作,未及时总结与报告上级,就是由此产生的。

(光华印刷厂:《三个月的工作总结》,1949年4月9日)

七、印刷厂简史

1. 筹建背景

　　日本帝国主义侵入中国后,国民党反动派实行"攘外必先安内"的政策,他们面对日本侵略者的进攻步步退让。抵抗日本帝国主义进攻的重担,落在中国共产党和她领导的红军和工农群众肩上。

　　一九三六年的双十二事变,使国共合作出现了新局面,国民党的东北军,让出了延安、甘泉、合水、庆阳四个县。中央决定党、政机关从志丹迁往延安。中华苏维埃共和国国家银行西北分行,随中央机关于一九三七年一月十三日到了延安城。西北分行所属财经印刷所与银行住在一起。到延安后因敌人轰炸,就搬到清凉山,继续印刷西北分行货币。

　　"一九三七年九月,党中央决定将工农民主政府西北办事处改为陕甘宁边区政府部门。""一九三七年十月,中华苏维埃共和国国家银行西北分行奉命改组为陕甘宁边区银行"。"一九三七年十月,中央财政部长兼西北分行行长林伯渠同志调到西安八路军办事处工作,边区政府任命我为财政厅长和陕甘宁边区银行行长。"

(摘引《曹菊如文稿》第30、31页)

　　"一九三七年底,中央认为有成立一个公营商店的必要,办理内外贸易,解决边区的军需民用。"

"一九三八年四月一日正式成立了光华商店。划归边区银行领导,余建新任经理,随着银行业务的发展,在一些重要地区均设立了光华商店分店。"

"国共合作抗战协议中规定,红军改编为八路军。国民党政府按月拨付一定数的定员军饷,此款由八路军驻西安办事处领取,一半送交延安,一半买成商品,作为光华商店进货,由光华商店供应给机关、部队和群众。"

(摘引《曹菊如文稿》第 32 页)

陕甘宁边区政府成立不久,专门从事边币印刷工作的财政印刷所奉命合并到中央印刷厂的石印部。中央印刷厂直属中共中央办公厅领导,后改由中行部领导。

中央印刷厂成立初期,厂长祝志澄,副厂长朱华民,下设工务科、总务科、校对科、排字科及印部、铅印部、装订部、机修部和铸字纸型组。

中央印刷厂的主要任务是印刷厂三日刊的《新华报》,后来改为《解放日报》,还印刷马列著作和毛泽东著作、中央文件和时事手册等。

(李长彬)

"陕甘宁边区银行成立之初,边区市场全部流通法币,而法币的主币居多,面额较大。辅币异常缺乏,找零极为不便,群众被迫以邮票代辅币使用。为了适应需要,便利市场交易,经边区政府批准,以光华商店名义发行'光华商店代价券'作为辅币。"

(摘引《曹菊如文稿》第 33 页)

一九三八年夏天,中央印刷厂石印部开始印刷"光华商店代价券"。石印部主任李长彬,辅币的设计人员高秉仁,写字人员高秉义,雕刻人员商伯衡,制版人员高秉仁。"光华商店代价券"用石印印刷。最早印刷的"光华商店代价券"面额有贰分、伍分、壹角、贰角、伍角五种,随后又印刷了面额柒角伍分的一种。这种辅币与法币同流于边区市场,比价为一比一。

"一九三九年下半年,国民党政府为其妥协投降做准备,在边区制造军事摩擦,并少拨按规定应拨付的军事费用。边区政府为应付这一突然事变,决定以陕甘宁边区银行的名义,印制面额壹元的主币,在必要时发行。"

第六章　陕甘宁边区银行的钞票印刷

（摘引《曹菊如文稿》第33页）

随着国共合作形势的日趋恶化,陕甘宁边区政府和抗战军民的财政日益困难,国民党不但停止拨给八路军和新四军军饷,而且还对陕甘宁边区政府和抗战军民进行军事包围和经济封锁,妄图困死、饿死边区军民。为了粉碎国民党反动派的经济封锁,党中央毛主席提出了自力更生的伟大号召。以印制边币,供应边区军需民用为根本任务的陕甘宁边区银行光华印刷厂,就是在这样的背景下,于一九四〇年十月在延安新市场孤魂沟着手筹建。

2. 建立初期

陕甘宁边政府和银行确定建立边区货币印刷厂后,通过各级领导机关,向陕甘宁边区各个单位广泛征调印刷技术人员和青年工人。

一九四〇年十月八、九日,中央印刷厂石印部的技术骨干高秉仁、高秉义、沈信祥、赵楚、商伯衡、高广成、张继昌等同志最早到达延安新市场孤魂沟光华印刷厂。他们首先清理厂址,雇用当地居民挖窑洞,并从中央印刷厂向光华印刷厂运送机器。

（沈信祥、肖煌）

一九四〇年十月二十一日,从抗大调来的肖煌、江琳、王慎、杜志学等同志来到光华印刷厂。

一九四〇年十一月初,中央党校组训班范耀武、吴志正等同志和马列学院的路俊耀、薛正国等同志和陕甘宁边区政府教育厅文化用品社的曹承宗、师兆祥、王洪涛、孟立贞、丁立智、吴宗林、韩培凡、焦力人、石显君、马德仁、李万玉等十多人,也应调来到光华印刷厂。

此外,陕甘宁边区银行的牛牧野,鲁迅艺术学院的孙帮达、鲁明,八路军印刷厂的范培才、崔文彦、王国春、彭林和晋西北的薛兆林、张淑华等,也调到光华印刷厂。

光华印刷厂建立初期,形成了三十多人的骨干队伍。第一任厂长是曹承宗,副厂长高秉仁,党支部书记和工会主席沈信祥,工务科长高秉义,负责生产调度和材料管理;保管科长师兆祥,负责发放印刷用纸,收回成品、半成品;会计科长王洪涛;总务科长芦俊义;木工组高广成、石显君(肖煌、欲信祥、江琳)。铜版雕刻商伯衡;票面设计高秉仁;制版高秉仁、范耀武、王慎、薛兆林;石印范耀武、沈信祥、王慎、赵楚、肖煌、孟立贞、吴宗林、丁立智、张继昌、孙邦达、阎树亭等;铅印雷达天、江琳、杨满仓、王福林;完成马德仁、张淑华,以后又吸收一些家属参加点票、检查号码和封包工作。

最早的设备有从中央印刷厂带来的二、三台石印机,从八路军印刷厂带来的两台石印机。铅印号码机两台。

因为边区急需钞票,光华印刷厂边建设边生产,一九四〇年十月十日就赶印柒角伍份的"光华商店代价券",并设计陕甘宁边区银行的主币壹元券,制版后没印刷,何时印刷听周副主席的召唤。最早印的陕甘宁边区银行券,有壹角、贰角和伍角几种。

(肖煌、马正义、沈信祥)

一九四一年一月二十八日,边区政府作出决定,由边区发行边币,禁止法币在边区市场流通。

一九四一年六月,光华印刷厂石印机发展到十二台,铅印号码机两台,全厂人数达到七十来人。

(肖煌、马正义)

3. 艰苦生活

光华印刷厂所在地的延安城外的孤魂沟,历来是埋死人的地方,乔木丛丛,野草莽莽,偏僻荒凉。刚建厂时,没有几孔窑洞,工人干部的生活艰苦清贫。有一天夜里,四点来钟,石印工人肖煌和孟立贞下夜班回宿舍睡觉,两个人把工房的灯灭掉,关好工房门,一边说笑一边往宿舍走。走着走着孟立贞觉得很饿,就和肖煌说了一声回厨房里找东西吃,孟立贞走后,肖煌站在山坡上挖的平台等他。这时,山沟里漆黑一片,伸手不见五指。突然,从光华厂的豆腐房那边亮起两盏蓝绿色的灯光。那时,孤魂沟根本没有电灯,那是什么东西呢?肖煌心里嘀咕着,再看时,那峡谷两个蓝绿的圆光还在活动,而且越来越大,越来越近。肖煌不知是什么东西,心里感到阴森可怕,后来,两个圆光停了一会儿,就消失了,孟立贞从厨房出来,肖煌把自己见到的东西说给孟立贞,两个人就回宿舍去了。第二天,肖煌到原来的地方一看,只见地上有一个个的梅花印,这才知道昨天夜里看见的是一只出来寻食的豹子。

光华印刷厂成立的年月,正是国民党反动派对陕甘宁边区严密封锁的时候。因此,光华印刷厂工人和干部的生活就非常艰难,那时,光华印刷厂实行的是供给制,每人每天给××斤粮、××钱油、×盐。一年一套单衣,三年一套棉衣。稍后一些时候,边区物资供应更紧张了,把一年一套单衣改为两年一套单衣,虽然管伙食的红军干部李万玉老汉想办法做豆腐、养猪,调节了工人干部的伙食,但仍然改变不了困难的处境。几乎所有的同志都吃不饱肚子,青年人就更感不够吃。同志们身上穿的就一身单衣没有替换,生产又很忙,上班穿下班也穿,穿不到一年连袖子都磨掉了。鞋也很紧张,上级没那么多鞋子发给,多数同志都是自己来厂时穿来的那双鞋,穿破了就没得换了,实在没有办法,有的同志就用搅机器用的破皮带钉把当鞋穿。有的人感到困难得待不住了,曾闹着要回家。

一九四二年临近春节的时候,有一天,孟立贞在石印机上摇了一夜石印把子,下了班又累又困又饿,想吃点东西,没地方去找,就在草垫子上饿了一天。正在这时候,孟立贞的父亲从老家韩城来延安卖年画,顺便到光华印刷厂来看儿子。孟立贞连自己也吃不到饭,哪里有东西给父亲吃,父亲看着孟立贞为难的样子很心疼,待了一会儿没吃饭就回去了。孟立贞思前想后,觉得对不起父亲,难过地坐在打谷场上直哭。年仅十八岁的孟立贞,心里一时想不通。很自然地想起了父亲以前对自己的教诲。

那是抗日战争开始不久,八路军总司令朱德同志带着部队到孟立贞的家乡——韩城,孟立贞的父亲,经过大半辈子兵乱,什么样的军队都见过,可是从来还没见过像八路军这样好的军队。他们和老百姓一样过艰苦的生活,他们和老百姓一样辛勤,他们憎恨敌人,爱护人民,真是老百姓自己的军队。父亲语重心长地对孟立贞说:长大了要当八路军。父亲的话,在孟立贞心灵里刻下了深深的印记。后来真的按照父亲的希望参加了革命工作。

孟立贞来光华印刷厂,思想上有了吃苦的准备,可是他没想到会苦到这种程度,自己的父亲远路来看望,连顿饭也管不起,心里难过得不知怎样好,因此,一个人在打谷上哭。

哭声传到了范耀武同志的耳朵里,老范把孟立贞叫到办公室,问清了事情原由,对孟立贞进行安慰,他亲兄弟似的耐心向孟立贞讲述革命者的苦乐观,讲述先苦后乐的道理,鼓励孟立贞咬紧牙关,克服困难,干好工作。最后,范耀武同志看到孟立贞的衣服破得不成样子,就把女友用女式衣服为自己改做的衣服送给了孟立贞。孟立贞从老范的话里懂得了当一个革命者如何对待困难的道理,感受到革命大家庭中的温暖,脸上的愁容消失了,心里高兴了,取消了回家的念头,坚定了干好工作的信心。

(肖煌、孟立贞)

4. 克服生产困难

国民党反动派对陕甘宁边区的经济封锁,不仅使边区军民的生活异常艰苦,而且也使生产工作出现了很大困难。印刷厂刚印刷钞票的时候,用的是道林纸,因为从敌占区买不进来,道林纸用了一个时期就没有了。为了解决印刷用纸问题,陕甘宁边区专门建立了造纸厂,用当时出产的马莲草和羊毛造纸,这种纸很不容易造出来,拿到石印机上一试,因太厚,不能使用,为此,又想办法把厚纸压薄压平再拿到石印机上印刷,经过压薄后,厚度比原先减了一些,但还是比道林纸厚得多,也很粗糙,在石印机上印刷,对石头版磨损得很厉害,一块石头版印不了多长时间,就磨薄了,不能用了。为了解决石头版的问题,经过试验,用水泥托在石头版下边加厚来使用。然而,因水泥质地太脆,用不了几次,水泥就断裂了,这样一块一块损坏了不少石头印版。这些石印版都是从德国、日本进口,解放区用外汇买到光华印刷厂来的。敌人封锁后,石头版买不进来,没有办法,就用当地石头制版印刷。当地的石头版质量太差,也是印不了多少活就不能用了,还要想别的办法。

当时的困难很大,但是,工人干部克服困难的精神很旺,生产干劲很足。

一九四二年,石印机已经发展到十七台,铅印号码机还是两台。这一年,印刷的钞票是陕甘宁边区贸易流通券,面额有伍元、拾元两种。因为任务要得紧,生产上开昼夜两班,印完后暂不发行,放在库里存起来,什么时候发行听中央的通知。经过工人干部的共同努力,克服了一个又一个困难,终于完成了生产任务。

(马正义)

5. 丰富的精神生活

光华印刷厂的政治思想工作及工会青年团的工作,都是在党支部的领导下进行的。每逢一、三、五进行政治学习,二、四、六进行文体活动。

政治学习分高级组和初级组。高级组到延安北门外大边沟的中央党校听联共党史、中共党史和哲学报告等等;初级组由领导成员讲课或组织学习。学习成绩张榜公布,对学习好的同志公开表扬。一时学习较差或榜上无名的人对比学习好的同志,感到脸上无光,自己就坐不住了,要求自己把学习赶上去,在干部工人中形成了浓厚的学习风气,对提高思想和文化素质收到了明显的效果。

经常性的政治思想工作,由于工务科的领导和工作人员结合生产进行,在当时的艰苦革命年代,生产任务经常都是很艰巨的,而且物质条件、技术条件欠缺,每一次生产任务下来,都结合每项具体工作做好动员,向大家讲清有利条件和困难条件,要求每个人用饱满的精神对待生产工作,开展劳动竞赛,团结一心地克服困难,圆满完成生产任务。

党员在群众教育中起着非常重要的作用,党支部要求党员,不但要在生产工作学习中起模范作用,而且要求党员在和群众一起活动中,考察和掌握群众的思想工作情绪,随时随地做好思想工作。党员做思想工作的一个重要形式是和群众交朋友,那时,每一个党员至少都要交一个非党朋友,通过交朋友,进行政治思想工作。团结群众共同搞好光华厂的各项工作。

工会负责全厂的文娱体育活动,配合总务部门搞好伙食,与行政部门一起组织职工开展劳动竞赛。光华厂的文体活动,常年坚持不断,每逢二、四、六都组织活动,如唱歌、演戏、打球等,周末组织文娱晚会,每逢大的纪念日,都组织报告会或纪念活动。

由于光华印刷厂常年注重政治思想工作,常年注重工人干部的学习,常年注重文娱体育活动,再加上艰苦条件的磨炼,使广大工人干部养成了积极、进取、不怕困难、团结一心、紧张活泼的良好风气;培养了干部与干部、上级与下级、党员与群众之间深厚的革命友谊。尤其是光华厂的党支部领导成员,虽然几经更换,但这一些人,始终坚持学习,并自觉地贯彻理论联系实际,密切联系群众,坚持批评和自我批评三大作风。开会时,互相争论,常常争论得脸红脖子粗。会后,还是互相支持,互相关怀。他们思想扎实,作风纯正,没发现哪个领导同志在这方面出现什么问题。给光华厂的党员和工人群众树立了学习的榜样。

(师兆祥、肖煌)

6. 开荒

一九四二年,光华印刷厂响应党中央、毛主席"自己动手,丰衣足食"的号召,组织起来,到延安城南四十多里的客来沟开荒,客来沟环境很美,山上是灌木丛林,河里是芦苇、水草。那年共开垦荒地一百多亩,种粮近百亩,种菜十多亩。与此同时,把工厂周围的闲地和山坡也都种上蔬菜,大家拿着铁锹和镐头,三个一群,五个一伙,刨地的刨地,播种的播种,浇水的浇水,大家高高兴兴,说说笑笑。种的蔬菜有白菜、萝卜、芫荽、韭菜、西红柿、南瓜、大葱等等。

因为光华印刷厂的很多工人来自农村,开荒种地有不少能手。如马正义同志,干农活有很多门道。他干起农活来又快又利索,姿势也好看。他还会很多农谚,什么"清明前后,种瓜点豆",什么"冰凌响,萝卜长"等等。他自己干得好,指挥别人的办法也是一套一套的。

延安那地方土好,把种子种上,只要有水浇,就长得很好。每年都种粮种菜,每年都收获很多,生产的蔬菜全部交给食堂,改善大家的伙食。

除去开荒种地外,厂里还养猪,逢年过节,杀个猪,让大家能吃上肉。杀猪,光华印刷厂也有能人,吴宗林就是一个。每次杀猪都是他的拿手差事。他把袖子一挽,一个大猪一会儿就拾掇得干干净净。

由于光华印刷厂开荒种地搞得好,保证了每人每日五钱油、五钱盐、一斤半菜、二两肉。改善了职工生活,促进了生产的发展。

(肖煌、师兆祥)

7. 文体活动

光华印刷厂重视在工人干部中开展文体活动,业余生活很活跃,体育活动有打乒乓球、打排球,更多的是打篮球。由于厂里经常组织体育活动,各项活动,特别是打篮球有一定的水平,王慎和江琳等同志曾代表光华印刷厂和八路军印刷厂、中央印刷厂等单位的工人,组织了边区第一个工人代表队,出席了陕甘宁边区的运动会。比赛时,朱总司令当啦啦队长,给工人代表队鼓劲、加油。那次运动会还拍了电影。

再一项文娱活动,是参加边区政府组织的业务剧团。剧团团长是甘露,有一次演出《母与子》,江琳演主角,甘露演儿子。下了白班就去排练,最后在参议会礼堂正式演出。

(江琳)

为把文娱活动开展的更活跃、更经常,一九四三年成立了秧歌队,除平常在厂里开展活动外,每年春节到中央驻地,给中央首长拜年,并演出自己编排的文娱节目,有唱歌、有跳舞,还有歌舞结合的秧歌剧。徐老、林老、王稼祥、贺老总、叶帅、少奇都看过演出,毛主席、周副主席每次都看。每次演出后,中央首长都热情招待演出队的同志们。周副主席还亲自给端饭倒茶。大家围着圆桌会餐,高高兴兴,欢欢乐乐。有一次,周副主席还给同志们作了热情洋溢的讲话。

一九四三年春节陕甘宁边区银行张定繁同志负责带队到杨家岭会议室外边的坪子上给毛主席等中央领导同志送锦旗、拜年。张定繁同志念完祝词,乐队指挥肖煌同志因犯寒腿病,疼得走不了路,还是赶到了。张定繁同志生怕没有乐队指挥演出砸锅,急得不知怎么好。徐景君同志得知肖煌腿疼的消息,很快拿来一缸子（水碗）虎骨酒。肖煌也非常着急,为止住腿疼,指挥乐队演出,咕嘟咕嘟一下子全喝下去了。以为喝了虎骨酒腿就不疼了,不料想疼得更厉害了。如果肖煌去不成,那演出就真的砸锅了,肖煌忍疼坚持要去,走不了路,就让陶世俊、杨林山等同志把肖煌从山坡上背下来,然后扶到马背上,用马把肖煌驮到演出地点。张定繁同志看到肖煌来了,心里的一块石头才落了地。

演出过程中,肖煌的腿仍疼得厉害,张定繁生怕肖煌坚持不住,不时问"怎么样"？肖煌深知坚持不住的后果,他咬着牙坚持指挥。

那次演出,看的人很多,除中央首长、中央机关的工作人员,还有男男女女、老老少少的老乡,演出地的周围人山人海,非常热闹。

在杨家岭演完后,紧跟着到联防司令部给贺老总等军队领导同志们演出,之后,又到王家坪八路军总部给朱老总、彭老总及军部其他领导同志们演出。一直到晚上七八点钟把节目演完。这时,肖煌再也坚持不住了,这才进了医院治疗。

（马正义、肖煌）

8. 欢迎毛主席重庆谈判归来

一九四五年八月,日本宣布无条件投降,长期遭受侵略战争苦难的中国人民,迫切要求和平民主,反对内战独裁。然而,美蒋反动派早已打定主意要消灭共产党,开始发动对解放区的局部进攻,并准备大规模的内战。但是,美蒋反动派又害怕革命力量的强大和全中国、全世界民主舆论谴责,因此,一再玩弄"和谈"阴谋,请毛泽东主席去重庆谈判。中共中央为粉碎美蒋反动派的阴谋,于一九四五年八月二十八日派毛泽东、周恩来和王若飞等同志赴重庆与蒋介石谈判。

光华印刷厂广大工人干部,工作、生活在中央所在地,很多同志都亲眼看到过毛主席、周副主席及其他中央领导同志。不少人还参加过给中央首长拜年和文娱演出活动,对中央领导有着深厚的感情。毛主席率代表团去重庆,很多人都为毛主席等中央领导同志的安全担心,有的甚至急得直哭。中央领导同志对光华厂的工人干部非常关怀,经常过问光华厂的生产、生活状况。周副主席知道光华厂纸张有困难,在去重庆谈判期间,工作那么忙,还通过关系给光华厂买了道林纸,派飞机运到延安飞机场。让光华厂再组织力量从机场运回厂内。代表团在重庆谈判,光华厂工人干部日日挂念,盼望毛主席等中央领导早日谈判成功,安全返回。

一九四五年十月十日,签订了《国共两党会谈纪要》,即"双十协定"。第二天,毛主席回到延安,光华厂的工人干部同陕甘宁边区广大军民一样,兴高采烈地庆祝毛主席胜利归来。党中央和陕甘宁边区政府决定举行晚会,庆祝重庆谈判胜利,欢迎毛主席归来。那时,鲁艺等专业文艺团体都到外地去了,就组织业余文艺队伍演出,上级用电话找到金紫光、肖煌、姚笛、钟林和李博等各单位的业余文艺骨干,很快把业余文艺队伍组织起来到党中央驻地进行了演出。演出的节目共有四个,第一个是《大腰鼓》,第二个是《兄弟开荒》,第三个是《大提琴独奏》,第四个是《黄河大合唱》。节目演出得很成功,气氛很热烈。演出后,中央设宴招待全体演员、伴奏及舞台工作人员。中央领导同志特别嘱咐多加几个菜,把红军长征时带来的"发菜"都拿出来。

(肖煌、孟立贞、马正义)

9. 从延安到志丹

一九四六年六月,美蒋反动派发动了全面内战。胡宗南蠢蠢欲动,延安的安全受到威胁。党中央和西北局作出决定,让陕甘宁边区银行金库、贸易公司、光华印刷厂等单位先行转移到志丹城。

按照上级的指示,光华印刷厂的广大工人干部很快拆卸了机器,连同各种印刷材料、成品、半成品装了箱,用毛驴驮走,人员步行与驮队一齐走,从延安走九十华里,先到西河湖,路过康家沟,又走九十华里到志丹,住在原红军大学的旧址。到达目的地后,工人干部齐动手,不到一个礼拜的时间,就准备就绪,安上了机器,开始了生产。由于形势紧急,一方面需要加紧生产,快出产品,一方面需要保卫工厂安全。吴宗林同志自告奋勇负责工厂的安全保卫工作,党支部经过研究,认为保卫工厂很重要,同意并积极支持吴宗林同志的工作。当时工人干部每人发一支枪,上班时放下枪搞生产,下了班拿起枪搞军事训练。一旦敌人来了就拿起枪武力保卫工厂。

(肖煌、孟立贞)

范耀武同志早在一九四四年被民主选举为光华印刷厂厂长,到志丹后范耀武同志仍为厂长,副厂长兼党支部书记是师兆祥同志,工会主席是肖煌同志,工务科长是薛兆林同志。因为敌情紧张,国民党反动派对边区封锁得厉害,印刷材料越来越困难,生产几乎陷于停顿状态。为解决印刷材料问题,上级派范耀武同志亲自去晋西北,通过晋西北印刷厂,从敌占区购进纸张、油墨、甘油等印刷材料。在范耀武同志离厂期间,上级委派师兆祥同志代行厂长职务。为了加强制版技术力量,肖煌、孟立贞调到制版室工作。印刷的产品是陕甘宁边区贸易流通券,面额是伍元和拾元。

为了随时掌握敌情,保证工厂安全,师兆祥和肖煌等工厂的领导骨干每天到县委去看《参考消息》,根据敌情变化,安排光华厂的生产和其他各项工作。

(肖煌)

刚从延安转移到志丹时,生活很困难,没有菜吃,当时领导组织人上山挖野葱、野百合花、苦苦菜、灰灰菜、线菜等当菜吃。

党支部对伙食很关心,有一次开支部委员会,师兆祥同志说:最近有个情况不太妙,伙食差啦,虽花钱买了猪,要养大还得过一段时间,得想办法把伙食搞好点。

负责伙食工作的老红军干部李万玉老汉,平时不吭不哈,天天为光华厂的伙食费心操劳。到志丹后,蔬菜没有了,他想起在延安时种的西红柿,撤离延安时已长小柿子了,如果不被敌人发现,到了该吃的时候了。于是,他带上两个同志和几头毛驴,走小路,抄近道,边侦察边摸索着去收摘西红柿。到了种西红柿的地,西红柿果真长大了,他们把西红柿摘下来,用毛驴驮回,吃了一段时间,后边的菜地也接上了。

(肖煌)

一九四六年底一九四七年初,新华书店合并到光华印刷厂,并带来三四台石印机。

(张慕明)

一九四七年春节,志丹一带安定一些了。为了欢庆春节,光华印刷厂搞了几天秧歌活动,还编了反对封建迷信的秧歌剧《全家福》进行演出,肖煌同志的爱人姜清云同志扮演接生婆。

（肖煌）

10. 曲折的行程

一九四七年三月十九日，为诱敌深入，党中央决定暂时撤离延安。第二天，上级党委书记马希武同志派通讯员给光华印刷厂下达了撤离志丹的命令，命令大意是：我军撤离延安，军事情况变化很大。马辉的一支骑兵队伍正向志丹方向进逼，接到命令，立即转移。

光会印刷厂的领导同志分析了敌情，认为敌人很可能是奔陕甘宁边区银行和光华印刷厂来了。因为光华厂是专门印钞的单位，一向是敌人破坏的重要目标，而且陕甘宁边区银行和光华印刷厂在一起，保存着金银财宝，所以，光华印刷厂决定立即转移。在接到命令的当天上午就做了转移的动员，下午整理材料、拆卸机器装箱。正要出发时，厂长范耀武同志回到厂里。范耀武同志带少数人打前站，为转移队伍开路。师兆祥、肖煌等同志随大队一块走，马正义同志负责带一个武装排七个驮子，孟立贞同志负责带家属，一切准备就绪后，光华印刷厂和边区银行、贸易公司一起，走上了转移的路。

离开了志丹城。第一站到了离志丹二十五华里的富寒嵝峪的一个小村里，把机器、材料暂时存放在山洞里，停了两三天，又继续转移，路过安塞的真武洞，穿过离敌人据点不到二十华里的公路，到了子长县（瓦窑堡）附近。因为县城里有敌人，就从子长县城外迂回过去。走到半路上，孟立贞带的家属队没吃的了，就向贸易公司要了两件土产作为饭钱。队伍连续昼夜行军两三天，人们又饿又困又乏，有的人走着路就打起呼噜来了。

自从队伍过了子长县，就摸不着敌情了，领导派肖煌同志参加打前站。有一天，吴宗林在队伍后边做保护工作，队伍正在路上走着，突然敌机来轰炸，炸死了数头骡子，有些女同志吓得直喊叫，薛兆林的爱人张淑华自动做保护工作，把骡子驮的东西，组织大家分担，东西没受一点损失。

队伍走清涧地区，听说国民党廖耀湘占了清涧，又通过敌人的封锁线，路过店子沟，到了杜家圪台。为了光华厂的安全，范耀武、肖煌、孟立贞、马正义等同志在村口上瞭望，突然，发现远处来了两个人。马正义对范耀武说，你快走。范耀武说，那不行。眼看着来人越走越近，孟立贞猛地一喊："干什么的？"那两个人没吱声，孟立贞又喊道："不回答我就开枪啦！"那两个人急忙回答说："我们是宣抚来啦。"革命队伍中根本没有听过宣抚这个词,就问肖煌什么是宣抚？肖煌:"他们是国民党。"孟立贞猛地拿出一颗手榴弹扔过去,只听"轰"的一声响。这时,清涧县游击队也在山上发现敌人,也冲过来向敌人打枪,敌以为被包围了,就慌忙逃跑了。

11. 保护铜版

把敌人打跑后,大家认真分析了敌情,判定是敌人来侦察了,很可能有被包围的危险,决定立即转移。为了保护光华厂的重要技术资料,组织上找到肖煌说,杜家圪台西面的清涧、绥德、无定河边、韩家沟都有敌人,队伍转移困难很大,你把铜版背上,与大队分开行动。只要你安全突出去,把铜版保护好,就是工厂没有了,仍然可以组织人设计、制版、印刷。肖煌同志毫不犹豫地接受了任务。

为了行动方便,领导给肖煌派了个通讯员马成祖。

组织上向肖煌交代完任务,迅速组织工人干部把机器、材料坚壁起来,就转移了。这时,各单位都隐蔽的隐蔽,转移的转移了,村里的老乡也都跑了。

肖煌背着沉重的资料和马成祖一起向外围转移,走着走着,从山头上跑过来一头失散了的毛驴,他俩把毛驴拉过来说,这不定是哪个老乡的驴丢了,我们先借用一下,事后再想办法找到老乡送还。肖煌把铜版等资料放到驴背上,马成祖的前边侦察,摸索着往外走。

光华印刷厂的大队,离开杜家圪台,越走形势越紧张。领导方面为了保护家属,也为了缩小大队的目标,动员家属留在老百姓家里。可是,老百姓也要东奔西走,躲躲藏藏,连自己的安全也无保证,怕家属出问题,因此都愿意拿出粮食和牲口帮助大队把家属带走。

肖煌和马成祖,多次突围也没成功出去,他们已两天两夜没吃东西了。走着走着看到一家人家。肖煌对马成祖说,你看着驴,我去要点东西吃。肖煌到老乡家,要了两个黑面馍馍。肖煌回来一看,马成祖不见了,肖煌向远处一看,马成祖正向半山坡跑。肖煌生怕马成祖被敌人捉住工厂出问题,就拼命把马成祖追回来,对他进行了严厉的批评。

肖煌和马成祖一人吃一个黑馍馍,继续向外冲。他们转来转去,又和大队走到一起了。虽然最终没有突出敌人的包围圈,但是他们保护的重要技术资料没有受到任何损失。

12. 东渡黄河

转移的队伍来到苏家河村,那一带敌情也很紧张,甚至连金银、土产这些少量的贵重物资携带着也危险了。为了保证这些财产的安全,请老乡帮助坚壁在老乡的窑洞里,然后老乡刨土把窑洞埋起来,自己再到别处找居住的地方。队伍从苏家河出来到了王家山,敌人正向王家山这边追来,到处能听到敌人的枪炮声。经过上级对敌人动向的分析,认为在陕北待不住了,因此,决定东渡黄河到山西去。这时,队伍住处传来女同志的哭声,肖煌等同志顺哭声找去,原来是吴宗林的老伴谢秀明在哭。一问,才知道吴宗林怕老伴行动迟慢,连累工厂大队的行动,又怕被敌人抓去泄露工厂的机密,急得他要用枪打死自己的老伴。肖煌等同志狠狠批评了吴宗林一顿,才没出事。

队伍很快从王家山到黄河西岸的枣林坪。经过紧张的动员和组织工作,顺利渡过黄河,到了黄河东岸的河口村。到河口村后,第一件事就是吃饭。河口村一带已被敌人破坏得七零八落,男人被抓走,没被抓走的也逃跑了,全村没有一头毛驴,老乡也没有吃的东西,就把仅有一点枣糠(把枣晒干磨成粉再掺上谷糠)拿出来说,就这么一点东西,咱们一块吃吧。同志们就把老乡给的枣糠放上水,搅拌搅拌就当饭吃。开始吃还觉得不错,又有甜味,吃不了两天就拉不出屎来。

队伍在河口村外暂停留后,就到了中阳,又从中阳路过清水河,沿柳林、军渡、碛口、三焦的路线,行程四五百华里到了山西省临县的后大禹村。到后大禹村后的第一件事还是吃饭,我们没有粮食,吃饭全靠老乡,当时老乡给我们吃的叫钱钱饭。这种饭是把黑豆用水煮后,去了皮,用瓷锤在石头上砸成片片,再煮熟了吃。过了不久,和当地政府联系,用扁担挑来点米,吃不了多长时间又没有了,没有办法,就几个人共同签上字,把保存的金银取出点来,到一个叫崽口的集市上买了点粮食,用羊皮作的筏子从河上运回。又过了一段时间,政府从三四百里以外的五寨给调来一部分荞麦面,光华厂的工人干部又吃荞麦面馍馍。

因为在路上转移的时间,没有开工生产,前方发不出饷钱,在后大禹落脚后,很快就装上机器生产。这时,为了加强票面设计工作,肖煌、孟立贞二人正式被调去搞票面设计工作。在后大禹印刷的钞票有壹元、贰元、拾元、伍角的,都是陕甘宁边区贸易流通券。

(肖煌、孟立贞、马正义)

13. 三查整党

在后大禹没生产多长时间,因为条件太困难,就在一九四七年十一月搬到临县的督督村,印刷厂设在一个大院里。

光华厂到督督村后,开始了三查整党。光华印刷厂召开党总支委员会,贫雇农小组也派人参加。一次,肖煌带着设计好的票样到兴县送审,回到厂里,正要开总支委员会,肖煌是总支委员,他到会一看,有几个人不是总支委员,就问怎么回事。到会的其他同志告诉肖煌,为了三查整党,工厂成立了贫雇农小组,开总支委员会,要有贫雇农小组的人参加。肖煌感到这么做有问题。因此,坚决不同意贫雇农小组的人参加总支委员会。由于肖煌等同志反对,会没有开成。晚上,就开肖煌的斗争会。工厂的工人听说要斗争肖煌,都很生气,有的工人不干活了,有的工人印票子也出了点问题。这时,有人到晋西北政治部把肖煌告了,说肖煌让工人罢工,肖煌说什么也不承认。后来,上级弄清了情况,才纠正了错误的做法。

14. 陕甘宁和晋绥两区银行合并

一九四七年十一月,陕甘宁边区与晋绥边区合并,两个边区银行统一为西北农民银行。这时光华印刷厂印刷的货币是西北农民银行伍万元和拾万元的。西北农民银行的货币,是两边区银行合并后设计的,设计人员有肖煌、孟立贞等同志。新货币设计出来后,把票样送西北行署,请狄景襄、刘卓夫(甫)、王磊等领导同志审查、批准后开始制版权印刷。

西北农民银行的伍万元券是肖煌设计的,商伯衡雕刻的。正面图案的两个花朵上有两个"伍万"字号,四周是花边,中间的主景有一个牛头。设计时,加上了防伪的暗记。孟立贞设计的货币上,有"立贞"两个小字作为暗记。

西北农民银行成立后,市场上同时流通三种票子。一是陕甘宁边区银行的票子叫边币,二是商业流通券,三是西北农民银行的票子。以西北农民银行的票子为本位币。

(肖煌)

15. 返回延安

一九四八年四月,延安解放,光华印刷厂准备搬回延安。为此,领导派王慎等同志先去延安选厂址,选好后,于一九四八年七、八月间,光华印刷厂就从山西省临县的后大禹村返回延安李家渠拐峁。因为战争刚刚结束,整个延安城破坏得不像样子,到处是房倒屋塌、颓垣断壁的混乱现象。光华印刷厂到了拐峁,没有房子,需要自己动手盖,可是又没有地方找建筑材料。经过研究,决定去拆敌人留下炮楼。当时,因为回延安的机关单位很多,都没有房子住,都抢着去拆炮楼。为了保证光华印刷厂能把厂房盖起来,孟立贞等同志就去找贺龙同志,说明光华印刷厂急需建筑材料的情况。贺龙同志很关心光华印刷厂的建设,对孟立贞等同志说:"给你们派一个警卫营,保护你们拆炮楼。"还说:"这炮楼的材料就给你们光华印刷厂了,谁也不准拆拿炮楼的东西。"就这样,光华印刷厂很快建设起来了。为了扩大生产,厂房建起来后,又从各地招收了一部分工人,使生产规模扩大了一倍。

这时光华印刷厂的机构有:

工务科,科长孟立贞,工务科下设石印股,股长薛振国,副股长谭志明;

完成科,科长王福林,工作人员有王含之、林洪禄;

会计科,科长王洪涛,工作人员有张慕明、胡祥林、张世俄、李志强;

总务科,科长闻汉德、马正义,保管股长李振邦。

票子印完检查封包后,由长征干部陈富山押运到银行。

(孟立贞、马正义、张慕明)

一九四八年十月,光华印刷厂开始印刷中国人民银行的钞票。

一九四九年二月下旬,光华印刷厂光荣地完成了革命货币的印刷任务,长期在艰苦的年代从事革命根据地印刷工作,并作出宝贵贡献的光华印刷厂的广大工人干部,带着光华印刷厂的优良传统,走向新的工作岗位,继续贡献着自己的智慧和力量。

(孟立贞、张慕明)

陕甘宁边区光华印刷厂,建立于一九四〇年,厂址设在延安新市场后沟窑洞里。当时由于蒋介石发动了举世震惊的皖南事变,此后,停发了八路军、新四军军饷。党中央西北局为了坚持抗战胜利的需要,决定成立光华印刷厂,专司印刷边币及有价证券。

光华印刷厂的前身,是由边区教育厅文化用品社、八路军政治部印刷厂(石印部分)、《解放日报》清凉山印刷厂(石印部分)三者合并而组成的。据我记得第一任厂长是曹承宗同志,高秉仁同志为副厂长(负责生产技术工作)。第二任厂长为高秉仁同志,副厂长牛牧野同志。第三任厂长高秉仁同志,副厂长常景林同志。一九四三年十一月二十九日毛泽东同志发表了《组织起来》一文。肯定了延安南区合作社的成功经验,并在解放区内推广。决定在光华印刷厂内推广这一经验,选举范耀武同志为光华印刷合作社主任(厂长)。一九四六年胡宗南匪军包围进攻边区的反革命战事加深,上级决定印刷厂同银行金库、边区贸易公司仓库转移到保安县(今志丹县),原红军大学旧址,组织生产。后因敌人加紧封锁边区,断绝了工厂从蒋管区进材料的路子,工厂陷于停产状态。虽然后来在米脂县组织生产马兰加麻造的纸张,但因质量太差,运输不便,不能继续供应生产。于是上级派范耀武同志赴晋西北。通过晋西北印钞厂,组织从敌后购买纸张、油墨、甘油等印刷材料,恢复生产。上级通知范耀武同志因公出差期间,任命师兆祥同志为副厂长,代行厂长职权。一九四七年三月十九日胡宗南侵占延安,工厂奉命过黄河,转移到山西省临县后大禹村。直至一九四八年四月二十二日八路军收复延安,工厂返回延安李家渠拐峁,在原边区火柴厂旧址重新建厂。

印刷厂设有：生产科高秉义负责,材料科师兆祥负责,会计科王洪涛负责,总务科李海祥负责。

印刷厂产品：边区票七毛五分、壹元、伍元等。后来边区票改为代用券、拾元、伍拾元。还出版过期票,票额较大。印刷技术主要是石印。钞票花纹主要是用高秉仁同志从天津带来的一批机器刻制的铜版,复印设计拼装的,钞票中风景人物,如延安宝塔、大生产运动等图案,照相之后由商伯衡同志用铜版亲自动手雕刻而成,然后复印制版印刷。

印刷厂的技术骨干,高秉仁为设计制版技师,商伯衡为雕刻技师,还有高秉义、范耀武、薛兆林制版印刷书写绘画技师。高秉义擅长书写,范耀武擅长绘画。这些同志在建厂初期虽然本身工作很忙,但他们都日日夜夜吃住在车间、工作在车间,带头直接参加生产,有时因为一块新版的制作,彻底不眠。经过艰苦的努力,终于培养出一大批印刷工人。解放后这批同志大部分担任了各级领导工作,如沈信祥同志担任水电部科委副主任,肖煌(后改名黄达生)现任新疆工商管理厅厅长,丁立智同志任甘肃省印刷公司经理,江琳同志任成都勘测设计院院长,王福林任哈尔滨医院党委书记等。

光华印刷厂从建立之日起,一直是在陕甘宁边区银行行长黄亚光亲自关怀下成长起来的。黄行长经常来厂指导工作向工人作政治报告,关心厂领导班子的团结,教育干部克服旧行会的思想倾向,加强团结,互相学习,共同努力,办好印刷厂。

"自己动手,丰衣足食"的口号,动员了全边区党政军民,开荒种地解决粮食问题,种菜以改善职工生活,织布纺毛线以改善穿衣问题。就这样克服了物质困难,迎来了抗日战争的胜利。在这场大生产运动中,我们印刷厂职工除搞好本身工业生产外,还抽人开荒一百多亩,种菜十余亩,保证了油每人每日五钱,菜每人每日一斤半,盐每人每日五钱,肉每人每月二斤,大大地改善了伙食。由天天吃大锅菜,变为每餐两菜一汤,从而促进了生产,保证了战争的需要,密切了军政、军民以及上下级间的关系。

印刷厂的政治思想及工会青年团工作是在党的领导下进行的。每逢一、三、五进行政治思想学习,二、四、六进行文娱活动。政治学习,高级组一、三、五到大边沟听联共党史及中共党史报告,初级组由厂领导上课或组织自学。经常性政治思想工作,由生产科结合生产进行,党员在教育非党员方面起了非常重要的作用,每个党员都要交一个非党朋友,通过交朋友进行思想教育,团结工人,搞好工作。党支部不但对党员进行教育,而且通过党员交朋友对非党员进行教育。工会全面负责全厂的文娱教育活动,工会下面设立的俱乐部,全面具体地进行文体活动的组织工作。每逢二、四、六都有活动,如唱歌、打球等,周末总有晚会活动。每逢大的纪念日都有报告会或纪念会活动。人人工作干劲足,生活紧张活泼。

(师兆祥:《陕甘宁边区光华印刷厂历史简史》,1985年9月1日)

第二节 洪涛印刷厂及其印刷货币简史

一、兴县农民银行的货币印制与发行

兴县是一九三七年抗战初期建立的抗日民主政权,是晋西北革命根据地最早的中心和依托。是贺龙领导的一二〇师司令部的驻地。

在兴县农民银行建立之前,市面上流通着阎锡山银行发行的"花脸票"(因票面模糊,质量低劣,人称"花脸票"。十元券叫"大花脸",五元券叫"二花脸",一元券叫"三花脸")。

抗日战争爆发后,根据地的经济要发展,抗日的军队要扩大,为了解决农民

生产生活的困难,巩固和扩大根据地,壮大人民武装,进步民主人士刘少白根据党的指示和抗日战争的需要,于一九三七年九月,在兴县城内孙府前面的一个院子里,召开了有牛友兰、刘训三、张干丞、朱哲人等人参加的首次银行董事会,创办了兴县农民银行,由刘少白同志任银行经理。银行的工作很简单,保管人、出纳、总务和会计等六人,人员有刘少白、牛何之、刘孝先、杨怀仁、白汗三、李绍春等,另有三名警卫,保护安全。

银行成立后,第一位的任务就是印票子。因为银行刚建立,什么都没有,印票子很困难。刘少白鼓励同志们说:我们要克服一切困难,快出票子,越快越好,八路军急需用钱,政府急需用钱,农民急需用钱。

银行的同志都非常着急,工作异常紧张。为了快出票子,牛何之、刘孝先、白汗三共同研究,承担票子的设计工作,每个人都积极开动脑筋想办法,边设计、边研究、边修改。设计的票样批准后,请一位会刻章子的工人进行雕刻,然后制版。为了保密、防假,制版时还作了三个暗号。

印版做好后,带到兴县城东关的一个书铺里去印刷,那里只有一台石印机,两个印刷工人,印刷时,兴县银行的同志轮流去监印,印好后,一百张一扎捆,当即拿回银行。然后,由银行的工作人员通宵达旦地加印银行专用章。因为银行人员少,又急需发行,全体人员都出动,刘少白经理也同大家一起打印"银行专用章"。因为是用手一张一张的打,同志们手上常常磨出血泡,但谁也不吭声,不叫苦。

刘经理对制版、印刷要求很严,手续很完备,不允许有丝毫马虎。虽然人员少,但秩序井然,效率很高。银行开办月余就印出了第一批票子,一角的一万元,二角的一万元,一元的一万元,共计三万元。一九三八年春节后,又印出了第二批,共计五万元。因为找不到像样的纸张,这两批票子用的都是很粗糙的纸,和信封纸差不多。为解决纸张困难,一九三八年五月,刘经理亲自专程到陕西省西安市买回一批专供印票子的张纸,又白又亮,还有铜印。紧接着又印出了第三批七万元。

兴县农民银行票子的发行,大部分是解决一二〇师的军急需,还通过借贷方式,解决农民群众的生产生活困难,投放市场流通。因为兴县农民银行币是边区自己的钞票,而且面额较小,流通方便,虽然质量较差,但信誉很好,解决了问题。群众非常拥护"农币",争先兑换"农币"。农币不仅在当地流通,而且在临县、岚县、保德一带也通过(行);不仅八路军使用它,而且阎锡山的军队、东北军也使用它。由于"农币"威信提高,迫使阎锡山晋华银行的票子不断贬值。

对兴县农民银行印制和发行"农币"的作用,党政军的负责同志都看在眼里。兴县张干丞县长及其他的领导同志一再对银行工作提出表扬。驻兴县八路军一二〇师首长贺龙、肖克、彭绍辉等都曾亲自来银行看望同志们,对银行的货币印制和发行工作进行称赞、鼓励。民运部长刘亚球同志为加强银行的保卫工作,还给银行送来枪弹。所有这些,都激励着兴县农民银行的同志把"农币"的印制和发行工作搞得更好。 （牛何之、崔海明）

兴县农民银行职工的待遇是很低的,银行初创时,一律不发工资,每人每月只有两元伙食费。到了一九三八年以后,才增加为八元月薪,经理稍高一点也只有十五元。

一九三八年二月,日寇进行扫荡,形势相当紧张,兴县农民银行全体职工连夜清点银元、钞票,整理账簿、表册,登记打包,将全部资产装入"七九"子弹箱伪装押运出城,向距城九十里的东山转移,暂住在牺盟会区长王直家里。这里地势偏僻,地形险要,是理想的隐蔽地点,在兴县农民银行刚刚离开县城时,一股日军袭来,情况危急,八路军当即派遣了志丹大队一个连渡河支援,将日军击溃,保护了人民生命财产的安全。大约二十天后,银行又搬回兴县县城。

（《山西金融》《金融志史料专辑》,1983年(2)）

一九三九年十二月,发生了阎锡山的反动军队进攻革命军队,破坏抗日团体的"十二月政变",兴县农银行又转移到黄河西岸的盘塘避乱。十二月政变被粉碎,时局稳定后,又转回兴县城,直至西北农银行成立。 （牛荫冠）

二、晋绥边区银行洪涛印刷厂的货币印制工作

1. 筹建背景

一九三九年十二月,一二〇师领导下的新军粉碎了阎锡山军队的"晋西政变"后,乘胜向晋西北进军,战胜了阎锡山部下赵承绶的西北师,把阎锡山的军队从五寨、苛兰、兴县、临县、岚县、河曲、保德等地赶跑了。扩大了西北解放区。一九四〇年一月十五日,在兴县葵家崖成立晋西北行政公署。行署主任续范亭,行署副主任牛荫冠。晋绥区党委书记贺龙,副书记林风,组织部长王大成,

宣传部长张家富。

一九四〇年二月,晋绥行署如开了第一次行政会议,制定晋西北《六大施政纲领》。决定以原兴县地方农民银行为基础,建立边区银行——西北农民银行。

晋绥革命根据地虽然建立了,但它的周围还被日伪和国民党的军队包围着,它的东南和东北是日伪军,西南是阎锡山的军队,西北是国民党榆林的军队。日伪和国民党的军队,把晋绥边区的军民看成眼中钉、肉中刺,阎锡山恶狠狠地提出了"饿死八路军,困死八路军,消灭八路军"的反动口号。对晋绥边区进行军事包围、经济封锁,使得晋绥边区军民缺吃少穿,处在极端困难的环境中。

为了粉碎日伪和国民党的封锁禁运,晋绥边区军民响应党中央毛主席发出的"自己动手,丰衣足食"的伟大号召,一手拿枪,一手拿镐,劳武结合,开展大生产运动。

在敌人对晋绥边区进行封锁的同时,国民党的法币、中国银行、中央银行、中国农民银行和山西晋华银行的钞票还在边区流通,控制着边区市场。为了巩固刚刚建立的革命根据地,为了发展生产和商品交换,为了支援革命战争,粉碎敌人的军事包围和经济封锁,边区政府决定建立自己的钞票印刷厂。

西北银行建立之前,边区政府派晋绥行署财政处长汤平同志在体育场筹建洪涛印刷厂工作。为了尽快把洪涛印刷厂筹建起来,八路军第一二〇师师长贺龙同志,亲自派在他部下工作的李吉宇同志参加筹建工作,还从延安总政政治部调来安德坤同志,从晋西南党委调来李明同志参加筹建。在汤平同志的领导下,经过李吉宇、安德坤、李明等等同志的共同努力,于一九四〇年二月四日,正式建立了专司印制晋绥边区货币的洪涛印刷厂。

建立地点在兴县只有十几户人家的石楞子村。连住人、放机器设备,共占了四五孔窑洞。

(安德坤、阎敬斋、黄伊基)

洪涛印刷厂建立不久,在一九四〇年五月十日,以兴县农民银行为基础,在兴县县城里,正式建立了西北农民银行。八路军一二〇师政委关向应同志特通知晋西北行政公署副主任牛荫冠同志给刘少白同志写信,请他参加新政权工作,刘少白担任了西北农民银行的经理。

西北农民银行的任务是:稳定农币,帮助生产,保护法币,对日进行货币斗争，发行西北农民银行钞票，流通于晋绥地区。

（牛荫冠、师育谦）

2. 初期生产规模

建厂初期的工人，以阎经斋、马景昌、任直卿等二十来个技术工人为基础。他们原是设在蔡家会的阎锡山晋华银行印刷厂的技术工人，在晋西政变时，阎锡山货币印刷厂南逃宜川，半路被一二〇师领导的新军解放过来，进了刚筹备的洪涛印刷厂。他们还带来了设计用的铜版和作版用的石头和四台石印机。

建厂后，最早的厂长是李吉宇。管理方面的人员有：秘书苏义，工务李明，保管兼收发董之新，总务哈太成、安德坤，政治思想工作李明，文化教员王扈，保卫张仁金。

生产方面的人员有：票面设计和制版李凤鸣、马景昌，石印组李巨文、高跃轩、陈松万、武战雷、阎敬斋、赵九如、任直卿；铅印组宋文瀛等二人；完成组赵德海、于绪英。

最初的机器设备有：石印机四台，铅印机两台，其中手摇机一台、脚踏机一台。

时隔不久，上级又调来曹书孔，他带来两台石印机，两个印刷工人。还从部队调来几个人，其中一个姓魏，一个姓齐。

（阎敬斋、安德坤）

正式印制钞票之前，是为部队印米票、料票、草票。

在兴县石楞子村生产期间，虽然有了一小块根据地，但环境还是困难，整个边区四面楚歌，只有一条很窄的道路从佳县、米脂、绥德通往延安。再加上阎锡山的部队在逃跑之前，把财物都放火烧掉了，边区军民的生活非常困难，吃的是一半小米一半黑豆，吃不饱，大家饿肚子干活，生产上很多材料都买不到。就千方百计用代用品。如，没有宣纸就用油光纸代替，没有机油用猪油代替，没有牛皮带用猪皮带代替。还用捡树皮代替桃胶，用纱布代替海绵，用细沙石代替青石等等。发行货币，必须有后备资金，没有资金就用献钱、献粮、献物和扩兵"四大动员"募集的钱作为发行货币的后备。"四大动员"中，群众有献银元的，也有少数献金子的，还有妇女献耳环、手镯的，共筹集了三百万元的资金。

（安德坤、任直卿）

3. 在路家南湾

一九四〇年六七月,日寇对晋绥边区进行扫荡,直往石楞子村打炮弹,为了洪涛厂的安全,就转移到兴县靠黄河边的毕村。在毕村也待不住,没开工,又向西过黄河转移到陕北神木县的路家南湾村。路家南湾是个小村,只有十来户人家,工厂各个机构设在窑洞里很安宁、很僻静。

(安德坤、阎敬斋、任直卿)

到路家南湾后,又从各县各地区调进来不少人,生产规模有了扩大。这时,生产用的油墨纸张等材料运输是用牲口驮,用的牲口是晋绥边区政府财政局派去的。当时,晋绥边区财政局长李华南,副局长白如冰。

洪涛印刷厂到路家南湾后开始印钞票。最初印的钞票是西北农民银行壹角、贰角、伍角的。开始印钞票印刷材料还是很缺乏,油墨只有两个颜色,黑色和红色。正面印红色,背面印黑色。最初印的钞票上没有印上行长副行长之章,只是打印上晋绥财政处处长汤平的名章。

一九四〇年秋天,西北农民银行和财政处一起,搬到神木县的阎家铺,行长刘少白。一九四一年春,晋绥区党委派狄景襄同志到西北农民银行担任协理。

在路家南湾时,厂长还是李吉宇,副厂长是那文英。一九四一年上半年,李吉宇同志病故,副厂长那文英升任厂长。秘书刘伯音负责党支部工作。刘伯音调走后,上级派黄×峰任指导员,黄指导员走后又换了王扈。工会主席任直卿,文化教员苏毅。管理方面,工务科长曹书孔,会计科长刘殿功,总务科长张仁金,搞总务工作的还有马平、安德坤。生产方面,石印组马景昌,铅印组李文喜,收发组宋文瀛,完成组赵德海。

票面设计和制版负责人马景昌。

在路家南湾时又增加了两台石印机,一台是从吕梁印刷厂弄来的,另一台是从工卫旅弄来的。

印刷的产品有伍角、壹元、贰元。图案是北京万寿山。壹元的是绿色,贰元的是紫色。在路家南湾生产一个短时期后,道林纸没有了,改用临县生产的麻纸。单层麻纸也不行,又和临县造纸厂研究,生产双层麻纸。

为了防假,在版纹里记得有小米粒那样小的"晋西北"三个字。

(安德坤、顾廷安、降以林、任直卿)

4. 背粮

一九四一年六月,因为洪涛厂吃粮紧张,老百姓和厂里工人都没粮食吃,生活非常困难,为解决工人吃饭问题,厂领导组织工人去山西临县等地方背粮食,到黄河边坐船到山西,来回有一百五十来里地。山西虽比陕西地区好一些,但粮食也很缺少,工人跋山涉水背来的都是黑豆。因此,从那时起,工人的伙食以黑豆为主,一点白面也没有。一天三顿干饭是黑豆,吃豆芽菜也是黑豆,还做黑豆豆腐。

虽然生活很艰苦,生产任务却很紧张,全厂的工人干部精神很饱满,为了完成任务,多印钞票,大家你追我赶,组织劳动竞赛,月月出色完成任务。

(降以林、顾廷安)

5. 迁移贾家沟

一九四二年四月下旬,因路家南湾处在深山里,条件很差,联系工作、交通运输都很不方便。因此,于一九四二年五月又转移到神木县的贾家沟村。到贾家沟后,由于生产任务紧,没时间打窑洞。这些窑洞原来都住着老乡,工厂的机器没处放,工人没处住,厂领导就向老乡说明意图,那里的老乡很有觉悟,听说洪涛厂要占他们的房子,就高高兴兴地搬到别处去住了。

在贾家沟,厂长还是那文英,工会主席任直卿,政治思想工作黄××,工务科长曹书孔、阎敬斋,会计科长刘殿功,总务科长张仁金,这时正值张仁金六十寿辰,同志们纷纷向他祝寿,贺龙同志还给他送了寿礼。

这时的票面设计和制版由石印组负责。石印组长任直卿,副组长马景昌,铅印组长宋文瀛,完成组长赵德海。

印刷的产品还是西北农民币,面额有壹角、贰角、伍角、贰元、叁元、伍元和拾元。

石印机发展到十几台,其中有两台专供制版用。铅印机发展到五六台。

全厂共有一百多人。

在贾家沟时,为了保证工厂的安全,贺龙师长专门派来一排战士,保卫洪涛印刷厂。

为了活跃职工生活,洪涛印刷厂建立了俱乐部。一九四二年还在天台山演出了六天戏,有京剧、晋剧。剧目有《打渔杀家》《八大锤》《反徐州》等。

(降以林、顾廷安、刘树元、阎敬斋)

一九四二年秋天,实行精兵简政,西北农民银行和晋西北贸易局合并,牛荫冠任西北农民银行经理兼贸易局长,狄景襄、王磊任西北农民银行副经理兼贸易局副局长。

一九四三年,那文英调到晋绥行署,张静山接任厂长。指导员刘仲明。这年马景昌因成绩突击、贡献较大,出席了边区群英会。一九四四年张静山调离洪涛厂,李生忠由晋绥边区财政处长白如冰介绍,来洪涛厂接任厂长。

一九四四年降以林在贾家沟加入共产党,那时党的组织活动不公开,开会都是晚上七点来钟在山沟里秘密进行。这时的工会除了主要抓生活和文体活动外,还配合行政抓生产、搞竞赛。降以林曾是工会的生活部长。

一九四四年,边区政府在神木县的宽堂村召开群英会,洪涛厂选派生产成绩好的降以林和阎敬斋同志出席了这次群英会。

(阎敬斋、降以林)

6. 返回晋西北

一九四五年八月日本投降,洪涛厂从贾家沟转移到山西省兴县的杨家坡村,住在一个地主的四合院里,都是修的窑洞,很宽绰,很安静,也很安全,飞机来了都不怕。

为了扩大生产,一九四五年九月,厂领导派顾廷安、曹书孔、阎敬斋、李文喜等同志到张家口接上石印机和印刷材料。他们用了两个多月的时间,路过同蒲路,经过五台山,沿代县、崞县的路线,穿过敌人道道封锁线,用二十多头牲口驮回来八台石印机,其中有一台大石印机。从此,洪涛印刷厂第一次有了大石印机。顾廷安等同志还通过机器的拆卸安装学会了使用大石印机的技术。

这时,厂长还是李生忠,副厂长是阎清云,工务科长先后是马景昌、曹书孔、高志功。总务科长王明义。生产地点小石印在四合院的南屋,大石印在东屋,铅印元盘机在北屋,完成在西屋。

全厂的机器有:小石印机二十多台,铅印机十几台,大石印机一台。因为当时没有开动大石印机的动力,开始使用大石印机时是用两匹马拉。

到杨家坡后,形势在一天天好转,解放区在一天天扩大,需要的票子也一天天增多。为了适应形势的要求,洪涛印刷厂的生产一天天紧张。每天开两班,每班十多个小时,连轴转,白班还没下班,上夜班的就来了。在窑洞里干活,光照条件差,就点麻油灯,有时也点蜡,两个礼拜休息一天,叫休息大礼拜。那时,生产竞赛搞得热热闹闹,谁也不甘心落后。一个班生产指标八百张,作废千分之一点二。同志们为了多生产,在工房里,在机器边吃饭。每个机台两个人,一个师傅,一个徒弟,师傅看机器印刷,徒弟领纸、摇石印把子。

(降以林)

由于杨家坡距离银行和专署较远,洪涛厂去联系工作,还要走二十五里路,而且还要翻两座山、跨一道沟,很不方便。为此,在一九四八年四月洪涛厂又迁到陈家沟底。这时的厂长还是李生忠,副厂长还是阎清云。指导员刘仲明。到陈家沟底后,照明和动力都有了电,大石印也用电作动力了。

7. 建立分厂

随着解放区的日益扩大,于一九四八年五月一日,李生忠带领一批懂得各种技术和管理知识的骨干去临汾先后在候村、朱元村建立分厂。

这时,设在陈家沟底的总厂,厂长是阎清云,工务科科长任直卿,总务科长杨明义,会计科长×××,铅印车间主任宋文瀛,完成车间主任赵德海,副主任高志功。全厂有五百来人。

洪涛印刷厂临汾分厂刚建立时,厂长李生忠,副厂长张德胜,指导员刘仲明。管理方面,工务曹书孔,石印降以林等二人。铅印崔候仲等二人,完成王世明、冯振基。会计刘殿功、李桂包。材料杨世才。

机器是到临汾、运城和其他地方接收来的,共十来台。开始有骨干人员二十来人,后发展到二百来人。

分厂的生产机构有:制版室主任降以林,石印车间主任降以林,收发车间、完成车间。

临汾分厂印刷的产品是西北农民币。

一九四八年秋,洪涛印刷厂抽出一半人去了西安。任直卿同志任厂长兼党支部书记,副厂长宋文瀛。

一九四九年二月,洪涛印刷厂、陈家沟底的总厂和临汾的分厂分别向西渡过黄河,最后在陕西省的韩城合并起来。一九四九年三月开始印刷中国人民银行拾元的票子。

8. 胜利结束

一九四九年五月二十日,西安解放,为晋绥边区革命印钞事业做出宝贵贡献的洪涛厂的广大工人干部,胜利结束了洪涛厂的印刷工作,带着多年养成的光荣革命传统,奔赴新的工作岗位。有的到了西北区财政部,有的到了西北分行,有的到了人民解放军后勤部,李生忠、马景昌、曹书孔、顾庭安等大部分同志到了刚成立的陕西省财政厅印刷厂,继续从事税票、布票等有价证券的印刷工作。

(降以林、阎太成、张高升)

  一九三七年抗战开始,"牺盟会"掌握了兴县政权。为了松动银根,增加流通筹码,成立了兴县农民银行。发行的货币,名为阎锡山银行和法币的兑换券,实际上,当时动员有钱出钱,捐献抗日,积累了一定数量的金银首饰和大宗银币作为发行基金,以此为后盾发行兴县农民币。

  一九三九年十二月"晋西事变"后,中共晋西区党委迁到兴县。大约在一九四〇年一二月间成立了晋西北行政公署,在行署财政处的领导下,以兴县农民银行为基础,成立了西北农民银行。因此,西北农民银行是随着政权的变更,由兴县农民银行演变过来的,前后的银行经理都是由兴县开明士绅刘少白先生担任。原兴县农民银行筹集的银元等硬通货仍然保留下来,作为西北农民银行货币发行的基金。

  行署财政处长汤平,协助他具体管理银行工作的是江苏人左奇。银行经理还是刘少白,一九四一年春,晋绥区党委派狄景襄同志到西北农民银行担任协理,一九四二年秋,银行和贸易总局合并,局长牛荫冠兼银行经理。狄景襄仍任银行协理兼任晋绥贸易总局副局长。一九四二年底,派王磊同志任副局长兼副行长。这时银行对外的名义虽然存在,但实际上变成了贸易总局的一个银行业务科,由黄伊基同志负责,各分行也合并到贸易分局。

  印制发行货币都是财政处和晋绥军区商定的。开始只印刷和发行伍角、壹角、贰角票。由于西北缺乏印钞纸张,请晋察冀边区印刷厂代印壹圆票,由部队的战士分别通过封锁线带回交给银行接收。银行发现与洪涛印刷厂所印钞票有一字之错,即多印一个"晋"字,把"西北农民银行"印成了"晋西北农民银行"。为此,蘸油墨把那个"晋"字涂掉才发行。以后又增发过贰元票,都是由财政处设在路家南湾的洪涛印刷厂印制的。钞票上的图案有树,还有工农兵、拖拉机等,花纹里还印有银行全称的暗记。

  钞票发行的背景就是解决部队干部战士每月一元五角的津贴,向群众购买零星生活用品以及公私商业交易必不可少的支付之用。

(本文根据牛荫冠、王磊、狄景襄、傅德胜同志提供资料整理而成)

三、刘少白奉党之命办银行

回忆兴县农民银行和西北农民银行的货币印制与发行

一九三七年七月七日,卢沟桥一声炮响,拉开了伟大的全民抗日战争的序幕。九月间,日寇占领了晋北重镇大同和东部要隘娘子关之后,大举进犯山西,直逼太原。阎锡山的军队和国民党的中央军都不堪一击,溃不成军,纷纷夺路南逃。在此中华民族危急存亡之际,八路军健儿肩负起挽救民族危亡的重任,东渡黄河,奔赴抗日前线,给日寇以迎头痛击,受到广大人民群众热烈欢迎。由贺龙、关向应、肖克率领的一二〇师挺进晋西北。当时,兴县到处是八路军,还有牺牲救国同盟会(简称牺盟会)、第二战区民族革命战争战地总动员委员会(简称动委会)等抗日救亡组织,广泛发动群众,动员群众积极参军参战,建设根据地,开展游击战争,出现了轰轰烈烈的全民抗战的新局面。

大约十月间,那天正下着鹅毛大雪,我从我们韩家吉村动身,步行五十里路,到了兴县黑峪口看望从太原回乡不久的刘少白老人。我一进门,看见他正在屋里踱步,表情非常严肃。我知道他正在思考问题,于是就未作声,便悄悄地坐在一边。好一会儿,他才发现了我,便坐下来和我谈话。当谈到"动委会"宣传抗日救亡的情形时,表示对日本鬼子非常痛恨,他希望我能为抗日救亡做一些有益的事情。他称赞我是一个有血性的青年,沉吟了一下,对我说:"县里要我筹办一个银行,正需要人,你如果愿意,就参加进来吧!"并讲了一些办银行的意义和他的想法。我当时虽然还不知道他已经是一位共产党员,更不知道他是接受了党的任务办银行的,但我深知他一向思想进步,为人正直,很有学问,相信他要办的事,肯定是有益于抗日的。于是,我立刻答应了。少白老人很高兴。我们一直谈到深夜,第二天就一同到了兴县县城。

这个银行是在各方面的大力支持下,加上刘少白本人的威望和他对革命事业的高度负责的精神,因陋就简,克服了重重困难,逐步地发展起来的。开始,几乎是一无所有。地点设在县政府前面的一个两进套院内,前面是动委会的办公室,银行就设在后院。院墙高大坚固,比较安全。银行只有七八个工作人员,计有:刘少白(经理)、杨怀仁(总务)、刘孝先(保管)、李绍春(出纳),会计白象玉和牛在华(去延安后改名为牛何之)。我没有分工,主要是给刘少白搞秘书之类的工作。另外,还有县公安局派来的三名警卫战士。

办银行首先要解决资金问题。对此,刘少白费了很大心血,经过多方筹划,并与各方有关要人协商,解决的办法是:利用"动委会"提出的"有钱出钱,有力出力"的口号,动员全县百余富户献款。而更主要的是刘少白亲自出马,说服动员其故友,也是全县最大的地主兼资本家牛有兰捐助了二万三千元白洋。原先计划集资十余万元,但因为银行急于开张,只筹集了五万元左右。另外,还有一些布匹、粮食也作为股份基金。

大约在十一月间,银行召开了首次董事会。到会的有刘少白、牛有兰、刘训三、张干丞、牛哲人等六七位董事,作为工作人员的我也列席了会议。这次会议讨论了有关银行开张的一些事项。刘少白德高望重,一致被推举为银行经理。

在确定银行名称的问题上,讨论很热烈。有人提议,为了区别于国民党的"中央银行"和阎锡山的"实业银行",可叫作"兴县银行"。有的人则认为叫"抗日银行"更响亮,更带革命性;刘少白提议叫"兴县农民银行"。他说:"银行的革命性质,不在名称,而在实际效用。但也要考虑到今后业务的开展。根据目前国民经济的情况,农民经济占很大比重,农民应该是银行业务的主要对象。因此,叫'兴县农民银行'既可以避免反动派的干扰,又使农民感到亲切,看作是自己的银行。这样,银行就必然会获得雄厚的群众基础,而也只有这样,银行才能站稳脚跟,求得发展,才能为抗日救亡作出贡献。"全体与会者十分赞赏刘少白先生的这一见解,一致同意了他的意见。

经过一段紧张的筹备工作之后,一九三七年十一月底,"兴县农民银行"正式开张了。这一天非常热闹,银行院内,披红挂绿,张灯结彩,有八路军一二〇师的肖克、彭绍辉、刘仰峤等同志和县长张干丞、公安局长董一飞,"动委会"民运部长朱哲人等。还有阎锡山的晋绥军驻兴代表,东北军的几位军官以及地方上一些知名人士共二十余人,应邀参加了开张典礼。银行操办了三桌酒席,聚餐庆贺。有这样一件事,对我颇深,就是在大家祝贺声中,我们将刘少白亲笔写的"兴县农民银行"的一块大牌子悬挂在大门口。特别是在正屋高大的鲜红油漆柱子上,张贴了刘少白亲自拟写的一副对联"大多数农民从此解放鼓起精神打日本;这一个银行开始营业集中财力破天荒"。这副对联不仅形式醒目,而且内容新颖,文字活泼,引起大家的兴趣。人们赞不绝口,兴县县长张干丞风趣地说:"刘经理不但是位政治家,还是一位诗人、文学家哩。"开展银行业务的另一件大事是要出钞票,而当时纸张和印刷条件是非常困难的。怎么办?刘少白要求大家千方百计克服困难一定要尽快地印出自己的钞票来。他说:"要解决八路军当前的经济困难,支援前线,非常重要,刻不容绥,必须分秒必争,尽快把票子印出来。"并说:"没有印票纸就用普通的纸代替,没有铜印用石印,没有人刻印版我们自己刻。"就这样对付着把钞票印出来了。然后,为了解决印票子的纸张和器材问题,刘少白不辞劳苦,千里迢迢亲自到西安买回了专门印票子的纸张和铜印版。我在"兴县农民银行"工作不到一年的时间,先后印了三批纸币。第一批是在一九三七年十一月底,只有两万元,一律是一、二角的小票子;年底印了第二批,计五万元,都是一元一张的;第三批是一九三八年初,计十万元,还款印完,就因为日寇"扫荡",银行搬迁,耽搁下来了。印票子先是在县城东关印刷厂,用石印机印刷,银行派人监印,然后加盖银行的钢印生效。为了防止伪造,票面含有三个暗号,对外严加保密,在银行也只有刘少白、刘孝先和我三个人知道。后来银行扩大,才搞了铜印版,印刷厂移至"新民工厂"。

小小的兴县农民银行创办不久,钞票的数量又少,质量又差,但是币值比较稳定,在群众中卓有信誉,人们都很称赞。这是什么原因呢?原因当然很多,但主要是与刘少白动脑筋、想办法、苦心经营分不开。

刘经理主张钞票面额要小,便于流通。阎锡山发行的"大花脸"(十元)、"二花脸"(五元)钞票,面额大,群众使用不方便。特别是太原失守后,"阎币""法币"都不断贬值,威信扫地。而兴县农民银行的币值比较稳定,因此,群众争先前来兑换。这样一来,不仅吸收了外埠资本,而且打开了流通市场。以后兴县农民银行发行的纸币,不仅在兴县广为流通,而且在临县、岚县、保德等县,也颇受群众欢迎。

刘少白从多方面注意开源节流,紧缩开支。银行抽出部分资金,发放农业贷款,以刺激和帮助农民发展农业生产;同时又拨出一部分款项开办纺织厂,办供销合作社。这样,既方便了群众,又加速了资本金的流通和周转,从而保证了货币的稳定。

刘少白经常对我们说:"银行的钱要用到最需要的地方。"兴县农民银行的十多万元钞票,大部分都是支付了八路军,解决了军需要急用。一二〇师借款,大多是由一二〇师副师长肖克批示,民运部长刘仰峤亲自办理手续,每次两三千元,最多的一次提款一万元。有时银行的现金不够用,就开一张便条,加盖银行印章也可以解决问题,以后再由商店持银行的便条前来兑换现金。小小银行,每天兑款、取款、存款的人络绎不绝,显得非常繁忙。

(江苏省人大常委会政法委员会　牛何之)

四、洪涛印刷厂的片段回忆

1. 窑洞工厂

我是一九四〇年五月从二行署印刷厂调到洪涛印刷厂的,当时的厂址设在陕北神木县一个只有十几户人家的村子里,这个村子叫路家南湾。厂房只有几间窑洞,设备只有几台古老的石印机,全部人员约三十余人,这就是晋绥边区政府印制钞票的工厂。

工厂的组织机构有厂部、工会、工务科、车间。技术人员很少,因此,我们就培养学徒工学习技术。当时印的钞票是晋绥边区票,票面是伍角和贰圆的。票面设计制作人员马景昌同志,图案是北京万寿山的图样,一块一块对起来的。当时为了防止敌人伪造晋绥边区票,马景昌同志制版时,在版内放有小米粒一样大小的"晋西北"三个字,用肉眼是看不见的,只有在放大镜下才能看得出来,以此来鉴别真伪。

一九四一年工厂从路家南湾村转移到神木县贾家沟村。这个村子比路家南湾村大,有几十户人家,到了贾家沟村以后,一二〇师贺龙师长特意给我们派了一个排的兵力来保卫工厂。因为我们离敌占区很近,我们工人一方面印钞票,一方面也武装保卫自己的工厂。

2. 麻纸钞票

当时用的机器、设备、油墨、纸张全部由敌占区搞来的,以后敌人对我们封锁很严,需要的各种材料纸张一点也弄不来了。在极端困难的情况下,我们自力更生,千方百计用代用品生产钞票。没有胶是印不出钞票的,我们就用桃树上流出来的胶,经加工后来代替印刷上用的正规胶。没有砂纸,我们将玻璃打碎,用很细的铜丝罗筛,筛出的玻璃粉在纸上涂上胶,将玻璃粉撒在上面,晾干后成为砂纸。石印机上用的皮带买不到,我们就用猪皮来代替。制小版用的玉版宣纸没有了,马景昌同志就用别的纸来代替,经多次试验,终于成功了。特别是印钞票用的70磅模造纸买不来,就用自己小纸厂生产的厚麻纸来代替70磅的模造纸。几经周折,终于印出像样的晋绥边区票,所以边区老百姓都叫这种钞票为麻纸钞票。

3. 无书、无纸、无笔的文化学习

我们工人在陕北神木县贾家沟村学习文化时的情景是很值得回忆的一件事。一无书,二无纸,三无桌椅,四无笔和墨。怎样学习呢? 老师用红土在墙上

写,学生用手指或木棍在地上或沙盘的沙子上写。就这样,我这个一字不识的人能认识了不少字。后来还派上了用场。一九四五年九月我和曹书孔、阎敬斋、李文喜等到了张家口地区要了一台日本大石印机,我在那里在那台石印机上学习了四个月,掌握了使用、维修技能。全部由我亲自拆卸、包装,运回后又亲自安装。我都是靠了在学习文化时认识几个字,将顺序记录下来,才完成任务的。

4. 生龙活虎的生活

在敌人封锁的情况下,我们生活的艰苦情形是一般人想象不到的。但我们不怕困难,虽然缺吃少穿,可是我们干起活来劲头特别大,一天做十几个小时的活,下班后还要打球、排戏,参加各种文娱活动。

党中央毛主席提出,一九四三年是生产年,是战斗年。我们的干劲更大,一方面印钞票,一方面还要自己种菜、拾粪、学纺线、捻羊毛绳等。公家四个月发一双鞋。我们打球、背粮是舍不得穿的,光脚跑路,这样可以减轻农民的负担。

我们在同年还响应毛主席的号召,到敌占区去背粮,晚上坐船过黄河到山西临县,来回150余华里,全是山路,有时敌人和汉奸就在后面打我们,我们一想到边区人民和工人没有粮吃的情形,哪怕丢掉一条命,也不能丢掉一粒粮。我们胜利地完成了二个月的背粮任务。生病的同志也不甘落后。就在这样紧张困难的情况下,业余时间,我们还要打球排戏,领导安排我们去破除迷信,到神木县天台山唱了三天戏。演出的节目有《三岔口》《打渔杀家》《十二把镰刀》《兄妹开荒》等。工作生活虽然艰苦,但我们的生活是愉快的,干劲十足,每个时期都圆满完成印制任务。

(新疆金属材料公司 顾廷安)

(《晋绥边区银行洪涛印刷厂货币印制简史》,五四一厂厂史办整理,1985年11月20日)

后　记

《解放战争时期陕甘宁边区金融史料摘编》是由延安大学中国共产党革命精神与文化资源研究中心组织相关研究人员编写而成,也是延安大学张金锁教授主持的国家社科基金重大项目"延安时期未刊文献资料收集、整理与数据库建设"的研究成果之一。

1986年,中国人民银行陕西省分行金融研究所为了编写《陕甘宁边区金融史稿》而编写了《解放战争时期陕甘宁边区金融史料摘编》,由于种种原因,这部分史料未予出版,遗失在民间。陕甘宁边区经济史研究专家魏协武先生从旧书市场将其购买并保存了下来,延安大学组织人员对这部分资料进行整理,并收集了有关档案、报刊资料,汇编成册,并提供给广大研究者使用。

在收集资料和编写过程中,得到了中国人民银行陕西省分行金融研究所、延安革命纪念馆、陕西省档案馆、陕甘宁边区银行纪念馆和延安大学的大力支持,并得到了魏协武先生、宋兴兴同志的帮助,西北大学出版社为本书的顺利出版付出了辛勤的劳动,谨向他们致以诚挚的感谢。由于诸多的原因,本书难免有疏漏和不妥之处,希望广大读者提出批评意见。

编　者
2018年9月